Christian Wipperfürth
Von der Souveränität zur Angst

Historische Mitteilungen
Im Auftrage der Ranke-Gesellschaft

HERAUSGEGEBEN VON
Jürgen Elvert und Michael Salewski

Band 54

Christian Wipperfürth

Von der Souveränität zur Angst

Britische Außenpolitik und Sozialökonomie
im Zeitalter des Imperialismus

Franz Steiner Verlag 2004

Bibliografische Information der Deutschen Bibliothek
Die Deutsche Bibliothek verzeichnet diese Publikation
in der Deutschen Nationalbibliografie; detaillierte
bibliografische Daten sind im Internet über
<http://dnb.ddb.de> abrufbar.

ISBN 3-515-08517-3

ISO 9706

DANKSAGUNG

Für die Mängel der Arbeit trage ich allein die Verantwortung, zu ihren Stärken haben auch andere beigetragen. Zu ihnen zählen die Historiker Prof. Dr. Konrad Canis, Prof. Dr. Christiane Eisenberg, Prof. Dr. Jürgen Elvert, Prof. Dr. Jürgen Kocka, Prof. Dr. Bedrich Werner Loewenstein, Prof. Dr. Gustav Schmidt, Prof. Dr. John Vincent sowie der Psychologe Dr. Rainer Funk.

Ich habe immer auf die kompetente und freundliche Unterstützung der Mitarbeiter der Bibliotheken der Universität in Bonn und der Freien Universität Berlin zählen können, ebenso in London auf diejenige der School of Economics, der British Library und des Deutschen Historischen Instituts.

Die Forschung in verschiedenen britischen Archiven wurde mir durch deren hervorragende Ausstattung und ihre freundlichen und hilfsbereiten Mitarbeiter wesentlich erleichtert, neben vielen anderen möchte ich namentlich das Public Record Office in Kew (London) und das Liverpool Record Office hervorheben. Zudem danke ich dem Marquis of Salisbury für die Gelegenheit, das Archiv seiner Familie in Hatfield House nutzen zu können.

Zum Schluss möchte ich den vielen mir nahe stehenden Menschen danken, ohne deren Zuspruch und Hilfe diese Arbeit vielleicht nicht zu Ende geführt worden wäre: Birgit Eistert, Andrea, Dr. Edelbert und Regina Richter und meiner Frau Maria.

Diese Arbeit wurde als Dissertation am Friedrich Meinecke Institut der Freien Universität Berlin erstellt. Betreuer war Professor Dr. Bedrich Werner Loewenstein, Zweitprüfer Professor Dr. Jürgen Kocka. Die mit der Dissertation verbundenen Aufsätze „Biographische Notizen zu einem Nicht-Imperialisten im Zeitalter des Imperialismus, Thomas Henry Sanderson, Staatssekretär im Foreign Office, 1894–1906" sowie „Thomas Henry Sanderson und das Foreign Office, 1859–1906" erscheinen in den „Historischen Mitteilungen der Ranke Gesellschaft".

Ich widme die Arbeit meinen Eltern.

INHALTSVERZEICHNIS

I. GRUNDLAGEN

1. EINLEITUNG

In den vergangenen Jahrzehnten sind zahllose Studien über die Epoche des Imperialismus[1] verfasst worden. Warum sollte dieser beeindruckenden – und womöglich abschreckenden – Papierflut ein weiteres Buch hinzugefügt werden?

Hierfür gibt es mehrere gute Gründe:

1. Es ist vorherrschender Tenor der historischen Forschung, dass die britische Außenpolitik etwa seit der Jahrhundertwende die Antwort auf eine vom Deutschen Reich ausgehende Gefahr gewesen wäre. Die Geschichte der Weltkriege lässt diese Ansicht im nach hinein sehr plausibel erscheinen. Eine solche ex-post Analyse führt jedoch in die Irre und ist korrekturbedürftig.

2. In vielen Arbeiten über außenpolitische Fragen im Zeitalter des Imperialismus werden mögliche irrationale Motive der Handelnden nicht thematisiert. Dies ist ein ernsthafter Mangel, da die Zeit überaus stark durch Gefühle bestimmt gewesen zu sein scheint.[2]

3. Bis in die 1870er Jahre war es das Ideal der britischen Eliten, die Außenpolitik unter den im **Inneren** geltenden **liberalen** Maximen zu gestalten. Die Briten besaßen die Souveränität, der Welt mit ihrer Weltanschauung ein Vorbild bieten zu wollen. Der Liberalismus geriet jedoch in Großbritannien (und vielen anderen Staaten) seit den 1870er/80er Jahren in die Defensive, und nach der Jahrhundertwende waren die Entscheidungsträger, etwa der Außenpolitik oder der Publizistik mehrheitlich der Ansicht, dass England dem Vorbild autoritärer, technokratischer und effizienter Machtstaaten nacheifern sollte. Oder besser: dem **Bild**, das viele Briten von diesen besaßen. Großbritannien hatte sich lange durch eine beispiellose Liberalität ausgezeichnet, die „nachholende Entwicklung" des Landes – und seiner Bewohner – hin zu macht- und gewaltbetonten Idealen und Strukturen wirkte darum umso dramatischer. Diese Tatsache wird in der Forschung bislang nicht ausreichend wahrgenommen.

4. Die Außenpolitik eines Staates kann von seiner Entwicklung im Inneren nicht getrennt werden. Diese Verknüpfung ist für Großbritannien bisher kaum geleistet worden.

5. Thomas Henry Sanderson wurde von der Forschung bislang Tage vernachlässigt, obwohl er ein langjähriger führender Akteur britischer Außenpolitik war. Seinen Ansichten wird in der Arbeit darum besondere Aufmerksamkeit geschenkt.

Der umfassende Ansatz der Arbeit, dessen verschiedene Teile durch individual- und sozialpsychologische sowie sozialgeschichtliche Erörterungen verknüpft werden, ermöglicht neue Einsichten. Der Autor dieses Buches ist „gelernter Historiker", hat jedoch acht Jahre in der Politik gearbeitet und lehrt jetzt als Politikwissenschaftler aktuelle Internationale Beziehungen. Dementsprechend darf der Leser vom Verfasser erwarten,

---

[1] Ich definiere diese als Zeitraum zwischen 1881/82 und 1914/18. Imperialismus heisst hier: Das Streben und die Praxis der Ausweitung v.a. unmittelbarer nationaler Macht nach Übersee (s. auch Kap. II. Abschnitte 2 u. 5).

[2] Unter Irrationalismus wird eine Haltung bzw. Argumentation verstanden, die vernunftwidrig bzw. nicht nachvollziehbar ist (Meyerslexikon, www. IICM.EDU/*Meyerslexikon*). Irrationalismus zeichnet sich folgendermaßen aus: Die Überlegungen und die Sprache sind vorwiegend durch unbewusste Gefühle, vornehmlich durch Angst und Gewaltbereitschaft, dominiert. Die Fähigkeit zu differenzierter Wahrnehmung und Entscheidung ist beeinträchtigt. Ein Schwarz-Weiß-Denken und –Fühlen sowie der Drang nach „einfachen Lösungen" herrschen vor.

das Fragen der Zeitgeschichte und gegenwärtigen Politik implizit eine zentrale Rolle spielen.

Die Ausführungen zu den vielfältigen Themen sind in Anbetracht der Komplexität der Forschungsgegenstände meist recht kurz gehalten. Der Anspruch der Arbeit ist sehr umfassend, darum ist es weder möglich, noch ratsam, auf die verschiedenen außenpolitischen, gesellschaftlichen oder etwa sozialpsychologischen Aspekte (noch) detaillierter einzugehen. Die unumgängliche Bescheidung im Einzelnen ermöglicht aber eine weite Perspektive und dies ist auch die Absicht der Arbeit, sie nötigt zudem zur Konzentration auf das Wesentliche, oder bescheidener formuliert: Auf das, was ich für entscheidend halte.

Die zentralen Fragen, die meiner Arbeit zugrundeliegen, sind demnach folgende:
– Welche Politik verfolgte Großbritannien in wichtigen Fragen der Weltpolitik im Zeitalter des Imperialismus und welche Motive lagen ihr zugrunde? Welche Stellung besaß Großbritannien im System der Mächte und welche Veränderungen können wir feststellen? Warum ging das Vereinigte Königreich von der Politik der „Splendid Isolation" ab?[3] Welchen Anteil trägt Großbritannien an der sich seit Beginn des 20. Jahrhunderts verschlechternden internationalen Situation?
– In welchem weltanschaulichen und mentalitätsgeschichtlichen Zusammenhang befand sich die britische Außenpolitik und welchen Einfluss übten ideologische, gesellschaftliche, sozialpsychologische und ökonomische Entwicklungen auf sie aus? Auf welche Weise wirkten diese Veränderungen?
– Welche Ansichten vertrat Sanderson und welche Einwirkungsmöglichkeiten besaß er?[4]

Zur Gliederung der Arbeit:
Ich werde zu Beginn kurz die theoretischen Grundlagen der Dissertation erläutern, darlegen, aus welcher Perspektive bislang Arbeiten über die Epoche des Imperialismus verfasst wurden und daraus Schlussfolgerungen für mein eigenes Vorgehen ziehen.

Im II. Kapitel wird der Weg Großbritanniens vom Ideal der zivilen Gesellschaft[5] (1860er/70er Jahre) hin zum Imperialismus nachgezeichnet. Hierbei werden sowohl weltanschauliche, als auch außenpolitische Kontroversen und Entwicklungen skizziert und mit Lord Derby bzw. Lord Salisbury zwei wichtige – und exemplarische – Handlungsträger britischer Außenpolitik näher vorgestellt. Das Kapitel schließt mit dem Burenkrieg (1899 bis 1902), der weitreichende und andauernde außen- und innenpolitische sowie sozialpsychologische Auswirkungen zeigte.

Angehörige der britischen Eliten empfanden seit Ende des 19. Jahrhunderts in deutlich zunehmendem Maße Besorgnis und Angst wegen der nachlassenden Stärke ihres Landes. Diese besaß teils innere (s. Kapitel IV), teils äußere Ursachen. Kapitel III, in dem es um die wichtigsten Fragen britischer Außenpolitik zwischen der Jahrhundertwende und 1906 geht, handelt dementsprechend insbesondere von den Ursachen der

---

[3] Der Begriff „Splendid Isolation" bedeutet frei übersetzt: „Glorreiches für sich allein stehen". Der Begriff scheint vom langjährigen Premierminister Salisbury geprägt worden zu sein, um die bündnisfreie Stellung Großbritanniens mit einer eingängigen und überhöhenden Bezeichnung zu versehen.

[4] Grundsätzliches zum Thema „Freiheit und Sachzwang" in der Außenpolitik bei: Wilson, Keith M.; *British Foreign Secretaries and Foreign Policy. From Crimean War to First World War*, London 1987, 19, (künftig: Wilson, British Foreign Secretaries)

[5] In der „zivilen Gesellschaft" spielen die **Individual**rechte eine herausragende Rolle, die Diskussion ist tendenziell eher von Dialog, als durch Streit charakterisiert und die Eigenorganisation der Gesellschaft ist im Vergleich zu derjenigen in einem autoritären Staat hoch entwickelt (Mickel, Wolfgang W. (Hg.); *Handbuch zur politischen Bildung*, Schriftenreihe Band 358 der Bundeszentrale für politische Bildung, Bonn 1999, 41)

Aufgabe der „Splendid Isolation", also der Furcht vor Russland, den britisch-deutschen Bündnisgesprächen, der britisch-japanischen Allianz, der Entente mit Frankreich und Auswirkungen dessen.

In IV. Kapitel widme ich mich gesellschaftlichen, wirtschaftlichen und ideologischen Aspekten sowie der britischen Innenpolitik. Die Lebenspraxis und die vorherrschenden Ideale werden zum einen anhand der Entwicklung des Schulwesens, des Verhältnisses zur Sexualität, der Zensur, gewaltverherrlichender Ideologien und anderer gesellschaftlicher Phänomene illustriert. Zum Schluss des Kapitels versuche ich mittels sozialpsychologischer sowie sozial- und wirtschaftsgeschichtlicher Ansätze die Ursachen der autoritären Entwicklung herauszuarbeiten – die nicht nur Großbritannien betraf, sondern auch die anderen entwickelten Staaten.

Im V. Kapitel „Zur Beurteilung der britischen Außenpolitik" geht es um die bestimmenden Motive britischer Politik zwischen den 1890er Jahren und 1914, bspw. um die Bedeutung einer „Gleichgewichtspolitik", das Verhältnis zum Deutschen Reich, Frankreich, den Vereinigten Staaten und Russland und die Ursache und Bedeutung des britisch-deutschen Flottenwettrüstens. Ich bediene mich in diesem Kapitel, ebenso wie in IV, nicht mehr der chronologischen Darstellung, sondern der Querschnittanalyse. Im **Abschlusskapitel** fasse ich die Ergebnisse der Arbeit zusammen und versuche eine Gesamteinschätzung der britischen Außenpolitik des imperialistischen Zeitalters. Dazu gehört auch die Frage, welchen Anteil Großbritannien an den zunehmenden internationalen Spannungen in den Jahren vor der Entfesselung des Weltkrieges trug.

Eine kurze Zeittafel und Erläuterungen zu wichtigen außenpolitischen Akteuren am Ende der Dissertation sollen der Leserin und dem Leser eine rasche Orientierung ermöglichen. Englische Originalzitate habe ich selbst ins Deutsche übertragen, falls keine deutsche Übersetzung verfügbar war.

Außenpolitische Probleme und Entwicklungen der Jahre von etwa 1894 bis 1906 werden einzeln dargestellt. Für die folgenden Jahre bis 1914 gehe ich von der chronologischen Einzelfallanalyse weitgehend ab und konzentriere mich auf den Werdegang der britisch-deutschen, -französischen und -russischen Beziehungen (s. Kap. V.). Der Entwicklung und Bedeutung der britisch-deutschen Beziehungen wird besondere Aufmerksamkeit geschenkt. Teils aufgrund der Herkunft des Autors, vor allem jedoch, weil sie als wesentlicher Grund für die angespannte internationale Situation in den Jahren vor dem Weltkrieg und den Ausbruch der Katastrophe gelten. Der Betrachtungszeitraum des gesellschaftlichen und innenpolitischen Rahmens, in den die britische Außenpolitik eingebunden war, ist weiter gefasst. Hier beziehe ich mich auf den gesamten Zeitraum zwischen den 1860/70erJahren und 1914.

Das Zeitalter des Imperialismus ist aufgrund seiner außen- und gesellschaftspolitischen Vielschichtigkeit ein besonders faszinierendes Thema. Es verdient aus verschiedenen Gründen aber nicht nur unser rein wissenschaftliches Interesse, ist nicht nur ein besonders facetten- und ereignisreiches – und somit interessantes – „Stück des Welttheaters": Denn die weltanschaulichen und politischen Nachwirkungen des Imperialismus und des mit ihm verbundenen 1. Weltkrieg reichen bis in die heutige Zeit. Es geht in der Dissertation auch in anderer Hinsicht letztlich um die Probleme **unserer Gegenwart**[6]: Wir können anhand des britischen Beispiels nachzeichnen, warum und auf welche Weise Angst, Gewaltbereitschaft und Irrationalismus von der Gesellschaft und der Politik eines ursprünglich (relativ) beispielhaft von zivilen Idealen und Strukturen bestimmten Staates Besitz ergreifen können. Dieses Thema ist nicht überholt, sondern droht immer wieder aktuell zu werden.

---

[6] Zu dieser Problematik s. Loewenstein, Bedrich Werner; *Entwurf der Moderne. Vom Geist der bürgerlichen Gesellschaft*, Essen 1987, 107–9, (künftig: Loewenstein, Entwurf)

2. ÜBERLEGUNGEN ZUR METHODE

Im Folgenden möchte ich versuchen, die Bedeutung von Subjektivität und die Möglichkeit von Objektivität im geschichtswissenschaftlichen Forschungsprozess darzulegen. Danach schließen sich Überlegungen über die Grundlagen und Voraussetzungen meiner Arbeit an. Ich möchte ihr dadurch größere Transparenz verleihen.[7]

2.1 Subjektivität und die Forschung

Bis vor etwa 100 Jahren konnte Aufrichtigkeit dadurch definiert werden, dass jemand sagt, was er glaubt. Seit Freud ist diese Begriffsbestimmung unzureichend. Vor ihm wurde es als hinreichend erachtet, die bewussten Absichten jemandes zu kennen, um seine Wahrhaftigkeit einschätzen zu können. Fromm schreibt: „Nach Freud war dies nicht mehr genug, ja, es war in der Tat sehr wenig".[8] Alle Richtungen der Psychologie, wie sehr sie sonst differieren mögen, betonen, dass dem einzelnen viele der ausschlaggebenden Motive seiner Menschen- und Weltsicht bzw. seines Handelns nicht bewusst sind. Private und kollektive Ideologien seien oft Ausdruck bestimmter Wünsche, Bedürfnisse und Ängste sowie „moralische" und ideelle Motive oft nur verhüllter und rationalisierter[9] Ausdruck von Trieben oder Interessen. Oft sei das „eigentliche" Motiv des Handelns verborgen und müsse erst rekonstruiert werden. So werde Unsicherheit z.B. häufig durch Arroganz und Angst durch Aggressivität zu überdecken versucht.[10] Neben diesem psychologischen besitzt die Subjektivität auch einen erkenntnistheoretischen Aspekt: Kant legte in seiner „Kritik der reinen Vernunft" dar, dass wir die Dinge nicht so sehen und sehen können, wie sie sind, sondern dass wir **aktiv** wahrnehmen, d.h. die Wahrnehmung durch das **mitbestimmt** wird, was wir in sie hineinlegen.

Menschen sind eher bereit wahr-zu-nehmen, was mit ihren ursprünglichen Werten und Überzeugungen in Einklang steht, als Fakten, die ihnen widerstehen. Zudem: Das, was Politiker – und nicht nur sie! – als „Sachzwang" beschreiben, ist manchmal nur eine scheinrationale Begründung für die eigentlichen Antriebe, nämlich Ängste und Wünsche (wobei erstere für menschliches Verhalten meist eine größere Rolle spielen). Jemand, der z.B. Verantwortung für eine Entscheidung trägt, die Menschenleben kostet, ist versucht, sich dadurch zu entlasten, dass er glaubt und glauben will und dies auch mit großer innerer Beteiligung nachdrücklich immer wieder betont, dass die Entscheidung so fallen **musste** und keine Wahl bestand.[11] Vielleicht gab es diese aber...

---

[7] S. auch Schulz-Hageleit, Peter; *Was lehrt uns die Geschichte? Annäherungsversuche zwischen geschichtlichem und psychoanalytischem Denken*, Band 2 der Reihe Geschichte und Psychologie (Hg.: Loewenstein, Bedrich Werner), Pfaffenweiler 1989, 17; s. auch Meier, Christian; *Vorwort*, 7, in: Meier, Christian/ Rüsen, Jörn (Hg.); *Historische Methode*, Beiträge zur Historik, Band 5, München 1988, (künftig: Meier, Historische Methode

[8] Fromm, Erich; *Sigmund Freud's Mission. An Analysis of his Personality and Influence*, New York 1959 40, 99, (künftig: Fromm, Sigmund Freud's); ders.; *Die Krise der Psychoanalyse*, 199, (künftig: Fromm, Krise der Psychoanalyse), in: ders., *Analytische Sozialpsychologie und Gesellschaftstheorie*, Frankfurt/Main 1970

[9] Heiko Ernst/Ursula Nuber (*Stichwort Psychotherapien*, München 1992, 19, (künftig: Ernst, Psychotherapien) definiert: „Bei der Rationalisierung werden für eigene Schwächen und Fehler, Versäumnisse und nicht eingehaltene Verpflichtungen Pseudogründe gesucht und gefunden."

[10] Fromm, Erich; *Über Methode und Aufgabe einer analytischen Sozialpsychologie: Bemerkungen über Psychoanalyse und historischen Materialismus*, 9, in: ders. Analytische Sozialpsychologie; Fromm, Sigmund Freud's, 34

[11] Barbu, Zevedei; *Problems of Historical Psychology*, London 1960, 20, (künftig: Barbu, Problems); Bauriedl, Thea; *Die Wiederkehr des Verdrängten. Psychoanalyse, Politik und der einzelne*, 2. Aufl., München

Untersuchungen über das **Ausmaß** von Standortgebundenheit und Subjektivität belegen die Deutung der Psychologie sowie erkenntnistheoretischer Einsichten und kommen zu einem ernüchternden, ja geradezu erschreckenden Ergebnis: Wenn eine Person eine andere charakterisiert, so ist es wahrscheinlich, dass diese Schilderung uns über den **Beschreibenden** mehr sagt als darüber, wie der Beschriebene ist.[12]

Die Interpretation der Wirklichkeit durch die Handelnden, also eine **subjektive** Definition der Situation, hat offensichtlich einen größeren Einfluss als die vermeintlich objektive „eigentliche Sachlage".[13]

Standortgebundenheit und andere subjektive Elemente spielen für Wahrnehmung, Urteil und Handeln eines jeden Menschen eine herausragende Rolle. Dies gilt natürlich auch für den Geschichtswissenschaftler. Es ist bspw. schon häufig festgestellt worden, dass Biographen meist ebenso viel über die eigene Person wie über den Porträtierten aussagen.[14] Die Auswirkungen der Persönlichkeit des Forschenden auf Charakter und Gehalt seiner Arbeit gelten nicht nur für den Biographen.[15]

Der Historiker auf Seiten der „Sieger" unterliegt häufig der Neigung, kurzfristig erzielte Erfolge im Nachhinein so darzustellen, als wären sie durch die Entwicklung bereits langfristig angelegt gewesen. Der Blick desjenigen, der sich dem Unterlegenen verbunden fühlt, kann die Fakten natürlich ebenso leicht verzerrt wahrnehmen.[16]

Viele geschichtliche Phänomene entziehen sich Erklärungsmustern, die sich auf die rationale und bewusst-interessengeleitete Seite der Handelnden konzentrieren. Norbert Elias formulierte es so:

> „… jede Art von Forschung, die allein das Bewußtsein der Menschen, ihre ‚Ratio' oder ihre ‚Ideen', ins Auge faßt, die nicht zugleich auch den Aufbau der Triebe, Richtung und Gestalt der menschlichen Affekte und Leidenschaften mit in Betracht zieht, ist von vornherein in ihrer Fruchtbarkeit beschränkt. Vieles von dem, was für das Verständnis der Menschen unentbehrlich ist, entzieht sich ihrem Zugriff."[17]

Die sehr große Bedeutung des Unbewussten auf Wahrnehmung und Handlung ist theoretisch allgemein unbestritten, bei der Untersuchung historischer Sachverhalte aber erst

1988, 98, (künftig: Bauriedl, Wiederkehr); Rivera, Joseph de; *The Psychological Dimension of Foreign Policy*, Columbus (Ohio) 1968, 7, (künftig: Rivera, Psychological Dimension)

[12] Rivera, Psychological Dimension, 292/93

[13] Rivera, Psychological Dimension, 17, 20

[14] Kornbichler, Thomas; *Zu einer tiefenpsychologischen Theorie der Biographie*, 45, (künftig: Kornbichler, Tiefenpsychologische Theorie), in: ders.(Hg.); *Klio und Psyche*, Pfaffenweiler 1990, (künftig: Kornbichler, Klio); s. auch Patzig, Günther; *Das Problem der Objektivität und der Tatsachenbegriff*, 334/35, in: Koselleck, Reinhart/Mommsen, Wolfgang J./Rüsen, Jörn (Hg.); *Objektivität und Parteilichkeit*, München 1977, (künftig: Koselleck, Objektivität und Parteilichkeit); Gay, Peter; *Freud for Historians*, New York 1985, XII, (künftig: Gay, Freud for Historians) u. Taylor, Alan John Percivale; *The Historian as Biographer*, 258/59, (künftig: Taylor, Historian as Biographer), in: Klingenstein, Grete (Hg.); *Biographie und Geschichtswissenschaft. Aufsätze zur Theorie und Praxis biographischer Arbeit*, Wiener Beiträge zur Geschichte der Neuzeit, Band 6, München 1979, (künftig:Klingenstein, Biographie)

[15] S. z.B. Erdheim, Mario; *Die Gesellschaftliche Produktion von Unbewusstheit. Eine Einführung in den ethnoanalytischen Prozeß*, Frankfurt/Main 1982, 21, (künftig: Erdheim, Gesellschaftliche Produktion). Auch unabhängig von den Überlegungen der Tiefenpsychologie – und vor diesen – sind Historiker auf die Bedeutung der Selbsterkenntnis für ihre wissenschaftliche Arbeit gestoßen (Kornbichler, Tiefenpsychologische Theorie, 46).

[16] Koselleck, Reinhart; *Erfahrungswandel und Methodenwechsel. Eine historisch-anthropologische Skizze*, 51/52, in: Meier, Historische Methode; Stannard, David E.; *Shrinking History. On Freud and the Failure of Psychohistory*, New York/Oxford 1980, 71, (künftig: Stannard, Shrinking History)

[17] S. auch Loewenberg, Peter; *Decoding the Past. The Psychohistorical Approach*, New York 1983, 15, (künftig: Loewenberg, Decoding); Elias, Norbert; *Der Prozeß der Zivilisation*, 2. Bd., Bern/München 1969, II, 388/89

zum kleinen Teil in den Blick genommen, ja meist nicht einmal problematisiert (s. Abschnitt 3).

Dass die damals Handelnden immer bewusste und rationale Interessen vertraten, die Motive ihres Handelns immer kannten, ist eine sehr verbreitete und **unthematisierte** Prämisse vieler Geschichtswissenschaftler. In der Tradition des Historismus werde die Geschichte nur in der Perspektive menschlicher Intentionalität wahrgenommen, so Goertz. Dem Historismus mangele es an der Einsicht, wie sehr die Welt der Geschichte von **Unvernunft** beherrscht werde. „Irgendwie war das Gewordene, weil es das Gewollte war, immer vernünftig in sich selbst. So konnte die Welt potenzierter Unvernunft nicht mit den Erkenntnismitteln des Historismus erfaßt werden", wie er provokant formuliert.[18]

Es geht nunmehr also um das Verhältnis zwischen der Historiographie und der Psychologie:

Jeder Geschichtswissenschaftler ist auch Psychologe – ein Amateurpsychologe. Ob er es thematisiert oder nicht, er operiert mit einer bestimmten Theorie der menschlichen Natur.[19] (Zu meinen Überlegungen zu diesem Thema s. insb. Kapitel IV, Abschnitt 13.). Es gibt aber keine einhellige Auffassung unter den Historikern, ob und wenn ja inwiefern Theorien und Erkenntnisse der Psychologie in der Historiographie angewandt werden sollten.[20]

Eine Zusammenarbeit der Geschichtswissenschaft und der Psychologie liegt in Anbetracht ihres Aufgabenbereiches und ihrer Herangehensweise nahe.[21] So ist der Historiker verwandt mit dem Seelenarzt, „der ja auch die Werdensgeschichte seiner Patienten kennen muß, um diese genau zu verstehen".[22] Bei Historikern, die biographisch arbeiten, ist der ausdrückliche Verweis auf psychologische Theorien heutzutage aber kaum häufiger anzutreffen als etwa vor 70 Jahren, obgleich Thomas Nipperdey, einer der bedeutendsten deutschen Historiker der vergangenen 30 Jahre, die Verwendung

---

[18] Georg Iggers, zit. in Goertz, Hans-Jürgen; *Umgang mit Geschichte. Eine Einführung in die Geschichtstheorie*, Reinbek 1995, 55, s. auch ebd. 55/56, (künftig: Goertz, Einführung)

[19] Zu diesem Thema s. z.B. Gay, Freud for Historians, 6;. Erikson, Erik H.; *Lebensgeschichte und historischer Augenblick*, Frankfurt/Main 1977, 82–84, (künftig: Erikson, Lebensgeschichte); Gay, Freud for Historians, 182; Taylor, Historian as Biographer, 256/57; Erikson, Erik H.; *Der junge Mann Luther. Eine psychoanalytische und historische Studie*, München 1958, (künftig: Erikson, Luther); s. auch Blasius, Dirk; *Friedrich Wilhelm IV. 1795–1861. Psychopathologie und Geschichte*, Göttingen 1992, 22, (künftig: Blasius, Friedrich Wilhelm IV.); Gay, Freud for Historians, 183; Doerry, Martin; *Übergangsmenschen. Die Mentalität der Wilhelminer und die Krise des Kaiserreichs*, Weinheim 1986, 60, (künftig: Doerry, Mentalität); Hutton, Patrick H.; *Die Psychohistorie Erik Eriksos aus der Sicht der Mentalitätsgeschichte*, 150, (künftig: Hutton, Psychohistorie), in: Raulff, Ulrich (Hg.); *Mentalitäten-Geschichte. Zur historischen Rekonstruktion geistiger Prozesse*, Berlin 1987, (künftig: Raulff, Mentalitäten-Geschichte); Waelder, Robert; *Psychoanalysis and History: Application of Psychoanalysis to Historiography*, 4, (künftig: Waelder, Psychoanalysis), in: Wolman, Benjamin B. (Ed.); *The Psychoanalytic Interpretation of History*, New York /London 1971, (künftig: Wolman, Psychoanalytic Interpretation of History)

[20] Gay und Loewenberg sind zwei wichtige Befürworter, Stannard und Barzun lehnen die Verbindung ab. S. auch Taylor, Historian as Biographer, 261

[21] Kornbichler, Thomas; *Einleitung, Klio*, V, in: Kornbichler, Klio; Loewenberg, Decoding, 5. S. auch Burgière, André; *Historische Anthropologie*, 99, (künftig: Burgière, Historische Anthropologie), in: Le Goff, Jacques (Hg.); *Rückeroberung des historischen Denkens. Grundlagen der Neuen Geschichtswissenschaft*, Frankfurt/Main 1990, (künftig: Rückeroberung); Meran, Josef; *Theorien in der Geschichtswissenschaft. Die Diskussion über die Wissenschaftlichkeit der Geschichte*, Göttingen 1985, 71, (künftig: Meran, Theorien)

[22] Zit. bei Rattner, Josef; *Verstehende Tiefenpsychologie*, Berlin 1977, 66/67, (künftig: Rattner, Verstehende Tiefenpsychologie). S. auch Rath (Norbert; *Innere Natur als sedimentierte Geschichte? Freuds Stellung zum Gedanken einer Historizität des Psychischen*, 215, in: Jüttemann, Gerd (Hg.); Wegbereiter der historischen Psychologie, München 1988, (künftig: Jüttemann, Wegbereiter), der H.-U. Wehler zitiert; s. auch Erikson, Lebensgeschichte, 115

psychoanalytischer Erkenntnisse seitens der Biographen vorbehaltlos bejaht.[23] – Vielleicht erklärt sich die Distanz der meisten Historiker zur Psychologie teils dadurch, dass ein Großteil der heutigen akademischen nomologischen Psychologie eigentlich medizinisch-naturwissenschaftliche Methoden praktiziert und Theorien annimmt, die Psychologie sich also von ihren geisteswissenschaftlichen Wurzeln gelöst hat? Zudem sind die Disziplinen allein organisatorisch so stark separiert, dass schon aus diesem Grunde oft Sprachlosigkeit zwischen ihnen herrscht. Das Spezialvokabular, mit dem Psychologen Sachverhalte belegen, verstärkt die Verständigungsprobleme.[24]

In Deutschland kommt noch hinzu, dass H.-U. Wehler und seine einflussreiche „Bielefelder Schule" der **kritischen Gesellschaftsgeschichte** den Primat einräumen. Eine Weiterentwicklung der seines Erachtens sehr wünschenswerten Sozialpsychologie sei hiervon abhängig.[25] In Frankreich hat die Mentalitätsgeschichte ein Gegengewicht zur Wirtschaftsgeschichte geschaffen[26], in Deutschland (noch?) nicht.[27]

[23] Thomae, Hans; *Zur Geschichte der Anwendung biographischer Methoden in der Psychologie*, 3, in: Jüttemann, Gerd/Thomae, Hans (Hg.); *Biographie und Psychologie*, Berlin 1987, (künftig: Jüttemann, Biographie und Psychologie); Kornbichler, Thomas; *Tiefenpsychologie und Biographik*. Reihe: Psychopathologie und Humanwissenschaften, hg. von Peters, Uwe Henrik, Band 5, Frankfurt/Main 1989, 153 u. 156, (künftig: Kornbichler, Tiefenpsychologie und Biographik)

[24] Zu allem Überfluss ist die Terminologie in der Ethnopsychoanalyse (diese kommt dem Ansatz Erich Fromm noch am nächsten, s. Erich-Fromm-Gesellschaft, Internationale (Hg.); *Die Charaktermauer. Zur Psychoanalyse des Gesellschafts-Charakters in Ost- und Westdeutschland*, Göttingen/Zürich 1995, 150,)künftig: Erich Fromm-Gesellschaft, Charaktermauer); Mentalitätsgeschichte, der Historischen Psychologie und der Psycho-Historie teils noch unübersichtlich (Klingenstein, Grete; *Vorwort*, 12, in: Klingenstein, Biographie); Le Goff, Jacques; *Eine mehrdeutige Geschichte*, 24, in: Raulff, Mentalitäten-Geschichte; Barzun, Jacques; *Clio and the Doctors. Psycho-History, Quanto-History, History*, London 1974, 16/17, (künftig: Barzun, Clio). Dies ist ein Phänomen, das die Verwendung psychologischer Theorien in der Geschichtswissenschaft sicher nicht fördert (s. z.B. Barzun, Clio, 15/16).

[25] Wehler, Hans-Ulrich; *Geschichte und Psychoanalyse*, Köln 1974, 20, (künftig: Wehler, Geschichte und Psychoanalyse); s. auch Gay, Freud for Historians, 10/11 u. Mergel, Thomas/Welskopp, Thomas; *Geschichtswissenschaft und Gesellschaftstheorie*, 17, in: dies. (Hg.); *Geschichte zwischen Kultur und Gesellschaft. Beiträge zur Theoriedebatte*, München 1997

[26] Le Goff, Jacques; *Neue Geschichtswissenschaft*, 44, (künftig: Le Goff, Neue Geschichtswissenschaft), in: Le Goff, Rückeroberung; Kornbichler, Tiefenpsychologie und Biographie, 241/42; Patlagean, Evelyne; *Die Geschichte des Imaginären*, 268/69, in: Le Goff, Rückeroberung; Sonntag, Michael; *Vorwort*; in: Sonntag, Michael (Hg.); *Von der Machbarkeit des Psychischen, Texte zur Historischen Psychologie*, Pfaffenweiler 1990; Jüttemann, Gerd; *Vorbemerkungen*, 2, (künftig: Jüttemann, Vorbemerkungen), in: Jüttemann, Wegbereiter; Reuter, Martin; *Vorwort*, VII, in: ders. (Hg.); *Black Box Psyche, Texte zur Historischen Psychologie I*, Pfaffenweiler 1990, (künftig: Reuter, Black Box); Le Goff, Rückeroberung, 14 und 42; Burguière, Begriff, 45

[27] S. Röhl, John C.G.; *Wilhelm II. Die Jugend des Kaisers, 1859–1888*, München 1993, 32, (künftig: Röhl, Wilhelm) zu dem, was er „Neue Orthodoxie" der deutschen Geschichtsschreibung nennt. In (West-)Deutschland wurde die Diskussion über das Verhältnis zwischen Geschichtswissenschaft und Psychologie 1971 von Hans-Ulrich Wehler belebt (Wehler, Geschichte und Psychoanalyse; s. auch Kornbichler, Tiefenpsychologie und Biographik, 135; Blasius, Friedrich Wilhelm IV., 116, s. auch ebd., 187). 1988 innerhalb der Deutschen Gesellschaft für Psychologie eine Fachgruppe „Psychologiegeschichte" gegründet (Sonntag, Michael; *Zur Herkunft des Konzepts einer „historischen Psychologie"*, 8, (künftig: Sonntag, Herkunft), in: Reuter, Black Box). Zudem wurden in der von B. Loewenstein herausgegebenen Reihe „Geschichte und Psychologie" (Centaurus Verlag) einige Beiträge vorgelegt. Letztlich fristet die Diskussion um dieses Thema hierzulande aber ein Außenseiterdasein (s. Doerry, Mentalität, Ergänzungsband, 25; Blasius, Friedrich Wilhelm IV., 22 Quelle 53). Röhl war vor wenigen Jahren noch optimistisch: Es könne nur eine Frage der Zeit sein, bis die anthropologischen und psychologischen Impulse aus dem Ausland auch in Deutschland Anwendung fänden (Röhl, John C.G.; *Kaiser, Hof und Staat. Wilhelm II. und die deutsche Politik*, 2. Aufl., München 1988, 79, (künftig: Röhl, Kaiser, Hof und Staat). In der vor kurzem vorgelegten Einführung in die Geschichtstheorie von Goertz wird auf das Thema aber überhaupt nicht eingegangen (s. auch Jüttemann, Vorbemerkungen).

Der wichtigste Grund für das weitgehende Nicht-Verhältnis der beiden Disziplinen scheint jedoch grundsätzlicher Natur: Ob Friedrich Meinecke auf der einen oder Lucien Febvre auf der anderen Seite: Historiker sind sich weitgehend einig, dass der Mensch keine „Natur" habe, er habe **Geschichte**.[28] Arnold Gehlen schrieb, sicher im Sinne vieler Historiker:

> „... daß das Innenleben der Menschen anderer Zeiten und Kulturen sich von dem unseren nicht nur den Inhalten nach unterschied, in dem was sie dachten und fühlten und wollten – das ist selbstverständlich; sondern auch strukturell und formal unterschied, in den Qualitäten und dem Wie des Erlebens."[29]

Es gebe keine Wissenschaft vom Menschen, könne wegen seiner Veränderlichkeit auch keine geben, nach deren Ergebnissen die historische Erkenntnis reguliert werden könnte.[30] Die Vorstellung, dass der Mensch **unveränderlich** sei, beherrscht jedoch die gesamte klassische, sogenannte nomologische Psychologie.[31]

Wenn Historiker die Veränderlichkeit des Menschen betonen, Psychologen aber seine Konstanz zur Grundlage ihrer Arbeit machen, kann nur Sprachlosigkeit und Unverständnis zwischen beiden Disziplinen herrschen. Bei näherer Betrachtung verliert die Kontroverse aber an Schärfe: Es ist nur natürlich, dass sowohl die Geschichtswissenschaft als auch die so eng verwandte Psychologie die ihnen eigene Perspektive betonen. Das heißt: sie unterstreichen etwas einseitig die ihnen eigene Sicht. In den vergangenen Jahrzehnten verlor sich die Neigung, sich gegen die ehedem junge und etwas obskur scheinende Psychologie abzugrenzen, ebenso wie manche Erfahrung Übermut oder gar Hochmut bei letzterer beseitigt hat. Heutzutage versuchen vor allem die Historische Psychologie und einige Sozialpsychologen, eine Brücke zwischen beiden Lagern zu schlagen.[32] Sie fragen nach dem **Sinn** und der **Bedeutung** von Veränderungen, nach der Funktion gesellschaftlicher Einrichtungen für die Charakterstruktur und umgekehrt, wie diese auch das große Ganze mitprägen, ein m.E. sehr fruchtbarer Ansatz, auf den ich später noch näher eingehen werde.[33]

In den USA forderte William Langer, der Mentor der Diplomatiegeschichte, schon 1958, Konzepte und Ergebnisse der modernen Psychologie stärker für die historische Arbeit zu nutzen (Barzun, Clio, 2 und 6 sowie William L. Langer (*Foreword*, VII–X, in: Wolman, Psychoanalytic Interpretation of History). Auch Barbu versuchte frühzeitig, eine Brücke zwischen der Geschichtswissenschaft und der Psychologie zu schlagen, s. Barbu, Problems, 8 und Castedello, Udo; Zevedei, Barbu; *Probleme einer historischen Psychologie*, (künftig: Castedello, Barbu), in: Jüttemann, Wegbereiter, 174. Zu Pro und Contra der sogenannten Psychohistorie s. Mause, Lloyd de; *Grundlagen der Psychohistorie*, Frankfurt/Main 1989, 23; Gay, Freud for Historians; Stannard, Shrinking History, XIII; Barzun Clio; Burke, Peter; *Collective Psychology and Social Change-Achievements and Problems*, 27, (künftig: Burke, Collective Psychology), in: Loewenstein, Bedrich Werner; *Annäherungsversuche*, Band 4, Reihe Geschichte und Psychologie, Hg.: ders., Pfaffenweiler 1992; Blasius, Friedrich Wilhelm IV., 21/22; Hutton Psychohistorie, 146, 159; Jüttemann Vorbemerkungen, 8–10

[28] Gay, Freud for Historians, 83; Barzun, Clio, 151

[29] Gehlen, Arnold; *Die Seele im technischen Zeitalter. Sozialpsychologische Probleme in der industrialisierten Gesellschaft*, Reinbek 1957, 59

[30] Berding, Helmut; *Aufklären durch Geschichte. Ausgewählte Aufsätze*, Göttingen 1990, 105, (künftig: Berding, Aufklären durch Geschichte); s. auch Brückner, Peter; *Psychologie und Geschichte. Vorlesungen im Club Voltaire 1980/81*, Berlin 1982, 34/35, (künftig: Brückner, Psychologie und Geschichte) und Topolski, Jerzy; *Was ist Historische Methode?*, 104/105, in: Meier, Historische Methode

[31] Deutsch, Morton (mit Kraus, Robert M.); *Theorien der Sozialpsychologie*, Frankfurt/Main 1976, 187, (künftig: Deutsch, Theorien); Jüttemann, Vorbemerkungen, 2; Le Goff, Neue Geschichtswissenschaft, 41/42

[32] S. Sonntag, Herkunft, 2–8; Fromms Kritik an Freud in: Sigmund Freud's, 82 und König, Psychoanalytische, 83. Elias zur Notwendigkeit einer historischen Psychologie in: Prozeß der Zivilisation, II, 385

[33] zu Weber s. auch Gay, Freud for Historians, 35, Theordo W. Adornos *Studien zum autoritären*

2.2 Zur Möglichkeit objektiver Erkenntnis

Die Wirklichkeit ist derart bunt und vielschichtig, „daß jeder Versuch, sie in allen Einzelheiten abzubilden, schon im Ansatz zum Scheitern verurteilt ist". Der Historiker muss für seine Arbeit also die **entscheidenden** Faktoren herauszufiltern suchen. Was aber sind geschichtswissenschaftlich relevante Fakten?[34] – Dies hängt von der Art der Aufgabenstellung des Historikers ab. Die Fragen, die er an die Quellen stellt, hängen neben dem Stand der Forschung und anderem aber auch wesentlich von seiner persönlichen Welt- und Menschensicht ab, von seinen Vorlieben und Abneigungen.

Zudem hat der Historiker zu beachten, dass selbst eine lückenlose Aktenlage immer nur einen Teil des Vergangenen deutlich machen kann. Der damalige Wissensstand, die Motive und die wechselseitige Einflussnahme der Akteure können **nicht immer** deutlich werden.[35]

Persönlichkeit, Interessen, Zeitgebundenheit und ähnliche Faktoren üben also einen mit-bestimmenden Einfluss auf die Aufgabenstellung und die Ergebnisse des Historikers aus. Kann die Historiographie in Anbetracht dieser immensen Bedeutung nicht-objektiver Faktoren überhaupt eine diskursiv überprüfbare Wissenschaft sein? Mit dieser Frage sieht sich die Geschichtsschreibung schon seit ältester Zeit konfrontiert.[36]

Naturwissenschaften unterscheiden zwischen „richtigen" und „falschen" Sätzen. Diese Sicht ist selbstverständlich auch in der Geschichtsschreibung in weiten Bereichen sinnvoll, bis ins Letzte aber weder möglich noch wünschenswert. Denn **der Mensch ist frei**, trotz alledem, und besitzt zumindest einen „Freiraum in der Kette der Natur-Kausalitäten".[37] Darauf fußt unsere Selbsteinschätzung, unser Urteil über andere, ja unsere Kultur.[38] Den Naturwissenschaften und ihrer Methode sind darum in ihrer Erkenntnis- und Erklärungsfähigkeit Grenzen gesetzt, denn die „Lebenswelt" besitzt eine Eigengesetzlichkeit.[39] Verschiedene geschichtliche Phänomene mögen sich ähneln, **identisch** sind sie nie. Darum können soziale Prozesse, von wenigen Ausnahmen abgesehen, auch nicht vorhergesagt werden. Selbst wenn die zahlreichen Faktoren, die in einer bestimmten Situation bedeutsam sind, erkannt werden, „können bereits kleine, unvorhersehbare, ja nicht einmal zu entdeckende Veränderungen in ihrem Verhältnis zueinander das Ergebnis enorm modifizieren". Jede Theorie, die den Menschen nicht nur als Naturwesen behandelt, weist allein aufgrund des letztlich unberechenbaren, weil freien Untersuchungsobjektes und der Vielzahl der Determinanten, Mängel auf.

Charakter (Frankfurt/Main 1973) (künftig: Adorno, Studien) überzeugen nicht. Weitere Kritik an Adorno in Deutsch, Theorien, 157–63. Marcuse hingegen lässt sich in seinem Werk „Triebstruktur und Gesellschaft" zu kritiklos auf das System Freuds ein, z.B. auf die m.E. nicht plausible Theorie des Todestriebes, und sucht diese weiterzuentwickeln (s. Deutsch, Theorien, 130). Die sehr gedrängte Darstellung der widerstreitenden Positionen macht deutlich, dass der Diskussionsprozess zum Thema „Geschichte und Psychologie" sich letztlich noch in einem wenig ausgereiften Stadium befindet.

[34] Gellner, Pflug, 11; Waelder, Psychoanalysis, 5

[35] Rohwer, Jürgen; *Kriegsschiffbau und Flottengesetze um die Jahrhundertwende*, 211, (künftig: Rohwer, Kriegsschiffbau), in: Schottelius, Herbert/Deist, Wilhelm (Hg.), Militärgeschichtliches Forschungsamt; *Marine und Marinepolitik im kaiserlichen Deutschland 1871–1914*, 2. Aufl., Düsseldorf 1981, (künftig: Schottelius, Marine

[36] Nach Meran, Theorien, 15/16; Zitate von Bury, Croce, Burckhardt, Meinecke in Goertz, Einführung, 80

[37] Heisenberg kritisierte dieses „starre Schema" als „Verarmung" (Bauriedl, Wiederkehr, 210; Rattner, Verstehende Tiefenpsychologie, 90)

[38] Anderenfalls wäre beispielsweise die Bestrafung eines Mörders unangemessen.

[39] S. Habermas, Jürgen; *Erkenntnis und Interesse*, Frankfurt/Mainn 1968; s. auch Meran, Theorien, 15/16; s. auch Goertz, Einführung, 112

Selbst erfahrene Psychologen sind sich bei der Interpretation eines bestimmten Falles oft nicht einig.[40]

Wenn ein Naturwissenschaftler versucht, Phänomene vergleichbarer Komplexität wie etwa ein Historiker zu erklären, so sieht er sich ähnlichen Problemen wie dieser konfrontiert. „Die Biologie etwa kennt kein Gesetz, aus dem man einen Satz ableiten könnte, der den Ablauf aller Naturphänomene für ein Waldstück, und sei es noch so klein, vorhersagen würde."[41] Untersuchungsmethoden zur Vergangenheit des Menschen und der ihn umgebenden Strukturen lassen sich also nicht in das notwendigerweise enge theoretische Korsett anderer Wissenschaften pressen, die ganz andere und umgrenztere Forschungsgegenstände bearbeiten.

Es ist also legitim und notwendig, der Historiographie die Wissenschaftlichkeit nicht abzusprechen, weil sie sich nur teils der Erklärungsweise der Naturwissenschaft bedient und sowohl wertend verfährt als auch von Menschen handelt, die sich in einem wertbestimmten Umfeld bewegen.[42]

Was könnte die Wissenschaftlichkeit der Historiographie belegen, was macht sie aus? Zum einen kann sie auf die Ergebnisse ihrer bisherigen Arbeit verweisen, sie hat in den vergangenen zwei Jahrhunderten kraft ihrer Methoden unsere Kenntnis über die Vergangenheit wesentlich erhöht und zugleich vertieft. Dies ist unbestritten. Zum anderen kann der Vorwurf des Subjektivismus oder Relativismus insofern teilweise entkräftet werden, als die Forschung „nicht auf ein zufälliges Finden" eingestellt ist, sondern schon „wissen <muss>, was sie suchen will, erst dann findet sie etwas". Dies ist aber zugleich das erste Einfallstor möglicher subjektiver Verzerrung: die Frage, die der historisch Arbeitende an die Quellen stellt. Es gibt aber keinen Weg, durch das Sammeln reiner Erfahrungsdaten zu einer Theorie zu kommen, die sich auf diese Daten gründet: Eine theoriefreie Beschreibung ist menschenunmöglich, weil Sätze immer mehr enthalten, als das, was konkret erfahrbar ist.[43]

Ein Wissenschaftler, gleich welcher Disziplin, muss bereits wissen, was er suchen will. – Dem Historiker muss also etwas frag-würdig erscheinen, um den Forschungsprozess beginnen zu können. Die Art der Frage bestimmt, welches Material als relevant zu gelten hat.[44] Die Fragen, mit denen der Wissenschaftler „an die Quellen herantritt,

---

[40] Gellner, Ernsest; *Pflug, Schwert und Buch. Grundlinien der Menschheitsgeschichte*, München 1993, 14, (künftig: Gellner, Pflug); Kornbichler, Tiefenpsychologische Theorie, 43/44; Stannard, Shrinking History, 36

[41] Holweg, Heiko; *Erklären oder Verstehen? Die Scheinalternative des qualitativen Paradigmas*, 30, in: ZEITSCHRIFT FÜR HUMANISTISCHE SOZIALWISSENSCHAFT 1998, (künftig: Holweg, Erklären oder Verstehen)

[42] Meran, Theorien, 49/50. Auch ein Naturwissenschaftler, der einen bestimmten Sinnzusammenhang feststellt, kann seine Forschung nicht von einem „Plätzchen außerhalb der Natur" betreiben. Der Standpunkt desjenigen, der eine Aussage mache, ob im Privaten oder in der Wissenschaft, bestimmt die Gültigkeit derselben demzufolge genauso wenig, wie dies die Entstehungsgeschichte der Begriffe, die in ihr auftauchen, oder der Standpunkt desjenigen tut, der sie beurteilt. Ausschlaggebend für die Gültigkeit ist allein, dass der beschriebene Sachverhalt den Tatsachen entspricht (Holweg, Erklären oder Verstehen, 29).

[43] Koselleck, Reinhart; *Standortbindung und Zeitlichkeit. Ein Beitrag zur Historiographischen Erschließung der geschichtlichen Welt*, 17/18, (künftig: Koselleck, Standortbindung und Zeitlichkeit), in: Koselleck, Objektivität und Parteilichkeit; Droysen, Johann Gustav; *Historik. Vorlesungen über Enzyklopädie und Methodologie der Geschichte*, hg. von Hübner, Rudolf, 8. Aufl., Darmstadt 1977, 35, (künftig: Droysen, Historik); Holweg, Erklären oder Verstehen, 46

[44] Meran, Theorien, 82; auch Rüsen, Jörn; *Historische Methode*, 79, (künftig: Rüsen, Historische Methode), in: Meier, Historische Methode. Eine beliebige Datenmenge strukturiert sich nicht von selbst, enthält auch kein in ihr wohnendes Ordnungsprinzip. Der Forscher schlägt vielmehr eine Struktur für die Daten vor, „indem er **ein Problem** aufwirft, **einen Standpunkt** einnimmt gegenüber dem Bereich, den er analysieren will". Dieser Blickwinkel ist notwendigerweise selektiv und legt fest, welche Beobach-

enthalten bereits mögliche Antworten, aber eben nur **mögliche**, nicht wirkliche. Forschung ist daher der methodisch geregelte und somit intersubjektiv überprüfbare Schritt von möglichen zu wirklichen Antworten". Die Quellenkritik muss zudem jederzeit vermittelbar sein, kann überprüft werden und ist logischer Argumentation unterworfen.[45]

Für Heisenberg war sogar der Physiker ein integraler Bestandteil des wissenschaftlichen Experiments, durchaus in der Tradition deutscher Philosophie: Nach Hegel dürfen Wahrheit und das die Wahrheit erkennende Subjekt nicht als zwei voneinander unabhängige Tatsachen anerkannt werden, vielmehr bedingen und verändern sie sich in fortdauernder Bewegung. Auch der Historiker hat keinen Anlass, sich als „objektive Instanz" über seinen „Untersuchungsgenstand" zu erheben.[46] Der Historiker, der bei anderen irrationales Verhalten feststellt, kann nicht davon ausgehen, sein Urteil sei eo ipso rational bzw. objektiv. Es kann in anderer Hinsicht ebenso von Vor-Urteilen geprägt sein.

Die Verstehenslehre, die Hermeneutik, bietet einen, wenn auch schwer gangbaren Ausweg aus diesem Dilemma. Koselleck schreibt:

> „Mag also das Wesen der geschichtlichen Welt ihr Wandel sein: im Medium des Verstehens läßt sich jede einmalige Situation nachvollziehen, auch die fremde und ferne, andersartige Vergangenheit wird durch das Sich-Einlassen, Sich-Einfühlen nachvollziehbar und somit erkennbar."[47]

Es ist offenkundig, dass jegliches Sich-in-den-anderen-Versetzen zu Missdeutungen führen kann. Das Überprüfungskriterium ist v.a. die Stimmigkeit der Teile innerhalb des Ganzen. Nur wenn sich alle Einzelheiten zu einem Aufbau und einer in sich stimmigen Gestalt zusammenfügen, liegt die Interpretation richtig. Sie lässt sich allerdings nicht mathematisch zwingend beweisen. Die Darstellung appelliert an unser „Stilgefühl", an unser Sachwissen, unsere Menschenkenntnis, unser historisches oder ästhetisches Bewusstsein.[48] Die Hermeneutik, die immanente Reflexion der Methode während des Forschens und Interpretierens, ist eine erfolgversprechende Lösung dieses Dilemmas, jedenfalls, soweit es überhaupt zu lösen ist.

Es **kann** nicht darum gehen, ob eine geschichtliche Interpretation vollständig zutrifft (was wir auch gar nicht wissen **können**), sondern, ob sie mehr Fakten als bisherige Erklärungen in einen sinnvollen und in sich stimmigen Zusammenhang zu stellen vermag, bzw. Zusammenhänge aus einem anderen Blickwinkel beleuchtet. Letztlich sind historische Urteile nur als hypothetische Aussagen möglich. Man kann nicht sagen, wie es eigentlich gewesen ist, sondern nur, wie es gewesen sein **könnte**. Geschichte werde strenggenommen im Konjunktiv geschrieben, wie Goertz schreibt. Auch Jürgen Kocka

---

tungen wichtig bzw. belanglos sind. Daraus kann nicht der Schluss gezogen werden, dass der Forscher die Wirklichkeit an seine Weltsicht anpasst, „denn die Antwort auf eine gestellte Frage bleibt offen und läßt sich unabhängig (...) <mit den Mitteln der> Empirie überprüfen" (Holweg, Erklären oder Verstehen, 47).

[45] Rüsen, Historische Methode, 64 und 71/72; auch Meran, Theorien, 93; Hedinger, Hans Walther; *Standortgebundenheit historischer Erkenntnis? Kritik einer These*, 365, in: Koselleck, Objektivität und Parteilichkeit; auch Wolman, Benjamin B.; *Sense and Nonsense in History*, 83/84, in: Wolman, Psychoanalytic Interpretation of History

[46] Loewenberg, Decoding, 12; Erdheim, Gesellschaftliche Produktion, 162; s. auch Barzun, Clio, 48

[47] Koselleck, Standortbindung und Zeitlichkeit, 18; näheres zur Hermeneutik: s.v.a. Droysen, Historik und Dilthey, Wilhelm; *Werke, Band 7, Der Aufbau der geschichtlichen Welt in den Geisteswissenschaften*, 2. Aufl., Stuttgart 1958; zudem Rattner, Verstehende Tiefenpsychologie; Meran, Theorien; Rüsen, Historische Methode; Goertz, Einführung, 43, 116/17

[48] Rattner, Verstehende Tiefenpsychologie, 64; s. des Weiteren zum Verhältnis von Wissenschaftlichkeit und Theoriefähigkeit der Geschichtsschreibung: Meran, Theorien, 42–47; s. auch White, Hayden; *Auch Klio dichtet oder Die Fiktion des Faktischen. Studien zur Tropologie des historischen Diskurses*, Stuttgart 1986, 9/10; White zitiert in Goertz, Einführung, 102, Gerhart Ritter zitiert in ebd., 100/101

spricht nicht mehr vom **Objektivitäts**postulat, sondern davon, dass historische Argumente **Angemessenheits**kriterien genügen müssten.[49] Es ist offensichtlich menschenunmöglich, das Problem von Objektivität und Parteilichkeit letztendlich zu lösen. Es ist **logisch ausgeschlossen**, im Selbst wurzelnde Sichtweisen völlig zu eliminieren. Hierfür wäre eine völlige Abstraktion vom Ich erforderlich. Nur ein anderes Bewusstsein, ein anderes Ich, das aber im selben Bewusstsein, im selben Ich beheimatet sein müsste, könnte dies leisten – ein Paradoxon.[50]

Werke der Geschichtsschreibung können dementsprechend mehr oder minder überzeugend sein, vermitteln also nur relative Erkenntnis. Die Geschichtswissenschaft kann also „wahre" Aussagen machen und muss doch zugleich deren Relativität zugeben und berücksichtigen. Dies hat aber nichts mit post-moderner Beliebigkeit zu tun, die die Suche nach der Wirklichkeit als illusorisch und altmodisch denunziert – wie in der Arbeit auch deutlich werden wird

Meine Darstellung ist trotz aller Absicherung durch Empirie nur eine **mögliche Version** des Vergangenen. Dies entspricht **nicht** meinem subjektiven Eindruck. Ich **empfinde** es nicht so, nur eine von mehreren möglichen Versionen geschrieben zu haben, bin mir dessen aber **bewusst**.

3. Methode und Imperialismusforschung

Subjektive bzw. irrationale Faktoren üben selbstverständlich nicht nur erheblichen, ja mit-bestimmenden Einfluss auf die Arbeit des Historikers aus. Dies trifft in ebensolchem, wenn nicht noch höherem Maße auf die Weltsicht und das Handeln derjenigen zu, die sein „Forschungsgegenstand" sind. Dies wird bspw. in einer umfassenden Auswertung von Dokumenten der Großmächte aus den Wochen vor dem Kriegsausbruch 1914 deutlich: Die Entscheidungsträger **aller** Großmächte sahen in den Krisenwochen ihre eigenen Möglichkeiten als eingeschränkter an, als es die Optionen der Gegner gewesen wären. Sie sahen ihren eigenen Entscheidungsprozess also bestimmt durch **Notwendigkeiten**, während die Feinde angeblich zwischen verschiedenen Möglichkeiten hätten **wählen** können.[51] Welche Folgerungen sind in der Imperialismusforschung aus der offensichtlichen Bedeutung subjektiver Faktoren gezogen worden?

Robinson und Gallagher, zwei Historiker, deren Arbeit über die Natur des Imperialismus seit 40 Jahren einen großen Einfluss auf die wissenschaftliche Diskussion ausübt, gehen davon aus, dass die damals politisch Handelnden unter **vollständig rationalen** Gesichtspunkten agierten, und sich ihrer Prämissen durchweg bewusst waren. Ein anderer wichtiger Gelehrter ging in seinem Buch „Imperialism and Social Reform" von denselben Voraussetzungen aus.[52] Neuere Werke anderer Autoren stützen sich auf ähnliche Vorbedingungen.[53] Diese werden in aller Regel **nicht benannt**.

---

[49] Loewenberg, Decoding, 45; s. auch Meran, Theorien, 167; Rüsen, Historische Methode, 69; Goertz, Einführung, 92, 142/43

[50] Zum Problem der Wissenschaftlichkeit der Historiographie s. auch Berding, Aufklären durch Geschichte

[51] Holsti, Ole R.; *Theory of Crises Decising Making*, in: Viotti, Paul R./Kauppi, Mark V. (Ed.), *International Relations Theory. Realism, Pluralism, Globalism*, 2nd. Ed., New York 1987

[52] Robinson, Ronald/Gallagher, John (m. Alice Denny), *Africa and the Victorians. The Official Mind of Imperialism*, London 1961, (künftig: Robinson, Africa and the Victorians); Bernard Semmel, *Imperialism and Social Reform. English Social-Imperial Thought 1895–1914*, Studies in History No. 5, London 1960, (künftig: Semmel, Imperialism and Social Reform)

[53] Z.B. Wilson, Keith M.; *The Role and Influence of the Professional Advisers of the Foreign Office on the Making of British Foreign Policy from December 1905 to August 1914*, Ph.D.Thesis, Oxford 1973, (künftig:

Der Historiker Wormer ist einer der wenigen, der seine Prämissen darlegt:

„Indem Englands Status als imperialistische Weltmacht <zu Beginn des 20. Jahrhunderts> von der russischen wie deutschen Militärmacht gleichermaßen in Frage gestellt wurde und die englische Seite sich keine Illusionen über die parlamentarisch-demokratischen Qualitäten beider Kaiserreiche machte, **darf davon ausgegangen werden**, daß weniger ideologische und emotionale Antriebe als vielmehr ein undogmatisches Kalkül, das sich vorzugsweise an objektiven nationalen Gegebenheiten orientiert haben mußte, die englische Politik gegenüber beiden Staaten bestimmten."[54]

Die militärische Herausforderung, unter der Großbritannien stand und die Erkenntnis der Verantwortlichen über die bedrohliche unterschiedliche innenpolitische Verfasstheit soll also gewährleistet haben, dass man auf britischer Seite undogmatisch vorging und sich vorwiegend an objektiven (?) nationalen Begebenheiten orientierte? – Diese Behauptung ist weder logisch stichhaltig, noch psychologisch überzeugend.[55] Die Bedrohung des eigenen Status, die nicht einmal real gegeben sein muss, führt im Gegenteil meist zu irrationalen Reaktionen aus Angst geboren, wie in der Arbeit an zahlreichen Beispielen belegt ist.

Friedberg hat vor wenigen Jahren einen interessanten Versuch unternommen, die britische Außenpolitik in den Jahren nach 1900 aus einem vielseitigen Beziehungsgeflecht von außen- und innenpolitischen Faktoren heraus zu begreifen. Die möglicherweise verzerrte Menschen- und Weltsicht der damaligen Handlungsträger thematisiert er freilich nicht.[56]

Die meisten Autoren, die sich der Thematik nicht-bewusster Motive widmen, tun dies eher am Rande. Eine kleine Gruppe von Historikern kommt ausführlicher auf diesen Forschungsgegenstand zu sprechen. So hat Curtis den Versuch unternommen, mit einem sozialpsychologischen Ansatz ein wichtiges Problem britischer Innenpolitik zu erhellen. Er schlägt vor, dass die „Irische Frage" im Grunde eine „Englische Frage" gewesen sei. Die „männliche Rasse" der Angelsachsen sei dazu bestimmt, über die „weiblichen" Kelten zu herrschen, auch im Interesse der letzteren, so die verbreitete Ideologie, die auch der langjährige Premier- und Außenminister Salisbury vertrat.[57] Sie ähnelt der (mehr oder minder wohlwollenden) paternalistisch-rassistischen Weltanschauung des Kolonialismus. Laut Curtis hätten viele Engländer ihre unterdrückten Ängste wegen eigener Schwierigkeiten und Unzulänglichkeiten auf Iren projiziert und sich somit sozialen und emotionalen Druckes entledigen können.[58]

Wilson, Role and Influence). Zara Steiner wird ihrem eigenen Anspruch leider nicht gerecht *(The Foreign Office and Foreign Policy, 1898–1914*, Cambridge 1969, IX., (künftig: Steiner, Foreign Office and Foreign Policy). Porter (Critics of Empire) untersucht ebenfalls ausschließlich die rationalen und bewussten Motive der Gegner des Imperialismus.

[54] Wormer, Klaus; *Großbritannien, Rußland und Deutschland. Studien zur britischen Weltreichspolitik am Vorabend des Ersten Weltkrieges*, München 1980, 22, (künftigt: Wormer, Großbritannien, Russland und Deutschland). Meine Hervorhebung.

[55] An anderer Stelle schreibt er übrigens, dass „bei manchen Beamten des F.O. die deutschfeindliche oder prorussische Haltung nicht immer rational zu erfassen ist" (118), ohne dies weiter zu thematisieren.

[56] S. sein Weary Titan

[57] Mock, Wolfgang; *The Function of „Race" in Imperialist Ideologies: The Example of Joseph Chamberlain*, 193 u. 202, Anm. 14, (künftig: Mock, Function), in: Kennedy, Paul M. (mit Nicholls, Anthony); Nationalist and Racialist Movements in Britain and Germany before 1914, Oxford 1981, (künftig: Kennedy, Nationalist); Hyam, Ronald; *Britain's Imperial Century, 1815–1914: A Study of Empire and Expansion*, London 1976, 88, (künftig: Hyam, Britain's Imperial Century)

[58] Curtis, L.P.; *Anglo-Saxons and Celts*, 27, (künftig: Curtis, Anglo-Saxons), in: Field, Programme. Zu Bedeutung und Hintergrund des Phänomens der „Projektion" bzw. „Verschiebung" s. Kap. IV, Abschnitt 13

Der Historiker Field schlägt vor, soziale Orientierung und Verhaltensweisen zu untersuchen. So betrachtet werde der Imperialismus auch Teil der englischen Sozialgeschichte.[59] Seines Erachtens **glaubte** man an das Empire und hing an ihm. Der Enthusiasmus für das Imperium „war weniger das Ergebnis rationaler Interessen, ob geschäftlich, politisch oder diplomatisch, als das Ergebnis eines sozialen Systems von Orientierungen und Aktionen".[60] Field leugnet nicht, dass es „rationale" Argumente für den Imperialismus gab, aber sein Interesse gilt der sozialen Bedeutung, dem symbolischen Gewicht des Empire für Briten um die Jahrhundertwende. Nach seinen eigenen Worten schreibt er über den „emotionalen Kontext ... politischer Realitäten".[61] Leider verwirklicht er dieses Forschungskonzept nur zum kleinen Teil. Fields Arbeit ist ganz überwiegend eine Darstellung der Ansichten und teils eine Lebensweges von Einzelnen. Es fällt nahezu kein Wort zur Wirtschaft, dem Lebensstandard, dem Verhältnis zur Sexualität[62], dem Aufstieg von Labour-Party und Gewerkschaften, der zunehmenden Zensur, den „Suffragetten" oder der Militarisierung der Schulen. Seinem eigenen Anspruch kann er so letztlich nicht gerecht werden.

Faber kommt auf die unterbewussten Antriebe der Handelnden, auf ihre Gefühlslage zu sprechen. Der Hauptgrund, warum jemand zum Imperialisten werde, liege nicht in kühler strategischer oder ökonomischer Kalkulation. Es handele sich vielmehr um Willen zur Führerschaft, gepaart mit Aggression. Dieses Motiv scheine keine Parallele in der Geschichte des Empire vor dem Ende des 19. Jahrhunderts zu besitzen.[63]

A.P. Thornton stellt dar, dass die rationalen Argumente der Gegner des Imperialismus die Protagonisten des Empire nicht überzeugen konnten, ja an ihnen abprallten – weil sie **gefühlsmäßig** am Weltreich hingen, nicht aus Kalkulation.[64] Dies bedeutet, **dass die Untersuchung der bewussten und rationalen Beweggründe der Imperialisten nicht zum Kern ihrer Motivation vorzudringen vermag.** Thorntons Studie versieht die Ergebnisse der bisherigen Imperialismusforschung faktisch mit einem Fragezeichen, stellt aber eigentlich noch keine Alternative dar. Womöglich hätte er ein schlüssiges Gesamtkonzept entwickeln können, wenn er die Frage gestellt und zu beantworten versucht hätte, **warum** die Imperialisten diese sentimentale Bindung an das Empire entwickelten.[65]

Für Lowe[66] besteht die Aufgabe des Historikers **nicht** darin darzulegen, „wie es eigentlich gewesen ist". Die Frage sei vielmehr, was die damals außenpolitisch Verantwortlichen **dachten, was passiere, was sie wie wahrnahmen.** Der persönliche „Geschmack" des Einzelnen sei wichtig für die richtige Einschätzung, warum bestimmte außenpolitische Entscheidungen getroffen wurden. Dies ist m.E. eine wesentliche Erkenntnis. Sie unterstreicht die Bedeutung individualpsychologischer Untersuchungen. Das sozio-ökonomische Umfeld, **in dem** und **aus dem heraus** die Entscheidungsträger agierten, lässt Lowe aber weitgehend unberücksichtigt, ebenso sozialpsychologische Fragestellungen.

---

[59] Field, Harvey John; *Toward a Programme of Imperial Life. The British Empire at the Turn of the Century;* Contributions in Comparative Colonial Studies, No. 9 (Ed. Winks, Robin W.), Westport (Conn.) 1989, 20, (künftig: Field, Toward Programme); s. auch 28; s, auch Mac Kenzie, John M.; *Propaganda and Empire. The Manipulation of British Public Opinion 1880–1960*, Manchester 1985, 2, (künftig: Mac Kenzie, Propaganda)

[60] Field, Toward Programme, Series, Foreword, XI

[61] Field, Toward Programme, 28, 24

[62] Nur ein kurzes Zitat Oscar Wilde betreffend

[63] Faber, Richard; *The Vision and the Need. Late Vistorian Imperialist Aims*, London 1966, 127/28, (künftig: Faber, The Vision and the Need)

[64] S. Field, Toward Programme, der sich auf Thorntons „Imperial Idea" bezieht.

[65] Man könnte ebensogut die Frage stellen, warum viele gerade **nicht** am Empire hingen.

[66] Reluctant Imperialists, erstes Kapitel

Der Imperialismus wurde bereits als „der erste der irrationalen Mythen des 20. Jahrhunderts" bezeichnet. Heinz Gollwitzer stellt in einer breit angelegten Studie zum Imperialismus fest, dass sowohl die gebildeten Kreise als auch die Masse der Bevölkerung sich mehr oder weniger lediglich durch Schlagworte und Vereinfachungen für den Imperialismus einnehmen ließen.[67] – Aber **warum** ließen sie sich derart beeinflussen?

Kennedy zitiert eine Äußerung Kingsleys aus dem Jahre 1851:

> „Die Spinning Jenny und die Eisenbahn, Cunards Dampfschiffe und der elektrische Telegraph sind für mich (...) Zeichen, daß wir <d.h. Großbritannien>, zumindest teilweise, im Gleichklang mit dem Universum sind, daß ein mächtiger Geist mitten unter uns wirkt ... der des ordnenden und schaffenden Gottes."

Kennedy bemerkt, dass es überraschend wäre, wenn das Verschwinden dieser Art kosmischen Vertrauens ein halbes Jahrhundert später keinen Einfluss auf die äußere Politik gehabt hätte.[68] Er wirft diese so eminent wichtige Fragestellung leider nur auf. Einen erkennbaren Niederschlag in seinen umfangreichen und beeindruckenden Arbeiten kann ich nicht feststellen.

Kingleys Äußerung ist unmissverständlich, in der Regel wird die Einschätzung der Stellung der eigenen oder einer anderen Gemeinschaft in der Welt aber nur indirekt deutlich. Dies trifft ebenso für die Welt- und Menschensicht zu, die „private" Philosophie und Psychologie, die die Wahrnehmung und das Handeln eines jeden wesentlich mitbestimmen. James Joll schreibt dementsprechend von den „unausgespochenen Annahmen", die hinter jeder außenpolitschen Entscheidung stünden. Joll sieht diese als „in der Luft liegende Grundüberzeugungen". Historiker, die sich mit außenpolitischen Problemstellungen beschäftigen, haben bislang noch keinen nachdrücklichen Versuch unternommen, aufzuzeigen, worin diese „unausgesprochenen Annahmen" denn nun genau bestehen.[69]

Bei vielen Historikern herrscht zudem eine Scheu, reaktionäre und chauvinistische[70] Tendenzen in der britischen Gesellschaft und Politik zu thematisieren und **so** deutlich zu benennen sowie ihre Hintergründe zu verfolgen, wie dies bei der Analyse der Politik einiger anderer Länder bereits verbreitet ist.[71] Dementsprechend gibt es auch fast keine Ansätze, die innere Entwicklung des Vereinigten Königreiches mit den äußeren Beziehungen in nähere Verbindung zu bringen.

In der Historiographie findet seit 80 Jahren eine intensive Auseinandersetzung über die Politik der Großmächte vor dem 1. Weltkrieg statt. Die Beschäftigung mit der Thematik verlief zunächst ganz überwiegend in den althergebrachten Bahnen der Erforschung der Diplomatiegeschichte. Dieser Ansatz, der außenpolitisches Handeln durch **außen**politische Überlegungen bestimmt sieht, gründet sich auf den deutschen Gelehrten Ranke und war vielen Historikern ein Dogma.[72] Außerdem begünstigte die zugäng-

---

[67] Fieldhouse, David K.; *Imperialism. An Historigraphical Revision*, in: ECONOMIC HISTORICAL REVIEW (2nd. Series), 14 (1961), 187–209; Gollwitzer, Heinz; *Geschichte des weltpolitischen Denkens*, Band 2, Zeitalter des Imperialismus und der Weltkriege, Göttingen 1982

[68] Kennedy, Paul M.; *The Realities Behind Diplomacy. Background Influences on British External Policy, 1865–1980*, London 1981, 58/59, (künftig: Kennedy, Realities Behind)

[69] Joll, James; *1914. The Unspoken Assumptions. An Inaugural Lecture*, London 1968, (künftig: Joll, Unspoken Assumptions); McKercher, B.J.C./Moss, D.J. (Ed.); *Introduction*, 17, (künftig: McKercher, Introduction), in: McKercher/Moss, D.J. (Ed.); *Shadow and Substance in British Foreign Policy 1895–1939. Memorial Essays Honouring C.L. Lowe*, Edmonton 1984, (künftig: McKercher, Shadow and Substance)

[70] Unter Chauvinismus verstehe ich in der Arbeit einen gewaltbereiten Nationalismus.

[71] Mayer, Arno J.; *Adelsmacht und Bürgertum. Die Krise der europäischen Gesellschaft 1848–1914*, München 1984, 288, (künftig: Mayer, Adelmacht); Schmidt, Gustav; *Rationalismus und Irrationalismus in der englischen Flottenpolitik*, 284, (künftig: Schmidt, Rationalismus), in: Schottelius, Marine

[72] Meinecke, Friedrich; *Rankes Gespräche*, 30, (künftig: Meinecke, Rankes), in: ders.; *Vom geschichtlichen Sinn und vom Sinne der Geschichte*, Leipzig 1939

liche Materialbasis dieses Herangehen, denn in den 1920er und 30er Jahren veröffentlichten zahlreiche Mächte diplomatische Akten der Vorkriegszeit. Zudem erschienen zahlreiche Memoiren von Politikern und Diplomaten, so dass eine sehr umfangreiche diplomatiegeschichtliche Quellenbasis auszuwerten war. Da in weiten Kreisen der Bevölkerung zudem die **Geheim**diplomatie der Vorkriegszeit als wesentlicher Grund für das Heraufkommen der Katastrophe galt[73], gab es zunächst wenig grundsätzliche Kritik am traditionellen Ansatz – und vor allem keine Alternative.

Neben der Untersuchung der „Großen Politik" erwies sich aber bald eine weitere Herangehensweise als sehr fruchtbar: Eckart Kehr unternahm schon 1930 den Versuch zu belegen, dass außenpolitisches Handeln wesentlich durch **innen**politische Interessen bestimmt sei.[74] Durch die Umkehrung des Satzes vom Primat der Außenpolitik im Handeln der Großmächte wurde im Ergebnis quasi eine kopernikanische Wende im Ansatz der Geschichtswissenschaft vorgenommen. Dieses neuartige heuristische Prinzip belebte Forschung und Diskussion und wurde z.B. von George W.F. Hallgarten, Fritz Fischer und Hans-Ulrich Wehler in zahlreichen Studien fruchtbar umgesetzt.[75] In den 1960er und 70er Jahren geriet der diplomatiegeschichtliche Ansatz zunehmend unter Rechtfertigungszwang.[76]

Gegen die Herangehensweise, Außenpolitik ganz überwiegend von innenpolitischen Determinanten bestimmt zu sehen, artikulierte sich unter der Führung von Andreas Hillgruber und anderer vielfältiger Widerspruch. So vermisste Klaus Hildebrand den Nachweis, **auf welche Weise** bspw. die soziale Struktur außenpolitische Entscheidungen bestimme.[77]

Dieser Einwand scheint für die Deutung britischer Politik eine besonders große Bedeutung zu besitzen: Anders als etwa beim Deutschen Reich, – Kehr und seine Nachfolger beschäftigten sich auschließlich mit diesem – erfreuten sich der britische Außenminister und sein Amt einer besonders ausgeprägten Autonomie. Die Mitarbeiter des F.O. arbeiteten in solchem Abstand zur Geschäftswelt, zu Parlament und Presse, dass es auf den ersten Blick so scheint, als ob sie frei von innenpolitischen Zwängen gewesen wären und die Diplomatie lediglich unter dem Gesichtspunkt der „Großen Politik" betrieben hätten.[78]

Im Deutschen Reich übten der „Bund der Landwirte" und das, was man als „militärisch-industriellen Komplex" bezeichnen könnte, zeitweilig erheblichen Druck auf die Außenpolitik aus. In Großbritannien, dem klassischen Land des Wirtschaftsliberalismus, waren Staat und Wirtschaft strenger geschieden. So betrieb das F.O. auch erst sehr spät Ansätze einer Außenwirtschaftsförderung. Für die britischen Kapitalisten und Industriellen bestand aufgrund ihrer langjährigen ökonomischen Vorherrschaft in weiten

---

[73] Lloyd George war ebenfalls dieser Ansicht (Steiner, Foreign Office and Foreign Policy, 171)

[74] S. sein „Schlachtflottenbau"

[75] S. z.B. Hallgarten, George W.F.; *Imperialismus vor 1914. Die soziologischen Grundlagen der Außenpolitik europäischer Großmächte vor dem Ersten Weltkrieg*, 2 Bände, München 2. Aufl. 1963, (künftig: Hallgarten, Imperialismus vor 1914); Fischer, Fritz; *Griff nach der Weltmacht. Die Kriegszielpolitik des kaiserlichen Deutschland 1914/18*, 2. Aufl., Königstein/Taunus 1979; Wehler, Hans-Ulrich; *Bismarcks Imperialismus 1862–1890*; in: in: Ziebura, Gilbert; *Grundfragen der deutschen Außenpolitik seit 1871*, in: Wege der Forschung, Bd. CCCXV, Darmstadt 1975, (künftig: Ziebura, Grundfragen), s. auch Hildebrand, Klaus; *Deutsche Außenpolitik 1871–1918*, Enzyklopädie deutscher Geschichte, Band 2, München 1989, 98/99, (künftig: Hildebrand, Deutsche Außenpolitik)

[76] S. z.B. Steiner, Zara; *Britain and the Origins of the First World War*, London 1977, 3; (künftig: Steiner, Britain Origins) in den vergangenen 10–15 Jahren gewann die politische Historiographie jedoch wieder an Bedeutung (s. Le Goff, Jacques; *Vorwort 1988*, 9, in: Le Goff, Rückeroberung).

[77] HZ 223 (1976), 328–57

[78] Steiner, Britain Origins, 128; Porter, Bernard; *Britain, Europe and the World 1850–1982: Delusions of Grandeur*, London 1983, (künftig: Porter, Britain, Europe), 9; Kennedy, Realities Behind, 61

Gebieten der Erde auch keine Notwendigkeit, die Unterstützung ihres Außenamtes zu suchen.

Zudem waren in Großbritannien die politischen Verantwortlichkeiten klarer definiert als im Deutschen Reich. Hier herrschte eine regelrechte Konfusion an der Regierungsspitze, verbunden mit einer unterentwickelten politischen Substruktur[79] (z.B. Parteien, Presse). Ein Ansatz wie der von Eckart Kehr erscheint bei der Untersuchung der Motive außenpolitischen Handelns Großbritanniens zur Zeit des Imperialismus zunächst darum weit weniger angebracht als beim Deutschen Reich.[80] Der Einfluss von Interessengruppen auf die auswärtige Politik war in England mit Sicherheit geringer als in Deutschland. Robinson und Gallagher u.a. gingen folglich in ihren Untersuchungen von dieser Voraussetzung aus.[81]

4. SCHLUSSFOLGERUNGEN FÜR DIE VORLIEGENDE ARBEIT

Wenn die Geschichtswissenschaft von einem realitätsnahen Menschenbild ausgehen will, so muss **auch** das noch nicht bewusste, das individuelle und kollektive Unbewusste Forschungsgegenstand sein. Die Beschränkung des Untersuchungsgegenstandes auf einen Ausschnitt der Realität – in den oben aufgeführten Fällen faktisch auf den bewussten und zugleich rationalen – ist legitim, der Erklärungs- und Aufklärungswert der Arbeit wird dadurch aber erheblich beeinträchtigt. Spätestens seit Kant und Freud ist offenkundig, dass das, was die Menschen von sich selbst (oder anderen) **glauben,** mit der Realität sehr häufig nicht deckungsgleich ist.[82]

In den o.a. Studien wurden also wichtige **Aufgaben** geschichtswissenschaftlicher Forschung um-schrieben. Meines Erachtens sind sie aber nicht zum Kern des Problems gelangt, sondern haben diesen „lediglich" umrissen, womit die Autoren zu ihrer Zeit aber bereits Neuland erschlossen. Ich bin also der Überzeugung, dass es geboten ist, **auch** die unbewussten und irrationalen Motive der außenpolitisch Handelnden zu thematisieren, ihre „unausgesprochenen Annahmen". Um hier zu überzeugenden Ergebnissen kommen zu können, gilt es die **Funktion** herauszuarbeiten, die eine bestimmte Menschen- und Weltsicht erfüllte, und zwar unter individual- und sozialpsychologischem bzw. sozialgeschichtlichem Aspekt. Die letztgenannten sind für die Arbeit bedeutsamer als der individualpsychologische Ansatz.

Der Erklärungswert vieler Untersuchungen über Großbritannien zur Zeit des Imperialismus wird auch dadurch beeinträchtigt, dass gesellschaftliche und innenpolitische Entwicklungen bei der Interpretation der Außenpolitik kaum berücksichtigt werden. Diese Beschränkung hat auch einige Berechtigung, wie gegen Ende des vorhergehenden Abschnitts dargelegt wurde. Sie führt aber insbesondere für die Jahre zwischen der Jahrhundertwende und dem Ausbruch des Weltkrieges zu schwerwiegenden Fehleinschätzungen.

Die britische Außenpolitik verlor ab etwa 1898 innerhalb weniger Jahre sowohl nach ihrer Form als auch nach ihrem Inhalt derartig stark an Ruhe und Souveränität, dass eine Erklärung durch außenpolitische Motive nicht hinreicht. Eine machtorientierte, technokratische und autoritäre Umgestaltung hatte bereits seit den 1870er Jahren

---

[79] Steiner, Britain Origins, 2

[80] Peter Winzen allerdings (*Bülows Weltmachtkonzept. Untersuchungen zur Frühphase seiner Außenpolitik 1897–1901,* Schriften des Bundesarchivs 22, Boppard 1977, 21, (künftig: Winzen, Bülows) weist deutlich auf die Grenzen des sogenannten sozialimperialistischen Ansatzes auch für den deutschen Fall hin.

[81] S. auch Field, Toward Programme, 14

[82] Fromm, Sigmund Freud's, 39

Gesicht und Charakter des Landes und seiner Bewohner verändert (s. Kap. IV). Seit den 1880er Jahren und verstärkt durch den Burenkrieg äußerte sich dies auch vernehmlich in der Außenpolitik des Vereinigten Königreiches. Zudem wurden die Britischen Inseln in den Jahren ab etwa 1905 zunehmend von innenpolitischen Spannungen erschüttert: Zahl und Umfang der Arbeitskämpfe stiegen stark an, die Arbeiter- und auch Suffragettenbewegung stellten die innere Verfasstheit immer stärker in Frage, und die Irische Frage steuerte auf einen Bürgerkrieg zu.[83]

Großbritannien schien sich 1914 sowohl außen- als auch innenpolitisch in einer Sackgasse zu befinden. Es besaß nicht mehr die Kraft, sein Weltreich aus eigener Kraft zu sichern, und die herrschenden Eliten vermochten es nicht mehr, die sozialen und wirtschaftlichen Probleme konstruktiv zu lösen. Die außen- und innenpolitischen Belastungen verstärkten einander. Darum werden Untersuchungen über Ideologie, Mentalität[84] und soziale sowie ökonomische Entwicklungen in dieser Arbeit einen wichtigen Beitrag zur Erklärung auch außenpolitischer Entwicklungen liefern.

In den vergangenen Jahrzehnten entstanden zahlreiche Studien über verschiedene Aspekte der Politik und Gesellschaft des Deutschen Reiches, die den Zweck verfolgten, innenpolitisch motivierten Einfluss auf die Außenpolitik der Wilhelmstraße dingfest zu machen, und sie wurden fündig. Für die britische (und in noch stärkerem Maße die französische) Politik wurde diese Arbeit nicht geleistet.[85] Der Gedanke, innere Konflikte durch äußere Aggression zu überdecken, ob bewusst oder unbewusst, scheint aber in der europäischen Tradition tief verwurzelt.[86]

Die Erörterung sozio-ökonomischer Fragestellungen nimmt in dieser Arbeit einen breiten Raum ein. Sie erfolgt aber **nicht** unter der Prämisse, dass diese inneren Faktoren die britische Außenpolitik **bestimmten**. Die Erörterung sozialer und ökonomischer Themen dient vielmehr als **Indikator für Veränderungen** des psychologischen und mentalen Klimas im Lande, der „unausgesprochenen Annahmen" ("unspoken assumptions") der Briten, ihren Ich-Idealen und Ängsten, ihrer Menschen- und Weltsicht. Dadurch wird der sich wandelnde Rahmen deutlich, innerhalb dessen sich die britische Außenpolitik – und die Handelnden – im Zeitalter des Imperialismus bewegte.

Die Beachtung sozio-ökonomischer Faktoren spielt für das Verständnis der Außenpolitik eine zentrale Rolle: **eine** und eine **zentrale** Rolle, nicht mehr und nicht weniger. Einen durchgängigen Primat der Innenpolitik zu postulieren, ist unangebracht, fast ebenso, wie vom absoluten Vorrang der Außenpolitik auszugehen.[87] Aber es bleibt ein

---

[83] Mayer schreibt zugespitzt, dass ein Primat der Außenpolitik unter vorrevolutionären Umständen nicht durchsetzbar sei (Mayer, Arno J.; *Domestic Causes of the First World War*, 292, (künftig: Mayer, Domestic Causes), in: Krieger, Leonhard/Stern, Fritz (Ed.); *The Responsibility of Power*, New York 1967).

[84] Ich schließe mich der Definition Theodor Geigers an: **Ideologien** zeichneten sich dadurch aus, „daß sie als Doktrin oder Theorie auftreten. Sie sind mitteilbar, sind mögliches Lehrgut, können gepredigt und verbreitet werden. Die **Mentalität** dagegen (meine Hervorhebung) ist geistig-seelische Disposition, ist unmittelbare Prägung des Menschen durch seine soziale Lebenswelt (…)." Doerry erläutert: „Mentalitäten unterscheiden sich demnach von Einstellungen durch ihre Dauerhaftigkeit und die sehr niedrige Bewußtseinsstufe; von den Ideologien außerdem noch durch das Fehlen von Systematik und innerer Logik." (Doerry, Mentalität, 50/51, ebenso wie das Zitat Geigers)

[85] Joll, James; *War Guilt 1914. A Continuing Controversy*, 67, (künftig: Joll, War Guilt), in: Kluke, Paul/Alter, Peter; *Aspekte der deutsch-britischen Beziehungen im Laufe der Jahrhunderte*. Ansprachen und Vorträge zur Eröffnung des Deutschen Historischen Instituts London, Veröffentlichungen des Deutschen Historischen Instituts 2, Band 4, Stuttgart 1978, 67, (künftig: Kluke, Aspekte); s. auch Zentralinstitut für Geschichte der Akademie der Wissenschaften der DDR; *Atlas zur Geschichte*, Band 1, Gotha/Leipzig 1981, 118

[86] S. z.B. Gay, Peter; *The Cultivation of Hatred. The Bourgeois Experience. Victoria to Freud, Education of the Senses*, 68, Anm., New York/Oxford 1984, (künftig: Gay, Cultivation)

[87] Hillgruber, Andreas; *Kontinuität und Diskontinuität in der deutschen Außenpolitik von Bismarck bis*

wichtiger Einwand: **Auf welche Weise** wirkten in den Jahrzehnten vor 1914 etwa die zunehmende Militarisierung der Schulen und die anwachsenden sozialen Spannungen in Großbritannien auf die Außenpolitik des Landes ein?

Die Skepsis, **inwiefern** und **inwieweit** soziale Veränderungen die äußere Politik eines Landes mitbestimmen, hat einige Berechtigung. So scheint etwa die französische Außenpolitik nach 1789 oder die russische nach 1917 trotz tiefgreifender gesellschaftlicher Brüche an die Tradition des vorhergegangenen Regimes anzuknüpfen. Dies ist aber kein allgemein verbindlicher Einwand, denn die geostrategische Situation beider Länder änderte sich nicht grundsätzlich, ebensowenig das Selbstverständnis als auserwählte Nation oder Vorhut des Fortschritts. Überspitzt formuliert: Es gab lediglich eine neue Begründung für expansive Bestrebungen in beiden Völkern. Im britischen Fall aber wandelte sich in der Epoche des Imperialismus sowohl die geostrategische Situation als auch das Selbstverständnis der Eliten: Das Empire sah sich in Indien (und auch in Westafrika) als Nachbar eines Landes, das über sehr starke Landstreitkräfte verfügte, und die große Selbstsicherheit, die Briten um die Mitte des 19. Jahrhunderts beseelt hatte, wandelte sich durch das wirtschaftliche und technische Zurückbleiben und die demütigenden Erfahrungen des Burenkrieges in Unsicherheit und Angst.

Ein **direkter** Zusammenhang zwischen gesellschaftlich-innenpolitischen Gegebenheiten und der Außenpolitik lässt sich hin und wieder feststellen. Von größerer Bedeutung ist jedoch die **indirekte** Einwirkung gesellschaftlicher und wirtschaftlicher Phänomene. Die sozio-kulturellen Faktoren schaffen einen **Rahmen** innerhalb dessen die Politik handeln kann. Auch die Außenpolitik eines Landes agiert nicht im „luftleeren Raum", denn sie wird von Menschen gemacht, die auch von herrschenden Urteilen oder Vorurteilen und der „Stimmung" in ihrem Umfeld beeinflusst werden.

Ein Beispiel sei genannt: Im Deutschen Kaiserreich war es **das** Ideal bürgerlicher Aufsteiger, Reserveoffizier zu werden. Es dürfte kaum möglich sein **am Einzelbeispiel** nachzuweisen, welche Auswirkungen die Idealisierung der Armee auf die Außenpolitik Berlins hatte. Dass diese Stimmung zu Form und Inhalt deutschen Vorgehens beigetragen hat, kann kaum bestritten werden. Es eröffnete der Wilhelmstraße[88] bestimmte Handlungsmöglichkeiten, engte sie an anderer Stelle aber auch ein, trug zu dem Rahmen bei, innerhalb dessen sich die Außenpolitik des Deutschen Reiches bewegte.[89] Ist es nicht naheliegend, dass autoritäre Ideale und Strukturen, die im Großbritannien in der Epoche des Imperialismus massiv an Bedeutung gewannen (s. Kap. IV) (erheblichen) Einfluss auf den Inhalt und Stil der Außenpolitik gewannen? Ich möchte meine Argumentation aber nicht nur auf diese naheliegende Vermutung stützen:

Die Ideale der Gesellschaft und die Einflüsse, denen sich die Akteure ausgesetzt sahen, wiesen nicht nur eine zunehmend technokratisch-autoritär-militaristische Richtung auf. Zudem trat die Generation, die noch vom Geist des souveränen und liberalen Englands der 1850er/60er Jahre geprägt war, nach und nach von der politischen Bühne ab. Jüngere, die bereits in einem militarisierten und autoritäreren Land aufgewachsen waren und oft entsprechende Werte verinnerlicht hatten, nahmen ihren Platz ein. Der **Generationenwechsel** ist demnach eine wichtige Erklärung des Wandels der britischen

Hitler, 18, in: Ziebura, Grundfragen; Canis, Konrad; *Von Bismarck zur Weltpolitik. Deutsche Außenpolitik 1890–1902*, in: Studien zur Internationalen Geschichte, Hg.: Loth, Wilfried (in Verbindung mit Doering-Manteuffel, Anselm; Dülffer, Jost; Osterhammel, Jürgen), Band 3, Berlin 1997, 22, (künftig: Canis, Von Bismarck zur Weltpolitik)

[88] Die „Wilhelmstraße" ist ein Synonym für das deutsche Auswärtige Amt, ebenso wie „Quai d'Orsay" für das französische Außenministerium steht.

[89] S. Dülffer, Jost (Hg.); *Bereit zum Krieg. Kriegsmentalität im wilhelminischen Deutschland 1890–1914*, Göttingen 1986, (künftig: Dülffer, Bereit)

Außenpolitik seit der Jahrhundertwende. **Auf diese Weise** wirkten die sozialen und ökonomischen Verhältnisse und Veränderungen auf die Außenpolitik des Landes ein. (In Kapitel IV, Abschnitt 13 wird der Zusammenhang von Außenpolitik, Mentalität und Sozialökonomie näher erläutert.)

Mein Standpunkt ist von den sozialpsychologischen Untersuchungen Erich Fromms beeinflusst. Seine Sozialpsychologie[90]

„ … fragt nach den Mitgliedern einer Gruppe gemeinsamen seelischen Zügen, und sie versucht, diese gemeinsamen seelischen Haltungen aus gemeinsamen Lebensschicksalen zu erklären. Diese (…) liegen aber nicht – je größer die Gruppe ist, um so weniger – im Bereich des Zufälligen und Persönlichen, sondern sie sind identisch mit der **sozial-ökonomischen Situation** eben dieser Gruppe. (…) Sozialpsychologie heißt also: Die libidinöse Triebstruktur (…), zum großen Teil unbewußte Haltung einer Gruppe aus ihrer sozio-ökonomischen Struktur heraus zu verstehen.“[91]

Nach Fromm werde der Mensch nicht nur von der Geschichte geschaffen, sondern der Mensch bringe diese auch hervor. Die Aufgabe der Sozialpsychologie bestehe darin, einerseits zu zeigen, „wie die Leidenschaften, Wünsche und Ängste sich als **Resultat** des gesellschaftlichen Prozesses ändern und entwickeln". Andererseits solle sie darlegen, „wie die so in bestimmte Formen geprägten Energien des Menschen **ihrerseits zu produktiven Kräften werden, welche den gesellschaftlichen Prozeß formen**"[92].

Ich bin ebenfalls der Ansicht, dass die sozialen und ökonomischen Situation und ihre Veränderung die zum großen Teil unbewusste Triebstruktur einer Gruppe formen. Diese zeitigt auch Auswirkungen in der Außenpolitik. Demzufolge werden Untersuchungen zur sozialen und ökonomischen Fragestellungen einen prominenten Platz in dieser Arbeit einnehmen. Hiermit ist **nicht** gemeint, dass sich komplexes menschliches Verhalten auf lediglich materielle Interessen reduzieren lässt. Denn was als „Interesse" wahrgenommen wird, ist von Ideen mitgeformt,[93] und beide stehen in einem Wechselverhältnis miteinander. Menschen besitzen die Fähigkeit, sich von ihren vielleicht lediglich kurzfristigen materiellen Zielen, die eine bestimmte Haltung und Handlung nahelegen, zu distanzieren. Es **können** andere Ideale dominieren, die aber nur dann das Handeln bestimmen, wenn sie den Menschen – oder die Gruppe – mit echter innerer Beteiligung und Leidenschaft bewegen.

Verschiedene Gruppen oder Klassen innerhalb einer Gesamtgruppe, z.B. dem Volk, können sich in ihren Werten erheblich unterscheiden und dementsprechend auch bei ihren Angehörigen ein ganz bestimmtes Gefühl bzw. Verhalten begünstigen oder unterdrücken.[94] So spielte im Großbritannien vor 1914 in der sozialistischen Arbeiterschaft die Feindschaft gegenüber den Deutschen keine Rolle, in bestimmten bürgerlichen Kreisen war sie hingegen von enormer Bedeutung.[95] Um die Hintergründe zu verstehen, muss die **Funktion** dieser Gefühle und dieses Verhaltens thematisiert werden. Hierfür ist eine sehr weite Perspektive erforderlich. Darum wird in dieser Dissertation der Versuch unternommen, Politik, Gesellschaft, Wirtschaft, Ideologie und individuelle Prozesse in ihrer **Verschränkung** zu begreifen.[96]

---

[90] Er bezeichnet diese als „Analytische Sozialpsychologie".

[91] Meine Hervorhebung, Erich-Fromm-Gesellschaft, Charaktermauer, 42

[92] Fromm, Erich; Die *Furcht vor der Freiheit*, 12. Auflage, Frankfurt/Main 1980, 16/17, (künftig: Fromm, Furcht vor der Freiheit)

[93] Loewenstein, Entwurf, 315/16

[94] Christiansen, Björn; *Attitudes towards Foreign Affairs as a Function of Personality*, 2nd. Ed., Westport (Conn.), 76/77, (künftig: Christiansen, Attitudes)

[95] Entgegen bisheriger Auffassung wurden große Teile der deutschen Arbeiterschaft 1914 nach neuesten Forschungsergebnissen von keinerlei „Kriegsbegeisterung" ergriffen, im Gegensatz zu großen Teilen des Bürgertums (s. hierzu bspw. Ulrich, Bernd (Hg.); *Frontalltag im Ersten Weltkrieg: Wahn und Wirklichkeit, Quellen und Dokumente*, Frankfurt/Main 1994).

[96] Ähnlich z.B. bei Barbu, Problems, 12; s. auch Castedello, Barbu, 174. Der Historiker Stone bspw.

John Röhl, der eine bemerkenswerte Biographie über Kaiser Wilhelm II. vorgelegt hat und der Psychologie aufgeschlossen gegenübersteht, schreibt: „Für niemanden mehr als für den Biographen gilt das Wort des Heraklit, ‚die Seele eines Menschen ist ein fernes Land, das man weder besuchen noch besichtigen kann'.“[97] Es hieße aber das Kind mit dem Bade ausschütten, wenn trotz alledem der Blickwinkel und die Erkenntnisse der Psychologie – und unser aller Lebenserfahrung – keine Berücksichtigung fänden. Wenn der Historiker die nicht bewussten Motive vernachlässigt, bpsw. der „Rationalisierung"so läuft seine Arbeit Gefahr, an der Oberfläche der Phänomene stekken zu bleiben. Wenn er diese überstrapaziert, so drohen seine Erkenntnisse eher Dichtung als Wahrheit zu sein. Der psychologische Ansatz steht **nicht am Beginn**, sondern ist **Hilfsmittel** der Interpretation. Ich greife auf ihn zurück, wenn das Fühlen, Denken und Handeln des Einzelnen oder von Gruppen auf eine andere Weise nicht plausibel erklärt werden kann. Dementsprechend werden psychologische Erklärungsansätze v.a. in den Kapiteln IV, V und VI eine bedeutsame Rolle spielen.

Der Psychoanalytiker Otto Fenichel, der den Antisemitismus studierte, führte deutlich vor Augen, dass der psychologische Ansatz ein sehr wichtiges **Hilfs**mittel der Historiographie ist, aber auch nicht mehr: Er schrieb zu Recht, dass die Triebstruktur des durchschnittlichen Deutschen 1935 nicht anders als 1925 gewesen sei. Die psychologische Massenbasis für Antisemitismus sei 1925 aber keine politische Kraft gewesen. Wenn man die Ursachen und die Entwicklung in dieser Zehnjahresperiode in Deutschland verstehen wolle, so müsse man sich darauf konzentrieren, was sich in diesen Jahren in Wirtschaft und Politik ereignete, und nicht auf das relativ unveränderte Unbewusste.[98]

Bis in die 1950er Jahre hinein gab es praktisch keine Untersuchung, wie Angehörige verschiedener Völker – ob auf offizieller oder informeller Ebene – miteinander umgehen.[99] Seitdem wurden Forschungen über den psychologischen Aspekt zwischennationaler Beziehungen angestellt[100], z.B. über den Zusammenhang von Bildern der eigenen Nation oder anderer Völker mit der Charakter- und Wertstruktur verschiedener Individuen.[101] Ich werde mich in dieser Arbeit auch auf diese empirischen sozialpsychologischen Studien stützen. Leider werden diese in der Geschichtswissenschaft bislang kaum berücksichtigt. Sie besitzen zwar manche methodischen Mängel[102], was Ver-

---

sieht einen außerordentlich komplexen, zweiseitigen Fluss von Wechselwirkungen zwischen Bevölkerungsentwicklung, Nahrungsangebot, Klima, Goldreserven und Preisen auf der einen und Werten, Ideen und Bräuchen auf der anderen Seite. Zusammen mit den sozialen Standes- oder Klassenbeziehungen seien diese beiden Bereiche zu einem einzigen bedeutungsvollen Netz verwoben (Stone, Lawrence; *Die Rückkehr der Erzählkunst. Gedanken zu einer neuen alten Geschichtsschreibung*, 88/89, in: Raulff, Ulrich; *Vom Umschreiben der Geschichte. Neue historische Perspektiven*, Berlin 1986; ähnlich Marc Bloch, zit. in: Le Goff, Neue Geschichtswissenschaft, 21 und Barbu, Problems, 14/15).

[97] Röhl, Wilhelm II., 32

[98] Loewenberg, Decoding, 22/23; s. auch ebd. 6, 17

[99] Kelman, Herbert C.; *Social-Psychological Approaches to the Study of International Relations: Definitions of Scope*, 4/5, 13, in: ders. (Ed.); International Behaviour. A Social-Psychological Analysis, New York 1965, (künftig: Kelman, International Behaviour)

[100] Kelman, International Behaviour, 3. Der Arbeit Riveras (Psychological Dimension) verdanke ich zahlreiche Anregungen, wichtig waren auch: Christiansen (Attitudes) und David McClelland (*Macht als Motiv. Entwicklungswandel und Ausdrucksformen*, Stuttgart 1978). Kelmans International Behaviour hingegen scheint mir „l'art pour l'art" strukturorientiert.

[101] Scott, William A.; *Psychological and Social Correlates of International Images*, 70, (künftig: Scott, Psychological), in: Kelman, International Behaviour

[102] Ein wesentlicher Schwachpunkt sei genannt: Die Personen, mit denen die sehr überlegten und differenzierten Tests gemacht wurden, stammen oft aus einer ganz und gar nicht repräsentativen Schicht der Bevölkerung. Es handelt sich meist um Studenten und bei der sehr anregenden Studie von Christiansen gar nur um 167 Bewerber der Militär- bzw. Marineakademie Norwegens, also ausschließlich um

treter der Soziologie und Sozialpsychologie auch zugestehen.[103] Sie geben trotz alledem sehr wichtige Hinweise für die angemessene Beurteilung außenpolitischer Probleme.

Es bereitet Schwierigkeiten, „die Verbreitung von allgemeinen Ideen und Vorstellungen abzuschätzen oder einen zureichenden Kausalzusammenhang zwischen angenommenen geläufigen Konzeptionen oder Vorurteilen und dem politischen (…) Entscheidungsprozeß herzustellen". Das Studium der öffentlichen Meinung, z.B. in seiner veröffentlichten Form der Presse, kann dieses Problem zwar auch nicht völlig befriedigend lösen, aber doch aufschlussreiche Anhaltspunkte liefern.[104] Zitate aus zeitgenössischen Büchern, Zeitungen und Zeitschriften spielen darum in dieser Arbeit eine prominente Rolle.

In Kapitel II werden die obigen Ausführungen zu verschiedenen psychischen Aspekten und Phänomenen zunächst nur eine sehr untergeordnete Rolle spielen, in Kapitel III gewinnen sie an Gewicht und ihre volle Bedeutung werden sie in den darauffolgenden Teilen der Arbeit entfalten.

---

junge gebildete Männer mit einem emotionsbehafteten Berufswunsch (Christiansen, Attitudes, 21 u. 94) Dies vermindert leider die Aussagekraft dieser Studien. Ein repräsentativer Querschnitt der Bevölkerung kann häufig aus Geldnöten nicht herangezogen werden.

[103] Christiansen, Attitudes, 93

[104] S. Strandmann, Hartmut Pogge von; *Nationale Verbände zwischen Weltpolitik und Kontinentalpolitik*, 297/98, in: Schottelius, Marine

II. Kampf zweier Maximen: Britische Aussenpolitik zwischen Liberalismus und Imperialismus

In den Abschnitten 1 bis 5 werde ich außenpolitische Entwicklungen zwischen den 1860er Jahren und dem Beginn der 1890er Jahre in Umrissen skizzieren und mit Lord Derby und Lord Salisbury zwei zentrale Figuren britischer Außenpolitik der letzten Jahrzehnte des 19. Jahrhunderts vorstellen. Die weltanschaulichen Kontroversen zwischen Nicht-Imperialisten und Imperialisten werden einen breiten Raum einnehmen.

In den Abschnitten 6 bis 15 werde ich auf einzelne außenpolitische Fragen der 1890er Jahre näher eingehen. Die Darstellung soll die britische Außenpolitik, die Stellung Großbritanniens im internationalen Staatensystem und die Bedeutung bestimmter anderer Länder für das Empire verdeutlichen.

Die Nicht-Imperialisten waren bereits seit den 1880er Jahren in eine tendenziell immer schwächer werdende Defensivposition geraten, und diese fand durch den Burenkrieg, mit dem Kapitel II endet, einen ersten Tiefpunkt und besonders sichtbaren Ausdruck.

1. Die Vorherrschaft liberaler Prinzipien in der britischen Aussenpolitik: Die 1850er Jahre bis Anfang der 1870er Jahre

Der Überseehandel gewann im Vergleich zum Export auf den europäischen Kontinent in den 1820er/30er Jahren stark an Bedeutung. Dementsprechend wurden die Kolonien im Geiste eines Neomerkantilismus in Großbritannien bis in die 1840er Jahre unbestritten als Quelle von Reichtum und Macht angesehen. Cobden, der einflussreichste Denker der liberalen „Manchester School" und ihm nahestehende Ökonomen stellten dies teils in Frage, und die Veränderung der Warenströme, die seit den 1840er Jahren wieder verstärkt auf den europäischen Kontinent flossen, schien ihnen recht zu geben. Im Zeitalter von Freihandel. „Laissez-faire" und Pazifismus galt Vielen Kolonialbesitz nicht nur als extravagante Verschwendung, sondern geradezu als schädlich.[1]

Die überseeischen Besitzungen galten in den 1850er und 1860er Jahren in Großbritannien folglich eher als Belastung, denn als nationaler Reichtum, auch für Tories. Disraeli, der spätere konservative Premierminister, schrieb 1852: „Diese verdammten Kolonien … sind ein Mühlstein um unseren Hals".[2] Die konservative Regierung, die 1858 die Verwaltung Indiens von der privaten ostindischen Kompanie übernahm, betrachtete dies als unwillkommene Bürde für das Land. „Niemand sprach davon, auf ein glorreiches Schicksal zuzumarschieren."[3] 1866 schrieb Disraeli an seinen Parteifreund, den konservativen Premierminister:

> „Lassen Sie die Kanadier sich selbst verteidigen; rufen Sie die Flotteneinheit vor Afrika zurück; geben Sie die Siedlungen an der Küste Westafrikas auf; und wir werden Mittel einsparen, die uns

---

[1] Eldridge, C.C.; *Victorian Imperialism*, London 1978, 52/53, 44, (künftig: Eldridge, Victorian Imperialism). Cobdens Lieblingstrinkspruch lautete: „Keine Außenpolitik!" Zit. in Sked, Alan; *Britain and the German Question 1848–1890*, 54, (künftig: Sked, Britain and the German Question), in: Birke, Adolf M./ Recker, Marie-Luise; *Das gestörte Gleichgewicht. Deutschland als Problem britischer Sicherheit im 19. und 20.Jahrhundert*, Prinz-Albert-Studien, Band 8, München/London 1990, (künftig: Birke, Gleichgewicht)

[2] Zit. in Schumpeter, Joseph A.; *Imperialism as a Social Atavism*, 48/49, (künftig: Schumpeter, Imperialism Atavism), in: Wright, Harrison M. (Ed.); *The New Imperialism. Analysis of Late Nineteenth-Century Expansion*, Boston 1966, (künftig: Wright, New Imperialism)

[3] Thornton, Imperial Idea, 17

zugleich erlauben, sowohl Schiffe aufzulegen, als auch einen tadellosen Haushalt vorweisen zu können."[4]

Das Wort „Empire" stieß in den 1850er/60er Jahren dementsprechend auf ein gewisses Misstrauen. Diese Skepsis gegenüber dem Wert überseeischer Besitzungen und das Ablehnen merkantilistischer Engstirnigkeit war nicht auf Großbritannien beschränkt. So öffnete Frankreich seine Kolonien 1861 dem ausländischen Handel, und 1869 bot Portugal Preußen Mozambique zum Kauf an.[5]

Zwar wuchs das britische Empire zwischen 1815 und 1865 jährlich durchschnittlich um 250.000 qkm, aber die britische Regierung wünschte die Annektionen nicht. Sie erfolgten zögernd als letztes Mittel, um als legitim betrachtete bedrohte britische Interessen zu wahren.[6] Die Ausweitung **direkter** Macht war kein Ziel britischer Politik, sie ging vonstatten, ohne viele Gemüter zu erregen (von der Expansion in Indien vielleicht abgesehen). In der Regel waren es die Umstände vor Ort, die Großbritannien zur Ausdehnung anscheinend geradezu nötigten. Das Empire stieß in zahlreichen Regionen auf ein Machtvakuum, auf in Auflösung befindliche traditionale Strukturen. Ihr Niedergang war häufig indirektes, aber nicht beabsichtigtes Ergebnis britischer Politik.

Annektionen waren oftmals kostspielig und widersprachen dem vorherrschenden liberalen Ideal niedriger Steuern und einer Minderung staatlichen Einflusses. Der Wahrung britischer Macht und britischen Wohlstandes schienen sie eher abträglich: Das Empire war auf allen Weltmeeren und fünf Kontinenten die dominierende Handelsnation. Eine informelle und indirekte Herrschaft trug darum den Interessen der ersten Welt- und Industriemacht ausreichend Rechnung.

Andererseits stellten auch die entschiedensten Liberalen die britische Herrschaft über Indien, die zweifelsohne sehr lukrativ war, nie in Frage. Der Historiker Eldridge merkt an, dass die britische Indienpolitik seit jeher geradezu die Antithese der Gedanken von Freihandel und einer sowohl zurückhaltenden und verantwortlichen Regierung als auch einer zögerlichen Expansionspolitik gewesen sei. „Sogar die entschiedensten Vertreter des Freihandels und des ‚Laissez-faire' wurden Manipulatoren von Zolltarifen und zu bürokratischen Planern, wenn es um Indien ging."[7] Die in den 1850er/ 60er Jahren in Großbritannien tonangebende Aversion gegen eine Kolonialpolitik war also nur teilweise grundsätzlich weltanschaulich bedingt. Es bestand i.d.R. keine Notwendigkeit zu einer expansiven Überseepolitik, da Großbritannien in weiten Teilen der Erde kaum damit rechnen musste, dass sein Anspruch auf Hegemonie ernsthaft in Frage gestellt wurde. Die Zurückhaltung besaß eher pragmatische Ursachen: Eine Kolonialpolitik wurde meist nur dann skeptisch beurteilt, wenn die Kosten den vermuteten Profit überstiegen.

Die Überlegenheit und Souveränität in Übersee fand in den 1850/60er Jahren seine Entsprechung im beispiellosen Wohlstand und der Stabilität der inneren Verhält-

---

[4] Zit. in Blake, Robert; *The Conservative Party from Peel to Thather*, London 1985, 126, (künftig: Blake, Conservative Party)

[5] Thornton, Archibald Patton; *The Imperial Idea and it's Enemies. A Study in British Power*, London 1963, 90, (künftig: Thornton, Imperial Idea); Forstmeier, Friedrich; *Der Tirpitzsche Flottenbau im Urteil der Historiker*, 58, (künftig: Forstmeier, Flottenbau), in: Schottelius, Marine), nach M. Busch, Tagebuchblätter, Bd. 2, 157, Eintragung vom 9.2.1871; Hayes, Carlton J.H.; *Bases of a New National Imperialism*, 81, (künftig: Hayes, Bases), in: Wright, New Imperialism)

[6] Kennedy, Paul M.; *Aufstieg und Fall der großen Mächte. Ökonomischer Wandel und militärischer Konflikt von 1500 bis 2000*, Frankfurt/Main 1989, 246, (künftig: Kennedy, Aufstieg und Fall); Porter, Britain, Europe, 30

[7] Eldridge, Victorian Imperialism, 58; s. auch Halévy, Elie; *A History of the English People in the 19th Century*, London 1961 (Bd. III: The Triumph of Reform, 1830–1841, Bd. IV.: Victorian Years, 1841–1895), IV, 50, (künftig: Halévy, History)

nisse Großbritanniens. Queen Victoria erklärte am Tag der Eröffnung der Londoner Weltausstellung von 1851 mit einiger Berechtigung, dass dieser „der großartigste Tag in unserer Geschichte" sei. Andere europäische Mächte hätten das Wagnis einer solchen Massenveranstaltung wenige Jahre nach den revolutionären Ereignissen von 1848/49 nicht unternommen. Ja, einige hatten der Queen von diesem Vorhaben sogar abgeraten. In England aber besuchten sechs Millionen Menschen die Weltausstellung, ohne irgendeine Gefährdung der öffentlichen Sicherheit.[8]

Großbritannien war zu dieser Zeit unbestritten das entwickeltste und wohlhabendste Land der Welt. 1840 überstieg der Wert der in Großbritannien hergestellten Metallwaren den in den Vereinigten Staaten produzierten um das sechsfache! Die in der westlichen Welt geförderte Steinkohle, der modernsten Energieträger, kam zu etwa 2/3 aus britischen Gruben. 1860 wurden im Vereinigten Königreich 53 Prozent des weltweit erzeugten Eisens hergestellt. Die britische Industrie stellte 40% bis 45% des Weltindustriepotenzials, und der Energieverbrauch des Landes aus modernen Quellen (Kohle, Öl) war fünfmal so hoch als derjenige der USA oder Preußens und gar 155 mal höher als derjenige Russlands![9] Großbritanniens Anteil am Welthandel betrug 1860 25%. Londons Einwohnerzahl hatte bereits 1802 die Millionengrenze überschritten. Es war die erste (europäische) Stadt seit dem Falle Roms, die diese Größe erreichte. 1851 zählte die britische Hauptstadt 2,4 Millionen Einwohner[10] und blieb somit die größte Metropole der Welt.

Millionen Briten mussten unter menschenunwürdigen Umständen leben[11], aber seit der Aufhebung der Kornzölle 1846 erlebte das Land eine fast 30 Jahre währende rasante wirtschaftliche Entwicklung, die in diesem Ausmaß einmalig in der Menschheitsgeschichte war. Zumindest **glaubten** die Vertreter der „Manchester School", dass der Freihandel und das vom Staat ungestörte Spiel der Marktkräfte diesen Aufschwung ermöglichten. Und sie setzten sich mit ihrer Auffassung durch.[12] In den 1850er und 1860er Jahren „kam die britische Regierungspolitik dem ‚Laissez-faire' so nahe, wie das in einem modernen Staat überhaupt nur möglich schien". Das Vereinigte Königreich lehnte als einziges Land jeden fiskalischen Schutz seines Gewerbes konsequent ab. Es gab kein anderes Land, in dem der Staat keinen Teil des Schienennetzes errichtete,

---

[8] Bédarida,Francois; *A Social History of England 1851–1975*, o.O. 1976, 3, 4, (künftig: Bédarida, Social History); Porter, Britain, Europe, 3

[9] Hobsbawn, Eric J.; *Industrie und Empire. Britische Wirtsschaftsgeschichte seit 1750*, 2 Bd., Frankfurt/Main 1969, I, 130, 69, (künftig: Hobsbawn, Industrie und Empire); Kennedy, Aufstieg und Fall, 240

[10] Porter, Britain, Europe, 16; Bédarida, Social History, 20

[11] S. z.B. Hobsbawn, Industrie und Empire, I, 72

[12] Im Jahrzehnt von etwa 1835 bis 1845 befand sich Großbritannien in einer wirtschaftlichen Stagnationsphase. Das Wachstumspotenzial der Textilindustrie, des wichtigsten Wirtschaftszweiges, war zu diesem Zeitpunkt weitgehend erschöpft. Sie war nicht mehr in der Lage, die Wirtschaft dynamisch voranzutreiben. Die ökonomischen Probleme verschärften die sozialen, und Mitte der 40er Jahre befand sich das Land in einer quasi vorrevolutionären Situation (Hobsbawn, Industrie und Empire, I, 72/73). Diese wurde durch die Aufhebung der Kornzölle „lediglich" entschärft, da die Lebensmittelpreise sanken. Beseitigt wurde sie durch das Wachstum der neuen Schwer- und Maschinenbauindustrie. (Ich lehne mich hier an Kondratieffs Theorie der langen Schwingungen der Wirtschaftskonjunktur an.) Diese konnte die älteren Industrien in ihrer Bedeutung überrunden und eine lang andauernde Wachstumsphase auslösen (s. auch Ditt, Karl; *Vorreiter und Nachzügler in der Textilindustrialisierung: Das Vereinigte Königreich und Deutschland während des 19. Jahrhunderts im Vergleich*, 31, (künftig: Ditt, Vorreiter), in: Berghoff, Hartmut (mit Ziegler, Dieter (Hg.); *Pionier und Nachzügler? Vergleichende Studien zur Geschichte Großbritanniens und Deutschlands im Zeitalter der Industrialisierung. Festschrift für Sidney Pollard zum 70. Geburtstag*. Veröffentlichung des Arbeitskreises Deutsche Englandforschung, Veröffentlichung 28, Bochum 1995, (künftig: Berghoff, Pionier) u. Mock, Wolfgang; *Imperiale Herrschaft und nationales Interesse. „Constructive Imperialism" oder Freihandel in Großbritannien vor dem 1. Weltkrieg*, Veröffentlichungen des Deutschen Historischen Instituts London, Band 13, Stuttgart 1982, 26/27, (künftig: Mock, Imperiale Herrschaft).

finanziell unterstützte oder auch nur Planungen vornahm.[13] Ein Historiker hat zu Recht darauf hingewiesen, dass man das Vereinigte Königreich zur Mitte des 19. Jahrhunderts kaum als „europäische" Macht bezeichnen konnte. Die sozialen, politischen und ökonomischen Verhältnisse in Großbritannien unterschieden sich nicht nur graduell, sondern grundsätzlich in vielen Bereichen von denen auf dem Kontinent.[14] Das Ausmaß an Wohlstand und wirtschaftlichem Liberalismus in Kombination mit einer unvergleichlichen politischen Freiheitlichkeit unterschied das Land strukturell von allen anderen europäischen Staaten.

Es ist verständlich, dass viele Briten in Anbetracht des Erfolges ihres Landes zu Überheblichkeit neigten.[15] Der Staatsmann Lord Palmerston verlieh diesem Gefühl mit der ihm eigenen Direktheit Ausdruck: „Wir stehen an der Spitze der moralischen, sozialen und politischen Zivilisation. Es ist unsere Aufgabe, (...) die Entwicklung anderer Nationen zu leiten."[16] Die Mehrzahl der jüngeren britischen Zeitgenossen des 1797 geborenen Palmerston dürften dies ähnlich gesehen haben. Sie setzten „Führerschaft" aber nicht mit konventioneller Machtpolitik gleich: England sollte durch das **Vorbild** des einzigen wirklich liberalen Staates der Welt wirken.

Bei der Londoner Weltausstellung von 1851 kamen von den 14.000 Ausstellern 520 aus den Kolonien. Sie waren **gemeinsam mit ausländischen Exponenten** in einem Seitenflügel des Kristallpalastes untergebracht. Das Ereignis von 1851 begründete eine Tradition von Ausstellungen der Leistungsfähigkeit Großbritanniens. Seit den 1880er Jahren wurden sie, im Kontrast zu den vorhergehenden Veranstaltungen, zu einer Demonstration der Macht und der Waren des **Empire**.[17] Wie hatte es dazu kommen können? Ein erstes Anzeichen hierfür ließ sich bereits 1867 feststellen, wie man im Nachhinein konstatieren kann:

Der abessinische[18] Kaiser Theodor war von Aufständischen im Lande und ägyptisch-türkischen Truppen an den Grenzen hart bedrängt. In einer Verzweiflungstat ließ er darum Dutzende Europäer, insbesondere Briten, aber auch Deutsche, festhalten. Sie waren ihm Faustpfand, um von Großbritannien Waffen, v.a. aber Fachleute für die Produktion militärischer Güter zu erhalten, für die er auch zu zahlen bereit war. Theodor war der erste abessinische Herrscher, der die Vision hatte, das Land zu einen und Errungenschaften des Industriezeitalters zu nutzen. Aufgrund seiner in den vorhergehenden Jahren abnehmenden Macht war er jedoch misstrauisch gegen seine Getreuesten geworden, hatte gegen Rebellen äußerst grausame Rachefeldzüge geführt und konnte auch mit Großbritannien zu keiner Einigung mehr kommen, obwohl ihn weder der damalige Außenminister Clarendon, noch sein Nachfolger Stanley hintergehen wollten.[19] (Letzterer wird in Abschnitt 3 näher vorgestellt.) Stanley bemühte sich, Großbritannien von kriegerischen Konflikten und der Übernahme unnötiger Verpflichtungen freizuhalten, sandte dem Kaiser aber nach dreijährigem Hin und Her ein Ultima-

---

[13] Hobsbawn, Industrie und Empire, II, 69, 70

[14] Porter, Britain, Europe, 32

[15] Friedberg, Aaron L.; *The Weary Titan. Britain and the Experience of Relative Decline*, 1895–1905, Princeton (New Jersey) 1988, (künftig: Friedberg, Weary Titan); s. auch Bédarida, Social History, 93

[16] Hyam, Britain's Imperial Century, 49

[17] Mac Kenzie, Propaganda, 97/98

[18] Äthiopien und Abessinien sind Synonyme für dieses ostafrikanische Land. Beide Namen waren und sind auch bei der dortigen Bevölkerung gebräuchlich.

[19] Rubenson, Sven; *The Survival of Ethiopian Independence*, Lund Studies in International History 7, Ed.: Rystad, Göran/Tägil, Sven, London 1976, 240–55, (künftig: Rubenson, Survival). Ich bediene mich in der gesamten Arbeit der Bezeichnung „Minister", obwohl das Kabinettsmitglied im damaligen Großbritannien (und dem Deutschen Reich) als „Secretary" bezeichnet wurde. Dementsprechend bezeichne ich den „Undersecretary" als „Staatssekretär".

tum, dass ein Krieg unvermeidlich sei, wenn die Geiseln nicht innerhalb von drei Monaten freigelassen würden. Da dies nicht erfolgte (vermutlich hat Theodor diese Mitteilung gar nicht erhalten), bewilligte das Unterhaus zwei Millionen Pfund für einen Feldzug zur Befreiung der Gefangenen.[20] Es wurden Vorbereitungen getroffen, um britisch-indische Truppen in Abessinien einmarschieren zu lassen.

1866 wurde der damals 25jährige Thomas Henry Sanderson Privatsekretär Außenminister Stanleys, und er wusste während der Vorbereitung des Feldzuges zu berichten, dass einige seiner Londoner Gesprächspartner die beträchtliche Körpergröße und athletische Statur der Abessinier warnend hervorhoben, während andere wiederum behaupteten, dass sie von sehr schmächtigem Wuchs seien.[21] Informationen über das Land waren spärlich und die Verbindungswege weit. Schließlich wurde an der ostafrikanischen Küste eine Invasionsarmee mit insgesamt 42.000 Mann sowie 17.943 Maultieren und Ponies, 2538 Pferden, 1759 Eseln, 8075 Ochsen, 5735 Kamelen und sogar 44 Elefanten nebst enormen Verpflegungsmengen gelandet. Die Briten proklamierten, dass allein Theodor der Feind sei und die Bevölkerung für Kooperation belohnt werde. Dies zahlte sich aus, denn nicht nur die Rebellenführer unterstützten die Invasoren, sondern auch die Bewohner des Landes, von Theodors harter Hand verbittert. Aufgrund dieser günstigen Bedingungen konnte der 650 Kilometer weite Weg bis zur äthiopischen Hauptstadt und Bergfestung Magdala rasch zurückgelegt werden. Die britisch-indischen Truppen wurden auf ihrem Marsch nirgendwo angegriffen, auch nicht an strategisch wichtigen Passhöhen. Theodor misstraute sogar den 4000 Soldaten, die ihm noch folgten. Sein Verhalten wurde so irrational und unvorhersehbar, dass er selbst eigene Gefolgsleute, die Bereitschaft zum Kampf bekundeten, bloßstellte: Sie seien ignorante Dummköpfe und keine Gegner für britische Soldaten. Schließlich griffen die Äthiopier aber an einer für sie ungünstigen Stelle an und wurden von den Gegnern mit ihrer überlegenen Feuerkraft einfach niedergemacht: Knapp 800 Abessinier und 2 Tote auf britischer Seite kostete(n) diese(s) Schlacht(en) – am Karfreitag des Jahres 1868. Theodor ließ die etwa 60 Geiseln frei, weigerte sich jedoch, sich zu ergeben und beging schließlich Selbstmord – mit einem Revolver, den ihm die Queen einst als Geschenk hatte machen lassen.[22] Die Briten zerstörten die Festung Magdala und zogen sich aus dem Lande zurück, ohne dem Empire weitere Territorien hinzuzufügen. Es gab in Großbritannien zahlreiche Befürworter einer dauernden Besetzung des Landes, aber der Außenminister setzte sich mit seiner Ansicht durch:

> „Es ist nicht die Angelegenheit der Regierung Ihrer Majestät, was aus Abessinien durch die Entfernung von König Theodor wird … es wird sie in keiner Weise beunruhigen, welche Zukunft Abessinien erwartet, welcher Herrscher die Macht im Lande halten wird, welche Bürgerkriege oder Erschütterung in ihm entstehen mögen. Aus Gründen der Humanität würde die Regierung Ihrer Majestät wünschen, dass das Land gut regiert werde und das Volk zufrieden und wohlhabend sei. Aber sie hält es nicht für ihre Pflicht, irgendeine Art von Regierung zu installieren oder zu unterstützen oder irgendeinen Herrscher unter dem sie ausgeführt werden soll, in einem Land, in dem sie wirklich keine britischen Interessen zu fördern hätte."[23]

Die Licht- und insbesondere Schattenseiten einer zurückhaltenden Überseepolitik werden hier unmissverständlich deutlich.

Der Feldzug, der im Großen und Ganzen als Erfolg der Regierung verbucht wurde, hatte schließlich 9 Millionen Pfund gekostet, ein Vielfaches der zunächst veranschlag-

---

[20] Blake, Robert; *Disraeli*, London, 1967, 484, (künftig: Blake, Disraeli)
[21] LR, 920 DER (15), Sanderson Korrespondenz, Sanderson an Lord Stanley, 25.9.1867
[22] Rubenson, Survival, 259–63, 266 ; Pakenham, Thomas; *The Scramble for Africa*, London 1997, 470, (künftig:: Pakenham, Scramble)
[23] Nach Rubenson, Survival, 275

ten Ausgaben, trotz der Kooperation der abessinischen Bevölkerung und des leichten Sieges. Die Kosten entsprachen etwa dem 15-fachen der jährlichen Steuereinnahmen, über die Kaiser Theodor verfügte![24]

Disraelis, der für einige Monate Premierminister war, sprach in farbiger Rhetorik über die „Standarte des heiligen Georg[25], die über den Bergen von Rassela <in Abessinien> gehisst" sei, was einiges Gelächter im Unterhaus hervorrief.[26] – Die Zeit für imperialistisches Pathos war noch nicht angebrochen. In den darauf folgenden Jahrzehnten wurde jedoch ein Mythos kreiert: Magdala wurde zu einem großen britischen Sieg über den Einiger Abessiniens und seine unbesiegbare Armee hochstilisiert.[27] Manche Historiker sehen die Äthiopien-Expedition als ersten Versuch Disraelis, die öffentliche Meinung im Lande durch eine imperialistische Politik in Übersee für sich zu gewinnen. Es kann zumindest als sicher gelten, dass er von seiner imperialismuskritischen Sicht früherer Jahre Abstand genommen hatte. Anders als die zahlreichen vorhergehenden Feldzüge Großbritanniens in Übersee wurde er zudem im vollen Licht der Öffentlichkeit durchgeführt.[28] Man kann den Äthiopien-Feldzug als erstes Indiz werten, dass die Vertreter einer machtbetonten Überseepolitik in eine für sie taktisch günstigere Position kamen und ihre Reihen stärkten, bspw. durch Disraeli. Die vorhergehenden etwa 20 Jahre befanden sie sich in der Defensive, nun hatten sie die Fähigkeit zur Offensive anscheinend zurückgewonnen.

Der Wahlsieg der Liberalen von 1868 schien die Vertreter einer nicht-interventionistischen Außenpolitik aber noch einmal zu stärken:

Der Regierungsantritt der Liberalen unter Gladstones[29] 1868 weckte Befürchtungen bzw. Erwartungen, dass Kolonien in die Unabhängigkeit entlassen oder gar genötigt werden sollten. Es gab aber keinerlei derartige Pläne. Granvilles Politik als Kolonialminister führte jedoch zu einem Aufschrei bei Teilen der Bevölkerung und Presse[30]: 1867 hatte eine von der Regierung berufene Kommission eine Armeereform empfohlen. Laut ihrem Untersuchungsbericht war der Dienst in der Truppe unpopulär, weil 2/3 der Zeit in Übersee verbracht werden mussten. So ging man daran, die Zahl britischer Soldaten in den späteren Dominions zu reduzieren, wobei Granville besonderes Engagement zeigte. Eine seiner ersten Entscheidungen als Minister bestand darin, sämtliche britischen Truppen aus Neuseeland abzuziehen – obwohl ein Aufstand der Maori-Ureinwohner bevorzustehen schien. Auch lehnte er es ab, der entlegenen Besitzung ein Darlehen zu garantieren, das dem Aufbau eigener Streitkräfte dienen sollte. Im Oktober 1869 erklärte er öffentlich, dass britische Soldaten unter keinen Umständen auf Neuseeland verblieben. Die dortige Selbstverwaltung habe es versäumt, eigene Streit-

---

[24] Blake, Disraeli, 496; ebd. 495, Anm. 1; Rubenson, Survival, 257

[25] Dem „Nationalheiligen" Englands

[26] Blake, Disraeli, 496

[27] Rubenson, Survival, 286

[28] Atmore, A.E.; *The Extra-European Foundations of British Imperialism: Towards a Reassessment*, 117/18, (künftig: Atmore, Extra-European), in Eldridge, C.C. (Ed.); *British Imperialism in the 19th Century*, London 1984, (künftig: Eldridge, British Imperialism); auch Rubenson, Survival, 269, 272

[29] William Ewart Gladstone (1809–1898), Premierminister von 1868–1874, 1880–85, 1886 und 1892–94, einer der bedeutensten britischen Politiker des 19. Jahrhunderts. In seinen späteren Jahren wurde dieser die britischen Liberalen 30 Jahre dominierende Politiker gemeinhin als **G.O.M.** bezeichnet, als „Grand Old Man".

[30] Eldridge, Victorian Imperialism, 91. Zur Person Granvilles s. Cook, Chris (mit Brendan, Keith); *British Historical Facts 1830–1900*, London 1975, 59, (künftig: Cook, Historical Facts); Halévy, History, IV, 320/21, Escott, T.H.S.; *The Story of British Diplomacy. It's Makers and Movements*, London/Leipzig, 1908, 333; (künftig: Escott, Story); s. auch Platt, D.C.M.; *Finance, Trade and Politics in British Foreign Policy, 1815–1914*, Oxford 1968, XV, (künftig: Platt, Finance, Trade and Politics) u. Escott, Story, 306

kräfte aufzubauen, lasse aber zugleich mehr und mehr Land der Maoris besetzen. Großbritannien könne keine Politik Neuseelands ermutigen, die „voller Gefahren" sei, indem ein „fadenscheiniger Schatten von Unterstützung" gewährt werde.[31]

Granville dementierte erst 1870, dass er den Wunsch habe, die Bindungen zwischen Großbritannien und Neuseeland zu lösen. Er sah sich wegen der verbreiteten
Proteste schließlich gar genötigt, Neuseeland als „einen großartigen Besitz der Krone"
zu bezeichnen und die Unterstützung des Darlehens zu gewähren. In Kanada und der
Kapkolonie waren wegen der Politik des Kolonialministers ebenfalls viele Gemüter erregt und verunsichert. Der Abzug britischer Truppen aus Kanada, Neuseeland, Australien und der Kapkolonie erfolgte überstürzt, sicher auch wegen der instabilen Lage auf
dem europäischen Kontinent. Dieser Sachzwang führte, im Verbund mit Granvilles
spürbarer Skepsis über den Wert von Kolonien, zumindest hinsichtlich bestimmter
Überseebesitzungen, zu dem Eindruck, dass die Regierung Gladstone eine „neue Kolonialpolitik" einleite.[32]

Es ist bemerkenswert, dass ein Mann wie Granville, der für seinen Charme, seinen
Takt und seine Rücksicht auf die Belange anderer bekannt war[33], seine Politik derart
rigoros betrieb. Dies lässt auf den Umfang seiner Abneigung gegen eine kostspielige
und machtbetonte Überseepolitik schließen. Der Druck auf den Minister macht aber
auch einen beginnenden Gesinnungswandel der britischen Öffentlichkeit offenkundig:
Der imperialismuskritische Granville hatte bereits von 1859 bis 1866 das Amt des Kolonialministers bekleidet, ohne sich vergleichbarer Pression ausgesetzt gesehen zu haben.

Im Nachhinein sind die Jahre von 1868 bis 1870 oft als „der Höhepunkt des Anti-
Imperialismus" bezeichnet worden.[34] Dies scheint eine Fehleinschätzung zu sein, denn
die Politik Granvilles sollte eher als „**Nicht**-Imperialismus" bezeichnet werden. Zum
anderen macht die Kampagne der Imperialisten, vor der die Regierung weichen musste,
sehr deutlich, dass die Kritiker des Empire bereits Ende der 1860er Jahre an Bedeutung
verloren hatten. Es wäre aber verfehlt, die vorhergehenden 20 Jahre als grundsätzlich
„empirekritisch" zu bezeichnen. Diese Einschätzung überwog einige Jahrzehnte bis zur
Veröffentlichung des einflussreichen „Africa and the Victorians" von Robinson und
Gallagher: „Es gibt gute Gründe, die mittelviktorianische Epoche <d.h. die 1850er/
1860er Jahre> als das goldene Zeitalter der britischen Ausdehnung anzusehen, und die
spätviktorianische als eine Zeit, die den Beginn von Schrumpfung und Niedergang sah."
Die Zeitgenossen Palmerstons seien nicht „antiimperialistischer" als ihre Nachfolger
gewesen, obwohl sie häufiger in der Lage gewesen waren, ihre Ziele informell zu erreichen; und die Spätviktorianer seien nicht „imperialistischer" als ihre Vorgänger gewesen, obwohl sie häufiger dazu veranlasst worden waren, das Empire auszudehnen.[35]
Bevölkerung und Regierung waren bspw. in den 1860er Jahren nicht so desinteressiert
an den Kolonien, wie es manchen Beobachtern später schien. Der Wohlstand Großbritanniens und die weltweite Vormacht des Landes schienen aber so sicher, dass es nicht
erforderlich war, den Überseebesitzungen nähere Aufmerksamkeit zu schenken, oder
Millionen in die Eroberung neuer zu investieren. Die Briten konnten sich aufgrund der
Überlegenheit ihres Landes souverän geben.[36] Robinson und Gallagher stellen zu Recht

---

[31] Eldridge,Victorian Imperialism, 93, 94
[32] Eldridge, Victorian Imperialism, 95, 97, 93, Thornton, Imperial Idea, 28
[33] Ramm, Agatha; *Granville*, 97, in: Wilson, British Foreign Seecretaries; Eldridge, Victorian Imperialism, 97; Kennedy, Anglo-German Antagonism, 132
[34] Eldridge, Victorian Imperialism, 6
[35] Robinson, Africa and the Victorians, 471
[36] Zur Debatte um die Interpretationsansätze Robinsons et al. s. Mock, Imperiale Herrschaft, 13/14
und Eldridge, C.C.; *Introduction*, 7, in: Eldridge, British Imperialism

fest, dass der spätere britische Imperialismus nicht Ausdruck von Selbstsicherheit, sondern von Furcht war. Da sie sich aber lediglich der diplomatiegeschichtlichen Seite der Entwicklung widmeten und weltanschaulichen und gesellschaftlichen Veränderungen keine Aufmerksamkeit schenkten, verkennen sie den neuen Stolz auf das Empire, der Millionen Briten seit den 1880er Jahren beseelte – den sozialpsychologischen Aspekt des Imperialismus. Die Kolonien wurden wesentlich stärker gewürdigt als zuvor, und der seit Anfang der 1870er Jahre neu einsetzende Protektionismus kontinentaleuropäischer Staaten stärkte auch die ökonomische Bedeutung des Weltreiches.[37] (Auf die sozialpsychologischen Hintergründe des Imperialismus gehe ich in Kapitel IV, Abschnitt 13 ein.)

1872 hielt der damalige Oppositionsführer Disraeli eine aufsehenerregende Rede: Er brachte ein gemeinsames Zoll- und Verteidigungssystem und einen „repräsentativen Rat" für das Empire in die Diskussion ein. Er stellte fest, dass die Kolonien und sogar Indien bislang in ehrlicher Überzeugung als Last betrachtet worden seien. Alles sei unter einem finanziellen Aspekt unter völliger Vernachlässigung von moralischen oder politischen Überlegungen betrachtet worden. Aber erst durch diese werde ein Volk groß.[38] Seine sogenannte „Kristallpalastrede" markiert zwar nicht den offiziellen Beginn der neuen Wertschätzung einer expansionistischen Politik, verlieh aber der seit einigen Jahren immer populärer werdenden Haltung „offizielle Weihen".[39]

Disraeli war der Ansicht, dass seine Betonung des Empire sich günstig auf das Wahlergebnis 1874 ausgewirkt habe (die Tories konnten wieder die Regierung übernehmen), und er fuhr fort, in Worten und Gesten die Bedeutung des weltweiten Kolonialreiches zu betonen, z.B. durch den Erwerb der Fidschi-Inseln 1874 und die Krönung von Queen Victoria zur „Kaiserin von Indien" 1877. – Der bis zur Wahl amtierende liberale Kolonialminister Kimberley hatte noch 1874 eine weitere Ausdehnung des Empire abgelehnt.[40] Disraeli näherte sich den Beispielen an, die Louis Napoleon und Bismarck geliefert hatten: durch Populismus, einem **verbalen** Bündnis mit der Masse der Bevölkerung und eine machtbetonte Außenpolitik den Konservativen die innenpolitische Gestaltungsfähigkeit zu erhalten. Die britischen (wie die deutschen) Liberalen wurden durch eine konservative „Revolution von oben" geschwächt.

Disraelis neue Politik war **zunächst** eher symbolisch, denn Anzeichen eines wirklichen Wandels hin zum Massenwahn späterer Jahrzehnte.[41] Stanley, der nach dem Tode seines Vaters nun Lord Derby hieß, war 1874 wiederum Außenminister geworden. Er verachtete aber Disraelis politischen Opportunismus[42] (war mit diesem aber zugleich seit langen Jahren befreundet). 1877 schrieb er zur Ausbreitung des Empire in Afrika: „Wenn wir fortfahren das Aschantigebiet <in Westafrika> zu halten (…) wo ist das Ende? Werden wir nicht rasch in einen Konflikt mit Dahomey verwickelt werden? Es gibt dort keine natürliche Grenze, an der man stoppen kann." Derby hielt die **Aufgabe**

---

[37]Eldridge, Victorian Imperialism, 106; s. auch Hallgarten, Imperialismus vor 1914, 59/60

[38]Blake, Conservative Party, 127; s. auch Schumpeter, Imperialism Atavism, 48/49

[39]1868 hatte Charles Dilke sein „Greater Britain" veröffentlicht. Dieses „Größere Britannien" bedeutete für ihn die Zusammengehörigkeit aller englisch sprachigen Gebiete der Erde. Auf Grund seines Bucherfolges wurde er im gleichen Jahr zum Abgeordneten gewählt und war von 1880 bis 1882 Parlamentarischer Staatssekretär im F.O. (Baumgart, Winfried; *Der Imperialismus. Idee und Wirklichkeit der englischen und französischen Kolonialexpansion 1880–1914*, Wiesbaden 1975, 35, (künftig: Baumgart, Der Imperialismus). 1869 bzw. 1870 wurde das Royal Colonial Institut gegründet. Es wurde zum wichtigsten institutionellen Sprachrohr der Anhänger einer imperialen Föderation (Mock, Imperiale Herrschaft, 41/42; ebd. 44/45 über die Imperial Federation League).

[40]Thornton, Imperial Idea, 17

[41]S. auch Schumpeter, Imperialism Atavism, 50 und Blake, Conservative Party, 128

[42]Rolo, Derby

der britischen Stützpunkte an der westafrikanischen Küste für das Beste: „Wir sind
<dort> eingefallen (…), wie Bonaparte in Russland."[43] Solche Einstellungen verloren
in der britischen Gesellschaft rasch an Bedeutung. Seit Mitte der 1880er Jahre wurden
sie nur noch von bedeutungsschwachen Radikalliberalen und Sozialisten vertreten, mit
abnehmender Tendenz.

Disraeli machte die Konservativen zu **der** Partei des Empire. Diese Richtungsentscheidung trug wesentlich zu späteren Wahlerfolgen bei. Während der 1840er bis 1860er
Jahre war der Zeitgeist auf Seiten der Liberalen gewesen. Nun kam er verstärkt den
Tories zugute.[44] Die von Disraeli propagierte Sichtweise und Politik wurde nicht nur
von den Liberalen bekämpft, sondern, stieß zunächst auch bei vielen Konservativen
auf einige Skepsis, z.B. Derby.

Die unterschiedlichen, sich geradezu ausschließenden außenpolitischen Grundüberzeugungen Derbys und Disraelis werden in der Orientkrise besonders deutlich, die im
kommenden Abschnitt erörtert wird.

2.   Die Orientkrise von 1875 bis 1878

In den annähernd 20 Jahren nach dem Ende des Krimkrieges (1854–56) war die Aufmerksamkeit der britischen Öffentlichkeit und Politik v.a. auf die inneren Verhältnisse
gerichtet, auf die Effizienz öffentlicher Dienste, Deregulierung, Steuersenkung, Wahlrechtsreformen u.ä., trotz aller internationalen Verwerfungen. Dies änderte sich 1875,
als die latenten Konflikte auf dem Balkan ausbrachen. Bulgarien, Mazedonien, Albanien und Bosnien sowie große Teile des heutigen Griechenlands, Rumänien und Jugoslawien gehörten noch zum Osmanischen Reich. Ihre Bewohner aber strebten in einer
großen Mehrzahl nach Unabhängigkeit bzw. einem Anschluss an das „Mutterland".

Im Sommer 1875 brach in Bosnien ein Aufstand gegen die türkische Herrrschaft
aus, dem sich später Bulgaren und Serben anschlossen. Das Osmanische Reich war auf
diesen Waffengang denkbar schlecht vorbereitet, denn dessen Staatshaushalt war durch
den krankhaft extravaganten Sultan in den Ruin getrieben worden. Die alte große Macht,
der „kranke Mann am Bosporus", schien endgültig vor dem Zusammenbruch zu stehen. Die Truppen des türkischen Herrschers vermochten, die Aufstände jedoch zu unterdrücken, wenn auch mit großer Grausamkeit, und die Russen, nicht ohne eigene
Interessen im Blick zu haben, protestierten laut. Österreich, Russland und das Deutsche Reich schlugen den drei anderen Großmächten (Großbritannien, Frankreich, Italien) vor, die Türkei gemeinsam zu Reformen aufzufordern. Derby wollte dieser Initiative zustimmen, Disraeli zögerte, erklärte im Winter 1875/76 jedoch sein Einverständnis.[45]

Die gemeinsame Intervention trug wenige Früchte und Bismarck fürchtete, zwischen der Unterstützung Österreichs bzw. Russlands wählen zu müssen. Beide waren
Verbündete des Deutschen Reiches, zugleich aber Rivalen auf dem Balkan. Er arrangierte darum ein erneutes Zusammengehen der drei und hoffte so, ihre Kontroversen
entschärfen zu können. Im Mai 1876 schlugen die drei Kaiserreiche dementsprechend
Großbritannien, Frankreich und Italien vor, sich einer weiteren von ihnen verfassten
Note anzuschließen, um den Druck auf den Sultan zu erhöhen. Diesmal lehnte es
Disraeli ab, einer Initiative der drei Ostmächte lediglich **folgen** zu können. Er vertrat

---

[43] LR, 920 DER (15), Box 51/4, Lord Derby an Sanderson, 11.4.1874
[44] Blake, Conservative Party, 124, 128
[45] Blake, Disraeli, 579/80

die Auffassung, dass es nicht mit der Würde Großbritanniens vereinbar sei, eine Demarche mitzutragen, ohne an der Formulierung derselben beteiligt gewesen zu sein.
Der Premierminister sah das Prestige Großbritanniens gefährdet und somit auch seine
innenpolitische Basis, da er weit stärker als seine Vorgänger die Wähler durch eine
bewusst machtbetonte Außenpolitik zu gewinnen suchte. Er beschwerte sich gegenüber dem russischen Botschafter, dass Großbritannien behandelt worden sei, als ob es
sich um Montenegro oder Bosnien handele. Obwohl u.a. die Queen warnte, schlossen
sich Derby und die anderen Kabinettsmitglieder der Haltung des Premierministers an.[46]
Wie die Kritiker befürchtet hatten, versteifte dies die obstruktive Haltung des Osmanischen Reiches. Die türkische Regierung empfand Schiffe der „Royal Navy", die zu dieser Zeit vor Konstantinopel lagen, nicht als Bedrohung, sondern als Schutz. Sie sah
sich in ihrer Auffassung bestärkt, dass Großbritannien aus strategischen antirussischen
Erwägungen, ungeachtet aller Misswirtschaft und blutigen Unterdrückung der Minderheiten, ihr Land unterstützen werde.

Das Vereinigte Königreich sah sich bald isoliert, denn sogar Frankreich hatte sich
der Position der drei Kaiserreiche angeschlossen.[47] Dies bewog Disraeli im Juni 1876 zu
dem Versuch eines Kurswechsels, und er hielt im Unterhaus eine Rede, die in sehr
versöhnlichem Ton an die russische Adresse gerichtet war.[48] Russland fasste die britische Annäherung – wohl zu Recht – als Versuch auf, aus der selbstverschuldeten diplomatischen Isolation auszubrechen und argwöhnte zudem, dass das Empire Ägypten
annektieren wolle. – Nicht ganz ohne Grund, denn die britische Regierung hatte 1875
in einer aufsehenerregenden Transaktion 44% der Suezkanalanteile erworben, und die
Wasserstraße wurde ganz überwiegend von Schiffen der führenden Seemacht genutzt.[49]

Im Sommer 1876 berichtete die britische Presse über ein türkisches Massaker an
25.000 bulgarischen Männern, Frauen und Kindern. Disraeli bestritt diese Untat, und
meinte zu Berichten über massenhafte Folterungen, dass Orientalen „selten von der
Folter Gebrauch machen, sondern ihre Verbindung mit Angeklagten in der Regel in
einer rascheren Art und Weise erledigen..."[50] Als schließlich feststand, dass die Zahl
der Toten „lediglich" 12.000 betrug, kritisierte er im Parlament vor allem diejenigen
Zeitungen, die von der doppelten Opferzahl berichtet hatten, und endete seine Rede
mit dem Satz: „Was in diesem kritischen Augenblick unsere Pflicht ist, ist das Empire
von England zu erhalten."[51] Hinter diesen als herzlos aufgefassten Worten des Premierministers stand zum einen seine Überzeugung, dass eine Selbstverwaltung für Bosnien
in Anbetracht der dortigen nationalen Gemengelage noch absurder wäre als eine Autonomie für Irland, die er ablehnte.[52] Zum anderen bewog ihn die bei britischen Konservativen weitverbreitete Überzeugung, dass Konstantinopel der „Schlüssel zu Indien"
sei, der keinesfalls unter russische Kontrolle geraten dürfe.

Gegenüber Derby gab er zu, dass die Debatte sehr schädlich für die Regierung gewesen sei. Der Außenminister war zutiefst geschockt über die Gräuel und übermittelte
der türkischen Regierung eine entschiedene Warnung, dass „im Extremfall einer russi-

---

[46] Kissinger, Henry; *Diplomacy*, London/New York 1995, 148/49, (künftig: Kissinger, Diplomacy);
s. auch Blake, Disraeli, 588
[47] Kissinger, Diplomacy, 152/53
[48] Blake, Disraeli, 589; Kissinger, Diplomacy, 152/53; s. auch LR, 920 DER (15), Sanderson Korrespondenz, Sanderson an Lord Derby, 9.6.1876
[49] Blake, Disraeli, 590, 581–87
[50] Blake, Disraeli, 593
[51] Blake, Disraeli, 594
[52] Monypenny, W.F./Buckle, G.F.; *The Life of Benjamin Disraeli, Earl of Beaconsfield*, 6. vols., o.O.
1910–1920, VI, 13, (künftig: Monypenny, Disraeli)

schen Kriegserklärung gegen die Türkei, die Regierung Ihrer Majestät es praktisch unmöglich fände, zur Verteidigung des Ottomanischen Reiches einzugreifen".[53]

Das Vertrauensverhältnis zwischen Disraeli und Derby nahm zunächst keinen dau-
ernden Schaden, und es bestand Aussicht, dass die öffentliche Empörung über die
Massaker auf dem Balkan, die die Stellung der Regierung schwächten, bald abebbten.
Im September 1876 veröffentlichte Gladstone, der vormalige Premierminister, jedoch
seine Schrift „Die bulgarischen Gräuel". Innerhalb weniger Wochen wurden 200.000
Exemplare verkauft, und sie wurde eine der berühmtesten politischen Veröffentlichun-
gen der britischen Geschichte. Gladstone war von tiefen christlichen und moralischen
Motiven getrieben und betrachtete sein Engagement zweifelsohne als Sühne für die
Schuld, die er wegen seiner Verstrickung in den Krimkrieg empfand. Zugleich wollte er
aber auch seinen politischen Einfluss im Lande und in der liberalen Partei stärken.
Disraeli lehnte selbst den Rat der Queen ab, öffentlich die Massaker zu verdammen.
Sein Widerstand war verstärkt durch die Schrift seines alten Widersachers, der schrieb,
dass die britische Nation „die Regierung fast ebenso lehren muß, was zu sagen ist, wie
ein stammelndes Kind".[54] Disraeli sagte Derby zu Gladstones Veröffentlichung: „Rachsüchtig und schlecht geschrieben – das natürlich. In der Tat in dieser Hinsicht von
allen bulgarischen Gräueln vielleicht das größte."[55] In einer öffentlichen Rede betonte
er, die edlen Gefühle des britischen Volkes würden aus eigensüchtigen Motiven ausge-
nutzt, und „dies könnte, glaube ich, gerechterweise beschrieben werden als schlimmer
als jede der bulgarischen Gräuel, die jetzt die Aufmerksamkeit fesseln".[56]

Die öffentliche Meinung in Großbritannien war über diese Kontroverse so stark
erregt und polarisiert wie seit 30 Jahren nicht mehr, seit der Auseinandersetzung um die
Kornzölle. Dem Versuch Derbys und anderer, mehr Ruhe in die Diskussion zu bringen, war in dieser aufgeheizten Atmosphäre kein Erfolg beschieden. Bezeichnenderweise stellten sich die **älteren** Intellektuellen in diesem Konflikt auf Seiten der Gegner
Disraelis. Der zu Ausschreitungen bereite „Mob" und die jüngere Intelligenz jedoch,
i.d.R. machtpolitisch orientierte Anhänger des Empiregedankens, standen hinter dem
Premier.[57] Letztere lieferten in den darauf folgenden Jahrzehnten das ideologische Ge-
rüst für den Imperialismus und die Abkehr von der „zivilen Gesellschaft" in Großbritannien, mit weitreichenden Auswirkungen im Inneren und auch auf die Außenpolitik
des Landes. (S. zu diesem Thema Kapitel IV)

Der Außenminister arbeitete mit viel Energie an einem Waffenstillstand zwischen
Serbien und den vorrückenden Türken, um das Schlimmste zu verhindern. Die Hin-
haltetaktik der Osmanen wurde schließlich durch ein Ultimatum Russlands beendet,
das der Sultan akzeptieren musste. Derby schlug daraufhin eine Konferenz der sechs
Großmächte und der Türkei in Konstantinopel vor. Die Basis der Gespräche sollten die
territoriale Integrität der Türkei, Verwaltungsautonomie für Bosnien, die Herzegowina
und Bulgarien und der Status quo für Serbien und Montenegro sein. Keine Großmacht
sollte spezielle Zugeständnisse erhalten. Derby schlug Indienminister Salisbury als britischen Vertreter auf der Konferenz vor, und dies fand in Großbritannien durchweg
Zustimmung, auch bei Gladstone. Sowohl der vormalige Premierminister als auch Salisbury waren der Auffassung, dass die befreiten Slawen ein wirkungsvolleres Bollwerk

---

[53] Monypenny, Disraeli, VI, 53–71
[54] Blake, Disraeli, 596/97; Feuchtwanger E.J.; *Democracy and Empire. Britain 1865–1914*, London
1985, 100, (künftig: Feuchtwanger, Britain 1865–1914); Blake, Disraeli, 598–600; ebd., 601
[55] Monypenny, Disraeli, VI, 60
[56] Blake, Disraeli, 602
[57] Blake, Disraeli, 604

gegen Russland darstellten, als es der „kranke Mann am Bosporus" je sein könne.[58] Salisbury teilte auch nicht die Ansicht, dass Konstantinopel der Schlüssel zu Indien sei, schließlich liege die Stadt fast 1500 Kilometer von Suez entfernt. Er meinte ironisch, dass viele Probleme daher rührten, dass britische Staatsmänner Landkarten mit einem irreführenden Maßstab verwendeten, war aber überzeugt, dass erklärte britische Interessen mit Festigkeit verteidigt werden müssten.[59]

Vor Beginn der Verhandlungen verdichteten sich Anzeichen für russische Kriegsabsichten und Großbritannien verstärkte daraufhin militärische Vorbereitungen.[60] Disraeli hatte keine moralischen Einwände gegen ein Bündnis mit der Türkei, um Russland von der Eroberung der Meerengen abzuhalten. Ja, er meinte, dass nur eine feste Haltung gegenüber dem Zarenreich Russland vor kriegerischen Schritten abhalten könne.[61]

Die sechs Mächte einigten sich in Konstantinopel schließlich auf ein reduziertes Reformprogramm für die Türkei, aber selbst dieses lehnte das Osmanische Reich ab – wahrscheinlich zum Teil, weil es wegen Disraelis bekannter Haltung letztlich mit britischer Unterstützung gegen Russland rechneten. Zum anderen hätte sich die türkische Regierung wohl kaum gegen den Zorn der Bevölkerung halten können, wenn sie den „christlichen Mächten" nachgegeben hätte.[62]

Russland sandte kurze Zeit später überraschend einen Sondergesandten in die Hauptstädte der Großmächte. Diesem war kein Erfolg beschieden, Großbritannien zu einer gemeinsamen Note mit den anderen Mächten zu bewegen und die britische Regierung entschloss sich, durch das sehr konziliante „Londoner Protokoll" einen gewissen Druck auf die Türkei auszuüben.[63]

Die Pforte lehnte auch das „Protokoll" ab, und am 24. April 1877 erklärte Russland der Türkei den Krieg. Die Russen behaupteten von Beginn an, lediglich für die Durchsetzung des Londoner Protokolls zu kämpfen. Hierfür besaßen sie zwar kein Mandat, aber es war für die britische Regierung nicht möglich, massiv gegen die Durchsetzung eines Dokumentes aufzutreten, das sie selbst formuliert hatte. Dies war zweifelsohne ein brillanter Schachzug der russischen Diplomatie und vermutlich ebenso zynisch.

Großbritannien nahm zunächst eine neutrale Position ein. Derby warnte jedoch das Zarenreich, dass sein Land vitale Interessen gefährdet sähe, wenn sich die militärischen Aktionen bis auf die Meerengen erstrecken sollten.[64] Zugleich jedoch unterrichteten Lord und Lady Derby den russischen Gesandten Schuwalow über höchst vertrauliche Informationen in der Hoffnung, den Frieden zu retten. Kein anderer britischer Außenminister dürfte je einen ausländischen Botschafter über Kabinettsinterna informiert haben, um die kriegsbereite Politik seines eigenen Premierministers zu konterkarieren. Sanderson beteiligte sich an dem, was als schwerwiegende Indiskretion, wenn nicht als Geheimnisverrat bezeichnet werden müsste, und litt unter dieser Anspannung: „Ich fiel gestern Abend in die schlimmste Depression und bin noch nicht aus ihr her-

---

[58]Blake, Disraeli, 610/11, 578

[59]Massie, Robert K.; *Dreadnought. Britain, Germany and the Coming of the Great War*, New York 1991, 197, (künftig: Massie, Dreadnought)

[60]Großbritannien unterband bspw. die Auslieferung von acht je 100 Tonnen schweren Geschützen an Italien, um sie für eigene Zwecke verfügbar zu halten: „Es gibt kein Geschütz", wie Derby an Salisbury schrieb, „das gegen diese bestehen kann, und keines kann in weniger als zwei Jahren hergestellt werden"; Blake, Disraeli, 613

[61]Blake, Disraeli, 607–09

[62]Blake, Disraeli, 614–17

[63]LR, 920 DER (15), Box 51/4, Lord Derby an Sanderson, 15.3.1877; Blake, Disraeli, 619; LR, 920 DER (15), Box 51/4, Sanderson an Lord Derby und Notiz Derbys auf demselben

[64]Blake, Disraeli, 621; s. auch Kissinger, Diplomacy, 152/53

aus."[65] Er schrieb der Gattin Derbys zahlreiche Briefe, die von diplomatischen Interna handelten, und übersandte ihr sogar Originalschriftstücke des diplomatischen Verkehrs.[66] – Noch gab es so etwas wie eine aristokratische Solidarität in Europa, im Schlechten, aber auch im Guten: Die beiden Hochadligen Derby und Schuwalow verachteten den anschwellenden Chauvinismus in ihren jeweiligen Ländern und verfügten so über eine gemeinsame, quasi vormoderne Basis, um zu versuchen, den Frieden zu wahren.[67]

Disraeli wurden erst sehr spät die Überzeugungen Derbys bewusst, vermutlich **wollte** er nicht sehen, wie fundamental sich die Ansichten seines alten Freundes von den seinigen unterschieden. Am 17. April 1877 bescheinigte er ihm erstmals „so viel Ängstlichkeit". – In Wirklichkeit praktizierte Derby eine Verzögerungstaktik gegen eine Politik, die er ablehnte.[68] Der Außenminister hegte zwar keine grundsätzlichen Einwände gegen ein Bündnis mit der Türkei, falls es britischen Interessen nützte, aber er war einfach der festen Überzeugung, dass eine Intervention unnötig sei, weil die russische Regierung meine, was sie sage: Ihr Kriegsziel sei nicht die Eroberung der Meerengen und die Zerschlagung der Türkei, sondern die notwendigen Reformen für die Christen sicherzustellen. Die wirkliche Gefahr lag seines Erachtens darin, dass Großbritannien durch eine kriegerische Rhetorik den Zaren zu Maßnahmen drängte, die dieser selbst nicht wünsche.

Die russische Armee trieb die osmanischen Truppen in den ersten drei Kriegsmonaten geradezu vor sich her, und die Stimmung vieler britischer Russlandfeinde wurde geradezu hysterisch, z.B. die der Queen oder Disraelis. Auch Layard, der britische Botschafter in der Türkei, sah die Situation in drastischen Farben: Russland sei dabei, das Osmanische Reich zu verschlingen, danach werde es sich gegen Indien wenden und das Empire könnte verloren sein.[69]

Der Premierminister begann ab Mitte 1877 einen Briefwechsel mit Layard hinter Derbys Rücken[70] – wofür es kaum ein Beispiel in der britischen Geschichte geben dürfte. Etwa zu dieser Zeit schrieb der Premierminister an die Queen: „… die Kaiserin von Indien sollte ihren Armeen befehlen, Zentralasien von den Moskowitern zu säubern und sie in das Kaspische Meer zu treiben."[71] Disraelis militaristische Rhetorik und seine Zuversicht wurden von Lord Lytton, dem britischen Vizekönig in Indien und dessen Oberbefehlshaber, geteilt: Großbritannien sei in Zentralasien doppelt so stark wie Russland, und aus britisch-indischer Sicht sei kein günstigeres Ereignis denkbar als ein Krieg mit Russland.[72]

Disraeli und Derby entfremdeten sich zusehends. Der Außenminister ließ sich vom Premierminister dazu nötigen, bei Veröffentlichungen des F.O., den sogenannten „Blaubüchern", Informationen zurückzuhalten, die vorteilhaft für die Bulgaren, also nachteilig für die Türkei waren.[73]

---

[65] LR, 920 DER (15), Box 51/4, Sanderson an Lady Derby, 3.1.1878

[66] LR, 920 DER (15), Box 51/4, Sanderson an Lady Derby, 3.1.1878. In Phasen größter außenpolitischer Aktivität und Anspannung schrieb er Lady Derby besonders häufig, so z.B. am 2.1.1878: „Es ist 7 und ich kann nicht sehen, wie ich meine Arbeit bewältigen kann, außer ich bleibe die ganze Nacht auf." (LR, 920 DER (15), Box 51/4, Sanderson an Lady Derby, 2.1.1878)

[67] Blake, Disraeli, 623

[68] Blake, Disraeli, 624

[69] Waterfield, Gordon; *Layard of Niniveh*, London 1963, 366, (künftig: Waterfield, Layard)

[70] Waterfield, Layard, 368

[71] Monypenny, Disraeli, VI, 155

[72] Edwardes, Michael; *Playing the Great Game. A Victorian Cold War*, London 1975, 97/98, (künftig: Edwardes, Great Game)

[73] Langer, William L.; *The Diplomacy of Imperialism, 1890–1902*, 2nd. Ed., New York 1951, 379, (künf-

Das Kabinett war heillos zerstritten. Der Außenminister wandte sich gegen jede Maßnahme, die zu einem Krieg hätte führen können. Dies verbitterte die Königin über alle Maßen. „Oh", schrieb sie an Disraeli, „wenn die Queen ein Mann wäre, ginge sie gerne los und gäbe diesen schrecklichen Russen, deren Wort man nicht glauben kann, solch eine Tracht Prügel!"[74]

Im Juli 1877 konnten die Türken den russischen Vormarsch bei Plewna in Bulgarien stoppen, und Disraeli drängte das Kabinett, Russland zu erklären, dass Großbritannien nicht neutral bleibe, falls das Zarenreich zu einer weiteren Offensive ansetze. Wie so oft konnte keine Einigung erzielt werden. Der Premierminister ließ dem Zaren jedoch durch einen Sondergesandten übermitteln, dass das Kabinett vollständig einig sei in dem Willen, gegebenenfalls den Krieg zu erklären. – Der russische Herrscher kannte aber auch Derbys geheime Mitteilungen an Schuwalow, wusste also sehr wohl um den Bruch im Ministerrat. Der Außenminister blieb gelassen und standhaft.[75]

Als Plewna am 9. Dezember 1877 fiel, drängte Disraeli auf ein rasches Zusammentreten des Parlamentes, einen Kredit für die Streitkräfte und britische Vermittlung zwischen den Kriegführenden. – Das Kabinett zögerte, Derby wandte sich nachdrücklich gegen diese Vorschläge, und der Premierminister drohte mit seinem Rücktritt.[76]

Disraeli begann, dem Außenminister Unentschiedenheit und letztlich gar mangelnde Loyalität zu seinem Land vorzuhalten. Für ihn wie für die Queen wurde es schließlich zur Gewissheit, dass der Außenminister Schuwalow geheime Informationen zuspielte. Derby schrieb am 23.12.1877 an Salisbury: Disraelis und seine Sichtweise unterschieden sich

> „nicht im Detail, sondern grundsätzlich. Er glaubt voll und ganz an ‚Prestige', wie es alle Ausländer tun,[77] und fände es (ganz ehrlich) im Interesse des Landes, 200 Millionen Pfund für einen Krieg auszugeben, wenn das Ergebnis dazu führte, ausländische Staaten höher von uns als Militärmacht denken zu lassen. Diese Ideen sind verständlich, aber es sind nicht meine (…) und wenn sie auch ehrlicher Überzeugung entspringen, so werden sie doch dadurch nicht weniger gefährlich."[78]

Sandersons Ansicht in der Orientfrage begann sich von derjenigen seines Ministers zu unterscheiden. am 27.12.1877 schrieb er:

> „Ich erwähnte gegenüber <Staatssekretär> Tenterden das Argument, daß die Türken, wenn sie mit Sicherheit wüßten, daß wir eingreifen, um die Besetzung von Konstantinopel zu verhindern, Widerstand leisten könnten bis die Russen dort wären, mit der Absicht, uns hineinzuziehen. Er entgegnete, und ich denke mit Recht, daß falls sie irgendetwas wie anständige (Friedens-) Bedingungen vorher erreichen könnten, es verrückt von ihnen wäre zu erlauben, ganz Rumelien[79] überrennen zu lassen mit der möglichen Aussicht, daß daraus eine unabhängige oder halb unabhängige Provinz errichtet wird (…), oder Bulgarien zugeschlagen. Ich gestehe, ich glaube, er hat recht."[80]

Wenige Tage später berichtete Sanderson vom Inhalt der russischen Antwort auf ein britisches Memorandum bezüglich Konstantinopel: „Es (…) streicht heraus, daß, falls wir die Türken wissen lassen, daß wir eingreifen werden, um die Hauptstadt zu retten,

---

tig: Langer Diplomacy of Imperialism); zu Derbys Reaktion s. LR, 920 DER (15), Box 51/4, Lord Derby an Sanderson, 22.8.1877

[74] Blake, Disraeli, 625; nach Massie, Dreadnought, 196/97

[75] Blake, Disraeli, 627/28; LR, 920 DER (15), Box 51/4, Lord Derby an Sanderson, 20.8.1877

[76] Blake, Disraeli, 634; Waterfield, Layard, 388

[77] Eine nicht sehr geschmackvolle Andeutung der jüdischen Herkunft des Premierministers. Bei manchen Gegnern Disraelis steigerten sich die Angriffe bis hin zu antisemitischen Ausfällen.

[78] Cecil, Gwendolen; *Life of Robert Marquis of Salisbury*, vols., I–IV, London 1921–32, II, 170/71, (künftig: Cecil, Salisbury)

[79] Entspricht dem heutigen südlichen Bulgarien, dort gab und gibt es eine starke türkische Minderheit.

[80] LR, 920 DER (15), Box 51/4, Sanderson an Lady Derby, 27.12.1877

es sie ermutigen werde, halsstarrig zu sein."[81] Sanderson war nun zu der Ansicht gelangt, dass es keine kluge Politik wäre, der russischen Argumentation zu folgen, darum bedauerte er auch, dass sich Kolonialminister Carnarvon in drastischen Worten gegen eine Unterstützung der Türkei wandte. Carnavons Intervention führte zu schweren Auseinandersetzungen im Kabinett, und Derby riet dem von der Queen und Disraeli gemaßregelten Kolonialminister, öffentlich bekanntzugeben, dass er zu seiner Sicht stehe und auch im Kabinett verbleiben wolle, um seine Ansichten dort durchzusetzen. Sanderson kritisierte Carnarvon hingegen und hielt es für vorteilhaft, dass die anderen Mächte mit einem Kriegseintritt Großbritanniens rechnen mussten.[82]

Am darauffolgenden Tag verfasste Sanderson eine an Russland gerichtete Note. Sie „schlägt vor", wie er schrieb, „dass der Waffenstillstand zwischen den Regierungen statt zwischen den Oberkommandierenden ausgehandelt werden sollte". – Das russische Außenministerium und im Prinzip auch der Zar waren weniger panslawistisch gestimmt, als etwa die Generäle auf dem Balkan: Er fuhr fort: „Und am Ende <der britischen Mitteilung an Rußland> wird ein zarter Hinweis gegeben in Bezug auf den Unterschied zwischen einem Waffenstillstand und den Friedensbedingungen, an letzteren seien andere Mächte ebenfalls interessiert."[83]

Am 12. Januar 1878 folgte eine „stürmische Kabinettssitzung" und bei einem weiteren Ministertreffen schlug Disraeli u.a. vor, britische Kriegsschiffe durch die Dardanellen zu schicken, denn Russland beabsichtige, die Frage der Meerengen von einem folgenden europäischen Kongress auszuklammern. Carnarvon und Derby verkündeten daraufhin ihren Austritt aus der Regierung, und Disraeli versicherte sich der Zustimmung der Queen zu Salisbury als neuem Außenminister. Schließlich wurde aber ein Dechiffrierungsfehler entdeckt: Die russische Position war konzilianter, als es zunächst den Anschein hatte. Dies machte es möglich, aber nicht notwendig, Derby ins Kabinett zurückzuholen. Auf Disraeli wurde dahingehend großer Druck von Parteifreunden ausgeübt, denn ganz Lancashire drohte den Konservativen bei Wahlen verloren zu gehen, wenn der Außenminister ausschiede. – Lancashire, der Großraum um Liverpool in Nordwestengland, war die Heimat des einflussreichen Derby-Clans. Der Earl blieb also Kabinettsmitglied. In den folgenden Wochen begann er, aufgrund der politischen Entwicklung schwer zu trinken.[84] Die Möglichkeit seines Ausscheidens aus dem Amte mit den erwarteten innenpolitischen Folgen hing derweil wie ein Damoklesschwert über dem Kabinett.

Am 31. Januar unterzeichneten Russland und die Türkei einen Waffenstillstand. Als ein Gerücht, das sich später als unwahr herausstellte, behauptete, dass die Russen den Waffenstillstand missachteten und weiter vorrückten, entschloss sich die Regierung, einschließlich Derbys, die Flotte nach Konstantinopel zu schicken. Die Atmosphäre in London war von Kriegshysterie geprägt.– Gladstone wurde bereits seit Wochen in den Straßen ausgepfiffen und „patriotische" Randalierer warfen die Fensterscheiben seines Hauses ein.[85]

Derby warnte Schuwalow am 12. Februar, dass Großbritannien Russland den Krieg erklären werde, falls dieses die Waffenstillstandslinie verletze. Seit dem 15. Februar lagen sich die britische Flotte und die russische Armee vor Konstantinopel kriegsbereit gegenüber. Am 21. Februar stimmte Russland zu, so lange nicht vorzurücken, wie Großbritannien sich ebenfalls zurückhalte. Russland weigerte sich aber offiziell zuzugeste-

---

[81] LR, 920 DER (15), Box 51/4, Sanderson an Lady Derby, 2.1.1878
[82] LR, 920 DER (15), Box 51/4, Sanderson an Lady Derby, 3.1.1878
[83] LR, 920 DER (15), Box 51/4, Sanderson an Lady Derby, 3.1.1878
[84] Waterfield, Layard, 392; Massie, Dreadnought, 197; Blake, Disraeli, 638
[85] Blake, Disraeli, 637–39

hen, dass alle Klauseln des kürzlich abgeschlossenen russisch-türkischen Friedensvertrages von San Stefano gegebenenfalls vom künftigen Kongress der Großmächte revidiert werden könnten. Zudem hatte Derby von Russland gefordert, dass der russo-türkische Vertrag auch von Großbritannien und Frankreich, den Mächten des „Pariser Friedens", der den Krimkrieg beendet hatte, unterzeichnet werden müsste.[86]

Das britische Kabinett entschied, indische Truppen nach Malta zu verlegen und Reserven in England einzuberufen. Derby protestierte: „Es ist weder notwendig noch vernünftig im Interesse des europäischen Friedens". Noch stärker missbilligte er die beabsichtigte Besetzung Zyperns bzw. eines türkischen Mittelmeerhafens, durch die der britische Nachschub bei einem möglichen Waffengang gesichert werden sollte. Der Außenminister trat zurück, und diesmal gab es keine Rückkehr. Auch die 30jährige Freundschaft zwischen ihm und Disraeli ging endgültig zu Ende.[87] Salisbury wurde neuer Außenminister – und Derbys imperialistisch gesonnener Bruder „um Lancashires willen" neuer Kriegsminister.

Russland hatte der Türkei in San Stefano einen Friedensvertrag aufgezwungen, der dem Zarenreich große Gebietsgewinne im Kaukasusgebiet bescherte. Vor allem jedoch wurde ein großes Bulgarien geschaffen (von der doppelten Größe des heutigen Staatsgebiets dieses Landes), von dem Russland treue Gefolgschaft erwartete. Neben Großbritannien drohte nun auch Österreich mit gewaltsamen Schritten. Vor dieser Front musste Russland weichen. Auf dem Berliner Kongress wurden Bulgarien im Juni/Juli 1878 weit bescheidenere Grenzen gezogen und Russland musste sich mit einem geringeren Gebietszuwachs im Kaukasus zufrieden geben.[88] Vertreter der Balkanländer waren nicht geladen, es waren lediglich führende Vertreter der Großmächte anwesend.

Derby scheint die Absichten Russlands in allzu rosigem Licht gesehen zu haben. – Selbst wenn das Ziel der Führung des Zarenreiches so moderat gewesen wäre, das „Londoner Protokolls" umzusetzen – was sehr zweifelhaft ist – so wäre es doch sehr wahrscheinlich, dass die russischen Generäle vor Ort ihre eigene fraglos expansionistische Politik verfolgt hätten, ebenso wie 1858 im Fernen Osten.[89] Vor allem nach Beginn des russisch-türkischen Krieges 1877 schwankte der Außenminister zwischen der Orientierung an eigenen friedfertigen Überzeugungen sowie der Loyalität zu seinem Premierminister und alten Freund Disraeli, sicher die Schlechteste aller möglichen Lösungen, denn sie gab sowohl Russland als auch dem Osmanischen Reich berechtigte Hoffnung, dass die britische Politik sich letztlich zu ihrem Vorteil entscheide und trug so zur Verfestigung der starren Haltung beider Seiten bei. Sanderson scheint die politische Situation realistischer als sein Minister eingeschätzt zu haben und teilte letztlich nicht dessen Haltung.[90] Aber auch 1880, nachdem sich die Aufregung wegen der Orientkrise gelegt hatte, machte Sanderson gewisse Vorbehalte gegenüber der britischen Politik der konservativen Regierung deutlich.[91]

---

[86] Blake, Disraeli, 639; Bagley, J.J.; *The Earls of Derby*, 199 (künftig: Bagley, Derby)

[87] Bagley, Derby, 199/200; Blake, Disraeli, 641; s. auch Penson, Dame Lilian; *Foreign Affairs under the Third Marquis of Salisbury*, London 1962, 12

[88] Massie, Dreadnought, 197/98; zum Verlauf des Berliner Kongresses s. z.B. Kissinger, Diplomacy, 153/54; s. auch LR, 920 DER (15), Box 51/4, Lord Derby an Sanderson, 30.5.1878 (Derbys Kommentar zum Vertrag)

[89] In den 1850er Jahren weitete der russische Gouverneur der fernöstlichen Provinz das Zarenreich gegen den Willen der Petersburger Regierung auf Kosten Chinas erheblich aus. Zunächst drohte ihm wegen seiner Eigenmächtigkeit ein Kriegsgericht, schließlich wurde er für seine Tat jedoch hoch geehrt. (Stökl, Günther; *Russische Geschichte. Von den Anfängen bis zur Gegenwart*, 4. Aufl., Stuttgart 1983, 528)

[90] S. auch LR, 920 DER (15), Sanderson Korrespondenz, Sanderson an Lord Derby, 10.11.1878

[91] HH, MCD 263, Sanderson an Lady Derby, 22.3.1880

Disraelis Worte und Haltung trugen häufig geradezu abenteuerliche Züge. Er stand zwar unter starkem Druck der Queen, die sogar an Abdankung zu denken schien, falls Großbritannien keine entschlossene Haltung zeigte. Derbys Kritik an Disraeli, dass dieser v.a. das **Prestige** seines Landes erhöhen wollte, ungeachtet aller menschlichen und materiellen Opfer, war aber wohl zutreffend. Darum beabsichtigte der Premierminister auch, den Dreikaiserbund aufzubrechen, um das Renommee und den Einfluss seines Landes auf dem europäischen Kontinent zu erhöhen. Dies ist es vor allen Dingen, was abenteuerlich und verantwortungslos zu sein scheint: Disraeli wusste genau, dass Österreich und das Deutsche Reich die Politik Russlands mäßigten.[92] Wenn Disraeli v.a. ein Ausgreifen Russlands auf den Balkan hätte verhindern wollen, so hätte er dieses Ziel wohl im Frühsommer 1876 erreichen können, wenn er sich der Demarche der anderen europäischen Mächte an das Osmanische Reich angeschlossen hätte.[93]

Disraeli schrieb der Queen, der Dreikaiserbund sei tot, so tot wie das römische Triumvirat.[94] Sein Zerbrechen bedeutete zunächst eine wesentliche Einflusssteigerung Großbritanniens. Eine gemeinsame Demarche des Deutschen Reiches, Österreichs und Russlands, der sich das Vereinigte Königreich nur unter Schwierigkeiten verweigern könnte, war nun nicht mehr zu erwarten. Es spielte wieder eine der ersten Geigen, vielleicht die des Konzertmeisters. Die russische Reaktion auf die veränderte außenpolitische Situation war leicht zu erahnen: Russland würde in Zentralasien und im Fernen Osten seine Aktivitäten verstärken, was in Großbritannien zu berechtigter und großer Sorge führen müsste (s. hierzu Kapitel III, Abschnitt 2). Zudem stieg die Wahrscheinlichkeit, dass die beiden Außenseiter Europas zusammenfänden, Russland und Frankreich, die beiden Erzrivalen des Empire.

Disraeli war eine der schillerndsten, einflussreichsten und wohl auch begabtesten Staatsmänner des 19. Jahrhunderts, mit ausgeprägten Schattenseiten. Er nutzte und schürte chauvinistische Gefühle, um seine Basis im Lande zu verbreitern. Seine Außenpolitik **musste** also auch wesentlich von Prestigegesichtspunkten mitbestimmt werden, um Glanz und Macht des eigenen Landes zur Ergötzung von bestimmten Wählergruppen immer wieder betonen zu können. Und diese Politik schien sich auszuzahlen: Disraeli wurde nach seiner Rückkehr aus Berlin stürmisch gefeiert, er befand sich auf dem Höhepunkt seines Ruhms – und militaristische Haltungen gewannen in Großbritannien stark an Bedeutung, was der Konservativen Partei tendenziell zugute kam (s. unten).[95]

Disraelis Außenpolitik ähnelte derjenigen der Zaren, die zwischen panslawistischem Auftrumpfen und kühler Kabinettspolitik schwankte, oder auch der Napoleon III. Bemerkenswert sind zudem die skrupellose Sprache des Premierministers und seine militaristische Rhetorik sowie seine Zuversicht.

---

[92] So schrieb Sanderson während der russisch-türkischen Friedensverhandlungen Anfang 1878: „Odo Russell telegraphiert geheim, daß Bismarck und <der österreichische Außenminister> Andrassy <dem russichen Außenminister> Gortschakow raten, dem Plan direkter Verhandlungen zuzustimmen, sich der Pforte aber kompromißbereit zu zeigen, und keine Regelungen vorzuschlagen, die den Verdacht von England erregen würden und die Frankreich und Italien verletzen." (LR, 920 DER (15), Box 51/4, Sanderson an Lady Derby, 3.1.1878)
[93] Porter, Britain, Europe, 38
[94] Kissinger, Diplomacy, 149
[95] Blake, Disraeli, 650

3. Lord Derby – Ein Staatsmann im Übergang zwischen „Ziviler Gesellschaft" und Imperialismus

Lord Derby verdient es, aus zweierlei Gründen näher vorgestellt zu werden. Zum einen war er in den 1870er/80er Jahren der einflussreichste liberal-konservative britische Politiker, der eine gewaltbereite und von Prestigegesichtspunkten bestimmte Außenpolitik seines Landes ablehnte. Zum anderen war er der vertrauteste und langjährige Freund Thomas Henry Sandersons, der in dieser Arbeit noch eine herausragende Rolle spielen wird.

Die Derbys waren nicht nur eine der ältesten, angesehensten und einflussreichsten Familien des Landes, sie gehörten auch zu den wohlhabendsten im damals beispiellos reichen Großbritannien. Das jährliche Einkommen des Earls of Derby allein aus seinen Landgütern belief sich auf knapp 170.000 Pfund, dem Jahresentgelt von 2000 bereits gutverdienenden Arbeitern.[96]

Lord Stanley[97] wurde 1852 zum Unterhausabgeordneten gewählt. Er zählte erst 28 Jahre, aber es war für einen Spross des Hochadels nicht ungewöhnlich, schon in jungen Jahren wichtige Funktionen im öffentlichen Leben einzunehmen.[98] So wurde der fast noch jugendliche Stanley parlamentarischer Staatssekretär im F.O., 1858/59 wurde er Kolonalminister.[99]

Stanley war sicher einer der besonnensten und progressivsten Aristokraten seiner Zeit. Für ihn wie für seinen Vater verstand sich die Führungsposition des Adels im Lande aber von selbst. Von Zeit zu Zeit dachte er sogar daran, seinen Wohnsitz aus dem durch die Industrialisierung gezeichneten Umfeld Liverpools in eine ländliche Region zu verlegen, da dem Willen des Earls dort bereitwilliger Folge geleistet werde.[100] Andererseits befürwortete Lord Stanley aber eine Ausweitung des Wahlrechtes und die geheime Stimmabgabe. Er trat für Schulgeldfreiheit ein und unterstützte Versuche, die Lebensbedingungen der ärmeren Klassen zu verbessern. Er war zudem führend an der Gründung des Liverpool University College beteiligt und nahm jeweils mehrjährig die Aufgaben eines Rektors der Universitäten Glasgow und Edinburgh wahr bzw. die des Kanzlers der Universität von London.[101]

Stanley befürwortete eine friedvolle und zurückhaltende Außenpolitik, opponierte gegen den Krimkrieg (im Gegensatz zu seinem Vater und politischen Vorgesetzten), Palmerstons aggressive Chinapolitik und eine Politik der Rache nach der Niederschlagung des großen Aufstandes gegen die britische Herrschaft in Indien.[102] 1864, während

---

[96] Bagley, Derby, 190; Beckett, J.V.; *The Aristocracy in England 1660–1914*, Oxford 1986, 291/92, (künftig: Beckett, Aristocracy)

[97] Die Nobilitierung oder die Erhebung in einen **höheren** Stand des Adels waren in Großbritannien häufig mit Namensänderungen verbunden. So wurde aus Premierminister Benjamin Disraeli Lord Beaconsfield. Lord Stanley gehörte dem Geschlecht der Derbys an, und der älteste Sohn und Erbe führte in dieser Familie traditionell den Familiennamen Stanley. Zum 15. Earl of Derby wurde dieser 1869, nach dem Tode seines Vaters.

[98] Von Anfang des 19. bis in die Mitte des 20. Jahrhunderts stellte allein die engere Familie 27 Unterhausabgeordnete, darunter 9 Minister (Guttsman, W.L.; *The British Political Elite*, London 1963, 222, (künftig: Guttsman, Elite).

[99] Escott, Story, 308/09

[100] Bagley, Derby, 191

[101] Die geheime Wahl wurde 1871, die Schulgeldfreiheit 1881 eingeführt; Bagley, Derby, 191/92, 203

[102] Im sogenannten 2. Opiumkrieg von 1858 bis 1860 besetzten Frankreich und Großbritannien weite Küstengebiete Chinas und zwangen dem Land einen halbkolonialen Status auf (s. Franke, Herbert/ Trauzettel, Rolf; *Das Chinesische Kaiserreich*, Fischer Weltgeschichte, Band 19, Frankfurt/Main 1968, 324). Die „Kriegsentschädigung", die Frankreich und Großbritannien von China erzwangen, betrug 22

des deutsch-dänischen Krieges, erwogen die meisten britischen Politiker (z.B. der 14. Earl of Derby, Palmerston) eine Intervention zugunsten Dänemarks. Lord Russell, der damalige Außenminister, hatte erklärt, dass Dänemark nicht allein stehen werde, wenn der erste Kanonenschuss falle. Stanley aber befürwortete ohne Zögern eine Politik der Zurückhaltung. Er wollte nicht „einige Monate Kampf, die all das zerstören, was in den letzten zehn Jahren getan worden ist, um unser Volk wohlhabend und zufrieden zu machen".[103]

Die friedfertige Grundhaltung Lord Stanleys wurzelte nicht in religiösen Überzeugungen, anders als etwa bei Gladstone, er war auch kein Kirchgänger.[104] Der Lord wollte einfach den wirtschaftlichen Fortschritt und die soziale Entwicklung Großbritanniens nicht gefährdet sehen.

Stanley war kein Rebell. In familiären wie in politischen Fragen beugte er sich fast immer dem Wunsch seines Vaters. Dieser war sehr temperamentvoll und autoritär, ja geradezu furchteinflößend und seine Reaktionen waren kaum vorhersehbar. Der Sohn hingegen war ein introvertierter Charakter. Er entzog sich innerlich seinem Vater und weitgehend seiner Mitwelt.[105] Lord Stanley war im Herzen ein Liberaler, aber geradezu paralysiert durch seinen Vater. Bei diesem vermischten sich Zuneigung und Verachtung für seinen Sohn und er missbilligte seine enge Beziehung zu Disraeli. Eines Tages kam der langjährige Junggeselle Stanley unerwartet auf das Familiengut und Lord Derby begrüßte ihn mit den sarkastischen Worten: „Was bringt Dich her Edward? Wirst Du heiraten oder hat sich Disraeli die Kehle aufgeschnitten?"[106] 1865 resümierte der „Spectator" die Unterschiede zwischen Vater und Sohn: Stanleys Verhalten sei die Reaktion auf Derbys „Ungestüm, Ungeduld, Unvorsichtigkeit und seine Hingabe an Menschen und Angelegenheiten".[107]

Anders als seinen Vater und die große Mehrheit seiner hochgestellten Zeitgenossen begeisterten Stanley weder Pferderennen, andere sportliche Aktivitäten oder die Jagd, sondern er bevorzugte lange Wanderungen, allein oder in Begleitung von ein oder zwei Gefährten.[108]

Nominell war Derby als Tory ein Gegner der Regierung Gladstones. Dass er den Konservativen angehörte, entsprach nicht seiner Neigung, war nicht sein Wunsch, sondern es verstand sich für einen Angehörigen seiner Familie einfach von selbst, den Konservativen anzugehören, ebenso wie es zu dieser Zeit für Angehörige anderer Hochadelsfamilien (den Whigs) feststand, dass sie auf Seiten der liberalen Partei standen. Derby aber begann, sich zunehmend aus dieser Tradition zu lösen und auch bei wichtigen innenpolitischen Reformanliegen mit den Liberalen zu votieren. Er sah sich als „ein Neutraler, ungewöhnlich frei von Versprechen oder Fesseln". – So erschien im November 1869 in einer Zeitung auch die glaubhafte Falschmeldung, dass Derby zur Liberalen Partei übergetreten sei – wenige Tage nach dem Tode seines Vaters, des konservativen Parteiführers![109] Dennoch gab es 1870 dringende Bitten der konservativen

---

Mio. Unzen Silber, das ist etwa das Doppelte der jetzigen Jahresgewinnung Chinas (Baratta, Mario von; *Der Fischer Weltalmanach* 1996, Frankfurt am Main 1995, Spalte 1035, (künftig: Baratta, Fischer Weltalmanach); Bagley, Derby, 194/95

[103] Winzen, Bülows, 48; zit. nach Bagley, Derby, 192

[104] Bagley, Derby, 198

[105] Bagley, Derby, 194; Redesdale, Lord; *Memories*, New York o.J., 114, (künftig: Redesdale, Memories)

[106] Blake, Conservative Party, 113

[107] Zit. nach Bagley, Derby, 191; zur Person Stanleys s. auch Redesdale, Memories, 114/15

[108] LR, 920 DER (15), Archiv Liste; Bagley, Derby, 193

[109] Bagley, Derby, 199; LR, 920 DER (15), Sanderson Korrespondenz, Sanderson an Lord Derby, 23.11.1869

Peers, in Nachfolge seines Vaters die Tories im Oberhaus zu führen – was Derby ablehnte, und 1871 eine starke Strömung bei den Konservativen, die ihn an Disraelis Stelle als Führer der Partei sehen wollte.[110] Dieser war vielen nicht geheuer, und von seinem ganzen Politikansatz ging auch etwas Revolutionäres aus, während Derby die Tories auch für moderate Wähler der Mitte interessant zu machen versprach. Der bisherige Vorsitzende weigerte sich jedoch, für einen anderen den Platz zu räumen, und Derby wollte für diesen Posten, den er ohnedies nicht anstrebte, keinen Kampf mit seinem alten Freund Disraeli ausfechten.

Derby war ein Intellektueller, kein Machtpolitiker. Er versuchte, seine politischen Gegner zu verstehen und zu Kompromissen zu kommen, und war sich seiner Schwächen als **Partei**politiker bewusst. Der Lord stand den Heilserwartungen durch den christlichen Glauben ebenso kritisch gegenüber wie den Versicherungen der liberalen oder konservativ-imperialistischen Ideologen. Er glaubte nicht, dass die „Welt errettet werde", wenn man sich mehr oder minder besinnungs-los einer, gleich welcher, Erlösung versprechenden Richtung anvertraute. Vielleicht, weil er sich schon als Kind und junger Mann genötigt sah, letztlich nur auf eigene Kräfte bauen zu können? Er entzog sich den richtungweisenden und autoritätsheischenden Ideologien ebenso wie seinem Vater. Er vertraute auf **seine** Kraft, die ihm eigene Vernunft. Er wägte die verschiedenen sachlichen Argumente gründlich ab. Erst danach vertrat er seine Ansicht. Dann stand er zu dieser, auch um den Preis seiner politischen Karriere. Einige Historiker, die ihn als „phlegmatisch und schwerfällig" bezeichnen, werden seiner Persönlichkeit somit nicht gerecht.[111]

1874 errangen die Konservativen die Mehrheit, und Derby hätte wohl Premierminister werden können, wenn er dieses Amt angestrebt hätte. Er **fürchtete** sogar, aufgrund einer Erkrankung Disraelis an dessen Stelle treten zu müssen[112], konnte dann aber von neuem Außenminister werden. Disraeli hatte 1872 in seiner berühmten Kristallpalastrede Äußerungen getan, die gemeinhin als Startschuss für eine neue Ära der britischen, ja der Weltgeschichte gelten, indem er u.a. sagte: „Meiner Meinung nach wird kein Minister in diesem Land seine Pflicht tun, der eine Gelegenheit versäumt, so weit wie möglich unser koloniales Weltreich **wiederaufzurichten**."[113] Derby war entgegengesetzter Ansicht. Er meinte, dass England genügend weltweite Verpflichtungen besitze, und war eher geneigt, überseeische Gebiete **aufzugeben**, als weitere zu annektieren. Die andersartigen, ja teils entgegengesetzten außenpolitischen Konzeptionen Disraelis bereiteten Derby Unbehagen. Disraeli hatte als Oppositionsführer die britische Haltung in der Alabama-Frage (s. Kap. V) und bei der Revision der Schwarzmeerklauseln scharf kritisiert und als Beispiele für den Niedergang des Landes unter der liberalen Führung bezeichnet.[114] Derby hatte hingegen die Außenpolitik der Gladstone-Regierung (1868–74) im Großen und Ganzen gutgeheißen, und auch von Sanderson sind mir keine kritischen Äußerungen bekannt.

Derby hatte vor den Wahlen 1880 die Konservative Partei verlassen, da er eine friedvolle Außenpolitik und Reformen im Innern befürwortete.[115] Sanderson riet ihm, zunächst kein Ministeramt im Kabinett Gladstone zu übernehmen, der 1880 erneut

---

[110] Bagley, Derby, 191; Blake, Conservative Party, 113

[111] Blake, Disraeli, 624; Kennedy, Realities Behind, 85

[112] Blake, Robert; *Introduction*, (künftig: Blake, Introduction), in: Blake, Robert; (mit Cecil, Hugh) Ed.; *Salisbury. The Man and his Politics*, London/New York 1987, (künftig: Blake, Salisbury); LR, 920 DER (15), Box 51/4, Lord Derby an Sanderson, 2.12.1874

[113] Schöllgen, Gregor; *Das Zeitalter des Imperialismus*, Oldenbourg Grundriß der Geschichte, Band 15, München 1986, 3. Meine Hervorhebung, (künftig: Schöllgen, Zeitalter)

[114] Bagley, Derby, 199; Blake, Disraeli, 571

[115] Bagley, Derby, 200

Premierminister wurde, denn Derbys Position werde stärker und er könne dem Land nützlicher sein, wenn er zunächst das Angebot ablehne, in die Regierung einzutreten. Es entsprach auch Derbys Neigung, sich **partei**politisch nicht zu binden. Er unterstützte die Politik des Kabinetts Gladstone in wichtigen Bereichen.[116] Sanderson vermittelte Botschaften zwischen Granville und Derby, und Ende 1882 trat dieser als Kolonialminister in das Kabinett ein. Die Queen hatte ihre Abneigung gegen Derby wegen seiner Politik in der Orientkrise nicht überwunden, die dieser erwiderte. 1887, während der enthusiastischen und fast hysterischen Feierlichkeiten aus Anlass des 50jährigen Kronjubiläums Victorias bemerkte Derby, er sei für vieles dankbar, was die Queen getan habe und noch dankbarer für vieles, was sie hätte tun können, aber nicht tat. Er habe es aber noch nicht fertigbringen können, sich in einen Zustand hingerissener Dankbarkeit zu versetzen.[117]

Derby und Sanderson ähnelten einander in ihrer Charakterstruktur. Beide waren hochgebildet und vielseitig interessiert, engagierten sich mit großem Nachdruck für das Gemeinwesen und wahrten relative Distanz zu den zu ihrer Zeit herrschenden Urteilen und Vorurteilen, waren aber keine Rebellen.

Ein Zeitgenosse Derbys schreibt: „Vielleicht ist (…) Sanderson, der nicht nur sein Privatsekretär war, sondern darüberhinaus sein inniger und vertrauter Freund, der einzige Mensch, der etwas Licht auf diesen eigenartigen Charakter werfen könnte."[118] – Was er jedoch unterließ. Auch aus Derbys Tagebüchern erfahren wir nur sehr wenig über Sanderson und ihre zweiseitige Beziehung: Über viele Jahre hinweg waren lange Spaziergänge mit Sanderson Derbys bevorzugte Art und Weise, sich zu erholen und zu entspannen. Während Derby über Diskussionen, die er mit anderen Gesprächspartnern führte, in seinem Tagebuch berichtete, finden wir **nichts**, worüber er mit Sanderson gesprochen hat.[119] Dies lässt auf den vertraulichen Charakter des Austauschs schließen. Eine mögliche entgegengesetzte Deutung verbietet sich wegen der jahrzehntelangen engen Freundschaft zwischen Derby und Sanderson.

4. Lord Salisbury – Der führende britische Staatsmann der Frühphase des Imperialismus

Lord Salisbury wurde bereits mehrfach erwähnt. Er war zwischen 1885 und 1900 der einflussreichste britische Politiker und in den zehn Jahren nach Bismarcks Abgang vielleicht der bedeutendste Außenpolitiker weltweit.[120] Es ist darum geboten, ihn näher vorzustellen, und wir können zudem einen Blick auf einen meines Erachtens höchst interessanten Charakter werfen.

Die Salisburys sind eines der ältesten Adelsgeschlechter des Landes. Ein Mitglied der Familie hatte bereits Queen Elisabeth I. im 16. Jahrhundert als führender Minister gedient. In den Reihen des Geschlechts finden sich von etwa 1850 bis 1950 zwei Premierminister, über 10 Minister und annähernd zwei Dutzend Parlamentsabgeordnete. Harold Macmillan, Premierminister von 1957–63, war Schwiegersohn einer Enkelin des 3. Marquess of Salisbury, des Staatsmannes, dessen Persönlichkeit auf den folgen-

---

[116] LR, 920 DER (15), Sanderson Korrespondenz, Sanderson an Lord Derby, 17.4.1880; Bagley, Derby, 200/01
[117] LR, 920 DER (15), Sanderson Korrespondenz, Sanderson an Lord Derby, 10.11.1880; Bagley, Derby, 202/03
[118] Redesdale, Memories, 114
[119] Diese Information verdanke ich dem Derby-Fachmann Prof. Vincent, Bristol
[120] Gillard, David; *Salisbury*, 24, (künftig: Gillard, Salisbury), in: Wilson, British Foreign Secretaries

den Seiten skizziert wird.[121] – Selbst noch in den 90er Jahren des 20. Jahrhunderts stellte die Familie den Staatssekretär im britischen Verteidigungsministerium.

Robert Cecil[122], der spätere 3. Marquess Salisbury, wurde 1830 geboren. Seine Mutter starb früh, und mit seinem Vater verstand er sich nicht. Die Muster ähneln sich bei Derby und Salisbury und ihren Vätern: Der 2. Marquess Salisbury war ein begeisterter Jäger, der 1845 die über 10.000 Hektar große schottische Insel Rhum als riesiges Wildgehege erwarb. Robert Cecil hingegen war kein geborener Sportsmann: Hochaufgeschossen, dünn, kurzsichtig und mit krummem Rücken wurde er in Eton von seinen Mitschülern schikaniert. Aufgrund seiner Intelligenz wechselte er in eine Klasse mit Schülern, die durchschnittlich drei Jahre älter waren als er, was die persönlichen Belästigungen, denen er von seinen Klassenkameraden ausgesetzt war noch verstärkte. Als er 15 Jahre zählte, nahm ihn sein Vater von der Schule und ließ ihn von einem Privatlehrer in London unterrichten. Jahre später wurde Robert Cecil gefragt, warum er eine solche Kenntnis der kleinen Straßen und Seitengassen Londons besitze, und er entgegnete, dass er dadurch das Risiko zu vermeiden suchte, auf den großen Straßen ehemaligen Mitschülern aus Eton zu begegnen.[123]

Im August 1863 wurde er Mitglied des Unterhauses. Er übernahm das Abgeordnetenmandat der Stadt Stamford (Lincolnshire) von einem Vetter, in dessen Verfügungsgewalt es sich faktisch befand. Robert Cecil hatte während keiner der folgenden Wahlen einen Gegenkandidaten, bis er 1868, nunmehr Marquess Salisbury, den Sitz seines Vaters im Oberhaus einnahm.[124]

Von 1874 bis 1878 war er Indienminister, von 1878 bis 1880 Außenminister und 1885/86, 1887–1892 und 1895 bis 1900/02 Premier- und Außenminister zugleich. Zudem war er nach Disraelis Tod 20 Jahre Vorsitzender der Konservativen Partei.

Salisbury war außerordentlich gebildet, und seine Interessen waren weit gespannt. Er war sehr belesen und verfasste als junger Mann beispielsweise Artikel über deutsche Literatur für eine angesehene Zeitschrift.[125] 1865/66 veröffentlichte er ein Buch mit eigenen Aufsätzen zu außenpolitischen Fragen, ohne Bismarck zu erwähnen. Zu diesem Zeitpunkt war Salisbury noch der festen Überzeugung, dass die Deutschen eine Nation unverbesserlicher Träumer und Gefühlsmenschen seien, unfähig zur Einheit, eine zu dieser Zeit noch sehr verbreitete Einschätzung, für die „die Geschichte" zahlreiche Belege bereitzustellen schien. Er scheint in jenen Jahren zugleich eine tiefe Abneigung gegen Deutschland gehegt zu haben, wie sein Zeitgenosse Lord Arthur Russell feststellte, denn Gelehrte des Landes der „Dichter und Denker" hätten mit ihrer historisch-kritischen Methode die anglikanische Theologie vergiftet und viele junge Engländer auf Abwege geführt.[126] Naturwissenschaft und Technik interessierten Salisbury vielleicht noch stärker als die Außenpolitik. Er ließ sich ein eigenes Laboratorium bauen und beschäftigte sich z.B. mit Problemen der Elektrizität und des Magnetismus.[127]

---

[121] Kissinger, Diplomacy, 177; Guttman, Elite, 223/224

[122] Ebenso wie bei Derby sind der Familienname (Cecil bzw. Stanley) und der Adelsname, der auf den ältesten Sohn bei dem Tode seines Vater übergeht, nicht identisch.

[123] Thompson, F.M.L.; *The Rise of Respectable Society. A Social History of Victorian Britain*, 1830–1900, London 1988, 268, (künftig: Thompson, Respectable Society); Blake, Introduction, 2/3 und ebd. nach Cecil, Salisbury, I, 15

[124] Blake, Introduction, 1

[125] Kennedy, Anglo-German Antagonism, 112

[126] Spender, J.A.; *The Public Life*, 2 vols., vol. 2, London 1925, 46; Kennedy, Anglo-German Antagonism, 107

[127] Grenville, J.A.S.; *Lord Salisbury and Foreign Policy. The Close of the 19th Century*, London 1964, 6, (künftig: Grenville, Salisbury)

Salisbury fand Vergnügen daran, sein ganzes Schloss mit den neuesten Errungenschaften der Technik auszustatten, durchaus nicht üblich für einen Aristokraten der damaligen Zeit. „Hatfield House" war bei einem Besuch des Premierministers Disraeli und seines Mitarbeiters „aufgeheizt bis zum Siedepunkt und war voller Gaslampen, die sämtlichen Sauerstoff verbrannten. Aber er <Lord Salisbury> scheint zu glauben", wie Sanderson sarkastisch schrieb, „dass sich der Premierminister in solch erhabenen geistigen Regionen bewegt, dass eine Belüftung für sein Wohlbefinden unnötig ist."[128]

Salisbury war zu großen Arbeitsleistungen bereit und in der Lage. 1874 schrieb Sanderson an Derby: „Lord Salisburys Privatsekretär ist dabei, sich die Haare auszuraufen. Er sagte, sein Chef komme jeden Tag um 11 und bleibe bis halb acht, dies möge zur Konstitution von Kabinettsministern passen, bringe ihn aber schnellstens um."[129] Die Arbeit der führenden Mitarbeiter der angesehenen Ministerien ähnelte zu dieser Zeit eher dem gepflegten Dasein in einem „Gentleman's Club" als einem Büroalltag (s. auch Kap. IV, Abschnitt 2).

„Sie sollten niemals Experten vertrauen", meinte der Staatsmann einmal. „Wenn Sie den Ärzten glauben, ist nichts gesund; wenn Sie den Soldaten glauben, ist nichts sicher."[130] Vor allem gegenüber Militärexperten hegte er Vorbehalte: 1892 kritisierte er Argumente, dass eine umfangreiche Machtausweitung des Empire zur Sicherung Indiens erforderlich sei, und schrieb an den britischen Vertreter in Ägypten: „Ich wäre nicht allzu beeindruckt davon, was Ihnen Soldaten über die strategische Bedeutung dieser Gegenden erzählen. Wenn ihnen volle Bewegungsfreiheit erlaubt wäre, beständen sie auf einer Truppenstationierung auf dem Mond, um uns vor dem Mars zu schützen."[131]

Sanderson erinnerte sich, dass der langjährige Premierminister ihm einmal über Militärexperten gesagt habe, dass diese „in Ballonen" lebten, also ohne Bodenhaftung. Im August 1899, kurz vor Ausbruch des Burenkrieges, schrieb er dem Kolonialminister in sarkastischem Ton, dass er niemals an der Nutzlosigkeit des Kriegsministeriums gezweifelt habe.[132]

Salisbury fürchtete die zunehmende Demokratisierung seines Landes. Die Herrschaft einer aufgeklärten und fortschrittlichen Oligarchie hätte seinen Neigungen am ehesten entsprochen, und im kleinen Kreis beklagte er die aufkommende demokratische Massengesellschaft.[133] Darum hatte die lang andauernde irische Obstruktionspolitik im Unterhaus aus seiner Sicht auch ihr Gutes, denn es war unmöglich in den zehn Jahren nach 1895/96, eine aktive Reformpolitik zu betreiben, und diese konnte auch von einer liberalen Opposition unter den gegebenen Umständen kaum überzeugend gefordert werden.[134] 1892 wurden die Konservativen zwar von der Regierung verdrängt, die Liberalen waren aber auf die Unterstützung oder zumindest die Enthaltung der irischen Partei angewiesen. Die Stabilität der Regierung konnte bei den gegebenen Mehr-

---

[128] LR, 920 DER (15), Sanderson Korrespondenz, Sanderson an Lord Derby, 5.11.1879

[129] LR, 920 DER (15), Sanderson Korrespondenz, Sanderson an Lord Derby, 1.4.1874

[130] Nach Kennedy, Salisbury, 106: Salisbury in einem Brief an Lytton, den britischen Vizekönig in Indien; s. auch Journal of the Royal Cociety of Arts, LXI, 29.11.1912

[131] Zit. in Joll, James; *Europe since 1870. An International History*, 3rd. Ed., Harmondsworth, 83, (künftig: Joll, Europe)

[132] PRO, FO 800/13 (374), Sanderson an Lascelles, 9.4.1906; Pakenham, Scramble, 560

[133] Grenville, Salisbury, 9; zu Salisburys politischen Überzeugungen s. auch Thane, Pat; *Government and Society in England and Wales 1750–1914*, 42, (künftig: Thane, Government and Society), in: Thompson, F.M.L. (Ed.); *The Cambridge Social History of Britain 1750–1950*, vol. 30: Social Agencies and Institutions, Cambridge 1990

[134] Feuchtwanger, Britain 1865–1914, 199/200

heitsverhältnissen also nur prekär sein.[135] In dieser Situation stieg die Bedeutung des Oberhauses – durchaus im Interesse Lord Salisburys.[136]

Er war aber kein engstirniger Konservativer. Die Diskussionen im Familienkreis waren von großer Offenheit und gegenseitigem Respekt geprägt. Diese ungezwungene und unkonventionelle Atmosphäre soll auf einige Besucher des Familiensitzes Hatfield House geradezu furchteinflößend gewirkt haben.[137] Es gab keine Moralpredigten, und Lord Salisbury verfolgte die Ansichten seiner zehn Kinder, auch zu religiösen und anderen wichtigen Themen, mit großer Aufmerksamkeit und Achtung. Ein Historiker schreibt, dass er mit ihnen wie mit „kleinen ausländischen Mächten" umging: „nicht oft bemerkt, aber wenn erkannt, dann mit nie erlahmender Höflichkeit behandelt".[138]

Salisbury hatte kein Vertrauen in seine Fähigkeit, andere von seinen Ansichten zu überzeugen.[139] Dies ist zweifellos ein ernsthafter Mangel für einen langjährigen Parteiführer und Premierminister. Er war ein ungeselliger Intellektueller, und letztlich überwand er nie seine Schüchternheit und Zurückhaltung. Salisbury hielt sich abseits. Nur ein kleiner Kreis von Freunden, Kollegen und Ratgebern konnte mit ihm wirklich in Kontakt treten.[140] Er war berühmt-berüchtigt für seine Unfähigkeit, Freunde und Kollegen zu erkennen. So fragte er einmal seinen Tischnachbarn, wer denn der Herr sci, der dem Gastgeber gegenübersitze: es handelte sich um W. H. Smith, einer seiner langjährigen Freunde und gegenwärtiger Finanzminister. Einmal erkannte er sogar nicht einmal seinen eigenen Sohn, als er ihm im Park von Hatfield begegnete. Er besaß dementsprechend natürlich auch keine gute Menschenkenntnis, und die Gefühlsausbrüche seiner Landsleute zu außenpolitischen Fragen irritierten ihn.[141] Salisbury fühlte sich in seinem Zeitalter der beginnenden Massengesellschaft fremd. Die Ratlosigkeit über die veränderte Stimmung im Lande dürfte zumindest teils Anlass für folgende Äußerung Salisburys aus dem Jahre 1885 gewesen sein: „Regierungen können heutzutage so wenig tun und so wenig verhindern. Die Macht ist (...) den Staatsmännern entglitten, aber ich wäre sehr in Verlegenheit, wenn ich sagen sollte, in wessen Hände sie übergegangen ist."[142] Salisbury betrieb keine aktive Pressepolitik, ganz im Gegensatz zu Lord Derby.[143]

Salisbury hielt sich nur selten und ungern in London auf. Er kam dort seinen dienstlichen Verpflichtungen nach und kehrte umgehend nach Hatfield zurück, seinem etwa 30 Kilometer nördlich der Hauptstadt gelegenen Familiensitz. An einem Tag im Dezember 1900 schrieb der deutsche Chargé d'affaires an die Wilhelmstraße „hat Lord Salisbury mehrere Stunden im Foreign Office verbracht, was seit Jahren nicht mehr

---

[135] LR, DER (15), Sanderson Korrespoondenz, Sanderson an Lord Derby, 11.12.1892. Die Liberalen errangen bei den Wahlen 273 Sitze, die Konservativen 268, die irischen Nationalisten 81 und die „Liberal Unionists" 47.

[136] Feuchtwanger, Britain 1865–1914, 212

[137] Grenville, Salisbury, 5

[138] Massie, Robert K.; *Schalen des Zorns. Großbritannien, Deutschland und das Heraufziehen des Ersten Weltkrieges*, Frankfurt/Main 1998, 222/23, (künftig: Massie, Schalen)

[139] Bereits 1853 hatte er an seine Mutter geschrieben: „... meine Unfähigkeit, persönlichen Einfluß zu gewinnen..." (Cecil, Life, I, 36/37)

[140] Grenville, Salisbury, 10; Cecil, Salisbury, II, 234; Grenville, Salisbury, 16

[141] Massie, Schalen, 222; Grenville, Salisbury, 7; Friedberg, Weary Titan, 50

[142] Gathorne-Hardy, A.E. (Ed.); *Gathorne-Hardy, First Earl of Cranbrook*, London 1910, 345, zit. in Hildebrand, Klaus; *Julikrise 1914. Das europäische Sicherheitsdilemma. Betrachtungen über den Ausbruch des Ersten Weltkrieges*, in: GESCHICHTE IN WISSENSCHAFT UND UNTERRICHT, 495, (künftig: Hildebrand, Julikrise 1914)

[143] Bagley, Derby,192/93; s. auch BM, MSS 390/6 (202), Sanderson an Layard, 8.11.1877 u. ebd., 39130 (170), Layard an Sanderson, 21.11.1877 sowie BM, MSS 390/2 (80/81), Sanderson an Layard, 18.4.1877

dagewesen ist".[144] Salisbury arbeitete zu Hause, wohin ihm Unmengen an Dokumenten telegraphiert wurden. Die wichtigeren wurden ihm persönlich überbracht[145], meist vom Staatssekretär, und so war Sanderson, der seit 1894 dieses Amt bekleidete, über Jahre häufig Gast in Hatfield. Sanderson hatte Ende der 1870er/Anfang der 1880er Jahre zahlreiche Vorbehalte gegen Salisburys Politik geäußert. Beide kamen sich aber bald näher und lernten einander außerordentlich schätzen. Ihre Briefe zeugen davon.[146] Die „Times" schrieb in Bezug auf Sanderson: „Keiner seiner Vorgesetzten hatte mehr Vertrauen in ihn als Lord Salisbury, der außerordentlich zurückhaltend war, irgendjemanden in sein Vertrauen zu ziehen."[147]

Sanderson verehrte Salisbury schließlich geradezu und spürte in ihm den Seelenverwandten, denn beide waren sensible Einzelgänger, interessierten sich außerordentlich für die moderne Technik und die Naturwissenschaften, zugleich aber auch für Literatur und verfügten über einen stark entwickelten Humor.[148]

Als Salisbury um die Jahrhundertwende einen der militanteren Vorschläge Lord Curzons, des Vizekönigs von Indien, redigierte, fügte er hinzu (in der Hoffnung Curzon zu besänftigen): „Ich kann nicht den Anspruch auf Autorenschaft erheben, aber da ich Ihre interessantesten Paragraphen ausgemerzt habe, werde ich stets fühlen, daß ich <immerhin> einen negativen Anteil an einem großartigen Werk gehabt habe."[149]

„Lord Salisbury ist mit Sicherheit ein sehr ungewöhnlicher Mensch", meinte Sanderson einmal: Der Premierminister war in einen Verkehrsunfall verwickelt worden und musste von einem Polizisten aus seiner Kutsche „herausgezogen werden". Salisbury kam dann ins F.O. und „sprach mit uns eine Stunde lang über verschiedene dienstliche Angelegenheiten und sagte zu keiner Zeit auch nur ein einziges Wort über seinen Unfall. Wir (…) erfuhren davon, nachdem er gegangen war, und Lady Salisbury kam, um nach ihm zu fragen."[150]

Nach Bismarcks Abgang galt Salisbury als der einflussreichste Außenpolitiker Europas.[151] Zur menschlichen Schwäche der Eitelkeit hat ihn dies nicht verleitet. Dieser „eigenartige, mächtige, unergründliche, brillante" Mann war bereits zu seinen Lebzeiten eine Legende.[152] Lascelles, der britische Botschafter in Berlin, schrieb Salisbury 1895 bei dessen nochmaliger Übernahme des F.O.: „Darf ich Ihnen zu Ihrer Rückkehr ins Amt gratulieren, oder wollen Sie mir nicht vielmehr gestatten, dass ich mich selbst beglückwünsche, unter Ihren Anweisungen zu dienen?"[153] Die Klarheit und Unzweideutigkeit von Salisburys Anordnungen, Depeschen und Vertragsentwürfen wurde von seinen Zeitgenossen ebenso bewundert wie von heutigen Historikern. Sanderson galt als der einzige, der sich in dieser Hinsicht mit ihm messen konnte, ihm vielleicht überlegen war, wie Salisbury meinte.

Die Außenpolitik des Staatsmannes war von Geduld geprägt, er bevorzugte den Kompromiss, er konnte aber auch Härte zeigen, wenn es ihm notwendig zu sein

---

[144] Eckardstein, Hermann Freiherr von; *Lebenserinnerungen und politische Denkwürdigkeiten*, 2 Bd., Leipzig 1920, II, 215, (künftig: Eckardstein, Denkwürdigkeiten)

[145] Grenville, Salisbury, 15

[146] S. auch HH, Sanderson Papers, Sanderson an Salisbury, 24.8.1892; HH, Sanderson Papers, Sanderson an Salisbury, 8.10.1891; s. auch ebd., 31.1.1890; ebd., 4.8.1902; HH, Sanderson Papers, Sanderson an Salisbury, 14.9.1892; ebd., 18.8.1892; BM, Balfour MS, Add. MS, Sanderson an Balfour, 18.5.1912

[147] „The Times", 22.3.1923, 17

[148] BL, MSS Eng., c 4474, Sanderson an Kimberley, 4.7.1895

[149] Grenville, Salisbury, 8. Zu Salisburys Humor s. auch Uzoigwe, G.N.; *Britain and the Conquest of Africa*, Ann Arbor (Mich.) 1974, 14, (künftig: Uzoigwe, Britain)

[150] BM, MSS 39098 (262), Sanderson an Layard, 30.5.1892

[151] Steiner, Foreign Office and Foreign Policy, 23; s. auch Uzoigwe, Britain, 14

[152] Steiner, Foreign Office and Foreign Policy, 23–25; Grenville, Salisbury, 4/5

[153] PRO, FO 800/17 (42), Lascelles an Lord Salisbury, 3.7.1895

schien.[154] Er war ein Pragmatiker, versuchte, nicht starr festgefügte Ansichten durchzu-setzen, sondern prüfte immer wieder Interessen und Kräfte, um die Belange seines Lan-des, so wie er sie verstand bestmöglich durchzusetzen.[155] Einen Krieg hielt er für ein Unglück, und einen diplomatischen Sieg über einen Rivalen suchte er nach Ansicht seines Biographen Grenville fast ebenso zu vermeiden, denn er belaste die künftigen Beziehungen zu dem Gedemütigten.[156] Dieser Einschätzung Grenvilles kann ich mich nicht anschließen, wie in der Arbeit auch noch deutlich werden wird.

Der Historiker Langer auf der anderen Seite bezeichnete Salisbury als „abgebrüh-ten Diplomaten und Zyniker".[157] – So wandte sich Salisbury beispielsweise dagegen, dass britische Politiker über die unterdrückten Nationen anderer Reiche moralisierten, da Großbritannien doch dasselbe Prinzip des Rechtes des Eroberers und der Herrschaft durch Gewalt praktiziere. Auch bediente er sich hin und wieder des sozialdarwinisti-schen Jargons seiner Zeit, z.B. in einer viel beachteten Rede, in der er davon sprach, dass es „sterbende Nationen" gebe – von ihm nicht näher bezeichnet –, die von den lebenskräftigen beerbt werden müssten. Letztlich wandte er sich aber entschieden ge-gen eine aggressive „Politik der Stärke".[158] Er hatte zwar gegen die nicht-imperialisti-sche Politik Derbys und Granvilles nachdrücklich opponiert[159], aber spätestens seit den 90er Jahren des 19. Jahrhunderts schien ihm das Pendel zu einer Überbetonung der Machtpolitik hin auszuschlagen. Die neue Doktrin wollte Großbritannien jedes Stück-chen Land nehmen lassen, das irgendwo zu finden war. Alle anderen Nationen wurden als Konkurrenten oder gar als Gegner gesehen, und in jedem Meinungsunterschied mit einem anderen Land sollten britische Interessen mit äußerster Härte verfochten wer-den. Salisbury meinte zu dieser Gesinnung: „Gleichgültig wie stark man sein mag, ob es sich um einen Mann oder eine Nation handelt, die Kraft ist begrenzt und findet an einem bestimmten Punkt ihre Grenze. Es ist Irrwitz und endet im Zusammenbruch, wenn man versucht, diese zu überschreiten."[160]

5. Der Anbruch des imperialistischen Zeitalters

Nach den beiden Abschnitten über die Person Lord Derbys bzw. Salisburys geht es nun wieder um den Gang der britischen Außenpolitik und der sich verschärfenden Kontro-verse zwischen den Imperialisten und ihren (großenteils) liberalen Gegnern:

1879 führte Großbritannien zwei blutige Kriege. Zum einen besiegte das kriegeri-sche Volk der Zulus in Südafrika in offener Feldschlacht britische Truppen. Die süd-afrikanischen Krieger wurden später zwar bezwungen, der Feldzug verschlang aber ins-gesamt über 1,3 Mio. Pfund, was durchaus eine Belastung für den Staatshaushalt dar-stellte. In Afghanistan verloren gar mehrere tausend britisch-indische Soldaten bei ei-ner Invasion ihr Leben. Ein Bruder Sandersons war bereits 1863 an der Grenze zwi-schen Indien und Afghanistan in einem Gefecht gefallen.[161] Der Tod seines Bruders

---

[154] Porter, Salisbury, Foreign Policy and Domestic Finance, 149
[155] Nish, British Foreign Secretaries and Japan, 60
[156] Grenville, Salisbury, 22
[157] Langer, Diplomacy, 79; s. auch ebd. 329
[158] Gillard, Salisbury, 121; s. Steiner, Zara; *Elitism and Foreign Policy: The Foreign Office before the Great War*, 31, (künftig: Steiner, Elitism and Foreign Policy), in: Mc Kercher, Shadow and Substance und Holbraad, Carsten; *The Concert of Europe. A Study in British and German International Theory 1815–1914*, London 1970, 7, (künftig: Holbraad, Concert of Europe)
[159] Kennedy, Realities Behind, 60
[160] Zit. in Thornton, Imperial Idea, 103 (Salisbury am 8.2.1898 im britischen Oberhaus).
[161] Pakenham, Scramble, 88; s. auch ebd. 57–71; Times, 22.3.1923, S. 17

dürfte Einfluss auf Sandersons Haltung zu imperialistischen Abenteuern gehabt haben.
Sanderson hatte bereits im September 1878 kritisch angemerkt, dass die beunruhi-
genden Nachrichten aus Afghanistan kein „Mitglied der Regierung Ihrer Majestät" genügend erregten, um daran zu denken, von ihren Landsitzen nach London zurückzu-
kehren.[162] Etwa ein Jahr später, nach Ausbruch der Feindseligkeiten, vermutete er, dass
es keine größeren Schwierigkeiten bereiten dürfte, Kabul zu erobern, die schwierige
Frage sei, was dann unternommen werden solle:

> „Es scheint unmöglich zu kalkulieren, wann und auf welche Weise wir unsere Truppen wieder zu-
> rückziehen könnten (…) Ich bezweifele, daß jemand, jedenfalls in England, irgendeine ausgereifte
> Idee oder einen Plan für die Zukunft hat (…) Ich höre, daß Lord Beaconsfield <der nunmehrige
> Name des nobilitierten Disraeli> die Angelegenheit mit der üblichen Ruhe betrachtet…"[163]

Lord Derby, der nach seinem Ausscheiden aus dem Kabinett zunächst weiterhin in der
Konservativen Partei verblieb, hatte schon frühzeitig im Oberhaus gegen das gewaltsame und seines Erachtens sinnlose Vorgehen Großbritanniens im Süden Afrikas und in
Zentralasien protestiert.[164] Hinter dieser blutigen Politik stand letztlich Beaconsfield,
der mit Blick auf die heranrückenden Wahlen außenpolitische Triumphe vorweisen
wollte.

Gladstone, der führende liberale Politiker, hielt die von Prestigegesichtspunkten
bestimmte Außenpolitik der Konservativen für verwerflich und schädlich. Er wandte
sich in aufsehenerregenden öffentlichen Reden an die Nation[165] und stellte seine sechs
Prinzipien der Außenpolitik dar: „die Stärke des Empire durch gerechte Gesetzgebung
und Sparsamkeit im Mutterland zu befördern"; „den Völkern der Welt den Segen des
Friedens zu bewahren"; „danach zu streben, das europäische Konzert zu entwickeln
und zu erhalten"; „nutzlose und verwirrende vertragliche Verpflichtungen zu vermeiden"; „das gleiche Recht aller Völker anzuerkennen" sowie „die auswärtige Politik Eng-
lands sollte immer durch die Freiheitsliebe inspiriert sein". Er erinnerte seine Zuhörer
daran, „daß die Heiligkeit des Lebens in einem Bergdorf in Afghanistan im Auge des
Allmächtigen Gottes ebenso unantastbar ist, wie Ihr eigenes". Der hohe moralische
Anspruch an sich selbst und an sein Land mag auch daher rühren, dass Gladstones
Vorväter durch den Sklavenhandel wohlhabend geworden waren wie so viele Briten.[166]
Zwar überwog die moralische Argumentation, der „Grand Old Man" betonte aber auch,
dass eine von Prestige bestimmte Außenpolitik kostspielig sei: Der Haushaltsüberschuss,
den seine Regierung 1874 hinterlassen habe, sei durch die hohen Militärausgaben unter
Disraeli verprasst worden.[167]

Gladstone errang 1880 einen Wahlsieg, und die Ideale seiner neuen Regierung unterschieden sich nicht von denjenigen seines ersten Kabinetts von 1868: Der Staat sollte haushälterisch und zurückhaltend agieren, der Kolonialbesitz nicht ausgeweitet und
der Freihandel beibehalten werden. Der Premierminister beabsichtigte, außenpolitische
Verpflichtungen zu vermeiden und das von Disraeli fast gesprengte „Europäische Konzert" mit neuem Leben zu erfüllen.[168] Die liberalen Prinzipien schienen erneut zu trium-

---

[162] LR, 920 DER (15), Sanderson Korrespondenz, Sanderson an Lord Derby, 28.9.1878
[163] LR, 920 DER (15), Sanderson Korrespondenz, Sanderson an Lord Derby, 13.9.1878
[164] Bagley, Derby, 200
[165] In den „Midlothian Campaigns" sprach der 70jährige Ende November/Anfang Dezember 1879
vor insgesamt etwa 85.000 Menschen (Pakemham, Scramble, 181).
[166] Pakenham, Scramble, 181
[167] Zit. in Feuchtwanger, Britain 1865–1914, 110
[168] Eldridge, Victorian Imperialism, 119 u. Feuchtwanger, Britain 1865–1914, 92; Gillard, David;
The Struggle for Asia 1828–1914. A Study in British and Russian Imperialism, London 1977, 141/42, (künftig: Gillard, Struggle); zum Thema des europäischen Konzerts s. Holbraad (Concert of Europe), der m.E.

phieren. 1880 sah es nicht danach aus, dass der Anbruch des imperialistischen Zeitalters kurz bevorstand.

Die Möglichkeiten, die sich dem im dritten Viertel des 19. Jahrhunderts weltweit fast übermächtigen Vereinigten Königreich boten, wurden – wenn kontinentaleuropäische Kritierien von „Macht" zugrunde gelegt werden – nicht ausgeschöpft. Die Stellung des liberalen England gründete sich nicht in erster Linie auf ein großes Imperium, sondern auf industrielle Überlegenheit, eine ideologische Vorbildfunktion für Millionen Menschen in aller Welt, Wohlstand und weltweite Dominanz auf den Märkten – und der Dank einer übermächtigen Flotte unangreifbaren Insellage. Es erhoben sich bis in die 1870er/1880er Jahre hinein auch keine Stimmen, die einen Primat der Außenpolitik über innenpolitische Erwägungen forderten, wie dies in Kontinentaleuropa aus geostrategischen Überlegungen **zumindest** überlegenswert schien. Robert Seeley, ein englischer Historiker des 19. Jahrhunderts, prägte in diesem Sinne die Formel: „Der Grad der Freiheit innerhalb eines Staates wird immer umgekehrt proportional sein dem Grad des Druckes, der auf seinen Grenzen lastet."[169] **Im Gegenteil.** Die Liberalen und in ihrem Gefolge manche Konservativen forderten die äußere Politik Großbritanniens nach Idealen auszurichten, die **im Inneren** des Landes galten (bzw. gelten sollten). Besonders sichtbar wird dies an Gladstone, aber auch an Granville und Derby. Dass Ersterer genötigt war, den Primat der Innenpolitik bei außenpolitischen Überlegungen derart herauszustellen und zu fordern, macht aber deutlich, dass dieser Ende der 1870er Jahre bereits bedroht war. Dass es ihm um 1880 noch **möglich** war, einen Vorrang innerer Maximen zu fordern und damit großen Anklang zu finden, macht die Stärke des **liberalen** England deutlich.

Disraeli hatte mit seiner Betonung der **Macht**politik den Anfang gemacht, der imperialistischen Strömung Ausdruck verliehen und sie verstärkt, die sich seit Ende der 1860er Jahre bemerkbar machte. Ermöglicht wurde sie durch die neue Infrastruktur (Eisenbahnen, Dampfschiffe, Telegrafie, Suezkanal), die eine Zusammenfassung der Kräfte des Empire erstmals möglich erscheinen ließen – und geboten, da sich auf wirtschaftlichem und technologischem Gebiet zum ersten Mal seit Jahrhunderten Anzeichen eines (relativen) Zurückbleibens des Vereinigten Königreiches mehrten.

Der liberale Dichter Trollope schrieb 1874:

> „Es gibt, denke ich, eine allgemeine Überzeugung, daß Großbritannien genug von der Welt besitzt … und daß neue territoriale Besitzungen eher als neue Bürde und nicht als zunehmende Stärke betrachtet werden müssen. Zweifelsohne beruht die Macht des Landes und das Prestige, das zu seinem Namen gehört, auf dem kolonialen und indischen Reich. Jeder Engländer, der wach genug ist um stolz auf England zu sein, fühlt dies.[170] Es gibt zur selben Zeit eine allgemeine Überzeugung, daß … wir alles haben, was gut für uns ist, und daß wir uns zurückhalten sollten mehr zu nehmen, falls es möglich ist, Abstand zu halten."[171]

---

die britische Politik aber allzu idealisiert. Derbys Stellung in Lancashire war nach seinem Rücktritt im Frühjahr 1878 übrigens keineswegs erschüttert. LR, 920 DER (15), Box 51/4, Lord Derby an Sanderson, 12.6.1878

[169] Zit. in Bracher, Karl Dietrich; *Kritische Betrachtungen über den Primat der Außenpolitik*, 128, in: Ritter, Gerhard A./Ziebura, Gilbert (Hg.); *Faktoren der politischen Entscheidung: Festausgabe für Ernst Fraenkel zum 65. Geburtstag*, Berlin 1963, (künftig: Ritter, Faktoren); s. auch Rohe, Karl; *Ursachen und Bedingungen des modernen britischen Imperialismus vor 1914*, 80, Anm. 35, (künftig: Rohe, Ursachen und Bedingungen), in: Mommsen, Wolfgang J. (Hg.); *Der moderne Imperialismus*, Göttingen 1979, Anm. 17, (künftig: Mommsen, Der moderne Imperialismus)

[170] Gladstone sah dies ebenso, s. Eldridge, C.C.; *Sinews of Empire: Changing Perspectives*, 182, (künftig: Eldridge, Sinews), in: Eldridge, British Imperialism

[171] Brantlinger, Patrick; *Rule of Darkness. British Literature and Imperialism, 1830–1914*, London 1988, 5/6, (künftig: Brantlinger, Rule)

Großbritannien erwarb das ganze 19. Jahrhundert hindurch überseeische Gebiete, und auch zur Mitte des 19. Jahrhunderts wären die meisten Briten „sehr bestürzt gewesen, wenn man ihnen gesagt hätte, dass sie kein Interesse an dieser glorreichen Manifestation des ‚Genius der Rasse' hätten, dem britischen Empire".[172] Aber die Formen und Methoden des Kolonialerwerbs änderten sich seit den 1880er Jahren so grundlegend, dass man durchaus von einer neuen politischen Formation, nämlich der des Imperialismus, sprechen kann.[173] Dies wirkte sich z.B. auch in Trollopes Denken aus, der wegen der Bedrohung britischer Stellung in Irland, Südafrika und Ägypten Anfang der 1880er Jahre mit den Liberalen brach und Positionen konservativer Machtpolitik übernahm. Auch andere Liberale wie Seeley und Matthew Arnold wandten sich von der Politik Gladstones ab.[174]

Ein besonders bezeichnendes Beispiel eines Wandels vom Linksliberalen zum überzeugten Imperialisten bietet Joseph Chamberlain. Noch 1879 brandmarkte er den „new imperialism" Disraelis als autoritär und rückschrittlich. Später wurde er zu einem der herausragendsten Verfechter britischer Machtpolitik. Und noch 1886 brachte der linksliberale Labouchère im Unterhaus einen Antrag zur Abstimmung, dass die Regierung ohne die Zustimmung des Parlamentes weder bedeutende nationale Verantwortlichkeiten übernehmen dürfe, noch dem Empire weitere Gebiete hinzufügen. In diesem Kräftemessen unterlag Labouchère mit lediglich 4 Stimmen (108:112). Zu Beginn des Burenkrieges (1899) aber erklärte der nach wie vor einflussreiche Politiker, dass er nun an die Maxime „my country right or wrong" glaube. Die Gefahr, dass Großbritannien im Angesicht der anderen Großmächte gedemütigt werden könnte, wiege für ihn schwerer als moralische Bedenken.[175]

In England entwickelte sich eine aggressive und oft kriegerische außenpolitische Haltung, die sich dauerhaft festsetzte. Noch 1876 und 1882 verurteilte die linksintellektuelle Gruppe der „Fabians" die imperialistische Politik Großbritanniens in Irland und Ägypten. Um 1900 hatte die Mehrheit eine Kurswende vollzogen und unterstützte nun vehement den Burenkrieg und den britischen Imperialismus im Allgemeinen.[176]

Ab 1881/82 war es für Großbritannien nicht mehr möglich, Zurückhaltung zu üben, wie eine einflussreiche Richtung der Historiographie erklärt: „Europa wurde durch die magnetischen Kräfte der Peripherie in den Imperialismus hineingezogen."[177] Die informelle Herrschaft europäischer Mächte in Übersee wurde durch moderne koloniale Verwaltungen abgelöst, da die kooperationswilligen einheimischen Herrschaftsstrukturen mehr oder minder zusammengebrochen seien, häufig durch nationalistische Proteste oder gar Aufstände der eigenen Bevölkerung. Ägypten bietet hierfür ein eindrückliches Beispiel.

Die britische Ägyptenpolitik spielte für die Herausbildung des landhungrigen Imperialismus eine herausragende Rolle. Darum werde ich mich diesem Thema jetzt etwas näher widmen: Das Land am Nil, das nominell zum türkischen Staatsverband gehörte, nahm in den 1860er/70er Jahren umfangreiche Kredite auf, zu ruinösen Konditionen. Ihr effektiver Zinssatz lag zwei- bis dreimal so hoch wie bei Anleihen europäi-

---

[172] Brantlinger, Rule, 7

[173] Mommsen, Der europäische Imperialismus

[174] Brantlinger, Rule, 6; Kennedy, Anglo-German Antagonism, 65; s. auch Mock, Imperiale Herrschaft, 44/45

[175] Mommsen, Der europäische Imperialismus, 208; Thornton, Imperial Idea, 85; Pakenham, Thomas; *The Boer War*, London 1979, 256, (künftig: Pakenham, Boer War)

[176] Field, Toward Programme, 28; Rose, Jonathan Ely; *The Turn of the Century: A Study in the Intellectual History of Britain 1895–1919*, Ann Arbor 1981, 310, (künftig: Rose, Turn Century)

[177] Fieldhouse, David K.; *Economics and Empire 1830–1914*, London 1973, 463, (künftig: Fieldhouse, Economics and Empire)

scher Regierungen. Der Khedive, der ägyptische Herrscher, war teils von hochfliegen-
den Plänen zur Industrialisierung seines Landes beseelt, teils getrieben von persönlicher Eitelkeit und Misswirtschaft. Ab Mitte der 1870er Jahre schwand die Fähigkeit des
Schuldners, durch immer neue Fremdmittel die horrenden Zinsen der alten begleichen
zu können, und europäische Regierungen, v.a. Frankreich und Großbritannien, übten
massiven politischen Druck aus, um Ägypten zur Einhaltung der eingegangenen Verpflichtungen zu zwingen. „Dies betrachteten die Zeitgenossen <jedenfalls in Großbritannien und Frankreich> primär als eine Frage der Einhaltung internationalen Rechts,
nicht aber als eine Form imperialistischer Vorherrschaft."[178] Die britische Politik war
unglaubwürdig, da sie seit Jahrzehnten darauf bedacht gewesen war, das Osmanische
Reich gegen Russland zu stärken, schwächte jenes aber durch die Forderung geradezu
sittenwidriger Zinszahlungen. Münster, der deutsche Botschafter in London, sprach
Sanderson Anfang 1878 mit kritischem Unterton auch auf diesen Sachverhalt an.[179]

Großbritannien ging es in Ägypten aber insbesondere um die Sicherheit des Suezkanals, der überwiegend durch britische Schiffe genutzt wurde und überragende militärstrategische Bedeutung besaß.[180]

In Ägypten entwickelte sich eine Protestbewegung, die sich gegen die „Kollabora-
tion" der Regierung mit den Westmächten richtete und 1879 wurde die „Nationalpartei" gegründet, die u.a. eine Befreiung aus der finanziellen Abhängigkeit vom Ausland
forderte, d.h. von Frankreich und Großbritannien. Zudem sollten Ausländer aus dem
Staatsapparat entfernt, moderne Reformen durchgeführt und die Armee verstärkt werden. Die revolutionäre Bewegung gewann an Bedeutung, und am 9.9.1881 wurde die
Regierung durch eine Erhebung der in Kairo stationierten Truppen gestürzt. Sanderson
meinte hierzu: „Es schien mir immer eine mögliche Gefahr", dass die Einheimischen
kein „wundervolles", von England installiertes Verwaltungssystem wollten.[181] Ende September hatte sich die Lage im Lande vorerst beruhigt, „aber wir sind ziemlich gespannt,
ob die aufständischen Regimenter abmarschieren werden, wenn es ihnen befohlen wird".
Weiter schrieb er: „Falls sie es nicht tun, und ich kann nicht genau sehen, warum sie es
sollten, wird es ein Durcheinander geben."[182]

Die Probleme blieben, aber, wie Sanderson sarkastisch anmerkte, (Staatssekretär) –
„Tenterden kam aus dem Urlaub zurück (...), fühlte, daß die ägyptische Angelegenheit
im Elend enden müßte, außer wenn er sofort eine Denkschrift verfaßt." Ihr Inhalt: –
"über die Zeit vor der Sintflut bis zu vorgestern und <er> hat wieder einmal sein Vaterland gerettet"...[183] – Die Ägypter blieben von Tenterdens Memorandum anscheinend
unbeeindruckt: Im Dezember 1881 siegte die „Nationalpartei" bei den ersten Parla-
mentswahlen des Landes. Im Juli 1882 begannen die militärischen Auseinandersetzungen zwischen britischen und ägyptischen Streitkräften und im September wurde das
Land von Truppen des Empire besetzt. Ägypten blieb nominell eine autonome Provinz des Osmanischen Reiches, de facto wurde es britisches Protektorat. – Hatte nicht

---

[178] Mommsen, Der europäische Imperialismus, 123, 60. – Obwohl 1878 etwa 8000 qkm des knappen fruchtbaren Bodens des Landes an ausländische Kapitalisten verpfändet werden mussten (Hallgarten, Imperialismus, I, 73).

[179] LR, 920 DER (15), Box 51/4, Sanderson an Lady Derby, 3.1.1878

[180] Die Regierung Disraeli hatte 1875 in einer aufsehenerregenden Aktion Anteile an der Suezkanal-
gesellschaft erworben, ein Kabinett unter Gladstones Führung hätte diesen Schritt wohl nicht unternommen.

[181] LR, 920 DER (15), Sanderson Korrespondenz, Sanderson an Lord Derby, 12.9.1881

[182] Ebd., 20.9.1881 u. 23.9.1881

[183] Ebd., 19.10.1881 Tenterden hatte bereits einige Jahre zuvor ein Memorandum über Ägypten von
„anerkanntem Wert" geschrieben, wie Zara Steiner meint (Steiner, Foreign Office and Foreign Policy.,
7).

der liberale Premierminister Gladstone gegen die gewaltsame und kostspielige Außenpolitik seines Vorgängers opponiert und sich gegen Annexionen gewandt, die dem
Willen der Einheimischen widersprachen? Hatte Außenminister Granville von seinen
früheren imperialismuskritischen Ansichten Abstand genommen? Die britische Regierung verkündete, Ägypten nicht annektieren zu wollen und die Truppen zurückzuziehen,
sobald die finanziellen und politischen Verhältnisse des Landes **von Ägyptern**
mit Hilfe britischer Ratgeber in Ordnung gebracht worden seien. Die britische Aktion
sei auch nicht eigensüchtig, sondern erfolge im Interesse der gesamten zivilisierten Welt,
und eine vereinbarte Kooperation mit Frankreich sei nur deshalb nicht zustande gekommen, weil dieses sich zurückgezogen habe, so die britische Regierung. Die III. Republik war tatsächlich eingeladen worden, sich anzuschließen, innenpolitische Widerstände hatten dies jedoch verhindert. In Frankreich, dessen Kapital in Ägypten selbst
1914 noch vorherrschte, wurde die britische Besetzung des Nillandes trotz alledem
geradezu als zweites Sedan empfunden. Es trug wesentlich dazu bei, zunächst in der III.
Republik und dann auch in anderen Ländern ein Kolonialfieber auszulösen, das bald
zur Aufteilung ganz Afrikas führte.[184] Die Besetzung Ägyptens widersprach, trotz aller
Erläuterungen Gladstones, fundamental den von ihm mit großem Engagement vertretenen außenpolitischen Prinzipien.[185]

Die Regierung Gladstone hätte die Fortsetzung der informellen Herrschaft über
Ägypten, die zweifelsohne für Großbritannien sehr lukrativ war, der Ausübung direkter
Macht im Lande gewiss vorgezogen. Die Entwicklung in Übersee mit dem Zusammenbruch der kooperationswilligen einheimischen Herrschaftsstrukturen ist ein wichtiger
Grund für die Welle von Kolonialerwerbungen, die 1881/82 einsetzte. Sie kann den
Anbruch der neuen Epoche aber **nicht** hinreichend erklären. Hyam bspw. betont, dass
auch der europäische Kontext beachtet werden müsse. Selbst wenn man zugebe, dass
der stufenweise Zusammenbruch einheimischer Kollaborationsregime eine Sogwirkung
ausgeübt habe, so erkläre dies doch nicht, warum es ab 1881/82 einen **Wettlauf** europäischer Mächte um Einflussgebiete in Afrika gegeben habe.[186] Dies ist ein sehr berechtigter Einwand. Es gilt zweierlei zu beachten:
– Veränderungen des Staatensystems
Frankreichs Niederlage gegen Deutschland hatte dessen Aktionsmöglichkeiten in Übersee einige Jahre stark eingeschränkt. Diese Schwächephase war etwa 1880 überwunden.

Das neugegründete Deutsche Reich und Italien hatten sich nach ihren Staatsgrün-
dungen konsolidiert und besaßen zudem auch das Potenzial, nach Übersee auszugreifen. Großbritannien war wegen der stärker werdenden Konkurrenten und der (relativ)
abnehmenden Kraft stärker versucht und genötigt, eine **direkte** Herrschaft in Übersee
auszuüben, da seine **in**formelle Herrschaft in weiten Teilen der Welt immer stärker
gefährdet wurde.
– Weltanschauliche Entwicklungen
Frankreich hatte sich bereits 1873 vom Freihandel abgewandt, und zahlreiche andere
Länder waren in den darauf folgenden Jahren ebenso verfahren. Teils förderte die
Schutzzollpolitik wichtiger Konkurrenten also die Bereitschaft auf der Insel, überseeische Gebiete zu annektieren, um Märkte bspw. nicht hinter französischen Zollmauern
verschwinden zu sehen. Der Liberalismus büßte seit den 1870er Jahren in den entwik-

---

[184] Baumgart, Winfried; *Der Imperialismus. Idee und Wirklichkeit dert englischen und französischen Kolonialexpansion 1880–1914*, Wiesbaden 1975, 129, 223/24, (künftig: Baumgart, Der Imperialismus); Mommsen, Der europäische Imperialismus, 63, 127; Schöllgen, Zeitalter, 42/43
[185] Zur Art und Weise der Besetzung s. Eldridge, Victorian Imperialism, 5
[186] Hyam, Britain's Imperial Century; Mommsen, Der europäische Imperialismus, 157/58

kelten Staaten an Bedeutung ein, im Gegensatz zu Idealen und Strukturen von Macht und Gewalt. Dies ermöglichte und forderte eine imperialistische Außenpolitik.

Hobson, zeitgenössischer Kritiker des Imperialismus, schrieb:

> „Der neue Imperialismus hat nirgendwo die politischen und bürgerlichen Freiheiten des Mutterlandes auf irgendeinen der riesigen Gebiete ausgedehnt, die seit 1870 unter die Regierung der westlichen zivilisierten Mächte gefallen sind. Politisch ist der neue Imperialismus eine Ausdehnung der Autokratie."[187]

Der Imperialismus – in Theorie und vor allem Praxis – steht in offensichtlichem Gegensatz zur liberalen Auffassung von der Würde des Menschen.[188]

Somit gewann seit 1881/82 eine neuartige Kraft innerhalb weniger Jahre stark an Bedeutung, die die Beziehungen aller Mächte zueinander tiefgreifend veränderte: das Fiebern nach überseeischen Besitzungen. Die Annexion Tunesiens durch Frankreich, seine Ausbreitung im Kongobecken sowie die britische Besetzung Ägyptens hatten einerseits einen ansteckenden Landhunger ausgelöst, andererseits aber auch den Rahmen verändert, in dem sich die britische oder auch die deutsche Außenpolitik bewegte. Großbritanniens Handlungsspielraum war durch die nahöstliche Operation eingeschränkt, da sie die Gegnerschaft Frankreichs wesentlich verschärfte. Die französische Position wiederum litt im Vergleich zu der des Deutschen Reiches, da die Annexion Tunesiens das erzürnte Italien an die Seite der beiden deutschsprachigen Großmächte trieb, zudem verschärfte sich die Rivalität Großbritanniens und Russlands in Asien.

Die britische Afrikapolitik stand 1882/83 unter dem Eindruck französischer Erfolge im Kongogebiet und militärischer Machtdemonstrationen Frankreichs vor der westafrikanischen Küste. Großbritannien suchte, die Expansion des alten Konkurrenten einzudämmen und war u.a. bereit, portugiesische Ansprüche an der Kongomündung anzuerkennen, um den sich abzeichnenden französischen Kongo zumindest vom Meer abzuschneiden. Hierfür forderten die Briten Kompensationen, und im F.O. wurde nachgedacht „über alles, was wir je von Portugal in Afrika wünschen könnten". Die Briten verhandelten so hart, dass sich Portugal an Frankreich wandte, bis sich London und Lissabon schließlich doch einigten. Frankreich versuchte, die Umsetzung der britisch-portugiesischen Kongovereinbarung zu verhindern. Dem schlossen sich die Niederlande, Belgien, die USA und schließlich auch das Deutsche Reich an und hatten einigen Erfolg.[189]

Vor diesem Hintergrund gravierender britisch-französischer Spannungen errichtete der Bremer Kaufmann F.A.E. Lüderitz 1883 einen kleinen Handelsposten in Angra Pequena, etwa 250 km nördlich der Grenzen der britischen Kapkolonie. Es gab weit und breit keine anderen Europäer, und so hisste Lüderitz die deutsche Flagge und informierte die Wilhelmstraße darüber. Bismarck war zurückhaltend und ließ in London anfragen, ob Großbritannien Ansprüche auf dieses Gebiet stelle. Falls ja, ob das Vereinigte Königreich bereit sei, den Schutz der deutschen Untertanen zu übernehmen und die Reichsregierung dadurch von dieser Belastung zu befreien? Die britische Regierung ließ die deutsche Anfrage sechs Monate unbeantwortet, was den Reichskanzler zunächst irritierte und dann erzürnte. Die britische Säumigkeit war kein Ausdruck bösen Willens, sondern von Abstimmungsproblemen zwischen dem Außen- und dem Kolonial-

---

[187] Hobson, J.A.; *Imperialism. A Study*, 9, in: Wright, New Imperialism

[188] Mommsen, Der europäische Imperialismus, 168. Hannah Arendt meint, dass die Ursprünge des Imperialismus „in dem Niedergang und Zerfall des Nationalstaates und dem anarchischen Aufstieg der modernen Massengesellschaft" liegen (Arendt, Hannah; *Elemente und Ursprünge totalitärer Herrschaft*, Frankfurt/Main 1955, XII, künftig: Arendt: Elemente)

[189] Hargreaves, John D.; *Prelude to the Partition of West Africa*, London 1963, 302/03, 329–31, (künftig: Hargreaves, Prelude)

ministerium bzw. der Kapkolonie, die ebenfalls befragt werden wollte. Letztere hatte ihren grundsätzlichen Standpunkt bereits einige Jahre zuvor deutlich gemacht: „Es heißt, die Deutschen seien gute Nachbarn, aber wir ziehen es vor, überhaupt keine Nachbarn zu haben." Granville erläuterte dem deutschen Botschafter Münster die Komplikationen und drückte sein „aufrichtiges Bedauern" aus. Auch Herbert von Bismarck, den sein Vater in die britische Hauptstadt sandte, sah sich vertröstet.[190]

1883 versuchte die III. Republik, Protektoratsverträge in Nigeria abzuschließen, und britische Schiffe beschossen daraufhin franzosenfreundliche Stämme. Ende d.J. beschloss das britische Kabinett, Protektorate in Nigeria und Kamerun einzurichten.[191] Der Reichskanzler setzte die Briten unter Druck. Die zu dieser Zeit von Bismarck und den Franzosen aus taktischen Gründen gepflegten guten Beziehungen, die Abhängigkeit Großbritanniens vom deutschen Wohlwollen in Ägypten[192], ein in der Vorstellung britischer Imperialisten bestehendes Flottenwettrüsten mit Frankreich und die Spannungen in Zentralasien boten den Ansatzpunkt. Kriegerische Verwicklungen Großbritanniens mit Frankreich und Russland schienen möglich. Granville erklärte, dass die kürzlich erfolgten oder angekündigten Annexionen keinen antideutschen Hintergrund gehabt hätten, sondern einfach deshalb erfolgten, weil sie „für die Sicherheit oder die Wohlfahrt einiger benachbarter britischer Besitzungen für notwendig gehalten wurde". Bismarck bemerkte sarkastisch dazu: „Ist das die gesamte Welt?"[193]

Großbritannien machte keinen Rechtsanspruch auf das südwestafrikanische Gebiet geltend, der Außenminister erklärte aber Ende 1883, dass Ansprüche anderer Mächte auf dieses Gebiet als eine Beeinträchtigung britischer Interessen betrachtet würden.[194] Der Reichskanzler wurde zunehmend gereizter, hatte wegen der rückhaltlosen deutschen Unterstützung Großbritanniens in Ägypten ein freundlicheres Verhalten erwartet, und die Behauptung Londons, dass die Kapkolonie ein Mitspracherecht über Gebiete habe, die außerhalb seiner Grenzen lagen, erschien „als Winkelzug". Im Mai 1884 bekräftigte Kolonialminister Derby, dass das Gebiet zwar vom Vereinigten Königreich nicht beansprucht werde, es aber das Recht habe, andere Mächte fernzuhalten, da es der britischen Kapkolonie benachbart sei. – Es ist bemerkenswert, dass sowohl Granville als auch Derby sich dem Druck britischer Imperialisten beugen mussten und eine harte Haltung demonstrierten. Bismarck interpretierte die britische Position als „Monroe Doktrin" für Afrika und eine Beleidigung Deutschlands.[195] Er begann, Druck auszuüben, und spielte auf die Hilfe an, die Großbritannien in Ägypten benötige. Den Reichskanzler bewegte aber auch die Sorge, dass das Deutsche Reich in eine „inferiore Stellung" gegenüber England geraten könne, die die „anmaßende Überheblichkeit" des F.O. verstärken könnte, wenn die Wilhelmstraße jetzt nicht entschlossen auftrete.

Eine offizielle britische Antwort ließ eineinhalb Jahre nach der deutschen Anfrage noch immer auf sich warten, und im März 1885 wurde Herbert von Bismarck im Auftrage seines Vaters energischer und drastischer. Er warf Granville u.a. vor, dass man in Deutschland den Eindruck habe, Großbritannien beabsichtige Spannungen unter seinen kolonialen Nachbarn zu schüren, wolle vielleicht gar einen Waffengang anzetteln. Diese Worte, wie Herbert dem Vater vergnügt berichtete, riefen „lebhafte Gebärden und starke, mit heftigen Protesten verbundene Entrüstungsrufe bei Lord Granville her-

[190] Massie, Schalen, 115/16
[191] Hargreaves, Prelude, 301–14
[192] S. auch G.P., Bd. 4, S. 47
[193] Zit. in Kennedy, Anglo-German Antagonism, 175
[194] PRO, FO 64/1101, 21.11.1883
[195] McCullough, Edward E.; *How the First World War Began. The Triple Entente and the Coming of the Great War of 1914–1918*, Montreal/New York/London 1999, 30, 32, (künftig: McCullough, How)

vor". Gladstone schaltete sich ein, und Großbritannien fand sich mit Deutschlands kolonialen Erwerbungen ab, nicht zuletzt, weil die Regierung innenpolitisch unter starkem Druck stand.[196]

Bismarck nutzte die weltpolitisch für Deutschland außergewöhnlich günstige Situation für überseeische Expansion, auch durch auftrumpfendes britisches Verhalten provoziert, wobei ich nicht auf die Frage eingehen möchte, ob ihn vor allem außen- oder innenpolitische Motive dazu bewogen.[197] Deutschland hatte sich dort zurückgehalten, am Niger und in Ägypten, wo es für England um wirklich wichtige Fragen zu gehen schien. Das Vereinigte Königreich war nach der Besetzung Ägyptens auf die Unterstützung des Dreibundes, d.h. Bismarcks angewiesen, um nicht vor dem Widerstand Frankreichs kapitulieren zu müssen, denn dieses übte aufgrund internationaler Verträge neben Großbritannien einen sehr erheblichen Einfluss auf die Finanz- und Innenpolitik Ägyptens aus. Der Okkupation fehlte völkerrechtlich jegliche Absicherung, und im Windschatten des britisch-französischen Streits konnte das Deutsche Reich erste Kolonien erwerben.[198]

Die kolonialpolitischen Querelen von 1884/85 führten zu keiner dauerhaften Trübung der britisch-deutschen Beziehungen. Salisbury, der im Juni 1885 wieder Premierminister wurde, ging so weit, Bismarck ein Bündnis anzubieten. Da die zentralasiatische Kriegsgefahr zwischen Großbritannien und dem Zarenreich noch nicht gebannt war, ließ sich das Deutsche Reich darauf nicht ein. Salisburys Schritt wurde in der Wilhelmstraße aber als eine Geste des guten Willens verstanden. Zwischen beiden Mächten bestand wieder herzliches Einvernehmen, auch dadurch dokumentiert, dass sie auf der Berliner Westafrikakonferenz gemeinsam für den Freihandel in allen Kolonien eintraten, im Kontrast zu Frankreich und Portugal.[199]

Deutschland profitierte von der Entzweiung der britischen und französischen Weltmächte, und britische Verantwortliche gelangten bald zu der Ansicht, dass Bismarck beide weiterhin streiten lassen wollte. Als die Wilhelmstraße dem F.O. Anfang 1887 bereitwillig Unterstützung in einer diplomatischen Frage zusicherte, schrieb Sanderson: „Die Deutschen haben die Möglichkeit einer allzu guten Verständigung zwischen uns und den Franzosen gerochen."[200] Kurze Zeit darauf einigte sich Großbritannien, gestützt durch das beruhigende Gefühl diplomatischer Unterstützung durch Deutschland, mit dem türkischen Sultan über die Modalitäten des Abzugs aus Ägypten. Nun drohten Frankreich und Russland der Türkei kaum verhohlen mit Krieg, da der Vertrag

---

[196] Massie, Schalen, 116/17; Kennedy, Anglo-German Antagonism, 182

[197] Mommsen schreibt (Der europäische Imperialismus, 82): „Der direkte Anstoß für Bismarcks Vorgehen waren die unerwartet weitreichenden und ungewöhnlich scharf formulierten Ansprüche Englands auf das zukünftige Deutsch-Südwest-Afrika". Auch Kennedy (Anglo-German Antagonism, 142) ist der Ansicht, dass die britische Politik dem deutschen Ausgreifen nach Übersee zunächst außerordentlich unfreundlich gegenüberstand (Hargreaves, Prelude, 319). Zum „Primat der Innenpolitik" bei Bismarcks Kolonialpolitik s. Wehler, Bismarcks Imperialismus, zum „Primat der Außenpolitik" s. Gall, Bismarck und England, 58/59

[198] Kennedy, Anglo-German Antagonism, 161, 180/81; Mommsen, Der europäische Imperialismus, 125/26, 224; G.P., IV, S. 96f

[199] Lahme, Rainer; *Großbritannien und die Anfänge des Neuen Kurses in Deutschland*, 68, (künftig: Lahme, Großbritannien und die Anfänge), in: Birke, Gleichgewicht; Gillard, Struggle, 148; Kennedy, Anglo-German Antagonism, 181–83. Sked (Britain and the German Question, 56) schreibt, dass sich Großbritannien Bismarcks „Erpressung" („blackmail") unterwarf, und dies in den 1880er Jahren zu denselben britisch-deutschen Beziehungen geführt habe, die es bereits in den 1860er und 1870er Jahren gegeben hatte: eine Mischung aus Misstrauen, Gleichgültigkeit und einem Mangel an Rückgrat – eine sehr verkürzte und einseitige Sicht.

[200] Zit. in Smith, Colin L.; *The Embassy of Sir William White at Constantinople 1886–1891*, Oxford 1957, 76

ihnen einen zu großen Einfluss des Empire in Ägypten völkerrechtswirksam festzu-
schreiben schien, und der Sultan gab nach. Salisbury verfolgte nun keine Pläne mehr,
das Land zu räumen, und die britische Öffentlichkeit hätte auch gewiss Widerstand
geleistet.[201] Die noch wenige Jahre zuvor so starke imperialismuskritische Stimmung
war weitgehend geschwunden.

Die finanziellen und innenpolitischen Verhältnisse in Ägypten blieben auch nach
der britischen Besetzung prekär. Fast der gesamte Grund und Boden des Landes wurde
beschlagnahmt, um die Kosten der Eroberung und Besetzung abdecken zu können,
oder geriet in die Hände westlicher kapitalistischer Konsortien. Die Zinssätze für die
Auslandsanleihen wurden zwar gesenkt, aber die Steuereinnahmen flossen nur sehr
zögerlich, und der britische Staat war auch nicht bereit, finanziell für das Nilland in die
Bresche zu springen.[202] Charles Dilke, der ehemalige Parlamentarische Staatssekretär
im F.O. befürwortete eine baldige Evakuierung Ägyptens, weil Großbritannien ansonsten ständig in kontinentaleuropäische Zwistigkeiten verwickelt werde, musste aber 1892
resigniert feststellen: „Die Finanziers sind tatsächlich übermächtig.“[203]

In einer Tagebucheintragung aus dem Jahre 1891 schrieb Lord Newton, dass er sich
an eine Unterhaltung aus den frühen 1880er Jahren erinnere, „die die Menschen heutzutage erstaunen würde“. Neben dem Autor waren noch Granville, dessen Privatsekretär Sanderson und der italienische Botschafter Menabrea anwesend. Sanderson meinte,
dass Kolonien ein „richtiger Alpdruck“ seien, Menabrea bemerkte, dass England reich
genug sei, sich den Luxus von Überseegebieten leisten zu können, und Granville stimmte Letzterem zu.[204] Granville (und auch Derby) hätte aber gern darin eingewilligt, einige Überseegebiete aufzugeben, wenn dies ohne Gesichtsverlust für England möglich
gewesen wäre.[205]

Zwischen 1866 und dem Ersten Weltkrieg gab es keine britischen Außenminister,
die Kolonialabenteuern und überhaupt einer gewaltbereiten Politik so deutlich erkenn-
bar ablehnend gegenüberstanden wie Derby und Granville. – Für den Historiker Taylor
war Derby zudem der isolationistischste Außenminister, den Großbritannien je gehabt
habe.[206] – Beide wurden von den Imperialisten ihrer Zeit darum auch als „furchtsam
und träge“ bezeichnet.[207] Disraeli meinte gar über Derby: „Ich weiß nicht, ob es irgendetwas gibt, daß Enthusiasmus in ihm hervorrufen könnte, außer wenn er über die Aufgabe einiger nationaler Besitzungen nachdenkt.“[208] Befürworter einer zurückhaltenden
britischen Außenpolitik schätzten Derby und Granville hingegen. Granville bspw. wird
als „fähiger Außenminister“ bezeichnet, der „liebenswürdig und voller Takt, gut be-
wandert in der Außenpolitik, <dabei aber> kraftvoll und fest, ohne irgendeine Neigung zu Getöse oder Anmaßung“ die äußeren Beziehungen seines Landes gestaltet
habe.[209]

[201] Pakenham, Scramble, 338ff
[202] Hallgarten, Imperialismus, I, 73; Mommsen, Der europäische Imperialismus, 125; BM, MSS
44486, Sanderson an Seymour, 19.6.1884; Porter, Salisbury, Foreign Policy and Domestic Finance, 172
[203] Zit. in Mommsen, Der europäische Imperialismus, 37. Zur Ägyptenpolitik Roseberys s. z.B.
James, Robert Rhodes; *Rosebery. A Biography of Archibald Philip, Fifth Earl of Rosebery*, London 1963, 156,
(künftig: James, Rosebery)
[204] Newton, Lord; *Retrospection*, London 1941, 60/61, (künftig: Newton, Retrospection)
[205] Bagley, Derby, 200
[206] Taylor, Alan John Percivale; *The Struggle for Mastery in Europe 1848–1918*, Oxford 1954, 233,
(künftig: Taylor, Struggle)
[207] S.z.B. Hardinge, Arthur H.; *A Diplomatist in Europe*, London 1927, 37, (künftig: Hardinge, Diplomatist in Europe)
[208] Blake, Conservative Party, 130 nach einer Rede Beaconsfields im Oberhaus am 1.3.1881
[209] Mowat, R.B.; *The Life of Lord Pauncefote. First Ambassador to the United States*, London 1929, 41,
(künftig: Mowat, Pauncefote); s. auch Newton, Retrospection, 60

Im Juni 1885 war die Regierung Gladstone zurückgetreten, die bereits seit langem durch innerparteiliche und innenpolitische Konflikte um die irische Selbstverwaltung geschwächt war. Die Gegner dieser „Home Rule" fürchteten die Desintegration des Empire.[210] Auch in der Behandlung der irischen Frage wurde ein Konflikt deutlich, der die politische Agenda während der gesamten imperialistischen Epoche beherrschte – der Gegensatz zwischen Macht und Freiheit. Die Imperialisten bestimmten zunehmend die Themen der Diskussion, nicht zuletzt durch immer wiederkehrende Angstkampagnen, dass eine Invasion durch einen bestimmten Gegner drohe. 1884 begann der Journalist W.T. Stead in der „Pall Mall Gazette" eine Kampagne zur Erhöhung der britischen Flottenstärke, da die französische Marine der „Royal Navy" annähernd ebenbürtig wäre. Er wurde von hochrangigen Admirälen unterstützt, und die hohe Arbeitslosigkeit in der Werftindustrie verlieh dem Vorstoß weitere Popularität. Steads Angaben waren inkorrekt, aber als Sir E.J. Reed, der ehemalige Chefkonstrukteur der „Navy" behauptete, dass es zweifelhaft wäre, ob die britischen Seestreitkräfte in drei oder vier Jahren der Flotte eines bestimmten einzelnen europäischen Landes noch gewachsen wären, wurde der öffentliche Druck übermächtig: 1888 wurde im britischen Kabinett ausführlich über die Gefahr einer Attacke des alten Rivalen auf London diskutiert, und das Parlament verabschiedete ein Rüstungsprogramm, das die Marineausgaben innerhalb von fünf Jahren von 11 auf 17 Mio. Pfund trieb – während die Ausgaben Frankreichs im gleichen Zeitraum lediglich von 7,7 auf 8,1 Mio. Pfund anwuchsen.[211]

Die von den „Rüstungsfreunden" verbreiteten Zahlen waren offenkundig falsch, trotzdem setzten sie eine bis 1914 ununterbrochen andauernde Aufrüstungspolitik in Gang, wobei lediglich der (vermeintliche) Gegner ausgewechselt wurde.

Warum wurde eine machtbetonte Überseepolitik ab den 1870er/1880er Jahren in Großbritannien so populär? Die auftrumpfende Politik Palmerstons hatte bereits Mitte des 19. Jahrhunderts großen Anklang in der britischen Öffentlichkeit gefunden, und es gab auch nach seinem Tode noch viele Anhänger seines Politikstils.[212] Neuartig war aber seit den 1880er Jahren der Drang und geradezu die Sucht, weitere große Teile des Globus rot zu markieren, in der Farbe, in der damals britische Besitzungen auf Landkarten gekennzeichnet wurden. 1893 bemerkte Gladstone, dass der Jingoismus stärker sei als je zuvor. „Es ist nicht länger Kriegsfieber, sondern Landhunger."[213] Diese Äußerung war sicher auch auf den liberalen Politiker Rosebery gemünzt, der im selben Jahr vor dem „Royal Colonial Institute" sagte, dass es „Teil unserer Verantwortung und unseres Erbes" sei, „dafür zu sorgen, dass die Welt einen angelsächsischen und keinen anderen Charakter erhält".[214] Der Hyperimperialist Cecil Rhodes drückte es etwa zur gleichen Zeit gewohnt drastisch aus: „Ich würde die Planeten annektieren, wenn ich könnte."[215]

---

[210] Mommsen, Der europäische Imperialismus, 19

[211] Gillard, Salisbury, 237; s. auch Kap. V, Die Bedeutung der Flottenrüstung ; s. McCullough, How, 103

[212] Etwa 1875 schrieb Layard, damals britischer Botschafter in Spanien: „Die einzige Möglichkeit, mit Spaniern zurecht zu kommen, ist, sie wie Palmerston zu behandeln und sie wissen zu lassen, daß wir eine Flotte haben, von der wir, falls erforderlich, Gebrauch machen können"; zit. in Waterfield, Layard, 345

[213] Gwynn-Tuckwell, Life of Dilke, 256, zit. in Bayer, T.A.; *England und der Neue Kurs. Auf Grund unveröffentlichter Akten*, Tübingen 1955, 58, (künftig: Bayer, England)

[214] Zit. in Mommsen, Der europäische Imperialismus, 54, Anm. 135. Siehe auch Roseberys Rede vor dem „Royal Colonial Institute" vom März 1893, ausführlich zit. in Eldridge, Victorian Imperialism, 192; Semmel, Imperialism and Social Reform, 54/55 u. Beloff, Max; *Imperial Sunset, Britain's Liberal Empire 1897–1921*, vol. 1, London 1969, 40, (künftig: Beloff, Imperial Sunset)

[215] Zit. in Arendt, Hannah; *Elemente und Ursprünge totalitärer Herrschaft*, Frankfurt/Main 1955, 203, (künftig: Arendt, Elemente)

Die britischen Konservativen nutzten und schürten die Empirebegeisterung teils ganz zielbewusst als Mittel zur Festigung und Bewahrung der bestehenden Herrschaftsstrukturen.[216] Der Imperialismus diente als Integrationsideologie, um die Loyalität der Mittelschichten für ein politisches System zu sichern, das von einer schmalen traditionellen Elite dominiert wurde.[217] Bismarck, Disraeli oder Salisbury – wie auch deren Kritiker – war die Entlastungs- und Ablenkungsfunktion des Imperialismus bewusst. So kritisierte Clémenceau den Ministerpräsidenten Ferry, dass die überseeische Ausbreitung Frankreichs von Elsaß-Lohtringen ablenke bzw. fortschrittliche und dynamische Kräfte im Lande lähme.[218]

Durch den Imperialismus konnte Unzufriedenheit und Ehrgeiz nach außen abgelenkt werden, er wirkte somit systemstabilisierend. Dies war durch die mit ihm verbundenen Statusverheißungen möglich. – „Vom Sohn eines Krämers zum Herrn über 30 afrikanische Dörfer". – Der Status von einzelnen oder Gruppen konnte erhöht werden, ohne denjenigen anderer im Inland zu gefährden.[219] Dies wird ein Teil des Hintergrundes einer Äußerung Max Webers sein: „... jede erfolgreiche imperialistische Zwangspolitik nach außen stärkt normalerweise mindestens zunächst auch ‚im Innern' das Prestige und damit die Machtstellung und den Einfluß derjenigen Klassen, Stände, Parteien, unter deren Führung der Erfolg errungen ist."[220]

1894 wandte sich Salisbury dementsprechend mit den Worten an die imperialistische Massenorganisation Primrose League, dass es „kein besseres Ziel <gibt>, als den Frieden zwischen den Klassen wiederherzustellen".[221] Die oben skizzierte Politik wird gemeinhin als sozialimperialistisch bezeichnet. Sie ist eine imperialistische Politik, die weder primär aus der direkten Verfolgung ökonomischer Interessen resultiert, noch vorrangig von außenpolitischen Antrieben und Zielsetzungen geleitet, sondern in erster Linie vom Bestreben an der Aufrechterhaltung einer von innen her bedrohten Herrschafts- und Gesellschaftsordnung diktiert ist. Sozialimperialismus ist somit Pseudo-Außenpolitik, ist Gesellschaftspolitik im Gewande der Außenpolitik. Der Historiker Mommsen meint, dass der Imperialismus ein höchst effizientes Instrument gewesen sei, um den stürmischen Prozess der Demokratisierung der europäischen Gesellschaften zumindest partiell abzubremsen.[222]

---

[216] Böhme, Helmut; *Thesen zur Beurteilung der gesellschaftlichen, wirtschaftlichen und politischen Ursachen des deutschen Imperialismus*, (künftig: Böhme, Thesen), in: Mommsen, Der moderne Imperialismus, 18; dieses Phänomen war nach Böhme auch im Deutschen Reich und in Frankreich anzutreffen; s. auch Loewenstein, Entwurf, 47

[217] Mommsen, Der europäische Imperialismus, 63/64; Baumgart (Der Imperialismus, 118) relativiert.

[218] Gall, Lothar; *Europa auf dem Weg in die Moderne 1850–1890*, Oldenbourg Grundriss der Geschichte, Band 14, München 1984, 19/20, (künftig: Gall, Europa)

[219] Rohe, Ursachen und Bedingungen, 70. Hobson (Imperialism, 13) verkennt, dass auch das Bürgertum durch mögliche Statusverbesserungen vom Kolonialsystem profitierte.

[220] Weber, Max; *Wirtschaft und Gesellschaft*, 6. Aufl., Tübingen 1956, 527

[221] Die Primrose League besaß 1906 1,7 Mio. Mitglieder (Baumgart, Der Imperialismus, 54). The Times, 20.4.1894, zit. in Wilson, Keith M.; *British Foreign Secretaries, Introduction*, 9, (künftig: Wilson, British Foreign Secretaries, Introduction), in: Wilson, British Foreign Secretaries. S. auch eine Äußerung Cecil Rhodes' aus dem Jahre 1895 in Berghahn, Volker R.; *Imperial Germany, 1871–1914, Economy, Society, Culture and Politics*, Providence/Oxford 1994, 42, (künftig: Berghahn, Imperial Germany). Rohe (Ursachen und Bedingungen, 70) hält diesen sogenannten sozialimperialistischen Ansatz in Bezug auf Großbritannien für wenig fruchtbringend, Gall (Europa, 88) ist anderer Ansicht. Für Deutschland ist die Bedeutung sozialimperialistischer Hintergründe für die überseeische- und Flottenpolitik intensiv ausgeleuchtet.

[222] Rohe, Ursachen und Bedingungen, 69; Mommsen, Der europäische Imperialismus. Mommsen versucht in einem anderen Buch (Zeitalter) eine Gesamtdeutung des Imperialismus.

Der Imperialismus diente in verschiedenen Ländern als Integrationsideologie, und im Vereinigten Königreich trat noch ein weiterer Aspekt hinzu: weitverbreitetes öffentliches Unbehagen über die zunehmende Gefährdung der globalen Position Großbritanniens. Innen- und außenpoltisch begründete Angst führte zu einer offensiven Politik.[223]

Die Liberalen blieben während der gesamten Epoche kritischer gegenüber dem Imperialismus als ihre konservative Konkurrenz. Dies bedeutete aber keineswegs, dass die Überseepolitik liberal geführter Regierungen weniger durch Gewalt und Expansion bestimmt gewesen wäre als diejenige der Tories. Einige wenige Beispiele seien an dieser Stelle genannt, weitere werden im Verlauf der Arbeit folgen: Im Januar 1880 hatte die **konservative** britische Regierung Spanien und den Niederlanden versichert, dass keine Absicht bestehe, sich im Norden Borneos festzusetzen. Mitte der 90er Jahre autorisierte die **liberale** britische Regierung eine private Gesellschaft, dort die effektive Gewalt auszuüben. Proteste der schwächeren Niederlande und Spaniens wurden mit „bemerkenswerter Schroffheit" übergangen.[224] Die private britische Handelsgesellschaft „mit beschränkter Haftung" respektierte, wie in der Konzession festgehalten, die Sitten und Gebräuche der Einheimischen, u.a. die Sklaverei und die Kopfjagd.[225] Rosebery, der damalige Außenminister, legte im September 1892 bspw. dem Kabinett ein Papier vor, in dem nach Ansicht des liberalen Schatzkanzlers Harcourt „in extremem ‚Jingo'-Ton" die Annexion ganz Ugandas vorgeschlagen wurde. Harcourt meinte sarkastisch auf Deutsch, dass Großbritannien wohl die „Wacht am Nil" sei und britische Militärkapellen doch spielen sollten „Sie sollen ihn nicht haben, den freien britischen Nil".[226] Rosebery setzte sich durch, wenn auch um den Preis der Zerrissenheit und Lähmung der liberalen Partei.[227] 1894 zog sich Gladstones aus der Politik zurück. Anlass war das Beharren des Kabinetts auf einer beträchtlichen Ausweitung der Ausgaben für die Marine.[228] Obwohl die Liberalen dem Zeitgeist also bereits entgegenkamen, errang die konservative Partei 1895 mit ihrem Appell an chauvinistische Gefühle einen großen Wahlerfolg.[229]

Salisbury nahm den Faden 1895 dort auf, wo die zerstrittenen und innerlich zweifelnden Liberalen gescheitert waren: Großbritannien führte die Aufrüstungspolitik weiter, zudem wurde eine Eisenbahnverbindung nach Uganda gebaut, ein unter den Kritikern des Imperialismus besonders umstrittenes Vorhaben. Der eigentliche Sieger dieser Abstimmung war der neue Kolonialminister Joseph Chamberlain. Er war zu dieser Zeit bereits als glühender Anhänger des Imperialismus bekannt, während er noch gut 10 Jahre zuvor eine expansive und gewaltbereite Überseepolitik entschieden bekämpft hatte. Seine Stellung war 1895 so fundiert, dass er neben Salisbury als der starke Mann des Kabinetts gelten kann.[230]

Die Kontroverse um „Freihandel oder Schutzzölle", um die es im Folgenden geht, spielte eine erhebliche Rolle im Kampf zwischen Liberalismus und Imperialismus:

[223] Kennedy, Anglo-German Antagonism, 201

[224] Thornton, Imperial Idea, 63

[225] Thronton, Imperial Idea, 64

[226] Langer, Diplomacy of Imperialism, 121/22; s. auch Mommsen, Der europäische Imperialismus, 38/39

[227] Langer, Diplomacy of Imperialism, 124

[228] Pelling, Henry; *Popular Politics and Society in Late Victorian Britain*, London 1968, 91, (künftig: Pelling, Popular Politics)

[229] Fest, Wilfried; *Jingoism and Xenophobia in the Electioneering Strategies of British Rulihng Elites before 1914*, 172, (künftig: Fest, Jingoism and Xenophobia), in: Kennedy, Nationalist

[230] Porter, Salisbury, Foreign Policy and Domestic Finance, 173; Garvin, J.; *The Life of Joseph Chamberlain*, III., London 1933, 7/8, (künftig: Garvin, Chamberlain); Mock, Function, 194/95

Die 1830er Jahre waren nicht nur eine Zeit der **politischen** Reform, die erstarkenden liberalen Kräfte in Großbritannien forderten auch eine Abkehr von der traditionellen Schutzzollpolitik. Aber auch die Gegner des Freihandels formierten sich, und um 1840 war der Gedanke des „imperial Zollverein"[231] ins öffentliche Bewusstsein gedrungen. Er galt manchen als Möglichkeit, durch einen Empire-Zollbund die drängenden wirtschaftlichen und sozialen Fragen dieser Zeit zu lösen oder die Abschaffung der Grenzabgaben zu verhindern.[232]

Nach der Abschaffung der Kornzölle avancierte der Freihandelsgedanke aber rasch zur allgemein anerkannten unumstößlichen Wahrheit, und viele wichtige Handelspartner Großbritanniens schafften ebenfalls ihre Schutzzölle ab. Seit Anfang der 1870er Jahre kehrte sich diese Tendenz um, und im Zusammenhang mit der „Großen Depression" führten immer mehr Länder die Grenzabgaben wieder ein.[233]

1885 setzte die britische Regierung eine Untersuchungskommission ein, um die Ursachen der mittlerweile bereits über 10 Jahre andauernden Wirtschaftskrise sowie Vorschläge für ihre Überwindung erarbeiten zu lassen. Die letzte schwerwiegende ökonomische Depression lag in Großbritannien bereits 40 Jahre zurück, und „fast jedermann glaubte, daß diese durch die Einführung des Freihandels kuriert worden war". Nach den Erkenntnissen der Fachleute machten nur wenige Arbeitgeber die Lohnhöhe für die Krise verantwortlich, viele nannten jedoch ausländische Konkurrenz. Die Mehrheit des Ausschusses wiederholte in ihrem Abschlussbericht aber die freihändlerischen Positionen und sprach kaum Empfehlungen aus. Die Minderheit aber schlug eine Neuordnung der Außenhandelspolitik vor, die dem eines imperialen Zollvereins nahe kam.[234] Der Warenaustausch innerhalb des Empire sollte durch einen Zoll nach außen also bevorzugt werden.

Die elendsten Schichten der Arbeiterschaft bekundeten deutliches Interesse an der Aufgabe des Freihandels, die Gewerkschaften distanzierten sich hingegen von den sogenannten „Fair Traders". Die „Hyde Park Riots" von 1886, die aus einer Demonstration der Gewerkschaften gegen eine Kundgebung der Schutzzollbefürworter hervorgingen, bilden das beste Beispiel für die Militanz, mit der die organisierte Arbeiterschaft den (liberalen) Freihandel verteidigte.[235]

Die „Fair Trader" erregten große öffentliche Aufmerksamkeit, blieben aber in einer deutlichen Minderheitenposition[236], und mit der relativen Stabilisierung der ökonomischen Lage seit Ende der 1880er Jahre verloren die Protektionisten für mehr als 10 Jahre stark an Bedeutung.[237] Sie übten jedoch einen nachhaltigen Einfluss auf das Denken zweier führender Konservativer aus, dem von Salisbury und Balfour. Arthur Balfour war zeitweise Fraktionsführer der Konservativen im Unterhaus und von 1902 bis 1905 Premierminister. Die beiden Politiker zogen aber viele Jahre keine Konsequenzen aus ihren Erkenntnissen, um die von den Liberalen abgespalteten „Liberal Unionists" nicht

---

[231] Die deutsche Bezeichnung „Zollverein" wurde im Englischen übernommen.

[232] S. auch Mock, Imperiale Herrschaft, 39/40

[233] Sanderson schrieb Derby im Juni 1881, dass er mehr und mehr von der Ausbreitung einer Bewegung höre, die Zölle für die Einfuhr von Waren aus Ländern forderte, die selbst den britischen Handel auf diese Weise schädigten (LR, 920 DER (15), Sanderson Korrespondenz, Sanderson an Derby, 10.6.1881: „I hear more + more of the movement in favour of reciprocity.")

[234] Chamberlain, Muriel E.; *Imperialism and Social Reform*, (künftig: Chamberlain, Imperialism and Social Reform), in: Eldridge, British Imperialism, 149/150,

[235] Mock, Imperiale Herrschaft, 37

[236] Sie stellten in den 1880er Jahren 10 bis 15 % der Unterhausabgeordneten (Mock, Imperiale Herrschaft, 29).

[237] Ebd., 32

zu verprellen, einen gerade gewonnenen Verbündeten gegen Gladstone.[238] Die „Liberal Uninionists", zu denen z.B. Chamberlain zählte, hatten die Liberalen verlassen, da die Selbstverwaltung für Irland für sie die Existenz des Empire gefährdete.

Die „Fair-Traders" der 1880er Jahre führten Disraelis Gedanken auf wirtschaftlichem Gebiet konsequent weiter und forderten, eines der zentralen liberalen Wesensmerkmale ihres Landes aufzugeben, den Freihandel. Ein Grundelement der inneren Verfasstheit Großbritanniens sollte teils aus **außenpolitischen**, in diesem Falle außenwirtschaftlichen, Überlegungen aufgegeben werden. Mit dieser Forderung blieben sie zunächst in einer hoffnungslosen Minderheitenposition. Es ist aber bezeichnend, dass der Liberalismus, der noch Ende der 1870er Jahre offensiv eine Ausrichtung der Außenpolitik auf die auch im Inneren vertretenen Ideale forderte, wenige Jahre später auf einem seiner ureigensten Gebiete in die Defensive geriet.

Noch in den 1880er Jahren beseelte viele Liberale, und nicht nur sie, die hoffnungsfrohe Überzeugung, dass sich die Demokratie ihren Weg bahne und internationale Konflikte dadurch quasi von selbst ausstürben. Der Glaube an eine Entwicklung hin zu einer friedfertigen bürgerlichen Herrschaft habe sich jedoch als Illusion herausgestellt, so die Imperialisten. **Sie** waren es und nicht mehr die Liberalen, die die Themen der politischen Diskussion bestimmten, **ihre** Urteile und Vorurteile gaben zunehmend den Ton an. Die alte liberale Überzeugung, dass Kooperation profitabler als Konfrontation sei, erschien zunehmend naiv: Großbritannien war in den fünf oder sechs Jahrzehnten nach der Niederlage Napoleons in der Lage gewesen, die Interessen anderer Nationen einfach zu ignorieren, so unanfechtbar war die militärische, wirtschaftliche, politische und ideologische Überlegenheit des Vereinigten Königreiches. Diese einmalige Situation war seit den 1880er Jahren nicht mehr gegeben.

So könnte man Disraelis Appell für das Empire als erstes Anzeichen der Sorge interpretieren, ob die einzigartige Stellung seines Landes von Dauer sein könnte.[239] Der Historiker Kennedy schreibt:

> „Diese tiefsitzende Angst unter britischen Imperialisten kann am deutlichsten in ihrer privaten Korrespondenz und Tagebüchern festgestellt werden. In öffentlichen Reden (…) gab es eine Tendenz, ein tapferes Gesicht aufzusetzen und verschiedene Mittel der Rettung vorzuschlagen. Aber die im wesentlichen pessimistische Erwartung der meisten von ihnen verdient betont zu werden."[240]

Auch Steiner betont, dass es zahlreiche Hinweise gebe, dass britische Diplomaten sich als Teil einer „belagerten Elite" fühlten, und dass ihr Land vor dem Niedergang stehen könnte.[241] Diese zunächst nur in der Führungsschicht verbreitete Stimmung gewann auch darüber hinaus stark an Bedeutung. Teils wurde sie bewusst genutzt oder geschürt, wie im weiteren Verlauf unseres Ganges durch die Geschichte noch deutlich werden wird. Es gab einen grundlegenden Unterschied, zwischen der optimistischen Sicht ihrer eigenen Zukunft als Großmacht, die etwa in den Vereinigten Staaten, in Russland, dem Deutschen Reich und Japan vorherrschte, und Großbritannien, das imperialistisch(er) wurde, um den Niedergang abzuwenden. „Man kann keinen größeren Fehler begehen, als diesen fundamentalen Unterschied bezüglich der Stellung des britischen Imperialismus in der Welt zwischen der Krönung Victorias und ihrem Tode zu ignorieren."[242]

---

[238] Friedberg, Weary Titan, 41–43
[239] Blake, Conservative Party, 169
[240] Kennedy, Anglo-German Antagonism, 308
[241] Steiner, Elitism and Foreign Policy, 50
[242] Kennedy, Paul M.; *Continuity and Discontinuity in British Imperialism 1815–1914*, 38, (künftig: Kennedy, Continuity), in: Eldridge, British Imperialism

Pessimistische Zukunftserwartungen waren in Großbritannien besonders verbreitet, aber nicht auf dieses Land beschränkt. Die aufkommende industrielle Massengesellschaft, die den Niedergang des Adels beschleunigte, und der Aufstieg der USA und
Japans führten bei Teilen der Elite verschiedener europäischer Staaten zu dem Eindruck, dass ihr Volk oder die „weiße Rasse" in Gefahr sei.[243] In diesem Sinne wurde
„Angriff zur besten Verteidigung".

Viele Briten glaubten während der Epoche des Imperialismus nach wie vor – oder
machten es sich glauben, dass ihr Land an der Spitze der menschlichen Entwicklung
stehe und dazu berufen sei, eine Pflicht zu erfüllen, nämlich die „Bürde des weißen
Mannes" zu tragen, d.h. farbige Völker anzuleiten und (nach europäischer Vorstellung)
zu zivilisieren.[244] Um diese Mission erfüllen zu können, war ein „männlich-imperialer"
Charakter gefragt, der sich durch Pflichtbewusstsein, Willensstärke und stoische Selbstkontrolle auszeichnete. Emotion und Introspektion waren verpönt. Als diese Verbindung zwischen Charakter und imperialer Macht hergestellt war, gefährdete grundsätzliche Kritik am Empire bspw. nicht nur außenhandelspolitische Interessen Großbritanniens, sondern den Kern des Selbstverständnisses vieler Briten.[245] (Zu diesem Thema s.
Kap. IV) Der Imperialismus wurde dementsprechend von vielen geradezu heilig gesprochen. Der junge Curzon[246] widmete ein von ihm geschriebenes Buch „denjenigen,
die glauben, daß das britische Empire unter göttlicher Vorsehung das großartigste Werkzeug für das Gute ist, das die Welt je gesehen hat".[247]

Laut Karl Mannhein wird über die wichtigsten Grundlagen einer Gesellschaft selten debattiert. Sie gelten gemeinhin als gesichert. „Wenn über Wege und Mittel nachgedacht wird, Vertrauen zu säen, so ist die ursprüngliche <optimistische> Erwartung
der Gesellschaft geschwunden", so Harold Lasswell. Die Imperialisten behaupteten, dass
ein „gesunder Charakter" und ein mächtiges Imperium nicht zu trennen seien. Dies
könnte als Beleg dafür genommen werden, dass der Kern der bestehenden sozialen
Ordnung bereits im Verfall begriffen war.[248] In den 1890er Jahren gab es erstmals den
Versuch der Imperialisten, den Pflichtethos der Mitarbeiter des Kolonialdienstes auf
die gesamte britische Gesellschaft zu übertragen. Der Verweis auf Pflichten stellte sich
schließlich aber als unzulängliche Lösung für die sozialen Spannungen in Großbritannien heraus. Die Imperialisten sahen Großbritannien spätestens seit den 1890er Jahren
vor die Aufgabe gestellt, aufzurüsten, das Empire zu vergrößern, aufgrund (scheinbarer) außenpolitischer Notwendigkeiten bewusst technokratische und autoritäre Reformen im Inneren umzusetzen und Bündnisse mit anderen Mächten zu schmieden. All
dies hatte in den Jahrzehnten zuvor nicht nur als unvereinbar mit den (liberalen) Interessen des Landes gegolten, es hatte überhaupt nicht zur Debatte gestanden.[249]

Ansätze, die den Imperialismus durch ökonomische Motive zu erklären versuchen,
können nicht allzuviel zur Erklärung des Phänomens beitragen.[250] Es waren auch über-

---

[243] S. auch Gay, Cultivation, 78
[244] Langer, Diplomacy of Imperialism, 93
[245] Field, Toward Programme, 233, 240
[246] Curzon wurde später Parlamentarischer Staatssekretär im F.O., Vizekönig von Indien und Außenminister.
[247] Zit. in Bédarida, Social History, 145
[248] Field, Toward Programme, 239
[249] Field, Toward Programme, 237; Porter, Britain, Europe, 56/57, 63
[250] Mommen (Der europäische Imperialismus, 56) schreibt: „Von allen ökonomischen Imperialis-
mustheorien kommt dies (...) These Karl Kautskys, daß der moderne Imperialismus sich nicht einfach
zwangsläufig aus der kapitalistischen Wirtschaftsordnung ergebe, sondern ‚nur eines unter verschiedenen Mitteln' sei, ‚die Ausdehnung des Kapitalismus zu fördern', der Wahrheit noch am nächsten." (s.
Karl Kautsky, Der Imperialismus, in: DIE NEUE ZEIT, Band 32, 2, 1913/14, 921): s. zum Thema auch
Hallgarten, Imperialismus, I, 24–35.

all die vom Großgrundbesitz bzw. Bauern stark beeinflussten konservativen Parteien, mit häufig merklich antikapitalistischen Tendenzen, die als erste den Imperialismus propagierten. Unterstützt wurden sie hierbei von chauvinistischen Professoren und Publizisten, die ökonomische Argumente **kreierten**, um die skeptischen Finanzkapitalisten und Industriellen schließlich doch für überseeische Expansion einzunehmen, was etwa ab der Jahrhundertwende wegen der nachlassenden Wettbewerbsfähigkeit der britischen Wirtschaftskraft auch teils gelang.[251]

Hobsons Kernthese (an der sich auch Lenin orientierte), dass die Suche nach lukrativen überseeischen Investitionsmöglichkeiten entscheidender Antrieb „des britischen Imperialismus nach 1882 gewesen sei", hält einer empirischen Überprüfung nicht stand".[252] (Der Expansionismus von kapitalschwachen Staaten wie Russland, Italien oder Japan lässt sich durch Hobsons These **überhaupt nicht** erklären.[253]) Es war im Gegenteil so, dass die durchschnittlichen Erträge, die britische Investoren aus Anlagen im Empire zogen, deutlich **unter** denjenigen aus anderen Gebieten lagen.[254] Kapitalinteressen britischer Anleger hatten praktisch keinerlei Einfluss auf das Ausgreifen Großbritanniens in tropische Regionen von den 1880er Jahren bis hin zum 1. Weltkrieg. Englische Investoren scheinen sich im Gegenteil in ihrer Anlagepolitik eher den (vermeintlichen) nationalen Interessen ihres Landes angepasst zu haben.[255]

Das F.O. war nur sehr eingeschränkt bereit, für die Interessen britischer Spekulanten mit ausländischen Regierungen zu streiten. Hier gab es von Mitte des 19. bis zu Beginn des 20. Jahrhunderts keine Änderung der Politik des britischen Außenministeriums. Lediglich Ägypten kann hier als bedeutsame Ausnahme gelten, erklärbar durch die hohen dort investierten Summen und noch stärker aufgrund der strategischen Bedeutung des Landes. Großbritannien drängte sich auch nicht nach der Übernahme direkter Herrschaft in den hochverschuldeten Ländern der südamerikanischen „Dominions ehrenhalber". Außenwirtschaftliche Überlegungen spielten in der Politik des britischen Außenamtes im Gegensatz zur Wilhelmstraße im Großen und Ganzen nur eine nachrangige Rolle. Nur wenn strategische Interessen betroffen waren, zeigte das F.O. viel Engagement, in steigendem Maße seit den 1880er/90er Jahren. Beispiele hierfür sind die offizielle Unterstützung britischer Privatinvestoren in der Türkei, Persien und China, um den Einfluss Großbritanniens in diesen Ländern zu wahren. Erst kurz vor Ausbruch des Weltkrieges erklärte der damalige Außenminister Grey, dass das F.O. bereit sei, „dass äußerste an Unterstützung zu geben, was wir können", um britische

---

[251] Hayes, Bases, 83; Mommsen, Der europäische Imperialismus, 20

[252] Mommsen, Der europäische Imperialismus, 8; s. auch Chamberlain, Imperialism and Social Reform, 159 u. Field, Toward Programme, 26. Hobson argumentiert, dass die Masse der Bevölkerung aufgrund der extrem ungleichen Verteilung von Wohlstand und Einkommen zu wenig Güter nachfragen könne und Produktionskapazitäten darum nicht ausgelastet seien oder nicht erweitert würden. Angehäuftes Kapital dränge darum auf den Auslandsmarkt, da eine Investition im Inneren nicht lohne, und Finanzkapitalisten drängten die Regierung zur überseeischen territorialen Expansion, um sichere und lukrative Anlageregionen zu gewinnen. Der Imperialismus lässt sich im Großen und Ganzen so nicht erklären – aber vielleicht die enorme Höhe der britischen Auslandsinvestitionen und das wirtschaftliche Zurückbleiben Großbritanniens?

[253] Hans-Ulrich Wehlers These, dass Bismarcks Kolonialpolitik 1884/85 dem Versuch einer antizyklischen Wirtschaftsförderungspolitik entsprang, ist interessant, aber für die deutsche Kolonialpolitik insgesamt mit Sicherheit von nachrangiger Bedeutung (s. auch die Kritik Gilbert Zieburas (*Einleitung*, 6, in: Ziebura, Grundfragen). Fruchtbarer ist sein sozialimperialistischer Ansatz. Er überschätzt m.E. aber die Möglichkeit der Eliten zur Manipulation der Bevölkerung. Alldeutscher Verband, Kolonial- und Flottenverein brachten die Regierung mit ihrer Propaganda ja schließlich in Rechtfertigungszwang.

[254] Im deutschen Fall verhielt es sich ähnlich.

[255] Mommsen, Der europäische Imperialismus, 50

Kapitalanleger in aller Welt zu unterstützen.[256] Großbritannien sah sich wegen seiner abnehmenden Stärke genötigt, in mehr und mehr Bereichen von liberalen Prinzipien Abstand zu nehmen.

Auch das zeitgenössische Argument, dass Kolonien profitabel seien, trifft nicht zu. Freilich war in den 1880er Jahren erst teilweise abzusehen, dass die neuen Überseegebiete eine finanzielle Bürde darstellen würden. Und selbst in den 1890er Jahren gab es noch verbreitete Illusionen, durch die Ausbreitung nach Übersee und folgende Aufträge für die britische Wirtschaft Krisen auf dem Heimatmarkt ausgleichen zu können. Die Behauptung, dass neue Kolonien profitabel wären, sollte dem Imperialismus eine rationale Legitimationsgrundlage verleihen, von den Partikularinteressen einzelner Unternehmen einmal abgesehen.[257] Der Bruder von Cecil Rhodes bspw. schrieb 1893: „Die Ugander schreien laut nach Schuhen, Strümpfen und Operngläsern, und sie entwickeln täglich neue Wünsche".[258] Die Äußerung klingt ironisch-grotesk, war aber nicht so gedacht. Er **wollte** offensichtlich an das große Marktpotenzial für britische Waren in Uganda glauben, als scheinrationales Argument für den Erwerb neuer Überseebesitzungen. Immerhin einen begrenzten Erklärungswert besitzt die These, dass Großbritannien Gebiete unter eigener Verwaltung stellte, um sie bspw. nicht hinter französischen Schutzzollmauern verschwinden zu sehen.[259] Intellektuelle und Kleinbürger waren die Träger der imperialistischen Gesinnung, aber auch auf bestimmte Teile der Arbeiterschaft übte die imperialistische Ideologie erhebliche Anziehungskraft aus: Zum einen auf Beschäftigte in Wirtschaftszweigen, die vom Empirehandel abhängig waren bzw. von einer imperialen Zollreform profitiert hätten. Neben dieser vielleicht kurzsichtigen aber doch rational kalkulierenden Gruppe war die unterste Schicht der Arbeiterschaft empfänglich für chauvinistische Propaganda, auch vor dem Aufkommen des Imperialismus. So gab es bspw. 1867/68 in Lancashire gewaltsame Ausschreitungen des „Lumpenproletariats" gegen die katholisch-irische Minderheit. Die traditionale Bindung der Ärmsten an die Konservativen, an Empire und Krone wurde wohl noch dadurch verstärkt, dass die Liberalen eine verschärfte Antialkohol-Gesetzgebung auf ihre Fahne geschrieben hatten.[260] Die große Mehrheit der organisierten Arbeiter jedoch, ebenso wie ihre gewerkschaftliche und politische Führung, wandte sich gegen eine fremdenfeindliche und imperialistische Politik.[261]

---

[256] Smith, Joseph; *Illusions of Conflict. Anglo-American Diplomacy Toward Latin America, 1865–1896*, Pittsburgh (Pa.) 1979, 20; s. auch Mommsen, Der europäische Imperialismus, 41, 98/99; Mommsen, Der europäische Imperialismus, 98/99; Kennedy, Realities Behind, 61; Platt, Finance, Trade and Politics, 40, 73

[257] Mommsen, Der europäische Imperialismus, 38/39; Schöllgen, Zeitalter, 136

[258] Zit. in Joll, James; *Die Ursprünge des Ersten Weltkrieges*, München 1984, 234, (künftig: Joll, Ursprünge)

[259] Eldridge weist diesem Argument große Bedeutung zu, verschweigt allerdings, dass das Deutsche Reich seine Kolonien nicht gegen fremden Handel abschirmte und der britische Handel in manchen Schutzgebieten Deutschlands denjenigen des Wilhelminischen Reiches überstieg (Eldridge, Victorian Imperialism, 143; s. auch Chamberlain, Imperialism and Social Reform, 159 und Mommsen, Der europäische Imperialismus, 22 u. 36).

[260] Thompson, Respectable, 317/18; Pelling, Popular Politics, 86 u. 91/92

[261] Mac Kenzie (Propaganda, 63) differenziert m.E. unzureichend zwischen den verschiedenen Interessengruppen und Schichten innerhalb der Arbeiterschaft; s. auch Semmel, Imperialism and Social Reform, 131.
Van der Linden, Marcel/Mergner, Gottfried (*Einleitung*, 11, in: Linden, Marcel van der/ Mergner, Gottfried (Hg.); *Kriegsbegeisterung und mentale Kriegsvorbereitung. Interdisziplinäre Studien*, Berlin 1991, (künftig: Linden, Kriegsbegeisterung)) und Wolfgang Kruse (*Die Kriegsbegeisterung im Deutschen Reich zu Beginn des 1. Weltkrieges. Entstehungszusammenhänge, Grenzen und ideologische Strukturen*, 73–77, in: Linden, Kriegs-

Dem Phänomen, das dem Zeitalter seinen Namen gab, lagen keine direkt erkennbaren rationalen Interessen zugrunde, die seine **Massenwirksamkeit** und **Dauerhaftigkeit** erklären könnten. Kritiker des Imperialismus befanden sich demnach in beträchtlichen Schwierigkeiten, denn es war nicht einzusehen, wie die gesellschaftliche Basis der Ideologie geschwächt oder die ihn speisenden Kräfte in andere Kanäle geleitet werden konnten. Dies wäre nur möglich gewesen, wenn die **psychologische Basis** der imperialistischen Stimmung verstanden worden wäre.[262]

Seit den 1890er Jahren war der langfristige Trend von Großbritanniens Machtverlust auch für informierte Tories nicht mehr zu leugnen. Der wirtschafts-, finanz- und machtpolitische Vorsprung des Vereinigten Königreiches gegenüber anderen Mächten schmolz dahin, und es wurden erstmals intensive Überlegungen angestellt, wie dieser Situation zu begegnen sei. Die neu erworbenen Kolonien dokumentierten nicht etwa die Stärke des Landes, sondern glichen nur zum kleinen Teil den Einfluss aus, den es im sogenannten „informal empire" andernorts einbüßte.[263]

Während der vorhergehenden Regierungen Gladstones hatten die Konservativen noch die vermeintliche Inkompetenz des Premierministers für den (relativ) schwindenden Einfluss Großbritanniens verantwortlich gemacht.[264] Diese Möglichkeit besaßen sie spätestens seit 1895 nicht mehr.

In den 1850er/60er Jahren dominierten nicht nur britische Waren auf allen fünf Kontinenten und britische Schiffe auf allen Weltmeeren, sondern das politisch und wirtschaftlich beispiellos liberale und wohlhabende England galt weltweit auch politisch als Vorbild. Verfechter einer althergebrachten und autoritären Machtpolitik befanden sich in Großbritannien (und vielen anderen Ländern) in einer defensiven Minderheitenposition. Das Land konnte sich im Bewusstsein eigener Überlegenheit souverän geben. Eine expansive Überseepolitik stieß nicht nur auf verbreitete Ablehnung, weil sie den vorherrschenden liberalen Prinzipien widersprach, sie war aufgrund der Stärke des Landes auch nicht erforderlich.

Der wirtschaftliche und politische Liberalismus schien den Briten (und anderen) die Ursache ihrer einzigartigen Stärke, innenpolitischen Stabilität und ihres Wohlstandes. Seit Ende der 1860er Jahre machten sich erste industrielle Schwächen bemerkbar, Macht und Gewalt verherrlichende Ideologie und Strukturen gewannen im Inneren an Bedeutung (s. Kapitel IV) und eine auftrumpfende, machtbetonte und expansive Außenpolitik gewann beträchtlich an Popularität, von Disraeli geschürt und genutzt. Der Äthiopienfeldzug, die Kontroversen um die Kolonialpolitik Granvilles und der Verlauf der Orientkrise stützen diese Einschätzung.

Gladstone konnte nach beispiellosen Kampagnen, in denen er liberale Prinzipien verfocht, 1880 noch einmal die Regierung übernehmen. Sein Kabinett sah sich aufgrund außenpolitischer Entwicklungen und zunehmenden innenpolitischen Drucks aber zu einer Politik genötigt, die den eigenen Prinzipien widersprach. Der Liberalismus, dem noch wenige Jahre zuvor die Zukunft zu gehören schien, war anscheinend nicht mehr geeignet, passende Antworten für neue außenpolitische (und innere) Her-

begeisterung) weisen auf einen aufschlussreichen Aspekt zur Beurteilung der Wirksamkeit chauvinistischer Propaganda hin. So könne nach einem Forschungsergebnis von Jean-Jacques Becker im Frankreich des August 1914 keineswegs von allgemeiner Kriegsbegeisterung gesprochen werden. In Bezug auf Deutschland lasse der bislang geringe Forschungsstand kaum verallgemeinerbare Aussagen über die Stimmung und das Verhalten der deutschen Bevölkerung bei Kriegsbeginn zu.

[262] 1956, während der Suezkrise, wurde die emotionale Wirkung des Imperialismus in Großbritannien noch einmal sehr deutlich, s. hierzu Thornton, Imperial Idea, 353ff

[263] Beloff, Imperial Sunset, 9; Porter, Britain, Europe, 58; Kennedy, Aufstieg und Fall, 347

[264] Kennedy, Anglo-German Antagonism, 341

ausforderungen bereitzustellen, zuden war er seiner selbst unsicher geworden. Die Anzeichen eines relativen wirtschaftlichen und technologischen Zurückbleibens Großbritanniens mehrten sich, erstmals seit Jahrhunderten, und Frankreich, dem viele Länder folgten, wandte sich vom Freihandel ab. In den 1880er Jahren konvertierten auch zahlreiche Liberale zum Imperialismus, zu autoritären und machtstaatlichen Idealen. Anlass war die Sorge um den Bestand des Empire. Es ist bezeichnend, dass z.B. Lord Rosebery, der Ende der 1870er Jahre die aufsehenerregenden öffentlichen Auftritte Gladstones organisiert hatte, als liberaler Außen- bzw. Premierminister in den 1890er Jahren eine derart machtbetonte, wenn nicht aggressive Politik verfocht, vor der noch zehn Jahre zuvor vermutlich sogar die meisten Konservativen zurückgeschreckt wären. Besonders die Vertreter der jüngeren Elite aus Publizistik und Politik, die nach den 1850er Jahren geborenen, waren von autoritären und machtstaatlichen Idealen geprägt, wie bereits in der Orientkrise deutlich wurde. Sie waren in einem zunehmend von autoritären Idealen geprägten England aufgewachsen (s. hierzu Kap. IV).

Die Macht- und Gewaltpolitik in Irland und den Kolonien wirkten auf Großbritannien zurück. Die politische Agenda wurde nicht mehr von innenpolitischen Reformplänen bestimmt, sondern seit Anfang der 1880er Jahre von Fragen der Sicherung des Weltreiches. Selbst Gladstone, Granville und Derby mussten diesem Zeitgeist Tribut zollen.

Die britischen Konservativen nutzten und schürten die Empirebegeisterung teils ganz zielbewusst zur Festigung bzw. Wahrung bestehender Herrschaftsstrukturen (Sozialimperialismus). Dies vermag ihren Erfolg aber nicht hinreichend zu erklären. Ökonomisch orientierte Erklärungsansätze tragen meist noch weniger zur Erklärung des imperialistischen Phänomens bei, sodass ein sozialpsychologischer Ansatz erfolgversprechend sein könnte.

In den folgenden Abschnitten geht es um wichtige außenpolitische Fragen der 1890er Jahre. Dies ermöglicht einen Einblick in die Bedeutung einzelner Konkurrenten für Großbritannien und in die Politik insbesondere Lord Salisburys und Sandersons, der seit 1894 als Staatssekretär eine zentrale Rolle in der britischen Außenpolitik spielte.

6. Die britisch-deutschen Beziehungen zu Beginn der 1890er Jahre

Im Mai 1890, kurze Zeit nach der Entlassung Bismarcks, ging Salisbury auf Hatzfeldt, den deutschen Botschafter in London zu und schlug ihm ein britisch-deutsches Abkommen vor: Das Vereinigte Königreich sei bereit, das seit 1815 britische Helgoland abzutreten, und wünsche dafür die Übertragung deutscher Rechte in Ostafrika. Die Wilhelmstraße akzeptierte recht schnell, da das Eiland zur Sicherung der deutschen Küsten große Bedeutung besaß, zudem meinte Reichskanzler Caprivi, dass Verbleiben Salisburys im Amt – er wurde von Hyperimperialisten hart bedrängt – sei wichtiger für ihn, als ein Gebiet in Afrika. Am 1. Juli 1890 wurde der Helgoland-Sansibar-Vertrag unterzeichnet, ein Signal von höchster weltpolitischer Bedeutung, da das Deutsche Reich zur gleichen Zeit den russischen Wunsch zur Erneuerung des Rückversicherungsvertrages ablehnte. Deutschland schien sich auf die britische Seite zu schlagen. Die deutsche Führung war zu Beginn der 1890er Jahre von der Unvermeidlichkeit eines Zweifrontenkrieges gegen Frankreich und Russland überzeugt und näherte sich darum demonstrativ und aufsehenerregend Großbritannien an.

Der Vertrag wurde in Großbritannien wie in Deutschland überwiegend positiv aufgenommen. Viele konservative Zeitungen, wie die „Morning Post" oder der „Standard" priesen Salisburys Politik, die guten Beziehungen zu Britanniens „natürlichem Verbündeten" zu pflegen, merkten aber an, dass der Gebietstausch für Großbritannien keinesfalls hätte ungünstiger verlaufen dürfen. Die „Pall Mall Gazette" und der „Daily Chronicle" behaupteten gar, dass Großbritannien kapituliert habe und gedemütigt worden sei. Die stetige Sorge, übervorteilt zu werden oder an Würde einzubüßen, bewegte die Imperialisten sämtlicher Länder in erstaunlichem und erschreckendem Maße. Im Falle dieser britischen Unzufriedenheit mit dem Helgoland-Sansibar-Vertrag besaß sie besonders absurde Züge.[265]

Die französische und russische Presse war über das Ausmaß der kolonialen Zugeständnisse Deutschlands nicht zu unrecht völlig überrascht und erklärte ihn dadurch, dass Großbritannien versprochen habe, dem Deutschen Reich bei einem französisch-russischen Angriff beizustehen. Auch die Regierungen vermuteten dies, besonders diejenige in St. Petersburg. Wenige Tage nach Vertragsabschluss ging Salisbury jedoch auf den Quai d'Orsay zu, um die seit der Besetzung Ägyptens sehr angespannte Stimmung zwischen beiden Weltmächten zu entkrampfen. Bereits wenige Wochen darauf, am 5. August, unterzeichneten beide Seiten ein Abkommen, in denen die Briten ihren Nachbarn etwa ein Viertel Afrikas als Einflusszone zugestanden.[266] Salisbury hatte die Wilhelmstraße über diese Verhandlungen mit Frankreich nicht informiert und stellte Deutschland vor vollendete Tatsachen. Salisbury war bewusst, dass Deutschland aus einer Position der Schwäche agierte und sah kaum Veranlassung zu freundschaftlichen Gesten oder gar Taten. Er beruhigte Frankreich und düpierte die Wilhelmstraße im Gegenteil durch umfassende Zugeständnisse an die III. Republik in Afrika und die Art und Weise seines Vorgehens. Zeitgleich drohte Großbritannien Portugal in einem Ultimatum mit gewaltsamen Schritten, falls es seine Expansion in Afrika nicht einschränke.[267] Da weder von Deutschland noch Frankreich Unterstützung zu erwarten war, musste Lissabon nachgeben. Der Helgoland-Sansibar-Vertrag vergrößerte unverkennbar den diplomatischen Handlungsspielraum Großbritanniens.

In der deutschen Öffentlichkeit machte sich bald nach Abschluss des Helgoland-Sansibar-Abkommens Ernüchterung breit: „Der Eindruck, von London zu einem Verlustgeschäft verleitet worden zu sein, setzte sich durch."[268]

Das britisch-deutsche Verhältnis war zu Beginn der 1890er Jahre (trotzdem) recht freundschaftlich. Die „Times" schrieb 1891: „Es muß anerkannt werden, daß es in Anbetracht der Macht und des militärischen Ansehens Deutschlands nie ein Land gab, das ebensowenig Neigung zeigte seine Macht zum Angriff, statt zur Verteidigung einzusetzen."[269] Frankreich und Russland wurden im F.O. als die „unruhigen Mächte in Europa" angesehen, während der deutsch-österreichisch-italienische Dreibund als „die beständige, ruhige Gruppe" galt.[270]

[265] Auch die Queen war nicht allzu zufrieden.
[266] Pakenham, Scramble, 356/57; Canis, Von Bismarck zur Weltpolitik, 60; Schmidt, Gustav; *Der deutsch-englische Gegensatz im Zeitalter des Imperialismus*, 80, (künftig: Schmidt, Deutsch-englischer Gegensatz), in: Köhler, Henning (Hg.); *Deutschland und der Westen. Studien zur europäischen Geschichte*, Band XV, Berlin 1984; Hildebrand, Deutsche Außenpolitik, 29; Kennedy, Anglo-German Antagonism, 208
[267] Smith, Angel (mit Dávila-Cox, Emma) (Ed.); *The Crisis of 1898. Colonial Redistribution and Nationalist Mobilization*, London 1999, 3, (künftig: Smith, Crisis of 1898); Canis, Von Bismarck zur Weltpolitik, 82
[268] Canis, Von Bismarck zur Weltpolitik, 61, 64
[269] Zit. in Hale, Oren James; *Publicity and Diplomacy. With Special Reference to England and Germany 1890–1914*, Gloucester (Mass.) 1964, 81, (künftig: Hale, Publicity); Sked (Britain and the German Question, 49) schreibt irreführend: „1890 waren die Beziehungen zwischen beiden Ländern ausgesprochen kühl. Trotz verbindender Rasse, Religion und Herrscherhäuser begannen die Anzeichen des ‚Antagonismus' deutlich zu werden".
[270] Hildebrand, Klaus; *Zwischen Allianz und Antagonismus. Das Problem bilateraler Normalität in den*

Die Wilhelmstraße war gereizt und enttäuscht, dass Großbritannien nach dem Helgoland-Sansibar-Abkommen nicht enger mit dem Deutschen Reich zusammenarbeiten wollte. Der Regierungswechsel 1892 von den Konservativen zu den Liberalen machte die Situation aus deutscher Sicht noch unbefriedigender, da sich Außenminister Rosebery noch zugeknöpfter gab als Salisbury. Der neue Außenminister weigerte sich sogar, auch nur einen Blick auf nur eines der Abkommen von 1887 zu werfen, in denen sich Großbritannien mit den deutschen Verbündeten Italien und Österreich zur gemeinsamen Vertretung ihrer Mittelmeerinteressen zusammengefunden hatten.[271]

Die Wilhelmstraße war 1890 in der Hoffnung auf eine umfassende Verständigung mit Großbritannien noch zu umfassenden Zugeständnissen bereit gewesen. Davon konnte in diesem Maße in späteren Jahren keine Rede mehr sein.[272] Die Annäherung des Deutschen Reiches an Großbritannien 1890 hatte sich nach Ansicht der Wilhelmstraße nicht ausgezahlt, sichtbares Ergebnis war lediglich der russisch-französische Zweibund. Großbritannien war 1893, auf eine vorsichtige Anregung der Wilhelmstraße hin, auch nicht bereit, sich dem Dreibund anzunähern.[273]

Eine Kontroverse um einen Eisenbahnbau in Kleinasien verschärfte die Missstimmung auf deutscher Seite: Sanderson hielt es 1887 für sehr schwierig, privates Kapital für Eisenbahnbauten in Kleinasien zu aktivieren, denn die dortige politische und wirtschaftliche Lage war allzu prekär. Darum begrüßte das F.O. eine erste Konzession, die 1888/89 einem deutschen Konsortium für den Bau einer Linie nach Ankara erteilt wurde, v.a., um die Türkei gegen die russische Bedrohung zu stärken und ein Gegengewicht gegen die finanzielle Vorherrschaft Frankreichs im Osmanischen Reich zu schaffen.[274] 1892 begann ein deutsch-französisches Konsortium, nun allerdings gegen britischen Widerstand, mit dem Bau einer weiteren Linie in Kleinasien.[275] 1892/93 errangen Deutsche eine weitere Genehmigung für einen Eisenbahnbau in Anatolien. Außenminister Rosebery sah dadurch wirtschaftliche Interessen britischer Bürger gefährdet und wies den Botschafter in Konstantinopel an, Druck auf die türkische Regierung auszuüben, um die Gewährung der Konzession zu verzögern. – Der liberale Rosebery war auch in dieser Frage ein entschiedener Sachwalter des britischen Imperialismus als der ältere Konservative Salisbury.

Der britische Botschafter in Konstantinopel bezeichnete gegenüber seinem deutschen Kollegen den Bau als „unbefugtes Eindringen in die englische Sphäre". Sanderson hatte bereits frühzeitig gewarnt, dass die Wilhelmstraße sich durch das britische Verhalten brüskiert fühlen würde, stand mit dieser Haltung aber allein.[276] In der Forschung überwiegt die Ansicht, dass das Deutsche Reich Großbritannien in dieser Situa-

britisch-deutschen Beziehungen des 19. Jahrhunderts (1870–1914), 317, (künftig: Hildebrand, Zwischen Allianz und Antagonismus), in: Dollinger, Heinz (Hg.); *Weltpolitik, Europagedanke, Regionalismus. Festschrift für Heinz Gollwitzer*, Münster 1982

[271] B.D., VIII, Nr. 2

[272] S. auch Canis, Von Bismarck zur Weltpolitik, 111/12

[273] Günther Hollenberg (*Englisches Interesse am Kaiserreich. Die Attraktivität Preußen-Deutschlands für konservative und liberale Kreise in Großbritannien 1860–1914*, Wiesbaden 1974, 26 u. Anm. 100 (künftig: Hollenberg, Englisches Interesse) weist darauf hin, dass der zu dieser Zeit amtierende Außenminister Rosebery in der historischen Literatur **zu Unrecht** als germanophil gilt.

[274] HH, Sanderson Papers, Caillard an Sanderson, 27.9.1887; s. Schmidt, Gustav; *Der europäische Imperialismus*, München 1985, 77, (künftig: Schmidt, Der europäische Imperialismus); s. auch Schöllgen Das Zeitalter, 54

[275] Schmidt, Der europäische Imperialismus, 77

[276] G.P., 14/II, 447ff, 461 nach Canis, Von Bismarck zur Weltpolitik, 111; Martel, Gordon; *Imperial Diplomacy. Rosebery and the Failure of Foreign Policy*, Kingston 1986, 103, (künftig: Martel, Imperial Diplomacy); PRO, FO 78/4517 B, Minute Sandersons auf Brief Cromers an Rosebery, Telegramm 12, 7.1.1893

tion mit dem Entzug der Unterstützung in Ägypten gedroht habe, wenn das F.O. nicht nachgebe. Dafür lässt sich zwar weder in den Papieren Roseberys noch Cromers, der beiden Protagonisten auf britischer Seite, eine Bestätigung finden, dafür aber in den deutschen Akten.[277]

Wie dem auch sei: Seit dem Herbst 1893 verschlechterten sich die britisch-deutschen Beziehungen, und das Auswärtige Amt wollte dem F.O. deutlich machen, dass das Deutsche Reich Großbritannien auch Probleme bereiten könne, wenn sich dieses nicht freundschaftlich verhalte. Zudem gewann das Ziel überseeischer Machtausweitung im Deutschen Reich an Bedeutung. Reichskanzler Caprivi, der nach wie vor kontinental dachte, musste darum auch 1894 folgerichtig zurücktreten. Großbritannien betrieb gegenüber der englandfreundlichen Regierung Caprivi in Kolonialfragen keine entgegenkommende Politik[278] und dürfte zu ihrem recht raschen Ende auf diese Weise einiges beigetragen haben.

Die Missstimmung steigerte sich, als Großbritannien im Frühjahr 1894 einen Gebietsstreifen des Kongo pachtete, der unter der Herrschaft des belgischen Königs Leopold stand. Die Briten beabsichtigten den Bau einer Telegrafenlinie, um ihre Besitzungen zwischen dem südlichen und dem nördlichen Teil des Kontinents zu verbinden. Deutschland machte sich aber als östlicher Nachbar des Kongo Hoffnungen, dieses Gebiet irgendwann erwerben zu können, nicht zuletzt aufgrund der Zustände in diesem Land, die noch deutlich empörender waren als etwa in den Kolonialgebieten Großbritanniens oder Deutschlands. Der Pachtstreifen hätte Deutsch-Ostafrika aber vom Gebiet König Leopolds abgetrennt. Da Deutschland die Briten kurz zuvor bei der Niederschlagung eines Aufstandes arabischer Sklavenhändler im benachbarten Nord-Nyassaland unterstützt hatte, dürfte die Wilhelmstraße das britische Vorgehen als besonders rücksichtslosen Affront empfunden haben.[279]

Die völkerrechtliche Grundlage für eine deutsche Intervention gegen den Pachtvertrag war die Kongoakte von 1885, die die Gleichberechtigung aller Signatarmächte im Kongobecken festsetzte und eine Vorzugsbehandlung einer bestimmten Macht verbot. Deutschland sowie Frankreich, das eine Möglichkeit sah seinen alten Konkurrenten in Verlegenheit zu bringen, protestierten gemeinsam in London. Der britische Außenminister gab zu, dass die Briten im Vorfeld zu wenig Rücksicht auf das Deutsche Reich genommen hätten, und dies war auch entschieden die Auffassung der Verantwortlichen in Berlin.[280] Da die Briten aber nicht nachgaben, sondern Österreich und Italien zum Druck auf die Wilhelmstraße anstachelten, wurde der Ton der deutschen Noten so stark, dass Rosebery sie gegenüber dem österreichischen Botschafter als „unerträglich" bezeichnete. Der Premierminister (Gladstone hatte kurze Zeit zuvor zurücktreten müssen) meinte zudem, wenn Deutschland mit Frankreich weiterhin in afrikanischen Fragen zusammenarbeite, werde Großbritannien sein generelles Verhalten in Europa und insbesondere in Bezug auf das Mittelmeerabkommen und den Balkan neu überdenken. Der Ton der Deutschen, so Rosebery, sei für Verhandlungen mit Monaco angebracht, nicht aber mit England.[281]

[277] Crowe, Sibyl (mit Corp, Edward); *Our ablest Public Servant. Sir Eyre Crowe*, 1864–1925, Braunton 1993, 71, (künftig: Crowe, Crowe); Martel, Imperial Diplomacy, 99–101; McCullough, How, 38/39; G.P. 14/II, 447ff, 461 nach Canis, Von Bismarck zur Weltpolitik, 111

[278] Langer, Diplomacy of Imperialism, 20; Born, Karl Erich; *Von der Reichsgründung bis zum Ersten Weltkrieg, Gebhardt Handbuch der deutschen Geschichte*, Band 16, Herausgegeben von Grundmann, Herbert, 10. Aufl., München 1985, 194; (künftig: Born, Reichsgründung); Bayer, England, 83; Langer, Diplomacy of Imperialism, 76

[279] McCullough, How, 36

[280] Bayer, England, 98/99; Langer, Diplomacy of Imperialism, 140/41

[281] Langer, Diplomacy of Imperialism, 138; Canis, Von Bismarck zur Weltpolitik, 134

Die Berliner Korrespondenten der britischen Presse reagierten gelassen. Sie berichteten über den „höflichen aber festen offiziellen Standpunkt" Deutschlands, über die chauvinistischen antienglischen Ausfälle in deutschen Zeitungen schwiegen sie. Auch die konservativen britischen Zeitungen zeigten eine erstaunliche Zurückhaltung während der Krise. Eine Pressekampagne gegen die schwache liberale Regierung hätte dieser einen schweren Schlag versetzen können. Frankreich wurde in englischen Blättern hingegen scharf kritisiert. Der Außenminister Frankreichs hatte die Briten auch öffentlich provoziert, indem er die Kongovereinbarung im Parlament als „null und nichtig" bezeichnete.[282]

Rosebery erklärte schließlich gegenüber dem österreichischen Botschafter, dass er nach reiflicher Überlegung zu der Ansicht gekommen sei, dass der Gebietsstreifen nicht genügend Wert besitze, um einen vollständigen Wandel der Politik zu rechtfertigen, und gab nach. In den folgenden Monaten näherte sich die britische Politik dem Zweibund an, um die Deutschen in Furcht zu versetzen und sie wieder zu einer englandfreundlicheren Politik zu bewegen. Die Reichsleitung hatte zu keiner Zeit vor, „unsere allgemeine, auf die Annäherung Englands an Italien gerichtete Politik zu ändern", wie Reichskanzler Caprivi schrieb. Dies hätte auch den Interessen der Dreibundpartner geschadet und diesen insofern geschwächt.[283]

Der **materielle** Wert des Gebietsstreifens wäre aus britischer Sicht gewiss negativ gewesen. Auch unter strategischen Gesichtspunkten hätte das Gebiet eher eine Belastung bedeutet. Auch bündnispolitische und völkerrechtliche Überlegungen sprachen eindeutig gegen den Pachtplan. Eine Kap-Kairo-Verbindung war aber ein Traum britischer Imperialisten. Es ist bemerkenswert, dass eine **liberale** Regierung versuchte, diesen zu verwirklichen. Sie gab sich sowohl im Ton als auch im Verhalten imperialistischer als ihre Vorgänger.

Ende 1894, nach der Auseinandersetzung um den Kongo, war die Stimmung zwischen der Downing Street und der Wilhelmstraße ungewohnt angespannt. Die Deutschen warnten das F.O., dass die Beziehungen zu Frankreich so gut wie noch nie zuvor seien, und Sanderson kam zu der Ansicht, dass Deutschland seine afrikanischen Kolonien vergrößern und Frankreich auf Kosten Großbritanniens befriedigen wolle. Zur gleichen Zeit hielt Premierminister Rosebery eine Rede, in der er das britisch-französische und britisch-russische Verhältnis als „wirklich zufriedenstellend" bezeichnete und sich eine Verständigung mit Russland in Zukunft nicht nur auf Zentralasien beschränken müsse. Die deutsche Presse und Diplomatie reagierte heftig. Marschall und Hatzfeldt warfen „England vor, es gönne den Deutschen nichts im kolonialen Bereich, auch verscherze sich das Kabinett Rosebery nach und nach das deutsche Wohlwollen durch Rücksichtslosigkeit in ‚Fragen von untergeordneter Bedeutung'".[284] Der britische Außenminister Kimberley hatte eine andere Sicht der Dinge. Die Deutschen „arbeiten uns auf der ganzen Welt entgegen, wo sie nur können".[285] Grey, zu dieser Zeit parlamentarischer Staatssekretär im F.O., meinte später, dass „das schroffe und herrische Wesen" der Politik der Wilhelmstraße bei ihm erstmals zu dem Eindruck führte, dass Deutschland sich nicht freundschaftlich verhalte.[286] Anfang 1895 kehrte die Wilhelmstraße zur traditionellen Politik zurück, die Briten in Ägypten zu unterstützen, und während der Armenienkrise im Frühjahr/Sommer 1895 war die Wilhelmstraße gerade-

[282] Hale, Publicity and Diplomacy, 101, 98/99
[283] G.P., VIII, 472; Langer, Diplomacy of Imperialism, 145; Bayer, England, 92–94
[284] Bayer, England, 100/01; G.P., IX, 161; s. auch Kennedy, Anglo-German Antagonism, 412
[285] Zit. in Kennedy, Paul M.; *Samoan Tangle. A Study in Anglo-German-American Relations 1878–1900*, Dublin 1974, 119, (künftig: Kennedy, Samoan)
[286] Kennedy, Anglo-German Antagonism, 412

zu darauf bedacht, dass das englische Prestige nicht allzusehr leide. Holstein fasste die deutsche Politik in einem Memorandum so zusammen: Großbritannien solle an keiner entscheiden Stelle geschwächt werden, aber die Wilhelmstraße wolle ihm Schwierigkeiten bereiten, damit es sich an das Deutsche Reich und seine Verbündeten um Unterstützung wende. Die britische (und auch die deutsche) Regierung nahm 1892–95 lieber eine Verschlechterung der wechselseitigen Beziehungen in Kauf, „als den ‚patriotic circles' (…) Anlaß zur Agitation gegen schwächliche Außenpolitik zu liefern".[287]

7. Salisbury und die Meerengen

Das Osmanische Reich besaß als Bollwerk gegen das russische Vordringen zum Mittelmeer bzw. den Mittleren Osten für Großbritannien zur Mitte des 19. Jahrhunderts einen sehr hohen Stellenwert, wie das britische Engagement im Krimkrieg belegt.[288] Durch die Eröffnung des Suezkanals 1869 stieg die strategische Bedeutung des Mittelmeeres als „Imperial Highway" noch weiter an und dementsprechend diejenige des Osmanischen Reiches. Die Gräuel der türkischen Fremdherrschaft auf dem Balkan bzw. gegen die Armenier (in den 1890er Jahren) führten in Großbritannien aber zu großer und anhaltender Empörung[289], die völkerrechtswidrige Besetzung des nominell türkischen Ägypten verstärkte die anglo-osmanischen Entfremdung, so dass das Verhältnis beider Mächte zur Mitte der 1890er Jahre kühler, wenn nicht gespannter war denn je während des 19. Jahrhunderts.

Bis in die 1880er Jahre sahen britische Kriegsplanungen gegen Russland regelmäßig **Offensiven** des Empire gegen das Zarenreich vor. Militärische Stellen sowie das Kriegs- und Indienministerium waren zu dieser Zeit aber bereits zu der Ansicht gelangt, dass Großbritannien aus eigener Kraft nicht mehr in der Lage sei, einen Krieg gegen Russland mit Aussicht auf Erfolg zu führen. Militärexperten kamen darum verbreitet zur Ansicht: „Unsere einzige Hoffnung liegt in einem Bündnis mit dem Dreibund."[290] Henry Spenser Wilkinson war einer dieser Fachleute. Englands Kräfte reichten seines Erachtens nicht mehr aus, ohne Koalitionspartner das Empire zu schützen und europäische Politik zu betreiben. Großbritannien stehe vor der Alternative, sich **entweder** völlig auf die eigenen Besitzungen zu konzentrieren und sich aus der europäischen Politik zurückziehen. Kontinentaleuropa könnte aber diese Abwesenheit Großbritanniens nutzen, um gemeinsam über es herzufallen, was nur durch eie Flotte zu verhindern sei, deren Kampfkraft diejenige aller kontinentaleuropäischen Seestreitkräfte übertreffe. Dies sei nicht zu realisieren. England könne sich aber auch eindeutig auf die Seite desjenigen stellen, der sein Empire am Wenigsten bedrohe, so die zweite Möglichkeit, dies sei das Deutsche Reich, das zudem Russland und Frankreich an einer Machtausweitung in Übersee hindere. Außerdem bewahre es Österreich und Italien

---

[287] Langer, Diplomacy of Imperialism, 263, 232; Hatzfeldt-Wildenburg, Paul Graf von; *Botschafter Paul Graf von Hatzfeldt, Nachgelassene Papiere*, hrsg. U. eingeleitet von Ebel, Gerhard, 2 Bd., Boppard 1976, II, 1040, (künftig: Hatzfeldt, Papiere); G.P., XI, Nr. 2640; Schmidt, Deutsch-englischer Gegensatz, 79

[288] Als Folge des Waffenganges öffnete sich das Osmanische Reich für westliches Kapital. In den folgenden Jahren drängten europäische Kapitalisten dem Land Kredite zu ruinösen Bedingungen auf, die die Türkei finanziell abhängig machten und auf einen halbkolonialen Status drückten (Hallgarten, Imperialismus, I, 90).

[289] S. z.B. Robbins, Keith; *The Eclipse of a Great Power. Modern Britain 1870–1975*, London/New York 1983, 25/26, (künftig: Robbins, Eclipse) u. Grenville, Salisbury, 28; Langer, Diplomacy of Imperialism, 379

[290] Zit. in Grenville, Salisbury, 292

davor, unter russischen bzw. französischen Einfluss zu geraten, es verhindere die Annexion der skandinavischen Staaten durch Russland und Belgiens durch Frankreich. Dies alles sei eine große Belastung für Europas Mitte, die sie auf Dauer vielleicht nicht tragen könne, wenn das Vereinigte Königreich sich nicht rasch auf dessen Seite stelle. Auch Valentine Chirol, der Korrespondent der „Times" im Berlin der 1890er Jahre, war offensichtlich der Ansicht, dass die britischen Kräfte zur Sicherung Indiens gegen Russland nicht ausreichten.[291]

Salisbury, der die britische Politik von 1885 bis 1900 dominierte, war von diesen und ähnlichen Gedankengängen nicht überzeugt. Dank der Mittelmeerentente von 1887 konnte Großbritannien in gewisser Hinsicht auf die Unterstützung Österreich-Ungarns und Italiens in der Region zählen, und die Beziehungen zum Deutschen Reich waren fast freundschaftlich zu nennen. So wurde der junge Kaiser bei seinem ersten Staatsbesuch in Großbritannien im Juli 1890 mit „fast beispiellosem Enthusiasmus" begrüßt, und die deutsche Politik signalisierte Unterstützung, um ein russisches Vordringen auf die Meerengen zu verhindern. Die Direktoren der Geheimdienste des britischen Heeres und der Marine kamen 1892 jedoch zu der Einschätzung, dass Großbritannien einen **festen** Bündnispartner brauche, wenn es einen russischen Versuch, Konstantinopel zu erobern, mit Aussicht auf Erfolg verhindern wolle. Ansonsten gefährde es die weltweite Seeherrschaft. Salisbury, im Allgemeinen sehr kritisch gegenüber den üblicherweise warnenden Stimmen militärischer Experten, nahm diese Einschätzung sehr ernst.[292] Er war der Überzeugung, dass die britische Flotte aus dem Mittelmeer abgezogen werden müsste, falls Russland die Meerengen besetze.[293]

Die französisch-russische Allianz war ein weiteres besorgniserregendes Indiz zunehmender Gefährdung und stellte die ernsteste Bedrohung seit den Tagen Napoleon I. dar. 1893 rief der Besuch einer russischen Flotteneinheit im französischen Toulon eine Massenbegeisterung hervor, die eine Intensität besaß, „die nur als Delirium beschrieben werden kann".[294] Diese Demonstration französisch-russischer Waffenbrüderschaft mussten die Briten als bedrohliches Anzeichen der Gefährdung ihrer Vorherrschaft auf dem lebenswichtigen Seeweg nach Indien auffassen.

Das Deutsche Reich lehnte 1894 aber einen britischen Vorschlag ab, Großbritannien Unterstützung für eine Verteidigung des Bosporus gegen einen russischen Angriff zu garantieren: Das Vereinigte Königreich müsse zunächst dem Dreibund beitreten.[295] Zu solch einem weitreichenden Schritt wollte sich das britische Kabinett, dessen innenpolitische Basis ohnedies sehr schmal war und weiter schwand, aber nicht entschließen.

Im Dezember 1894, während seiner Zeit als Oppositionsführer, schrieb Salisbury einen Brief an seinen Vertrauten Philip Currie, den britischen Botschafter in Konstantinopel und vormaligen Staatssekretär:

---

[291] Hollenberg, Englisches Interesse, 33/34; Hatzfeldt, Papiere, II, 774

[292] Wilson, Keith M.; *Constantinople or Cairo: Lord Salisbury and the Partition of the Ottoman Empire 1886–1897*, 27, (künftig: Wilson, Constantinople or Cairo), in: Wilson, Keith M.; *Imperialism and Nationalism in the Middle East. The Anglo-Egyptian Experience 1882–1982*, London 1983. Grenville (Salisbury, 26/27) bestreitet nicht, dass der Premierminister die Einschätzung sehr ernst nahm, vertritt aber engagiert die Ansicht, dass Salisbury die Analyse der militärischen Experten nicht teilte, s. auch ebd., 27

[293] Lowe, C.J.; *The Reluctant Imperialists. British Foreign Policy 1878–1902*, 2 vols., London 1967, II, 85–91, (künftig: Lowe, Reluctant Imperialists)

[294] Kennan, George F.; *The Fateful Alliance. France, Russia and the Coming of the First World War*, New York 1984, 221, (künftig: Kennan, Fateful Alliance); s. auch Kennan, George F.; *Bismarcks europäisches System in der Auflösung. Die französisch-russische Annäherung 1875–1890*, Frankfurt (Main)/Berlin/Wien 1981, 14, (künftig: Kennan: Bismarcks), u. Hardinge, Charles; Old Diplomacy, London 1947, 58, (künftig: Hardinge, Old Diplomacy)

[295] Langer, Diplomacy of Imperialism, 20; Crowe, Crowe, 63

„So weit ich sehen kann, spitzt sich die Situation in Ihrem Teil der Welt zu. Man wird nochmals überlegen müssen, was mit dem Türkischen Reich geschehen soll. Ich selbst würde sehr empfehlen, Rußland den Süden und Osten des Schwarzen Meeres zu geben, und die Dardanellen für alle Mächte zu öffnen. Ägypten sollte eine gewisse Selbstverwaltung erhalten, wir selbst nehmen den südlichen Teil des Taurus mit Syrien und Mesopotamien, zahlen die Franzosen mit Tripolis und einem Brokken von Marokko[296] aus, Italien mit Albanien und Österreich mit Saloniki. Aber ach! Dies sind nur Träume, niemand stimmt mir zu…"[297]

Unmittelbar nach seinem erneuten Amtsantritt 1895 sprach er mit dem deutschen Botschafter Hatzfeldt über die Aufteilung des Osmanischen Reiches exakt entlang der Linien, die er gegenüber Currie skizziert hatte.[298] Laut Hatzfeldt meinte Salisbury gar, dass Ägypten „welches sich dann vielleicht schwer würde halten lassen, (…) von keiner solchen Wichtigkeit <sei>, daß man hier nicht darauf verzichten könnte".[299] Der Premierminister ging sogar so weit, im Parlament zu erklären, dass Großbritannien im Krimkrieg „auf das falsche Pferd gesetzt" habe. Salisbury und sein Kabinett glaubten nicht mehr, dass Großbritannien seine Interessen im Orient unter den gegebenen Bedingungen aus eigener Kraft noch weiter wahren könne. Die russisch-französische Militärkonvention von 1894 und die Kooperation der Seestreitkräfte beider Mächte im Mittelmeer verstärkten die Sorgen.

Dem französischen Botschafter de Courcel machte Salisbury im Juli 1895 ebenfalls Andeutungen über eine mögliche Aufteilung der Türkei, und der französische Außenminister wäre auch gerne darauf eingegangen, aber die Russen, die ebenfalls informiert wurden, zeigten Salisbury die kalte Schulter.[300] Auf eine Anfrage Balfours, des konservativen Fraktionsführers im Unterhaus, antwortete die Admiralität, dass ungehinderte russische Flottenbewegungen durch die Dardanellen die britische Vorherrschaft im östlichen Teil des Mittelmeeres sowie in Ägypten gefährdeten und die britische Verbindung nach Indien bedrohten. Salisburys Bereitschaft, dem Zarenreich Konstantinopel zu überlassen, erstreckte sich nie ausdrücklich auf die Dardanellen, und er machte auch deutlich, dass ein russischer Besitz dieser Wasserstraße die britischen Mittelmeerinteressen gefährde. Im Februar 1896 konnte der Premierminister der Queen noch einmal melden, dass das Kabinett bereit sei, einen Krieg zu riskieren, um eine russische Annexion der Meerengen zu verhindern. Großbritannien war aber trotz des österreichischen Wunsches nicht bereit, über die gemeinsame Erklärung des Mittelmeerabkommens hinauszugehen.[301] Salisbury wollte sein Land im Spiel der Mächte nicht eindeutig positionieren.

Die Briten sondierten vorsichtig weiter, ob sich die anderen Mächte nicht doch zu einer Aufteilung des Osmanischen Reiches bewegen ließen. Anfang 1896 bot Salisbury Frankreich und Russland wiederum Gespräche über die Zukunft der Türkei an, aber Letzteres reagierte nochmals ablehnend.[302] Im Sommer 1896 schrieb Salisbury in einem Brief an einen führenden britischen Journalisten, dass die britische Politik dadurch gekennzeichnet sei, sich langsam von den „gefährlichen Fehlern von 1848–1856"

[296] Dieses Land war zu keiner Zeit Teil des Osmanischen Reiches.
[297] Wilson, Keith M.; *Empire and Continent. Studies in British Foreign Policy from the 1880s to the First World War*, London/New York 1987, (künftig: Wilson, Empire and Continent), 18 nach H.P. Cecil, dem 5. Band von Lady Gwendolen Cecils Salisbury Biografie, 193
[298] Wilson, Empire and Continent, 18/19; Canis, Von Bismarck zur Weltpolitik, 166
[299] G.P., X, S. 33/34. Der Historiker Grenville bestreitet, dass Salisbury tatsächlich auf eine Aufteilung der Türkei hingearbeitet habe, s. Salisbury, 24/25 u. 30/31
[300] Grenville, Salisbury, 24/25 u. 30/31; Langer, Diplomacy of Imperialism, 379/80; Wilson, Constantinople or Cairo, 44; s. auch Steiner, Britain Origins, 24
[301] Wilson, Constantinople or Cairo, 28; Canis, Von Bismarck zur Weltpolitik, 168; Wilson, Empire and Continent, 9; G.P., XI, Nr. 2568; B.D., VIII, 4/5
[302] Canis, Von Bismarck zur Weltpolitik, 189

zu distanzieren[303] – d.h. der Unterstützung der Türkei gegen Russland. Im Herbst 1896 hatte der Zar bei seinem Besuch in England den Eindruck, dass ihn die Queen und Salisbury zu einem Bündnis drängen wollten. Der russische Herrscher war aber gegen eine Vereinbarung mit England: „Das wäre der erste Schritt auf dem Weg einer allmählichen Aufteilung der Türkei."[304] – An dem Russland wegen seines starken Einflusses auf die türkische Politik in diesen Jahren kein Interesse besaß.

Gegen Ende des Jahres 1896 hatte Salisbury die Hoffnung aufgeben müssen, dass andere Mächte seine Türkeipläne aufnehmen könnten, nun betonte er wieder stärker, dass in Wien nicht der Eindruck entstehen dürfe, dass sich Großbritannien von Österreich-Ungarn entferne. Salisbury, der im Allgemeinen von der Stärke seines Landes überzeugt war, vertrat die Ansicht, dass es mit der Zeit immer unwahrscheinlicher werde, die Russen von den Meerengen fernzuhalten.[305] Er war nicht etwa bereit, Russland die Meerengen zu überlassen, weil diese wegen der Besetzung Ägyptens an Bedeutung für Großbritanniens verloren hätten.[306] Das Gegenteil war der Fall. Er glaubte zudem, dass die britische Öffentlichkeit keine russische Okkupation der Verbindungen zwischen dem Mittel- und dem Schwarzen Meer zuließe.[307]

Bei der Beurteilung der Meerengenfrage gilt es auch den weltpolitischen Kontext im Auge zu behalten: Die britische Position in Ostasien war durch die chinesische Niederlage im Krieg gegen Japan 1894/95 und den „Ostasiatischen Dreibund" zwischen Russland, Frankreich und dem Deutschen Reich sehr geschwächt. Beides beschwor sowohl unter handelspolitischen als auch strategischen Überlegungen bedeutende Gefahren herauf.[308]

Salisbury war im Allgemeinen von der Stärke seines Landes überzeugt. Er scheint die Aussichten Großbritanniens, die Meerengen ohne Unterstützung gegen russische Aspirationen verteidigen zu können, aber bereits Mitte der 1890er Jahre sehr skeptisch eingeschätzt zu haben und glaubte darum, das Misstrauen anderer Mächte gegeneinander schüren zu müssen, erreichte aber das Gegenteil: Österreich-Ungarn und Russland einigten sich 1897 über ein Südosteuropa-Stillhalteabkommen. Auch die deutsche Diplomatie war durch Salisburys Türkeipläne sehr misstrauisch geworden. Sie vermutete, dass Großbritannien die Kontinentalmächte in einen Krieg treiben wolle, um die eigene Lage zu entlasten. Grey hegte 1906 eine ähnliche Vermutung über Salisburys Absichten.[309]

Es ist unwahrscheinlich, dass Salisbury die anderen Mächte in einen Krieg treiben wollte, aber er beabsichtigte m.E. zweifelsohne, die bedrohliche Lage seines Landes durch eine Entzweiung der anderen Großmächte zu entspannen.

Die britische Politik in der Meerengenfrage wird in der Geschichtswissenschaft in aller Regel nicht als Ausdruck zunehmender Angst vor der russischen Macht und dem Bewusstsein eigener Schwäche interpretiert, sondern England habe durch den Erwerb

---

[303] Salisbury an Ivan-Muller vom „Daily Telegraph" am 31.8.1896, B.D., VI, App. IV

[304] Wilson, Constantinople or Cairo, 47; Langer, Diplomacy of Imperialism, 328–31

[305] HH, Salisbury an Currie, A 138/34, Salisbury an Currie, 23.11.1896; Neilson, Keith; *Britain and the Last Tsar, British Policy and Russia 1894–1917*, Oxford 1995, 21, (künftig: Neilson, Britain and the Last Tsar)

[306] Steiner (Britain Origins, 23) und Beloff (Imperial Sunset, 73) seien hier mit ihren Fehleinschätzungen stellvertretend für andere genannt.

[307] Wilson, Keith M.; *Appendix*, 200/01, in: Wilson, British Foreign Secretaries

[308] S. auch McCordock, R. Stanley; *British Far Eastern Policy, 1894–1900*, New York 1976, 75, (künftig: McCordock, British Far Eastern Policy)

[309] Hatzfeldt Papiere, II, 1104/05; Grenville, Salisbury, 34; PRO, FO 800/111, Sanderson an Grey, 3.3.1906

Ägyptens einfach das Interesse an den Meerengen weitgehend verloren.[310] Darum sei die Mittelmeerentente irgendwann zwischen 1895 und 1897 auch faktisch bedeutungslos geworden, und dies sei der Grund, warum Salisbury den österreichischen Wunsch ausgeschlagen habe, zu einer gemeinsamen militärischen Absprache über den Schutz der Meerengen zu kommen. Sanderson legte jedoch dar, und die Fakten stützen sein Urteil, dass Salisbury wohl geneigt gewesen wäre, mit der Donaumonarchie in dieser Frage noch enger zusammenzuarbeiten, aber nicht sicher war, ob er das Kabinett von dieser Politik überzeugen könnte.[311] Der Premierminister fürchtete also, dass die Mehrzahl seiner Ministerkollegen nicht eimal mehr davon überzeugt waren, dass eine anglo-österreichische Koalition die russische Okkupation der Meerengen verhindern könnte. Noch 1878 hatte Russland bekanntlich vor dem gemeinsamen britisch-österreichischen Druck weichen müssen.

8. Siam 1891 bis 1895[312]

In der (innerbritischen) Kontroverse um das südostasiatische Land werden Ansichten und Vorgehen der Imperialisten und ihrer Widersacher besonders deutlich. Wegen Siam kam es über Jahre hinweg immer wieder zu ausgeprägten Kontroversen zwischen dem F.O. auf der einen und dem Indienministerium („India Office", I.O.) sowie der indischen Regierung auf der anderen Seite. Sanderson war Hauptvertreter der Nicht-Imperialisten, und die Premier- bzw. Außenminister Salisbury und Rosebery überließen ihm in den entscheidenden Jahren einen weiten Entscheidungsspielraum, den er auch nutzte.

Nach der Etablierung britischer Herrschaft über ganz Burma in den 1880er Jahren stellte sich bald die Frage der Grenzziehung mit Siam. Das Indienministerium und die indische Regierung unter dem Vizekönig und späteren Außenminister Lord Lansdowne forderten 1891 eine offensive Politik gegen den asiatischen Nachbarn. Sanderson als zuständiger Abteilungsleiter des Foreign Office wandte engagiert ein, dass indische Ansprüche auf siamesisches Territorium nur berechtigte Kompensationsforderungen Frankreichs provozierten (dessen indochinesischen Besitzung im Osten an Siam grenzten) und das Land in die Arme Deutschlands und der III. Republik treibe.[313]

Als der Bruder des siamesischen Königs 1891 Europa besuchte, wurde er allerorten mit höchsten Auszeichnungen dekoriert. Das F.O. entschied jedoch dies in Großbritannien zu unterlassen, vermutlich aufgrund Sandersons Intervention. Er fürchtete, dass Siam dem Empire ansonsten Zugeständnisse in Grenzfragen machen könnte.[314]

---

[310] Der Historiker Wilson macht deutlich, dass in Großbritannien Ägypten **nicht** als ausreichender Ersatz für eine russische Vorherrschaft oder gar einen russischen Erwerb der Meerengen angesehen worden sei. Zudem sei die Mittelmeerentente in Kraft geblieben (Wilson, Constantinople or Cairo, 26ff). – Diese Position wird von Historikern seit Jahrzehnten bestritten (einige Beispiele: Kennedy, Anglo-German Antagonism, 230; Porter, Britain, Europe, 50/51; Grenville, Salisbury, 17). Sanderson scheint 1902 ebenfalls der Ansicht gewesen zu sein, dass die Vereinbarungen zwischen den Regierungen Großbritanniens, Italiens und Österreich-Ungarns noch nicht außer Kraft getreten seien (s. PRO, FO 800/11, Memorandum Sandersons, 11.7.1902; s. auch Taylor, Struggle, 409).
[311] PRO, FO 800/111, Sanderson an Grey, 3.3.1906
[312] Das Land trägt seit 1939 den Namen „Thailand", d.h.: „Land der Freien", denn anders als die Nachbarn, wurde es von keiner Kolonialmacht unterworfen.
[313] Jeshurun, Chandran; *The Contest for Siam, 1889–1902. A Study in Diplomatic Rivalry*, Kuala Lumpur 1977, 9/10, (künftig: Jeshurun, Siam)
[314] Ebd., 11; s. auch HH, A/95, Memorandum Sandersons, 7.8.1897

Sanderson versah einen Grenzziehungsvorschlag der indischen Regierung von Ende 1891 mit sarkastischen Kommentaren und lehnte es strikt ab, diese Vorschläge zur Grundlage von Vereinbarungen mit Siam und China zu machen, mit dem ebenfalls Grenzfragen zu klären waren. Im April 1892 verhinderte er, Lord Lamington die Grenzziehungskommission Burma-China begleiten zu lassen, da dieser „die Ausweitung britischer Annexionen befürworten" werde.[315]

Die Grenzziehung war nicht nur an sich von Bedeutung, sondern hatte auch Auswirkungen auf die Zukunft ganz Chinas, denn jede expansive Politik Großbritanniens musste andere Länder auf den Plan rufen und konnte die territoriale Integrität des Landes ernsthaft gefährden.[316] Dies drohte die überwältigende Handelsposition des Empire im „Reich der Mitte" zu erschüttern.

Im Juni des gleichen Jahres 1892 stellte Sanderson den Entwurf einer offiziellen Note an den französischen Botschafter fertig. In dieser wurde die Haltung Großbritanniens bekräftigt, die territoriale Integrität Siams zu wahren. Zugleich wurde bekundet, dass die Regierung Ihrer Majestät „keinen Zweifel hegt, dass eine ebensolche Absicht auf Seiten der französischen Regierung besteht". Dabei hatte – wie Sanderson natürlich bekannt war – der französische Botschafter in London bereits zweimal die Aufteilung Siams in eine französische bzw. britische Einflusssphäre vorgeschlagen.[317] Salisbury verweigerte sein Placet für Sandersons Dokument, da er kein Versprechen abgeben wollte, von dem er nicht sicher war, ob die indische Regierung dieses auch halten wolle. Der Premierminister war im Gegensatz zu Sanderson also nicht bereit, einen Streit mit der Regierung in Kalkutta um die territoriale Unversehrtheit Siams auszufechten, obwohl Salisbury zu der Minderheit derjenigen gehörte, die ein Überleben Siams erhofften und erwarteten.[318]

Sanderson blieb auch nach dem Regierungswechsel im August 1892 von den Konservativen zu den Liberalen mit den Grenzverhandlungen betraut. Die grundsätzlichen Meinungsverschiedenheiten zwischen ihm und dem I.O. bzw. der indischen Regierung blieben bestehen. Das I.O schlug den Abschluss eines Übereinkommens mit Frankreich vor, in dem sich beide Seiten versichern sollten, keine Vereinbarung über das Staatsgebiet Siams treffen zu wollen, d.h. sich gegenseitig freie Hand zuzugestehen. Sanderson lehnte dies entschieden ab. Britische Interessen bestanden für ihn darin, die territoriale Unversehrtheit des Landes so weit wie möglich zu erhalten, v.a. um dem Empire nicht noch weitere Territorien und somit Verpflichtungen hinzuzufügen. Der Kompromiss bestand schließlich darin, keine Verhandlungen mit Frankreich aufzunehmen, die Entscheidung also zu vertagen.[319]

Die Fronten blieben unverändert, und die Politik der indischen Regierung kommentierte Sanderson mit kräftigem Sarkasmus: Es sei „ein Unglück, daß die pflichtbewußten Anstrengungen der indischen Regierung, ihre territorialen Ansprüche in engsten Grenzen zu halten, nur zu neuen Entdeckungen verführerischer Landstriche durch ihre Offiziere führen, die man sich unbedingt schnappen muß".[320]

[315] Jeshurun, Siam, 12, 20

[316] Langer, Diplomacy of Imperialism, 167

[317] Jeshurun, Siam, 24; Brailey, Nigel; *Protection or Partition: Ernest Satow and the 1880s Crisis in Britain's Siam Policy*, in: JOURNAL OF SOUTH EAST ASIAN STUDIES, March 1998, vol. 29, 1, 38/93, (künftig: Brailey, Satow)

[318] Jeshurun, Siam, 24; Brailey, Satow, 1/2

[319] Jeshurun, Siam, 27/28, 30/31

[320] Sanderson am 15.10.1892, zit. in ebd., 37

Seine Einschätzung der Beamten[321] und Offiziere Britisch-Indiens war und blieb geradezu vernichtend: Sie seien in der Regel „allzu gewalttätig und aufbrausend, und sehen auf alles durch ein Vergrößerungsglas".[322]

Im Dezember 1892 trat die siamesische Regierung mit dem Vorschlag einer Vereinbarung an das F.O. heran: Bangkok sei bereit, Großbritannien zu informieren, falls eine ausländische Macht, d.h. also Frankreich, Gebietsansprüche stellen sollte. Siam und das Vereinigte Königreich sollten zusammenwirken, um die territoriale Integrität des Landes zu wahren. Sanderson fand diesen Vorstoß „wirklich bedeutsam", während das I.O. und die indische Regierung ihn ablehnten. Außenminister Rosebery, der sich in der Siamfrage ansonsten noch stärker als Salisbury auf Sanderson gestützt zu haben scheint, mochte sich auf keine Seite schlagen[323], und die Angelegenheit verlief im Sande.

Im April 1893 übermittelte Rosebery eine Note an den französischen Botschafter in London: Der Außenminister übernahm hier eher die Position des I.O. in der Grenzfrage, Sandersons Ansichten wurden weitgehend übergangen.[324] Etwa zur selben Zeit begannen französische Truppen, in Indochina Richtung Mekong vorzurücken und bisheriges siamesisches Einflussgebiet im heutigen Kambodscha zu besetzen, womöglich durch Roseberys Brief ermutigt. Wenig später wurde in Frankreich allerdings zu Unrecht vermutet, dass Großbritannien den Widerstandswillen des asiatischen Königreiches unterstütze, und die Krise drohte sich zu einem Konflikt der beiden europäischen Weltmächte auszuweiten. Als sich im Juli die Anzeichen mehrten, dass Frankreich eine groß angelegte Marineaktion gegen Siam erwägt, fragte die siamesische Regierung im F.O. an, ob Großbritannien Hilfe leisten könnte, aber Rosebery wies dies sofort weit von sich. Sanderson musste die Aufgabe übernehmen, dem siamesischen Geschäftsträger unverblümt mitzuteilen, dass der Außenminister der Ansicht sei,

> „dass die siamesische Regierung <seinen> Rat vollkommen außer Acht gelassen hat. Statt die Franzosen durch Zugeständnisse in unwichtigen Fragen versöhnlich zu stimmen (...), um in wichtigen Angelegenheiten Konzessionen zu erzielen, hat sie ein Verhalten verärgernden Widerstandes beibehalten."[325]

Im Juli 1893 stellt Frankreich Siam ein Ultimatum und begann wenige Tage darauf mit der Blockade der Küste des Landes. Dies wollte Rosebery wiederum nicht zulassen, und die Krise drohte dramatische Züge anzunehmen. Der britische Außenminister informierte den deutschen Kaiser, der sich in Großbritannien aufhielt, dass er die Forderungen des Quai d'Orsay ablehnen werde. Schließlich vereinbarten das Vereinigte Königreich und Frankreich eine weniger umfangreiche Annexion siamesischen Gebiets durch die III. Republik, legten einen siamesischen Truppenrückzug und die Zahlung einer Kriegsentschädigung fest – die Siam an Frankreich zu zahlen hatte. Das F.O. drängte das asiatische Land mit Erfolg, diese Bedingungen anzunehmen. Rosebery hatte Deutschland offensichtlich instrumentalisiert, um den Druck auf Frankreich zu erhöhen.[326] Es bleibt festzuhalten, dass sich die liberale Regierung der Jahre 1892–95

---

[321] Die britischen „civil servants" besaßen zwar keinen deutschen Verhältnissen entsprechenden beamtenrechtlichen Status, übten jedoch dieselbe Funktion aus wie ihre Kollegen in Berlin. Darum werden beide Bezeichnungen in dieser Arbeit synonym verwandt.

[322] BL, MSS Eng. Hist, c 1214, Sanderson an Monson, 10.3.1899

[323] Jeshurun, Siam, 33: „... really important", 33, 47 Anm. 710

[324] Jeshurun, Siam, 46

[325] Ebd., 50–56

[326] Jeshurun, Siam, 58, 70, 71/72; Brailey, Nigel, (Ed.); *Two Views of Siam on the Eve of the Chakri Reformation*, Whiting Bay 1989, 114, Anm., 1, (künftig: Brailey, Two Views); Canis, Von Bismarck zur Weltpolitik, 117

auch in der Siamfrage keineswegs weniger imperialistisch gab als ihre konservativen Vorgänger bzw. Nachfolger.

In den Krisenmonaten des Sommers 1893 trat Sanderson weit hinter Rosebery zurück. Dass die führenden Mitarbeiter des F.O. während größerer Krisen kaum Einfluss ausüben konnten und der Außenminister oder gar das Kabinett das Ruder übernahmen, war die Regel.

Nach der Beendigung der Krise wurde Sanderson wieder zum Hauptakteur britischer Siampolitik. Da es nicht erreicht hatte, dass sein Land die Funktion einer Garantiemacht für die Unabhängigkeit Siams übernimmt, hoffte er – allerdings vergebens – dass China an dessen Stelle tritt. Edward Grey, der liberale parlamentarische Staatssekretär im F.O., stellte im Juli 1894 zu seinem Bedauern fest, dass die Teilung des Landes wohl die einzig praktikable Zukunftsption sei.[327] Diesen Schluss zog Sanderson nicht, der 1894 Staatssekretär im F.O. wurde, aber sein Urteil über die inneren Verhältnisse in Siam blieb so vernichtend wie auch schon Jahre zuvor:

> „Die siamesische Regierung und Verwaltung sind sehr mangelhaft, und sind dies immer gewesen: korrupt, unterdrückerisch, ineffizient. Vor einiger Zeit wurden sie durch eine Reformbesessenheit gepackt, gaben großartige Versicherungen ab und baten um europäische Unterstützung, um neue Institutionen nach westlichen Prinzipien einzurichten. Alles wurde mit einer gewissen Tünche versehen, aber im Inneren blieb es, wie es bereits zuvor gewesen war...“[328]

Im Juli 1895 bezeichnete er die siamesische Regierung als „abscheulich“.[329] Er respektierte aber den Willen Siams, eigenständig zu bleiben. Hierzu bewogen ihn zwei Überlegungen: Zum einen besaß Großbritannien seines Erachtens bereits mehr als genug weltweite Verpflichtungen, zum anderen hatte er Respekt vor dem Willen der Bevölkerung, in Bezug auf Ägypten (1881/82) oder Korea (s. Kap. III, Abschnitt 3) vertrat er ähnliche Ansichten.

Das beiderseitige fortwährende Vordringen von Briten und Franzosen in Südostasien warf Anfang der 1890er Jahre auch Fragen der Grenzregelung auf, die an der Grenze des heutigen Laos und Myanmar (Burma) auch nur diese beiden Mächte betrafen. Francis Bertie[330], ein führender Mitarbeiter des F.O. trat hier für eine harte Haltung ein, während Sanderson zur Vorsicht riet und sich mit dieser Haltung auch durchsetzte. In der darauf folgenden Zeit wurden die zahlreichen Gespräche mit Franzosen und auch den Chinesen auf britischer Seite von Sanderson geführt. Am 16. Oktober 1895 war der Staatssekretär in der Lage, einen Vertragsentwurf vorzulegen. Die Franzosen hatten bereits eine allgemeine Versicherung abgegeben, die territoriale Integrität und Unabhängigkeit Siams wahren zu wollen, und Sanderson versuchte in seinem von Salisbury gebilligten Entwurf alles, diese Erklärung mit Leben zu erfüllen. Der Quai d'Orsay lehnte Sandersons Vertragsentwurf allerdings ab.[331] Im November arbeitete unser Protagonist einen neuerlichen Vorschlag aus. Das I.O. war nicht untätig geblieben und drängte wieder einmal auf umfangreichen Landerwerb. Sanderson versuchte, seine Kollegen in privaten Gesprächen zu mehr Zurückhaltung zu bewegen. Aber auch die französische Opposition ließ nicht nach. Botschafter de Courcel hielt den britischen Vertragsentwurf hinsichtlich französischer Vorstellungen für derart entgegengesetzt, dass er die Vermutung äußerte, er sei von der siamesischen Regierung inspiriert.[332]

[327] Jeshurun, Siam, 105, Anm. 35, 36, 38, ebd., 93; Brailey, Satow, 1
[328] PRO, FO 17/1223, Sanderson Minute, 17.8.1894, zit. in Brailey, Two Views, 37
[329] Brailey, Two Views, 126, Anm. 90
[330] Zu Person und Leistung Berties s. v.a. Hamilton, Keith; *Bertie of Thame. Edwardian Ambassador*, Royal Historical Society, Studies in History 60, Woodbridge 1990, (künftig: Hamilton, Bertie)
[331] Jeshurun, Siam, 128, 120ff; DDF 1/12, 73, 151, 181, 212; Jeshurun, Siam, 196, 198, s. auch 190
[332] Jeshurun, Siam, 211, 213, 215

Die Wogen glätteten sich wieder[333], aber nun drängte die indische Regierung, dass durch die zugleich stattfindenden Verhandlungen mit China nicht nur die Frage der burmesischen Grenze, sondern auch die in Zentralasien anstehenden Grenzfragen gelöst werden müssten. Sanderson entgegnete ironisch, es sei „ziemlich unvernünftig vom I.O. zu versuchen, Turkestan mit hineinzuziehen". Das I.O. „und in noch stärkerem Maße die Regierung von Indien haben keine Vorstellung über das Gewicht, das man auf den Rücken eines Kamels laden kann".[334]

Der konservative parlamentarische Staatssekretär Curzon, der bald indischer Vizekönig werden sollte, und andere hatten weitreichende Pläne. Sie forderten Anfang 1896 einen burmesisch-chinesischen Grenzverlauf, der dem Empire den Zugang zum Oberlauf des Jangtsekiang sichern müsste. Sie denken, so schrieb Sanderson, „wenn Rußland sich den Norden und Frankreich den Süden Chinas nehmen, sollten wir uns den gesamten dazwischen liegenden Teil schnappen (...) Wir sollten auf jeden Fall unsere Hände hierfür freihalten."[335] „Ich mag kleinmütig sein", fuhr Sanderson fort, „aber ich halte dies für eine in höchstem Grade unerwünschte Eventualität – die Last wäre enorm, und die politische und strategische Lage höchst unbequem. Ich denke, dass es eine weit gefahrlosere Politik wäre, uns durch <vertragliche> Sicherheiten vor einem Ausschluß unseres Handels zu schützen."[336] Salisbury stimmte dem prinzipiell zu.[337] (Zur britischen Chinapolitik s. Kap. III, Abschnitt 1).

Im Januar 1896 legten Großbritannien und Frankreich ihre Grenzstreitigkeiten offiziell bei. Die Unabhängigkeit Siams und seine Grenzen wurden bestätigt. Die Krise um die Kriegsdrohung der USA und die Krügerdepesche (s. folgenden Abschnitt) hatten es dem Premierminister erleichtert, seine Kabinettskollegen von der Notwendigkeit der Konzessionen an Frankreich zu überzeugen. Zudem wollte er den Quai d'Orsay beschwichtigen, um die für Großbritannien besorgniserregende diplomatische Isolation in China aufzuweichen.[338] Das Abkommen von 1896 war bemerkenswert vorteilhaft für Frankreich, nicht nur in Bezug auf Indochina, sondern Großbritannien machte auch Zugeständnisse im Nigergebiet und in Tunis. Trotzdem wurde es von der britischen Öffentlichkeit geradezu begeistert begrüßt.[339] Sie war offensichtlich bereit, dem alten Konkurrenten recht weit entgegenzukommen, um die um den Jahreswechsel bedrohliche aussenpolitische Situation des Empire zu entspannen.Curzon allerdings war wütend, der Widerstand, auch von Vertretern des Kolonialministeriums, war aber nicht von Dauer. Salisbury war kein enthusiastischer Imperialist, und es war von ihm kaum zu erwarten gewesen, die Aufteilung Siams zu betreiben.[340]

Der Landhunger von Kolonialfreunden war noch nicht gestillt, und durch eine Täuschung des F.O. gelang es führenden Imperialisten noch 1896, Siam einen Vertrag aufzunötigen, der den Asiaten berechtigten Anlass gab, an der Sicherheit ihrer Südgrenze zu zweifeln, der Grenze zum britischen Malaysia. Auch die Franzosen hegten weiterhin Hoffnungen, Siam mit dem Empire aufteilen zu können. Das F.O. rückte aber auch in späteren Jahren nicht von der „Pufferstaatpolitik" ab.[341]

---

[333] S. z.B. DDF 1/12, 243
[334] Zit. in Jeshurun, Siam, 239
[335] PRO, FO 800/1, Minute Sandersons, 9.1.1896
[336] Ebd.
[337] PRO, FO 800/1, Salisbury an Sanderson, 10.1.1896
[338] Neilson, Britain and the Last Tsar, 181
[339] Langer, Diplomacy of Imperialism, 251
[340] Grenville, Salisbury, 220 Anm. 237; Brailey, Satow, 39, 2
[341] Brailey, Satow, 39–41; s. auch Brailey, Two Views, 115/16, Anm. 13

Die Siamfrage war der erste internationale Konflikt, in dem Sandersons zurückhaltende Politik beträchtlichen Einfluss entfalten konnte. Ohne sein Einwirken hätte das Land weitere Gebietsverluste hinnehmen müssen oder wäre gar aufgeteilt worden.

9. Venezuela 1895 und die „Krügerdepesche"

Die Erkundung und Nutzung von bislang (den Weißen) unbekannten oder unzugänglichen Gebieten schritt im 19. Jahrhundert auch in Südamerika rasch voran. Daraus ergaben sich neue Probleme und Fragen der Grenzziehung, bspw. zwischen Venezuela und Britisch-Guyana. Diese wurden seit den 1840er Jahren diskutiert, und Großbritannien zeigte zunächst recht erhebliche Konzessionsbereitschaft, während die Südamerikaner ihre Ansprüche eher noch weiter nach oben schraubten. Mit der Entdeckung von Goldvorkommen im fraglichen Gebiet fand aber auch die Konzilianz des F.O. ihr Ende. Venezuela wandte sich an die USA, und am 20. Juli 1895 verlangte der amerikanische Außenminister von der britischen Regierung offiziell, die Frage durch ein Schiedsgericht entscheiden zu lassen. Er bezog sich auf die Monroe-Doktrin und forderte noch vor der jährlichen Ansprache des Präsidenten vor dem Kongress im Dezember eine Antwort.[342] Das F.O. fürchtete einen Präzedenzfall: Im Frühjahr 1895 hatte Großbritannien von Nicaragua eine Entschädigung für die Inhaftierung britischer Staatsbürger gefordert. Das mittelamerikanische Land hatte dies abgelehnt und sich an die USA mit der Bitte um Unterstützung gewandt – die auch gewährt wurde. Sanderson hatte erzürnt geschrieben: „… es gibt eine Grenze der Erlaubnis, die diese halbwilden Republiken sich selbst gegeben haben, uns herumzustoßen, wenn es ihnen gerade passt." Großbritannien war nicht bereit gewesen, die amerikanische Vermittlung in Bezug auf Nicaragua zu akzeptieren.[343]

Premierminister Salisbury ließ vier Monate verstreichen, ehe er den USA auf ihre Schiedsgerichtsforderung im Venezuelastreit eine Entgegnung zukommen ließ. Sie ließ an Deutlichkeit nicht zu wünschen übrig: Es sei nicht Aufgabe der Amerikaner, sich in die Kontroverse zwischen Großbritannien und Venezuela einzuschalten, die „Monroe-Doktrin" sei kein international anerkannter Vertrag, und die britische Regierung lehne es ab, die Grenzfrage einem Schiedsverfahren zu überantworten. US-Präsident Cleveland erklärte daraufhin am 17. Dezember 1895 in einer Botschaft an den Kongress, dass eine Grenzziehungskommission einzusetzen sei, die aus US-Amerikanern bestehen müsse. Für den Fall der Uneinsichtigkeit der britischen Seite drohte er mit einem Waffengang: „Lieber Krieg als Verlust der Ehre", waren seine Worte. Die „New York Sun" titelte daraufhin: „Krieg falls notwendig."[344]

Der amerikanische Angriff gegen die britische Großmachtstellung auf dem amerikanischen Kontinent erstreckte sich nicht nur auf Nicaragua oder Venezuela: US-Außenminister Olney behauptete zudem, dass die Verbindung zwischen dem Vereinigten Königreich, Kanada und den anderen britischen Besitzungen in der Neuen Welt „unangebracht und unnatürlich" sei. Es dürfte kaum ein zweites Beispiel in der britischen Geschichte geben, in dem das Land in Friedenszeiten derart offen herausgefordert wurde. Die Vereinigten Staaten waren offenkundig der Ansicht, dass es möglich und gebo-

---

[342] Rock, Stephan R.; *Why Peace breaks out. Great Power Rapprochement in Historical Perspective*, Chapel Hill (North C.) 1989, 25, (künftig: Rock, Why Peace)

[343] BL, MSS Harcourt, dep. 52, Sanderson an Sir William (Harcourt), 12.4.1895; ebd., Kimberley an Sanderson, 12.4.1895

[344] Crewe, Marquess of; *Lord Rosebery*, London 1931, 519, (künftig: Crewe, Rosebery); Grenville, Salisbury, 66; Rock, Why Peace, 25/26

ten sei, Großbritannien zu provozieren. Lord Rosebery, der erst wenige Monate zuvor Salisbury als Premierminister hatte weichen müssen, bat Sanderson ihn in dieser ernsten Situation aufzusuchen und über die Entwicklung zu informieren.[345]

Die beispiellos aggressive Sprache der beiden führenden Repräsentanten der USA führte in Großbritannien erstaunlicherweise kaum zu öffentlicher Erregung. Lediglich die Minderheit der „Super-Imperialisten" blieb nicht so gelassen.[346]

Lascelles, der britische Botschafter in Berlin, und selbst der Hyperimperialist Chirol, der Deutschlandkorrespondent der „Times", waren am 27.12.1895 von dem deutschen Wunsch überzeugt, „uns aus unseren Schwierigkeiten zu helfen", wie erstgenannter an Sanderson schrieb.[347] Marschall, der deutsche Außenminister, gewann der Situation auch eine heitere Seite ab, denn die Amerikaner hatten soeben britische Banken um ein Darlehen nachgesucht. Der Generalkonsul Ihrer Majestät in New York, Percy Sanderson, der Bruder unseres Protagonisten, wurde angewiesen, „sich nicht an einem Darlehen zu beteiligen, (...) das für feindliche Zwecke gegen Großbritannien verwandt werden könnte".[348]

Salisbury hatte das amerikanische Ansinnen zurückgewiesen, und er beabsichtigte, seine unbeugsame Haltung beizubehalten. Er war bereit, das Risiko einzugehen, dass der amerikanische Präsident in seiner drohenden Sprache fortfuhr. Hierin wurde er vom Kabinett unterstützt. In der „Times" vom 6. Januar 1896 wurde allerdings deutlich, dass das Land nur noch eingeschränkt bereit war, ihm in dieser Politik zu folgen. Sanderson betonte noch am 7. Januar seine Ablehnung der amerikanischen Forderungen.[349]

Auf der Kabinettssitzung vom 11. Januar konnte Salisbury seine Kollegen dazu bewegen, der britisch-französischen Südostasienvereinbarung zuzustimmen, die besonders imperialistisch gesonnene Gemüter zuvor abgelehnt hatten (s. vorhergehenden Abschnitt). In der Venezuelafrage hingegen, in der er nach wie vor nicht weichen wollte, wurde ihm eine schmerzliche Niederlage bereitet. Der Premierminister musste sich dem Druck seiner Minister beugen, die vor den amerikanischen Drohungen nachzugeben bereit waren.

Seit dieser Kabinettssitzung akzeptierte Großbritannien die US-amerikanische Hegemonie auf dem gesamten amerikanischen Kontinent. Es war ein diplomatischer Triumph der Vereinigten Staaten, und Salisbury fand dies schwer verdaulich.[350] Die amerikanische Schiedskommission kam 1899 aber immerhin zu Beschlüssen, die dem britischen Rechtsstandpunkt recht weit entgegenkamen.[351] Venezuela weigerte sich übrigens, dass Ergebnis der Grenzkommission anzuerkennen, die aus zwei US-Amerikanern bestand und forderte, dass ein Vertreter Venezolaner sein müsse.[352]

---

[345] Grenville, Salisbury, 64; s. auch ebd., 61; Crewe, 519

[346] S. Postgate (Raymond/Vallance, Aylmer; *Those Foreigners. The English People's Opinion on Foreign Affairs as refelcted in their Newspapers since Waterloo*, London 1937, 186, (künftig: Postgate, Those Foreigners), der ausführlich die „Times" vom 23.12.1895 zitiert u. Balfour, Michael; *Britain and Joseph Chamberlain*, London 1985, 206, (künftig: Balfour, Britain and Joseph Chamberlain); Field, Toward, 136; auch Grenville, Salisbury, 68

[347] PRO, FO 800/17, Lascelles an Sanderson, 27.12.1895

[348] PRO, FO 800/17, Lascelles an Sanderson, 28.12.1895

[349] Grenville, Salisbury, 65; PRO, FO 800/1, 6.1.1896; s. auch BL, MSS Bryce, 130, Sanderson an Bryce, 7.1.1896

[350] Grenville, Salisbury, 68. Nach Angaben Chamberlains hatte Salisbury zunächst im Zorn verkündet: „Wenn wir bedingungslos vor amerikanischen Drohungen weichen, muß ein anderer Premierminister gefunden werden" (ebd.).

[351] Postgate, Those Foreigners, 187; Grenville Salisbury, 72

[352] The Daily Chronicle, 14.12.1896

Was hatte diesen Umschwung in der öffentlichen Meinung und im Kabinett hervorgerufen, warum akzeptierte Großbritannien plötzlich die Schiedsrichterrolle der USA auf dem gesamten amerikanischen Kontinent? Um diese Frage beantworten zu können, ist es erforderlich, der Vorgeschichte und dem Verlauf der Krise um die sogenannte „Krüger-Depesche" Aufmerksamkeit zu widmen:

Nachdem die Kapkolonie 1815 britisch geworden war, zog in den darauf folgenden Jahrzehnten ein Großteil der dort seit Generationen ansässigen niederländisch stämmigen Buren in einem „großen Treck" Richtung Norden, um eigene Gemeinschaften zu bilden, bspw. die „Südafrikanische Republik", den Transvaal. 1852 hatte sich Großbritannien in der „Sand River Konvention" verpflichtet, die **Unabhängigkeit** des Landes zu respektieren. 1877 marschierten allerdings britische Truppen in das Land ein. Die Regierung der Burenrepublik unterwarf sich unter Protest, um sinnloses Blutvergießen zu verhindern.[353] Auch glaubten die Buren, auf ermutigende Worte des britischen Oppositionsführers Gladstone bauen zu können. Nachdem seine Liberalen 1880 die Macht übernahmen, wollte er, der prominenteste Verfechter der Rechte unterjochter Völker, von einer Wiederherstellung der Unabhängigkeit der sogenannten „Südafrikanischen Republik" aber nichts mehr wissen, vermutlich, weil Irland seine ganze Aufmerksamkeit band.[354] Diese befand sich seit der Konvention von Pretoria (1881) unter einer nicht genau definierten Suzeränität (Oberherrschaft) der britischen Monarchin. In der Londoner Konvention von 1884 war diese Formulierung allerdings nicht mehr enthalten,[355] denn viele Buren hatten zu den Waffen gegriffen und den Briten blutige Niederlagen zugefügt. Die Juristen der Krone waren der Ansicht, dass der britische Anspruch auf Suzeränität kaum noch erhoben werden könne.[356] Im Januar 1899 stellte sich die Frage, ob ein offizieller britischer Vertreter anwesend sein sollte, wenn Dr. Leyds, der Außenminister der Südafrikanischen Republik, in Berlin offizielle Gespräche führt. Sanderson verneinte dies, und Lascelles schrieb:

> „Wir haben niemals, soweit ich mir bewusst bin irgendwelche Einwände erhoben, wenn die Deutschen eines Gesandten des Transvaal empfingen, und es wäre reichlich spät, jetzt damit zu beginnen, selbst wenn wir das Recht dazu hätten, was meines Erachtens sehr zweifelhaft ist".[357]

Auch für Balfour, den konservativen Fraktionsführer im Unterhaus, war die Republik eine ausländische Macht.[358] **Faktisch** jedoch befanden sich der Transvaal und der Oranje-Freistaat weiterhin unter einer – nicht genau definierten – Oberherrschaft der britischen Monarchin.[359]

Die Südafrikanische Republik kam wegen der großen Goldfunde in den 1890er Jahren zu beträchtlichem Wohlstand, und etwa 20% des dort investierten Auslandskapitals kamen aus Deutschland.[360] Das Interesse am Burenstaat war in Deutschland aber nicht nur ökonomischer Natur, sondern die konfessionelle und sprachliche Verwandtschaft führte auch zu einer gewissen emotionalen Verbundenheit. Der britische Botschafter warnte Reichskanzler Hohenlohe 1895, mit der Republik zu „kokettieren". Der

---

[353] Pakenham, Scramble, 41; Mulanax, Richard B.; *The Boer War in American Politics and Diplomacy*, Lanham(Maryland)/New York/London 1993, 9, (künftig: Mulanax, Boer War)

[354] Pakenham, Scramble, 97/98

[355] Balfour, Britain and Joseph Chamberlain, 206

[356] So waren beide Burenrepubliken bspw. Mitglieder des Weltpostvereins; HH, Sanderson Papers, Sanderson an Salisbury, 27.11.1900; s. auch Pakenham, Scramble, 46. Zu den britisch-burischen Beziehungen 1884 und Derbys Rolle s. auch Bagley, Derby, 201

[357] PRO, FO 800/17, Lascelles an Sanderson, 6.1.1899

[358] Nach Pakenham, Boer War, 94

[359] Langer, Diplomacy of Imperialism, 214; s. auch Mulanax, Boer War, 11

[360] Langer, Diplomacy of Imperialism, 219

erboste Kaiser entgegnete dem britischen Geschäftsträger, dass Deutschland „nicht Venezuela" sei.[361] Zudem sah die deutsche Regierung im September 1895 Versuche einer engeren Kooperation mit Großbritannien vom wieder ins Amt zurückgekehrten Salisbury brüsk zurückgewiesen.[362] Salisbury hatte allerdings den Eindruck, dass die Wilhelmstraße versuchte, Großbritannien einzuschüchtern, damit es dem Dreibund beitrete. Das Englandbild der deutschen Verantwortlichen war gegen Ende des Jahres 1895 also durch eine gewisse Missstimmung gekennzeichnet.

Gegen Jahresende 1895 drang Dr. Jameson, der britische Administrator Rhodesiens und Vertraute von Cecil Rhodes, dem Diamantenmagnaten und Ministerpräsidenten der Kapkolonie, mit 600 Bewaffneten in den Transvaal ein.[363] Am 31. Dezember schrieb Kolonialminister Chamberlain an den britischen Vertreter am Kap (Hercules Robinson), dass Jamesons Aktion ein Einfall in einen fremden Staat sei, mit dem freundschaftliche Vertragsbeziehungen bestünden.[364] Robinson telegrafierte dem Kolonialministerium am gleichen Tag, dass auch die englischen Staatsbürger in Johannesburg die Invasion ablehnten.[365] Am 1. Januar 1896 schrieb Chamberlain, die Regierung Ihrer Majestät werde Jamesons Aktion öffentlich ablehnen.[366] Wir wissen heute, dass dies alles lediglich zur Täuschung der Öffentlichkeit diente, denn der Kolonialminister war bereits seit Monaten in die Planung des „Jameson-Raids" eingebunden gewesen.[367] Die Wahrheit kam aber erst Jahrzehnte später ans Licht.[368]

Jameson und seine Männer wurden nach kurzer Zeit ohne großen Aufwand festgesetzt, praktisch ohne Widerstand zu leisten. Es war also nicht nur eine schmerzliche, sondern auch eine peinliche Niederlage für imperialistisch gesonnene Gemüter. Sanderson beschrieb Jamesons Invasion am 1. Januar 1896 missbilligend als „Eskapade".[369] Die „Times" und überhaupt die Mehrzahl der Zeitungen, insbesondere die Toryblätter wie bspw. die „Morning Post", fanden allerdings verständnisvolle Worte für die Eindringlinge, im Gegensatz etwa zur liberalen „Daily News".[370]

Hatzfeldt, der deutsche Botschafter in London, wurde angewiesen seinen Pass zu verlangen, falls die britische Regierung den Überfall guthieße. Den deutschen Kaiser brachte der „Jameson-Raid" in einem Zustand, der einer Hysterie nahekam. Er forderte Maßnahmen, die zum Kriegsausbruch zwischen Großbritannien und dem Deutschen Reich hätten führen können, und beleidigte den Einwände erhebenden Kriegsminister so schwer, dass dieser nur deshalb nicht zu seinem Degen griff, weil er seinen Souverän vor sich hatte. Um den Kaiser zu beschwichtigen und die deutsche Bevölkerung hinter die Regierung zu scharen, wurde am 3. Januar 1896 ein Telegramm an den südafrikanischen Präsidenten geschickt, um diesen zur erfolgreichen Niederschlagung der Insurrektion und Wahrung der Unabhängigkeit zu beglückwünschen. – Dem Kaiser war die Formulierung der „Krüger-Depesche" übrigens nicht entschieden genug.[371] Diese hatte

---

[361] Grenville, Salisbury, 104/05; s. z.B. Bayer, England und der Neue Kurs, 109 u. Anm. 79; s. auch Canis, Von Bismarck zur Weltpolitik, 177

[362] Grenville, Salisbury, 105; s. auch Langer, Diplomacy of Imperialism, 195, 197 u. G.P., X, 34/35

[363] S. auch PRO, FO 800/17, Lascelles an Sanderson, 28.12.1895

[364] PRO, FO 800/6, Chamberlain an Sir H. Robinson, 31.12.1895. Chamberlain betonte auch deutlich sein Misstrauen gegenüber der Rolle der Kapregierung unter Cecil Rhodes.

[365] PRO, FO 800/6, Robinson an Chamberlain, 31.12.1895; s. auch Pakenham, Boer War, 4

[366] PRO, FO 800/6, Chamberlain an Robinson, 1.1.1896

[367] Pakenham, Scramble, 503; Mulanax, Boer War, 15. Weiteres zu Chamberlain „Öffentlichkeitsarbeit" in Grenville, Salisbury, 248

[368] S. noch Langers Darstellung (Diplomacy of Imperialism, 233); statt dessen: Pakenham, Boer War, 28, 29

[369] PRO, FO 800/6, Sanderson an Lascelles, 1.1.1896

[370] Postgate, Those Foreigners, 188; Langer, Diplomacy of Imperialism, 241

[371] Langer, Diplomacy of Imperialism, 233, 235–37

keine kolonial- oder außenpolitischen Hintergründe, und sie erreichte ihren innenpolitischen Zweck. Die deutschen Zeitungen druckten begeisterte Kommentare, und sogar der „Vorwärts" und Otto von Bismarck stimmten der Aktion zu.[372] Der Historiker Langer schreibt, dass die „Krüger-Depesche" in Paris ebenso wie in Berlin begrüßt wurde[373], ein untrügliches Indiz, dass sie außerhalb Deutschlands als ein unfreundlicher Akt gegenüber England angesehen wurde.

Die liberale britische Presse reagierte gelassen, der Ton der Tory-Blätter war hingegen geradezu kriegerisch gestimmt, und die „Morning Post" begann eine Kampagne für eine weitere Aufrüstung Großbritanniens. Sanderson ließ sich von der aufgewühlten Stimmung nicht anstecken.[374] Lascelles schrieb ihm, dass die deutsche Aktion „ein höchst unfreundliches Gefühl" gegenüber Großbritannien offenbare, er persönlich aber rate, von dem Telegramm keine Notiz zu nehmen, da man mit Krüger, dem Präsidenten des Transvaal, gute Beziehungen pflege und der Kaiser dem Empire nicht aktiv feindlich gesonnen sei.[375] Ebenfalls an diesem 4. Januar berichtete Lascelles an Salisbury, dass Chirol ein Gespräch mit Marschall und Holstein, der lange als „graue Eminenz" der Wilhelmstraße angesehen wurde, gehabt habe: „Obgleich von Krieg keine Rede sein könne, würden die Deutschen es uns heimzahlen, indem sie sich in allen Teilen der Welt so unangenehm wie möglich verhalten." Die Situation sei unbefriedigender, als er es für möglich gehalten habe, schrieb der erst seit kurzem in Berlin amtierende Botschafter. Sie sei seines Erachtens sehr ernst.[376]

Sanderson sprach am 5. Januar mit Chamberlain, der fürchten musste, dass seine zweifelhafte Rolle während der Vorbereitung des Einfalls bekannt werden könnte. Seine politische Karriere wäre in diesem Falle beendet gewesen.[377] Der Staatssekretär riet, auf Lascelles weitere Einschätzungen zu warten, ehe von britischer Seite etwas unternommen werden sollte. Zudem:

> „Die Sprache der Depesche ist nicht sehr einfach zu begreifen, denn das Wort ‚Unabhängigkeit' ist eines, das mehrere Bedeutungen haben kann. Ich denke es hätte eine wohltätige Wirkung, wenn Die Queen <gegenüber ihrem Enkel Wilhelm II.> ihr Mißfallen ausdrückte."[378]

Chamberlain hielt nicht viel von dieser zurückhaltenden Linie und schrieb an Salisbury: Er denke, dass ein sogenannter „Akt der Stärke" notwendig sei, um der verletzten Eitelkeit der Nation zu schmeicheln – und von seiner dubiosen Rolle abzulenken. „Es ist ziemlich egal, welchen unserer zahlreichen Feinde wir trotzen, aber wir sollten jemandem trotzen."[379] Großbritannien sah sich zugleich einer massiven amerikanischen Drohung, erheblichen Konflikten mit Frankreich wegen Südostasiens und der Nigerregion sowie einer deutschen Provokation ausgesetzt.

Am 8. Januar schrieb die Queen an ihre Tochter, die „Kaiserin Friedrich" und Mutter Wilhelms II.: „Dieser Dr. Jameson ist ein exzellenter und fähiger Mann und große Sympathie wird für ihn empfunden." Arthur Balfour, der Fraktionsvorsitzende der kon-

---

[372] Kissinger, Diplomacy, 184/85. Canis hingegen betont die außenpolitischen Beweggründe der deutschen Führung (Von Bismarck zur Weltpolitik, 180); Hale, Publicity and Diplomacy, 112; Hammer, Karl; *Weltmission und Kolonialismus, Sendungsideen des 19. Jahrhunderts im Konflikt*, München 1981, 291, nach: Andreas, Willy; *Bismarcks Gespräche*, Band III, Birsfelden/Basel o.J., 421/22, (künftig: Andreas, Bismarcks Gespräche)
[373] Langer, Diplomacy of Imperialism, 247
[374] Postgate, Those Foreigners, 188; DDF, 1/12, 258
[375] PRO, FO 800/17, Lascelles an Salisbury, 4.1.1896
[376] PRO, FO 800/17, Lascelles an Salisbury, 4.1.1896; s. auch Canis, Von Bismarck zur Weltpolitik, 178
[377] S. PRO, FO 800/1, Minute Chamberlains, o. Datum
[378] PRO, FO 800/1 Minute Sandersons, 5.1.1896
[379] Nach Garvin, Chamberlain, Bd. III, 95; s. auch Langer, Diplomacy of Imperialism, 244

servativen Regierungspartei im Unterhaus meinte, dass er sich Jameson wahrscheinlich angeschlossen hätte, wenn er in Südafrika lebte.[380]

Außenminister Marschall sagte Lascelles zwar noch am 8. Januar, dass Deutschland keine Änderung des Status quo im Süden Afrikas dulden werde. In der Wilhelmstraße war man aber besorgt über die Angriffe der englischen Presse. Lascelles schrieb von „sehr gewalttätigen Angriffen der ‚Times'", einer der Zeitungen, die ein bedingungsloses Weichen vor der amerikanischen Drohung forderten. Zudem verstärkten die Briten ihre Flottenpräsenz im südlichen Afrika und bildeten am 8. Januar 1896 eine aus mehreren Schiffen bestehende „Schnelle Eingreiftruppe". Die Reaktion in Großbritannien war enthusiastisch, wurde auf der Insel und im Ausland als Drohung gegen Deutschland interpretiert, und die Regierung in London trat dieser Deutung nicht entgegen.[381] Im armen Osten Londons gab es Straßendemonstrationen gegen deutsche Anwohner, und deutsche Läden und Geschäfte schlossen für einige Tage.[382]

Der deutsche Kaiser erhielt einige Zeit lang täglich vierzig bis fünfzig meist anonyme Schmähbriefe. Der „Daily Telegraph" dankte Wilhelm II. in seinem Leitartikel vom 9. Januar, denn eine solche Demonstration von Patriotismus wie in jenen Tagen habe man in England nie zuvor beobachten können. Der Kaiser schickte seiner Großmutter einen „unterwürfigen Brief" und klagte, von der englischen Presse missverstanden worden zu sein.[383] Auch Marschall „hat eine deutliche Neigung gezeigt nachzugeben", wie Lascelles am 11. Januar meinte. „Ich denke, dass Beste, was ich tun kann, ist ihm zu ermöglichen, dies in einer würdevollen Art und Weise zu tun."[384] Marschall und Holstein gaben Chirol allerdings auch „ernste freundschaftliche Warnungen". „Ich bin mir nicht sicher", schrieb Lascelles am 11.Januar an Salisbury, „ob sie nicht denken, daß sie den Rest Europas gegen uns hätten vereinigen können und versucht haben dies zu tun." Letztlich sei er aber erstaunt, dass die Deutschen in der Transvaalfrage so rasch und vollständig nachgegeben hätten.[385]

Die „Times" veröffentlichte am 11. Januar ein Schmähgedicht des Hofdichters Alfred Austin, eines besonders angesehenen Poeten. Dieses Deutschland beleidigende Werk wurde zwar von den liberalen Zeitungen und auch von Sanderson kritisiert, war in den populären „music halls", einem der Treibhäuser des aggressiven Chauvinismus, aber ein großer Erfolg. In einem Leitartikel wurde betont, dass die Entrüstung der britischen Öffentlichkeit so groß sei wie vielleicht niemals seit den Tagen Napoleons I. Großbritannien müsse Deutschland widerstehen, auch wenn dies zu einem großen Krieg führe.[386] „England wird unter Drohungen keine Konzessionen machen, und wird sich Beleidigungen nicht unterwerfen", so der pathetische Ton der „Times".[387] Bemerkenswert ist, dass die **„Krügerdepesche"** keine Forderung enthielt, während die Zeitung genau in diesen Tagen von der britischen Regierung verlangte, vor amerikanischen Forderungen und Drohungen zu weichen. Am 13. Januar schrieb die führende britische Zeitung von lang andauernden Vorbereitungen und lange gehegten Plänen des Deut-

---

[380] Zit. in Grenville, Salisbury, 102; Massie, Dreadnought, 228

[381] PRO, FO 800/17, Lascelles an Salisbury, 8.1.1896; PRO, FO 800/17, Lascelles an Salisbury, 9.1.1896; Langer, Diplomacy of Imperialism, 249

[382] Hale, Publicity and Diplomacy, 123, s. auch ebd., 133, Anm. 93

[383] Balfour, Britain and Joseph Chamberlain, 206; Hale, Publicity and Diplomacy, 126; Canis, Von Bismarck zur Weltpolitik, 188

[384] PRO, FO 800/17, Lascelles an Lansdowne, 11.1.1896

[385] PRO, FO 800/17, Lascelles an Salisbury, 11.1.1896

[386] Morris, A.J.A.; *The Scaremongers. The Advocacy of War and Rearmament 1896–1914*, London 1984, 22, (künftig: Morris, Scaremongers); Langer, Diplomacy of Imperialism, 241

[387] Zit. in Massie, Dreadnought, 226

schen Reiches, im Transvaal einzugreifen. Diese und ähnliche Behauptungen wurden von zahlreichen Publikationen wiederholt verbreitet. Es wurde schließlich zur weithin akzeptierten Auffassung im Lande, dass Deutschland eine weitreichende Verschwörung gegen die britische Position im Süden Afrikas betrieben habe. Es gibt aber keinerlei Indizien, dass die deutsche Regierung oder von ihr beauftragte Vertreter die Buren in ihrem Widerstand gegen das Empire ermutigt hätten.[388] Tatsache war im Gegenteil, dass sie den Transvaal dringend aufforderte, die Verträge mit Großbritannien strikt einzuhalten.[389]

Die liberale Presse, bspw. der „Manchester Guardian", reagierte weniger emotional, sie beharrte (6.1.1896) auf der Wahrung britischer Rechte. Diese wurden allerdings nicht spezifiziert.[390] Auch die „Times" schrieb von britischen Rechten, bezeichnete Jamesons Truppe aber zudem als „prächtige kleine Schar von Abenteurern", deren Vorgehen „ein Wiederaufleben unerschrockenen elisabethanischen Geistes" sei.[391] Deutscher Rechtsstandpunkt war, dass britische Rechte der **Suzeränität** in Bezug auf den Transvaal gar nicht mehr existierten. Um dies zu untermauern, konnte sich die Wilhelmstraße auch auf einen Brief des damaligen Kolonialministers Derby aus dem Jahre 1884 stützen.[392]

Jameson wurde zwar ein Prozess gemacht, er wurde aber geradezu zum Volkshelden, und Sanderson berichtete, dass manche Damen zärtliche Gefühle für ihn entwickelten. Er musste in ein, allerdings komfortables, Gefängnis, wurde aber nach vier Monaten begnadigt, einige Jahre später Premierminister der Kapkolonie und 1911 zum Baron ernannt. Im Ausland wurde aufmerksam registriert, dass eine Untersuchungskommission des Parlamentes britische Stellen von jeglicher Schuld für den völkerrechtswidrigen Akt freisprach.[393]

Lascelles meinte, dass der gewalttätige Ausbruch germanophober Gefühle die Deutschen erstaunt habe. Er hoffe, dies werde sie für einige Zeit davon abhalten, zu versuchen, „uns eine Lektion zu erteilen".[394]

Sanderson zeigte sich am 15. Januar erleichtert, dass die britisch-deutschen Beziehungen wieder so friedfertig geworden seien. Für die offizielle Ebene mag dies zutreffen, aber nicht für die Presse. Sie gab keine Ruhe, wie Sanderson wünschte, sondern beleidigende Attacken der Presse beider Länder flammten noch bis in den Sommer immer wieder heftig auf.[395]

Wilhelm II. erklärte dem österreichischen Botschafter, dass er die Briten durch die Depesche letztlich dazu bringen wolle, die Notwendigkeit ihrer Kooperation mit dem Dreibund zu erkennen.[396] Und tatsächlich war die Wilhelmstraße im Januar 1896 bei Gesprächen mit Frankreich nicht bereit, sich auf die Seite der Gegner Großbritanniens

---

[388] Hale, Publicity and Diplomacy, 127; Langer, Diplomacy of Imperialism, 229; B.D., I, 326; Gwynn, Stephan; *The Letters and Friedships of Sir Cecil Spring-Rice. A Record*, vols., I u. II, 3rd Impression, London 1929, I, 182/83, (künftig: Gwynn, Spring-Rice)).
[389] Langer, Diplomacy of Imperialism, 247
[390] Hale, Publicity and Diplomacy, 118/19 u. ebd. Anm. 46
[391] Hale, Publicity and Diplomacy, 117, „Times" vom 6.1.1896. – Die Briten hatten ihre überseeische Epoche ja bekanntermaßen mit Raubzügen begonnen. Königin Elisabeth beteiligte sich höchstpersönlich an den Aktiengesellschaften, „die sich der Beraubung der spanischen Silberflotten widmeten und so in geeigneter Weise das Institut der AG in die Weltgeschichte einführen halfen" (Hallgarten, Imperialismus, I, 40).
[392] Hale, Publicity and Diplomacy, 115; s. auch Balfour, Britain and Joseph Chamberlain, 206
[393] Langer, Diplomacy of Imperialism, 231/32; PRO, FO 800/9, Sanderson an Lascelles, 15.1.1896; s. auch Massie, Dreadnought, 574; Massie, Dreadnought, 229; Hale, Publicity and Diplomacy, 132
[394] PRO, FO 800/17, Lascelles an Salisbury, 25.1.1896: „... teach us a lesson."
[395] PRO, FO 800/9, Sanderson an Lascelles, 15.1.1896; Hale, Diplomacy and Publicity, 130/31
[396] Grenville, Salisbury, 103

in Ägypten zu schlagen. Das Deutsche Reich wollte sich nicht an einer Schwächung Großbritanniens beteiligen, wollte keinen Kampf, sondern eine Allianz mit der Weltmacht, und dies machte Hatzfeldt dem Premierminister am 12. Januar auch sehr deutlich.[397] Die Krügerdepesche wurde als Höhepunkt der Entwicklung empfunden, Großbritannien zum Beitritt zum Dreibund zu nötigen. Die Briten ließen nun Andeutungen fallen, dass sie sich mit dem Sultan bzw. Frankreich über Ägypten verständigen könnten, und erreichten ihren Zweck: sowohl das Deutsche Reich als auch Frankreich reagierten besorgt und verunsichert.[398]

Anlässlich der Reichsgründungsfeier am 18. Januar 1896 kündigte Kaiser Wilhelm II. „den Eintritt Deutschlands in die Weltpolitik und die Flottenpolitik an".[399] Dies geschah teils, um die Blamage der vergangenen zwei Wochen vergessen zu machen, teils als eine vor allem an Großbritannien gerichtete Ankündigung mit drohendem Unterton. Es hatte bereits in den vorhergehenden Jahren deutsche Versuche gegeben, Großbritannien durch Druck zu der gewünschten Kooperation zu bewegen. Das Deutsche Reich erklärte also, diesen zu verstärken zu wollen, um Großbritannien letztlich doch zur Zusammenarbeit zu bewegen.

Die chauvinistische Zeitschrift „National Review" stellte Anfang 1896 zu Recht fest, dass die Krügerdepesche deutlich weniger beleidigend gewesen sei als die Kriegsdrohung des amerikanischen Präsidenten.[400] Warum reagierte die britische Öffentlichkeit darum derart aggressiv auf die deutsche Aktion? Einige ältere Historiker vermuten aufkeimenden britischen Handelsneid auf die deutschen wirtschaftlichen Erfolge als Ursache der Gereiztheit. Dem ist aber entgegen zu halten, dass die Zeitungen in den wirtschaftlichen Zentren Großbritanniens sich am stärksten zurückhielten.

> „Das ökonomische Motiv beherrschte mit Sicherheit die Politik der Boulevardzeitungen wie der ‚Daily Mail'. – Aber es war vorwiegend ihr eigenes wirtschaftliches Interesse – Steigerung der Auflagenhöhe und der Anzeigeneinnahmen, die sie dazu brachten, die Trommel zu schlagen und den Teufel an die Wand zu malen."[401]

Massie betont, dass die Briten über den **unerwarteten** Affront der Depesche sehr verärgert gewesen seien. Zur Illustration gibt er ein Gespräch zwischen dem britischen Botschafter Francis Clare Ford und dem deutschen Botschafter Bernhard von Bülow in Rom wieder. Als der deutsche Vertreter von den mannigfachen Verbindungen zwischen den beiden Ländern sprach, erklärte Ford:

> „Gerade aufgrund dieser vielfältigen und engen Beziehungen wird das englische Volk Ihrem Kaiser diesen Affront nicht verzeihen. Der Engländer fühlt, wie ein Gentleman in einem Club fühlen mag, dem ein anderes Mitglied, sagen wir sein Vetter, mit dem er seit vielen Jahren Whist zusammen spielte und Brandy und Soda trank, plötzlich ins Gesicht schlägt."[402]

---

[397] Langer, Diplomacy of Imperialism, 259, 250, 252–54
[398] Pakenham, Scramble, 505; DDF, 1/12, 306; Sanderson, G.N.; *England, Europe and the Upper Nile. A Study in the Partition of Africa*, Edinburgh 1965, 229/30, (künftig: Sanderson, England, Europa and the Upper Nile)
[399] Schmidt, Der europäische Imperialismus, 94
[400] Balfour (Britain and Joseph Chamberlain, 206) schreibt irreführend, dass die Botschaft des amerikanischen Präsidenten „kaum weniger verletzend" als die Krügerdepesche gewesen sei.
[401] Langer, Diplomacy of Imperialism, 243; Hale, Publicity and Diplomacy, 133/34
[402] Zit. in Massie, Dreadnought, 230/31 Der verbitterte Holstein meinte nach seiner Entlassung Jahre später, dass die Deutschen durch ihre ständigen Drohungen und Beleidigungen den deutsch-britischen Antagonismus heraufbeschworen hätten und mit der Krügerdepesche habe alles begonnen (Rich, Norman; *Friedrich von Holstein. Politics and Diplomacy in the Era of Bismarck and Wilhelm II*, vols. 1 I + II, Cambridge 1965, I, 160, (künftig: Rich, Politics and Diplomacy)).

Dieser psychologische Erklärungsansatz trägt ein wenig zum Verständnis der britischen Reaktion bei. Das Deutsche Reich hatte erst seit wenigen Jahren den Versuch einer aktiven Überseepolitik unternommen, und dadurch wurde die Wilhelmstraße zu einem neuen und ungewohnten Konkurrenten. Dieses Phänomen vermag aber nicht, die Vehemenz der britischen Reaktion hinreichend zu erklären.

Die Diskussion um die Einschätzung der britischen Reaktion auf die Krügerdepesche krankt daran, dass der amerikanischen Drohpolitik in der Regel **keinerlei** Aufmerksamkeit geschenkt wird.[403] Großbritannien besaß um den Jahreswechsel 1895/96 mit drei Großmächten ein zumindest gespanntes Verhältnis: Das Deutsche Reich war von diesen für Großbritannien unter strategischem Aspekt am wenigsten gefährlich, dieses konnte sich darum gefahrlos leisten, Verärgerung und Stärke zu zeigen. Die USA und Frankreich hätten Großbritannien im Konfliktfall weit ernsthaftere Probleme beschert. Der Affront der Krüger-Depesche bot eine Gelegenheit, das bedingungslose Zurückweichen vor den mächtigen USA zu kaschieren. – Bei einer Beleidigung durch einen „Schwachen" erlaubt man sich eher eine Demonstration der Stärke als bei der Drohung eines „Starken". Für die „schnelle Eingreiftruppe" bestand keinerlei militärische Notwendigkeit. Sie war eine offene Demonstration der Macht und Überlegenheit Großbritanniens – sowie der Entschlossenheit, diese gegebenenfalls auch zu nutzen. Ein ähnliches Verhalten gegenüber den USA wäre undenkbar gewesen.

Es ist auch nicht schlüssig, Großbritanniens Verhalten dadurch zu erklären, dass Südafrika wichtiger als Guyana gewesen sei.[404] Denn es ging nicht nur um Letzteres, sondern um die Sicherheit der gesamten britischen Besitzungen auf dem amerikanischen Kontinent und darüber hinaus um die Frage, ob sich Großbritannien der Dominanz der USA auf dem gesamten Erdteil unterordnen solle.

10.   Abessinien 1895/96

In den 1880er Jahren begannen sich die Italiener in Eritrea und dem zentralen und südlichen Teil Somalias festzusetzen. 1890 schienen sie auf Kassala im heutigen Sudan auszugreifen zu wollen, und der deutsche Geschäftsträger Metternich fragte Sanderson, ob Großbritannien bereit sei, den Italienern dort „freie Hand" zu lassen. Dieser erwiderte kühl: „Die öffentliche Meinung in Italien möge dies vielleicht verlangen, im hiesigen F.O. <aber> herrsche eine entschieden andere Ansicht".[405]

In den folgenden Jahren führten Großbritannien und Italien in London Verhandlungen um die Einflusssphären am Südufer des Golfes von Aden, und Sanderson war hier neben einem Vertreter des Kolonialministeriums der Verhandlungsführer der britischen Seite.[406] Die Region um das Horn von Afrika war für Großbritannien aus zweierlei Gründen von Belang: Zum einen war Italien seit der Unterzeichnung des Mittelmeerabkommens praktisch ein Verbündeter, das britisch-italienische Verhältnis beeinflusste somit die Beziehungen mit dem weit mächtigeren Deutschen Reich, mit dem Italien im Dreibund bekanntlich eng verbunden war. Zum anderen standen für die Briten strategische Interessen auf dem Spiel, denn eine französische Präsenz im Nilbecken oder eine russisch-französische Einflussnahme in Abessinien wurden von britischer Seite als Bedrohung für ihre Position in Ägypten und somit für Indien empfunden.

---

[403] Massie berichtet bspw. auf 12 Seiten über die Krügerdepesche und dessen Umfeld – aber mit **keinem Wort** über die Kriegsdrohung des amerikanischen Präsidenten ! (Massie, Schalen)
[404] S. auch Langer Diplomacy of Imperialism, 243
[405] G.P., VIII, Nr. 1978, S. 352
[406] DDF, 1/11, 102

Anfang 1895 gab es Anzeichen für ein stärkeres russisches Engagement in Äthiopien, und die Italiener vermuteten mit einiger Aufregung eine französisch-russische Intrige. Sanderson glaubte nicht daran, meinte zudem, dass Abessinien den Italienern mehr bedeute als dem F.O., „aber es wäre nicht angenehm für uns, aktiven und vorherrschenden russischen Einfluß (der praktisch französischen Einfluß bedeutet) in Harare <in Äthiopien> zu haben". Sanderson plädierte dafür, zunächst einmal abzuwarten.[407]

Die Aufregung der Italiener rührte daher, dass sie sich von den Abessiniern bedrängt sahen, die einen lokalen Imperialismus betrieben und zudem italienische Gelüste auf ihr Land fürchteten. Rom drängte das F.O., Italien pachtweise einen Hafen (Zeila) in Britisch-Somaliland zu überlassen (im Norden des heutigen Somalia), bzw. ein Durchmarschrecht für italienische Truppen durch die britische Besitzung zu gewähren, um die Abessinier erfolgreicher angehen zu können. Auch der deutsche Botschafter in London schaltete sich im Januar 1895 ein, um das F.O. zu diesem Zugeständnis zu bewegen. Sanderson lehnte jedoch ab, aus Furcht die Franzosen, die mit Italien im Streit lagen, dadurch zu verärgern.[408] „Die Italiener scheinen sich ständig mit irgendeinem Unternehmen zu beschäftigen, das ihnen nichts Gutes bringen wird", schrieb Sanderson an den damaligen Außenminister Kimberley. Im März 1895 stellte Sanderson Anzeichen fest, dass Italien versuche, Spanien mit Frankreich in einen Konflikt zu bringen, vom Deutschen Reich unterstützt. Das Gleiche versuche es mit Großbritannien, um durch vielfältigen Druck auf Frankreich deren Einverständnis in der Zeila-Frage zu erzielen. Kimberley stimmte Sandersons Einschätzung zu und zeigte sich verärgert über die beiden Dreibundmächte.[409]

Im Verlauf des Jahres 1895 wuchsen sich die Kämpfe zwischen Italienern und Abessiniern zu einem regelrechten Krieg aus, und der nunmehrige Premier- und Außenminister Salisbury erklärte sich bereit, Rom entgegenzukommen: Italienische Truppen sollten die Erlaubnis erhalten Britisch-Somaliland durchqueren zu dürfen. Rom wünschte nunmehr jedoch die Erlaubnis, Truppen in Zeila landen zu dürfen, um eine „moralische Wirkung" auf die Abessinier ausüben zu können. Der deutsche Diplomat Metternich schaltete sich ein und sagte Sanderson, dass der Dreibundpartner nur zweihundert Mann für zwei oder drei Tage in der Hafenstadt stationieren wolle.[410] Rom wollte offensichtlich den abessinischen Kaiser Menelik dadurch einschüchtern, dass sich Großbritannien deutlich sichtbar auf die italienische Seite schlägt, zudem wollte Italien durch die Besetzung von Zeila womöglich den Waffenimport der Abessinier aus Französisch-Somaliland wirkungsvoller unterbinden.

Sanderson riet entschieden von einer britischen Einwilligung ab. Er meinte gegenüber Lascelles, dies sei einer der unverfrorensten Vorschläge, die in den Annalen der Diplomatie gefunden werden könnten. Der Quai d'Orsay lag mit Italien weiterhin im Streite und fürchtete um den Einfluss in Abessinien: Frankreich drohte mit dem Abbruch der zweiseitigen Niger-Verhandlungen, falls Großbritannien den Italienern entgegenkomme.[411] Aufgrund der bedrängten militärischen Lage entschloss sich die italienische Regierung zwei Tage später, das britische Angebot des Durchmarschrechtes in Anspruch zu nehmen. Sie bat zudem darum, das Angebot des F.O. öffentlich machen

---

[407] PRO, FO 800/17, Lascelles an Sanderson, 3.1.1895; PRO, FO 800/16, Sanderson an Lascelles, 9.1.1895

[408] G.P., VIII, Nr. 2010, S. 387/88

[409] BL, MSS Eng., c 4380 Sanderson an Kimberley, 27.9.1894; PRO, FO 800/1, Minute Sandersons (25.3.1895) bzw. Kimberleys (26.3.1895)

[410] PRO, FO 800/1, Memorandum Sanderson, 16.12.1895; Pakenham, Scramble, 468

[411] PRO, FO 800/6, Sanderson an Lascelles, 23.12.1895; Pakenham, Scramble, 468

zu dürfen. Sanderson erklärte dem italienischen Botschafter Mitte Dezember 1895 aber sehr deutlich, dass Rom eine solche Erklärung zunächst mit dem Quai d'Orsay abstimmen müsste. Sanderson befürchtete, dass Großbritannien mit den Franzosen ansonsten ebenso große Probleme bekäme wie Rom, und Salisbury stimmte dem zu. Die Italiener legten bereits am 24.12. den Entwurf einer Vereinbarung vor, aber die Gespräche im F.O. zogen sich noch Wochen hin: Großbritannien weigerte sich, den Truppen des Dreibundlandes auch nur für wenige Tage Zeila zu überlassen, dies hielten diese jedoch für notwendig. Auch die wiederholten Interventionen Hatzfeldts führten nicht weiter, da Großbritannien die französische Reaktion fürchtete, und Ende Januar 1896 beendeten die Italiener verärgert und enttäuscht die Gespräche. Sanderson war eher noch weniger als Salisbury bereit, den Italienern entgegenzukommen.[412]

Am 24. Februar 1896 sagte der italienische Botschafter Sanderson, dass sich die Truppen seines Landes zurückziehen müssten, wenn sie keine Unterstützung erhielten. Zu diesem Schritt war Großbritannien nicht bereit, fürchtete aber für den Fall einer italienischen Niederlage mit Konsequenzen für den Sudan.[413]

Am 1. März 1896 wurde eine 20.000 Mann starke italienische Armee von abessinischen Streitkräften vernichtend geschlagen. Letztere waren etwa fünfmal so stark, recht gut ausgerüstet und von russischen oder anderen europäischen Offizieren instruiert. In Italien brachen schwere Unruhen aus, und Ministerpräsident Crispi trat zurück.[414] Der deutsche Kaiser unternahm in diesen Tagen geradezu verzweifelte Versuche, die Briten zu einer Unterstützung der Italiener zu veranlassen. Das britische Kabinett ließ sich hiervon aber nicht beeindrucken. Die Briten konnten mit der unüberwindbaren Feindschaft der Franzosen gegen das Deutsche Reich rechnen und beide gegeneinander ausspielen, da die Wilhelmstraße in allen für das Empire wirklich wichtigen Fragen das F.O. unterstützte oder wohlwollende Neutralität wahrte. Das F.O. bewegte vor allem die Furcht vor einem gestärkten antiimperialistischen Nationalismus der islamischen Fundamentalisten, die im Sudan herrschten: Das britische Kabinett beschloss darum am 11. März 1896 den Sudan zu erobern. Die Franzosen reagierten darauf mit dem Abbruch der Nigerverhandlungen. In diesen Tagen sagte Salisbury dem deutschen Botschafter „daß eine Annäherung an Frankreich oder Rußland für England sehr viel teurer sein würde als eine an Deutschland".[415] Er nährte deutsche Hoffnungen auf eine Annäherung, um sich der deutschen Rückendeckung gegen Frankreich zu versichern. Dessen heftige Reaktion war vorhersehbar, denn der Feldzug in den Süden machte eine Evakuierung Ägyptens auf Jahre hinaus unmöglich. Das Deutsche Reich stellte sich Großbritannien nicht in den Weg. In Verbindung mit Frankreich hätte die Wilhelmstraße die britische Verwaltung in Ägypten vollkommen lähmen können.[416]

[412]PRO, FO 800/1, Minute Sandersons, 18.12.1895; s. auch Langer, Diplomacy of Imperialism, 276; PRO, FO 800/1, Minute Sandersons bzw. Salisburys, 24.12.1895; G.P., XI, Nr. 2748–61; HH, A/95, Memorandum Sandersons, 21.1.1896

[413]Shibeika, Mekki; *British Policy in the Soudan 1882–1902*, London 1952, 353, (künftig: Shibeika, British Policy); Sanderson, England, Europe and the Upper Nile, 242–44; Grenville, Salisbury, 116–19

[414]Langer, Diplomacy of Imperialism, 280, 259, 281

[415]Pakenham, Scramble, 469, 508; Canis, Von Bismarck zur Weltpolitik, 198; Meinecke, Friedrich; *Geschichte des deutsch-englischen Bündnisproblems*, München/Berlin 1927, 80, (künftig: Meinecke, Geschichte

[416]Cromer konnte sich der deutschen (und österreichischen) Unterstützung aber nicht unter allen Umständen sicher sein, s. Zürrer, Werner; *Die Nahostpolitik Frankreichs und Russlands 1891–1898*, Veröffentlichungen des Osteuropainstituts München, Hg.: Stadtmüller, Georg, Wiesbaden 1970, 139/40, (künftig: Zürrer, Nahostpolitik); PRO, FO 800/1, Cromer an Sanderson, 2.11.1896, s. auch Wilson, Empire and Continent, 30, Anm. 93

Italien näherte sich in den folgenden Jahren Frankreich an, teils durch den Druck zermürbt, den der romanische Rivale einzusetzen in der Lage war, teils gelockt durch die Aussicht, mit französischer Hilfe oder Billigung das eigene Kolonialreich vergrößern zu können. Das Deutsche Reich war weder in der Lage, einen vergleichbaren (wirtschafts- und finanzpolitischen) Druck wie die III. Republik auszuüben, noch entsprechende attraktive Perspektiven in Übersee in Aussicht zu stellen.

Die Episode zeigt deutlich, dass es Großbritannien wichtiger war, Frankreich nicht zu verärgern, als Italien, mit dem es durch das Mittelmeerabkommen verbunden war, zu unterstützen oder der Wilhelmstraße einen Freundschaftsdienst zu leisten. Großbritannien war aber bereit, einen größeren Streit mit Frankreich auszufechten, als die deutliche Niederlage der Italiener indirekt Gefahren für die eigene Position in Ägypten heraufbeschwor. Das Deutsche Reich war vielleicht Willens, aber nicht in der Lage, Italien in Afrika stärkere Unterstützung zu leisten.

Im März 1896 schrieb Salisbury zwar an Lascelles, dass „wir mit Sicherheit freundschaftliche Beziehungen mit Deutschland wünschen, (…) ebenso wie 1892. Das heißt, wir wünschen uns an den Dreibund anzulehnen, ohne ihm anzugehören."[417] – Großbritannien profitierte vom Dreibund, wollte aber nicht zu dessen Stabilität beitragen. – Diese freundlichen Worte fand der Premierminister aber erst, als sich durch den Beschluss der Eroberung des Sudan die Spannungen mit Frankreich wesentlich verschärft hatten. 1897/98 eskalierte der Konflikt der beiden alten Weltmächte um die Nigerregion und den Oberlauf des Nil, und ein Krieg schien möglich (s. unten).

11. Der spanisch-amerikanische Krieg

Spanien war spätestens seit Beginn des 18. Jahrhunderts nur noch eine Macht zweiten Ranges. Das unterentwickelte und innenpolitisch sehr labile Land hatte an der Aufteilung Afrikas Ende des 19. Jahrhunderts praktisch nicht partizipieren können. Auf den Philippinen und Kuba, den wichtigsten der aus der frühen Neuzeit verbliebenen Kolonien, entwickelten sich zudem Widerstandsbewegungen gegen die Fremdherrschaft. Spanien war sowohl zu schwach, den dortigen Menschen Entwicklungschancen zu eröffnen, als auch die Rebellionen dauerhaft zu unterdrücken. In den sich rasant entwickelnden USA führte die harte Hand der spanischen Kolonialherren zu beträchtlicher Empörung, protestantische Aversionen gegen die erzkatholische Macht verstärkten die Abneigung. Zudem schickten sich die USA an, Hawaii zu erwerben. Abgesehen von dem sehr konfliktträchtigen Kondominium über Samoa (s. unten) war dies das erste Ausgreifen der Amerikaner über das Festland hinaus. Sozialdarwinistische Neigungen und imperialistischer Macht- und Landhunger machten sich auch in den Vereinigten Staaten deutlich bemerkbar. Die bis dahin schärfste Wirtschaftskrise der amerikanischen Geschichte verstärkte die Tendenzen überseeischer Expension.[418]

Anfang 1898 befand sich Kuba wieder einmal im Aufstand gegen die spanische Herrschaft, und die USA, die ihre Vormachtstellung auf dem gesamten amerikanischen Kontinent festigen wollten, stellten Madrid massive Forderungen. Am 1. April suchte der spanische Botschafter Sanderson auf. Das ihm unterbreitete spanische Angebot schien dem Staatssekretär **faktisch** eine Annahme der amerikanischen Forderungen zu bedeuten. Der deprimierte Diplomat bat Sanderson, dass Großbritannien Washington die Annahme empfehlen solle. Im Kriegsfalle aber stünden alle Spanier zusammen.

---

[417] PRO; FO 800/9, Salisbury an Lascelles, 10.3.1896
[418] Mulanax, Boer War, 108

Unser Protagonist schrieb: „Ich vermute nicht, dass die USA auch nur im geringsten durch unseren Rat oder unsere Meinung beeinflusst werden" und riet ab, auf Washington einzuwirken.[419] Zwei Tage später waren Sanderson und der US-Botschafter Mittagsgäste Kolonialminister Chamberlains: Die Vereinigten Staaten würden die Unabhängigkeit Kubas anerkennen, wie der Staatssekretär danach dem Premierminister schrieb. Dies führe nicht notwendigerweise zum Krieg, aber es werde schwierig für die USA, neutral zu bleiben, wenn Spanien nicht nachgebe. Sanderson fuhr fort: „Ich kann nicht sehen, wo und wie die guten Dienste der europäischen Mächte Einfluss haben könnten, außer Spanien dazu zu bringen, ruhig zu bleiben und nachzugeben."[420] Wenige Tage später riet er davon ab, die USA zu einem Abzug ihrer Kriegsschiffe von Key West (in unmittelbarer Nähe Kubas) zu drängen.[421]

Kurz darauf brach der Krieg aus. Sowohl zur See als auch auf Kuba und den Philippinen kam es zu Kämpfen. Die asiatische Inselgruppe war für die Vereinigten Staaten von besonderem Interesse, um nach der Besitzergreifung ihren Einfluss in China wirkungsvoller geltend machen zu können. Die USA beabsichtigten bereits seit zwei Jahren, Manila zu einem Marinestützpunkt auszubauen.[422] Die offizielle Begründung der Amerikaner für diesen Krieg aber war philanthropischer Natur, und sie ermunterten die Filipinos zum Aufstand gegen die Spanier. Als die Asiaten den US-Truppen nach der Niederlage der Europäer aber den gleichen erbitterten Widerstand entgegensetzten wie der alten Kolonialmacht, nahm die amerikanische Kriegsführung gegen die Einheimischen teils drastische Ausmaße an.[423] Etwa 5000 US-Amerikaner und bis zu 200.000 Filipinos fanden in den Kämpfen den Tod. Es kamen demnach allein während dieses kurzen Zeitraums mehr Filipinos gewaltsam ums Leben als während der gesamten 300jährigen spanischen Kolonialherrschaft.[424] Die Generalversammlung der US-Presbyterianer erklärte zu dieser Zeit: „Gott hat die Philippinen in unsere Hände gegeben, d.h. die Hände der Christen. <Gott hat> uns durch die Geschütze unserer Schlachtschiffe aufgefordert, (..) das Land in Besitz zu nehmen." US-Präsident Mc Kinley äußerte sich kaum weniger deutlich: „Gott hat den Vereinigten Staaten die Pflicht auferlegt, den unter spanischer Missregierung verdummten und entarteten Filipinos die Segnungen wahrhaft christlicher Kultur nahezubringen."[425]

Die britische Regierung verhielt sich während des Krieges amerikafreundlich, in abgeschwächter Form auch das Deutsche Reich.[426] Die hyperimperialistische „Daily

---

[419] HH, Sanderson Papers, Sanderson an Salisbury, 1.4.1898
[420] HH, Sanderson Papers, Sanderson an Salisbury, 3.4.1898
[421] BM, Balfour MS, Add. MS, 49739, Memorandum Sandersons (für Balfour), 15./16.4.1898
[422] Canis, Von Bismarck zur Weltpolitik, 277, s. auch Diwald, Hellmut; *Die Erben Poseidons. Seemachtpoltik im 20. Jahrhundert*, München 1984, 38, (künftig: Diwald, Erben)
[423] Damiani, Brian P.; *Advocates of Empire: William McKinley, the Senate and American Expansion 1898–1899*, New York/London 1987, 209, (künftig: Damiani, Advocates of Empire); Koch (Sozialdarwinismus, 98) zitiert bspw. den General Jake Smith in einer Rede an seine Truppen: „Ich möchte keine Gefangenen sehen. Ich wünsche, daß ihr sie einfach umbringt und ihre Hütten niederbrennt, je mehr ihr umbringt, um so größere Freude werdet ihr mir machen"; s. auch Krakau, Mission, 31; Offner, John; *United States Politics and the 1898 War over Cuba*, 21, (künftig: Offner, United States Politics), in: Smith, Crisis of 1898
[424] Smith, Angel/Davila-Cox, Emma; *1898 and the Making of the New Twentieth Century World Order*, 4, (künftig: Smith, 1898), in: Smith., Crisis of 1898; Diwald, Erben, 41
[425] Offner, United States Politics, 22; Diwald, Erben, 40
[426] Anfang 1898 Mai berichtet Sanderson von Zeitungsberichten, dass offizielle britische Stellen die Amerikaner über spanische Flottenbewegungen vor Manila unterrichtet hätten (Bl, MSS Selborne, 15, Sanderson an Wingfried, 4.5.1898). Diese Berichte entsprachen nicht den Tatsachen, erschienen jedoch glaubwürdig; s. auch Mulanax, Boer War, 69 u. Canis, Von Bismarck zur Weltpolitik, 277. Zu den britischen Wirtschaftsinteressen auf den Philippinen s. Elizade, Maria Dolores; *1898: the Coordinates of the Spanish Crisis in the Pacific*, 134/35, (künftig: Elizade,), in: Smith, Crisis of 1898

Mail" schlug sich offen auf Amerikas Seite, während die liberale Presse zwar an der Notwendigkeit des Waffengangs zweifelte, „aber den zivilisatorischen Beweggründen der USA Beifall spendete".[427] Der Quai d'Orsay hingegen arbeitete eng mit dem spanischen Außenministerium zusammen, zumindest während der Schlussphase des Krieges.[428] Deutschland sandte ein Flottengeschwaders in philippinische Gewässer, in der Hoffnung, eventuell einen Anteil der Philippinen erwerben zu können. Deutschland zog aber lediglich die amerikanische Empörung auf sich, nicht zuletzt, weil ein noch größeres britisches Geschwader zwischen den deutschen und amerikanischen Einheiten Anker warf.

Der Historiker Langer schreibt, dass die Deutschen sich erstaunlich taktlos gegenüber den hyperempfindlichen Amerikanern verhalten hätten. Noch bemerkenswerter allerdings sei das fast pathologische Misstrauen der Amerikaner gegenüber Deutschland gewesen. Es gab in den USA bspw. Pressemeldungen über angebliche deutsche Waffenlieferungen für die philippinischen Widerstandskämpfer, die zu beträchtlicher und andauernder Erbitterung und Abneigung führten. Die britische Presse nährte das amerikanische Misstrauen, indem die irreführende Behauptung verbreitet wurde, dass Deutschland eine gemeinsame Intervention europäischer Mächte zu Gunsten Spaniens gewünscht habe.[429] Andrew D. White, der US-Botschafter in Deutschland, teilte die Auffassung, dass britische Journalisten gezielt Zwietracht zwischen den Vereinigten Staaten und dem Deutschen Reich säten.[430]

Der Krieg endete mit einem großen Triumph der Vereinigten Staaten, und US-Außenminister John Hay bezeichnete den Waffengang als „einen prächtigen kleinen Krieg".[431] Die USA zollten den besiegten spanischen Truppen Respekt, während die kubanischen Aufständischen gegen die europäischen Kolonialherren, die meist dunkler Hautfarbe waren, mit größter Verachtung behandelt wurden.[432]

Es waren insbesondere **ältere** amerikanische Politiker, die sich gegen die Annexion der Philippinen wandten, während jüngere und die Mehrheit der Bevölkerung den Expansionismus ihres Landes begrüßten.[433] Die Verhältnisse in Großbritannien und den USA ähnelten sich.

Für viele Beobachter war die Lehre des Krieges eindeutig: die jungen und tatkräftigen Nationen, zu denen vor allem Japan, Deutschland und die Vereinigten Staaten gezählt wurden, schickten sich an, die Territorien „sterbender Nationen" zu übernehmen. Premierminister Salisbury gab dieser Haltung in einer Rede vom Mai 1898 populären Ausdruck.[434] Sozialdarwinistische Überzeugungen wurden durch den Krieg welt-

---

[427] Postgate, Those Foreigners, 190; s. auch Smith, Joseph; *British War Correspondents and the Spanish-American War, April-July 1898*, 196, in: Hilton Silvya L./Ickingrill, Steve J.S. (Ed.); *European Perceptions of the Spanish-American War of 1898*, Bern/Berlin 1999, (künftig: Hilton, European Perceptions)

[428] S. PRO, FO 146/3530; s. auch Ricard, Serge; *The French Press and Brother Jonathan: Editorializing the Spanish-American Conflict*, 145, (künftig:: Ricard, French Press), in: Hilton, European Perceptions

[429] Langer, Diplomacy of Imperialism, 519; zu Einzelheiten s. Mulanax, Boer War 70/71; PRO, FO 800/111, Sanderson an Tyrrell, 9.7.1913); s. auch Mulanax, Boer War, 68

[430] Hugo, Markus M.; *„Uncle Sam I Cannot Stand, for Spain I have no Sympathy": An Analysis of Discourse about the Spanish-American War in Imperial Germany, 1898/99*, 75, Anm. 15 (künftig: Hugo, Uncle Sam), in: Hilton, European Perceptions

[431] Lafore, Laurence; *The Long Fuse*, London 1966, 188

[432] Smith, 1898, 10

[433] Damiani, Advocates of Empire, 211–214

[434] Auch Lenin meinte später, dass das Ringen der imperialistischen Mächte durch den spanisch-amerikanischen Krieg in ein neues Stadium eintrete. Gillard, Struggle, 164; Grenville (Salisbury, 166) schreibt, dass als Folge der Rede zahlreiche ausländische Diplomaten beim Premierminister protestierten. Er versicherte jedem, ob Portugiesen, Spaniern, Franzosen, Chinesen oder Türken, dass er ihr Land nicht im Sinn gehabt habe.

weit gestärkt. Auch die Linke blieb hiervon nicht unberührt. Die deutschen „Sozialistischen Monatshefte" schrieben bspw.: „Spanien besitzt nicht mehr den Rang einer europäischen Nation, sondern nur noch denjenigen eines kleinen asiatischen Volkes, dekadent und mumifiziert."[435]

Da die ehedem „freien" Territorien des Erdballs, v.a. in Afrika, in den Jahren seit 1881/82 aufgeteilt worden waren, drohte der Landhunger der Großmächte sich nunmehr gegen Kolonialgebiete der schwächeren Konkurrenten zu richten. In der französischen Presse herrschte erhebliche Sorge über die weltpolitischen Rückwirkungen des amerikanischen Sieges. Der Ruf nach Aufrüstung wurde international stärker.[436]

Großbritannien trug einen Großteil dazu bei, dass der deutsche Versuch scheiterte, auf den Philippinen aus dem spanisch-amerikanischen Krieg Profit zu ziehen. Salisbury und die englische Presse suchten zudem mit Erfolg, das amerikanische Misstrauen gegen die Wilhelmstraße zu vertiefen. Großbritannien wollte sich in amerikanischen Augen als hilfreicher und notwendiger Freund etablieren.

12. Grossbritannien, Deutschland und die portugiesischen Kolonien

Die afrikanischen Kolonien waren den europäischen Mächten in den 1880er Jahren ohne großen Kraftaufwand fast in den Schoß gefallen. Mitte der 1890er Jahre war der Kontinent nahezu aufgeteilt, und weitergehende Expansionswünsche drohten, sich zu ernsthaften Konflikten zwischen europäischen Mächten auszuwachsen.

Am 17. Oktober 1894 befand sich Sanderson abends um 22.30 noch im F.O., als ihn ein Abgesandter des Kolonialministeriums aufsuchte und drängte, sich in „scharfen Worten" an den Präsidenten der Südafrikanischen Republik zu wenden und gegen die Entsendung von Freiwilligen aus dem Transvaal in das portugiesische Kolonialreich (nach Lorenzo Marques[437]) zu protestieren. Sanderson lehnte dies ab, da die Portugiesen die Freiwilligen bezahlten, um das Gebiet gegen Aufständische zu verteidigen. Der Beamte fertigte ein Memorandum an und besprach dieses am folgenden Tag mit Anderson, dem Afrikafachmann des Ministeriums. Soveral, dem portugiesischen Gesandten, wurde jedoch deutlich gemacht, dass es die britische Regierung nicht zulassen könne, wenn der Transvaal ohne britische Billigung Vereinbarungen mit einer ausländischen Regierung treffe. Berichte, dass Deutschland Schiffe zur Delagoa Bay im Süden Mosambik entsende, führten zum raschen Entschluss, durch ein großes britisches Kriegsschiff vor Ort Seeüberlegenheit zu demonstrieren.[438]Zwei Tage später schlug Soveral dem F.O. ein Abkommen vor, in dem das Empire Portugal den Besitz bestimmter Kolonien garantieren sollte. Außenminister Kimberley lehnte dies ab. Gegenüber Sanderson nannte er seine eigentlichen Beweggründe: Zwar wünsche Großbritannien derzeit keine Gebietserweiterung auf Kosten Portugals, aber man könne nicht wissen, was die Zukunft bringe. Portugal, ein unsicherer Kantonist, müsse durch eine überlegene britische Flottenpräsenz in Delagoa Bay (Mosambik) beeindruckt werden. Zudem:

„… eine Demonstration der Stärke ist in Anbetracht des arroganten Verhaltens der Deutschen erforderlich. Wir müssen den Deutschen ganz deutlich machen, dass wir beabsichtigen unsere Vor-

---

[435] Hugo, Uncle Sam, 88/89, Rückübersetzung aus dem Englischen
[436] Ricard, French Press, 133/34, 147; s. auch Hugo, Uncle Sam, 87
[437] Hier ist der südliche Teil des portugiesischen Mosambik gemeint.
[438] BL, MSS Eng., c 4380, Sanderson an Kimberley, 18.10.1894; ebd., Kimberley an Sanderson, 18.10.1894

herrschaft in dieser Region zu wahren, und dass wir zu stark sind, als dass sich irgendeine andere Macht einmischt, insbesondere eine, deren Seemacht unserer so offensichtlich unterlegen ist."[439]

Deutschland hatte Kriegsschiffe zur Delagoa Bucht entsandt, da es Anzeichen gab, dass Großbritannien die Delagoabahn kaufen wollte, um die Buren auf diese Weise ihres einzigen, nicht von den Briten kontrollierten Zugangs zu einem Hafen zu berauben. – Kimberley betonte die Bedeutung der Route um das Kap der Guten Hoffnung nach Indien, darum sei die Aufrechterhaltung der Freundschaft mit Südafrika, d.h. den Buren, eines der wichtigsten Ziele britischer Außenpolitik. „In **absolutem Vertrauen** an Sie schreibend", fuhr Kimberley im Brief an Sanderson fort, „muss ich sagen, dass ich **nicht** denke, dass Delagoa Bay auf Dauer in portugiesischem Besitz bleiben kann, aber dies ist natürlich nur eine persönliche Meinung und kein Anzeichen für eine Politik, die nun zu verfolgen ist."[440]

Anfang 1895 machte Wilhelm II. in einer öffentlichen Rede deutlich, dass sich Deutschland Großbritannien im südlichen Afrika entgegenstellen könnte, und Hatzfeldt, der deutsche Botschafter in London, schlug ein deutsch-britisches Übereinkommen in Bezug auf die portugiesischen Kolonien vor. Da die weltpolitische Situation Großbritanniens durch die sich abzeichnende Niederlage Chinas im Krieg gegen Japan recht angespannt war, führte Kimberley Gespräche mit ihm und legte bald darauf Vorschläge vor, **wie** portugiesische Besitzungen aufgeteilt werden sollten. Den Grenzvorschlag zeigte er dem Botschafter auf einer Karte. Vier Wochen später unterbreitete Hatzfeldt konkrete Gegenvorschläge.[441] Beide Seiten einigten sich wenige Tage später, „nichts zu tun, was den Status quo in bezug auf die portugiesischen Kolonien zu stören könnte".[442] Sie wollten offensichtlich jeweils auf einen für sie günstigeren Zeitpunkt warten. Sanderson meinte Jahre später, dass die Deutschen Mosambik **südlich** des Sambesi und eine Neutralisierung der „Delagoa Bay" gefordert hätten, und Kimberley habe die Verhandlungen daraufhin empört abgebrochen. Dies hätte Deutschland über die Delagoabahn beträchtlichen Einfluss in Südafrika beschert.[443] Diese Deutung lässt sich durch die Quellen allerdings nicht erhärten.[444] Die Verhandlungen wurden vermutlich von deutscher Seite beendet, weil Kimberley wahrscheinlich das Zugeständnis von Deutschland forderte, den Transvaal als britisches Interessengebiet anzuerkennen.[445] 1894/95 zeigte Kimberley im Bewusstsein der Stärke des Empire nur wenig Bereitschaft, mit der Wilhelmstraße einen Handel über die portugiesischen Kolonien einzugehen.

Die Krügerdepesche – und die britische Reaktion darauf, führten zu starken Spannungen im beiderseitigen Verhältnis, und einige Stimmen in der Presse forderten einen Ausgleich mit Frankreich und/oder Russland. Aber selbst zu Beginn des Jahres 1896 gab es einflussreiche Stimmen, z.B. Spenser Wilkinson in der „Morning Post", die eine Allianz mit dem Deutschen Reich befürworteten: Eine fortdauernde Isolation des Empire sei auf Dauer zu gefährlich, und ein Bündnis mit dem Deutschen Reich und dem

---

[439] PRO, FO 800/1, Kimberley an Sanderson, 20.10.1894, Secret
[440] Ebd.
[441] Mulanax, Boer War, 54; PRO, FO 800/1, Memorandum Kimberleys, 7.2.1895, Secret; PRO, FO 800/1, Memorandum Kimberleys, 9.3.1895, Secret; Canis, Von Bismarck zur Weltpolitik, 142/43
[442] PRO, FO 800/1, Memorandum Kimberleys, 13.3.1895, Secret
[443] Delagoa Bay besaß als Hafen für den Transvaal eine überragende Bedeutung, lag geographisch der Burenrepublik am nächsten und war das einzige „Tor zur Welt", das nicht unter britischer Kontrolle stand.
[444] B.D., III, 425; Langer, Diplomacy of Imperialism, 220; s. auch Fröhlich, Michael; *Von der Konfrontation zuur Koexistenz. Die deutsch-englischen Kolonialbeziehungen in Afrika zwischen 1884 und 1914*, Arbeitskreis Deutsche England-Forschung, Band 17 (Hg. Schmidt, Gustav), Bochum 1990, 187, (künftig: Fröhlich, Konfrontation)
[445] Canis, Von Bismarck zur Weltpolitik, 143

Dreibund werde „billiger" zu haben sein als eines mit den alten weltpolitischen Rivalen.[446] Großbritannien wurde trotz der Krügerepisode näher an Deutschland getrieben. Jenes brauchte Unterstützung, um dem franko-russischen Druck widerstehen zu können. Russland wiederum hofierte die Wilhelmstraße, um sie gegen England einnehmen zu können. Das relativ enge britisch-deutsche Verhältnis half, die Loyalität Österreichs und vor allem Italiens zu sichern. Das freundliche Russland verbesserte die Beziehungen zu Frankreich, und Österreich und Russland schlossen 1897 ein Stillhalteabkommen in Bezug auf den Balkan. Aber „unter der Fassade war nur Misstrauen, selbst im britisch-deutschen Verhältnis. An der Oberfläche aber war Deutschland, wie in den Tagen Bismarcks und vor dem Abschluss der französisch-russischen Allianz, der Schiedsrichter Europas."[447]

Ende 1896 berichtete Lascelles, der damalige britische Botschafter in Berlin, von einem deutschen Plan, einige deutsche Besitzungen gegen eine Kohlestation aufzugeben. Salisbury nahm diesen Plan sehr kühl auf, Sanderson ebenso: „Die Deutschen erwarten gewöhnlich mehr als sie geben", und einige Wochen später schrieb Sanderson, dass die Wilhelmstraße anscheinend dächte, Großbritannien bewege sich nur, wenn „ein gewaltsamer Faustschlag in den Magen" drohe.[448] Sanderson trat trotz alledem für engere Beziehungen mit den Dreibundpartnern als mit allen anderen Mächten ein.[449]

Die britischen Beziehungen zum Deutschen Reich waren 1897 gewiss weniger freundlich als zu Beginn des Jahrzehnts, sie waren aber zufrieden stellender als mit jeder anderen Macht ersten Ranges.[450]

Im März 1897 wurde dem F.O. ein Vorhaben eines englischen und eines portugiesischen Privatmannes bekannt, Mozambique für 900.000 Pfund jährlich zu pachten. Der Historiker Grenville schrieb, dass kein britisches Kabinettsmitglied für diesen Fall mit Problemen mit dem Deutschen Reich rechnete, wenn Großbritannien auf diese Weise die Kontrolle über „Delagoa Bay" gewönne. „Es schien den britischen Ministern eine rein anglo-portugiesische Angelegenheit."[451] Sanderson sah es anders:

> „Die Deutschen erhöben wütende Einwände, wenn wir Delagoa Bay erwürben, ohne irgendeine Art von Übereinkommen die Transitfreiheit betreffend. Wenn sie das Gebiet nördlich des Sambesi erhielten, so machte es ihnen nicht viel aus, dass wir Lorenzo Marques bekämen, unter der Voraussetzung, dass wir die Versicherung abgäben, dass Delagoa Bay ein offener Hafen sein wird mit allen Einrichtungen für den Transit mit mäßigen Gebühren. Alles weniger als dieses brächte uns an den Rand eines offenen Streits."[452]

Sandersons Einschätzung traf zweifelsohne zu.

Der Plan, Mozambique zu pachten, wurde nicht umgesetzt und die übermächtigen Finanzprobleme Portugals blieben. Mitte 1897 fanden im Kolonialministerium mehrere Gespräche zwischen Kolonialminister Chamberlain und Soveral über die Gewährung eines Darlehens an Portugal statt. Zudem wünschte das Land eine Garantie seiner

---

[446] Hale, Publicity and Diplomacy, 139/40
[447] Langer, Diplomacy of Imperialism, 297
[448] PRO, FO 800/9, Sanderson an Lascelles, 2.12.1896; ebd., Sanderson an Lascelles, 18.12.1896
[449] Im Herbst 1897 bspw. berichtete die „Times" von einem angeblichen Marineabkommen zwischen Großbritannien und Italien von 1887. Sanderson fragte Salisbury, ob er offiziell mitteilen dürfe, dass dies zwar unzutreffend sei, aber beide Regierungen sich darauf verständigt hätten, den Status quo in der Mittelmeerregion zu wahren. „Ich denke, die folgende Stellungnahme ist besser", schrieb der Premierminister an Sanderson. „Zwischen diesem Land und Italien wurde kein Marineabkommen geschlossen." (PRO, FO 800/2, Anmerkung Sandersons (für Salisbury), 19.10.1897, Salisbury)
[450] Hierzu zähle ich Russland, die USA und Frankreich. Beide Mächte arbeiteten bspw. in der Kreta-Frage eng zusammen (HH, Sanderson Papers, Sanderson an Salisbury, 1.4.1897
[451] Grenville, Salisbury, 182
[452] PRO, FO 64/1466, Aktennotiz Sandersons, 15.3.1897

überseeischen Besitzungen durch Großbritannien. Die Verhandlungen blieben jedoch zunächst ergebnislos, da sich Lissabon weigerte, im Gegenzug die Verpflichtung einzugehen, nichtbritischen Kaufleuten im Süden Mosambiks keine weiteren Konzessionen mehr einzuräumen. – London wollte die Burenrepubliken dauerhaft von einem unabhängigen Zugang zum Meer abschneiden. Mitte 1898 gab Portugal dann aber auch noch weitergehenden britischen Forderungen nach, und ein Vertragsabschluss schien kurz bevorzustehen. Die Wilhelmstraße erfuhr jedoch von dem beabsichtigten Abkommen, protestierte, Portugal wich zurück, und auch Großbritannien zeigte sich gesprächsbereit, denn wegen der Spannungen mit Frankreich in Westafrika und dem Sudan sowie der bedrohlichen Lage um China schien es nicht angebracht, die Wilhelmstraße zu verärgern.[453]

Am 23.7.1898 besprachen Richthofen, der nach Bülow ranghöchste Vertreter des Auswärtigen Amtes, und Lascelles eine eventuelle Aufteilung Portugiesisch-Ostafrikas. „Er versicherte mir", schrieb der britische Botschafter an Salisbury, „dass Deutschland sich voll bewusst sei, dass England den größten und mit Sicherheit den bedeutsamsten Teil des Gebietes haben müsse, und er betrachte die deutschen Forderungen als weit entfernt von exorbitant." Diese führte Richthofen teils aus. Lascelles entgegnete, dass diese in England aber als unmäßig empfunden werden würden. Der Vertreter der Wilhelmstraße meinte, dass Deutschland weitere Zugeständnisse machen würde, „wenn England ihnen hülfe", wie Lascelles schrieb, „dasjenige zu bekommen, was sie anderenorts wünschten, aber England zeige keine Anzeichen dies zu tun, und der <britische> Vorschlag die Walfischbucht[454] gegen die gesamte Togo-Kolonie zu tauschen, war ganz und gar nicht ermutigend." Im Verlauf des Gesprächs zwischen Lascelles und Richthofen schälten sich die deutschen Vorstellungen heraus, die auf etwa gleich große Gebietsgewinne von Großbritannien und dem Deutschen Reich hinausliefen. Richthofen unterstrich die Vorteile eines deutsch-britischen Übereinkommens. Falls dieses nicht zustande komme, seien beide genötigt, zu einer Übereinkunft mit Frankreich zu kommen, was die Vorteile für die beiden Monarchien mindere.[455]

Das Thema eines britisch-deutschen Übereinkommens war bereits virulent: Kolonialminister Chamberlain forderte es am gleichen Tag, an dem Lascelles und Richthofen miteinander sprachen in einem Brief an den Premierminister. Salisbury hätte die Gespräche höchstwahrscheinlich nicht aufgenommen oder doch verzögert, aber er erkrankte wenige Tage später, so dass sein Neffe Balfour, der konservative Fraktionsführer im Unterhaus, die Verhandlungen mit dem deutschen Botschafter führte. Er suchte während ihres Verlaufs weder Salisbury, noch Chamberlain oder das Kabinett um ein Mandat nach. Bereits fünf Wochen später, am 30. August, wurde die deutsch-englische Konvention unterzeichnet. In der Präambel stellten beide Mächte fest, dass diese geschlossen worden sei, um die Integrität und Unabhängigkeit Portugals zu wahren und internationale Verwicklungen zu vermeiden, falls Portugal um ein Darlehen nachsuchen sollte. Folgend wurde ausgeführt, dass, **falls** das Land an Großbritannien oder das Deutsche Reich mit einem Darlehenswunsch herantreten sollte, beide Mächte dem Land gemeinsam Geld zur Verfügung stellten. Die Zolleinnahmen genau spezifizierte Teile der portugiesischen Kolonien sollten hierfür etwa gleichgewichtig Großbritannien und Deutschland als Sicherheit dienen. In dem geheimen Zusatzprotokoll der Konvention wurde festgehalten, dass, falls es „unglücklicherweise nicht für möglich

---

[453] Winzen, Bülows, 93, 279; G.P., XIV, I, 3811, 3818; Canis, Von Bismarck zur Weltpolitik, 291
[454] Diese ist ein ausgezeichneter Hafen, war in britischem Besitz und von Deutsch-Südwestafrika umgeben.
[455] PRO, FO 800/17, Lascelles an Salisbury, 23.7.1898; s. auch Winzen, Bülows, 94

befunden werden sollte, die Integrität der afrikanischen Besitzungen Portugals südlich des Äquators sowie von Timor" zu wahren, diese gemäß der Grenzen des veröffentlichten Teiles des Vertrages zwischen Großbritannien und dem Deutschen Reich aufgeteilt werden sollten. Beide Mächte vereinbarten zudem zu verhindern, dass sich andere Mächte in den portugiesischen Kolonien festsetzten.[456]

Die Vereinbarungen waren recht vorteilhaft für Deutschland. Großbritannien gestand ihm einen etwa gleich großen Anteil an der möglichen Beute zu. Balfour kam der Wilhelmstraße weit entgegen, Salisbury oder Chamberlain wären als Verhandlungsführer wohl weniger konziliant gewesen. Nach Chamberlains Ansicht hatte Großbritannien einer deutschen „Erpressung" nachgegeben. Da das Deutsche Reich jedoch versprochen habe, sich im Süden Mosambiks und im Transvaal in Zukunft zurückzuhalten, sei es den Preis wert gewesen.[457]

Im Sommer und Herbst 1898 waren britische Interessen in verschiedenen Weltregionen ernsthaft bedroht. Die Kriegsgefahr mit Frankreich um Afrika wuchs, und die britische Stellung in China schien gefährdet. Führende Politiker waren darum – unter Umgehung des Premier- und Außenministers Salisbury – zu einem Abkommen mit der Wilhelmstraße bereit. Auch das Auswärtige Amt verhielt sich entgegenkommend und war für die mehr oder minder vage Aussicht, einen dem britischen Anteil an den portugiesischen Kolonien vergleichbaren Anspruch zu erhalten, bereit, auf einen möglichen (stärkeren) Einfluss in Südafrika zu verzichten und dem Empire im anstehenden Konflikt mit Frankreich den Rücken freizuhalten. – Aber Großbritannien hatte in der Episode um die Krüger-Depesche auch nachdrücklich seine überlegene Macht demonstriert.

Der Vertragsabschluss war das erste Beispiel einer außenpolitischen Aktion, bei der Premierminister Salisbury von Mitgliedern seines Kabinetts zu einer bestimmten Maßnahme genötigt wurde. Balfour schloss die Vereinbarung wenige Tage **vor** der Rückkehr des Kabinettschefs nach England ab – ohne dessen ausdrückliche Billigung![458] Dies war teils Ausdruck der schwindenden Kraft des alternden Salisbury, v.a. jedoch Ausdruck zunehmender Sorge in Großbritannien, ob die althergebrachten Wege britischer Diplomatie – und diese verkörperte Salisbury wie kein zweiter – den Erfordernissen der Zeit noch gerecht würden.

Da weltweit lediglich die Kapitalmärkte in Großbritannien, Frankreich und Deutschland über genügend Umfang und risikobereite Anleger für eine solche Anleihe verfügten (die USA waren auf bedeutende Kapitalzufuhr angewiesen), schien eine Materialisierung der britisch-deutschen Vereinbarung nicht unwahrscheinlich, erst recht, wenn beide Druck auf Portugal ausübten. Dass die Deutschen ihr Desinteresse am Transvaal bekundeten, war der Preis den sie Großbritannien für das Abkommen zahlen mussten.[459] Bülow sah die Schwierigkeiten, die dies für die Reichsleitung mit sich brachte:

> „Indem wir den Engländern freie Hand in der Delagoabai und deren Hinterlande lassen, tun wir einen Schritt, welcher im ganzen deutschen Volke eine peinliche Mißempfindung erregen wird, weil die Boeren seit Jahren zum Gegenstande einer sentimentalen Sympathie geworden sind."

Er hoffte aber, dass das Abkommen in seiner Gesamtheit in der deutschen Öffentlichkeit positiv aufgenommen werde, geriet jedoch umgehend ins Kreuzfeuer der Kritik.[460]

---

[456] Grenville, Salisbury, 192–95

[457] Granville, Salisbury, 193; Garvin, Chamberlain, III, 315

[458] Grenville, Salisbury, 177/78, 197; Salisbury meinte später auch gegenüber Hatzfeldt, dass er dieses Dokument niemals unterschrieben hätte (B.D. I, Nr. 99); s. auch Lowe, Reluctant Imperialists, II, 118

[459] Als ein Indiz für die deutsche Haltung zum Transvaal s. HH, Sanderson Papers, Sanderson an Salisbury, 25.4.1897; s. auch Hale Publicity and Diplomacy, 174

[460] G.P., XIV, I, 3818; Winzen, Bülows, 199

Der geheime Teil des Vertrages konnte nicht veröffentlicht werden, so „sah er sich außerstande, den Befürchtungen, von England ‚wieder einmal' übervorteilt worden zu sein, wirksam entgegenzutreten". Pikanterweise hatte der Lissabonner Korrespondent des „Berliner Tageblattes" von den **portugiesischen** Behörden eine Zusammenfassung des Inhalts des britisch-deutschen Abkommens erhalten. Balfour habe Soveral vertraulich über die geheimen Teile des Übereinkommens informiert und beruhigte ihn, dass Großbritannien nicht anstrebe, es umzusetzen. Balfour hatte Hatzfeldt, wie Grenville schreibt, deutlich zu verstehen gegeben, dass Großbritannien die Aufteilung des portugiesischen Kolonialreiches nicht beschleunigen wolle. Dies ist m.E. recht unwahrscheinlich, falls dies jedoch der Fall gewesen sein sollte, so hat der deutsche Botschafter dies in seinen Berichten an das Auswärtige Amt aber nicht hinreichend deutlich gemacht. Vermutlich fürchtete er, eine noch weitergehende Zusammenarbeit zwischen beiden Mächten dadurch zu gefährden. Allerdings wurde Portugal von britischer Seite auch davor gewarnt, Teile seines Kolonialbesitzes für ein Darlehen an Frankreich zu verpfänden.[461]

Das Abkommen zahlte sich für Großbritannien rasch aus, denn das F.O. konnte sich des deutschen Wohlwollens im Ringen mit Frankreich um die Nigerregion und den Sudan sicher sein (s. hierzu den folgenden Abschnitt), in der Wilhelmstraße hingegen wartete man mit zunehmender Ungeduld auf die Dividende. Am 8. Oktober 1898 schrieb Lascelles an Sanderson, dass der Kaiser ungeduldig auf die Umsetzung der Vereinbarung warte. Bülow ging davon aus, dass Portugal das benötigte Darlehen in Paris nicht erhalte und bald in der Angelegenheit im Auswärtigen Amt vorstellig werde. Er meinte zu Lascelles, „dass unsere beiden Gesandten in Lissabon sie <die Portugiesen> darum dazu bringen sollten, unsere Vorschläge zu akzeptieren".[462] Sanderson antwortete umgehend: „Lord Salisbury scheint nicht dazu zu neigen, zu rasch auf ein anglodeutsches Darlehen an Portugal zu drängen." Er wolle die portugiesische Regierung nicht verärgern und nicht den Anschein erwecken, gegen **französische** Darlehensverhandlungen zu opponieren.[463] – Dabei hatte sich die portugiesische Regierung bereits Wochen zuvor mit einem Kreditwunsch an Großbritannien gewandt. Dies hätte aber, entgegen britischen Absichten, die Deutschen mit ins Spiel gebracht. Salisbury löste das Problem, indem er Portugal dazu ermutigte, in Paris ein Darlehen aufzunehmen. Einen, wenn auch kurzfristigen diplomatischen Gewinn, erbrachte das britisch-deutsche Abkommen aber für die Wilhelmstraße: Russland fürchtete, dass es noch weitergehende Absprachen zwischen Berlin und London geben könnte, und der russische Außenminister bemühte sich 1898/99 mit Nachdruck darum, die Deutschen auf der russischen Seite zu halten.[464]

Portugal gelang es schließlich, in Frankreich ein Darlehen zu erhalten, ohne Zolleinnahmen als Sicherheit stellen zu müssen, möglicherweise mit britischer Hilfe. Im Frühjahr 1899 übten die deutsche und die französische Regierung **gemeinsam** Druck auf Portugal aus, in die Kontrolle der portugiesischen Zolleinnahmen durch die Gläubiger einzuwilligen, um die Bedienung des Darlehens sicherzustellen. Salisbury lehnte ab, sich beiden anzuschließen, aus Sorge damit die Materialisierung des britisch-deutschen Übereinkommens zu voranzutreiben.[465] Der Historiker Kennedy schreibt, dass

---

[461] Winzen, Bülows, 200; Hale, Publicity and Diplomacy, 177/78; Grenville, Salisbury, 196/97; B.D., Nr. 97, 78

[462] S. auch Hale, Publicity and Diplomacy, 181; PRO, FO 800/17, Lascelles an Sanderson, 8.10.1898

[463] PRO, FO 800/15, Sanderson an Lascelles, 12.10.1898; s. auch B.D., I, Nr. 99, S. 78/79

[464] BM, Balfour MS, Add MS, 49739, Sanderson an Balfour, 19.9.1898; B.D., I, Nr. 100, S. 79; Langer, Diplomacy of Imperialism, 567

[465] Langer, Diplomacy of Imperialism, 529; Platt, Finance, Trade and Politics, 17

Salisbury alles in seiner Kraft stehende tat, um die Umsetzung des Abkommens zu verhindern. Als im Frühjahr 1899 in London bspw. bekannt wurde, dass ein starker deutscher Flottenverband Lissabon besuchen wollte, warf eine noch größere Anzahl Schiffe der Marine Ihrer Majestät einen Tag vor den Deutschen in der portugiesischen Hauptstadt Anker und belegte alle Liegeplätze.[466]

Zur Zeit des Ausbruchs des Burenkrieges (14. Oktober 1899) schlossen Großbritannien und Portugal den geheimen sogenannten Windsor-Vertrag ab, der die alte Schutzmachtposition Großbritanniens bekräftigte. Während das deutsch-britische Abkommen von 1898 alten britisch-portugiesischen Vertragsverpflichtungen widersprach[467], war der Windsor-Vertrag mit dem erstgenannten Übereinkommen unvereinbar. Sir Arthur Nicolson, gewöhnlich ein scharfer Kritiker deutscher Politik, meinte zu den beiden abgeschlossenen Verträgen, sie seien „dass zynischste Geschäft, das mir während meiner ganzen diplomatischen Laufbahn vorgekommen ist".[468] Eyre Crowe, in späteren Jahren einer der wichtigsten Beamten des Foreign Office, hatte bereits zum britisch-deutschen Abkommen gemeint, dass jeder im Amte darüber beschämt gewesen sei.[469] Die anglo-portugiesische Vereinbarung wurde nicht nur **nicht** dem Parlament vorgelegt, sie wurde so geheimgehalten, dass nicht einmal der britische Gesandte in Lissabon davon erfuhr, wie Sanderson 1904 Charles Hardinge schrieb, einem führenden Mitarbeiter des auswärtigen Dienstes Großbritanniens.[470] Darum ist es auch unglaubwürdig, wenn Grenville schreibt, dass es die **portugiesische** Regierung gewesen sei, die das Abkommen geheim halten wollte, denn die öffentliche Meinung im Lande sei Großbritannien extrem feindlich gesonnen gewesen.[471]

Die deutsche Regierung schöpfte bis zum Jahresende 1900 noch keinen Verdacht, als im Dezember d.J. jedoch ein britischer Flottenverband Lissabon besuchte, machte die betonte britisch-portugiesische Herzlichkeit die Wilhelmstraße misstrauisch.[472] Bertie kommentierte deutsche Nachfragen über die britische Haltung zu dem anglo-deutschen Abkommen gegenüber Chamberlain mit den Worten: „Graf Hatzfeldt hat Lord Salisbury während der Verhandlungen von 1898 mehr als einmal versichert (...), dass es das Ziel Deutschlands sei, die Integrität Portugals zu wahren".[473] – Dabei war der Premierminister, wie bekannt, gar nicht daran beteiligt gewesen. Am 13. Dezember 1900 schrieb Hatzfeldt an Holstein, einen führenden Mitarbeiter des Auswärtigen Amtes, dass Sanderson ihm versichert habe, es gebe keine britisch-portugiesische Vereinbarung in Bezug auf portugiesische Kolonien, „und daß sich die englische Regierung durch das deutsch-englische Abkommen als fest gebunden betrachte". Der gewöhnlich sehr misstrauische Holstein antwortete: „Ich persönlich halte Angabe des (...) Staatssekretärs (...) für wahr." Am 20. Dezember 1900 führte Eckardstein, der deutsche Chargé d'Affaires in London, ein Gespräch mit Lansdowne, dem neuen Außenminister. Dieser bezeichnete „die Gerüchte über ein neues englisch-portugiesisches Abkommen" als „vollständig aus der Luft gegriffen". Am 1. Januar 1901 telegrafierte Eckardstein: „Staatssekretär hat mir gestern nochmals versichert, daß keinerlei Abkom-

---

[466] Kennedy, Anglo-German Antagonism, 236; Kennedy, Samoan, 189

[467] Für das F.O. besaßen selbst nach Abschluss des Windsor-Vertrages die britisch-portugiesischen Abkommen von 1703 und 1815 noch Gültigkeit (Howard, Christopher; *Britain and the Casus Belli 1822–1902*, London 1974, 156, (künftig: Howard, Britain and Casus Belli).

[468] Langer, Diplomacy of Imperialism, 624/25

[469] Crowe, Crowe, 72

[470] Howard, Christopher; *Splendid Isolation*, London 1967, 52

[471] Grenville, Salisbury, 262/63, auch Beloff (Imperial Sunset, 70, Anm. 2) vertritt diese Version.

[472] Winzen, Bülows, 265–67

[473] PRO, FO 800/176, Bertie an Chamberlain, s. auch ebd., Aktennotiz Berties vom 2.10.1899.

men zwischen England und Portugal geschlossen worden sei." Graf Hatzfeldt schrieb am 4. Januar an das Auswärtige Amt, dass die Gerüchte über ein englisch-portugiesisches Abkommen nach Ansicht von „gut unterrichteten Kreisen der City" lediglich als Börsenmanöver zu verstehen seien.[474]

Die deutsche Presse ließ sich nicht täuschen. Am 11. Dezember 1900 schrieb die liberale „Frankfurter Zeitung": „Das deutsch-englische Abkommen ist somit gegenstandslos geworden, wir haben die Buren umsonst im Stiche gelassen und wir sind von den Engländern wieder einmal übers Ohr gehauen worden. So stellt sich heute das Facit unserer südafrikanischen Politik dar."[475]

Am 15. Februar 1901 berichtete Bertie Lascelles von Gesprächen, die er mit Soveral bzw. Eckardstein geführt hatte: Der deutsche Gesandte in Portugal vermutete, dass das Windsor-Abkommen, dessen Existenz nun doch bekanntgeworden war,

> „im Gegensatz zum Geist der anglo-deutschen Vereinbarung steht. Baron Eckardstein fragte, ob nicht einige beruhigende Mitteilungen gemacht werden könnten. Ich erinnerte ihn, daß Lord Lansdowne ihm bereits versichert habe, daß unsere Vereinbarungen mit Portugal das anglo-deutsche Übereinkommen in keiner Weise berühre."[476]

Portugal hatte bald Schwierigkeiten, das Darlehen zu bedienen. Soveral wandte sich darum Ende Februar 1901 mit der Frage an das F.O., inwieweit Großbritannien bereit sei, Portugal gegen französischen Druck zu unterstützen. Der portugiesische Gesandte fürchtete den Abbruch der diplomatischen Beziehungen durch den Quai d'Orsay. In den folgenden Tagen spitzte sich die Lage zu. Die deutsche Regierung zeigte sich mit den Erklärungen der Portugiesen über die Bedienung der Schulden zufrieden – auch zahlreiche deutsche Privatanleger hatten am Pariser Markt portugiesische Papiere erworben. Nicht so die französische, „und Soveral ist beunruhigt wegen der Möglichkeit des Auftauchens eines französischen Flottengeschwaders", wie Bertie am 6. März schrieb.[477] Die Krise um die Anleihe legte sich, nicht aber das grundsätzliche Interesse der Wilhelmstraße an der Aufteilung der portugiesischen Kolonien. Chamberlain meinte Anfang 1902, es sei charakteristisch für die deutsche Politik, dass sie eine Übereinkunft, die Portugal schützen sollte, in eine zur Zerstörung des Landes umwandeln wolle. „Ich denke, daß eine deutliche Sprache gegenüber dem deutschen Botschafter geführt werden sollte. Der Teutone ist gut im Bluffen, aber unser Volk kann keinen Unsinn ausstehen."[478]

Die Außenminister und führenden Beamten des F.O. scheuten sich nicht, Deutschland zu täuschen, ja eine dem Vertrag entgegengesetzte Politik zu betreiben, da es gegenüber dem weltpolitisch schwachen Konkurrenten glaubte, kaum Rücksicht nehmen zu müssen. Als 1901 deutlich geworden war, dass Großbritannien eine dem britisch-deutschen Abkommen entgegengesetzte Politik betrieb, sah die Wilhelmstraße keine Möglichkeit, dagegen vorzugehen. Deutsche Vertreter wagten es nicht einmal, britische Verantwortliche wegen ihres vertragswidrigen Verhaltens und wiederholter Täuschungen auch nur zur Rede zu stellen. Trotzdem und gerade deshalb gestatteten sich bspw. Chamberlain und Bertie ein gereiztes und eher herablassendes Verhalten gegenüber deutschen Vertretern.

---

[474] Rich, Norman/Fisher, M.H. (Deutsche Ausgabe von Frauendienst, Werner); *Die geheimen Papiere Friedrich von Holsteins*, Bd. III und IV, Göttingen 1963, IV, 194, 195, Anm. 5, (künftig: Rich, Papiere Holsteins); Winzen, Bülows, 269; s. auch G.P., XXXVII, Nr. 14684, S. 84; G.P., XXXVII, Nr. 14684, S. 84

[475] Zit. in Winzen, Bülows, 268

[476] PRO, FO 800/10, Bertie an Lascelles, 15.2.1901; s. auch Winzen, Bülows, 272/73

[477] PRO, FO 800/10, Bertie an Lascelles, 27.2.1901; PRO, FO 800/10, Bertie an Lascelles, 6.3.1901

[478] PRO, FO 800/176, Chamberlain an Bertie, 16.1.1902

1903 besuchte der englische König Portugal. Er betonte die alte anglo-portugiesische Freundschaft und das Desinteresse seines Landes an Besitzungen der alten Kolonialmacht. Er legte auch anderen Mächte nahe, die territoriale Integrität Portugals zu
achten. 1905 kommentierte Knollys, der Privatsekretär des Königs, einen Brief Berties
mit den Worten, dass die Deutschen offensichtlich begännen, „Portugal zu tyrannisie-
ren". Soveral allerdings war vor allem auf Frankreich schlecht zu sprechen.[479]
    1912 führten Berlin und London noch einmal Verhandlungen über die eventuelle
Aufteilung der portugiesischen Kolonien. Außenminister Grey war zwar der Ansicht,
dass deren Besitzungen „mehr als heruntergekommen sind", wandte sich aber gegen
die vom C.O. geführten Gespräche und den Vertragsabschluss, weil er eine erhebliche
Beeinträchtigung der Beziehungen zu Frankreich fürchtete. Schließlich wurde ein Abkommen erzielt, mit dem die Aufteilungspläne von 1898 zu Deutschlands Gunsten
verändert wurden. Dieses wurde aber nicht umgesetzt. Zum einen, weil sich in Großbritannien die Gegner einer Entspannung mit dem Deutschen Reich durchsetzten, zum
anderen, weil die Wilhelmstraße der von England gewünschten Veröffentlichung des
Vertrages nicht zustimmte, womöglich wegen der Erfahrungen mit dem Vertrag von
1898.[480] Dass dieses Abkommen dem britisch-portugiesischen Windsorvertrag widersprach, scheint keine bedeutende Rolle gespielt zu haben. Nach dem britischen Sieg im
Burenkrieg (s. unten) bestand keine Notwendigkeit mehr zur Respektierung des Vertrages.

13.   FASCHODA

Eine Landverbindung vom Atlantik zum Roten Meer war eine der Wunschträume französischer Kolonialisten, stand jedoch im Gegensatz zu den Kap-Kairo-Plänen ihrer britischen Kollegen. Kreuzungspunkt beider war der Sudan. In diesem herrschten die fun-
damentalistisch-islamischen Mahdisten. Der Gedanke eines französisch beherrschten
Sudan beunruhigte in Großbritannien auch besonnene Gemüter. Der alte weltpolitische Konkurrent hätte durch eine Position am Oberlauf des Nil die britische Stellung
am Unterlauf in Ägypten gefährden können, vielleicht sogar mit bedrohlichen Auswirkungen auf die Sicherheit des Seeweges nach Indien.
    Ende 1895 autorisierte der französische Außenminister Berthelot eine Expedition
von Zentralafrika zum Nil. Dies war der Öffentlichkeit und dem F.O. nicht bekannt,
aber erste Indizien für französische Nilpläne wurden in der gewöhnlich gut unterrichteten imperialistischen „Politique Coloniale" in Anbetracht der Gefährdung durch die
Mahdisten und die Sicherheit bereits existierender französischer Besitzungen als leicht-
fertig kritisiert. Sanderson stützte sich auf den Artikel dieser Zeitschrift, als er am 6.
Dezember 1895 meinte, dass ein Vorrücken der Franzosen in naher Zukunft nicht erwartet werden könne.[481]
    Die Niederlage der Italiener gegen Abessinien änderte jedoch die Lage, denn es
stand zu erwarten, dass sowohl die sudanesischen Eiferer von deren Katastrophe profitierten als auch Frankreich und Russland, die in Abessinien bereits starken Einfluss
ausübten.[482] Darum beschloss das britische Kabinett im März 1896 eine Expeditions-

---

[479] Busch, Briton Cooper; *Hardinge of Penshurst. A Study in the Old Diplomacy*, Hamden (Conn.) 1980,
56/57, (künftig: Busch, Hardinge); PRO, FO 800/184, Knollys an Bertie, 24.10.1905; PRO, FO 800/184,
Reginald Arsten an Bertie, 1.12.1905
[480] Joll, Ursprünge, 247/48
[481] Sanderson, England, Europe and the Upper Nile, 239
[482] Langer, Diplomacy of Imperialism, 545

armee zur Eroberung des Sudan zu entsenden, nicht zuletzt, um die Schmach der Ermordung des britischen Generals Gordons aus dem Jahre 1885 zu tilgen.

Ein Feldzug in den Sudan warf einige Probleme auf: So war zum einen v.a. eine Zuspitzung der Spannungen mit Frankreich in Afrika zu erwarten. Salisbury näherte sich darum Deutschland wieder an. Am 10. März schrieb er an Lascelles: „Wir wollen freundschaftliche Beziehungen mit Deutschland, (…) und wir wünschen uns, an den Dreibund anzulehnen, ohne ihm anzugehören."[483] Zum anderen stellte sich die Frage, wie die Eroberung finanziert werden sollte. Die Vorgänge im Sudan von 1885 hatten dem britischen Steuerzahler bereits über 4 Mio. Pfund gekostet. Das F.O. versuchte darum, die Kosten der Vorbereitung und Durchführung der Invasion der **ägyptischen** Staatskasse in Rechnung zu stellen, und fand hierfür auch die Unterstützung von Deutschland sowie Österreich und Italien. Frankreich allerdings, das durch die „Caisse" ebenfalls involviert war, übte heftigen Widerstand, der teils auch erfolgreich war.[484]

Die Vorbereitungen sowohl für das französische als auch britische Vorrücken in den Sudan waren Mitte 1896 in vollem Gange. Sie nahmen wegen der weiten Transportwege, der unsicheren Nachrichtenlage und des starken Gegners, der islamischen Fundamentalisten, jedoch viel Zeit in Anspruch. Zudem waren sich sowohl das F.O., als auch der Quai d'Orsay über die Pläne ihres europäischen Konkurrenten nicht völlig im Klaren. Beide brauchten Zeit für ihre Aktion und schienen sich diese auch nehmen zu können. Im September 1897 schlug Sir John Ardagh vom militärischen „secret service" jedoch Alarm. Er warnte, dass keine Zeit mehr verloren werden dürfe, da die Franzosen in zwölf Monaten ansonsten den ganzen Sudan beherrschten und nur unter Kriegsgefahr wieder aus ihm verdrängt werden könnten. Salisbury meinte jedoch, dass diese Einschätzung wohl eher vom Willen geprägt gewesen sei etwas „brillantes" vorzulegen.[485] Auch Sanderson widersprach der Einschätzung des Soldaten. Er argumentierte, dass die Abessinier einer französischen Herrschaft über ihr großes Nachbarland Widerstand entgegensetzen würden (hier täuschte er sich[486]) und dass gerade ein (rasches) britisches Vorrücken im Sudan Briten und Franzosen in Konflikt bringen könnte. Sanderson wandte sich nicht grundsätzlich gegen eine Expeditionsarmee. Eine Streitmacht in Khartoum und ein Kanonenboot in Faschoda, wie von Ardagh gefordert, reichten aber nicht aus, „um uns gegen ein französisches Festsetzen im Bahr-al-Gazal, falls sie dies beabsichtigen, zu schützen".[487] Sanderson hielt es also lediglich für **denkbar**, nicht für sicher, dass die Franzosen beabsichtigten, sich in der **südwestlichsten Provinz** des Sudan, dem Bahr-el-Ghazal zu etablieren. – Imperialisten wie etwa Ardagh malten gewöhnlich furchterregende Szenarien über angeblich rücksichtslose und entschlossene Gegner, deren Pläne eine entschlossene britische Reaktion erforderten, i.d.R. militärischer Natur. Solch eine Gedanken- und Gefühlswelt lag Sanderson fern.

Vor allem Westafrika, wo sich der Wettlauf zwischen Franzosen, Briten aber auch Deutschen in den Jahren 1896/97 weiter zuspitzte, band die Aufmerksamkeit Salisburys und Sandersons. Es ging um die Aufteilung der letzten „freien" Territorien. Der Premierminister hatte dem französischen Botschafter de Courcel bereits im Juni 1897 gesagt, dass es vorteilhaft wäre, wenn der Diplomat Kolonialminister Chamberlain für ein privates Gespräch über die Nigerregion aufsuchte. Der Vertreter Frankreichs rea-

---

[483] PRO, FO 800/9, Salisbury an Lascelles, 10.3.1896; s. auch Kennedy, Anglo-German Antagonism, 222

[484] Porter, Andrew N.; *Lord Salisbury, Foreign Policy and Finance, 1860–1900*, 173, in: Blake, Salisbury; Shibeika, British Policy, 375; Pakenham, Scramble, 510

[485] PRO, FO 800/2, Minute Salisburys, 16.9.1897

[486] S. Pakenham, Scramble, Zeittafel 1897

[487] PRO, FO 800/2, Minute Sandersons (für Salisbury), 18.9.1897

gierte jedoch nicht. Seit dem Frühjahr 1896 hatte es keine offiziellen britisch-französischen Gespräche über die Situation in Westafrika mehr gegeben[488]. Der sich anbahnende Konflikt der beiden Weltmächte um den Sudan warf lange Schatten. Franzosen und Deutsche allerdings sprachen miteinander. Am 23. Juli 1897 einigten sie sich auf ein Grenzabkommen in Bezug auf ihre benachbarten Kolonien in Westafrika, das die französische Position zwar an der Küste schwächte, am Oberlauf des Niger jedoch verstärkte[489], um dieses Gebiet rangen jedoch Frankreich und Großbritannien. Die Entwicklung war für Großbritannien wenig erfreulich.

Im September 1897 fertigte Sanderson auf Bitte Salisburys ein Memorandum über das umstrittene Boussa in der Nigerregion an. Im Februar 1897 hatten die Franzosen dort einen Militärposten eingerichtet, trotz, wenn auch vager, britischer Rechte in diesem Landstrich. Sanderson glaubte, dass die französische Regierung es nicht wagte, sich von dort zurückzuziehen, vermutlich wegen des Drucks der Kolonialenthusiasten, außer, wenn es eine umfassende Vereinbarung zwischen beiden Seiten gebe. Salisbury lobte die Ausarbeitung seines Staatssekretärs.[490] Kolonialminister Chamberlain aber zeigte sich mit dieser verständnisvollen Deutung höchst unzufrieden: Er ermächtigte den Gouverneur der britischen Goldküste, ohne Salisbury vorher zu konsultieren, umstrittene Gebiete zu besetzen und ordnete an, Zusagen an die Franzosen nicht einzuhalten.[491] Sanderson forderte wenige Tage später, dass die britischen Truppen aus einem soeben besetzten Gebiet so rasch wie möglich abgezogen werden müssten. „Wir haben dies zugesichert (...) und dort nichts zu suchen." Der Staatssekretär betonte, dass die Okkupation zu einem Krieg mit Frankreich führen könnte. Salisbury wagte aber nicht, Chamberlain direkt entgegenzutreten und somit die Stabilität seiner Regierung zu gefährden. Der Premierminister war zudem sehr gereizt auf die Franzosen wegen ihrer aggressiven Politik in Westafrika und schrieb, dass man keine unnötig großen Zugeständnissen machen solle. Zudem würden die Briten Versprechungen halten, die Franzosen jedoch nicht.[492] – Chamberlain jedoch demonstrierte, dass dies eine zu optimistische Einschätzung britischer Vertragstreue war.

Im Oktober 1897 hatte der Wettlauf der vergangenen Monate dazu geführt, dass praktisch alle strategisch relevanten Punkte von britischen oder französischen Truppen besetzt waren. Eine weitere Expansion drohte die Kriegsgefahr zu wesentlich zu verschärfen. Eine zweiseitige Grenzkommission nahm vor Ort ihre Arbeit auf. Salisbury war mit Blick auf den Sudan bereit, den Franzosen in Westafrika weit entgegenzukommen, Chamberlain aber verhinderte Zugeständnisse.[493] Sanderson blieb konziliant, sah sich aber im November veranlasst, dem französischen Botschafter de Courcel mitzuteilen, „dass das französische Vorgehen von einer Art gewesen ist, die es für uns unmöglich macht Konzessionen zu machen". Die Franzosen führten die britische Entschiedenheit auf deren Bestreben zurück, bestimmten Privatinteressen Genüge tun zu wollen. Sanderson wies dies zurück. Er betonte, die Interessen der (privaten) Niger-Com-

---

[488] BL, MSS Eng. hist., c 1214, Sanderson an Monson, 14.12.1897; Pakenham, Scramble, 513
[489] Hargreaves, John D.; *West Africa Partioned*, London 1985, II, 227, (künftig: Hargreaves, West Africa)
[490] Pakenham, Scramble, 512, 515; PRO, FO 800/2, Minute Sandersons (für Salisbury), 21.9.1897; zu Boussa s. auch Hargreaves, West Africa, II, 229; PRO, FO 800/2, Minute Sandersons (f. Salisbury), 13.9.1897
[491] Sanderson, England, Europe and the Upper Nile, 317/18
[492] PRO, FO 800/2, Minute Sandersons (für Salisbury), 28.9.1897; s. auch Sanderson, England, Europe and the Upper Nile, 318 u. Uzoigwe, Britain, 115/16
[493] S. PRO, FO 800/2, Minute Sandersons (f. Salisbury) vom 7.10.1897 u. 11.10.1897; Pakenham, Scramble, 516/17

pany spielten keine Rolle für die Sicht der britischen Regierung, sondern die Rechte des Vereinigten Königreiches. – Sir George Goldie und seine „Royal Niger Company" waren übrigens schwierige Partner für das F.O. Sanderson beklagte sich im September 1897, dass er nicht wisse, wie Goldie zu seiner Doktrin komme, dass die Regierung Ihrer Majestät verpflichtet sei, das Territorium der „Company" gegen alle europäischen Mächte zu verteidigen. – De Courcel „meinte", so Sanderson,

> „dass die Angelegenheit keinen Streit wert sei. Ich sagte, dass ich vollständig seiner Auffassung sei, aber das Prinzip in ein Gebiet zu marschieren, das wir bereits zuvor für uns beansprucht haben, und zu sagen, dass ein Rückzug unmöglich sei, könne von keiner Regierung hier akzeptiert werden."[494]

Am 26. November berichtete Sanderson dem britischen Botschafter in Frankreich, dass nach einem Bericht aus dem britisch beherrschten Lagos 1000 französische Soldaten in einem Gefecht 400 Briten besiegt hätten. Seines Erachtens habe es aber Kämpfe zwischen Franzosen und Afrikanern gegeben, was sich später auch bestätigte.[495]

Im Dezember 1897 entschloss sich de Courcel, endlich Chamberlain aufzusuchen, bzw. er erhielt die Genehmigung vom Quai d'Orsay hierzu. Sanderson hoffte, dass es ihm gelingen werde, den außerordentlich zornigen Chamberlain etwas zu besänftigen. Dieser werde de Courcel auch deutlich machen, dass die britische Regierung nicht im Auftrag der Niger-Company handele, und dass es ihr „bitter ernst" sei. Chamberlain hatte von seinem Amtsantritt 1895 bis Mitte 1897 kein großes Interesse an außenpolitischen Fragen gezeigt, schaltete sich danach aber aktiv ein, besorgt und verärgert wegen der (vermeintlich) schwachen Haltung Salisburys gegenüber den Franzosen. Dies hatte nicht nur weitgehende Auswirkungen auf die britische Position im Westafrikakonflikt. Chamberlain unternahm in den folgenden Jahren mehrfach aufsehenerregende Versuche, die „Große Politik" seines Landes zu beeinflussen.[496]

Die Spannungen um Westafrika hielten an. Die „Company" konnte dem französischen Druck nicht genug entgegensetzen, darum wurden Überlegungen angestellt, die private Gesellschaft aufzukaufen. Sanderson stellte im November 1897 hierfür einen Vertragsentwurf fertig. „Der Vorschlag wird Goldie nicht befriedigen", schrieb er an Salisbury.[497] Der Premierminister war mit dem Entwurf einverstanden. „Es gibt nur einen Punkt, bei dem Sie vielleicht zu hart mit Goldie waren", schrieb er an Sanderson. „Ich bitte lediglich, dies noch einmal zu überdenken."[498]

Sanderson glaubte nicht, wie er am 1. Februar 1898 schrieb, dass das Kolonialministerium Krieg wolle, „aber es gibt gewisse Dinge, die das Kabinett nicht dulden wird, und die Franzosen haben uns allzu zugesetzt." Der französische Botschafter blieb wie üblich sehr konziliant, aber unglücklicherweise bedeutete dies nicht unbedingt eine ebensolche Haltung in Paris, wie Sanderson meinte.[499] Die bedrohlichen Spannungen zwischen beiden Ländern hielten an. Mitte März legte die französische Regierung einen Vorschlag für ein zweiseitiges Westafrikaabkommen vor. Sanderson war aber überzeugt, dass das britische Kabinett diesen nicht annehmen werde: „Ich glaube nicht,

---

[494] BL, MSS Eng. hist., c 1214, Sanderson an Monson, ohne Datum (November 1897); s. auch Uzoigwe, Britain, 116; Davis, Lance E. (mit Huttenback, Robert A.); *Mammon and the Pursuit of Empire. The Economics of British Imperialism*, Cambridge 1988, 117, (künftig: Davis, Mammon and the Pursuit). Zu den Konflikten zwischen Sanderson und Goldie s. PRO, FO 800/2, Seiten 68, 70, 80, 86/87

[495] BL, MSS Eng. hist., c 1214, Sanderson an Monson, 26.11.1897

[496] BL, MSS Eng. hist., c 1214, Sanderson an Monson, 14.12.1897; Grenville, Salisbury, 124, 128

[497] PRO, FO 800/2, Minute Sandersons (f. Salisbury), 20.11.1897

[498] PRO, FO 800/2, Salisbury an Sanderson, 20.11.1897; s. auch ebd. Minute Sanderson (f. Salisbury) vom 22.11.1897, zu diesem Thema s. auch Pakenham, Scramble, 517/18

[499] BL, MSS Eng. hist., c 1214, Sanderson an Monson, 1.2.1898; BL, MSS Eng. hist., c 1214, Sanderson an Monson, 6.3.98

dass wir sie <die britischen Minister> dazu bringen können, unsere eigenen Vorschläge noch weiter zu stutzen.“[500] De Courcel suchte den Staatssekretär in diesen Frühjahrsmonaten des Jahres 1898, in denen Salisbury längere Zeit erkrankt war, sehr häufig auf. Sanderson mochte ihm nicht sagen, was er empfand: „Dass Frankreich uns mehr und mehr in Richtung einer deutschen Allianz drängt. Aber ich denke, das ist es, was er <de Courcel> fürchtet. Es wäre auf lange Sicht kostspielig, sowohl für uns, als auch für Frankreich.“[501]

Sanderson war auf britischer Seite praktisch Verhandlungsführer bei den Gesprächen um die Abgrenzung der Sphären der beiden Weltmächte in Westafrika und hatte hierbei insbesondere auf Kolonialminister Chamberlain Rücksicht zu nehmen. Dieser lehnte bspw. ab, die französischen Positionen nördlich und östlich des Tschadsees anzuerkennen. Zuvor müsse der Quai d'Orsay zufriedenstellende Versicherungen über die Absichten im Niltal abgeben. Hierauf ließen sich die Franzosen aber nicht ein. De Courcel meinte im Gegenteil, wenn die Briten weiterhin „unvernünftig“ blieben, so müsse die französische Regierung den Verlauf der bisherigen Verhandlungen publik machen und dann die öffentliche Meinung entscheiden lassen.[502] Dies mussten die Briten als französische Drohung auffassen, es unter Umständen auf einen Krieg ankommen zu lassen. Am 30. August schlossen Großbritannien und das Deutsche Reich das Abkommen über die portugiesischen Kolonien. Die Wilhelmstraße stellte sich also auf die britische Seite. Frankreich musste bei einem Streit mit dem Empire folglich ein unfreundliches Deutschland im Rücken fürchten.

Britische Truppen rückten derweil vom Norden kommend im Sudan vor.[503] Am 2. September 1898 kam es zur Entscheidungsschlacht gegen die Mahdisten, in der 26.000 gut gerüstete Briten und Ägypter gegen 40.000 Sudanesen standen. 10.000 Soldaten des Mahdi und 50 Anglo-Ägypter verloren ihr Leben. Der Sieg bei Omdurman führte in England zu bemerkenswerten Ausbrüchen von Enthusiasmus. Die deutsche Presse reagierte sehr freundlich, der Kaiser sandte ein Glückwunschtelegramm und brachte öffentlich Hochrufe auf die Queen aus. Der siegreiche General Kitchener warf die Gebeine des vor Jahren verstorbenen geistlichen und weltlichen Oberhauptes der Fundamentalisten, des Mahdi, in den Nil und behielt den Totenkopf als Souvenir – was die britische Öffentlichkeit schockierte, als sie davon erfuhr.[504]

Einige Tage nach der Entscheidung wurde bekannt, dass in Faschoda, einige hundert Kilometer südlich des Schlachtfeldes, französische Soldaten standen. Sie waren vom französisch beherrschten Zentralafrika den entbehrungsreichen und gefährlichen Weg ins Niltal marschiert. Die britische Presse reagierte empört und gereizt. In der nun folgenden sogenannten Faschodakrise wurden die Türen des F.O. für die Presse weiter geöffnet denn je: Während der wichtigsten Kabinettssitzung im Verlauf dieser Krise hielt sich ein Journalist der „Daily Mail“ im Wartezimmer des F.O. auf. Bereits eine halbe Stunde nach ihrem Ende wurde er von Sanderson empfangen und mit genauen Informationen ausgestattet, welche Haltung der Zeitung die Regierung wünschte. So-

---

[500] Ebd., 18.3.1898

[501] BL, MSS Eng. hist., c 1214, Sanderson an Monson, 25.2.1898. u. 18.3.1898; HH, Sanderson Papers, Sanderson an Salisbury, 3.4.1898

[502] BM, Balfour MS, Add. MS, 49739, Brief und Memorandum Sandersons an Balfour, 8.4.1898, 8.4.1898; zu den Verhandlungen s. auch Pakenham, Scramble, 522

[503] Ein Aufstand sudanesischer Truppen im britischen Uganda hatte ein Vorrücken von **Süden** im Winter 1897/98 unmöglich gemacht (BL, MSS Eng. hist., c 1214, Sanderson an Monson, 19.11.1897; Pakenham, Scramble, 517).

[504] Langer, Diplomacy of Imperialism, 551/552; Hale, Publicity and Diplomacy, 172; Pakenham, Scramble, 550; Lewis, David Levering; *The Race to Faschoda. European Colonialism and African Resistance in the Scramble for Africa*, London 1988, 228

gar der liberale „Spectator" war während der Krise kriegerisch gestimmt.[505] Rosebery erklärte öffentlich, dass Großbritannien in jüngster Vergangenheit von Frankreich als „quantité négligeable" behandelt worden sei. Er fuhr fort

> „Falls die Nationen der Welt den Eindruck haben, dass der alte britische Geist tot ist (...) oder die <britische> Bevölkerung weniger entschlossen als früher, die Rechte und die Ehre ihrer Flagge zu wahren, machen sie einen Fehler, der nur in einer verheerenden Feuersbrunst enden kann."[506]

Der Konflikt um Westafrika und den Sudan zwischen den beiden Weltmächten war zur bis dahin bedrohlichsten Krise zwischen Großmächten seit 1878 eskaliert.

Sanderson glaubte Ende September, dass die französische Regierung „vernünftig" werden wird, d.h. Hauptmann Marchand und seine lediglich 300 Soldaten aus Fascho-da zurückzieht. Die britische Bevölkerung würde kein Nachgeben der eigenen Regierung dulden, selbst wenn diese es wollte. „Ich glaube nicht", fuhr Sanderson fort, „dass Marchand in seiner jetzigen Position lange durchhalten kann."[507] Zwei Tage später schrieb Sanderson, dass es kein großes Unglück wäre, wenn Marchand noch zwei Wochen länger an Ort und Stelle bliebe. Der Mangel an Nahrungsmitteln werde nur umso deutlicher demonstrieren, wie aussichtslos und lächerlich die Besetzung Faschodas sei.[508] Salisbury ging noch einen Schritt weiter: „Seine Position sollte so unhaltbar wie möglich gemacht werden."[509]

Der französische Außenminister Delcassé unternahm den erfolgreichen Versuch, Monson, den britischen Botschafter in Paris, von der Möglichkeit einer russischen Unterstützung für den Fall einer britisch-französischen Konfrontation zu überzeugen.[510] Zeitweise war sich Monson sogar **sicher**, dass Russland Frankreich im Kriegsfalle unterstützen werde. Salisbury und Sanderson hielten dies nicht für denkbar und behielten Recht damit. Das Zarenreich befand sich einerseits in erheblicher Finanznot, zum anderen suchte es, seinen Einfluss auf China zu verstärken.[511] Beides verbot eine große Konfrontation mit dem Empire.

Salisbury war der Ansicht, dass die britische öffentliche Meinung keine territorialen Zugeständnisse an Frankreich dulden werde, und lehnte ab, diese Frage auch nur zu diskutieren oder dem Quai d'Orsay zuzusichern, dass nach dem Abzug Marchands Verhandlungen beginnen könnten.[512] De Courcel, der Botschafter in London, war nun überzeugt, dass die Briten ihr letztes Wort gesprochen haben, und er versuchte, das nun noch Mögliche, den französischen Rückzug aus Faschoda, mit einem möglichst geringen Prestigeverlust für sein Land zu bewerkstelligen. Er bat Salisbury um eine nicht offizielle Stellungnahme[513], dass sich die diplomatischen Beziehungen zwischen beiden Ländern nach Marchands Rückzug wieder normalisieren und französische Ansprüche ohne Vorurteil berücksichtigt würden. Sanderson sandte de Courcel zudem eine

---

[505] Langer, Diplomacy of Imperialism, 552/53; Jones, Kennedy; *Fleet Street and Downing Street*, London 1920, 97, (künftig: Jones, Fleet Street); Postgate, Those Foreigners, 190

[506] Kennedy, A.L.; *Old Diplomacy and New, 1876–1922. From Salisbury of Lloyd George*, London 1922, 82, (künftig: Kennedy, Old Diplomacy)

[507] BL, MSS Eng. hist., c 1214, Sanderson an Monson, 27.9.1898

[508] PRO, FO 78/5051, Minute Sandersons auf einem Brief Rodds an Salisbury, 29.9.1898

[509] PRO, FO 78/5051, Salisbury an Rodd, 1.10.1898

[510] B.D., I, Nr. 215, S. 182; Sanderson, England, Europe and the Upper Nile, 356

[511] HH, A/95, Sanderson an Salisbury, 28.10.1898; Grenville, Salisbury, 227; Sanderson, England, Europe and the Upper Nile, 356; Joll, Europe, 98

[512] Sanderson, England, Europe and the Upper Nile, 350; Langer, Diplomacy of Imperialism, 556; darum ist auch ein wenig unverständlich, wenn Eldridge (Victorian Imperialism, 199) über Salisburys Faschodapolitik schreibt, dass der erfahrene Außenpolitiker wusste, dass eine Demütigung von Gegnern möglichst vermieden werden sollte.

[513] Ein sogenanntes aide memoire.

private und persönliche Mitteilung unter dem Absender seiner Privatadresse, daß das F.O. niemals **offiziell** die Evakuierung Faschodas verlangt habe. Mit diesen Dokumenten ausgestattet konnte der Diplomat sein Ministerium überzeugen, Marchands Rückzug anzuordnen und diesen öffentlich auf lediglich lokale Ursachen zurückzuführen. Der Botschafter begann umgehend Gespräche mit Sanderson über den möglichen Rückzugsweg der französischen Truppen.[514] Die französische Regierung schickte die Soldaten auf einen weiteren entbehrungsreichen und gefährlichen Weg über Abessinien, um nicht durch das britisch beherrschte Niltal reisen zu müssen.

Der deutsche Außenminister Bülow schrieb, dass der britische Triumph in Faschoda undenkbar gewesen wäre, „wenn England nicht das Gefühl voller Sicherheit nach der deutschen Seite hin gehabt hätte".[515] Dies ist überzeichnet. Das kurz zuvor geschlossene britisch-deutsche Abkommen über die portugiesischen Kolonien fügte der militärischen Übermacht des Empire aber noch ein strategisches Element hinzu: Das anscheinend freundschaftliche Einvernehmen zwischen dem Vereinigten Königreich und Deutschland führte in Frankreich und Russland zu größerer Vorsicht gegenüber Großbritannien.

Salisburys Reputation war nun wiederhergestellt, nachdem ihm in der Chinakrise vermeintliche Schwächen vorgeworfen worden waren (s. Kap. III, Abschnitt 1). Die Kriegsgefahr war aber immer noch nicht gebannt. In Frankreich bestand die Sorge, dass die Briten trotz der Einigung einen Überraschungsangriff unternehmen könnten, um die Flotte des Konkurrenten zu vernichten. Auch in Großbritannien wurden die Kriegsvorbereitungen nicht eingestellt, da übertriebene Berichte des eigenen Geheimdienstes über militärische Vorbereitungen des Widersachers vorlagen.[516]

Die innenpolitische Situation in Frankreich war Ende 1898/Anfang 1899 so angespannt wie seit der Niederschlagung der Kommune 1871 nicht mehr. Die Auseinandersetzungen um die Dreyfus-Affäre drohten, den Charakter eines Bürgerkrieges anzunehmen.[517] Viele französische Intellektuelle und Sozialisten argwöhnten, dass Rechte und die Streitkräfte einen Krieg gegen Großbritannien anzetteln wollten, um eine Militärdiktatur errichten zu können.[518]

Im Dezember 1898 speiste Außenminister Delcassé demonstrativ mit dem deutschen Botschafter. An eine wirkliche Annäherung beider war wegen Elsaß-Lohtringen und des grundsätzlichen deutschen Interesses an einer Kooperation mit Großbritannien aber nicht zu denken. Auf Russland konnte sich Frankreich auch nicht stützen. Die Kriegsgefahr blieb, und Anfang Januar 1899 zeigten Kursstürze der Pariser Börse, dass diese in Frankreich als sehr bedrohlich empfunden wurde. Monson schrieb, dass er überall höre, im kommenden Frühjahr werde der Waffengang beginnen, und seines Wissens seien die Vorbereitungen für diesen in vollem Gange. Hierzu gehörte vorrangig ein großes Flottenbauprogramm. Die Geschichte schien durch die französische Demütigung zu beweisen, was der weltberühmte Admiral Mahan predigte: dass in der Weltpolitik alles von der Seemacht abhänge.[519] Frankreich hätte dem Empire in einem

---

[514] Sanderson, England, Europe and the Upper Nile, 350/51; B.D.I, Nr. 220, S. 184; Zürrer Nahostpolitik, 432; Pakenham, Scramble, 551

[515] G.P., XIV, 549

[516] Grenville, Salisbury, 230/31; Langer, Diplomacy of Imperialism, 537

[517] Langer, Diplomacy of Imperialism, 553/54; Kitchener, der britische Kommandant, hatte Marchand in Faschoda französische Zeitungen neuesten Datums zukommen lassen. Marchand schrieb später: „Eine Stunde nachdem wir die französischen Zeitungen geöffnet hatten, zitterten und weinten die französischen Offiziere ... und 36 Stunden lang war niemand von uns in der Lage, irgendetwas zu sagen" (Pakenham, Scramble, 549)

[518] Langer, Diplomacy of Imperialism, 561

[519] Langer, Diplomacy of Imperialism, 568/69, 562, 605; Grenville, Salisbury, 231

Waffengang auf allen Kontinenten schwere Verluste zufügen können, aber an einen Sieg war in Anbetracht der Unterlegenheit zur See (und der desaströsen Lage im Inneren) nicht zu denken.

Salisbury hatte keine Eile, Verhandlungen mit den Franzosen zu autorisieren. Im Januar 1899 begannen sie schließlich, großenteils von Sanderson geführt.[520] Dieser hielt engen Kontakt mit Chamberlain und war Ende Januar 1899 einige Tage dessen privater Gast. Bei den Verhandlungen ging es um die Abgrenzung der wechselseitigen Einflusszonen in Zentral- und Westafrika.[521] Sie zogen sich monatelang hin, und Sanderson klagte, dass die Franzosen so „unerträglich" seien wie immer.[522] Aber auch auf den deutschen Kaiser, der behauptete während der Krise mäßigend gewirkt zu haben, war er nicht gut zu sprechen. Dieser ähnele eher jemandem, der „mit einem Streichholz herumläuft und es an Pulverfässern kratzt".[523] Im Prinzip ließ sich Sanderson bei der Beurteilung der deutschen Politik weniger von Emotionen leiten, als dies anscheinend bei Salisbury der Fall war. Er glaubte, dass kriegerische Verwicklungen, etwa in Ostasien, den deutschen Handel schwer beeinträchtigen würden, die Wilhelmstraße also allein schon aus diesem Grund keinen Waffengang wünschen könne.[524] Er schrieb jedoch an Lascelles, dass der deutsche Kaiser Britanniens Freund sein wolle – „aber er wäre gern unser **einziger** Freund."[525] Diese Einschätzung trifft sicher zu.

Ende Februar hatten sich beide Seiten noch nicht verständigt und selbst im März forderten die Franzosen einen Ort im Einzugsbereich des Nil. Sanderson weigerte sich jedoch, dies zuzugestehen.[526] Ende März 1899 einigten sich beide Mächte. **Ein** Streitpunkt blieb jedoch: die Finanzierung des Feldzuges. Denn Großbritannien hatte sich ägyptischer Gelder für die Finanzierung seiner Expedition bedient, und Frankreich, das in der sogenannten Caisse de la dette, dem Aufsichtsorgan der europäischen Gläubiger über die ägyptische Staatskasse ein wichtiges Wort mitzureden hatte, weigerte sich, dies zu sanktionieren.[527]

Die italienische Regierung war über die britisch-französische Einigung unglücklich und befürchtete eine Bevorzugung des romanischen Rivalen. Sie bat Salisbury, öffentlich erklären zu dürfen, dass Großbritannien und Italien nach wie vor übereinstimmend wünschten, den Status quo im Mittelmeer gewahrt zu sehen, was der Premierminister aber ablehnte.[528] Salisbury sah keinen Grund mehr, öffentlich oder privat irgendeine Verbundenheit mit dem Dreibund zu demonstrieren, trotz des erbitterten Widerstandes Frankreichs gegen den britischen Griff in die ägyptische Staatskasse. Da in der ägyptischen Finanzverwaltung nach den beiden Weltmächten auch das Deutsche Reich, Österreich-Ungarn und Italien Einfluss besaßen, musste Großbritannien unter Umständen fürchten, dass sie sich in Ägypten auf die Seite Frankreichs stellen und die britische Genugtuung über den militärisch-diplomatischen Triumph durch erhebliche finanzielle Probleme beeinträchtigt werden könnte. Salisbury hatte aber bereits Italien mit seinem Verhalten brüskiert. Er war offensichtlich der Überzeugung, dass Italien es

---

[520] Sanderson war auch eine der Hauptpersonen bei der Abgrenzung der territorialen Ansprüche in Zentralafrika mit Belgien, s. Collins, Robert O.; *King Leopold, England and the Upper Nile, 1899–1909*, New Haven/London 1968

[521] G.P., XIV, II, Nr. 4036, S. 573; Grenville, Salisbury, 231; DDF, 1/15, 84, 102, 106, 111

[522] BL, MSS Eng. hist., c 1214, Sanderson an Monson, 31.1.1899

[523] PRO, FO 800/9, Sanderson an Lascelles, 25.1.1899

[524] BL, MSS Eng. c 4380, Sanderson an Kimberley, 8.7.1894

[525] PRO, FO 800/9, Sanderson an Lascelles, 2.8.1899

[526] BL, MSS Eng. hist., c 1214, Sanderson an Monson, 28.2.1899 u. 10.3.1899; zum Verhandlungsverlauf s. auch Pakenham, Scramble, 556

[527] Zürrer, Nahostpolitik, 141

[528] B.D., I, Nr. 251

nicht wagen würde, seine Pressionsmöglichkeit gegenüber Großbritannien einzusetzen. Der Konflikt um Samoa wird zeigen, dass er die diplomatische Stellung und Macht des Deutschen Reiches gegenüber dem Empire nicht höher einschätzte.

14. Samoa

Die Samoa-Inselgruppe umfasst etwa 3000 Quadratkilometer und befindet sich im Südpazifik – von Mittel- oder Westeuropa aus betrachtet am (anderen) Ende der Welt, deutlich weiter entfernt als Australien. Der Streit um dieses kleine entlegene Archipel beschäftigte Politiker, Diplomaten und Beamte des Deutschen Reiches, Großbritanniens und der USA über einen Zeitraum von etwa 15 Jahren trotzdem recht erheblich.[529]

Erstaunlicherweise dominierten deutsche Kaufleute seit den 1860er Jahren den Handel im Südpazifik, sahen ihre starke Stellung seit Mitte der 70er Jahre aber gefährdet, weil Spanien, Großbritannien und Frankreich ihre dortigen Interessengebiete ausweiteten bzw. ihren Zugriff verstärkten. Samoa hatte sich noch keine Kolonialmacht einverleibt, und deutsche, britische und US-amerikanische Kaufleute, Missionare und Diplomaten rangen um die Vorherrschaft auf der Inselgruppe. Bismarck suchte, die militärisch und politisch schwache Stellung Deutschlands in der Südsee dadurch zu auszugleichen, dass er Großbritannien an verschiedenen Brennpunkten des Weltgeschehens unter Druck setzte oder Kooperation anbot, u.a. für den Preis britischer Konzilianz auf Samoa. Das Archipel war für den Reichskanzler zur Belastung und zum Ärgernis geworden. Zudem kam es zwischen Briten und Deutschen auf den Inseln zu Kontroversen, die sich zu einer Belastung des herzlichen Verhältnisses beider Länder hätten auswachsen können.[530] Bismarck sah sich aber durch die wachsende Gruppe von Kolonialenthusiasten unter Druck gesetzt. Die Südsee-Inselgruppe war für sie zum Symbol eines erhofften Weltreiches geworden, jenseits des Wertes der Eilande.

1889 wurde Samoa formell unter den gemeinsamen „Schutz" des Deutschen Reiches, Großbritanniens und der USA gestellt. Auf britischer Seite bestand die Hoffnung, dass der deutsche Einfluss im Südpazifik im Schwinden begriffen sei, während man in der Wilhelmstraße glaubte, Anzeichen feststellen zu können, dass sich die Amerikaner aus der konfliktträchtigen Dreierverwaltung zurückziehen könnten.[531]

1894 gewann die britisch-deutsche Diskussion über Samoa an Intensität, und Sanderson befürwortete eine entgegenkommende britische Politik. Hatzfeldt war der Überzeugung, „daß Sanderson es darin ehrlich meint, daß man uns etwa bieten müßte, und sein möglichstes tun wird". Der Staatssekretär konnte sich mit seiner Haltung aber nicht durchsetzen. Der Botschafter meinte immerhin, dem britischen Außenminister „die klare Erkenntnis gebracht zu haben", „daß wir nur für ausreichende Gegenleistungen" zu einer Zusammenarbeit – die der damalige Außenminister Kimberley selbst angeboten hatte – zu bewegen sind. Der Kaiser, durch alldeutsche Kreise inspiriert, dachte 1894 sogar daran, das Archipel durch einen deutschen Flottenverband im Handstreich besetzen zu lassen. Neben anderen verhinderte aber Reichskanzler Caprivi dieses Abenteuer.[532]

---

[529] Kennedy (Samoan, IX) merkt an, dass allein in den Potsdamer Archiven 300 Bände mit gebundenen Dokumenten zur Samoafrage gelagert werden, in britischen Archiven befinden sich insgesamt immerhin 100.

[530] Kennedy, Samoan, 28, 48, 55, 61; Crowe, Crowe, 70/71

[531] Kennedy, Samoan, 105/06; Rich, Politics and Diplomacy, I, 368

[532] Hatzfeldt, Papiere, II, 982; Rich, Politics and Diplomacy, I, 368; G.P., VIII, 422/23; Kennedy, Samoan, 116–18; s. auch Canis, Von Bismarck zur Weltpolitik, 133

Ende 1894 beendete die Jahre zuvor eingerichtete amerikanisch-britisch-deutsche Landkommission auf Samoa ihre Arbeit. Ihr Ergebnis war eine Ermutigung für die Wilhelmstraße, denn der nun allgemein anerkannte Landbesitz deutscher Staatsbürger überstieg denjenigen von Briten und Amerikanern **zusammen** um ein Drittel.[533] Die Probleme der Dreierverwaltung hielten jedoch an, verschärft durch erhebliche Konflikte verschiedener Gruppen von Einheimischen. Ein Beamter[534] des F.O. schrieb 1895 von „den üblichen monatlichen Bulletins über Zank & Lähmung der Verwaltung von Samoa". Handel und Plantagenwirtschaft auf der Inselgruppe litten.[535]

Alle drei Mächte standen nicht mehr nur unter dem Druck bestimmter **wirtschaftlicher** Interessengruppen, die überseeische Stellung des Landes auszubauen bzw. zu erhalten. Der Imperialismus war in den hochentwickelten Staaten zu einem **Herzensanliegen** von Millionen geworden. In allen drei beteiligten Ländern schürten und nutzten Regierung und Parteien dies für innenpolitische Zwecke. Es ging v.a. um Prestige und „Gloire" – und im deutschen Falle um die damals gewaltige Summe von 15 Millionen Reichsmark. Dieser Betrag war in den vorhergehenden 20 Jahren für die Marinepräsenz in der Südsee ausgegeben worden.[536] Bei einer deutschen Niederlage im Streit um Samoa wäre diese „Investition" vergebens gewesen.

1886 vertrat Salisbury die Position, dass Großbritannien in allen Fragen von nachrangiger Bedeutung mit Deutschland gehen solle, sogar bei allen Fragen, bei denen die britischen Interessen nicht dringend das Gegenteil verlangten. Eine solche Äußerung wäre zehn Jahre später undenkbar gewesen, wie sein Verhalten in der Samoafrage beispielhaft zeigt.[537] Die Imperialisten waren allzu stark geworden.

1898/99 wuchs sich die Kontroverse um die Inselgruppe zu einer schweren Belastung der britisch-deutschen Beziehungen aus: Die USA und Großbritanniens hatten sich bei bewaffneten Kontroversen zwischen den Inselbewohnern auf die Seite der einen Fraktion geschlagen, Deutschland stand auf der anderen. Britische und amerikanische Seestreitkräfte schalteten sich Anfang 1899 offen in die Auseinandersetzungen ein und suchten die von den Deutschen favorisierte Fraktion in sechswöchigen Kämpfen niederzuwerfen. Im Zusammenhang damit beschossen Ende März amerikanische und britische Schiffe die Inselhauptstadt und beschädigten auch das deutsche Konsulatsgebäude, „was eine riesige Protestwelle in Deutschland auslöste".[538] Lascelles, der britische Botschafter in Berlin, schrieb am 25. März an Sanderson:

> „Der Kaiser (…) ist sehr verärgert wegen Samoa, und ich schließe aus dem, was ich aus anderen Kreisen erfahre, dass er Recht hat mit seiner Äußerung, dass die öffentliche Meinung sehr erregt ist (…). Das Auswärtige Amt (…) ist in einem Zustand stürmischer Aufregung (…) wegen unserer Bosheit. Was ist unsere Freundschaft wert, fragen sie, in einer Frage, an der sie so lebhaft interessiert sind, wenn wir uns auf die Seite ihrer Gegner schlagen?"[539]

Außenminister Bülow war der Ansicht, dass Samoa einen Streit zwischen den Mächten nicht wert sei, glaubte aber, Rücksicht auf die öffentliche Meinung nehmen zu müssen. Zudem meinte Sanderson, habe Salisbury „sein Bestes getan, um den Widerstand der

---

[533] Zu den erstaunlichen Einzelheiten der Ergebnisse der Landkommission s. Kennedy, Samoan, 101

[534] Die „civil servants" der britischen Ministerien besaßen zwar keinen deutschen Verhältnissen entsprechenden beamtenrechtlichen Status, übten jedoch im Prinzip dieselbe Funktion aus wie ihre Kollegen in Berlin. Darum werden beide Bezeichnungen in der Arbeit synonym verwandt.

[535] Zit. In Kennedy, Samoan, 104, 105

[536] Zur Rolle Australiens und Neuseelands s. ebd., 8 und Baumgart, Der Imperialismus, 30, 138 Anm. 102; Kennedy, Samoan, 106

[537] Kennedy, Samoan, 294/95

[538] Kennedy, Samoan, 146–154; Winzen, Bülows, 94

[539] PRO, FO 800/17, Lascelles an Sanderson, 25.3.1899

USA" gegen deutsche Vorschläge in Bezug auf die Philippinen zu erregen. Selbst wenn dies der Wilhelmstraße entgangen sein sollte, so war doch offensichtlich, dass den Argwohn der Amerikaner erregende Gerüchte über angebliche deutsche Absichten in Ostasien regelmäßig von London oder Hongkong ihren Ausgang nahmen. Die Verärgerung des Kaisers hatte aber auch eine familiäre Ursache: Die Queen hatte es ihm nicht gestattet, ihr zu ihrem Geburtstag seine Kinder vorzustellen.[540] Die Bedeutung dieser für den entfernten Beobachter vielleicht skurrilen Episode am Rande auf den labilen und zu Geltungssucht neigenden Wilhelm sollte nicht unterschätzt werden.

Ende März 1899 trat die deutsche Regierung offiziell an das F.O. heran, um eine Änderung des paralysierenden Prinzips der Einstimmigkeit der drei Samoa-Vormünder zu erzielen, – das Großbritannien und die USA bei ihrem Eingreifen nicht beachtet hatten. Salisbury reagierte aber nicht und fuhr zunächst einmal in den Urlaub – obwohl Großbritannien auf das Wohlwollen der Dreibundmächte in der Frage der Finanzierung des Sudanfeldzuges angewiesen war. Der Premierminister betrachte „die ganze Frage mit äußerster Ruhe", wie Sanderson Lascelles am 29. März schrieb.[541] Am gleichen Tag wies Bülow das Auswärtige Amt an, dass das weitere Verhalten des Vereinigten Königreiches in der Samoafrage von entscheidender und weitreichender Bedeutung für die künftigen Beziehungen beider Länder sein solle.[542] Der deutsche Außenminister fasste sogar einen Abbruch der diplomatischen Beziehungen ins Auge. Vermutlich spielten für diesen möglichen dramatischen Schritt **innen**politische Gründe die herausragende Rolle: Bülow sah sich zum einen dem Druck von Interessenvertretern und Kolonialenthusiasten ausgesetzt, zum anderen kursierten Gerüchte über eine mögliche Kanzlerschaft Herbert von Bismarcks oder Tirpitz', einer Würde, die er selbst anstrebte. So liegt es nahe, dass er einen raschen Erfolg vorweisen wollte, wenn nötig mit rabiaten Mitteln.[543]

Lascelles sagte Richthofen, dem deutschen Kollegen Sandersons,

> „daß er nochmals sein möglichstes tun werde, um Lord Salisbury zur vollen Annahme unseres <d.h. des deutschen> Vorschlages zu bewegen (…) und sprach von einem Privatbrief, den er gestern Sir Thomas Sanderson geschrieben, und von dem er besonderen Erfolg erhoffte".

Lascelles betrachtete das deutsche Anliegen sicher mit einiger Sympathie. Er sah aber auch, dass die Reichsregierung die Samoafrage instrumentalisierte, um Stimmung für eine weitere Flottenverstärkung zu machen.[544]

Am 12. April schrieb Sanderson: „Hatzfeldt war sehr ungeduldig über die Verzögerungen und sprach in gekränktem Tonfall, der m.E. kaum vernünftig ist … konnte keinen Widerspruch ertragen … und wir hatten einen tüchtigen Krach."[545] – Hatzfeldt schrieb übrigens nach der Kontroverse über Sanderson: „Der gute Mann, der im übrigen kein Bösewicht ist, aber zu sinnlosen Wutausbrüchen neigt …"[546]

Sanderson war gereizt über „diese elende Inselgruppe" und hatte anhaltende Schwierigkeiten, Salisbury dazu zu bewegen, die ungeduldigen Briefe und Äußerungen des Botschafters zu beantworten, während die USA die deutschen Samoavorschläge sofort akzeptierten.[547] Lascelles schrieb Sanderson am 14. April, dass die Wilhelmstraße au-

---

[540] PRO, FO 800/17, Lascelles an Sanderson, 25.3.1899; B.D., I/1, 177; B.D., III, 423; Kennedy, Samoan, 141; PRO, FO 800/17, Lascelles an Salisbury, 5.5.1899

[541] Canis, Von Bismarck zur Weltpolitik, 313; PRO, FO 800/9, Sanderson an Lascelles, 29.3.1899

[542] G.P., XIV, II, Nr. 4052; B.D., I, 134; PRO, FO 800/17, Lascelles an Salisbury, 31.3.1899

[543] G.P., XIV, II, Nr. 4053; Hallgarten, Imperialismus, I, 485; Canis, Von Bismarck zur Weltpolitik, 313/14

[544] G.P., XIV, II, Nr. 4057, 2.4.1899; PRO, FO 58/329, Lascelles an Salisbury, 8.4.1899

[545] PRO, FO 800/9, Sanderson an Lascelles, 12.4.1899

[546] Hatzfeldt, Papiere, II, 1210, Hatzfeldt an Holstein, 15.4.1899

[547] Grenville, Salisbury, 274/75; Canis, Von Bismarck zur Weltpolitik, 314

ßerordentlich misstrauisch sei. „Hatzfeldt muß offensichtlich berichtet haben, daß wir absichtlich Schwierigkeiten machen, und es gibt die alte, alte Geschichte, daß wir Deutschland als ‚quantité négligeable' behandeln."[548] Salisbury soll in diesen Tagen dem Herzog von Devonshire gesagt haben, dass er täglich auf das angedrohte Ultimatum der Wilhelmstraße warte:

> „Leider ist es aber bis jetzt immer noch nicht eingetroffen. Deutschland würde ja, wenn es das Ultimatum nicht stellen sollte, eine glänzende Gelegenheit verpassen, nicht nur seinen Anteil an Samoa, sondern auch seinen ganzen übrigen Kolonialbesitz, der ihm zu viel Geld zu kosten scheint, auf anständige Weise los zu werden. Wir aber würden dann in der Lage sein, uns durch genügende koloniale Kompensationsobjekte mit Frankreich dauernd einigen zu können."[549]

Es ist fraglich, ob Salisbury diese Äußerung tatsächlich getan hat, ausschließen kann man es nicht.

Kurze Zeit darauf gab Salisbury verärgert nach. Womöglich hatte er beabsichtigt, das Deutsche Reich und die USA gegeneinander zu positionieren. Brodrick, der parlamentarische Statssekretär im F.O., äußerte jedenfalls diese Vermutung. Sanderson meinte hingegen begütigend, dass Salisbury einfach nicht gesehen habe, wie wichtig ein rasches Entgegenkommen Großbritanniens für die Deutschen gewesen sei[550], eine nicht sehr überzeugende Erklärung.

In der britischen Presse spielte die Samoafrage keine große Rolle. Wenn sie berichtete, so betonte sie in aller Regel eine anglo-amerikanische Solidarität gegen die Deutschen. Lediglich die „Daily Mail" schrieb am 13. April, dass die Freundschaft mit dem Deutschen Reich der Dreh- und Angelpunkt britischer Außenpolitik sei, und deutsche Wünsche darum respektiert werden sollten.[551]

Die Kontroverse um die Inselgruppe war nach der Einigung über einige Streitpunkte etwas entschärft, aber das Misstrauen und die Missstimmung hielten an, v.a. auf deutscher Seite.[552] Die Wilhelmstraße strebte eine endgültige Lösung der Samoafrage an und schlug Großbritannien nicht unerhebliche Kompensationen vor.[553] Ein Widerstand gegen Großbritannien in Ägypten, der dem F.O. erhebliche Probleme bereitet hätte, wurde nicht erwogen. Die Wilhelmstraße suchte offensichtlich einen freundschaftlichen Ausgleich.

Salisbury hatte bereits deutlich gemacht, dass er bei einer britisch-deutschen Einigung sehr anspruchsvoll sein werde: 1897 hatte er Hatzfeldt den Tausch des englischen Anteils von Samoa gegen ganz Deutsch-Neuguinea vorgeschlagen.[554] Dieser Vorschlag kam einer Provokation nahe und dokumentierte den Widerwillen des Premierministers gegen ein Übereinkommen. Lascelles meinte in einem Schreiben an Sanderson vom August 1899: „ ...die Deutschen haben alles, was sie tun konnten getan, um konziliant zu sein."[555] Salisbury „wandte sich aber wie ein Aal", wie sich Hatzfeldt beschwerte, während Chamberlain „wie ein Jude feilsche". Der Premierminister spielte tatsächlich auf Zeit.[556] Mitte September 1899 wies Holstein in Abwesenheit Bülows Hatzfeldt an, stärksten Druck auf Großbritannien auszuüben. Der Botschafter schrieb daraufhin ei-

---

[548] PRO, FO 800/17, Lascelles an Sanderson, 14.4.1899
[549] Eckardstein, Denkwürdigkeiten, Bd. II, 15
[550] PRO, FO 800/9, Sanderson an Lascelles, 12.4. u. 29.4.1899; s. auch Hatzfeldt, Papiere, II, 1207/08
[551] Kennedy, Samoan, 261
[552] PRO, FO 800/9, Sanderson an Lascelles, 2.8.1899; FO 800/17, Lascelles an Salisbury, 5.5.1899
[553] Kennedy, Samoan, 194/95
[554] Canis, Von Bismarck zur Weltpolitik, 260 nach G.P., 13, 33, 38, 43ff
[555] PRO, FO 800/17, Lascelles an Sanderson, 5.8.1899
[556] G.P., XIV, II, Nr. 4085–87; Kennedy, Samoan, 194; Canis, Von Bismarck zur Weltpolitik, 319

nen Brief an den Premierminister, dass ein vollständiger Wandel der Grundlinien deutscher Politik erfolge, falls es zu keiner befriedigenden Lösung der Samoafrage komme. – Es gab keinerlei Pläne der deutschen Regierung, sich einer eventuellen antibritischen Koalition aus Russland und Frankreich anzuschließen, sie wollte lediglich Druck ausüben.[557] – Salisbury antwortete in höflichem Ton, dass er gute Beziehungen zwischen beiden Ländern wünsche, aber nicht sehe, dass diese für Großbritannien von größerem Wert seien als für das Deutsche Reich.[558] Kolonialminister Chamberlain, an den sich die Deutschen nun wandten, fürchtete eine Unterstützung der Buren durch das Deutsche Reich und signalisierte die Bereitschaft für ein Entgegenkommen. Die Krise in Südafrika spitzte sich zu, geschürt durch den britischen Vertreter am Kap, Alfred Milner, und ein Krieg schien kurz bevorzustehen.

Nun kamen konkrete Verhandlungen in Gang und Bülow meinte, dass die deutschen Diplomaten einen Tadel verdienten, falls die sich verschärfende Krise im Süden Afrikas nicht zu einer für Deutschland befriedigenden Lösung der Frage führe. Zugleich betonte er, dass es nicht so scheinen dürfe, als ob das Reich von Großbritanniens Problemen zu profitieren wünsche, denn es seien ja doch die Ausflüchte Salisburys gewesen, die bisher eine Lösung verhindert hätten.[559] Der Premierminister versuchte, die Gespräche weiterhin zu verzögern: er lehne diese nicht ab, wie er argumentierte, aber es sei nun nicht der richtige Zeitpunkt dafür.[560] Auch Balfour stimmte die Haltung Salisburys unruhig. Er hielt die deutschen Vorschläge, die die Regelung strittiger Fragen sowohl in Afrika als auch in der Südsee vorsahen, für sehr vorteilhaft für Großbritannien.[561]

Am 17. Oktober 1899 beschloss das britische Kabinett, aus Sorge vor einer möglichen Koalition kontinentaleuropäischer Mächte zu Beginn des Burenkrieges Reservistenkontingente einzuberufen. Salisbury hielt dieses Szenarium für ausgeschlossen, beugte sich aber dem Druck seiner Kabinettskollegen, auch in der Samoafrage. Balfour, Chamberlain und andere waren durch Gespräche zwischen dem russischen und dem französischen Außenminister aufgeschreckt. Sanderson hingegen hielt eine feindliche Koalition für sehr unwahrscheinlich.[562]

Bülow drang auf einen raschen Abschluss: Lascelles wurde von der Wilhelmstraße Anfang November bedrängt, und dieser schrieb folgend an Sanderson, der sich unmittelbar darauf zum Landsitz des Premierministers begab, um ihm einen von ihm ausgearbeiteten neuen Vertragsentwurf vorzulegen. Salisbury verlangte einige Änderungen, die Bülow ohne Umschweife akzeptierte, um dem Zaren bei seinem bevorstehenden Besuch in Berlin eine angeblich starke deutsche Position demonstrieren zu können.[563]

Der Vertrag beinhaltete die Regelung verschiedener offener Fragen in West- und Ostafrika sowie der Südsee. Die deutsche Regierung fürchtete zu Recht, dass Salisbury die Einigung in der Öffentlichkeit als sehr vorteilhaft für Großbritannien herausstellen würde, und wirkte mit Erfolg auf Sanderson ein, um dies zu verhindern. Sachkundige

---

[557] Kennedy, Samoan, 202. Sanderson hörte Anfang August von Admiral Fisher das absurde Gerücht, dass man sich in Den Haag erzähle, dass die Deutschen versucht hätten, die USA zu einem Bündnis gegen Großbritannien zu gewinnen, aber vollständig abgeblitzt seien (PRO, FO 800/9, Sanderson an Lascelles, 2.8.1899).

[558] Kennedy, Samoan, 198/99

[559] Ebd., 204/05

[560] Ebd., 208/09. Der Premierminister war wegen einer schweren Erkrankung seiner Frau auch in einer depressiven Stimmung, ebd., 195. Im November 1899 starb Lady Salisbury (s. BL, MSS Eng. hist. c 1214, Sanderson an Monson, 22.11.1899).

[561] BM, Balfour MSS, Add. MSS, 49739, Balfour an Sanderson, 27.10.1899

[562] Kennedy, Samoan, 226, 195

[563] Hatzfeldt, Papiere, II, 1299; Kennedy, Samoan, 236/37; Winzen, Bülows, 202/03

Beobachter meinten, dass Großbritannien ein sehr gutes Geschäft gemacht habe.[564] Die meisten britischen Zeitungen drückten nach Abschluss des Abkommens ihren Wunsch nach guten Beziehungen zum Deutschen Reich aus, ohne allerdings ein Bündnis zu befürworten. Der deutsche Kaiser war zufrieden, die Presse ebenfalls, während für die Experten der Wilhelmstraße der hohe Preis, den Deutschland für diese Einigung bezahlen musste, die Freude trübte. Ohne die drängende Gefahrensituation, in der Großbritannien zu schweben schien, und ohne den starken Druck von Kabinettskollegen auf den Premierminister wäre es wohl nicht, oder erst deutlich später, zu dieser Einigung gekommen.[565]

In den USA herrschte ebenfalls Zufriedenheit vor. Die Vereinigten Staaten erhielten die Alleinherrschaft über einen Teil des Archipels – und halten diese bis heute. Die bis zum spanisch-amerikanischen Krieg so starke antiimperialistische Strömung im Lande machte sich kaum noch bemerkbar.[566]

Kurze Zeit nach Abschluss des Vertrages versuchte Deutschland, eine vorteilhaftere Grenzziehung auf der Neuguinea benachbarten Südseeinselgruppe der Salomonen zu erzielen. Sanderson war gereizt und notierte: „Um das deutsche Wohlwollen zu erhalten, müssen wir überall zahlen und nachgeben." Aus deutscher Sicht stellte sich die Samoafrage anders dar: Es sah sich als Großmacht, aber ohne starke Flotte, nicht mit dem nötigen Respekt behandelt.[567] Wilhelm II. drückte es gegenüber dem britischen Militärattaché in seiner gewohnt drastischen Art so aus: „Sie machen gegenüber Frankreich und Rußland jedes Zugeständnis, wenn diese danach fragen, sie treten ihnen halbe Kontinente ab. Aber wenn Deutschland nach einer Insel fragt, zu zwei Dritteln von Landsleuten bebaut, wird abgelehnt."[568]

Die Inselgruppe war für Großbritannien unter strategischen oder wirtschaftlichen Erwägungen von völlig untergeordneter Bedeutung, und Sanderson scheint bereit gewesen zu sein, der Wilhelmstraße entgegenzukommen. Salisbury zeigte kein Interesse an einer Einigung oder einer freundschaftlichen Geste. Lediglich die diplomatische Notlage Großbritanniens und die schwindende Autorität Salisburys ermöglichten ein Übereinkommen, das für Großbritannien bemerkenswert vorteilhaft ausfiel. Deutschland war nicht in der Lage, trotz der schwierigen Situation des Empire ein günstigeres Ergebnis zu erzielen. Die Samoakontroverse ist ein deutliches Beispiel für die Stärke der britischen Position gegenüber dem Deutschen Reich, selbst in Zeiten eigener Bedrängnis.

15. Der Burenkrieg

Um den Hintergrund des Burenkrieges zu erhellen, ist es erforderlich, zunächst kurz auf die Vorgeschichte des Konfliktes zwischen Briten und Buren einzugehen:
Nach dem „Jameson-Raid" gab es zunächst eine Entspannung im Verhältnis zwischen Briten und Buren im Süden Afrikas. Die Situation in Südafrika spitzte sich im Frühjahr und Sommer 1899 aber immer weiter zu, vor allem weil der britische Hohe

---

[564] Für Einzelheiten s. Kennedy, Samoan, 238/39; Hatzfeldt, Papiere, II, 1299; Kennedy, Samoan, 244, 253, 263
[565] Kennedy, Samoan, 262, 266/67; Winzen, Bülows, 201. Zur Auswirkung des Vertrages auf Samoa s. ebd., 272; Langer, Diplomacy of Imperialism, 657; s. auch Grenville, Salisbury, 277
[566] Kennedy, Samoan, 258
[567] Zit. in Louis, Roger W.M.; *Great Britain and Germany's Lost Colonies, 1914–1919*, Oxford 1967, 28; Langer, Diplomacy of Imperialism, 654
[568] Zit. in Langer, Diplomacy of Imperialism, 624

Kommissar vor Ort, Alfred Milner, auf einen Krieg hinarbeitete. Es gab zudem massive Klagen, dass die Ausländer, also v.a. britische Staatsbürger, im Transvaal benachteiligt würden. Es wurden irreführende Behauptungen aufgestellt – und geglaubt –, dass diese „Uitlanders" weit zahlreicher wären als die burische Bevölkerung.[569]

Kolonialminister Chamberlain scheint einen Ausgleich mit den Buren gewünscht zu haben, blieb aber eher passiv. Die Mitarbeiter seines Ministeriums misstrauten Milner offensichtlich mehr als dem südafrikanischen Präsidenten Krüger.[570] Salisbury vertrat eine sehr harte Haltung in der südafrikanischen Frage. Seines Erachtens dürfe Großbritannien vor einem Krieg nicht zurückschrecken, weil es sonst die Vorherrschaft in Südafrika verlöre – die der strategische Schlüssel nach Indien sei. Schatzkanzler Hicks Beach hingegen vermutete eine „kapitalistische Verschwörung", die Großbritannien in den Krieg treiben wolle. Auch Balfour äußerte Verständnis für den Unabhängigkeitswillen der Buren.[571]

Im Sommer 1899 erhielten sie große Mengen an Kriegsmaterial über die Delagoa Bay in Mozambique. Salisbury übte Druck auf die Portugiesen aus, diese entgegneten aber, dass die britische Regierung 1882 die Ausfuhr von Waffen über die Delagoa Bay in den Transvaal offiziell erlaubt habe. Salisbury sprach daraufhin Ende August die unverhohlene Drohung aus, dass die afrikanischen Kolonien Portugals gemäß dem Abkommen mit dem Deutschen Reich von 1898 aufgeteilt würden, wenn Lissabon nicht nachgebe. Der französische und der deutsche Gesandte in Lissabon suchten, Portugal in seiner unnachgiebigen Haltung zu stärken. Dieses und das Vereinigte Königreich schlossen aber bald darauf zur beiderseitigen Zufriedenheit den „Windsorvertrag", in dessen geheimem Teil Großbritannien Portugal seinen Kolonialbesitz garantierte. Dieses schnürte als Gegenleistung die Buren von Waffenlieferungen ab.[572] Großbritannien setzte sich über den Vertrag mit Deutschland von 1898 eindeutig hinweg. (s. Abschnitt 12).

Am 1. Oktober 1899 genehmigte Salisbury Ausgaben aus dem Geheimfonds des F.O. für Geheimdiensttätigkeiten in Südafrika. Kurz darauf begannen die Briten Truppen nach Südafrika auszuschiffen, und Lascelles eilte nach London, um sich von seinem ältesten Sohn zu verabschieden, der mit seinem Regiment nach Südafrika verschifft werden sollte. Das F.O. bat die Wilhelmstraße nach dem Abzug der britischen Vertreter, die Interessen des Vereinigten Königreiches im Transvaal mit zu vertreten, aber Berlin lehnte ab, und die USA übernahmen diese Aufgabe.[573]

Am 14. Oktober brach der Krieg aus[574], und viele britische Staatsmänner und Militärs erwarteten offensichtlich einen weiteren „sporting war", wie Bismarck die Kolonialkriege Großbritanniens bezeichnet hatte. In der britischen Armee, dem Kriegsministerium, dem Kabinett und in der Presse herrschte Zuversicht über die Aussichten des sogenannten „Tea-Time-War", wie dieser Waffengang in England zunächst genannt

---

[569] Pelling, Popular Politics, 82/83; Langer, Diplomacy of Imperialism, 223

[570] Der damalige Kriegsminister und spätere Außenminister Lansdowne war übrigens ein persönlicher Freund Milners (Mc Lean, David; *Britain and her Buffer State. The Collapse of the Persian Empire, 1890–1914*, London 1979, 128, (künftig: Mc Lean, Buffer).

[571] Grenville, Salisbury, 235–37, 242, 252; Pakenham, Scramble, 560/61. Jahrzehnte später wurde durch Historiker herausgearbeitet, dass Kapitalinteressen bewusst, nachdrücklich und mit großem Einfluss auf den Krieg hingearbeitet hatten (Pakenham, Boer War, 89).

[572] Grenville, Salisbury, 259/60

[573] BL, MSS Selborne, 15, Sanderson an Selborne, 1.10.1899; PRO, FO 800/17, Lascelles an Sanderson, 4.10.1899; Mulanax, Boer War, 84/85

[574] Zum Gespräch des russischen Botschafters de Staal mit Sanderson aus Anlass des Kriegsausbruchs s. A. Meyendorff (Ed.), *Correspondance Diplomatique de M. de Staal*, Paris 1929, 2. Bd., 435

wurde. Der „Daily Telegraph" kommentierte die Kriegserklärung der beiden Burenrepubliken an Großbritannien mit den Worten: „Man fragt sich, ob man lachen oder weinen sollte."[575] In den folgenden Monaten aber erhielt „die nationale Selbstgefälligkeit einen schweren Schlag, von dem sie sich nie wieder völlig erholte".[576]

Die öffentliche Meinung in Europa und den Vereinigten Staaten war entschieden anti-britisch. Der Waffengang sei ein Raubkrieg Großbritanniens, um an die Goldminen des Transvaal zu kommen, so die überwiegende Meinung.[577] Der britische Diplomat Hardinge, der zu dieser Zeit in Russland diente, schrieb, dass er noch nie solch feindliche Gefühle gegenüber Großbritannien hat feststellen müssen, wie in Russland während des Burenkrieges.[578] In der deutschen Presse, ebenso wie in anderen Ländern wurde von übelsten Gräueltaten berichtet, die britische Soldaten begangen hätten. In Frankreich erhielt ein Journalist das Kreuz der Ehrenlegion, weil er eine für die Briten besonders beleidigende Karikatur veröffentlicht hatte. Die französische Presse war während des Krieges eher noch feindlicher gestimmt als die deutsche.[579]

Die Briten besaßen praktisch ein Informationsmonopol über die Kriegsnachrichten, da sie diese zensierten, und sämtliche Telegraphenverbindungen, die über die Informationen aus Südafrika bezogen werden konnten, vom Vereinigten Königreich kontrolliert wurden. Ausländische Zeitungen, nicht nur die deutschen, erlagen in Anbetracht des riesigen Nachrichtenhungers oft der Versuchung, ihre Informationen aus nicht zuverlässigen Quellen zu beziehen, oder Lügen aufzusitzen. Die Sensationslust des Publikums, bzw. der Informationsbedarf der Öffentlichkeit ließ die Hemmschwelle sinken. Die britischen Korrespondenten in Deutschland berichteten zwar vage über den antienglischen Ton der Presse, versuchten aber keine zusätzliche Missstimmung zwischen beiden Ländern zu schüren – mit der Ausnahme von Saunders, dem Berichterstatter der „Times".[580] (Näheres zu seiner Person s. Kap. IV, Presse).

Die antibritische Haltung des französisch-russischen Zweibundes verstand sich von selbst. Die Welt schaute nun auf das Deutsche Reich, ob es gemeinsam mit den Flügelmächten Großbritannien in den Weg treten werde.[581] Hardinge berichtete am 30.10., dass der russische Außenminister Muraviev versucht habe, eine aus Russland, Frankreich, Deutschland und Spanien bestehende Koalition gegen das Vereinigte Königreich zustande zu bringen. „Glücklicherweise gibt es zur Zeit nicht die geringste Gefahr, daß diese Verbindung zustande kommt, aber es ist ein schlagender Beweis für den Haß Rußlands und Frankreichs gegen uns", so Hardinge.[582] Der französische Außenminister Delcassé war einer solchen Koalition nicht abgeneigt. Weniger aus Révanchegelüsten wegen Frankreichs Demütigung in Faschoda, sondern aus Sorge, dass Großbritannien nach dem Sieg in Südafrika einen Krieg gegen den weltpolitischen Konkurrenten Frankreich beginnen könnte. Der Diplomat Paul Cambon, der langjährige Vertreter Frankreichs in London, teilte diese Angst. Delcassé setzte ein Komitee ein, das sich mit der Möglichkeit eines solchen Waffenganges beschäftigte. Ihm gehörten alle wichtigen Minister und die Chefs von Heer und Marine an. Es wurden verschiedene Pläne ausge-

---

[575] Langer, Diplomacy of Imperialism, 651; zit. in Pakenham, Scramble, 567
[576] Searle, G.N.; *The Quest for National Efficiency. A Study in British Politics and Political Thought, 1899–1914*, Berkeley/Los Angeles 1971, 34, (künftig: Searle, Quest)
[577] Beloff, Imperial Sunset, 76; Langer, Diplomacy of Imperialism, 652
[578] Hardinge, Old Diplomacy, 74/75; s. auch CUL, Hardinge MSS, 3/36–37, Hardinge an Sanderson, 2.11.1899 u. CC, Spring Rice MSS, 1/41, Hardinge an Spring Rice, 30.12.1899
[579] Hale, Publicity and Diplomacy, 198, 201; Rock, Why Peace, 92/93; Grenville, Salisbury, 430
[580] Hale, Publicity and Diplomacy, 199ff, 204–08
[581] Kennedy, Samoan, 228
[582] CUL, Hardinge MSS, 1/41, Hardinge an Spring-Rice, 30.10.1899; s. auch Hardinge, Old Diplomacy, 72/73

arbeitet, u.a. eine Expedition nach Ägypten, ein Angriff auf Burma in Verbindung mit einer russischen Invasion Indiens bzw. eine Invasion Englands. Zudem verstärkte die russische Flotte ihre Präsenz im Atlantik und im Mittelmeer.[583] Anfang November versuchten Muraviev bzw. ein Ministerkollege mindestens zweimal, die deutsche Seite für eine Kontinentalkoalition zu gewinnen, aber die Deutschen lehnten ab, auch nur darüber zu sprechen.[584] Es ist auch durchaus fraglich, ob Russland tatsächlich eine umfassende antibritische Verbindung schmieden wollte. Womöglich beabsichtigte es lediglich, Deutschland gegen Großbritannien zu positionieren, um ungestört in Asien expansiv sein zu können.[585]

Die Wilhelmstraße stellte sich eindeutig auf die britische Seite und gab kurze Zeit nach Ausbruch der Feindseligkeiten bekannt, dass der Kaiser und sein Außenminister in Kürze Großbritannien besuchen würden, eine ungewöhnliche Demonstration der Verbundenheit mit dem Vereinigten Königreich.[586] Der Besuch des Staatsoberhauptes, der als Ehrenoberst seinem britischen Regiment bereits ein Telegramm geschickt hatte, war in Deutschland sehr unpopulär. Ganz anders im Vereinigten Königreich: Der nachmalige englische König Eduard schrieb an Wilhelm II.: „Du kannst Dir nicht vorstellen, mein lieber Wilhelm, wie sehr wir alle in England Deine treue Freundschaft zu uns schätzen, die Du uns bei jeder möglichen Gelegenheit zeigst."[587] Die größte Zeitung des Landes, die „Daily Mail" veröffentlichte am 17. November ein großes Bild Wilhelms II. mit der Inschrift: „A Friend in Need is a Friend Indeed."[588]

Der Kaiser und sein Außenminister hielten sich acht Tage in England auf. Bülow hatte in den Herbstwochen Sorge, dass die Ausfälle eines Teils der deutschen Presse gegen Großbritannien – die von der Wilhelmstraße inspirierten Zeitungen hielten sich zurück – lediglich dem französischen Révanchismus nütze, aber die Briten reagierten nicht gereizt. Es blieb ihnen auch nichts anderes übrig, denn die militärische Lage in Südafrika war besorgniserregend (die Buren verfügten über modernste Waffen aus deutscher, französischer – und britischer Produktion) und die diplomatische Situation weiterhin prekär. Franzosen und Russen drohten, auf Kosten des Empire ihren Einfluss in Afrika und Asien auszuweiten.[589] Der britische Diplomat Spring-Rice[590] schrieb im Dezember 1899, dass die vergangenen Wochen „ein anhaltender Alptraum" gewesen seien. „Die täglichen Telegramme sind ein Schrecken, und es ist furchtbar, spät in der Nacht oder am Morgen aufzuwachen. Man liegt allein mit einer lebendigen und wachsenden Angst, die einem ins Gesicht starrt."[591]

---

[583] Grenville, Salisbury, 271; Rock, Why Peace, 93; Davidson, Apollon B (mit Filatova, Irina); *The Russians and the Anglo-Boer War 1899–1902*, Cape Town 1998, 210, (künftig: Davidson, Russians)

[584] Grenville, Salisbury, 272; CUL, Hardinge MSS, 3/37, Hardinge an Sanderson, 2.11.1899

[585] Canis, Von Bismarck zur Weltpolitik, 326/27

[586] Grenville, Salisbury, 273

[587] Zit. in Jaeckel, Horst, *Die Nordwestgrenze in deer Verteidigung Indiens 1900–1908 und der Weg Englands zum russisch-britischen Abkommen von 1907*; Beiträge zur Kolonial- und Überseegeschichte (Hg. Gollwitzer, Heinz), Köln 1968, 21/22, (künftig: Jaeckel, Nordwestgrenze)

[588] Hale, Publicity and Diplomacy, 205, 210

[589] Meinecke, Geschichte, 148; Kennedy, Samoan, 269; Winzen, Bülows, 219/20; Pakenham, Boer War, 41; Monger, George; *Ursachen und Entstehung der englisch-französisch-russischen Entente 1900–1907*, Seeheim a.d.B., 15/16, (künftig: Monger, Ursachen)

[590] Ein damals noch jüngerer Diplomat, dem Sanderson als väterlicher Freund verbunden war. Spring-Rice heiratete 1904 die einzige Tochter Lascelles' (Chirol, Cecil; *Spring-Rice. In Memoriam*, London 1919, 16, (künftig: Chirol, Spring-Rice).

[591] Gwynn, Spring-Rice, Vol. I, S. 303/04 (Spring-Rice an Chirol, 20.12.1899). Er scheint keineswegs ein furchtsamer oder nervöser Zeitgenosse gewesen zu sein, denn Sanderson lobte dessen Berichte in den höchsten Tönen, die er während der angespannten Monate der russischen Revolution 1905 aus St. Petersburg nach London schickte (s. PRO, FO 800/241, Sanderson an Spring-Rice, 14.11.1905 u. 28.11.1905).

Großbritannien war auf die wohlwollende Neutralität des Deutschen Reiches angewiesen. Bülow hatte z.B. im Juli 1899 betont, dass in einem künftigen britisch-russischen Krieg Frankreich wegen Deutschland nicht wagen würde einzugreifen.[592] Die „außerordentlich freundliche Sprache der französischen Regierung", die Sanderson Ende November 1899 feststellte[593], lag teils an der Angst vor Großbritannien, v.a. aber an der englandfreundlichen Politik der Wilhelmstraße. Monson, der britische Botschafter in Paris, hegte weiterhin Zweifel, ob ein Kriegsausbruch zwischen Großbritannien und Frankreich in näherer Zukunft verhindert werden könnte. Über die feindlichen Absichten Russlands gab es keinen Zweifel, und Sanderson war sich sicher, dass das Zarenreich versuche, die Buren in ihrem überraschend erfolgreichen Widerstand zu bestärken.[594] Dies demonstrierte Russland auch ganz öffentlich, indem es im Dezember einen Militärattaché zu den Burenarmeen beorderte. Selbst Leo Tolstoi, der wohl angesehenste Pazifist seiner Zeit, betonte öffentlich, dass britische Niederlagen seine Seele jubeln ließen.[595] Die antibritische Stimmung wurde von offiziellen russischen Stellen nachhaltig geschürt, um von den empörenden Verhältnissen im Inneren abzulenken.[596]

Ende des Jahres stellten Sanderson und Lascelles fest, dass die deutsche Presse weniger englandfeindlich geworden sei.[597] Ende Dezember 1899 aber wurde das deutsche Postschiff „Bundesrath" durch Einheiten der britischen Marine aufgebracht und zwei weitere deutsche Schiffe in den darauffolgenden Tagen, eines mehrere tausend Kilometer vom Kriegsgebiet entfernt. Sie standen unter dem sehr vagen Verdacht, Kriegsmaterial für die Buren zu transportieren, wurden in britisch kontrollierte Häfen dirigiert, um dort untersucht zu werden. – Die britische Regierung hatte den Krieg offiziell als Polizeimaßnahme zur Wiederherstellung der Ordnung bezeichnet, behandelte den Transvaal aber als kriegführende Macht und gab anderen Staaten offiziell die Erklärung eines Kriegszustandes bekannt, ein recht widersprüchliches Vorgehen.[598] – Die Wilhelmstraße protestierte zunächst in diplomatischer Zurückhaltung gegen die Beschlagnahme und betonte, dass die Schiffe keine Konterbande an Bord hätten. Sanderson versprach eine rasche Untersuchung, die aber nach einer Woche immer noch nicht begonnen hatte, da sich die Zuständigen in der Kapkolonie trotz des kürzlich ausgebrochenen Krieges (angeblich) lange Feiertage gönnten. Die öffentliche Meinung in Deutschland war über das als schwächlich empfundene Vorgehen der deutschen Regierung sehr erregt. Es wurden Vermutungen geäußert, dass die Briten wegen ihrer Rückschläge im Krieg nun den deutschen Handel schädigen wollten. Als die „Bundesrath" bereits etwa einer Woche festgehalten worden war und die Bemühungen der Wilhelmstraße, die deutschen Schiffe freizugeben, gescheitert waren, verschärfte das Auswärtige Amt seinen Ton wesentlich.[599] Sanderson meinte am 6. Januar:

---

[592] Kennedy, Samoan, 193

[593] CUL, Hardinge MSS, 3/47, Sanderson an Hardinge, 22.11.1899

[594] Grenville, Salisbury, 269; CUL, Hardinge MSS, 3/61–62, Sanderson an Hardinge, 6.12.1899; s. auch Hardinge, Old Diplomacy, 72/73

[595] CUL, Hardinge MSS, 3/66, Hardinge an Sanderson, 9.12.1899; Davidson, Russians, 134, 180/81

[596] Davidson, Russians, 185/86

[597] PRO, FO 800/17, Lascelles an Salisbury, 8.12.1899; PRO, FO 800/9, Sanderson an Lascelles, 28.12.1899

[598] Mulanax, Boer War, 57

[599] PRO, FO 800/9, Sanderson an Lascelles, 3.1.1900; s. auch Coogan, John W.; *The End of Neutrality. The United States, Britain and Maritime Rights 1899–1915*, Ithaca/London 1981, 38/39, (künftig: Coogan, End); Langer, Diplomacy of Imperialism, 661

„Es muss zugegeben werden, dass es den Deutschen recht gut gelungen ist ihre Liebe <zu Großbri-
tannien> zu verbergen. Die Noten von Hatzfeldt über die ‚Bundesrath' (…) sind von einer unüb-
lichen Natur, außer von Admirälen, die sich an südamerikanische Republiken wenden.“[600]

Hatte Sanderson etwa keine Kenntnis über das Gespräch, das Salisbury wenige Tage
zuvor mit dem amerikanischen Botschafter geführt hatte? – Britische Behörden hatten
nicht einmal ein amerikanisches **Schiff**, sondern nur einen US-Bürgern gehörenden
Teil der Ladung eines Schiffes **anderer** Nationalität zurückbehalten, um Untersuchungen anzustellen. Der amerikanische Botschafter bestritt gegenüber Salisbury den Briten
daraufhin das Recht, neutrales Eigentum auf hoher See zu beschlagnahmen. Die USA
warteten die Reaktion der Briten nicht ab, sondern machten umgehend deutlich, „dass
das amerikanische Volk sich durch die britischen Verletzungen der Rechte Neutraler so
herausgefordert und beleidigt fühlen könnte, dass die Regierung gezwungen wäre, ihre
wohlwollende Neutralität aufzugeben“.[601]
Sandersons Irritation war bald vorbei, und am 12. Januar, die deutschen Schiffe
waren bereits seit zwei Wochen festgesetzt, konnte Hatzfeldt der Wilhelmstraße tele-
graphieren, dass der Staatssekretär „versprach, jedes nur mögliche Entgegenkommen
bei Lord Salisbury zu befürworten“. Lascelles teilte der Wilhelmstraße am gleichen Tage
mit, dass Salisbury den Ton der Stellungnahmen Hatzfeldts als „barsch, gebieterisch,
und unüblich im diplomatischen Verkehr“ empfunden habe.[602] Gegenüber den USA
wagte Großbritannien nicht, diese Sprache zu führen. Bülow beschwichtigte Lascelles,
dass Hatzfeldts Gesundheit möglicherweise für den Ton der Noten verantwortlich gewesen sei, sie seien jedenfalls nicht in Berlin aufgesetzt worden. Die russische Diplomatie versuchte während der „Bundesrath-Krise“ erneut, das Deutsche Reich für eine Kontinentalkoalition zu gewinnen, die Wilhelmstraße lehnte aber rundweg ab.[603]
Salisbury gab zu, dass die Verdachtsmomente gegen die deutschen Schiffe sehr
unzureichend gewesen seien, die natürlich keine Konterbande an Bord gehabt hatten,
die Briten blieben jedoch misstrauisch und ließen beobachten, ob von Hamburg oder
Bremen Kriegsgerät für die Buren verschifft würde.[604] Sanderson meinte: „Ich fürchte
sehr, dass all diese Berichte, die wir über die Einschiffung von Kontrabanden an Bord
von deutschen Postschiffen gehört haben durch Dr. Leyds <den Vertreter der Burenrepubliken in Europa> erfunden wurden.“[605] Es klingt plausibel, dass dieser versuchte,
Deutschland und Großbritannien in einen Streit zu verwickeln[606], um die diplomatische Position des Feindes zu schwächen, und Großbritannien reagierte auch so nervös,
dass dieses Ziel ansatzweise erreicht wurde. Nach Abschluss der „Bundesrath“-Affäre
berichtete die „Times“, dass die Matrosen von Prinz Heinrichs Flaggschiff (dieser war
der älteste Bruder des Kaisers) beim Verlassen des englischen Hafens Portsmouth Hochrufe auf die Buren ausgebracht hätten. Wilhelm II. war über diese „komplette Lüge“
sehr erregt. Trotz offizieller Dementis hielt sich zudem in der britischen Presse das
Gerücht, dass die Buren von preußischen Offizieren geführt würden und die deutsche
Ostafrika-Linie „hunderte von verdächtig aussehenden Personen“ für den Transvaal

---

[600] PRO, FO 800/9, Sanderson an Lascelles, 6.1.1900; s. auch Hamilton, Bertie, 24
[601] Coogan, End, 38/39; s. auch Mulanax, Boer War, 86–90; Papers relating to the Foreign Relations
of the United States, Washington 1902, 529–618
[602] G.P., XV, Nr. 4436, S. 465; PRO, FO 800/17, Lascelles an Salisbury, 12.1.1900
[603] PRO, FO 800/17, Lascelles an Salisbury, 26.1.1900; G.P., XIV, Nr. 4465
[604] Der Geheimdienst der britischen Armee umfasste zu dieser Zeit lediglich 18 Offiziere, während
die Nachrichtenabteilung der deutschen Streitkräfte **insgesamt** 250 Personen umfasste (Searle, Quest,
73).
[605] PRO, FO 800/9 Sanderson an Lascelles, 17.1.1900
[606] S. auch Langer, Diplomacy of Imperialism, 661

transportiere.[607] Die militärische Lage Großbritanniens war so schlecht, dass für viele Briten ein (möglichst ungefährlicher) Sündenbock gefunden werden musste.

Der deutsche Marineminister Tirpitz äußerte seine Zufriedenheit über das britische Verhalten, denn es schuf eine Stimmung, die in Öffentlichkeit und Parlament den Widerstand gegen eine Verstärkung der deutschen Flotte schwächte. – Frankreich hatte die Durchsuchung eines Schiffes in den südafrikanischen Gewässern durch die Präsenz eines Kriegsschiffes verhindern können.[608] – Eine stärkere deutsche Marine könnte den deutschen Handel also besser schützen, wie Vertreter der Seerüstung argumentierten.

Am 2. März, die militärische Lage der Buren hatte sich in den vorhergehenden Wochen verschlechtert, sandte Wilhelm II. folgende für ihn bezeichnende Nachricht an Lascelles:

> „Wie ein Donnerschlag ist die plötzliche telegrafische Bitte der Burenrepubliken für Fürsprache und Friedensverhandlungen über mich gekommen. Ich habe veranlaßt, dass Ihnen und Lord Salisbury meine Antwort unverzüglich übermittelt wird, und habe sie an Ihre Majestät <Queen Victoria> und Seine Königliche Hoheit <Edward VII.> telegrafiert. Ich habe abgelehnt, solange nicht Großbritannien aus eigenem Antrieb und freiem Willen mir gegenüber denselben Wunsch äußert. Falls dies geschehen sollte, so werde ich gemäß der Maxime handeln (…): England muß als ausschlaggebende Macht absolute Garantien haben, daß ein solcher Krieg für immer unmöglich wird…"[609]

Am 3. März schrieb der deutsche Kaiser an Lascelles:

> „Zu meinem äußersten Erstaunen habe ich soeben von der kaiserlich russischen Regierung die Einladung erhalten, mit ihr und Frankreich an einer gemeinsamen Intervention zugunsten der Buren teilzunehmen, um England zum Frieden zu nötigen. Ich habe abgelehnt (…) Die britische Regierung wäre eine Ansammlung von Erztrotteln, wenn sie sich auch nur einen Pfifferling darum scherte."[610]

Am Tag darauf schrieb Lascelles an Bülow: „Ich erhielt vergangene Nacht ein privates Telegramm von Lord Salisbury mit der Bitte, Seiner Majestät dem Kaiser seinen herzlichen Dank für die höchst interessante Mitteilung und das freundliche Verhalten zu übermitteln…."[611] Die Queen drückte ebenfalls ihren Dank aus.[612] Russland und Frankreich hatten tatsächlich den Versuch unternommen, Deutschland für ein gemeinsames Vorgehen zugunsten der Buren zu gewinnen, deren militärische Lage seit Anfang des Jahres immer schwieriger geworden war.[613]

Der Burenkrieg veränderte die innenpolitische Stimmung im Vereinigten Königreich und beschleunigte eine Entwicklung, die sich schon seit den 1870er Jahren bemerkbar machte: das Anwachsen imperialistischer und autoritärer Haltungen.[614] Bislang hatte man in sozialdarwinistischer Sicht Gewaltanwendungen in Übersee als Auseinandersetzungen zwischen „höher- und minderwertigen Rassen" gerechtfertigt.

---

[607] Hale, Publicity and Diplomacy, 230, Anm. 6; B.D., I, 254: „… arrant lie…"; PRO, FO 800/9, Wilhelm II. an Lascelles, 16.3.1900

[608] Langer, Diplomacy of Imperialism, 662; Mulanax, Boer War, 89

[609] PRO, FO 800/17, Wilhelm II an Lascelles, 2.3.1900

[610] PRO, FO 800/17, Wilhelm II. an Lascelles, 3.3.1900

[611] PRO, FO 800/17, Lascelles an Bülow, 4.3.1900

[612] PRO, FO 800/17, 12.4.1900, Die Queen an Lascelles, 12.4.1900; s. auch Morris, Scaremonger, 32/33

[613] Flood, Cheryl Anne; *The Ambassadorship of Paul von Wolff-Metternich: Anglo-German Relations, 1901–1912*, Madison 1976, 57, (künftig: Flood, Ambassadorship); Crowe, Crowe, 122; im Sommer des Jahres 1900 starb Muraview, der geschickte russische Außenminister und erbitterte Englandfeind. Dies verminderte für Großbritannien die Gefahr einer Kontinentalkoalition (Langer, Diplomacy of Imperialism, 695).

[614] Zum Wachsen von Chamberlains „Rasse-Denken" s. Mock, Function, 196

Diese Argumentation musste nun verändert werden, da zwei weiße „Herrenvölker" miteinander Krieg führten: „Es gab nur einen Weg der Rechtfertigung, die Betonung des Vorrechtes des Mächtigeren und Stärkeren. In den Jahren nach dem Burenkrieg wurde dieser Rechtfertigungsversuch als Lebensprinzip weiter popularisiert." Lord Roberts, der zu Beginn des 20. Jahrhunderts größte lebende britische Kriegsheld, erklärte in seinen öffentlichen Reden „beständig den Krieg, den erbarmungslosen Krieg als eine biologische Notwendigkeit".[615]

Als die Belagerung der von Briten gehaltenen Stadt Mafeking im Mai 1900 aufgebrochen werden konnte, gab es spontane öffentliche Kundgebungen der Freude und des Triumphes, an denen auch die Mittelklasse teilnahm, die ihre Emotionen ansonsten nicht öffentlich zeigte.[616] „Die Ausschreitungen des Mobs und Feiern auf der Straße zeichneten das Bild einer Nation, dessen kampfeslustige Instinkte in Erscheinung getreten waren."[617] Diejenigen, die den Feiern fernblieben, mussten damit rechnen, von den siegestrunkenen Chauvinisten gewaltsam angegangen zu werden.[618] Anti-Kriegskundgebungen wurden gewaltsam gesprengt, vorwiegend durch Angehörige besser gestellter Kreise.[619] Herbert Spencer berichtete angewidert, dass der „Sterbende Bure" im Mai 1900 das beliebteste Spielzeug gewesen sei. Wenn man auf diese Puppe drücke, stoße sie ein Stöhnen wie das eines sterbenden Menschen aus.[620]

Die politischen Vertreter der Arbeiterklasse waren der Ansicht, dass es die Kapitalisten seien, die aus Profitgier diesen Krieg wollten.[621] Ihr Gewinn gehe zu Lasten der Arbeiter, deren Löhne und Arbeitsbedingungen im Transvaal von der dortigen Regierung immerhin bis zu einem gewissen Grade geschützt worden seien. Im Herbst 1900 gab es dann Gerüchte, dass der Diamantenmagnat und frühere Premierminister der Kapkolonie, Cecil Rhodes, beabsichtige, billige chinesische Arbeitskräfte für südafrikanische Minen anzuheuern. Er dementierte dies auf Druck hin, nach der Beendigung des Krieges wurde dieser Plan von Milner trotzdem umgesetzt.[622] Vielen Arbeitern war noch gut in Erinnerung, dass 1899 das Vorhaben einer staatlich unterstützten Altersversorgung gescheitert war. Die Gegner hatten behauptet, dass die 20 Mio. Pfund für deren Realisierung nicht zur Verfügung ständen. Plötzlich besaß die Regierung aber die Mittel, um einen insgesamt 250 Mio. Pfund kostenden Krieg zu führen!?[623] Gewerkschafter und ihnen nahestehende Politiker lehnten den Krieg nahezu einmütig ab[624],

---

[615] Koch, Hanns-Joachim; *Der Sozialdarwinismus*, München 1973, 93, (künftig: Koch, Sozialdarwinismus)

[616] Pelling, Popular Politics, 89

[617] Semmel, Imperialism and Social Reform, 54

[618] Panayi, Panikos; *Racial Violence in Britain, 1840–1950*, Leicester/London 1993, 10, (künftig: Panayi, Racial Violence)

[619] Pelling, Popular Politics, 90

[620] Spencer, Facts and Comments, 193, zit. in Field, Toward Programme, 214. Spencer war einer der geistigen Väter des Sozialdarwinismus, wurde aber zumindest in späteren Jahren ein entschiedener Gegner dieser populären Zeitströmung, mehr zu Spencer s. Gay, Cultivation, 41 u. 45

[621] Hobson war auch in der Lage nachzuweisen, dass die britische Presse ihre Informationen während des Krieges von der Presse Südafrikas bezog, die sich großenteils unter der Kontrolle von Cecil Rhodes befand (Langer, William L.; *A Critique of Imperialism*, 72, (künftig: Langer, Critique), in: Wright, New Imperialism)

[622] Pelling, Popular Politics, 84/85, 97–99

[623] Thornton, Imperial Idea, 132. Dies entsprach etwa den gesamten deutschen Staatsausgaben eines Jahres (Henning, Friedrich-Wilhelm; *Die Industrialisierung in Deutschland 1800 bis 1914*, 5. Aufl., Paderborn 1979, eigene Berechnungen nach 262, 264), (künftig: Henning, Industrialisierung).

[624] Ebd., 82/83; Semmel, Imperialism and Social Reform, 132; Edward R. Tannenbaum (*1900. Die Generation vor dem Großen Krieg*, Frankfurt/Main 1978, 394, (künftig: Tannenbaum, 1900) betont, dass die große Mehrheit der Arbeiter den Krieg zwar ablehnte, aber kaum aus grundsätzlichen, sondern rein pragmatischen Gründen.

anders sah es bei der Gruppierung aus, die man als intellektuelle Vorhut der Linken bezeichnen könnte: Die Mehrheit der 800 „Fabian's" sprach sich bei einer Befragung für die Formulierung von George Bernard Shaw aus, dass „ein Fabian notwendigerweise ein Imperialist" sei.[625] Die unterste Schicht der Bevölkerung unterstützte gleichfalls die Kriegspolitik.

Die Nachwahlen waren in den vergangenen Jahren eindeutig zugunsten der liberalen Opposition verlaufen. Die Stimmung schien Salisbury für die Konservativen im Sommer 1900 aber so günstig, dass er einen Urnengang ansetzte. Die Mehrheit der Liberalen kritisierte zwar die Kriegspolitik, insbesondere ihr Führer Campbell-Bannerman. Die Opposition war jedoch gespalten, denn der ehemalige liberale Premierminister Rosebery und weitere einflussreiche Liberale unterstützten den Regierungskurs.[626] Joseph Chamberlain zog unermüdlich durch das Land und „Eine Stimme für die Liberalen ist eine Stimme für die Buren!", wurde sein Motto. Prominente Liberale wurden auf Plakaten kniend vor Präsident Krüger gezeigt, ihm helfend, die britische Flagge einzuholen. Es gab sogar Darstellungen, auf denen sie ihn drängten, britische Soldaten zu erschießen. „Ein liberaler Abgeordneter, der in dieser Weise angegriffen wurde, hatte zwei Söhne im Krieg verloren und besuchte ihre Gräber in Südafrika, als die Wahlen abgehalten wurden."[627] Die Regierung errang zwar keinen überragenden Erfolg[628], aber ohne den Krieg, der das Hauptthema des Wahlkampfes war, hätte sie die Abstimmung wahrscheinlich verloren.[629]

Die Kontroverse um den Krieg und das Wahlergebnis hatten deutlich gemacht, dass ein großer Teil der Bevölkerung massiv eine machtbetonte, wenn nicht aggressive Außenpolitik forderte, ein fast ebenso großer und teils gut organisierter diese jedoch entschieden ablehnte. Die Imperialisten befanden sich jedoch taktisch im Vorteil, da die liberale Partei gespalten war.

Der Burenkrieg stärkte die Verfechter autoritärer und technokratischer Reformen, so wurde 1901 bspw. die „National Service League" gegründet, die eine allgemeine Wehrpflicht nach kontinentaleuropäischem Vorbild forderte. Die organisatorischen Schwächen, die während des Burenkrieges offenkundig wurden, betrafen aber nicht nur die Armee, sondern fast den gesamten Regierungsapparat. Diese Erfahrung wurde für viele zu **der** politischen Erkenntnis ihres bisherigen politischen Lebens.[630]

Britische Truppen eroberten im Sommer 1900 zwar Pretoria, die Hauptstadt des Transvaal. Der Krieg war aber noch nicht beendet, da die Buren zum Guerillakrieg übergingen. Die militärische Lage hatte sich für Großbritannien etwas entspannt, die finanziellen Lasten blieben jedoch sehr hoch. Noch 1874 hatte Gladstone die vollständige Abschaffung der Einkommenssteuern versprochen, die sich damals auf 0,8% beliefen. Hätte er die Wahlen des Jahres gewonnen, so hätte er seine Absicht wohl auch verwirklicht. In den 1880/90er Jahren war die Steuerbelastung erheblich angestiegen,

---

[625] Semmel, Imperialism and Social Reform, 69. Die „Fabian Society" befasste sich bis zum Burenkrieg kaum mit imperialen oder außenpolitischen Fragen, sondern mit Fragen der Vergesellschaftung von Schlüsselsektoren der Wirtschaft, der Vermögensverteilung und dem Lebensstandard der Masse der Bevölkerung, ebd., 65

[626] Pelling, Popular Politics, 90; Semmel, Imperialism and Social Reform, 54, 59/60

[627] Massie, Schalen, 301 nach Spender, J.A.; *The Life of the Right Hon. Sir Henry Campbell-Bannerman*, 2 vols., London 1923, vol. 1, 291

[628] Feuchtwanger, Britain 1865–1914, 240/41. Der Wahlerfolg der Konservativen lag auch an der prekären Finanzlage der innerlich stark geschwächten Liberalen. Diese konnten in vielen Wahlkreisen keine Gegenkandidaten gegen die Regierungspartei aufstellen (Pelling, Popular Politics, 93).

[629] Pelling, Popular Politics, 92

[630] Summers, Anne; *The Character of Edwardian Imperialism: Three Popular Leagues*, 69, (künftig: Summers, Character), in: Kennedy, Nationalist; Searle, Quest, 50; Steiner, Elitism and Foreign Policy, 37

insbesondere wegen der rasanten Aufrüstungspolitik Großbritanniens. Der Burenkrieg führte zu einer weiteren beträchtlichen Erhöhung der Abgaben und die außenpolitische Handlungsfähigkeit Großbritanniens wurde durch die hohen finanziellen Lasten beeinträchtigt.[631]

Die Gefahr einer Kontinentalliga schien im Herbst 1900 auch noch nicht endgültig gebannt. So schrieb der britische Botschafter in Frankreich im Oktober an Salisbury, dass die antienglische Stimmung eher noch zunehme, der Groll gegen Deutschland jedoch nachlasse. Als Präsident Krüger Frankreich im Oktober 1900 besuchte, schlug ihm im gesamten Land eine Welle der Begeisterung entgegen, die oft mit dem Triumphzug Napoleons nach seiner Rückkehr von Elba verglichen wurde.[632] Für Großbritannien bestand die Gefahr, dass der Ostasiatische Dreibund von 1895 (zwischen Frankreich, Russland und Deutschland) wiederauflebt. So stimmte Frankreich bspw. der Ernennung eines deutschen Generals zum Oberkommandierenden der alliierten Streitmacht in China zu (s. Kap. III, Abschnitt 1). Lascelles beruhigte jedoch: Es bestehe nicht die geringste Gefahr, dass Deutschland sich einer irgendwie gearteten antibritischen Koalition anschließen könnte und behielt Recht mit dieser Auffassung.[633]

Die britische Kriegsführung im Süden Afrikas entsprach eher dem, was zu der Zeit im Kampf gegen farbige Aufständische üblich war: Anwesen von Buren wurden systematisch zerstört, Frauen und Kinder in Lagern zusammengepfercht (die zur damaligen Zeit als „concentration camps" bezeichnet wurden) und ausländische Rotkreuzhelfer aus dem Kriegsgebiet gewiesen, damit die Feinde nicht medizinisch versorgt werden konnten. Die Sterblichkeit in den „camps" war sehr hoch. Insgesamt 28.000 „gegnerische" Frauen und Kinder starben in den Lagern sowie mehr als 14.000 Farbige, insgesamt sechsmal so viel wie die Verluste des sehr kleinen Volkes der Buren im Feld. Diese Tatsachen führten in der deutschen Öffentlichkeit (und nicht nur dort) zu starker Erregung und Oppositionsführer Campbell-Bannerman bezeichnete die britische Kriegsführung in Südafrika als „Methoden der Barbarei", was fast zur offiziellen Spaltung der Liberalen führte.[634] In dieser Situation weigerte sich der deutsche Kaiser im Dezember 1900, Präsident Krüger zu empfangen, dem in Frankreich kurze Zeit zuvor alle Ehren zuteil gekommen worden waren, und begab sich kurze Zeit darauf für viele Tage nach England, um seiner Großmutter Queen Victoria auf deren Sterbebett beizustehen. Zudem zeichnete er kurz darauf General Lord Roberts, den „Bezwinger der Buren", mit der höchsten deutschen Auszeichnung aus, dem Schwarzen Adler-Orden. In Großbritannien löste dies eine „ungeahnte Welle der Sympathie und Begeisterung für den deutschen Herrscher aus".[635] Der neue König Eduard VII. verlieh seinem kaiserlichen Neffen einen diamantenen Zusatz zum Hosenbandorden, das Beste, was der Hoflieferant produzieren konnte. Sanderson meinte: „Der Besuch des Kaisers hatte in jeder Hinsicht eine ausgezeichnete Wirkung."[636] Diese führte auch in Russland und Frankreich zu einiger Beunruhigung über eine mögliche britisch-deutsche Annäherung. In Deutschland hingegen war der Besuch des Kaisers außerordentlich unpopulär, und Bülow be-

---

[631] Hobsbawn, Industrie und Empire, 2, 70/71; Blake, Salisbury, 176; Bartlett, C.J.; *British Foreign Policy in the Twentieth Century*, London 1989, 4, (künftig: Bartlett, British Foreign Policy); Rock, Why Peace, 34

[632] Davidson, Russians, 175

[633] Hargreaves, John D.; *British Isolation and the Yangtse Valley, June-September 1900*, in: BULLETIN OF THE INSTITUT OF HISTORICAL RESEARCH, vol. 30 (1957) 64, (künftig: Hargreaves, Yangtse); PRO, FO 800/17, Lascelles an Sanderson, 23.12.1900

[634] Pakenham, Scramble, 578–81; Hale, Publicity and Diplomacy, 239; Searle, Quest, 109

[635] G.P., XV, Nr. 4506; Winzen, Bülows, 304/05; PRO, FO 800/18, Lascelles an Lansdowne, 16.2.1901; Hale, Publicity and Diplomacy, 234

[636] PRO, FO 800/10, Sanderson an Lascelles, 23.1.1901

eilte sich zu betonen, dass sich am Verhältnis zwischen den beiden Staaten in den vergangenen Monaten nichts Grundsätzliches verändert habe.[637]

Am 31. Mai 1902 wurde Frieden geschlossen in Südafrika. Das russische Außenministerium und die russische Öffentlichkeit reagierten enttäuscht über den britischen Sieg.[638] Die Beziehungen zwischen der britischen und der deutschen Regierung waren zwar nicht freundschaftlich, aber doch zufriedenstellend. In der britischen Öffentlichkeit hatte sich jedoch eine tiefgehende Abneigung gegen das Deutsche Reich festgesetzt, nicht zuletzt genährt durch Saunders, den Korrespondenten der „Times" in Berlin. Er hatte in zahlreichen Berichten den Eindruck zu erwecken versucht, dass die englandfeindliche Stimmung im Europa der vergangenen zweieinhalb Jahre das Ergebnis einer Kampagne der deutschen Regierung sei. In einem bezeichnenden Bericht schrieb er am 3. Juni 1902: „Es war vor allem dem Verhalten des Zaren und der freundlichen und gewandten Diplomatie M. Delcassés zu danken, dass keine europäische Koalition möglich war."[639] Dies stellte die tatsächlichen Begebenheiten auf den Kopf[640], wie auch damals jeder leidlich unvoreingenommene Beobachter wissen konnte, trotz alledem verfehlte es nicht seine Wirkung.

Die Bedeutung des Burenkrieges für die britische Außen- und Innenpolitik sowie auf die „Stimmung" im Lande kann kaum überschätzt werden. Großbritannien entsandte insgesamt etwa 450.000 Soldaten nach Südafrika, mehr als jemals zuvor in irgendeinem Krieg mobilisiert worden waren![641] Die Überzeugung von der Stärke des eigenen Landes, die bspw. Salisburys Politik weitgehend bestimmte, wurde weithin von Unsicherheit und Angst abgelöst. Die souveräne Selbstsicherheit des langjährigen Premier- und Außenministers, die anscheinend selbst ihm bereits Mitte der 1890er Jahre in Bezug auf Russland zweifelhaft zu werden begann, verlor durch die offenkundig gewordene Schwäche des Landes im Burenkrieg rapide an Anhängern und Überzeugungskraft. Salisbury begann bereits in den 15 Monaten vor dem Kriegsausbruch in Südafrika, von Mitgliedern seines Kabinetts in zentralen Fragen übergangen zu werden. Mit dem Kriegsausbruch verlor der alternde Salisbury fast vollständig die Kontrolle über das Kabinett, er musste Ende des Jahres 1900 als Außen- und 1902 als Premierminister zurücktreten.

Die Souveränität und Gelassenheit, die die Briten bis in die 1870er Jahre in Anbetracht der Stärke ihres Landes erfüllte, wich zunehmend einer macht- und gewaltbereiten Gesinnung. Eine maßgebliche Ursache hierfür ist der relative Machtverlust des Landes. Großbritanniens Fähigkeit, das Empire aus eigener Kraft sichern zu können, wurde in Anbetracht der erstarkenden Konkurrenten immer zweifelhafter. Im Kapitel „Von der Splendid Isolation zu Bündnissen" wird ausführlich dargelegt, welche Schlüsse die britische Politik daraus zog.

Wenn die Wilhelmstraße sich ähnlich feindselig wie Frankreich oder Russland verhalten hätte, wäre der Konflikt im Süden Afrikas vermutlich zu einer diplomatischen Demütigung mit weitreichenden Auswirkungen für die Weltstellung des Empire geworden. Die deutsche Politik schlug sich während der Kriegsjahre jedoch eindeutig auf die britische Seite, wagte auch nicht, in der „Bundesrath"-Kontroverse so rasch und entschlossen zu reagieren, wie es die Vereinigten Staaten in einem weit weniger schwerwiegenden Fall getan hatten.

---

[637] Winzen, Bülows, 306–09
[638] Hardinge, Old Diplomacy, 80
[639] Hale, Publicity and Diplomacy, 253
[640] S. Langer, Diplomacy of Imperialism, 651–72; Kennedy, Samoan, 203
[641] Davidson, Russians, 141

Die drei großen europäischen Konkurrenten Großbritanniens fanden zwar selbst in dieser für sie günstigen Situation nicht zusammen, aber dies beruhigte nur wenige. Der Vereinigte Königreich schien nicht mehr in der Lage, seine globalen Besitzungen ohne grundsätzlichen Ausgleich oder gar ein Bündnis mit einer anderen Großmacht zu sichern. Salisbury war bereits 1898 bereit gewesen, Russland sehr weitgehende Zugeständnisse zu machen (s. Kap. III., Abschnitt 2.), denn dieses war nicht nur auf Machtausweitung **bedacht**, sondern hierzu auch **in der Lage**, vor allem in China und im Vorfeld Indiens, zwei Brennpunkten des Weltgeschehens, die für die britische Politik und Wirtschaft höchste Priorität genossen.

Die innenpolitischen und gesellschaftlichen Auswirkungen des Waffenganges waren nicht weniger schwerwiegend. Einige britische Politiker waren der Überzeugung, dass der Imperialismus nicht von der sozialen Frage ablenke, sondern eine Lösung derselben im Gegenteil nur durch eine aktive Überseepolitik denkbar sei.[642] Für Vertreter dieser Richtung (z.B. Joseph Chamberlain und die „Fabians") stand aber seit dem Burenkrieg nicht mehr die soziale Frage im Vordergrund, sondern die Sicherung des Empire. Die Lebensbedingungen der Masse der Bevölkerung sollten verbessert werden, **um** kampfkräftige und entschlossene Verteidiger des Empire zu gewinnen. Neben den fürsorglichen Staat im Inneren bzw. den wehrhaften nach außen sollten Bündnisse mit anderen Ländern treten. Verfechter einer technokratischen und autoritären Umgestaltung gewannen stark an Bedeutung, zugleich sahen sich aber auch die Gegner des Imperialismus in ihrer Haltung bestärkt, so dass sich die politischen Gegensätze wesentlich verschärften.

---

[642] Chamberlain, Imperialism and Social Reform, 153/54

III. Von der „Splendid Isolation" zu Bündnissen

Seit 1898 und wesentlich verstärkt durch den Burenkrieg erhoben sich zahlreiche Stimmen in Politik und Publizistik, die eine Aufgabe der bündnisfreien Stellung Großbritanniens forderten. In diesem Kapitel geht es um die außenpolitischen Ursachen und Hintergründe dieser Entwicklung sowie den Gang der britischen Außenpolitik in den Jahren bis 1906.

1. Britisch-deutsche Bündnisfühler

Für Großbritannien standen in China Ende des 19. Jahrhunderts gewaltige wirtschaftliche Interessen auf dem Spiel. Das Empire kontrollierte 1894 65% des chinesischen Handels – wobei die Verkäufe von Opium aus Britisch-Indien immer noch eine beträchtliche Rolle spielten. Im selben Jahr wurden 85% der chinesischen Ein- und Ausfuhren auf britischen Schiffen transportiert. Großbritanniens Interesse bestand unzweifelhaft darin, die territoriale Integrität des Reiches der Mitte zu wahren, um weiter in ganz China ökonomisch dominieren zu können. Mit dem japanisch-chinesischen Krieg von 1894/95 deutete sich eine Akzentverschiebung an, als Rosebery im Februar 1895 ein Zusammengehen mit Russland in Asien ankündigte.[1] Im April schrieb er Sanderson:

> „Wir müssen ein wenig weiter blicken als nur auf die jüngsten Entwicklungen und uns daran erinnern, dass 300 Millionen guten Kampfmaterials (!), geführt und diszipliniert durch 40 Millionen einer mutigen, ehrgeizigen und intelligenten Rasse <gemeint sind die Japaner>, **die** Gefahr für die Welt darstellen, die einige in China vorhergesehen haben. (…) Wir könnten uns einerseits kurz vor einer Aufteilung Chinas befinden. (…) Wir könnten uns auf der anderen Seite am Rande eines Krieges zwischen Japan und einigen westlichen Mächten befinden, der gleichfalls zu einer Aufteilung führen würde. (…) Wir müssen auf die bedenklichsten Notlagen vorbereitet sein."[2]

Die Jahre 1895 bis 1897 waren im Fernen Osten vor allem von der zunehmenden Macht Russlands geprägt.[3] Chamberlain meinte in diesen Jahren in Anbetracht der Probleme, denen sich Großbritannien von Seiten Russlands und Frankreichs ausgesetzt sah, dass die Zukunftsaussichten düsterer seien denn je zuvor in seiner Erinnerung. Der Ostasiatische Dreibund von 1895 zwischen Russland, Frankreich und dem Deutschen Reich hatte dem aus britischer Sicht allgemein düsterem Bild weiteres Schwarz verliehen.[4]

Der britische Diplomat Cecil Spring-Rice schrieb in einem Brief an Theodore Roosevelt, dass die Mächte um die Ehre kämpften, dem Zaren die Füße zu küssen. „Deutschland ist so untertänig wie Frankreich, und (falls es nicht so offensichtlich sinnlos wäre) ich würde mich nicht wundern, wenn England ebenso devot wie Deutschland wäre." Allein Russland, so fuhr er fort, sei unverwundbar und könne die Zeit für sich arbeiten lassen.[5] Die politisch übermächtig werdende Position Russlands in China drohte, die wirtschaftliche Dominanz Großbritanniens zu gefährden. Aber auch Frankreich nutzte die Schwäche des Vereinigten Königreiches in Ostasien und rang China nach

---

[1] Langer, Diplomacy of Imperialism, 167, 386, s. auch ebd. 487/88; Busch, Hardinge, 192; Canis, Von Bismarck zur Weltpolitik, 151

[2] Langer, Diplomacy of Imperialism, 167, 173, 461; PRO, FO 800/1, Rosebery an Sanderson, 16.4.1895

[3] S. zu diesem Thema z.B. McCordock, British Far Eastern Policy

[4] Rock, Why Peace, 33; Schöllgen, Zeitalter, 61

[5] Gwynn, Spring-Rice, I, 210ff

1895 beträchtliche Konzessionen ab. Zudem brach das „Reich der Mitte" gar vertragliche Vereinbarungen mit Großbritannien, um Frankreich nicht zu verärgern.[6]

Probleme drohten aber auch von anderer Seite: Die Wilhelmstraße unterstützte in China recht massiv die ökonomischen Interessen von Landsleuten, und der Anteil Deutschlands an den Investitionen überstieg, von Russland und Großbritannien abgesehen, den Anteil eines jeden anderen Landes bei weitem.[7] Die wachsende Macht Russlands und der zunehmende Konkurrenzdruck, v.a. deutscher Unternehmer, nötigte das F.O. zu einer deutlicheren Unterstützung britischer Investitionen z.B. auch in China. Im März 1896 bat die „Hongkong & Shanghai Bank" das F.O. zu erwirken, dass die „Bank of England" eine Darlehensvergabe an China unterstützt. Sanderson hieß dies gut, während Salisbury und vor allem der Schatzkanzler Hicks Beach zurückhaltender waren. Sanderson setzte sich schließlich durch. Er argumentierte, dass die Deutschen China das Darlehen gäben, falls die englische Staatsbank nicht zur Unterstützung bereit sei.[8] Schließlich kooperierten das britische Kreditinstitut und die „Deutsch-Asiatische Bank" in der Darlehensvergabe.[9]

Im September 1897 erschien ein Artikel im „Standard", von dem Sanderson fürchtete, man könnte im Ausland glauben, dass er vom F.O. inspiriert sei: Deutschland wurde geradezu dazu aufgefordert, den chinesischen Hafen Tsingtao zu besetzen, denn dies sei für Großbritannien viel vorteilhafter als eine russische Okkupation. Sanderson meinte zu Hatzfeldt, dass es das Beste wäre, wenn das Spiel des An-Sich-Reißens gar nicht erst begänne. Der deutsche Botschafter entgegnete, dass die Russen dieses mit Sicherheit früher oder später anfingen – wenn nicht andere. China hatte in den vorhergehenden Jahren Russland, Frankreich und Großbritannien in zahlreichen Fragen große Zugeständnisse machen müssen. Das Deutsche Reich aber war in Ostasien zu schwach, um diese zu erzwingen, und das „Reich der Mitte" weigerte sich zwischen 1895 und 1897 standhaft, sich deutschem Druck zu beugen.[10] Die Wilhelmstraße glaubte zudem, zwischen Großbritannien und Russland lavieren zu müssen. Ende 1897 aber schien die Zeit reif: Im November wurde Tsingtao unter einem eher minder als mehr überzeugenden Vorwand von einem „zufällig" in Ostasien kreuzenden deutschen Flottengeschwader besetzt. Sanderson betonte gegenüber dem französischen Botschafter de Courcel, dass es nun mit am Wichtigsten „für uns alle ist, die Autorität der <chinesischen> Zentralregierung zu wahren". De Courcel stimmte zu, Sanderson fürchtete aber, dass der Botschafter „wie üblich moderater als Hanotaux ist", der französische Außenminister.[11] Mitte Januar 1898 legten das Deutsche Reich und China ihren Streit bei, und Ersteres konnte das Gebiet um Tsingtao (die Bucht von Kiautschou) für 99 Jahre pachten. Deutschland besaß somit nicht nur einen vielversprechenden Hafen im Norden Chinas, sondern auch eine aussichtsreiche Position in der relativ wohlhabenden, wenn auch kleinen Provinz Shantung.[12] Die Tsingtaofrage hatte zeitweilig die deutsch-britischen, vor allem aber die deutsch-russischen Beziehungen recht erheblich

---

[6] McCordock, British Far Eastern Policy, 152–54
[7] Platt, Finance, Trade and Politics, 99; Schöllgen, Zeitalter, 56
[8] Edwards, E.W.; *British Diplomacy and Finance in China, 1895–1914*, Oxford 1987, 14/15, 25, (künftig: Edwards, British Diplomacy); zum Thema s. auch Pelcovits, Nathan A.; *Old China Hands and the Foreign Office*, New York 1948, 161/62; PRO, FO 17/1356, The Salt Union an Sanderson, 10.1.1898
[9] McCordock, British Far Eastern Policy, 175
[10] PRO, FO 800/2, Minute Sandersons (f. Salisbury), 19.9.1897; McCordock, British Far Eastern Policy, 192, 194
[11] PRO, FO 800/2, Minute Sandersons (f. Salisbury), 27.12.1897
[12] PRO, FO 17/1356, Memorandum Berties, 17.1.1898; Langer Diplomacy of Imperialism, 454

belastet.[13] Salisbury weigerte sich um den Jahreswechsel 1897/98, das Deutsche Reich im Streit mit Russland wegen Kiautschou zu unterstützen.[14]

Nicht nur viele einflussreiche Konservative, sondern darüber hinaus ein großer Teil der britischen öffentlichen Meinung war mit Salisburys Chinapolitik unzufrieden und fürchtete eine Aufteilung des Landes zu Großbritanniens Nachteil. Schatzkanzler Hicks Beach sagte am 10. Januar 1898 öffentlich:

> „Wir betrachten China nicht als einen Ort für Eroberungen oder Erwerbungen durch irgendeine europäische oder andere Macht. Wir betrachten es als den hoffnungsvollsten Ort der Welt für den Handel der Zukunft. Die Regierung ist absolut entschlossen, zu welchen Kosten auch immer, dass die Tür nicht geschlossen wird, sogar – und ich möchte klar und deutlich sprechen – falls notwendig auch auf die Gefahr eines Krieges hin."[15]

Am 23. März verabschiedete eine Arbeitsgruppe der Konservativen eine Erklärung, dass China für den britischen Handel offen bleiben müsse, selbst wenn dies zu einem Waffengang führen könnte.[16]

Die Ereignisse in China, v.a. das russische Vorgehen, führten in England zu einer Stimmung, die einer Panik ähnelte. „Die öffentliche Meinung hatte ein lebhaftes Bewusstsein für die Gefahr, einen Teil des chinesischen Marktes zu verlieren." Die britische Presse kritisierte die zurückhaltende Politik Salisburys fast einmütig, und ein Vertreter des einflussreichen „Constitutional Club" betonte gegenüber Sanderson, dass Großbritannien eine „Militärstraße" vom Norden Indiens zum Chinesischen Meer benötige und das Empire achtsam sein müsse, denn China sei der „kranke Mann des Fernen Ostens".[17] Auch O'Conor, der britische Botschafter in Peking, empfahl Salisbury 1898, die britische Position in Burma mit der am Jangtse zu verbinden. Sanderson jedoch lehnte sowohl eine Revision der britisch-chinesischen Verträge ab als auch britische Drohgebärden gegen Port Arthur, einen Hafen, den russische Streitkräfte im Januar 1898 besetzten. Bertie, der Fernostfachmann des F.O., war „äußerst wütend" über die Rolle Sandersons in dieser Krise.[18] Großbritannien protestierte erst zwei Monate nach der russischen Besetzung dieses Hafens bei der chinesischen Regierung, während der Botschafter Ihrer Majestät um den Jahreswechsel 1897/98 häufig im Pekinger Außenministerium vorstellig wurde, um den deutschen Erwerb Kiautschous zu verhindern.[19] Gegenüber dem wirklich bedrohlichen Konkurrenten schien dem F.O. Vorsicht angebracht.

Die ausgeprägte öffentliche Kritik an Salisburys „schwacher Haltung" in China nötigte ihn zu einem aggressiveren Vorgehen: Er brachte das „Reich der Mitte" dazu, einer wesentlichen Vergrößerung Hongkongs zuzustimmen und ließ Weiheiwei, eine Hafenstadt in der Nähe Tsingtaos bzw. Port Arthurs, okkupieren. Salisbury war nicht der Ansicht, dass Großbritannien Verbündete im Fernen Osten benötige, um seine Position zu wahren. Er lehnte bspw. ein gemeinsames britisch-russisch-französisch-deutsches Darlehen an China ab. Großbritannien unternahm statt dessen einen Alleingang.[20]

---

[13] B.D., III, S. 381/82; PRO, FO 17/1356, Memorandum Berties, 5.1.1898 u. ebd., Memorandum Sanderson, 12.1.1898; s. auch Canis, Von Bismarck zur Weltpolitik, 163

[14] S. hierzu auch HH, Sanderson Papers, Sanderson an Salisbury, 29.3.1898

[15] Zit. in Grenville, Salisbury, 143, nach The Times, 18.1.1898 (in direkte Rede übertragen)

[16] Winzen, Bülows, 158/59; Langer, Diplomacy of Imperialism, 493

[17] Langer, Diplomacy of Imperialism, 485; PRO, FO 17/1356, Constitutional Club, Dawlish an Sanderson, 6.1.1898

[18] Nach Neilson, Britian and the Last Tsar, 193; PRO, FO 17/1121, Memorandum Sandersons, Blatt 231/32; Howard, Christopher H.D. (Ed.), *The Diary of Edward Goschen, 1900–1914*, Camden Fourth Series, vol. 25, London 1980, 17, (künftig: Howard, Diary of Goschen)

[19] McCordock, British Far Eastern Policy, 208, 221

[20] Langer, Diplomacy of Imperialism, 487; Lensen, George Alexander; *Balance of Intrigue. Internatio-*

Diese selbstsichere Haltung stieß zunehmend auf Unverständnis, wurde als Starrsinn und Weltfremdheit eines alten Mannes interpretiert und verstärkte schon vorhandene außenpolitische Sorgen. Chirol, der nunmehrige außenpolitische Herausgeber der „Times", tat sein Möglichstes, Salisbury zur Aufgabe des F.O. zu nötigen. Der Journalist forderte ein Bündnis mit Deutschland, für das auch die Liberalen und vor allem Lord Rosebery gewonnen werden müssten.[21]

Der Premierminister wünschte kein Bündnis mit einer anderen Macht, aber auch er erkannte die Notwendigkeit eines Ausgleichs mit dem gefährlichsten Konkurrenten: Im Januar 1898 sondierte Salisbury bei der russischen Regierung, ob diese an einer Aufteilung ganz Asiens in Zonen „vorherrschenden Einflusses" entlang der Linie Alexandretta[22]–Peking interessiert sei, um die bedrohte britische Position in Asien zu sichern. Russland war aber nicht bereit, Großbritannien die damit verbundenen Exklusivrechte im mittelchinesischen Jangtse-Becken zuzugestehen. Einige Monate später unternahm Balfour einen ähnlichen Versuch. Da all dies keine Früchte trug, und „um einen deutsch-französisch-russischen Dreibund in Ostasien zu verhindern, sondierten Chamberlain und Balfour bei Botschafter Hatzfeldt die Chancen eines Bündnisses zwischen dem Deutschen Reich und dem British Empire".[23]

Zu Beginn des Jahres 1898 hatte die Queen über ihren „Mann für besondere Aufgaben" bereits auf zahlreiche englische Presseorgane eingewirkt, sich gegenüber Deutschland eines freundlicheren Tones zu bedienen, was umgehend Früchte trug, wie auch der deutsche Botschafter feststellte.[24] Dies bereitete den Boden für ein langes und offenes Gespräch, das Chamberlain Ende März 1898 in Abwesenheit Salisburys mit Botschafter Hatzfeldt über die britisch-deutschen Beziehungen führte. Nicht nur der Kolonialminister, sondern auch der Premierminister und andere Mitglieder des Kabinetts wünschten engere Beziehungen zum Deutschen Reich, wenn auch nicht so nachdrücklich wie Chamberlain, dem als Kolonialminister die britisch-französische Kriegsgefahr wegen Westafrika sehr bewusst war. Zudem schätzte er die Situation im Fernen Osten als bedrohlich ein. Aber weder die USA noch Japan, Chamberlains zweite Wahl als Bündnispartner des Empire in Ostasien, wollten sich an Großbritannien binden.[25]

Die Aussichten für ein britisch-deutsches Zusammenwirken in Ostasien waren nicht ungünstig: Russlands geradezu erbitterter Widerstand gegen den Erwerb Tsingtaos hatte die beiden Kaiserreiche entfremdet.[26] Deutschland sollte nach Chamberlains Ansicht eine Art Protektorat über die Provinz Shantung ausüben und Großbritannien praktisch über die zentralen und südlicheren Teile des Reiches der Mitte. Falls Russland daran ginge, sich weitere Teile Chinas einzuverleiben, sollten sich ihm beide entgegenstellen. Hatzfeldt gab diese Vorstellungen des Kolonialministers in seinen Berichten an die Wilhelmstraße nur undeutlich wieder, da er zurecht davon ausging, dass das Auswärtige Amt weiteren Gesprächen ansonsten nicht mehr zugestimmt hätte. Immerhin wäre das britische Protektoratsgebiet in China nach Chamberlains Vorstellungen deutlich größer und bevölkerungsreicher als der deutsche Anteil gewesen – und ohne Berührung zum russischen Einflussbereich im Norden, hier sollten die Deutschen stehen.

---

nal Rivalry in Korea and Manchuria 1884–1899, Tallahassee 1982, 814, (künftig: Lensen, Balance of Intrigue); PRO, FO 17/1356, Memorandum Berties, 15.2.1898

[21] Gillard, Struggle, 168; PRO, FO 800/17 Lascelles an Chirol, 6.5.1898

[22] Türkische Stadt am Mittelmeer, nahe der syrischen Grenze

[23] Schmidt, Der europäische Imperialismus, 97; Neilson, Britain and the Last Tsar, 198; Mc Cordock, British Far Eastern Policy, 231–38; B.D., vol. 1, No. 9

[24] Hale, Publicity and Diplomacy, 168/69

[25] Langer, Diplomacy of Imperialism, 490/91; McCordock, British Far Eastern Policy, 294–96

[26] Langer, Diplomacy of Imperialism, 492

Zudem hatte selbst das schwache China britischem Druck widerstanden, Straßenbau-
konzessionen in der Jangtseregion ausschließlich an britische Firmen zu erteilen.[27] Großbritannien hatte in den vorhergehenden Jahren in Ostasien stark an Macht eingebüßt.

Berlin besaß ganz und gar kein Interesse, sich in China gegen Russland zu stellen,
es wollte im Gegenteil Nutznießer von Spannungen zwischen dem Zarenreich und
Großbritannien sein. Auch reagierte die britische Öffentlichkeit auf Andeutungen über
ein weitgehendes Zusammengehen mit dem Deutschen Reich eher zurückhaltend, abgesehen vom imperialistischen Massenblatt „Daily Mail", das in seinen Anfangsjahren
mehrfach zwischen einer Verteufelung Frankreichs bzw. Deutschlands schwankte, bis
es sich im Jahre 1900 dauerhaft auf Letzteres einschoss. Außenminister Bülow forderte
insbesondere, dass ein Bündnis zwischen beiden Ländern vom britischen Parlament
gutgeheißen werden müsste, um sich der Allianz wirklich sicher sein zu können. Dies
sei für Deutschland aber mit einem Risiko verbunden: Was, wenn das „House of Commons" oder das „House of Lords" die Verbindung ablehnten? Frankreich und Russland
könnten sich zu einem Präventivkrieg veranlasst sehen, ohne dass Großbritannien verpflichtet wäre, zur Hilfe zu eilen.[28] Bülow forderte zudem ein Entgegenkommen Großbritanniens auf kolonialem Gebiet, da Frankreich, der russische Bündnispartner, sich
nie auf einen Waffengang mit Großbritannien einlasse, solange „Deutschland, neutral,
mit Gewehr bei Fuß in der Flanke" stehe. Er wollte den Gesprächsfaden mit Großbritannien nicht abreißen lassen, aber misstraute den Absichten der britischen Politik,
glaubte das Deutsche Reich in der strategisch günstigeren Position und befürwortete
darum eine abwartende Haltung. Die deutschen Politiker waren der Ansicht, dass für
Großbritannien ein Bündnis mit dem Reich von hohem Wert sei, für das Deutschland
jedoch eine Gefahr darstelle. Und hierfür forderte die Wilhelmstraße eine Risikoprä-
mie.[29]

Im Frühjahr 1898 spitzten sich die Spannungen in Westafrika derart zu, „daß ein
englisch-französischer Waffengang unausweichlich schien", und Chamberlain war bereit, dieses Risiko einzugehen. Es bestand zudem die Möglichkeit, dass Deutschland
den Konflikt zwischen den beiden alten Weltmächten nutzen könnte, seine Kolonie
Togo zu vergrößern. Anfang Mai 1898 musste Chamberlain gegenüber Salisbury seine
Unsicherheit zugeben, wie Großbritannien zu einem Bündnis mit dem Deutschen Reich
kommen könne.[30] Lascelles schrieb zur gleichen Zeit an seinen alten Freund Chirol,
dass er kaum glaube, dass Deutschland sich gegen Russland stelle, damit dieses nicht
Britisch-Indien erobere, jedenfalls nicht für das Angebot überseeischer Expansion. Das
Baltikum könnte Deutschland reizen „aber ich bezweifle, ob irgendetwas anderes es
dazu bewegen könnte, mit Russland in einen Krieg einzutreten".[31]

Salisbury hielt ein Bündnis im Prinzip ebenfalls für wünschenswert, er fürchtete
aber, dass Deutschland einen sehr hohen Preis dafür fordern werde. Er glaubte außerdem nicht an die dringliche Notwendigkeit eines Paktes irgendwelcher Art für Großbritannien. Dies wurde in seiner berühmten „Dying Nations Speech" vom 4. Mai deutlich, in der er u.a. sagte, dass England aus eigener Kraft seine Position halten könne.[32]

---

[27] Langer, Diplomacy of Imperialsm, 496/97; s. auch Hollenberg, Englisches Interesse, 46; Mc-
Cordock, British Far Eastern Policy, 259/60
[28] Langer, Diplomacy of Imperialism. 497/98; Hale, Publicity and Diplomacy, 212; Born, Reichsgründung, 203/04; Flood, Ambassadorship, 27
[29] Winzen, Bülows, 169; Born, Reichsgründung, 203; s. auch Winzen, Bülows, 161; Flood, Ambassadorship, 32
[30] Winzen, Bülows, 159/60; Garvin, Chamberlain, III, 278–80
[31] PRO, FO 800/17, Lascelles an Chirol, 6.5.1898
[32] BM, Balfour MSS, Add. MSS 49691, Salisbury an Balfour, 9.4.1896; Langer, Diplomacy of Imperialism, 504/05; zum Inhalt der Rede s. Grenville, Salisbury, 165/66

Am 11. Mai führten Salisbury und Hatzfeldt ein inhaltsreiches und offenes Gespräch miteinander: Der deutsche Botschafter beschwerte sich, dass Großbritannien einen großen Teil der Welt kontrolliere und für andere Mächte wenig Raum bleibe. Hatzfeldt forderte von Großbritannien eine Rücksichtnahme auf deutsche Interessen, z.B. in Bezug auf die portugiesischen Kolonien. Dies müsse dem Empire die deutsche Freundschaft wert sein. Salisbury bestritt, dass Großbritannien einen zu großen Anteil an den „weniger zivilisierten Teilen der Welt" beherrsche. Er konnte auch keinen deutschen Anspruch auf Konzessionen ohne Gegenleistung anerkennen. Salisbury misstraute der deutschen Politik und wollte von einseitigen kolonialen Zugeständnissen Großbritanniens gegenüber dem Deutschen Reich ohnedies nichts wissen.[33] Das Deutsche Reich war schon aus Gründen der Existenzsicherung genötigt, ein starkes Heer zu unterhalten, um französisch-russischen Ehrgeiz auf Erwerbungen in der Mitte Europas abwehren zu können. Warum sollte Großbritannien dem Deutschen Reich einen Preis für eine Leistung zahlen, zu dessen Erbringung Europas Mitte ohnedies genötigt war?

Wenige Tage darauf wandte sich Chamberlain in undiplomatischer Offenheit an die Öffentlichkeit.[34] Der Kolonialminister entwarf ein beunruhigendes Bild der diplomatischen Situation seines Landes, ging auf die Situation im Fernen Osten besonders intensiv ein, und legte nahe, dass Großbritannien ohne einen starken Bündnispartner verloren sei.[35] – Der spanisch-amerikanische Krieg war zweifelsohne dazu angetan, auch andere Länder zu gewaltsamen Maßnahmen zur Befriedigung imperialistischer Wünsche zu verleiten (s. Kapitel II, Abschnitt 11). – Russland könne man nach Chamberlains Ansicht nicht trauen, es gebe aber nur eine Alternative zu einer Verständigung mit dem Zarenreich, und diese sei ein Krieg. Einen solchen könne Großbritannien nur in Allianz mit einer starken Militärmacht mit Aussicht auf Erfolg führen, und er legte nahe, dass er das Deutsche Reich im Blick hatte.[36] Chamberlain nährte mit seinen Worten den Eindruck, dass Großbritannien das Deutsche Reich und Russland gegeneinander positionieren wolle, was er zweifelsohne auch beabsichtigte.

Chamberlain wird wohl auf eine enthusiastische Antwort des Kaisers gehofft haben. Dieser sagte jedoch gegenüber Lascelles, dass er zwar ein freundschaftliches Verhältnis zu Großbritannien wünsche, Deutschland dem Empire im Fernen Osten aber nicht helfen könne, da Russland und Frankreich in Europas Mitte einfallen könnten, und die britische Flotte in diesem Falle praktisch ohne Belang sei. Der Premierminister veranlasste, dass Lascelles Bericht über das Gespräch den Kabinettsmitgliedern zugänglich gemacht wurde. Am 2. Juni sagte er Hatzfeldt, dass Koalitionsverhandlungen verschoben werden sollten bis die Interessen beider Länder direkter bedroht würden. Da er sich zuvor aber nicht von Chamberlains Ausführungen distanziert hatte, sondern diese gegenüber dem österreichischen Botschafter in London wohl aus innenpolitischen Erwägungen noch mehr oder minder gutgeheißen hatte, nährte er das Misstrauen in der Wilhelmstraße. Zudem schien es nach einem Brief des Zaren an Wilhelm II. vom 3. Juni den Deutschen so, als ob Großbritannien sich nur deshalb an Deutschland gewandt hatte, da Russland Monate zuvor kein Interesse an einem Ausgleich mit dem Empire gezeigt hatte.[37] Diese Einschätzung traf zu.

---

[33] Grenville, Salisbury, 166/67; G.P., XIV, I, Nr. 3798; BM, Balfour MSS, Add. MSS 49691, Salisbury an Balfour, 9.4.1896

[34] Sanderson hatte schon 1881 festgestellt, dass dieser zu viel rede (LR, DER 920 (15), Sanderson Korrespondenz, Sanderson an Lord Derby, 20.1.1881)

[35] Langer, Diplomacy of Imperialism, 506–08; s. auch Hale Publicity and Diplomacy, 170/71 u. Grenville, Salisbury, 168–70; Monger, Ursachen, 17/18

[36] Grenville, Salisbury, 170

[37] Grenville, Salisbury, 171–73; G.P., XIP, I, Nr. 3800; G.P., XIV, I, Nr. 3798; Born, Reichsgründung, 203/04

Chamberlain wollte noch nicht aufgeben. Das Ansehen des alternden Premierministers war beschädigt, und die Kontrolle über das Kabinett entglitt ihm zusehends, da die Kollegen seiner abwartenden Haltung nicht untätig zusehen wollten.[38] Salisbury hielt ein Bündnis nicht für erforderlich, ja seines Erachtens vergrößerte ein solches die Gefahren für Großbritannien. Es gab aber ein deutliches Indiz, dass er, wenn es sich nicht mehr umgehen ließe, ein Bündnis mit dem Deutschen Reich einem mit Frankreich oder Russland vorzog: Er sagte Balfour, dass er das Deutsche Reich für die am wenigsten unzuverlässige Macht halte.

> „Frankreich und Russland scheinen Verhandlungen lediglich als eine Einrichtung zu betrachten, die sie in die Lage versetzt, dass in der Diskussion befindliche Gebiet zu besetzen, während die Verhandlungen laufen. Deutschland täte ohne Zweifel dasselbe, wenn es die Gelegenheit dazu hätte, aber da es keinen territorialen Zugang zu irgendeinem Gebiet hat, an dem wir beide interessiert sind, ist es genötigt, zu anderen und weniger wirkungsvollen Mitteln Zuflucht zu nehmen, um seine Ziele zu erreichen. Der einzige Bestandteil seiner Freundschaft, dem ich sehr misstraue, ist sein konstanter Wunsch, uns in einen Krieg mit Frankreich zu stoßen."[39]

Salisbury war sich der Schwäche des Deutschen Reiches in Übersee natürlich bewusst.

Am 18. Juni lud Chamberlain die mit seinen Vorstellungen sympathisierenden Kabinettsmitglieder in sein Londoner Privathaus zu einem geradezu konspirativen Gespräch. Die abwartende Haltung des Premierministers beunruhigte nicht nur viele konservative Politiker, sondern auch den Prinzen von Wales: „Unsere Regierung schläft tief und fest und wartet darauf, was die anderen Mächte tun werden", wie er schrieb. „Ich weiß nicht, was in Lord Salisbury gefahren ist, er scheint vollständig seine Energie verloren zu haben, wenn nicht seinen Kopf!"[40]

Lascelles, der am 18. Juni ebenfalls anwesend war, hielt ein Bündnis zwischen beiden Mächten nun ebenfalls für notwendig und möglich. Der Zufall half den „Verschwörern", denn Salisbury musste sich noch im Sommer in einen längeren krankheitsbedingten Urlaub begeben. Am 21. August hatte Lascelles Gelegenheit, mit dem deutschen Kaiser zu sprechen. Der Botschafter sagte, dass führende Minister auf einer informellen Sitzung des Kabinetts die Möglichkeit eines britisch-deutschen Bündnisses erörtert hätten. Chamberlain habe dort unter Zustimmung der anderen Minister Folgendes erklärt: Beide Mächte seien stark genug, je gegen einen einzelnen Angreifer zu bestehen, wenn Großbritannien oder das Deutsche Reich jedoch von zwei Mächten attackiert würden, sollte der andere Vertragspartner zur Hilfe kommen. (Chamberlain selbst beabsichtigte darüber hinaus wohl nicht nur ein Defensivbündnis, sondern eine weltweite Verständigung beider auf Kosten Dritter.) Der Kaiser war von den Gedanken angetan, Lascelles machte in seinem Bericht an Balfour, der in Abwesenheit Salisburys die Außenpolitik leitete, aber nicht deutlich, von wem Initiative und Inhalt der Bündnisgedanken ausgegangen waren, ob von ihm oder dem Kaiser.[41]

Die Gespräche wurden aus verschiedenen Gründen nicht weitergeführt. Das Deutsche Reich wünschte aber ein gutes Verhältnis zu Großbritannien, nicht zuletzt im Interesse einer starken Position gegenüber Russland. Paul Graf von Hatzfeldt meinte im April 1898, dass eine britisch-deutsche Annäherung durch eine „Politik der kleinen Schritte" erzielt werden könne, und die Vereinbarung über die Aufteilung der portugiesischen Kolonien vom 30.8.1898 diente als Schritt in diese Richtung. Lascelles, der ein britisch-deutsches Bündnis wünschte, war aber skeptisch, ob die Deutschen aus Angst

---

[38] S. auch Grenville, Salisbury, 10/11
[39] Zit. in Flood, Ambassadorship, 42
[40] Zit. in Grenville, Salisbury, 173
[41] Grenville, Salisbury, 173–75; Hollenberg, Englisches Interesse, 47, 39, Anm. 42

vor der russischen Macht den Mut hierzu aufbringen würden. Gute Beziehungen zum Zarenreich gälten in Deutschland als wichtiger als solche zu Großbritannien.[42]

Es weckte deutsches Misstrauen, dass Großbritannien dann, und nur dann auf Deutschland zukam, wenn es durch Russland in China hart bedrängt wurde. Im Sommer und Herbst 1898 kamen zudem noch die Spannungen mit Frankreich in Afrika. Kriegsgerüchte lagen in der Luft, und Großbritannien betrieb mit allem Nachdruck Vorbereitungen für einen Waffengang. Außerdem reagierte die deutsche Presse nicht gerade enthusiastisch auf die Aussicht, sich zwischen Großbritannien und Russland entscheiden zu müssen. Bülow überzeugte den Kaiser, erst einmal abzuwarten, und auch von britischer Seite wurde kein Versuch unternommen, den Gesprächsfaden weiter zu knüpfen.[43]

Salisbury meinte im Frühjahr 1899, dass Russland aufgehört habe, dem Bündnis mit Frankreich mehr als einen formellen Wert beizumessen. Die russische Zurückhaltung während der Faschodakrise schien diese Deutung zu stützen. Eine britische Verständigung mit Deutschland, wenn sie überhaupt zu erreichen wäre, könnte nach Salisburys Ansicht eine „unheilvolle Wirkung" auf die Beziehungen zur III. Republik ausüben – die Kriegsgefahr wegen Faschoda war erst kurze Zeit abgeklungen. Salisbury verfügte somit über zwei recht gute Argumente, die gegen Bündnisgespräche mit dem Deutschen Reich sprachen. In der Wilhelmstraße sah man ebenfalls keine drängende Notwendigkeit auf Großbritannien zuzugehen. Das Deutsche Reich befand sich 1898/ 99 diplomatisch in einer relativ komfortablen Situation: Großbritannien, Frankreich und Russland waren in gegenseitiger Spannung gebunden, während die Wilhelmstraße zu allen ein zufriedenstellendes Verhältnis pflegen konnte.[44]

Am 30. November 1899, nach einigen für die Briten demütigenden und besorgniserregenden Niederlagen gegen die Buren, unternahm Chamberlain einen weiteren kühnen Versuch, seinem Bündnisprojekt einen neuen Impetus zu verleihen:

„Es gibt etwas, (...) das jeder weitsichtige englische Staatsmann seit langem gewünscht haben muss: dass wir nicht auf Dauer isoliert in Europa bleiben sollten; und ich denke, (...) es muss (...) jedermann offensichtlich sein, dass eine natürliche Allianz zwischen uns und dem großen Deutschen Reich besteht."[45]

An anderer Stelle meinte er:

„Der Charakter der teutonischen Rasse unterscheidet sich letztlich nur sehr wenig vom Charakter der angelsächsischen ... Wir stellen fest, dass unser Rechtssystem, unsere Literatur und die Grundlagen, auf denen unsere Sprache ruht, in den beiden Ländern dieselbe ist, und wenn ein Bündnis zwischen England und Amerika ein machtvoller Faktor für den Frieden ist, so stellte eine neue ‚Triple Alliance' zwischen der teutonischen Rasse und den beiden großen Zweigen der angelsächsischen Rasse einen noch wirkungsvolleren Einfluss in der Zukunft der Welt dar."[46]

Chamberlains Rede wurde von der britischen Presse unterschiedlich aufgenommen. Die „Daily Mail" freute am 1. Dezember die Aussicht, „diese unflätigen Pariser schaudern zu machen". „Wenn sie ihre Beleidigungen nicht einstellen, so werden ihnen ihre Kolonien weggenommen und Italien und Deutschland gegeben", drohte das Blatt, „und Frankreich wird in dem ‚Blut und Schmutz' gewälzt werden, in dem sich seine Presse

---

[42] Schöllgen, Zeitalter, 62; PRO, FO 800/17, Lascelles an Chirol, 6.5.1898
[43] Postgate, Those Foreigners, 191; Hale, Publicity and Diplomacy, 187/88; Grenville, Salisbury, 175/76
[44] Monger, Ursachen, 19 (Salisbury an Curzon, 8.4.1899); Monger, Ursachen, 21; Langer, Diplomacy of Imperialism, 601
[45] Zit. in Langer, Diplomacy of Imperialism, 658; s. auch Grenville, Salisbury, 281
[46] Zit. in Joll, Europe, 96/97

täglich suhlt".[47] Auch die Provinzpresse begrüßte Chamberlains Worte, aber ohne blutrünstige Rhetorik. Die informierten Hauptstadtzeitungen blieben jedoch zurückhaltend. Sie ahnten die Reaktion der deutschen Öffentlichkeit und Regierung voraus.[48]
Schon der Besuch Wilhelms II. in Großbritannien zu Beginn des Burenkrieges war in
Deutschland sehr unpopulär gewesen. Das Vereinigte Königreich zog im Herbst 1899
in ganz Europa Abneigung und geradezu Hass auf sich, und Niederlagen britischer
Truppen wurden mit Schadenfreude vermerkt. Der Besuch des deutschen Staatsoberhauptes hatte der ganzen Welt deutlich gemacht, dass Deutschland in dieser für Großbritannien sehr schwierigen Situation nicht bereit war, sich einer irgendwie gearteten
antibritischen Koalition anzuschließen. Schon allein aus innenpolitischen Gründen war
die Reichsleitung nach Chamberlain Rede genötigt, kühl zu reagieren, um nicht selbst
das Ziel der über die britische Politik in Wut entbrannten deutschen Presse zu werden.[49]
    Die Situation hätte sich sowohl für die deutsche Öffentlichkeit als auch für die
Wilhelmstraße anders dargestellt, wenn Großbritannien die Materialisierung des Abkommens über die portugiesischen Kolonien vorangetrieben hätte. Davon konnte aber
keine Rede sein. Während der vorhergehenden Jahre hatte das Vereinigte Königreich
Russland und den Vereinigten Staaten, den gefährlichsten Konkurrenten, große Zugeständnisse gemacht oder angeboten, auch Frankreich. Die deutschen Außenpolitiker
sahen sich demgegenüber benachteiligt.
    Am 12. Dezember kündigte Bülow im Reichstag an, dass die Regierung in Kürze
ein 2. Flottengesetz zur Verdoppelung der deutschen Seestreitkräfte einbringen werde.
Über das Verhältnis zu Großbritannien sprach er ebenso freundlich wie über Frankreich oder Russland, wobei er anmerkte, dass das Hauptaugenmerk deutscher Politik
auf Europa ruhe, auf dem Bündnis mit den Dreibundpartnern und „unseren guten
Beziehungen zu Russland". Mit dieser Rede nahm er den regierungskritischen Blättern
den Wind aus den Segeln. Auch die Amerikaner, ebenfalls von Chamberlain umworben, reagierten kühl.[50]
    1899 und zu Beginn des Jahres 1900 herrschte in Großbritannien ein Gefühl vor,
dass die endgültige Aufteilung Chinas kurz bevor stehe. Sowohl in der Presse als auch
im Parlament wurde wiederholt Unzufriedenheit und Hoffnungslosigkeit in Bezug auf
die britische Chinapolitik geäußert, und wegen der tendenziell immer schwieriger werdenden außenpolitischen Situation Großbritanniens erwogen einige Mitglieder des
Kabinetts sogar einen Eintritt in den Dreibund, bspw. Indienminister Hamilton. Selborne, der neuernannte Erste Lord der Admiralität (Marineminister), meinte, dass eine
„formelle Allianz" mit dem Deutschen Reich angestrebt werden müsse: Dem raschen
Ausbau der amerikanischen, deutschen und japanischen Flotten solle nicht durch ein
Wettrüsten begegnet werden, sondern man brauche deren Freundschaft für den Fall
eines Krieges gegen Frankreich und Russland.[51] Salisbury aber war der Ansicht, so
schrieb er zumindest, dass Deutschland „tödliche Angst" wegen seiner langen Grenze
zu Russland habe und darum niemals mit Großbritannien gegen das Zarenreich stehen
werde.[52] Diese Deutung ist überzeichnet, aber nicht ganz von der Hand zu weisen.

---

[47] Zit. in Hale, Publicity and Diplomacy, 212. Chamberlain allerdings hatte in seiner Rede deutlich
gemacht, dass die englandfeindliche ausländische Presse keineswegs ein Indiz für die politische Haltung
der Regierungen der Mächte sei (BL, MSS, Eng. hist., c 1214, Sanderson an Monson, 12.12.1899).
[48] Hale, Publicity and Diplomacy, 212; s. auch Langer, Diplomacy of Imperialism, 659
[49] Die von der Wilhelmstraße bekanntermaßen inspirierten deutschen Zeitungen zeigten hingegen
einige Aufgeschlossenheit, s. Hale, Publicity and Diplomacy, 214
[50] Hale, Publicity and Diplomacy, 214/15; Langer, Diplomacy of Imperialism, 659
[51] Langer, Diplomacy of Imperialism, 684; Monger, Ursachen, 19, 36, 10–12
[52] Monger, Ursachen, 21; Lascelles hatte bereits ähnliche Bedenken geäußert, s. PRO, FO 800/17,
Lascelles an Chirol, 6.5.1898

Im Sommer des Jahres 1900 drohte das Chinesische Kaiserreich, während des fremdenfeindlichen Boxeraufstandes auseinanderzufallen. Aufständische belagerten die ausländischen Botschaften in Peking, und Sanderson sagte in einem aggressiven Anflug, dass im Falle ihrer Zerstörung die gesamte „Verbotene Stadt" dem Erdboden gleichgemacht werden sollte.[53]

Frankreich und Russland forderten, dass Marineoperationen gegen chinesische Schiffe im Jangtzegebiet internationalen Charakter tragen müssen, und das Deutsche Reich schloss sich ihnen an.[54] Dies mussten die Briten als besorgniserregende Wiederauflage des ostasiatischen Dreibundes von 1895 und einen Angriff auf ihre Vorherrschaft in diesem sehr ausgedehnten und bevölkerungsstarken Territorium werten. Ebenfalls im Juli d.J. landeten nicht nur 3000 britische Soldaten in Schanghai, sondern auch 800 Franzosen und kleinere deutsche und japanische Kontingente. „Es war klar, dass die britischen Interessen im Fernen Osten in ihrem Zentrum einen weiteren schweren Rückschlag erlitten hatten."[55]

Anfang Juli sprach der russische Finanzminister Witte gegenüber dem deutschen Botschafter in St. Petersburg erneut den Gedanken einer gegen England gerichteten Kontinentalliga an. Nicht nur Großbritannien, sondern auch das Zarenreich warb um Deutschland. Bülow schrieb:

> „Natürlich wollen uns die Russen gegen Japan und England vorschieben, letztere haben uns aber auch nötig. Die chinesischen Wirren sind für Rußland, England und Japan unbequemer als für uns und steigern uns im Preise ... Die Witteschen Allianz-Wünsche müssen wir freundlich, vorsichtig, **dilatorisch** behandeln. Wenn wir dieselben schroff zurückweisen, so bringen wir den mächtigsten Mann in Rußland gegen uns auf, bzw. treiben ihn zu einer Verständigung à tout prix mit England."[56]

In dieser für Großbritannien besorgniserregenden Situation entwickelte sich jedoch eine Verstimmung zwischen Russland und dem Deutschen Reich, da sich der Zar weigerte, seine Truppen dem deutschen Oberbefehlshaber der internationalen Expedition zu unterstellen.[57] Womöglich wollte der russische Herrscher den Deutschen zeigen, dass er auf ein gutes Verhältnis mit ihnen nicht angewiesen sei. – Nun wiederum war es an Deutschland, seine Stärke zu demonstrieren: Am 22. August 1900 sagte Wilhelm II. Lascelles, dass Deutschland an der Seite Großbritanniens in China stehen werde, falls das F.O. verspreche, nicht von der Politik der „Offenen Tür" abzugehen. Salisbury aber vermutete, dass Deutschland Zwietracht zwischen Großbritannien und Frankreich säen wolle, „und er goß kaltes Wasser auf das Ganze".[58] Sanderson teilte das grundsätzliche Misstrauen des Premierministers. Er glaubte, dass „die Deutschen eine Abmachung mit Russland haben, als Ausgleich für ihre eigene Sphäre in Schantung, freie Hand in der Mandschurei zu geben".[59] Bertie schrieb am 5. September, dass die Deutschen immer ein gutes Geschäft wollten, aber nichts oder wenig gäben. Lascelles aber betonte das

---

[53] Der britische Diplomat Satow stimmte ihm zu und meinte, dass man in den vorhergehenden 40 Jahren auf dem falschen Weg gewesen sei und die alte Kanonenbootpolitik richtig gewesen sei (Lensen, George Alexander; *Korea and Manchuria between Russia and Japan 1895–1904. The Observations of Sir Ernest Satow*, Tallahassee (Fl.) 1966, 10, (künftig: Lensen, Korea and Manchuria).

[54] Hargreaves, Yangtse, 71; G.P., XVI, Nr. 4702; s. auch Grenville, Salisbury, 303

[55] Hargreaves, Yangtse, 70

[56] Zit. in Winzen, Bülows, 185/86

[57] Dass die nicht zur Veröffentlichung gedachte sog. „Hunnenrede" Wilhelms II. bekannt wurde, stürzte die Wilhelmstraße in einige Verlegenheit, s. z.B. Hatzfeldt, Papiere II, 1332 u. PRO, FO 800/17, Lascelles an Sanderson, 3.8.1900

[58] Monger, Ursachen, 22; s. auch Hargreaves, Yangtse, 71/27

[59] CUL, Hardinge MSS, 3/137, Sanderson an Hardinge, 24.10.1900; zit. in Monger, Ursachen, 23 nach Hardinge MS, Vol. III, Sanderson an Hardinge, 24.10.1900

große Interesse der Wilhelmstraße an einer Vereinbarung, und Großbritannien dadurch in eine vorteilhafte Verhandlungsposition gelange.[60] Salisbury musste sich schließlich dem starken Druck im Kabinett beugen.

Das Deutsche Reich war nicht bereit, auch für die Mandschurei Verantwortung zu übernehmen, sondern versprach lediglich, für die „Offene Tür" einzutreten, soweit sein Einfluss in China reiche. Lascelles schrieb an Salisbury:

> „Bülow sagte mir, dass Sie vorgeschlagen hätten, dass die Vereinbarung nicht auf das Jangtse-Tal beschränkt sein, sondern ganz China umfassen sollte. Auf meine Frage, ob dies auch die Mandschurei einschließe, sagte er mir, dass Sie **südlich** von der Mandschurei eine Linie auf der Karte von China gezogen haben."[61]

Dies war unmissverständlich. Bereits am 16. Oktober 1900 wurde das britisch-deutsche Chinaabkommen abgeschlossen, dem auch Japan beitrat.

Chamberlain und andere sahen das Abkommen als ersten Schritt für ein Zusammenrücken beider Länder, bzw. der Trennung Deutschlands von Russland.[62] Und tatsächlich schrieb Hardinge aus St. Petersburg, dass „die Verärgerung auf Deutschland seit einiger Zeit wächst". Dass dieses die Vereinbarung vor Russland verheimliche, sei der Höhepunkt dieser Entwicklung. Hardinge fuhr fort: „Ich glaube, es ist das erste Mal, dass der deutsche Kaiser die Maxime Bismarcks und des alten Kaisers vernachlässigt hat, immer zu versuchen auf freundschaftlichstem Fuße mit Russland zu stehen."[63] Devonshire, ein einflussreiches Kabinettsmitglied, soll aber zum russischen Botschafter über das Abkommen gesagt haben: „Ich kann nicht viel darin sehen." Sanderson teilte diese Einschätzung, und Salisbury bekam einen Lachanfall, als ihm sein Staatssekretär die Episode wiedergab. Die britische und die deutsche Öffentlichkeit waren einander nicht besonders herzlich zugetan. In der deutschen Presse wurde zudem deutlich gemacht, dass man freundschaftlichere Beziehungen zu Großbritannien wünsche – aber keine Feindschaft mit Russland, und dass England das Deutsche Reich als einen Gleichen behandeln müsste – sowie einen Preis zu zahlen habe.[64]

Gegen Ende des Jahres 1900 waren die britisch-deutschen Beziehungen auf offizieller Ebene so freundschaftlich wie lange nicht, und es gab durchaus einige Ansatzpunkte für ein gemeinsames Vorgehen in China. So lag es weder in britischem noch in deutschem Interesse, dass China die Kriegsentschädigung nach der Niederschlagung des Boxeraufstandes durch eine Erhöhung der Zollsätze aufbringen sollte, wie von anderen Mächten gefordert.[65] Dies hätte den Handelsinteressen beider Mächte Schaden zugefügt.

Im November und Dezember 1900 sondierte der japanische Außenminister Kato in Berlin, inwiefern Deutschland bereit sei, sich dem russischen Vordringen in China entgegenzustellen, aber die Antworten der Wilhelmstraße schienen ihm nicht ermutigend. Er argwöhnte sogar zu unrecht, dass es trotz der gegenteiligen Beteuerungen der

---

[60] PRO, FO 800/170 Bertie am 5.9.1900; s. auch Hamilton, Bertie, 25; PRO, FO 800/17, Lascelles an Bertie, 15.9.1900

[61] PRO, FO 800/17, Lascelles an Salisbury, 5.10.1900 (meine Hervorhebung); s. auch PRO, FO 800/18, Lascelles an Lansdowne, 29.3.1901 u. B.D., II, Nr. 17 bzw. 135; s. auch Canis, Von Bismarck zur Weltpolitik, 345

[62] Hargreaves, Yangtse, 72–74; B.D. II, 17; Monger, Ursachen, 24; Steiner, Foreign Office and Foreign Policy, 27

[63] CUL, Hardinge MSS, 3/136, Hardinge an Sanderson, 1.11.1900

[64] BL, MSS eng. hist., c 1214, Sanderson an Monson, 23.10.1900; Langer, Diplomacy of Imperialism, 500

[65] Langer, Diplomacy of Imperialism, 717; PRO, FO 800/12, Lansdowne an Lascelles, 28.12.1900

britischen und der deutschen Regierung eine geheime Vereinbarung beider über die zukünftige Aufteilung Chinas geben könnte.[66]

Ende 1900 wurde Salisbury genötigt, sein Amt als Außenminister niederzulegen. Es hatte bereits seit einigen Jahren Versuche gegeben, den wichtigsten Vertreter der Politik der „Splendid Isolation" ins Abseits zu drängen. Der neue Außenminister Lansdowne hatte zuvor fünf Jahre das Kriegsministerium geleitet. Er war überzeugt, dass die militärische Schwäche Großbritanniens die Aufgabe der traditionellen Politik der Bündnisfreiheit erfordere.[67] Im November 1900 schrieb er an den britischen Botschafter in Berlin:

> „Ich werde den Pflichten meines neuen Amtes, so hoffe ich, ohne allzu viele vorgefasste Meinungen nachkommen, aber ich bekenne mich einer schuldig zu sein – der Vorstellung, dass wir jede Anstrengung unternehmen sollten, die guten Beziehungen, die derzeit zwischen der Regierung Ihrer Majestät und der des Kaisers bestehen, beizubehalten, und wenn wir können weiter zu verbessern."[68]

Lascelles dankte dem Außenminister für seine Worte und betonte, dass auch der nunmehrige Reichskanzler Bülow und Außenminister Richthofen gute Beziehungen wünschten. Sie hätten aber Furcht vor der öffentlichen Meinung, die „ganz und gar gegen uns ist. Ich hoffe, dass sie dabei ist, sich zu ändern." Lascelles fährt fort:

> „Trotz meines Wunsches zu freundschaftlichen Beziehungen zu Deutschland würde ich nicht empfehlen, Konzessionen irgendwelcher Art zu machen, für die wir nicht vollständig angemessene Gegenleistung erhalten. Die Deutschen werden immer versuchen, uns in einem Handel auszustechen, aber man wird mit ihnen handelseinig, wenn sie sehen, dass wir beabsichtigen, uns zu behaupten."[69]

Selbst Lascelles, der gewöhnlich viel Verständnis und Sympathie für die Politik der Wilhelmstraße hegte, lehnte ab, Deutschland „einen Preis zu zahlen".

Die Situation in Ostasien blieb zum Jahreswechsel 1900/1901 im Zentrum des weltweiten Interesses: Russland weigerte sich nach der Niederschlagung des Boxeraufstandes, seine Truppen aus der Mandschurei zurückzuziehen.[70] In Japan war die Erregung hierüber besonders groß, und Kato wandte sich Anfang 1901 an Großbritannien und das Deutsche Reich mit der Bitte um ein gemeinsames Vorgehen. Bertie erklärte Hayashi, dem japanischen Gesandten in London, freimütig, dass es unwahrscheinlich sei, dass sich Großbritannien Russland in der Mandschurei entgegenstelle. Die mögliche Einverleibung dieser Provinz durch Russland wecke in Großbritannien keine besondere Besorgnis. Man habe keine Wahl und werde abwarten und sehen, wie sich die Lage entwickle, so Bertie gegenüber Hayashi. Auch Lansdowne wollte Japan keine Unterstützung zusichern.[71] Hardinge, der zu dieser Zeit an der britischen Botschaft in St. Petersburg diente, zeigte viel Verständnis für die russische Lage: Es sei nicht unmöglich, dass es für die Russen ebenso schwierig werden würde, die Mandschurei zu verlassen, wie für die Briten Ägypten.[72] Großbritannien forderte das Deutsche Reich trotzdem zu einem gemeinsamen Vorgehen gegen die drohende Einverleibung der Mandschurei durch Russland auf. Dies lehnte die Wilhelmstraße jedoch ab.[73] Großbritan-

---

[66] Grenville, Salisbury, 331

[67] PRO, FO 800/17, Lascelles an Chirol, 6.5.1898; Monger, Ursachen, 25; Grenville, Salisbury, 325/26

[68] PRO, FO 800/9, Lansdowne an Lascelles, 11.11.1900

[69] PRO, FO 800/17, Lascelles an Lansdowne, 17.11.1900

[70] Zu Sandersons Ansicht zum Verfahren der Friedensverhandlungen s. PRO, FO 30/33/7/1, Sanderson an Satow, 1.3.1901 u. B.D., II, S. 58

[71] Grenville, Salisbury, 331/32; Neilson, Britain an the Last Tsar, 214/15

[72] PRO, FO 65/1601, Hardinge an Salisbury, 10.10.1900

[73] Auch innen- und finanzpolitische Gründe dürften eine Rolle gespielt haben, s. Winzen, Bülows,

nien war zu ernsthaftem Widerstand gegen Russland in der Mandschurei weder bereit noch in der Lage und wollte Berlin und St. Petersburg lediglich noch weiter voneinander entfremden.

Sanderson meinte gegenüber Eckardstein, „daß er persönlich vollständig einsehe, daß die Interessen Deutschlands in den schwebenden chinesischen Fragen nicht groß genug seien, um es deshalb zu einem Konflikt mit Rußland kommen zu lassen. Auch stimmte er meinen Darlegungen bei", wie Eckardstein in seinem Bericht fortfuhr,

> „daß Japan und England durch die russischen Übergriffe in erster Linie betroffen seien, während Deutschland erst in zweiter Linie käme. Was Japan beträfe, so glaube auch er, daß dasselbe im Begriffe stehe, sich zu einer energischen Politik Rußland gegenüber aufzuraffen..."[74]

Die Wilhelmstraße hatte kein Interesse im Fernen Osten, für die Briten „die Kastanien aus dem Feuer zu holen", und für die Deutschen war von Anfang an klar, dass sie für die Zukunft der Mandschurei keine Verantwortung übernehmen wollten. Sanderson wiederum hatte den Eindruck, dass die Deutschen versuchten, Russland und Großbritannien streiten zu lassen, um dann „um die Kämpfenden herumzutanzen, bereit denjenigen zur Ader zur lassen, der als erster gelähmt ist".[75] Lascelles hatte eine freundlichere Interpretation der deutschen Politik: „Ich vermute (…) <Wilhelm II> denkt, dass wir uns am Rande eines Krieges mit Russland befinden. Er hofft und glaubt für diesen Fall, dass Frankreich sich abseits hält, damit es für ihn nicht notwendig ist, uns zur Hilfe zu kommen."[76]

Im Januar 1901 scheint es Kontakte zwischen Eckardstein, Chamberlain und Eduard VII. gegeben zu haben. Wenn man dem Bericht des deutschen Diplomaten trauen darf, waren die beiden Engländer für eine Annäherung beider Länder aufgeschlossen. Die Wilhelmstraße blieb aber weiterhin der Ansicht, dass Deutschland warten könne und müsse[77]: zum einen auf den Rücktritt des verständigungsunwilligen Salisbury auch als Premierminister. Zum anderen würden Englands Schwierigkeiten weiter wachsen, und es werde dann bereit sein, die Sicherheit durch den Dreibund höher zu honorieren. Bei Bülow und sicher auch bei anderen deutschen Politkern und Strategen scheint auch noch eine andere Überlegung zur grundsätzlichen Zurückhaltung gegenüber einem Bündnis mit Großbritannien geführt zu haben: Bei einem solchen wäre es sicher kaum möglich gewesen, den Reichstag von einem hohen Flottenbudget zu überzeugen. Erst dann, wenn die kaiserliche Marine eine wirklich ernstzunehmende Kraft darstellt, wäre ein Bündnis mit England von gleich zu gleich möglich, alles andere machte Deutschland lediglich zum Juniorpartner der alten Weltmacht. Darüber hinaus herrschte in der Wilhelmstraße die Ansicht vor, dass der britisch-russische Antagonismus tiefgehend und dauerhaft sei. Vor allem aber erhöhe ein Bündnis mit Großbritannien die Gefahr, mit Frankreich und Russland in einen Krieg verwickelt zu werden.[78] Diesen suchte das Deutsche Reich zu vermeiden, da es in Europa keine expansiven Ziele hegte und eventuelle überseeische Gewinne keinen risikoreichen kontinentalen Krieg rechtfertigten.

---

326. Die deutschen Truppen sollten daher so schnell wie möglich abgezogen werden (PRO, FO 800/18, Lascelles an Lansdowne, 18.4.1901).

[74] G.P., XVI, Nr. 4820, S. 328

[75] Zit. nach Young, L.K.; *British Policy in China, 1895–1902*, Oxford 1970, 291, (künftig: Young, China), Sanderson an Lansdowne; s. auch B.D., II, S. 58 u. Lensen, Korea and Manchuria, 206/07 u. Monger, Ursachen, 34, er zitiert aus einem Brief Sandersons an Lansdowne vom 10.3.1901

[76] PRO, FO 800/18, Lascelles an Lansdowne, 22.3.1901

[77] Massie, Schalen, 303/04

[78] Hallgarten, Imperialismus, I, 494; Canis, Von Bismarck zur Weltpolitik, 372

Am 13. März 1901 legte Lansdowne im Kabinett eine von ihm verfasste Erklärung vor. Der Vertragsentwurf sah ein gemeinsames Eingreifen Großbritanniens und Deutschlands auf Seiten Japans vor, falls Russland in einem Krieg gegen das Inselreich von einer anderen Macht unterstützt werde. Dies sollte den Japanern nach Vertragsabschluss mit Deutschland mitgeteilt werden. Sanderson hielt nicht viel von dem Projekt. Er warnte, dass, „was wir auch immer den Japanern sagen, den Deutschen mitgeteilt und von ihnen in der Form, die sie für ihr Spiel am geeignetsten halten, in St. Petersburg wiederholt wird". Er versuchte, Außenminister Lansdowne auch mit dem Argument vor einem Bündnis zurückzuhalten, dass die Wilhelmstraße Japan ermutige, mit Russland Krieg zu führen, um von der eigenen Mittellage profitieren zu können. – Diese Äußerung Sandersons scheint mir aber nicht seiner eigentlichen Überzeugung zu entsprechen, sondern taktischer Natur gewesen zu sein. – Salisbury gab Sandersons Bedenken in der entscheidenden Kabinettssitzung wieder, aber Lansdownes Projekt eines britisch–deutsch–japanischen Dreibundes wurde am 15. März ohnedies hinfällig: Reichskanzler Bülow erklärte im Reichstag, dass die Zukunft der Mandschurei Deutschland völlig gleichgültig sei und dass dieser Teil Chinas nicht unter das britisch–deutsche Abkommen falle.[79]

Sandersons war bestens informiert über die Entwicklung in der Mandschurei und spielte neben Lansdowne die Hauptrolle in der praktischen Politik. Er und Salisbury waren nicht überrascht von der deutschen Zurückhaltung. Auch die USA waren in Anbetracht der relativ bescheidenen amerikanischen Interessen vor Ort nicht bereit, sich mit Nachdruck zu engagieren.[80] Es gab eigentlich keinen Grund für die Briten, sich zu beklagen[81]. **Die Worte,** mit denen Bülow im Reichstag ein gemeinsames Vorgehen mit Großbritannien (und Japan) ablehnte, mussten für Befürworter eines Bündnisses aber wie eine kalte Dusche wirken: „Was aus der Mandschurei wird – ja, meine Herren, ich wüßte wirklich nicht, was uns gleichgültiger sein könnte."[82] – Der rechte Teil des Hauses applaudierte, und auch die Russen dürften es gerne gehört haben.

Eckardstein, der deutsche Geschäftsträger in der britischen Hauptstadt, nutzte jetzt eine lang andauernde Erkrankung Hatzfeldts, um beide Mächte auf eigene Faust zusammenzubringen.[83] Am 18. März schlug er Lansdowne ein Verteidigungsbündnis vor, das in Kraft trete, wenn Großbritannien oder das Deutsche Reich von mindestens zwei Mächten zugleich angegriffen würde. Er griff also die Vorstellung auf, die der Kreis um Chamberlain durch Lascelles dem Kaiser knapp zwei Jahre zuvor unterbreitet hatte (s. oben). Lansdownes Reaktion war zurückhaltend, da als Folge eines solchen Bündnisses die britische Außenpolitik seines Erachtens eng mit der deutschen abgestimmt werden müsste und so zu einer britisch–deutschen würde, er wies den Vorschlag des deutschen Diplomaten aber nicht zurück.[84] Sanderson meinte, dass der Vorschlag „nach einer gewissen Impulsivität schmeckt" und nicht die deutsche Regierung, sondern „lediglich" der Kaiser spiritus rector sei.[85] Das F.O. wartete in den folgenden Wochen ab. Die

---

[79] Monger, Ursachen, 33/34, er zitiert aus einem Brief Sandersons an Lansdowne vom 10.3.1901, ebd., 35/36

[80] G.P. XVI, Nr. 4822, 4826, 4829, 4830, 4833; Steiner, Britain Origins, 26; Beloff, Imperial Sunset, 100/01

[81] Winzen (Bülows, 309) legt den Schluss nahe, dass sie ihn hatten; s. auch PRO, FO 800/18, Lascelles an Sanderson, 7.3.1902

[82] Winzen, Bülows, 309/10

[83] S. auch Langer, Diplomacy of Imperialism, 727; Winzen, Bülows, 316; Massie (Dreadnought) hatte die dubiose Rolle Eckardsteins noch nicht erkannt. Er stützte sich bei seiner Darstellung der Bündnisgespräche stark auf Eckardsteins Memoiren.

[84] Monger, Ursachen, 37/38

[85] PRO, FO 800/10, Sanderson an Lascelles, 27.3.1901

britische Diplomatie versuchte, Russland im April 1901 zum wiederholten Male für eine Vereinbarung zu interessieren, vergeblich, wie auch in den vorhergehenden Jahren.[86]

Sanderson riet entschieden davon ab, Japan zu einem Waffengang gegen Russland in der sich zuspitzenden Mandschureikrise zu ermutigen: „Die Japaner können den Russen wirklich nicht auf die Dauer schaden oder ihr Vorrücken verhindern", wie er Lascelles am 3. April schrieb.[87] Die akute Krise war bald entschärft, aber Sanderson sah sein früheres Misstrauen bestätigt. Der Kaiser sei „anscheinend wütend, uns in der Sache nicht in einen Streit mit Rußland hineingezogen zu haben, was offensichtlich den Deutschen sehr gut gepaßt hätte", wie er Satow sagte. Ein Übereinkommen mit Rußland wäre seines Erachtens der beste Plan, – wenn man ihn realisieren könnte.[88]

Ende Mai nahm Hatzfeldt seine Amtsgeschäfte wieder auf. Er erklärte, dass Deutschland von Großbritannien erwarte, sich dem Dreibund anzuschließen. Eckardsteins Initiative war ihm nicht bekannt. Dass Deutschland innerhalb von 10 Wochen zwei unterschiedliche Bündnisvorschläge unterbreitete, und Hatzfeldt über den ersteren, ohne ein Wort zu verlieren, hinwegging, verstärkte britische Bedenken über die Seriosität deutscher Politik. Lansdowne war nicht zuletzt aus diesem Grunde zurückhaltend, wies Sanderson aber an, Stellung zu nehmen. Unser Protagonist betonte praktisch ausschließlich die Schwierigkeiten bzw. Nachteile eines Beitritts zum Dreibund: Es müsse sichergestellt sein, dass keine Partei gegen ihren Willen in einen Streit hineingezogen werde und es sei wahrscheinlich, dass beide Vertragspartner hier zu ernsthaften Meinungsverschiedenheiten kämen – „und die Deutschen werden weit weniger Skrupel haben, diese auszunutzen, um uns fallen zu lassen, als wir es können, sie im Stich zu lassen." „Wie auch immer der Wortlaut der Konvention sein mag", fuhr Sanderson fort, „sie scheint mir praktisch auf eine Garantie Deutschlands für die von Frankreich eroberten Provinzen hinauszulaufen, und in dieser Weise werden das auch die Franzosen sehen. Ich kann nicht genau sehen, was Deutschland uns garantieren wird."[89]

Im Gegensatz zu Sanderson nahm Salisbury wahr, dass Großbritannien im Falle des Beitritts zum Dreibund auch gegenüber Österreich-Ungarn im Obligo wäre: „Die Verpflichtung, die deutsche und die österreichische Grenze gegen Russland verteidigen zu müssen, wiegt schwerer als diejenige, die Britischen Inseln gegen Frankreich zu schützen." Darum sei ein Vertragsabschluss ein schlechtes Geschäft für Großbritannien. „Graf Hatzfeldt", fuhr Salisbury fort,

> „sagt, dass unsere ‚Isolation' eine ernste Gefahr für uns darstelle. Haben wir diese Gefahr jemals praktisch gespürt? (…) Es wäre kaum vernünftig, neue und höchst drückende Verpflichtungen auf sich zu laden, um uns gegen eine Gefahr zu wappnen, an die zu glauben wir keinen historischen Grund haben."[90]

Weder Salisbury noch Lansdowne oder Sanderson haben die Bedeutung eines Beitritts Großbritanniens zum Dreibund erfasst, obgleich Hatzfeldt sehr deutlich gemacht hatte, dass Deutschland bereit sei, den Bestand des **gesamten** Empire zu garantieren. Diese gravierende und folgenreiche Fehleinschätzung eines möglichen Eintritts zum Dreibund durch die britische Politik wurde bislang auch in der Geschichtswissenschaft nur selten wahrgenommen.[91]

---

[86] Steiner, Foreign Office and Foreign Politicy
[87] Zit. in Monger, Ursachen, 39/40
[88] B.D., II, Nr. 58; B.D., II, Nr. 73; Monger, Ursachen, 41
[89] Zit. in Rich, Politics and Diplomacy, 656
[90] Zit. in Rich, Politics and Diplomacy, 656
[91] Rich, Politics and Diplomacy, 656; vgl. z.B. Steiner, Foreign Office and Foreign Policy, 58; Wilson, Role and Influence, 114; Langer, Diplomacy of Imperialism, 734

Die meisten Kabinettsmitglieder waren der Ansicht, dass die außenpolitische Situation Großbritanniens einen radikalen Wechsel der Politik erfordert mache.[92] Auf der entscheidenden Kabinettssitzung gab es aber nur zwei Minister, die den Anschluss an den Dreibund befürworteten. – Vielleicht wären die Mehrheitsverhältnisse im Kabinett ganz andere gewesen, wenn den Verantwortlichen die **weltweite** Dimension des Bündnisses bewusst gewesen wäre.

Beide Seiten verständigten sich darauf, die Bündnisgespräche zunächst ruhen zu lassen. In der Folgezeit erwarteten maßgebliche Akteure der deutschen Außenpolitik eine Initiative von britischer Seite, denn Eckardstein hatte im Frühjahr 1901 in der Wilhelmstraße den Eindruck erweckt, dass der Anstoß für eine Koalition **von Großbritannien** ausgegangen sei. Die britischen Diplomaten aber blieben u.a. auch deshalb zurückhaltend, weil Eckardsteins und Hatzfeldts Vorschläge sich deutlich unterschieden und dies das Ansehen der auswärtigen Politik Deutschlands im F.O. (weiter) beschädigt hatte.[93]

Sanderson hatte bereits im März gemeint, dass Eckardsteins Vorschläge in Berlin wohl nicht recht abgestimmt seien. Ende Mai nun wurde der Chargé d'Affaires immer wieder bei Sanderson vorstellig, um ihm bspw. am 27. Mai 1901 zu sagen, dass sich der genesene Hatzfeldt „in einem gewalttätigen Zustand nervöser Erregung" befände.[94] Am folgenden Tag sagte der zweite Mann der deutschen Botschaft zu Sanderson, dass Hatzfeldt irreführende Berichte an das Auswärtige Amt schicke und ein völliges Durcheinander zu befürchten sei.[95] Wenige Tage darauf erreichte Eckardstein die Abberufung des Botschafters.[96] Wenn es ihm nicht gelungen wäre, das Renommee des Botschafters in der Wilhelmstraße zu ruinieren, hätte er fürchten müssen, dass seine eigene dubiose Rolle bekannt wird.

Ende August schrieb Lascelles über ein Gespräch mit Wilhelm II., dass der Kaiser eine Allianz mit Großbritannien sehr befürworte. Lansdowne verwarf in seiner Antwort an den Botschafter ein Bündnis noch nicht. Er versprach, dass die Ministerrunde sich mit der Frage im Herbst wieder beschäftigen werde, meinte aber, dass ein Erfolg zweifelhaft sei, „wenn das Verhalten der Partner nicht vor der Welt beweist, daß sie in loyal zusammenstehen". Chamberlain schrieb am 10.9.1901 in einem Memorandum für seine Ministerkollegen, Großbritannien habe einen Ausgleich zwischen Russland und Deutschland zu fürchten. Er forderte, die Gelegenheit zu nutzen, die Meinungsverschiedenheiten zwischen den beiden Kaiserreichen durch ein britisches Angebot an die Wilhelmstraße in Bezug auf China zu vertiefen, fand mit seinem Vorschlag aber wenig Anklang.[97]

Im Oktober fertigte Bertie, der nach Sanderson einflussreichste Beamte im F.O., ein Memorandum über die britisch-deutschen Beziehungen an: Das Reich sei in Europa in einer gefährlichen Situation, von Regierungen umgeben, die Deutschland miss-

---

[92] Monger, Ursachen, 47

[93] Langer, Diplomacy of Imperialism, 720ff ; Winzen, Bülows, 342 u. Anm. 189; G.P., XVII, Nr. 5018 u. 5019

[94] PRO, FO 800/114, Memorandum Sandersons, 27.5.1901

[95] PRO, FO 800/114, Memorandum Sandersons, 28.5.1901; s. auch den ausführlichen „strictly private"-Brief Sandersons an Lascelles vom 29.5.1901 über Eckardsteins Besuche, die Verwicklungen Hatzfeldt-Eckardstein etc. (PRO, FO 800/10)

[96] Winzen, Bülows, 340/41; s. auch PRO, FO 800/10, Sanderson an Lascelles, 29.5.1901. Lascelles bezeichnete Eckardstein als „guten Kerl" („good fellow"), der wirklich ein gutes Einvernehmen zwischen beiden Ländern wolle, mit der Eitelkeit des „fetten Gentleman" sei allerdings zu rechnen (PRO, FO 800/18, Lascelles an Lansdowne, 28.2.1902)

[97] PRO, FO 800/18, Lascelles an Lansdowne, 24.8.1901; zit. in Monger, Ursachen, 54 (Lansdowne an Lascelles am 24.8.1901); s. auch ebd., 47 u. 55; Hollenberg, Englisches Interesse, 49

trauten, und von Völkern, die zumindest keine Zuneigung zu ihm empfänden. „Es hat Dänemark geschlagen und beraubt, es hat Frankreich geschlagen und Geld und Land abgenommen. Es trachtet nach der Küste und den Kolonien Hollands, und die Holländer wissen dies." Großbritannien halte das Gleichgewicht zwischen dem Zwei- und dem Dreibund. Ob Vertrag oder nicht: Wenn Großbritannien drohe, in einem Waffengang mit Russland oder Frankreich zu unterliegen, sei Deutschland genötigt, England zur Hilfe zu kommen, um einem gleichen Schicksal zu entgehen.[98] Falls sich Großbritanniens dem Dreibund anschlösse, könne es niemals mehr auf ein vernünftiges Verhältnis zu Frankreich hoffen, dem Nachbarn in Europa und vielen Teilen der Welt, auch nicht zu Russland, „dessen Grenzen in einem großen Teil Asiens die unseren berühren oder ihnen nahe sind". Paris und St. Petersburg seien aber von überragender Bedeutung für Großbritannien.[99]

Das Deutsche Reich war nach Bertie also ein wenig attraktiver Bündnispartner: bei den Nachbarn unbeliebt, so dass die Gefahr bestand, in Streit hineingezogen zu werden, auf Expansion bedacht, es käme in Notzeiten aus Eigeninteresse Großbritannien ohnedies zur Hilfe, vor allem aber würden die Beziehungen zu Frankreich und Russland stark und dauerhaft belastet, beide seien aber von überragender Bedeutung für das Vereinigte Königreich. Bertie wirft nicht die Frage auf, was denn Großbritannien tun solle, wenn Deutschland einmal drohe, französischem und russischem Druck zu erliegen. Ein Gleichgewichtsdenken vorausgesetzt, müsse das Vereinigte Königreich dann sein Gewicht in die deutsche Waagschale werfen. Wenn beide Länder bei einem Existenzkampf des anderen aus wohlverstandenem Eigeninteresse also gar keine andere Wahl haben, als sich auf die Seite des Bedrängten zu schlagen, spräche dies nicht für ein irgendwie geartetes Defensiv-Militärbündnis? Meines Wissens warf nur Balfour diese Frage auf:

Am 12. Dezember wandte sich Balfour, der bald Salisburys Nachfolger als Premierminister werden sollte, in einem 21 Seiten langen Brief an Lansdowne. Hintergrund waren einerseits Bündnisgespräche mit Japan, die kurz vor dem Abschluss standen, andererseits die seit sieben Monaten ruhenden Allianzgespräche mit dem Deutschen Reich. Zunächst beklagte sich Balfour über die unzureichende Informationspolitik Lansdownes in diesen wichtigen Fragen und die mangelnde Diskussion im Kabinett. Nach Balfours Ansicht sei ein deutsches Bündnis einem japanischen vorzuziehen, das in diesen Wochen kurz vor dem Abschluss stand, da man denselben Gegnern gegenüberstehe, im zweiten Falle aber mit einem weit schwächeren Partner. Zudem sei es für Großbritannien von größter Wichtigkeit, dass Italien nicht vernichtet, Österreich nicht zerstückelt, und dass Deutschland nicht zwischen dem Hammer Russlands und dem Amboss Frankreichs dem Untergang preisgegeben werde. Die Existenz Japans sei für Großbritannien hingegen lediglich wichtig, aber kein Lebensinteresse. „Wenn wir daher für die mitteleuropäischen Mächte zu kämpfen hätten", fährt Balfour fort, „würden wir für unsere eigenen Interessen kämpfen und für die der Zivilisation, was im gleichen Maße im Hinblick auf Japan nicht behauptet werden kann." Die indische Grenze sei der schwächste Punkt des Empire, Großbritannien stehe hier auch nach Abschluss des Bündnisvertrages mit Japan allein. Diese Aufgabe sei für das Empire zu bewältigen, nicht jedoch, wenn auch Frankreich in einen Krieg (auf Seiten Russlands) eintrete. Großbritanniens Mitgliedschaft im Dreibund könne Letzteres verhindern. Er wandte sich zudem gegen das Argument, dass man den Deutschen nicht trauen könne: „Ich vermute,

---

[98] Bourne, Kenneth (mit Watt, D. Cameron) (Ed.); *British Documents on Foreign Affairs: Reports and Papers from the Foreign Office Confidential Print*, Ser. F., Europe, 1848–1914, o.O., 1987ff, 19, 86–89, Memorandum von Francis Bertie vom 27.10.1901, (künftig: Bourne, British Documents)
[99] B.D., II, Nr. 91, zit in Flood, Ambassadorship, 90

niemand von uns denkt, dass man sich auf die Japaner mehr verlassen kann als auf europäische Regierungen." Balfour folgert „dass es bei einem Beitritt zum Dreibund weniger Gefahren und größere Vorteile gibt als bei einem ähnlichen Kurs gegenüber Japan".[100]

Lansdowne erwiderte Balfour recht lakonisch, ohne auf dessen Argumente einzugehen, dass bei einem englisch-japanischen Abkommen die Gefahr, dass der casus foederis eintrete, geringer sei als bei einer Allianz mit Deutschland. Er hatte Wochen zuvor bereits fünf seines Erachtens unüberwindliche Hindernisse für eine Allianz mit Deutschland aufgeführt: 1. Probleme der Abgrenzung; 2. die folgende Entfremdung von Frankreich und Russland; 3. dass Dominions die Vertragsbindung missbilligen könnten; 4. die Gefahr, in eine amerikafeindliche Politik verwickelt zu werden; 5. die mögliche Opposition im Parlament.[101]

Lansdowne hielt begrenzte Übereinkommen mit dem Deutschen Reich jedoch für wünschenswert.[102] Er schlug Metternich, dem neuen deutschen Botschafter in London – trotz Salisburys Einwänden –, im Dezember 1901 eine Reihe von Abkommen vor, die kein bestimmtes Handeln erforderten, aber die Interessensgleichheit in genau definierten Weltregionen feststellen sollten. Eine regelrechte Allianz mit Deutschland komme für Großbritannien derzeit allerdings nicht in Frage, wie er Metternich sagte. Der deutsche Botschafter gab seiner Enttäuschung Ausdruck und antwortete dann ohne Zögern, dass die deutsche Regierung Teilabkommen wohl nicht wünsche und es sich um einen Fall von „Alles oder Nichts" handele. Hiermit hatte Lansdowne auch gerechnet. Der Plan einer britisch-deutschen Allianz lebte nicht wieder auf.[103]

Metternichs folgender Bericht an das Auswärtige Amt enthielt auch Lansdownes Darstellung der Bündnisgespräche vom Frühjahr. Noch war unbekannt, letztlich geklärt wurde es erst Jahrzehnte später, dass Eckardstein beide Außenministerien getäuscht hatte. So weckte es den Zorn der Wilhelmstraße, dass Lansdowne Metternich die Situation so schilderte, **Deutschland** sei im Frühjahr auf Großbritannien zugekommen, nach Eckardsteins Berichten war es aber die **britische** Seite gewesen. Die deutschen Verantwortlichen waren peinlich darauf bedacht gewesen, keinesfalls als erster in der Bündnisfrage aktiv zu werden, da dies die deutsche Verhandlungsposition schwäche.[104] Daraufhin machte der eigentlich englandfreundliche Holstein seiner lange aufgestauten Enttäuschung und Verärgerung in einem Brief an Chirol Luft: Die britische Politik habe seit 1864 nach deutscher Überzeugung immer mit den Gegnern Deutschlands sympathisiert. Englands Politik bestehe darin, nichts unversucht zu lassen, „einen großen kontinentalen Krieg zustande zu bringen, während sie sich selbst frei von jeder Art von Bindung hält".[105] Chirol übermittelte den Brief an das F.O. und Sanderson meinte: „Es scheint mir, dass Holstein ein sehr gefährlicher Mann für ein Außenministerium ist. Und es ist wirklich abwegig, dass ein Mann in einer solchen Stellung erklärt, solche Ansichten über die englische Politik zu hegen."[106] Selbst die gemäßigten Salisbury und Sanderson, von Bertie oder jüngeren Vertretern des F.O. ganz zu schweigen, hegten

---

[100] BM, Balfour MSS, Add. MSS 49727, Balfour an Lansdowne, 12.12.1901
[101] B.D., II, Nr. 92
[102] B.D., II, Nr. 93; s. auch Monger, Ursachen, 82 u. Canis, Von Bismarck zur Weltpolitik, 390
[103] Winzen, Bülows, 346/47; Kissinger ist der Ansicht, dass das von Lansdowne vorgeschlagene Vorgehen dasselbe war, das 1904 zur Entente Cordiale mit Frankreich führte, s. Kissinger, Diplomacy, 186; Monger, Ursachen, 83
[104] Canis, Von Bismarck zur Weltpolitik, 373
[105] Dieser wurde von Lascelles gegenüber Salisbury als der „führende Geist des deutschen Auswärtigen Amtes" bezeichnet (PRO, FO 800/17, Lascelles an Salisbury, 18.8.1900).
[106] Zit. in Grenville, Salisbury, 362/63: (Holstein), PRO, FO 800/10 Sanderson an Lascelles, 15.1.1902; s. auch B.D., II, Nr. 98, S. 87, Sanderson an Chirol am 21.1.1902

allerdings immer wieder ähnliche Einschätzungen über die deutsche Politik. Nach meinem Eindruck wollten weder die Vertreter der britischen noch der deutschen Außenpolitik den jeweils anderen in einen großen Krieg verwickeln. Sie hatten aber ein Interesse, dass sich die andere Seite gegen Rußland stellt, die größte sicherheitspolitische Gefahr sowohl für das Empire als auch für Deutschland.

Ende des Jahres 1901 hielt Chamberlain eine große öffentliche Rede, in der er behauptete, die britische Kriegführung in Südafrika wäre nicht härter als Maßnahmen anderer Länder in früheren Waffengängen gegen irreguläre Truppen in Polen, im Kaukasus, in Algerien, Tongking, Bosnien und im Deutsch-Französischen Krieg. Sanderson reagierte geradezu bestürzt und meinte, er wünsche, dass sich der Kolonialminister in Zukunft in seinen Reden nicht mehr zu Fragen der Außenpolitik äußere.[107] Die Liste enthielt Anklagen gegen Russland, Frankreich, Österreich und Deutschland, aber ein Sturm der Entrüstung erhob sich eigentlich nur im Deutschen Reich, wohl auch wegen der Bedeutung, die dieser Krieg für die eigene Identität besaß. Er hielt wochenlang an, von beiderseitigen Presseattacken in Gang gehalten. Der Reichskanzler verlangte eine Entschuldigung von Chamberlain, die sowohl dieser als auch Lansdowne ablehnten. Metternich, der deutsche Botschafter, tat sein Möglichstes, um Bülow hiervon abzubringen, aber vergebens. Der Kolonialminister sagte dem österreichischen Botschafter anklagend, dass es keinen „wärmeren Fürsprecher als ihn zugunsten eines britischen Beitritts zum Dreibund gegeben" habe.

Reichskanzler Bülow kam im Januar 1902 schließlich im Reichstag auf Chamberlains Vergleich zu sprechen. Das deutsche Heer stehe zu hoch, um durch einen ungerechtfertigten Angriff berührt werden zu können. Hier gelte das Wort Friedrichs des Großen, der in einem ähnlichen Fall einmal gesagt habe: „Laßt den Mann gewähren und regt euch nicht auf, er beißt auf Granit." Der Reichstag spendete donnernden Applaus. Sanderson meinte, dass es das Beste gewesen wäre, wenn Bülow deutlich gemacht hätte, dass er in Chamberlains Worten keinen beleidigenden Inhalt erkennen könne und die Anschuldigungen gegen britische Soldaten, die in der deutschen Presse erschienen waren, für unbegründet halte. Dies sei wegen der Stimmung seines Publikums aber nicht möglich gewesen. Wenn der Reichskanzler diese beiden Bemerkungen gemacht hätte, wäre man in England zufrieden gewesen. Jetzt aber heule jeder vor Zorn.[108]

Chamberlain blieb sich in seiner emotional stark aufgeladenen Entgegnung treu und konnte sich dabei der Unterstützung fast der gesamten Bevölkerung sicher sein. Die „Times" schrieb, dass er „gegenwärtig der populärste und vertrauenswürdigste Mann in England" sei. Der englische Thronfolger sagte einen geplanten Besuch in Deutschland ab, und der besonnene Lascelles schrieb am 18. Januar:

> „Die einzige Hoffnung ist, dass dies die deutsche Presse und das deutsche Volk davon überzeugen könnte, dass unsere Geduld Grenzen hat und dass wir nicht vorhaben, ihre Kränkungen weiter hinzunehmen. Falls dies geschieht, so könnte der Vorfall den führenden Männern in Deutschland gut tun, so sehr, wie sie uns hassen…"[109]

---

[107] Massie, Schalen, 318/19; Waters, W. H.-H.; *Private and Personal. Further Experiences of a Military Attaché*, London 1928, 162

[108] Massie, Schalen, 319; PRO, FO 800/10, Sanderson an Lascelles, 15.1.1902. Lascelles hatte Chirol bereits am 24.11.1901 geschrieben, dass ein freundschaftliches Übereinkommen zwischen dem Deutschen Reich und Großbritannien fast unmöglich sei: Die deutsche Öffentlichkeit sei während des Burenkriegs von der Presse mit unbeholfenen Falschmeldungen gefüttert worden. Die deutsche Regierung scheine geneigt, Glauben zu schenken, und dies habe die öffentliche Meinung in England sehr verärgert (PRO, FO 800/18, Lascelles an Chirol, 24.11.1901).

[109] PRO, FO 800/18, Lascelles an Lansdowne, 18.1.1902

Sanderson hoffte und glaubte, dass der Thronfolger trotz des auf ihm lastenden öffentlichen Drucks trotzdem nach Deutschland fahre, aber vergebens. – Drei Wochen später konnte Lascelles seinem Minister berichten, dass der Ton der deutschen Presse sich
vollständig gewandelt habe und teils fast freundlich geworden sei.[110] Bülow steckte zurück und tat das ihm Mögliche, mäßigend auf die deutsche Presse einzuwirken. Sein
Erfolg war so groß, dass Hamilton, der im Jahr zuvor noch den Beitritt Großbritanniens zum Dreibund gefordert hatte, nun schrieb, dass die Deutschen „eine verabscheu-
ungswürdige Rasse sind und daß wir umso bessere Freunde werden, je mehr wir ihnen
Fußtritte austeilen".[111]

Diese Feststellung deutet in eine durchaus zutreffende Richtung: Das Deutsche
Reich war nicht in der Lage, sich gegen britische „Fußtritte" zu behaupten. Die deut-
sche Stellung in Übersee war schwach, und die Wilhelmstraße besaß nur ein einziges
Druckmittel, um Großbritannien zu einer entgegenkommenden Politik zu bewegen:
ein möglicher deutsch-russischer Ausgleich. Dieser hätte das Empire in eine existenzgefährdende Krise stürzen können. Dem standen jedoch mehrere kaum zu überwindende
Hindernisse entgegen:
– Die Verbindung des Deutschen Reiches mit Österreich-Ungarn.
– Deutschland war auf die freundliche Neutralität oder gar Unterstützung Großbritanniens angewiesen, um in Übersee Gebietsgewinne erzielen zu können.
– Deutschland musste eine deutliche Machtminderung Großbritanniens fürchten,
da sowohl Frankreich als auch Russland in diesem Fall versucht sein könnten, ihre
expansiven Ziele in Mitteleuropa zu verfolgen.

Die Deutschen waren zum Jahreswechsel 1901/02 gereizt und misstrauisch, während Briten den Eindruck gewannen, die deutschen Verantwortlichen seien sowohl wirr,
als auch habgierig.[112] Von Mitte Februar bis Ende März 1902 vergiftete die sogenannte
Pauncefote-Holleben Kontroverse die britisch-deutschen Beziehungen. Es ging um die
Rollen Großbritanniens und Deutschlands während des spanisch-amerikanischen Krieges. Selborne stand vermutlich unter dem Eindruck dieses erbitterten Streits, als er Balfour am 4. April schrieb, dass er wohl „die Stärke des Hasses des deutschen Volkes
diesem Lande gegenüber nicht richtig eingeschätzt" habe. Deutschland sah sein Ansehen in Washington durch den britischen Vertreter beschädigt, reagierte sehr gereizt,
und die Wilhelmstraße schlug dem F.O. sogar die beiderseitige Veröffentlichung des
vertraulichen Schriftwechsels mit ihren Vertretungen in den Vereinigten Staaten vor.
Sanderson war über das deutsche Verhalten irritiert.[113]

Sanderson glaubte, dass der Grund der Gereiztheit ein Missverständnis sei, und er
suchte dieses aufzuzeigen.[114] Die „Times" kochte die Kontroverse im Juni 1902 noch
einmal auf, zum Bedauern sowohl von Sanderson als auch von Lansdowne. Auch Baron Richthofen, Nachfolger Bülows als Außenminister, war der Ansicht, dass eine neu-
erliche Pressefehde vermieden werden müsste.[115]

Der Staatssekretär konstatierte im März 1902 einen grundsätzlichen Stimmungsumschwung:

---

[110] PRO, FO 800/10, Sanderson an Lascelles, 22.1.1902, „strictly private"; PRO, FO 800/18, Lascelles an Lansdowne, 8.2.1902
[111] Winzen, Bülows, 392; Monger, Ursachen, 85; Massie, Schalen, 319
[112] Monger, Ursachen, 84; Langer, Diplomacy of Imperialism, 773; zur Verwirrung und Missstimmung als Folge des Alleingangs Eckardsteins s. auch Grenville, Salisbury, 355/56
[113] Zit. in Monger, Ursachen, 86 nach BM, Balfour MSS, Add. MS, 49707, Selborne an Balfour,
4.4.1902; PRO, FO 800/10, Sanderson an Lascelles am 19.2.1902, 5.3.1902 u. 12.3.1902
[114] PRO, FO 800/10, Sanderson an Lascelles, 19.3.1902; Monger, Ursachen, 87/88
[115] PRO, FO 800/11, Sanderson an Lascelles, 2.6.1902, s. auch ebd., FO 800/10, Sanderson an
Lascelles, 26.3.1902

> „Während ich vor einiger Zeit oft genug erklären musste, dass es einige bestimmte Dinge gibt, die wir von den Deutschen nicht erwarten können, wie freundlich sie auch sein mögen, so muss ich jetzt, wenn immer ihr Name fällt, Mühe aufwenden, um deutlich zu machen, dass die Haltung der deutschen Regierung in einigen wichtigen Fragen freundlich war. Es hat sich eine Abneigung gegen sie festgesetzt sowie der Eindruck, dass sie bereit sind, uns jeden schäbigen Streich zu spielen, den sie können. Dies ist ein beschwerlicher Zustand, denn es gibt eine ganze Reihe Fragen, bei denen es für beide Länder wichtig ist, freundschaftlich zusammenzuarbeiten."[116]

Sandersons Äußerung machte bereits deutlich, dass er zunehmend in eine Außenseiterposition geriet. Kolonialminister Chamberlain sagte gegenüber Eckardstein, dass er jetzt die „ungebändigten Ausbrüche des Hasses gegen England" in Deutschland verstehe. Das deutsche Volk sei offensichtlich der Ansicht, dass es in wenigen Jahren ohne große Mühe, das Vereinigte Königreich zu Fall bringen könne, um seine Erbschaft anzutreten.[117]

Lascelles schrieb im Februar 1902, dass er glaube, eine britisch-deutsche Entzweiung könne nicht von Dauer sein, da die Interessen beider Länder gute Beziehungen erforderten. Ein Teil der Missstimmung in Deutschland gegenüber England rühre daher, dass Großbritannien die Großmachtstellung des Deutschen Reiches nicht hinreichend würdige. In dieser Hinsicht seien die Deutschen außerordentlich empfindlich. „Sie sind ständig auf der Hut, weil sie fürchten, beleidigt zu werden, können zur gleichen Zeit aber nicht verstehen, dass etwas, was sie sagen oder tun, ein anderes Volk beleidigen könnte."[118] Die verletzte Eitelkeit und das Gefühl, als Spätgekommener die letzten verbliebenen Chancen zur Aufteilung der Welt noch rasch ergreifen zu müssen, bewegten große Teile der deutschen Öffentlichkeit, und der Wilhelmstraße war die antienglische Stimmung im Lande zu ihrer Besorgnis sehr bewusst.[119]

Auch in Großbritannien wandelte sich die Einstellung zum Deutschen Reich. Der britische Korrespondent der „Times" in London, Saunders, spielte hier eine herausgehobene und verhängnisvolle Rolle. Lascelles schrieb im März 1900 an Chirol über Saunders' Berichte:

> „Sein vorrangiges Ziel war es, die Deutschen sich <vor Zorn> winden zu lassen, und seine Fähigkeit und seine Kenntnis des Landes haben ihn in die Lage versetzt, in dieser Hinsicht bemerkenswerte Erfolge zu erzielen. Aber was ist der Nutzen davon, außer wir beabsichtigen einen Krieg zu führen? (...) Es scheint mir nicht weise zu sein, Neid, Hass und Groll zwischen uns zu entfachen."[120]

Andere Korrespondenten dieses Blattes taten es allerdings Saunders nach. Sanderson bedauerte die wiederholten Ausbrüche der „Times". Er sah praktisch keine Möglichkeit, mäßigend auf sie einzuwirken, ebensowenig Salisbury. Dieser hatte Metternich schon mehrfach zu verstehen gegeben, dass die Haltung der britischen Regierung nicht mit den Stellungnahmen von Presseorganen verwechselt werden dürfe.[121]

---

[116] PRO, FO 800/10, Sanderson an Lascelles, 5.3.1902. Auch zitiert in Monger, Ursachen, 88 u. Steiner, Foreign Office and Foreign Policy, 66/67

[117] G.P., XVII, Nr. 5094

[118] PRO, FO 800/18, Lascelles an Lansdowne, 25.4.1902

[119] S. z.B. Balfour, Michael; *Kaiser Wilhelm II. und seine Zeit*, Frankfurt/Main 1979, 236, (künftig: Balfour, Kaiser Wilhelm II.); Kennedy, Samoan, 268

[120] PRO, FO 800/17, Lascelles an Chirol, 15.3.1900; zu Saunders s. auch Steinberg, Jonathan; *The Kaiser and the British. The State Visit to Windsor*, November 1907, 131, (künftig: Steinberg, Kaiser and the British), in: Röhl, John C.G./ Sambart, Nicolaus (Hg.); *Kaiser Wilhelm II., New Interpretations*, Cambridge 1982, (künftig: Röhl, Kaiser Wilhelm II.); später arbeitete Saunders übrigens in der Nachrichtenabteilung des F.O. (LU, BC, Haldane an Gosse, 11.11.1920). Für Kennedy (Anglo-German Antagonism, 247) besaß Saunders Weitsicht.

[121] Hale, Publicity and Diplomacy, 22; PRO, FO 800/9, Sanderson an Lascelles, 14.3.1900

Bülow versuchte nach dem Scheitern der Gespräche gegenüber Lascelles, weiteres deutsches Interesse an einem Bündnis zu dokumentieren[122] und Zeit zu gewinnen. Salisbury glaubte, dass die Wilhelmstraße, oder zumindest Holstein, ihm die Schuld am Scheitern der Verhandlungen zur Last legte, und er schrieb geradezu entschuldigend an Sanderson, dass – anders als es seines Erachtens die Deutschen sehen – Außenpolitik nicht im vorhinein wie ein Schachspiel geplant werden könne. „Ich glaube, niemand kann vorhersehen oder vorhersagen, was das Parlament in der Zukunft tun wird."[123] – Wenige Tage später billigte das britische Parlament allerdings das Abkommen mit Japan, das **erste** Bündnis mit einer ausländischen Macht in Friedenszeiten (s. Abschnitt 3).

Metternich, der deutsche Botschafter in London, musste seinem Ministerium Ende Februar 1902 wenig Erfreuliches berichten:

> „Ich stelle einen ausgeprägten antideutschen Tenor in allen politischen Veröffentlichungen (...) fest. Wenn immer etwas gefunden werden kann, das man zum Nachteil Deutschlands interpretieren kann oder als eine Schwächung seines Bündnissystems, wird es voller Freude ausgeschlachtet, als ob es keinen größeren Segen für England geben könnte als eine Schwächung Deutschlands."[124]

Großbritanniens eigentliches Interesse galt während dieser ganzen Jahre einer Verständigung mit Russland. 1895/96, 1898, 1900 und im Oktober 1901 hatten die Russen englischen Anerbieten aber die kalte Schulter gezeigt. Begrenztere Abkommen mit England verletzten das Zarenreich oft schon nach kurzer Zeit, z.B. über Eisenbahnbaukonzessionen in China vom April 1899.[125] Salisburys souveräne Selbstsicherheit, dass die Kraft des Empire hinreichend sei, aus eigener Kraft seine Stellung in China und darüber hinaus zu wahren, fand immer weniger Anhänger. Russland zeigte kein Interesse an einem Ausgleich, die USA keines an einem Bündnis, und so wandte sich Chamberlain 1898 und 1899 an das Deutsche Reich, in einer für Großbritannien jeweils sehr angespannten außenpolitischen Situation. Die englische Seite hat der Wilhelmstraße keinen formulierten Bündnisvorschlag unterbreitet. Auf den deutschen Vorschlag, dem Dreibund beizutreten, wollte die Mehrheit des Kabinetts nicht eingehen. Die englische Politik hat ihn letztlich auch gar nicht verstanden.

Deutschland zog – wenn auch bescheidenen – Profit aus dem Antagonismus der drei Weltmächte. Aus Sicht der Wilhelmstraße bot London nicht genug, um sich Russland in den Weg zu stellen, das weiterhin beträchtlichen Ehrgeiz besaß. In Großbritannien wiederum herrschte die Ansicht vor, dass keine Notwendigkeit bestand, das Deutschen Reich für ein freundschaftliches Verhältnis bei der Befriedigung seines weltpolitischen Ehrgeizes zu unterstützen. Die Wilhelmstraße besaß aus britischer Sicht zu wenig Druckmittel, um Konzilianz nahezulegen. Salisbury und Sanderson standen Bündnissen darüber hinaus grundsätzlich sehr skeptisch gegenüber und bezweifelten deren Notwendigkeit.[126]

Die Kräfteverhältnisse im britischen Kabinett lassen es möglich erscheinen, dass die Gespräche mit Deutschland zu einem erfolgreichen Abschluss gebracht worden wären, aber Salisbury stand dem entgegen. Das Bedürfnis vieler Minister nach einem Bündnis aber blieb, und nach dem Abgang des alten Staatsmannes erreichten sie ihr Ziel, aber mit einem anderen Partner. Die Chance eines Übereinkommens mit Deutsch-

---

[122] PRO, FO 800/18, Lascelles an Lansdowne, 27./28.12.1901
[123] PRO, FO 800/10, Salisbury an Sanderson, 15.1.1902
[124] Zit. in Flood, Ambassadorship, 106, Zurückübersetzung von Metternich an Bülow vom 21.2.1902
[125] Schmidt, Der europäische Imperialismus, 98; Langer, Diplomacy of Imperialism, IX
[126] Langer, Diplomacy of Imperialism, 514; Born, Reichsgründung, 212; Schmidt, Der europäische Imperialismus, 98; Hollenberg, Englisches Interesse, 40

land bestand seit dem Jahreswechsel 1901/02 nicht mehr, allein wegen der erheblichen und nachhaltigen atmosphärischen Störungen im beiderseitigen Verhältnis.

2. Indien, der Ferne Osten und und die „Russische Gefahr"

Die Ausweitung britischer Macht in Indien und das weitere Ausgreifen Russlands in den Kaukasus und nach Mittelasien ließ die Einflusssphären beider Reiche schon während der ersten Hälfte des 19. Jahrhunderts zunehmend zusammenrücken. Bereits 1814, die Niederlage Napoleons war kaum besiegt, schloss Großbritannien mit Persien einen zweiseitigen Verteidigungspakt, um jeder Aggression einer europäischen Macht gemeinsam entgegenzutreten. Damit konnte nur Russland gemeint sein. Als das Zarenreich 1826 jedoch persische Provinzen besetzte und den Bedrängten zum Waffengang nötigte, kam Großbritannien dem Verbündeten nicht zur Hilfe. Die Briten versteckten sich hinter dem Vertragstext, die Perser verloren den Krieg und die Briten ihr Gesicht. 1834 einigten sich Großbritannien und Russland auf einen Vertrag zur Respektierung der Existenz Persiens. Sein Inhalt wurde wiederholt bekräftigt, aber kaum jemand in Indien oder Großbritannien glaubte den russischen Versicherungen. Es herrschte die Ansicht vor, dass nur militärische Stärke den Ambitionen des Zarenreiches Einhalt gebieten könnte. Die Angst der Briten vor einem russischen Vorrücken auf Indien veranlasste sie 1842 zu dem verhängnisvollen und verlustreichen Einrücken nach Afghanistan[127], dem Zehntausende britisch-indischer Soldaten und gewiss ein Vielfaches an Afghanen zum Opfer fiel.

Objektiv gesehen war die britische Sorge vor einem russischen Angriff auf den Subkontinent zur Mitte des 19. Jahrhunderts völlig unbegründet. Dem Zarenreich fehlte die Möglichkeit, das notwendige schwere Gerät über Tausende Kilometer unwegsamsten Geländes zu transportieren. Die subjektive Einschätzung vieler Briten war aber weniger gelassen.

Im 19. Jahrhundert konnte der Subkontinent noch vom Wohlstand vergangener Zeiten zehren, das durchschnittliche Pro-Kopf-Einkommen eines Inders war bis Ende des 18. Jahrhunderts dem eines europäischen Zeitgenossen überlegen gewesen. Die britischen Waffen garantierten jedoch einen Wohlstandtransfer von Indien zum „Mutterland".[128] Der Subkontinent war eine Goldgrube für das Vereinigte Königreich, auch noch im Zeitalter des Imperialismus: Großbritannien bestritt 80 % aller indischen Importe, nahm aber nur 20 % der Ausfuhren auf. 1913 importierte die Kronkolonie 15 Mal so viele Waren aus Großbritannien wie dem Deutschen Reich. Das Vereinigte Königreich konnte durch seinen Überschuss im Indienhandel einen beträchtlichen Teil seines Defizits im Handel mit anderen Ländern abdecken. Indien selbst wiederum konnte seinen Negativsaldo im Austausch mit Großbritannien im Handel mit Ostasien ausgleichen. Dass ihm dies möglich war, lag auch an den britischen Waffen, die chinesische Häfen gewaltsam für indisches Opium öffneten.

1831 stammten etwa 8% der indischen Staatseinnahmen aus dem Opiumhandel mit China, und ein Ausschuss des britischen Unterhauses stellte fest, dass „es nicht ratsam ist, eine solch wichtige Einnahmequelle preiszugeben". Bis 1838 verdoppelte sich die britisch-indische Opiumausfuhr nach China, und dessen Kaiser entschloss sich, entschieden(er) dagegen vorgehen zu lassen, was zum Krieg und dem britischen Erwerb Hong Kongs führte. 1858 erzielte Indien 20% seiner Staatseinnahmen durch den Opi-

---

[127] Mc Lean, Buffer State, 15; Edwardes, Great Game,5/6, 12/13
[128] S. auch Kiernan, V.G.; *Imperialism and its Contradictions*, New York/London 1995, 54, (künftig: Kiernan, Imperialism)

umhandel mit dem „Reich der Mitte". Im folgenden Jahr wurde China mit Waffengewalt gezwungen, die Opiumeinfuhr offiziell zu legalisieren.[129] Auch der Liberalismus
Englands besaß seine Schattenseiten.

1870 hatten britische Staatsbürger insgesamt 270 Mio. Pfund in Indien investiert,
etwa das vierzehnfache der Einnahmen des Reichshaushaltes des Deutschen Reiches
von 1874.[130] In den Jahren zwischen 1858 und 1869 wurden kaum weniger Mittel in
den Bau von Schienenwegen in Indien investiert, als in diesen Jahren insgesamt in den
Bau des deutschen Eisenbahnnetzes flossen![131] Der Historiker Moore schreibt, dass
Indien der Fels blieb, auf dem sich der Wohlstand Großbritanniens gründete. Die wirtschaftliche Bedeutung des Subkontinents stieg in den Jahrzehnten vor dem 1. Weltkrieg in gewisser Hinsicht für das Vereinigte Königreich sogar noch an: Die wichtigsten
industrialisierten Handelspartner begannen in den 1870er Jahren, ihre Märkte mit Zöl-
len zu schützen, und die Wettbewerbsfähigkeit britischer Waren gab auch einigen
Grund zur Sorge. Der Markt des Subkontinents aber blieb offen, und britische Waren
dominierten. Außerdem galt Indien als Sprungbrett nach Ostasien, dem erhofften riesigen Markt der Zukunft.[132] Zudem fanden viele zehntausend Briten im indischen Staats-
dienst und in der Armee teils sehr gut bezahlte oder zumindest prestigeträchtige Posten. So verwundert es nicht, dass es in den Jahrzehnten vor dem Weltkrieg vermutlich
kein Land gab, dessen Einfluss auf das britische Leben größer gewesen wäre als dasjenige Indiens, nicht zuletzt aufgrund der Werke Kiplings.[133]

Es gibt gute Gründe, das Empire ebenso als Doppelmonarchie zu sehen wie das
Habsburgerreich. Von Disraeli wird die Äußerung überliefert: „England ist lange nicht
mehr eine europäische, ... sondern eigentlich bereits eher eine asiatische Macht".[134]
Curzon meinte 1901, (nach seiner Art) allerdings schon stärker übertreibend: „Wenn
wir <Indien> verlieren, werden wir sofort zu einer drittrangigen Macht absinken."[135]

Der Aufstand indischer Truppen 1857 zerstörte die Annahme britischer Staatsmänner, dass Großbritannien den Halbkontinent letztlich mit dem Einverständnis der Bevölkerung regiere. Die Stärke britischer Truppenkontingente wurde darum erhöht, die
indischer verringert. Salisbury, der zeitweilige Indienminister, meinte, dass es für Russland gar nicht erforderlich wäre, auf den Subkontinent selbst vorzudringen, es könnte
im Kriegsfalle auf einen Aufstand in der Kronkolonie bauen.[136] Die Rebellion einheimischer Truppen hatte die Verletzlichkeit britischer Herrschaft offenbart und der Krimkrieg sowie die Orientkrise die russische Feindschaft gegen Großbritannien verstärkt.
Die Zaren waren der Ansicht, dass der britische Druck auf Russland, den sie direkt oder
indirekt in Europa ausüben konnten, durch ein Vordringen in Mittelasien kompensiert
werden könnte. Die Russen instrumentalisierten und verstärkten die britische Furcht
vor einer Gefährdung Indiens bewusst. So ließ die Petersburger Regierung eigens Bü-

---

[129] McCordock, British Far Eastern Policy, 35, 36, 53, 58

[130] Wormer, Großbritannien, Rußland und Deutschland, 35; Eldridge, Victorian Imperialism, 63,
111/12; Henning, Industrialisierung, 262. Zu den britischen Investitionen in Indien s. auch Moore, R.J.;
India and the British Empire, 79/80, (künftig: Moore, India), in: Eldridge, British Imperialism. Für Zahlenangaben zur Bedeutung des indischen Handels s. auch Schmidt, Der europäische Imperialismus, 39,
Kennedy, Anglo-German Antagonism, 302 und Hobsbawn, Industrie und Empire, I, 151/52

[131] Nach Henning, Industrialisierung, 164; Hallgarten, Imperialismus, I, 63, Anm. 3

[132] Moore, India, 65; Wilson, British Foreign Secretaries, Introduction, 4

[133] Robbins, Eclipse, 22, 35

[134] Beloff, Imperial Sunset, 37; zit. in Arendt, Elemente, 301 nach Monypenny, Disraeli, II, 201

[135] Zit. in Beloff, Imperial Sunset, 91, Anm. 4; s. auch Wilson, Keith M.; *The Policy of the Entente.
Essays on the Determinants of British Foreign Policy, 1904–1914*, Cambridge 1985, 15, (künftig: Wilson, Policy Entente)

[136] Grenville, Salisbury, 25; Moore, India, 81

cher verfassen, in denen Pläne zur Eroberung Indiens entwickelt wurden, um britische Sorgen zu schüren. Die Auffassung, dass die beiden Giganten den Kampf um die Vorherrschaft in Asien auf dem Schlachtfeld austragen würden, bedurfte aber kaum dieses Kunstgriffes, sie war weit verbreitet.[137]

Noch Ende der 1870er Jahre herrschte in Großbritannien und Indien verbreitete Zuversicht über die Erfolgsaussichten in einem Krieg gegen das Zarenreich. Als 1876–78 Kriegsgefahr zwischen Russland und Großbritannien in der Luft lag, sponnen Lytton, der indische Vizekönig, und Disraeli gar an Plänen einer britischen Invasion Zentralasiens.[138]

Die russischen Truppen rückten in den 1870er Jahren in Zentralasien, dem heutigen südlichen Teil der GUS, so rasch voran, dass Salisbury von der „russischen Lawine" sprach. Er wusste keinen Rat, wie man sie stoppen könnte. Die beste Politik wäre, „sie in einen Kanal zu lenken, wo sie uns nicht trifft. Wenn sie nördlich des Hindukusch bleibt, mag sie eine Dynastie von muselmanischen Räubern nach der anderen unterwerfen, ohne unsere Ruhe zu stören". Salisbury hoffte, dass sich die Lawine letztlich an den Volksmassen in China brechen werde.[139] Er befürwortete zudem eine moderate und kühl kalkulierende Vorwärtspolitik, um Britisch-Indien an der Nordwestgrenze zu arrondieren und durch strategischen Eisenbahnbau dessen Verteidigungsmöglichkeiten zu verbessern.[140]

1884 kam die Nachrichtenabteilung des britischen Kriegsministeriums zu der Ansicht, dass das Empire keinerlei Möglichkeiten der Offensive gegen Russland in Zentralasien (mehr) besitze. Diese Schwäche war um so beunruhigender, als 1885 die Hälfte des kleinen britischen Heeres im Sudan gebunden war, und die Russen sich anzuschicken schienen, Afghanistan zu erobern. Das Hauptaugenmerk britischer Strategen war bereits seit langem auf Zentralasien gerichtet, seit russische Truppen an der persischen bzw. afghanischen Grenze standen. Nachdem diese im Winter 1884/85 afghanische Einheiten besiegt hatten, blieb Gladstone, der im eigenen Land der außenpolitischen Schwäche bezichtigt worden war, nichts anderes übrig, als Stärke und Unnachgiebigkeit zu demonstrieren.[141] Die Gefahr eines Waffengangs legte sich aber bald. Es stellte sich heraus, dass die Russen nahe der Grenze einige afghanische Stammeskrieger getötet hatten, aber keine Absicht zeigten, in das Land vorzurücken. „Nichtsdestotrotz hatte die Kriegsgefahr einen Schauer durch Britisch-Indien gesandt."[142]

Die britische Regierung gelangte einige Jahre später durch einen Geheimagenten in Besitz eines russischen Plans, Afghanistan in mehreren Stufen zu erobern. Darin wurde davon ausgegangen, dass es für das Zarenreich gar nicht erforderlich sei, mit Truppen direkt nach Indien einzudringen, sondern die Bevölkerung des Subkontinents einen Aufstand wagen würde, wenn die Russen an den Grenzen stünden. Genau dies war bekanntlich Salisburys Befürchtung. Sanderson empfahl in einem Memorandum, den Russen deutlich zu machen, dass ein Vorrücken nach Herat (in Afghanistan) zu einem Krieg führen würde. Salisbury und Staatssekretär Currie teilten Sandersons Ansicht.[143]

---

[137] Gillard, Struggle, 134; Edwardes, Great Game, 34; Jaeckel, Nordwestgrenze, 13/14

[138] LR, 920 DER (15), Sanderson Korrespondenz, Sanderson an Lord Derby, 7.1.1880, s. auch ebd., Sanderson an Lord Derby, 14.2.1881; Zumindest der britische Vizekönig in Indien zur Zeit der Balkankrise 1876, Lytton, war der Ansicht, dass Großbritannien im Falle eines Krieges gegen Russland auch ohne große Mühe die moslemischen Khanate in Zentralasien gegen Russland in Aufruhr bringen könnte (Edwardes, Great Game, 97/98).

[139] Edwardes, Great Game, 89

[140] Gillard, Struggle, 154/55

[141] Feuchtwanger, Democracy and Empire, 178; Pakenham, Scramble, 98

[142] Wilson, Constantinopel or Cairo, 47; Pakenham, Scramble, 271

[143] Jaeckel, Nordwestgrenze, 31; Greaves, Persia, 116

In den folgenden Jahren verschlechterte sich die britische Position in Asien weiter: Zum einen stellten die Russen strategische Eisenbahnlinien fertig, die für die militärische Logistik im Vorfeld Indiens von höchster Bedeutung waren, und begannen mit dem Bau der Transsibirischen Eisenbahn. Zum anderen näherten sich Frankreich und das Zarenreich einander gefährlich an[144]: 1891 besuchte ein französischer Flottenverband Kronstadt, im folgenden Jahr revanchierte sich die russische Marine mit einem Besuch in Toulon. Die französische Bevölkerung war außer sich vor Freude, und die folgenden wochenlangen Festivitäten waren beispiellos in der europäischen Geschichte.

Die Strategen waren zuvor davon ausgegangen, dass die „Royal Navy" den Russen im Kriegsfalle im Schwarzen Meer beträchtlichen Schaden zufügen könnte. Das Bündnis der beiden britischen Erzfeinde beschwor die Gefahr herauf, dass die königliche Flotte im Mittelmeer selbst zum Gejagten werden könnte. Das britische Kabinett erhöhte darum die Flottenausgaben, was zu einer schweren Regierungskrise und dem Rücktritt Premierministers Gladstones führte.[145]

Briten wie Russen war klar, dass sie einander als Gegner zu betrachten hatten, wobei sie die feindlichen Absichten und die militärisch-politischen Fähigkeiten der jeweils anderen Seite überschätzten. So hatten die Russen Sorge vor einer groß angelegten Invasion Zentralasiens von Britisch-Indien aus. Die britischen Sorgen sind bekannt: „Keine Macht hatte natürlich die Möglichkeiten, die solche Ansichten auch nur entfernt rechtfertigten." Das Misstrauen war so groß, dass auch der besonnene Sanderson meinte, die Lüge gehöre zu den „nationalen Qualitäten von Russen".[146]

Persien war neben Afghanistan der zweite Brennpunkt britisch-russischer Rivalität. Eine starke Stellung im Land des Schah war unverzichtbar, um die Vorherrschaft im Persischen Golf zu sichern und Indien abzuschirmen.[147] Der Geheimfonds der F.O. wurde insbesondere genutzt, um die britische Position im Lande des Schah zu wahren. Großbritannien war in der Region geheimdienstlich recht aktiv – was zwar Sanderson, nicht aber den britischen Diplomaten vor Ort unbedingt bekannt war.[148] Die Mittel waren aber begrenzt, und das Unterhaus lehnte es 1892 bspw. ab, einen Straßenbau in Persien mit öffentlichen Mitteln aus Großbritannien zu unterstützen. Im selben Jahr wurde ein persischer Wunsch nach einem britischen Darlehen abschlägig beschieden, da das Parlament diesem nicht zustimmen würde. In den Folgejahren wiederholte sich dieser Vorgang noch zweimal.[149] Das F.O. gewährte zumindest **einem** britischen Un-

---

[144] Französische Staatsmänner hatten diesen Prozess erfolgreich beschleunigt, indem sie den russischen Botschafter in Paris mit hohen Summen bestachen (Kennan, Fateful Alliance, 213).

[145] Grenville, Salisbury, 25/26; Langer, Diplomacy of Imperialism, 58; s. auch Gillard, Struggle, 168; Bayer, England, 25; Langer, Diplomacy of Imperialism, 47 u. 50; Neilson, Britain and the Last Tsar, 113

[146] Kennan, Fateful Alliance, 126; Steiner, Foreign Office and Foreign Policy, 211; Greaves, Persia, 127

[147] CUL, Hardinge MSS, 2/77, Hardinge an Sanderson, 30.11.1897 und ebd., 2/78, Hardinge an Sanderson, 10.12.1897; Zudem klagte Sanderson wiederholt über die Doppelzüngigkeit der persischen Diplomatie: LR, 920 DER (15), Sanderson Korrespondenz, Sanderson an Lord Derby, 12.6.1880. 1915 bezeichnete Sanderson die Perser als „elenden Haufen" (CUL, Hardinge MSS, 72/463, Sanderson an Hardinge, 10.9.1915)

[148] CC, 1/60, Sanderson an Spring Rice, 20.3.1900

[149] Steiner, Foreign Office and Foreign Policy, 52/53; Mc Lean, Buffer State, 5. Zur problematischen Position Großbritanniens in Persien s. auch Greaves, Rose Luise; *Persia and the Defence of India, 1884–1892. A Study in the Foreign Policy of the Third Marquess of Salisbury*, London 1959, (künftig: Greaves, Persia); zu den begrenzten Möglichkeiten der britischen Diplomatie, die internationale finanzielle Vormacht Großbritanniens in Bezug auf Persien einzusetzen s. Platt, Finance, Trade and Politics, 18/19

ternehmen, das in Persien aktiv war, bescheidene Subventionen.[150] Das parlamentarische britische System schien gegenüber dem autokratischen Russland aber grundsätzlich im Nachteil, denn es konnte die Mittel von Staat und Wirtschaft des Landes nicht so nachdrücklich wie der zaristische Konkurrent in den Dienst außenpolitischer Interessen stellen. Diese Erfahrungen schufen bzw. verstärkten bei vielen britischen Imperialisten die Neigung, die inneren Verhältnisse im Lande umgestalten zu wollen, um eine machtvollere Außenpolitik betreiben zu können. Gelassenere Gemüter wie Sanderson betrachteten die Situation aus einer anderen Perspektive: So könne der russische Staatsmann Lamsdorff zwar ständig das Zepter des Zaren nutzen, „wir dagegen haben eine Waffe in unseren Händen, nämlich das Unterhaus, für das Lamsdorff kein Gegenstück hat".[151]

1893/94 drangen russische Streitkräfte etwa 200 km in Gebiete vor, die bislang afghanisch oder chinesisch gewesen waren. „Die Absicht dieses Vorgehens ist, uns militärische Gegenmaßnahmen und Ausgaben aufzunötigen, um unsere eigene Bevölkerung zu kontrollieren", wie Sanderson schrieb.[152] Anfang 1895 schlug der britische Diplomat Waters dem russischen Botschafter in London (de Staal) als Lösung aus dieser Krise eine Teilung Afghanistans vor. „Dies steht im absoluten Gegensatz zu unserer Politik", wandte Sanderson mit Erfolg ein. Das Empire solle nicht über den Hindukusch hinausgreifen, und den Russen sollte kein Einlass nach Afghanistan gewährt werden.[153] Großbritannien bewegte China und Afghanistan, auf weite Gebiete zu verzichten, und Russland akzeptierte im Gegenzug Grenzen, die dem britischen Sicherheitsinteresse für Indien entgegenkamen. Sanderson, der zeitweise begonnen hatte zu verzweifeln, reagierte erleichtert auf diesen Vertragsabschluss.[154]

Charles Hardinge war von 1896 bis 1898 der britische Vertreter in Persien. Sein Hauptaugenmerk galt der Sicherung der Stellung Großbritanniens als zweiter ausländischer Vormacht in Indien. Der heutige Iran war praktisch ohne Verteidigungsmöglichkeiten gegen den übermächtigen militärischen Druck der zaristischen Armee von Norden. Die Zentralregierung verfügte nur über etwa 1.500 Mann, um die Ordnung zumindest im Raum um Teheran aufrechtzuerhalten. Diese Kosakenbrigade stand unter dem Kommando russischer Offiziere, und Hardinge beklagte sich bei Sanderson nachdrücklich über deren parteiliche Haltung. Der Staatssekretär konnte dessen Gefühle verstehen, Salisbury wagte allerdings nicht, das Thema offensiv anzugehen. Die britische Position im Lande war einfach nicht stark genug.[155]

1898 versuchte das F.O., die russische Regierung für eine Aufteilung des Osmanischen Reiches und Persiens in Interessensphären und eine Zusammenarbeit in China zu interessieren, hatte aber keinen Erfolg. Sanderson schrieb Jahre später, dass Lord Salisbury bereit gewesen sei, Zugeständnisse zu machen, die dem Imperialisten „Curzon pausenlos die Haare zu Berge stehen ließen".[156]

Die Russen befanden sich auf gutem Weg, in Persien übermächtig zu werden. Der Eisenbahnbau war ein wichtiges Mittel, um politischen und wirtschaftlichen Einfluss zu verstärken und militärstrategische Vorteile zu gewinnen. Hardinge glaubte im Mai

[150] CC, 1/60, Sanderson an Spring Rice, 24.10.1900
[151] Zit. in Wilson, Role and Influence, 244/45 nach Sanderson an Scott, 17.7.1901, BM, Scott MSS, Add. MSS 52299
[152] PRO, FO 800/1, Sanderson an Harcourt, 21.4.1894
[153] PRO, FO 800/16, Sanderson an Lascelles, 9.1.1895
[154] Edwards, Great Game, 110–30; PRO, FO 800/16, Sanderson an Lascelles, 20.3.1895
[155] Hardinge, Old Diplomacy, 64 s. auch 43; Busch, Hardinge, 38; Mc Lean, Buffer State, 8; CUL, Hardinge MSS, 2/35, Sanderson an Hardinge, 20.4.1897
[156] Hardinge, Old Diplomacy, 70/71; PRO, FO 800/241, Sanderson an Spring-Rice, 6.8.1907; s. auch Canis, Von Bismarck zur Weltpolitik, 266

1899 nicht, dass sie Pläne für einen solchen hegten, er vermutete, dass dahingehende Gerüchte ihren Ursprung in Deutschland hätten, um Zwietracht zwischen Russland und Großbritannien zu säen. Wenige Monate später gelang er zu einer anderen Einschätzung: Die Entwicklung in Persien verlaufe für Großbritannien ausgesprochen ungünstig, und dies liege am Schah, der seine Seele an Russland verkauft habe. Die angespannte finanzielle Situation Russlands verhindere bislang eine noch offensivere Politik, aber das Empire komme in naher Zukunft wohl nicht mehr daran vorbei, direkte Kontrolle über die südpersischen Häfen anzustreben, um zumindest nicht auch im südlichsten Teil des Landes vor russischem Einfluss kapitulieren zu müssen.[157]

1897 hatte Salisbury den österreichischen Vorschlag einer engeren Kooperation abgelehnt, daraufhin einigten sich Russland und Österreich-Ungarn im gleichen Jahr auf eine Beilegung ihrer Rivalitäten auf dem Balkan. Russland hatte so „den Rücken frei", um auch in Ostasien eine aktive Rolle zu spielen. Anfang 1898 wurde in Großbritannien ernsthaft diskutiert, ob Großbritannien von Russland nicht seinen Rückzug aus dem soeben okkupierten chinesischen Hafen Port Arthur fordern solle. „Aber es wurde entschieden", wie Sanderson schrieb, „dass die Angelegenheit nicht von der Bedeutung war, den Wunsch eines Krieges gegen die verbündeten Russland und Frankreich zu rechtfertigen."[158] Bertie lehnte die eher konziliante Linie ab, die Salisbury, vor allem aber Sanderson vertraten: Auf dem Höhepunkt der britisch-russischen Kontroverse über Port Arthur 1898 sicherte Sanderson dem russischen Botschafter zu, dass die zwei dort vor Anker liegenden britischen Kriegsschiffe zurückgezogen würden, sehr zum Zorn Berties. Unglücklicherweise glaubten Frankreich, Russland und das Deutsche Reich, so Bertie, dass es Großbritannien nicht wage, sich auch nur einer dieser Mächte zu widersetzen, erst recht nicht mehreren.[159]

Das Zarenreich befand sich also nicht nur an seiner Südgrenze in der Offensive, sondern auch im Fernen Osten. 1899 erreichte die Transsibirische Eisenbahn den Baikalsee, und die beiden Endpunkte des Projektes, Port Arthur und Wladiwostok, waren bereits fertiggestellt. 1898/99 bot Salisbury den Russen an, die „besonderen Interessen" Russlands in der Mandschurei zu akzeptieren und britische Wirtschaftsinteressen in dieser chinesischen Provinz gegen ein eben solches Zugeständnis im Jangtze-Becken aufzugeben. Das Zarenreich zeigte aber auch dieses Mal kein Interesse an einer Einigung mit Großbritannien und nutzte lediglich die Gelegenheit, um taktische diplomatische Vorteile zu erringen.[160] Das Zarenreich glaubte die Zeit auf seiner Seite. Das Abstecken beiderseitiger Einflusssphären nutzte offensichtlich eher dem schwächer werdenden britischen Konkurrenten. Indienminister Hamilton schrieb Anfang 1899, dass die französisch-russischen Rüstungsausgaben die Belastungen durch Heer und Marine für Großbritannien auf eine beängstigende Höhe trieben.[161]

Russland stellte 1899 eine strategische Eisenbahnlinie fertig (Krasnovodsk-Merv-Kushk), die einen raschen Truppenaufmarsch an der afghanischen Grenze ermöglichte, und nach dem Ausbruch des Burenkrieges konzentrierte es mittels dieser Verbindung dort Soldaten.[162] Sanderson bemerkte, dass die Russen am Endpunkt der Linie bereits

---

[157] CC, 1/41, Hardinge an Spring Rice, 18.5.1899; CC, 1/41, Hardinge an Spring Rice, 5.9.1899
[158] CUL, Hardinge MSS, 7/105, Sanderson an Hardinge, 15.6.1904
[159] Zit. in Hamilton, Bertie, 23 nach PRO, FO 64/1437, Bertie an Lascelles, 16.3.1898
[160] Grenville, Salisbury, 294; Mc Lean, Buffer State, 41; Langer, Diplomacy of Imperialism, 790; Neilson, Britain and the Last Tsar, 189
[161] Nach Neilson, Britain and the Last Tsar, 118; s. auch Lambert, Nicholas A.; *The Opportunities of Technology: British and French Naval Strategies in the Pacific, 1905–1909*, 43, (künftig: Lambert, Opportunities), in: Rodger, N.A.M.; *Naval Power in the Twentieth Century*, Houndsmill/Basingstoke/London 1996
[162] Grenville, Salisbury, 294; CUL, Hardinge MSS, 3/44, Hardinge an Sanderson, 16.11.1899

Material bevorratet hätten, um sie bis Herat weiterzuführen, mitten in Afghanistan. Dies

> „und die Bildung eines Militärstützpunktes in der unmittelbaren Nähe des verletzlichsten Teils der afghanischen Grenze kann nicht als ganz und gar freundliches Vorgehen betrachtet werden – obwohl es unter einem militärischen Gesichtspunkt offensichtliche Vorzüge haben mag", wie er gelassen und fast ironisch bemerkte.[163]

Sanderson registrierte das russische Vorgehen auch später aufmerksam, aber ohne Anzeichen von Besorgnis. Ende 1900 schrieb er, dass sich die Fragen zur Zufriedenheit Großbritanniens lösen ließen, wenn es sich nicht aus der Ruhe bringen lasse.[164] Die führenden britischen Politiker und sicher auch Sanderson besaßen ein nahezu untrügliches Indiz, dass das Zarenreich noch keine ernsthaften aggressiven Absichten umzusetzen gedachte: London war globales Finanzzentrum und das Pfund Sterling die Weltleitwährung. Wie zahlreiche andere Staaten unterhielt auch Russland Pfundguthaben in London. Diese umfassten eine beträchtliche Höhe und wären vor der Entfesselung aggressiver Akte von der russischen Regierung mit Sicherheit abgezogen worden.[165]

An der feindseligen Einstellung Russlands gegenüber Großbritannien konnte aber kein Zweifel herrschen. Zar Nikolaus offenbarte seiner Schwester Xenia zur Zeit des Burenkrieges seinen „liebsten Traum": „Eine telegraphische Mobilmachungsorder an alle Truppen in Turkestan und ein Vormarsch auf die <indische> Grenze. Nicht einmal die stärkste Flotte der Welt kann verhindern, dass wir England an seinem verwundbarsten Punkt treffen." Die Zeit sei hierfür aber noch nicht reif, wie der Herrscher fortfuhr.[166]

Das Zarenreich trieb noch einen anderen Eisenbahnbau in Zentralasien voran, die Linie von Orenburg nach Taschkent. Die politische Führung Russlands nutzte die militärische Notlage des Konkurrenten während des Burenkrieges aber nicht zu Gebietserweiterungen in Nordpersien oder Afghanistan, teils aus Finanznot, teils, um sich den afghanischen Emir nicht zum Feinde zu machen. Die Petersburger Regierung kündigte aber immerhin an, in direkte Kontakte zum afghanischen Herrscher zu treten, was eine Vereinbarung mit Großbritannien bislang untersagt hatte.[167]

Auch im Ringen um Persien nutzte Russland die Schwäche Großbritanniens während des Burenkrieges zur Ausweitung seines Einflusses: Nachdem von britischer Seite trotz wiederholter Bemühungen kein Darlehen gewährt worden war, akzeptierte die Regierung des Schah im Januar 1900 einen Kredit des Zarenreiches. Die Bedingungen sahen u.a. vor, dass sich das Land bis zur Rückzahlung des sehr hohen Betrages von keinem anderen ausländischen Gläubiger Geld ausleihen durfte. Dieser Knebelungsvertrag stärkte die russische Position in Persien ganz erheblich. – Dabei hatte Russland Großbritannien zugesichert, ein gemeinsames Darlehen an den Schah zu gewähren, aber das Zarenreich hielt sich wieder einmal nicht an vertragliche Vereinbarungen. Die Position der Briten im Lande des Schah wurde zudem dadurch erschwert, dass sich der persische Gesandte in London offensichtlich russischen Interessen verschrieben hatte.[168]

Hardinge war im Sommer 1900 besorgt über einen nicht zustande gekommenen Besuch des Schah in England, Sanderson hingegen wie üblich gelassen: Das Wetter sei

---

[163] CUL, Hardinge MSS, 3/46–47, Sanderson an Hardinge, 22.11.1899; s. auch Jaeckel, Nordwestgrenze, 31

[164] CUL, Hardinge MSS, 3/165, Sanderson an Hardinge, 21.11.1900

[165] Davidson, Russians, 216/17

[166] Davidson, Russians, 209

[167] Jaeckel, Nordwestgrenze, 22; Gillard, Struggle, 165/66

[168] Gillard, Struggle, 165/66; Neilson, Britain and the Last Tsar, 208/09; CC. 1/60, Sanderson an Spring Rice, 20.3.1900

derzeit sehr unangenehm, und dies hätte den Gästen aus Persien Beschwerlichkeiten bereiten können, die sie ihren Besuch vielleicht hätten bereuen lassen.[169] Sanderson rügte Durand, der von 1898 bis 1900 britischer Geschäftsträger in Teheran gewesen war, weil dieser versucht habe, für Großbritannien eine dominante Stellung in Persien zu sichern, die den (bescheidenen) Möglichkeiten Großbritanniens, Druck auszuüben, nicht angemessen sei. Sanderson war auch nicht sonderlich besorgt wegen eines angeblich geplanten russischen Eisenbahnbaus in Persien: „Eisenbahnen erfordern riesige Summen, und ich kann nicht sehen, wo Russland die Millionen für solche Ausgaben bekommen wird."[170] Er glaubte im Gegensatz zu vielen Experten **nicht**, dass Persien vollständig unter russischen Einfluss fallen könnte:

> „Ich gebe zu, dass nach unserem Verständnis persische Vertreter wenig oder keinen Patriotismus besitzen, aber sie (...) sind sehr eitel. ... Ich glaube nicht an einen ernsthaften Versuch, die südlichen Häfen zu befestigen und auch nicht an hohe Ausgaben, entweder durch Perser oder Russen, um eine erhebliche Truppenanzahl unter russischen Offizieren in Südpersien einzusetzen, ... und ich glaube nicht, dass sie <die Russen> mit uns streiten wollen."[171]

Der britische Anteil am persischen Außenhandel betrug 1900/01 24 Prozent, derjenige Russlands aber 57 %, bei den Krediten hatte das Zarenreich eine noch dominierendere Stellung. Die britisch kontrollierte „Imperial Bank of Persia" hatte in den ersten Jahren des 20. Jahrhunderts aber einige Erfolge gegen Russlands finanzielle Dominanz vorzuweisen, und es wurden auch ernsthafte Anstrengungen unternommen, die Disparität des britischen bzw. russischen Anteils am persischen Außenhandel nicht noch größer werden zu lassen. Die britischen Parlamentarier waren nun hinreichend beunruhigt, um von der traditionellen liberalen Politik des Nicht-Interventionismus abzurücken: Das F.O. konnte den Straßenbau einer britischen Firma subventionieren (nicht zuletzt aufgrund von Sandersons Engagement), und 1903 und 1904 garantierte der britische Staat eine Darlehensaufnahme Persiens am Londoner Markt.[172] Eine Ordensverleihung an den Schah warf größere Schwierigkeiten auf: Der König weigerte sich, dem (nicht christlichen) Herrscher den Hosenbandorden zu verleihen, und erst als Außenminister Lansdowne mit seinem Rücktritt drohte und der Premierminister eingriff, ließ sich Eduard VII. erweichen.[173]

Die britische Gesandtschaft in Teheran griff in die inneren Angelegenheiten Persiens ein und zog sich einheimische Gefolgsleute heran, konnte aber nie – im Gegensatz zum russischen Konkurrenten – mit der Besetzung großer Teile des Landes drohen. Sanderson war sich bewusst, dass diese vergleichsweise schwache militärische Position die Möglichkeiten Großbritanniens einschränkte, Druck auf die persische Regierung auszuüben.[174] Curzon, der indische Vizekönig, war anderer Ansicht: Er glaubte, in einem halbstündigen Gespräch mit dem Schah eine für Großbritannien höchst befriedigende Veränderung der britisch-persischen Beziehungen für die künftigen 20 Jahre erreichen zu können, wie er Indienminister Lord George Hamilton schrieb.[175] Salisbury sagte einmal: „Curzon will immer, dass ich mit Russland spreche, als ob ich 500.000 Mann in meinem Rücken hätte, die ich aber nicht habe."[176]

---

[169] CC, 1/41, Hardinge an Spring Rice, 9.8.1900; cc, 1/60, Sanderson an Spring Rice, 3.9.1900
[170] CC, 1/60, Sanderson an Spring Rice, 3.9.1900
[171] CC, 1/60, Sanderson an Spring Rice, 30.10.1900
[172] Mc Lean, Buffer State, 20/21, 69, 7; Platt, Finance, Trade and Politics, 233
[173] Steiner, Foreign Office and Foreign Policy, 204
[174] Mc Lean, Buffer State, 71, 17
[175] Mc Lea, Buffer State, 42; Gillard, Struggle, 172; Jaeckel, Nordwestgrenze, 24–26
[176] Zit. nach Grenville, Salisbury, 299

Hamilton war verzweifelt über die stärker werdende Position Russlands in Persien und befürwortete nicht zuletzt darum 1901 den Beitritt zum Dreibund. Die Nachrichtenabteilung des Kriegsministeriums war im selben Jahr zu der Ansicht gekommen, dass ein Krieg gegen Frankreich und Russland zu einer demütigenden Katastrophe für das Empire werden würde. Zudem waren die Vertreter der Teilstreitkräfte der Ansicht, dass dem Vorrücken Russlands in Zentralasien nur mit einem großen Krieg begegnet werden könne, dessen Lasten Großbritannien aber nicht zu tragen in der Lage sei.[177] Marineminister Selborne schrieb 1901 an Curzon:

> „Verglichen mit unserem Empire ist ihres <Russlands> unverwundbar. Wir müssen in einem Kampf in der Defensive bleiben, weil es (…) keinen Teil seines Gebietes gibt, wo wir es schlagen könnten. Die Ausdehnung seines Reiches schließt nicht die Verpflichtungen ein, die uns die Ausdehnung des unseren auferlegt. – Sein Standard ist viel niedriger. – Seine Verbindungen sind sicher; es braucht nicht einmal nach rückwärts zu blicken. – Eine diplomatische Niederlage oder eine solche der Flotte oder der Armee bedeutet für Rußland weniger als für jede andere Macht. – Wenn es an Erziehung, an Parlament oder an Presse fehlt, ist dies nicht ausschließlich von Übel. – Folglich würde ich mich mit ihm stets viel lieber nicht streiten, wenn ich es in vornehmer oder geschickter Weise vermeiden könnte."[178]

Gedanken an einen Präventivschlag gegen Russland tauchten zwar immer wieder auf, aber auch Brodrick, Hamiltons Nachfolger, Lansdowne, Balfour und das Kriegsministerium waren der Ansicht, dass das Vereinigte Königreich Russlands Vorrücken mit militärischen Mitteln nicht aufhalten könnte.[179] Die Ausgaben für Heer und Flotte, vor allem um russischem (und französischem) Druck standhalten zu können, hatten die Staatsfinanzen Großbritanniens stark belastet, durch den Burenkrieg noch wesentlich verschärft. Im Herbst 1901 drohte das Kabinett wegen der wachsenden Dynamik der Ausgaben für die Streitkräfte fast zu zerbrechen, als Schatzkanzler Hicks Beach erklärte, die Militärausgaben seien bis zu einem Punkt angewachsen, der eine Revolution in der Finanzpolitik herbeizuführen drohe. Aber auch die russische Haushaltslage war in diesen Jahren sehr angespannt, und dies war wohl die Hauptursache für die „Friedensinitiative" des Zarenreiches, die zur Konferenz in Den Haag führte (s. Kapitel IV, Abschnitt 10, Exkurs).[180]

Es gab zu Beginn des 20. Jahrhunderts in England zahlreiche Befürworter einer Einigung mit Russland, aber nur wenige für eine Vereinbarung mit dem Deutschen Reich. Im April 1901 bzw. Oktober 1902 versuchte auch der neue Außenminister Lansdowne vergeblich, zu einer Vereinbarung mit Russland zu kommen.[181] Es erging ihm ebenso wie seinem langjährigen Vorgänger. 1902, dem Jahr von Salisburys Ausscheiden auch als Premierminister, herrschte ein Gefühl der Hilflosigkeit in Großbritannien vor. Seine Strategie, Russland einzudämmen, schien gescheitert. Das Bündnis mit Japan (s. den folgenden Abschnitt) stärkte die britische Position gegenüber Russland zunächst, andererseits verfügte das F.O. aber über zuverlässige Angaben, dass das Zarenreich als Antwort auf das britisch-japanische Abkommen die Ausgaben für den Bau von Kriegsschiffen von 3,6 Mio. Pfund auf 5 Mio. Pfund steigern wollte.[182] Russlands Einfluss in Teheran schien zudem eher noch zu wachsen, und dies fand unter Außenminister Lans-

---

[177] Steiner, Foreign Office and Foreign Policy, 51, 53; s. auch Jaeckel, Nordwestgrenze, 32/33
[178] Zit. in Monger, Ursachen, 9
[179] Steiner, Foreign Office and Foreign Policy, 51; Wormer, Großbritannien, Rußland und Deutschland, 97; Neilson, Britain and the Last Tsar, 122/23
[180] Monger, Ursachen, 9; CUL, Hardinge MSS, 3/213, Hardinge an Sanderson, 14.11.1901 u. Langer, Diplomacy of Imperialism, 726
[181] Steiner, Foreign Office and Foreign Policy, 46/47
[182] Langer, Diplomacy of Imperialism, 726; Gillard, Salisbury, 242; BL, MSS Selborne, Sanderson an Selborne, 24.4.1902, secret.

downe, der selbst einmal indischer Vizekönig gewesen war, mehr Aufmerksamkeit als bei Salisbury.[182a] 1901 erkannte die britische Regierung eine russische Sonderstellung in Nordpersien an – ohne eine Gegenleistung zu verlangen: Sie habe auch nichts gegen einen „rein kommerziellen Ausgang am Persischen Golf", wie sie Russland wissen ließ. 1902 erklärte Premierminister Balfour, dass die britische Position in Persien nur über eine politische Verständigung mit Russland oder mit Deutschland gewahrt werden könne, die Entscheidung für Russland war aber praktisch schon gefallen.[183]

Russland verlieh seiner Gegnerschaft zu Großbritannien und seiner Verachtung des Landes auch symbolisch Ausdruck, so wurde im Herbst 1901 mehrfach ein offizieller Vertreter der Burenrepubliken von Außenminister Lamsdorff empfangen, und zahlreiche Russen kämpften in Südafrika auf Seiten der Buren.[184] Im Sommer 1902 erkrankte der englische König schwer. Entgegen russischen Gepflogenheiten und dem in Formfragen peinlich genauen Außenminister Lamsdorff erkundigte sich wochenlang kein offizieller Vertreter Russlands nach der Gesundheit des Monarchen in der britischen Botschaft, ein ganz gezielter Affront, wie Hardinge meinte, der zu dieser Zeit in St. Petersburg Dienst tat.[185] Großbritannien versuchte aber weiterhin, das Zarenreich gewogen zu stimmen: Sanderson bat Chirol bspw. in der „Times", doch tunlichst **nicht** von russischen Massakern in China zu berichten, „da dies mit Sicherheit die Gefühle des Kaisers von Russland verletzte". Dem russischen Großherzog Michael wurde bei einem Besuch in London der „Hosenbandorden" verliehen, während dem österreichischen Thronfolger Franz Ferdinand eine solche Auszeichnung versagt blieb. Zudem empfing die Queen kurz vor ihrem Tode eine russische Militärabordnung und verlieh hochrangige Auszeichnungen, eine ebensolche deutsche Delegation wurde hingegen nicht bedacht.[186] Bertie meinte Ende 1902, dass britische Regierungen bereits zufrieden wären, wenn das Zarenreich nicht **alles** umsetze, was es ankündige.[187]

Die Russen waren in Persien so umtriebig, dass Indienminister Hamilton meinte, ihn habe während seiner gesamten Amtszeit keine Frage so in Anspruch genommen wie das Land des Schah.[188] Hardinge schrieb 1902, als damaliger britischer Vertreter in St. Petersburg, dass derzeit kein Land der Welt so sehr Frieden wünsche wie Russland, aus fiskalischen und innenpolitischen Gründen. Ab 1904, mit Fertigstellung der Bahnlinie Orenburg-Taschkent, könnte dies aber anders aussehen.[189] Sanderson fand es (lediglich) „befriedigend", dass die Russen friedlich gestimmt seien, „aber ich fürchte", fuhr er in einem Brief an Hardinge fort, „wir müssen erwarten, dass sie weiterhin sehr unangenehm bleiben werden".[190] Der Staatssekretär zweifelte, ob man sich je auf die Zuverlässigkeit des Zarenreiches werde verlassen können. Auch Premierminister Balfour, der Nachfolger Salisburys, glaubte nicht an einen dauerhaften britisch-russischen Ausgleich. Ebenso wie viele andere überkam ihn fast ein Gefühl von Hilflosigkeit, „wenn er das Vordringen des russischen Kolosses quer durch Asien beobachtete".[191]

[182a] Mc Lean, Buffer State, 17, 47

[183] Mc Lean, Buffer State, 17, 47; Wormer, Großbritannien, Rußland und Deutschland, 99

[184] CUL, Hardinge MSS, 3/194, Hardinge an Bertie, 17.10.1901; ebd, 3/131–32; ebd., 7/114, Sanderson an Hardinge, 29.6.1904

[185] CUL, Hardinge MSS, 3/257, Hardinge an Sanderson, 26.6.1902; s. auch ebd., 3/274, Hardinge an Sanderson, 17.7.1902

[186] Ebd., Sanderson an Hardinge, 10.10.1900; ebd., 3/270, Hardinge an Sanderson, 9.7.1902

[187] CC, 1/2, Bertie an Spring Rice, 26.12.1902

[188] Monger, Ursachen, 108/09

[189] CUL, Hardinge MSS, 3/312, Hardinge an Sanderson, 27.11.1902; s. auch Neilson, Britain and the Last Tsar, 226

[190] CUL, Hardinge MSS, 3/314, Sanderson an Hardinge, , 3.12.1902

[191] Sanderson an Hardinge, 19.11.1902 in: Monger, Ursachen, 114; Monger, Ursachen, 121/22, s. auch ebd., 115

Curzon trat nach wie vor für eine offensive Politik Großbritanniens ein, fand damit in London aber keine Unterstützung. Im März 1902 ließ er auf eigene Faust persisches Territorium, das an die Kronkolonie grenzte, durch britisch-indische Truppen besetzen. Der Vizekönig wollte den vermuteten Bau einer transpersischen Eisenbahn durch Russland mit Waffengewalt verhindern. Diesen Coup musste Curzon, auch auf Sandersons Druck, rasch rückgängig machen. Das F.O. setzte auf Diplomatie, teils aus Hilflosigkeit, teils aus Überzeugung.[192] Godley, der Staatssekretär im Indienministerium, stellte dem Vizekönig die rhetorische Frage: Können wir weiterhin eine Politik betreiben, „die alle fünf Jahre hoffnungsloser wird und die zu einem schwerstwiegenden diplomatischen und politischen Zusammenbruch oder zu Krieg führt?"[193] Die Stellung Curzons der später Außenmiister wurde, war zu diesem Zeitpunkt so schwach, dass britische Diplomaten vertraulich erzählten, er solle als Gesandter nach Kopenhagen geschickt werden![194]

Anfang Januar 1902 erschien ein Bericht in der „Times", dass Russland in Tibet bedeutenden Einfluss ausübe, hinter dem „Boxeraufstand" gesteckt habe und ein Protektorat über Teile der Mongolei errichten wolle. Chirol unterstrich gegenüber Sanderson die Glaubwürdigkeit der Meldungen, konnte ihn aber nicht überzeugen. Im Verlauf dieses Jahres verdichteten sich jedoch Gerüchte zunehmender russischer Aktivität in Tibet. Der britisch-indische Geheimdienst schien in diesem Land völlig zu versagen, und Curzon hatte es nicht einmal vermocht, dem Dalai Lama einen Brief zukommen zu lassen. Die Tibetaner wünschten keinen Kontakt mit der Außenwelt, zumindest nicht mit den Briten. Das F.O. schlug zunächst den diplomatischen Weg ein, kam aber nicht recht weiter, da sowohl China als auch Russland ihre Unschuld beteuerten. Für Curzon war offensichtlich, dass eine Militärmission im Lande nach dem Rechten schauen müsse. Der Kriegs- und der Indienminister schlugen sich auf die Seite Curzons, das Kabinett beschloss jedoch im Februar 1903, zunächst keine Soldaten nach Lhasa vorrücken zu lassen: Der Premierminister fürchtete, dass dies als Angriff auf die Integrität Chinas verstanden werden könnte, und Lansdowne wollte sich die Beziehungen zu Russland nicht trüben lassen.[195]

Kurze Zeit darauf entschied die Regierung aber, britische Delegierte zu einer tibetanisch-chinesischen Konferenz zu entsenden, die sich mit Grenzfragen beschäftigte, die auch das britische Protektorat Sikkim betrafen. Die Tibetaner weigerten sich jedoch, mit den Briten zu sprechen bzw. sie einreisen zu lassen. Dies war zwar kein freundliches Verhalten, völkerrechtlich aber nicht zu beanstanden. Die Briten verstärkten ihren Druck, nunmehr auf militärische Weise, und Ende 1903 befanden sich 8.000 britisch-indische Soldaten im Himalayaland. Die Tibetaner hatten bei Abwehrkämpfen, bei denen sie keine Chance gegen die gut bewaffneten Gegner hatten, zwischen 1.000 und 1.700 Toten zu beklagen. Sie konnten nicht verhindern, dass die Briten im August 1904 nach Lhasa einmarschierten. Curzon forderte von Tibet die Abtretung eines Gebietsstreifens, ein Vetorecht Großbritanniens in den äußeren Angelegenheiten und eine Entschädigungszahlung, um die Kosten der Militäroperation abdecken zu können. Das britische Kabinett mochte ihm nicht folgen. Es sah die Anspannung der militärischen Kräfte Britisch-Indiens mit Sorge, hoffte zudem auf freundlichere Beziehungen zu Russland und ordnete einen raschen Rückzug der Truppen an. Curzon befand sich in die-

---

[192] Edwardes, Great Game, 143; DDF, 2/2, 132; Wormer, Großbritannien, Rußland und Deutschland, 99
[193] Zit. in Neilson, Britain and the Last Tsar, 227
[194] PRO, FO 800/10, Cartwright an Lascelles, 19.2.1902
[195] HH, Sanderson Papers, Sanderson an Salisbury, 3.1.1902; Edwardes, Great Game, 145–50

sen entscheidenden Wochen in London. Brodrick vermutete, dass er ansonsten, ohne zu zögern, ein Protektorat über Tibet erklärt hätte.[196]

Auch in Afghanistan kursierten Gerüchte russischer Intrigen, zudem fühlte sich der Vizekönig durch den neuen Emir Habibullah gereizt, der mehrere Einladungen unbeantwortet gelassen hatte. Curzon behauptete, dass das Prestige des Empire auf dem Spiel stehe, und schlug vor, bei andauerndem provokativem Verhalten Habibullahs afghanische Grenzgebiete zu annektieren. Das Kabinett lehnte dies ab. Es war im Gegenteil bereit, falls erforderlich, „ohne Ersatz auf unsere gegenwärtigen Verpflichtungen zu verzichten und zu versuchen, zu einer Verständigung mit Rußland zu kommen". Die Macht Russlands war so groß, dass Großbritannien ohne Gegenleistung zu bedeutenden Konzessionen bereit war, um zu einer Verständigung mit dem Zarenreich zu kommen. Ein solches Verhalten gegenüber dem Deutschen Reich wurde meines Wissens von keinem britischen Politiker, Beamten des F.O. oder Diplomaten auch nur erwogen. Der Konflikt Kabinett-Curzon wurde schließlich durch einen entgegenkommenden Brief des Emirs entschärft.[197]

3. Das britisch-japanische Bündnis

Nach dem Berliner Kongress von 1878 richtete sich die russische Expansion v.a. nach Mittelasien und Richtung Persien – zur großen Sorge Großbritanniens, das um die Sicherheit Indiens fürchtete. Der Bau strategischer Eisenbahnen wurde von der russischen Regierung auch in den 1890er Jahren mit Hochdruck und unter enormer Belastung der Staatskasse vorangetrieben. Das Hauptinteresse des Zarenreiches galt jedoch dem Fernen Osten, denn in China ließen sich Einfluss- und Gebietsgewinne offensichtlich leichter bewerkstelligen als in Persien oder Afghanistan, dem Vorfeld Indiens und des britisch beherrschten Persischen Golfes.

Das Zarenreich hatte bereits 1858 viele hunderttausend Quadratkilometer annektiert, auf das China Anspruch erhob. Neben dem „Reich der Mitte" hatte das Zarenreich in Ostasien v.a. mit zwei Gegnern zu rechnen: zum einen mit Großbritannien, das um die Vorherrschaft auf dem (potenziell) riesigen chinesischen Markt und ein Vorrücken russischer Truppen Richtung Mittelchina fürchtete, zum anderen mit Japan. Dieses hatte China 1894/95 in einem Krieg geschlagen, konnte die Früchte des Sieges aufgrund einer gemeinsamen Intervention Russlands, Frankreichs und des Deutschen Reiches aber nur teilweise ernten. Aber auch Letzteres war zu den potenziellen Widersachern russischer Expansion zu zählen: Deutschland erwarb 1897 Tsingtao von China, ein Pachtgebiet im Norden Chinas, also in relativer Nähe der Gebiete, auf die Russland ein Auge geworfen hatte. Zudem hatte das Deutsche Reich wie auch das F.O. das Interesse, die Integrität Chinas zu erhalten. Die Wilhelmstraße wollte den ganzen chinesischen Markt für den expandierenden deutschen Handel offen halten, zudem hätte sich Deutschland bei einer eventuellen Aufteilung des Reiches der Mitte aufgrund seiner schwachen militärischen Präsenz in der Region nur einen kleinen Teil des Kuchens sichern können. Diese Überlegungen trafen auch auf die USA zu. Um eine Aufteilung Chinas zu verhindern bzw. den Markt des Landes offenzuhalten, hatten die Briten also zwei mögliche Bundesgenossen, das Deutsche Reich und Japan, evtl. auch die Vereinigten Staaten.

---

[196] Edwardes, Great Game, 153–157; Gillard, Struggle, 172/73; Hambly, Gavin (Hg.); *Zentralasien*, Reihe: Fischer Weltgeschichte, Bd. 16, Frankfurt/Main 1983, 272/73
[197] Edwardes, Great Game, 143/44

Bereits 1898 tauschten der japanische und der britische Geheimdienst militärische Informationen über Wladiwostok aus.[198] Ende 1899 meinte Sir John Ardagh, der Chef des militärischen Geheimdienstes Ihrer Majestät, dass Japan „auf die Russen losgehen werden", bevor diese die Transsibirische Eisenbahn fertiggestellt hätten. Sanderson schrieb, dass diese japanische Bedrohung das Zarenreich gegenüber Großbritannien vorsichtiger werden lassen werde.[199] – Großbritannien erlitt in diesen Monaten bittere Niederlagen im Burenkrieg. Wegen des Boxerkrieges schien China im folgenden Jahr vor der Aufteilung zu stehen. In dieser Situation erregte ein Zeitschriftenartikel großes Aufsehen: Großbritannien, Russland und Japan sollten sich darauf verständigen, das Jangtze-Becken an England, die Mandschurei und die Mongolei an Russland und Korea an Japan fallen zu lassen. Deutschland sollte im Falle seines Widerstandes deutlich gemacht werden, dass sein Überseehandel abgeschnitten werden könne. Die „Times" begrüßte den Artikel und den Gedanken einer britisch-russisch-japanischen Übereinkunft, kritisierte jedoch, dass Russland zuviel geboten würde. Auch der Kommentator des liberalen „Spectator" unterstützte die Idee, forderte jedoch, auch in anderen Teilen Asiens russisch-britische Einflusssphären abzustecken.[200] Der Artikel zeugt eindrucksvoll von der rücksichtslosen sozialdarwinistischen Gesinnung in Großbritannien. Dies erklärt auch die Oberflächlichkeit der Autoren und Kommentatoren: Es kann als sicher gelten, dass die Vereinigten Staaten einer Vereinbarung in den oben skizzierten Grenzen erbitterten Widerstand entgegengesetzt haben würden, vermutlich von Frankreich und anderen Mächten unterstützt. Dieser hätte nicht so leicht beiseite geschoben werden können wie derjenige des Deutschen Reiches. Die Autoren und Kommentatoren **wollten** (oder konnten?) die Realität offenbar nicht wahrnehmen, sondern sich in ihren von Macht und Gewalt bestimmten Phantasien ergehen.

St. Petersburg reagierte (selbstverständlich) nicht, hatte in den vorhergehenden Jahren bereits mehrfach auch offizielle Avancen nicht beachtet. Zudem hatten es die Russen durch geschickte Diplomatie erreicht, beträchtlichen Einfluss auf die chinesische Politik auszuüben. Eine Kooperation mit Deutschland (und Japan), um die „Tür" gegen russische Aspirationen offen zu halten, schien ein erfolgversprechenderes Vorgehen für Großbritannien. Das Chinaabkommen vom Oktober 1900, dem sich auch Japan angeschlossen hatte, erfüllte aber nicht die britischen Hoffnungen. Das Deutsche Reich war zu dem Entgelt, das die Briten boten, nicht zu einer dauerhaften und deutlichen Positionierung gegen Russland bereit. Der Preis, den die Wilhelmstraße forderte, den britischen Beitritt zum Dreibund, wollte die Mehrheit des britischen Kabinetts nicht zahlen. Großbritannien andererseits war nicht bereit, das Deutsche Reich durch Konzessionen „bündnisreif" zu stimmen.

Francis Bertie war zu dieser Zeit der einflussreiche für Ostasien zuständige Abteilungsleiter im F.O. Er glaubte im Frühjahr 1901, dass die Wilhelmstraße Großbritannien zu einer Verständigung mit Japan drängen wolle, um die beiden Inselreiche und Russland dadurch dauerhaft gegeneinander zu positionieren. Deutschland wäre im Konfliktfall dann lachender Dritter.[201] Er vertrat jedoch auch die Ansicht, dass sich Japan der britischen Freundschaft sicher sein müsse, denn es könnte sonst genötigt sein, sich mit den Russen zu verständigen.[202] Er befürwortete darum ein Bündnis mit

[198] PRO, FO 17/1358 Ardagh an Sanderson, 18.4.1898

[199] CUL, Hardinge MSS, 3/41, Sanderson an Hardinge, 8.11.1899

[200] Langer, Diplomacy of Imperialism, 756

[201] Nish, Ian; *Foreign Secretaries and Japan, 1892–1905*, 61, in: Mc Kercher, Shadow and Substance und Young, China, 20/21; PRO, FO 46/545, Bertie an Salisbury, 9.3.1901; PRO, FO 46/547, Memorandum Berties, 22.7.1901

[202] B.D., II, Nr. 54; PRO, FO 17/1501, Memorandum Berties, 11.3.1903; PRO, FO 17/1507, Memorandum Berties, 22.7.1901

der fernöstlichen Macht, denn Großbritannien müsse dem russischen Vordringen bspw. in Korea ohnedies Widerstand entgegensetzen. Zudem könne bei einer anglo-japanischen Allianz die britische Flottenpräsenz im Fernen Osten reduziert werden. Bertie interpretierte die fernöstliche Situation nahezu ausschließlich in ihren Auswirkungen auf das Konzert der Mächte, „die Struktur der asiatischen Gesellschaften und ihre Kulturen waren für ihn ohne Belang".[203] Anders Sanderson: Dieser sah keine Notwendigkeit für Großbritannien, Russland in Korea entgegenzutreten: Die Koreaner widersetzten sich sowohl Russen als auch Japanern, da sie weder Reformen noch eine Modernisierung im Lande wünschten. Darum kämen sie mit den Chinesen am Besten zurecht. „Lassen wir sie in Ruhe", empfahl Sanderson in Bezug auf Korea, „solange sie nichts tun, die europäischen Interessen zu gefährden".[204]

Gerüchte über einen bevorstehenden russisch-japanischen Ausgleich, die von den Japanern geschürt wurden, brachten Lansdowne im Sommer 1901 dazu, Verhandlungen mit Hayashi, dem japanischen Geschäftsträger in London, zu beginnen. Die Mehrheit des Kabinetts war zudem der Ansicht, dass Großbritannien dringend Verbündeter bedurfte. Marineminister Lord Selborne wies im Herbst 1901 darauf hin, dass den vier britischen Kriegsschiffen im Fernen Osten bald neun russisch-französische entgegenstünden, und die Probleme der Verteidigung Indiens gegen Russland schienen drängender denn je.[205]

Sanderson befürwortete eine zurückhaltende Politik Großbritanniens im Fernen Osten. Er glaubte nicht, dass die Japaner dem russischen Vorrücken erfolgreichen Widerstand entgegensetzen könnten.[206] Das Deutsche Reich wäre dazu in der Lage, hätte hieran aber kein hinreichendes Interesse: „Eine verlässliche Verständigung mit Deutschland, um russischen Absichten im Fernen Osten zu widerstehen, ist nicht zu erzielen, die jüngsten Erfahrungen mit der deutschen Politik in China belegen dies", so Sanderson im Sommer 1901.[207] Dieser Deutung kann kann man sich nicht ganz anschließen: Großbritannien bot aus Sicht der Wilhelmstraße zu wenig an, war auch zu keiner eindeutigen Positionierung zu bewegen, um eine (teilweise) Wendung der deutschen Politik gegen Russland vertreten zu können.

Sanderson vertrat seit langem die Auffassung, dem russischen Vorrücken im Vorfeld Indiens durch eine Kombination verschiedener Mittel zu begegnen: zum einen durch finanzielle Maßnahmen in Persien (Subventionen britischer Unternehmen, Darlehen), zum anderen durch das deutliche Signal, dass ein russisches Vorrücken nach Afghanistan zum Krieg mit dem Empire führen würde. Er wollte auf diese Weise den russischen Ehrgeiz gegen China richten. Sanderson hoffte offensichtlich, dass sich Russland an China verheben würde. Eine Allianz, um das Zarenreich im Fernen Osten einzudämmen, lag weder in Salisburys noch in Sandersons Interesse.

Die im Sommer 1901 aufgenommenen Verhandlungen der beiden Inselreiche wurden aber weitergeführt, nahmen einige Zeit in Anspruch, und Bertie vermutete unbegründet, die Wilhelmstraße sei für die japanische Unentschiedenheit verantwortlich, in Wirklichkeit stritten die „Friedens"- und die „Kriegspartei" in Tokio um die Vorherrschaft.[208] Letztere forderte ein Bündnis mit dem Empire, um Russland angreifen zu können.

---

[203] PRO, FO 46/547, Memorandum Berties, 22.7.1901; Hamilton, Bertie, 24
[204] Zit. in Lensen, Balance of Intrigue, 704
[205] Monger, Ursachen, 58–60; 70; Steiner, Britain Origins, 28
[206] Sanderson an Lascelles am 27.3.1901, zit. in: Steiner, Foreign Office and Foreign Policy, 60
[207] PRO, FO 46/547, Stellungnahme Sandersons auf Berties Memorandum vom 22.7.1901
[208] Hamilton, Bertie, 28 u. Steiner, Foreign Office and Foreign Policy, 64 jeweils nach Goudswaard, (?); *Some Aspects of the End of Britians „Splendid Isolation", 1898–1904*, Rotterdam 1952, 82/83, s. auch Steiner, Foreign Office and Foreign Policy, 58

Salisbury hatte ein Bündnis mit dem Deutschen Reich abgelehnt. Wenn er in der Frage der Allianz mit Japan ebenso fest gewesen wäre, „würde ihm das schon zweifelnde Kabinett gefolgt sein", wie Monger vermutet. Salisbury war sehr skeptisch, hielt sich aber zurück, was v.a. an seiner weiter abnehmenden Kraft gelegen haben mag.[209] Auch einige andere Kabinettsmitglieder lehnten Koalitionen grundsätzlich ab.

Japan forderte in den Verhandlungen von Großbritannien eine freie Hand, um seinen Einfluss in Korea nach eigenem Gutdünken ausweiten zu können, zudem lehnte es Lansdowns Vorschlag ab, den Bündnisfall auf eine **aggressive** Aktion einer anderen Macht zu beschränken. Der Außenminister fürchtete eine Einigung des fernöstlichen Kaiserreiches mit Russland und konnte widerstrebende Kabinettskollegen überzeugen, den japanischen Vorstellungen im Großen und Ganzen zuzustimmen. Beide Mächte einigten sich im Wesentlichen darauf, neutral zu bleiben, falls eine der Vertragsparteien zur Verteidigung seiner ostasiatischen Interessen Krieg führte, und der Bündnispartner zur Hilfe kommen solle, falls sich eine zweite Macht dem Feind anschlösse.[210]

Monger schreibt, den Japanern wurde schon zu Beginn der Verhandlungen sehr deutlich gemacht, dass sie keine britische Unterstützung erwarten könnten, wenn sie eine „herausfordernde Politik" verfolgten.[211] Im **Vertragstext** fand dies schließlich aber kaum Niederschlag. Sanderson meinte trotz alledem gegenüber Satow, dem britischen Botschafter in Tokio[212], der Vertrag werde seines Erachtens eine mäßigende Wirkung auf Japan ausüben. „Es gab eine gewisse Gefahr", fuhr Sanderson fort,

> „dass es in einer bestimmten Notlage (…) auf die Russen losgeht. Dies ist sicherlich nicht wünschenswert, wenn friedlicher Druck eine Lösung bietet. <Zudem bestand die Gefahr>, dass es den Mut verliert und <gegenüber Russland> stärker nachgeben könnte, als es sowohl für es als auch für uns wünschenswert ist."[213]

Lansdowne schätzte die Auswirkung des Vertrages auf Japan anders ein: „Die anglojapanische Allianz beabsichtigt nicht, die japanische Regierung zu extremen Maßnahmen zu ermutigen. Sie hatte aber die Wirkung – und dies war sicher –, dass Japan das Gefühl bekam, ein Kräftemessen mit seinem großen Rivalen im Fernen Osten versuchen zu können, frei von jeglicher Gefahr einer <gegen sich> gerichteten europäischen Koalition." Die Zusage Großbritanniens, auch eine aggressive Politik Nippons zu decken, verhalf der „Kriegspartei" in Tokio zum Sieg. Weder die militärischen Experten, noch Lansdowne oder Sanderson erwarteten allerdings im Falle eines russisch-japanischen Krieges einen Erfolg des Bündnispartners.[214]

Der Inhalt des Bündnisses mit Japan wurde im Kabinett ausführlich diskutiert, nicht jedoch die Auswirkungen dieses Schrittes auf die Beziehungen mit dem Deutschen Reich. Lansdowne meinte in einem Schreiben an Balfour, der dies bemängelt hatte, dass die Gefahr eines Eintretens des casus foederis bei einem Bündnis mit Japan viel geringer sei als im Falle eines Zusammengehens mit dem Deutschen Reich. „Die Frage, die wir uns zu stellen haben, ist, ob wir es zulassen können, dass Japan durch Frank-

---

[209]Monger, Ursachen, 75; Langer, Diplomacy of Imperialism, 776

[210]Grenville, Salisbury, 412–15; Hamilton, Bertie, 28

[211]Monger, Ursachen, 60

[212]Sanderson bezeichnete Satow gegenüber Salisbury als sehr fähigen und den tonangebenden Botschafter der Mächte in Tokio, HH, Sanderson Papers, Sanderson an Salisbury, 15.5.1902

[213]B.D., II, 148; Nish, Ian; *The Anglo-Japanese Alliance. The Diplomacy of Two Island Empires 1894–1907*, Westport (Conn.)/London, 1966, 240, (künftig: Nish, Anglo-Japanese Alliance)

[214]Zit. in Nish, Ian; *The Origins of the Russo-Japanese War*, London/New York 1985, 131, (künftig: Nish, Origins); Steiner, Foreign Office and Foreign Policy, 64

reich und Russland ausgelöscht wird (…) Wenn die Antwort ‚Nein‘ ist, können wir dies Japan auch zuvor sagen und aus dem Handel herausholen, was wir können."[215]

Das Kabinett sah mit Sorge der Reaktion des Parlamentes und der Öffentlichkeit über den Vertrag mit Japan entgegen. Hayashi, der fernöstliche Verhandlungsführer, hatte seiner Regierung mitgeteilt, dass Lansdowne den Vertrag sogar geheimzuhalten wünsche. Er wurde schließlich aber doch dem britischen Parlament vorgelegt. Campbell-Bannerman, der liberale Parteivorsitzende, reagierte auch ablehnend und Edward Grey, der außenpolitische Fachmann der liberalen Unterhausfraktion, wandte sich gegen das Bündnis, weil es eine Verständigung mit Russland nicht erleichtern werde.[216] Auch die liberale Presse reagierte großenteils ablehnend. Die „Daily News" schrieb bspw.: „Mit den freundlichsten Gefühlen für das Land der Chrysanthemen … haben wir doch mehr als Zweifel, ob es irgendeine Macht auf der Welt gibt, dem das Britische Empire ein solches Pfand wie dieses geben sollte." Der (noch liberale) „Spectator" schrieb: „Wir können nicht sagen, dass es irgendetwas gibt, dass in Bezug auf das Übereinkommen mit Japan dem Gefühl der Genugtuung ähnelt."[217] Die Torypresse jedoch, z.B. die „Times", begrüßte das Bündnis aus vollem Herzen, ebenso Curzon.[218]

Das Bündnis verschärfte den Gegensatz zu Russland, dies dürfte ein Grund gewesen sein, warum Wilhelm II. in der ihm eigenen Art lobende Worte für die britische Politik fand: „Die Trottel scheinen einen lichten Augenblick gehabt zu haben", wie er gegenüber Lascelles sagte. Russland versuchte nun, seinen französischen Bundesgenossen zu einem stärkeren Engagement in Ostasien zu bewegen, aber ohne großen Erfolg. St. Petersburg wandte sich auch mit der Frage an die Wilhelmstraße, ob nicht die frühere russisch-französisch-deutsche Kooperation in Ostasien wiederbelebt werden könnte. Bülow fürchtete jedoch, dass ein solches Zusammenwirken die Russen zu aggressiven Handlungen ermutigen könnte. Als Folge wäre gar ein Weltkrieg gegen Großbritannien, die USA und Japan möglich. „Im übrigen sahen Bülow und Holstein in der russischen Werbung eine Bestätigung ihrer Ansicht, daß Deutschland die Freiheit der Wahl zwischen den beiden Rivalen Rußland und England habe."[219]

Vom Herbst 1901 bis in das Frühjahr 1902 verhandelten China und Russland über den Rückzug von Truppen, die nach der Niederschlagung des Boxeraufstandes im Lande verblieben waren. Der schließlich vereinbarte Abzug ließ Russland aber weitgehende Möglichkeiten, diesen zu verzögern oder gar auszusetzen. Die angespannte Finanzsituation des Konkurrenten gab den Briten aber einige Hoffnung, dass es seine Truppen vielleicht doch zurückziehe. Sanderson meinte, die englische Öffentlichkeit glaube zu Unrecht, dass der russisch-chinesische Vertrag besonders vorteilhaft und vor allem ein Erfolg der britischen Diplomatie sei: „Wir im F.O. neigen dazu, in dieser Sache viel bescheidener zu sein. Aber in denke im Großen und Ganzen ist der Vertrag so vorteilhaft, wie wir vernünftigerweise erwarten konnten."[220]

Von einer Kooperation Großbritanniens und Japans in der Mandschureifrage konnte keine Rede sein, Letzteres arbeitete eher mit den Vereinigten Staaten zusammen.[221]

---

[215] Steiner, Foreign Office and Foreign Policy, 64; BM, Balfour MSS, Add. MS 49727, Lansdowne an Balfour, 12.12.1901; s. auch Langer, Diplomacy of Imperialism, 787

[216] Winzen, Bülows, 401; Grenville, Salisbury, 417, 419, 437; Wilson, Keith, M.; *Grey*, 177, (künftig: Wilson, Grey), in: Wilson, British Foreign Secretaries

[217] Grenville, Salisbury, 419; zit. in Postgate, Those Foreigners, 200/01

[218] Postgate, Those Foreigners, 202; s. auch Hardinge, Old Diplomacy, 78; Winzen, Bülows, 401

[219] PRO, FO 800/18, Lascelles an Lansdowne, 8.2.1902; zu Bülows Haltung s. Winzen, Bülows, 398/99; Nish, Origins, 131/32; Born, Reichsgründung, 222

[220] Zit. in Nish, Anglo-Japanese Alliance, 279

[221] Nish, Anglo-Japanese Alliance, 278/79; s. CUL, Hardinge MSS, 3/179, Hardinge an Sanderson, 7.3.1901

Dies ist ein weiterer Beleg dafür, dass Großbritannien das Deutsche Reich lediglich gegen Russland in Stellung bringen wollte, als es die Wilhelmstraße Ende 1900 zum gemeinsamen Handeln in der Mandschureifrage aufforderte (s. Abschnitt 1). Die Briten erwarteten in der Mandschurei auch in der Zukunft keinen großen Markt, für viele Japaner stand diese chinesische Provinz aber mit im Zentrum von Zukunftsplänen für ihr Land.

Die anglo-japanische Allianz bedeutete das Ende der „Splendid Isolation". Es war ein Schritt von großer Tragweite, und dies wurde auch in Großbritannien so wahrgenommen.[222] Dieses musste sowohl um seine Stellung in China als auch im Vorfeld Indiens fürchten. Die Mehrheit der Mitglieder des britischen Kabinetts war der Auffassung, dass das Empire einerseits dringend Verbündeter bedürfe, andererseits müsse es einen Ausgleich zwischen Konkurrenten fürchten. Eine Verständigung zwischen Japan und Russland, die durchaus im Bereich des Möglichen lag, hätte für das Empire in ganz Asien zu ernsthaftesten Problemen geführt. Darum garantierte das Vereinigte Königreich Japan für den Fall eines Waffenganges gegen das Zarenreich einen freien Rücken und stärkte bewusst die sogenannte „Kriegspartei" in Tokio.

4. Kuwait

1829 hatte der Scheich von Kuwait aus Angst vor expansiven Stammesverbänden die türkische Oberhoheit anerkannt, und 1871 ließ er sich zum osmanischen Bezirksgouverneur ernennen. Kuwait gehörte also zum osmanischen Staatsverband, die konkrete Bedeutung und Auswirkung dessen blieben teils jedoch unklar.

1897 trat der neue kuwaitische Scheich Mubarak mit dem Vorschlag an Großbritannien heran, das Land britischem Protektorat zu unterstellen. Vertrauenswürdig war der orientalische Herrscher nicht, er hatte seine Regentschaft damit begonnen, seine Brüder umbringen zu lassen, wie Sanderson Salisbury schrieb. Vermutlich wollte er Großbritannien und die Türkei gegeneinander ausspielen, um den eigenen Handlungsspielraum zu vergrößern.[223] Sanderson riet, kühl auf das Anerbieten zu reagieren. „Bahrein bereitet uns schon genug Ärger, aber es ist eine Insel", so notierte er. „Es wäre untragbar, ständig Streitereien mit den Türken (…) zu haben." Salisbury stimmte Sanderson im Prinzip zu, stellte allerdings die Frage, ob man von Mubarak kein Versprechen erwirken könne, dass Protektorat keines anderen Landes anzuerkennen. Der Staatssekretär nahm diese Anregung nicht auf, sondern empfahl dem zuständigen Indienministerium (I.O.), den Kontakt mit dem Scheich lediglich darauf zu beschränken, ihn vor Akten der Piraterie zu warnen.[224]

Großbritannien hatte das Protektorat der Türkei offiziell nie anerkannt, und im F.O. und dem I.O. herrschte über den rechtlichen Status des Scheichtums einige Konfusion.[225] Diese Unsicherheiten wurden aktiviert als Mitte 1897 Gerüchte auftauchten, dass Russland in Kuwait eine Kohlenstation für seine Schiffe errichten wolle. Sander-

---

[222] Postgate, Those Foreigners, 200; Langer, Diplomacy of Imperialism, 787; Mock, Imperiale Herrschaft

[223] HH, Sanderson Papers, Sanderson an Salisbury, 18.6.1903; s. auch BL, MSS eng. hist., c 1214, Sanderson an Monson, 10.3.1899

[224] Zit in Kelly, J.B.; *Salisbury, Curzon and the Kuwait Agreement of 1899*, 254/55, (künftig: Kelly, Salisbury), in: Bourne, Kenneth/Watt, D. Cameron (Hg.); *Studies in International History*, London 1967, (künftig: Bourne, International History); Busch, Briton Cooper; *Britain and the Persian Gulf, 1894–1914*, Berkeley 1967, 98/99, (künftig: Busch, Britain and the Persian Gulf)

[225] Busch, Britain and the Persian Gulf, 100

son hielt die Mutmaßungen für nicht stichhaltig, der parlamentarische Staatssekretär Curzon, der bald darauf zum indischen Vizekönig ernannt wurde, hielt die russischen Pläne aber für nicht unwahrscheinlich. Sanderson bat daraufhin die Admiralität um ein Gutachten und fühlte sich nach dessen Vorliegen in seiner Haltung bestärkt. Deutsche versuchten im selben Jahr, eine regelmäßige Schifffahrtslinie im Persischen Golf einzurichten, scheiterten jedoch, da deren Schiffe durch die dominierenden britischen Händler boykottiert wurden.[226]

Die Anzeichen russischer Aktivitäten mehrten sich jedoch, was Sorgen um die Dauerhaftigkeit der britischen Dominanz im Süden Persiens nährte, und Salisbury war Ende 1898 zu der Ansicht gekommen, dass ein britisches Protektorat über Kuwait unvermeidlich sei, während Sanderson im Gegensatz zum Premierminister und dem I.O. die Übernahme britischer Verantwortung über das Scheichtum ablehnte. Sanderson drohte zu unterliegen, aber der britische Botschafter in Konstantinopel (O'Conor) kam ihm zur Hilfe: er meinte, dass in der Frage der anvisierten Schutzherrschaft so behutsam wie irgend möglich vorgegangen werden müsse, da dieses von der Türkei als ein feindlicher Akt aufgefasst werden würde – genau dies hatte Sanderson befürchtet. Zudem sah O'Conor schwerwiegende diplomatische Konflikte mit Russland voraus. In Anbetracht dieser Widerstände verwarf Salisbury kurze Zeit darauf den Protektoratsplan, es sollten aber Verhandlungen aufgenommen werden, um von Mubarak bspw. die Zusicherung zu erhalten, keinen Teil seines Territoriums einer fremden Macht zu überlassen. Diesem Vorschlag wollte Salisbury mit einer Demonstration britischer Seemacht und dem Angebot einer erheblichen Geldsumme an den Scheich die nötige Überzeugungskraft verleihen.[227]

Im März 1899 schloss Meades, der britische Vertreter vor Ort, mit Mubarak eine Vereinbarung. Diese ging in imperialistischem Geist über seine Instruktionen hinaus, worauf Sanderson Salisbury auch hinwies. Dieser sah aber keine Veranlassung zum Einspruch. Sanderson erfocht aber eine Rüge Meades', und ein wichtiger Teil des Vertrages wurde zwar nicht widerrufen, aber außer Kraft gesetzt.[228]

Kuwait war nun faktisch fast britisches Protektorat, eine Provokation für das Osmanische Reich und ein türkischer Angriff auf das Scheichtum wurde darum für möglich gehalten. Sanderson und Lee Warner, ein Kollege aus dem I.O. setzten durch, dass die Türken unterrichtet und gewarnt werden sollten, falls Großbritannien Maßnahmen gegen sie ergreifen sollte. Curzon protestierte „wiederholt und nicht ohne Bitterkeit" gegen diesen Kurswechsel britischer Politik.[229]

Indienminister Hamilton schien die britische Position in Kuwait juristisch und moralisch unhaltbar, zudem befand sich Großbritannien seit Oktober 1899 wegen des Burenkrieges nicht nur diplomatisch in einer prekären Situation. Darum bewegte er Sanderson in Abwesenheit Salisburys Anfang 1900 dazu, dem deutschen Botschafter das Angebot mitzuteilen, dass Großbritannien für die deutsche Anerkennung der britischen Vorherrschaft in Kuwait am Bau der Bagdadbahn mitwirken würde. Salisbury jedoch, nach wie vor Premierminister, war zurückhaltender. Sanderson schrieb Lascelles, der Kabinettschef hege keine Einwände gegen das oben skizzierte freundschaftliche Übereinkommen mit dem Deutschen Reich. Die Initiative hierzu müsse jedoch von

---

[226] Plass, Jens Barthold; *England zwischen Rußland und Deutschland, Der Persische Golf in der britischen Vorkriegspolitik, 1899–1907*, Schriftenreihe des Instituts für Auswärtige Politik, Band 3, Hamburg 1966, 252, (künftig: Plass, England); Busch, Britain and the Persian Gulf, 104; Kelly, Salisbury, 263/64; CU Hardinge MSS, 2/56–61, Hardinge an Sanderson, 15.10.1897
[227] Kelly, Salisbury, , 272–275
[228] Plass, England, 258/59
[229] Plass, England, 260/61

den Deutschen ausgehen, „da er glaubt, dass die Deutschen wahrscheinlich anspruchs-voll sein werden und versuchen werden, uns übers Ohr zu hauen".[230] Unverbindliche britisch-deutsche Kontakte wurden weitergesponnen[231], im November schien sich den Briten aber die Gelegenheit zu bieten, ihre theoretischen Ansprüche an Kuwait durch die Tat zu erhärten: Um eindringende Beduinen zurückzudrängen, wurde der Einsatz britischer Streitkräfte beschlossen. Sie kamen jedoch nicht zum Einsatz, weil sich die Angreifer zurückzogen.[232]

Kurze Zeit darauf unternahmen Mubarak und der osmanische Statthalter in Basra einen „gemeinsamen Ausflug". Die Briten waren beunruhigt, und O'Conor, der um die englische Vorherrschaft in Kuwait fürchtete, empfahl das Abfangen der angebli-chen Reisegesellschaft durch ein britisches Kriegsschiff. Sanderson, der am Sonntag-nachmittag an dem das Telegramm eintraf im F.O. Dienst tat, hieß den Vorschlag gut und bemerkte mit sehr schwarzem Humor, dass man Mubarak eine unverzügliche Zahn-behandlung in Bombay verordnen solle, um ihm sämtliche Backenzähne zu ziehen.[233]

Probleme mit lokalen Potentaten waren der Weltmacht mitunter lästig, konnten aber in der Regel ohne großen Aufwand in ihrem Sinne gelöst werden. Im Verlauf des Jahres 1901 geriet die potenzielle strategische Bedeutung des Scheichtums jedoch auch in den Blick der deutschen Großmacht, und zwar als Endpunkt und Hafen für die Bagdadbahn. Curzon schrieb am 11. Juli 1901, dass Kuwait letztendlich unter deutsche Dominanz geraten werde, falls Großbritannien nicht zuvor vollendete Tatsachen schaf-fe. Die Wilhelmstraße verneinte jedoch, „Hoheitsrechte irgendwelcher Art" in Kuwait anzustreben, betrieb auch eine Politik, die projektierte Bagdadbahn auf breiter interna-tionaler Basis, aber unter deutscher Führung zu errichten.[234]

Kuwait war weder de jure noch de facto britisches Protektorat, aber die Rechtslage war unklar. Ende August 1901 lief eine türkische Korvette in den Hafen des Scheich-tums ein, fand jedoch ein britisches Kriegsschiff vor, dessen Kommandant angab, das Protektorat über Kuwait formal erklären zu wollen, und zudem Gewalt androhte, falls der türkische Befehlshaber versuchen sollte, Truppen und Munition auszuschiffen.[235]

Außenminister Lansdowne befand sich auf seinen Gütern in Irland, und die nun folgenden bewegten Tage lieferten ein typisches Beispiel dafür, dass Sanderson in einer unerwarteten Krise wie dieser eigenständig agierte: Der Staatssekretär bestritt gegenüber dem deutschen Botschafter, dass Großbritannien ein Protektorat erklären wolle, bestä-tigte jedoch die Verhinderung der Ausschiffung türkischer Truppen. Er bekräftigte ge-genüber dem osmanischen Botschafter die britische Position, dass Kuwait „nicht unter der Souveränität des Sultans stünde". Deutscher Rechtsstandpunkt war hingegen, dass Kuwait Teil des Osmanischen Reiches sei. Zudem befürchtete die Wilhelmstraße, dass ein „Anschneiden der Türkei" die Begehrlichkeiten anderer Mächte auch auf andere osmanische Besitzungen nähre und den europäischen Frieden gefährde. Deutschland drohte mit einer Änderung der „gegenüber England bisher so freundlichen und loyalen Gesamtpolitik", vermutlich, um von Großbritannien an anderer Stelle mehr Entgegen-kommen zu erzielen.[236] – Die Bündnisgespräche beide Länder waren zu diesem Zeit-punkt noch nicht endgültig beendet.

[230] PRO, FO 800/14, Sanderson an Lascelles, 30.5.1900
[231] PRO, FO 800/14, Sanderson an Lascelles, 6.6.1900
[232] PRO, FO 78/5114, Memorandum Sandersons, 14.11.1900; ebd., I.O. an F.O., 14.11.1900 u. ebd. F.O. an I.O. u. Admiralität
[233] Plass, England, 279
[234] Curzon an den Earl of Hardwick, zit. in: Busch, Britain and the Persian Gulf, 202; G.P., XVII, 481/82
[235] G.P., XVII, 483
[236] Steiner, Foreign Office and Foreign Policy, 56/57; G.P., XVII, 483–486

Metternich und Eckardstein wurden in diesen Tagen nahezu ständig im F.O. vorstellig. Der gereizte und zu Pessimismus neigende deutsche Botschafter meinte gar, „daß, wenn sich Fragen wie Kueit zwischen zwei Regierungen zuspitzen können, von Bündnis keine Rede mehr ist, sondern höchstens mit den beiderseitigen Gegnern"! Sanderson reagierte zunächst erzürnt, wandte sich gegen türkische Truppen und Zollstellen in Kuwait, meinte aber nach wenigen Tagen, man solle nicht darüber streiten, ob das Scheichtum im Osmanischen Reich liege oder nicht. Auch Lansdowne vertrat die Ansicht, dass rechtliche Ansprüche Großbritanniens auf Kuwait nur ein geringes Fundament besäßen, wollte aber eine wechselseitige türkisch-britische Verzichtserklärung: Großbritannien sei bereit, auf ein offenes Protektorat über Kuwait zu verzichten, wenn die Türkei auf Maßnahmen zur Stärkung ihrer Ansprüche verzichte. Er hoffte hierdurch, eine diplomatische Auseinandersetzung mit einer türkisch-deutsch-russischen Koalition zu vermeiden.[237] Das Deutsche Reich gab sich zunächst aber „türkischer als der Sultan", wie Sanderson meinte. Die britische Regierung begrüße den Bau der Bagdadbahn, so der Staatssekretär, wenn der künftige Endpunkt der Strecke jedoch unter **türkische** Zollverwaltung komme, werde es wirtschaftliche Probleme geben, wie er dem deutschen Botschafter erklärte: „Wo (…) des Türken Fuß hintrete, da wachse kein Gras mehr." Am folgenden Tag gab Sanderson nach Metternichs Worten zu, „was er gestern bestritten hat, daß Kueit zu den Dominions des Sultans gehöre", ein Recht des Sultans, dort Truppen zu landen, bestehe allerdings nicht.[238]

Curzon forderte weiterhin die Errichtung eines vollen britischen Protektorats über Kuwait, Sanderson lehnte dies nach wie vor ab. Er konnte auch die Umsetzung eines Vorschlages aus dem Umfeld Curzons abwenden, Scheich Mubarak dazu zu bringen, auf kuwaitischen Schiffen nicht mehr die türkische Flagge zu hissen.[239] Die Krise schwelte noch einige Tage, und in den folgenden drei Jahren blieben die Verhältnisse so (unbestimmt) wie vordem.[240] Sanderson bezeichnete diese als „fast chaotisch" und fürchtete, dass sie „deutscher Analyse" nicht standhalten könnten.[241]

Ende 1903 wurde nochmals deutlich, dass Sanderson der einflussreichste Widersacher des ehrgeizigen Hyperimperialisten Curzon war. Dieser besuchte in seiner Eigenschaft als Vizekönig Indiens in Begleitung eines Flottenverbandes den Persischen Golf. Sanderson wollte nicht konzedieren, dass Curzon dort als Stellvertreter des englischen **Königs** auftrete, er sei vielmehr lediglich „ein sehr bedeutender britischer Beamter von höchstem Rang".[242] Curzon beugte sich nach langem hin und her, aber seine Niederlage gegenüber Sanderson, so sah er es, verstärkte seine Abneigung gegen ihn.[243]

Ende 1904 kam die indische Regierung auf ihre Auffassung zurück, dass kuwaitische Schiffe nicht unter türkischer Flagge fahren sollten. Diesmal wurden Sandersons Einwände übergangen, und Anfang 1905 gab Lansdowne unter der Voraussetzung seine Einwilligung, dass der Flaggenwechsel zunächst auf die Schiffe beschränkt bliebe und bei dem Palast des Scheichs weiterhin der türkische Halbmond gehisst werde.[244]

---

[237] G.P., XVII, 486/87; PRO, FO 78/5173, Sanderson an Lansdowne, 3.9.1901; ebd., Memorandum Lansdownes, 31.8. u. 3.9.1901

[238] G.P., XVII, 486, 487, 491/92

[239] PRO, FO 78/5174, Curzon an Lansdowne, 4.9.1901; PRO, FO 78/5174, Memorandum Sandersons, 13.9.1901; Busch, Britain and the Persian Gulf, 205

[240] PRO, FO 800/18, Lascelles an Sanderson, 14.9.1901; zu einer kleineren Krise im Frühjahr 1904 s. Plass, England, 333/34

[241] HH, Sanderson Papers, Sanderson an Salisbury, 10.9.1901

[242] Busch, Britain and the Persian Gulf, 261

[243] Busch, Britain and the Persian Gulf, 262

[244] Plass, England, 372/73

Sanderson war ohne Zweifel der nachdrücklichste Vertreter einer (relativ) zurückhaltenden Überseepolitik, konnte den Expansionismus britischer Imperialisten, der sich
auch aus der Sorge vor russischem und deutschem Machtgewinn speiste, aber nur teilweise zügeln. Dieser beschwor am Persischen Golf die Gefahr herauf, dass andere Mächte ebenfalls versuchten, ein Stück aus dem Osmanischen Reich herauszuschneiden, ob
in Libyen, auf dem Balkan oder im Kaukasus. Die Wilhelmstraße drohte auch in dieser
Frage, wie schon in anderen mehr oder minder bedeutenden Konflikten zuvor, die
grundsätzlich englandfreundliche Politik zu beenden. Nicht aus Übermut, sondern
Ratlosigkeit, wie das F.O. zu einer Kooperation bewegt werden könnte. Anfang 1905
wurde auch in Bezug auf Kuwait deutlich, dass Sandersons Einfluss sank und imperialistische Gemüter an Bedeutung gewannen.

5. Der Panamakanal und Venezuela 1902/1903

Großbritannien und die USA hatten sich 1850 vertraglich geeinigt, einen eventuellen
Kanal zwischen dem Atlantik und Pazifik gemeinsam zu bauen und zu kontrollieren.
Gegen Ende des 19. Jahrhunderts erhoben sich aber deutliche Stimmen in den Vereinigten Staaten, dass der Schifffahrtsweg allein unter US-Kontrolle stehen müsse, und es
gab Anzeichen, dass Washington den Vertrag von 1850 einseitig kündigen könnte.[245]
Ein Kanal besaß zum einen strategisch für Großbritannien eine überragende Bedeutung, denn es hatte sowohl auf der atlantischen als auch der pazifischen Seite des Kontinents Besitzungen. Zum anderen überstieg die Tonnage der britischen Handelsmarine diejenige aller anderen Länder, und das Vereinigte Königreich war die bedeutendste
Außenhandelsmacht der Welt.
Um 1900 war keineswegs eindeutig, welche Macht auf dem amerikanischen Kontinent militärisch die stärkere Position besaß, Großbritannien oder die USA. Eine alleini-
ge Herrschaft des Letzteren über einen transozeanischen Schifffahrtsweg hätte diese
Frage allerdings entschieden, mit beträchtlichen Rückwirkungen auf die künftigen Beziehungen beider. Dies war den Militärstrategen und Politikern beider Seiten bekannt.
1893 gab es Anzeichen, dass die USA Kolumbien nötigen würden, einem Kanalbau
zuzustimmen, um den Atlantischen mit dem Pazifischen Ozean zu verbinden. Sanderson meinte, das südamerikanische Land sei in der Lage, diesem Projekt erfolgreichen
Widerstand entgegenzusetzen: „Eine offene Opposition von unserer Seite (...) hätte
die gegenteilige Wirkung, die wir beabsichtigen."[246] Sanderson schätzte die kolumbia-
nische Widerborstigkeit zutreffend ein.
Einige Jahre später begannen britisch-amerikanische Verhandlungen über einen
möglichen Kanalbau, wie von den USA gefordert. Die amerikanische Regierung nutzte
den Burenkrieg, um von Großbritannien in der Kanalfrage und der Grenzziehung zwischen Kanada und Alaska größtmögliche Zugeständnisse zu erzielen. US-Außenminister Hay, der als englandfreundlich galt, drängte die britische Regierung bei jeder sich
bietenden Gelegenheit zu Zugeständnissen. Das Empire erfüllte praktisch alle amerikanischen Forderungen und gestand selbst, nach anfänglichem Widerstand, die Befesti-
gung des Schifffahrtsweges durch die USA zu.[247]

„Durch den Hay-Pauncefote Vertrag, der im Februar 1902 veröffentlicht wurde, gewährte Großbritannien den USA die maritime Vorherrschaft in der westlichen Hemisphäre (...). Die Bedeutung

---

[245] Rock, Why Peace, 28
[246] PRO, FO 55/360, Memorandum von Sanderson, 31.3.1893
[247] Mulanax, Boer War, 2, 201–04

dieser versöhnlichen britischen Politik und die Bereitschaft Londons, den Vereinigten Staaten während dieses Zeitraums Konzessionen zu machen, können nicht überschätzt werden."[248]

Die Vereinigten Staaten wurden auch in Mittel- und Südamerika zur vorherrschenden Macht, und da Kolumbien nicht so nachgiebig war wie die britische Weltmacht, inszenierten die Amerikaner mit geringem Aufwand eine „Revolution" im nördlichsten Teil Kolumbiens, der sich als Kleinstaat Panama für „unabhängig" erklärte und den amerikanischen Forderungen nachkam.[249]

Die Briten standen den USA ohne Widerstand die Vorherrschaft auf dem gesamten Kontinent zu, aus Angst vor US-amerikanischem Zorn und in der Hoffnung auf deren Wohlwollen.

Um die Bedeutung der USA bzw. des Deutschen Reiches für Großbritannien weiter herauszuarbeiten, widmen wir uns nun der Venezuelakrise von 1902/03: Zunächst aber noch ein kurzer Blick auf die Entwicklung der britisch-deutschen Beziehungen vom Frühjahr bis Herbst 1902:

Lansdowne war im Frühjahr 1902 zuversichtlich, dass die bitteren Gefühle, die zu dieser Zeit in Deutschland gegen England herrschten, nicht von Dauer sein werden, immerhin habe die Wilhelmstraße während der für das Vereinigten Königreich schwierigen ersten Phase des Burenkrieges keine Kontinentalliga erwogen. „Und abgesehen vom Gefühl kann ich nicht sehen, dass es für Deutschland jemals vorteilhaft sein könnte, uns gegen eine große europäische Koalition ,untergehen' zu lassen."[250] Lascelles stimmte seinem Minister umgehend zu:

> „Ihnen <den Deutschen> sind ihre Interessen bewusst, und es ist ihnen klar, dass wenn England als Großmacht aufhört, zu existieren, sie der Gnade Russlands und Frankreichs ausgeliefert wären, falls sich diese beiden Mächte gegen es vereinen. Angenommen, England ,ginge unter' und ein Streit zwischen Deutschland auf der einen und Frankreich und Russland auf der anderen Seite entstünde, so hätte jenes für seine bloße Existenz (...) zu kämpfen und würde wahrscheinlich seinen beiden mächtigen Nachbarn unterliegen. Ich denke es ist darum sehr unwahrscheinlich, dass Deutschland etwas unterstützen könnte, das die Wahrscheinlichkeit in sich trägt, die Macht Englands ernsthaft zu schwächen."[251]

Darauf baute die britische Diplomatie, und ihre Erfahrungen stützten diese Deutung. Bülow hingegen ging davon aus, dass eine britisch-russische Verständigung einer Bankrotterklärung Englands in Asien und Europa nahekäme. Die Zeit arbeite für Russland, und jedes englische Zugeständnis an Russland beschleunige nur den Prestigeverlust des Empire.[252]

Im April 1902 berührte der Prinz von Wales bei einer Eisenbahnfahrt nur ganz flüchtig deutsches Territorium. Der Kaiser fuhr ihm jedoch mit großem Gefolge entgegen, was große Teile der deutschen Presse übel aufnahmen.[253] Im August 1902 lud König Eduard den deutschen Kaiser ein, und dieser reagierte höchst erfreut. Lascelles schrieb, dass es nicht wahrscheinlich sei, dass dieses Gefühl von vielen seiner Untertanen geteilt werde. Die deutsche Öffentlichkeit sei eifersüchtig auf England und missbillige die englischen Neigungen des Kaisers.[254] Aber auch in Großbritannien hielt sich die Freude sehr in Grenzen. Die einflussreiche chauvinistische „National Review" (sein

---

[248] Rock, Why Peace, 28/29; s. auch Born, Reichsgründung, 230; zur Wertschätzung von Pauncefote in Washington s. Grenville, Salisbury, 203/04

[249] Beloff, Imperial Sunset, 87; Brunn, Gerhard; *Deutschland und Brasilien (1889–1914)*, Köln/Wien 1971, 57, (künftig: Brunn, Deutschland und Brasilien)

[250] PRO, FO 800/11, Lansdowne an Lascelles, 22.4.1902

[251] PRO, FO 800/129, Lascelles an Lansdowne, 25.4.1902

[252] G.P., XVII, Nr. 5046, Bülow an Metternich, 13.3.1902

[253] Hallgarten, Imperialismus, I, 504

[254] PRO, FO 800/18, Lascelles an Lansdowne, 23.8.1902

Eigner und Herausgeber Leopold Maxse) pflegte engen Kontakt zum späteren Außenminister Grey) schrieb: „Es ist undenkbar, dass es die Gefahr geben könnte, dass patriotische britische Staatsmänner ihre Pflichten so sehr vergäßen, dass sie an eine Annäherung an Deutschland denken könnten."[255]

Im Herbst 1902 besuchten einige ehemalige Burengeneräle mehrere europäische Hauptstädte, um für ihr durch den Krieg verwüstetes Land Hilfe zu erbitten. In Großbritannien wurde diese Reise ihrer neuen Untertanen wider Willen gemeinhin als antienglischer Schritt interpretiert. Trotz informellen Drucks des F.O. wurden sie jedoch in Paris vom französischen Präsidenten, Ministerpräsidenten und Außenminister empfangen, ohne dass dies im Vereinigten Königreich zu Unmut geführt hätte.[256] Anders im deutschen Fall: Die „Times", der „Standard" und andere führende englische Zeitungen hatten die Deutschen bereits im Vorfeld vor einem offiziellen Empfang gewarnt, und die Wilhelmstraße nahm dies sehr ernst. Der Kaiser sandte dem englischen König einen Brief und fragte, wie er sich gegenüber den Burengeneralen verhalten solle, und betonte, dass er keinen „antibritischen Unsinn" in seinem Land dulden werde.[257] Weder der Kaiser noch andere offizielle Vertreter empfingen die Generäle – dies wurde den Deutschen in der britischen Presse aber nicht zugute gehalten. Diese konzentrierte sich auf den großen Volksauflauf, den ihr Erscheinen in Berlin verursachte – wobei aus der Menge immer wieder sarkastische Hochrufe auf „Lord Bülow" und „Viscount von Richthofen" ertönten.[258] Bertie meinte, dass man doch nicht ernsthaft glauben könne, dass die Anfrage Wilhelms II. als freundschaftlicher Akt zu verstehen wäre, er habe die britische Regierung vielmehr in Verlegenheit stürzen wollen. Die Wilhelmstraße versuchte, englandfeindliche Ausfälle in der Presse zu unterdrücken, wenn immer dies möglich schien, und die harte britische Position auch in der Bagdadbahnfrage (s. folgender Abschnitt) wurde von deutschen Stellen offiziell als bloß privates Geschäft beschrieben.[259]

Nun zur Venezuelakrise: Das südamerikanische Land war stark von ausländischem Kapital abhängig, insbesondere von britischem. Das Interesse an den Finanzbeziehungen war beidseitig.[260] 1902 war das innenpolitisch labile Land nicht mehr in der Lage, die Schulden zu bedienen, war auch nicht bereit, ausländischen Gläubigern, die während des vorhergehenden Bürgerkrieges Schaden erlitten hatten, einen Ausgleich zukommen zu lassen. Der damalige Präsident Venezuelas, Cipriano Castro, war der erste Politiker eines armen Landes, der es verstand, ausländische Kapitalisten nicht nur für die Ausbeutung seiner Heimat verantwortlich zu machen, sondern ihnen auch die Schuld für die Misswirtschaft in seinem Land in die Schuhe zu schieben.[261]

Im November 1902 schlug Großbritannien dem Deutschen Reich ein gemeinsames Vorgehen gegen das südamerikanische Land vor. Deutschland bevorzugte eine „friedliche" Blockade. Lansdowne hielt diese aber für fruchtlos, schlug ein offen gewaltsames Vorgehen vor, und Deutschland willigte schließlich ein. Das gemeinsame Vorgehen eskalierte am 13. Dezember 1902 in der Zerstörung einer Festung Venezuelas durch

---

[255] Zit. in Playne, Caroline E.; *The Pre-War Mind in Britain. An Historical Review*, London 1928, 117, (künftig: Playne, Britain)

[256] Hale, Publicity and Diplomacy, 256; Flood, Ambassadorship, 117

[257] PRO, FO 800/11, King Edward an Lascelles, 8.10.1902

[258] Flood, Ambassadorship, 115–17; Hale Publicity and Diplomacy, 257, s. auch PRO, FO 800/18, Lascelles an Bertie, 4.10.1902 u. ebd., Lascelles an Bertie, 11.10.1902, sowie Eckardstein, Denkwürdigkeiten, 2.Band, 408

[259] PRO, FO 800/11, Bertie an Lascelles, 8.10.1902; Kennedy, Anglo-German Antagonism, 265/66

[260] S. ein Beispiel aus dem Jahre 1866 in HH, Sanderson Papers, Sandersons an Lord Cranbornes Privatsekretär, 14.12.1866

[261] Hallgarten, Imperialismus, I, 562

britische und deutsche Seestreitkräfte: Die Südamerikaner hatten den Kapitän eines britischen Handelsschiffes gezwungen, den „Union Jack" einzuholen, und verweigerten, sich für die „Beleidigung der britischen Farben" zu entschuldigen.[262]

Am 17. Dezember nahmen venezolanische Soldaten ein deutsches Kriegsschiff unter Feuer, die kaiserliche Marine zerstörte daraufhin eine weitere Festung des Landes. Deutsche Seestreitkräfte hatten die Briten am 13. Dezember unterstützt, die „Royal Navy" weigerte sich am 17. Dezember jedoch, den deutschen Einheiten zur Seite zu stehen. Die britische Politik stand unter der Furcht vor dem Zorn der Vereinigten Staaten.[263] Die US-amerikanische Marineleitung übte keinen Druck aus, um die eigene Regierung zu einer deutlichen Positionierung gegen die britisch-deutsche Aktion zu veranlassen, der sich auch Italien angeschlossen hatte. Präsident Roosevelt sah aber offensichtlich eine günstige Gelegenheit, die imperialistische Stimmung in den USA zu schüren, und er erreichte sein Ziel[264]: Die Vorgänge in Südamerika führten in den Vereinigten Staaten zu einem Sturm der Entrüstung, der sich praktisch ausschließlich gegen das Deutsche Reich richtete.[265]

Am 20. Dezember begann eine gemeinsame Blockade Venezuelas durch britische, deutsche und italienische Einheiten. Große Teile der britischen Presse stimmten in die Empörung der US-Presse ein. Die „Times" veröffentlichte am 22. Dezember ein Gedicht Kiplings, in dem die Deutschen als „schamlose Hunnen" bezeichnet wurden. Deutschland sei Großbritanniens „offensichtlicher Feind". Die führende britische Zeitung meinte, dass Kiplings Gedicht unzweifelhaft Gefühle ausdrücke, die im Lande vorherrschten.[266]

Die Ausfälle in der britischen Presse ließen nicht nach, die „Daily Mail" schrieb beispielsweise: „Es ist offensichtlich, dass sich Großbritannien in eine lächerliche Position begeben hat, indem es sich selbst erlaubte, in Südamerika der treue Gefolgsmann einer Macht zu werden, für die es keine Sympathie empfindet oder haben kann, weil diese Macht ihren Fall anstrebt." Die „Times" meinte, dass das Deutsche Reich die britisch-amerikanische Freundschaft unterminieren wolle.[267]

Sanderson war vom Presseecho überrascht und lehnte es entschieden ab. Er meinte (am 13. Januar 1903) im Gegenteil, es müsse die Pflicht jeder Verantwortung tragenden Person in England sein, den antideutschen Gefühlen entgegenzutreten. Auch die gewöhnlich moderaten liberalen Zeitungen lehnten ein gemeinsames Vorgehen mit dem Deutschen Reich ab. Edward Grey, der außenpolitische Sprecher der Liberalen, meinte vertraulich, dass „Deutschland unser schlimmster Feind und unsere größte Gefahr ist.

---

[262] McCullough, How, 59

[263] B.D., II, Nr. 186 u. 187. Sanderson, der auf Venezuela seit Jahren ohnedies nicht gut zu sprechen war, hatte am 17. Dezember gemeint: „Wir fragen uns, ob diese abscheuliche kleine südamerikanische Republik uns irgendwelche Weihnachtsfeiertage erlauben wird." (BL, MSS eng. hist., c 1214, Sanderson an Monson, 17.12.1902) Am 25. Dezember suchte ein Vertreter der französischen Botschaft Sanderson im F.O. auf, die Krise hatte ihm also tatsächlich die Festtage verdorben: Frankreich wolle die Meistbegünstigungsklausel für seine Gläubiger „von dieser verrufenen kleinen Republik" fordern. Sanderson dankte ihm für seine Worte und meinte, dass er eine Art Ökumenisches Konzil voraussehe, da Venezuela, von den „Mullahs" abgesehen, anscheinend jedermann Geld schulde. (HH, Sanderson Papers, Sanderson an Salisbury, 25.12.1902)

[264] Challener, Richard; *Admirals, Generals, and American Foreign Policy 1898–1914*, Princeton 1973, 115–119, (künftig: Challener, Admirals)

[265] Hubatsch, Walther; *Die Ära Tirpitz. Studien zur deutschen Marinepolitik 1890–1918*, Göttingen 1955, 48, s. auch 49, (künftig: Hubatsch, Ära Tirpitz). Sanderson nahm die Italiener nicht recht ernst, er fand sie zudem anstrengend, s. HH, Sanderson Papers, Sanderson an Salisbury, 4.8.1902

[266] Zit. in Morris, Scaremongers, 54

[267] Kennedy, Anglo-German Antagonism, 259

... Enge Beziehungen mit Deutschland bedeuten für uns verschlechterte Beziehungen mit dem Rest der Welt, insbesondere mit den USA, Frankreich und Russland."[268]

Der Premier- und der Außenminister verwahrten sich gegen die öffentlichen Angriffe und drängten die Presse, ihren Ton zu mäßigen. Lansdowne war über die irrationalen Ausbrüche empört, und zum britischen Botschafter in Konstantinopel meinte er: „Wir leiden noch alle an sinnlosem Haß und Argwohn gegen alles, was als deutschen Ursprungs angesehen werden könnte; diese Stimmung wird nicht so schnell absterben – sie ist lächerlich und nach meiner Meinung erniedrigend." In Anbetracht des öffentlichen Drucks und der Erregung in den Vereinigten Staaten musste das F.O. die Wilhelmstraße aber unterrichten, dass die gemeinsame Marineaktion abgebrochen und der Fall einem Schiedsgericht überantwortet werden müsste.[269]

Das deutsche Auswärtige Amt wurde durch den Ton der britischen Presse in Furcht versetzt. Metternich, der deutsche Botschafter in London, meinte, solange er England kenne, habe er noch niemals eine solche Erbitterung gegen eine andere Nation erlebt. Dieses Gefühl gehe weder von der Ober- noch von der Unterschicht aus, sondern von den Intellektuellen.[270] Lascelles berichtete am 2. Januar 1903, dass die deutsche Regierung und die Zeitungen so höflich gegenüber England seien wie seit Jahren nicht mehr.[271] Die Wilhelmstraße verhinderte, dass bekannt wurde, dass der Vorschlag einer gemeinsamen Blockade der venezolanischen Küste vom F.O. ausgegangen war, willigte in ein Schiedsgericht ein, und Bülow ordnete an, dass sich das künftige deutsche Verhalten in der Frage an Großbritannien orientieren solle.[272]

Mitte Februar 1903 gab die venezolanische Regierung den ausländischen Forderungen nach – zur Erleichterung der Außenministerien in London und Berlin.[273] Am 15. Mai meinte Metternich zu Lascelles, das antideutsche Gefühl in England sei schlimmer gewesen als je zuvor. Dieser stimmte ihm zu und meinte, dass man für den Moment nichts anderes tun könne als abzuwarten.[274] „Der venezolanische Zwischenfall enthüllte klarer als je zuvor, wie weit verbreitet die deutschfeindliche Stimmung in diesem Lande und selbst im Kabinett war." Zwei Jahre später erinnerte sich Lansdowne, dass „die Deutschen, im Ganzen gesehen, gerade soweit vorpreschten, wie es uns entsprach".[275]

In der Panamakanalfrage und Venezuela wurden die Prioritäten britischer Außenpolitik und die Gefühle eines lautstarken und einflussreichen Teils der Bevölkerung sehr deutlich: Die USA waren bereits so mächtig und dabei, noch mächtiger zu werden, dass Großbritannien für die Schaffung oder Wahrung eines zufriedenstellenden Verhältnisses zur faktischen Unterordnung bereit war. Es war das wohl erste Mal in der britischen Geschichte, dass sich das Land der Vormacht eines anderen Staates unterwarf. Der öffentliche Widerstand blieb gering, denn es war offenkundig, dass Großbritannien nicht mehr die Macht besaß oder wenige Jahre später in Anbetracht des rasan-

---

[268] Fitzroy, A.; *Memoirs*, London 1923, 117, (künftig: Fitzroy, Memoirs), zit. in Kennedy, Anglo-German Antagonism, 259. S. auch Kennedy, Anglo-German Antagonism, 256).

[269] Zit. in Monger, Ursachen, 152; Kennedy, Anglo-German Antagonism, 259; Monger, Ursachen, 151/52

[270] PRO, FO 800/18, Lascelles an Sanderson, 27.12.1902; G.P., XVII, 5104

[271] PRO, FO 800/18, Lascelles an Lansdowne, 2.1.1903

[272] Kennedy, Anglo-German Antagonism, 260; G.P., XVII, 5124; PRO, FO 800/18, Lascelles an Lansdowne, 30.1.1903; s. auch PRO, FO 800/18, Lascelles an Sanderson, 28.12.1902

[273] S. Flood, Ambassadorship, 125

[274] PRO, FO 800/18, Lascelles an Lansdowne, 15.5.1903

[275] Monger, Ursachen, 133; BM, Balfour MS, Add. MS 49729, Lansdowne an Balfour, 18.1.1905

ten Wachstums der USA nicht mehr die Möglichkeit besäße, auf der Respektierung völkerrechtlich bindender Verträge durch die Vereinigten Staaten zu bestehen.

Ganz anders die britische Position gegenüber dem Deutschen Reich: Das F.O. war auf Deutschland zugekommen, um mit militärischen Mitteln gemeinsam gegen Venezuela vorzugehen. Die Wilhelmstrasse bevorzugte ein zurückhaltenderes Vorgehen, unterstützte aber die „Royal Navy" bei einer völlig unangemessenen Vergeltungsaktion gegen eine venezolanische Festung. Die britischen Einheiten weigerten sich jedoch einige Tage darauf, mit ihren deutschen Kollegen zu kooperieren.

Die folgende sehr massive öffentliche Reaktion in Großbritannien enthüllte das Ausmaß der deutschfeindlichen Stimmung im Lande, für die es meines Erachtens nur eine psychologische Erklärung geben kann: Deutschland war unbestritten eine Großmacht, aber für Großbritannien weit weniger gefährlich als die USA. Die Demütigung des strategischen Rückzugs vom amerikanischen Kontinent und die Angst vor den Vereinigten Staaten wurden dadurch kompensiert, dass man einem Schwächeren seine Macht demonstrierte und auf ihn seinen Zorn ablud, der eine ganz andere Ursache hatte. Dass der Gefühlsausbruch vom imperialistisch und autoritär gesonnenen Kipling und bspw. der „Times" getragen wurde, stützt diese Interpretation.

6. DIE BAGDADBAHN

1896 erreichte die von deutschen Firmen und mit deutschem Kapital errichtete „Anatolische Eisenbahn" eine Länge von 1000 Kilometern, und im folgenden Jahr ermunterte der Sultan das deutsche Auswärtige Amt, eine durch das deutsch-französische Konsortium errichtete Bahnstrecke von Ankara Richtung Südosten weiterzuführen. Die Deutschen blieben zunächst zurückhaltend, da der wirtschaftliche Erfolg zweifelhaft schien und die ökonomisch im Osmanischen Reich dominierenden Franzosen opponierten. Der gewaltige Umfang des französischen Investments (2,5 Mrd. Francs) brachte den Quai d'Orsay aber zur Überzeugung, dass die Türkei erhalten werden müsste, trotz des Grollens ihrer russischen Bündnispartner – von denen sie in der Faschodakrise bekanntlich im Stich gelassen worden waren.[276] In Deutschland wiederum setzte sich Wilhelm II. im Jahre 1900 mit Erfolg für eine deutsche Unterstützung des Vorhabens ein.[277]

In den Jahren zwischen 1899 und 1901 sprachen sich die führenden Vertreter britischer Außenpolitik, Sanderson inklusive, „für eine freundliche Haltung zu dem deutschen Projekt aus". Auch die „Times" ermutigte 1899 eine anglo-deutsche Kooperation[278] und schrieb: „Es wäre erfreulich, wenn die Kooperation dieses Landes und Deutschlands, die bereits in mehr als einem Viertel des Globus etabliert ist, auf eine Region ausgeweitet werden könnte, an der wir aus vielerlei Gründen immer ein beträchtliches Interesse haben müssen." Diese Aufgeschlossenheit lag zum einen an den britischen Sorgen während der Frühphase des Burenkrieges. Zum anderen daran, dass

---

[276] Canis, Von Bismarck zur Weltpolitik, 236; Langer, Diplomacy of Imperialism, 645; CUL, Hardinge MSS, 3/66–67, Hardinge an Sanderson, 9.12.1899; Joll, Ursprünge, 250. Die russische Haltung schwankte in den folgenden Jahren bis 1914 noch mehrfach zwischen Ablehnung und Billigung des Bahnbaus (Schmidt, Der europäische Imperialismus, 79).

[277] Schmidt, Der europäische Imperialismus, 78

[278] Schöllgen, Gregor; *Imperialismus und Gleichgewicht. Deutschland, England und die orientalische Frage, 1871–1914*, München 1984, 141, (künftig: Schöllgen, Imperialismus und Gleichgewicht); Sir William White, der britische Botschafter in Konstantinopel war einer der entschiedensten Befürworter des Bagdadbahnbaus, s. Hardinge, Old Diplomacy, 47; Kennedy, Anglo-German Antagonism, 261

ein vornehmlich von britischen Banken initiiertes Gegenprojekt bereits im Vorfeld des Kriegsausbruchs in Südafrika gescheitert war.[279]

Die Wilhelmstraße war aus politischen und wirtschaftlichen Erwägungen bereit, die Briten an dem Bagdadbahnprojekt zu beteiligen und ihre Interessen zu berücksichtigen. Die restriktive deutsche Börsengesetzgebung hätte zudem eine Finanzierung des spekulativen Vorhabens nur am deutschen Kapitalmarkt ohne die – zumindest politische – Unterstützung anderer Großmächte unmöglich gemacht.[280] Georg von Siemens, der Direktor der federführenden Deutschen Bank, sagte Sanderson im Januar 1901, dass die Türkei die Zollsätze erhöhen müsse, um den finanziellen Erfolg der Bahn sicherzustellen, und der britische „Board of Trade" erhob hiergegen auch keine Einwände. Salisbury und Sanderson blieben allerdings sehr zurückhaltend. Letzterer wollte den Bau der Bahnlinie nicht befördern, weil dies russische Widerstände verstärkte, zudem hielt unser Protagonist den wirtschaftlichen Erfolg des Projektes für sehr zweifelhaft. Auch die britische Finanzwelt zeigte kein Interesse an dem Unternehmen.[281]

Die starke Stellung Russlands und die schwache Position Großbritanniens wurden 1902 offenkundig, als das F.O. erfolglos in Konstantinopel gegen die Durchfahrt vier russischer Kriegsschiffe durch die Meerengen protestierte. Den Briten war ihre militärische Schwäche in dieser Region bewusst, und sie **wagten** es nicht mehr, sich dem Zarenreich wirklich entgegenzustellen, zumindest nicht ohne Verbündete. Ursprünglich hatten das F.O. und die militärstrategischen Planer Großbritanniens den Bau den Bagdadbahn begrüßt, da diese dem russischen Drang zu den Meerengen und zum Persischen Golf einen Riegel vorschöbe. Nach den Jahrhundertwende besaßen die Briten nicht mehr die Selbstsicherheit, das Bahnprojekt zu unterstützen. Offensichtlich hofften sie geradezu, dass sich die russischen Kräfte gegen das Osmanische Reich richteten und nicht gegen Indien.[282]

Am 7. April 1903 befürworteten allerdings Premierminster Balfour und Außenminister Lansdowne im Unterhaus einen internationalen Zuschnitt des Bahnbaus, also eine britische Beteiligung. Der Bau der Linie, der bereits begonnen hatte, schien nicht mehr aufzuhalten, französisches Kapital war in erheblichem Ausmaß involviert, und es war für Großbritannien ein Gebot der Vernunft, sich zu beteiligen, umso mehr, als Lansdowne davon überzeugt war, dass Russland die Errichtung akzeptieren würde. Womöglich wollten beide Politiker auch die Beziehungen zum Deutschen Reich nach dem Venezueladebakel entspannen.[283] In den vorhergehenden Monaten hatte es bereits Gespräche zwischen britischen, französischen und deutschen Finanzinstituten gegeben, und sie hatten sich auf eine gleich hohe Beteiligung am Bahnbau verständigt.[284] Das Foreign Office hatte sich zudem bereit erklärt, das Projekt zu unterstützen.[285] Lansdowne und Sanderson hatten sich hier stark engagiert. Die Vertreter des deutsch-französischen Konsortiums aus der Deutschen Bank und der Banque Impériale Ottomane

---

[279] Zit. in Hale, Publicity and Diplomacy, 261; Canis, Von Bismarck zur Weltpolitik, 299

[280] Langer, Diplomacy of Imperialism, 646/47; s. auch Mommsen, Der europäische Imperialismus, 141/42; Hallgarten, Imperialismus, II, 45

[281] Busch, Britain and the Persian Gulf, 203; s. auch Schmidt, Der europäische Imperialismus, 75; Butterfield, Paul K.; *The Diplomacy of the Bagdad Railway 1890–1914*, 48, (künftig: Butterfield, Bagdad Railway); PRO, FO 800/17, Lascelles an Sanderson, 1.6.1900; Schöllgen, Imperialismus und Gleichgewicht, 144/45

[282] Monger, Ursachen, 87; Wilson, Constantinopel or Cairo, 31; Kennedy, Anglo-German Antagonism, 265; Wormer, Großbritannien, Rußland und Deutschland, 103

[283] Schmidt, Der europäische Imperialismus, 78; s. auch ebd., 76; Monger, Ursachen, 149, 151

[284] Memorandum von Sanderson vom 23.2.1903, in: B.D. II, S. 180, Nr. 207; s. auch Schöllgen, Zeitalter, 54

[285] Brief Sandersons an die Baring Brothers and Co. Ltd. vom 24.2.1903, in: B.D. II, S. 181, Nr. 208

konnten aber nur kurzzeitig aufatmen, denn in Großbritannien „begann eine Pressekampagne von großer Heftigkeit gegen jede Zusammenarbeit mit Deutschland", nicht
zuletzt von der „Times".[286] Sie wurde von Joseph Chamberlain im Kabinett unterstützt, und in Anbetracht des erbitterten Widerstandes musste der Premierminister bereits am 23. April die Zusage der Unterstützung der britischen Beteiligung öffentlich
zurückziehen.[287] Hardinge und Bertie stimmte dies zufrieden, da dies den Interessen
des Landes dadurch am Besten diene.[288] Lascelles hingegen meinte, dass es von Nachteil für Großbritannien sei, wenn es sich nicht beteilige, umso mehr, als Briten vermutlich die Hauptkunden der fertiggestellten Bahnlinie sein würden.[289] Lansdownes zunächst positive Gefühle gegenüber dem Deutschen Reich waren geschwunden und hatten sich in ihr Gegenteil verkehrt, nicht zuletzt aufgrund des öffentlichen Drucks in der
Venezuela- und der Bagdadbahnfrage, dem er sich nicht länger aussetzen wollte.

Die Banque Impériale Ottomane blieb dem für sie lukrativen Projekt treu, trotz der
Pression durch die französischen Regierung, der Weiterbau der Bahn stockte jedoch,
weil diese eine Zulassungssperre für Bagdadbahnanteile an der Pariser Börse verhängt
hatte. Cambon, der französische Botschafter in London, stellte Außenminister Lansdowne die Situation anders dar: Die Investoren seines Landes hätten sich als Konse-
quenz der britischen Verweigerung der Kooperation vom Frühjahr 1903 zurückgezogen.[290] – Wahrscheinlich wollte er die Briten durch diese Falschinformation von einer
Kooperation mit den Deutschen abhalten.

Die britische öffentliche Meinung hatte eine Beteiligung am Bagdadbahnprojekt
verhindert. Es ist bemerkenswert, dass es in Frankreich keine entsprechende öffentliche
Erregung gab. Mallet, einer der jüngeren aggressiv gestimmten Beamten im F.O., äußerte im Januar 1905 seine Hoffnung, dass die britische Regierung Deutschland in Bezug auf die Bagdadbahn nicht entgegenkomme, es gebe keinen Grund dafür, und es
widerspreche der 1904 abgeschlossenen Entente mit Frankreich.[291] Dies entsprach weder den Tatsachen, noch war Frankreich dieser Auffassung.

Großbritannien blieb zwar auch nach der Jahrhundertwende der wichtigste Handelspartner des Osmanischen Reiches, sein Vorsprung verringerte sich jedoch, die türkische Marine wurde aber weiterhin von britischen Offizieren kommandiert.[292] Und
während die Franzosen ihren ersten Platz bei den ausländischen Investoren in der Türkei behaupteten, sank der britische Anteil rapide, so dass man mit einem Körnchen
Wahrheit von einer „französisch-deutschen Entente in Bezug auf die türkischen Finanzen" sprechen konnte. 1881 betrug der Anteil Frankreichs an den türkischen Auslands-
schulden 40 %, derjenige Großbritanniens 29 % und der deutsche lediglich 4,7 %. 1914
betrug der Anteil der III. Republik fast 50 %, der des Deutschen Reiches 20,1 %, und
der britische Anteil war auf 6,9 % abgesunken.[293]

Politisch gewann das Deutsche Reich an Einfluss, zumindest in den Jahren vor
1908 und nach den Balkankriegen, dominant wurde es nicht. Dies verhinderte allein
die starke Stellung französischen Kapitals im Lande, um nur einen der wichtigen Fakto-

---

[286] Steiner, Foreign Office and Foreign Policy, 57; s. auch B.D. II, Nr. 216; Monger, Ursachen 151
[287] Hale, Publicity and Diplomcy, 261/62; Steiner, Foreign Office and Foreign Policy, 50; Monger,
Ursachen 152; Schöllgen, Zeitalter, 54
[288] PRO, FO 800/174, Hardinge an Bertie, 22.5.1903
[289] PRO, FO 800/18, Lascelles an Chirol, 23.10.1903
[290] Schmidt, Der europäische Imperialismus, 78 u. 80; B.D. VI, S. 329, Nr. 212
[291] PRO, FO 800/170, Mallet an Bertie, 17.1.1905
[292] S. auch Wormer, Großbritannien, Rußland und Deutschland, 241
[293] Hamilton, Bertie, 166; Schöllgen, Zeitalter, 53; Zorn, Wolfgang; *Wirtschaft und Politik im deutschen Imperialismus*, 175, in: Ziebura, Grundfragen

ren zu nennen. Deutschland lieferte 1914 auch nur etwa 1/8 der türkischen Einfuhren. Die Türkei, als halbkoloniales Land, konnte nur dadurch überleben, dass sich die Großmächte eifersüchtig beäugten und keine übermächtig wurde.[294]

In einem Memorandum des Reichsverteidigungsausschusses (RVA) wurde Ende 1905 festgestellt, dass Teile des Osmanischen Reiches schon fast als deutsches Kolonialgebiet betrachtet werden müssten. Autor war vermutlich Clarke, der stark vom Sozialdarwinismus beeinflusst war. Und Spring-Rice konstatierte gar, dass nur noch Russland die totale Kolonialisierung der Türkei durch Deutschland verhindern könne. Noch im Oktober 1896 hatte Sir John Ardagh, der Direktor des militärischen Geheimdienstes, festgestellt, dass Russland eine nahezu vollständige Herrschaft über die Türkei ausübe, eine sicher überspitzte Einschätzung.[295] Wenige Jahre später wurden noch stärker verzerrende Behauptungen einer angeblichen deutschen Übermacht aufgestellt.

Die Bagdadbahn blieb bis zum Sommer 1914 eine der wichtigen diplomatischen Fragen. Der Bau der Bahnlinie schritt voran, wenn auch langsam, und das britische „Baghdad Railway Committee" erklärte Ende 1906, die Deutschen seien nicht mehr auf britische Hilfe angewiesen, sie würden auch nicht mehr auf London zukommen und die ökonomische Vorherrschaft des Vereinigten Königreiches könnte im Nahen Osten darum an Deutschland verloren gehen.[296] Zudem gab es für die Briten alarmierende Berichte, dass französische Finanzkreise Bereitschaft zeigten, die Deutschen beim Bau der Bahnlinie finanziell noch stärker zu unterstützen. Der RVA stellte sowohl 1906 als auch 1907 fest, dass britischen Interessen am Besten gedient sei, wenn die Bahn nicht gebaut werde. Wenn dies aber nicht verhindert werden könne, so sollte der Südabschnitt der Linie unter britischer oder zumindest neutraler Kontrolle stehen.[297]

Großbritannien versuchte, Russland durch vorher nicht gemachte Zugeständnisse gegen das Deutsche Reich und das Bagdadbahnprojekt zu positionieren. Daran zeigte das Zarenreich aber kein großes Interesse. Der russische Außenminister Iswolski schlug Anfang 1907 den Briten vor, deutschen Einfluss in Persien zu eliminieren, dafür sollten beide Mächte ihren Widerstand gegen die Bagdadbahn aufgeben.[298] Das Zarenreich zeigte kein bis zu den Balkankriegen kaum Bereitschaft, seinen Ehrgeiz gegen die Türkei zu richten, sondern bevorzugte eine Expansion im Mittleren Osten.

Großbritannien schien von den im Osmanischen Reich ökonomisch kooperierenden Deutschen und Franzosen in weiten Bereichen aus dem Geschäft gedrängt zu werden, die Briten wollten aber keine Kooperation á trois, sondern entweder eine Eliminierung deutschen Einflusses oder einer Kontroverse zwischen Russland und dem Deutschen Reich, um das Zarenreich vom Vorfeld Indiens abzulenken.[299] Sanderson trat im Oberhaus für eine verständigungsbereite Politik Großbritanniens in Bezug auf die Bagdadbahnfrage ein.[300] Außenminister Grey aber bat die französische Regierung im Mai

[294] Zorn, Wirtschaft, 173. Zum halbkolonialen Status des Osmanischen Reiches s. z.B. BL, MSS Selborne, 26, Sanderson an Selborne, 12.5.1901

[295] S. Wormer, Großbritannien, Rußland und Deutschland, 103; Spring Rice, Letters, I, 474–77; Wilson, Constantinople or Cairo, 29

[296] PRO, FO 800/184, Sir Edward Fitzgerald Law, Secret, 5.12.1906; PRO, FO 800/185 F. Huth Jackson, 23.1.1907, Secret

[297] PRO, FO 800/174, Bertie an Mallet, 10.11.1906 u. ebd. Bertie an Mallet, 11.11.1906; Neilson, Britain and the Last Tsar, 309

[298] Wormer, Großbritannien, Rußland und Deutschland, 133/34; Neilson, Britain and the Last Tsar, 283

[299] PRO, FO 800/180, Hardinge an Bertie, 30.5.1907; s. auch Hamilton, Bertie, 168/69

[300] Parliamentary Debates, 4. Series, Volume 159, London 1906, S. 1352/53, Sanderson im Oberhaus am 2.7.1906. Fraglicher Punkt war die britische Haltung zur Erhöhung der türkischen Zölle, die zur Finanzierung des Bahnprojektes notwendig waren.

1908, die Zulassungssperre für Papiere der Bagdadbahngesellschaft an der Pariser Börse zu verlängern. Aber weder Frankreich noch Russland ließen sich für die (vermeintlichen) britischen Interessen einspannen, und auch in der britischen Öffentlichkeit und im Kabinett wurde der Druck für eine Verständigung mit dem Deutschen Reich stärker.[301] Grey stellt nun die Vorbedingung, dass die Verhandlungen um die Bagdadbahn zwischen dem Vereinigten Königreich, Frankreich, Russland und dem Deutschen Reich **gemeinsam** zu führen seien. Großbritannien versuchte, dieser Forderung dadurch Nachdruck zu verleihen, dass es seine Stimmrechte in der Türkischen Schuldenverwaltung nutzte, um dem Bahnbau die wirtschaftliche Grundlage zu entziehen. In der Wilhelmstraße argwöhnte man, „daß Grey bezwecke, die englisch-russisch-französischen Rivalitäten im Nahen und im Mittleren Osten auf Kosten des Reiches" beilegen zu wollen.[302] Zum Entsetzen des F.O. gaben der Zar und der russische Außenminister 1910/11 jedoch ihren grundsätzlichen Widerstand gegen das Bahnprojekt auf, der ohnedies schwankend gewesen war. Anfang 1913 erklärte sich Grey aus innen- und parteipolitischen Gründen zu bilateralen Gesprächen mit den Deutschen bereit, und am 15.6.1914 lag ein unterschriftsreifes Abkommen vor. Die Regelungen waren für die Briten recht vorteilhaft, vermutlich weil die deutsche Politik das, was sie als Einkreisung empfand, aufweichen wollte.[303]

Es ist bemerkenswert, dass der Widerstand gegen eine Zusammenarbeit mit den Deutschen in Großbritannien weit vehementer war als in Frankreich, und selbst Russland war kooperationswilliger als die britische Öffentlichkeit oder das F.O. Dabei musste das Empire ein dringendes Interesse daran besitzen, dass der zum Persischen Golf führende südliche Abschnitt der Bahn unter seine Kontrolle kommt. Zweierlei sabotierte diese pragmatische Lösung: In den Jahren vor 1905/06 verhinderte eine starke germanophob eingestellte imperialistische Öffentlichkeit eine Ausgleichslösung, und der danach amtierende Außenminister Grey strebte diese gar nicht mehr an. Er wollte die Spannungen zwischen Frankreich und Russland auf der einen und Deutschland auf der anderen Seite weiter vertiefen, die Situation um die Bagdadbahn somit nicht entspannen, sondern russischen Groll gegen dieses Projekt lenken, um den Druck des Zarenreiches auf das Vorfeld Indiens zu mindern. Die britische Politik, den russischen Druck von Mittelasien gegen das Osmanische Reich zu lenken, war für die britische Stellung in Indien aber auch nicht ohne Gefahr. Die britische Türkeipolitik war nicht nur durch Erwägungen der „Großen Politik", der Innen- oder Außenhandelspolitik bestimmt, sondern auch durch die Tatsache, dass über 100 Millionen Untertanen des Empire Muslime waren, eine Tatsache, die häufig vernachlässigt wird: Der Sultan war als Kalif zugleich geistliches Oberhaupt aller Mohammedaner.[304]

---

[301] Schmidt, Der europäische Imperialismus, 78; zur französischen Haltung s. ebd., 80; Wormer, Großbritannien, Rußland und Deutschland, 213/14
[302] Schmidt, Der europäische Imperialismus, 77/78
[303] Schmidt, Der europäische Imperialismus, 79; Schöllgen, Zeitalter, 71/72 u. 146; zu den vielschichtigen Einzelheiten der Bagdadbahnfrage s. Wormer, Großbritannien, Rußland und Deutschland, 132–34, 213–221, 240
[304] S. CUL, Hardinge MSS, Addl./15, Hardinge an Sanderson, 26.11.1912: An der Grenze Britisch-Indiens hatte es bereits 1897 nach dem siegreichen Krieg der Türkei gegen Griechenland ernsthafte Probleme gegeben. Die Briten mussten relativ vorsichtig agieren, um nicht Unruhen zu provozieren.

7. Die Entente Cordiale

Das Hauptaugenmerk des 1902 von Premierminister Balfour gegründeten Reichsverteidigungsausschusses (RVA) galt von Beginn an der Sicherung Indiens.[305] In einem ausführlichen Gutachten des Kriegsministeriums wurde Anfang 1903 die potentielle russische Invasionsarmee auf mehrere hunderttausend Mann beziffert, denen die Streitkräfte des Empire auf dem Territorium Afghanistans entgegentreten müssten. Die indische Feldarmee von 87.000 Mann müsse darum erheblich verstärkt werden. Der RVA fällte im Sommer 1903 die „provisorische" Entscheidung, die britischen Truppen vor Ort erst nach Kriegsausbruch zu verstärken. „Als die alten Vorhersagen einer russische Bedrohung Indiens sich letztlich zu bewahrheiten schienen, war die Zuversicht in offiziellen Kreisen, dieser entgegentreten zu können, schwächer denn je." Zudem gab es die weitverbreitete Ansicht, dass Russland nicht einmal größere Teil Indiens besetzen müsse, allein ein Angriff würde den Subkontinent in Anarchie stürzen.[306] Hierauf bauten, wie berichtet, auch russische Strategen.

Sir Edward Grey, der außenpolitische Sprecher der Liberalen, hatte etwa zur gleichen Zeit im Parlament Bemühungen, zu einer Zusammenarbeit mit dem Deutschen Reich zu kommen, als verfehlt bezeichnet, er bevorzuge eine Kooperation mit Russland. Hierfür solle man jede mögliche Anstrengung unternehmen. Auch Hardinge, der britische Botschafter in St. Petersburg, drängte auf ein Übereinkommen mit dem Zarenreich. Der einfachste Weg, dieses zu erreichen, sei eine Verständigung mit Frankreich, dem Verbündeten Russlands.[307] Sanderson war anderer Auffassung:

> „Es gibt nichts Bemerkenswerteres in der Geschichte der russischen Diplomatie als ihre untergründige Abneigung, sich mit einer radikaldemokratisch oder liberal gesonnenen Regierung zu verbünden. Ich zweifele nicht daran, dass die Vertrautheit mit Frankreich der russischen Bürokratie oft sehr zuwider ist."[308]

Hierfür gab es tatsächlich viele Indizien, insbesondere nach dem Ausbruch der Dreyfusaffäre und dem Amtsantritt der relativ weit links stehenden französischen Regierung Waldeck-Rousseau 1899.[309]

Eine Einigung mit Russland schien wichtiger denn je. Premierminister Balfour war „unmißverständlich zu der Schlussfolgerung" gelangt, „daß die Verteidigung Indiens, und nicht die der Heimat, das militärische Hauptproblem ist, vor das unser Land gestellt ist".[310] Sanderson versprach sich nicht sehr viel von den Gesprächen mit Russland über zentralasiatische Fragen: Es sei aber bereits etwas gewonnen, wenn das Zarenreich in Zukunft „nur etwas weniger rücksichtslos" vorgehe, etwas freundlicher und höflicher. Er glaubte nicht an eine russische Bereitschaft zu einem umfassenden Abkommen. Seine Erfahrungen mit den Verhandlungen mit Russland für eine allgemeine Verständigung während der Port Arthur Frage 1897/98 ließen ihn skeptisch sein: „Sie schlie-

---

[305]Der RVA („Committee of Imperial Defence") entwickelte sich nach und nach zu einer Art Verteidigungskabinett, dessen Beschlüsse sogar ohne die Billigung des Kabinetts bindend waren. Der RVA tagte in der Regel wöchentlich (Jaeckel, Nordwestgrenze, 30).

[306]Jaeckel, Nordwestgrenze, 33/34; Gillard, Struggle, 168; s. auch Hardinge, Old Diplomacy, 84; Beloff, Imperial Sunset, 34

[307]Hauser, Oswald; *Deutschland und der englisch-russische Gegensatz 1900–1914*, Göttingen 1958, 39, (künftig: Hauser, Deutschland und der englisch-russische Gegensatz); Hardinge, Old Diplomacy, 97

[308]PRO, FO 800/241, Sanderson an Spring Rice (o. Datum) (Herbst 1903)

[309]Langer, Diplomacy of Imperialism, 599/600

[310]Zit. nach Monger, Ursachen, 118, Memorandum Balfours vom 30.11.1903; s. auch Kennedy, Anglo-German Antagonism, 254, Searle, Quest, 143 u. Wormer, Großbritannien, Rußland und Deutschland, 102

ßen niemals Verträge in solchen Fragen."[311] Und tatsächlich: Die zeitweise so vielversprechenden Gespräche mit Russland über Afghanistan scheiterten, da es sich weigerte,
seine Forderungen genau zu spezifizieren, es wollte freie Hand behalten. Sanderson
charakterisierte dieses russische Verhalten als „sehr wenig auf einen Ausgleich bedacht"
und hatte seine Zweifel, ob St. Petersburg überhaupt bereit sei, mit dem F.O. fair zu
verhandeln:[312] „Natürlich wären wir froh zu einer Verständigung mit Russland zu kommen, aber dies scheint unmöglich zu sein. Es gibt zwar Anzeichen, dass sie (…) <einen
Ausgleich> wünschen, aber sie wollen, dass wir ihnen einfach glauben, was jedoch nicht
funktioniert."[313]

Die antideutsche Pressekampagne vom Winter 1902/03 (s. Abschnitt 5) war von
Forderungen nach Bündnissen mit Frankreich und Russland begleitet. Es waren schließlich drei Gründe, die Lansdowne zu einer Annäherung an die III. Republik bewogen.
Zum **ersten** waren es die inneren Probleme Marokkos, die eine enge Zusammenarbeit
beider nahe legten, zum **zweiten** drängte Cromer auf einen Ausgleich, um nicht ständig gegen französischen Widerstand in Ägypten ankämpfen zu müssen.[314] **Hauptgrund**
für den Abschluss der Entente war jedoch die Sorge vor Russland. Dieses gewann in
Zentralasien an Stärke, und die britisch-russischen Beziehungen wurden wegen des japanischen Bündnisses noch angespannter. Britische Experten hatten zudem wenig Vertrauen in die militärischen Fähigkeiten ihres Verbündeten. Das F.O. hoffte, St. Petersburg über Paris näher zu kommen.[315] Der Quai d'Orsay stellte dies auch in Aussicht,
hatte aber eine Bedingung: Er war bereit, spanische Interessen in Marokko anzuerkennen, nicht jedoch deutsche, und Großbritannien sollte diese Haltung unterstützen. Das
Vereinigte Königreich erklärte sich hierzu bereit. Balfour u.a. erwartete zwar lästigen
deutschen Widerstand, es gab aber keine Furcht vor der deutschen Reaktion. Die Aufmerksamkeit und Sorge des Kabinetts war 1903, wie schon so oft, auf Russland konzentriert.[316]

– Und der Premierminister beschäftigte sich im November 1903 mit der Möglichkeit einer Invasion der britischen Inseln durch – Frankreich.[317]

Die anglo-französischen Verhandlungen machten im Herbst 1903 recht gute Fortschritte, die parallel dazu begonnenen britisch-russischen Gespräche verliefen zäher.
Um britische Stärke zu demonstrieren, authorisierte Lansdowne darum die Reise Curzons an den Persischen Golf und die britische „Mission" nach Tibet (s. Abschnitt 2).[318]
Ende November 1903 schlug Benckendorff, der russische Botschafter in London, Hardinge eine Aufteilung Asiens in russisch-britische Interessengebiete vor: Die Mandschurei sollte in die russische, Afghanistan und Tibet in die britische Sphäre fallen. Lans-

[311] PRO, FO 800/241, Sanderson an Spring Rice, o.Dat. (Herbst 1903)
[312] Zit. in Monger, Ursachen, 172/73, Sanderson in Briefen an Spring Rice vom 7.10. bzw. 4.11.1903
[313] Zit. in Lensen, Korea and Manchuria, 30
[314] Monger, Ursachen, 138; PRO, FO 633/20, Cromer an Morley, 29.11.1911. Sanderson erinnerte
sich später: „Die eigentliche entscheidende Ursache für die Entente war die Sorge Lord Cromers. Eine
Vereinbarung mit Frankreich würde ihn in die Lage versetzen, die Finanzen Ägyptens auf eine zufrieden-
stellendere Grundlage zu stellen. (…) Die Vorschläge zu den ägyptischen Finanzen bildeten eine Art
Kern, von dem sich die anderen Vereinbarungen von selbst entwickelten." (Ward, Cambridge History,
III, 309, Anm. 1 in: Marlowe, John; *Cromer in Egypt*, London 1970, 253; s. auch Wilson, Policy Entente,
6 u. PRO, FO 800/12, Sanderson an Lascelles, 17.10.1905)
[315] Busch, Hardinge, 64, 66; Steiner, Britain Origins, 29; Bartlett, British Foreign Policy , 9/10;
Wilson, Policy Entente, 81; Monger, Ursachen, 209; Neilson, Britain and the Last Tsar, 231
[316] Gorst schrieb am 4. Dezember 1903 an Cromer: „Weder Lord Lansdowne noch Sanderson scheinen vor einer letztendlichen deutschen Opposition große Angst zu haben…"; zit. in Monger, Ursachen,
181; s. auch Kissinger, Dilpomacy, 189; Monger, Ursachen, 158–67
[317] Beloff, Imperial Sunset, 85
[318] Busch, Hardinge, 66

downe führte die Gespräche in den folgenden Tagen weiter, erwähnte auch eine mögliche Teilung Persiens.[319] Russland zeigte erstmals Interesse, Einflusssphären mit Großbritannien in Asien abzustecken. Der Hintergrund war aber vermutlich taktischer Natur, denn eine solche Vereinbarung hätte Japan und das Vereinigte Königreich entzweit, der „Friedenspartei" in Tokio sehr wahrscheinlich zum Durchbruch verholfen und zu einem russisch-japanischen Ausgleich geführt, auf Kosten des Empire. Die Verhandlungen stockten dementsprechend, mit Frankreich schritten sie voran, beschleunigt durch die sich ständig verschärfende Krise im Fernen Osten, in die keine der beiden Seiten hineingezogen werden wollte.

Im Februar 1904 brach der Krieg aus (s. folgenden Abschnitt). Dies verlieh den Verhandlungen mit Frankreich einen weiteren Impetus. Grey, der damalige außenpolitische Experte der Liberalen, äußerte am 1. März die Hoffnung, dass ein Abkommen zur Begrenzung der Flottenrüstung folgen werde.[320] Die von britischer Seite vor allem von Sanderson geführten Gespräche waren aber auch Ende März noch nicht beendet, umstritten blieb vor allem die Regelung der Fischereirechte vor Neufundland. Diese Frage beschäftigte Sanderson bereits seit 1887 stärker als vieles andere.[321] Eine endgültige Einigung begann sich aber abzuzeichnen, und Anfang April wurde die Vereinbarung abgeschlossen, die bald „Entente Cordiale" genannt wurde, „Herzliches Einvernehmen".

Es handelte sich um kein Bündnis, sondern im wesentlichen um ein Abkommen zur Klärung offener bzw. strittiger Fragen in Übersee. So wurde vereinbart, die territoriale Integrität Siams nicht anzutasten, in Afrika wurden kleinere territoriale Korrekturen vorgenommen und Fischereirechte vor Neufundland geklärt. Wichtigster Vertragsinhalt waren Vereinbarungen zu Ägypten und Marokko. Beide Mächte sicherten sich ihre gegenseitige diplomatische Unterstützung in diesen Ländern zu. Großbritannien brachte keine Einwände gegen Delcassés Vorschlag einer Unterstützung Frankreichs in Marokko vor und nahm ihn **ohne Diskussionen** an. Es gab in Großbritannien auch nur wenige Stimmen, die gegen die Verletzung der Souveränität dieses Landes protestierten, obwohl offensichtlich war, dass Frankreich die Macht in diesem unabhängigen Staat anstrebte. Die ganze Tragweite der Vereinbarung war der Öffentlichkeit und selbst den meisten britischen Diplomaten aber noch nicht bewusst, da ihnen die Geheimartikel des Vertrages vorenthalten wurden. Noch Mitte Mai 1904, etwa sechs Wochen nach Abschluss der Entente, waren der Marokko betreffende geheime Artikel den britischen Botschaftern in den wichtigen Hauptstädten Europas noch nicht mitgeteilt worden.[322]

Rosebery war einer der wenigen, die sich grundsätzlich gegen die Entente wandten, da diese gute Beziehungen mit Deutschland behindere, wenn nicht verhindere. Diese Überlegung spielte im britischen Kabinett und auch bei Sanderson aber keine Rolle. Es ging v.a. darum, nicht in den fernöstlichen Krieg hineingezogen zu werden.[323]

Die Vereinbarungen scheinen denjenigen, die im Abkommen über die portugiesischen Kolonien bzw. über Samoa mit dem Deutschen Reich wenige Jahre zuvor ge-

---

[319] Ebd., 67

[320] Wilson, Keith M.; *British Power in the European Balance, 1906–1914*, 33, (künftig: Wilson, British Power), in: Dilks, David; *Retreat from Power. Studies in British Foreign Policy of the Twentieth Century*, vol. I, 1906–1939, London 1981, (künftig: Dilks, Retreat from Power)

[321] Kennedy, Old Diplomacy, 121; BL, MSS Eng. hist., c 1214, Sanderson an Monson, 22.3.1904; s. auch Sandersons „Draft Memorandum" über die „Newfoundland Fisheries" von 1887 u. „Further Correspondance respecting the Newfoundland Fisheries", 1887–89, BM; Steiner, Foreign Office and Foreign Policy, 42; DDF, 2/4, 364; ebd., 2/5, 261

[322] PRO, FO 800/12, Gorst an Lascelles, 11.5.1904

[323] Joll, Ursprünge, 74; Hollenberg, Englisches Interesse, 61; Monger, Ursachen, 158ff; James, Rosebery, 161

schlossen worden waren, zu ähneln: Die **erstgenannte** britisch-deutsche Vereinbarung trug den Charakter einer Erwerbsgemeinschaft, ebenso wie die britisch-französischen Vereinbarungen über Ägypten bzw. Marokko. Das **Samoaabkommen**, durch das strittige Fragen zwischen Großbritannien und dem Deutschen Reich in verschiedenen Weltregionen beigelegt wurden, fand eine ebensolche Entsprechung in den Entente-Vereinbarungen.

Bei genauerer Betrachtung werden aber rasch die grundsätzlichen Unterschiede deutlich: Britische Politiker beabsichtigten zu keiner Zeit, die Materialisierung des Abkommens von 1898 voranzutreiben, ganz im Gegensatz zum britischen Verhalten in Bezug auf Marokko (s. unten). Zudem waren die mit dem Samoaabkommen verbundenen Vereinbarungen aus britischer Sicht vorteilhaft, was sich von den Entente-Übereinkommen nicht sagen lässt.

Sowohl die britischen als auch die deutschen und französischen Verantwortlichen waren offensichtlich der Ansicht, dass die Position des F.O. gegenüber der Wilhelmstraße weit stärker war als gegenüber dem Quai d'Orsay. Der Abschluss der Entente besaß auf offizieller britischer Seite keinen antideutschen Hintergrund, sie wurde nicht abgeschlossen, um Deutschland einzukreisen oder vermutete expansive deutsche Pläne zu vereiteln.[324]

Lansdowne schrieb nach Vertragsunterzeichnung an Lascelles, dass es „interessant" sein werde, die deutsche Reaktion auf die Vereinbarung über Marokko und Ägypten zu beobachten: Es werde ein Testfall, ob Deutschland Großbritannien wohlgesonnen sei und auf seine Rechte in Ägypten verzichte, wie dies Frankreich getan habe, das dort doch viel umfangreichere Interessen habe, oder ob es widerspenstig sein werde. „Überzeugen Sie Ihre deutschen Freunde, falls Sie können, dass sie eine goldene Gelegenheit haben, das Kriegsbeil zu begraben und sich unsere dauerhafte Dankbarkeit zu verdienen", schrieb der Außenminister an Lascelles.[325] Hardinge freute sich, dass die Deutschen die Vereinbarung hassen werden. **Offiziell** begrüßte das Deutsche Reich die Entente Cordiale als eine Festigung des Friedens. Lascelles meinte jedoch, dass die Wilhelmstraße u.a. auch enttäuscht sei, Großbritannien und Frankreich wegen Ägypten nicht mehr gegeneinander ausspielen zu können. Er glaubte nicht, dass die deutsche Regierung ihre notwendige Einwilligung in die Regelung der ägyptischen Staatsschuld ohne Kompensation geben werde, dies sei nicht deutsche Art.[326] Lansdowne wiederholte als Antwort auf Lascelles' Schreiben seine Sicht, dass die Reaktion der Wilhelmstraße „interessant" sein werde, Befürchtungen hegte er offensichtlich nicht. Deutschland sei die wichtigste der vier Mächte, deren Einwilligung für die Neuordnung der ägyptischen Finanzen eingeholt werden müsse. „Ich bin aber nicht ohne Hoffnungen", fuhr der Außenminister fort, „dass Russland mit Würde zustimmen wird – die Italiener sind, wie Lord Salisbury gewöhnlich sagte, (...) Bettler."[327]

Bei außenpolitischen Entscheidungsträgern im Vereinigten Königreich wuchs die Gereiztheit auf das Deutsche Reich. So schrieb Bertie an Mallet (der wenige Jahre später der Privatsekretär des Außenministers Grey wurde): „Ihr Brief atmet Misstrauen gegen Deutschland, und Sie haben Recht. Es ist falsch und habsüchtig und wirtschaftlich wie politisch unser wahrer Feind." Zudem schrieb er: „Wir haben von Deutschland nichts zu fürchten, wenn wir mit Frankreich auf gutem Fuße bleiben. Es kann uns ohne

---

[324] S. auch Steiner, Britain Origins, 30
[325] PRO, FO 800/12, Lansdowne an Lascelles, 23.3.1904
[326] PRO, FO 800/183, Hardinge an Bertie, 11.3.1904; PRO, FO 800/18, Lascelles an Lansdowne, 15.4.1904
[327] PRO, FO 800/12, Lansdowne an Lascelles, 18.4.1904; s. auch Monger, Ursachen, 200/01

aktive Hilfe einer Seemacht wie Frankreich nichts anhaben."[328] Barrington, der Privatsekretär des Außenministers, schrieb Anfang 1904, dass die Deutschen versuchten, sowohl die französische als auch die russische Presse gegen England aufzubringen, und Chirol berichtete von einer russisch-deutschen Zusammenarbeit in China.[329] Die britische Presse, v.a. die „Times", verfolgte dieses vermeintliche oder tatsächliche deutsche Vorgehen sehr aufmerksam und kritisch, und Bertie schrieb, dass die führende britische Zeitung keine Gelegenheit auslasse, „ihr Messer in die Deutschen zu graben".[330]

Bertie, der nunmehrige Botschafter in Rom, schrieb am 21. April, dass die italienische Regierung in die Regelung wahrscheinlich nur unter Bedingungen einwilligen werde. Lascelles meldete einen Tag später aus Berlin, dass er keinen ernsthaften Einwand der deutschen Regierung erwarte.[331] Außenminister von Richthofen habe jedoch einige Konzessionen an Deutschland vorgeschlagen, ähnlich denen, die Frankreich erhalten hatte.[332] In einem **privaten** Schreiben an den Außenminister vom gleichen Tage wurde der Botschafter deutlicher: Wenn die britisch-französische Vereinbarung umgesetzt würde, müssten die anderen vier Mächte (das Deutsche Reich, Italien, Österreich-Ungarn, Russland) ihren Einfluss auf die ägyptische Innenpolitik aufgeben, ohne dass sie für die Aufgabe ihrer Rechte etwas erhielten, ja, die Wilhelmstraße sei in der Angelegenheit nicht einmal konsultiert worden. Die Regierung sei in der jüngsten Vergangenheit wegen des seit der Bismarckzeit gesunkenen Prestiges Deutschlands scharf kritisiert worden, und eine Veränderung der Verhältnisse in Ägypten zum Nachteil des Reiches werde sie in eine sehr schwierige Lage bringen. Die Kritik an der Entente Cordiale habe sich in der deutschen Öffentlichkeit bislang auf Marokko beschränkt. Hier habe die Wilhelmstraße darlegen können, dass deutsche Interessen in dem Lande nicht beeinträchtigt würden. Richthofen denke darum, dass es sowohl in britischem als auch deutschem Interesse liege, zu einer umfassenden Verständigung zwischen beiden Ländern zu kommen, auf die er immer gehofft habe. Lascelles fuhr fort: „Ich versuchte herauszufinden, welche Art Konzession Deutschland erwarten würde, aber Richthofen schien undeutlich in dieser Sache." Der Diplomat glaubte nicht, dass die deutsche Regierung oder irgendeine andere der britisch-französischen Vereinbarung erfolgreich Widerstand leisten könnte, aber er befürwortete ein Entgegenkommen seines eigenen Landes: entweder durch ein Zugeständnis „oder indem Deutschland in die Lage versetzt wird, festzustellen, dass es zu einer <umfassenden> freundschaftlichen Verständigung mit uns gekommen ist und nicht bloß genötigt wurde, aufgrund einer offiziellen Forderung nachzugeben".[333] Am Tag darauf, dem 23. April, schrieb Lansdowne an den Botschafter in Berlin, Lascelles Brief vom 22. hatte ihn offensichtlich noch nicht erreicht, dass nicht alle Mächte in Ägypten die gleichen Vorrechte erhalten könnten wie Frankreich.[334]

Lascelles wiederum unterrichtete den Außenminister über ein Gespräch mit Richthofen vom gleichen Tage. Dieser hatte allem Anschein nach mit Bülow gesprochen: Großbritannien verlange von Deutschland in Ägypten den Verzicht auf Rechte. Es könne nicht erwartet werden, dass man ohne Kompensation dazu bereit sei. In Ägypten selbst könne diese wohl nicht erfolgen. Es werde Deutschland aber vergleichsweise

---

[328] PRO, FO 800/170, Bertie an Mallet, 11.6.1904; s. auch Monger, Ursachen, 125, dieser gibt als Datum des Briefes von Bertie an Mallet des 11.6.1901 an.

[329] PRO, FO 800/12, Barrington an Lascelles, 2.3.1904; ebd., Chirol an Lascelles, 7.9.1904

[330] PRO, FO 800/12, Bertie an Lascelles, 28.9.1904

[331] PRO, FO 633/17, Nr. 6, Bertie an Lansdowne, 21.4.1904; PRO, FO 633/17, Nr. 3, Lascelles an Lansdowne, 22.4.1904

[332] Ebd., Nr. 4, Lascelles an Lansdowne, 22.4.1904

[333] PRO, FO 800/18, Lascelles an Lansdowne, 22.4.1904

[334] PRO, FO 633/17, Nr. 8, Lansdowne an Lascelles, 23.4.1904

leicht fallen, nachzugeben, wenn es zu einer deutsch-britischen Vereinbarung über umfassende freundschaftliche Beziehungen zwischen den beiden Ländern komme. Dies dürfte nicht schwer fallen, da die Interessen beider in allen Teilen der Welt identisch seien und es keine Meinungsunterschiede in wichtigen politischen Fragen gebe. Richthofen sei hoffnungsvoll, dass Lansdowne aufgeschlossen für den Vorschlag sein werde, da er im „House of Lords" seiner Hoffnung Ausdruck verliehen habe, dass der anglofranzösischen Vereinbarung weitere mit anderen Ländern folgen könnten.[335]

Lansdowne wies deutsche Kompensationsforderungen in Bezug auf Ägypten noch einmal zurück, denn die Konzessionen Großbritanniens an Frankreich in diesem Lande seien Teil einer umfangreichen Transaktion, „in der jede Seite in großem Umfang gab und erhielt".[336]

Sanderson schrieb am 27. April, dass es wegen Ägypten nach harten Verhandlungen mit den Deutschen aussehe. „Unser gnädiger Souverän" habe gemeint, wie Sanderson ironisch über Eduard VII. schrieb, dass die Deutschen anscheinend eine Art Erpressung versuchten.[337] Lascelles setzte sich wenige Tage später noch einmal für eine Regelung aller zwischen den beiden Mächten ausstehenden Fragen ein, und Richthofen sprach diesen Vorschlag ihm gegenüber Anfang Mai noch einmal an.[338]

Lansdowne schrieb dem Botschafter hingegen, dass kein Grund bestehe, die Frage einer generellen Verständigung mit der Meinungsverschiedenheit über Ägypten zu verbinden.[339] Lansdowne hatte, wie oben erwähnt, kurz zuvor öffentlich seiner Hoffnung Ausdruck verliehen, dass die „Entente" Beispiel für die Verständigung auch mit anderen Ländern sein könne. Diese für Berlin beruhigende und ermutigende Stellungnahme war aber offensichtlich lediglich für die Öffentlichkeit bestimmt, denn das Kabinett war sich darüber einig, dass keine Vereinbarung mit Deutschland geschlossen werden solle, deren Natur mit der „Entente" vergleichbar wäre. Die deutsche Regierung war sich zu diesem Zeitpunkt der eigentlichen Bedeutung des britisch-französischen Zusammengehens, das einem Bündnis nahekam, noch nicht im Klaren. Dies erklärt die wiederholten Versuche der Wilhelmstraße, zu einer umfassenden Einigung mit Großbritannien zu kommen.[340]

Richthofen erklärte sich umgehend bereit, im Falle einer umfassenden deutschbritischen Verständigung die ägyptische Frage von den anderen zu trennen. Er betonte jedoch, dass Deutschland in diesem Lande von Großbritannien die gleichen Konzessionen erwarte, die Frankreich erhalten habe.[341] Lansdowne reagierte zunehmend gereizter: Für den einfachen Beobachter erscheine das deutsche Verhalten als große Unverschämtheit. Die ägyptische Frage und die Regelung anderer Probleme wie Samoa, die Entschädigung wegen des Burenkrieges und die Handelsbeziehungen mit den britischen Kolonien stünden in keiner Beziehung zueinander. Dies hätte Lascelles Richthofen deutlich machen sollen. – Genau diese Regelung verschiedener nicht zusammenhängender Fragen war jedoch bekanntlich der Ausgangspunkt der Entente mit Frankreich. Er fuhr fort:

[335] PRO, FO 800/18, Lascelles an Lansdowne, 23.4.1904
[336] PRO, FO 800/12, Lansdowne an Lascelles, 25.4.1904
[337] PRO, FO 800/12, Sanderson an Lascelles, 27.4.1904
[338] PRO, FO 800/18, Lascelles an Lansdowne, 30.4.1904; PRO, FO 633/17, Nr. 26, Lascelles an Lansdowne, 4.5.1904; s. auch Dugdale, Edgar T.S.; *German Diplomatic Documents*, New York 1969, III, 192, (künftig: Dugdale, Documents)
[339] PRO, FO 633/17, Nr. 29, Lansdowne an Lascelles, 4.5.1904
[340] PRO, CAB 41/29/19; McCullough, How, 86
[341] PRO, FO 633/17, Nr. 31, Lascelles an Lansdowne, 6.5.1904 u. ebd., Nr. 30, Lascelles an Lansdowne, 5.5.1904

„Der Vorschlag, dass die Einwilligung der deutschen Regierung zu einer völlig harmlosen Vereinbarung in Ägypten über den Preis der Konzessionen an anderen Orten gekauft werden könne, wird nicht schmackhafter, wenn wir ihn mit der Einschüchterung verbunden finden, dass Deutschland überlege, ob es sich ‚nach Osten oder Westen wenden soll'. Dies ist eine verschleierte Drohung, die, wie ich mich erinnere, Hatzfeldt so gern hatte."[342]

Monger schreibt zu Lansdownes Politik: „Im Gegensatz dazu war er bereit, ähnliche Zugeständnisse anderen Mächten zu machen – Rußland in Tibet und Italien in Abessinien – um ihre Einwilligung zu dieser rein ägyptischen Regelung zu erlangen."[343]

Die Wilhelmstraße steckte zurück, und am 7. Mai schlug Richthofen die Zahlung einer Entschädigung von 70.000 Pfund an Deutsche vor, deren Rechte durch den Burenkrieg geschädigt worden waren, in diesem Falle könne die deutsche Regierung nachgeben. Ägypten betreffende Verhandlungen seien wohl nicht zweckmäßig, da sie zuviel Zeit in Anspruch nähmen. Richthofen wiederholte sein Argument, die deutsche Regierung brauche einen öffentlichen Erfolg, um zu belegen, dass man nicht nur Zuschauer des von Großbritannien und Frankreich bestimmten Weltgeschehens sei.[344] Lansdowne, der sich wieder beruhigt hatte, schrieb Lascelles, Großbritannien sei bereit, darüber nachzudenken, ob Konzessionen, die es gegenüber Frankreich in Ägypten gemacht habe, nicht auch Deutschland zugute kommen könnten. Er warf Richthofen aber weiterhin vor, zu versuchen, die ägyptische Frage mit anderen Fragen zu verquicken.[345]

Sanderson schrieb, dass der „erhabene Souverän" höchst verärgert über die 70.000 Pfund-Forderung sei, die er als „deutsche Erpressung" bezeichnete. Sanderson war nicht klar, wie diesem deutschen Vorschlag Genüge getan werden könnte. Das Parlament müsste gefragt werden, dies aber könne kaum geschehen: um Geld nachzusuchen, damit durch den Burenkrieg geschädigte Deutsche befriedigt werden könnten, während diejenigen von Briten zurückgewiesen würden.[346] Als Ergebnis dieser Einschätzung Sandersons teilte Lascelles der Wilhelmstraße mit, dass Großbritannien der Entschädigung zur Befriedigung privater Ansprüche wohl nicht zustimmen könne. Richthofen „argumentierte", so Lascelles, „dass er etwas haben müsse, das er zeigen kann, und ich vermute, dass er ungefähr genauso sehr an seine eigene Position denkt wie an den Vorteil der deutschen Regierung. Diese ist mit Sicherheit stark in die Kritik gekommen".[347]

Gorst, der später Nachfolger Cromers in Ägypten wurde, meinte am 11. Mai – Frankreich hatte die französisch-britischen Vereinbarungen noch nicht ratifiziert –, dass man die Deutschen wohl kaum fragen könne, in etwas einzuwilligen, das noch nicht einmal von den Franzosen akzeptiert worden sei. „Lord Lansdowne ist dabei, Cambon zu fragen, inwieweit uns die Franzosen erlauben würden anzudeuten, dass eine solche Versicherung von den Franzosen erhalten worden sei."[348] Der Außenminister versuchte also, die Wilhelmstraße mit einer Lüge unter Druck zu setzen.

Die Gespräche gingen weiter. Lansdowne war bereit, dem deutschen Handel in Ägypten für 30 Jahre eine bevorzugte Behandlung zu garantieren – aber nur, wenn die Briten für die deutschen Kolonien Afrikas ähnliche Zusicherungen erhielten. Derweil akzeptierten Italien und Österreich die britischen Forderungen bedingungslos, wie die betreffenden britischen Botschafter an das F.O. meldeten, Italien war allerdings im

---

[342] PRO, FO 800/12, Lansdowne an Lascelles, 6.5.1904; s. auch Monger, Ursachen, 200/201
[343] Monger, Ursachen, 200/201
[344] PRO, FO 800/18, Lascelles an Lansdowne, 7.5.1904
[345] PRO, FO 633/17, Nr. 35, Lansdowne an Lascelles, 7.5.1904; ebd., Nr. 39, Lascelles an Lansdowne, 9.5.1904
[346] PRO, FO 800/12, Sanderson an Lascelles, 11.5.1904
[347] PRO, FO 800/18, Lascelles an Lansdowne, 13.5.1904
[348] PRO, FO 800/12, Gorst an Lascelles, 11.5.1904

Geheimen eine Kompensation zugesichert worden.[349] Die nun isolierten Deutschen
waren sehr bestrebt, mit den Briten zu einer raschen Einigung zu kommen. Cromer
glaubte aber nicht, dass die Wilhelmstraße Lansdownes Vorschlag in der Frage des Handels akzeptieren werde. „Wir können, wie ich denke, nicht erwarten, dass sie dies tun
sollten."[350]

Am 3. Juni teilte Lansdowne Lascelles kaum verhohlen den Abbruch der Gespräche mit dem Deutschen Reich mit: „Die Regierung Seiner Majestät hofft, dass die deutsche Regierung ohne weitere Diskussionen ihre Zustimmung geben wird."[351] Am folgenden Tag bekräftigte und präzisierte der Außenminister seinen vorhergegangenen
Brief an den Botschafter, dass „die Regierung Seiner Majestät die Frage des deutschen
Handels in Ägypten fallen lassen muss, es sei denn, dass gleichwertige Vorteile an anderen Orten gewonnen werden."[352] Mitte Juni beschloss das britische Kabinett dann aber,
allen Großmächten in Ägypten die Meistbegünstigungsklausel zu gewähren.[353]

Die Sorge vor Russland war auf britischer Seite der Hauptgrund für den Abschluss der
Entente. Zudem erhoffte das F.O. ein Ende der Probleme, die Frankreich in Ägypten
und andernorts bereitete. Eine Angst vor Deutschland spielte keine Rolle. Lansdowne
erwartete zur Zeit des Vertragsabschlusses lediglich „mit Interesse" die deutsche Reaktion in Bezug auf Ägypten und Marokko. Das britische Kabinett war entschlossen, es zu
keinem allgemeinen Ausgleich mit der Wilhelmstraße kommen zu lassen. Großbritannien war bereit, das souveräne Marokko französischem Imperialismus auszuliefern, und
sicherte Italien zu, das ebenfalls unabhängige Abessinien in seinen Einflussbereich bringen zu können. Noch 1895/96 hatte sich das F.O. geweigert, Rom bei einem ähnlichen
Vorhaben in sehr bedrängter Lage auch nur eine symbolische Unterstützung zu gewähren.

Die britische Politik führte objektiv zu einer Ausgrenzung und Isolierung Deutschlands, das wird auch in der Absicht mancher Mitarbeiter des F.O. oder von Publizisten
gewesen sein, war aber zu dieser Zeit noch kein Ziel der offiziellen britischen Politik.
Weder Balfour noch Lansdowne hatten die Entente aus antideutschen Motiven geschlossen. Die Wilhelmstraße sah sich durch das britische Verhalten im Frühjahr 1904
aber düpiert und forderte, wenn das Vereinigte Königreich schon keinen Ausgleich mit
Deutschland wünsche, mit Respekt behandelt zu werden. Auf britischer Seite hinterließ die Entwicklung ähnlich tiefe Spuren. Balfour sprach wiederholt von der deutschen „Erpressung". Darum müsse Großbritannien Deutschland taktisch isolieren, um
seinen Widerstand gegen die Reformen in Ägypten überwinden zu können.[354]

Die Isolierung der Wilhelmstraße war lediglich Bedingung und Folge des Ausgleichs
mit Frankreich und, damit verbunden, der Annäherung an Russland. Lansdownes Gefühlsausbrüche waren Ausdruck der Angst, dass der Abschluss der Entente verzögert
und Großbritannien in den russisch-japanischen Krieg hineingezogen werden könnte.
Der britische Außenminister demonstrierte Deutschland sehr deutlich dessen unterle-
gene Position. Gegenüber Frankreich, das eine stärkere Position als das Deutsche Reich
besaß, praktizierten der Premierminister, Lansdowne und seine Mitarbeiter keinen ge-

[349] PRO, FO 633/17, Nr. 51, Lansdowne an Lascelles, 24.5.1904; PRO, FO 633/17, Nr. 50, Bertie an
Lansdowne, 22.5.1904 u. ebd., Nr. 53, Plunkett an Lansdowne, 26.5.1904
[350] PRO, FO 633/17, Nr. 62, Cromer an Lansdowne, 2.6.1904; s. auch ebd., Nr. 67, Lascelles an
Lansdowne, 3.6.1904
[351] Ebd., Nr. 68, Lansdowne an Lascelles, 3.6.1904
[352] PRO, FO 633/17, Nr. 75, Lansdowne an Lascelles, 4.6.1904
[353] Meine Hervorhebung. PRO, FO 633/17, Nr. 83, Lansdowne an Bertie, 18.6.1904; s. auch Flood,
Ambassadorship, 151; zur Einschätzung Sanderson s. PRO, FO 633/20, Sanderson an Cromer, 1.12.1911
[354] Monger, Ursachen, 202/03; Kennedy, Anglo-German Antagonism, 269

reizten Ton, stellten keine Ultimaten, obwohl – und **weil** – das französische Parlament die Entente-Vereinbarungen erst im Herbst 1904 ratifizierte.

Die Franzosen waren keinesfalls einfache Partner für die Briten: Noch Ende Juni stellte Sanderson nach einem Gespräch mit dem französischen Botschafter fest, dass das französische Parlament die gesamte Konvention ablehnen werde, wenn Großbritannien in einigen Punkten keine Zugeständnisse mache. „Die Frage der Einrichtung von Kühlhallen für Köder an der Vertragsküste", einem kleinen kanadischen Küstenstreifen, war eines der Probleme, die den Franzosen so wert waren, die ganze Entente zu gefährden.[355]

8. Der russisch-japanische Krieg

Einige Skeptiker im Kabinett hatten dem Vertragsabschluss mit Japan schließlich doch zugestimmt, weil sie mit ihm die Hoffnung auf eine Reduzierung der britischen Seepräsenz im Fernen Osten verbanden, obgleich bereits während des Verlaufs der Verhandlungen mit Japan deutlich geworden war, dass diese kaum berechtigt war, wie sich auch bald herausstellte.[356]

Der frühere Militärattaché in Tokio, Oberst Churchill, meinte im Mai 1903, dass Japan in einem Zweikampf von Russland besiegt werden würde und die japanische Armee der russischen unterlegen sei. „Es gibt keine günstigeren Einschätzungen aus dieser Zeit", wie ein Kenner schreibt, nicht einmal Sir Ernest Satow, der außergewöhnlich fähige und der japanischen Sprache mächtige britische Botschafter in Tokio, war optimistischer.[357] Admiral Fisher soll Außenminister Lansdowne auf einer Landkarte angeblich den Ort gezeigt haben, an dem die japanische Flotte im Kriegsfalle wahrscheinlich versenkt werden würde. Der russische Militärattaché in Tokio meinte gar, dass die Japaner ein Jahrhundert brauchen würden, um eine Armee aufzubauen, die mit der schwächsten europäischen vergleichbar wäre. Der Historiker Nish fragt, ob die Japaner die Europäer nicht vielleicht mit voller Absicht zu dieser geringschätzigen Beurteilung kommen ließen.[358] Dies setzt ein allzu hohes Ausmaß an Einfalt auf der einen und Gerissenheit auf der anderen Seite voraus. Wahrscheinlich haben wir es mit einem der zahlreichen Fälle zu tun, in denen Vorurteile und Wunschdenken den Realitätssinn übertreffen.

Zwischen dem Zaren und seinen wichtigsten Ministern herrschte Einmütigkeit, die Mandschurei in Zukunft zu annektieren. 1903 schrieb der russische Finanzminister Witte an seinen Herrscher: „In Anbetracht unserer sehr langen Grenzen mit China und unserer außerordentlich vorteilhaften Situation ist die Einverleibung eines beträchtlichen Teils des Chinesischen Kaiserreiches durch Russland nur eine Frage der Zeit."[359] Ende 1903 schienen die Aussichten anderer Mächte, die „Tür" der Mandschurei offen zu halten, schlechter denn je.[360] Es war offenkundig geworden, daß Russland nicht beabsichtigte, den Vertrag mit China über die Evakuierung einzuhalten. Ein sachkun-

---

[355] B.D., III, Nr. 5, S. 5, Memorandum Sandersons, 30.6.1904
[356] Monger, Ursachen, 156; Grenville, Salisbury, 416; Mock (Imperiale Herrschaft, 24) schreibt irrtümlich, dass die britische Flotte durch die Allianz weitgehend entlastet wurde.
[357] Monger, Ursachen, 157; s. auch Busch, Hardinge, 68/69; Grenville, Salisbury, 393
[358] Dilks, David; *Introduction*, 4, (künftig: Dilks, Introduction), in: Dilks, Retreat from Power; Nish, Origins, 168
[359] Nish, Origins, 145; zit. in Kissinger, Diplomacy, 174 nach Bompard, Maurice; *Mon Ambassade en Russie, 1903–1908*, Paris 1937, 40
[360] Nish, Origins, 179

diger britischer Beobachter der Situation bezweifelte, ob das Russische Reich sich über-haupt je an längerfristige Vereinbarungen gebunden fühlte:

> „Wenn es Russland unbequem ist, dann setzt es <Vereinbarungen> einfach außer Kraft; denn, wie es sagt: Kann man erwarten den Willen unseres großen Zaren zu binden oder seine Haltungen zu kritisieren? Das Zarenreich steht sowohl oberhalb des Gesetzes als auch der Moral, und ich bin davon überzeugt, dass dieser höchst ehrenwerte Monarch hier <d.h. in Russland> ebenso denkt."[361]

Die Haushaltssituation Großbritanniens war in den Jahren nach dem Burenkrieg sehr angespannt, und Schatzkanzler Austen Chamberlain[362] ließ seine Kabinettskollegen am 7. Dezember 1903 wissen, „daß es bei unserer jetzigen Finanzlage meiner Meinung nach unmöglich wäre, einen großen Krieg zu finanzieren, es sei denn zu ruinösen Ko-sten". Ein Waffengang zwischen Russland und Japan schien Ende 1903 aber kurz be-vorzustehen. Um eine Verwicklung Großbritanniens in diesen zu verhindern, einigten sich der vom Kabinett hierzu autorisierte britische Außenminister und die Franzosen darauf, mäßigend auf die Streitenden einzuwirken. Lansdowne befürwortete eine Ver-einbarung zwischen Russland, Japan und allen anderen Mächten, die Vertragsrechte im Fernen Osten hatten.[363] Der Premierminister lehnte ab, den Krieg verhindern zu wol-len, obwohl – und **weil** – sich die Japaner in einer diplomatisch und strategisch hoff-nungslosen Situation befanden und ein russischer Sieg bei einem Waffengang wahr-scheinlich sei. Balfour legte dar, warum Großbritannien die russische Macht fürchten müsse: 1. als Bundesgenosse Frankreichs; 2. als Angreifer Indiens; 3. als Vormacht in Persien; 4. als möglichen Störer der Friedens in Europa. – „Für diese Zwecke wird es nicht stärker sein, sondern schwächer, nachdem es Korea überrannt hat. Schwächer, weil es seine finanziellen Mittel verringert und seine finanziellen Verbindlichkeiten sehr vermehrt haben wird." Zudem werde seine Flotte gelitten haben, und ein Großteil der verbliebenen Kräfte würde durch das unversöhnliche Japan im Fernen Osten ge-bunden bleiben. Darum werde Russland auch nach einem Sieg über Japan „unfähig sein, im Westen an strategischen Kombinationen gegen Großbritannien teilzunehmen". Balfour überzeugte die Mehrheit seiner Kabinettskollegen und Lansdowne musste sei-nen Versuch aufgeben, gemeinsam mit Frankreich den Ausbruch des Krieges zu ver-hindern.[364]

Teile der britischen Presse waren bei der Aussicht auf eine japanische Niederlage in einem Krieg gegen Russland nicht so kühl berechnend-machiavellistisch wie das Kabi-nett. Die konservative „Morning Post" behauptete bspw., dass ein Erfolg Russlands das Ende des britischen Einflusses in Asien bedeute.[365]

Ein russischer Sieg bei einem Krieg gegen Japan war in britischen Augen mit eini-gen Vorteilen verbunden, für den Fall eines als sehr unwahrscheinlich geltenden japa-nischen Waffenerfolges galt dies in verstärktem Maße. Eine dauerhafte Wahrung des Friedens hätte aber den Einfluss bei der japanischen „Kriegspartei" gefährdet, die Mög-lichkeit eines japanisch-russischen Ausgleichs vergrößert, und somit die Gefahr herauf-beschworen, dass die russischen Energien sich wieder gegen Mittelasien richteten.[366]

Die Minister verwarfen aber auch Forderungen des Kriegsministeriums und Cur-zons, im Falle eines russisch-japanischen Krieges den alten Feind in Zentralasien zu-

---

[361] Zit. in Nish, Origins, 142
[362] Der Sohn des ehemaligen Kolonialministers
[363] Zit. in Monger, Ursachen, 182; Nish, Origins, 224/25
[364] Monger, Ursachen, 183, Zitate ebd. nach Dugdale, Blanche E.C.; *Arthur James Balfour*, 2 vols., London 1936, I, 381–83, (künftig: Dugdale,, Balfour); Steiner, Foreign Office and Foreign Policy, 48
[365] Postgate, Those Foreigners, 203
[366] Nish, Origins, 223/24

rückzudrängen.[367] Ein russisch-japanischer Krieg, unabhängig von seinem Ausgang, schien zunächst hinreichend, um die britischen Sorgen um die Sicherheit Indiens deutlich zu vermindern.

Um den Jahreswechsel 1903/04 bat Japan Großbritannien um die Gewährung eines hohen Darlehens, den das F.O. ablehnte, wohl nicht zuletzt, weil die Fähigkeit des Schuldners zur Bedienung des Kredits nach seiner als nahezu sicher geltenden Kriegsniederlage als sehr zweifelhaft gelten musste.[368] Sowohl eine Niederlage als auch ein Sieg des Allianzpartners schienen nützlich.

In London drängte Eckardstein die Japaner zum Krieg, Lascelles meinte jedoch, dass er hierzu wohl nicht autorisiert sei, denn Inouye, der japanische Botschafter in Berlin, habe ihm gesagt, „dass Richthofen ihm immer Frieden gepredigt hat".[369] Es gab aber viele Anzeichen, dass die Wilhelmstraße eine deutliche Positionierung Großbritanniens zugunsten Japans wünschte, damit die Briten in Zeiten der Not auf Berlin mit einer Bitte um ein Bündnis zukämen. Keine Macht unternahm ernsthafte Anstrengungen, um bspw. durch eine internationale Konferenz den Kriegsausbruch noch zu verhindern, auch nicht Deutschland oder die USA. Britische und amerikanische Zeitungen unterstützten i.d.R. den japanischen Standpunkt, während die deutsche Presse sich neutral verhielt.[370]

Anfang Februar 1904 eröffneten die Japaner mit einem überraschenden Flottenangriff den Krieg. Sie kamen mit diesem völkerrechtswidrigen Akt den Russen aber nur wenige Stunden zuvor. Tokio konnte sich der britischen Unterstützung sicher sein, wenn ein weiterer Feind in den Krieg eintrat. Von diesem Eventualfall abgesehen, verhielt sich Großbritannien neutral. Einiges deutet gar darauf hin, dass das F.O. sich gegenüber Russland freundlicher als gegenüber dem Allianzpartner verhielt.[371]

Die Schuld für dieses Blutvergießen wurde damals weitgehend Großbritannien und teils den USA angelastet, die das schwache Inselreich zum Krieg gedrängt hätten. Dementsprechend wurde die Stimmung in Russland stark englandfeindlich. Der Waffengang war jedoch eine autonome Entscheidung Tokios, es gab keine ausländischen Anstifter, wobei es ohne das Bündnis mit Großbritannien aber kaum zu diesem gekommen wäre.[372] Bertie behauptete aber gegenüber Cambon, dass der deutsche Kaiser die Japaner zum Angriff auf Russland ermutigt habe. Vielleicht glaubte Bertie an diese Version, so wie er überhaupt „alle Arten von Geschichten über deutsche Intrige und Verschwörung bereitwillig glaubte und weitergab", wie sein Biograph schreibt.[373] Womöglich wollte er aber auch nur sein eigenes Land aus dem Kreuzfeuer der Kritik bringen.

Den zaristischen Streitkräften wurden im Fernen Osten bereits in den ersten Kriegsmonaten schwere Verluste zugefügt, darum wurden die russischen Ost- und Schwarzmeerflotten dringend benötigt, um das Blatt vielleicht doch noch zu wenden.[374] Es

---

[367] Bartlett, British Foreign Policy, 8
[368] Nish, Origins, 200; s. auch Monger, Ursachen, 189
[369] PRO, FO 800/18, Lascelles an Lansdowne, 9.1.1904
[370] Langer, Diplomacy of Imperialism, 721; Nish, Origins, 222/23
[371] Monger, Ursachen, 192; Das F.O. erkannte bspw. faktisch die koreanische Unabhängigkeit an, obwohl Japan dieses Land in seinen Machtbereich einbeziehen wollte (Nish, Origins, 215).
[372] Nish, Origins, 130, 231–35. Für die Beurteilung der Frage, ob andere Mächte Japan oder Russland zum Krieg gedrängt hätten, untersucht Nish die Politik Frankreichs, Großbritanniens und der USA. Für diese wird es verneint. Das Deutsche Reich kommt für ihn als Anstifter dieses Krieges überhaupt nicht in Frage (s. auch ebd., 225). Winzen (Bülows, 409) behauptet hingegen, „daß die deutsche Diplomatie die Zuspitzung des russisch-japanischen Konflikts nach Kräften förderte."
[373] Hamilton, Bertie, 62
[374] S. auch Busch, Hardinge, 74 und Hardinge, Old Diplomacy, 111

wurden als Handelsschiffe getarnte Einheiten durch die Dardanellen geschleust, danach umgerüstet, um Jagd auf Feinde machen zu können. Diese „Freiwillige Flotte" stoppte auch verschiedene britische Schiffe und untersuchte diese auf mögliche Konterbande. Das F.O. protestierte, und Hardinge, der britische Botschafter in St. Petersburg, drohte, dass dies eine eventuelle Verbesserung der zweiseitigen Beziehungen nach Kriegsende unmöglich machen könnte. Zudem versenkte ein russisches Kriegsschiff im Fernen Osten einen britischen Dampfer. Lansdowne, Bertie und Hardinge waren sich aber einig, dass Großbritannien ruhig reagieren sollte.[375] Die „Times" war zu dieser Zeit auch (wieder einmal) damit beschäftigt, „ihr Messer in die Deutschen zu graben", wie Bertie an Lascelles schrieb.[376]

Im Oktober 1904 entsandten die Russen ihre baltische Flotte Richtung Fernen Osten. Eine deutsche Schifffahrtslinie versorgte sie mit der notwendige Kohle, von französischen und britischen Kräften sekundiert. Chirol vermutete, dass es eine vollständige Verständigung zwischen dem Deutschen Reich und Russland gebe. Er schrieb an Lascelles, dass die Deutschen „keine Gnade" verdienten. Auch ihre Politik im Fernen Osten sei „unaussprechlich heimtückisch" und systematisch gegen Großbritannien gerichtet. – Beispiele nannte er allerdings nicht.[377] Am 21. Oktober feuerten Kriegsschiffe der baltischen Flotte bei der „Doggerbank" in der Nordsee auf britische Fischereiboote. Es gab Tote und Verwundete, der russische Admiral ließ den Beschossenen aber keine Hilfe zukommen.[378]

Die Mehrheit des britischen Kabinetts befürwortete daraufhin ein gewaltsames Vorgehen gegen die Russen, und deren Flotte wurde von einer starken kriegsbereiten britischen Einheit in einem gleichbleibenden Abstand von 5 Seemeilen verfolgt.[379] Bertie meinte zu Hardinge, dass der deutsche Kaiser für den Doggerbankzwischenfall wesentlich verantwortlich wäre, weil er St. Petersburg vor japanischen Marineeinheiten in der Nordsee gewarnt habe. Admiral Fisher und Mallet teilten diese Ansicht, eine Quelle oder einen Beleg für ihre Ansicht nannten sie nicht. Hardinge und Bertie wandten sich nachdrücklich gegen gewaltsame Maßnahmen Großbritanniens, bspw. die Weiterfahrt der baltischen Flotte durch die Androhung von militärischen Maßnahmen zu verhindern. Hardinge fürchtete, wie er später schrieb, dass die Russen ansonsten den ohnedies unpopulären Krieg gegen Japan rasch beenden könnten, um sich gegen Afghanistan und Indien zu wenden.[380] Dies tat seiner Geringschätzung der Russen aber keinen Abbruch, deren Flotte er als „erbärmlich und verachtenswert" bezeichnete. Zudem wandte sich britische Aggressivität nach kurzer Zeit wieder in die vertraute Richtung: Metternich schrieb 10 Tage nach dem Zwischenfall – „Deutschland (…) wird hier wieder als der eigentliche Feind hingestellt."[381]

Sanderson war Anfang August 1904 körperlich zusammengebrochen und auch während des Höhepunktes der Doggerbankkrise noch nicht wieder im Amte. Der französische Botschafter Cambon beklagte dies, da die Presse nun keine präzisen Instruktionen mehr vom F.O. erhalten könne. Dies sei ein wichtiger Grund für die unmäßige Sprache der britischen Zeitungen.[382]

---

[375] Busch, Hardinge, 76; PRO, FO 800/176, Hardinge an Bertie, 21.7.1904; Hamilton, Bertie, 62; Neilson, Britain and the Last Tsar, 251

[376] Zit. in Hamilton, Bertie, 62

[377] PRO, FO 800/12, Chirol an Lascelles, 7.9.1904 u. ebd., 21.9.1904

[378] Busch, Hardinge, 83; Hamilton, Bertie, 62

[379] Crowe, Crowe, 78, Hardinge, Old Diplomacy, 110; s. auch Monger, Ursachen, 294

[380] CUL, Hardinge MSS, 7/259, Bertie an Hardinge, 28.11.1904; s. auch zum Thema, CUL, Hardinge MSS, 7/367, O'Beirne an Maxwell, 28.1.1905; Hamilton, Bertie, 62; Hardinge, Old Diplomacy, 110

[381] CUL, Hardinge MSS, Addl./15, Hardinge an Sanderson, 9.8.1911; G.P., 19/I, 292

[382] PRO, FO 800/176, Hardinge an Bertie, 9.8.1904; DDF, 2, V, Nr. 432 (Barrington war ebenfalls abwesend).

Die Russen entschuldigten sich schließlich für ihr Verhalten bei der Doggerbank. Sanderson meinte nach seiner Genesung Mitte November, dass es bei dem Zwischenfall glücklicherweise weniger Tote gegeben habe als bei einer simplen Kollision von Schiffen. Er wandte sich gegen eine internationale Untersuchung des Vorfalles, dies führe nur zu dem Eindruck, dass das russische Verhalten schlimmer sei, als er persönlich glaube.[383] Zwei Wochen später schrieb er, dass die Russen auf der Doggerbank einen „groben Schnitzer" begangen hätten, „aber einen, der nicht vollständig unentschuldbar ist und für den es bei unseren eigenen Marinemanövern Präzedenzfälle gibt". Sie hätten aber Schuld dadurch auf sich geladen, da sie den Fischern nicht zur Hilfe geeilt seien.[384] Er wandte sich auch dagegen, über den Zwischenfall ein sogenanntes „Blaubuch" vorzulegen.[385]

Die deutsche Politik gegenüber Russland war während des Krieges im Fernen Osten betont freundlich. So waren es wie erwähnt deutsche Schiffe, die die baltische Flotte mit der notwendigen Kohle für ihre Fahrt in den Fernen Osten versorgte. Die Wilhelmstraße suchte, St. Petersburg dann Ende 1904 zu einem „definitiven Arrangement" zu bewegen, aber die Russen legten offensichtlich keinen großen Wert auf ein Übereinkommen mit dem Deutschen Reich.[386] Sanderson war besorgt über das deutsche Heranrücken an St. Petersburg:

> „Ich wünschte, wir könnten den Verrückten hier, die Deutschland in so unmäßiger Weise verurteilen und nach einem Abkommen mit Russland schreien, klarmachen, dass die natürliche Wirkung darin besteht, Deutschland in das russische Lager zu treiben, und die Russen darin ermutigt, zu glauben, dass sie auf unsere Kosten alles bekommen können, was sie wollen, und ohne mit uns zu irgendeiner Vereinbarung zu kommen."[387]

Bertie schrieb im Januar 1905, dass jedermann in Frankreich von der „gelben Gefahr" spreche, der möglichen Gefährdung Französisch-Indochinas durch Japan.[388] Lansdowne lehnte aber die Anregung Berties ab, Frankreich die fernöstlichen Besitzungen zu garantieren, um dadurch Russland näher rücken zu können.[389]

Nachdem die Japaner Port Arthur, die russische Festung im Nordosten Chinas, erobert hatten, bestand für die auf dem Weg befindliche Ostseeflotte kaum mehr Aussicht auf eine erfolgversprechende Seeschlacht. Der Zar und die Militärs wollten aber keinen Friedensschluss, und auch die baltische Flotte wurde von den Japanern unter geringen eigenen Verlusten vollständig aufgerieben. Der Krieg, der vielen hunderttausend Menschen das Leben gekoste hatte, war zu einem unerwarteten Triumph Japans geworden, zum Vorteil Großbritanniens, das nach dem Kriegsende fünf Kriegsschiffe von fernöstlichen Gewässern nach Europa verlegen konnte.[390]

Die Schwäche Großbritanniens in Asien und die Angst vor der russischen Macht hatten zum Abschluss des Bündnisses mit Japan geführt. Es war offensichtlich, dass dies der „Kriegspartei" in Tokio zum Sieg verhalf, und das britische Kabinett beschloss ganz bewusst, nichts zum Erhalt des Friedens zu unternehmen, da unabhängig vom Kriegsausgang eine Schwächung Russlands zu erwarten war. Die Briten hatten die Entente

---

[383] CUL, Hardinge MSS, 7/237, Sanderson an Hardinge, 16.11.1904
[384] CUL, Hardinge MSS, 7/264/65, Sanderson an Hardinge, 29.11.1904 – 1894 war die „Victoria", das Flaggschiff der britischen Mittelmeerflotte während eines Manövers bspw. von einem anderen Kriegsschiff der „Royal Navy" gerammt worden und sank (Massie, Schalen, 15).
[385] CUL, Hardinge MSS, Sanderson an Hardinge, 28.12.1904
[386] Winzen, Bülows, 412/13
[387] PRO, FO 800/12, Sanderson an Lascelles, 3.1.1905
[388] CUL, Hardinge MSS, 7/360, Bertie an Lansdowne, 17.1.1905
[389] Monger, Ursachen, 224; s. auch Hamilton, Bertie, 68
[390] Diwald, Erben, 102; Busch, Hardinge, 88, 90/91

Cordiale vom Frühjahr 1904 insbesondere geschlossen, um die Ausweitung des russisch-japanischen Krieges zu verhindern.[391] Die Schwächung Russlands hatte die Handlungsfähigkeit Großbritanniens vergrößert, und Balfour meinte im Januar 1905, dass es in britischem Interesse liege, wenn die Feindseligkeiten zwischen Russland und Japan andauerten.[392] Die britische Regierung war über den relativen Machtzugewinn Deutschlands in Europa wegen der Schwäche Russlands nicht besorgt, ihre Aufmerksamkeit galt Indien. Darum hatte sie auch kein Interesse, anders als die Franzosen, den Krieg durch eine Vermittlung vorzeitig zu beenden, bevor Russland zusammenbräche.[393]

Die vernichtende Niederlage Russlands in Ostasien führte in Großbritannien auch zu keiner Sorge wegen eines gestörten europäischen Gleichgewichts. Der Sieg des militaristischen und technokratischen Japan verlieh zudem ebensolchen Tendenzen in Großbritannien weitere Überzeugungskraft.

9. Marokko und die Marokkokonferenz

In den letzten Jahrzehnten des 19. Jahrhunderts wurde immer fragwürdiger, ob die Unabhängigkeit des mahgrebinischen Königreiches dauerhaft gesichert sei, insbesondere nach der französischen Besetzung Tunesiens 1881. Der Quai d'Orsay versicherte zwar wiederholt, keine Annexionsabsichten zu hegen, aber Sanderson beklagte, dass es nur „Versicherungen, aber keine feste Zusage" gebe.[394]

Die Außenministerien der Großmächte hielten sich relativ zurück, Deutschland z.B. bekundete 1895, wenig Interesse an diesem Land zu hegen: Als Sanderson im August d.J. eine etwas „franzosenfreundlichere Politik" Großbritanniens in Marokko andeutete, schenkte die Wilhelmstraße dem nicht weiter Beachtung.[395] Holsteins Marokkopolitik beispielsweise war eher darauf bedacht, Frankreich in Marokko zu engagieren, dadurch von Elsaß-Lohtringen abzulenken und einen britisch-französischen Interessengegensatz zu schüren.[396]

Anfang 1899 aber machte Hatzfeldt gegenüber Salisbury deutlich, dass Deutschland bei einer eventuellen Aufteilung Marokkos einen Teil der Atlantikküste für sich beanspruche. Der Premierminister zeigte jedoch keine Bereitschaft, die Angelegenheit mit dem Botschafter weiter zu diskutieren.[397] Joseph Chamberlain regte im November 1899, der Zeit der ärgsten Bedrängnis der Briten in Südafrika, ein geheimes deutsch-britisches Abkommen über Marokko an: Großbritannien solle die Mittelmeerküste erhalten und Deutschland sich dafür „an der atlantischen Küste von Marokko schadlos halten" können. Anfang 1901 wiederholte sich der Vorgang.[398] Außenminister Bülow

---

[391] Monger, Ursachen, 228/29

[392] BM, Balfour MSS, Add. MSS 49729, Balfour an Lansdowne, 24.1.1905

[393] Beloff, Imperial Sunset, 71; auch Hardinge hatte vor allem die Auswirkungen auf das Empire im Blick, s. Busch, Hardinge, 90/91; Winzen (Bülows, 409) schreibt irrtümlich, dass die deutsche Diplomatie die „zahlreichen englischen und französischen Vermittlungsversuche konsequent obstruierte".

[394] PRO, FO 99/352, Sandersons Minute, 23.7.1895

[395] G.P., X, Nr. 2392; Schöllgen, Imperialismus und Gleichgewicht, 68. Zur Situation von Intrige und Gegenintrige innerhalb der diplomatischen Gemeinde in Marokko s. PRO, FO 30/33/3/3, Sanderson an Satow, 14.3.1894; Allen, Bernard; *Sir Ernest Satow. A Memoir*, London 1933, 97 (künftig: Allen Satow); PRO, FO 99/298, Sanderson Minute, 28.5.1890

[396] S. Winzen, Bülows, 232

[397] G.P., XVII, Nr. 5152ff; Langer, Diplomacy of Imperialism, 737; s. auch Kennedy, Samoan, 189/90

[398] G.P., XVII, Nr. 5153; G.P., XV, 4398, S. 418; Langer, Diplomacy of Imperialism, 737; Hollenberg, Englisches Interesse, 49/50; G.P., XVII, S. 15/16; s. auch ebd., S. 328

blieb jedoch zurückhaltend, vielleicht weil er glaubte, erst die handelspolitische Stellung Deutschlands in Marokko sowie die deutsche Flotte stärken zu müssen, zudem hatte das britisch-deutsche Abkommen über die Aufteilung der portugiesischen Kolonien noch nicht die erwünschten Erfolge gebracht, und die Deutschen hatten manchen Grund zu Misstrauen. Bülows Gewissheit des dauerhaften weltweiten britisch-französischen Antagonismus wurde im Frühjahr des Jahres 1900 kurzzeitig erschüttert, als die Franzosen von Algerien aus nach Marokko einzudringen begannen, und die britische Reaktion hierauf verhalten blieb. Die Franzosen beschränkten sich jedoch auf die Besetzung einiger Oasen, und im Juni hatte sich die Lage wieder beruhigt.[399]

Die Franzosen nahmen 1901 ihren Druck auf die marokkanischen Grenzen und ihre „Umtriebe am Hofe des Sultans" wieder auf. Im Juni 1901 gab es Anzeichen, dass der Sultan die Regierungen Großbritanniens und Deutschlands bitten wolle, seinem Land mit Rat und Tat beizustehen.[400] Deutschland fühlte sich jedoch noch nicht stark genug, um sich deutlich zu positionieren, und riet den Marokkanern sogar zu territorialen Zugeständnissen an Frankreich, um die Existenz des Landes zu sichern. Die Wilhelmstraße sah sich zugleich von Frankreich sowie von Großbritannien umworben, da beide alten Weltmächte wussten, dass sie ihre Machtstellung in Marokko mit deutscher Unterstützung entscheidend steigern könnten.[401] Dies bestärkte das Auswärtige Amt in der Auffassung, erst einmal abzuwarten.

Maclean, ein britischer Ratgeber des Sultans, drängte das F.O. 1902 auf eine aktivere britische Politik in Marokko.[402] Sanderson lehnte eine Unterstützung seines Reformprogramms jedoch ab. Der Staatssekretär wollte den Verpflichtungen seines Landes nicht noch eine weitere hinzufügen.[403] Diese Haltung beeinflusste auch Lansdowne. Immerhin wurde Maclean erlaubt, Offiziere für die marokkanische Armee in Großbritannien anzuwerben.[404] Die innenpolitische Lage Marokkos war prekär, und im Dezember 1902 erlitten die Truppen des Sultans eine vernichtende Niederlage gegen Aufständische. Frankreich regte in dieser Situation in London ein gemeinsames Vorgehen an und beteuerte, den Status quo wahren zu wollen, besetzte aber zugleich immer größere Teile des Landes. Der Quai d'Orsay forderte zudem mit „großem Nachdruck", eine Beteiligung des Deutschen Reiches an einer Befriedung der Verhältnisse in Marokko auszuschließen. Lansdowne lehnte dies nicht ab, – obwohl der Direktor des britischen militärischen Geheimdienstes es für vorteilhaft hielt, wenn Deutschland bei einer eventuellen Aufteilung des Scherifenreichs einen Teil erhielte.[405]

Sanderson war zurückhaltend und wollte sein Land nicht in Marokko engagieren. Er war zudem der Überzeugung, dass die marokkanische Integrität auch für Italien nach wie vor ein schützenswertes Gut darstelle. Hier täuschte er sich jedoch: Frankreich und Italien hatten in einem Geheimabkommen am 14. Dezember 1900 vereinbart, sich in Marokko bzw. Libyen freie Hand zuzugestehen, sowohl Deutschland als auch Groß-

[399] Winzen, Bülows, 247–49, s. auch ebd., 231, 250/51; s. auch Meinecke, Geschichte, 187

[400] Meinecke, Geschichte, 223; Winzen, Bülows, 254, s. auch ebd., 252; s. auch Nicolson, Harold; *Die Verschwörung der Diplomaten. Aus Sir Arthur Nicolsons Leben 1849–1928*, Frankfurt/Main 1931, 152

[401] Winzen, Bülows, 261; Langer, Diplomacy of Imperialism, 738; G.P., XVII, S. 339f

[402] Während eines Aufenthaltes in Großbritannien wurde er von einem Agenten des französischen Generalstabes beschattet (Eubank, K.; *Paul Cambon. Master Diplomatist*, Norman (Oklah.), 76, (künftig: Eubank, Cambon).

[403] Zudem wandte er sich mit erheblicher Verstimmung gegen einen Vorschlag Macleans, der sich für eine aktive Unterstützung des Sultans in Form eines großen Kredits ausgesprochen hatte (PRO, FO 800/336, Sanderson an Nicolson, 3.11.1905).

[404] B.D. II, S. 272/73; Steiner, Foreign Office and Foreign Policy, 57; Eubank, Cambon, 76

[405] Dunn, Ross E.; *Resistance in the Desert*, Madison 1977, 23, 176/77, (künftig: Dunn, Resistance); Monger, Ursachen, 138–40; PRO, FO 99/400, DMI Memoranda, 24.10. bzw. 22.11.1902

britannien hatten zuvor eine Unterstützung der römischen Nordafrikapläne abgelehnt. Im Herbst 1904 schloss Frankreich dann eine geheime Vereinbarung mit Spanien, die der III. Republik den größten Teil Marokkos faktisch auslieferte und „fremde Betätigung im ganzen Scherifenreich ausschloß".[406]

Bei den Verhandlungen um die „Entente Cordiale" spielte Marokko auf britischer Seite keine prominente Rolle. Lansdowne war ursprünglich entsetzt über eine gutgelaunte Bemerkung Cambons, des französischen Verhandlungsführers, dass eine Einigung über Marokko bzw. Ägypten doch einfach erreicht werden könne, da beide Mächte doch auf etwas verzichteten, was anderen gehöre. Der Minister behauptete jedoch, den Franzosen die Vorherrschaft in Marokko konzedieren zu müssen, da Großbritannien dort in einigen Jahren ohnedies nichts mehr in der Hand hätte, was man anbieten könne. Diese Deutung ist nicht überzeugend. Schließlich wurde die britische Anerkennung der französischen Ansprüche auf Marokko in Geheimartikeln versteckt.[407]

Die britische Verpflichtung Frankreich bei der Durchsetzung seiner Macht im Scherifenreich zu unterstützen, wurde im Kabinett nicht diskutiert, eine erstaunliche Unterlassung, aber die britische Aufmerksamkeit war auf Russland fixiert. Zumindest Lansdowne scheint sich der Tragweite der Beistandsverpflichtung auch nicht bewusst gewesen zu sein.[408] Im August 1904 sagte er dem deutschen Botschafter, dass Großbritannien durch die Entente Cordiale nicht verpflichtet sei, über die Rechte anderer Mächte zu verfügen, aber dies diente nur der Beruhigung der Wilhelmstraße.[409]

Auch Sanderson verteidigte den Marokko betreffenden Teil der Entente: Im öffentlichen Teil der Deklaration werde jede Absicht bestritten, den Status von Ägypten oder Marokko zu verändern. Die Geheimartikel waren für Sanderson lediglich Vorsichtsmaßnahmen für **nicht erwünschte** Eventualitäten, die zu verhindern seien. „Dass wir niemals Vorsorge gegen unangenehme Überraschungen treffen sollten oder dass wir dazu verpflichtet sein sollten, solche Vereinbarungen der ganzen Welt kundzutun, sobald wir sie geschlossen haben, würde eine vorbeugende Diplomatie fast unmöglich machen."[410] Diese Verteidigung Sandersons ist nicht überzeugend: Im ersten französischen Entwurf der geheimen Artikel wurde offen von der Aufteilung des Landes in eine französische bzw. spanische Zone gesprochen. Dies war dem Staatssekretär selbstverständlich bekannt. Erst auf Lansdownes Wunsch wurde diese Absicht hinter verklausulierten Formeln versteckt. Eine **offene** Erklärung, dass England auf die Seite der Brecher des internationalen Rechts gewechselt sei, wäre ein „schwerer Schlag" für das britische Ansehen, wie Lansdowne Cromer schrieb.[411]

Während des Sommers 1904 hatten sich die britisch-deutschen Beziehungen entspannt: König Eduard stattete Deutschland Ende Juni einen sehr erfolgreichen Staatsbesuch ab, und „sogar sein persönliches Zusammentreffen mit dem Kaiser war ein Erfolg". Zwei Wochen darauf besuchte ein deutscher Flottenverband Plymouth. Hardinge, Bertie u.a. waren über die entspannte britisch-deutsche Atmosphäre alarmiert. Sie war aber nicht von langer Dauer.[412]

---

[406] HH, Sanderson Papers, Sanderson an Salisbury, 18.7.1902; Langer, Diplomacy of Imperialism, 737; Herzfeld, Hans; *Die moderne Welt, 1789–1945*, 2 Bd., 4. Aufl., Braunschweig 1970, II, 32, (künftig: Herzfeld, Moderne Welt); Hallgarten, Imperialismus, 621 u. ebd., Anm. 2

[407] Flood, Ambassadorship, 144; PRO, FO 800/135, Lansdowne an Nicolson, 21.4.1904; Rolo, Lansdowne, 166

[408] Monger, Ursachen, 158 u. 113

[409] Monger, Ursachen, 197/98. Grenville (Salisbury, 432) betont die geostrategische Bedeutung des Landes. Seine Schlüsse scheinen mir aber überzogen.

[410] PRO, FO 633/24, Sanderson an Cromer, 23.11.1915

[411] B.D., II, Nr. 398, 416; B.D., II, Nr. 402

[412] Hale, Publicity and Diplomacy, 271, s. auch Monger, Ursachen, 205

Der marokkanische Sultan war der Souverän seines Landes, und der Vertrag von Madrid von 1880 legte fest, dass alle Signatarmächte (insb. die sechs europäischen Großmächte, die USA und Spanien) bei völkerrechtsrelevanten Veränderungen der Stellung Marokkos konsultiert werden müssten. Der französische Außenminister Delcassé konsultierte die Mächte – außer Deutschland, und dies war der britischen Regierung bekannt.[413] Er untersagte Bihourd, dem französischen Botschafter in Berlin, trotz dessen Bitte mit deutschen Verantwortlichen über die anglo-französische Vereinbarung zu sprechen.[414] Auf Andeutungen der deutschen Regierung, dass sie zu zweiseitigen Gesprächen bereit sei, reagierte Delcassé nicht.[415] Paul Cambon, der französische Botschafter in London, machte seine Ablehnung dieser provokativen Politik auch gegenüber Lansdowne deutlich[416], sie wurde von Diplomaten, der französischen „Kolonialpartei", Parlamentariern und vielen Presseorganen der III. Republik geteilt.[417] Der britische Außenminister meinte aber erstaunlicherweise, dass die deutsche Regierung keinen Anlass habe, sich wegen Marokko bei Großbritannien oder Frankreich zu beschweren. Lansdowne schrieb an Lascelles, dass Großbritannien kein Geheimnis aus der Vereinbarung mit Frankreich gemacht habe (außer den Geheimartikeln):

> „Es handelt sich ausschließlich um die Regelung französischer und britischer Interessen in Marokko, und, soweit andere Mächte betroffen sind, stellt es für ihre Interessen durch die Beibehaltung der Politik der Offenen Tür und des Gleichheitsgrundsatzes sowie der Integrität von Marokko hinreichende Sicherheiten zur Verfügung. Was sonst mag der Kaiser wünschen – außer vielleicht von dort Aufträge für deutsche Kanonen zu erhalten ?"[418]

Im Oktober 1904 regte Sir John Fisher, der Erste Seelord[419] und Marine-Flügeladjutant des Monarchen Eduard VII., an, der deutschen Flotte ein „Kopenhagen" zu bereiten, also den (vermeintlichen) Gegner in einem Überraschungsangriff ohne vorherige Kriegserklärung zu vernichten. „Lieber Gott, Fisher", antwortete der König, „Sie sind wohl wahnsinnig!" In der Wissenschaft wird Fishers Äußerung entweder nicht registriert oder als (derber) Scherz interpretiert, aber der Militär selbst betonte, dass es ihm mit dem Vorschlag sehr ernst war. Der führende britische Admiral unterbreitete Lord Selborne, dem Marineminister, dieselbe Empfehlung. Die recht angesehene Zeitschrift „Vanity Fair" propagierte in ihrer Novemberausgabe die gleiche Idee. „Der deutsche Marineattaché schickte die Zeitschrift mit dem Bemerken nach Hause, dies sei nicht der einzige Artikel dieser Art."[420] Am 3. Februar 1905 drohte Sir Arthur Lee, der Zivillord der Admiralität, in einer öffentlichen Rede mit einem britischen Überraschungsangriff auf Deutschland. Er sagte, auf Deutschland bezogen, die Royal Navy werde den ersten Schlag führen, noch ehe man jenseits der Nordsee Zeit gehabt habe, die Kriegserklärung in den Zeitungen zu lesen.[421] Am 22. April 1905 schloss Fisher einen Brief an Lansdowne mit den Worten: Marokko „scheint mir eine herrliche Gelegenheit zu sein, um im Bunde mit Frankreich gegen die Deutschen zu kämpfen, und ich hoffe daher ernstlich, daß Sie das schaffen können".[422] Das britische Kabinett zog einen Angriff auf

---

[413] B.D., II, S. 274f; Massie, Schalen, 356

[414] DDF, 2, V, Nr. 29

[415] Guillen, Pièrre; *L'Allemagne et le Maroc, 1870–1905*, Rabat 1967, 787, (künftig: Guillen, Maroc)

[416] PRO, FO 800/160, Lansdowne an Bertie, 26.4.1905

[417] Andrew, Christopher; *Theophile Delcassé and the Making of the Entente. A Reappraisal of French Foreign Policy 1898–1905*, London/New York 1968, 270–72, 276, 298, (künftig: Andrew, Delcassé)

[418] PRO, FO 800/12, Lansdowne an Lascelles, 9.4.1905

[419] – Also der rangälteste Admiral innerhalb der Admiralität

[420] Brett, Fisher, I, 134/35 u. 22; II, 108; Flood, Ambassadorship, 158; s. auch Hale, Publicity and Diplomacy, 271

[421] Hale, Publicity and Diplomacy, 271ff ; G.P., XXIII, 7781, Anm.

[422] Zit. in Monger, Ursachen, 236 nach Marder, Arthur J.; *Fear God and Dread Nought. The Correspon-*

Deutschland nicht ernsthaft in Erwägung, unternahm aber auch keinen ernsthaften Versuch, die Militärs von ihren drastischen Interventionen in die Politik zurückzuhalten. Bülow und Holstein teilten Lascelles ihre Besorgnis mit. Lansdowne reagierte darauf mit Misstrauen: „Sie <die Deutschen> können nicht ernsthaft glauben, dass wir über einen Schlag gegen sie nachdenken – denken sie zufällig über einen gegen uns nach" und suchen ihn durch unangebrachte Verdächtigungen zu rechtfertigen? Das ganze Gerede, fährt Lansdowne fort, dass wir sie zu einer Anlehnung an Russland trieben, sehe fast so aus.[423] .

Holstein glaubte noch im Frühjahr 1904, dass eine britische Unterstützung Frankreichs eher platonischer Natur sein werde. Einige Monate später war er zur Überzeugung gelangt, Deutschland müsse versuchen, einen sich schließenden Ring zu brechen.[424] Nicht nur die materiellen Interessen Deutschlands schienen eine Berücksichtigung Deutschlands in Marokko zu erfordern – der deutsche Anteil am Handel betrug 1904 14,3 %, war im Wachstum begriffen und Deutsche stellten die größte ausländische Gemeinde im Lande – auch sein Prestige als Großmacht und Weltmacht im Wartestand.[425] Nachdem es die Wilhelmstraße nicht vermocht hatte, Russland in der Marokkofrage auf die eigene Seite zu ziehen, unterstützte sie den Widerstand des Sultans. Dieser antwortete dankbar, er vertraue sich Gott und der deutschen Freundschaft an.[426]

Anfang April 1905 berichtete die Zeitung „Le Temps" von einem anglo-französisch-italo-spanischen Übereinkommen in Bezug auf Marokko. Holstein hielt dies noch für ein Nebelbild. Die englische Regierung werde sich nicht rühren, und eine antideutsche Einigung auf einer eventuellen Konferenz der Mächte über das Scherifenreich sei unwahrscheinlich.[427]

Spanien hatte sich tatsächlich am 3. Oktober 1904 der britisch-französischen Vereinbarung über Marokko angeschlossen und sollte bei der Aufteilung des Landes die Mittelmeerküste erhalten. Sanderson misstraute den Absichten Frankreichs (und Deutschlands) und schlug vor, von Spanien das Versprechen zu erwirken, keinen Teil seines Territoriums einer anderen Macht zu überlassen. Diese Abmachung sollte gegenüber Frankreich (und den anderen Mächten) geheimgehalten werden. – Der Verkauf von spanischen Südseeinseln an Deutschland im Jahre 1899 war noch in guter Erinnerung. Lansdowne riet aber dazu, erst einmal abzuwarten.[428]

Seine Ratgeber hatten Kaiser Wilhelm II. überzeugt, einen Abstecher von seiner Mittelmeerkreuzfahrt zu machen und in einer spektakulären Aktion in Tanger an Land zu gehen. Die Souveränität des Sultans von Marokko sollte hierdurch sichtbar aufgewertet werden. Frankreich und den übrigen Mächten sollte gezeigt werden, „daß es ohne uns nicht geht", wie es Holstein ausdrückte. Ministerpräsident Rouvier hielt den Landgang des deutschen Staatsoberhauptes nicht für bedrohlich, die Botschafter Cam-

---

dance of Admiral of the Fleet Lord Fisher of Kilverstone, London 1956–59, Bd. II, 55, (künftig: Marder, Fear God); ebenso Marder, Arthur J.; From the Dreadnought to Scapa Flow. The Royal Navy in the Fisher Era 1904–1919, vol 1: The Road to War, London 1961, 112, (künftig: Marder, Dreadnought)

[423] PRO, FO 800/12, Lansdowne an Lascelles, 5.1.1905; s. auch PRO, FO 800/130, Lansdowne an Lascelles, 5.1.1905 u. BM, Balfour MSS. Add. MSS 49729, Lascelles an Lansdowne, 13.1.1905

[424] Massie, Dreadnought, 354; Woodward, E.L.; Great Britain and the German Navy, Oxford 1935, 83, (künftig: Woodward, Great Britain); Dugdale, Documents, III, 221; Wormer, Großbritannien, Rußland und Deutschland, 137

[425] Winzen, Bülows, 233; DDF, 2, III, Nr. 44; Flood, Ambassadorship, 152

[426] G.P., XX (I), Nr. 6550, S. 247, Nr. 6555, S. 254, Nr. 6557, S. 255/56

[427] Hallgarten, Imperialismus, I, 633, Anm. 5

[428] PRO, FO 800/336, Sanderson an Nicolson, 15.2.1905; Hamilton, K.A.; Great Britain, France and the Origins of the Mediterranean Agreements of 16th May 1907, 123, in: McKercher, Shadow and Substance

bon und Bihourd sahen hierin keine gegen Frankreich gerichtete Aktion, und nicht einmal die französische Gemeinde in Marokko reagierte feindlich.[429]

Österreich sah die Möglichkeit eines sich anbahnenden deutsch-britisch/französischen Konfliktes mit Unbehagen. Bertie meinte, dass es in britischem Interesse liege, wenn Marokko „eine offene Wunde" zwischen Frankreich und Deutschland sei, ebenso wie es Ägypten zwischen Frankreich und dem Vereinigten Königreich gewesen war.[430] Am 4. April 1905 erinnerte Sanderson Bertie, der mittlerweile britischer Botschafter in Paris war, an das Gespräch, das Hatzfeldt 1899 mit Salisbury über deutsche Ansprüche bei einer eventuellen Aufteilung Marokkos geführt hatte. Sanderson äußerte die Überzeugung, dass die Wilhelmstraße sich ohne die Berücksichtigung deutscher Interessen nicht zufrieden geben werde. „Aber wir können nur warten und sehen, wie sie ihr Spiel entwickeln."[431] Die vorhandenen Unterlagen weisen nicht aus, dass er auf Sanderson antwortete, statt dessen schrieb er an Mallet: Er sehe in Frankreich keine Neigung, mit Deutschland Gespräche über Marokko zu beginnen.[432]

In der britischen Regierung herrschte in diesen Wochen die Überzeugung vor, dass ein Waffenerfolg über das Deutsche Reich sicher wäre, wenn Großbritannien und Frankreich zusammenstünden. Der britische Außenminister war zum Krieg bereit, aber nur wenn **britische** Interessen klar bedroht waren. Die Entente war für ihn keine conditio sine qua non.[433]

Der deutsche Botschafter in London bemerkte gegenüber Sanderson: „Die englische Presse (scheine) (…) in der deutsch-französischen (…) Kontroverse über Marokko mit noch größerer Wärme für die Franzosen einzutreten als diese selbst". Sanderson entgegnete nach Metternichs Worten: „Die hiesige Presse habe leider die Gewohnheit, für Dinge einzutreten, die sie nichts angingen". – Die „Times" tat das ihrige, das es so blieb: Der Korrespondent in Tanger hatte am 20. März geschrieben, Deutschland habe ein Recht, eine eigene Politik in Marokko zu verfolgen. Daraufhin wurde er auf eine Anregung Berties von seinen Vorgesetzten daran erinnert, dass es die Politik seiner Zeitung sei, die Franzosen zu unterstützen.[434]

Lansdowne meinte gegenüber Lascelles Ende 1904, dass die Zeitung manchmal zu deutschfeindlich sei, andererseits nahm er diese und ähnliche Stimmen aber auch in Schutz: Er glaube nicht, dass es irgendeinen gesunden Menschen im Lande gebe, der glaube, es sei für Großbritannien vorteilhaft oder könne oder vorteilhaft werden, mit Deutschland zu streiten.[435]

Der britische Optimismus wurde in Frankreich so nicht geteilt: Der mächtige Bündnispartner Russland war durch die Niederlage gegen Japan und die folgenden innenpolitischen Wirren als Militärmacht weitgehend ausgefallen, und bei einem eventuellen Krieg hätte sich die französische Armee praktisch ohne Unterstützung allein gegen das deutsche Heer behaupten müssen. Die Briten hätten mit ihrer überlegenen Flotte womöglich leichte Siege erfechten können, für die Landmacht Frankreich sah die Situa-

---

[429] Mommsen, Wolfgang J.; *Das Zeitalter des Imperialismus*, Fischer Weltgeschichte, Band 28, Frankfurt/Main 1985, 174, (künftig: Mommsen, Zeitalter); zit. in Winzen, Bülows, 414; Massie, Dreadnought, 356; Guillen, Maroc, 844–46

[430] PRO, FO 800/12, Lansdowne an Lascelles, 9.4.1905; PRO, FO 800/170 Bertie an Mallet, 31.3.1905; s. auch ebd., Mallet an Bertie, 10.4.1905

[431] PRO, FO 800/160, Sanderson an Bertie, 4,4,1905

[432] PRO, FO 800/160 Bertie an Mallet, 12.4.1905

[433] Beloff, Imperial Sunset, 72; Monger, Ursachen, 240

[434] G.P., XX, II, Nr. 6837, S. 602; Hamilton, Bertie, 71/72; s. auch Guillen, Maroc, 845, 878–80 u. Hale, Publicity and Diplomacy, 100

[435] PRO, FO 800/12, Lansdowne an Lascelles, 26.10.1904; ebd., ders., 27.12.1904

tion weit bedrohlicher aus.[436] Alfred von Schlieffen, der Chef des deutschen General-stabes, hat in kleinerem Kreis die Möglichkeit eines Präventivkrieges gegen Frankreich diskutiert. Er vertrat diese Forderung nach einem Waffengang aber nicht mit der Vehe-menz, die führende britische Militärs demonstrierten.[437]

Im Mai 1905 schlug der französische Ministerpräsident Rouvier Deutschland eine gütliche Einigung aller ausstehenden kolonialen Differenzen vor. Rouvier und Delcas-sé boten dem Deutschen Reich „in wechselseitigem Wettbewerb" Ende April/Anfang Mai 1905 einen Hafen in Marokko an, aber erst, **nachdem** sie erfahren hatten, dass Großbritannien sich einer deutschen Festsetzung an der marokkanischen Atlantikküste **mit allen Mitteln** zu widerstehen entschlossen war. Die Angebote sollten offensicht-lich sowohl Marokko und Deutschland voneinander entzweien als auch dazu führen, dass sich das F.O. noch entschlossener auf die französische Seite stellte. Die Verhand-lungen zwischen dem Quai d'Orsay und der Wilhelmstraße zogen sich einige Wochen hin, bis den Deutschen die eigentlichen Ziele Frankreichs klar wurden. Bülow meinte auch vertraulich, es „sei Deutschlands nicht würdig, … sich besondere Vorteile unmit-telbar von Frankreich zugestehen zu lassen". Das deutsche Verhalten erschiene anson-sten lediglich als Manöver, sich ein „möglichst großes Trinkgeld von Frankreich zu verdienen".[438]

Aus britischer Sicht schien aber zeitweise die Gefahr zu bestehen, Deutschland und Frankreich könnten sich direkt verständigen.[439] Bertie hatte bereits im Februar be-richtet, dass vor allem im protestantischen Teil der französischen „Gesellschaft" eine Neigung zu einer Annäherung an Deutschland bestehe.[440] Darum wurde Lansdowne am 23. Mai 1905 vom Kabinett ermächtigt, erneut die Möglichkeit einer britischen Beteiligung an der Bagdadbahn zu sondieren, um einer möglichen deutsch-französi-schen Verständigung vorzubeugen. Großbritannien erwog also die Beteiligung am Schie-nenweg, damit die deutsch-französische Kooperation in dieser Frage nicht der Beginn eines weitergehenden Ausgleichs zwischen den beiden „Erbfeinden" würde. Die feder-führende Deutsche Bank zeigte sich aufgeschlossen: Den Briten wurde anscheinend angeboten, den sie besonders interessierenden Südabschnitt der Strecke zwischen Bag-dad und Basra zu kontrollieren. Lansdowne meinte, dass die Deutschen offensichtlich sehr auf britische Beteiligung bedacht seien, und der britische Botschafter in Konstanti-nopel äußerte seine Hoffnung auf eine Einigung mit den Deutschen. Der deutsche Versuch zu einer Verständigung blieb aber vorsichtig und indirekt, und auch für das F.O. bestand aus seiner Sicht keine Notwendigkeit, sich zu positionieren.[441]

Der marokkanische Sultan, durch Deutschland gestärkt, wies am 3. Juni in aller Form die französische Forderung nach Reformen zurück. Stattdessen nahm er die An-regung der Wilhelmstraße auf und lud zu einer Konferenz der Signatarmächte des Ver-trages von Madrid ein. Die deutschen Verantwortlichen entschlossen sich also trotz einigen Zögerns, auf einer internationalen Konferenz zu bestehen, die Frankreich und Großbritannien demonstrieren sollte, dass Deutschland in einer wichtigen internatio-

---

[436] Auch Lascelles meinte, dass die französische gegen die deutsche Armee kaum eine Chance habe, PRO, FO 800/18, Lascelles an Lansdowne, 7.4.1905.

[437] Ropponen, Risto; *Die Kraft Rußlands. Wie beurteilte die politische und militärische Führung der europäi-schen Großmächte in der Zeit von 1905 bis 1914 die Kraft Russlands?*, Helsinki 1968, 219, (künftig: Roppo-nen, Kraft Russlands); Massie, Dreadnought, 355 u. Hildebrand, Deutsche Außenpolitik, 35

[438] Flood, Ambassadorship, 166; Born, Reichsgründung, 225/26; Hallgarten, Imperialismus, I, 634/35; Winzen, Bülows, 415

[439] S. auch B.D., III, Nr. 94, S. 76; s. auch PRO, FO 800/18, Lascelles an Lord Knollys, 24.3.1905

[440] PRO, FO 800/164, Bertie an Lansdowne, 23.2.1905

[441] Monger, Ursachen 245/46; B.D., VI, S. 329–330; s. auch Monger, Ursachen, 222–24

nalen Frage nicht einfach wie eine „quantité negligeable" behandelt werden könnte.[442] Frankreich lehnte eine Konferenzteilnahme umgehend ab, und Großbritannien, Spanien und der deutsche Dreibundpartner Italien erklärten, dass sie sich am Quai d'Orsay orientierten.

Delcassé sah sich in der französischen Öffentlichkeit und im Parlament aber zunehmend scharfer Kritik ausgesetzt, und der deutsche Botschafter erklärte Ministerpräsident Rouvier: „Der Kanzler des Deutschen Reiches wünscht keinen weiteren Umgang mit Monsieur Delcassé." Die Wilhelmstraße sah keinen Sinn mehr in weiteren Kontakten mit dem zunächst provokativen und dann hinhaltenden Minister. Alle Kollegen Delcassé lehnten seine Politik entschieden ab, und 13 der 15 führenden Zeitungen des Landes verurteilten sie.[443] Auch Rouvier stellte sich gegen die provozierende Politik seines Außenministers, und am 6. Juni musste Delcassé zurücktreten.[444] Lansdowne schrieb, dass Delcassés Rücktritt einen sehr schmerzlichen Eindruck in London hinterlassen habe. Es werde vermutet, dass die Franzosen ihren Außenminister wegen des deutschen Drucks „in einem Anfall von Panik über Bord geworfen" hätten.[445] Sanderson äußerte Verständnis für die deutsche Position: Eine Konferenz, und sei sie nur pro forma, könne den Deutschen dazu dienen, ihr „Gesicht zu wahren".[446]

Womöglich hätte die Wilhelmstraße die Ententepartner entzweien können, wenn sie in eine direkte Verständigung mit Frankreich eingewilligt hätte, Lansdowne äußerte jedenfalls diese Vermutung.[447] Rouvier unterbreitete aber auch jetzt kein definitives Angebot zweiseitiger Verhandlungen, wie von der Wilhelmstraße gewünscht.[448] Für die Briten bestand demnach auch keine Notwendigkeit, sich in der Bagdadbahnfrage näher zu positionieren.

Das britisch-französische Verhältnis war im Sommer und Herbst 1905 nicht von besonderer Herzlichkeit geprägt, und als Bertie im Juli 1905 die Befürchtung äußerte, dass die Franzosen den britischen Code dechiffrieren könnten (wofür er vermutlich selbst die Verantwortung trug), schrieb Sanderson, dass ihn dies schockiere.[449] Im August gab Delcassé ein Zeitungsinterview, in dem er die Vorteile der Freundschaft mit Großbritannien mit einer zu Deutschland verglich.[450] Dies musste in Großbritannien

---

[442] McCullough, How, 69; Mommsen (Zeitalter, 174), Hamilton (Bertie, 70/71) u. Herzfeld (Moderne Welt, II, 59) betonen hingegen, dass die Wilhelmstraße Frankreich und Großbritannien isolieren und die "Entente" schwächen wollte.

[443] Zit. in Massie, Schalen, 364; Andrew, Delcassé, 275–77; McCullough, How, 87; Andrew, Delcassé, 290; Dugdale, Documents, III, 229

[444] S. hierzu Hamilton, Bertie, 77 u. 84; Bertie schrieb Lansdowne am 9. Juni (PRO, FO 800/183), dass er aus zuverlässigen Quellen erfahren habe, Deutschland versuche mit großen Geldsummen, die französische Presse und Abgeordnete zu bestechen. Der Kaiser revanchierte sich Anfang 1906 mit der Behauptung, die Briten hätten 300.000 Pfund in die französische Presse investiert, um Zwietracht zu säen, s. PRO, FO 800/87 Tweedmouth an Grey, 6.1.1906. Im Mai 1906 berichtete Bertie von einem antienglischen Angriff in der französischen Presse, der auf deutsche Bestechungsgelder zurückzuführen sei, PRO, FO 800/184, Bertie an Grey, 11.5.1906 u. ebd. 30.5.1906. Der Historiker Hallgarten schreibt nichts von deutschen „Investitionen" in die französische Presse. Er berichtet, dass Russen und Engländer erhebliche Summen in die französische Presse investierten, um sie zu einer deutschlandunfreundlichen Berichterstattung zu veranlassen (Hallgarten, Imperialismus, I, 644).

[445] Zit. In Neilson, Britain and the Last Tsar, 261

[446] B.D., III, Nr. 126; CUL, Hardinge MSS, Sanderson an Hardinge, 7/448, 27.6.1905; auch Hamilton (Bertie, 95) vertritt diese Ansicht.

[447] PRO, FO 800/127, Lansdowne an Lister, 29.8.1905

[448] McCullough, How, 92

[449] Monger, Ursachen, 265; PRO, FO 800/184, Bertie an Sanderson, 17.7.1905; ebd., Sanderson an Bertie, 20.7.1905

[450] PRO, FO 800/12, Lansdowne an Lascelles, 5.8.1905

als Affront bzw. Drohung verstanden werden. Ende Oktober 1905 bekräftigte der ehemalige Premierminister Rosebery öffentlich seine Ablehnung der Entente mit Frankreich wegen ihrer Auswirkungen auf das Verhältnis zum Deutschen Reich. Grey, ein Bewunderer Roseberys, widersprach: „Rosebery hat unrecht wegen Deutschlands, und ich empfinde das so stark, daß ich opponieren würde, koste es was es wolle, wenn eine Regierung uns ins deutsche Netz zurückschleppen will."[451]

Der deutsche Botschafter Metternich beschwerte sich im Herbst 1905 wiederholt bei Sanderson über die täglichen Angriffe auf den Reichskanzler in der englischen Presse. Sanderson versuchte einerseits, ihre Bedeutung herunterzuspielen. Sie seien lediglich als Indiz zu werten, dass es die britische Öffentlichkeit nicht betrübe, wenn Deutschland kritisiert werde. Andererseits verwies er auf antienglische Angriffe in der deutschen Presse. „Mein eigenes Gefühl", so sagte er Metternich, „wenn ich es nicht zurückhielte und korrigierte, wäre gewesen, dass die gesamte deutsche Presse nachhaltig feindlich gegenüber England eingestellt ist."[452]

Großbritannien drängte die III. Republik auch nach dem Rücktritt Delcassés, eine internationale Konferenz weiterhin abzulehnen, Frankreich willigte aber schließlich ein und beruhigte die britische Regierung mit der Mitteilung, dass es nicht vorhabe, den Ergebnissen der Konferenz allzuviel Aufmerksamkeit zu schenken.[453]

Die diplomatische Position Deutschlands schien sich durch die Verständigung von Björkö mit Russland zu verbessern.[454] Wilhelm II. und Zar Nikolaus II. hatten dort eine Defensivallianz abgeschlossen. Frankreich weigerte sich jedoch, der Vereinbarung beizutreten – die gesamte französische Presse protestierte einmütig gegen jegliche Verbindung mit dem Deutschen Reich –, und da auch die Ratgeber beider Monarchen skeptisch waren, „gingen sowohl die russische wie die deutsche Diplomatie in der Folge über den Vertrag von Björkö hinweg, als habe es diesen nie gegeben". Es war das letzte Beispiel selbstherrlicher Diplomatie gekrönter Häupter in Europa, „und ließ auf beiden Seiten tiefe Mißstimmung zurück".[455]

Das Verhältnis zwischen den Monarchen Großbritanniens und Deutschlands befand sich auf einem Tiefpunkt, herzlich war es ohnedies nie. Lascelles bemühte sich sehr darum, Eduard VII. davon zu überzeugen, sich mit seinem deutschen Neffen zu treffen, aber der König lehnte dies ab, bspw. von Bertie unterstützt.[456]

Im Herbst wurden erstmals seit vielen Jahren britische Seemanöver in der Ostsee abgehalten, der Flottenverband besuchte aber auch Swinemünde und Danzig. Die Presse auf beiden Seiten, „sogar inklusive der Times", wie Lascelles bemerkte, führte eine konziliante Sprache.[457] Anfang September schienen sich für Sanderson die britisch-deutschen Beziehungen verbessert zu haben: „Wir müssen davon ausgehen", schrieb er an Lascelles, „dass die Deutschen für einige Zeit ein wenig reserviert sein werden."[458] – Sie hatten seines Erachtens anscheinend Grund zur Klage. Spring-Rice schrieb am 13.9. an seinen Schwiegervater Lascelles: „Die Gefahr ist, dass unsere gesamte Politik gegenwär-

---

[451] Zit. in Monger, Ursachen, 324/25

[452] PRO, FO 800/12, Sanderson an Lascelles, 24.10.1905

[453] McCullough, How, 93; B.D., III, Nr. 134

[454] S. auch Winzen, Bülows, 420; zur einseitigen Interpretation Björkös von Hardinge s. seine „Old Diplomacy" (109)

[455] Hale, Publicity and Diplomacy, 275; Mommsen, Zeitalter, 175

[456] PRO, FO 800/12 siehe den umfangreichen Briefwechsel zwischen Lascelles und den Privatsekretären des Königs (Knollys, Ponsonby) sowie ebd.; Lascelles an Sanderson, 22.8.1905; Hamilton, Bertie, 98/99

[457] PRO, FO 800/12, Lascelles an Sanderson, 30.8.1905

[458] PRO, FO 800/12, Sanderson an Lascelles, 4.9.1905

tig dem Verdacht ausgesetzt werden kann, sich viel weniger auf dem Wunsch zu gründen, mit allen Nationen befreundet zu sein, als sich an einer zu rächen."[459]

Eine Veröffentlichung im „Matin" von Anfang Oktober führte zu neuerlicher Aufregung: Die französische Zeitung behauptete, Großbritannien habe der III. Republik militärische Unterstützung für den Fall versprochen, dass Frankreich die vom Deutschen Reich geforderte internationale Konferenz ablehne. Dies nährte in Deutschland den Verdacht, dass London einen Krieg zwischen Frankreich und Deutschland herbeizuführen wünsche. Sanderson legte Lansdowne nahe, dem Zeitungsbericht offiziell zu widersprechen, was der Außenminister jedoch ablehnte.[460] Lansdowne wünschte offensichtlich eine angespannte internationale Situation.

Sanderson sagte Metternich, dass ein eventueller Krieg zwischen Frankreich und dem Deutschen Reich im britischen Kabinett überhaupt nicht diskutiert worden sei. Dies war eine Fehlinformation: Im Juli 1905 begannen die britischen Planungen für einen Kriegsfall mit Deutschland, Premierminister Balfour und auch Sanderson waren involviert. Zu dem angeblichen britischen Versprechen, im Kriegsfalle 100.000 Mann in Schleswig-Holstein zu landen, sagte Sanderson: „Wir haben keine hunderttausend Mann, um sie irgendwo anzulanden."[461] Der Staatssekretär informierte den Außenminister umgehend über das Gespräch[462] und schrieb an Lascelles, dass ihn der Zeitungsbericht ziemlich „umgehauen" habe. Dieser sei wohl von Delcassé ausgegangen, eine Vermutung, die auch schon Metternich geäußert hatte.[463]

Das angebliche Angebot eines Kriegseintritts gegen Deutschland wurde in der britischen Presse mit eisiger Zurückhaltung aufgenommen, aber auch nicht empört zurückgewiesen.[464] In den folgenden Wochen verbreitete sich dann das Gerücht, Eduard VII. habe Delcassé die Landung von 100.000 Mann in Schleswig-Holstein versprochen.[465] Fakt war, dass die britische Admiralität im RVA im Juli 1905 für den Kriegsfall eine Landung britischer Truppen in Schleswig oder Pommern vorgeschlagen hatte, – was der militärische Geheimdienst und das Heer jedoch ablehnten.[466]

Metternich wurde immer wieder bei Sanderson vorstellig, um sich in seiner verdrießlichen Art über den Ton der britischen Presse zu beschweren. Das F.O. hatte nach Sandersons Ansicht aber keine Möglichkeit, mäßigend einzugreifen. Er bedauerte, dass die Zeitungen nicht von dem Thema lassen konnten, und empfahl, geduldig zu warten, bis sie ein anderes, aufregenderes Thema gefunden hätten.[467]

Rosebery hatte die Entente mit Frankreich bereits beklagt, weil diese zu bitterer Feindseligkeit gegenüber Deutschland führe, und am 26. Oktober betonte Indienminister Brodrick in einer öffentlichen Rede auf Deutschland bezogen, dass

> „es keine offene Frage irgendeiner Art zwischen den beiden Regierungen gibt, nichts gibt, was zwischen ihnen Feindschaft stiften müßte, und daß es nichts gibt, was sie von Freundschaft trennt … Ein gutes Einvernehmen mit unseren Nachbarn ist nötig und erwünscht, welche Sprache sie auch sprechen."[468]

---

[459] PRO, FO 800/12, Spring-Rice an Lascelles, 13.9.1905

[460] Hale, Publicity and Diplomacy, 274; PRO, FO 800/145, Sanderson an Lansdowne, 9.10.1905

[461] Mc Dermott, J.; *The Revolution in British Military Thinking from the Boer War to the Moroccan Crisis*, 109/10, (künftig: Mc Dermott, Revolution), in: Kennedy, Paul M.; *The War Plans of the Great Powers, 1880–1914*, London 1979; G.P., XX, Nr. 6873, S. 663

[462] PRO, FO 800/116, Sanderson an Lansdowne, 9.10.1905

[463] PRO, FO 800/12, Sanderson an Lascelles, 10.10.1905; G.P., XX, Nr. 6873, S. 663

[464] Guinn, Paul; *British Strategy and Politics 1914 to 1918*, Oxford 1965, 8, (künftig: Guinn, British Strategy)

[465] Guinn, British Strategy, 8 u. Hamilton, Bertie, 96/97

[466] Mc Dermott, Revolution, 109

[467] PRO, FO 800/12, Sanderson an Lascelles, 10.10.1905 u. ebd., 24.10.1905

[468] Zit. in Monger, Ursachen, 282; s. auch Brodricks Brief an Lascelles vom 1.11.1905 (PRO, FO 800/12)

Am 1. Dezember wurde das „Anglo-Deutsche-Freundschaftskomitee" gegründet. Politische Forderungen wurden nicht erhoben, aber guter Wille betont. Die liberale Presse berichtete positiv, die konservative teils zurückhaltend, v.a. aber ablehnend, wie die „Times" und die „Daily Mail". „Der französische Botschafter verfolgte die Entwicklung mit besorgtem Interesse, maß den pro-deutschen Kräften aber keine realistische Erfolgschance bei." Lansdowne schrieb an Lascelles, dass jeder Versuch, bspw. durch überschwängliche Komplimente ein besseres Verhältnis zwischen dem Vereinigten Königreich und Deutschland herbeiführen zu wollen, ein Fehler wäre:

> „Solch ein Vorgehen könnte keinen Wandel in der vorherrschenden hiesigen öffentlichen Meinung herbeiführen, die tief verwurzelt ist. Es würde im Gegenteil die Franzosen stark beunruhigen und den Teil der britischen Öffentlichkeit, der durch die französische Brille schaut."[469]

Unser Protagonist versuchte das ihm Mögliche, etwas zur Verbesserung der britisch-deutschen Beziehungen beizutragen. Im November weigerte sich bspw. Eduard VII., den Bürgermeistern von Danzig und Swinemünde Auszeichnungen zu verleihen, den Städten, in denen sich der britische Flottenverband kürzlich aufgehalten hatte. Dies war ein ungewöhnlicher Affront. Sanderson suchte daraufhin zwei teure Silberkrüge für sie aus, die er zudem noch gravieren ließ. Lascelles beklagte das Misstrauen, das in Deutschland gegen Großbritannien herrsche: „Dies ist sehr betrüblich, und es ist außerordentlich schwierig damit umzugehen, umso mehr, als ein ähnlich ausgeprägtes Misstrauen gegenüber Deutschland in England herrscht."[470]

Die konservative Regierung schwankte im Herbst 1905, und ihr baldiges Ende war abzusehen. Die Frage, wer künftiger britischer Außenminister werden sollte, beunruhigte die Bertie-Hardinge-Gruppe. Mallet schrieb, dass „es von außerordentlicher Wichtigkeit ist, jemanden zu haben, der die Liberalen in Ordnung hält". Campbell-Bannerman, der künftige liberale Premierminister, hatte zunächst Lord Cromer den Posten des neuen Außenministers angeboten, wandte sich dann aber an Grey. Er fürchtete, ansonsten die „Liberal-Imperialists" zu verärgern, auf deren Unterstützung er aber angewiesen war, und wollte den Konservativen, die sich bereits als **die** Partei des Empire etabliert hatten, auch keine Angriffsfläche bieten.[471] Zudem setzte sich der König nachdrücklich und mit Erfolg für eine starke Stellung der Imperialisten innerhalb der Regierung ein. Lansdowne, aber auch Sanderson waren froh, dass Grey neuer Außenminister wurde, möglicherweise nicht zuletzt wegen dessen angenehmer Persönlichkeit.[472] Grey war ein Schüler und Bewunderer Roseberys und hätte es bevorzugt, unter ihm zu dienen. Nachdem dieser Weg verbaut war, nicht zuletzt, weil sich Rosebery öffentlich gegen die „Home-Rule"-Pläne der neuen Regierung stellte, schrieb er am 26. Dezember 1905 an den früheren Premierminister, er werde seine Dokumente in Zukunft mit einem „R" signieren, „als ob ich für Sie unterzeichnen würde".[473]

Grey zählte zwar erst 43 Jahre, galt aber als **der** außenpolitische Experte der Liberalen und war in den vorhergehenden 10 Jahren immer wieder durch Reden zur äußeren Politik öffentlich in Erscheinung getreten. Seine Französischkenntnisse waren allerdings

---

[469] Hollenberg, Englisches Interesse, 74/75; PRO, FO 800/12, Lansdowne an Lascelles, 31.10.1905; s. auch PRO, FO 800/12, Sanderson an Lascelles, 7.11.1905

[470] PRO, FO 800/12, Sanderson an Lascelles, 7.11.1905; PRO, FO 800/18, Lascelles an Sanderson, 20.10.1905

[471] Zit. in Monger, Ursachen, 321; Steiner, Britain Origins, 38. Thornton schreibt (Imperial Idea, 78/79), dass Cromer Zeit seines Lebens ein Liberaler gewesen sei, s. hierzu auch PRO, FO 633/21, Cromer an Sanderson, 25.11.1912

[472] Wilson, The Making; Wilson, Policy Entente, 19; BL, MSS Bryce, 130, Sanderson an Bryce, 9.12.1905

[473] Wilson, Grey, 173; s. auch Steiner, Foreign Office and Foreign Policy, 83

eher bescheiden, von anderen Fremdsprachen ganz zu schweigen. Um seine Kenntnis der modernen nicht-britischen Geschichte war es kaum besser bestellt, er hatte auch praktisch keine Auslandsreisen unternommen. Grey wurde trotzdem weithin geschätzt. Er galt als ehrlich, fleißig und als jemand, der sich nicht von den Leidenschaften der parteipolitischen Kontroverse mitreißen ließ. Der neue Minister war nicht eitel, es drängte ihn nicht danach, im Mittelpunkt zu stehen, er war eher schüchtern und zog die Vogelbeobachtung oder das Fischen der Politik im Grunde vor.[474]

Das neue Kabinettsmitglied betonte nachdrücklich die Bedeutung der Entente. Dies brachte bspw. Mallet dazu, Grey als „völlig gesund" und als den „rechten Mann" für das Außenministerium zu bezeichnen. Hardinge empfahl Grey sehr nachdrücklich Mallet als Privatsekretär, was dieser dann auch wurde, und auch andere Personalüberlegungen der Bertie-Hardinge-Gruppe ließen sich umsetzen.[475] Auch Lansdowne hatte eine profranzösische Politik verfolgt, aber nur dann, wenn es britische Interessen zu erfordern schienen, ansonsten hielt er Distanz, wie etwa im Fernen Osten. Sanderson war noch zugeknöpfter. Er zeigte keine Neigung, Großbritanniens Interessen mit denen Frankreichs zu identifizieren.[476]

Die französische Öffentlichkeit reagierte erleichtert auf die Berufung Greys, man habe einen Minister mit „deutschen Neigungen" befürchtet, wie Bertie schrieb.[477] „Grey zeigte (...) viel größeres Interesse für die Entente selbst, für die Erhaltung französischer Stärke." Die Entente war für ihn ein grundlegendes und dauerhaftes Element der Beziehungen Großbritanniens mit den anderen europäischen Mächten.[478] Die britisch-deutschen Spannungen führte er gegenüber Lascelles weder auf das Anwachsen der deutschen Flotte noch auf eine Handelskonkurrenz zurück, sondern auf die Abneigung der Wilhelmstraße gegen die Verständigung mit Frankreich:

> „Wenn wir nur ganz sicher sein könnten, daß Deutschland unsere öffentlichen Verpflichtungen nicht als unvereinbar mit den deutschen Interessen ansieht, und wenn es nur glauben würde, daß wir es nicht schlecht mit ihm meinen, dann würde die neuerliche Reibung verschwinden", wie er am 1. Januar 1906 an den Botschafter in Berlin schrieb.

Wenn die Marokkokonferenz gut verlaufe, verbesserten sich die britisch-deutschen Beziehungen sofort, versprach Grey, Lascelles solle sich bis dahin aber zurückhalten. Wenn dieser zu freundlich agiere, so könne dies in Frankreich als lediglich lauwarme Unterstützung des Bündnispartners angesehen werden.[479] Grey behauptete, dass Großbritannien Deutschland nicht unfreundlich gesonnen sei, dieses England aber in die Defensive gedrängt habe.[480] Dass Großbritannien keine **gegen** ein anderes Land gerichtete Politik treibe, werde schon allein daran deutlich, dass die Bündnisvereinbarungen Großbritanniens, ebenso wie die Fakten der Entente aller Welt zur Kenntnis gegeben worden seien. „Dies wäre nicht so, wenn sie gegen irgendein anderes Land gerichtet wären", wie Grey am 1. Januar 1906 Lascelles schrieb. War dem Außenminister der geheime Teil der Ententevereinbarung etwa nicht bekannt?[481]

---

[474] Zu Grey s. z.B. Busch, Hardinge, 100/01; Semmel, Imperialism and Social Reform, 58/59; Steiner, Foreign Office and Foreign Policy, 83; Hardinge, Old Diplomacy, 122, 192/93; Matthew, H.C.G.; *The Liberal Imperialists. The Ideas and Politics of a post-Gladstonian Élite*, Oxford 1973, 287, (künftig: Matthew, Liberal Imperialists); Steiner, Britain, Origins, 38/39

[475] Hamilton, Bertie, 102; Monger, Ursachen, 321; Busch, Hardinge, 96/97; Monger, Ursachen, 331

[476] Steiner, Foreign Office and Foreign Policy, 58

[477] PRO, FO 800/164, Bertie an Grey, 12.12.1905

[478] Monger, Ursachen, 335; Hamilton, Bertie, 103

[479] Zit. in Monger, Ursachen, 334/35

[480] Wormer, Großbritannien, Rußland und Deutschland, 33

[481] PRO, FO 800/8, Grey an Lascelles, 1.1.1906

Der neue liberale Premierminister Campbell-Bannerman begrüßte in einer Rede die „inoffiziellen Bekundungen von Freundschaft" gegenüber Deutschland. Sozialisten, Pazifisten, Linksliberale, ältere Liberal-Konservative und führende Vertreter der Wirtschaft waren beunruhigt über die germanophobe Stimmung im Lande. Die Handelskammern von Birmingham und Nottingham begrüßten nachdrücklich gute britisch-deutsche Beziehungen, Letztere verurteilte zudem die „ärgerlichen Bemerkungen, die gelegentlich in der Presse gemacht werden". Auch im Deutschen Reich verabschiedeten zahlreiche Handelskammern (z.B. in Frankfurt/Main, Berlin, Offenbach, Köln) einmütig ähnliche Resolutionen. Einflussreiche Einzelpersönlichkeiten wie der Dresdner Oberbürgermeister schlossen sich dem an, in Stuttgart gab es gar eine öffentliche Kundgebung. Der Kaiser behandelte den britischen Marineattaché betont herzlich, und Lascelles bemerkte dazu, dass sich Wilhelm II. ihm gegenüber häufig so verhalte.[482]

Der Regierungswechsel von Ende 1905 wurde von Seiten der Freunde eines entspannten britisch-deutschen Verhältnisses mit einigen Hoffnungen gesehen. So war bspw. Haldane, der neue liberale Kriegsminister, ein bekennender Bewunderer deutscher Kultur. Zwischen 1890 und 1912 reiste er jährlich mindestens einmal nach Deutschland, „wo er den Spuren Goethes, aber auch Kants und Hegels nachging". Der scherzhaft „Lord Ilmenau" genannte Haldane sagte von sich, Hegels „Phänomenologie" neunzehnmal gelesen zu haben.[483]

Am 3. Januar warnte Grey jedoch Metternich, dass die britische öffentliche Meinung es der Regierung unmöglich machen könne, bei einem Krieg zwischen Frankreich und Deutschland beiseite zu stehen. Grey ging hier weit über die Sprache Lansdownes hinaus. Der Minister bestritt gegenüber Lascelles am 8. Januar „dass unsere Politik gegenüber Deutschland durch Animosität oder feindliche Absichten inspiriert ist. Dies ist ganz und gar nicht wahr, weder von Seiten der Regierung noch der britischen Bevölkerung".[484] Am folgenden Tag schrieb Sanderson an den Botschafter in Berlin, dass es „wirklich grotesk" wäre, wenn es wegen der Organisation der Polizei in „maurischen Häfen" zu einem europäischen Krieg käme. Lascelles teilte diese Einschätzung.[485] Er schrieb dem Außenminister am 11. Januar, dass Deutschland seines Erachtens die Marokkofrage friedlich und freundschaftlich lösen wolle, „und dass jede Verdächtigung deutscher Absichten eine bedauerliche Wirkung ausüben könnte".[486] Am 12. Januar, wenige Tage vor Beginn der Marokkokonferenz in Algeciras, schrieb Lascelles an Grey:

> „Mein Eindruck ist, und dieser wird durch alle meine Kollegen mit denen ich gesprochen habe, geteilt, dass die deutsche Regierung sehr darauf bedacht ist, die ganze Frage in einer Art und Weise loszuwerden, die sowohl für sie als auch für Frankreich ehrenhaft ist. In anderen Worten, dass sie bereit ist, klein beizugeben, ohne dass es nach außen so scheint."

Lascelles vermutete den Störenfried eher auf Seiten Frankreichs: Da dieses nicht in der Lage sei, wirtschaftlich mit Großbritannien oder dem Deutschen Reich zu konkurrieren, versuche es seine Einflussgebiete ökonomisch abzuschirmen.[487] Mit anderen Worten: Die III. Republik betreibe (auch) in Marokko eine Politik, die nicht nur für Deutsch-

---

[482] Hollenberg, Englisches Interesse, 78, 63; PRO, FO 371/75, 3806 und 12464; ebd., 2442 u. 3572
[483] Hollenberg, Englisches Interesse, 77 u. Anm. 63a ; ebd., 156 u. Anm. 57; Steinberg, Kaiser and the British, 132
[484] PRO, FO 800/61, Grey an Lascelles, 8.1.1906. Grey mochte Metternich und kam gut mit ihm zurecht (PRO, FO 800/13, Sanderson an Lascelles, 9.1.1906)
[485] PRO, FO 800/13, Sanderson an Lascelles, 9.1.1906; PRO, FO 800/19 Lascelles an Lord Knolly, 8.2.1906
[486] PRO, FO 800/61, Lascelles an Grey, 11.1.1906; s. auch PRO, FO 800/19 Lascelles an Grey, 4.1.1906; zur Haltung Lascelles s. auch PRO, FO 800/19, Lascelles an Grey, 4.1.1906
[487] PRO, FO 800/19, Lascelles an Grey, 12.1.1906

land, sondern auch für Großbritannien von Nachteil sei. Dies entsprach zweifellos den Tatsachen. Lascelles fand für seine Ansichten jedoch immer weniger Verständnis.

Mitte Januar waren Bertie, der britische Botschafter in Paris, und Cambon, der französische Botschafter in London, Gäste des englischen Königs. Nach Cambons Bericht sagte Bertie, ein französisch-deutscher Krieg würde zum Zusammenbruch Frankreichs führen. Deutschland würde die Hegemonialmacht Europas werden, Belgien und die Niederlande fielen unter deutschen Einfluss, und über kurz oder lang würde Großbritannien mit der europäischen Vormacht fechten müssen, aber ohne französische Unterstützung. Bertie hatte kein Verständnis für die deutschen Sorgen, Frankreich könnte – der britischen Rückendeckung sicher – Marokko unter einem Vorwand einfach besetzen.[488] Er betonte gegenüber dem britischen Außenminister, dass die III. Republik sich mehr als bloßer diplomatischer Unterstützung Großbritanniens sicher sein müsse. Ansonsten bestehe „die ernsthafte Gefahr eines völligen Umschlags der Gefühle auf Seiten der französischen Regierung und der öffentlichen Meinung in Frankreich" in Bezug auf Großbritannien und Deutschland.[489]

Bereits wenige Tage nach dem Amtsantritt der liberalen Regierung hatten Mitte Dezember 1905 zwei Zusammenkünfte zwischen Grierson, dem Leiter des britischen militärischen Geheimdienstes, und Huguet, seinem französischen Kollegen, stattgefunden. Ersterer teilte ihm Einzelheiten der britischen Vorbereitungen für einen Waffengang mit dem Deutschen Reich mit und schilderte den Verlauf der Erörterungen zwischen dem Kriegsministerium und der Admiralität. Nach dem Bericht Oberst Repingtons, des führenden Militärfachmanns Großbritanniens und Korrespondenten der „Times", begrüßte der französische Generalstab diese britische Annäherung „mit tiefem Erstaunen".[490]

Am 10. Januar 1906 sprachen der neue Außenminister Grey und der französische Botschafter Cambon über ein britisches Eingreifen für den Fall eines französisch-deutschen Krieges. Cambon meinte, dass die Gespräche zwischen militärischen Stellen beider Seiten fortgesetzt werden sollten. – Sanderson war bei dem Gespräch anwesend, und Grey schilderte in seinen Erinnerungen, wie unruhig der Staatssekretär bei diesem Gesprächsgegenstand wurde: „Eine Hand lag auf seinem Knie", schrieb Grey, „und als Cambon die französische Sicht vorbrachte, schlug er unruhig und unablässig mit der Hand auf das Knie, eine Bewegung, die Sanderson zweifellos unbewusst, aber bezeichnend war für die schwierige Lage des Augenblicks." – Grey stimmte der Fortsetzung der Gespräche zu, lehnte aber vorerst ab, eine bindende Zusage über das britische Verhalten zu geben, da zuvor die Parlamentswahl vorüber sein und das Kabinett befragt werden müsste.[491] Er bekannte Cambon aber seine persönliche Ansicht, dass, falls es wegen der Ententevereinbarungen zum Krieg zwischen Frankreich und dem Deutschen Reich kommen sollte, sich die öffentliche Meinung in Großbritannien nachdrücklich auf die Seite Frankreichs stellen werde. Sanderson versuchte, den Außenminister zurückzuhalten. Nach dem Bericht Cambons schränkte er die Äußerung seines Ministers wieder ein. Er betonte, die Haltung Großbritanniens hänge von der Kriegsursache ab, lehnte also den quasi Automatismus Greys ab.[492]

---

[488] DDF, 2, IX, Nr. 55, 1; B.D., III, Nr. 241/242, S. 224; Hamilton, Bertie, 105/06

[489] B.D., III, Nr. 213, Bertie an Grey, 13.1.1906

[490] Monger, Ursachen, 295, 298, 307 nach Court-Repington, Charles à; *The World War 1914–1918. Personal Experiences*, London 1920, vol. 1, 10

[491] Grey of Fallodon, Viscount E.; *Twenty-Five Years*, vol. I, Toronto 1925, 86, (künftig: Grey, Twenty-Five Years); Monger, Ursachen, 311/12; B.D., III, 210 (a)

[492] DDF, 2/8, 385

Sanderson sondierte bei Grierson über die Natur der bereits erfolgten Gespräche mit den Franzosen, wurde von diesem aber absichtlich getäuscht und konnte Grey auch nicht davon abhalten, Gespräche auch noch mit den Belgiern zu beginnen, – die nicht darum gebeten hatten.[493] Grey unterrichtete Premierminister Campbell-Bannerman schriftlich über die Tatsache eines Gesprächs mit Cambon, verschwieg jedoch den wichtigsten Teil des Gesprächs, den militärischen. Der Außenminister täuschte den Premierminister, und dieser unterließ es, seine Kabinettskollegen über den Kontakt Greys mit Cambon auch nur zu informieren, denn er wusste, dass zahlreiche Kabinettsmitglieder bereits das, was Grey offenbart hatte, ablehnen würden. Dies könnte jedoch den Bestand seiner jungen Regierung gefährden.

> „Die Episode zeigt im Ganzen das Fehlen von Aufrichtigkeit auf (...) <Greys> Seite und die Einführung einer neuen Auffassung über die Beziehung zwischen Kabinett und Außenminister. Lansdowne hatte seinen Kollegen über alles Wichtige berichtet und es mehrmals hingenommen, überstimmt zu werden. Grey war nicht gewillt, dieses Risiko zu laufen."[494]

Die Gespräche zwischen Grierson und Huguet, diesmal zumindest vom Außen- und Kriegsminister authorisiert, begannen bereits am 15. Januar. Das Einzige, was Sanderson noch blieb, war gegenüber Grierson zu betonen, dass die ganze Angelegenheit eine akademische Diskussion sein solle, also keinen bestimmten Zweck verfolge. – Sowohl Grey als auch Kriegsminister Haldane behaupteten später wahrheitswidrig, die Einwilligung Campbell-Bannermans für die Militärgespräche gehabt zu haben.[495] Sie konnten diese Behauptung gefahrlos aufstellen, da der ehemalige Premierminister bereits seit Jahren verstorben war und die relevanten Akten noch lange Jahre der Geheimhaltung unterlagen.

Am 16. Januar 1906 begann die Marokkokonferenz, mit Sir Arthur Nicolson als britischem Chefunterhändler. Die französische Haltung in Algeciras war eindeutig: Deutschland sollte weder bei der Kontrolle der Staatsbank noch bei der Beaufsichtigung der Polizei – den beiden Hauptmöglichkeiten Einfluss zu nehmen – irgendeinen „Fuß in die Tür" bekommen. Hierfür war die III. Republik auch bereit, einen Krieg zu führen. Dies machte der französische Botschafter in London dem britischen Außenminister unmissverständlich deutlich.[496] Der Quai d'Orsay war also bereit, sehr hoch zu pokern. Er muss sich absolut sicher gewesen sein, dass das Deutsche Reich trotz der entscheidenden Schwächung Russlands es unter keinen Umständen auf ein gewaltsames Kräftemessen ankommen lassen wollte. Womöglich besaß die französische Führung unzweideutige Geheimdienstinformationen.

Die Wilhelmstraße war willens, bei der marokkanischen Finanzkontrolle umfassende Zugeständnisse zu machen, wenn Frankreich bei der Frage der Polizei Kooperationsbereitschaft zeige. Rouvier meinte allerdings, dass Frankreich von Deutschland nicht viel zu fürchten habe, die Republik also kein Entgegenkommen demonstrieren müsse.[497] Grey schrieb an Lascelles, er wolle die Franzosen nicht zur Mäßigung mahnen, weil sie dann glauben könnten, dass Großbritannien Abstand von der Entente Cordiale nähme. Lascelles bekräftigte nach einem Gespräch mit dem Reichskanzler seinen Eindruck, die Deutschen wollten die ganze Frage „loswerden". Bülow habe deutlich gemacht, dass es mit Sicherheit keinen Krieg geben werde.[498]

---

[493] Monger, Ursachen, 309–15; s. auch B.D., III, 210(a), (b) u. ebd., 212, 214, 217 (b) sowie D.D.F., VIII, 385; Williamson, Samuel R. (Jr.); The Politics of Grand Strategy. Britain and France prepare for War, 1904–1914, Cambridge (Mass.) 1969, 74/75; (künftig: Williamson, Grand Strategy)

[494] Monger, Ursachen, 337, 320, auch 317–19 u. 342

[495] B.D., III, 217 (a); Williamson, Grand Strategy, 76.

[496] B.D., III, Bertie an Grey, 16.1.1906; B.D., III, Nr. 224

[497] Busch, Hardinge, 107

[498] PRO, FO 800/61, Grey an Lascelles, 16.1.1906; PRO, FO 800/19, Lascelles an Grey, 25.1.1906

Am 31. Januar 1906, die Wahlen waren erfolgt, wiederholte Cambon bei einem Gespräch mit Grey seine Frage, inwieweit Frankreich im Falle eines Krieges gegen Deutschland wegen Marokko auf britische Hilfe zählen könne. Der Außenminister sagte, dass ein schriftliches Versprechen die Entente in ein Defensivbündnis verwandeln würde, was das Kabinett vor dem Parlament aber nicht geheimhalten könne. Er erweckte indirekt also den Eindruck, dass die Ministerrunde informiert und einem solchen Bündnis nicht abgeneigt sei. Sanderson sagte Cambon am darauf folgenden Tag, dass, wenn das Kabinett ohne die Einwilligung der Volksvertretung eine Zusicherung gebe, die das Land in einen Krieg verwickeln könnte, dies ein Anlass wäre, einen Antrag auf Absetzung der Regierung zu rechtfertigen. Er machte zudem sehr deutlich, dass das Kabinett vom Außenminister bislang **nicht** informiert worden sei und dass zweifelhaft sei, ob es einer Militärallianz mit Frankreich zustimmen würde. Sanderson betonte auch, dass ihm keine geheime Vereinbarung Großbritanniens mit einem anderen Land bekannt sei, in der die britische Regierung mehr versprochen habe als eine wechselseitige Konsultation, welche Richtung eingeschlagen werden könnte, falls die Politik, auf die sich beide verständigt hätten, durch eine andere Macht in irgendeiner Weise gefährdet wäre. Er machte Cambon klar, dass Grey nicht vom Kabinett autorisiert war, und warnte die Franzosen also deutlich davor, sich zu sehr auf britische Hilfe zu verlassen.[499] Es ist bemerkenswert, dass sich Sanderson, der für seine außerordentliche Verschwiegenheit und Loyalität bekannt war, genötigt sah, seinen Minister in dieser beispiellosen Weise zu korrigieren.

Die Gespräche auf Generalstabsebene wurden fortgesetzt. Das britische Kabinett erfuhr sechs Jahre nichts davon. Das verfassungswidrige Verhalten von Ministern in dieser Frage blieb kein Einzelfall: das Kabinett stimmte in späteren Jahren Marinegesprächen mit Frankreich und Russland zu, die Bindungen schufen, die vor dem Parlament bestritten wurden.[500]

Der am 1. Februar pensionierte Sanderson meinte einige Tage darauf, dass die Aussichten auf eine Einigung auf der Konferenz zur Zeit nicht gerade „brillant" seien. Er könne aber nicht glauben, dass Frankreich oder Deutschland im Falle seines Scheiterns das Risiko eines Krieges eingingen. Hardinge schrieb, dass die unbedingte Unterstützung Frankreichs durch Großbritannien einen mäßigenden Einfluss auf Deutschland ausübe und die Situation in Europa in einem Jahr wieder ganz anders aussehen könne, wenn sich Russland wieder erholt habe.[501]

Lascelles schlug Grey am 16. Februar vor, dass eine dritte Macht, z.B. Italien oder die Vereinigten Staaten, einen Kompromissvorschlag in der Frage der marokkanischen Polizei vorlegen sollten.[502] Grey lehnte dies ab. Er betonte, dass im Falle einer mangelnden Unterstützung Frankreichs, die Ehre und das internationale Ansehen Großbritanniens ernsthaft beschädigt würden. Die Gefahr eines Krieges dürfe nicht gescheut werden. Lascelles Berichte, Deutschland werde wegen Marokko keinen Krieg führen, veranlassten Grey und Hardinge nicht zur Mäßigung. Grey selbst war der Ansicht, dass Deutschland Marokko „leid ist". Dies bestärkte sie in ihrem Willen, Frankreich bedingungslos zu unterstützen.[503] So konnten die französisch-deutschen Spannungen ohne großen Aufwand vertieft werden.

---

[499] Hamilton, Bertie, 33; Woodward, Great Britain, 91, Anm. 2 nach B.D., III, 180–85; DDF, 2/9, 106

[500] Massie, Schalen, 487; Steiner, Foreign Office and Foreign Policy, 192/93

[501] PRO, FO 800/13, Sanderson an Lascelles, 6.2.1906; s. auch PRO, FO 800/241, Sanderson an Spring-Rice, 6.2.1906; PRO, FO 800/338, Hardinge an Nicolson, 8.2.1906

[502] PRO, FO 800/19, Lascelles an Grey, 16.2.1906; PRO, FO 800/61, Lascelles an Grey, 16.2.1906

[503] Wilson, Keith M.; *The Making and putative Implementation of a British Foreign Policy of Gesture, De-*

Grey war zunächst aber bereit, Deutschland einen Hafen oder eine Kohlenstation in Marokko zuzugestehen. Die Admiralität erhob hiergegen überraschenderweise auch keine Einwände.[504] Hardinge lehnte ein solches Zugeständnis entschieden ab, ebenso wie Lansdowne im Frühjahr 1905 und auch Grey rückte bald wieder davon ab. – Es gab übrigens auch keine Indizien, dass das Deutsche Reich einen marokkanischen Hafen forderte. Hardinge meinte, Großbritannien müsse Frankreich unterstützen, „ohne irgendwelche Einschränkungen, ob die Aktion Frankreichs in Marokko aggressiv ist oder nicht. Dieses Wissen wird Deutschland fast sicher abschrecken." Wenn die III. Republik allein gelassen werde, würden Frankreich und auch Russland mit Sicherheit Satelliten Deutschlands werden.[505] Grey machte seine Unterstützung nicht von einem bestimmten Verhalten Frankreichs abhängig. Der Quai d'Orsay verfügte praktisch über einen Blankoscheck.[506] Auch der englische König machte dies demonstrativ deutlich: Bei seinem Aufenthalt in Paris im März empfing er Delcassé zum Mittagessen in der britischen Botschaft.

Hardinge, Sandersons Nachfolger als Staatssekretär, meinte: „… die Politik des Kaisers ist offensichtlich in jeder Hinsicht unversöhnlich."[507] Er schrieb Lascelles, was John Burns, ein linksliberaler Minister, einem Vertreter der deutschen Botschaft in London gesagt hatte: 'Ihr Deutschen müsst euer Betragen bessern, oder ihr werdet die Ostsee schwarz von unseren Schiffen finden und wir werden euren Kaiser fertigmachen.' Ich mag John Burns Vorstellung von Diplomatie", fügte Hardinge hinzu.[508] Lascelles entgegnete kühl:

> „Ihr Bericht über das Gespräch von Mr. John Burns mit dem deutschen Vertreter ist höchst amüsant, aber wenn unsere führenden Minister in dieser Art und Weise über den Kaiser reden, wird unserer Klage über die Sprache weniger bedeutender deutscher Vertreter nicht der Boden unter den Füßen fortgezogen?"[509]

Dass Hardinge eine auftrumpfende militaristische Sprache schätzte, darf nicht verwundern, Burns aber war für seine prinzipiell pazifistische Einstellung bekannt und hatte die britische Politik während des Burenkrieges scharf kritisiert.[510]

Deutschland hatte einen schweren Stand auf der Algeciraskonferenz. So berichteten insgesamt 20 französische, sechs britische, aber nur drei deutsche Journalisten vom Ort des Geschehens.[511] Dies war sicher keine gute Voraussetzung, um die internationale öffentliche Meinung zu den eigenen Gunsten zu beeinflussen. Der Historiker Hale schreibt, dass die französischen und britischen Berichterstatter „Deutschlands Eintreten für die offene Tür und das Prinzip der Internationalisierung als Deckmantel für finstere Absichten darstellten". Frankreich hingegen wurde als Verteidiger europäischer

---

cember 1905 to August 1914: The Anglo-French Entente Revisited, in: CANADIAN JOURNAL OF HISTORY, August 1996, 227–255: „… a little Morocco sick", (künftig: Wilson, Making), Grey am 12.2.1906; Cosgrove, Richard Alfred; Sir Eyre Crowe and the English Foreign Office, 1905–1914, Ph.D. Thesis, University of California at Riverside 1967, 94, (künftig: Cosgrrove, Crowe); s. auch PRO, FO 800/19, Lascelles an Hardinge, 2.3.1906.

[504] B.D., III, Nr. 299; Monger, Ursachen, 344
[505] Monger, Ursachen, 350, B.D., III, (Hardinge am 23.2.1906); Hamilton, Bertie, 78–82
[506] Hamilton, Bertie, 115
[507] PRO, FO 800/15, Hardinge an Lascelles, 26.2.1906. S. auch PRO, FO 800/13, Sanderson an Lascelles, 20.2.1906
[508] PRO, FO 800/13, Hardinge an Lascelles, 26.2.1906
[509] PRO, FO 800/19 Lascelles an Hardinge, 2.3.1906. Hardinge steckte daraufhin gegenüber Lascelles etwas zurück, s. PRO, FO 800/13, Hardinge an Lascelles, 6.3.1906
[510] Playne, Britain, 187
[511] Hale, Publicity and Diplomacy, 276

Interessen und als Missionar der Zivilisation bezeichnet, während Deutschland die Barbarei schütze.[512]

Am 3. März wurde die Isolierung Deutschlands auch für den Letzten offenkundig. Es war bislang nur von Österreich-Ungarn bedingungslos unterstützt worden, während sich die russische Diplomatie mit zunehmender Konferenzdauer mehr und mehr den französischen Standpunkt zu eigen machte, was man in der Wilhelmstraße wegen des eigenen Verhaltens während des russisch-japanischen Krieges „nicht zu Unrecht als illoyal und undankbar" ansah. Frankreich aber war willens und in der Lage, den Russen einen gewünschten Kredit zur Verfügung zu stellen – der aber erst nach Abschluss der Marokkokonferenz ausgezahlt werden sollte, um sicherzustellen, dass Russland in seiner Unterstützung Frankreichs nicht schwanke. Spanien äußerte ähnliche Wünsche, und Italien banden die Franzosen mit einem Abkommen an sich, das eine Teilung Abessiniens – mit dem Paris seit langem enge und freundschaftliche Beziehungen pflegte – zu italienischen Gunsten in Aussicht stellte.[513]

Deutschland schlug Frankreich im März in Anbetracht seiner Isolation auf der Konferenz zweiseitige Gespräche vor. Der Quai d'Orsay fühlte sich jedoch so stark, dass er sich weigerte, darauf einzugehen, und darum bat Bülow die Österreicher, ein Kompromissangebot vorzulegen. Nach dem Wiener Vorschlag sollten Frankreich und Spanien sieben marokkanische Häfen kontrollieren können, während Casablanca unter der Oberaufsicht eines Vertreters einer kleinen Macht stehen sollte. Dies wurde weithin als großes Zugeständnis Deutschlands angesehen. Grey sah den Vorschlag als Basis für eine Übereinkunft an, Frankreich war aber nicht bereit, auch nur dieses kleine Element einer Internationalisierung zu akzeptieren, und glaubte, ein noch günstigeres Ergebnis für sich erzielen zu können.[514] Außenminister Grey bestand darauf, dass Frankreich unterstützt werden müsse, unabhängig davon, was es von den Deutschen forderte. „Eine herzliche Zusammenarbeit mit Frankreich in allen Teilen der Welt bleibt eine Grundlage britischer Politik", schrieb er an Bertie.[515] Bertie meinte, man müsse die Franzosen nehmen, wie sie sind. „Sie haben eine instinktive Furcht vor Deutschland und ein ererbtes Misstrauen vor England", schrieb er am 17. März an den Außenminister.[516] Der Minister äußerte in einem Brief an Bertie die Ansicht, dass das französische Misstrauen gegenüber Großbritannien an Frankreichs „Pech" während der vergangenen 35 Jahre gelegen haben könnte. Er vermutete aber, dass als Ergebnis des russischen Wiedererstarkens und der Verbesserung der anglo-russischen Beziehungen Frankreich in zwei oder drei Jahren stärker dastehe als seit mehreren Generationen.[517] – Wollte er Frankreich mit der Aussicht locken, dass das Deutsche Reich dauerhaft zu isolieren und in die zweite Reihe zu verweisen sei? Die überaus deutlichen Worte Greys ermunterten den Quai d'Orsay **zum einen** zur kompromisslosen Haltung gegenüber dem Deutschen Reich und vertieften somit die franko-deutschen Spannungen. Dies machte sich in Gesellschaft und Armee Frankreichs unmittelbar und nachhaltig bemerkbar: Die gesellschaftliche Stimmung wurde deutlich militaristischer und die Militärdoktrin noch offensiver gefasst. **Zum anderen** forderte Grey Frankreich auf, Vermittlungsdienste nach St. Petersburg zu leisten.

[512] Hale, Publicity and Diplomacy, 277. Lediglich der „Manchester Guardian" war unvoreingenommen, ebd., 279

[513] Winzen, Bülows, 420; Neilson, Britain and the Last Tsar, 273; Hallgarten, Imperialismus, I., 664

[514] Cosgrove, Crowe, 95; Hamilton, Bertie, 112; PRO, FO 800/160, Mallet an Bertie, 9.3.1906; s. auch B.D., III, 272 u. PRO, FO 800/19, Lascelles an Hardinge, 9.3.1906

[515] B.D., III, Nr. 358; s. auch Busch, Hardinge, 111

[516] PRO, FO 800/164, Bertie an Grey, 17.3.1906

[517] PRO, FO 800/160, Grey an Bertie, 15.3.1906

Im Januar 1906 ging Lascelles auf einen Brief Mallets ein. Dieser besaß Informationen, dass Wilhelm II. während des Burenkrieges alles ihm mögliche getan haben solle, um eine Koalition gegen Großbritannien zusammenzubringen, was Mallet von Delcassé erfahren hatte, der zudem behauptete die Liga verhindert zu haben. Der Botschafter tat sein Bestes, um den einflussreichen Beamten von dieser irrigen Ansicht abzubringen[518], bekanntlich ohne Erfolg. Wenige Tage später, die Marokkokrise näherte sich ihrem Höhepunkt, schrieb Crowe: „In einem Krieg gegen England, gleich aus welchem Vorwand, würden sich alle Deutschen überzeugt fühlen, dass sie einen Kampf für Gott und die Gerechtigkeit führten."[519] Kriegsminister Haldane sprach mit Hardinge über diese antideutsche Stimmung im F.O., und Lascelles hegte Hoffnungen auf eine wohltätige Wirkung, die sich allerdings nicht erfüllten.[520]

Am 20. März unterbreiteten noch die Amerikaner einen Kompromissvorschlag, der auf den österreichischen Vorstellungen aufbaute. Hardinge reagierte gereizt, und Grey lehnte auch diesen ab. Am 26. März akzeptierte Deutschland bedingungslos praktisch alle französischen Forderungen.[521]

Die Souveränität des marokkanischen Sultans blieb formal unangetastet, und ein französisches Protektorat über Marokko schien für die nahe Zukunft abgewendet. Die Stellung Frankreichs im Lande wurde jedoch sehr gestärkt und französische Kolonialisten lernten schnell, darauf aufzubauen.[522] Sandersons Einschätzung war, dass sich die großen Mächte auf der Konferenz „vernünftig" verhalten haben, Deutschland habe zwar hart gepokert, es aber nicht zu einem Krieg kommen lassen.[523] Hardinge meinte später zum Verlauf der Marokkokrise: „Dies war ein sehr gutes Beispiel, wie fruchtbringend fester Widerstand gegen deutsches Bluffen ist." Die Deutschen hätten wie üblich versucht, Misstrauen in Europa zu säen. Sie hätten behauptet, dass Großbritannien hinter dem Rücken Frankreichs bereits eine Vereinbarung mit ihnen abgeschlossen hätte.[524]

In Großbritannien – und darüber hinaus – herrschte allgemein der Eindruck vor, dass die erfolgreiche Beendigung der Konferenz allein der Solidarität von Frankreich und Großbritannien zu danken sei, die sich den ungerechtfertigten Ansprüchen des Deutschen Reiches gegenüber gesehen hätten. Die Entente hatte in Algeciras ihre „Feuertaufe" erhalten und ging in jeder Hinsicht gestärkt aus ihr hervor.[525]

Im deutschen Auswärtigen Amt herrschte „eine große Depression über den Niedergang unserer Machtstellung", und Bülow, der versuchte ein zufriedenes Gesicht aufzusetzen, erlitt während einer Rede des SPD-Vorsitzenden August Bebel im Reichstag eine schwere Ohnmacht. Er musste aus dem Sitzungssaal getragen werden und konnte seine Aufgaben mehrere Wochen nicht wahrnehmen.[526]

Grey hatte während des Verlaufs der Krise mehrfach versprochen, dass sich die anglo-deutschen Beziehungen „sofort verbessern würden, wenn es sich in Algeciras ver-

---

[518] PRO, FO 800/19, Lascelles an Mallet, 9.2.1906; PRO, FO 800/19, Lascelles an Mallet, 18.1.1906
[519] Zit. in Cosgrove, Crowe, 93 nach PRO, FO 371/75/5830
[520] PRO, FO 800/19, Lascelles an Haldane, 27.9.1906. PRO, FO 800/13, Fitzmaurice an Lascelles, 21.9.1906; ebd., Haldane an Lascelles, 8.9.1906; PRO, FO 800/19, Lascelles an Haldane, 27.9.1906; s. auch Steinberg, Kaiser and the British, 130
[521] PRO, 800/160, Hardinge an Bertie, 20.3.1906; Monger, Ursachen, 346–49; Cosgrove, Crowe, 96
[522] Winzen, Bülows, 416; Hamilton, Bertie, 118; s. auch Mommsen, Zeitalter, 175
[523] PRO, FO 800/13, Sanderson an Lascelles, 10.4.1906; ebd., Sanderson an Lascelles, 6.2.1906; s. auch PRO, FO 800/241, Sanderson an Spring-Rice, 20.2.1906
[524] Hardinge, Old Diplomacy, 123
[525] Hale, Publicity and Diplomacy, 279; s. auch Steiner, Foreign Office and Foreign Policy, 115
[526] Zit. in Winzen, Bülows, 416 nach einem Tagebucheintrag der Baronin Spitzemberg vom 10.5.1906; Balfour, Kaiser Wilhelm II., 280/81; Winzen, Bülows, 421

söhnlich zeigte; nachdem nun die Konferenz erfolgreich abgeschlossen war, und zwar weitgehend als Ergebnis deutscher Zugeständnisse", war davon keine Rede mehr.[527]

In den Ententevereinbarungen sicherte Großbritannien Frankreich Unterstützung für den Erwerb Marokkos zu, v.a. um die Vermittlung des Quai d'Orsay für einen Ausgleich mit Russland zu erhalten. Die Westmächte sicherten sich die Unterstützung anderer Länder für ihre Marokko- (und Ägypten-) Pläne durch Geld bzw. die Zusicherung, deren expansionistische Vorhaben zu unterstützen. In britischen Regierungskreisen, der Publizistik und vor allem der Marine bestand eine merkliche Neigung zu einem Krieg gegen Deutschland. Die Wilhelmstraße sah sich von Großbritannien und Frankreich in der Marokkofrage düpiert (ebenso wie bereits im Jahr zuvor in Bezug auf Ägypten) und unterstützte den marokkanischen Sultan. Großbritannien lehnte die von ihm einberufene internationale Konferenz besonders vehement ab, weil es offensichtlich eine gütliche Einigung zwischen Frankreich und Deutschland fürchtete.

Der neue Außenminister Grey besaß noch weniger Vertrauen in die Kräfte des eigenen Landes als Lansdowne. Er unterstützte die französische Position bedingungslos und lehnte jeden Kompromiss um Marokko ab. Frankreich hatte deutlich gemacht, dass es für die Durchsetzung seiner Vormacht in Marokko auch bereit war, einen Krieg zu führen, und war sich trotz der Schwäche des Zarenreiches sicher, dass Deutschland einen Waffengang unter allen Umständen vermeiden wollte.

Es ist vorherrschender Tenor in der Geschichtswissenschaft, dass Deutschland versucht habe während dieser Zeit der russischen Schwäche, die Entente Cordiale aufzubrechen. Frankreich sollte demonstriert werden, dass Großbritannien bei einer harten deutschen Haltung keine hinreichende Unterstützung leisten könnte und wollte.[528] Die Konferenz von Algeciras wurde zu einem großen Triumph der Machtpolitik Großbritanniens und Frankreichs. Letzteres konnte sich Marokko sichern, und die britische Politik hatte ihr Ziel erreicht, Frankreich und das Deutsche Reich gegeneinander zu positionieren und ganz allgemein den Antagonismus zwischen den Mittelmächten und dem Zweibund zu verschärfen. So ist es auch nicht überzeugend, wenn bspw. Monger schreibt, dass es das Ziel der Politik Greys gewesen sei „ein neues europäisches Gleichgewicht der Kräfte" herzustellen.[529]

10. Die Unabhängigkeit der Niederlande und die Unverletzlichkeit Belgiens

Schon in den 1870er Jahren wurde das junge Deutsche Reich „weitgreifender Expansionspläne" verdächtigt, v.a. gegen die Niederlande. Der Argwohn war nicht gerechtfertigt, lebte in den 1890er Jahren aber mächtig wieder auf. Er basierte auf der unbegründeten Vermutung, dass Deutschland plane, sich die Niederlande einzuverleiben, und diese als Basis nutzen werde, um in England einzufallen. Vor allem die „Times" aber auch andere britische Zeitungen begannen seit der Kontroverse um die „Krügerdepesche", diese Unterstellungen in verschiedenen Versionen immer wieder zu verbreiten. Selbst Salisbury ließ sich von der Stimmung etwas anstecken. Saunders, der „Times"-Korrespondent in Berlin, berichtete im Februar 1900 zweimal über deutsche Pläne,

---

[527] Monger, Ursachen, 371
[528] S. z.B. Rolo, Lansdowne, 167; Flood, Ambassadorship, 192
[529] Monger, Ursachen, 351

Holland zu annektieren. Dies führte zu einer Anfrage im Unterhaus und deutschen Presseattacken gegen die Zeitung.[530]

Im Januar 1902 schrieb der britische Gesandte in den Niederlanden, dass die Möglichkeit der baldigen Einverleibung der Niederlande durch das Deutsche Reich fast alle Holländer ständig bedrücke. Sanderson kommentierte seinen Bericht mit den Worten:

> „Ich kann mir nicht vorstellen, dass die Gefahr eines aggressiven Aktes, entweder durch Frankreich oder Deutschland gegen Belgien oder Holland sehr hoch ist. Beide wissen, dass wir uns gegen den Aggressor stellen würden. In Anbetracht ihrer gegenwärtigen Beziehungen ist es auch nicht wahrscheinlich, dass sie sich auf einen gemeinsamen Angriff gegen diese Länder einigen könnten. Die einzige Gefahr, wie ich hoffe keine sehr drängende, ist, dass im Falle einer Revolution in Belgien und der Proklamation einer Republik mit engen Bindungen an Frankreich Deutschland aus Gründen des Selbstschutzes auf ebenso engen Beziehungen mit Holland bestehen könnte."[531]

Im April 1902 stellte Marineminister Selborne Lascelles die Frage, wie Deutschland zu den Niederlanden stehe und zur Entwicklung der holländischen Flotte. Der Botschafter antwortete, dass es Deutschland seines Erachtens nicht gelingen werde, Einfluss im Nachbarland zu gewinnen. Die Holländer seien ebenso „stur" wie die Buren und hätten ganz und gar kein Verlangen, unter deutsche Vorherrschaft zu kommen.[532]

Pauncefote, der britische Botschafter in Washington, schickte Sanderson zur selben Zeit ein „eigenartiges" Telegramm „über deutsche Anfragen, wie die Vereinigten Staaten einen deutschen Erwerb der niederländischen Kolonien in Südamerika sähen, falls Holland ein Teil des Deutschen Reiches würde." „Ich vermute nicht", wie Sanderson schrieb, „dass dies mehr zu bedeuten hat, als die übliche deutsche Methode, jede auch nur irgendwie denkbare Möglichkeit zu beachten, insbesondere in Verbindung mit der Erkrankung <der niederländischen> Königin Wilhelmina".[533]

1905 wurde das Thema erneut und mit viel größerem Nachdruck auf die Tagesordnung gesetzt. Im April d.J. kam der Reichsverteidigungsausschuss (RVA) zu der Ansicht, dass Großbritannien, Frankreich, Japan und die USA ebenso stark wie das Deutsche Reich an den ostasiatischen Besitzungen der Niederlande interessiert seien. Falls die Niederlande Teil des Deutschen Reiches werden sollten, folge daraus keineswegs, dass gesamt Niederländisch-Ostindien deutscher Kolonialbesitz würde. Zudem gewönne Deutschland durch Marinestützpunkte in diesem Teil der Welt nur wenig.[534] Bertie schlug im Mai d.J. dennoch vor, sich mit Frankreich auf die Verteidigung gemeinsamer britisch-französischer Interessen zu einigen, z.B. darauf, dass Deutschland keine irgendwie geartete politische Position in den Niederlanden oder ihren Kolonien gewinnen dürfe.[535]

Bertie konnte sich nicht durchsetzen, aber Clarke, der einflussreiche Sekretär des RVA nahm im Juli 1905 das Thema wieder auf. Er schrieb, die Unabhängigkeit der Niederlande sei für Großbritannien von noch größerer Bedeutung als diejenige Belgiens. Darum solle darüber nachgedacht werden, ob jene nicht formell garantiert werden

---

[530] Herzfeld, Moderne Welt, I, 217; Hale, Publicity and Diplomacy, 123/24; Newton, Lord; *Lord Lansdowne*, London 1929, 145/46; Hale, Publicity and Diplomacy, 265, Anm. 100

[531] BM, Balfour MSS, Sdd. MSS, Memorandum von Lt. Col. Robertson und einer Stellungnahme von Sanderson, 30.1.1902

[532] PRO, FO 800/11, Fragen Selbornes, von Lansdowne an Lascelles weitergeleitet, 22.4.1902; PRO, FO 800/18, Lascelles an Lansdowne, 25.4.1902

[533] PRO, FO 800/11, Sanderson an Lascelles, 30.4.1902; s. auch Hamilton, Bertie, 33

[534] PRO, CAB 38/9, 1905, No. 35: Germany and the Dutch East Indies. Prepared by the direction of the P.M., April 1905

[535] PRO, FO 800/164, Bertie an Mallet, 19.5.1905

könne. Die Verpflichtungen Großbritanniens würden dadurch nicht erhöht.[536] Clarke behauptete zudem in einem Brief an den Premierminister, dass den Niederlanden von Deutschland Gefahr drohe. Darum müsse Großbritannien dem kleinen Land Hilfe anbieten.[537] Die Reaktion des Premierministers war für Clarke wenig ermutigend, wahrscheinlich nicht zuletzt wegen des Briefes, den Sanderson ihm geschrieben hatte. In diesem meinte der Staatssekretär sarkastisch zu Clarkes Schrift:

> „Nach seiner Sprache zu urteilen, könnte man meinen, dass für ihn die verschiedenen kleinen Länder wie Butterstücke sind, in die jeder ein langes Messer hineinstecken und auf seinen Teller legen kann. In einem Memorandum der Admiralität über die Ostsee wird davon gesprochen, dass sich Russland Norwegen nimmt und Dänemark Deutschland als Schmiergeld hinwirft. Jedem, der sich der Gefühle der Dänen gegenüber Deutschland bewusst ist, wäre klar, dass es sich um eine sehr unverträgliche Kost handeln würde. Ich glaube, dass das antideutsche Gefühl in Niederländisch-Ostindien ebenso stark ist wie in Holland und dass die Deutschen zu klug sind, um in dieser Richtung Versuche zu starten, die ihnen ein feindliches Holland als Nachbarn bescheren würden. Ich glaube auch, dass die Sympathie der belgischen Bevölkerung entschieden auf Seiten der Franzosen liegen und dass nur eine unabdingbare militärische Notwendigkeit die Deutschen in die Versuchung führen könnte, (...) die belgische Neutralität zu verletzen."[538]

Anfang August verteilte Clarke bei einer Sitzung des RVA ein Schriftstück, dass bei einem neuerlichen deutsch-französischen Krieg militärische Erfordernisse die Kriegführenden veranlassen könnten, die belgische Neutralität zu verletzen, und Deutschland hierfür stärkeren Anlass habe als Frankreich. Es bestehe darum die Notwendigkeit, Verteidigungsmaßnahmen für Belgien vorzubereiten. Sanderson, der als Staatssekretär dem Reichsverteidigungsausschuss ebenfalls angehörte, stellte die Argumente Clarkes sogleich in Frage. Das Thema schien ihm so wichtig, dass er während seiner Sommerfrische in Schottland einen langen Brief an Clarke schrieb: Die Garantie der Integrität Belgiens von 1839 enthalte lediglich eine Grundsatzerklärung. Es gebe also keine Verpflichtung Großbritanniens, „materielle Gewalt anzuwenden, um die Garantie unter allen Umständen und bei jedem Risiko oder jeder Schwierigkeit aufrechtzuerhalten – das hieße in den Text etwas hineinlesen, was zu versprechen man vernünftigerweise von keiner Regierung erwarten kann." Er fuhr fort:

> „Es ist eine Frage für militärische Sachverständige, ob Frankreich oder Deutschland durch die Verletzung der Neutralität Belgiens in einem Krieg irgendeinen Vorteil erlangen könnten, der eine Kompensation für die Feindschaft wäre, die ein solches Vorgehen hervorriefe. Ich war immer vom Gegenteil überzeugt und wüsste nicht, welcher Wechsel eingetreten ist, um die deutsche Haltung in dieser Hinsicht zu ändern."[539]

Sanderson wandte sich aus seinem Urlaub auch an den Premierminister, um seinem Zweifel Ausdruck zu verleihen, dass das Deutsche Reich in einem Krieg die belgische Neutralität verletzen würde.

Es bedurfte noch zwei weiterer Vorstöße von Clarke, bis der Premierminister den Generalstab am 19. September bat, eine Stellungnahme zu der Möglichkeit der Verletzung der belgischen Neutralität in einem deutsch-französischen Krieg abzugeben.[540]

---

[536] PRO, CAB 38/9, No. 54, July 1905, The Possibility of Germany annexing the Dutch East Indies, July 1905, p. 3

[537] BM, Balfour MSS, Add. MSS, 49702, Clarke an Balfour, 17.7.1905

[538] BM, Balfour MS, Add. MS, Sanderson an Balfour, 13.8.1905

[539] Howard, Britain and Casus Belli, 84, 159/60; PRO, CAB 38/10, No. 67 u. ebd., CAB 17/69, Sanderson an Clarke, 10.8.1905; Clarke, George Sydenham; *My Working Life*, London 1927, 185/86 (künftig: Clarke, My Working Life); Monger, Ursachen, 262/63. Zur Frage der britischen Haltung zur Garantie Belgiens s. auch Wilson, Keith M., *Britain*, 189, (künftig: Wilson, Britain), in: ders. (Ed.); *Decisions for War, 1914*, London 1995, (künftig: Wilson, Decisions); Porter, Britian, Europe, 28; Thornton, Imperial Idea, 123; Joll, Europe, 14/15.

[540] Mc Dermott, Revolution, 109/10 u. 116, Anm. 70

Diese las sich wie folgt:

> „Es wird allgemein für unwahrscheinlich gehalten, dass Belgien Kriegsschauplatz während der ersten Phase der Feindseligkeiten sein wird. Denn die vermutlichen militärischen Vorteile, die durch einen Vormarsch durch dieses Land gewonnen werden können, scheinen nicht ausreichend zu sein, um einen solch schwerwiegenden Schritt zu unternehmen, da nahezu unvermeidlich politische Schwierigkeiten daraus erwüchsen. Es erscheint hingegen zweifellos möglich, dass der Verlauf der Kampfhandlungen zu einer Situation führt, die es für einen der Kriegführenden nahezu unvermeidlich macht, die belgische Neutralität zu missachten. Dies wird eher auf Deutschland zutreffen."[541]

Interessant an dieser Einschätzung der militärischen Experten ist zweierlei: Erstens, sie teilten die Einschätzung Sandersons, dass eine Verletzung der belgischen Neutralität unwahrscheinlich sei. Zweitens, das Deutsche Reich besitze keineswegs eine militärische Hegemonie, sondern könnte in einem Waffengang womöglich die schwächere Partei sein und sich darum in einer prekären militärischen Situation dazu veranlasst sehen, in Belgien einzumarschieren.[542] Trotz der Schwäche Russlands konnte nach Ansicht des britischen Generalstabs keine Rede davon sein, dass das Deutsche Reich eine militärische Hegemonie in Europa ausübte.

Im November 1905 wandte sich Clarke erneut an Sanderson: Großbritannien sei unter bestimmten Voraussetzungen ohnedies genötigt, die Niederlande zu verteidigen, durch eine Garantie würde also lediglich das Unvermeidliche anerkannt, wäre aber mit politischem Vorteil verbunden. Sanderson wollte Clarke auf dessen Brief nicht antworten. Er schrieb stattdessen dem Außenminister: „Es bestehen sehr klare politische Einwände dagegen, zur Zeit eine Garantie der Integrität Hollands anzubieten. Es gibt auch augenblicklich kein Bedürfnis für einen solchen Schritt." Lansdowne sah beide Stellungnahmen, zog aber keine Schlüsse mehr. Er war mit einem anderen Thema beschäftigt: Die Regierung stand kurz vor dem Zusammenbruch, und am 4. Dezember 1905 trat Lansdowne zurück.[543]

Imperialistisch gesonnene Briten vermuteten wiederholt deutsche Gelüste auf die Niederlande und deren Kolonien, und die Neigung der Wilhelmstraße, alle Eventualitäten abzuklopfen, in Verbindug mit mangelnder Vorstellungskraft, welchen Eindruck dies erzeugen könnte, nährten den Verdacht. Dieser scheint aber nahezu ausschließlich von sozialdarwinistisch geprägten Gemütern gehegt und verbreitet worden zu sein. Sanderson reagierte auf die Unterstellungen sarkastisch distanziert, zugleich aber mit besonderem Engagement und Einfühlungsvermögen in die Denkstruktur und Gefühlslage anderer Völker.

11. Das Crowe-Memorandum von 1907

Zunächst werde ich kurz auf die Person des Autors eingehen, seine Ausarbeitung sowie die Entgegnung Sandersons darstellen und Einschätzungen von Zeitgenossen und Historikern referieren. Zum Schluss werde ich eine Wertung versuchen.

Eyre Crowe wurde in Deutschland als Sohn des britischen Handelsattachés Joseph Archer Crowe geboren, mit 18 Jahren betrat er erstmals englischen Boden, und er soll Englisch, das nicht die Sprache seiner Mutter war (diese war Deutsche), immer mit dem

---

[541] PRO, CAB 38/10, No. 73, September 1905, reprinted for the CID, Dezember 1908, The Violation of the Neutrality of Belgium during a Franco-German War

[542] Niall Ferguson (*Der falsche Krieg. Der Erste Weltkrieg und das 20. Jahrhundert*, Stuttgart 1999, 105, (künftig: Ferguson, Der falsche Krieg) ist gar der Ansicht, dass die Briten die belgische Neutralität verletzt hätten, wenn dies Deutschland 1914 nicht bereits getan hätte.

[543] Zit. in Monger, Ursachen, 291

Akzent des Landes seiner Geburt gesprochen haben. Hardinge und andere betrachteten Crowe mit seiner unenglischen Direktheit und seinen Kontakten mit Deutschen der Mittelklasse als Fremdkörper im F.O. Er weckte aber auch starke Gefühle der Zuneigung, ja Verehrung, vor allem nachdem er 1920 Staatssekretär geworden war. Er war ein Mann (scheinbarer) Widersprüche: ein kraftvoller, mitunter schroffer, teils geradezu schüchterner Bürokrat und belesener Intellektueller, der sehr fürsorglich und mitfühlend sein konnte.[544]

Das Memorandum Crowes umfasst 22 Druckseiten in den „British Documents", der britischen Aktenedition, Sandersons Entgegnung beläuft sich etwa auf ein Viertel dessen.

Der König hatte sich Ende 1905 mit der Frage an das F.O. gewandt, warum Frankreich freundlicher als Deutschland behandelt werde, und Crowe wurde damit beauftragt, diese zu beantworten. Dies ist der Ursprung des Memorandums. In seinen strategischen Überlegungen lehnt es sich eng an das Buch „The Nation's Awakening" von Crowes Verwandten Wilkinson aus dem Jahre 1897 an, und der Historiker Hale meint, dass es seinem weiteren Inhalte nach eine Zusammenstellung derjenigen Ansichten sei, die von chauvinistischen Journalisten wie Chirol, Saunders, Maxse oder Garvin verbreitet wurden.[545]

Der emotionale Stil des „Memorandums über den gegenwärtigen Stand der Beziehungen mit Frankreich und Deutschland" wird bereits im ersten Satz deutlich: „Das anglo-französische Übereinkommen vom 8. April 1904 war das Ergebnis des ehrlichen und brennenden Wunsches (...) aller Klassen und Parteien beider Länder ..."[546] Crowe beleuchtete zunächst den Hintergrund der Entente und betonte seinen defensiven und friedfertigen Charakter. Sie könne darum in Deutschland auch nicht als Provokation oder gar Bedrohung verstanden werden. Kein Kenner der Geschichte könne ernsthaft behaupten, dass eine Verbindung „einer so friedliebenden Nation wie England mit Frankreich und Russland" eine anerkanntermaßen defensive Organisation wie das franko-russische Bündnis in eine aggressive Allianz verwandeln könnte.[547]

Der Teil seiner Ausarbeitung zu den britisch-französischen Beziehungen ist relativ kurz, etwa 90 % handeln von deutscher Geschichte und Politik oder der britischen Reaktion darauf.

Es sei eingestandenermaßen eines der wichtigsten Elemente von Bismarcks Politik gewesen, so Crowe, die Spannungen zwischen anderen Mächten aufrechtzuerhalten, um die Vormacht Deutschlands auf dem Kontinent zu wahren.

> „Es wird nicht länger bestritten, dass er England dazu drängte, Ägypten zu besetzen und die Besetzung aufrechtzuerhalten, weil er zu Recht voraussah, dass dies den Gegensatz zwischen England und Frankreich verewigen würde. In ähnlicher Weise legte er Russland ständig nahe, es läge in seinem Interesse, seine expansionistischen Ambitionen vom Balkan nach Zentralasien zu lenken."[548]

Crowe behauptete, dass es das Ziel deutscher Politik während der Marokkokrise gewesen wäre, Frankreich zu zwingen, seine Außenpolitik in Übereinstimmung mit Richtlinien aus Berlin zu bringen. Crowe meinte, Delcassé hätte schon Anfang 1905 gespürt,

---

[544] Cosgrove, Crowe, 17; Corbett, Vincent; *Reminiscenses: Autobiographical and Diplomatic*, London 1927, 46, (künftig: Corbett, Reminiscenses); Kennedy, Anglo-German Antagonism, 136/37; Archer Crowe war einer der fähigsten Handelsattachés, s. hierzu auch BM, MSS Add., 44177, Sanderson an Hamilton, 25.11.1884; Cosgrove, Crowe, 11–14, 75, 230, 26, 33, 241/42

[545] Hale, Publicity and Diplomacy, 25, 286; Crowe, Crowe, 114/115

[546] Das Memorandum ist im PRO unter FO 371/257 abgelegt, zit. wird aus der Veröffentlichung der B.D., III, in diesem Falle B.D., III, 397

[547] B.D., III, 397–99

[548] Ebd., 399

dass mit zunehmendem deutschen Druck zu rechnen sei, Frankreich habe aber militärische Vorbereitungen vernachlässigt und für diesen Fehler mit der Person Delcassés zahlen müssen. Die Entente sei erst durch die Marokkokrise zu einem Instrument „der aktiven Zusammenarbeit gegen eine dritte Macht" geworden. „Man muss unbedingt im Sinn haben, dass dieser neue Geist der Entente das direkte Ergebnis des Versuchs Deutschlands ist, diese aufzubrechen", so betonte er.[549]

In der folgenden Ausführung skizzierte er Englands geostrategische Lage und versuchte hieraus Schlussfolgerungen für die britische Politik zu ziehen: Großbritannien sei auf die Seeherrschaft angewiesen und als Insel praktisch Nachbar eines jeden am Meer gelegenen Landes. Das relativ kleine Vereinigte Königreich könne die maritime Überlegenheit nicht auf Dauer gegen alle anderen Mächte behaupten und müsse darum in Übereinstimmung mit den Interessen der Mehrheit der anderen Völker handeln.

> „Das erste Interesse aller Länder ist die Wahrung der nationalen Unabhängigkeit. Daraus folgt, dass England, stärker als jede nicht-insulare Macht, ein direktes und positives Interesse an der Wahrung der Unabhängigkeit von Nationen hat und darum der natürliche Feind eines jeden Landes sein muss, das die Unabhängigkeit von anderen bedroht, sowie der natürliche Beschützer von schwächeren Gemeinschaften."[550]

Es scheine fast ein Naturgesetz zu sein, dass Großbritannien im Spiel der Mächte immer versuche, die Vormacht einen einzigen Landes zu verhindern. England als Macht des **Freihandels** werde noch am ehesten als führende Seemacht akzeptiert.

Die preußische Geschichte interpretierte er als kontinuierliche Aggression, auch der Krieg von 1870/71 sei geplant worden, um Preußen bzw. Deutschland zu vergrößern. Zudem habe erst die deutsche Expansion in Übersee den Wettlauf europäischer Mächte um Kolonien eingeleitet. Die gesamte deutsche öffentliche Meinung, ob gebildet oder ungebildet, fordere mehr Kolonien. Wenn dem entgegnet werde, dass die Welt bereits aufgeteilt sei, so werde behauptet, dass Deutschland nicht billigen könne auf Dauer eingeengt zu werden.[551] Diese Ansicht sei an sich moralisch nicht verwerflich:

> „Es kann zu keiner Zeit in Frage gestellt werden, dass allein schon die Existenz und die gesunde Strebsamkeit eines machtvollen Deutschland unzweifelhaft ein Segen für die Welt ist. Deutschland besitzt in hervorragendem und umfassendstem Maße die höchsten Qualitäten und Tugenden eines guten Bürgersinns, die die Ehre und den Triumph der modernen Zivilisation ausmachen. Die Welt wäre unermesslich ärmer, falls alles, das mit deutschem Charakter, deutschen Ideen oder deutschen Methoden in Verbindung steht an Macht und Einfluss verlöre."[552]

Falls Deutschland die moralische und intellektuelle Führerschaft in der Welt anstrebe, so könne England diesem Vorhaben nur Beifall spenden. Es sei aber auch möglich, dass es eine größere Fläche und eine übermächtige Flotte beabsichtige. Die preußisch-deutsche Geschichte ließe dies zumindest möglich erscheinen.

> „England sucht keinen Streit und wird Deutschland niemals Grund für eine berechtigte Verärgerung geben", schrieb Crowe. Es habe für Ägypten 1904 bspw. nur um Zustimmung zu einem politischen Projekt gebeten, das in keiner Hinsicht irgendwie schädlich für die Interessen einer anderen Macht gewesen sei, sondern lediglich die Wohlfahrt der Einheimischen im Blick gehabt habe.[553]

Seit 1884 seien zahllose Meinungsverschiedenheiten zwischen Großbritannien und dem Deutschen Reich entstanden. „Sie haben alle folgendes Merkmal gemeinsam: Sie wurden von der deutschen Regierung durch Akte direkter und unmissverständlicher Feindschaft zu England entfacht." Die Deutschen missachteten fortlaufend Regeln des An-

---

[549] Ebd., 401/402
[550] Ebd., 403
[551] Ebd., 404/405
[552] Ebd., 406
[553] Ebd., 407

stands, Großbritannien sei jedoch „in jedem Konflikt rasch bereit <gewesen>, Zugeständnisse zu machen oder Kompromisse zu akzeptieren", um die anglo-deutsche
Freundschaft nicht zu gefährden. Crowe schildert, dass nahezu jeder deutsche Kolonialerwerb ein Affront gegenüber Großbritannien gewesen wäre, da dieses getäuscht
und/oder britische Rechtsansprüche übergangen worden wären.[554] Möglich wurde dies
durch die prekäre Lage, in der sich Großbritannien wegen Ägypten befand und aufgrund der russischen Gefahr in Zentralasien, zu der die Russen von den Deutschen
direkt angestachelt worden seien. Wenn das Deutsche Reich sich freundlich mit Großbritannien verständigt hätte, wäre Letzteres auch ohne Druck dazu bereit gewesen, den
deutschen Kolonialerwerb zu billigen.[555]

Großbritannien habe z.B. auch im Helgoland-Sansibar-Vertrag umfangreiche Zugeständnisse gemacht, die Deutschen verhielten sich aber in der Regel provokativ, beleidigend und rachsüchtig. Es sei sicher, dass Deutschland geglaubt habe, unter günstigen politischen Umständen eine Oberherrschaft über die Buren etablieren zu können,
obwohl die auswärtigen Beziehungen der Burenrepubliken gemäß Vertragsvereinba-
rungen, wie natürlich gut bekannt gewesen sei und verstanden wurde, unter der Kontrolle Englands standen.[556] Großbritannien sei trotzdem bereit gewesen, dem Deutschen Reich für seinen Verzicht auf politische Einflussnahme in Südafrika einen Anteil
an den Kolonien Portugals zu versprechen, falls deren Aufteilung einmal akut werde.
Die Wilhelmstraße habe folgend Portugal drangsaliert und wenig später gedroht, es
könnte in Südafrika politisch wieder aktiv werden, falls die Samoafrage nicht „schleu-
nigst zu Deutschlands Gunsten entschieden" würde. Großbritannien habe auch hier
nachgegeben, trotz der Proteste der australischen Regierung und den zahlreichen Rechts-
verletzungen durch deutsche Beamte auf der Inselgruppe in den vorhergehenden Jahren.

Kurz nach Ausbruch des Burenkrieges

> „drohte Deutschland mit den entschiedensten Feindseligkeiten, wenn England nicht auf die Aus-
> übung eines der ältesten und anerkanntesten Regeln der Seekriegführung verzichte, nämlich auf die
> Durchsuchung von neutralen Handelsschiffen, die verdächtigt wurden, Kontrabande zu befördern,
> und ihre Vorladung vor ein Prisengericht. England bevorzugte wieder einmal eine freundliche Ver-
> ständigung."[557]

Während des Burenkrieges habe die deutsche Regierung dann eine widerwärtige Kampagne gegen die Ehre der britischen Armee angestiftet, und die deutsche Politik in
China sei ausgesprochen unfreundlich gegenüber Großbritannien gewesen. Bei dem
britisch-deutschen Chinaabkommen von 1900 sei London von der Wilhelmstraße grob
übervorteilt worden, Generalfeldmarschall Waldersee habe zudem die britischen und
britisch-indischen Truppen in China besonders schlecht behandelt.[558]

> „... Die britische Regierung machte kurze Zeit darauf auch keine Schwierigkeiten, mit Deutschland
> herzlich im Streit mit Venezuela zusammenzuarbeiten. Es lag nur an der öffentlichen Meinung, die
> nach und nach zu der Ansicht gekommen war, dass eine solche Zusammenarbeit, aus welchen
> politischen Gründen auch immer, weder mit den britischen Interessen noch mit der britischen
> Würde vereinbar ist. Dies brachte das gemeinsame Unternehmen zu einem sehr plötzlichen (...)
> Ende."[559]

---

[554] Ebd., 408
[555] Ebd., 408/09
[556] Ebd., 409/10
[557] Ebd., 411
[558] Ebd., 411–13
[559] Ebd., 413

Nach Crowe sei praktisch jede bekannt gewordene deutsche Forderung erfüllt worden. Die deutsche Politik ziele zunächst auf eine Hegemonie in Europa und dann in der ganzen Welt ab. Der Bau der Flotte sei ein (weiterer) Beweis dafür. Falls das Deutsche Reich aber wirklich die Weltherrschaft anstrebe, so müsse es die Freundschaft Englands pflegen, bis es stark genug sei, seine ehrgeizigen Pläne ohne Sorge vor der Reaktion Großbritanniens umzusetzen. „Kein unvoreingenommener Beobachter könnte behaupten, dass diese grundlegende strategische Regel durch die deutsche Regierung bislang auch nur im Ansatz verfolgt wurde."[560] Er diskutiert die Frage, wie denn das deutsche Verhalten der vergangenen Jahre zu deuten sei, kommt aber zu keiner endgültigen Stellungnahme. Im Auswärtigen Amt sei es geradezu zu einer Tradition geworden, England zu drangsalieren und zu beleidigen, losgelöst von den politischen Inhalten, die noch Bismarck damit verbunden habe. Das Deutsche Reich habe keine klar umrissenen politischen Ziele, spiele aber mit vielen, wie ein Großdeutschland mit deutscher Vorherrschaft zur See, Siedlungskolonien in Südamerika bzw. einem „deutschen Indien" in Kleinasien, so dass es praktisch alle Länder gegen sich aufbringe.[561]

Eine Theorie, die alle Facetten deutscher Außenpolitik berücksichtige, müsse zwischen den beiden folgenden Hypothesen liegen:

> – „Entweder Deutschland zielt letztendlich auf eine allgemeine politische Vorherrschaft und ein Übergewicht zur See, bedroht die Unabhängigkeit seiner Nachbarn und letztendlich die Existenz Englands;
> – oder Deutschland, ohne eine solch klar definierte Zielsetzung, denkt derzeit lediglich daran, seine legitime Position und seinen legitimen Einfluss als eine der führenden Mächte (...) zu nutzen, um seinen Außenhandel zu fördern, die Errungenschaften der deutschen Kultur zu verbreiten, den Gesichtskreis seiner nationalen Energien auszuweiten und neue deutsche Interessen auf dem ganzen Erdball zu schaffen, wo und wann sich die friedliche Möglichkeit dafür auftut, es einer ungewissen Zukunft überlassend, ob ein großer Wandel in der Welt Deutschland nicht eines Tages einen größeren Anteil (...) bescheren könnte, ohne dass gegenwärtige Rechte anderer Länder verletzt würden."[562]

Angenommen, so Crowe, die deutsche Regierung verfolge die zweite Alternative, so wäre es doch immer möglich, dass sie sich irgendwann dazu entschlösse, auch territoriale Gewinne anzustreben (s. 1. These).

> „Solange England dem allgemeinen Prinzip der Bewahrung des Gleichgewichts der Mächte treu bleibt, wäre seinen Interessen nicht gedient, wenn Deutschland auf den Rang einer schwachen Macht absänke, denn dies könnte leicht zu einer französisch-russischen Vorherrschaft führen, die dem britischen Empire gleich oder überlegen wäre. Es gibt keine bestehenden deutschen Rechte, ob territorial oder anderer Natur, die dieses Land <d.h. Großbritannien> wünschen könnte, geschwächt zu sehen. Darum kann Deutschland immer auf die Sympathie (...) und sogar die moralische Unterstützung Englands zählen, wenn es die Linie der legitimen Verteidigung existierender Rechte nicht überschreitet."[563]

Das Deutsche Reich habe ein natürliches Recht auf gesunde Expansion. Diese dürfe aber nicht in direkten Konflikt mit britischen Interessen kommen oder denjenigen anderer Länder, mit denen England vertragliche Verpflichtungen verbänden.

> „Falls Deutschland, innerhalb der von diesen beiden Bedingungen gezogenen Grenzen, Möglichkeiten findet, friedfertig und ehrenvoll seinen Handel und seine Schifffahrt zu stärken, Kohlenstationen oder andere Häfen zu erwerben, Landerechte für Kabel oder Konzessionen für deutsches Kapital oder die deutsche Industrie zu sichern, so wird es England niemals in seinem Weg finden."[564]

---

[560] Ebd., 413/14
[561] Ebd., 415/16
[562] Ebd., 417
[563] Ebd., 417
[564] Ebd., 417/18

Es sei Deutschlands Recht, eine so große Flotte zu bauen, wie es ihm beliebe. Großbritannien sollte nicht versuchen, das Deutsche Reich zu einem mäßigeren Bautempo zu nötigen. Ihm solle die Hoffnungslosigkeit seines Flottenprogramms jedoch dadurch demonstriert werden, dass das Vereinigte Königreich für jedes deutsche Schiff zwei eigene auflege.

Großbritannien solle deutlich machen, dass es einer Expansion der deutschen Macht in den oben skizzierten Grenzen keinen Widerstand entgegensetzen würde, dass zudem aber beim ersten Anzeichen einer Verletzung britischer oder alliierter Rechte mit Widerstand zu rechnen sei. „Dies allein wird womöglich mehr zu dauerhaft befriedigenden Beziehungen mit Deutschland beitragen als jedes andere Vorgehen."[565] Großbritannien sei nicht gegen Deutschland oder dessen Vorschläge voreingenommen.

> „Diese Anschuldigung ist reichlich gemacht worden. Sie ist fester Bestandteil aller Tiraden gegen die britische Regierung, die direkt oder indirekt vom Berliner Pressebüro ausgehen. Aber niemand war bisher in der Lage, auch nur ein Jota eines Beweises anzubringen, das einer Untersuchung standhalten könnte."[566]

Deutschland müsse seinen Ton ändern – und Großbritannien die langjährige Politik unbegründeter Konzessionen. Faschoda beweise, dass eine unnachgiebige Haltung geradezu die Bedingung für einen Ausgleich mit anderen Mächten sein könne. Die Stärke Großbritanniens in der Marokkokrise und der Verlauf der Algeciras-Konferenz könnten bereits den Effekt gehabt haben, „dass Deutschland zweimal nachdenkt, bevor es Anlass für neue Kontroverse gibt".[567]

Soweit zum Memorandum Crowes. Dessen Schrift beinhaltet auch eine harsche Kritik an der britischen Politik vergangener Jahre und Jahrzehnte – für die Sanderson wesentliche Mitverantwortung trug. Umso bemerkenswerter, so der Historiker Hale, sei dessen ruhige und ausgewogene Entgegnung.[568] Sie lautet zusammengefasst wie folgt: Deutschland habe bereits frühzeitig sein Interesse an der marokkanischen Atlantikküste bekundet. Delcassé aber habe Deutschland in Marokko ganz übergehen wollen, das Auswärtige Amt hingegen habe sich 1904 in Bezug auf Ägypten vernünftig verhalten. Es bestehe kein Zweifel daran, dass der französische Außenminister ständig versucht habe, Deutschland zu isolieren und seine Bündnisse zu schwächen.

> „Die deutsche Regierung und das deutsche Volk sind außerordentlich empfindlich, wenn sie bei der Diskussion wichtiger Fragen ignoriert oder vernachlässigt werden, und es ist nicht überraschend, dass sie bei dieser Gelegenheit sehr erbittert waren – und dazu aufgelegt, Frankreich eine harte Lektion zu erteilen. Dass sie zudem wünschten, uns von Frankreich zu trennen, zu verhindern, dass sich die Entente Cordiale zu einer Allianz entwickelte, und jeden Anteil zu sichern, den sie an der künftigen Entwicklung Marokkos haben konnten, ist ohne Zweifel auch wahr. Die gewählten Methoden waren charakteristisch für die deutsche Politik und schlugen fehl, wie bereits bei einigen anderen Gelegenheiten."[569]

Sanderson war nicht der Ansicht, dass die deutsche Kolonialpolitik zu ihrem Beginn (oder später) feindselige Ziele gegenüber England verfolgt habe. Bismarck habe keine Kolonien erwerben wollen, sondern glaubte, Deutschlands Stärke sei erforderlich, um die Grenzen gegen französischen Révanchismus schützen zu können. Er habe sich aber schließlich öffentlichem Druck beugen müssen.[570] Bismarck habe Italien und Österreich unterstützt, um ein russisches Ausgreifen auf Konstantinopel und Bulgarien zu

---

[565] Ebd., 418
[566] Ebd., 418
[567] Ebd., 419
[568] Hale, Publicity and Diplomacy, 284
[569] Ebd., 421
[570] Ebd., 422

verhindern, und Salisbury habe gegenüber ihm selbst, also Sanderson, immer wieder betont, dass Italien auf jeden Fall davor bewahrt werden müsse, von Frankreich zerschmettert zu werden. Salisbury sei dazu geneigt gewesen, falls nicht direkt britische Interessen betroffen waren, sich Deutschland anzuschließen, weil dieses **am stärksten** gewesen sei.

> „Es war in Übereinstimmung mit Bismarcks Politik und Methoden, dass er Russland ermutigte, den Vormarsch in Zentralasien zu beschleunigen. Solch ein russisches Handeln reduzierte tendenziell das Risiko Deutschlands, in eine aktive Unterstützung Österreichs auf dem Balkan hineingezogen zu werden. Dies mag unangenehm oder bedrohlich für uns sein, aber es brachte uns mehr Nutzen, weil wir auf Österreichs Freundschaft und Unterstützung zählen konnten."[571]

Salisbury habe alles getan, um den Widerstand der Vereinigten Staaten gegen eine Lösung der Samoafrage hervorzurufen. Es sei nicht wahrscheinlich, dass sich die deutsche Regierung dessen nicht bewusst gewesen sei.

Sanderson schrieb **nicht**, dass der Helgoland-Sansibar-Vertrag ein schlechtes Geschäft für Großbritannien gewesen sei, lediglich die Art und Weise des deutschen Vorgehens in Ostafrika sei ärgerlich gewesen. Er fand es einsichtig, dass das Deutsche Reich gegen die Vereinbarung mit dem Kongo von 1894 opponierte.

Zur deutschen Transvaalpolitik bemerkte er: „Die deutsche Regierung war keineswegs zufrieden mit ihren Erwerbungen in Afrika. Sie betrachtete sie, vielleicht zu Recht, als nicht sehr vielversprechende Besitzungen." Deutschland habe auf Kolonien des finanziell angeschlagenen Portugal spekuliert, und eine Freundschaft oder gar ein Bündnis mit dem Transvaal wäre zur Erreichung dieses Ziels sicher wünschenswert gewesen. Sanderson fährt kühl fort, das Vereinigte Königreich konnte sich sicher sein, das Deutsche Reich in jeder strittigen Frage auf Seiten der Buren zu sehen. Er erklärte sich darum mit dem Abkommen zur eventuellen Aufteilung portugiesischer Besitzungen einverstanden. Sanderson interpretierte die Entwicklung nüchtern aus den Interessen der Beteiligten, Crowe beharrte auf seiner Analyse der „Erpressung". Sanderson vermutete, dass Deutschland sehr enttäuscht und verärgert gewesen sei, dass Portugal, von britischem Applaus begleitet, seine Kolonien nicht verpfänden musste.[572]

Deutschland habe sich in den folgenden Jahren nicht gerade herzlich, aber doch vollkommen korrekt verhalten, bspw. zu Beginn des Burenkrieges die russische Einladung zu einer antienglischen Kontinentalliga abgelehnt. – Crowe entgegnete Sanderson in einer Randnotiz, dass „alle verfügbaren Hinweise darauf hindeuten, dass Deutschland bei der russischen und der französischen Regierung die Möglichkeit sondiert hat, über England herzufallen." Delcassé habe hierzu eindeutige Informationen zur Verfügung gestellt.[573]

Zur „Bundesrath"-Affäre schrieb Sanderson, dass die Form der deutschen Proteste barsch gewesen sei, aber nicht ohne Berechtigung. Er meinte, dass das Vorgehen gegen neutrale Schiffe in England gewiss als unerträglich heftig kritisiert würde, wenn eigene Dampfer betroffen gewesen wären.[574]

Die deutsche Chinapolitik, von Crowe heftig attackiert, fand Sanderson hin und wieder ärgerlich, über das britisch-deutsche Chinaabkommen von 1900, das er zu der Zeit selbst nicht befürwortete, schrieb er, dass es „in keiner Weise schädlich" für die britischen Interessen gewesen sei, Crowe hatte genau dies behauptet.

Sanderson meinte, dass das Auswärtige Amt sich häufig übernehme, indem es versuche scharfsinniger zu sein, als es teutonischer Veranlagung entspreche, und es zudem

---

[571] Ebd., 423
[572] Ebd., 424/25
[573] Ebd., 426
[574] Ebd., 426

ständig bereit sei, andere übler Tricks zu verdächtigen, zu denen es, in einer Situation der Versuchung, selbst fähig sei.

Sanderson bestritt den von Crowe postulierten grundsätzlich negativen Charakter der deutschen Englandpolitik. Es habe viele Beispiele guter Zusammenarbeit mit dem Deutschen Reich gegeben. Mitunter habe die deutsche Politik die Probleme Großbritanniens aber auch verschärft, teils unabsichtlich, teils mit Vorsatz. „Die Deutschen sind sehr schwierige Verhandlungspartner", fuhr Sanderson fort, „darum haben sie sich auch ihren Spitznamen ,die Juden der Diplomatie' verdient." Die Wilhelmstraße meine, dass es die eigene Position am besten durchsetze, wenn es dem anderen durch extrem unangenehmes Verhalten demonstriere, was er zu erwarten habe, wenn die Verhandlungen scheitern sollten. Vor allem die Norddeutschen seien in Bezug auf sich selbst sehr reizbar, zugleich aber einzigartig unfähig, die Empfindlichkeiten anderer wahrzunehmen.[575]

Aber auch die britische Politik sei hin und wieder sehr unangenehm für Deutschland gewesen. Man könne die deutsche Politik nur verstehen, wenn man daran denke, dass das Deutsche Reich erst seit 35 Jahren bestehe.

> „Es war unvermeidlich, dass ein Volk nach 50 Jahren hilflosen Verlangens nach nationaler Einheit durch einen Erfolg, der durch große Opfer erkauft wurde, in Stimmung gebracht, etwas arrogant und übereifrig versucht, verschiedene lang unterdrückte Wünsche zu verwirklichen und die volle Anerkennung seiner neuen Position zu reklamieren. Die Regierung litt zur gleichen Zeit unter dem andauernden Gefühl der Unsicherheit, das durch die Präsenz zweier mächtiger, neidischer und unzufriedener Nachbarn in Ost und West hervorgerufen wurde. Es ist in Anbetracht des Hintergrundes der Traditionen der preußischen Monarchie nicht verwunderlich, dass sie sich rastlos und intrigant zeigte und wiederholt auf unaufrichtige Methoden zurückgriff – die sich nicht als gänzlich erfolgreich herausgestellt haben."[576]

Es sei kaum zu erwarten, dass Deutschland seine Ansprüche auf überseeische Expansion aufgeben werde, denn diese sei wichtig für seinen Handel und die Aufnahme deutscher Auswanderer.

> „Mit der Zeit kann man aber erwarten, dass Deutschland die Art und Weise, in der es diese Ziele zu erreichen sucht, mäßigen wird, und die öffentliche Meinung, die in Deutschland im Großen und Ganzen gesund und klug reagiert, wird einen zunehmend beruhigenden Einfluss ausüben. Falls der bloße Landerwerb an sich unmoralisch wäre, so denke ich, dass die deutschen Sünden seit 1871 im Vergleich zu den unsrigen leicht sind."[577]

Sanderson bestreitet, dass ein Land, welches nach territorialem Zuwachs Ausschau halte viel kritikwürdiger sei als dasjenige,

> „das in jedem Wandel eine Bedrohung seiner Interessen erblickt (...) und auf diese Theorie wiederholt Ansprüche auf Einmischung oder Kompensation gründet. Es kommt mir manchmal so vor, dass ein Ausländer, der unsere Zeitungen liest, das Britische Empire wie ein Riese vorkommen muss, der sich über den gesamten Globus erstreckt, mit gichtigen Fingern und Zehen, die sich in jede Richtung strecken und denen man sich nicht nähern kann, ohne einen Aufschrei zu provozieren."[578]

Sanderson empfahl der britischen Politik einerseits, Deutschland Ausbreitungsmöglichkeiten zuzubilligen, wo sie britische Interessen nicht allzu sehr tangierten. Andererseits sollten Deutschland keine Zugeständnisse ohne Gegenleistung gemacht werden, aber man könne nicht sagen, dass es undankbar für freundliche Unterstützung sei. „Es ist auf jeden Fall nicht vernünftig, seinem Verhalten mit reiner Obstruktion zu begegnen.

---

[575] Ebd., 428/29
[576] Ebd., 429
[577] Das britische Weltreich umfasste zu diesem Zeitpunkt 1/5 des Globus und war viermal so groß wie das Römische Reich zu seiner Blütezeit (Langer, Diplomacy of Imperialism, 79/80).
[578] Ebd., 429/30

Ein großes und wachsendes Volk kann nicht unterdrückt werden." Es wäre ein Unglück, wenn das Deutsche Reich zur Ansicht käme, dass, egal in welche Richtung es sich wendete, es den britischen Löwen auf seinem Weg finden werde.[579]

Deutschland sei ein hilfreicher, wenn auch anstrengender Freund, ein eiserner Verhandlungspartner und ein höchst unangenehmer Gegenspieler. Es fordere übersensibel und misstrauisch Rücksicht auf seine Interessen und Würde, und reagiere unangemessen zornig, wenn es glaube, Grund zur Klage zu haben.[580] – Soweit zur Entgegnung Sandersons auf Crowes Memorandum.

Das Memorandum Crowes und die Entgegnung Sandersons finden in der Geschichtswissenschaft seit ihrer Veröffentlichung im Jahre 1928 immer wieder Beachtung. Sanderson tritt in vielen Werken zu Fragen der Zeit des Imperialismus lediglich als Autor der Entgegnung zu Crowes Thesen in Erscheinung.[581] Mir ist kein Buch oder Aufsatz bekannt, in dem die beiden Beiträge so ausführlich dargestellt werden wie hier, auch die Einschätzungen der Arbeiten bleiben in der Regel sehr kurz.

Beide Memoranden unterlagen zur Zeit ihrer Entstehung der Geheimhaltung, Crowes Ausarbeitung wurde von vielleicht 20 Personen gelesen, Sandersons von vier bis sechs. Grey lobte Crowes Memorandum in den höchsten Tönen und ließ sie an mehrere Minister weiterleiten, im Gegensatz zu der Schrift Sandersons, der einzigen Entgegnung auf Crowes Ausarbeitung.[582] Es ist aber zweifelhaft, ob die Kabinettsmitglieder dem Memorandum größere Aufmerksamkeit widmeten. Es erregte zu seiner Zeit wenig Aufsehen und wurde von den Ministern oder auch Beamten des F.O. in ihrer Privatkorrespondenz kein einziges Mal erwähnt.[583] Morley, der damalige Indienminister schrieb später, dass er das Memorandum gelesen habe, ihm aber nicht viel Beachtung schenkte, und Vansittart, ein späterer Staatssekretär, bemerkte mit Bedauern: „Das Crowe Memorandum erhielt formale Lobpreisungen für seine Gelehrsamkeit, wurde gelesen, der Text markiert – aber nicht verinnerlicht ... keine Politik wurde darauf gegründet."[584]

Lord Fitzmaurice, der damalige parlamentarische Staatssekretär, zog Crowes Analyse nicht in Zweifel, sondern merkte lediglich an, dass sich die Situation rasch und grundlegend ändern könne, wenn sich Wilhelm II. oder seine Politik wandle und als Folge ein anderer Reichskanzler berufen werde.[585] Lascelles, dem offensichtlich lediglich Crowes, nicht aber Sandersons Ausarbeitung bekannt war, schrieb an Hardinge:

---

[579] Ebd., 430/31

[580] Ebd., 430

[581] S. auch Crowe, Crowe, XI/XII; Vietsch, Eberhard von; *Das europäische Gleichgewicht. Politische Idee und staatsmännisches Handeln*, Leipzig 1942; Langer, William L.; *European Alliances and Alignments 1871–1890*, 2nd. Ed., New York 1961, 296; Galbraith, John S.; *Mackinnon and East Africa 1878–1895. A Study in the „New Imperialism"*, Cambridge 1972, 11; Chamberlain, Muriel E.; *Pax Britannica? British Foreign Policy 1789–1914*, London 1988, 168, (künftig: Chamberlain, Pax Britannica); Anderson, Eugene N.; *The First Moroccan Crisis, 1904–1906*, Hamden (Conn.), 1966 (1st. Ed. 1930), (künftig: Anderson, First Morrocan)

[582] Grey ließ Campbell-Bannerman, Ripon, Asquith, Morley und Haldane Crowes Memorandum zukommen, s. B.D., III, 420. Hardinge hatte seinem Vorgänger die Schrift Crowes zukommen lassen und war erstaunt, dass „er für Deutschland Partei ergriff" (PRO, FO 800/92/186/87).

[583] Monger, Ursachen, 395

[584] Wilson, Keith M.; *Sir Eyre Crowe on the Origins of the Crowe Memorandum*, in: BULLETIN OF THE INSTITUT OF HISTORICAL RESEARCH, LVI (1983), 238–41; Morley, Memorandum on Resignation August 1914, XVII, in: Cosgrove, Crowe, 118; Vansittart, Lord; *The Mist Procession. The Autobiography of Lord Vansittart*, London 1958, 63/64, (künftig: Vansittart, Mist Procession)

[585] B.D., III, 420; zu Fitzmaurice s. auch Bley, Helmut; *Bebel und die Strategie der Kriegsverhütung 1904–1913. Eine Studie über Bebels Geheimkontakte mit der britischen Regierung und Edition der Dokumente*, Göttingen 1975, 25, Anm. 19, (künftig: Bley, Bebel)

„Einen kurzen Satz in Eile, um Ihnen für die Zusendung des sehr interessanten Memorandums über die britisch-deutschen Beziehungen während der vergangenen Jahre zu danken. Ich stimme den Schlussfolgerungen vollständig zu, obwohl bei ein oder zwei Punkten etwas auf der anderen Seite gesagt werden sollte."[586]

Ich halte es für nahezu ausgeschlossen, dass der Botschafter tatsächlich dieser Ansicht gewesen sein sollte. Vermutlich wollte er seinen ohnedies sehr geringen Einfluss auf die britische Außenpolitik nicht noch weiter schwächen, indem er sich auch noch hier in Opposition begab, ohne das irgendeine aktuelle und praktische Frage zur Entscheidung anstand. Zudem macht die Form deutlich („ein kurzer Satz in Eile"), dass er empfahl, dem Memorandum nicht allzu viel Aufmerksamkeit zu schenken).

Viele Historiker sind der Ansicht, dass Crowe die von Deutschland ausgehende Gefahr frühzeitig erkannt und verstanden habe, weil er eine deutsche Frau und eine deutsche Mutter hatte und somit über verwandtschaftliche Beziehungen einen intimen Einblick in das deutsche Denken erhalten habe.[587] Crowes Biographin, seine Tochter, vertritt die Auffassung, dass er für seine Kritik der deutschen Politik gute und wohlüberlegte Gründe gehabt habe. Sie wird vor allem von einigen Historikern unterstützt, die die alliierte Sache unkritisch unterstützen, aber auch von Henry Kissinger. Dieser schreibt, dass das Crowe-Memorandum sich auf einem Analyseniveau bewegte, das von keinem deutschen Dokument der Ära nach Bismarck erreicht worden sei.[588] Auf Sandersons Entgegnung geht er nicht ein.

„Das Crowe-Memorandum wurde <von vielen Historikern, Politikern und Journalisten> zitiert, um alle möglichen Handlungen zu rechtfertigen, wobei Crowe selbst viele nicht befürwortet hätte", wie ein anderer Biograph Crowes schreibt. In der breiteren Öffentlichkeit, jedenfalls insoweit sie sich mit der Zeitgeschichte beschäftigte, fand Crowes Memorandum nach seiner Veröffentlichung recht große Beachtung und Zustimmung.[589]

Viele Wissenschaftler ziehen das Memorandum Sandersons jedoch demjenigen Crowes vor.[590] Dies gilt trotz aller heftigen Kontroversen um die Kriegsschuld auch für die Zwischenkriegszeit, bspw. für Gooch, den Herausgeber der „British Documents", der Crowe eine „neurotische Germanophobie" bescheinigt.[591] Der angesehene amerikanische Historiker Sidney Fay schrieb nach der Veröffentlichung des Memorandums, dass Crowe „ein fast pathologisches Misstrauen gegen Pläne Deutschlands" gehegt habe, und Hale schließt sich diesem Urteil an. Dies gilt ebenso oder in verstärktem Maße natürlich für deutsche Historiker dieser Zeit, die Crowe oft erbittert angriffen.[592]

---

[586] PRO, FO 800/19, Lascelles an Hardinge, 1.2.1907; s. auch Wilson, Role and Influence, 227
[587] Z.B. Kelly, David; *The Ruling Few. On the Human Background to Diplomacy*, London 1952, 141, in: Cosgrove, Crowe, 10
[588] Crowe, Crowe, 72, s. auch ebd., 120; Kissinger, Diplomacy, 192
[589] Cosgrove, Crowe, 106/07; Fröhlich, Konfrontation, 33; Garvin, J.; *Hitler and Armes*, 5, Forword in: Belloc, Friends of Europa Publication, No. 16, o.O. 1934
[590] Parsons, F.V.; *The Origins of the Morocco Question 1880–1900*, London 1976, 587, (künftig: Parsons, Morocco Question); Hughes, Judith M.; *Emotion and High Politics. Personal Relations at the Summit in Late 19th Century Britain and Germany*, Berkeley 1983; Rowland, Peter; *The Last Liberal Governments*, London 1968, 171, 191; zur Rezeptionsgeschichte von Crowes Memorandum s. Cosgrove, Crowe, 105
[591] Gooch, George Peabody; *Studies in Diplomacy and Statecraft*, London 1942, 93, (künftig: Gooch, Studies): „Sandersons Darstellung der britisch-deutschen Beziehungen scheint mir klarer"; s. auch ebd., 91. Gooch bescheinigt Crowe eine neurotische Deutschfeindlichkeit, s. Cosgrove, Crowe, 113, der zit aus: Gooch, George Peabody; *Before the War. Studies in Diplomacy*, London 1936–38; II, 34. Auch der amerikanische Historiker Hale stellt sich eindeutig auf Sandersons Seite, Hale Publicity and Diplomacy, 284–86
[592] Fay, Sidney Bradshaw; *Revelations in Latest British War Documents*, 647, in: CURRENT HISTORY, XXIX (1929), in: Cosgrove, Crowe, 113; Cosgrove, Crowe, 106

Keith Wilson betont, dass jeder unbedarfte Leser des Crowe-Memorandums zu dem Schluss kommen musste, dass der britisch-deutsche Gegensatz bereits in den letzten Jahrzehnten des 19. Jahrhunderts ein bestimmendes Element der Außenpolitik gewesen sein muss, und deutsche „Erpressungen" die wichtigste Ursache der Abkommen von 1904 und 1907 gewesen seien. „In diesem Sinne", so Wilson, „hatte das Memorandum eine ausgesprochene Schlagseite".[593] – Sanderson hatte in seinem Gegen-Memorandum zu Recht geschrieben, dass zu der Zeit des offenen Gegensatzes zu Frankreich und Russland eine deutsche Opposition für Großbritannien sehr unangenehm gewesen wäre – **wenn es sie gegeben hätte**.[594]

Sanderson war 1884/85 bestens über die Entwicklung der britisch-deutschen Kolonialbeziehungen unterrichtet. Sibyl Eyre Crowe selbst, die bereits erwähnte Tochter und Biographin Crowes, schreibt in einem Buch über die Berliner Westafrikakonferenz von 1885, dass die britisch-deutschen Konflikte von 1884/85 unnötig gewesen seien und die Interessen beider Länder praktisch identisch waren. Der Historiker Hargreaves vermutet, dass eine gewisse Unausgewogenheit des britischen Blaubuches von 1885 über den Konflikt zu Fehleinschätzungen in Großbritannien geführt haben könnte[595], – auch von Eyre Crowe.

Crowes Weltsicht ist historisch in der Argumentation, er versucht Herleitungen deutscher Politiktraditionen von Friedrich II. über Bismarck bis Wilhelm II. In seiner Zielsetzung aber ist er ahistorisch, da statisch orientiert: Er wollte Großbritanniens weltweite faktische Hegemonie zementiert sehen, obwohl die Macht des Landes relativ gesehen deutlich abnahm. Sanderson hingegen bekundete bei verschiedensten Gelegenheiten, dass die Machtposition Großbritanniens nicht unbedingt ein **Recht** auf die Wahrung dieser Position begründe. Das Vereinigte Königreich müsse seines Erachtens bereit sein, bei Machtverschiebungen Konkurrenten Konzessionen zu machen.

Es führte zu weit, das gesamte Memorandum zu analysieren, ich möchte aber einige Kernpassagen herausgreifen. Crowe behauptet bspw., dass das franko-russische Bündnis eine anerkanntermaßen defensive Organisation sei. Tatsächlich jedoch vereinbarten Frankreich und das Zarenreich, dass **beide** Mächte ihre Streitkräfte mobilisieren, falls **irgendein** Mitglied des Dreibundes aus **irgendeinem** Grund mobil machen sollte. Falls Italien also mit Frankreich wegen Savoyen in Streit geriete und seine Truppen in Alarmbereitschaft versetzte, so müsste das Zarenreich gegen die beiden Mittelmächte mobilisieren. Falls Österreich Truppen gegen Serbien in Kriegsbereitschaft versetzte, so müsste Frankreich gegen das Deutsche Reich mobilisieren.[596] Das franko-russische Abkommen sah sogar vor, dass beide Mächte ihre gesamten Streitkräfte mobilisierten, falls ein Mitglied des Dreibundes auch nur einen Teil seines Heeres in den Alarmzustand versetzte. Der Zar vertrat während des Vertragsabschlusses gar die Auffassung, dass Deutschland nach einem Krieg „in eine Anzahl kleiner, schwacher Staaten" zerlegt werden solle. Der Zweibundvertrag wurde so gefasst, dass Mobilmachung und Kriegseröffnung praktisch identisch waren.[597] Diese Vereinbarung war deutlich offensiver als die Beistands- und Mobilmachungsvereinbarung des Dreibundes.

---

[593] Wilson, Policy Entente, 108

[594] Wilson, Policy Entente, 108

[595] Sanderson war Adressat wichtiger Briefe britischer Diplomaten aus Berlin, s. Gavin, R.J./Betley, J.A.; *The Scramble for Africa*, Ibadan 1973, 40, 120/21). Crowe, Sibyl; *The Berlin West African Conference, 1884/85*, Westport (Conn.) Nachdruck der Ausgabe von 1942), 6/7; Hargreaves, Prelude, 329

[596] Kissinger, Diplomacy, 203. Kennan (Fateful Alliance, 251/52) betont, dass Russland die Möglichkeit eröffnet wurde, zu jedem beliebigen Zeitpunkt einen großen Krieg zu entfesseln.

[597] Kennan, Fateful Alliance, 251; zit. in Canis, Von Bismarck zur Weltpolitik, 105, nach Kennan, George F.; *Die schicksalhafte Allianz. Frankreich und Russland am Vorabend des Ersten Weltkrieges*, Köln 1990, 213; Schmidt, Der europäische Imperialismus, 93

Sanderson schrieb Lascelles 1901, dass Großbritannien nur sehr wenig über den genauen Inhalt des Dreibundabkommens wisse, über das franko-russische Bündnis „wissen wir überhaupt nichts". Beide Flügelmächte verstanden es, die Geheimhaltung bis zum Kriegsausbruch 1914 zu wahren.[598] Die Ansprüche Frankreichs auf deutsches Territorium waren jedoch bekannt. Es konnte keine Rede davon sein, dass der Zweibund eine anerkanntermaßen defensive Organisation gewesen wäre.

Die Initiative für die Bildung einer antienglischen Kontinentalliga ging 1899 vom russischen Außenminister aus, und hierüber war auch Hardinge bestens unterrichtet, der zu dieser Zeit in St. Petersburg diente. 1907 behauptete der nunmehrige Staatssekretär, unter **bewusster** Verfälschung der historischen Wahrheit, dass die Initiative vom Deutschen Reich ausgegangen wäre. Lascelles protestierte gegen diese Geschichtsfälschung, aber seine Stimme wurde nicht mehr gehört, und Monson, der ehemalige britische Botschafter in Paris, die einzige weitere Person, die die Wahrheit kannte, war pensioniert, erfuhr nichts von der Kontroverse und wurde auch nicht konsultiert, ebensowenig wie Sanderson oder Lansdowne. Queen Victoria und Salisbury waren verstorben.[599] Mallet behauptete in einem Kommentar, dass Deutschland 1899/1900 versucht habe, eine Kontinentalliga gegen Großbritannien zu schmieden. Er stützt sich hierbei auf Angaben von Hardinge, der für diese Behauptung wider besseren Wissens nachträglich einen „Beweis" kreiert hatte sowie auf mündliche Äußerungen Delcassés. „Er <Delcassé> war erstaunt", wie Mallet schrieb, „dass uns die deutsche Aktion nicht bewusst war." Sie sei jeder Kanzlei in Europa bekannt gewesen.[600] Grey waren die Hintergründe unbekannt. Bertie war einer der wenigen, der die Wahrheit kannte, aber er war ein alter Vertrauter Hardinges und gab nichts preis. 1908 meinte er, der „Burenkrieg ist antike Geschichte", und „wenn es uns passt, haben wir ein sehr kurzes Gedächtnis".[601]

Wahrscheinlich trug Crowes Schrift, die als klassische Darstellung der Ansichten der „antideutschen Gruppe" im F.O. gilt, zur Präzisierung und Verfestigung bereits herrschender Urteile und Vorurteile bei. Die besondere Wertschätzung Greys für die Ausarbeitung ist ein Indiz hierfür, sie war zudem das **einzige** F.O.-Memorandum, dem die Auszeichnung zuteil wurde, als „Staatspapier" („State Paper") bezeichnet zu werden. Gooch ist jedenfalls der Ansicht, dass der Einfluss Crowes auf die Formulierung der britischen Politik nicht unterschätzt werden dürfe, aktiv und fähig wie er gewesen sei. Aber selbst wenn dies nicht der Fall gewesen sein sollte: Die Memoranden sind interessant für uns, weil sich in ihnen zwei Denkschulen offenbaren, zwei unterschiedliche Perspektiven, aus denen die Welt betrachtet wurde.[602]

Es gibt zahlreiche Gründe, Crowes Memorandum als ein erstaunliches und erschreckend einseitiges Produkt zu bezeichnen. Es war im Ton und Inhalt ganz im Sinne chauvinistischer britischer Imperialisten.

Die Schwäche von Sandersons Entgegnung liegt darin, dass er den neuen Geist des imperialistischen Zeitalters nicht wahrhaben wollte. Es konnte keine Rede davon sein, dass die deutsche öffentliche Meinung „im Großen und Ganzen verständig und klug" gewesen sei, und dass dies zu einer zunehmenden Mäßigung der deutschen Politik füh-

---

[598] PRO, FO 800/10, Sanderson an Lascelles, 27.3.1901; Kennan, Fateful Alliance, 223; s. auch Canis, Von Bismarck zur Weltpolitik, 121
[599] S. hierzu Crowe, Crowe, 120–23; s. auch Grenville, Salisbury, 271
[600] B.D., III, 432
[601] Crowe, Crowe, 122/23
[602] Sweet, D.W.; *Great Britain and Germany, 1905–1911*, 218/19, in: Hinsley, F.H. (Ed.); *British Foreign Policy under Sir Edward Grey*, Cambridge 1977, (künftig: Hinsley, Grey); Crowe, Crowe, XI; Monger, Ursachen, 392/93; s. auch Wilson, Crowe on Origins, 240/41; Gooch, Studies, 91; s. auch Steiner, Elitism and Foreign Policy, 27

ren werde. Crowe meinte zurecht hierzu: „Diese Tendenz ist derzeit nicht feststellbar", und es sei nicht weise, dies in näherer Zukunft zu erwarten und irgendwelche Pläne darauf zu bauen. Die aufgeregt-aggressive Stimmung, die in allen Großmächten seit den 1880er Jahren mächtig um sich gegriffen hatte, nahm Sanderson nicht recht wahr. Er hing wohl dem Wunschbild einer gemäßigten öffentlichen deutschen Meinung an, um nicht selbst grundlegende Änderungen einer Politik gutheißen zu müssen, die ihm so vertraut und nützlich schien – die nicht bündnisgebundene Stellung Großbritanniens. Der Historiker Hildebrand bezeichnet Sanderson dementsprechend als einen „außenpolitischen Repräsentanten der Ära Salisbury". Sein Plädoyer für die inzwischen schon verdorrte Ordnung des Staatensystems aus den Tagen Bismarcks und Salisburys habe diese nicht zu neuem Leben erblühen lassen können.[603] Nicht Männer wie Sanderson, sondern Crowe und die Seinen bestimmten Stil und Inhalt britischer Politik, weitgehend im Einklang mit der öffentlichen Meinung ihres Landes.

Der Sozialpsychologe Rivera stellt fest, dass es eine Tendenz gebe, einen Konflikt mit einem Gegner zu dramatisieren und ihn in besonders düsteren Farben zu sehen. Zudem bestehe die Neigung, die Motivation des anderen zu simplifizieren, seine Entscheidungen zu über-rationalisieren und sein möglicherweise vollständig anderes Bezugssystem zu negieren.[604] Dies trifft m.E. für Crowes Memorandum mit Sicherheit zu.

Insbesondere deutsche Historiker der Zwischenkriegszeit haben die Vermutung geäußert, dass Crowes Verhalten psychologisch gedeutet werden müsste. Lutz meinte bspw. dass Crowes Stellung im Amt wegen seiner Herkunft und seines anscheinend preußisch-deutschen Verhaltens gewiss unmöglich geworden wäre, wenn er sich unparteiisch verhalten hätte.[605] Crowe war innerhalb des Amtes aus diesen Gründen auch tatsächlich isoliert. Während des Ersten Weltkrieges gab es dann eine regelrechte Kampagne gegen ihn, angeführt von der Frauenrechtlerin Christabel Pankhurst, die ihn des Geheimnisverrats und der Zusammenarbeit mit dem deutschen Generalstab bezichtigte.[606]

Schon 1906 hatten Liberale auf die deutsche Herkunft und die deutschen Verhaltensweisen Alfred Milners hingewiesen. Sie hofften offensichtlich fremdenfeindliche Vorurteile gegen einen Mann entfachen bzw. nutzen zu können, gegen den sie eine verständliche Abneigung hegten.[607] Crowe war sicher benötigt, sich besonders „englisch" zu geben und Distanz zum Land seiner Geburt zu demonstrieren. Er war aber nicht der Schöpfer der von ihm vertretenen Urteile und Vorurteile, sondern verlieh diesen lediglich gekonnten Ausdruck.

---

[603] B.D., III, 430; Hildebrand, Julikrise 1914, 481

[604] Rivera, Psychological Dimension, 425

[605] Lutz, Hermann; *Deutschfeindliche Kräfte im Foreign Office der Vorkriegszeit.* Materialien zu Band VII der „Britischen Dokumente", Berlin 1932, 16

[606] PRO, FO 800/243, s. den Ausschnitt aus der Zeitung „Britannica", dem „Official organ of the Women's Social and Political Union", 12.11.1915, S. 53; s. auch Cosgrove, Crowe, 233

[607] Searle, Quest, 104

IV. DER NIEDERGANG DER „ZIVILEN GESELLSCHAFT": ZUR BRITISCHEN GESELLSCHAFT, WIRTSCHAFT UND INNENPOLITIK IM IMPERIALISTISCHEN ZEITALTER

An verschiedenen Stellen wurde bereits angedeutet, dass autoritäre und Macht verherrlichende Haltungen und Strukturen in Großbritannien im Zeitalter des Imperialismus stark an Bedeutung gewannen. Dies wird im folgenden Kapitel anhand zentraler Aspekte des gesellschaftlichen, wirtschaftlichen und politischen Lebens verdeutlicht.

Ich verfolge mit diesem Kapitel – neben dem biographischen Aspekt – folgende Absichten:
- Änderungen im Kräfteverhältnis und der vorherrschenden Gesinnung maßgeblicher gesellschaftlicher Gruppen und Klassen herauszuarbeiten.
- In Bezug auf verschiedene Lebensbereiche deutlich zu machen, warum und auf welche Weise autoritäre Ideale und Strukturen an Bedeutung gewannen.
- Den Zusammenhang zwischen innen- und außenpolitischen, gesellschaftlichen und ökonomischen Entwicklungen darzulegen.
- Die „unausgesprochenen Annahmen" der Imperialisten und der Nicht-Imperialisten herauszuarbeiten.

1. DIE ARISTOKRATIE

Der Adel in Großbritannien umfasste im Vergleich zu Kontinentaleuropa nur eine sehr schmale Schicht: Auf dem Kontinent gehörten der Aristokratie im Durchschnitt etwa 1 Prozent der Bevölkerung an – mit gewissen Unterschieden von Land zu Land, in Großbritannien im 19. Jahrhundert aber nur ca. 0,15%! Die Aristokratie erlitt in vielen europäischen Ländern im 18./19. Jahrhundert einen Prestigeverlust, da viele Angehörige dieser Elite materielle Not litten. Diesen Mangel an ökonomischer Stärke suchte, sie häufig durch symbolische Handlungen aufzuwiegen. So sonderten sich bspw. preußische Adlige bei Galabällen von bürgerlichen Gästen durch ein Samtseil ab.[1]

Die vornehmen Geschlechter Britanniens konnten sich souveräner geben. Es waren drei Faktoren, die die materielle Überlegenheit und in Verbindung mit dem Prestige dieser Elite die politische Macht der Aristokratie bis ins letzte Drittel des 19. Jahrhunderts sicherten – und teils noch darüber hinaus: Zum ersten waren es die Landgesetze, die etwa 1660 geltendes Recht wurden. In den darauf folgenden 100 Jahren verloren der niedere Adel und die Bauern einen Großteil ihres Grundbesitzes an den höheren und hohen Adel.[2] Zum zweiten die Tatsache, dass die Industrialisierung in England sehr früh einsetzte, und der Adel dort erheblich von ihr profitierte, z.B. durch die Wertsteigerungen, die ihre Liegenschaften durch Urbanisierung und Industrialisierung erfuhren. Im Gegensatz zur kontinentalen Tradition galt es für ihn auch nicht als ehrenrührig, sich in Handel und Industrie zu betätigen.[3] Dies beschleunigte die wirtschaftliche Expansion des Landes und stärkte die finanziellen Ressourcen und letztlich auch den politischen Einfluss des Adels und trug zu dem Paradoxon bei, dass die Aristokratie in Großbritannien sowohl moderner, als auch mächtiger und wohlhabender war als

---

[1] Beckett, Aristocracy, 36–38, 40; Tannenbaum, 1900, 145
[2] Beckett, Aristocracy, 3; Hobsbawn, Industrie und Empire, I, 27/28
[3] In Deutschland zeigten sich lediglich insbesondere Teile des Adels in Schlesien und Westfalen ebenso aufgeschlossen.

vielleicht irgendwo sonst.[4] Zum dritten nötigten die Erbgesetze den Adel zu besonderer Aktivität.[5]

Alteingesessene Aristokratenfamilien stellten nur eine Minderheit des Hochadels im 19. Jahrhundert. Meist waren die Peers selbst bzw. ihre Väter, Großväter oder Urgroßväter wegen ihrer Verdienste um den Staat oder die Streitkräfte nobilitiert worden. Bis 1821 wurden von den insgesamt 624 bis dahin verliehenen Titeln des „Barons" 392 (62,8%) hauptsächlich wegen des Reichtums des Betreffenden mit dieser hohen Würde ausgezeichnet. Dies scheint ein beeindruckender Beleg für die Aufnahmebereitschaft und Assimilationsfähigkeit des britischen Hochadels. Ein großer Teil der in den Adelstand Erhobenen bestand jedoch aus nachgeborenen Söhnen von „Peers", also jüngeren Söhnen eines Aristokraten, die in Großbritannien keinen Anspruch auf den Titel besaßen. Praktisch jeder Superreiche wurde in den Adelstand erhoben – bzw. ohne diesen Status dürfte es ihm schwerer gefallen sein, sehr wohlhabend zu werden.[6] Ohne die Protegierung durch ein „einflussreiches Mitglied der Gesellschaft", d.h. einen Aristokraten, war es Bürgerlichen bis Mitte des 19. Jahrhunderts zudem kaum möglich, nobilitiert zu werden.

In der Epoche des Imperialismus war der Grund und Boden ganz überwiegend im Besitz von einigen hundert Familien. Mitte des 17. Jahrhunderts stellten die wenigen hundert „Peers" 2/3 der bedeutenderen Landeigentümer – ebenso wie 1883. 80% der Oberfläche Großbritannien war in der Hand von etwa 7000 Personen.[7] 1914 wurden ebenso wie 1870 nur 10% der landwirtschaftlichen Nutzfläche von selbständigen Bauern bewirtschaftet.[8] Die Macht der „Landlords" war groß: Ebenso wie es den unterworfenen Völkern Indiens oder Afrikas verboten wurde, auf ihrem eigenen Land zu jagen, erging es den „Highlanders" in Schottland. Dort wurden von der jagdbesessenen Elite des Landes gegen Mitte des 19. Jahrhunderts etwa 1,2 Millionen Hektar Weideland in Moor renaturiert. Mitte des 19. Jahrhunderts besaßen die etwa 550 Lords fast die Hälfte des gesamten Landes, wobei viele der anderen Großgrundbesitzer mit der Hocharistokratie eng verwandt waren. In Deutschland war die Konzentration des Eigentums an Grund und Boden weit weniger ausgeprägt als auf den britischen Inseln: 1907 verfügten die 3000 größten Grundeigentümer „nur" über etwa 15% des urbaren Bodens im Deutschen Reich.[9]

Die Bewirtschaftung des britischen Grundbesitzes ging von Mitte des 18. Jahrhunderts bis in das 2. Viertel des 20. Jahrhunderts folgendermaßen vonstatten: Einige tausend Grundeigentümer verpachteten ihren Grundbesitz an mehrere zehntausend Pächter, und diese nutzten die Arbeitsleistung einiger hunderttausend Landarbeiter. (Dieses System förderte übrigens frühzeitig die Verbreitung der Barzahlung und somit des Kapitalismus.) Die sogenannten Landlords konnten in den 1870er Jahren etwa 40% des

[4] Zur Bedeutung und Entwicklung des englischen Adels im 18. und zu Beginn des 19. Jahrhunderts s. Nolte, Ernst; *Marxismus und industrielle Revolution*, Stuttgart 1983, 43ff

[5] Nur der älteste Sohn erbte den Adelstitel, nachgeborene sanken also ins Bürgertum ab.

[6] Guttsman, W.L.; *The English Ruling Class*, London 1969, (künftig: Guttsman, Ruling Class), 117; Hobsbawn, Industrie und Empire, I, 30/31

[7] Beckett, Aristocracy, 45; Turberville, A.S.; *The House of Lords in the Age of Reform 1784–1837. With an Epilogue on Aristocracy and the Advent of Democracy, 1837–1867*, London 1958, 408/409, (künftig: Turberville, House of Lords)

[8] Hobsbawn, Industrie und Empire, II, 36. Im Deutschen Reich hingegen **sank** die Bedeutung mittleren und großen Landbesitzes (nach Berghahn, Imperial Germany, 297); s. auch Berghoff, Hartmut; *Vermögenseliten in Deutschland und England vor 1914. Überlegungen zu einer vergleichenden Sozialgeschichte des Reichtums*, 284, (künftig: Berghoff, Vermögenseliten) in: Berghoff, Pionier

[9] Thornton, Archibald Patton; Review, 514; Turberville, House of Lords, 408; s. auch Bédarida, Social History, 30; Turberville, House of Lords, 410; Mayer, Adelsmacht, 31

Einkommens aus landwirtschaftlich genutzter Fläche für sich verbuchen, während die Masse der Landarbeiter, die 84% der Beschäftigten in dem Sektor stellten, nur 35% des betreffenden Einkommens bezogen.[10] Der wirtschaftliche Nutzen, den der Adel aus seinen Gütern ziehen konnte, sank jedoch, bspw. in den 20 Jahren nach 1874 um etwa 1/5.[11]

Die führenden Stellen in Staat, Armee und teils auch der Wirtschaft wurden bis zum Ende des imperialistischen Zeitalters zum großen Teil von Angehörigen weniger hunderte Adelsclans eingenommen. In England herrschten seit dem Ende des 17. Jahrhunderts nicht die Monarchen, sondern die „edlen Geschlechter" in Verbindung mit der Krone.[12] Dies wurde nicht nur durch das faktisch der Aristokratie vorbehaltene Oberhaus deutlich[13], sondern der Adel konnte durch Familienverbindungen außerdem beträchtlichen Einfluss im Unterhaus ausüben, denn über 40 % seiner Angehörigen waren dem Hochadel durch Sippenbeziehungen eng verbunden. Dies galt eingeschränkt auch noch für die Zeit um die Jahrhundertwende.[14] Eine andere Schätzung gibt einen noch höheren Prozentsatz an.[15] Zahlreiche weitere Mitglieder des Unterhauses waren finanziell von den Peers, der wohlhabendsten Klasse im Lande, abhängig. Es war sehr kostspielig, sich für die Parlamentswahl aufstellen zu lassen. Die Parteien konnten und wollten diese Ausgaben nicht decken. Darum blieb für viele Politiker, sofern sie nicht selbst sehr vermögend waren, die finanzielle und mehr oder minder auch politische Abhängigkeit von der großgrundbesitzenden Aristokratie.[16] Zudem wurde in Großbritannien erst 1871 die geheime Wahl eingeführt. Viele Lords nutzten bis zu diesem Zeitpunkt die Möglichkeit, Andersdenkende einzuschüchtern.[17]

Im 18. Jahrhundert hatte der Prozentsatz der dem Adel durch Familienbindung angehörenden Unterhausabgeordneten etwa ebenso hoch gelegen wie 1865, bis 1910 sank er aber erheblich ab.[18] Zwischen 1880 und 1895 gehörten 60% der Minister dem

---

[10] Hobsbawn, Industrie und Empire, I, 27/28; Bédarida, Social History, 74

[11] Thompson, F.M.L.; *Private Property and Public Policy*, 253, (künftig: Thompson, Private Property), in: Blake, Salisbury. Hierbei muss beachtet werden, dass die Preise allgemein sanken, die Löhne allerdings stiegen an.

[12] Der englische Adel besaß im Gegensatz zur kontinentalen Aristokratie seit langem zwar keine steuerlichen Privilegien mehr, aber bestimmte nicht genau definierte Herrenrechte als Großgrundbesitzer und beispielsweise das Privileg (1499 eingeführt und erst 1948 abgeschafft), einen anderen Peer vor dem Oberhaus und nicht vor einem normalen Gericht verklagen zu können (Beckett, Aristocracy, 24). Disraeli u.a. vertrat gar die Auffassung, dass die englischen Regierungen zwischen 1688 und zumindest 1832 nichts anderes als geschäftsführende Ausschüsse der wenigen führenden Familien des Landes gewesen seien. Unter dieser „venezianischen" Verfassung sei der König zu einer Art Doge herabgesunken (Guttmann, Bernhard; *England im Zeitalter der bürgerlichen Reform*, 2. Aufl., Stuttgart 1949, 41, (künftig: Guttmann, England im Zeitalter).

[13] Die dort ebenfalls vertretenen hohen Bischöfe hatten i.d.R. eine direkte Anbindung an hochadlige Familien.

[14] S. z.B. LR, 920 DER (15), Sanderson Korrespondenz, Sanderson an Lord Derby, 29.1.1891

[15] Beckett, Aristocracy, 432/33. Nach dieser anderen Schätzung kamen 1865 76% der Abgeordneten des Unterhauses aus Familien des Hoch- oder Landadels (Bédarida, Social History, 129). 1865 schrieben Beobachter, dass 60 einflussreich adlige Großgrundbesitzer über 1/3 der Unterhaussitze verfügten (Sanford, J.L.S./Townsend, M.; *The Great Governing Families of England*, o.O. 1865, 8/9, 14–20, in: Guttman, Ruling Class, 51).

[16] S. z.B. Guttmann, England im Zeitalter, 43/44; Bis zum Ersten Weltkrieg gab es in Großbritannien überdies das Phänomen, dass in einem hohen Prozentsatz der Wahlkreise auch nur ein einziger Kandidat „zur Auswahl" der Wähler stand.

[17] Beckett, Aristocracy, 455/56

[18] Bédarida, Social History, 129. Er gibt an, dass 1910 nur noch 1/7 der Unterhausabgeordneten Großgrundbesitzer waren. Es müssten aber noch diejenigen hinzugerechnet werden, die jenen eng verwandt waren. Für weitere detaillierte Angaben s. Beckett, Aristocracy, 432/33

Adel an, von 1895 bis 1914 aber „nur" noch 40%.[19] Bis Anfang des 20. Jahrhunderts entstammten alle Premierminister großgrundbesitzenden Familien.[20] Gladstone war der einzige Premierminister des 19. Jahrhunderts, der Mitglied des Unterhauses war – und bleiben wollte – und nicht des „House of Lords". Seit 1908 wurde dies zur Ausnahme.[21]

Noch um 1800 gehörten von den 100 oder 200 wohlhabendsten Familien praktisch alle der Aristokratie an. Dieses Bild wandelte sich in den folgenden 100 Jahren, da schätzungsweise allein während der Regentschaft Queen Victorias zwischen 2500 und 3000 Geschäftsleute ihren Erben mehr als 100.000 Pfund hinterließen.[22] Großgrundbesitzer waren in der Vermögenselite stark vertreten. Von den zwischen 1809 und 1859 verstorbenen sog. „top-wealth-holders" waren fast 90% Großagrarier, 1860–79 69,1% und 1880–99 immerhin noch 43,8%.[23] Dies geschah teils, weil sie auch über andere Einkommensquellen verfügten, teils, weil wohlhabende Bürgerliche aus Prestigegründen Güter erwarben, und so ebenfalls zu den „Gentlemen auf dem Lande" zählen konnten. Dies kompensierte den Rückgang der volkswirtschaftlichen Bedeutung des Sektors teilweise: Das Einkommen aus der Landwirtschaft machte um 1900 nur noch etwa 6% des Nationaleinkommens aus (1867 waren es noch 14% gewesen).[24]

Die Wertschätzung, die der junge Sanderson der Landwirtschaft entgegenbrachte, korrespondierte mit der Auffassung der tonangebenden groß-grundbesitzenden Aristokratie: „Ich komme nicht darum herum, zu denken, dass unsere Ressourcen zwar ökonomisch umfangreich und rasch verfügbar sind", wie er 1871 schrieb,

> „in Wirklichkeit aber geringer, als sie im Vergleich mit anderen Ländern zu sein scheinen, in denen ein größerer Anteil des Einkommens aus der Landwirtschaft bezogen wird. Ich erinnere mich an einen Brief Disraelis (…), dass Frankreich seines Erachtens wirklich ein reicheres Land sei als England."[25]

Seine Ansicht über die Bedeutung der Landwirtschaft waren unausgegoren und erinnern eher an die sogenannten Physiokraten des 18. Jahrhunderts als an einen Bürger der seit zwei Generationen ersten Industriemacht der Welt. Er befand sich hierbei aber durchaus im Einklang mit der tonangebenden groß-grundbesitzenden Aristokratie seiner Zeit. Man kann sich leicht vorstellen, dass bei ihm und der großen Mehrzahl seiner Kollegen im F.O., die ja durchweg der grundbesitzenden Elite verbunden waren, zu dieser Zeit wenig Sinn für die Förderung britischen Handels und Gewerbes in aller Welt bestand.

Der Adel spielte selbst um die Jahrhundertwende noch eine sehr beträchtliche Rolle in der Politik des Landes. So brachten die „Lords" zwischen 1892 und 1895 mehrere bedeutende Gesetzesvorhaben zu Fall, z.B. über eine Erweiterung der irischen Selbstverwaltung, eine Reform des für Grundvermögen geltenden Erbrechtes und die Einführung einer Haftpflicht für Arbeitgeber.[26] Zudem dominierte die Aristokratie in weiten ländlichen Regionen.

Die anglikanische Staatskirche Englands blieb dem Adel weiterhin eng verbunden. Da aber die Bedeutung der Religion nachließ, zählte Anfang des 20. Jahrhunderts diese

---

[19] Bédarida, Social History, 130; weitere Angaben in Beckett, Aristocracy, 463/64
[20] – Oder sie wurden (wie Disraeli) rasch mit großen Gütern ausgestattet.
[21] Robbins, Eclipse, 41; Thompson, Private Property, 252
[22] Thompson, Respectable, 163
[23] Berghoff, Vermögenseliten, 285/86; die Großgrundbesitzer stellten im Vereinigten Königreich einen **höheren** Anteil an den Superreichen als im Deutschen Reich (ebd., 285).
[24] Guttsman, Ruling Class, 7
[25] LR, 920 DER (15), Sanderson Korrespondenz, Sanderson an Lord Derby, 2.5.1871
[26] Mayer, Adelsmacht, 151

Bastion weniger als eine Generation zuvor. Im Großen und Ganzen hatte der Adel die landesweite Vorherrschaft an das wohlhabende und gebildete Bürgertum verloren.[27] Die Bürokratisierung des Landes und die fortschreitende Arbeitsteilung führten dazu, dass Zehntausende neu hinzugekommene hochqualifizierte leitende Beamte, Ingenieure, Ärzte oder Juristen Teilhabe auch an der politischen Macht errangen. Der Niedergang des althergebrachten Respekts („deference") der Masse der Bevölkerung gegenüber der Aristokratie war im Zeitalter der Wahlrechtserweiterungen zudem nicht aufzuhalten.[28]

Andererseits wurde das Bedürfnis wichtiger Teile des Bürgertums nach staatlicher Förderung immer größer. Die Abkehr vom Freihandel durch bedeutende Handelspartner Großbritanniens, die für das Land problematische weltpolitische Situation und die immer deutlicher werdende Schwäche mancher Wirtschaftszweige machten eine Unterstützung durch staatliche Stellen, z.B. durch das F.O. erforderlich. Dies förderte die Bereitschaft, dem dort tonangebenden aristokratischen Element entgegenzukommen.[29] (Zum F.O. s. folgenden Abschnitt) Der Adel verlor also an **direktem** Einfluss, andererseits übernahmen viele Bürgerliche Ideale der Aristokratie, so dass sie **indirekt** mit tonangebend blieb. Unternehmer ließen in ihren Betrieben die Volljährigkeit des Sohnes oder eine Heirat in der Familie mit Ritualen feiern, die den Großgrundbesitzern entlehnt waren. Wohlhabende Unternehmer oder ihre Söhne verwirklichten ihren Traum und erwarben Güter, um ein Leben als Landedelmann zu führen.[30] So besaßen auch die nach 1885 neu nobilitierten „Business peers" gewöhnlich Güter zwischen 800 ha und 4000 ha. Wiener stellt fest, dass seit den 1850er/1860er Jahren „pseudoaristokratische" Werte und Verhaltensweisen in der oberen Mittelklasse Wurzeln schlugen.[31] Wohlhabende Bürger eiferten dem Adel nach, und dieser wiederum begab sich seinerseits immer tiefer „in die Niederungen" von Spekulation und Investition, so dass die Grenzen zwischen dem Adel und der reichsten Schicht des Bürgertums seit der Mitte des 19. Jahrhunderts immer stärker verschwammen.[32]

Im Gegensatz zu fast allen anderen Staaten verlief die politische Entwicklung des Vereinigten Königreiches im 18. und 19. Jahrhundert ohne große Brüche, zugleich aber wirtschaftlich dynamisch und politisch erfolgreich (natürlich auch wesentlich den günstigen geopolitischen und historischen Umständen geschuldet). Diese „erwiesene Kompetenz" der Elite förderte in der Bevölkerung die Bereitschaft, die Macht des Adels und aristokratische Ideale zumindest als **ein** wichtiges Element des Erfolges ihres Landes anzusehen.[33] Zwar sank der Einfluss der Queen, obwohl Victoria diesen Niedergang verlangsamen konnte, aber die speziellen Beziehungen zwischen der Krone und dem F.O. blieben erhalten. Selbst der langsam denkende Eduard VII. konnte noch beträcht-

---

[27] Halévy, History, IV, 338; s. auch Feuchtwanger, Britain 1865–1914, 2/3; Mayer (Adelsmacht, 10–12) glaubt, dass der Adel auch 1914 noch die politische Vorherrschaft innehatte.

[28] S. z.B. die Wertschätzung, die Bagehot der Macht des Adels zollt (Bagehot, Walter; *The English Constitution*, London 1904, 89–94, zit. in Guttsman, Ruling Class, 29

[29] Mayer, Adelsmacht, 92

[30] Thompson, Respectable, 212; Porter, Britain, Europe, 34/35; s. auch Mayer, Adelsmacht, 93 u. Wiener, Martin J.; *English Culture and the Decline of the Industrial Spirit, 1850–1980*, Cambridge 1981, 100, (künftig: Wiener, English Culture)

[31] Beckett, Aristocracy, 46. Tannenbaum, 1900, 177/78; s. auch Wiener, English Culture, 84 u. ebd. 10; s. auch ebd., 16

[32] Thompson, Respectable, 271. Die Grenzen zwischen dem niederen Adel und dem Bürgertum waren in Großbritannien ohnedies fließend (Beckett, Aristocracy, 22 u. 26).

[33] S. auch Wiener, English Culture, 7; zur Bedeutung und zum Fortwirken von Paternalismus und autoritärer Gesinnung in Großbritannien s. auch Thornton, Archibald Patton; *The Habit of Authority. Paternalism in British History*, London 1966

lichen Einfluss bei Stellenbesetzungen ausüben.[34] Die Popularität der mit dem Adel verbundenen Krone stieg im letzten Viertel des 19. Jahrhunderts außerdem erheblich an.[35]

Die Macht der Aristokratie und des Landadels war so festgefügt, dass ihre Vorherrschaft bis zum Ersten Weltkrieg erhalten blieb. Ihre soziale Vorbildfunktion für das wohlhabende Bürgertum blieb unangetastet. Ja, die Reichen aus Finanzwirtschaft, Bankwesen und Industrie waren im Industriestaat England sogar eifriger als ihre Vorfahren im 18. Jahrhundert darauf bedacht, das Leben eines Gentleman auf dem Lande zu führen. Zudem forderte und förderte die weltweite Herrschaft Englands die Konservierung oder gar Verstärkung traditioneller – d.h. aristokratischer – Haltungen und Symbole. So verlief die Krönung König Georgs V. 1910 in London in althergebrachtem, majestätischem Ritual. Seine Proklamierung zum Kaiser von Indien 1911 erfolgte sogar mit einer eigens **neu geschaffenen** Zeremonie, die betont vormodern, ja orientalisch-despotisch anmutet. Nur zu diesem Zweck wurde ein Amphitheater für 100.000 Zuschauer und 10.000 meist uniformierte Würdenträger errichtet! Der Höhepunkt des Rituals bestand darin, dass Lord Hardinge, der Vizekönig, in gebückter Haltung die Stufen zum einsam thronenden König-Kaiser emporstieg, niederkniete und ihm die Hand küsste. Die höchsten Repräsentanten des Landes, Briten und Inder, taten es ihm nach.[36]

Die vormoderne und prädemokratische Einrichtung der Monarchie gewann durch zahlreiche Kron-Kolonien und Zeremonien neuen Glanz und somit auch der ihm verbundene Adel, der z.B. auch im F.O. eine starke Bastion besaß.[37]

Nach dem Abschnitt über die Aristokratie ist nun der passende Ort, um sich mit dem britischen Außenministerium zu beschäftigen.

2. Das britische Aussenministerium vor dem Ersten Weltkrieg – Korpsgeist und Elitebewusstsein

In Preußen mussten Bewerber für die höhere Beamtenlaufbahn bereits zu Zeiten des jugendlichen Bismarck eine recht strenge Aufnahmeprüfung bestehen.[38] Davon konnte im Großbritannien dieser Zeit noch keine Rede sein.[39] Erst 1857 führte das Foreign Office Examen für Bewerber ein, die Sanderson 1859 erfolgreich absolvierte. – Bis 1907 konnte niemand aber auch nur an dieser Aufnahmeprüfungen teilnehmen, der nicht über höchste persönliche Kontakte verfügte: Er musste dem Außenminister bekannt sein, oder ihm durch Männer von Ruf und Position, auf deren Urteil er sich verlassen konnte und die den Kandidaten persönlich kannten, empfohlen werden.[40] Noch 1860 gab es nachhaltige öffentliche Kritik an der kurz zuvor eingeführten Regelung, die Eignung von Bewerbern durch eine Prüfung feststellen zu lassen – obwohl die möglichen

---

[34]Zur damaligen Zeit wurde ihm auch großer außenpolitischer Einfluss zugeschrieben, allerdings zu unrecht (Steiner, Foreign Office and Foreign Policy, 200–203).

[35]Mac Kenzie, Propaganda, 4, 8

[36]Thompson, Respectable, 153, 270; Mayer, Adelsmacht, 138

[37]S. auch Schöllgen, Zeitalter, 40

[38]Massie, Dreadnought, 51

[39]S. die amüsante Illustration eines Aufnahmeverfahrens in den britischen öffentlichen Dienst in Guttsman, Ruling Class, 234–37

[40]Guttsman, Ruling Class, 246; Nightingale, Robert T.; *The Personnel of the British Foreign Office and Diplomatic Service, 1851–1929*, Fabian Tract No. 232, London 1930, 5, (künftig: Nightingale, The Personnel)

Prüflinge sich nur aus dem Kreis der Elite rekrutierten.[41] Ein hoher Beamter des Kolonialministeriums erklärte – nicht verteidigte! – Mitte des 19. Jahrhunderts die Bevorzugung von Adelssprösslingen mit folgender Überlegung: Bei einem Politiker oder „Civil Servant" aus einfacheren Verhältnissen „träte kein Bittsteller bei **seinem** Nähern furchtsam auf; säße niemand auf heißen Kohlen in seiner Anwesenheit, gepeinigt von Gewissensbissen, dass er seine kostbare Zeit stehle".[42] Ein zeitgenössisches Handbuch für Eltern zur Berufswahl für ihre Kinder betonte, dass das Außenministerium und das Schatzamt einen höheren Rang als alle anderen Ministerien innehätten. Ein Mann minderer Geburt und Bildung würde darum als anmaßend empfunden, wenn er sich bei einem der beiden bewürbe.[43]

1907 wurde das Einstellungsverfahren lediglich bürokratisiert. Es wurde ein Ausschuss gegründet, der den „sozialen Stammbaum" der Bewerber überprüfte. Auch die deutsche Regierung lehnte fachlich geeignete Kandidaten für das Auswärtige Amt immer wieder aus politischen oder anderen Gründen ab. Die „Elite" blieb also unter sich. Noch 1930 erklärte ein britischer Minister im Unterhaus voller Stolz, dass immerhin 5 der gerade 110 rekrutierten Nachwuchsdiplomaten **nicht** eine Public School, eine der exklusiven Privatschulen, d.h. eine der Hochburgen des Adels, besucht hätten![44] Der Widerstand gegen diese „Vetternwirtschaft" – im wahrsten Sinne des Wortes – blieb bescheiden.[45] Faktisch kamen für den Dienst im Foreign Office (F.O.) oder dem diplomatischen Dienst nur die (männlichen) Sprösslinge aus wenigen tausend Familien in Frage, denn: Der Anwärter sollte einer angesehenen – d.h. i.d.R. adligen – Familie angehören, eine der teuren Privatschulen besucht haben, anglikanischer Konfession und Engländer sein. Schotten hatten praktisch keine Chance.[46]

Das F.O. besaß in der Epoche des Imperialismus den Umfang eines heutigen kleinen Landratsamtes, ca. 140 Beschäftigte vom untersten Türsteher bis zu den Staatssekretären[47], etwa der Hälfte blieb die eigentlich politische Arbeit vorbehalten. – 1938/39 zählte allein die britische Botschaft in Berlin fast 100 Mitarbeiter, 1914 waren es noch 10 gewesen. Jährlich wurden nur etwa zwei Kandidaten für die politische Arbeit eingestellt. Diese Rate blieb zwischen 1824 und 1907 unverändert. Vor 1871 konnte knapp 1/3 der Neulinge einen Universitätsabschluss vorweisen (nahezu ausschließlich entweder Oxford oder Cambridge), danach stieg diese Rate auf 50% an.[48]

Es gab wenig Platz für Formalitäten im F.O. Die respektvolleren oder rangniederen Beschäftigten sprachen den beamteten Staatssekretär gelegentlich mit „Sir" an, aber dies wurde nicht erwartet.[49] Im **offiziellen Briefverkehr** zwischen dem F.O. und dem

---

[41] S. den Artikel des „Quarterly Review" von 1860, zit. in Guttsman, Ruling Class, 238–41, u. ebd., 243

[42] Zit. in Guttsman, Ruling Class, 230

[43] Guttsman, Ruling Class, 231

[44] Mayer, Adelsmacht, 178; Röhl, Kaiser, Hof und Staat, 147, 168

[45] Guttsman, Ruling Class, 255–61

[46] Steiner, Foreign Office and Foreign Policy, 19; Guttsman, Ruling Class, 8/9, 14. Zu Deutschland s. Röhl, Kaiser, Hof und Staat, 165; Cecil, Lamar; *The German Diplomatic Service, 1871–1914*, Princeton (New Jersey) 1976, 96, (künftig: Cecil, German Diplomatic Service)

[47] Dilks, David; *The Brititish Foreign Office between the Wars*, 182, (künftig: Dilks, British Foreign Office), in: Mc Kercher, Shadow and Substance. 1914 hatte das F.O. 187 Beschäftigte und 1938 (inklusive des diplomatischen Dienstes) 902 (ebd.).

[48] Henderson, Nevile; *Wasser unter den Brücken. Episoden einer diplomatischen Laufbahn*, Erlenbach-Zürich 1949, (künftig: Henderson, Wasser), 42; Jones, Ray; *The Nineteenth Century Foreign Office. An Administrative History*, London School of Economics Resaerch Monographs 9, London 1971, 64, (künftig: Jones, The Foreign Office)

[49] Dilks, British Foreign Office, 182/83

britischen diplomatischen Dienst aber herrschte ein vornehmer und altertümlicher Hof-Ton. So schloss Außenminister Grey 1906 einen Brief an einen ausscheidenden Diplomaten mit der Formel ab: „Ich habe die Ehre, Euer Lordschaft höchst gehorsamer und ergebener Diener zu sein."[50] Bei dem Adressierten handelte es sich um den ehemaligen Gesandten in Montenegro bzw. Uruguay, nachrangigen Posten am „Ende der Welt".

Neben der Arbeit gab es im F.O. Zeit für Freunde und Besucher, die Atmosphäre war kultiviert und die Tätigkeit keineswegs strapaziös – zumindest in außenpolitisch ruhigen Zeiten. Bei internationalen Krisen war das Pensum nicht in den üblichen fünf Stunden zu bewältigen. Der Stil des F.O. blieb bis 1905 bzw. bis zum Ersten Weltkrieg einem weltmännischen „Gentlemen's Club" verwandt. Umgangston und Wesensart des Amtes entsprachen der Schicht, aus der sie ihren Beamtenkörper rekrutierte. Das F.O. war eine Hochburg der Aristokratie mit ausgeprägtem Korpsgeist, und es wurde alles getan, um seinen exklusiven Charakter zu wahren. Beamte ähnlicher Jahrgänge hatten sich oft schon in einer der exklusiven Privatschulen kennengelernt, und abends trafen sich die Kollegen in den „Foreign Office Clubs", „Travellers'", und „St. James's". Dort kamen sie auch zwanglos mit Diplomaten, Parlamentsmitgliedern und Ministern ins Gespräch, Geschäftsleute waren dort nicht anzutreffen. Erstaunlich viele Berufsbeamte des F.O., die parteipolitisch neutral sein sollten, waren zudem Mitglied des „Carlton", **dem** konservativen Club.[51] Sanderson, der sich zeit seines Lebens parteipolitisch nicht einordnen ließ, gehörte ihm nicht an.

Zur damaligen Zeit hielten sich britische Außenminister häufig nicht im F.O., sondern auf ihren Landgütern auf und bearbeiteten dort die Akten. Dies entsprach ihrem aristokratischen Selbstverständnis.[52] Stanley bzw. Derby hielt sich häufig auf dem Familiensitz Knownsley (bei Liverpool) auf, und Sanderson begleitete ihn. Auch dieser tat seinen Dienst hin und wieder „auf dem Lande".[53]

Der Diplomatische Dienst wurde zwar vom F.O. instruiert und kontrolliert, dienstrechtlich waren beide jedoch geschieden. Es gab zahlreiche Spannungen und Vorurteile zwischen britischen Diplomaten und Beamten des F.O., schon deshalb, da beide über die Arbeit des jeweils anderen zu wenig wussten.[54] Beamte, die in London arbeiteten, begaben sich selten aus dienstlichen Gründen ins Ausland, und ein Tausch mit einem Posten im diplomatischen Dienst war eher Ausnahme als Regel. Lediglich an der Spitze der beiden Karriereleitern wurde dies ab Anfang des 20. Jahrhunderts immer üblicher.[55]

Die gesellschaftliche Zusammensetzung des britischen Außenministeriums war im europäischen Vergleich nicht ungewöhnlich. Selbst der Quai d'Orsay der Französischen Republik war auch noch nach der Dreyfus–Affäre eine aristokratische Bastion.[56] Die elitäre personelle Zusammensetzung des F.O. scheint aber die klassengebundene Rekrutierung im Deutschen Reich noch übertroffen zu haben, dort gehörten „lediglich"

---

[50] PRO, FO 366/1140/25408, 26.7.1906. S. auch, PRO, FO 366/1140/9032, 15.3.06
[51] Steiner, Foreign Office and Foreign Policy, 16; dies., Britain Origins, 175; Steiner, Elitism and Foreign Policy, 24; Rose, Norman; *Vansittart. Study of a Diplomat*, London 1978, 74, (künftig: Rose, Vansittart); Blake, Conservative Party, 137; Steiner, Foreign Office and Foreign Policy, 20
[52] Außenminister Lord Lansdowne verbrachte noch am Beginn des 20. Jahrhunderts praktisch die gesamten Sommermonate auf seinen Gütern in Irland.
[53] S. auch LR, 920 DER (15), Box 51/4, Lord Derby (14.) an Sanderson, 16.10.1868 und ebd. 28.10.1868; LR, 920 DER (15), Sanderson Korrespondenz, Sanderson an Lord Stanley, 25.5.1869
[54] S. auch Steiner, Foreign Office and Foreign Policy, 21/22
[55] Steiner, Elitism and Foreign Policy, 24
[56] Mayer, Adelsmacht, 305

61,4% der hohen und höheren Beamten in der Politischen Abteilung des Auswärtigen Amtes dem Adel an, in der weniger renommierten Kolonialabteilung waren es 27,3%.[57]

Der Diplomatische Dienst war gesellschaftlich **noch** exklusiver als das F.O, und die soziale Schicht, aus der er seinen Nachwuchs rekrutierte, wurde in den Jahren vor dem Weltkrieg in Großbritannien eher noch schmaler.[58] Neulinge im Diplomatischen Dienst blieben darüber hinaus nicht nur ihre beiden ersten, wenn nicht gar vier bis fünf Dienstjahre[59] ohne Entlohnung, sondern mussten überdies bis 1919 ein eigenes jährliches Vermögenseinkommen von 400 Pfund nachweisen, was dem Verdienst eines leitenden Angestellten entsprach.[60] Im Vereinigten Königreich und im Deutschen Reich war der Adelsanteil unter den Diplomaten etwa gleich hoch. Bis weit in das 20. Jahrhundert hinein gab es keinen führenden britischen Diplomaten, der, falls er studiert hatte, nicht aus Oxford oder Cambridge kam.[61] Dort konnte faktisch nur studieren, wer zuvor eine der teuren aristokratisch geprägten Privatschulen besucht hatte.

Im Jahrhundert nach den Napoleonischen Kriegen dominierte eine exklusive Schicht von Diplomaten der „Pentarchie"[62] die diplomatische Bühne Europas. Die Auswirkungen in Etikette und Praxis der Außenpolitik waren weitreichend, auch in der Bezahlung der Botschaftsangehörigen: Im Jahr 1891 verdiente ein britischer Botschaftssekretär an einer der großen europäischen Botschaften deutlich mehr als sein Kollege in Washington, Teheran oder Rio de Janeiro. Paris war die personell am Besten ausgestattete britische Botschaft, ihm folgten gleichrangig St. Petersburg, Berlin, Wien, Konstantinopel und Rom. Washington und Madrid rangierten unter den großen ausländischen Vertretungen bis zum Ersten Weltkrieg an letzter Stelle.[63]

An den bedeutenden Botschaften des Kontinents konnte nur ein Aristokrat vornehmen Geblüts die Rolle in der Gesellschaft spielen, die ihm als Vertreter einer Großmacht zukam.[64] Die Höhe der Entlohnung der hochgestellten Diplomaten Großbritanniens war fürstlich und trug ihren gesellschaftlichen Aufgaben i.d.R. Rechnung.[65] Aufgrund ihrer repräsentativen Verpflichtungen wurde das Amt trotzdem mitunter als

---

[57] Cecil, German Diplomatic Service, 10. Die erste Angabe gilt für die Jahre von 1881 bis 1914, die für die Kolonialabteilung von 1890 bis 1907. Nach Berghahn gehörte von den Neulingen im deutschen (bzw. preußischen) diplomatischen Dienst zwischen 1862 und 1890 etwa 85% dem Adel an und zwischen 1890 und 1914 noch 64% (Imperial Germany, 317).

[58] Nightingale, The Personell, 9; Steiner, Foreign Office and Foreign Policy, 20

[59] Guttsman, Ruling Class, 253

[60] Cromwell, Valerie; *United Kingdom. The Foreign and Commonwealth Office*, 553, (künftig: Cromwell, Foreign and Commonwealth Office), in: Steiner, Zara; *The Times Survey of Foreign Ministries of the World*, London 1982. In Deutschland wurde von den Diplomaten der Nachweis eines vergleichbar hohen Einkommens verlangt, in Österreich-Ungarn, Russland und Italien war dies ebenfalls üblich (Cecil, German Diplomatic Service, 39). An dieser Praxis wurde bis zum 1. Weltkrieg nichts verändert (Cecil, German Diplomatic Service, 40). Zum Vergleich: Das Hausmädchen Maria Bone, 34 Jahre im F.O. tätig, verdiente 14 Pfund **jährlich** zuzüglich 12 Schillingen Verpflegungsgeld wöchentlich (PRO, FO 366/1140/18850)! Dies war ein respektabler Verdienst für eine Frau ihres Standes. Der Jahresverdienst eines Landarbeiters konnte etwa 20 Pfund im Jahr betragen (Thompson, Respectable, 100).

[61] Jones, Ray; *The British Diplomatic Service, 1815–1914*, Gerrads Cross 1983, 146; Nightingale, The Personell, 11

[62] Es handelte sich um Frankreich, Großbritannien, Österreich, Preußen bzw. das Deutsche Reich und Russland, später wurde auch Italien – mehr oder minder – zu diesem exklusiven Kreis gezählt.

[63] PRO, FO 800/1 (81), F.H.V. (Villiers ?), 4.7.1891, Memo: The Amalgation of the F.O. and Diplomatic Office); PRO, FO 146/3530

[64] Röhl, Kaiser, Hof und Staat, 168; s. auch Steiner, Foreign Office and Foreign Policy, 175

[65] So betrug bspw. die Entlohnung des britischen Konsuls in Warschau stattliche 1200 Pfund p.a. (LR, 920 DER (15), Sanderson Korrepondenz, Sanderson an Derby, 18.12.1879). Zum Vergleich: Der deutsche Vertreter in Bukarest verdiente 1891 umgerechnet 450 Pfund (Cecil, German Diplomatic Service, 46).

finanzielle Bürde empfunden.[66] Das Salär der Diplomaten entsprach der Weltgeltung und dem Wohlstand des Landes. Je nach Funktion betrug sie bis zum Doppelten desjenigen ihrer deutschen Kollegen um die Jahrhundertwende. Der Vergleich der Einkommen der Mitarbeiter des F.O. mit demjenigen ihrer Kollegen aus der Wilhelmstraße fiel für die Briten ähnlich erfreulich aus.[67] Die Urlaubsregelung für die Diplomaten entsprach den Mindestansprüchen eines „Gentleman": Ihm standen 10 Wochen im Jahr zu.[68]

Das F.O. war das wohl angesehenste Ministerium. Das Amt des Außenministers war neben dem des Premierministers die begehrteste Aufgabe im britischen Kabinett. Palmerston, Rosebery und insbesondere Salisbury zogen das Hausherrenrecht im F.O. sogar der Würde des Ministerpräsidenten vor. Nur die Funktion des Außenministers schien bedeutsam genug für ein erneutes Regierungsamt eines früheren Premierministers zu sein, wie das Beispiel Lord Russels im Kabinett Palmerston von 1859 zeigt.[69]

Das Außenministerium galt auch – nach dem Schatzamt – als das kompetenteste Ressort. Die Natur des diplomatischen Geschäfts, die damit verbundenen gesellschaftlichen Beziehungen und die weitverbreitete hartnäckige Überzeugung, dass die Außenpolitik eine sehr geheimnisvolle und heikle Angelegenheit sei, trug zu der Absonderung des Foreign Office von den anderen Ministerien bei. Die auserwählte Herkunft und Erziehung, die elitäre Arbeits- und Lebensatmosphäre und das große Prestige des Außenministeriums begünstigten ein ausgeprägtes Selbstbewusstsein seiner Beamten. Es begann erst spät einer modernen bürokratischen Organisation zu ähneln. Ende der 1940er Jahre klagte ein pensionierter Beamter des F.O., dass sein ehemaliger Dienstort nun wie ein großer Wirtschaftskonzern, wie eine Bank oder Ölgesellschaft organisiert sei, eine sicher übertriebene Klage.[70]

Das F.O. und der diplomatische Dienst waren im Zeitalter des Imperialismus eine unangefochtene Hochburg der Aristokratie. Andere Machtpositionen des Adels verloren jedoch an Bedeutung (wie der Grundbesitz oder die anglikanische Staatskirche) oder wurden mehr und mehr vom Bürgertum dominiert (wie die Politik). Die Dominanz des Adels im Außenministerium und der Diplomatie wurde ich Großbritannien nur wenig kritisiert und die Bedeutung dieser Bastion stieg aufgrund der zunehmenden Schwäche der britischen Wirtschaft, die eine aktive Unterstützung durch die Außenpolitik verlangte, in den Jahren nach der Jahrhundertwende noch an.

3. KRIMINALITÄT/KRIMINALISIERUNG

Während der **ersten Hälfte** des 19. Jahrhunderts stieg die Kriminalität in Großbritannien weit rascher an als die Bevölkerungszahl. Um 1840 wurden fast sechsmal so viel Verbrechen begangen „wie ein Menschenalter zuvor". In der **zweiten** Jahrhunderthälf-

---

[66] S. z.B. BL, MS Eng. hist., c 595, Monson an Sanderson, 29.2.1904
[67] Cecil, German Diplomatic Service, 44 u. 46 sowie PRO, FO/366/1140/25408 u. ebd. 1692. Zur weiteren Illustration: Sanderson verdiente als Staatssekretär um 1900 fast das Achtfache des weltberühmten deutschen Physikers Max Planck (eigene Berechnung nach Berghahn, Imperial Germany, 9); Angaben zur Höhe von Pensionen s. Ashton-Gwatkin, Frank T.; *The British Foreign Service. A Discussion of the Development and Function of the British Foreign Service*, Hamden 1948, 17, (künftig: Ashton-Gwatkin, British Foreign Service)
[68] BL, MS Eng. hist., c 1191, Sanderson an Monson, 4.11.1893
[69] Steiner, Foreign Office and Foreign Policy, 2
[70] Dilks, British Foreign Office, 183; Wilson, Empire and Continent, 40; Steiner, Foreign Office and Foreign Policy, X; Ashton-Gwatkin, British Foreign Service, 2

te nahm die Rechtssicherheit hingegen deutlich zu. Die wirtschaftlichen Verhältnisse sind eine wichtige, aber keine hinreichende Erklärung dieses Phänomens. Eine allzu milde Justiz, die potentielle Straftäter unzureichend abschreckt und so zu steigender Kriminalität führt, lässt sich im Großbritannien des frühen 19. Jahrhunderts gewiss auch nicht feststellen: Ende des 18. Jahrhunderts definierten die Gesetze 60 „Kapitalverbrechen", die mit jeweils härtesten Sanktionen geahndet wurden. Diese Liste wurde ständig erweitert und umfasste 1820 220 Straftaten. Der Diebstahl eines Gegenstandes, dessen Wert mindestens 12 Pence betrug, gehörte bereits dazu. Aber auch noch unerheblichere Tatbestände, sogar die von Kindern, wurden drakonisch geahndet. Anfang der 1870er Jahre stahlen bspw. zwei Brüder, 15 bzw. 12 Jahre alt, Brot und Butter im Wert von 6 Pence. Sie wurden zu einem Monat Gefängnis mit harter Arbeit verurteilt, denen vier Jahre in einer Besserungsanstalt („reformatory school") folgten.[71]

Auf dem europäischen Kontinent zwang der absolutistische Staat die Menschen seit dem 17. und 18. Jahrhundert mit manchmal brutalen Mitteln, ihre Affekte zu zügeln, um willige Untertanen heranzubilden. Der „neue Staat" erzwang sich den „neuen Menschen". Der starke puritanische Einfluss und der frühzeitig entwickelte Kapitalismus übten in Großbritannien eine ähnliche Wirkung aus, im 19. Jahrhundert teils sekundiert, teils abgelöst durch interessierte Burger, die mit Polizei und Justiz eng zusammenarbeiteten.

Ein bezeichnendes Beispiel ist die 1824 gegründete „Gesellschaft für die Verhütung von Tierquälerei" (RSPCA), die ab 1840 das Präfix „königlich" tragen durfte. Sie wurde zur erfolgreichsten Interessenvertretung im Großbritannien des 19. Jahrhunderts. Blutige Hahnenkämpfe zur Volksbelustigung oder das Quälen von Last- und Zugtieren waren zur Gründungszeit der RSPCA im Land noch gang und gäbe. Bis 1860 gelang es der Vereinigung und der Polizei, öffentliche Tierkämpfe dauerhaft zu unterbinden. 1832 taten zwei hauptamtliche Inspektoren Dienst für die RSPCA, 120 gegen Ende des Jahrhunderts. Die Inspektoren und die Polizei, die immer gut zusammen arbeiteten, brachten es schließlich auf über 19.000 Verhaftungen pro Jahr.[72]

Es ist sicher ein ehrenwertes Ziel, Tieren sinnlose Qualen zu ersparen, aber die Aktivisten der RSPCA – die alle aus der „upper middle class" kamen – hatten weiter gefasste Ziele. Ihre Belehrungen und Strafen sollten die Unterschicht „läutern" und sie bürgerlichen Werten unterwerfen. Es war erklärtes Ziel der Königlichen Gesellschaft, die Massen zu zivilisieren, ebenso wie die Verfechter des „Feldzuges für Reinheit" (s. den folgenden Abschnitt). Kritiker warfen ihr auch von Beginn an vor, die Unterschichten zu schikanieren und eine Klassenpolitik zu betreiben.[73] Das sich ausbreitende Jagdfieber der Aristokratie, das Züchten von Tieren nur für den Zweck, sie erlegen zu können, fanden sie nicht kritikwürdig.

In dieselbe Kategorie fällt auch der Kampf gegen Trunkenheit in der Öffentlichkeit. Wohlhabende konnten sich in ihrem geräumigen Heim in aller Stille betrinken, der Masse der Bevölkerung war dies nicht möglich, da Flaschenbier noch nicht verfügbar und Wein schier unerschwinglich war. Zur Mitte des Jahrhunderts wurden die Strafen für öffentliches Angetrunkensein wesentlich verschärft, sie konnten bis zum Doppelten eines Wochenlohnes eines Arbeiters betragen. 1857 wurden 75.000 dieser Straftaten registriert, 1876 aber 200.000. Die Summe dieser Delikte dürfte gewiss nicht in diesem Maße zugenommen haben, sondern die wesentlich verstärkte Polizeipräsenz im Lande erhöhte die „Erfolgsquote" der Ermittler. Nicht nur die öffentliche Trunkenheit, auch andere Elemente des Lebens der Unterschichten wurden unter Strafe ge-

---

[71] Guttmann, England im Zeitalter, 132; Cook, Historical Facts, 158; Gay, Cultivation, 130, 143
[72] Thompson, Respectable, 278/79
[73] Thompson, Respectable, 279/80

stellt: bspw. Lärm, „Herumlungern, mit der Absicht ein Unheil anzurichten", Handel und Wetten auf der Straße. Gegen Ende des 19. Jahrhunderts resultierten 15 bis 20% der Inhaftierungen aus den oben angedeuteten Straftaten, inklusive der Trunkenheit sogar etwa 50 Prozent![74]

Zum Ende des 19.Jahrhunderts war es der bürgerlichen Gesellschaft durch von harten Repressionen begleiteten Belehrungen weitgehend gelungen, die Unterschicht zum Vorbild der „respectable society" zu bekehren. Die strafenden Autoritäten waren internalisiert worden. Die auch dadurch resultierende und die unterdrückte Aggression scheint sich statt dessen – gesellschaftlich geduldet – bspw. gegen Minderheiten wie Opponenten des Burenkrieges gerichtet zu haben. Weitere bezeichnende Beispiele werden noch folgen.

Freud hielt den Einsatz von staatlichem oder öffentlichem Zwang zur Zivilisierung sowohl für gefährlich als auch für wirkungslos. Die Monopolisierung der Gewalt zum Zwecke gesellschaftlicher Befriedung führe nicht zur Abschaffung, sondern zur Potenzierung der Gewalt: Die Instanz, die das Gewaltmonopol für sich beanspruche, sei ihrerseits keiner Kontrolle unterworfen. Der Staat sei sozusagen auf der Stufe des Naturzustandes stehengeblieben[75] (zu den sozialpsychologischen und -geschichtlichen Überlegungen s. Abschnitt 13).

4. Sexualität

Die Sexualität ist eine der wichtigsten Triebfedern menschlichen Lebens. Ihre gesellschaftlich geduldete lustvolle Bejahung oder sozial geforderte schamvolle Negierung bzw. Unterdrückung trägt eine wichtige Facette zum Charakter einer Gesellschaft und zum Verstehen ihrer Mitglieder bei.[76]

Im Gegensatz zur vorherrschenden Auffassung war nicht etwa die Mitte des 19. Jahrhunderts von besonderer Prüderie geprägt, sondern die Jahrzehnte vor dem 1.Weltkrieg und zwar mit zunehmender Tendenz. Thompson, einer der führenden zeitgenössischen britischen Sozialhistoriker, zeigt sich verwundert über diese Erkenntnis. Das Thema „Sex" wird in sozialgeschichtlichen Werken über Großbritannien im viktorianischen Zeitalter bzw. vor dem 1.Weltkrieg oder gar Büchern über den Imperialismus bislang praktisch nicht thematisiert, von kurzen Bemerkungen über viktorianischen Purismus vielleicht abgesehen. Hyam, einer der einflussreichsten britischen Historiker, unternahm 1976 in seinem „Britain's Imperial Century" einen ersten Versuch, aber nur wenige Kollegen folgten ihm nach. Auch in Biographien, die als Standardwerke gelten, wird dieses Thema trotz der offensichtlichen Bedeutung, die das Sexualleben für den Betreffenden hatte, oft nicht thematisiert.[77]

Im Folgenden werde ich zunächst kurz die Entwicklung bis etwa 1880 skizzieren, und danach ausführlicher die folgenden Jahrzehnte behandeln.

---

[74] Thompson, Respectable, 329, 330/31

[75] König, Helmut; *Zivilisation und Leidenschaften. Die Masse im bürgerlichen Zeitalter*, Reinbek 1992, 222, (künftig: König, Zivilisation)

[76] Taylor, Historian as Biographer, 257/58. Es ist aber mit vielen Unwägbarkeiten behaftet, hiervon eine Verbindung etwa zu den politischen Aktivitäten **einzelner** zu ziehen. Gladstone, die beherrschende Figur des britischen Liberalismus in der 2. Hälfte des 19. Jahrhunderts, sagte am Ende seines langen Lebens, dass er elf Premierminister gekannt habe und sieben von ihnen seien Ehebrecher gewesen. Es gibt wohl keinen Historiker, der aufgrund der politischen Aktivitäten des jeweiligen sagen könnte, wer zu welcher Gruppe gehört.

[77] Thompson, Respectable, 56/57; Hyam, Ronald; *Empire and Sexuality. The British Experience*, Manchester/New York 1991, 4/5 (künftig: Hyam, Empire and Sexuality)

Die religiöse Wiedererweckung in Großbritannien (z.B. durch die Methodisten) begann seit Ende des 18. Jahrhunderts, das bis dahin entspannte Verhältnis zur Körperlichkeit zu beeinträchtigen, aber erotische Literatur bspw. war bis Mitte des 19. Jahrhunderts frei erhältlich und erreichte hohe Auflagen. Die Prostitution hatte im Großbritannien der 1850er Jahre einen größeren Umfang als in jedem anderen europäischen Land, vielleicht auch wegen des ungewöhnlich hohen durchschnittlichen Heiratsalters. Ihr Ausmaß war bemerkenswert und die Form derselben oft sehr erschreckend. So wurden 1857 allein in Liverpool 200 Kinder unter 12 Jahren gezählt, die ihre Körper verkauften.[78]

1864 wurde die Prostitution innerhalb bestimmter Grenzen legalisiert, um Geschlechtskrankheiten einzudämmen, an denen 1860 36,9% der Soldaten litten. 1869 gab es in England schließlich 18 offiziell zugelassene Bordelle. In Britisch-Indien nahm diese Entwicklung einen noch größeren Umfang an.[79]

Frühe sexuelle Erlebnisse scheinen in den Eliteschulen der damaligen Zeit sehr verbreitet gewesen zu sein: zwischen den Jungen, mit den Stallknechten oder Hausmädchen. Natürlich war dies strengstens untersagt, wurde aber nicht in der Weise kriminalisiert wie Jahrzehnte später. Das Nebeneinander von theoretischem Puritanertum und einer Praxis der Scheinheiligkeit erlebte in Großbritannien aber erst einige Jahrzehnte später ihren Höhepunkt.[80]

In öffentlichen Badeanstalten war Kleidung noch in den 1870er Jahren häufig nicht vorgeschrieben, und in den Seebädern war Nacktbaden recht verbreitet. Das Bild begann sich in diesen Jahren aber zu wandeln. Ebenso wie in anderen Bereichen menschlichen Lebens erfolgte auch in diesem Bereich in den Jahrzehnten nach etwa 1880 mehr oder minder freiwillig eine abrupt forcierte Disziplinierung der Bevölkerung: Der „Feldzug für Reinheit" („Purity Campaign") wurde von Geistlichen aller Konfessionen, Imperialisten wie Kitchener und Baden-Powell, sowie von sämtlichen Rektoren der „Public Schools" getragen. Auch Feministinnen spielten eine herausragende Rolle. Die Bewegung war nicht auf Großbritannien beschränkt, denn auch in Deutschland entstanden – einige Jahre später als in Großbritannien – die sogenannten „Sittlichkeitsvereine", die sich v.a. den Kampf gegen die Prostitution auf die Fahnen geschrieben hatten.[81]

In zahlreichen öffentlichen Veranstaltungen wurde die Abschaffung der lizenzierten Bordelle gefordert. 2,6 Millionen Unterschriften wurden für diesen Zweck gesammelt, und 1883 wurde die Politik der regulierten Prostitution in Großbritannien aufgegeben, 1888 in Britisch-Indien. In Großbritannien wie in der Kronkolonie schnellten die Geschlechtskrankheiten bei Soldaten daraufhin in die Höhe. Nach wenigen Jahren gingen sie dann kontinuierlich zurück und betrugen 1908 auf den britischen Inseln nur noch etwa 1/7 des Wertes der Jahre nach Aufhebung der offiziell zugelassenen Bordelle, in Indien gar nur etwa 1/15![82] Das Sexualleben der Soldaten war offensichtlich weniger aktiv, als dasjenige ihrer Kameraden zwei Jahrzehnte zuvor.[83]

---

[78] Hyam, Empire and Sexuality, 56–63
[79] Hyam, Empire and Sexuality, 63, 123
[80] Roberts, David; *The Paterfamilias of the Victorian Governing Class*, 73, (künftig: Roberts, Paterfamilias), in: Wohl, Anthony S. (Ed.); *The Victorian Family. Structures and Stresses*, London 1978, (künftig: Wohl, Victorian Family); s. auch Hyam, Empire and Sexuality, 66/67
[81] Hyam, Empire and Sexuality, 70; Thompson, Respectable, 290; Mosse, George L.; *Das Bild des Mannes. Zur Konstruktion der modernen Männlichkeit*, Frankfurt/Main 1997, 133, (künftig: Mosse, Bild); Midgley, Clan; *Anti-Slavery and the Roots of "Imperial Feminism"*, 162, in: ders. (Ed.); *Gender and Imperialism*, Manchester/New York 1998, (künftig: Midgley, Gender)
[82] Hyam, Empire and Sexuality, 64, 123, 126/27
[83] Denn verbesserte hygienische Verhältnisse sind keine hinreichende Erklärung.

Der „Feldzug" führte auf weiteren Gebieten zu Erfolgen: 1886 wurden die Gesetze zur Bekämpfung von Geschlechtskrankheiten aus den 1860er Jahren nach umfangreichen öffentlichen Protesten zurückgezogen Bereits seit 1857 war der Verkauf „unsittlicher" Bücher strafwürdig, über 20 Jahre wurden die betreffenden Gesetze jedoch kaum angewandt. Seit den 1880 Jahren wirkten aber insbesondere die Mitglieder einer „Nationalen Selbstschutzvereinigung" als selbsternannte Zensoren. 1889 musste der englische Verleger Émile Zolas ins Gefängnis, weil er „La Terre" veröffentlicht hatte! Die **Gesetze** gegen Obszönität waren nicht der einzige Weg, die Zensur durchzusetzen. Viele der spektakulärsten Fälle kamen nicht vor ein Gericht. Sie wurden informell und nicht weniger wirksam im Interesse des herrschenden Sittlichkeitskodexes geregelt.[84]

Bei (den durchweg eher mehr als minder illegalen) Bordellen erhöhte sich die Anzahl der Strafverfolgungen von durchschnittlich 68 zwischen 1875 und 1885 auf 1200 p.a. zwischen 1885 und 1914. In diesen Jahren wurden ebenfalls die Strafen für jegliche homosexuelle Betätigung so sehr verschärft, dass sie weit rigoroser waren als in **jedem anderen** europäischen Land.[85]

Auch das traditionell unkomplizierte Verhältnis der Arbeiterklasse zur Sexualität geriet seit den 1880er Jahren unter starken Druck – mit dem Erfolg, so dass die Rate unehelich geborener Kinder innerhalb weniger Jahre um 50% fiel.[86] Und in den ländlichen Regionen des Landes verschwand in den letzten Jahrzehnten des 19. Jahrhunderts eine ebenso alte wie verführerische Art der Brautwerbung: nebeneinander im Bett mit gegenseitigem Körperkontakt aber in separate Decken gehüllt zu schlafen. Sie wurde dadurch abgelöst, dass der potentielle Bräutigam brav zu den Eltern der Angebeteten kam und um deren Hand nachsuchte.[87]

Auch der Adel, der ebenso wie die Arbeiterklasse ein relativ entspanntes Verhältnis zur Sexualität besaß, musste sich dem Zeitgeist beugen: nach langem Widerstand verboten die Universitäten Oxford und Cambridge Schwimmern nackt bei Wettkämpfen anzutreten. In Cambridge konnte ironischerweise aber bis Mitte der 1960er Jahre ein Stück der öffentlichen Badeanstalt verteidigt werden, das Unbekleideten vorbehalten blieb. Aber auch bürgerliche Moralisten litten. So wissen wir aus Gladstones Tagebüchern, dass er sich selbst geißelte, wenn ihn unzüchtige Literatur erregte oder er sich von Prostituierten angezogen fühlte.[88]

In den 1880er Jahren gab es die ersten Hinweise auf Beschneidungen.[89] Um 1890 begann eine lebhafte Diskussion über die möglichen Vorzüge dieses Eingriffs. Ein Dr. Remondino war einer seiner entschiedensten Befürworter: „Die Beschneidung", so schrieb er in einem Buch,

> „ist einer ansehnlichen und gut gesicherten Rente auf Lebenszeit gleich … Eltern können keine bessere Spareinlage für ihre kleinen Söhne tätigen, da sie ihnen eine bessere Gesundheit sichert, ein

---

[84] Toyka-Seid, Michael; *"Sanitary Idea" und "Volksgesundheitsbewegung". Zur Entstehung des modernen Gesundheitswesens in Großbritannien und Deutschland im 19. Jahrhundert*, 161, (künftig: Toyka-Seid, Volksgesundheitsbewegung), in: Berghoff, Pionier; Hynes, Samuel; *The Edwardian Turn of Mind*, Princeton 1968, 255–57, 269/70, (künftig: Hynes, Turn of Mind)

[85] Hyam, Empire and Sexuality, 68, 65. In Deutschland erreichten diese Gesetze erst nach 1933 eine entsprechende Härte.

[86] Burnett, John (Ed.); *Destiny Obscure, Autobiographies of Childhood, Education and Family from the 1820s to the 1920s*, Lonson 1982, 254, (künftig: Burnett, Destiny); Thompson, Respectable, 88 u. 113. Diese abrupte Veränderung kann nicht nur an der graduellen Verbesserung des Lebensstandards der Masse der Bevölkerung gelegen haben.

[87] Thompson, Respectable, 112

[88] Hyam, Empire and Sexuality, 73; s. auch Thornton, Review, 509; Gay, Cultivation, 191

[89] Hyam, Empire and Sexuality, 75. Er bemerkt, dass wir weniger über dieses Phänomen wissen als über die Rituale einiger unbedeutender afrikanischer Stämme.

größeres Vermögen zur Arbeit, ein längeres Leben, verringerte Nervosität, Krankheit, Zeitverlust, weniger Arztrechnungen, ebenso wie es ihre Chance auf einen sanften Tod erhöht."

Der Rezensent im „British Medical Journal" fand einige Argumente zwar überzogen, gelange aber zum Schluss, dass viele der Ansichten Remondinos „unzweifelhaften Wert" besäßen.[90] Einsichten der Völkerkunde über Sinn und Bedeutung der Beschneidung bei verschiedenen Ethnien legen den Schluss nahe, dass diese der Bestätigung selbstbewusster Männlichkeit dienen soll. „Es war eine dramatische erneute Geltendmachung von Männlichkeit, in Übereinstimmung mit den Lehren praktischer Erfahrung der Arbeit in heißen Klimazonen."[91] So setzte die Beschneidung in Großbritannien zu einer Zeit ein, als die öffentliche Aufmerksamkeit stärker denn je auf die Erfordernisse des Empire ausgerichtet war. In der Arbeiterschicht blieb die Beschneidung Ausnahme, bei der Elite wurde sie zur Regel – bezeichnenderweise so lange, wie das Kolonialreich bestand.[92]

In den Kolonien konnte der Kampf gegen „unzüchtiges Verhalten" von Ausnahmen abgesehen nicht so rasche, letztlich aber ebenso tiefgreifende Erfolge wie im Mutterland erringen.[93] Die Stimmung unterschied sich 1914 radikal von der etwa im Jahre 1880. Zu Anfang des 20. Jahrhunderts gab es im britischen Empire anders als im 19. Jahrhundert – praktisch keine sexuellen Kontakte mehr zwischen Herrschern und Beherrschten.[94] In Deutsch-Südwestafrika wurden 1905 immerhin **Heiraten** von Weißen mit Farbigen untersagt.[95]

Im Zusammenhang mit der Verhaftung und dem Prozess gegen Oscar Wilde, der wegen homosexueller Praktiken abgeurteilt wurde (und bald darauf im Gefängnis starb), schreibt ein Historiker: „die Plötzlichkeit, mit welcher die Bewegung der Décadence in der englischen Literatur und Kunst seit dieser Zeit verschwand, belegt, falls es sonst nichts belegen sollte, die enorme Macht der aufgebrachten öffentlichen Meinung in diesem Land." In Zeiten der Unsicherheit scheint eine Tendenz zu bestehen, die Demarkationslinien zwischen den Geschlechtern deutlich zu betonen, „sie zu verwischen, schien das Schreckgespenst der Anarchie heraufzubeschwören". So wurde Homosexualität im England des 18. Jahrhunderts zwar nicht akzeptiert, aber immerhin ignoriert. Die Napoleonischen Kriege jedoch lösten eine Verfolgungswelle aus. Noch um 1850 galt das Androgyne als Symbol von Brüderlichkeit und Solidarität, in den folgenden Jahrzehnten wandelte es sich „in ein Synonym von Lasterhaftigkeit und Perversion".[96]

Für die 1880er Jahre lässt sich ein Phänomen konstatieren, dass man als „antisexuelle Revolution" bezeichnen könnte. Ihr Erfolg war andauernd und tiefgreifend und stand in Verbindung mit dem Aufstieg des Bürgertums, dem sich der vordem freizügigere Adel in diesem Bereich anpasste. Die Arbeiterschaft ordnete sich ebenfalls weitgehend dem Vorbild der Bourgeoisie unter, teils freiwillig, um Mitglied der „respectable society" zu werden[97], teils eingeschüchtert und genötigt durch die zunehmende Repressivität von Polizei, Justiz und Schule.

---

[90] Zit. in ebd., 76
[91] Ebd., 78
[92] Hyam, Empire and Sexuality, 77/78
[93] Hyam, Empire and Sexuality, 71, 88 u. 201/02
[94] Ebd., 1. Hierin unterschied sich Großbritannien von allen anderen imperialistischen Mächten.
[95] Bley, Helmut; *Kolonialherrschaft und Sozialstruktur in Deutsch-Südwestafrika*, Hamburg 1968, 249, (künftig: Bley, Kolonialherrschaft)
[96] Mosse, Bild, 92/93, 125
[97] Der britische Sozialhistoriker Thompson hat seinem Buch über die englische Sozialgeschichte im Zeitalter Victorias bezeichnenderweise den Titel „The Rise of Respectable Society" gegeben.

Die Anspannung britischer Kräfte durch die imperialistische Politik scheint eine wichtige Rolle für den Siegeszug der Prüderie gespielt zu haben. Zwei Erklärungsversuche scheinen mir fruchtbar:

1. Immer, wenn die imperiale Herrschaft sich anschickte, dauerhaft zu werden, griff die britische Kolonialverwaltung immer tiefer regelnd in das Leben der Unterworfenen ein. Die moralischen Anforderungen an die Weißen wurden verschärft, die soziale Distanz zwischen ihnen und den Einheimischen wurde vertieft. Die Prüderie betonte und unterstützte die Absonderung zwischen Herren und Unterworfenen. Dies lässt sich in Indien gegen Ende des 18. Jahrhunderts ebenso feststellen wie in Afrika in den Jahrzehnten vor dem 1. Weltkrieg. Die Absonderung zwischen Angehörigen der Kolonialmacht und den Beherrschten wurde auch in anderen Sektoren verschärft. So ordnete Lord Curzon, britischer Vizekönig Indiens (1898–1905), an, englische Lokomotivführer in das Mutterland zurückzuschaffen: Kein Angehöriger der „imperialen Rasse" sollte für Eingeborene subalterne Dienste erbringen.[98]

2. Unsicherheit und Anspannung führen zu rigidem Verhalten. Der „Reinheitsfeldzug" dürfte im Zusammenhang mit der Angst vor dem sozialen Chaos und der „Degeneration der imperialen Rasse" gestanden haben. Viele Engländer schienen in Indien ihre Gefühle so tief zu vergraben, dass sie „zu Statuen" wurden, was sie überfordert haben dürfte.[99] Auch die wenigen britischen Frauen, die sich imperialistisch hervortaten, scheinen in ihrem Liebesleben ebenso unfähig wie ihre männlichen Gesinnungsgenossen gewesen zu sein.[100]

Das Sexualleben der Briten war allem Anschein nach um die Jahrhundertwende weniger aktiv als eine Generation zuvor. A.J.P.Taylor schrieb: „Der Historiker sollte daran denken, dass er in der Zeit zwischen 1880 und 1940 ein frustriertes Volk vor sich hat."[101]

5. SCHULWESEN

Die Bedeutung der Schule als Erziehungsanstalt ist offenkundig. Sie prägt Haltungen und Werte. Wenn man zurückhaltender sein will, so kann man zumindest feststellen, dass die **Form** des Unterrichts und die Lehr**inhalte** erhebliche Aussagekraft für die in der Gesellschaft geltenden – und/oder vom Staat verordneten – Ideale besitzen. Im Folgenden konzentriere ich mich **im Wesentlichen** auf die teuren Privatschulen Großbritanniens, die nahezu die gesamte Elite des Landes besucht hatte, aber die Entwicklung der Ober- und Volksschulen wird auch Berücksichtigung finden.[102]

Das englische Schulwesen war zur Jugendzeit Sandersons dem anderer entwickelter Staaten deutlich unterlegen. Es gab weder die Schulpflicht noch staatliche Bildungsein-

---

[98] Hyam, Empire and Sexuality, 214; Ballhatchet, Kenneth; *Race, Sex and Class under the Raj. Imperial Attitudes*, London 1980, 138–40, (künftig: Ballhatchet, Race)

[99] Hyam, Empire and Sexuality, 65, 121, 120

[100] Ebd., 47. Freud war der Auffassung, dass sich der Einzelne dem Aufgehen in einer Masse widersetze, wenn sich die Sexualität in unverstellter Form geltend machen könne (Freud, Sigmund; *Massenpsychologie und Ich-Analyse*, Leipzig 1921, 157f, (künftig: Freud, Massenpsychologie). Das bedeutet: Wenn der Einzelne seine Sexualität nicht entfalten kann, wird die Entwicklung seiner Individualität darunter leiden.

[101] Thompson, Respectable, 56/57; Taylor, Alan John Percivale; *English History, 1914–1945*, Oxford History of England No. 15, Oxford 1965, 166

[102] Premierminister Blair ist übrigens der vierte Führer der Labour Party seit 1945, der eine Public School besuchte, ebenso wie vier konservative Parteivorsitzende Schüler einer solchen Eliteschule waren (The Guardian, 22.9.1995, S. 5).

richtungen. Ihre große Mehrzahl war in kirchlicher Trägerschaft und wies eine sehr unterschiedliche Qualität auf. – Gegen Mitte des 19. Jahrhunderts besuchte nur etwa ein Drittel der englischen Kinder zwischen 7 und 12 Jahren an mindestens 150 Tagen im Jahr eine Schule.[103] Nach einer anderen Quelle empfing 1838 die Hälfte der Kinder zwischen 7 und 14 Jahren in England und Wales **gar keinen** Unterricht. Die anderen 50% wurden zum größeren Teil lediglich in einer (kirchlichen) Sonntagsschule unterrichtet. Ein Schulkind kam in England auf 14 Einwohner, in Preußen auf 6. Noch 1866 war jeder zehnte englische Bräutigam gänzlich lese- und schreibunkundig.[104] Eine gehobenen Ansprüchen genügende Schule dürfte es in der englischen Provinz, in der Thomas Henry und seine Familie damals lebten, kaum gegeben haben. So spielte bei der Ausbildung Thomas Henrys das familiäre Umfeld zunächst eine entscheidende Rolle. Die Familie wuchs auf fünf Söhne und drei Töchter heran, ein nicht ungewöhnlicher Kindersegen. Die durchschnittliche Kinderzahl von hochadligen Familien bspw. betrug zwischen 1800 und 1850 vier bis fünf.[105]

Gewöhnlich sandte der Hochadel seine Söhne mit neun Jahren auf eine „Public School", trotz des Namens handelt es sich bekanntlich um eine exklusive Privatschule. Während der ersten Jahrzehnte des 19. Jahrhunderts war es unüblich, dass der Vater seinen Sohn dort besuchte, so dass sich beide über Jahre kaum sahen. Zur Mitte des Jahrhunderts kümmerten sich die Väter stärker um ihre Sprösslinge. Die zunehmende Religiosität (die auch in vielen anderen Ländern anzutreffen war) und der Siegeszug der bürgerlichen Arbeitsethik über die mehr dem Genuss und Stil zugetane Gesinnung des „Gentleman" forderten dies. Seit den 1830er Jahren übten Bürgerliche offene Kritik am luxuriösen und ihres Erachtens leichtsinnigen Lebensstil des Adels und seinem unkomplizierten Verhältnis zur Sexualität.[106] Seit diesen Jahren wurde es üblich, dass Väter ihre Söhne mit zahlreichen schriftlichen Ermahnungen für das regelmäßige Gebet und gegen Faulheit auf den rechten Weg zu weisen versuchten, wobei sich das nonkonformistische (d.h. nicht-anglikanische) Bürgertum hierbei stärker hervortat als die der Staatskirche anhängenden Großgrundbesitzer.[107]

Thomas Henry Sanderson wurde ebenfalls auf eine Privatschule geschickt, die angesehenste und größte: Eton. Fast die gesamte Elite absolvierte die Schulzeit in einer der „Public Schools". Frühere Schulkameraden begegneten sich später immer wieder als führende Vertreter in Politik, Verwaltung oder Armee. So kannte etwa Lord Redesdale Anfang des 20. Jahrhunderts Sanderson noch aus der 50 Jahre zurückliegenden gemeinsamen Zeit in Eton.[108]

Zur Mitte des 19. Jahrhunderts stand noch die klassische Bildung im Zentrum des Lehrplans aller „Public Schools", moderne Sprachen oder gar die Naturwissenschaften spielten nur Nebenrollen. Auch der Sport nahm noch keinen großen Raum ein, aber wenige Jahre nach Sandersons Abgang aus Eton wurden alle bedeutenden Privatschulen von einer Versessenheit auf körperliche Ertüchtigung erfasst. Da Thomas Henry auch schon in jungen Jahren stark kurzsichtig war, hätte er trotz seiner intellektuellen Fähigkeiten ganz unten in der Hackordnung der Jungen gestanden, denn er hätte niemals ein „Cricket-Ass" sein können. Eine 1850 geborene Angehörige der oberen Mittelschicht schrieb in ihren Erinnerungen, dass zu ihrer Jugendzeit „niemals Brillen von

---

[103] Thompson, Respectable, 82. Burnett (Destiny, 136) nennt Zahlen, die das britische Schulwesen in einem freundlicheren Licht erscheinen lassen.
[104] Guttmann, England im Zeitalter, 138; nach Berghahn, Imperial Germany, 317
[105] Roberts, Paterfamilias, 60
[106] Roberts, Paterfamilias, 62; Thompson, Respectable, 58
[107] Roberts, Paterfamilias, 68/69
[108] Redesdale, Memories, 66

den jungen Leuten getragen wurden".[109] Eton ließ diese Sehhilfe nicht einmal zu.[110] Sanderson war auf dieses Hilfsmittel allerdings angewiesen. Der schmächtige Thomas Henry wird es in der Schule also wahrscheinlich nicht einfach gehabt haben. James Fitzjames Stephen, der etwa 10 Jahre früher als jener diese Lehranstalt besucht hatte, erinnerte sich später: Eton mit seiner Gewalt „lehrte mich die Lektion für mein ganzes Leben, dass schwach sein Elend bedeutet, dass der Zustand der Natur der des Krieges ist und dass ‚Wehe den Besiegten' das große Gesetz der Natur ist".[111] Die erschreckende Schulerfahrung mag bei Stephen wesentlich dazu beigetragen haben, dass er zum konservativen Sozialdarwinisten wurde. Sanderson ging diesen Weg nicht.

An den führenden englischen Universitäten spielte körperliche Ertüchtigung neben der akademischen Praxis bereits vor der Mitte des 19. Jahrhunderts eine erhebliche Rolle.[112] An den „Public Schools", den exklusiven Privatschulen, war zu dieser Zeit organisierter und verpflichtender Sport praktisch aber noch ohne Bedeutung, und die Jungen besaßen erheblichen Freiraum bei ihrer Freizeitgestaltung. Die Autorität der Lehrer war im Wesentlichen auf den Klassenraum beschränkt.[113] Der „Kult der Männlichkeit" erreichte erst später seinen Höhepunkt. Der starke protestantische Geist im Großbritannien der ersten Hälfte des 19. Jahrhunderts führte dazu, dass sich der Zögling durch **religiöse Übungen** gegen die Sünde stählen musste. Später übernahm der Sport diese Funktion.[114]

Der typische Direktor einer Elite-Lehranstalt war bis in die 1850er/1860er Jahre hinein ein angesehener Theologe oder Altphilologe. In diesen Jahren begannen die Schulen, Mannschaftssportarten in den Lehrplan aufzunehmen und Spielfelder anzulegen. Die sechs führenden „Public Schools" erweiterten den Raum für Sportflächen zwischen 1845 und 1900 von 14 auf beachtliche 329 1/2 acres! Es dauerte freilich etwa 40 Jahre, von 1850 bis 1890, bis sich die Dominanz der Leibesertüchtigung gegenüber den akademischen Übungen durchgesetzt hatte. In Harrow, einer der führenden privaten Lehranstalten, waren die seit den 1850er Jahren theoretisch verpflichtenden Mannschaftssportspiele bei den Jungen noch in den 1880er Jahren unbeliebt.[115]

Bis in die 1880er oder 90er Jahre hinein – abhängig von der jeweiligen Schule, wurden neue Sportstätten durch Spenden der **Lehrkräfte** finanziert. Danach waren auch die Eltern der Zöglinge und die ehemaligen Schüler so hinreichend vom „Athletizismus" der Schulen überzeugt, dass sie die finanzielle Hauptlast übernahmen. Von den 1860er/1880er Jahren bis zum Zweiten Weltkrieg war **täglicher** Mannschaftssport praktisch die Norm an den Eliteschulen Großbritanniens.[116] Diese blieben zwar weiterhin in der Lage, auch herausragende Gelehrte hervorzubringen, aber eher trotz als wegen des Curriculums. Die „Public Schools" zeichneten sich spätestens seit den 1880er Jahren durch eine „exzessive Konzentration auf Spiele und den Wettkampf für den sportlichen Erfolg" aus. Die Möglichkeit, ihre Freizeit selbst zu gestalten, war den Schülern weitgehend genommen.[117]

---

[109] Mangan, J.A.; *Athleticism in the Victorian and Edwardian Public School. The Emergence and Consolidation of an Educational Ideology*, Cambridge 1981, 93, (künftig: Mangan, Athleticism); zit. in Burnett, Destiny, 55/56

[110] Massie, Schalen, 325

[111] White, R.J.; *Introduction to James Fitzjames Stephan, Liberty, Equality, Fraternity*, 2nd. Ed., 1874, Nachdruck von 1967 o.O., 4

[112] Mangan, Athleticism, 49

[113] Ebd., 18 u. 21; Thornton, Imperial Idea, 90. Die schottischen Schulen waren gar bis in die 60er Jahre des 19. Jahrhunderts streng scholastisch-intellektuell (Mangan, Athleticism, 48).

[114] Gay, Cultivation, 109; Mosse, Bild, 65

[115] Mangan, Athleticism, 31, 16, 71, 80

[116] Mangan, Athleticism, 102, 83

[117] Mangan, Athleticism, 126 u. 160; Feuchtwanger, Britain 1865–1914, 137

Wie hatte es dazu kommen können? – Schon John Locke und J.-J. Rousseau vertraten die Ansicht, dass ein durchtrainierter Körper eine Vorbedingung für eine richtige moralische Haltung sei. Die Mitte des 18. Jahrhunderts einsetzende Griechenbegeisterung mit ihrer Bewunderung des athletischen Körperbaus antiker Statuen legte erste ideologische Grundlagen. Diese konnten aber erst Mitte des 19. Jahrhunderts mit dem Niedergang des religiösen Eifers wirksam werden. Der „Athletizismus" trat an dessen Stelle, um die soziale Kontrolle zu gewährleisten. Aber hätten hohe intellektuelle Anforderungen in der Schule diesen Zweck nicht auch erfüllen können? – Die „Public School Commission" beklagte schon 1864 den unbefriedigenden intellektuellen Standard der Eliteschulen, und in den folgenden 40 Jahren ließ sich kaum eine Verbesserung feststellen.[118] – Der Hintergrund der Entwicklung scheint folgender zu sein: Die Schüler sollten zu Führungspersönlichkeiten herangebildet werden, die das „von Gott gegebene Recht des weißen Mannes, die unterlegenen farbigen Rassen zu beherrschen, zu zivilisieren und zu taufen"[119] in die Praxis umzusetzen in der Lage waren. Baron de Coubertin, der Vater der olympischen Bewegung, formulierte es so: „Sport kann eine Rolle im Kolonialismus spielen, eine effektive und intelligente Rolle … Sport ist ein Instrument harter Disziplin. Er befördert alle guten sozialen Qualitäten: Gesundheit, Reinlichkeit, Ordnung, Selbstkontrolle."[120]

Oder aus anderer Perspektive: Als das Bürgertum nach und nach die Macht übernahm, „mußte es eine nicht-aristokratische Elite vorweisen, die Gesellschaft und Staat führen konnte – just jene ‚wahren Männer'". Auch aus diesem Grunde waren die britische und etwa die deutsche Erziehung zur Männlichkeit in vielerlei Hinsicht vergleichbar[121] – die sicher nicht nur die Kampfes- und Kriegstüchtigkeit stärkten, sondern auch einen Geist des „fair play" fördern konnten. Diese letztgenannte Seite des Sports trat jedoch in den Hintergrund.

Seit den 1860er/70er Jahren wurden zunehmend Stimmen laut, Darwins These des „survival of the fittest" auch auf die menschliche Gesellschaft zu übertragen. Dieser sogenannte Sozialdarwinismus schuf in den darauffolgenden Jahrzehnten eine wichtige ideologische Begründung auch für die Umgestaltung der „Public Schools". Bereits 1861 hatte der einflussreiche Herbert Spencer in einem Buch eine der geistigen Grundlagen für die Umgestaltung der Eliteschulen in sozialdarwinistischem Geist geliefert. Er legte dar, dass man ein gutes **Tier** sein müsse, um Erfolg im Leben zu haben. Und eine solche Nation tüchtiger Tiere sei auch die wichtigste Bedingung nationalen Gedeihens.[122]

Die von der Regierung bestellte „Public School Commission" forderte 1864, Schüler mit einem „starken und männlichen Charakter" heranzubilden. Der Historiker Hobsbawn vertritt die Auffassung, dass das Jahr 1869 den Wendepunkt in der Geschichte der „Public Schools" darstellt, denn in diesem Jahr wurde „die Regierungskontrolle über sie abgeschafft, fortan entwickelten sie jenen anti-intellektuellen, anti-wissenschaftlichen, vom Sport beherrschten Tory-Imperialismus".[123] Sozialdarwinistisch inspirierte aristokratische Ideale von Herrschaft, Ehre, Ritterlichkeit, Disziplin, Mut, Macht, Kampf und Empire lösten religiöse teils ab, teils gingen sie mit ihnen eine eigentümliche Ver-

---

[118] Mosse, Bild, 40; Mangan, Athleticism, 30, 107/08

[119] Mangan, Athleticism, 136

[120] Zit. in Holt, Richard; *Contrasting Nationalisms: Sport, Militarism and the Unitary State in Britain and France before 1914*, 50, (künftig: Holt, Contrasting), in: Mangan, J.A. (Ed.), *Tribal Identities, Nationalism, Europe, Sport*, London 1996, (künftig: Mangan, Tribal Identities)

[121] Mosse, Bild, 176, 181

[122] Mangan, Athleticism, 50

[123] Hobsbawn, Industrie und Empire, I, 171

bindung ein.[124] Die Erziehungsideale standen zur Jahrhundertwende dem aristokratischen Ideal dementsprechend näher als 50 Jahre zuvor.[125] Das Spielfeld wurde mehr und mehr als Vorbereitung auf einen Krieg angesehen, und einige Eliteschulen widmeten sich speziell der Ausbildung künftiger Offiziere. In Großbritannien hielt man Mannschaftssportarten wie Cricket für ein angemessenes Männlichkeitstraining. Das „Spielfeld entsprach imaginären ritterlichen Schlachtfeldern – eine Auffassung, die England vom Rest Europas unterschied". Auf dem Kontinent mit seinem oft grimmigen Militarismus wurde die Idee vom Krieg nicht mit den leicht errungenen Triumphen überseeischer „sporting wars" in Verbindung gebracht, aber die Macht und Gewalt verherrlichende Gesinnung glich sich. Auch in Frankreich nahm die als Wehrertüchtigung gedachte Sportbetätigung stark zu, v.a nach 1905.[126]

Dass der Adel den veränderten Lehrinhalten der „Public Schools" keinen Widerstand entgegensetzte, diese in Anbetracht seiner traditionellen Ideale wohl eher unterstützte, ist verständlich. Aber auch der wohlhabende Mittelstand beugte sich den neuen Gegebenheiten. Der Kampfsport wurde zur „upperclass identity". Es entstand der Mythos, dass der Herzog von Wellington gesagt haben soll, dass die Schlacht von Waterloo auf den Sportplätzen von Eton gewonnen worden sei – obwohl diese zu seiner Zeit noch gar nicht bestanden hatten! In den Schulmagazinen betonten ehemalige Schüler, von denen viele Führungsaufgaben im Empire innehatten, die Notwendigkeit von körperlicher Ertüchtigung und Zähigkeit. „Hart wie Spartaner und diszipliniert wie Römer", hieß das Ideal vieler.[127]

Die Historikerin Zara Steiner stellt fest, dass Patriotismus, der Dienst am Vaterland und das Empire bei offiziellen Reden in den „Public Schools" und in schulinternen Magazinen gegen Ende des 19. Jahrhunderts einen noch nie dagewesenen Stellenwert erhielten. Nicht mehr Gottesfurcht und Lerneifer, sondern Sport, männliche Körperkraft, Mut und Gemeinschaftsgeist rückten in den Mittelpunkt der Pädagogik. Für ihren Kollegen Porter ist der an den Eliteschulen herrschende Geist Ausdruck primitiver Kräfte, die die kapitalistische Revolution überstanden.[128] – Sie überstanden diese Umwälzung nicht nur, die „primitiven Kräfte" prägten das britische Schulwesen und die Gesellschaft Anfang des 20. Jahrhunderts weit stärker als eine oder gar zwei Generationen zuvor.

Die Kampfspiele galten nicht nur als passende Vorbereitung für eine Karriere in den Streitkräften oder den Kolonien, sie wurden auch als das wirksamste Mittel gegen „unmoralisches Verhalten" gepriesen[129], der Sport sollte auch gegen leibliche Begehrlichkeiten immunisieren.

Um die Jahrhundertwende erreichte der quasi militaristische Geist an den Eliteschulen einen ersten Höhepunkt. Warre, der Direktor von Eton, schlug dem Parlament vor, für alle Jungen ab 15 Jahren eine paramilitärische Ausbildung zwingend vorzuschreiben. Dieser Forderung wurde nicht entsprochen, in den Jahren nach 1906 wurde

---

[124] Mangan, Athleticism, 45 u. 135. Darum kann es eigentlich auch nicht erstaunen, dass in den „Nationalpolitischen Erziehungsanstalten", Eliteschulen des nazistischen Deutschland, ganz bewusst einige der Methoden von englischen „Public Schools" übernommen wurden (Mosse, Bild, 184).

[125] Mangan, Athleticism, 50; auch Rosebery betonte später in einem Vorwort für ein Schulbuch die Bedeutung der Charakterstärke für die Zukunft des Empire (Field, Toward Programme, 30).

[126] Mac Kenzie, Propaganda, 6; s. auch Mosse, Bild, 61, 65; Mangan, J.A.; *Duty onto Death: English Masculinity and Militarism in the Age of New Imperialism*, 16/17, (künftig: Mangan, English Masculinity), in: Mangan, Tribal Identities; Holt, Contrasting, 41

[127] Mangan, Athleticism, 129, 42; Hobsbawn, Industrie und Empire, I, 171; Mosse, Bild, 65; Mangan, Athleticism, 139, 8

[128] Steiner, Elitism and Foreign Policy, 28; Porter, Britain, Europe, 140

[129] Hyam, Empire and Sexuality, 73; s. auch Thornton, Review, 509

das paramilitärische Training an den **öffentlichen** Schulen aber systematisiert und ausgeweitet. Die Sportplätze der Schulen waren zu dieser Zeit das anerkannte Übungsgelände für imperiale Schlachtfelder geworden.[130]

Die schäbigen Klassenräume standen in bezeichnendem Kontrast zu den prächtigen und weitläufigen Sportstätten. Sportliche Fähigkeiten wurden so hochgeschätzt, dass sie ab Ende des 19. Jahrhunderts zur Erringung eines Rektorats an einer Eliteschule mehr zählten als die Brillanz in der Altphilologie. Dies galt selbst für die Colleges in Oxford.[131]

Annähernd 90 % der Bewerber für Lehrerstellen an „Public Schools" gaben gegen Ende des 19. Jahrhunderts an, Interesse an Sport zu besitzen. Dieser habe eine solche Bedeutung erlangt, „dass der bloße Gelehrte mit Verachtung behandelt wurde". – Wobei moderne Lehrinhalte wie Fremdsprachen oder Naturwissenschaften, die für eine spätere Berufstätigkeit nützlich oder erforderlich sein konnten, nur sehr zögernd in den Lehrplan aufgenommen wurden. Der „Spectator" bemerkte zu dieser Zeit, dass in einem Buch über die Eliteschule Harrow 47 Seiten verschiedenen Sportarten gewidmet wurde, und nur 6 dem geistigen Leben der Lehranstalt. Intellektuelle Fähigkeiten rangierten im Großbritannien dieser Jahre **unter** den „männlichen Tugenden".[132]

An allen „Public Schools" wurden spezifische dauerhafte Rituale entwickelt, um die neue Gesinnung zu festigen, bspw. Wettkämpfe zwischen den Mannschaften verschiedener Schulen. 1910 waren beim jährlichen „Lord's Match" zwischen Harrow und Eton 15.000 Besucher anwesend, und Eton errang einen glänzenden Sieg. Ein wohlwollender Beobachter schrieb:

> „… ein Mitglied des britischen Kabinetts weinte, lachte und tanzte auf der Fahne von Harrow; würdevolle Bürger schrieen die Neuigkeiten (…) Fremden, die das blaue Band <Harrows> trugen und das Spielfeld bereits eine Stunde zuvor verzweifelt verlassen hatten, auf offener Straße zu."[133]

Schlägereien der jüngeren Anhänger der Mannschaften waren nach Ende der Spiele an der Tagesordnung.[134]

Natürlich regte sich auch Widerstand dagegen, an den Eliteschulen Großbritanniens ausgesprochene Anti-Intellektuelle heranzubilden.[135] Gladstone hatte seinen Einwand bereits frühzeitig formuliert:

> „Ich finde, dass das Verhältnis von reiner Wissenschaft, Naturwissenschaft, modernen Sprachen, moderner Geschichte und dem Rest <z.B. dem Sport> im Verhältnis zur klassischen Ausbildung auf einem Prinzip gegründet sein sollte … Ich bestreite ihr Recht einer gleichartigen Position. Ihre wahre Position ist untergeordnet, und als untergeordnet sollten sie ohne Skrupel begrenzt und in Schranken gehalten werden."[136]

Auch die (wenigen) katholischen „Public Schools" stemmten sich nachdrücklich und recht erfolgreich gegen den Geist der Zeit.[137] Und der seiner Schule Eton ergebene Lehrer A.C. Benson schrieb 1904, dass es ihn manchmal traurig mache, diese „gepflegten, wohlerzogenen, rationalen und männlichen Jungen <zu sehen>, die alle dieselbe Sicht der Dinge haben, alle das Gleiche tun, höflich über die Verschrobenheit von

---

[130] Mangan, Athleticism, 82; Mangan, English Masculinity, 16/17; Mangan, Athleticism, 138
[131] Mangan, Athleticism, 103, 114, 124. Zu Warre s.Mack, Edward C.; *Public Schools and British Opinion since 1860*, New York 1941, 128 u. Thornton, Imperial Idea, 90
[132] Mangan, Athleticism, 116; ebd. 112, 111, 87
[133] Zit. in Mangan, Athleticism, 144
[134] Ebd., 145; 1939 wurden beim „Lord's Match" übrigens gar 19.174 Besucher gezählt, 1954 14.845, 1960 8.577 und 1972 nur noch 2.466.
[135] Ebd., 116 u. 127
[136] Gladstone vor der „Public School Commission" (2,42), zit. in Wiener, English Culture, 18
[137] Mangan, Athleticism, 64

jemandem lächelnd, der ernsthaftes Interesse an Büchern, Kunst oder Musik aufbringt". Diese Haltung entwickelte sich aber unvermeidlich. Die **Mannschaft**, der **Ehrenkodex** und die **Kampfspiele** waren es, die an den „Public Schools" zählten. Dem konnten Individualisten nicht genüge tun.[138] Diese wurden seit dem Ende des 19. Jahrhunderts nicht mehr v.a. durch körperliche Gewalt ihrer athletisch orientierten Mitschüler konform gemacht, sondern die „komischen" Abweichungen wurden der Lächerlichkeit preisgegeben – ein sowohl kultivierteres, als auch wirksameres Vorgehen.[139]

Es gibt eine beeindruckende Zahl von Imperialisten, die persönliche Anliegen zugunsten des Empire zurückstellten. Es handelte sich häufig um Menschen, die „niemals in der Lage waren, über ihre Ideale aus ihrer Zeit als Jungen hinauszuwachsen". Der Typ des „jungenhaften Gebieters" war verbreitetes Ideal.[140] Die emotionale Entwicklung vieler Angehöriger der Elite scheint zu einem frühen Zeitpunkt abgebrochen worden zu sein. Der Historiker Hyam meint, dass das „Erlebnis Public School" derart intensiv gewesen zu sein scheint, dass es zu einem Stillstand der Entwicklung führte.[141]

Die Privatschulen wurden nach 1899/1902 offiziell zum Vorbild für **alle** Oberschulen des Landes. Die Konferenz der Rektoren der Eliteschulen errang die Aufsicht über deren Ausbildung und Hunderte weitere Lehranstalten wurden praktisch nach den Idealen der Aristokratie ausgerichtet. Dies alles unter einem Premierminister, der zwei Rektoren von „Public Schools" in seiner Familie zählte. Spätere Beobachter, insbesondere nach 1945, kritisierten den an den Eliteeinrichtungen herrschenden Geist grundsätzlich[142] – aber zu dieser Zeit benötigte das Land auch keine imperialen Führungspersönlichkeiten mehr, und das Bürgertum war nicht mehr genötigt, den Beweis seiner Führungsqualitäten zu erbringen.[143]

Es wurde bereits angedeutet, dass die „Public Schools" zum Vorbild für alle Oberschulen des Landes gemacht wurden, und darum dort insbesondere der Sport, aber auch die Altphilologie stark an Bedeutung gewann. Gab es auch Veränderungen an den Volksschulen, die ja von über 90 Prozent der Kinder besucht wurden?[144] In den 1890er Jahren wurden der Geschichts- und Geographieunterricht im Sinne der Empire-Ideologie neu gestaltet.[145] In den Schulgeschichtsbüchern setzte eine Beschönigung von bestimmten Zeitabschnitten oder Ereignissen der britischen Geschichte ein – wie dem

---

[138] Thornton, Imperial Idea, 91

[139] Mack, Edward C.; *Public Schools and British Opinion since 1860. The Relationship between contemporary Ideas and the Evolution of an English Institution*, New York 1973, 138, 216

[140] Mangan Athleticism, 49, 47, 8

[141] Hyam, Empire and Sexuality, 46; zur nicht untypischen Eton-Versessenheit Curzons s. ebd.

[142] Wiener, English Culture, 21/22 u. 17; Mangan, Athleticism, 7

[143] Noch 1945 warb der „British Council" im Iran mit folgenden Worten für die Eliteschulen: „So mancher Jüngling, der eine unrühmliche Public School mit unrühmlicher Unwissenheit der Anfangsgründe von nützlichen Kenntnissen verlässt, ... der unfähig ist, irgendeine Sprache außer seiner eigenen zu sprechen – und selbst diese nur unvollkommen schreibt –, dem die edle Literatur seines Landes sowie die erregende Geschichte seiner Vorväter fast ein Buch mit <sieben> Siegeln bleibt, .. bringt nichtsdestoweniger etwas Unschätzbares mit sich: einen männlichen Charakter ..., Gewohnheiten des Gehorchens und Befehlens ... So gerüstet geht er hinaus in die Welt und trägt eines Mannes Anteil am Unterwerfen dieser Erde, am Regieren ihrer wilden Völker und am Aufbau des Empire." (Zit in Sarkisyanz, Manuel; *Adolf Hitlers englische Vorbilder*, Ketsch am Rhein 1997, 77, (künftig: Sarkisyanz, Adolf Hitlers englische Vorbilder), nach C.E. Eckersley, *England and the English. A Book for Foreign Students*, London 1942, 138)

[144] Der allgemeine und regelmäßige Schulbesuch wurde in Großbritannien erst in den 1870er und 1880er Jahren durchgesetzt.

[145] Mac Kenzie, Propaganda, 190. Auch in der Neufassung der preußischen Vorschriften für den Schulunterricht von 1889 wurde der neueren deutschen Geschichte ein höherer Stellenwert beigemessen, um herauszustreichen, dass nur die Macht des Staates den Einzelnen, seine Familie, seine Freiheit und seine Rechte schützen könne (nach Joll, Unspoken Assumptions, 13).

englischen Bürgerkrieg, dem Sklavenhandel oder „sexueller Zügellosigkeit". Auf der anderen Seite wurden die Verehrung der Monarchie, von Patriotismus, Militarismus und der überseeischen Expansion zu **den** zentralen Themen. Der „Education Code" von 1892 enthielt **erstmals** Vorschläge für die Unterrichtung über die Kolonien, und das Thema wurde auch in die Lehrerausbildung integriert. Bereits 1871 bzw. 1875 wurden in den „Education Codes" militärische Übungen in den Lehrplan aufgenommen. Zwischen den 1870er und 1890er Jahren wurden die sie betreffenden Regelungen spezifiziert und (noch) stärker durchgesetzt. Die Übungen sollten u.a. die Disziplin verbessern und einen Geist der Unterordnung bei den Schülern fördern.[146] Gegen Ende des Jahrhunderts wurde der „Drill" durch nicht-militärische Leibesübungen ersetzt.[147] Im Jahre 1900 erkannte der „Board of Education" organisierte Kampfspiele als Ersatz für paramilitärische Übungen an.[148]

Dies ist kein Indiz einer „Entmilitarisierung", denn durch den Burenkrieg erhielt die Leibesertüchtigung in der britischen Öffentlichkeit einen noch höheren Stellenwert.[149] Die bessere Finanzausstattung hatte dafür gesorgt, dass ausreichend Sportflächen zur Verfügung standen, und die Disziplinierung der Schüler hatte in den vergangenen 20 Jahren auch bemerkenswerte Fortschritte gemacht. Dies stellt wohl die bedeutendste Veränderung des Schullebens in den 1880er/1890er Jahren dar, sie wurde von Zeitgenossen immer wieder hervorgehoben. Ein Schulinspektor schrieb 1895:

> „Jeder, der das Benehmen unserer heutigen jungen Leute mit demjenigen vor fünf oder zwanzig Jahren vergleicht, muss feststellen, dass die Rohheit des Verhaltens verschwunden ist, wie bereitwillig und intelligent sie eine Frage beantworten können, dass der halb feindselige Argwohn, mit dem sie einen Fremden betrachteten, verschwunden ist; genauer gesagt, dass sie zivilisiert geworden sind."[150]

Jungen und Mädchen wurden nicht nur zivilisiert, sondern auch getrennt. In der Jugendliteratur bspw. wurde eine scharfe Trennung zwischen Büchern für Jungen und denen für Mädchen seit dem letzten Drittel des 19. Jahrhunderts zur Norm. Für Erstere wurden die Stereotypen Aggressivität und Abenteuer geprägt, für Letztere Dienst im Heim und Kindererziehung. Die populären Fortsetzungsheftchen „The Boy's Own Paper" z.B. waren an Jungen der unteren Mittelklasse gerichtet. In den Geschichten wurde die zentrale Bedeutung der Charakterstärke betont, um „tieferstehende" Rassen beherrschen zu können. Es wurden oft Beispiele gezeigt, in denen ein Weißer „Wilde" lediglich durch seine gebieterische Stimme in Zaum hielt. Die Hefte des Herausgebers Alfred Harmsworth, des chauvinistischen Besitzers der „Daily Mail", beherrschten den Markt. Der beliebteste Autor war Henty. Er war ein unverhohlener Rassist und vertrat die Auffassung, dass die Angelsachsen anderen Völkern oder Rassen in jeder bedeutsamen Hinsicht überlegen wären.[151] Darum konnten die tatendurstigen englischen Männer, die die Heftchen bevölkerten, durchaus auch grausam sein. Ausländer wurden z.B. oft schlecht behandelt, „und die Helden ‚fragten sich nie, ob sie wirklich das Recht hatten, einen spaghettifressenden Barkeeper in Valparaiso zu foltern oder einen jüdischen Juwelendieb zu hängen, weil er ein englisches Mädchen betatscht hatte'." Gegen-

---

[146] Mac Kenzie, Propaganda, 175/76, 228

[147] Dieser wurde an Mädchenschulen als „Swedish drill" bezeichnet.

[148] Mac Kenzie, Propaganda, 228/29

[149] Holt, Contrasting, 40/41

[150] Zit. in Burnett, Destiny, 152 (nach Report of the Education Dep. for 1895, evidence of Mr. King, H.M.I., p.103)

[151] Mc Kenzie, Propaganda, 202/03 u. ebd., 18; Christie, Nancy J.; *Imperial Dreams and Colonial Realities: British Views of Canada*, 1880–1914, in: THE INTERNATIONAL HISTORICAL REVIEW, vol XII (1991), 376; Mangan, English Masculinity, 24/25

über den „Antitypen", denjenigen, die keine „richtigen Männer" waren, herrschte oft ein ruppiger Ton.[152]

1906 wurden Schulspeisungen eingeführt, 1907 medizinische Untersuchungen an Schulen und 1912 Zuschüsse für medizinische Behandlungen. Diese notwendigen sozialen Maßnahmen waren nicht nur einer fortschrittlichen Gesinnung der liberalen Regierung zu danken. Ihr vorrangiger Zweck war womöglich (wie der Historiker Mac Kenzie vermutet), die körperliche Verfassung der Masse der Bevölkerung zu verbessern, um deren Tauglichkeit für den Kriegsdienst sicherzustellen.[153]

Die chauvinistische „Navy League" verteilte in den Bildungsstätten Bücher, um für die Notwendigkeit einer überlegenen Flotte zu werben. Dieser Propaganda wurde teilweise von Schülern Widerstand entgegengesetzt. Sozialisten traten für humanere und nicht-militarisierte Erziehungsmethoden und -inhalte ein, aber sie hatten keinen Erfolg, auch weil Teile der Linken „imperialisiert" waren.[154] H. M. Hyndman bspw. unterstützte die „Navy League" und paramilitärische Übungen an Schulen, da er Deutschland fürchtete und überzeugt war, dass die britischen Arbeiterklasse für eine mögliche militärische Auseinandersetzung körperlich weniger gut vorbereitet sei als die deutsche.[155] „Es ist traurig", schrieb er, „Augenzeuge des Niedergangs einer großen Nation zu sein. Es ist am Traurigsten, Augenzeuge des Abstiegs unserer eigenen zu sein."[156]

In dem halben Jahrhundert vor 1914 wurde der Sport zum zentralen Unterrichtsgegenstand führender Eliteschulen. Er löste die Religion als Mittel der Disziplinierung weitgehend ab, forderte und förderte traditionell aristokratische Ideale von Mut, Kampf und Ehre. Macht und Gewalt verherrlichende Ideale wurden durch die Schulen verstärkt und in die Gesellschaft hineingetragen. Dies gilt auch für die Unterrichtsinhalte der öffentlichen Ober- und Volksschulen, deren Geschichts- und Geographieunterricht bspw. in imperialistischem Sinne grundlegend umgestaltet wurde.[157]

Linke und Liberale konnten und teils wollten dieser Entwicklung kaum Widerstand entgegensetzen, nicht zuletzt, weil viele aus ihren Reihen selbst von der imperialistischen Ideologie erfasst worden waren.

6. Wirtschaftsentwicklung und Lebensstandard

Der nicht sehr vorteilhafte Eindruck, den britische Exponate auf der internationalen Ausstellung in Paris 1867 hinterließen, war ein erstes Anzeichen, dass die industrielle Überlegenheit Großbritanniens gefährdet war. Besorgte Rufe verstummten nun nicht mehr, aber da genaue statistische Angaben fehlten (teils auch noch Anfang des 20. Jahrhunderts), wurde die Situation zunächst nicht sehr ernst genommen. Die britische Wirtschaft wuchs, das stand fest. Zwischen 1850 und 1880 vervielfachten sich Kohle-

---

[152] „Dazu gibt es auch deutsche Gegenstücke – freilich in abgemilderter Form. Die ritterliche Tradition als solche spielte in Deutschland indes kaum eine Rolle; statt dessen sind deutsche Helden (...) ungeschliffene Diamanten, die ein weiches Herz besitzen und die Schwachen schützen." (Mosse, Bild, 182)

[153] Auch Porter (Britain, Europe, 68) äußert diese Vermutung

[154] S. die Einschätzung Lenins hierzu in Semmel, Imperialism and Social Reform, 16

[155] Mac Kenzie, Propaganda, 229, s. auch ebd., 254

[156] Zit. in ebd.

[157] Zur Disziplinierung, ja Zurichtung der Menschen im Deutschen Reich s. Loewenstein, Bedrich Werner; *Militarismus und Kriegserziehung – nur ein deutsches Problem?* Referat auf dem 2. Kolloquium der Studiengruppe tschechischer und deutscher Historiker in Bad Homburg 1991, 5/6, (künftig: Loewenstein, Militarismus)

förderung, Stahl- und Eisenproduktion. Die Exporte stiegen ebenfalls deutlich an. Sie verdreifachten sich zwischen 1840 und 1900 – Die Importe schnellten allerdings um das Achtfache in die Höhe![158] Die Ausfuhren im Verhältnis zum Bruttonationalprodukt sanken zwischen 1871 und 1900 von 25% auf 17%, ein deutliches Anzeichen für sinkende Wettbewerbsfähigkeit.[159]

Andererseits baute die britische Handelsmarine ihre Vorherrschaft auf den Weltmeeren aber noch weiter aus, und 1890 überstieg ihre Tonnage diejenige aller anderen Länder zusammengenommen![160] 1894 betrug der britische Anteil an der Welt-Schiffstonnage überwältigende 63%, 1913 waren es noch 46%.[161] Zudem wuchsen die Auslandsinvestitionen gewaltig an, für die ein Drittel des jährlichen Vermögenszuwachses zwischen 1870 und 1914 verwandt wurde. Aus ihren Zinsen und den Erträgen britischer weltweit tätiger Dienstleister (Banken, Versicherungen, Reedereien) konnte das zunehmende Handelsbilanzdefizit bequem finanziert werden.[162]

Das Auslandsvermögen Großbritanniens überstieg dasjenige **aller anderen Länder zusammen**, es betrug fast das Achtfache des Jahresexports des Landes.[163] – Niemals zuvor oder seitdem hat ein Land einen derart großen Anteil seines Vermögens im Ausland investiert. – Nicht nur die **Höhe** der Auslandsinvestitionen ist aufschlussreich, sondern ebenso ihre geographische Verteilung: Britische Bürger hatten 1913 insgesamt 3867 Mio. Pfund **außerhalb Europas** angelegt, im Vergleich zu nur 663 Mio. Pfund von Deutschen.[164] Der Anteil des **Empire** an der britischen Kapitalausfuhr stieg von 1860 bis zum Ersten Weltkrieg von 36% auf 46%, inklusive Südamerikas, der „Dominion ehrenhalber", gar auf 68%.[165] 1910 machten die Erträge der britischen Auslandsinvestitionen annähernd 10% des Nationaleinkommens aus.[166]

Investitionen im Heimatland, insbesondere diejenigen in neue Industrien (z.B. Chemie, Elektrotechnik) blieben hingegen zurück. 1913 betrug der Anteil des Deutschen Reiches am Weltchemiemarkt 24%, derjenige der USA 34%, der britische aber nur 11%.[167] Die Risiken, Marktlücken aufzuspüren oder neue Produktionsmethoden anzuwenden, glaubten britische Unternehmer kaum eingehen zu müssen, da der Kapi-

---

[158] Searle, Quest, 13/14, 11; Friedberg, Weary Titan, 40; Hobsbawn, Industrie und Empire, I, 118; Cook, Historical Facts, 244/45

[159] Wilson, British Foreign Secretaries, Introduction, 3/4; zum Verhältnis zwischen britischen Im- und Exporten im 19. Jahrhundert s. Hobsbawn, Industrie und Empire, I, 137/38. 1997 beliefen sich die Exporte Großbritanniens auf 21,85% des Bruttoinlandsproduktes (Baratta, Fischer Weltalmanach 2000, Spalten 312, 1219), für Deutschland belief sich der entsprechende Wert auf 22,08% (s. ebd., Spalten 164, 1219).

[160] Steiner, Britain Origins, 13; weitere Angaben bei Hobsbawn, Industrie und Empire, I, 154

[161] Diwald, Erben, 31/32. Der deutsche Anteil stieg im gleichen Zeitraum von 8 % auf 11%.

[162] Mommsen, Der europäische Imperialismus, 32/33 u. 46 Anm. 106; Edelstein, Michael; *Foreign Investment and Accumulation, 1860–1914*, 19, 173, (künftig: Edelstein, Foreign Investment) in: Floud, Roderick (mit Mc Closkey, Donald) (Ed.); *The Ecomomic History of Britain since 1700*, vol 2, 2nd Ed., Cambridge 1995, (künftig: Floud, Economic History); Porter, Britain, Europe, 67

[163] Berechnung nach Mommsen, Der europäische Imperialismus, 23 und Semmel, Imperialism and Social Reform, 88

[164] Edelstein, Foreign Investment, 173; Porter, Britain, Europe, 66; s. auch Hallgarten, Imperialismus, I, 65

[165] Hobsbawn, Industrie und Empire, I, 151. Mommsen (Der europäische Imperialismus, 45) schreibt, dass Großbritannien 1870 lediglich etwa ein Drittel der Auslandsinvestitionen in den Überseebesitzungen angelegt habe.

[166] Mommsen, Der europäische Imperialismus, 235. Bei Frankreich waren es 5 bis 6% (ebd.); im deutschen Falle machten die Einkommen aus Auslandsanlagen schätzungsweise 3,4% des Volkseinkommens aus (Zorn, Wirtschaft, 168). Nach Mock (Imperiale Herrschaft, 274) stieg der Anteil der Auslandsinvestitionen am Bruttosozialprodukt zwischen 1880 und 1913 von 2,7% auf 8,5%.

[167] Hobsbawn, Industrie und Empire, II, 15

talstrom nach Übersee zu reichlichen Aufträgen an die althergebrachten Wirtschaftszweige des Landes führte.[168] Zudem stellten die eigenen Kolonien einen sicheren Absatzmarkt bereit. Auf europäischen Märkten verloren britische Anbieter hingegen an Boden.[169] Die britische Wirtschaft konzentrierte sich auf bestimmte Dienstleistungen und die Herstellung relativ einfacher Produkte. Ein weiterer wirtschaftlicher Abstieg des Landes war absehbar und wurde weithin beklagt: im Deutschen Reich gab es bspw. 1911 fast viermal soviel Studenten an Technischen Hochschulen als im Vereinigten Königreich, und anders als etwa 30 oder 40 Jahre zuvor gab es bei deutschen Wissenschaftlern kaum noch Bereitschaft, nach England auszuwandern.[170] Das Vereinigte Königreich war weder als Forschungsstandort, noch unter finanziellen Aspekten attraktiv für deutsche Gelehrte.

Das Wirtschaftswachstum verlief weit weniger dynamisch als bei den anderen Großmächten.[171] Noch 1879 wurde in britischen Hochöfen mehr Stahl gekocht als im Rest Europas zusammen. Aber bereits 1893 überholte das Deutsche Reich Großbritannien, und vor dem 1. Weltkrieg produzierte das Kaiserreich mehr als doppelt so viel als das Mutterland der Industrialisierung.[172] Auch die Entwicklung der britischen Fertigwarenexporte blieb gegenüber derjenigen anderer Industrieländer deutlich zurück.[173]

Das Bruttoinlandsprodukt pro Beschäftigten stieg in Großbritannien zwischen **1873** und **1899** um 1,2% p.a., verglichen mit 1,9% für die USA, 1,3% für Frankreich und 1,5% für das Deutsche Reich.[174] In Anbetracht der Tatsache, dass das Vereinigte Königreich Mitte des 19. Jahrhunderts allen anderen Ländern in der Entwicklung **weit** voraus war[175], ist der Wert aus britischer Sicht befriedigend. Auch noch um die Jahrhundertwende lag das Pro-Kopf-Einkommen der Briten **deutlich** über dem aller anderen Europäer.[176] Für die Jahre **1899** bis **1913** betrug das Wachstum des Bruttoinlandsprodukts pro Beschäftigten für Großbritannien, die USA, Frankreich und das Deutsche Reich

[168] Neueste geschichtswissenschaftliche Erkenntnisse machen das Versagen britischer Unternehmen, moderne Methoden der Unternehmensführung umzusetzen, für das schwache Wirtschaftswachstum verantwortlich (Lazonick, William; *Employment Relations in Manufactoring and International Competition*, 92, (künftig: Lazonick, Employment), in: Floud, Economic History). Dies vermag aber nicht zu erklären, warum die Investitionen im Inland gegenüber denjenigen im Ausland derart zurückblieben. Sidney Pollard (*Britain's Prime and Britain's Decline. The British Exonomy 1870–1914*, London 1989, 114) ist ebenfalls der Ansicht, dass die hohen Auslandsinvestitionen die britische Wirtschaft langfristig schädigten. Mommsen, Der europäische Imperialismus, 29 u. 53; s. auch Schöllgen, Zeitalter, 123

[169] Allein Indien nahm 43% der sehr umfangreichen Textilexporte des Vereinigten Königreiches auf (Mayer, Adelsmacht, 41); s. auch Mock, Imperiale Herrschaft, 65: 1880 betrug der britische Export nach Westeuropa 85 Mio. Pfund, 1910 136 Mio. Pfund. Die entsprechenden Zahlen für das Deutsche Reich lauten jedoch 64 bzw. 187 Mio. Pfund ! Die Angaben für Russland und Osteuropa lauten für 1890 bzw. 1910 für Großbritannien 14 bzw. 20 Mio. Pfund, für das Deutsche Reich 15 bzw. 58 Mio. Pfund (Mander, John; *Our German Cousins. Anglo-German Relations in the 19th and 20th Century*, London 1974, 200, (künftig: Mander, Our German Cousins); s. auch Hobsbawn, Industrie und Empire, I, 149

[170] Hollenberg, Englisches Interesse, 249

[171] Kennedy (Aufstieg und Fall, 308–11) stellt viele aufschlussreiche Angaben zur Verfügung.

[172] Robbins, Eclipse, 50; Kennedy, Aufstieg und Fall, 310

[173] Mock, Imperiale Herrschaft, 33–35; Roderick Floud, (*Britain, 1860–1914: A Survey*, 20, in: Floud, Economic History) vertritt eine überraschende und nicht überzeugende Minderheitenposition: „… es gibt wenig Grund anzunehmen, dass dieses Stocken der Ausfuhren irgendeinen strukturellen Mangel der britischen Wirtschaft widerspiegelt." S. auch Lazonick, Employment, 98

[174] Floud, Britain, 1860–1914, 16

[175] S. bspw. die Angaben zur Beschäftigung in der Landwirtschaft bei Floud (Britain, 1860–1914, 18) und Mayer (Adelsmacht, 29).

[176] Schöllgen (Zeitalter, 14) und Mary Mac Kinnon (*Living Standards, 1870–1914*, 271, (künftig: Mac Kinnon, Living Standards), in: Floud, Economic History) geben zwar unterschiedliche Zahlen an, die Tendenz ist jedoch identisch.

jedoch 0,5 Prozent, 1,3%, 1,6% und 1,5%. Der Zuwachs des realen Bruttoinlandsproduktes pro Arbeitskraft betrug nach anderen Angaben während der zweiten Hälfte des
19. Jahrhunderts über 1,1% p.a., von 1899 bis 1913 aber nur 0,3% ![177] Das Vereinigte
Königreich fiel also im Verhältnis zu den Konkurrenten seit der Wende vom 19. zum
20. Jahrhundert **erheblich** zurück.[178] Diese stagnierende Wirtschaft eröffnete weniger
Karrieremöglichkeiten und führte u.a. zur Verstärkung der Angriffe der technokratisch
und autoritär orientierten „Efficiency"-Bewegung auf die „Etablierten und Inkompe-
tenten" (s. Abschnitt 12). Da der zu verteilende Kuchen kaum wuchs, musste den Klassen und Kasten, die ein Abonnement auf den größten und schmackhaftesten Teil zu
haben schienen, also etwas abgetrotzt werden, um den eigenen Appetit befriedigen zu
können. Die innenpolitischen Konflikte und Streiks nahmen dementsprechend erheblich an Zahl und Härte zu (s. hierzu Abschnitt 7).

Ausmaß und Ursache der wirtschaftlichen Probleme Großbritanniens (z.B. das
Defizit im Außenhandel oder das niedrige Wirtschaftswachstum) waren durchaus unklar bzw. umstritten und sind dies teils noch heute. Die Entwicklung verlief auch nicht
geradlinig. So konnten die Exporte von 1904 bis 1907 jährlich um durchschnittlich
10% gesteigert werden, während die Importe im gleichen Zeitraum lediglich um 4,4%
p.a. wuchsen. Für die Schutzzollbefürworter waren die Statistiken, die einen steigenden
Wohlstand auswiesen, nicht überzeugend. Sie waren der Ansicht, dass diese Prosperität
zu Lasten der nationalen Wohlfahrt und Sicherheit erzielt wurde. In den Jahren nach
der Jahrhundertwende sanken die Inlandsinvestitionen fast ununterbrochen, und zwischen 1911 und 1913 investierten britische Unternehmen und Privatpersonen in den
Kolonien und im Ausland etwa doppel soviel wie auf den Heimatinseln![179] Es war
überwiegende Mehrheitsmeinung, dass es Probleme gab. Und allein die Tatsache ihrer
Existenz stellte eine schwere Hypothek auf die liberale Doktrin dar. Da Großbritannien
die mit Abstand marktkonformste Wirtschaftspolitik aller Industriestaaten betrieb, hätte das Land ökonomisch auch besonders erfolgreich sein müssen. Dies war jedoch nicht
der Fall. Während der 1860er und 1870er Jahre hatten immer mehr Nationen die britische Freihandelsdoktrin übernommen.[180] Als zunächst Frankreich und in den Jahren
nach 1879 auch die meisten anderen Länder zur Schutzzollpolitik zurückkehrten, war
dies nicht nur ökonomisch, sondern auch ideologisch ein schwerer Schlag, um so mehr,
als die Welt zuvor viele Jahre dem liberalen England nacheiferte. Ende des 19. Jahrhunderts waren viele Briten zu der Ansicht gekommen, dass es **ihr** Land war, das dem
Vorbild anderer bedurfte.[181]

Nachdem die Wirtschaftsentwicklung in groben Umrissen skizziert ist, geht es nun um
das Thema des Lebensstandards:

Arbeitslosigkeit war insbesondere ein **zyklisches** Problem, in bestimmten Berufen
wie dem des Hafenarbeiters war **chronische** Unterbeschäftigung jedoch die Regel, und

---

[177] Floud, Britain, 1860–1914, 16, 15
[178] Friedberg zitiert andere Zahlen, ältere Forschungsergebnisse. Demnach wuchs das britische Bruttosozialprodukt von 1870 bis 1913 um durchschnittlich 1,6 % pro Jahr, dasjenige des Deutschen Reiches
um 4,7% bzw. der USA um 5% (Weary Titan, 25). Dies bedeutet, dass das Vereinigte Königreich während des **gesamten** fraglichen Zeitraumes weit hinter den beiden Hauptkonkurrenten zurückgeblieben
sein muss.
[179] Mock, Imperiale Herrschaft, 283; Semmel, Imperialism and Social Reform, 152; Hobsbawn,
Industrie und Empire, II, 27/28
[180] Die australischen Kolonien gingen allerdings einen dem Mutterland entgegengesetzten Weg und
führten in den 1850er Jahren Schutzzölle **ein**, und Kanada schwenkte 1878 nach einem kurzen Inter-
mezzo des Freihandels wieder auf hohe Schutzzölle um (Mock, Imperiale Herrschaft, 334, Anm. 433 u.
ebd., 327/28).
[181] Porter, Britain, Europe, 47/48 ; Mock, Imperiale Herrschaft, 188

die Arbeiter und ihre Familien schwebten immer in der Gefahr, ins völlige Elend abzu-
rutschen. Zwischen der Jahrhundertwende und dem 1. Weltkrieg lebten etwa 30% der
englischen Familien im Elend, d.h. sie verfügten nicht über die Mittel, um ausreichend
gehaltvolle Nahrungsmittel zu erwerben.[182] Weitere Teile der Bevölkerung litten in
Zeiten der Krise unter Hunger oder einseitiger Ernährung. Die Armen besaßen – abgesehen von der Mitgliedschaft in einer Gewerkschaft – fast keine Möglichkeit, sich politisch Gehör zu verschaffen. Auch der Mehrzahl der erwachsenen Männer dieser breiten Unterschicht blieb das Wahlrecht vorenthalten.

Die Not beeinträchtigte den Körperwuchs, der zu einem offensichtlichen Ausdruck
der Armut wurde: In den 1870er Jahren waren 11 bis 12jährige Schüler der Privatschulen im Durchschnitt etwa 13 cm größer als Jungen in Erziehungsanstalten für verwahr-
loste Kinder! Der Größenunterschied zwischen (erwachsenen) Arbeitern und Bürgerlichen betrug durchschnittlich 7,5 cm.[183]

Manche Indizien deuten gar darauf hin, dass in der zweiten Hälfte des 19. Jahrhunderts der Lebensstandard oder zumindest die Lebensqualität und der Gesundheitszustand der Masse der Bevölkerung **gesunken** sein muss: So waren 1845 nur 10,5% der
Armeerekruten kleiner als 170 cm[184], 1900 aber 56,5%! Zudem **stieg** zwischen 1850
und 1900 die Kindersterblichkeit in Großbritannien. Die Wohnverhältnisse der Bevöl-
kerungsmehrheit waren 1901 kaum besser als 1871.[185] Noch in den 1920er Jahren „waren die Körper, die Kleidung und die Umgebung der arbeitenden Klasse nicht nur ver-
braucht, sondern rochen nach Fett, Staub und eingefressenem Schmutz"[186], wie ein
Sozialhistoriker feststellt.

Allerdings wuchsen die Löhne seit Mitte des 19. Jahrhunderts sehr erheblich an,
von 1850 bis 1900 um etwa 84%, allein zwischen 1880 und 1900 real um 50%![187] Etwa
ab der Jahrhundertwende stagnierten aber die Reallöhne[188], die Einkünfte aus Kapital-
vermögen hingegen stiegen steil an.[189] Hiervon profitierte eine wohlhabende Minderheit, so dass in den Jahren vor dem 1. Weltkrieg das reichste Prozent der Bevölkerung
(in England und Wales) über 70% des Nationalvermögens verfügte![190] Nach einer jüngsten Untersuchung stieg die Produktivität pro Arbeitskraft für den Gesamtzeitraum von
1899 bis 1913 um etwa 10% rascher als der Reallohn. Der Anteil der Löhne und Gehäl-
ter am Volkseinkommen sank dementsprechend deutlich ab. Die Konzentration des
Volkseinkommens in den Händen der Reichsten nahm zu.[191] Die britische Vermögenselite hob sich schärfer vom Rest der Gesellschaft ab als etwa ihr deutsches Gegen-

[182] Mac Kinnon, Living Standards, 277/78
[183] Hobsbawn, Industrie und Empire, I, 167; Tannenbaum, 1900, 178
[184] D.h. kleiner als 5 ft., 6 in.
[185] Hyam, Empire and Sexuality, 74; Hynes, Turn of Mind, 23; Robbins, Eclipse, 58
[186] Floud, Britain, 1860–1914, 13
[187] Hobsbawn, Industrie und Empire, I, 162–64; Mock, Imperiale Herrschaft, 277; s. auch Tannenbaum, 1900, 15/16
[188] Mac Kinnon gibt für die Jahre 1899–1913 einen Zuwachs von 0,29% p.a. an (Living Standards,
270), Floud von 0,09% p.a. (Britain, 1860–1914, 3). Mock (Imperiale Herrschaft, 277) konstatiert für die
Jahre zwischen 1900 und 1913 gar einen Reallohnrückgang von 6%, Chris Cook (mit Stevenson, John);
The Longman Handbook of Modern British History 1714–1980, London/New York 1983, 187, (künftig: Cook,
Longman Handbook) für den Zeitraum von 1900 bis 1914 einen von 3%; s. auch Hobsbawn, Industrie
und Empire, I, 161
[189] Pelling, Popolar Politics, 150
[190] Williamson, J.P./Lindert, P.H.; *American Inequality. A Macroeconomic History*, New York 1980,
52. Berghahn (Imperial Germany, 6) gibt an, dass 1896/97 den wohlhabendsten 10% der preußischen
Bevölkerung 59% des Vermögens gehört habe, 1911 seien es 63% gewesen. Williamson gibt für das
reichste Prozent der preußischen Bevölkerung für 1908 49,1% an (ebd.).
[191] Floud, Britain, 1860–1914, 3, 8; Mock, Imperiale Herrschaft, 279

über[192], ja, „Großbritannien war die bei weitem unegalitärste Nation in der westlichen Welt am Vorabend des 1. Weltkrieges".[193] Es wurde geschätzt, dass in den Jahren vor 1914 in Großbritannien 200.000 Pferde allein zum Zwecke der Fuchsjagd gehalten wurden![194]

Die Arbeitslosigkeit lag zwischen 1900 und 1913 höher als in den Jahren zuvor[195], die Anzahl der Streiks und deren Dauer stiegen deutlich an[196] und nach 1900 wanderte ein hoher Prozentsatz von Facharbeitern und Akademikern aus – während zur gleichen Zeit das Deutsche Reich viel mehr Einwanderer aufnahm (v.a. aus Italien und Polen), als es zur gleichen Zeit durch Emigration verlor.[197]

Die britische Industrie fiel im Zeitalter des Imperialismus hinter den wichtigen Konkurrenten zurück. Zudem wurde ein extrem hoher Anteil des Volksvermögens in Übersee investiert. Beides führte zu tendenziell steigenden Arbeitslosenzahlen und zur Vertiefung der ohnedies bereits sehr großen Einkommensunterschiede zwischen Arm und Reich. In den letzten Jahren vor dem Weltkrieg verschärften sich die oben erwähnten Krisensymptome, und somit wuchsen die sozialen Spannungen, trotz der liberal geführten Regierung nach 1905. Die liberalen Ideale des Laissez-faire wurden sowohl von rechts als auch von links nachhaltig kritisiert.

7. Innenpolitische Strukturen und Entwicklungen

In Großbritannien war zur Mitte des 19. Jahrhunderts die Abneigung gegen staatliche Regelungen herrschende Doktrin. Der öffentliche Dienst war 1851 im Vergleich zu dem kontinentaleuropäischer Staaten sehr klein, wurde bis 1861 aber nochmals um fast 20% verringert. Seit den 1880er Jahren schnellte die Zahl der Staatsdiener jedoch in die Höhe, und sie betrug 1914 rund **viermal** so viel wie 1881.[198]

Die liberale Voraussage, dass die Entwicklung zu einer selbstverantwortlichen Gesellschaft führe, hatte sich als fehlerhaft herausgestellt.

> „Wo man auf wachsende Selbstbestimmung gesetzt hatte, stand nun zunehmende Fremdbestimmung. Wo man neue Freiheiten erwartete, gab es neue Zwänge. Wo man der freien Entfaltung

---

[192] Berghoff, Vermögenseliten, 284

[193] Barkin, K.; *Germany and England: Economic Equality*, in: Tel Aviver Jahrbuch für Deutsche Geschichte, 203, in: Berghoff, Vermögenseliten, 284. Zur Illustration der Einkommensunterschiede: Sanderson verdiente als Staatssekretär das Dreißigfache eines guten Arbeiterverdienstes, und Männer verdienten durchschnittlich doppelt so viel wie Frauen (Hobsbawn, Industrie und Empire, I, 169/70; Mac Kinnon, Living, 274). 1901 waren 249.000 Männer und 1.333.000 Frauen in wohlhabenden Häusern als Butler, Dienstmädchen u.ä. tätig, 1911 waren es 295.000 bzw. 1.403.000 (Bédarida, Social History, 53 und Tannenbaum, 1900, 161/62) – dies waren 14,1% der abhängig Beschäftigten! (Lazonick, Employment, 93)

[194] Playne, Britain, 185

[195] Für den Durchschnitt der Jahre 1890 bis 1900 betrug sie 3,9%, für 1901 bis 1913 aber 4,5% (nach Mock, Imperiale Herrschaft, 277). Im Deutschen Reich lag sie bei etwa 2,6% (Witt, Peter-Christian; *Die Finanzpolitik des Deutschen Reiches von 1903 bis 1913*, Lübeck 1970, 384, (künftig: Witt, Finanzpolitik).

[196] Mock, Imperiale Herrschaft, 279

[197] Tannenbaum, 1900, 103. Zwischen 1885 und 1899 wanderten jährlich durchschnittlich 294.000 Menschen aus Großbritannien aus, zwischen 1900 und 1914 aber im Durchschnitt 497.000 p.a. (Christopher, A.J.; *The British Empire at it's Zenith*, London/New York/Sydney 1988, 37, (künftig: Christopher, Zenith)). Aus dem Deutschen Reich emigrierten im letztgenannten Zeitraum etwa nur 30.000 Menschen pro Jahr (Henning, Industrialisierung, 266)

[198] Cook, Historical Facts, 150. Der Anteil der Einnahmen durch Steuern und Abgaben des **zentralen** Staatsapparates am Volkseinkommen blieb zwischen 1882 und 1900 aber nahezu unverändert (ebd., 242).

lebendiger Kräfte vertraut hatte, bestimmten organisierte Interessen und die Ordnungsmacht Staat das Feld. Die Welt der Maschine, Regulierung und Disziplinierung allen Daseins, der Ameisenstaat – das waren die Perspektiven, die sich vielen Zeitgenossen auftaten."

Dies waren Probleme aller entwickelten europäischen Staaten, in Großbritannien traten sie aber schärfer als irgendwo sonst auf. Die Menschen auf dem Kontinent waren staatliches Eingreifen seit langem gewohnt, für Briten aber war es ein neuartiges Phänomen. Zudem geriet die moderne Industriekultur, das Kind des Liberalismus, verstärkt in die Kritik. Dies stärkte nicht nur die alte und eine neue Rechte, sondern die Zivilisationskritik ergriff auch manche Sozialisten.[199] Ja, viele Rechte und Linke einte die Distanz zum Kapitalismus und die Verherrlichung des Landlebens. Die Krise des Liberalismus war ein europaweites Phänomen, sie wurde in Großbritannien, **dem** Land des Liberalismus, aber besonders deutlich empfunden. Er erschien zunehmend antiquiert, war in eine Defensivposition geraten und seine schwierige Lage wurde zum wichtigen öffentlichen Diskussionsthema.[200]

Fast ebenso, wie die relativ späte und umso dramatischere und umwälzendere Industrialisierung Deutschlands zu besonderer Unsicherheit mit weitreichenden politischen Konsequenzen führte, wirkte die rasche **nachholende Bürokratisierung** des Vereinigten Königreiches destabilisierend. Schöllgen schreibt, dass die Bürokratisierung

> „nicht unwesentlich zu jenem allgemeinen Gefühl der Ohnmacht bei<trug>, das sich um die Jahrhundertwende in fast allen europäischen Ländern breit zu machen begann und sich schließlich ein Ventil in verschiedenartigen Überreaktionen suchte, wie insbesondere dem Hang zu einem übersteigerten Nationalismus".[201]

Diese Deutung dürfte für große Teile des Bürgertums zutreffen, die unteren 2/3 der Gesellschaft profitierten jedoch vom verstärkten staatlichen Engagement. So schnellten die öffentlichen Ausgaben für das Schulwesen zwischen 1870 und 1910 um ca. 1100% in die Höhe – wenn auch auf die immer noch bescheidene Höhe von 17,9 Millionen Pfund, eines Bruchteils der Ausgaben für die Flotte. In Großbritannien stiegen die Ausgaben für kommunale Belange (von denen insbesondere die Masse der Bevölkerung profitierte) zwischen 1870 und 1910 real fast um das Fünffache.[202]

Großbritannien besaß lange Zeit die liberalste Einwanderungs- und Asylpolitik aller europäischen Staaten. Seit 1826 war eine Zuwanderung **unbeschränkt** möglich und **keiner** Kontrolle unterworfen.[203] Seit den 1870er/80er Jahren wurden die Bestimmungen verschärft. Auch in der Behandlung von Asylanten trat in diesen Jahren ein Gesinnungswandel ein. Der deutsche Sozialist Johann Most wurde bspw. 1881 abgeurteilt, weil er in einem Zeitungsartikel die Ermordung des russischen Zaren gutgeheißen hatte, und das Innenministerium begann, politische Immigranten nachrichtendienstlich observieren zu lassen. Beides wäre im liberalen England der vorhergehenden Jahrzehnte undenkbar gewesen. Außerdem wurde mit Blick auf das unruhige Irland und die beginnende sozialistische Bewegung eine politische Abteilung der Polizei eingerichtet. Ihre rauen Methoden machten sie berühmt-berüchtigt.

Eine der Wurzeln dieser obrigkeitsstaatlicheren Tendenzwende lag in der illiberalen Politik, zu der sich die Regierung bspw. in Irland oder Indien genötigt sah und die auf das Mutterland zurückwirkte. Eine Serie von irischen Bombenanschlägen (1881) und gewaltsame Demonstrationen Londoner Arbeiter (Mitte der 80er Jahre) erschüter-

---

[199] Gall, Europa, 93/94; König, Zivilisation, 178
[200] Wiener, English Culture, 119–22; Feuchtwanger, Britain 1865–1914, 234
[201] Schöllgen, Zeitalter, 6; Tannenbaum interpretiert die Entwicklung etwas anders (1900, 7).
[202] Cook, Longman Handbook, 105; Thane, Government and Society, 45/46
[203] Haumann, Heiko; *Geschichte der Ostjuden*, München 1998, 202, (künftig: Haumann, Ostjuden)

ten das liberale Selbstverständnis vieler Briten. Ihr Dogma, die nicht-repressive Gesellschaft (so wie sie sie verstanden) war nicht gegen soziale Erschütterungen gefeit. Die Selbstsicherheit von Gesellschaft und Staat litt, darum schwand die Gelassenheit – ebenso wie die der britischen Wirtschaft, in der erste Stimmen für einen Schutzzoll laut wurden. (s. unten)[204]

Bis in die 1880er Jahre wählten die Arbeiter eines **anglikanischen** Fabrikbesitzers konservativ, während diejenigen eines **freikirchlichen** Arbeitgebers liberal wählten – sofern sie das Wahlrecht besaßen. Diese personenbezogenen, vormodernen Loyalitäten verloren jedoch rasch an Bedeutung. 1874 wurden die ersten beiden Arbeiter auf der liberalen Liste ins Parlament gewählt, und 1882 wurde die „Social Democratic Federation" gegründet, die erste marxistische Gruppierung in Großbritannien.[205]

Durch die Wahlrechtsreformen stieg die Zahl der Stimmberechtigten an, zum Vorteil der organisierten Arbeiterbewegung: 1886 konnten sich in England 2 von 3 männlichen Erwachsenen am Urnengang beteiligen, in Schottland 3 von 5.[206] Der Zuschnitt der Wahlkreise wurde gerechter, denn 1881 hatten 100 Wahlkreise über 6000 Wähler gezählt, 140 aber unter 2000! Aber auch bei den Wahlen von 1892 kamen lediglich zwei Arbeiter als liberale Abgeordnete ins Unterhaus, zu denen sich Keir Hardie als parteiungebundener Parlamentarier gesellte. 1893 wurde die „Independent Labour Party" (ILP) gegründet. 1900 begannen die Gewerkschaften, die ILP und andere Kräfte zusammenzufassen, und 1906 nahm die neue gemeinsame Partei den Namen „Labour Party" an.[207] Diese war praktisch der politische Arm der Gewerkschaften, deren Mitgliederzahlen rasch anwuchs: 1889 betrug sie 885.000, 1896 1,6 Mio., 1900 2 Mio., 1908 2,5 Mio. und 1914 gar 4,1 Mio.[208]

Die Arbeitgeber gründeten zu Beginn der 1890er Jahre eine Lobby, die auch Einfluss auf die Arbeitsgesetzgebung ausübte. Im Verlauf des folgenden Jahrzehnts erlaubte die Wirtschaftslage den Unternehmern, Reserven anzusammeln, um durch Aussperrungen zu versuchen, die Arbeiterbewegung in die Knie zu zwingen. Staatliche Schlichtungseinrichtungen wurden hierbei nicht beachtet, und mit dem sogenannten Taff-Vale-Urteil von 1900 erklärten nach einer Formulierung des Historikers Élie Halévy die „Mittelklassen den Gewerkschaften den Krieg". Denn diese wurden nun für Verluste der Arbeitgeber haftbar gemacht, die durch Streiks bedingt waren. Bis zu diesem Zeitpunkt waren die Beziehungen zwischen Tories und den Arbeiterverbänden recht unverkrampft.[209] Dies gehörte nun der Vergangenheit an.

Der Historiker Thornton meint, dass das Unterhaus seit 1906 nicht länger einem Club vergleichbar gewesen sei, in dem ähnlich gesinnte „Gentlemen" gepflegt diskutierten: nun sei es „ein Schlachtfeld <geworden>, auf dem gegensätzliche Weltanschauungen über die Natur der Gesellschaft und die Pflicht ihrer Führer mit zunehmender

---

[204] Porter, Britain, Europe, 53–55

[205] Thompson, Respectable, 211; Feuchtwanger, Britain 1865–1914, 51; Beckett, Aristocracy, 435

[206] Cook, British Historical Facts, 115/116; Robbins, Eclipse, 41; Ploetz, Staatengeschichte, 137, 139. Freilich blieb die Registrierung der Wähler so gefasst, dass prinzipiell wahlberechtigten Arbeitern der Urnengang häufig verwehrt blieb (Feuchtwanger, Britain 1865–1914, 174/75). S. auch Schöllgen, Zeitalter, 28; Gosses, F.; *The Management of British Foreign Policy before the First World War; Espicially during the Period 1880–1914*, Leiden 1948, 21, (künftig: Gosses, Management) Guttmann, Ruling Class, 10 und Pelling, Popular Politics, 106

[207] Feuchtwanger, Britain 1865–1914, 47, 209/10; Semmel, Imperialism and Social Reform, 21

[208] Lazonik, Employment, 97; Schöllgen, Das Zeitalter, 19; Feuchtwanger, Britain 1865–1914, 206/07.

[209] Schmidt, Deutsch-englischer Gegensatz, 68; Mock, Imperiale Herrschaft, 78; Tannenbaum, 1900, 49; Robbins, Eclipse, 45

Erbitterung und Wut Krieg führten".[210] Halévy bezeichnete die innenpolitische Situation Großbritanniens in den letzten Friedensjahren als „domestic anarchy". Page, der amerikanische Botschafter, fühlte sich in den Jahren vor 1914 an die ihm geschilderte Atmosphäre in den USA vor dem Bürgerkrieg erinnert.[211] Der einflussreiche Journalist Valentine Chirol schrieb 1906 in einem Brief an den britischen Botschafter in Russland: „Hier zu Hause verrotten wir rasch, beständig, jeden Tag treiben wir weiter in Richtung auf den Zerfall der Gesellschaft hin."[212]

Diese Einschätzungen scheinen mir überzeichnet, deuten jedoch in eine zutreffende Richtung[213]: Das britische Staatswesen befand sich von etwa 1900 bis zum Ausbruch des 1. Weltkrieges in einer schweren Krise. Es wurde zunehmend offenkundig, dass zumindest einige der gesellschaftlichen Konflikte im Großbritannien vor 1914 nicht vorübergehender, sondern struktureller Natur waren: Ebenso wie in anderen europäischen Staaten stemmten sich auch im Vereinigten Königreich Teile der Elite der Demokratisierung entgegen oder suchten diese gar zurückzudrängen. Die **althergebrachte** Führungsschicht des Landes wurde zunehmend radikaler. Der liberale Journalist Spender zitierte den konservativen Parteiführer nach der Wahlniederlage von 1906 mit den Worten, dass die Tories „fortfahren, das Schicksal des Landes zu kontrollieren, ob an der Macht oder in Opposition".[214] Unabhängig vom Wahrheitsgehalt des Zitates ist es bezeichnend, dass ein solch seriöser und angesehener Mann wie Spender sie in seinen Erinnerungen wiedergab. Es veranschaulicht die Polarisierung der politischen Kultur Großbritanniens, das Stadium ihrer Zerrüttung.

Liberale Traditionen wirkten zwar auch teils in der konservativen Parteiführung fort, insbesondere **jüngere** Angehörige der Elite stellten Demokratie und Parlamentarismus jedoch zunehmend in Frage. So musste der konziliantere Parteiführer Balfour gehen und wurde „durch den kompromisslosen Bonar Law ersetzt". Die liberale Partei konnte auf die Radikalisierung der Rechten nur defensiv reagieren, nicht zuletzt, weil Macht und Gewalt verherrlichende Ideologien auch in der liberalen Partei an Bedeutung gewannen.[215] Jene errang 1906 zwar einen großen Wahlsieg, vermochten es bis 1914 aber nicht, die entscheidenden sozialen Fragen des Landes zu lösen oder sie der Lösung deutlich näher zu bringen. Im Gegenteil, die Kluft zwischen Arm und Reich vertiefte sich weiter.[216]

[210] Thornton, Imperial Idea, 132
[211] Pelling, Popular Politics, 148, 132/33
[212] PRO, FO 800/338, Chirol an Nicolson, 27.11.1906. Sanderson betonte in diesen Jahren in jedem seiner zahlreichen Briefe an Hardinge (dieser war zwischen 1910 und 1916 britischer Vizekönig in Indien), **wie** angespannt die innenpolitische Situation sei (CUL, Hardinge MSS, z.B. 70/40, Sanderson an Hardinge, 2.2.1912). Am 17. August 1911 kommentierte Hardinge einen Brief Sandersons mit den Worten: „England scheint seinen Kopf verloren zu haben und in einem solchen Ausmaß ein Land der Aufregung und Unruhe zu sein, wie es seit dem Großen Bürgerkrieg nicht mehr vorgekommen ist" (CUL, Hardinge MSS, Addl./15, Hardinge an Sanderson, 17.8.1911) Etwa ein Jahr später schrieb Hardinge an Sanderson: „Die Darstellung, die Sie mir über die politische Situation in der Heimat geben, ist so schlecht, wie sie nur sein kann"(CUL, Hardinge MSS, Addl./15, Hardinge an Sanderson, 22.8.1912) Ende 1912 schrieb Sanderson an Balfour, dass die innere Situation ihn sehr besorgt mache (BM, Balfour MS, Add. MS, Sanderson an Balfour, 4.12.1912); s. auch CUL, Hardinge MSS, 71/343, Sanderson an Hardinge, 5.12.1913 u. ebd., No. 173, Sanderson an Hardinge, 27.2.1914
[213] Thorntons Formulierungen sind auf S. 87 seiner „Imperial Idea" übrigens viel differenzierter als bei den oben angeführten Stellen.
[214] Scally, Robert J.; *The Origins of the Lloyd George Coalition. The Politics of Social-Imperialism, 1900–1918*, Princeton (New Jersey) 1975, 10/11, (künftig: Scally, Origins Lloyd George); Hynes, Turn of Mind, 8; Spender, J.A.; *Life, Journalism and Politics*, London 1927, I, 142
[215] Hynes, Turn of Mind, 11 u. 19; Mayer, Adelsmacht, 152; Hynes, Turn of Mind, 18
[216] Hynes (Turn of Mind, 54) formuliert diesen Sachverhalt noch schärfer.

Die Politisierung und Polarisierung der Gesellschaft schritt rasch voran: die Liberalen erhielten 1906 75% mehr Stimmen als bei den Wahlen des Jahres 1900, doch auch die Konservativen gewannen Wähler hinzu, und Ende 1910 bekannten sich 85% der Tory-Abgeordneten zum Schutzzollgedanken, 1906 waren es erst 70% gewesen.[217] Der rechte Flügel der Regierungspartei, die „Liberal Imperialists" unter Grey, Asquith und Haldane verstärkte zudem 1906 ihre Präsenz im Unterhaus von 25 auf 59 Sitze. 1905 unterstützen lediglich 3 Unterhausabgeordnete die Forderung nach Einführung der allgemeinen Wehrpflicht, 1914 waren es bereits über 100. Auch der ursprünglich linksliberale Lloyd George zeigte sich von der lautstark erhobenen Forderung beeinflusst.[218]

1906 errang die Labourpartei ihren parlamentarischen Durchbruch und stellte nun 29 Abgeordnete im Unterhaus.[219] Dieser plötzliche Erfolg der Linken alarmierte die Konservativen, und die Eindämmung der Macht der Labour Party wurde zum wichtigsten innenpolitischen Ziel der Tories. Der Kampf gegen die Arbeiterbewegung, insbesondere ihren politischen Arm, erreichte in Großbritannien aber nicht die Schärfe wie etwa im Deutschen Reich. Selbst die meisten der radikalen Konservativen waren der Ansicht, dass die Arbeiterklasse für den Chauvinismus gewonnen werden könne.[220] Sie schlossen sich also nicht der „Anti-Socialist Union" an, sondern versuchten, die Unterschicht durch sozialimperialistische Maßnahmen (z.B. eine Zollreform, s. den folgenden Abschnitt) und die Kreierung eines Bedrohungsszenarios zu integrieren. Diese Strategie hatte durchaus einige Erfolge zu verbuchen. So beklagte die Zeitschrift „Labour Leader" 1898, dass die Arbeiterklasse mehr daran interessiert sei, eine siegreiche Schlacht britischer Streitkräfte im Sudan zu feiern (Omdurman, s. Kap. II Abschnitt 12), als den walisischen Kohlestreik zu unterstützen. Nicht nur die Arbeiterbewegung, sondern auch die Liberale Partei wurde durch die imperialistische Stimmung im Lande geschwächt. Ein Teil der Liberalen vertrat weiterhin Gladstonesche Positionen der sogenannten „Little Englanders", während ein anderer unter Rosebery das imperialistische Credo verinnerlicht hatte.[221]

Bereits 1911, während des Höhepunktes der 2. Marokkokrise, drohte das Land wegen des großen Eisenbahnerstreiks handlungsunfähig zu werden. Schatzkanzler Lloyd George und Labourführer Mac Donald gelang es schließlich den Arbeitskampf vorübergehend beizulegen, v.a. indem sie die nationale Gefahr betonten, in der das Land wegen der außenpolitischen Krise schwebe. Lloyd George **verschärfte** mit seiner offenen Kriegsdrohung gegen Deutschland die Lage, vermutlich, um die innenpolitischen Verhältnisse wieder in den Griff zu bekommen.[222] – Großbritannien war das einzige Land, das seine Streitkräfte mobilisierte. – Hardinge brachte es in einem Brief an Sanderson auf den Punkt: Lloyd George und Churchill wollten einen Streit mit Deutschland wegen Marokko vom Zaune brechen, da der Moment günstig zu sein scheine. Es schien Nicolson (und Hardinge), als ob sie der Ansicht waren, dass ein Krieg ein geeignetes Instrument sei, die Gewerkschaften und die Sozialisten im Lande wieder unter

---

[217] Mock, Imperiale Herrschaft, 230, 374/75, 231; Browne, Harry; *Joseph Chamberlain, Radical and Imperialist*, Seminar Studies in History, London 1974, 72, (künftig: Browne, Chamberlain)

[218] Steiner, Britain Origins, 8 u. 38; Bauerkämper, Arnd; *Die „radikale Rechte" in Großbritannien. Nationalistische, antisemitische und faschistische Bewegungen vom späten 19. Jahrhundert bis 1945*, Göttingen 1991, 67, (künftig: Bauerkämper, Radikale Rechte)

[219] Pelling, Popular Politics, 102: im Januar 1910 wurden es dann 40 und im Dezember d.J. 42 Abgeordnete; s. auch ebd., 116

[220] Mock, Imperiale Herrschaft, 232; Searle, Goffrey; *The „Revolt from the Right" in Edwardian Britain*, 24 u. 30, (künftig: Searle, Revolt from the Right), in: Kennedy, Nationalist

[221] Mac Kenzie, Propaganda, 7; Feuchtwanger, Britain 1865–1914, 233

[222] Im Gegensatz dazu: Wormer, Großbritannien, Russland und Deutschland, 59. Zu Hintergrund und Verbreitung der „Bluff- und Drohpolitik" s. Loewenstein, Militarismus

Kontrolle zu bekommen.[223] Das Säbelrasseln des Schatzkanzlers scheint aber auch außenpolitische Ursachen gehabt zu haben: Sowohl französische Regierungsvertreter als auch britische Politiker interpretierten die instabile innere Verfassung des Vereinigten Königreiches als Indiz für einen verminderten Bündniswert.[224] Dieser sollte durch eine Demonstration der Kriegsbereitschaft wieder erhöht werden.

Letztlich konnte nur die drohende bzw. beschworene, ja geschürte Kriegsgefahr den gesellschaftlichen Frieden in Großbritannien für kurze Zeit wiederherstellen. Die Regierung setzte in diesem Jahr allerdings auch wiederholt Truppen gegen Streikende ein,[225] was seit fast 100 Jahren nicht vorgekommen war. Das Kabinett hielt Anfang 1912 die zunehmenden Arbeitskämpfe für so bedrohlich, dass es den Monarchen bat, eine geplante Reise nach Wien, Paris, Berlin und St. Petersburg abzusagen.[226] Sir George Askwith, der Chefberater der Regierung für industrielle Fragen[227], führte die Streikbewegung u.a. auf den sinkenden Lebensstandard der Arbeiter und die provokative Zurschaustellung des Luxus durch die Reichen zurück. Ganz allgemein: Auf soziale oder andere tiefgreifende Probleme wurde in Großbritannien in den letzten Vorkriegsjahren immer häufiger mit Gewalt reagiert oder ihrer Androhung.[228]

Schmidt weist darauf hin, dass in der deutschen noch stärker als in der englischen Forschung die Anpassungs- und Reformfähigkeit des britischen politischen Systems betont wird. Diese Elastizität werde mit der Entwicklung im Deutschen Reich kontrastiert, dem Liebäugeln mit einem Staatsstreich bzw. der aggressiven Außenpolitik. Sicher waren die politischen Verhältnisse im wilhelminischen Reich Anfang des 20. Jahrhunderts in wichtigen Bereichen (noch) autoritärer als im Vereinigten Königreich. Aber das britische politische System war doch nicht so flexibel und leistungsfähig, um soziale Unzufriedenheit systemkonform befrieden und integrieren zu können. Hätte Großbritannien zwischen 1903 und 1914 sonst an der Spitze der Anzahl der Streiks, Aussperrungen und verlorenen Arbeitstage in Europa gestanden? Die Anzahl und Heftigkeit der Streiks nahm in den Jahren vor dem Krieg dramatisch zu.

„Die meisten der europäischen Großmächte standen in der Dekade vor 1914 am Rande eines Bürgerkrieges. Doch nicht einmal Österreich-Ungarn, sondern lediglich Rußland hatte einen Zustand des inneren Zerwürfnisses und der Unordnung erreicht, der dem Stande der Dinge in Großbritannien glich", wie Schmidt schreibt.[229]

Die Einnahmen aus **direkten** Steuern scheinen unter einem bestimmten Blickwinkel im Großbritannien vor dem 1. Weltkrieg weit höher als etwa im Deutschen Reich gewesen zu sein. Dies wird häufig als Indiz gewertet, dass die Wohlhabenden und politisch Mächtigen in Großbritannien zum (finanziellen) Kompromiss mit der Arbeiter-

---

[223] CUL, Hardinge MSS, Addl./15, Hardinge an Sanderson, 5.9.1911

[224] Gade, Christel; *Gleichgewichtspolitik oder Bündnispflege? Maximen britischer Außenpolitik (1909–1914)*, Veröffentlichungen des Deutschen Historischen Instituts London, Hg.: Wende, Peter; Band 40, Göttingen/Zürich 1997, 77, (künftig: Gade, Gleichgewichtspolitik)

[225] Wormer, Großbritannien, Rußland und Deutschland, 197. In den Jahren zwischen 1909 und 1914 wurden auch in Frankreich und dem Deutschen Reich Truppen eingesetzt, um Streiks zu brechen (Joll, Britain, Europe, 145). Anzahl und Umfang der Arbeitskämpfe blieben im Deutschen Reich aber weit hinter denen in Großbritannien zurück (Hohorst, G. (Hg.); *Sozialgeschichtliches Arbeitsbuch, 1870–1914*, München 1975, 132f.).

[226] Wormer, Großbritannien, Rußland und Deutschland, 198

[227] „Government chief industrial adviser"

[228] Pelling, Popular Politics, 147; Scally, Origins Lloyd George, 9

[229] S. auch Kennedy, Paul M.; *The Pre-War Right in Britain and Germany*, 15, (künftig: Kennedy, Pre-War Right), in: Kennedy, Nationalist. Für detaillierte Angaben über die Streikbewegung der Jahre 1907 bis 1914 s. Pelling, Popular Politics, 149; Schmidt, Deutsch-englische Gegensatz, 61, Zitat bei Schmidt von Watt, D.C./Spencer, F./Brown, N.; *A History of the World in the 20th. Century*, o.O. 1967, 170

schaft bereit gewesen seien.[230] So stiegen die Erträge aus der Erbschaftssteuer, die ausschließlich Wohlhabende belastete, von 16,6 Mio. Pfund 1895 auf 27 Mio. Pfund im Jahre 1900 an.[231] Die Einnahmen aus der Vermögens- und Einkommensteuer erhöhten sich im selben Zeitraum allerdings nur von 15,6 auf 18,8 Mio. Pfund. Das Grundsteueraufkommen, das überwiegend die wenigen tausend Großgrundbesitzer betraf, blieb im letzten Jahrfünft des 19. Jahrhunderts unverändert bei 2,5 Mio. Pfund p.a., 1850 hatte es noch 4,5 Mio. Pfund betragen.[232] Der Anteil der gesamten **direkten** Steuern an den Gesamteinnahmen stieg im Vereinigten Königreich allerdings von 44 Prozent im Jahre 1891/92 über 50% (1900/01) auf 57% (1911/12). Die mittleren und kleineren Einkommensbezieher wurden scheinbar geschont, während Wohlhabende einen größeren Beitrag zum Gemeinwohl leisten mussten.

Auf den ersten Blick deutet dies beträchtliche Unterschiede in der Steuerpolitik zwischen Großbritannien und dem Deutschen Reich an: ein Beleg für die hochentwickelte und auf Ausgleich bedachte politische Kultur des Vereinigten Königreiches. Bei näherer Betrachtung verschwimmen jedoch die zunächst grundsätzlich scheinenden Unterschiede. Das Recht, **direkte** Steuern erheben zu dürfen, war im Deutschen Reich ganz überwiegend den Einzelstaaten vorbehalten, ein Vergleich des Anteils der direkten Steuern, der sich lediglich am Aufkommen der **Zentralgewalt** orientiert, das ubliche Vorgehen, führt darum in die Irre.[233] Bei einem Vergleich der Steuereinnahmen von Reich und Ländern zusammengenommen mit denen Großbritanniens kann man feststellen, dass der Anteil der direkten Steuern am Gesamtaufkommen in Deutschland **höher** als im Vereinigten Königreich gewesen ist![234]

Die Mehrheitsverhältnisse in den deutschen Parlamenten erlaubten immer weniger eine kaum verbrämte Klassenpolitik in der Besteuerungsfrage. Nach dem großen Wahlerfolg der Sozialdemokraten 1912 wurde der jahrelange rabiate Widerstand der Konservativen gegen direkte Steuern von den Regierungen des Reiches und der Länder einfach übergangen. Um die steigenden Reichsausgaben, insb. für Flotte und Heer decken zu können, wurde 1913 der sogenannte „Wehrbeitrag" erhoben. Es handelte sich um eine einmalige Abgabe in Höhe von insgesamt 800 Mio. Mark, also eine **direkte** Besteuerung, weitere 200 Mio. Mark sollten durch **direkte** Steuern der Länder aufgebracht werden, die an das Reich abgeführt werden sollten. Die Gesamtsumme von 1 Mrd. Reichsmark entsprach knapp 1/4 der gesamten jährlichen Steuereinnahmen von Reich und Ländern. Die „Reichsvermögenszuwachssteuer" wurde mit den Stimmen der Nationalliberalen, des Zentrums, der Linksliberalen – und der Sozialdemokraten – gegen den Widerstand der Konservativen Mitte 1913 durchgesetzt. Dies sah die SPD nicht zu unrecht als großen Erfolg an.[235] Wesentliche **direkte** Steuererhöhungen wurden ledig-

[230] Schmidt, Deutsch-englische Gegensatz, 69

[231] Kennedy (Anglo-German Antagonism, 328) zitiert Bebel, dass in Großbritannien 19 Mio. Pfund Erbschaftssteuer p.a. erhoben würden, im Deutschen Reich aber nur umgerechnet 4 Mio. Pfund.

[232] Cook, Historical Facts, 250/51

[233] Die deutschen Länder konnten zudem eine ihnen nicht genehme Reichsfinanzpolitik über den Bundesrat unterbinden. Die Länder mussten einerseits wegen des häufig nicht gleichen Stimmrechts weniger Rücksicht auf die Interessen der Masse der Bevölkerung nehmen, andererseits wollten sie eine Machtausdehnung der Reichsgewalt und des demokratisch gewählten Reichstages verhindern (Witt, Peter-Christian; *Reichsfinanzen und Rüstungspolitik 1898–1914*, 146, (künftig: Witt, Reichsfinanzen), in: Schottelius, Marine). Und dieses Recht, ihre Finanzautonomie gegen die stärker werdende Reichsgewalt zu verteidigen, nahmen sie auch in Anspruch, unter Führung der rechtsgerichteten Länder Preußen und Sachsen.

[234] Henning, Industrialisierung, 263

[235] Berghahn, Imperial Germany, 85–88 u. 164–67 sowie 198; Henning, Industrialisierung, 262, 264; Bauerkämper, Radikale Rechte, 101; Schmidt, Der europäische Imperialismus, 11; Fischer, Fritz; *Krieg der Illusionen. Die deutsche Politik von 1911–1914*, Kronberg/Düsseldorf 1978, 387

lich notdürftig kosmetisch kaschiert. Die deutschen Konservativen hatten sich selbst mit ihrem Fundamentalismus ins Abseits manövriert.

Im Ergebnis lassen sich also **keine grundsätzlichen Unterschiede** in der Steuerpolitik zwischen Großbritannien und dem Deutschen Reich feststellen.[236] In beiden Ländern kam es aufgrund der Finanz- und Steuerpolitik zu einer Radikalisierung der Rechten. Der konservative deutsche Politiker Graf Westarp sah das Reich gar auf dem Wege zu „einem demokratisch regierten Einheitsstaat".[237] Altkonservativ-reaktionäre Kräfte wurden geschwächt, neuartige rechtsradikale jedoch gestärkt. Die Elite musste in beiden Ländern die gesellschaftliche Basis verbreitern, um die Hochrüstungspolitik weitertreiben zu können. Viele Arbeiter in Großbritannien wie auch im Deutschen Reich oder anderen Ländern betrachteten diese Ausgaben nicht als die ihren, wollten nicht für eine imperialistische Politik bezahlen, die ihnen widerstrebte. „Die riesigen Ausgaben belasten die arbeitende Bevölkerung sehr hart, ob direkt oder indirekt", schrieb Außenminister Grey 1907. „Dies könnte letztendlich eine allgemeine und gewaltsame Revolution in Europa hervorrufen."[238]

Die These, dass Großbritannien aufgrund seiner **parlamentarischen Verfasstheit** eine sozial ausgeglichenere Steuerpolitik betrieben habe, wird durch einen Blick nach Frankreich vollends entkräftet: Die Wohlhabenden bedienten sich dort mit Erfolg revolutionärer Rhetorik, der „Egalité", um sozial gestaffelte Steuersätze zu verhindern. Millionäre und Arbeiter unterlagen dem gleichen Steuersatz. Direkte Steuern lieferten 1913 in Frankreich gerade 14% des gesamten Staatseinkommens, eine unvergleichlich geringere Rate als in Großbritannien oder dem Deutschen Reich. Erst im **Juli 1914** wurde eine höhere Belastung der Wohlhabendsten beschlossen.[239]

Wie gesehen, war die britische Steuerpolitik nicht sozial ausgewogener als etwa im Deutschen Reich. Die Vertreter der Ansicht, dass sich in Großbritannien in den Jahren vor dem Weltkrieg, trotz aller innenpolitischen Spannungen, demokratische Tendenzen immer stärker durchsetzten, verweisen auch häufig auf den Verfassungskonflikt von 1909–1911: Das „House of Lords" lehnte 1909 den Haushalt ab, ein Recht, das ihm traditionell **nicht** zustand bzw. nicht mehr zum Gewohnheitsrecht zählte, und löste dadurch eine Verfassungskrise aus.[240] Der Widerstand des „House of Lords" und der konservativen Partei konnte schließlich gebrochen werden, Erbschafts- und Einkommenssteuern wurden nach dem Willen des Unterhauses erhöht sowie eine Sondersteuer für sehr Wohlhabende eingeführt.[241] Die reaktionär-konservativen Kräfte – nicht die Imperialisten – wurden aufgrund der durch die hohen Rüstungsausgaben ausgelösten Steuerkontroverse sowohl im Vereinigten Königreich als auch im Deutschen Reich teilweise entmachtet. – In Ersterem war es allerdings lediglich der Einflussverlust einer ohnedies bereits überlebten, ja nach erstaunlich reaktionären Grundsätzen zusammengesetzten Einrichtung. Die Mehrheit des „House of Lord's" (und der Konservativen) erlebte 1911 zwar eine Demütigung, blieb aber nach wie vor einflussreich. So verhinderte das Oberhaus praktisch die „Home Rule" für Irland und drei weitere wichtige Reformmaßnahmen der Regierung.[242]

---

[236] Zur Entwicklung im Deutschen Reich s. ausführlich Witt, Reichsfinanzen

[237] Schmidt, Deutsch-englische Gegensatz, 69; s. auch Witt, Finanzpolitik, 378f; ders. Reichsfinanzen, 176 u. Berghoff, Vermögenseliten, 301; Ferguson, Der falsche Krieg, 157

[238] PRO, FO 800/13, Grey an Lascelles, 21.1.1907

[239] Ferguson, Der falsche Krieg, 153/54

[240] Sanderson bedauerte die rigide Haltung der großen Mehrheit der Lords und neigte der Rechtsauffassung der liberalen Regierung zu (BM, Balfour MS, Add. MS, Memorandum Sandersons, Ende 1910).

[241] S. auch Semmel, Imperialism and Social Reform, 161/62

[242] – Obschon ihr das absolute Veto in Bezug auf die Gesetzgebung entzogen worden war (Joll,

Sowohl in Großbritannien als auch bspw. im Deutschen Reich entglitt die imperialistische und chauvinistische Presse mehr und mehr der Kontrolle der Regierungen oder gemäßigter parlamentarischer Kräfte, wie die Pressekampagnen in Großbritannien im Zusammenhang mit der Flottenrüstung 1908/09 (s. Kap. V) oder die 2. Marokkokrise im Deutschen Reich zeigen.[243] Schwache Regierungen, von starken chauvinistischen Bewegungen bedrängt, wurden zur Gefahr für den Frieden.[244] Auch in Frankreich und Italien war die Existenz des parlamentarischen Systems bedroht. Mayer vermutet, dass diese schweren innenpolitischen Krisen bei der Elite zu der Bereitschaft geführt haben könnten, ihre bedrohte Stellung durch einen siegreichen Krieg zu sichern.[245]

Chauvinistische Verbände wie die „National Service League" und „Navy League" gewannen in den letzten Vorkriegsjahren stark an Bedeutung, die Mitgliedschaft der Ersteren bspw. stieg zwischen 1906 und 1912 von 4.000 auf 100.000, darunter mehr als 100 Unterhausabgeordnete. Das parlamentarische System Großbritanniens geriet ebenso in den Sog der Agitationsverbände wie der autoritärere Konstitutionalismus Deutschlands. Dabei war Letzterer strukturell viel anfälliger dafür.[246]

Die Gleichberechtigung der Frau war seit der Mitte des 19. Jahrhunderts kaum vorangeschritten.[247] Die Einführung des Frauenwahlrechts wurde zweifellos verzögert durch die Sackgasse, in die die Irische Frage geraten war. Die Suffragetten wussten die Mehrheit der Parlamentsabgeordneten **im Prinzip** auf ihrer Seite, in der **Praxis** geschah jedoch nichts.[248] Dies trieb sie in ihrer Verzweiflung in eine Militanz, die bis dahin in Großbritannien unbekannt gewesen war – zu Brandstiftung und sogar zur Bereitschaft, das eigene Leben zu opfern[249].

Irland warf noch dramatischere Probleme für die britische Gesellschaft und Politik auf – und die meisten Iren hätten die vorherrschende Ansicht, dass sich die politische Kultur Großbritanniens vor allem durch Kompromiss sowie Konzession und nicht durch Konfrontation und Unterdrückung auszeichne, gewiss vehement bestritten: Gladstone hatte Reformen für „John Bulls other island" vorangetrieben – bzw. Versuche

Britain, Europe, 117). Beckett, Aristocracy, 465/66). – 1869 hatte ein drohender Verfassungskonflikt zwischen dem liberal dominierten Unterhaus und dem „House of Lords" noch gütlich im Zuge eines Kompromisses beigelegt werden können (Feuchtwanger, Britain 1865–1914, 61).

[243] Kennedy, Anglo-German Antagonism, 366

[244] S. auch das Zitat von Kurt Riezler bei Stern (Failure, 93). Summers (Character, 84) setzt einen anderen Akzent.

[245] Mayer, Domestic Causes, 291. Fromm bemerkt zu diesem Thema, dass Aggression eine der wirksamsten Möglichkeiten sei, sich von seiner Angst zu befreien (Fromm, Anatomie, 177).

[246] Summers, Character, 68–70; Schmidt, Deutsch-englischer Gegensatz, 66

[247] S. z.B. Tannenbaum 1900, 338 u. Gay, Cultivation, 363/64. Bereits 1866 stimmten 30 % der Unterhausabgeordneten für das Frauenwahlrecht (Feuchtwanger, Britain 1865–1914, 16).

[248] S. Pelling, Popular Politics, 163 für Erläuterungen zur verfahrenen Situation in dieser Frage. Bis Anfang des 20. Jahrhunderts kämpften Frauen aus allen Schichten übrigens gemeinsam für ihre Anliegen, danach kam es zu einer Spaltung der Frauenbewegung. (Rosenhaft, Eve; *Geschichten und ihre Geschichte*, 249, in: Barrow, Logie/Schmidt, Dorothea/Schwarzkopf, Jutta (Hg.); *Nichts als Unterdrückung? Geschlecht und Klasse in der englischen Sozialgeschichte*, Münster 1991).

[249] Hynes (Turn of Mind, 211) meint gar: „... nach mehr als zwei Jahrzehnten Nachdenken und Diskutieren über die Probleme von Frauen, zogen sie <die Männer> 1914 mit offensichtlicher Erleichterung in den Krieg, da ein Ehemann eine nörgelnde Frau verlassen haben mag und die Probleme ungelöst hinter sich ließ, <während> die Emanzipation noch nicht einmal begonnen hatte." In Frankreich blieb das Problem des Frauenwahlrechts übrigens eine rein akademische Frage (Joll, Britain, Europe, 118). Die Frauen- bzw. Geschlechterforschung und die Imperialismusforschung gingen bis vor wenigen Jahren sehr getrennte Wege. Seitdem wird der Versuch unternommen, die jeweilige Perspektive zu erweitern, indem Erkenntnisse bzw. Ansätze des jeweils anderen Forschungsgebiets (stärker) berücksichtigt werden (s. insb. Midgley, Clan; *Introduction*, 1,2,8, (künftig: Midgley, Introduction), in: Midgley, Gender).

unternommen. In der Frage der Selbstverwaltung für die grüne Insel, der „Home Rule", war er mehrfach gescheitert: am Oberhaus und an seiner eigenen Partei, denn viele einflussreiche Mitglieder verließen bereits 1881/85 die Liberalen.[250] Sie fürchteten, dass eine Selbstverwaltung für Irland eine Desintegration des Empire einleiten könnte. Für den Zusammenhang zwischen Irland und dem Zusammenhalt des Empire gilt dasselbe wie für die Frage des Frauenwahlrechts und die „Home Rule": Die zahlreichen und gravierenden innen- und außenpolitischen Probleme Großbritanniens verschärften einander.

1885 erbrachten die Unterhauswahlen kein eindeutiges Ergebnis – außer in Irland. Dort errangen die Nationalisten unter Parnell aufgrund des neuen demokratischeren Wahlrechts einen überwältigenden Sieg. Die Liberalen stellten im Unterhaus zwar die stärkste Gruppierung, besaßen jedoch keine Mehrheit. Die irischen Nationalisten drohten, bei Abstimmungen zum Zünglein an der Waage zu werden. Im Februar 1886 stellte Gladstone sein neues Kabinett vor[251], und der Premierminister betonte seine Absicht, „die Quellen (…) des Unglücks" in Irland näher zu untersuchen.[252] Lord Randolph Churchill, einer der führenden Köpfe der Konservativen, drängte die Loyalisten in Belfast daraufhin, jedem Versuch Widerstand zu leisten, die Union zwischen Irland und Großbritannien aufzulösen. Gladstone ließ sich durch die schwache Stellung im Parlament, die innenpolitischen und innerparteilichen Konflikte nicht beirren und brachte ein Gesetz zur irischen Selbstverwaltung ein. Eine bedeutende und einflussreiche Minderheit der Liberalen spaltete sich daraufhin unter der Führung von Joseph Chamberlain ab. Diese „Liberal Unionists" näherten sich im Verlauf der kommenden Jahre den Konservativen immer stärker an, bis beide schließlich fusionierten.[253] Im Juni 1886 wurde das „Home Rule Bill" im Unterhaus abgelehnt und Wahlen ausgeschrieben, die die Konservativen gewannen.

Wie wir wissen, ließen die Spannungen in Irland auch in den langen konservativen Regierungsjahren nicht nach, sondern wurden bestenfalls zeitweise überdeckt. Sanderson schrieb Anfang 1887 nach einem Gespräch: „… die Verhältnisse in Irland sind schlimmer denn je." Nach Ansicht seines Gesprächspartners habe man geglaubt, dass nach der schlechten Politik der Liberalen die Konservativen einfach eine Verbesserung sein **müssten**, „aber sie hätten ein noch viel schlimmeres Durcheinander angerichtet."[254]

Die Verhältnisse in Irland blieben prekär und nach ihrer Niederlage im Verfassungskonflikt 1910/11 begannen die Konservativen, die Regierung mit der irischen Frage in die Defensive zu bringen. Viele ansonsten durchaus gemäßigte Tories gingen so weit, der liberalen Regierung wegen einer „Home Rule" mit einem Bürgerkrieg zu drohen. Und der Oppositionsführer Bonar Law wurde mit den Worten zitiert, dass es Dinge gebe, die stärker seien als Parlamentsmehrheiten.[255] Er warf der liberalen Regierung vor, sie sei „ein Revolutionskomitee, das sich durch politischen Betrug in den Besitz despotischer Macht gebracht" habe. Und Ende 1913 forderte der Politiker die in

---

[250] Feuchtwanger, Britain 1865–1914, 61; Beckett, Aristocracy, 462/63; s. auch LR, 920 DER (15), Sanderson Korrespondenz, Sanderson an Lord Derby, 2.11.1880

[251] Der 38-jährige Earl of Rosebery wurde Außenminister. Dieser hatte bereits die „Midlothian Campaign" Gladstones organisiert (Searle, Quest, 267).

[252] Cook, Longman Handbook, 20

[253] Auch Derby hatte wegen Gladstones Home Rule Politik den Liberalen den Rücken gekehrt. Er glaubte, dass eine irische Selbstverwaltung nicht erforderlich sei, da aufgrund der bereits erfolgten Reformen die antienglischen Ressentiments nach und nach von selbst ausstürben. Er war der Ansicht, dass die „Home Rule" die ernsteste nationale Frage sei, über die je Engländer eine Entscheidung fällen mussten (The Times, 16.1.1891, Rede Derbys in Manchester am 15.1.1891).

[254] LR, 920 DER (15), Sanderson an Lord Derby, 14.1.1887

[255] Searle, Revolt from the Right, 22/23; s. auch Joll, Ursprünge, 157

Nordirland stationierten britischen Truppen sogar öffentlich auf, den Gehorsam zu verweigern, falls man ihnen eines Tages die gewaltsame Durchsetzung der „Home Rule" gegen die Protestanten befehlen sollte.[256] Und der konservative Parteiführer fand Gehör: Im März 1914 weigerten sich Offiziere, die vom Kabinett beschlossenen Maßnahmen zum Schutz von Waffenlagern gegen protestantische Extremisten umzusetzen. Diese konnten sich bedienen und verfügten im April bereits über umfangreiche Waffenbestände[257]

In Großbritannien gab es im Frühjahr 1914 nur ein Thema: Ulster. Im Sommer 1914 hatten 2 Millionen Briten den Gründungsaufruf der von Milner forcierten „British Covenant" unterzeichnet, die ihre Mitglieder zum kompromisslosen Widerstand gegen das Autonomiegesetz für Irland verpflichtete.[258] Lord Roberts, der größte lebende britische Kriegsheld, beriet die Unionisten, wie sie der britischen Armee und der gewählten Regierung des Landes Widerstand leisten könnten, falls die Selbstverwaltung für Irland durchgesetzt werden sollte. Zahlreiche Historiker sind der Ansicht, dass noch im Jahre 1914 ein Bürgerkrieg ausgebrochen wäre, wenn es den Weltkrieg nicht gegeben hätte, bzw. Großbritannien diesem ferngeblieben wäre.[259] In Irland standen sich fast 200.000 Angehörige paramilitärischer Verbände feindlich gegenüber.[260]

Abgesehen von der besonders akuten und brisanten irischen Frage halten es einige Historiker für möglich, dass ohne den Kriegsausbruch auch die schwerwiegenden sozialen Probleme zu einem gewaltsamen Ausbruch geführt hätten. Auch Außenminister Grey sah wenige Wochen vor dem Kriegsausbruch in Erwartung eines umfassenden Streiks der Eisenbahner eine Revolution heraufziehen.[261]

Die Jahre der liberalen Regierung waren eher eine Zeit der Reformer als der Reform. Die Liberalen wurden durch ihre eigenen Traditionen des Laissez-faire Individualismus, die antideutsche Psychose und dem erbitterten Widerstand vieler Konservativer daran gehindert, als Regierungspartei energische Maßnahmen zu ergreifen. Das Verhalten der letzten Vorkriegsregierungen nährte die Skepsis der Anhänger autoritärer Neuerungen gegen das liberale und parlamentarische System oder gar ihre Verachtung derselben, denn es verschleppte **auch weithin als notwendig anerkannte** Entscheidungen und Reformen.[262]

In den beiden anderen großen hochentwickelten europäischen Ländern sah die Situation nicht besser aus. Der französische Sozialistenführer Jaurès warf der SPD 1904 vor, „daß sie mit ihrer (Stimmen-, Mandats- und Organisations-) Macht nichts anzufangen wisse". Bebel entgegnete ihm, dass die Republik in Frankreich weder die Klassengegensätze abgemildert, „noch Fortschritte in der Sozial- und Finanzpolitik gebracht habe". Weder in Großbritannien, noch in Frankreich oder dem Deutschen Reich hat das Bürgertum seine Macht in den Jahren vor 1914 genutzt, „um der Arbeiterschaft die politische und soziale Emanzipation zu ermöglichen". Die Interpretation des Zusammenhangs zwischen der Schürung eines aggressiven Nationalismus, dem Einfluss des

---

[256] Mayer, Adelsmacht, 153

[257] Bauerkämper, Radikale Rechte, 45/46

[258] Steiner, Foreign Office and Foreign Policy, 153; Thornton, Imperial Idea, 134

[259] Thornton (Imperial Idea, 134) hält es gar für **sicher**, dass ansonsten der Bürgerkrieg ausgebrochen wäre. Darüber hinaus belastete die fehlende Selbstverwaltung auch die Beziehungen innerhalb des Empire und zu den USA: Die Parlamente Kanadas und Australiens verabschiedeten Resolutionen für die „Home Rule", und auch amerikanische Politiker vertraten diese Forderung, um sich irische Stimmen zu sichern (Beloff, Imperial Sunset, 29)

[260] Tannenbaum, 1900, 372

[261] Hynes, Turn of Mind, 13; s. auch Beloff, Imperial Sunset, 109; Wormer, Großbritannien, Rußland und Deutschland, 258

[262] Hynes, Turn of Mind, 210; Bauerkämper, Radikale Rechte, 42

rüstungsindustriellen Komplexes, von Militarismus und Sozialkonservatismus ist zunächst von Linksliberalen in **Großbritannien** und **Frankreich** entwickelt worden. Dies ist kein Zufall.[263]

In den Jahren unmittelbar vor 1914 waren die **gemäßigten** Kräfte in der Führung beider großen britischen Parteien fast paralysiert. Die Auffassung, dass weder die Frage der irischen Selbstverwaltung, noch die soziale Unruhe ohne Gewalt gelöst werden könnte, gewann an Boden.[264] Verschärft wurde diese ausweglos scheinende Situation durch stärker werdende Tendenzen in beiden Parteien, die glaubten, die Innenpolitik (noch stärker) auf den für sicher gehaltenen Krieg mit Deutschland ausrichten zu müssen. Diese „Ultras" waren sich durchaus nicht alle sicher über die Art der gewünschten Gesellschaft. Diese Unsicherheiten konnten sie jedoch durch eine Kampagne gegen die „Feinde des Empire" überdecken: die Deutschen und ihre (vermeintlichen) Sympathisanten innerhalb Großbritanniens.[265]

Die in den 1870er Jahren einsetzende europaweite Krise des Liberalismus berührte Großbritannien besonders stark, nicht zuletzt aufgrund der „nachfolgenden Bürokratisierung" des Landes, die liberale Voraussagen über eine selbstbestimmte Gesellschaft Lügen strafte. Vormoderne Loyalitäten verloren rasch an Bedeutung, soziale Konflikte im Innern und in Irland nahmen deutlich zu, Gesetze wurden verschärft.

Die innenpolitische Situation Großbritanniens war in den Jahren vor dem Weltkrieg außerordentlich labil und angespannt. Trotz der seit Ende 1905 amtierenden liberalen Regierung vergrößerte sich das im Land ohnedies sehr große Wohlstandsgefälle – und wurde vergrößert – und die Anzahl sowie die Heftigkeit von Streiks nahmen wesentlich zu. Die britische Steuerpolitik in den Jahren vor dem 1. Weltkrieg kann entgegen landläufiger Ansicht nicht als Indiz für eine auf Ausgleich bedachte Politik gewertet werden. Die Rechte radikalisierte sich merklich und die Lage in Irland schien auf einen Bürgerkrieg zuzusteuern.

8.   Die Schutzzollbewegung

Die Stimmen der Verfechter weitgehender Veränderungen in der britischen Innen- und Außenpolitik, um das Weltreich zu sichern, waren seit den 1890er Jahren sehr vernehmlich. Sie konnten auch einige Erfolge verbuchen. Die Dominions enger und dauerhaft an das Mutterland zu binden, scheiterte jedoch. Diese gingen zunehmend eigene Wege, trotz einiger rhetorischer Zugeständnisse an die Idee der imperialen Föderation.[266] Englische Imperialisten hielten diese aber für eine **notwendige** Bedingung zur Sicherung der Weltmachtstellung ihres Landes, wenn nicht gar seiner Existenz.[267]

Am 15. Mai 1903 hielt Kolonialminister Chamberlain eine Rede, die als eine der sensationellsten der neueren englischen Geschichte gilt.[268] Er forderte die Aufgabe des Freihandels und die Einrichtung von Zollpräferenzen für den Warenaustausch inner-

---

[263] Schmidt, Der europäische Imperialismus, 168, 157
[264] Bauerkämper (Radikale Rechte, 90) kommt zu einer weit optimistischeren Einschätzung.
[265] Scally, Origins Lloyd George, 15; Searle, Revolt, 35
[266] S. auch Mock, Imperiale Herrschaft, 351
[267] Porter (Britain, Europe) unterschätzt die Bedeutung der „Efficiency"- und der Tariff-Reform-Bewegung, wenn er lediglich darauf hinweist, dass sie mit ihren imperialen Projekten scheiterten.
[268] Zu Bedeutung und Hintergrund der Debatte s. Mock, Imperiale Herrschaft, 16/17. Chamberlain war bereits einer der führenden Vertreter der „National Efficiency" (Chamberlain, Imperialism and Social Reform, 163) (s. Abschnitt 14) und ein Bewunderer der Bismarckschen Sozialgesetzgebung (Semmel, Bernard; Review of Books, 775).

halb des britischen Weltreiches, gab sein Amt auf und widmete sich der Verbreitung dieser Gedanken. Ihm standen einige gute Argumente zur Verfügung: Zwischen 1890 und 1902 waren die britischen Exporte in das Empire um 21% gestiegen, während sie in den Rest der Welt um 12% sanken. Die Übersegebiete nahmen 1890 34, % der britischen Ausfuhren auf, 1902 aber bereits 42,1%. Die Vorherrschaft britischer Waren war in einigen Teilen des Empire aber bereits durch deutsche und vor allem amerikanische Konkurrenz bedroht.[269]

Er erreichte jedoch zunächst das Gegenteil von dem, was er beabsichtigte: Die Liberalen, die wegen unterschiedlicher, ja gegensätzlicher Haltungen zum Burenkrieg und ganz allgemein zum Imperialismus vor der Parteispaltung standen, stellten ihre internen Gegensätze zurück und bekämpften gemeinsam die Einführung von Schutzzöllen.[270] Campbell-Bannerman, der liberale Parteivorsitzende quittierte Chamberlains Vorschlag mit den Worten: „Den Freihandel in Frage zu stellen, nach fünfzig Jahren Erfahrung damit, ist, wie das Gesetz der Schwerkraft in Frage zu stellen."[271]

Die Mehrzahl der jüngeren Tory-Abgeordneten und fast die gesamte konservative Presse unterstützte Chamberlain, insgesamt waren von den 21 führenden Tages- und Abendzeitungen Großbritanniens Anfang 1904 15 auf Seiten der Zollreformer. Insbesondere Lord Northcliffe, der chauvinistische Medienzar, tat sich als Förderer hervor, und eine „Tariff Reform League" druckte und verteilte 25,5 Millionen Broschüren.[272]

Zunächst führte der ehemalige Minister insbesondere die Stärkung der imperialen Bande als Hauptzweck der „Tariff Reform" an. Da dies aber nicht die nötige Mobilisierung bewirkte, argumentierte er später, diese oder jene „sterbende britische Industrie" gegen ausländische Konkurrenz schützen zu wollen. Chamberlain betonte insbesondere eine Gefahr, die in wirtschaftlicher Hinsicht vom Deutschen Reich ausgehe, und die Konkurrenz mit dessen Wirtschaft wurde eine der wichtigsten Fragen in der darauf folgenden Debatte.[273] Bezeichnenderweise spielten die USA als Wettbewerber in der Kampagne keine Rolle. Dies ist ein weiteres stichhaltiges Indiz, dass nicht die Erfolge deutscher Waren einen imperialen Zollverein nahe legten, denn US-amerikanische Produkte stellten für den Zusammenhalt des Empire eine eher größere Herausforderung dar. Die Zollreformer brauchten – und schufen – in lediglich lockerer Anlehnung an die Realität ein Schreckensbild und einen Sündenbock in Form des Deutschen Reiches, um die Menschen für ihre Pläne einnehmen zu können.

Die Informations- und Propagandamaschine der Schutzzollbefürworter stützte sich bezeichnenderweise stark auf die Arbeit deutscher Nationalökonomen bzw. deutscher Vorbilder.[274] Der deutsche „starke Staat" wurde zum Feind und zum Vorbild – aber nur für diejenigen, die eine machtbetonte Umgestaltung Großbritanniens forderten.

Die Reaktion der Dominions auf die Schutzzollbewegung war zurückhaltend[275] und die liberale Argumentation, dass die Änderung der Außenhandelspolitik Nahrungsmittel verteuere, übte nachhaltigen Einfluss auf die britische Öffentlichkeit aus. Sanderson lehnte Schutzzölle schon allein aus dem Grund ab, weil sie außenpolitischen

---

[269] Semmel, Imperialism and Social Reform, 149; Mock, Imperiale Herrschaft, 66ff
[270] Searle, Quest, 145; Semmel, Imperialism and Social Reform, 133/34
[271] Zit. in Mock, Imperiale Herrschaft, 15
[272] Massie, Dreadnought, 333; Mock, Imperiale Herrschaft, 161; s. auch ebd., 178/79 u. 159 sowie Bauerkämper, Radikale Rechte, 50; Mock, Imperiale Herrschaft, 107
[273] Ensor, England, 375; Steiner, Britain Origins, 15
[274] Mock, Imperiale Herrschaft, 234 u. 137
[275] Näheres s. Mock, Imperiale Herrschaft, 210/11. Der Verlauf der Argumentation wies Mitte der 1880er Jahre ein ähnliches Muster auf (ebd., 48/49). Es war freilich seit 1897 gelungen, die Premierminister der „Dominions" in unregelmäßigen Abständen zu imperialen Konferenzen nach London zusammenzurufen.

Spannungen schüfen oder verstärkten, und er hatte zweifelsohne Recht:[276] Die globale Dominanz Großbritanniens war für Konkurrenten erträglich und für ausländische Handelsfirmen fast wünschenswert, weil das Empire die Handelsschranken in weiten Bereichen der Welt offen hielt. Ein imperiales Zollsystem aber hätte den Außenwirtschaftsinteressen anderer Staaten schweren Schaden zugefügt. Die Vereinigten Staaten, das Deutsche Reich und andere hätten in diesem Falle mit Sicherheit starken Druck auf das Vereinigte Königreich ausgeübt, die „Politik der offenen Tür" in Bezug auf China wäre diskreditiert worden und die Frage einer Aufteilung des „Reiches der Mitte" hätte sich mit neuer und verstärkter Brisanz gestellt. Die internationalen Beziehungen wären stark belastet worden, und wenn die Schutzzollpolitik dann nicht wieder aufgegeben worden wäre, hätte Großbritannien eine verstärkte Suche nach Bündnispartnern und eine beschleunigte Aufrüstung betreiben müssen. „Schließlich fürchtete die City (…) Vergeltungsmaßnahmen ihrer kontinentalen Geschäftspartner im Anschluß an mögliche Präferenzzölle und die Möglichkeit, daß Deutschland sein momentan von britischen Banken verwaltetes Kapital (…) zurückziehen könnte."[277]

Manche Imperialisten lehnten Schutzzölle zwar nicht prinzipiell ab, sondern warteten nur skeptisch ab, weil sie vermuteten, dass die Wähler Chamberlain nicht folgen würden.[278] Und tatsächlich errangen die Liberalen 1906 einen deutlichen Wahlsieg.[279] – Die wirtschaftliche Lage war nach Ansicht der Wähler anscheinend noch nicht schlecht genug, um einen grundsätzlichen Wandel der Politik zu rechtfertigen. Vor allem jedoch war es sehr zweifelhaft, ob die Rezepte der „Tariff Reformer" eine wirksame Medizin darstellten, um der in weiten Bereichen gemächlichen britischen Wirtschaft mehr Dynamik zu verleihen. Auch die konservativen Abgeordneten, die den Schutzzollgedanken vertraten, waren i.d.R. weniger aus Überzeugung wegen der (vermeintlichen) Vorzüge des „tariffs", als aufgrund ihrer Verzweiflung über die Zukunftsaussichten des Empire zu Chamberlains Gedanken konvertiert.[280]

Die Weltsicht der „Tariff-Reformer" ähnelte derjenigen der Merkantilisten des 17. oder 18. Jahrhunderts. Das Ziel des „starken Staates" rangierte für sie höher als das, was ihnen kurzfristiger Gewinn (für den Einzelnen) zu sein schien. Die Einfuhr des Landes sollte nach Auffassung der Befürworter von Schutzzöllen durch **Waren**exporte gedeckt werden. Nur in die **Waren**produktion fließe Arbeit ein, nur diese schaffe Arbeitsplätze, nicht der Ausgleich der defizitären Handelsbilanz durch die Erträge der Auslandsinvestitionen. Freihändler betonten hingegen die Bedeutung der aktiven **Zahlungsbilanz**. Den Unterschied zwischen beiden Auffassungen bezeichneten die Schutzzollbefürworter als „die Idee der Wohlfahrt gegenüber bloßem Reichtum einer Nation".[281] Diese Argumentation war zutreffend, aber nicht ehrlich. **Zutreffend** war sie, weil von der Entwicklung Großbritanniens vom „workshop" zum „banker" der Welt sicher insbesondere die Wohlhabenden profitierten.[282] **Unehrlich** war sie, weil es den „Tariff-Reformern" nicht v.a. um das Wohlergehen der Masse der Bevölkerung ging. Der Kampa-

---

[276] Mock, Imperiale Herrschaft, 108/09, s. auch ebd., 380, Anm. 61; ebd., 206/07

[277] Ebd., 293. Das Finanzkapital dürfte auch Andeutungen der Tariff Reformer gefürchtet haben, die Freizügigkeit des Kapitalverkehrs zugunsten des Empire einzuschränken (ebd., 178).

[278] Mock, Imperiale Herrschaft, 108, Anm. 166. Chamberlain wurde auch von seinen Beamten im C.O. im Stich gelassen (ebd., 205/06).

[279] Ebd., 261: Mock weist allerdings darauf hin, dass die Frage des Schutzzolls sowohl 1906 als auch bei den beiden Wahlen von 1910 nur **eine** der wahlentscheidenden Fragen gewesen sei.

[280] Porter, Britain, Europe, insb. das Kapitel „Crisis, 1895–1914"; Lambert Nicholas A.; *Sir John Fisher's Naval Revolution*, Columbia (South Carolina) 1999, 61, (künftig: Lambert, Naval Revolution)

[281] Semmel, Imperialism and Social Reform, 150, 152/53; Mock, Imperiale Herrschaft, 181

[282] Im heutigen „Zeitalter der Globalisierung" lässt sich eine vergleichbare Tendenz feststellen, und ähnliche soziale Folgen deuten sich an.

gne für die „Imperiale Föderation" lag offensichtlich Angst vor der weltpolitischen Situation zugrunde. Chamberlain und die seinen wollten durch die Zollreformen das Empire retten, dessen Auseinanderfallen ihres Erachtens ansonsten bevorstand.

Viele der eifrigsten Propagandisten der Schutzzölle vertraten darüber hinaus eigennützige Interessen, denn sie hätten von technokratischen und autoritären Reformen profitiert, da dies Karrierechancen eröffnet hätte. Ihre machtstaatlichen wirtschafts- und gesellschaftspolitischen Konzeptionen wie auch diejenigen der meisten Verfechter der „Efficiency" (s. Abschnitt 12) ähnelten stark späteren faschistischen Vorstellungen.[283]

Die Argumentation der Schutzzollbefürworter war in einer Hinsicht aber nicht von der Hand zu weisen: Großbritannien hielt die Grenzen auch für Importe aus Ländern offen, die ihrerseits hohe Zollmauern gegen britische Waren errichtet hatten. Es war der britischen Regierung nicht möglich, Gegenmaßnahmen irgendwelcher Art zu ergreifen, bzw. diese anzudrohen, um ihre Verhandlungsposition zu stärken.[284] Freihändler entgegneten, dass dies und das sogenannte „Dumping" ausländischer Anbieter für **einzelne** britische Industriezweige zwar schmerzlich sei, für die **Gesamt**wirtschaft aber nicht von Nachteil: So konnten sich deutsche Stahlanbieter durch niedrige Preise (die mittels hoher Preise auf dem heimischen deutschen Markt wieder ausgeglichen wurden) einen bedeutenden Marktanteil in Großbritannien erringen. Britische Stahlproduzenten wurden verdrängt, britische **Werften** konnten dadurch allerdings besonders kostengünstig Schiffe bauen und ihren Weltmarktanteil erhöhen, auch zum Ärger deutscher Schiffbauer.[285]

Die Machtstellung des Landes war um die Jahrhundertwende durch Faktoren, auf die die britische Politik kaum oder keinen Einfluss ausüben konnte, im Vergleich zur Mitte des 19. Jahrhunderts derartig geschwächt, dass Chamberlain meinte, Großbritanniens Stellung als Weltmacht sei beendet, wenn es nicht gelinge, durch die „Tariff Reform" die drohende Desintegration des Empire zu verhindern.[286] Fabian Ware schrieb 1909: „… dass die imperiale Lösung (zu der die Tariff Reform der erste Schritt ist) Englands einzige Chance ist, die Leute dazu zu bringen, sich aufzuraffen."[287]

Mit der Zollreformkampagne, auch als Verkörperung der „Efficiency", erreichte eine Bewegung einen vorläufigen Höhepunkt, die die Innen-, Rechts-, Sozial- und Wirtschaftspolitik **außen**politischen Erfordernissen unterordnen wollte. Das Ziel des „starken Staates" stand im Vordergrund und die gesellschaftspolitischen Vorstellungen zahlreicher „Tariff Reformer" ähnelten stark späterem faschistischen Gedankengut.

---

[283] Searle, G.N.; *Critics of Edwardian Society. The Case of the Radical Right*, 94, in: O'day, Alan (Ed.); *The Edwardian Age. Conflict and Stability 1900–1914*, Hamden (Conn.) 1979 ; Semmel, Imperialism and Social Reform, 246; Mock, Imperiale Herrschaft, 184; Scally, Origins Lloyd George, 9

[284] S. hierzu den Brief Lascelles' an Sanderson, PRO, FO 800/18 (120) vom 19.9.1903

[285] Kennedy, Anglo-German Antagonism, 300. Die Ausfuhr deutschen Eisens nach Großbritannien betrug (in Millionen Mark)
1899   4,3   1900   7,9   1901   27,8   1902   49,4
Die Ausfuhr britischen Eisens in das Deutsche Reich betrug (in Millionen Mark)
1899 35,8   1900   54,9   1901   15,7   1902   7,2   (Hallgarten, Imperialismus, I, 554)
Diese beeindruckenden Zahlen werden gewöhnlich als Beleg der expansiven, wenn nicht gefährlichen deutschen Handelskonkurrenz gewertet. Diese Deutung führt jedoch in die Irre: Die britische Schwerindustrie war während der ersten Jahre des 20. Jahrhunderts wegen des Rüstungs- und Kriegsbooms zu Exporten kaum in der Lage! Großbritannien benötigte das deutsche Eisen für seine Kriegswirtschaft – und die deutsche Industrie lieferte zu sehr günstigen Preisen.

[286] Mock, Imperiale Herrschaft, 118

[287] Zit. in Wilson, Keith M.; *A Study in the History and Politics of the Morning Post 1905–1926*, Studies in British History, vol. 23, Lewiston (New York) 1990, 26, (künftig: Wilson, Morning Post)

Die Kontroverse um die Schutzzölle zeigt zum einen das Ausmaß der innenpolitischen Polarisierung an sowie die Angst vieler Imperialisten um den Bestand des Empire, zum anderen nutzten und schürten die Vertreter der „Tariff-Reform" antideutsche Affekte, um ihrem Ziel näher zu kommen.

9.   Ideologische Beeinflussung[288]

1843 führte Großbritannien ein Zensurgesetz für Theateraufführungen ein. Der Zensor, der „Lord Chamberlain", wurde vom Monarchen berufen und gehörte dem königlichen Gefolge an. König oder Queen waren nicht verpflichtet, hierbei die Regierung oder gar das Parlament zu konsultieren. Diese Praxis blieb (zumindest) bis 1914 unverändert.[289] Die Amtsführung des Zensors konnte im Parlament nicht diskutiert werden, er war auch nicht verpflichtet, die Prinzipien offen zu legen, nach denen er verfuhr.[290] Gegen Mitte des 19. Jahrhunderts war die repressive Wirkung der Zensur noch recht gering, dies änderte sich jedoch im Verlauf der folgenden Jahrzehnte.[291]

Zwischen 1895 und 1911 versah G.A. Redford das Amt des „Lord Chamberlain". Er verbot auf öffentlichen Bühnen Diskussionen über Themen „Die-Man-Nicht-Diskutierte: Sex, Religion und Politik. Kurz gesagt: Er ging so vor, dass er einfach den Verhaltenskodex eines ‚Gentleman's Club' oder einer Offiziersmesse auf die Bühne übertrug."[292] Sein Vorgehen diente der Verteidigung der herrschenden sozialen und politischen Ordnung.[293] So verbot er ein bereits 50mal aufgeführtes Stück, weil ihm zu Ohren gekommen war, dass ein dort auftretender Pfarrer dem Dekan von Windsor ähnelte. Die Aufführungen durften erst wieder aufgenommen werden, als aus dem Pfarrer ein Arzt gemacht wurde.[294]

„Dank" Redfords Tätigkeit war England das letzte europäische Land, in dem Ibsens „Geister" aufgeführt werden konnten – erst im Juli 1914.[295] „Salomé" von Strauß wurde ebenfalls die Lizenz verweigert. Das Stück durfte erst nach einer Änderung der Handlung aufgeführt werden. In der bereinigten Version verlangte Salomé nicht nach sexueller Befriedigung, sondern spiritueller Anleitung.[296]

Dem Zensor wurden jährlich zwischen 300 und 600 Stücken vorgelegt. I.d.R. verweigerte er nur zweien oder dreien die Lizenz, aber sein Einfluss kann nicht an dieser geringen Zahl gemessen werden, denn er griff informell oft bereits im Vorfeld ein, und viele Dramatiker und Theatermanager übten „freiwillige" Selbstbeschränkung. Redfords Zensurpolitik legt den Schluss nahe, dass es ihm vollkommen an der Qualifikation für dieses Amt mangelte sowie an der notwendigen Intelligenz bzw. den klaren Prinzipien für seine Arbeit. Trotzdem regte sich erst ab etwa 1905 ernsthafter Widerstand gegen ihn. 1907 forderten 70 namhafte Schriftsteller, die Befugnisse des „Lord Chamberlain"

---

[288] „Zensur und Propaganda sind siamesische Zwillinge, untrennbar und unentwirrbar" (Mac Kenzie, Propaganda, 3)

[289] Hynes, Turn of Mind, 252, 215, 241

[290] Ebd., 215; Zur Macht des Zensors und ihren Grenzen s. auch Mac Kenzie, Propaganda, 43

[291] Hynes, Turn of Mind, 212/13

[292] Ebd., 216

[293] Ebd., 217. Ausnahmen bestätigen die Regel: Mitunter wurden auch Liberale vor konservativreaktionären Attacken geschützt (Gay, Cultivation, 403/04).

[294] Hynes, Turn of Mind, 219

[295] Hynes, Turn of Mind, 252; Joll, Britain, Europe, 165

[296] Hynes, Turn of Mind, 237/38. „Salomé" und der „Rosenkavalier" waren auch der deutschen Kaiserin ein Dorn im Auge. Sie vermochte allerdings, lediglich deren Aufführung hinauszuzögern, Änderungen am Inhalt gab es nicht (Mayer, Adelsmacht, 223).

zu überprüfen. 1909 wurde eine Untersuchungskommission eingesetzt, die zahlreiche Sachverständige befragte. Ihre Empfehlungen (die umgesetzt wurden) änderten aber nichts Wesentliches. Und 1912 wandten sich die namhaftesten britischen Schauspieler, Theatermanager und Regisseure an den König, um ihm ihre Wertschätzung der Arbeit des Zensors zu versichern. Im gleichen Jahr wurde der „British Board of Film Censors" eingerichtet.[297]

Bis in die 1860er/1870er Jahre spielten Themen wie Klassensolidarität (eher mit einer optimistischen als revolutionären Tendenz) und Klassenspannungen im britischen Theater durchaus eine Rolle. Später verschwanden diese Themen. Im Zeitalter des Imperialismus wurde häufig „korrupten Indern", „hinterhältigen Chinesen" oder „barbarischen Schwarzen" der Part des Bösewichts im Theater zugewiesen. Gegen diese zeigten britische Offiziere und einfache Dienstgrade in Solidarität gemeinsamen Heroismus.[298]

Auch in populären Liedern wurde lange Zeit die herrschende Klasse attackiert. Dies wandelte sich seit den späten 1870er Jahren.[299] Die „music hall" spielte für diese Entwicklung eine bedeutende Rolle. Sie war für viele Zeitgenossen und Historiker die einflussreichste Erziehungsanstalt für die Verbreitung des „Jingoismus", der britischen Variante eines aggressiven Chauvinismus und Imperialismus.[300] Die dort populäre Musik war „fremdenfeindlich, respektvoll gegen die Autorität, verherrlichte militärische Abenteuer und ergötzte sich an den Niederlagen ‚minderwertiger' Völker".[301] Die „music halls" verbreiteten sich ab den 1870er Jahren mit rascher Geschwindigkeit. Ihre Wirkung und Bedeutung sind nach wie vor umstritten[302], als Ausdruck einer Stimmung aber bezeichnend. Es ist kein Zufall, dass zeitgleich mit dem Beginn des imperialistischen Zeitalters in populären Liedern der Unterschicht nicht mehr die Eliten des eigenen Landes, sondern andere, insbesondere farbige Völker, attackiert wurden.

Zeitgleich mit der Ausbreitung des britischen Empire im letzten Viertel des 19. Jahrhunderts verringerten sich die kulturellen Kontakte mit anderen europäischen Völkern. Während sich auf dem Kontinent bedeutende intellektuelle und künstlerische Bewegungen formierten, vermochten es konservative Kräfte in England, diese von der Insel fernzuhalten. In den 1890er Jahren konnte man bspw. keine Übersetzung der wichtigsten Werke Dostojewskis erwerben. In keiner öffentlichen oder privaten Galerie wurden Bilder der französischen Impressionisten gezeigt.[303]

Ab etwa 1905 „entdeckten die Briten Europa" – jedenfalls Frankreich und Russland. Kunst aus der Mitte des Kontinents wurde in Großbritannien aber stärker ignoriert denn je. Der Kontinent wurde in Freund und Feind unterteilt. In einer großen Ausstellung post-impressionistischer Meister wurden britische, französische und russische Maler ausgestellt – von denen die Russen sämtlich unbekannt und unbedeutend waren, für Kandinski oder Kokoschka aber war kein Raum. Und an den Londoner Theatern kam nach 1906 die in den vorhergehenden Jahren beliebte Aufführung deutscher Dramen praktisch zum erliegen.[304]

Als radikal neue Ideen vom Kontinent nach England hinüberfluteten, verstärkten konservative und reaktionäre Elemente ihren Druck, um diesen entgegenzuwirken. In dem Maße, in dem soziale Unruhe und politische Unsicherheit anwuchsen, stieg der

---

[297] Hynes, Turn of Mind, 215, 219/20; Mayer, Adelsmacht, 215; Mac Kenzie, Propaganda, 44
[298] Mac Kenzie, Propaganda, 45 u. 56
[299] Ebd., 30
[300] Hobson nannte sie „die einzige populäre Kunst unserer Tage" (Psychology, 3).
[301] Mac Kenzie, Propaganda, 30
[302] Mac Kenzie, Propaganda, 40; Pelling, Popular Politics, 87
[303] Hynes, Turn of Mind, 306–308
[304] Hynes, Turn of Mind, 335/36

Wille der Konservativen, die politische und gesellschaftliche Stabilität Großbritanniens entschlossen zu verteidigen. Hierbei dürfte die entstehende Werbeindustrie wertvolle Dienste geleistet haben: „Spätestens seit Hannah Arendts Wort von der ‚Banalität des Bösen' sind wir geneigt, auch kleinen, alltäglichen Erscheinungen geschärfte Aufmerksamkeit zu schenken."[305]

Mehr als 100 Gesellschaften nutzten die Werbestrategie, ihren Produkten wie Kakao, Tabak, Seifen und Öle oder Fleischextrakten bunte Bildchen beizulegen. Von Ende des 19. Jahrhunderts bis (zumindest) 1914 gab es kaum einen Jungen aus der Arbeiterklasse, der sie nicht sammelte oder besaß. Die bewaffneten Kräfte und das Empire waren zwei der fünf bevorzugten Themen dieser Sammelbilder. Auch erhielten viele Tabakmarken patriotisch klingende Namen wie „First Lord", „Flagship", „Invader", „Royal Navy", „Silent Force", „Soldier of the Queen", „Fighter" oder „Admiral". Die Marke „British Pluck" („Britischer Schneid") zeigte auf der Tabaksdose einen von einem Schwert aufgespießten Buren.[306]

Unter einem repressiven Verständnis von „Anstand und Moral" betrachtet, konnten autoritär Gesonnene in Großbritannien bemerkenswerte Erfolge verzeichnen. Sie scheinen hinter denen ihrer kontinentaleuropäischen Gesinnungsgenossen keineswegs zurückgeblieben zu sein, diese eher noch übertroffen zu haben.

Im Theater und in populären Liedern wurde seit den 1870er Jahren nicht mehr die herrschende Klasse angegriffen, sondern insbesondere farbige Völker. Die Werbeindustrie leistete weitere Dienste zur Verherrlichung der Streitkräfte und des Empire.

10. Ideologien der Verherrlichung von Macht und Gewalt

Bevor ich mich mit diesen Weltanschauungen befasse, geht es kurz um den Bedeutungsverlust der Religion, denn dieser ermöglichte erst das Entstehen und die Ausbreitung der neuen destruktiven Ideologien.[307]

Die Menschen waren zur Mitte des 19. Jahrhunderts nach wie vor stark religiös geprägt[308], ja, man sprach im Europa der ersten Hälfte des 19. Jahrhunderts von einer religiösen Erweckung.[309] Der Konflikt zwischen der kirchlichen Tradition und dem Fortschritt der Wissenschaften befand sich noch in einem frühen Stadium. So war die von Deutschland ausgehende historisch-kritische Bibelforschung in Großbritannien noch kaum rezipiert. Als Darwin jedoch 1859 sein Werk „Über den Ursprung der Arten" vorlegte, entbrannte rasch eine andauernde und erbittert geführte Debatte im Lande. Es standen sich zwei polarisierte Lager gegenüber: gläubige Christen, die auf die kirchliche Lehre bauten, und Anhänger der Wissenschaften, die sich keinem Tabu beugen wollten. In diesen Jahren begann eine Entwicklung, die zu den bemerkenswertesten der Jahrzehnte vor 1914 gehört: Der Einflussverlust der organisierten Religion. Dieser war nicht vorhersehbar, da in den 1840er und 1850er Jahren die sogenannte evangelikale Richtung der anglikanischen Staatskirche noch an Bedeutung gewonnen hatte. Sie lehnte eine historisch-kritische Bibelanalyse schroff ab, betonte die Prädesti-

---

[305] Hynes, Turn of Mind, 348; Loewenstein, Militarismus, 8

[306] Mac Kenzie, Propaganda, 16–26

[307] Die folgenden Sätze sind in Anbetracht der großen Bedeutung der Religion für unzählige Menschen sicher eine allzu kurze Würdigung.

[308] Auch wenn der Mikrozensus von 1851 deutlich machte, dass insbesondere in den industrialisierten Regionen Großbritanniens lediglich eine Minderheit der Bevölkerung regelmäßiger Kirchgänger war (Bédarida, Social History, 91).

[309] S. auch Bédarida, Social History, 86

282 IV. Der Niedergang der „zivilen Gesellschaft"

nation und die Fruchtlosigkeit guter Werke sowie zugleich die Bedeutung des persönlichen Vorbildes.[310] (Im Nachhinein wird man diesen Fundamentalismus vielleicht als erstes Krisensymptom werten können.)

Nicht nur die Arbeiterklasse wandte sich im letzten Drittel des 19. Jahrhunderts weitgehend von der Kirche ab (wobei Wales und Katholiken gewisse Ausnahmen von der Regel darstellen) – die Kirchen hatten sich auch nie sehr nachdrücklich für eine Verbesserung der Lebens- und Arbeitsbedingungen der Unterschicht eingesetzt. Die Entwicklung betraf **alle** Bevölkerungsgruppen.[311] „Hinter einer Fassade religiöser Einrichtungen und althergebrachter Gebräuche wurde England säkularisiert, im persönlichen ebenso wie im öffentlichen Bereich."[312] Viele Intellektuelle waren gegen Ende des 19. Jahrhunderts ihrer religiösen Überzeugungen unsicher geworden oder hatten diese verloren. Die Wissenschaft konnte diese Lücke für viele auch nicht füllen – oder nicht mehr.[313] 1851 hatte Herbert Spencer in seinem „Social Statistics" noch geschrieben: „Fortschritt ist kein Zufall, sondern eine Notwendigkeit. Mit Sicherheit werden das Böse und die Unsittlichkeit verschwinden, mit Sicherheit werden die Menschen vollkommen werden."[314] – Dieser krude wissenschaftliche Fortschrittsglaube geriet bald ebenso in die Kritik wie die Religion.

Für das Deutschland der Jahrhundertwende wurde eine „tiefsitzende Irritation religiöser Identität <festgestellt>, die es unbedingt zu kompensieren galt (…) Der ‚Glaube an Deutschland' sprang in die Bresche, nicht als einziger, aber mit der politisch so fatalen Folge eines von religiöser Inbrunst getragenen Nationalismus."[315] Es spricht einiges dafür, dass diese Einschätzung auch auf viele Briten zutraf. Zahlreiche Imperialisten sprachen das Empire geradezu heilig. So lautete Milners „Credo"[316]: „Ein Nationalist glaubt, dass dies das Gesetz des menschlichen Fortschritts ist: dass der Wettbewerb zwischen Nationen, die alle nach maximaler Entwicklung streben, die göttliche Ordnung der Welt ist, das Gesetz des Lebens und des Fortschritts."[317]

Der Sozialdarwinismus, der auch aus Milners Worten herausscheint, ist eine der grundlegenden und zugleich radikalsten machtverherrlichenden Ideologien. Er fordert, dass dem Ausleseverfahren der Natur auch in der Gesellschaft und der Völkergemeinschaft die überragende Bedeutung zukommt bzw. zukommen sollte. Die Anhänger dieser Weltanschauung konnten sich mit einiger Berechtigung auf den Meister selbst berufen. Darwin vertrat die Auffassung, dass die Erfolge der „arischen Rasse", insbesondere die „Erfolge der englischen Kolonisation" und die Überlegenheit der englischen „über andere europäische Nationen" seine Theorie bestätigten. „Es scheint sehr viel Wahrheit in dem Glauben zu liegen", so schrieb Darwin an anderer Stelle, „daß der wunderbare Fortschritt der Vereinigten Staaten sowie der Charakter ihrer Bevölkerung Resultate der natürlichen Auslese sind."[318] 1871 kritisierte er in seinem „The Descent of Man": „Zivilisierte Menschen" täten „ihr Äußerstes, den Prozess der Ausmerzung aufzuhalten", indem „Pflegeanstalten für die Geistesschwachen, die Krüppel und die Kranken"

[310] Feuchtwanger, Britain 1865–1914, 20; Halévy, History, IV, 349; Tidrick, Kathryn; *Empire and the English Character*, London 1990, 3
[311] Halévy, History, IV, 396. Für detaillierte Angaben s. Bédarida, Social History, 91, 111, 112
[312] Ebd., 112
[313] Rose, Turn Century, 10; s. auch Wiener, English Culture, 30
[314] Zit. in Joll, Europe, 131
[315] Doerry, Mentalität, 4
[316] Originalbezeichnung
[317] Zit. in Joll, Britain, Europe, 164
[318] Wehler, Hans-Ulrich; *Deutsche Gesellschaftsgeschichte. Dritter Band: Von der „Deutschen Doppelrevolution" bis zum Beginn des Ersten Weltkrieges 1849–1914*, München 1995, 1082, (künftig: Wehler, Deutsche Gesellschaftsgeschichte); Koch, Sozialdarwinismus, 98

errichtet werden. Die Möglichkeit zur Fortpflanzung, die schwache Mitglieder der Gesellschaft hätten, schade dieser jedoch: „Niemand, der sich der Aufzucht von Haustieren widmet, wird bezweifeln, dass dies höchst schädlich für die menschliche Rasse sein muss."[319]

Vor allem in Großbritannien wurde es bei Naturwissenschaftlern zur Mode, „mit immer verfeinerten Methoden für die Auslese der Tüchtigsten aufzuwarten und zu behaupten, daß nur mit ihnen den nationalen Interessen des englischen Volkes wirklich gedient werden könne". Das Leitmotiv des Liberalismus im 19. Jahrhundert, die Überzeugung, dass der menschliche Fortschritt unaufhaltsam voranschreite, wurde seiner ethischen Ideale und Inhalte beraubt. Der Begriff „Evolution" wurde nicht mehr vor allem mit Fortschritt in Verbindung gebracht, sondern mit „Fressen oder Gefressen werden".[320] Die Bedeutung dieser Entwicklung kann kaum überschätzt werden.

Benjamin Kidd und Karl Pearson waren Ende des 19. Jahrhunderts die führenden Autoren von Büchern sozialdarwinistischen Inhalts. Ihres Erachtens sollte es erstes Anliegen Englands sein – falls es Weltmacht bleiben wolle –, das Wohlergehen des eigenen Volkes zu erhöhen, notfalls zu Lasten anderer, „minderwertiger" Nationen. Der Krieg wurde dementsprechend als weltgeschichtliches Ausleseprinzip begrüßt.[321]

Pearson informierte seine Leser: „Der Pfad des menschlichen Fortschritts ist übersät mit verfaulenden Gebeinen alter Nationen. (…) Diese toten Nationen und Rassen sind in Wahrheit die Stufen, auf denen die Menschheit zu der höheren intellektuellen Stufe des heutigen Lebens emporgestiegen ist." – Pearson wurde für dieses Werk übrigens mit einem eigens für ihn geschaffenen Lehrstuhl für Eugenik geehrt.[322]

1894 legte sein Landsmann Benjamin Kidd diese und ähnliche Gedanken – mit sozialreformerischen vermengt – in seinem Buch „Social Evolution" dar, zuvor war er ein unbekannter und unbedeutender Beamter gewesen. Mit der Veröffentlichung wurde er mit einem Schlag berühmt. Die verkaufte Auflage des Buches erreichte die für damalige Verhältnisse atemberaubende Höhe von 250.000 Exemplaren. Kidd sprach mit seinen Positionen einen großen Teil seiner Landsleute an, auch Angehörige der Elite. So schrieb der vielleicht führende britische Staatsrechtler Walther Bagehot:

> „Eroberungen sind die Prämien, die von der Natur jenen nationalen Gruppen verliehen werden, deren Eigenschaften sie für die Kriegführung am leistungsfähigsten machen. Die Eroberer sind in Wirklichkeit von überlegenem Charakter, denen der Sieg und der Gewinn von Rechts wegen zukommt."

Bagehot war Autor sehr anspruchsvoller Bücher: „Man stelle sich vor, in welcher Form Äußerungen dieser Art in der populären Tagespresse erschienen", wie der Sozialwissenschaftler Koch bemerkt.[323]

Imperialisten betonten die (vermeintliche) Härte des Lebens, um die Bevölkerung auf Opfer für das Empire vorzubereiten. Aufgrund der relativ schwindenden Macht des Landes fielen sozialdarwinistische Ideen darum auch auf besonders fruchtbaren Boden.[324] 1898 hielt Premier- und Außenminister Salisbury eine Rede, die als extremer Ausdruck sozialdarwinistischen Gedankengutes gelten muss:

---

[319] Zit. in Gay, Cultivation, 47; ebd. auch weitere Beispiele, dass der Sozial**darwinismus** diesen Namen zu Recht trägt. Zur kleinen Gruppe der sozialistischen Sozialdarwinisten s. Koch, Sozialdarwinismus, 73 u. 35–37

[320] Arendt, Elemente, 296; Koch, Sozialdarwinismus, 64, s. auch ebd., 63

[321] Mock, Imperiale Herrschaft, 52

[322] Koch, Sozialdarwinismus, 116–18; Joll, Ursprünge, 239/40

[323] Semmel, Imperialism and Social Reform, 31; Koch Sozialdarwinismus, 130/31, 103; Langer, Diplomacy of Imperialism, 87; Mock, Imperiale Herrschaft, 52, Anm. 171

[324] Mommsen, Zeitalter, 20

„Man kann die Nationen der Erde grob in lebende und sterbende einteilen (...), die schwachen Staaten werden schwächer und die starken stärker. Aus dem einen oder anderen Grund – aus politischer Notwendigkeit oder unter Vorspiegelung von Menschenfreundlichkeit – werden die lebenden Nationen nach und nach auf das Gebiet der sterbenden übergreifen, und die (...) Konflikte zwischen den zivilisierten Nationen werden rasch zunehmen."[325]

Nach dieser sozialdarwinistischen Sicht sind Kriege Teil eines natürlichen Ausleseprozesses. Die Vernichtung des Schwächeren ist dementsprechend von Vorteil für die gesamte Spezies. Kriege sind dementsprechend kein Übel, sondern geradezu willkommen, da sie den Ausleseprozess vorantreiben. Hannah Arendt hat darum Recht, wenn sie „den Imperialismus als die wichtigste Pflanzstätte des modernen Totalitarismus bezeichnet", denn der Sozialdarwinismus war zweifelsohne **die** ideologische Rechtfertigung sowohl des Imperialismus als auch des Faschismus in seinen verschiedenen Versionen.[326]

Salisbury sprach von „sterbenden Nationen" und zu diesen zählten Völker, die sich gegen Europäer nicht behaupten konnten, sowie ermattete weiße Nationen. Viele Engländer fragten sich, ob vielleicht ihr Volk zu letzteren gehöre. So sprach Chamberlain um die Jahrhundertwende davon, dass Großbritannien der müde Titan sei, schwankend unter der zu großen Last seines Schicksals. Und der Erste Seelord warnte, dass das Vereinigte Königreich in den kommenden Jahren nicht mehr stark genug sein werde, um sich neben den Vereinigten Staaten, Russland und wahrscheinlich Deutschland zu behaupten. Großbritannien werde durch das bloße Gewicht dieser Staaten beiseitegedrängt werden.[327]

Koch meint, dass der darwinistische Glaube an die Notwendigkeit von Kriegen vor 1914 bei Staatsmännern vieler Länder verbreitet gewesen sei. Hollenberg betont allerdings, dass Salisburys Unterscheidung zwischen lebenden und sterbenden Nationen in dieser Weise im Vereinigten Königreich wenige Jahre darauf nicht mehr möglich gewesen wäre. Das Denken in „rassistischen Kategorien" habe nach der Jahrhundertwende mit dem Wiederaufstieg der Liberalen an Bedeutung verloren, es sei ohnedies nie „bestimmendes Motiv für politisches Handeln" gewesen.[328] Diese Interpretation überzeugt aber nicht. Sozialdarwinistische und militaristische Tendenzen **gewannen** im Gegenteil an Bedeutung. Viele Briten plagte nach den Erfahrungen des Burenkrieges lediglich die Furcht, dass ihr Volk zu den „sterbenden" Nationen gehören könnte. Der Ton wandelte sich, von Dur in Moll, nicht die Musik.

Die sozialdarwinistische Weltanschauung kultiviert einen Atavismus. Sie ähnelt eher der von Kopfjägern, als derjenigen liberaler Kapitalisten des 19. Jahrhunderts. So feierte Benjamin Kidd in seiner „Social Evolution" von 1894 die überseeische Expansion Englands als verdienten Sieg einer „männlichen Rasse". Dieses Bejubeln eigener Kraft glich dem Pfeifen eines Jungen im Walde. Der britische Imperialismus wurde zunehmend von Angst geprägt, nur noch oberflächlich verborgen hinter einer Fassade, die Stärke suggerieren wollte. Es ist bezeichnend, wie häufig Imperialisten die Prädikate „männlich" („manly") bzw. „unmännlich" („effeminate") in einem einseitig positiven bzw. abwertenden Sinne verwandten. Der Soldat der Kolonialtruppen wurde zur idealen Verkörperung britischer Männlichkeit stilisiert.[329]

---

[325] Salisbury in der „Times" vom 5.5.1898, zit. in Mommsen, Der europäische Imperialismus, 54, Anm. 135 und Eldridge, Victorian Imperialism, 192

[326] Gillard, Struggle, 160; Mommsen, Der europäische Imperialismus, 26

[327] Mansergh, N.; *The Commonwealth Experience*, London 1969, 134, zit. in Kennedy, Aufstieg und Fall, 349 u. Beloff, Imperial Sunset, 83; Kennedy, Anglo-German Antagonism, 307

[328] Koch, Sozialdarwinismus, 10; Hollenberg, Englisches Interesse, 125

[329] Semmel, Imperialism and Social Reform, 29ff; s. auch Langer, Diplomacy of Imperialism, 94; Kennedy, Continuity, 34; Midgley, Introduction, VIII, 9

Kiplings Werke[330] werden oft als Symbole britischer Selbstgefälligkeit gesehen. Dabei sieht Kipling weder die Sicherheit des Landes, noch gar sein Überleben als selbstverständlich an![331] Ein Beobachter bemerkte, dass er England nicht liebte, weil es seine Heimat, sondern weil es mächtig war. Als Großbritanniens Macht zu schwinden schien, feierte er nicht mehr die englischen Tugenden, sondern verdammte die (vermeintlichen) Feinde des Landes – wobei er sich auf Deutschland konzentrierte. Die amerikanische Bedrohung des Empire wagte auch er nicht zu thematisieren. Kiplings Veröffentlichungen wurden zunehmend aggressiv, und „seine öffentlichen Stellungnahmen zur irischen Frage waren so aufrührerisch, dass im Unterhaus die Frage erhoben wurde, ob er wegen Volksverhetzung strafrechtlich verfolgt werden sollte".[332]

Auch rassistische Überzeugungen waren tief in der britischen Gesellschaft verwurzelt. Zu Beginn des 19. Jahrhunderts gab es erstmals Versuche, sie theoretisch zu untermauern. Weite Verbreitung fanden sie aber erst, als auch der Sozialdarwinismus an Einfluss gewann. Benjamin Disraeli, Literat und Politiker, spielte eine herausragende Rolle bei der Popularisierung des Rassismus. „Niedergang der Rasse ist unvermeidbar, .. es sei denn, sie … vermischt niemals ihr Blut", oder: „Die Kommunion mit Gott Findenden müssen … von der heiligen Rasse sein", wie er seine Millionen Leser informierte. Hannah Arendt bemerkt, dass Disraeli „der erste Staatsmann <war>, der an Auserwähltheit glaubte, ohne an den zu glauben, der auserwählt oder verwirft". Er „war der erste Ideologe, der es wagte, für das Wort Gott das Wort Blut einzuführen".[333]

Die „Encyclopaedia Britannica" schrieb 1884: „Kein vollblütiger Neger hat sich je einen Namen machen können als Mann der Wissenschaft, als Poet oder Künstler. Die grundlegende Gleichheit, die für ihn durch ignorante Philanthropen gefordert wird, wird durch die gesamte Geschichte der Rasse Lügen gestraft."[334] E.A. Freeman, einer der renommiertesten englischen Historiker, schrieb 1881 aus den USA an einen Freund: „Dies wäre ein großartiges Land, wenn nur jeder Ire einen Neger umbrächte und dafür gehenkt würde." Für Freeman ähnelten „nigger" „großen Affen, die für ein Spiel angezogen wurden". Von seinem radikalen Rassismus dürften sich viele abgestoßen gefühlt haben. Immerhin wurde er 1884 aber „Regius Professor" für Moderne Geschichte in Oxford, Inhaber des wohl angesehensten Lehrstuhles im Lande.[335] Kurze Zeit zuvor hatte der noch sehr junge Cecil Rhodes in einem Testamentsentwurf eine „nordische Weltherrschaft" als erstrebenswerte Utopie entworfen. Die Ausbreitung der britischen Herrschaft über die Welt sollte hierfür ein Meilenstein sein.[336]

1899 erschien Houston Stewart Chamberlains Hauptwerk „Die Grundlagen des neunzehnten Jahrhunderts". Der Engländer, mit dem Politiker nicht verwandt, war kurz zuvor nach Deutschland übergesiedelt und machte die Rassenlehre für deutsche Akademiker akzeptabel. Die Aufnahme seines Buches war im Land seiner Herkunft kaum weniger vorteilhaft. George Bernard Shaw bezeichnete die „Grundlagen" als „ein Meisterwerk wahrhaft wissenschaftlicher Geschichte", Winston Churchill und Lord Redesdale, ein enger Freund Eduards VII., waren ebenso angetan.[337]

---

[330] Z.B. Recessional (1897), The White Man's Burden (1899), The Dykes (1902)

[331] Blake, Conservative Party, 169

[332] Hynes, Turn of Mind, 18/19

[333] Smith, 1898, 2; Disraeli, Benjamin; *Novels and Tales*, vol. X, London 1927, 153f, 270/71, in: Sarkisyanz, Adolf Hitlers englische Vorbilder, 66/67; Arendt, Elemente, 128

[334] Bd. XVII, 318, zit. in Bolt, Christine; *Victorian Attitudes to Race*, London 1971, 209, (künftig: Bolt, Victorian Attitudes)

[335] Zit. in Gay, Cultivation, 81

[336] Huttenback, Racism and Empire, 16

[337] Mühlen, Patrick von zu; *Rassenideologien. Geschichte und Hintergründe*, Berlin 1977, 231f ; Field, Geoffrey; *Evangelist of Race. The Germanic Vision of Houston Stewart Chamberlain*, New York 1981, 459, 461, 463, (künftig: Field, Evangelist)

Ein biologistisch, „erbhygienisch" oder antisemitisch begründeter Rassismus war weit verbreitet, Arendt schreibt, „daß es charakteristisch für die frühen Anhänger der Deszendenztheorie war, mit gleicher Unerschütterlichkeit an die affische Herkunft des Menschen wie an seine englische Zukunft zu glauben".[338] Es war weitverbreitete Ansicht, etwa bei Joseph Chamberlain, die Qualitäten der „britischen Rasse" als „historisch erwiesen" zu betrachten.[339] Die Erfahrungen des Burenkrieges ließen diese Selbstzufriedenheit bei vielen zu Angst werden, die häufig durch eine Stärke zur Schau stellende Fassade zu überdecken versucht wurde.

Rassistische und sozialdarwinistische Überzeugungen nahmen etwa seit den 1880er Jahren spürbar zu, und um die Jahrhundertwende werden sozialdarwinistische Äußerungen und Haltungen in Großbritannien sogar eher als Regel, denn als Ausnahme gedeutet. Der Dienst in den Streitkräften gewann an Ansehen und verhieß bald mehr Prestige als ein ziviler Beruf. Die Ideologie der rassischen Überlegenheit der Anglo-Sachsen konnte und musste als Rechtfertigung für die zuvor nicht geplante **dauerhafte** Kolonialisierung weiter tropischer Gebiete dienen, zudem für die Unterwerfung aufsässiger Farbiger.[340]

Neben diesem spezifisch britischen Aspekt war der mit dem Rassismus verwobene Sozialdarwinismus dieser Jahrzehnte eine internationale Erscheinung. Die Brutalisierung blieb nicht auf Großbritannien beschränkt: Die Tendenz, Regeln der Zivilisation zugunsten „einfacher" Rezepte an den Rand zu drängen, stellte keine Besonderheit eines bestimmten Landes dar, „sondern macht sich hier stärker, hier weniger markant während der ganzen imperialistischen Periode bemerkbar". In den Vereinigten Staaten z.B. gewann der Sozialdarwinismus seit den 1890er Jahren stark an Bedeutung. Theodore Roosevelt bspw., der spätere US-Präsident, brüstete sich bspw. damit, während des spanisch-amerikanischen Krieges einen Feind mit seinen eigenen Händen umgebracht zu haben. Auch für ihn lieferte Darwin brauchbarere Maximen für die Außenpolitik seines Landes, als eine auf das Individuum zugeschnittene Ethik. H. G. Wells meinte, dass niemals zuvor ein US-Präsident den Geist seiner Zeit so sehr verkörperte wie T. Roosevelt.[341] Dieser hatte als Kind unter heftigen und furchteinflößenden Asthmaattacken zu leiden und konnte die Spiele und Abenteuer seiner Altersgenossen darum nicht miterleben. Der Historiker Gay legt dar, dass er in späteren Jahren seine Angst und Unsicherheit dadurch zu entgegnen versuchte, dass er das tat, was er am meisten fürchtete. „Er handelte, als wäre er nicht ängstlich und stellte fest, dass die Angst verschwand – wenigstens aus seinem Bewusstsein."[342]

Nach der Jahrhundertwende trieben Rassismus und Sozialdarwinismus immer extremistischere Blüten. Der führende linksliberale Politiker Lloyd George behauptete 1903 in einer öffentlichen Rede, dass es einen „großen Kampf ums Dasein <gibt>, nicht nur zwischen Einzelnen, sondern zwischen Völkern".[343] Ein britischer Professor hatte bereits 1895 im „Saturday Review", der auflagenstärksten britischen Wochenschrift, ansteckende Krankheiten als weltweit Erster als „Freunde der Rasse, die ihm schwächere Glieder amputiert" bezeichnet und hatte angeregt, Erbkranke durch „Segre-

---

[338] Arendt, Elemente, 295

[339] Zu diesem Thema s. Kennedy, Pre-war Right, 5/6; Mock, Function, 197–200 und Mommsen, Der europäische Imperialismus, 14

[340] Koch, Sozialdarwinismus, 94; Mac Kenzie, Propaganda, 8/9; Bolt, Christine; *Race and Victorians*, 146/47, (künftig: Bolt, Race), in: Eldridge, British Imperialism

[341] Loewenstein, Bedrich Werner; *Plädoyer für die Zivilisation*, Hamburg 1973, 45; Challener, Admirals, 12; Gay, Cultivation, 120, 116; Kissinger, Diplomacy, 39

[342] Gay, Cultivation, 116/17

[343] Rede in Newcastle am 4.4.1903, in: Alter, Modell, 194/95

gation oder Eliminierung", „durch Staatsaktion" an der Fortpflanzung zu hindern.[344]
Bernard Shaw legte 1903 dar, dass das allgemeine Wahlrecht zur Vormacht der „Pöbels" („riff-raff") geführt habe, mit Konsequenzen, die nationalen Selbstmord bedeuten
könnten. Darum müsse eine Rasse von „Supermenschen" herangezogen werden, Sozialmaßnahmen müssten hintan stehen. H.G. Wells vertrat ähnliche Ansichten. In seinem Buch „The New Republic" schrieb er: „Die Schwärme schwarzer, brauner, schmutzigweißer und gelber Völker haben auszusterben." Die Welt sei schließlich keine karitative Institution. Die Schlussfolgerung für ihn lautete: „Wenn die Minderwertigkeit
einer Rasse demonstriert werden kann, dann gibt es nur eines ... zu tun – und dies ist,
sie auszurotten."[345]

1901 schlugen einige führende junge Liberale die „Eliminierung" der verelendeten
unteren 10 % der britischen Gesellschaft durch „erbhygienische Maßnahmen" vor. Sie
wagten aber nicht, diese zu spezifizieren.[346] Die „Ausmerzung der Subnormalen" wurde nur sehr selten von Erbhygienikern offen befürwortet, mitunter allerdings im kleinen Kreis, auch von Persönlichkeiten wie Virginia Woolf und D.H. Lawrence. Einer
der engagiertesten englischen Sozialreformer, Charles Booth, schlug vor, den ärmsten
Teil der Bevölkerung vom täglichen Kampf um die Existenz zu erlösen und sie in die
„Staats-Sklaverei" zu überführen. Sie sollten in streng geführten Arbeitskolonien gehalten werden, und die gesamte Volkswirtschaft würde davon profitieren. – Dieser Vorschlag wurde von zahlreichen anderen Sozialreformern aufgegriffen.[347]

1907 gründeten Arthur Balfour, Edward Lyttelton (der Rektor Etons), Neville Chamberlain, zwei Söhne von Charles Darwin und die meisten führenden Genetiker, Biologen und Soziologen die „Gesellschaft zur erbhygienischen Erziehung" („Eugenics Education Society").[348]

Die liberale Regierung, die unter erheblichem öffentlichem Druck stand, verabschiedete 1913 ein von Winston Churchill entworfenes Gesetz, das die zwangsweise
Absonderung und Einweisung von „Schwachsinnigen" in eine Anstalt erlaubte. Churchill schlug überdies vor, mittels Röntgenstrahlen Geistesschwache zu sterilisieren. Er
befand sich hier in grundsätzlicher Übereinstimmung bspw. mit Ramsay Mac Donald,
dem späteren Premierminister der Labour Party. Bernard Shaw hatte bereits die Gaskammer für sozial Unerwünschte empfohlen, aber dies schockierte selbst die Mitglieder der „Eugenics Education Society".[349]

Mit dem Sozialdarwinismus eng verbunden ist der Militarismus, und „Regimenter
wurden <im letzten Viertel des 19. Jahrhunderts> eine Quelle des (...) Stolzes, ein
lebendiger Teil der nationalen und regionalen Feierlichkeiten und Umzüge, insbesondere nach der großen Ausweitung der Anzahl der Militärkapellen."[350] Eine durch das
Militär beeinflusste Sprache und militärische Ordnungsprinzipien hielten in Großbritannien auch im Zivilleben Einzug. Die „Heilsarmee" wurde 1878 eigens gegründet
und nach paramilitärischen Prinzipien organisiert, um den populären britischen Militarismus auszunutzen, der durch die Orientkrise neue Nahrung erhalten hatte. In den
folgenden Jahren wurde die „Kirchenarmee" („Church Army") gegründet, und unifor

---

[344] Koch, Sozialdarwinismus, 113
[345] Searle, Quest, 95; Rose, Turn Century, 324; Koch, Sozialdarwinismus, 119; Wells, Herbert
George; *Works*, Atlantic Edition, vol. IV, London 1924, 274, zit. In Sarkasyanz, Hitlers englische Vorbilder, 146
[346] Rose, Turn Century, 323. Die Eugenik galt um die Jahrhundertwende auch in Deutschland als
teils fortschrittlich.
[347] Rose, Turn Century, 325, 323
[348] Ebd., 321
[349] Ebd., 324/25
[350] Mac Kenzie, Propaganda, 5; s. auch ebd., 58

mierte Jugendorganisationen begannen, in Kirchen zu exerzieren. Die „Boy Scouts"
(1883 gegründet), „Boys' Brigades" und ähnliche Vereinigungen banden schließlich einen hohen Prozentsatz der Jungen in Organisationen mit militärischen Idealen.[351] Nach
verschiedenen Schätzungen hatten 40% bis 60% der männlichen Bevölkerung Großbritanniens einmal einer uniformierten Jugendorganisation angehört.[352] Diese sind nicht
durchweg als militaristisch einzuordnen, die zunehmende Uniformierung der Gesellschaft illustriert aber die Popularität autoritärer Ideale.

1901 wurde der 50. Jahrestag der großen Weltausstellung von 1851 begangen: gemäß dem Geist der Zeit mit einer großen Marine- und Heeresausstellung. Anders als
zur Mitte des 19. Jahrhunderts waren es nicht mehr die **zivilen** Produkte und Errungenschaften, die das Land stolz präsentierte. Die Arbeiterklasse blieb von diesem Zeitgeist nicht unberührt, und paramilitärische Übungen wurden eine der verbreitetsten
Freizeitbetätigungen der „working-class": 1867 hatte es 300 „Working Men's Clubs"
gegeben. Sie boten Raum für Vorträge, Diskussion und Lesen und wollten den „Pubs"
den Boden entziehen und die Arbeiter bilden. 1905 aber beschloss deren Selbstverwaltung, dass der politische Daseinsgrund der Clubs nicht mehr bestehe und die Politik
nur noch **eine** der vielen Freizeitbeschäftigungen sei, die dort praktiziert werden könnten. Übungen mit dem Bajonett, Schießen und „Interesse an den Streitkräften" gehörten zu den Hobbys, die den gesellschaftspolitischen Anspruch ablösten.[353]

Die bildnerische Darstellung von Schlachtszenen in öffentlichen Ausstellungen
nahm in Großbritannien zwischen 1874 und 1914 deutlich zu, und britische Jungs
spielten ebenso oft mit Zinnsoldaten wie ihre kontinentalen Altersgenossen. In den
Jahrzehnten vor dem Ende des 19. Jahrhunderts hatten Themen wie die Armee oder
der Krieg in der britischen Literatur nur eine untergeordnete Rolle gespielt. In den
letzten zwei Dekaden des 19. Jahrhunderts gewann ein militaristischer Geist aber auch
in der Literatur mächtig an Bedeutung.[354]

Der verbreitete und zunehmende britische Militarismus in den Jahrzehnten vor
dem Ersten Weltkrieg hat bislang bei Historikern und der interessierten Öffentlichkeit
allerdings wenig Aufmerksamkeit gefunden.[355] – Dabei ließe sich zumindest eine Episode finden, die dem „Hauptmann von Köpenick" auch an Unterhaltungswert nicht
nachsteht: 1910 schwärzte sich Virginia Woolf ihr Gesicht, klebte sich einen falschen
Bart an und konnte mit einigen ebenso geschminkten Freunden Zutritt zum „HMS
Dreadnought" erlangen, dem größten und modernsten Schlachtschiff der Welt, dem
Stolz der „Royal Navy". Die jungen Leute hatten sich als der „Negus" von Abessinien
samt seinem Gefolge ausgegeben, obwohl sie nicht die leiseste Vorstellung davon hatten, wie Bewohner des ostafrikanischen Landes aussehen oder gar deren Monarch. Sie
erhielten trotz alledem einen kaiserlichen Empfang und hatten das Glück, dass ein des
Amharischen kundiger Matrose gerade Urlaub hatte. Als ihr in den vorhergehenden
Tagen angelernter Kisuaheliwortschatz erschöpft war, sprachen sie in griechischen Ver-

---

[351] Mac Kenzie, Propaganda, 5; Mock, Imperiale Herrschaft, 379, Anm. 54; Mosse, Bild, 178
[352] Hynes, Turn of Mind, 246
[353] Thornton, Imperial Idea, 75; Mac Kenzie, Propaganda, 6; Hynes, Turn of Mind, 61/62
[354] Mangan, English Masculinity, 31, 13; Peck, John; *War, the Army and Victorian Literature*, London
1998, IX, XI, 130, (künftig: Peck, War)
[355] Mangan, English Masculinity, 14. Dies läge nahe: Warum hätte der Kriegsausbruch 1914 ansonsten von vielen Briten genauso begeistert begrüßt werden sollen wie von ihren (bürgerlichen) kontinentaleuropäischen Nachbarn? Ferguson (Der falsche Krieg, 61) vermutet, dass der deutsche Militarismus
nicht wegen seiner extremen Ausprägung so sehr in den Blick der interessierten Öffentlichkeit und der
Historiographie geraten sei, sondern aufgrund des in Deutschland schon vor 1914 verbreiteten **Anti**militarismus. Dieser Interpretation kann ich in dieser Schärfe nicht folgen, sie eröffnet aber doch fruchtbare
Fragestellungen.

gilversen miteinander. Der fremdländische Eindruck dieser Sprache war hinreichend genug, ihren Schwindel nicht auffliegen zu lassen, und sie konnten einen „Eindruck von der Brutalität und Dummheit" der Schiffsbesatzung gewinnen, wie der Historiker Joll schreibt. Der erste Lord der Admiralität musste sich einige Tage später im Unterhaus fragen lassen, ob ihm bei dem Besuch ein abessinischer Orden verliehen worden sei und ob es zutreffe, dass für den Empfang weiße Glacéhandschuhe angeschafft worden seien, und wer diese bezahle ...[356]

Militärische Gedanken, Organisationsprinzipien, Disziplin und Gefühle wurden weit in die Gesellschaft hineingetragen. Öffentlich bekundete Distanz zu den britischen Streitkräften konnte zu extremen Reaktionen führen. So wurde in Tageszeitungen Gegnern des Burenkrieges Gewalt angedroht, und der Rechtsstaat schritt dagegen nicht ein. Nach den Worten Herbert Spencers war England zu „einer passenden Heimat für Hooligans" geworden.[357]

In anderen europäischen Ländern grassierten ebenfalls militaristische Ideale: So erfuhr das Duell in Frankreich eine erstaunliche Renaissance. Es wurde als Instrument zivilisierter Männlichkeit geschätzt, das „virile Herzen und vitale Körper" hervorbringe. Im Deutschen Reich wurde das Duell aus ähnlichen Gründen ebenso geschätzt. Die Armee war zudem ein ideales Instrument, um Streiks zu brechen. In Frankreich bspw. wurden im Ausstand befindliche Arbeiter häufig zu Soldaten erklärt und konnten somit unter Militärrecht gestellt werden.[358] Fragen der Landesverteidigung wurden nicht nur von den britischen Konservativen genutzt, um Verfechter von „Zivilgesellschaft" und fortschrittlichen Reformen in die Defensive zu drängen. Auch in der französischen Republik wurde das Offizierkorps ähnlich klassengebunden rekrutiert wie etwa in Preußen. Es herrschten vergleichbare antisozialistische Parolen vor, und selbst eine fortschrittliche Regierung konnte instrumentalisiert werden: Die französische Militärdoktrin wurde nach 1905 (noch) offensiver gestaltet, und die linke Regierung half, das Parlament über diesen Strategiewechsel zu täuschen.[359]

Der Vormarsch antiliberaler und militaristischer Gesinnungen im Zeitalter des Imperialismus scheint ein international verbreitetes Phänomen gewesen zu sein. So sah der linksliberale Deutsche Ludwig Bamberger bereits Ende der 1880er Jahre „ein Geschlecht heranwachsen, (...) dem der Patriotismus unter dem Zeichen des Hasses erscheint, Haß gegen alles, was sich nicht blind unterwirft, daheim oder draußen".[360]

EXKURS: DIE FRIEDENSKONFERENZEN VON DEN HAAG

Auf den folgenden zwei Seiten werde ich die Auswirkungen der Verherrlichung von Gewalt und Macht anhand eines Beispiels kurz illustrieren:

Der russische Zar legte im August 1898 Vorschläge zur internationalen Abrüstung vor. Die französischen Verbündeten waren nicht konsultiert worden und lehnten eine Verringerung ihrer militärischen Kapazitäten ab. Die russische Initiative war zum einen

---

[356] Joll, Urspünge, 102; Bell, Quentin; *Virginia Woolf. Eine Biographie*, Frankfurt/Main 1977, 204–07, 240, Anm. 2, (künftig: Bell, Virginia Woolf)

[357] Zit. in Gay, Cultivation, 44

[358] Mosse, Bild, 31; Wehler, Deutsche Gesellschaftsgeschichte; Kiernan, Imperialism, 31

[359] Schmidt, Der europäische Imperialismus, 157; Loewenstein (Militarismus, 4), der sich auf Michael Geyer (*Deutsche Rüstungspolitik 1860–1980*, Frankfurt/Main 1984, 40, 29f, 45, 53, 63) stützt, schreibt, dass die soziale Exklusivität des deutschen Offizierskorps bereits ab 1895 durchbrochen wurde.

[360] Zit. in Canis, Von Bismarck zur Weltpolitik, nach Bamberger, Ludwig; *Die Nachfolge Bismarcks*, Berlin 1889, 41

Ausdruck der Finanznot. Zum anderen erwartete Außenminister Muraviev eine verbesserte diplomatische Situation seines Landes als Ergebnis der Konferenz. Er glaubte, dass England eine Beschränkung seiner Seerüstung ablehnen und die Vereinigten Staaten auf einer Verstärkung ihrer Landstreitkräfte beharren würden. Diese „egoistische und gefährliche Politik" der angelsächsischen Länder werde in Europa ein Gefühl der Solidarität gegen die Vorherrschaft beider schaffen, so hoffte er.[361]

Admiral Sir John Fisher wurde der britische Delegierte für Marinefragen auf der Konferenz. Salisburys hegte eine Abneigung gegen militärische Experten, und seine Einschätzung des britischen Unterhändlers wich nicht von seiner grundsätzlichen Haltung ab: „Admiral Fisher", so schrieb er, „ist Gegenstand von einigen dieser Halluzinationen, denen Admiräle zum Opfer fallen."[362] Trotzdem hatte er ihn persönlich für diese Aufgabe ausgesucht, von seiner Energie beeindruckt. Der Premierminister sagte Fisher, dass er von ihm denselben Kampfgeist erwarte, den er auch bei militärischen Einsätzen bereits demonstriert habe. „Dies tat ich", schrieb der Kriegsmann ironisch, „obwohl es nicht für den Frieden war."[363]

Salisbury hielt die russischen Abrüstungsvorschläge für „nicht seriös". Das britische Kriegsministerium machte seine Haltung noch deutlicher: „Es ist nicht erwünscht, auf irgendwelche Beschränkungen in der Anwendung weiterer Vervollkommnungen von Zerstörungswerkzeugen (…) einzugehen. (…) Es ist nicht erwünscht, einem internationalen Kodex über die Gesetze und Gebräuche des Krieges zuzustimmen."[364] Der Prince of Wales sagte zu den Vorschlägen zur Rüstungsverminderung: „Es ist der größte Unsinn und Quatsch, den ich je gehört habe."[365]

Die Verhandlungen waren von Zynismus geprägt. Admiral Mahan gehörte bspw. der US-amerikanischen Delegation an, obwohl – oder weil? – er der vermutlich weltweit einflussreichste militaristische Autor der Epoche war. Die deutsche Delegation zeichnete sich dadurch aus, dass sie aussprach, was andere öffentlich höchstens andeuteten, und wandte sich vehement gegen jegliche Rüstungsbeschränkung oder einen permanenten Schiedsgerichtshof. Trotz aller Widerstände kamen jedoch einige Fortschritte zustande, so eine Vereinbarung über die friedliche Beilegung internationaler Konflikte und völkerrechtliche Vorschriften für die Kriegführung. Der Transvaal schlug Großbritannien vor Ausbruch des Burenkrieges dementsprechend vor, einen unabhängigen Vermittler mit der Schlichtung der beiderseitigen Streitpunkte zu beauftragen, aber Kolonialminister Chamberlain erwiderte, dass der „Vasall" ein solches Recht nicht besitze. – Dabei gab es hierfür bereits ein Beispiel im Konflikt zwischen Bulgarien und dem Osmanischen Reich.[366]

1904 wurde auf einem Treffen der Interparlamentarischen Union der Gedanke einer zweiten Haager Konferenz geboren. Sanderson begrüßte nachdrücklich den Gedanken einer Schiedsgerichtsbarkeit.[367] Die Konferenzteilnehmer konnten wegen des

---

[361] Langer, Diplomacy of Imperialism, 562, 582–88; Busch, Hardinge, 50/51

[362] BL, Selborne Papers, 26, Salisbury an Selborne, 27.2.1901

[363] Fisher, Lord John; *Memories and Records*, New York 1920, 64 (künftig: Fisher, Memories and Records). Fisher tat sich in den Monaten der Faschodakrise übrigens mit abenteuerlichen Vorschläge für eine mögliche Kriegführung gegen Frankreich hervor und bedauerte geradezu, sie nicht umsetzen zu können, s. Marder, Fear God, I, 139

[364] Langer, Diplomacy of Imperialism, 587; Joll, Ursprünge, 271 nach B.D., I, II, Berlin 1928, Nr. 276, S. 363

[365] Tuchman, Barbara; *The Proud Tower. A Portrait of the World before the War, 1890–1914*, New York 1966, 239

[366] Challener, Admirals, 77; Langer, Diplomacy of Imperialism, 591/92; Cook, Historical Facts, 173; Mulanax, Boer War, 156

[367] CUL; Hardinge MSS, 7/263/64, Sanderson an Hardinge, 29.11.1904

russisch-japanischen Krieges aber erst im Sommer 1907 zusammentreten. Eine Mehrheit der neuen liberalen britischen Regierung erwirkte gegen den Widerstand der anderen Kabinettsmitglieder, der Admiralität, des Königs und des F.O., dass die britische Delegation auf der Konferenz eine Verminderung der Rüstungsausgaben vorschlagen solle.[368] In der deutschen Öffentlichkeit wurde die Initiative jedoch weithin so aufgefasst, als ob Großbritannien das Reich zuerst eingekreist habe und jetzt auch noch entwaffnen wolle. Das Deutsche Reich erwirkte, unter der mehr oder minder offenen Zustimmung anderer Länder, dass Fragen der Beschränkung der Rüstung auf der Konferenz überhaupt nicht angeschnitten werden durften. Roosevelt lehnte eine Begrenzung der Rüstung ebenfalls ab, da die Vereinigten Staaten weiter gegen Japan rüsten müssten.[369]

Bereits 1907 hatte sich eine britische Regierungskommission zu dem Vorschlag geäußert, Kriegführenden das Recht abzusprechen, privates Eigentum auf hoher See zu beschlagnahmen. Eine Umsetzung des Projektes hätte vermutlich dazu geführt, dass ziviler Handel auch zu Kriegszeiten nicht unterbrochen worden wäre. Das Komitee hatte sich aber einmütig dafür ausgesprochen, den Vorschlag abzulehnen, da die „Royal Navy" stark genug sei, den eigenen Handel zu schützen, dem feindlicher Mächte aber schweren Schaden zuzufügen.[370] Dennoch wurde in der sogenannten Londoner Seekriegsrechtsdeklaration von 1909, dem wichtigsten Ergebnis von Den Haag, die Definition von Konterbanden festgelegt sowie Blockaderegeln aufgestellt, – die vorher faktisch im Ermessen der Blockademacht lagen. Die Seemächte, also v.a. Großbritannien, wären nach der Novellierung völkerrechtlich bindend in ihren Möglichkeiten eingeschränkt worden, gegen Handelsschiffe feindlicher Staaten und für sie bestimmte Güter vorzugehen. „Der Chef der <britischen> Marine selbst riet zur Unterzeichnung mit dem Hinweis, daß internationale Verträge leicht umgangen werden könnten und im Krieg Deklarationen ohnehin ohne Bedeutung seien. Vorab könne jedoch England davon profitieren."[371] Sanderson setzte sich engagiert für die Annahme der Deklaration durch das Oberhaus ein.[372] „Aber ich wusste, das es ziemlich hoffnungslos war".

> „Es ist sehr schwierig", fuhr er fort, „die britische Öffentlichkeit davon zu überzeugen, dass irgendetwas Gutes an einem Übereinkommen liegen kann, nach dem die Handlungen von britischen Seeoffizieren zur Genehmigung oder Missbilligung von einem Gericht mit 15 Richtern behandelt werden könnten, von denen 14 Ausländer wären und einer möglicherweise ein schwarzer Mensch...."[373]

Das „House of Lords" lehnte die Ratifizierung der Londoner Seekriegsrechtsdeklaration also ab, und Großbritanniens verletzte sie auch von Beginn des 1. Weltkrieges an.[374]

---

[368] Joll, Ursprünge, 271/72. Ein Vertreter des F.O. beschrieb den Konferenzverlauf als „fortwährende Aufregung und beschwerliche und unverändert nutzlose Arbeit", ebd.; s. auch Busch, Hardinge, 115 u. Hale, Publicity and Diplomacy, 295

[369] Hale, Publicity and Diplomacy, 295; Gade, Gleichgewichtspolitik, 123, nach Braisted, William; *The US-Navy in the Pacific, 1897–1909*, 2nd. Ed., New York 1969, 197

[370] McCullough, How, 106/07

[371] Wormer, Großbritannien, Rußland und Deutschland, 165

[372] Parliamentary Debates, Lords, Bd. X, (1911), Spalte 868

[373] CUL, Hardange MSS, 69/474, Sanderson an Hardinge, 15.12.1911

[374] Herzfeld, Moderne Welt, II, 61; Wormer, Großbritannien, Rußland und Deutschland, 114; Beloff, Imperial Sunset, 171. So war die Blockade neutraler Häfen und Küsten nicht erlaubt, und es gab eine „Freie Liste" von Waren, die in keinem Fall zu Konterbanden erklärt werden durften. „Dazu gehörten vor allem Rohstoffe für Industrie und Landwirtschaft, wie Erz, Baumwolle, Düngemittel. Diese Waren durften also nur nach dem Blockaderecht vor einem feindlichen Hafen aufgebracht werden" (Hardach, Gerd; *Der Erste Weltkrieg 1914–1918, Geschichte der Weltwirtschaft im 20. Jahrhundert*, Band 2 (Reihe hrsg. von Fischer, Wolfram), München 1973, 20/21), (künftig: Hardach, Geschichte der Weltwirtschaft).

Die Verherrlichung der Gewalt des „Starken" ist gewöhnlich mit der Ausgrenzung und Verfolgung von Minderheiten verbunden, bspw. der Juden: Die jüdische Minderheit war schon im Mittelalter aus Großbritannien (und Frankreich) vertrieben worden, im 18./19. Jahrhundert etablierte sich die Gruppe durch Einwanderungen wieder neu. Antisemitische Tendenzen zeigten sich in Großbritannien bereits 1875/76, auch bei Derby. Die Strömung erstarkte in den folgenden Jahrzehnten in ganz Europa, genährt durch die Flucht vieler Juden vor den 1881 beginnenden russischen Pogromen. In Österreich bspw. schlossen die Burschenschaften 1896 alle Juden von Duellen aus, da sie angeblich das „Wesen der deutschen Ehre" nicht verstünden.[375] Zwischen 1881 und 1914 verließen etwa 2 Millionen Juden das Zarenreich, weitere 400.000 Österreich-Ungarn und Rumänien. Ungefähr 2 Millionen von ihnen ließen sich in den USA nieder, etwa 100.000 in Großbritannien, konzentriert im Londoner „East End", 30.000 bis 40.000 in Frankreich und im Deutschen Reich lebten 1910 etwa 70.000 osteuropäische Juden.[376]

1904 scheiterte ein Gesetzesvorschlag im Unterhaus, der einschneidende Einwanderungsbeschränkungen vorsah, 1905 wurde eine gemäßigte Vorlage vom Parlament angenommen. Die Behörden erhielten größere Vollmachten und die Möglichkeit, bedürftige oder kriminelle Ausländer auszuweisen. Die liberale Regierung machte das Gesetz nach ihrem Regierungsantritt nicht rückgängig, wandte es aber relativ großzügig an.[377]

Die judenfeindliche Stimmung wurde von bestimmten Publikationsorganen geschürt, z.B. von der einflussreichen chauvinistischen „National Review". 1911 schrieb sie von „hebräischen Journalisten", die der deutschen Diplomatie zu Diensten wären, und im März 1913 verbreitete sie:

> „Was haben wir getan, daß wir von den Juden verfolgt werden? Verfolgen wir sie? Im Gegenteil, wir scheinen stillzuhalten und ihnen zu erlauben, immer größere Macht in diesem Land zu gewinnen. Sie scheinen einen Staat im Staate bilden zu wollen. Sie sind nicht zufrieden damit, das internationale Finanzwesen zu beherrschen, das sie nur als Hebel für neue Intrigen in den internationalen Beziehungen benutzen, und sie unterstützen immer Deutschland."[378]

Teile der britischen Medien und auch Politiker zündelten mit dem Feuer, und in den Jahren vor 1914 kam es mehrfach zu offenen Ausschreitungen: Nachdem die Regierung 1910/11 gegen die streikenden Berg- und Eisenbahnarbeiter in Südwales Truppen eingesetzt hatte, entluden sich die dort aufgestauten sozioökonomischen Spannungen im August 1911 „in pogromartigen Übergriffen auf das Eigentum von Juden, die von Armeeverbänden geschützt werden mussten". In der Region um Leeds kam es zu Beginn des 20. Jahrhunderts an den Wochenenden regelmäßig zu Übergriffen auf russische Juden. Der Vorwurf, dass die mittellosen Einwanderer zur Verschlechterung der Arbeitsbedingungen für die Einheimischen beitrugen, übte auch bei den Gewerkschaften einige Wirkung aus.[379]

---

[375] Bauerkämper, Radikale Rechte, 74; Mosse, Bild, 88

[376] Haumann, Ostjuden, 201, 203. Hoffmann gibt für Großbritannien 120.000 Ostjuden an, Panayi (Enemy) schreibt von deutlich weniger als 100.000, Lloyd P. Gartner (*Eastern European Jewish Migration: Germany and Britain*, in: Brenner, Two Nations, 121, (künftig: Gartner, East European Jewish Emigration) bringt ähnliche Zahlenangaben.

[377] Haumann, Ostjuden, 203, 208; Gartner, Eastern European Jewish Migration, 122

[378] Panayi, Panikos; *The Enemy in Our Midst. Germans in Britain During the First World War*, New York/Oxford 1991, 31, (künftig: Panayi, Enemy); Bauerkämper, Radikale Rechte, 85

[379] Bauerkämper, Radikale Rechte, 86/87; Panayi, Racial Violence, 10 ; s. auch Gartner, Eastern European Jewish Migration, 127; Haumann, Ostjuden, 205

In Großbritannien traten größere Spannungen zwischen Einheimischen und Zu-
wanderern auf als bspw. im Deutschen Reich. Insbesondere im Londoner „East End"
kam es zu fremdenfeindlichen Kundgebungen und teils sogar zu Krawallen oder Übergriffen. Im Deutschen Reich blieben solche Ausschreitungen fast völlig aus – vermutlich, weil die deutsche Wirtschaft dynamisch wuchs und die Arbeitslosenrate niedrig
war. Der Geschichtswissenschaftler Hoffmann vermutet, dass die im Vergleich zu
Deutschland großzügige britische Einwanderungspolitik zu größeren Spannungen in
England führte.[380] – Aber nahm Deutschland in den Jahren vor 1914 nicht weit mehr
Zuwanderer auf als Großbritannien, vor allem aus Polen und Italien? – 1910 lebten
1,26 Millionen Ausländer im Deutschen Reich.[381]

Sozialdarwinismus, Rassismus, Militarismus und Antisemitismus gewannen in Großbritannien zur Zeit des Imperialismus beträchtlich an Bedeutung. Der liberale Zukunfts-
optimismus, der Großbritannien im dritten Viertel des 19. Jahrhunderts geprägt hatte,
musste weitgehend einer Verherrlichung von Macht und Gewalt weichen. Es gibt Indizien, dass dieses Phänomen in allen fortgeschrittenen Ländern anzutreffen war. Die
Entwicklung hin zur Glorifizierung rücksichtsloser Stärke scheint in Großbritannien
aber besonders dramatisch gewesen zu sein: weil das Land sich zuvor durch eine weltweit beispiellose Liberalität ausgezeichnet hatte. Nachwirkungen dessen lassen sich auch
noch zu Beginn des 20. Jahrhunderts feststellen, so konnten sich bspw. die Propagandisten der Wehrpflicht erst 1916 durchsetzen. Großbritannien war zu Anfang des 20.
Jahrhunderts in einigen Bereichen des gesellschaftlichen Lebens noch nicht so autoritär und militaristisch geprägt wie kontinentaleuropäische Staaten mit großen Heeren
und der Tradition der allgemeinen Wehrpflicht. Dies führte aber auch dazu, dass die
Verfechter antifreiheitlicher Werte in ihrer Angst um die eigene Zukunft und die des
Empire nur umso lautstärker und hysterischer agierten. Dies wirkte sich bspw. in einer
besonders giftigen und vergiftenden Presse aus:

11. DIE PRESSE

1861 wurden die „Steuern auf Wissen" abgeschafft, die Zeitungen so stark verteuert
hatten, dass sie zuvor nur Wohlhabenden zugänglich waren. In den darauf folgenden
Jahren nahm das Pressewesen in Großbritannien einen großen Aufschwung.[382] Es wurde das erklärte Ziel etwa der „Pall Mall Gazette", „Führer eines bevormundeten Volkes
zu werden". Ihr Herausgeber W.T. Stead, der übrigens in dem „Reinheitsfeldzug" eine
herausragende Rolle spielte, verfolgte aber keinen emanzipatorischen Ansatz, ließ auch
nicht über soziale Fragen berichten, sondern inszenierte in seinem Blatt einen „volks-
tümlichen Imperialismus", an dessen Siegen und Niederlagen das gesamte Volk Anteil
nehmen sollte.[383] Die „Pall Mall Gazette" und andere Zeitungen appellierten an durchaus schon zuvor vorhandene chauvinistische Gefühle, suchten diese zu verstärken bzw.
in bestimmte Bahnen zu lenken und reduzierten komplexe Zusammenhänge auf sim-
ple Fakten und Parolen.[384]

---

[380] Haumann, Ostjuden, 218, 211

[381] Wehler (Deutsche Gesellschaftsgeschichte, 545/46) schreibt, dass es nach den USA zum „zweit-
wichtigsten Arbeitseinfuhrland der Welt" geworden sei. Diese Einschätzung scheint in Anbetracht der
Einwandererwellen, die in diesen Jahren Argentinien erreichten nicht haltbar.

[382] Feuchtwanger, Britain 1865–1914, 4. Die Papierproduktion stieg in Großbritannien zwischen
1860 und 1900 um 652 % (Mac Kenzie, Propaganda, 17).

[383] Mock, Imperiale Herrschaft, 72; Mommsen, Der europäische Imperialismus, 14/15

[384] Mock, Imperiale Herrschaft, 157; s. auch Postgate, Those Foreigners, 47 u. Hollenberg, Englisches Interesse, 62, Anm. 12

Nach 1896 erreichte diese Entwicklung mit der Gründung der „Daily Mail" ihren Höhepunkt. In der Gründungserklärung der Zeitung hieß es, sie trete ein

> „für die Macht, die Überlegenheit und die Größe des britischen Empire. (…) Die ,Daily Mail' ist die Verkörperung und das Sprachrohr der imperialen Idee. Diejenigen, die diese Zeitung ins Leben riefen, haben ein erklärtes Ziel im Blick, (…) die klar vernehmbare Stimme von britischem Fortschritt und Vorherrschaft zu sein. Wir glauben an England. Wir wissen, dass das Vorrücken des ,Union Jack' Schutz für schwächere Rassen bedeutet, Gerechtigkeit für die Unterdrückten, Freiheit für die Unterworfenen. Unser Empire hat sich nicht erschöpft."[385]

Neben dem Pathos und der einseitigen Glorifizierung des eigenen Landes sticht hervor, dass die Herausgeber sich und ihren Lesern glaubten versichern zu müssen, dass das Empire sich nicht erschöpft habe. – Der Raum, den diese Tageszeitung „imperialen Themen" vorbehielt, war doppelt so groß wie in jedem anderen Londoner Blatt. – Nach drei Monaten erreichte diese neuartige Zeitung eine Auflage von 200000, 550000 im Jahre 1899 und 1901 gar 1 Million.[386] Sie besaß somit mehr Leser als alle anderen Tageszeitungen zusammen![387] Der Burenkrieg ließ die Auflagen auch anderer chauvinistischer Massenblätter in die Höhe schießen.

Die destabilisierende und vergiftende Wirkung dieser sogenannten „gelben Presse" scheint in Großbritannien größer als in anderen Staaten gewesen zu sein, ihr Verkaufserfolg war weit höher als in jedem anderen europäischen Land, teils, weil im wohlhabenden Großbritannien auch besser verdienende Arbeiter das Geld und die Muße zum Lesen einer Zeitung besaßen, teils, weil anderenorts, z.B. im Deutschen Reich, eine Meinungs- und Parteipresse dominierte.

Die „Daily Mail" schrieb am 9. Oktober 1899, zwei Tage vor Beginn des Burenkrieges:

> „Die großartige Ausbreitung des britischen Empire und das Zusammenschrumpfen des niederländischen Besitzes überall in der Welt haben bewiesen, dass Verstand für Verstand, Körper für Körper das englischsprechende Volk weit mehr als ebenbürtig für den Holländer ist, trotz der überlegenen Gaunereien und der Gerissenheit der Männer der Niederlande … Zweifellos werden wir zunächst leiden, aber wir haben zuvor gelitten, und am Ende werden die Buren, ihre Aktionäre, Unternehmensgründer, deutschen und keltischen Mietlinge, die Strafe erhalten (…), die sie gründlichst verdienen."[388]

Der sozialdarwinistische und Emotionen entfachende Ton war typisch für das Blatt.

Die Times gab sich zwar kultivierter, aber ebenso eindeutig, sie erschien bei Kriegsausbruch mit der Überschrift „Fiat voluntas Britannica, fiat iustitia". Auch die liberale Presse war, als der Krieg unabänderlich schien, auf die Linie „my country, right or wrong" umgeschwenkt.[389] Hobson schrieb im Herbst 1899 vom weitverbreiteten Glauben seiner Landsleute, dass es eine Intrige der Buren gegen das Empire gebe: Sie „können Ihnen sogar sagen, welcher Art sie war und worauf sie zielte, in der gleichen Weise, in der sie überzeugt sind, dass ,Coleman's' der beste Senf ist."[390] Nicht nur für ihn war die Presse der Hauptverantwortliche für die verbreitete aggressiv-imperialistische Stimmung.[391] James Bryce, der liberale Politiker und Freund Sandersons, berichtete an einen amerikanischen Freund:

---

[385] Zit. in Baumgart, Der Imperialismus, 36/37. Loewenstein (Entwurf, 47) weist darauf hin, dass die „Manipulierbarkeit auf den Fetisch nationaler **Größe** und **Macht**" keine deutsche (oder auch französische) Eigentümlichkeit war.

[386] Field, Toward Programme, 156, 108

[387] Mock, Imperiale Herrschaft, 157; s. auch Field, Toward Programme, 177

[388] Zit. in Postgate, Those Foreigners, 195

[389] Postgate, Those Foreigners, 196/97

[390] Zit. in Field, Toward Programme, 107

[391] Hobson, J.A.; *The Psychology of Jingoism*, London 1901, 125, (künftig: Hobson, Psychology)

„Du wärst erstaunt, in Erinnerung an das England vor 40 Jahren, das Land heutzutage zu sehen: vergiftet mit Militarismus, verblendet durch Arroganz, uninteressiert an Wahrheit und Gerechtigkeit … Wir erleben eine bemerkenswerte Lektion der Macht, die die Presse und finanzielle Gruppen ausüben können."[392]

George Warrington Steevens war einer der einflussreichsten und begabtesten Journalisten der „gelben Presse". Als Schüler und Student hatte er politisch scheinbar weit links gestanden. Er wechselte dann aber offen in das Lager der Sozialdarwinisten und vertrat in vielerlei Variationen die Ansicht, dass die Natur eine rücksichtslose Herrschaft des Überlegenen fordere. „Wir wurden eine imperiale Rasse, indem wir anderen Menschen notwendige Schmerzen zufügten, ebenso wie wir zu mächtigen Männern werden, indem wir anderen Tieren (!) notwendige Schmerzen zufügen."[393] Seines Erachtens neige die Zivilisation dazu, die körperliche Beschaffenheit und psychische Robustheit der „Rasse" zu beeinträchtigen: Falls die Engländer nicht aufpassten, so würde sie die Zivilisation geradewegs ins nationale Verderben führen. Sie mache es zu einfach zu leben. Eine weisere Menschenfreundlichkeit würde es den minderen Qualitäten des Lebens erleichtern zu sterben. Es klinge brutal, aber warum nicht. Die Engländer hätten die Brutalität zu sehr aussterben lassen, so Steevens, den Winston Churchill übrigens noch lange Jahre später bewunderte.[394] Es kann als ausgeschlossen gelten, dass ein Mann wie Steevens mit seinen brutal sozialdarwinistischen Anschauungen und Äußerungen im England der 1860er oder 1870er Jahre eine Karriere als Journalist hätte machen können.

Der Zeitungsmagnat Harmsworth war Eigentümer der „Daily Mail", der „Times" und 18 weiterer Zeitungen und 40 Zeitschriften. Salisbury hatte bereits zuvor seinen Erfolg mit den Worten kommentiert, dass der Pressezar eine Zeitung für Leute ins Leben gerufen habe, die lesen, aber nicht denken, und eine andere die sehen, aber nicht lesen konnten.[395] Der Staatsmann war über die sich in den 1880/90er Jahren rasant verändernde Presselandschaft bald ganz entmutigt: „Die Diplomatie der Staaten wird heutzutage fast ebenso sehr durch die Briefe der Auslandskorrespondenten <der Zeitungen> bestimmt, wie durch die Depeschen des F.O."[396] Diese Einschätzung Salisburys ist teils überzeichnet, aber nicht unzutreffend. In der Forschung ist der Einfluss der Presse auf die britische Politik durchaus umstritten. Gall meint, dass die Massenblätter gerade wegen ihrer Beschränkung auf wenige Themen und „ihre emotionale Aufbereitung ganz erheblichen politischen Einfluß auszuüben vermochte<n>". Schöllgen vertritt eine ähnliche Auffassung. Wormer vertritt die Ansicht, dass eher die Politiker die Presse immer wieder in eine bestimmte Richtung wiesen als umgekehrt.[397]

Wie der Verlauf Venezuelakrise und der Bagdadbahnfrage 1902/03 belegen, übte die Presse sehr erheblichen Einfluss auf den Richtungswechsel britischer Politik in den Jahren nach 1901 aus. Sie schuf eine aggressive und hysterische Stimmung oder verstärkte diese doch wesentlich.[398] Im November 1901 erschien bspw. in dem einflussreichen „National Review" ein Aufsehen erregender anonymer Artikel. Das Deutsche Reich wurde hier als der „ernstzunehmendste politische Rivale und letztendlich Feind" be-

[392]Zit. in Kennedy, Realities Behind, 55/56. Der liberale Bryce wurde später britischer Botschafter in den USA.
[393] Field, Toward Programme, 186, 126–28, 138
[394] Field, Toward Programme, 138ff. Churchill meinte 30 Jahre nach Steevens Tod, dieser sei der „brillanteste Mann im Journalismus, dem ich je begegnet bin." S. auch ebd., 119
[395] Mock, Imperiale Herrschaft, 166; Playne, Britain, 109; Langer, Diplomacy of Imperialism, 85
[396] Ebd.; Salisbury im Jahr 1901
[397] Gall, Europa, 82; Schöllgen, Zeitalter, 135; Wormer, Großbritannien, Rußland und Deutschland, 19/20, mit Verweisen auf S. 296, Anm. 80
[398] S. auch Kennedy, Realities Behind, 56/57

zeichnet.[399] Arnold White stellte 1902 in der „Daily Mail" die rhetorische Frage, ob man die deutsche Flotte nicht besser vernichten sollte, bevor sie eine Gefahr für England werden könne, und das gleiche Blatt bezeichnete 1903 das Deutsche Reich z.B. als „heimtückischen Feind".[400] 1904 erklärte Harmsworth der französischen Zeitung „Le Matin":

> „Ja, wir verabscheuen die Deutschen, wir verabscheuen sie von Herzen (….). Ich werde nicht erlauben, dass auch nur eine Kleinigkeit in meiner Zeitung erscheint, die Frankreich schädigen könnte, aber ich mag nicht, … dass irgendetwas in ihr erscheint, das angenehm für Deutschland sein könnte."[401]

Der Gründer der „Daily Mail", erklärte einmal, dass der durchschnittliche Brite einen „guten Hass" möge. Mit Hilfe dieses Blattes konnte er ihn tagtäglich haben.[402]

Die „Daily Mail" als auflagenstärkstes chauvinistisches Organ war nicht von Beginn an antideutsch eingestellt. Das Blatt hatte 1898 zunächst v.a. Frankreich im Visier, schoss sich nach einigen Monaten dann auf Deutschland ein, änderte ihr Vorgehen aber nach Ausbruch des Burenkrieges, und im November 1899 hieß die „Daily Mail" hieß den deutschen Kaiser mit einem geradezu speichelleckerischen Aufmacher in Großbritannien willkommen. Auch Chirol hatte in den 90er Jahren ein britisch-deutsches Bündnis gefordert, im Bewusstsein der Schwäche seines Landes. Er ging erst später dazu über, das Deutsche Reich und seine Bewohner zu dämonisieren. Der Adressat der Aggression konnte sich wandeln, die dahinter liegende sozialdarwinistische und zugleich von Angst bestimmte Grundhaltung blieb unverändert.

Die Optionen, die der britischen Diplomatie in bestimmten Situationen offenstanden, wurden durch die von der Presse erzeugten atmosphärischen Störungen entscheidend eingeengt. Hier offenbarte sich ihre Macht.[403] Die Presse war das Medium, das die Urteile und Vorurteile von Millionen Menschen prägte bzw. ihnen lautstark Ausdruck verlieh.[404] Der Erfolg Harmsworths hatte dazu geführt, dass das Niveau der britischen Presse allgemein sank. Die Zeitungen, die sich der neuen Zeit nicht anpassten, verloren an Auflage und Einfluss.[405] Der Erfolg der „Daily Mail" fand seine Nachahmer, im Jahre 1900 wurde bspw. das Konkurrenzblatt „Daily Express" gegründet. Im ersten Leitartikel dieser Zeitung hieß es: „Unsere Politik ist patriotisch. Unsere Politik ist das Britische Empire."[406] In den USA ließ sich eine ähnliche Entwicklung feststellen: In Erwartung eines Waffenganges gegen Spanien schickte der US-amerikanische Zeitungsmagnat William Hearst 1898 bspw. einen Maler nach Kuba, um die zu erwartenden Kriegsszenen festhalten zu lassen. Als der Künstler ihm telegraphierte, dass alles ruhig sei und sich keine Anzeichen eines Krieges feststellen ließen, entgegnete Hearst

---

[399] Zit. in Langer, Diplomacy of Imperialism, 755

[400] Playne, Britain, 140, 112

[401] Zit. in Searle, Quest

[402] Kennedy, Realities Behind, 56/57

[403] Kennan (s. Bismarcks) schildert sehr eindrücklich die Situation im Russland der 1880er Jahre. Die Presse, die zum großen Teil antiösterreichische, antideutsche und panslawistische Positionen vertrat, kreierte Gerüchte oder griff diese auf und verstärkte sie. Stark emotional aufgewühlt und aufwühlend sah sie – vollkommen ungerechtfertigt – die Aktionsfreiheit und die Möglichkeiten des Zarenreiches auf dem Balkan durch das Dreikaiserbündnis unbillig eingeschränkt. Diese Sicht fand großenteils die Sympathie Alexanders III., der eher sachliche Außenminister Giers sah sich jedoch erheblich unter Druck gesetzt. Laut Sanderson hatte Salisbury ihm einmal gesagt: „Es ist sehr mühsam ein großes Ministerium zu leiten, das sich mit einer komplizierten Frage beschäftigt, mit etwas im Rücken, das einem großen Irrenhaus gleicht" (PRO, FO 800/111, Sanderson an Grey, 9.9.1908).

[404] Kennedy verkennt dies, s. sein Realities Behind, 56

[405] Dies traf bspw. für die „Westminster Gazette" zu (Jones, Fleet Street, 181/82).

[406] Zit. in Semmel, Imperialism and Social Reform, 57

ihm: „Sie sorgen für die Bilder, und ich werde für den Krieg sorgen."[407] – Die Macht des Zeitungsmagnaten könnte sich seiner selbstgewissen Behauptung angenähert haben.

Es gibt aber auch Indizien dafür, dass die von der Massenpresse inszenierte Empirebegeisterung viele Leser gar nicht dauerhaft ergriff. Vielleicht wurden „Daily Mail" und „Daily Express" erworben, weil diese Zeitungen einfach eine kurzweilige und kostengünstige Unterhaltung boten? Womöglich wurden sie ebenso wenig zu Imperialisten, wie heutzutage die Leser von Zeitschriften über gekrönte Häupter zu Monarchisten werden? Hauptmotiv für den Kauf bspw. der „Daily Mail" waren vielleicht nicht politische Sympathien, sondern die Monotonie der modernen Industriegesellschaft?[408] Die „Gelbe Presse" brachte Spannung, Abenteuer und Sensationen auch zu den Massen. Sie konnten ihre eigene Machtlosigkeit vergessen und sich am Glanz des Empire sonnen, an seiner Stärke scheinbar teilhaben.[409] Vielleicht war der politische Einfluss der Medien eher bescheiden?: Nach 1903 unterstützte die britische Presse ganz überwiegend die imperialistischen „tariff reformers" der britischen Konservativen. Die Wahl von 1906 endete jedoch mit einem überragenden Sieg der Liberalen. Eine dreijährige Kampagne des Großteils der Zeitungen war fehlgeschlagen. Es ist also durchaus fraglich, ob die Masse der Bevölkerung durch den **Inhalt** der Propaganda dauerhaft beeinflusst wurde.[410] Die **Form** der Berichterstattung, der ständige Appell an Gefühle und die unangemessene Verkürzung und Verfälschung komplexer Sachverhalte förderten aber gewiss eine Gesinnung, die einfache Lösungen und rasche Ergebnisse versprach. Beide können nur strukturell autoritäre Ideologien anbieten. Der Erfolg der „Gelben Presse" illustriert die zunehmend autoritäre Stimmung in Großbritannien und verstärkte diese zugleich.

Die Presse erreichte jedoch, trotz der bedeutenden Auflagensteigerungen der sozialdarwinistischen Blätter zu Beginn des 20. Jahrhunderts, nur eine Minderheit der Wahlberechtigten. Angehörige der Unterschicht dürften kaum je eine Zeitung gelesen haben. Der größte Teil der Arbeiterschaft **konnte** von der „Daily Mail" und ähnlichen Publikationen also gar nicht erreicht werden.

Folgendes kann aber als sicher gelten: Die untere Mittelschicht hatte die imperialistische Ideologie seit den 1890er Jahren verinnerlicht und die weltanschauliche und politische Haltung der Mehrheit der Journalisten unterschied sich zu Beginn des 20. Jahrhunderts tiefgreifend von derjenigen ihrer Kollegen eine Generation zuvor. Vertreter von Werten der „zivilen Gesellschaft" waren unter den Intellektuellen in eine schier hoffnungslose Minderheitenposition geraten, und sozialdarwinistisch bestimmte Positionen dominierten den Ton der Presse. Dies fiel nur denen negativ auf, die die kraftmeiernde und oft blutrünstige Rhetorik vieler Blätter ablehnten, z.B. Salisbury und Sanderson. Für deren Nachfolger stellte der Ton der Presse nur noch selten ein Problem dar – ihre Ansichten unterschieden sich nicht mehr grundsätzlich von denen der meisten Blätter. Die liberalen Publikationen, die keinen betont aggressiven Ton pflegten, befanden sich deutlich in der Minorität.[411] Der Verfall des Niveaus der britischen Presse wirft ein bezeichnendes Licht auf die Entwicklung der politischen Kultur.

---

[407] Davidson, Russians, 170/71

[408] Auch die beträchtliche Verbreitung der „Bild-Zeitung" Axel Springers konnte die sozialliberale Koalition, die Ostverträge und den Wahltriumph Willy Brandts 1972 nicht verhindern.

[409] S. auch Hale, Publicity and Diplomacy, 11

[410] Mock, Imperiale Herrschaft, 164/65; Porter, Bernard; *The Lion's Share. A Short History of British Imperialism, 1850–1990*, 3rd. Ed., London 1996, 311/12

[411] Sturgis, James; *Britain and the New Imperialism*, 96, in: Eldridge, British Imperialism; Kennedy, Anglo-German Antagonism, 255

Die „Times" verdient es, etwas näher vorgestellt zu werden, denn sie besaß ein großes Ansehen und galt im Ausland zeitweise als halboffiziöses Organ. Ihre Auflage erreichte um 1900 zwar nur 30.000 Exemplare (in den 1830er Jahren waren es 10.000 gewesen), sie wurde aber praktisch von der gesamten Elite des Landes gelesen. Der Ton dieser Zeitung war spätestens seit Ende des 19. Jahrhunderts emotional stark aufgeladen und häufig aggressiv gestimmt. Regierung und Queen gelang es hin und wieder, das Blatt zu mäßigen, z.B. 1898.[412]

Im Jahre 1900 schrieb Metternich, der stellvertretende deutsche Botschafter in London, an den Reichskanzler:

> „In betreff der ‚Times' erfahre ich (…), daß im Ministerrate die Haltung dieses Blattes gegen Deutschland bedauernd besprochen worden ist. Da die Regierung als solche aber kein Mittel der Einwirkung auf die eigenmächtige und selbständige Zeitung besitzt, sie vielmehr durch einen etwaigen Druck der Regierung in ihrem Widerstande nur noch bestärkt worden wäre, so hat (…) ein Minister durch Vermittlung Baron Rothschilds versucht, auf die ‚Times' einzuwirken. Dies und Sir Thomas Sandersons Auseinandersetzung mit Mr. Chirol scheinen dann auch einen vollständigen Umschwung des Blattes herbeigeführt zu haben."[413]

Sanderson traf häufig mit Valentine Chirol zusammen, dem außenpolitischen Herausgeber der „Times" seit 1899.[414] Am 21. März 1900 hatte dieser Sanderson im F.O. aufgesucht, drei Tage vor dem oben zitierten Bericht Metternichs. Er habe gehört, so Chirol, dass Sanderson den gestrigen Artikel über Deutschland missbillige, und sei gekommen, sich den Kopf waschen zu lassen. „Ich sagte", so Sanderson, „dass dies liebenswürdig von ihm sei." Der Beamte meinte nach dem Gespräch, dass der Journalist wahrscheinlich ruhiger werde. Die Times werde wohl dazu übergehen andere zu attackieren.[415] Dieser Optimismus war verfrüht, die Haltung des Blattes verhärtete sich eher noch. Sanderson war sich sicher, dass Chirol ihn als „sträflich schwach" ansah. Er glaubte, dass Buckle, Moberley Bell und Chirol, die führenden Vertreter der Zeitung, „das britische Empire für eine Art Elefanten halten, der trampelnd und trompetend losstürmen und alles niederschlagen sollte, das in den Weg kommt".[416] 1903 meinte Sanderson, dass die führenden Vertreter der Zeitung so resolut seien, dass er „sich nicht vorstellen kann, dass wohl gemeinter Rat irgendeine Wirkung hätte". Selbst einer Bitte des Königs, den antideutschen Ton zu mäßigen, folgte die „Times" 1903 nicht.[417]

Eine Woche nach der oben erwähnten Episode kam Chirol erneut und gab sich Sanderson als alter Freund, dem man trauen und alles erzählen könne. Der Staatssekretär wusste aber, dass der Journalist immer nach etwas Ausschau hielt, was er als „schwach" ansah. Er werde dann ohne Zögern „sein Messer in uns hineinstoßen", Buckle und Bell seien allerdings noch viel schlimmer.[418] Sanderson war zu Beginn des 20. Jahrhunderts einer der letzten führenden Mitarbeiter des F.O., der grundsätzliche poli-

---

[412] Kennedy, Realities Behind, 54; Wormer, Großbritannien, Rußland und Deutschland, 24/25; Mock, Imperiale Herrschaft, 164; Guttmann, England im Zeitalter, 153; PRO, FO 800/17 (142/43), Lascelles an Sanderson, 27.5.1898

[413] G.P., XV, Nr. 4458, 24.3.1900, 496/97

[414] Chirol war zuvor Korrespondent der „Times" in Berlin. Er scheint trotz seiner offensichtlichen Schwächen ein beeindruckender Mensch gewesen zu sein. Der deutsche Diplomat Rosen bekundete noch nach dem 1. Weltkrieg „Sympathie und Bewunderung für den weitgereisten, welterfahrenen und künstlerischen Irländer" (Rosen, Friedrich; *Aus einem diplomatischen Wanderleben*, 2 Bd., Berlin 1931/32, I, 58, (künftig: Rosen, Wanderleben)

[415] PRO, FO 800/9, Sanderson an Lascelles, 21.3.1900

[416] Ebd.; Morris, Scaremongers, 27; s. auch Neilson, Britain and the Last Tsar, 45/46

[417] Zit. in Morris, Scaremongers, 84; s. auch Hale, Publicity and Diplomacy, 21; Kennedy, Anglo-German Antagonism, 368

[418] PRO, FO 800/9, Sanderson an Lascelles, 28.3.1900

tische Vorbehalte gegen den chauvinistischen Chirol hegte. Im November 1904, nach längerer Abwesenheit Sandersons, schrieb Spring-Rice an den US-Präsidenten T. Roosevelt: Chirol „pflegt so innige Beziehungen mit dem Foreign Office wie es überhaupt möglich ist. Er genießt absolutes Vertrauen."[419]

Chirol war Sanderson übrigens seit Anfang der 1880er Jahre bekannt. Chirol hatte zunächst im F.O. gearbeitet, das Amt nach verschiedenen finanziellen Unredlichkeiten aber verlassen müssen. Er sei ein „ausgesprochen cleverer Bursche" – und zudem ein „Taugenichts", wie Sanderson 1884 schrieb. Auf seine Stellungnahmen könne man nicht bauen, außer wenn sie durch andere Quellen bestätigt würden.[420]

Saunders, der „Times"-Korrespondent in Berlin, war ein weiterer Vertreter der Zeitung mit erheblichem politischem Einfluss. Für ihn war das Deutsche Reich „eine neue, rücksichtslose, ehrgeizige <und> durch und durch verdorbene Macht". Gegen Kritik, dass er niemals Positives aus und über Deutschland berichte, hatte er sich gewappnet. Er sah sich als aufopfernder Märtyrer: „Ich fühle mich wie ein Kundschafter, der es mit den Ergebnissen seiner Beobachtungen durch die feindlichen Linien geschafft hat. Es spielt keine Rolle, wenn ihn schließlich doch ein Fernschuss trifft, wenn er nur seine Nachricht ins Hauptquartier überbringen kann." Um seine These der (vermeintlichen) deutschen Gefahr zu belegen, stützte er sich gerne auf Zitate aus der unbedeutenden rechtsradikalen „Deutschen Zeitung". Diese war in Großbritannien schließlich bekannter als im Lande ihrer Herkunft.[421]

Die „Times" empfahl am 29. Oktober 1901 – die britisch-deutschen Bündnisgespräche waren noch nicht endgültig gescheitert – eine Annäherung Großbritanniens an Russland, warnte vor dem deutschen Flottenbau und prangerte eine angebliche bitterste deutsche Feindschaft gegen England an.[422] Saunders war auch einer der Hauptverantwortlichen für die engagierte und nachhaltige Verbreitung der Falschmeldung, dass das Deutsche Reich zur Zeit des Burenkrieges eine Kontinentalliga gegen Großbritannien habe schmieden wollen und einer der einflussreichsten Journalisten seiner Zeit. Rosebery, Grey und Chamberlain wurden in Kontakt mit ihm gebracht, und nicht nur in der „Times", sondern auch auf den „Spectator" und den „National Review" übte er erheblichen Einfluss aus.[423] Leopold Maxse war Besitzer und Herausgeber des letztgenannten extrem chauvinistischen Journals. Seine Abneigung, ja sein Hass erstreckte sich nicht nur auf Deutschland, sondern auch auf das politische System und den Parlamentarismus seines Landes, eine charakteristische Verbindung.[424]

Im Deutschen Reich gab es bekanntermaßen einige halboffiziöse Presseorgane, und das Auswärtige Amt versuchte, eher mit geringem Erfolg, auch die anderen Zeitungen zu beeinflussen. Das F.O. scheint noch weniger als die deutschen Kollegen in der Lage gewesen zu sein, die Blätter zu einem bestimmten Verhalten zu bewegen[425]: Sie waren in aller Regel älter, größer und wohlhabender als im Deutschen Reich. Dies machte sie auch unabhängig(er) von offiziellen Informationen. Das weltweite Korrespondentennetz der „Times" war deutlich größer, als dasjenige der bedeutendsten deutschen Zeitungen. Die globale Vorherrschaft der Nachrichtenagentur Reuter's tat ein übriges.

Mitunter aber gelang es dem F.O., sich die „Times" oder „Reuter's" zunutze zu machen. In Krisenzeiten reagierte die Presse grundsätzlich recht aufgeschlossen auf

---

[419] Gwynn, Letters and Friendships, I, 436/37
[420] BL, MSS Eng., c 4265, Sanderson an Bickensteth (?), 31.10.1884
[421] Hale, Publicity and Diplomacy, 55
[422] Winzen, Bülows, 358–60, 389
[423] Kennedy, Anglo-German Antagonism, 368/69
[424] Searle, Revolt from the Right, 22, 27
[425] Wilson, Empire and Continent, 40; Morris, Scaremongers, 32/33

Wünsche des F.O. Die Pressepolitik des britischen Außenministeriums war zurückhaltender als die der Kollegen in Berlin oder Paris, die Faschodakrise markierte allerdings
einen gewissen Wendepunkt: Der Korrespondent der „Daily Mail" wurde von Sanderson regelmäßig und umgehend über die Politik unterrichtet, die die Regierung einzu-
schlagen beabsichtigte. Dies, so schrieb der damalige Vertreter des Blattes im Rück-
blick, „markierte das Zusammenbrechen der Barrieren von Downing Street".[426]

Sanderson hatte wenig Vertrauen in die Fähigkeit der „Times" oder gar anderer
Zeitungen, die Regierungspolitik zu verstehen oder Hinweise aus dem F.O. richtig zu
interpretieren.[427] Sandersons mäßigender Einfluss sollte aber nicht unterschätzt werden: Er war als Staatssekretär auch für die Kontakte zur Presse zuständig, also der Mitt-
ler zwischen dem Außenministerium und der Öffentlichkeit[428] – von den nicht allzu
zahlreichen Ansprachen und Reden des Ministers einmal abgesehen. Er besaß seit der
Jahrhundertwende aber nicht viele Verbündete in der Presse, die ebenfalls eine vorsichtige Politik befürworteten.[429]

Sanderson lehnte einerseits die aggressive Sprache der „Times" und anderer Blätter
ab. Andererseits ließ Salisbury im April 1900 Erkundigungen einziehen, ob der neugegründete „Daily Express" eine bevorzugte Behandlung erfahren sollte. Oakes, der Bi-
bliothekar des F.O., zitierte aus seiner ersten Nummer: „Seine Politik ist Vaterlandsliebe, und seine Partei ist das britische Empire." Sanderson empfahl daraufhin, sie „auf
die Liste" zu nehmen.[2102] Die mächtigen chauvinistischen Blätter konnten nicht übergangen werden.

Nach dem Kriegsausbruch 1914 stellte sich Harmsworth, der wegen seiner „Verdienste" nobilitiert worden war und nun Lord Northcliffe hieß, als der Prophet dar, der
bereits seit langem einen Krieg mit Deutschland vorhergesagt hatte. Er griff die Pazifisten und Gemäßigten an, die für den Frieden eingetreten waren. Nachdem diese Attak-
ken persönlich geworden waren, schrieb A.G. Gardiner, der liberale Herausgeber der
„Daily News" an Northcliffe:

> „Ihr Anspruch, der wahre Prophet des Krieges zu sein, ist nicht umstritten. Sie sagen, dass wir Frie-
> den vorhergesagt haben. Ja, wir haben den Frieden nicht nur vorhergesagt, sondern für ihn gearbei-
> tet, ebenso wie Sie Krieg vorhergesagt haben und für ihn arbeiteten. Wir haben verloren, Sie haben
> gewonnen. Sie haben sich immerfort damit beschäftigt, Krieg vorherzusagen und Hass zu schüren.
> Sie sind seit 20 Jahren der Brandstifter des Journalismus. Sie haben Ihr Leben in niederträchtiger
> Knechtschaft für die wechselnden Leidenschaften des Tages verbracht."[430]

Dem ist nur hinzuzufügen, dass Northcliffe und andere diese Leidenschaften zudem
gezielt schürten, nicht zuletzt, um den Verkaufserfolg und Einfluss ihrer Blätter zu
erhöhen.

---

[426] Sanderson, England, Europe and the Upper Nile, 246; Jones, Fleet Street and Downing Street, 97
[427] Morris, Scaremongers, 27
[428] S. auch DDF 2/5, 449. Sanderson wurde von Sir Eric Barrington unterstützt, dem Privatsekretär
des Ministers.
[429] Morris, Scaremongers, 15. Mitunter gelang es ihm, einen Journalisten nachhaltig zu zügeln, z.B.
1894 einen Mr. Garnett von der „Egyptian Gazette" (BL, MSS Eng., c 4380, Sanderson an Kimberley,
2.10.1894), der zunächst vorhatte, die französische Politik in Madagaskar zu attackieren.
[430] Zit in Hale, Publicity and Diplomacy nach Daily News & Leader, 5.12.1914

12. DIE „EFFICIENCY-BEWEGUNG"

Ein demokratischer Rechtsstaat im Mutterland und autoritärer Paternalismus in den Kolonien **müssen kein** Widerspruch sein: wenn Rassisten und Militaristen sich in Übersee „austoben", mag dies Spannungen im imperialen Zentrum verringern, wie dies womöglich im Großbritannien und Frankreich der Zwischenkriegszeit der Fall war. Eine solche Entlastungsfunktion können Kolonien aber nur übernehmen, wenn weder die Demokraten des Mutterlandes noch die autoritär Gesonnenen in den Überseegebieten versuchen, die von ihnen selbst geschätzte Art der Herrschaft auf das jeweils andere Gebiet übertragen zu wollen. Diese Zurückhaltung wollten Imperialisten seit den 1880/ 90er Jahren in Großbritannien nicht mehr üben.

Die Überseebesitzungen wurden in Großbritannien seit dieser Zeit zunehmend als wertvoller Besitz gesehen, und die vielen Briten, die dort Erfahrungen mit der durchsetzungsfähigen, autokratischen und zentralisierten Verwaltung gewonnen hatten, begannen (sich) zu fragen, ob diese Methoden, modifiziert, nicht auch im Mutterland selbst eingeführt werden sollten.[431] Parteienkontroversen müssten in den Hintergrund treten, Verwaltung und Armee effektiver werden, kurz: alte Zöpfe abgeschnitten werden. Es handelte sich um eine Modernisierungsbewegung mit technokratischen und autoritären Idealen.[432]

Auch Lord Cromer, der pflichtbewusste und selbstlose britische Generalkonsul in Ägypten (und Freund Sandersons), praktizierte nach langem Zögern schließlich die gleiche Selbstherrlichkeit in „seinem" Land wie etwa der skrupellose Cecil Rhodes in Südafrika. Nach einigen Jahren war Cromer gar zur Ansicht gelangt, dass „persönlicher Einfluss", **ohne** politischen Vertrag, die „wirksame Beaufsichtigung der öffentlichen Angelegenheiten" überseeischer Länder am Besten garantiere. Cromer hielt es für unmöglich, „ein Volk durch ein Volk – das Volk von Indien durch das englische Volk" zu regieren, dies könne nur durch uneigennützige Bürokraten erfolgen, die der parlamentarischen und öffentlichen Kontrolle entzogen sein müssten.[433]

Die Imperialisten wussten, warum sie das rechtsstaatliche System in den Kolonien ablehnten, ebenso wie die parlamentarische Kontrolle durch das Mutterland: Der Deutsche Reichstag erzwang bspw. die Entfernung von Carl Peters wegen der von ihm an Afrikanern begangenen Grausamkeiten, und 1905 richteten afrikanische Stammeshäuptlinge ihre Beschwerden erstmals an das deutsche Parlament und nicht an die örtlichen Kolonialbehörden. Die Kolonialverwaltung ließ sie hierfür inhaftieren, aber die deutsche Regierung verhalf ihnen zu ihrem Recht. Das britische Parlament hielt sich eher zurück. Es gab bspw. im Gegensatz zum Deutschen Reich keine Resolution, die Genfer Konvention auch auf Kolonialkriege anzuwenden.[434]

Die Schwungkraft der „National Efficiency" speiste sich aus Sorgen vor der schwindenden Macht des Landes und der Erregung über die Inkompetenz der politischen und militärischen Führung. Diese hatte schon 1855 im Zusammenhang mit dem Krimkrieg zu einem öffentlichen Aufschrei geführt.[435] Auf den ersten Blick war die Reaktion wäh-

---

[431] Searle, Quest, 30/31. Bauerkämper (Radikale Rechte, 91) meint, dass „Rassismus und sozialdarwinistische Orientierungen (…) durch die Verwaltungstätigkeiten im Empire partiell absorbiert" wurden. Diese Einschätzung kann ich nicht teilen, denn tatsächlich verstärkte der Imperialismus diese Tendenzen, zumindest vor 1914.

[432] Dieses Ziel der Efficiency-Bewegung wurde im 1. Weltkrieg modifiziert umgesetzt (Bauerkämper, Radikale Rechte, 38).

[433] Arendt, Elemente, 342, 344, 345, 346

[434] Arendt, Elemente, 223; Sarkasyanz, Hitlers englische Vorbilder, 160

[435] Baumgart, Der Imperialismus, 119/20

rend des Burenkrieges ähnlich. Mitte des 19. Jahrhunderts hatte die Kritik am „Establishment" jedoch einen links–liberal–demokratischen Unterton gehabt, um 1900 hingegen kam die Kritik eher „von rechts" und wandte sich grundsätzlich gegen den Liberalismus, die Quintessenz britischer politischer Weisheit seit der Mitte des 19. Jahrhunderts, ja, teils sogar gegen den Parlamentarismus.[436]

Der konservative Premier- und Außenminister Salisbury verkörperte wie kaum ein zweiter das althergebrachte Establishment, das durch den Verlauf des Burenkrieges aber stärker denn je in die Defensive geriet. Vor diesem Waffengang konnten Vertreter der Aristokratie Kritiker auf die unzweifelhafte Machtstellung des Landes verweisen. Der Krieg in Südafrika hatte aber **derartige** Mängel bspw. in der Verfassung der Armee und beim Gesundheitszustand der Bevölkerung – also ihrer Wehrtauglichkeit – deutlich gemacht, dass der „Efficiency"-Gedanke stark an Auftrieb gewann. Weitgehende Reformen in der Innen- und Außenpolitik schienen notwendig.

Milner, ein führender Imperialist, forderte die weitgehende Aufgabe der repräsentativen Demokratie und deren Ersatz durch ein plebiszitäres System.[437] Er war mit Kipling eng befreundet, aber auch mit Asquith, Grey und Haldane, führenden liberalen Politikern der jüngeren Generation. 1903 wurde ihm das Kolonialministerium als Nachfolger Joseph Chamberlains angeboten. Milner u.a. besaßen zahlreiche Bewunderer, ja zogen sich regelrechte Schulen. Meister und Lehrer weihten ihr Leben kollektiv dem Empire, dieses gab ihrem Dasein Bedeutung und Ziel. Milner muss allerdings zugute gehalten werden, dass ihm das Wohlergehen der farbigen Völker ein echtes Anliegen war. Mit diesem Mitgefühl stand er unter seinen imperialistischen Gefolgsleuten und Schülern aber fast allein.[438]

Die Befürworter von „Efficiency" und „Tariff Reform" waren sich einig, dass parteipolitisch motivierte Kontroversen im Parlament und das, was sie als Blockaden der Politik ansahen, den allmählichen Zerfall der britischen Gesellschaft deutlich machten und beschleunigten sowie den Bestand des Empire gefährdeten. Probleme überparteilichen, nationalen Zuschnitts sollten dem Parlament entzogen und plebiszitär entschieden werden.[439] Neben diesen Gedanken, die man als bonapartistisch oder protofaschistisch bezeichnen könnte, meldeten sich autoritär orientierte Technokraten zu Wort. Die Angriffe auf das „Parteisystem" und das Parlament sollte die Autonomie des Kabinetts und den Einfluss der Experten in den Ministerien erhöhen. Diese Forderungen waren nicht neu. Sie beschleunigten lediglich eine Entwicklung, die von der Linken bereits festgestellt und attackiert wurde. Der Sachverstand der Exekutive wurde in der immer komplexer werdenden Gesellschaft zunehmend wichtiger, und ihr Einfluss stieg dementsprechend. Die Macht des Unterhauses erreichte zur Zeit Gladstones einen

---

[436] Searle, Quest, 88

[437] Mock, Imperiale Herrschaft, 377. 1905 schrieb er an einen Vertrauten: „Hier hängt alles von dieser verrotteten Versammlung in Westminster ab und die ganze Zukunft des Empire mag von den Marotten von Männern abhängig sein, die für ihre Kompetenz gewählt wurden, sich mit städtischen Straßenbahnen oder Pubs auf den Lande abzugeben." (Milner an George Parkin, 24.7.1905, zit. in Beloff, Imperial Sunset, 129)

[438] Wiener, English Culture, 84; Searle, Quest, 116; Bauerkämper, Radikale Rechte, 30; Schröder, Hans-Christoph; *Imperialismus und antidemokratisches Denken. Alfred Milners Kritik am politischen System Englands*, Wiesbaden 1978, 12, (künftig: Schröder, Imperialismus); Thornton, Imperial Idea, 92; Semmel, Imperialism and Social Reform, 186; zur Person Milners s. auch Searle, Quest, 266

[439] Semmel, Imperialism and Social Reform, 376/77; Rose, Turn Century, 313. Auch in Deutschland gab es Kritiker, die die pluralistische Gesellschaft als Zerfallserscheinung diagnostizierten. Bei Kriegsausbruch wurde dieses Muster auf die westlichen Feindmächte übertragen. Die Kulturkritik am Deutschen Reich hingegen schlug in völlige Identifikation um (Loewenstein, Entwurf, 42/43) – ebenso in Großbritannien.

Höhepunkt, büßte in den darauf folgenden Jahrzehnten bei dem Recht der Steuerbewilligung und dem Budgetrecht aber immer mehr Einfluss ein. Der Historiker Gall schreibt von einem „schleichenden Verfassungswandel", und dass die Außenpolitik parlamentarischer Kontrolle mehr und mehr entzogen wurde.[440] Steiner stellt das eigentlich paradoxe Phänomen fest, dass Grey im parlamentarisch verfassten britischen System eine größere Autonomie besaß als sein deutscher Kollege[441], und der Minister trieb diese Entwicklung noch weiter voran. Als Mitglied des liberalen Establishment hielt sich sein Antiparlamentarismus aber ansonsten in Grenzen.[442] Er wollte faktisch „lediglich" die Außenpolitik unabhängig von Parlament und Öffentlichkeit betrieben sehen. Folglich informierte er das Kabinett auch nicht über zahlreiche zentrale Inhalte der Außenpolitik, anders als seine Vorgänger.

Ältere konservative Politiker wie Salisbury und Hicks-Beach, aber auch der liberalkonservative Sanderson standen den technokratischen und autoritären Tendenzen kritisch distanziert gegenüber.[443] Die manipulative Öffentlichkeitsarbeit des F.O. unter Grey war dem Vorgehen Bismarcks in mancher Hinsicht verwandter als dem Vorgehen Derbys oder Granvilles. 1909 erschien bspw. ein „Blaubuch", also eine Veröffentlichung des offiziellen Schriftverkehrs des F.O., zu einer bestimmten Frage. Es wurde in Zusammenarbeit mit den russischen und persischen Botschaftern erstellt, um mit Fehl- und Halbinformationen den Unmut vieler Parlamentarier wegen der Zusammenarbeit mit dem Zarenreich in Persien zu begegnen.[444] Auch Sanderson kritisierte das „Frisieren" einiger Blaubücher durch das britische Außenministerium. Er betonte, sich nicht erinnern zu können, dass so etwas während seiner Jahrzehnte im F.O. je vorgekommen sei (1859–1906). Weder vor noch nach der Amtszeit Greys konnte das Foreign Office je so unabhängig von Parlament und Kabinett wirken wie unter diesem Außenminister.[445]

Crowe verkörperte mustergültig die neue Gesinnung: Er verfasste 1911 eine Antwort auf eine parlamentarische Anfrage zu dem Fortgang der britisch-deutschen Gespräche über die Reduzierung der Seerüstung und fügte den Satz ein: „Es wäre nicht in öffentlichem Interesse, Unterlagen vorzulegen."[446] Crowe war so radikal in seiner Ansicht, dass die Diplomatie allein in der Hand der Experten liegen sollte, d.h. der führenden Beamten und Diplomaten, dass er alle öffentlichen Reden über außenpolitische Fragen missbilligte. Die Öffentlichkeit sollte seines Erachtens keinen Einfluss auf die Formulierung der Politik nehmen.[447] Steiner schreibt, dass „es **nicht allein** Eyre Crowe war, der auf die Außenminister eher herab blickte als zu ihnen herauf und die Beamten des Foreign Office für die eigentlich wichtigen Leute hielt".[448] Im Grundsatz seien sich

---

[440] Scally, Origins Lloyd George, 45; Ritter, Gerhard A.; *Die Kontrolle von Regierung und Verwaltung in Großbritannien*, 303, (künftig: Ritter, Kontrolle), in: Ritter, Faktoren; s. auch Bauerkämper, Radikale Rechte, 36; Gall, Europa, 75; s. auch Gosses, Management, 94 u. Arendt, Elemente, 254

[441] Steiner, Britain Origins, 128

[442] Wormer, Großbritannien, Rußland und Deutschland, 49

[443] Searle, Quest, 101. Dieser merkte im Januar 1912 kritisch an, dass das F.O. seit drei Jahren keine „Blaubücher" mehr veröffentlicht habe, die der Information des Parlamentes und der Öffentlichkeit über wichtige außenpolitische Fragen diente (Wilson, Empire and Continent, 39 u. Robbins, Keith; *Sir Edward Grey. A Biography of Lord Grey of Fallodon*, London 1971, 251, (künftig: Robbins, Grey); s. auch Steiner, Foreign Office and Foreign Policy, 198, 211; dieselbe, Britain Origins, 142/43).

[444] S. auch Gosses, Management, 93; Wormer, Großbritannien, Rußland und Deutschland, 50

[445] PRO, FO 633/21, Sanderson an Cromer, 29.6.1912; Steiner, Foreign Office and Foreign Policy, 87 u. 212; s. auch Schmidt, Deutsch-englische Gegensatz, 64; Beloff, Imperial Sunset, 119; grundsätzlich s. Ritter, Kontrolle, 319, 307).

[446] Zit. in Wilson, Empire and Continent, 40; s. auch Steiner, Foreign Office and Foreign Policy., X

[447] Cosgrove, Crowe, 67 nach DDF, 3. Series, VIII, 464; Cosgrove, Crowe, 67/68

[448] Meine Hervorhebung. Steiner, Foreign Office and Foreign Policy, X; s. auch Tilley, John; *Lon-

praktisch alle Mitarbeiter des F.O. einig gewesen, so der Historiker Cosgrove, dass die Diplomatie durch eine professionelle Elite betrieben werden sollte, abgeschirmt von politischen Amateuren und der politischen Debatte.

Für Sanderson trifft diese Einschätzung sicher nicht zu. Er schrieb 1911, dass Grey in dem Maße mehr Unterstützung erhalten werde, in dem er seine Karten offen lege.[449] – Wenige Tage zuvor waren die geheimen Artikel der britisch-französischen Vereinbarung von 1904 und die alliierten Aufmarschpläne im Zusammenhang mit der 2. Marokkokrise bekannt geworden.[450] Kurze Zeit darauf wandte er sich direkt an den Außenminister: Ein großer Teil der Unzufriedenheit vieler Liberaler mit Greys Politik sei Ergebnis „enthusiastischer Menschenfreundlichkeit, die darauf besteht, in den Angelegenheiten anderer Völker, von denen sie nichts verstehen, herumzupfuschen". Es gebe aber auch ein berechtigtes Bedürfnis nach Information. Sanderson hielt es nicht für weise, diesem Verlangen nicht nachzukommen. Die Veröffentlichung von Blaubüchern sei mit viel Mühe verbunden, aber es sei ein Fehler zu glauben, dass die Öffentlichkeit mit einer gelegentlichen Rede oder vereinzelten Antworten auf parlamentarische Anfragen zufrieden gestellt werden könnte. Sanderson hatte bereits zum Ende der Ära Salisbury seine Unzufriedenheit mit der seines Erachtens mangelhaften Informationspolitik des Ministeriums geäußert.[451]

Es waren die **jüngeren** Kollegen Sandersons, die sich **nicht** zuvorderst als ausführendes Organ des Ministers oder gar des Parlaments verstanden. Sie wollten nicht nur Einfluss in nachrangigen Fragen ausüben oder auf Anfragen bspw. des Ministers ihre Ansicht kundtun. Es reichte ihnen auch nicht aus, dass sie seit der Reform von 1905 dazu befugt und aufgefordert waren, sich zu allen anstehenden Fragen der Außenpolitik schriftlich zu äußern: Die jüngeren Beamten des F.O. forderten etwa seit der Jahrhundertwende nahezu ausnahmslos, die **Grundlinien britischer Außenpolitik** zu verändern, und übten auf (vorwiegend ältere) Kollegen wie Sanderson und Fitzmaurice sowie Diplomaten wie Lascelles starken Druck aus und Außenminister Grey wurde mit Briefen und Memoranden von der Hardinge/Bertie-Gruppe geradezu überhäuft.

Angehörige der Generation Sandersons standen allem Anschein nach deutlich weiter „links" als ihre mindestens zehn Jahre später geborenen Landsleute. Die Sorge um die Zukunft des Empire, die mehr und mehr hysterische Züge annahm, war weit verbreitet. 1897 bspw. begann Rudyard Kipling, eine Reihe von Novellen zu veröffentlichen, in denen er eine deutsche Eroberung des dekadenten England vorhersah, und Joseph Chamberlain warnte, dass das neue Jahrhundert sehr wohl dasjenige der Amerikaner sein könnte.[452]

Die Verbindung zwischen chauvinistischem Nationalismus und Sport war in Großbritannien zunächst nicht so eng wie etwa in Frankreich, nach der Jahrhundertwende wurde der Zusammenhang zwischen Leibesertüchtigung und „national efficiency" jedoch allgemein akzeptiert.[453]

Die Vertreter einer „Efficiency" bedienten sich nicht immer einer antidemokratischen oder zumindest parlamentsskeptischen Rhetorik, die „Bonapartisten" waren lediglich der harte Kern einer Bewegung, die Großbritannien ab 1900 gründlich verän-

don to Tokyo, London 1944, 69, (künftig: Tilley, London to Tokyo); Cosgrove, Crowe, 65, 68/69; Wilson, Role and Influence

[449] Zur Kritik Sanderson an Grey s. z.B. Robbins, Grey, 298; nach Wilson, Role and Influence, 275

[450] Gade, Gleichgewichtspolitik, 104

[451] CUL, Hardinge MSS, 70/24–25, Sanderson an Hardinge, 26.1.1912; BL, MSS Eng. hist., c 1214, Sanderson an Monson, 16.1.1900

[452] Rose, Turn Century, 287; s. auch Searle, Quest, 31

[453] Holt, Contrasting, 51

derte. Der Burenkrieg spielte hierbei eine entscheidende Rolle: In Manchester bspw. meldeten sich 11.000 Freiwillige für den Kriegsdienst, von diesen waren aber nur 1.000 fronttauglich. Dieses und andere Beispiele über den erschreckenden Gesundheitszustand der Bevölkerung und die damit verbundenen Sicherheitsrisiken für das Land sind damals häufig diskutiert worden und zwar in einer Sprache, die oft panische Züge trug.[454] Zur Illustration der Stimmung sei ein Brief Curzons vom 8. Januar 1900 zitiert: „Unsere Katastrophen sind so ununterbrochen, unsere Generäle so einheitlich inkompetent, unsere Unfähigkeit, Fortschritte zu machen ist so beständig, dass sie ernsthaften Verdacht hervorbringen, dass unser System im Kern verrottet sein muss."[455] Teilweise handelte es sich um eine Rebellion der Aufsteiger – oder derjenigen, die aufsteigen wollten – gegen das Establishment, denn dieses Phänomen trat in den prosperierenden USA ebenso wie im Vereinigten Königreich auf. Auch die „Alldeutschen" im Deutschen Reich rekrutierten sich aus Aufsteigern im mittleren Dienst, „nicht so sehr aus dem gehobenen Dienst der politischen Verwaltung und Universitätsprofessoren: also aus **newcomers,** die sich in ihrer Rolle unsicher fühlten".[456] Die Rebellion wurde aber verstärkt durch die gesellschaftlichen, wirtschaftlichen und außenpolitischen Probleme Großbritanniens.

Elemente des deutschen Staats- und Gesellschaftsdenkens gewannen erstmals Bedeutung auf den britischen Inseln, beispielsweise bei den Vertretern der sogenannten historischen Schule, der Anfang des 20. Jahrhunderts etwa 1/4 der britischen Nationalökonomen angehörte. Ihres Erachtens sollten alle Bereiche des öffentlichen Lebens, „denen entscheidende Bedeutung bei der Aufrechterhaltung der Macht Großbritanniens und des Empire zukam, (…) der Kontrolle des Staates unterworfen werden". Dazu zählten z.B. die Wirtschaftsförderung, die Kontrolle von Auslandsinvestitionen und eine gezielte Ein- und Auswanderungspolitik.[457] Für Letztere gab es bereits seit 1869/70 Ansätze. Zwischen diesem Zeitpunkt und 1930 wurden schätzungsweise 100.000 britische Kinder gegen ihren Willen allein nach Kanada „ausgewandert".[458] Dadurch sollten sowohl „unerwünschte Elemente" aus Großbritannien entfernt als auch das britische Element im Dominion verstärkt werden.

Die „Kritik von rechts" war staats- und machtfixiert und wandte sich teils auch gegen alte Privilegien der Elite. So spielten nach dem Bericht einer Regierungskommission noch Anfang des 20. Jahrhunderts Wohlstand und Beziehungen eine solch herausragende Rolle bei Beförderungen, dass junge Offiziere in den Militärakademien an Fertigkeiten des Kriegshandwerks kaum interessiert waren. Die Kritik an solchen Zuständen verschärfte sich, aber die „Traditionalisten" gaben in beiden großen Parteien weiterhin den Ton an. So wandte sich Haldane, seit Ende 1905 liberaler Kriegsminister, entschieden dagegen, den „eingeschränkten Klassenhintergrund" aus dem sich die hohen Beamten der Ministerien rekrutierten, aufzugeben.[459] Die Forderung nach einer

---

[454] S. auch Steiner, Britain Origins, 8; Searle, Quest, 60/61; Hollenberg, Englisches Interesse, 195, Anm., 102; Hynes, Turn of Mind, 24

[455] BM, Brodrick MSS, Add. Mss 50073, Curzon an Brodrick, 8.1.1900

[456] Rose, Turn Century, 13 u. 286–88; Mommsen, Der moderne Imperialismus, 12; Loewenstein, Militarismus, 2, bibliographische Angaben ebd., 9

[457] Mommsen, Der moderne Imperialismus, 12; Mock, Imperiale Herrschaft, 177

[458] Mac Kenzie, Propaganda, 160. In Australien wurden zwischen 1910 und 1970 (!) im Rahmen eines „Assimilierungsprogramms" 100.000 Kinder weißer Väter und farbiger Mütter von ihren Familien getrennt. Hellhäutige wurden oft zur Adoption durch Weiße freigegeben, Dunkelhäutige in Pflegeheimen untergebracht. Die australische Regierung lehnt nach wie vor eine offizielle Entschuldigung und Entschädigungszahlungen ab (Baratta, Fischer Weltalmanach 1998, Spalte 95).

[459] Searle, Quest, 78; ebd., 80; der chauvinistische deutsche Historiker Treitschke meinte, dass die englische Verwaltung aus einem „System des Nepotismus, der Patronage" bestehe, das „unser innerstes

konsequenten imperialistischen Politik bedrohte die Vorherrschaft der althergebrachten Führungseliten. Im Deutschen Reich ging diese Kritik nicht nur von „rechts", sondern auch von liberalen Demokraten aus. So forderten etwa Max Weber oder Friedrich Naumann eine maßvolle Parlamentarisierung, um mit größerem Nachdruck eine deutsche Weltmachtpolitik betreiben zu können.[460]

Die traditionelle britische Elite stand in den 1860er/70er Jahren im internationalen Vergleich relativ „links", war großenteils von liberalen Idealen beseelt. Diese Gesinnung verlor seit den 1880er Jahren durch den Übertritt vieler in das Lager der Anhänger eines technokratischen und autoritären Machtstaates jedoch erheblich an Bedeutung. In Deutschland stand das alte Establishment unzweifelhaft rechts, so dass die Kritik „am System" hier eher von der linken Seite kam.

Rosebery, zeitweiliger liberaler Premierminister und Galionsfigur der Efficiency-Bewegung, lobte Deutschland 1896 in öffentlichen Reden als „eine systematische Nation ... eine wissenschaftliche Nation". Das Deutsche Reich habe „das perfekteste System technischer Ausbildung in der ganzen Welt".[461] 1898 meinte er: „Probleme werden entweder zu groß, um von Parteien gelöst zu werden, oder Parteien werden zu schwach, um sie zu lösen."[462] Der Staatsmann, forderte einen „Diktator, einen Tyrannen ... einen Mann großen Verstandes oder eisernen Willens, der erkennt, was getan werden muss, und es tut."[463] Im Jahr 1900 pries Rosebery seinen Landsleuten in einer öffentlichen Rede das politische System Preußens bzw. Russlands als Vorbild. Dieses, bemerkte er bewundernd, „ist praktisch unberührt von der Lebensspanne eines Menschen oder dem Fortgang der Zeit – es bewegt sich weiter, wie eh' und je, durch eigenen Antrieb; es ist ruhig, konzentriert, beständig und ungebrochen: Darum ist es erfolgreich."[464]

Der alt-konservative Salisbury besaß einen klareren Blick als Rosebery. Der langjährige Premierminister betonte Ende 1896: „Meines Erachtens spielen individuelle Aspekte in der russischen Regierung eine größere Rolle als in jeder anderen."[465] Von der Bewunderung des deutschen politischen Systems wollten die (rechts-) radikalen britischen Reformer in späteren Jahren allerdings nichts mehr wissen, erst recht nicht nach Ausbruch des Weltkrieges.[466] Nachdem sich seit 1901/02 die Spannungen mit dem Deutschen Reich verschärft hatten und verschärft wurden, war es für die autoritären Imperialisten unverfänglicher, Japan als Beispiel für Großbritannien herauszustellen, und nach dem überraschenden und beeindruckenden Sieg Japans über Russland 1904/05 war dies auch überzeugend. 1905 verfasste Rosebery ein Vorwort zu einem Buch, das bezeichnenderweise den Titel trug: „Great Japan. A Study of National Efficiency". Dort hob er den ausgeprägten japanischen Patriotismus hervor, dessen Gründlichkeit und Ablehnung eines Parteiensystems. Diese Verherrlichung des antiliberalen japanischen Militarismus wurde von den Anhängern der „Efficiency" weithin geteilt. Die Männer (und Frauen) dieser Gesinnung stimmten Roseberys Worten zu, dass man sich „über

---

Wesen, die heiligsten Rechtsbegriffe der Deutschen" verletze (zit. in Röhl, Kaiser, Hof und Staat, 142 nach Treitschke, Aufsätze, 54–58)

[460] Mommsen, Der europäische Imperialismus, 64 u. Anm. 12; Böhme, Thesen, 18/19

[461] Zit. in Hollenberg, Englisches Interesse, 245, Anm. 11

[462] Zit. in Scally, Origins Lloyd George, 45

[463] Matthew, Liberal Imperialists, 146

[464] Zit. Scally, Origins Lloyd George, 45, Rosebery am 16.11.1900; Berghahn, Imperial Germany, 57

[465] Zitiert in Neilson, Britain and the Last Tsar, 52/53

[466] Es mutet eigenartig an, wenn der eine Vertreter der Efficiency (Grey) einem anderen (Haldane) bescheinigt, dass das „deutsche politische System niemals irgendeine Anziehungskraft auf ihn ausübte"; Rohe, Karl; *The British Imperialist Intelligentsia and the Kaiserreich*, 135, (künftig: Rohe, British Imperialist Intelligentsia), in: Kennedy, Nationalist

das Geschwätz der Rednertribüne hinweg" setzen müsse, und „die Zukunft des Rasse ins Auge zu fassen habe". Darum wurde er auch Testamentsvollstrecker des visionären und skrupellosen Erzimperialisten Cecil Rhodes.[467]

Verfechter autoritärer und technokratischer Reformen sahen das Wohlergehen und sogar den Bestand ihres Landes gefährdet. Sie machten den Liberalismus, die in Großbritannien seit Jahrzehnten dominierende Weltanschauung, dafür verantwortlich und forderten, dass das Wohl von Individuen dem Erhalt britischer Macht untergeordnet werden müsse.[468] Sidney Webb, der Initiator der einflussreichen Gruppe der „Co-efficients", der z.B. E. Grey und Kriegsminister Haldane angehörten und der Balfour nahestand, fragte: „Wie … können wir eine effiziente Armee bekommen – mit den verkümmerten, blutarmen, demoralisierten Bewohnern der Slums unserer großen Städte?"[469] Ziel war, was Beatrice Webb, die Gattin von Sidney, gern die „imperial race" nannte, mit den herausragenden Tugenden wie Ehrerbietigkeit, Nüchternheit, Zähigkeit, Patriotismus, Fleiß, körperliche Stärke, Treue und Mut.[470] Das Ideal des Menschen von autoritären Führern war das Ziel. Dies erklärt auch die spätere Propagierung der stalinistischen Sowjetunion als Vorbild für Großbritannien durch die Webbs. Das revolutionäre Russland der ersten Jahre nach 1917 mit seiner Billigung damals sehr unorthodoxer Lebensformen und Moralvorstellungen lehnten sie ab. Auch George Bernard Shaw glorifizierte später das faschistische Italien und die stalinistische Sowjetunion.[471]

Dramen und Romane über eine deutsche Invasion verstärkten eine Stimmung, die von Vertretern der „Efficiency" in beiden politischen Lagern und von der konservativen Parteiführung geschürt und instrumentalisiert wurde, um einen „wehrhaften Staat" nach innen und außen zu schaffen sowie sozialistische, liberale und alt-konservative Verfechter von Idealen der „zivilen Gesellschaft" in die Defensive zu drängen. So agitierten die Konservativen ständig gegen die „schwache" Außenpolitik der Liberalen, und während des Wahlkampfes 1905/06 wurde der liberale Parteiführer Campbell-Bannerman auf offiziellen Plakaten der Tories als Freund katholisch-irischer Extremisten, der deutschen Handelskonkurrenz und jüdischer Einwanderer denunziert.[472]

In den Jahren nach 1903 geriet der Freihandel in die Kritik wie seit 50 Jahren nicht. Die Angriffe ergänzten diejenigen der „Efficiency"-Bewegung, die zunehmenden Einfluss ausübte. Die „Times" schrieb schließlich, dass es als Zeichen von Intelligenz angesehen werde, in den „modischen Schrei" über die Rückständigkeit der Nation in der technischen Ausbildung einzustimmen, und sogar Mitglieder der königlichen Familie begannen, über einen dringenden Reformbedarf zu sprechen: ein „unfehlbarer Beweis, dass diese Sichtweise den Status einer Plattitüde erlangt hatte". Am 5. Dezember 1901 hielt der Prince of Wales eine Rede, die Zeitungen unter der Überschrift zusammenfassten: „Wach' auf England!"[473] „Efficiency" war das Schlagwort, das zu einer vollständigen Reorganisation von Marine und Armee führte, zu wesentlichen Verbesserungen der technischen Erziehung und der staatlichen Forschungsförderung, zu Sozialgeset-

---

[467] Searle, Quest, 58/59 ; zit. in Arendt, Elemente, 223; Searle, Quest, 121; zu Rosebery s. auch ebd. 111, 134 u. Langer, Diplomacy of Imperialism, 71
[468] Field, Toward Programme, 236
[469] Mac Kenzie, Propaganda, 159; Semmel, Imperialism and Social Reform, 75; zit. in Chamberlain, Imperialism and Social Reform, 163/64
[470] Scally, Origins Lloyd George, 13
[471] Mosse, Bild, 169; Schröder, Imperialismus, Anm. 24
[472] Kennedy, Pre-war Right, 7
[473] Searle, Quest, 74; ebd., 41: „Wake up England!"

zen, „rassehygienischen Maßnahmen" und paramilitärischem Training anregte.[474] Solch
ein vorausschauendes, planerisches und von Ängsten getriebenes Denken (und Fühlen)
war bis dato in Großbritannien praktisch unbekannt gewesen.[475] „Wenn ich sehe, wie-
viel Energie, Voraussicht, Wissenschaftlichkeit und Geschick der militärischen Organisation in Frankreich und selbst in der Schweiz gewidmet werden, und ich dies mit
unserem amateurhaften Vorgehen vergleiche, verlässt mich der Mut"[476], so der britische Heeresminister in einem Privatbrief 1904. Dieser Satz wäre in den Jahrzehnten vor
dem Burenkrieg nicht denkbar gewesen. Die Initiierung des Reichsverteidigungsausschusses durch den intellektuellen Premierminister Balfour war einer der Schritte, die
Verteidigung Großbritanniens und des Empire professioneller zu organisieren.[477]

Außenminister Grey schrieb zur Zeit seines Dienstantritts Ende 1905, dass die Bri-
ten vor dem Burenkrieg streitlustig gewesen seien, bereit mit Frankreich wegen Siam,
Deutschland wegen des Krügertelegramms und Russland wegen alles möglichen einen
Krieg zu beginnen.

> „Während der letzten zehn Jahre des vergangenen Jahrhunderts hätte jede Regierung einen Krieg
> auslösen können, indem sie lediglich einen Finger hob. Die Leute hätten danach verlangt. Sie waren
> begierig nach Aufregung (…). Die heutige Generation aber hatte genug Aufregung, hat ein wenig
> Blut verloren und ist gesund und normal."[478]

Warum, so fragt man sich, erlebten blutrünstige Zeitungen einen solchen Aufschwung,
warum schritt die Militarisierung des Landes immer weiter voran, bejubelten unzählige
Engländer den Kriegsausbruch im August 1914? Die britische Außenpolitik und die
öffentliche Meinung gab sich in den Jahren zwischen dem Burenkrieg und 1914 gewiss
weniger auftrumpfend und aggressiv gestimmt als zuvor (außer in Bezug auf Deutschland). Dies lag aber nicht an der „gesunden und normalen" Gemütslage der Briten,
sondern an der Angst in Anbetracht eigener offenkundig gewordener Schwäche.

1911 hielt Winston Churchill eine vielbeachtete Rede, in der er voraussagte und
forderte: „Wir werden in ein Leben voranschreiten, das ernsthafter überdacht werden
muss, das wissenschaftlicher organisiert sein wird und bewusster national, als das, was
wir kennengelernt haben."[479] Auch Lloyd George, eigentlich Linksliberaler, forderte
eine Verbindung von Imperialismus und sozialer Reform.[480] Ein führender Sozialreformer und Befürworter (der bis dahin auf den britischen Inseln nicht praktizierten) Stadt-
planung schrieb 1908:

> „Wenn wir nicht sofort beginnen, wenigstens die Gesundheit unseres Volkes zu schützen, indem
> wir die Städte, in denen die meisten heutzutage leben, gesünder für Körper und Geist zu machen,
> können wir genauso gut unseren Handel, unsere Kolonien, unseren ganzen Einfluss in der Welt
> gleich an Deutschland übergeben, ohne dass wir uns den Mühen eines Kampfes unterziehen müs-
> sten, in dem wir uns selbst schon zuvor zur sicheren Niederlage verurteilt haben."[481]

Im folgenden Jahr wurde der „Town Planning Act" verabschiedet.[482]

---

[474] Rose, Turn Century, 284; s. auch Hennock, E.P.; *British Social Reform and German Precedents. The Case of Social Insurance 1880–1914*, Oxford 1987, 20/21, (künftig: Hennock, British Social Reform)
[475] S. auch Hennock, British Social Reform, 21
[476] Beloff, Imperial Sunset, 89, Brief Arnold-Fosters an Esher, 29.8.1904
[477] Zum RVA s. Searle, Quest, 222/23
[478] Zit. in Joll, Britain, Europe, 85
[479] Zit. in Flood, Ambassador, 1. Churchill am 22.5.1909 in der Manchester Free Trade Hall
[480] Bauerkämper, Radikale Rechte, 34
[481] Zit. in ebd., 24: T.C. Horsfall
[482] Robbins, Eclipse, 85

Das Deutsche Reich war seit den letzten Jahren des 19. Jahrhunderts weithin zum bewunderten und gefürchteten Vorbild avanciert, etwa im wissenschaftlichen Bereich: In den Jahrzehnten vor 1914 hatte praktisch jeder britische Chemieprofessor an einer deutschen Universität studiert. Die Technischen Hochschulen und außeruniversitären Forschungsinstitute eiferten deutschen Einrichtungen nach. Nahezu alle in Großbritannien verwendeten naturwissenschaftlichen Lehrbücher waren in Deutsch oder aus dem Deutschen übersetzt. Auch die kommunale Daseinsvorsorge wurde zum „vielbewunderten nachgeahmten Vorbild". In den Berichten, die dem Parlament etwa zu Fragen der technischen- und der Berufsausbildung, der Arbeits- und Sozialgesetzgebung zwischen 1890 und 1914 vorgelegt wurden, beschäftigten sich 30 mit Deutschland, aber nur 6 mit Frankreich.[483] Für Männer der „Efficiency" waren im Deutschen Reich Disziplin, sportliche Aktivitäten, heroischer Geist und die Maxime des Vorranges der Anliegen der Nation über diejenigen von Einzelnen oder Klassen gewährleistet. Es war bewundertes **und darum** gefürchtetes Vorbild. Chamberlain und andere fürchteten Deutschland, weil sie es bewunderten. Von dieser Gefühlslage waren praktisch alle führenden britischen Politiker – mehr oder weniger – ergriffen, die 1914 ihre Kriegsentscheidung trafen.[484]

Deutsche Propagandisten beklagten hingegen, dass sportliche Aktivitäten, Disziplin und Patriotismus in **Großbritannien** mit Leben erfüllt seien, nicht jedoch im eigenen Land![485] Diejenigen Briten, die tiefgreifende politische und gesellschaftliche Reformen autoritärer Natur in ihrem Land für unnötig oder schädlich hielten, wie Alt-Liberal-Konservative oder Sozialisten, hatten in aller Regel ein entspanntes Verhältnis zum Deutschen Reich. Es galt weder als Bedrohung noch als nachzueiferndes Vorbild.[486]

Der relative Machtverlust Großbritanniens führte seit den 1880er/90er Jahren zu immer lauter erhobenen Forderungen nach einer Zusammenfassung der Kräfte von Staat und Gesellschaft, um die gefährdete Weltmachtstellung zu sichern. Die Erfahrungen, die ein großer Teil der britischen Eliten mit der autoritären, anti-parlamentarischen und menschenverachtenden Politik in Irland und den Überseegebieten gesammelt hatte, wirkten auf das Mutterland zurück. Der Parlamentarismus und die Ideale der „zivilen Gesellschaft" gerieten zunehmend in die Kritik, durch den Burenkrieg verstärkt. Die Bewegung wurde durch Imperialisten getragen, die die in den Kolonien vom Parlament nicht kontrollierte Machtpolitik auf das Mutterland übertragen wollten, sowie durch jüngere Intellektuelle und Akademiker, die sich im stagnierenden Großbritannien von technokratischen und autoritären Reformen Karrierechancen versprachen. In den Jahren vor 1914 näherten die Konservativen sich ihnen an und verschmolzen teils mit ihnen. Verfechter autoritärer und machtstaatlicher Neuerungen argumentierten, dass die Probleme Großbritanniens sich auf der Dominanz des Individualismus und des liberal-parlamentarischen Regierungssystems gründeten, sowie jüdischem Einflusses, der als demokratisch und deutschfreundlich angesehen wurde.[487] Eine aggressiv gestimmte Germanophobie lässt sich vor 1914 fast ausschließlich bei den Anhängern autoritärer Lösungen feststellen: Sie mussten das Deutsche Reich,

---

[483] Alter, Modell, 191/92; Toyka-Seid, Volksgesundheitsbewegung, 151–155; Kennedy, Anglo-German Antagonism, 116; s. auch ebd., 391; Hollenberg, Englisches Interesse, 266, Anm. 1

[484] Scally, Origins Lloyd George, 22; Searle, Quest, 56; s. auch Hennock, British Social Reform, 19/20

[485] Kennedy, Anglo-German Antagonism, 372. Dies stellten auch deutsche Rechtsextreme in der Zwischenkriegszeit fest, bspw. Ritter Franz von Epp, der spätere „Reichsstatthalter" in Bayern (Sarkisyanz, Adolf Hitlers englische Vorbilder, 8, 18/19).

[486] S. auch Kennedy, Anglo-German Antagonism, 392

[487] Bauerkämper, Radikale Rechte, 39

in vielem ihr Vorbild, als sehr gefährlichen Gegner malen, um eine Gefühle entfachende Begründung für ihre innenpolitischen Vorhaben zu besitzen.

13. Zum Zusammenhang von Politik, Mentalität und Sozialökonomie

Es ist offensichtlich, dass Weltanschauung und Leben der Briten v.a. seit den 1870er Jahren zunehmend durch autoritäre Strukturen und Ideale geprägt wurde. Einige der Ursachen für diese Entwicklung wurden bereits ausgeführt oder angedeutet, z.B. das wirtschaftliche Zurückbleiben des Landes, die zunehmend ungerechte Vermögensverteilung, die ungewohnt bedrohte Sicherheit des Empire und die autoritäre Lösungen begünstigende, wenn nicht fordernde Kolonialherrschaft. Die drängenden Probleme hätten durch Reformen im Inneren und durch eine auf Ausgleich bedachte Außenpolitik wahrscheinlich entschärft werden können. Der Zeitgeist tendierte aber **international** zur Verherrlichung von Macht und Gewalt. Er hat in Großbritannien wegen der spezifischen Probleme des Landes „lediglich" besonders spektakuläre „Erfolge" erringen können. Darum können die drängenden innen- und außenpolitischen Fragen, deren Beantwortung für die Briten anstand, **letztlich** keine hinreichende Begrundung für die intolerante Wendung im Vereinigten Königreich gewesen sein. Die Entwicklung stand offensichtlich in Verbindung mit derjenigen anderer entwickelter Staaten.

Um die Ursachen der in vielen Ländern verbreiteten autoritären Tendenzen zu verstehen, werde ich also versuchen, das Phänomen sozialpsychologisch und sozialgeschichtlich zu deuten. Es kann hierbei nicht nur um die **bewussten** oder **propagierten** Ideale bzw. Verhaltensweisen gehen, sondern auch um die nicht-bewussten Schichten des Einzelnen und der Gruppe.

13.1 Warum gewannen autoritäre Ideale und Strukturen so stark an Bedeutung?

Freud führte im „Unbehagens in der Kultur" aus, dass sich die moderne Welt zunehmend im Gegensatz zu Grundbedürfnissen des Menschen entfalte. Wenn dieser seine Instinkte aber nicht leben könne, so brächen sie sich notwendig in Destruktivität und Krieg immer wieder Bahn.[488] Die Zivilisation befände sich demnach also in grundsätzlichem und unauflöslichem Widerspruch zum Wesen des Menschen. Arno Plack meint in diesem Sinne, dass kein vitaler Antrieb, ohne dem Menschen zu schaden, einfach unbefriedigt gelassen werden könne. Wenn man diesem Konzept folgte, so hätte man ein passendes Werkzeug an der Hand, um die chauvinistischen Exzesse im Zeitalter des Imperialismus zu erklären: In dem Maße, in dem die Gesellschaft militarisiert, die Menschen diszipliniert und bspw. ihr Sexualdrang unterdrückt wurde, erwuchs eine Unzufriedenheit, eine aufgestaute Lebensenergie, die gewalttätige und irrationale Ausbrüche **benötigte**, um ein inneres Gleichgewicht leidlich wiederherstellen zu können. Der Psychologe Plack schreibt bspw., dass Gewaltverbrechen von Einzelnen abnähmen, wenn Kriege, Pogrome und Revolutionen ein Ventil schüfen für die durch eine harte Repression und Disziplinierung unterdrückten Triebe.[489] Da bspw. in der 2. Hälfte des 19.

---

[488] Ich bediene mich der Definition von Fromm. „Destruktivität" ist demnach die zerstörerische und infolgedessen fehlgeleitete Version der lebensnotwendigen und konstruktiven Strebung der Aggression.

[489] S. auch Loewenstein, Plädoyer, 31 u. 138, Anm. 15; auch Kennan, Fatefule Alliance, XVI ; nach Loewenstein, Entwurf, 320; Plack, Arno; *Die Gesellschaft und das Böse. Eine Kritik der herrschenden Moral*, München 1979, 22, 316, (künftig: Plack, Gesellschaft und das Böse); s. auch Bauriedl, Wiederkehr, 177

Jahrhunderts die „private" Kriminalität in Großbritannien deutlich abnahm, **benötig-ten** die Menschen nach dieser Deutung also eine machtbetonte und gewaltbereite Politik ihres Landes nach außen, um sich dadurch abreagieren zu können. Auch Mitscherlich vertritt die Auffassung, „daß starke sexuelle Frustrierungen" – und diese waren im Großbritannien um 1900 gewiss verbreiteter als 50 Jahre zuvor – „zu einem Anwachsen der ‚Destruktionsneigung' führen müssen", weil die libidinöse Entspannung unterblieben sei.[490] Empirische Studien belegen die Ansicht Freuds und anderer: Je stärker aggressive Impulse des Individuums blockiert sind, desto stärker bevorzugt er gewaltbereites Verhalten in der Außenpolitik. Es ist zudem experimentell gezeigt worden, dass die Abschnürung persönlicher Bedürfnisse und Wünsche bereits existierende rassistische Vorurteile unter bestimmten Umständen verstärkt.[491]

Der Engländer John A. Hobson unternahm bereits zur Zeit des Burenkrieges den Versuch, „die unerforschte Psychologie dieser machtvollen populären Leidenschaft zu untersuchen", des Imperialismus.[492] Er meinte, dass die Individualität und Unabhängigkeit des Charakters durch die Bedingungen des Stadtlebens bedroht oder gar zerstört seien, betonte also ebenfalls, dass die moderne europäische Zivilisationsentwicklung die psychische Gesundheit gefährde. Die zahlreichen oberflächlichen Kontakte führten seines Erachtens zu Nervosität, die beeinflussbar mache, und das durch das Stadtleben hervorgerufene neurotische Temperament suche Entlastung in künstlicher Aufregung.[493] Der im Grunde linksliberale Hobson fährt zeitkritisch fort, dass das Aufbrechen althergebrachter Prinzipien in der Moral, Politik und Religion die Widerstandskraft von Angehörigen aller Klassen gegen gefühlsschwangere Ideen merklich geschwächt habe.[494]

Es ist naheliegend, dass Unterdrückung und Zurichtung immer wieder zu gewalttätigen, hysterischen und irrationalen Ausbrüchen führt. Für solche gibt es im Zeitalter des Imperialismus zweifelsohne zahlreiche Belege. Freud oder Hobson, die sicher auch aus ihrer Zeit heraus zu verstehen sind, verkennen aber, dass es teils möglich ist, Triebe umzuleiten oder zu sublimieren – auf eine für das Individuum und die Gesellschaft produktive Weise. Die Zeitkritiker legen nahe, dass die Menschen in der vormodernen Welt seelisch gesünder gewesen wären. Dies mag für bestimmte Zeiten oder Kulturen tatsächlich zugetroffen haben (oder zutreffen). Für die abendländische Lebenswelt war dies m.E. mit Sicherheit aber nicht der Fall. Manche menschlichen Antriebe haben sich zwar ungehemmter entfalten können, aber Angst und Gewalt bedrückten das Leben des mittelalterlichen oder frühneuzeitlichen Menschen weit stärker als das ihrer modernen Nachkommen.[495] Es ist m.E. auch nicht einsichtig davon auszugehen, dass das Gefühlsleben und Verhalten unserer Vorfahren vor Jahrhunderten oder Jahrtausenden „unverfälscht" oder „natürlich" gewesen wäre. Anthropologische Forschungen belegen, dass die in einem Naturvolk dominierende emotionale Disposition sich von derjenigen benachbarter Naturvölker grundlegend unterscheiden kann: bei einer Ethnie kann sie von Liebe und Verständnis und einer anderen durch Hass und Missgunst geprägt sein.

[490] Mitscherlich, Alexander; *Auf dem Weg zur vaterlosen Gesellschaft. Ideen zur Sozialpsychologie*, 10. Aufl., München 1973, 135, (künftig: Mitscherlich, Vaterlose Gesellschaft); Hyam (Empire and Sexuality, 12/13) ist differenziert eher entgegengesetzter Auffassung

[491] Christiansen, Attitudes, 186/87, 54

[492] Hobson, Psychology, 5

[493] Ebd., 6–8. Die britische Historikerin Playne vertrat die gleiche Auffassung, ebenso wie der Deutsche Lamprecht.

[494] Ebd., 13

[495] Loewenstein, Entwurf, 322; Loewenstein, Bedrich Werner; *Eros und Zivilisation. Produktive Umwege der Triebmodellierung im neuzeitlichen Denken*, 126–35, in: Kornbichler, Klio

Der Ansicht von Freud (und anderen), dass sich die menschliche Natur in einem unauflöslichen Widerspruch zu Kultur oder gar zivilisiertem Verhalten befände, will ich darum **nicht** folgen.[496] Repressive Normen und Strukturen führten und führen zwar immer wieder zu gewalttätigen Ausbrüchen. Die autoritären Strukturen und Ideale in den entwickelten Ländern zur Zeit des Imperialismus können aber nur eine **Teil**erklärung des Phänomens sein. Die Antworten von Hobson und anderen Kritikern können nicht gänzlich überzeugen, ihre **Fragen** aber führen uns auf eine vielversprechende Fährte: Wandel ermöglicht einerseits gesellschaftliche Entwicklung und setzt Kreativität frei. Andererseits führt beschleunigte Veränderung zu Verunsicherung, wenn nicht archaischen Ängsten.

Für Freud trägt der Trieb seine Ziele quasi instinkthaft in sich selbst. Der Umwelt kommt seines Erachtens keine eigentlich prägende Funktion für das Verhalten zu, sondern „lediglich" eine einschränkende und versagende. Erich Fromm hingegen vertritt **nicht** die Ansicht, dass der Mensch seine wichtigsten Leidenschaften und Bedürfnisse aus den physiologischen Trieben auf direkte Weise ableitet, sondern jene historisch und gesellschaftlich bedingt sind.[497] Dieser Ansatz erklärt, warum verschiedene Gesellschaften, die unter vergleichbaren äußeren Umständen leben, von ganz unterschiedlichen, ja sogar entgegengesetzten Idealen dominiert sein können.

Fromm hat uns in diesem Sinne einen plausibleren Ansatz zum Verständnis zur Verfügung gestellt. Seines Erachtens besitzt der Prozess wachsender menschlicher Freiheit (der sich m.E. wesentlich auf die Reformation, die Wissenschaft, die Industrialisierung und die Entwicklung der Infrastruktur zurückführen lässt) einen **dialektischen** Charakter: „Auf der einen Seite handelt es sich um einen Prozess der zunehmenden Stärke und Integration, der Meisterung der Natur und der zunehmenden Beherrschung der menschlichen Vernunft, der wachsenden Solidarität mit anderen Menschen." Andererseits führe die zunehmende Individuation aber auch zu verstärkter Isolierung und Ohnmachtgefühlen.[498]

Diese Deutung besitzt m.E. für die Mehrheit der Bevölkerung einen hohen Erklärungswert. Für die kleine Minderheit des gebildeten Bürgertums war die Vereinzelung in der Epoche des Imperialismus aber kein neuartiges Phänomen. Angehörige dieser Gruppe hatten bereits seit Generationen eine hochentwickelte Individualität kultiviert. Diese geriet im neuen Massenzeitalter in Gefahr, und die neue Abhängigkeit von anonymen Kräften wurde für viele zu einer ungewohnten Quelle der Unsicherheit und Angst. Die sich im Zeitalter des Imperialismus entwickelnde Massengesellschaft zersetzte also einerseits die traditionellen Bindungen der Masse der Bevölkerung und gefährdete andererseits die Individualität der gebildeten Minderheit.

Loewenstein weist dementsprechend auf die sozialpsychologische Erkenntnis hin, dass in Krisenzeiten die Bevölkerung i.d.R. zu einer von Furcht und Konformitätsbe-

---

[496] Norbert Elias hat vor über 60 Jahren darauf hingewiesen, dass Verhalten **und Triebleben** des Menschen wesentlich von seinem gesellschaftlichen Umfeld bestimmt werden (Elias, Prozeß). In seiner Tradition stehend haben andere Wissenschaftler, z. B. Robert Muchembled faszinierende Arbeiten über den grundlegenden Wandel von Verhalten und Gefühlshaushalt während der frühen Neuzeit vorgelegt (*Die Erfindung des modernen Menschen. Gefühlsdifferenzierung und kollektive Verhaltensweisen im Zeitalter des Absolutismus*, Reinbek 1990). Grundlegender und einflussreicher ist sicher Ariès mit seiner „Geschichte der Kindheit" und der „Geschichte des Todes" (Ariès, Philippe; *Geschichte der Kindheit*, 8. Aufl., München 1988, künftig: Ariès, Geschichte der Kindheit; ders., *Geschichte des Todes*, 3. Aufl., München 1987.

[497] Ich verdanke Dr. Rainer Funk für den Gedankengang der folgenden Seiten zahlreiche wertvolle Hinweise.

[498] Fromm, Erich; *Die Furcht vor der Freiheit*, Erich Fromm Gesamtausgabe in 12 Bänden, Bd. 1 (Hg.: Funk, Rainer), Stuttgart/München 1989, 238, (künftig: Fromm, Furcht), zit. in: Fritzsche, K. Peter; *Die neue Furcht vor neuen Freiheiten*, 219, (künftig: Fritzsche, Furcht), in: Funk, Rainer/Johach, Helmut/Meyer/Gerd; *Fromm heute. Zur Aktualität seines Denkens*, München 2000

dürfnissen geprägten, destabilisierten Masse werde. „Aufgestörte und verunsicherte Menschen sind nicht aufklärungs-, sondern heilsbedürftig. Sie nehmen nur wahr, was ihr Herz anspricht", sie suchen Sicherheit, einfache Lösungen und eine starke Hand, der sie sich anvertrauen können. Wir können auch feststellen, dass bei von Erwachsenen im Stich gelassenen Jugendlichen ein hoher Prozentsatz zu besonders engen Bindungen zurückstrebt, um die Anonymität und Kompliziertheit der modernen Leistungsgesellschaft bewältigen zu können.[499] Einem unbefriedigenden Leben kann durch das Gefühl Glanz verliehen werden, einer besonderen Gemeinschaft anzugehören, z.B. der des eigenen Volkes, und der innerlich unsichere Mensch kann sich geborgen fühlen. Das Ausmaß der Idealisierung der eigenen Gruppe entspricht demnach also dem Mangel an echter Befriedigung im Leben und dem Fehlen einer gewissen Sicherheit, die notwendige Bedingung für Individualität und rationale Weltsicht ist.

Einzelne und auch Gesellschaften, die stark verunsichert sind und unter großen Anspannungen stehen, seien sie bspw. durch Naturkatastrophen, Kriege oder umwälzende gesellschaftliche Veränderungen hervorgerufen, sind also anfälliger für ein Schwarz-Weiß-Denken und -Fühlen[500], zu manchen Zeiten entfalten Irrationalismen demnach eine besonders große Wirkung.[501] Kaum ein Angehöriger der davon betroffenen Gesellschaft vermag sich dem zu entziehen. Die Hexen- und Hexerverfolgung und der Dämonenglaube in der frühen Neuzeit sind hierfür beredte Beispiele. So ist 1914 bei den Gebildeten beider Seiten die Realitäts- und Selbstkontrolle fast vollständig zusammengebrochen.[502] Der britische Schriftsteller Jerome K. Jerome bspw. fühlte sich von der kriegslüsternen Stimmung der chauvinistischen britischen Presse der Jahre vor dem Weltkrieg abgestoßen. Im August 1914 aber brach durch diese rationale und mitfühlende Schicht ein ganz anderes, bislang verborgenes und verdrängtes Gefühl aus, das die Weltsicht von Millionen seiner Landsleute bereits seit langem bestimmte: „Unsere Kriegserklärung an Deutschland hörte ich mit freudiger Genugtuung. Das Tier in mir frohlockte. Es wird der größte Krieg der Geschichte werden. Ich dankte den Göttern, welche es auch immer sein mögen, dass er zu meiner Lebenszeit stattfand."[503] Selbst Sigmund Freud war nicht in der Lage, einen kühlen Kopf zu wahren, und er identifizierte sich nach dem Kriegsausbruch lange Zeit quasi bedingungslos mit der Sache der Mittelmächte.

Die Idealisierung der eigenen Gruppe, die in unsicheren Zeiten Schutz gewähren soll, ist i.d.R. verbunden mit der Verteufelung einer anderen. So wurde z.B. festgestellt, dass eine hohe Korrelation zwischen dem Baumwollpreis und der Anzahl der Farbigen

---

[499] Loewenstein, Bedrich Werner; *Eine alte Geschichte? Massenpsychologie und Nationalismusforschung*, 90, (künftig: Loewenstein, Massenpsychologie), in: Schmidt-Hartmann, Evy (Hg.); *Formen des nationalen Bewußtseins im Lichte zeitgenössischer Nationalismustheorien*, München 1994; Loewenstein, Bedrich Werner; *Wir und die anderen*, 17, (künftig: Loewenstein, Wir und die anderen), in: Demandt, Alexander (Hg.) (unter Mitwirkung von Schlange-Schöningen, Andreas u. Heinrich); *Mit Fremden leben. Eine Kulturgeschichte von der Antike bis zur Gegenwart*, München 1995

[500] S. auch Barbu, Problems, 60 u. Fritzsche, Furcht, 222

[501] S. die Fragen die u.a. August Nitschke aufwirft (*Historische Verhaltensforschung, Analysen gesellschaftlicher Verhaltensweisen*, Stuttgart 1981, 26, (künftig: Nitschke, Historische); auch Rattner, Verstehende Tiefenpsychologie, 206/07. Eine ähnliche Auffassung hat vor fast 100 Jahren bereits der Historiker Karl Lamprecht vertreten. Für ihn waren Zeiten des ökonomischen und sozialen Umbruchs in hohem Grade vom Psychischen determiniert. (Lamprecht, Karl; *Ausgewählte Schriften zur Wirtschafts- und Kulturgeschichte*, Aalen 1974, 320ff; ders., *Moderne Geschichtswissenschaft*, Freiburg 1995, 106f, zit. in Loewenstein, Massenpsychologie, 91).

[502] Plack in diesem Zusammenhang, Gesellschaft und das Böse, 83; Erikson, Luther, 64/65; Mitscherlich, Vaterlose Gesellschaft, 33; Mitscherlich ruft hier Romain Rolland als Kronzeugen an.

[503] Zit. in Gay, Cultivation, 538, Anm. 9

bestand, die in den Südstaaten der USA gelyncht wurden.[504] In Zeiten bspw. der Wirtschaftskrise wird häufig ein Sündenbock gesucht und selbstverständlich auch gefunden. Für viele Briten, die zu Beginn des 20. Jahrhunderts unter unbefriedigenden wirtschaftlichen Aussichten litten, erfüllte eine böswillige deutsche Konkurrenz diese Ventilfunktion.

In Zeiten großer Verunsicherung und starker Ängste leistet der Verstand nicht mehr die üblichen Dienste, und Menschen neigen dazu, auf „altbewährte" Deutungs- und Handlungsmuster zurückzugreifen, auch wenn diese der aktuellen Situation nicht angemessen sind. Diese „altbewährten" Muster können sowohl aus der „individuellen Frühgeschichte" des Einzelnen stammen als auch derjenigen der Gattung. Die von Kampf und Gewalt bestimmte Ideologie der Imperialisten ähnelt in diesem Sinne derjenigen von Menschen vorgeschichtlicher Zeiten.

Am japanischen Beispiel wird dieser Zusammenhang besonders deutlich: Im letzten Drittel des 19. Jahrhunderts verschwanden die Samurai als Klasse, aber ihr Ehrenkodex gewann weite Verbreitung in Japan. Erst als die alte Klasse unterging, verlor ihr Ehrenkodex den Charakter der Exklusivität und konnte übernommen werden. Und dies besaß beträchtliche Anziehungskraft für Millionen Japaner, weil sie auf diese Weise am „Ruhm" der Samurai teilhaben konnten, und sie zugleich einen gewissen Halt in einer Zeit beispielloser Umwälzung gewannen. Auch die „Fabians", die intellektuelle Vorhut der britischen Linken, schätzten den Samurai-Ehrenkodex „als eine gesunde Nahrung für ein männliches Volk".[505]

Schumpeter schrieb dementsprechend: „Der Imperialismus (…) besitzt einen atavistischen Charakter … Mit anderen Worten, es ist ein Element, das nicht von den Lebensbedingungen der Gegenwart, sondern denen der Vergangenheit herrührt." Imperialismus, so glaubte er, war in den irrationalen Gefühlen der Aristokratie und der militärischen Klassen verwurzelt. Seine Imperialismustheorie entwickelte er anhand der Untersuchung der britischen Politik vor 1914.[506] Der Imperialismus hatte nach Schumpeter nicht nur nichts mit dem Kapitalismus zu tun, sondern Letzterer war prinzipiell ein Gegner von Expansion und Militarismus. Imperialisten wollten neue Territorien demnach nicht wegen bestimmter (oft zweifelhafter) Vorzüge derselben annektieren, „sondern einzig und allein um der Eroberung, des Erfolgs und der Aktivität willen".[507] Atavistische Haltungen gewannen im Großbritannien zur Zeit des Imperialismus zweifellos beträchtlich an Bedeutung. Nach Maßstäben, die zu Beginn des 21. Jahrhunderts herrschen, waren die Ideale und Strukturen in den 1860er Jahren „moderner" als einige Jahrzehnte später. In den vorhergehenden Abschnitten lassen sich zahlreiche Beispiele dafür finden.

Ich denke, dass Fromms Ansatz des dialektischen Charakters des Fortschritts der Schlüssel zum Verständnis zahlreicher sozialpsychologischer und mentalitätsgeschichtlicher Phänomene ist. Ich möchte mich aber noch einem zu erwartenden und sehr berechtigten Einwand widmen: Es gibt zwar auch **heutzutage** eine durch innere Unsicherheit hervorgerufene übergroße Identifizierung bzw. Verschmelzung mit einer Gruppe und der Verteufelung einer anderen. Fremdenfeindliche Ausschreitungen oder die Randale von Fußball-Hooligans belegen dies. **Aber:** Die Glorifizierung der eigenen bzw. Herabsetzung einer fremden Gemeinschaft haben heutzutage ohne Zweifel bei weitem nicht die gesellschaftliche Bedeutung, die sie vor 100 Jahren besaßen. Anderer-

---

[504] Christiansen, Attitudes, 54

[505] S. Kiernan, Imperialism, 36

[506] Semmel, Imperialism and Social Reform, 17. Semmel zit. aus Joseph A. Schumpeter, *Imperialism and Social Classes*, New York 1951, 84, (künftig: Schumpeter, Imperialism Classes)

[507] Schumpeter, Imperialism Classes, 96/97; Langer, Critique, 73

seits ist die Individuation und somit die Vereinzelung in den entwickelten Gesellschaften zu Beginn des 21. Jahrhunderts gewiss weit ausgeprägter als ein Jahrhundert zuvor. Dies widerspricht den Überlegungen Fromms. Gibt es einen Ausweg aus dem Dilemma?

Die Epoche des Imperialismus war eine Zeit noch nie da gewesener weltanschaulicher, wirtschaftlicher und gesellschaftlicher Veränderung, Entwicklung und Kontroverse. Wir können den verbreiteten Verlust christlicher Heilsgewissheit, den Kampf zwischen Sozialdarwinismus, Liberalismus und Sozialismus, das Aufbrechen unzähliger Dorfgemeinschaften und Nachbarschaften durch die Urbanisierung, die erstmals in der Menschheitsgeschichte massenwirksam gegebene Mobilität, die oft nicht mehr personal, sondern anonym bestimmten Arbeitsverhältnisse in der Fabrikwelt und das Schwinden der Autorität des Adels als Indizien für die Umbruchsituation Ende des 19. / Anfang des 20. Jahrhunderts feststellen. Der traditionelle Mittelstand der Handwerker, kleinen Gewerbetreibenden und Händler geriet zudem zwischen der Großindustrie und Banken auf der einen Seite und der erstarkenden Arbeiterbewegung auf der anderen in eine schwere Krise. Und insbesondere diese Schicht, neben den jüngeren Intellektuellen verfocht eine autoritäre und gewaltbereite Politik nach innen und außen. Der althergebrachte Mittelstand trug auch die faschistischen Bewegungen der Zwischenkriegszeit.

Das Ausmaß menschlicher Vereinzelung in den ökonomisch und sozial am entwickeltsten Staaten übersteigt zu Beginn des 21. Jahrhunderts dasjenige zur Zeit des Imperialismus zwar deutlich. Aber die in den vergangenen Jahrzehnten erfolgten Umbrüche waren im Großen und Ganzen nicht so tiefgreifend und vor allem nicht so ungewohnt und unerwartet wie diejenigen zwischen den 1870er Jahren und dem Ersten Weltkrieg. Sie wurden zudem durch umfangreiche soziale Maßnahmen abgefedert, und die Menschen sind heutzutage offensichtlich geübter, sich in Zeiten tiefgreifenden Wandels auf eine rationale Weise zu verhalten. (Ich halte es aber für möglich, dass die beschleunigte Globalisierung und der Sozialabbau wieder verstärkt zu Phänomenen führen könnten, die wir aus der Epoche des Imperialismus kennen.)

Der in den 1990er Jahren in weiten Teilen der Erde erstarkte religiöse und chauvinistische Fundamentalismus scheinen mir der Gesinnung vieler Menschen in den Industriestaaten 100 Jahre zuvor sehr verwandt. Die Menschen in zahlreichen armen Ländern sehen sich auch ähnlichen und unerwarteten Herausforderungen gegenüber. Der Einwand gegen Fromms Theorie scheint mir für die fortgeschrittensten Gesellschaften also (weitgehend) entkräftet und seine Theorie durch Entwicklungen in vielen Schwellen- und Entwicklungsländern erhärtet.

Autoritäre Strukturen und Ideale erhöhen die Neigungen des Menschen zu irrationalen und gewalttätigen Ausbrüchen. Diese Feststellung ist aber keine hinreichende Erklärung der verbreiteten Verherrlichung von Macht und Gewalt im Zeitalter des Imperialismus. Es gilt einen weiteren Erklärungsansatz zu berücksichtigen: Die „Dialektik des Fortschritts" ermöglicht Abbau und Sublimierung althergebrachter Ängste und Aggressionen, schafft und verstärkt aber auch andere, hervorgerufen durch Vereinzelung und die Verdinglichung lebendiger Prozesse.[508] Le Bon meinte dementsprechend, dass das Bedürfnis der Massen nach Gewissheit immer wieder Intoleranz hervorbringe.[509]

---

[508] S. auch Funk, Fromm heute, 14
[509] Moscovici, Serge; *Das Zeitalter der Massen. Eine kritische Abhandlung über die Masenpsychologie*, München/Wien 1984, 348, (künftig: Moscovici, Zeitalter)

Die weltanschaulichen, wirtschaftlichen und gesellschaftlichen Entwicklungen und Verhältnisse führten gegen Ende des 19. Jahrhunderts für Millionen zu einer bis dahin unbekannten angstmachenden Vereinzelung. Für die Minderheit des gebildeten Bürgertums geriet die lang gepflegte Individualität in Gefahr. Hannah Arendt schrieb zu recht, dass nicht etwa Brutalität oder Unbildung die Menschen der Massengesellschaft auszeichne, sondern Kontaktlosigkeit und Entwurzelung.[510] Unzählige suchten Schutz und Orientierung im Chauvinismus oder etwa bei Rassetheorien. Dies waren vor allem jüngere Angehörige der Elite und die untere Mittelschicht. Korrespondierend zur Idealisierung der eigenen wird eine fremde Gruppe verteufelt. Diese Vorgänge erfolgen großenteils unbewusst, lediglich durch Rationalisierungen scheinbar erklärt.

13.2 Durch welchen Mechanismus ändern sich Ideale und menschliches Verhalten?

Im vorhergehenden Abschnitt habe ich die Ansicht vertreten und zu begründen versucht, dass bestimmte ökonomische, gesellschaftliche und weltanschauliche Entwicklungen in der Epoche des Imperialismus unzählige einzelne und bestimmte soziale Gruppen dazu bewogen, ihrer Angst durch einen quasi religiösen Glauben an das eigene Volk oder „das Empire" Herr zu werden. Aber warum versuchten Millionen ihre Verunsicherung durch Anschluss an eine Macht und Gewalt verherrlichende Ideologie zu betäuben? Hätte nicht auch eine rationalere und menschenfreundlichere Weltanschauung diese Sicherheit bieten können? – Von Vernunft und einer biophilen Weltsicht bestimmte Problemlösungen sind aber zu differenziert, lehnen ein Schwarz-Weiß-Denken (und -Fühlen) ab und bieten damit stark Verunsicherten nicht den Anker, den sie anscheinend benötigen. Archaische Werte bieten einen tiefer verwurzelten Halt. In empirischen Untersuchungen konnte dementsprechend **kein nennenswerter Zusammenhang** „zwischen internationaler Kenntnis und Verhaltensmustern in Bezug auf internationale Konfliktsituationen" festgestellt werden![511] – Dies verdient ausdrücklich festgehalten zu werden: Außenpolitisches Wissen ist kein Garant für außenpolitische Vernunft. Gefühle bestimmen Weltsicht und Handeln offensichtlich stärker als „bloßes Wissen", dieses steht vielmehr häufig im Dienst der Emotionen: Menschen sind eher bereit, wahrzunehmen, was mit ihren ursprünglichen Werten und Überzeugungen in Einklang steht, als Fakten, die ihnen widerstehen.[512] – Hobson und andere Kritiker des Imperialismus hatten demzufolge also eine unzureichende Auffassung von Aufklärung.[513] Sie versuchten i.d.R., mittels **rationaler** Argumente die Ideologie des Imperialismus zu schwächen, und konnten so die tiefer liegende Schichte der gefühlsmäßig bestimmten Bindung von Millionen an das Empire gar nicht erreichen.

Zudem: In einer weiteren Anlehnung an Arbeiten von Erich Fromm gehe ich davon aus, dass bestimmte sozio-ökonomische Verhältnisse die Entwicklung bzw. Verbreitung eines bestimmten sozial typischen Charakters begünstigen (ebenso wie einzelne oder Gruppen einen gewissen Einfluss auf das große Ganze ausüben können), dem sogenannten Gesellschafts-Charakter. Denn manche Verhaltensmerkmale sind unter bestimmten wirtschaftlichen und gesellschaftlichen Verhältnissen nützlich oder gar erforderlich und unter anderen entbehrlich oder schädlich.[514] Die menschlichen Energi-

---

[510] Arendt, Elemente, 508

[511] Christiansen, Attitudes, 220

[512] Barbu, Problems, 20

[513] Ich bin mir nicht sicher, ob sich die Auffassung der heutigen politischen Bildung wesentlich von der Ansicht Hobsons unterscheidet.

[514] Charakter wird hier verstanden als die „besondere Form, in welche die menschliche Energie

en werden demnach so geformt, „daß sie das reibungslose Funktionieren einer gegebenen Gesellschaft garantieren".[515] Dem Einzelnen wird auf diese Weise die dauernde Konfrontation „mit den Anforderungen der Gesellschaft erspart, weil er so zu denken, fühlen und handeln wünscht, wie er muß (und dabei glücklich ist, weil dieses Verhalten, psychologisch gesehen, befriedigt)".[516]

Auf die Epoche des Imperialismus bezogen bedeutet es Folgendes: Die Industrialisierung hatte in den Großmächten zwar bereits Jahrzehnte vor dem Beginn des imperialistischen Zeitalters Fuß gefasst, aber die Infrastruktur und technische Neuerungen ermöglichten und forderten erst im letzten Drittel des 19. Jahrhunderts ein zuvor unbekanntes Ausmaß der Arbeitsteilung und der Abhängigkeit jedes Einzelnen vom „Funktionieren" unzähliger anderer. Darum wurde in den Industriegesellschaften dieser Zeit eine Charakterstruktur gefordert und begünstigt, die Disziplin, Unterordnungswilligkeit und -fähigkeit besonders auszeichnete. Die Arbeitskräfte waren im Zeitalter der tayloristischen Arbeitsorganisation i.d.R. kaum mehr als Rädchen in einem großen Gefüge, und es war daher erforderlich, dass sie sich reibungslos einfügten. Kreativität und selbstständiger Geist waren in der Arbeitswelt für die große Masse der Bevölkerung nicht erwünscht und hätten in Anbetracht der gegebenen (und entwickelten!) Verhältnisse auch kontraproduktiv gewirkt. Auch die demokratische Arbeiterbewegung konnte sich diesem Zeitgeist nicht immer entziehen. Das vergleichsweise überall autoritäre, wenn nicht totalitäre politische System und Erziehungswesen spiegelte und verstärkte die Organisation der Ökonomie. Eigentlich militaristische Ideale der Unterordnung und des Vertrauens auf eine schier allmächtige Führung gewannen in der Politik und Gesellschaft in verschiedenen Bereichen dementsprechend an Bedeutung, weil sie aus dem Produktionsprozess überaus bekannt waren und Gesellschafts-Charakter wesentlich prägten.

Die zunehmende Differenzierung und Spezialisierung der Arbeitswelt erfordern seit nunmehr einigen Jahrzehnten, kombiniert mit der damit verbundenen stark zunehmenden vertikalen Mobilisierung in der Gesellschaft, in steigendem Maße einen Arbeitnehmer, der – innerhalb eines bestimmten Rahmens – eigene Entscheidungen fällt. Zudem ist v.a. nicht mehr ein sparsamer, sondern ein konsumfreudiger Bürger gefragt. Die Auswirkungen dessen auf den Gesellschafts-Charakter sind offenkundig.

Es gibt aber **keine unmittelbare** und unvermittelte Einwirkung wirtschaftlicher oder politischer Systeme oder der Organisation der Produktion auf die Psyche des Menschen. Es lässt sich kein striktes Ursache-Wirkungsverhältnis zwischen der Gesellschaftsstruktur und der Charakterorientierung des Einzelnen feststellen.[517] Es kann demnach selbstverständlich sehr große Unterschiede zwischen den Ansichten und dem Verhalten verschiedener Zeitgenossen geben. – Der Mensch besitzt zum ersten einen Freiraum, den er in mehr oder minder großem Maße nutzt. – Zum zweiten sind es vielmehr die menschliche Realität sozialer Beziehungen und die darin verborgenen fakti-

---

durch die dynamische Anpassung menschlicher Bedürfnisse an die besonderen Daseinsformen einer bestimmten Gesellschaft gebracht wird" (Fromm, Furcht vor der Freiheit, 220/221); s. auch Hallgarten, Imperialismus, I, 10

[515] Fromm, Über psychoanalytische Charakterkunde und ihre Anwendung zum Verständnis der Kultur, zit. in Funk, Rainer; *Mut zum Menschen*, Stuttgart 1978, (künftig: Funk, Mut); s. auch Bierhoff, Burkhard; *Gesellschafts-Charakter und Erziehung*, (künftig: Bierhoff, Gesellschafts-Charakter), in: Funk, Fromm heute, 86,

[516] Funk, Mut, 42 der Fromm zit. (Escape from Freedom, dt. Furcht vor der Freiheit, 282ff)

[517] Zum Thema siehe auch Böhm, Jan. M. (mit Hoock, Claudia); *Sozialisation und Persönlichkeit. Autoritarismus, Konformismus oder Emanzipation bei Studierenden aus Ost- und Westdeutschland*, Gießen 1998, insb. 38ff, (künftig: Böhm, Sozialisation)

schen Erziehungsideale und nicht etwa lediglich verbal bekundete Ideale, die für die
Ausbildung des sozial typischen Charakters entscheidend sind.[518] Verbal mag bspw.
das Ideal des „fair play" bekundet werden. Wenn jedoch ganz überwiegend die Tatsache des Sieges oder der Niederlage zählt, dann ist das scheinbare Ideal kaum mehr als
eine nett drapierte Verpackung eines unerbittlichen Gesetzes.

Die Charakter-Orientierung steht also in einer wechselseitigen, nicht-direkten Verbindung zu den gesellschaftlichen und ökonomischen Verhältnissen. Gewöhnlich bleibt
jene bei reiferen Menschen in einer mobilen Gesellschaft hinter den Veränderungen
der sozialen und wirtschaftlichen Gegebenheiten zurück. Die Ideale und Verhaltensweisen der Älteren wirken nicht selten überholt – wobei dies selbstverständlich nicht
ausnahmslos oder für jeden gilt. Die ältere Generation wuchs aber in ihren ersten drei
besonders prägenden Lebensjahrzehnten in einem teilweise anderen Umfeld auf, wurde anders geformt, „zu ihrer Zeit" galten oft andere Werte, wurden andere Haltungen
gefordert und gefördert.

Zwischen Älteren und Jüngeren kommt es immer wieder zu Verständigungsproble-
men, da sie die Welt „mit anderen Augen" sehen, in einem unterschiedlichen Erfah-
rungszusammenhang.[519] Wenn sich die Umwelt nur unmerklich wandelt, gilt die Erfahrung der Älteren, wenn bei raschen Veränderungen die Rezepte der Eltern- und
Großelterngeneration aber kein zureichendes Mittel zur Bewältigung der neuen Probleme mehr zur Verfügung stellen, „sind die Älteren offener für die Weisheit der Jugend".[520]
Dies war die Situation Großbritanniens in den Jahrzehnten vor dem 1. Weltkrieg, ausgeprägter als in anderen Ländern, denn das Vereinigte Königreich war in mancherlei
Hinsicht hinter Konkurrenten zurückgeblieben. Die Entwicklung schien zu beweisen,
dass die Nutzung der Erfahrungen der großenteils liberal oder liberal-konservativ, nicht-
imperialistischen älteren Generation kein Erfolgsrezept für die Bewältigung der neuen
Herausforderungen mehr darstellte.[521] Die Verunsicherung war so groß, dass insbesondere viele Angehörige der jüngeren Generation auf archaische Handlungs- und Deu-
tungsmuster zurückgriffen, die mit technokratischen Elementen angereichert wurden.
Sanderson und Vertreter seiner Generation nahmen die Welt i.d.R. offensichtlich mit
anderen Augen wahr, als die häufig stark vom Sozialdarwinismus beeinflussten Angehörigen der Eliten, die nach den 1850er/60er Jahren geboren wurden.

Die sich wandelnden geforderten und geförderten Ideale bspw. in der Schule und
im Arbeitsleben prägen den Gesellschafts-Charakter wesentlich mit. Das Ursache-Wirkungsverhältnis kann aber auch viel subtiler sein. Um dies ein wenig zu illustrieren,
möchte ich kurz auf ein faszinierendes Forschungsprojekt eingehen: Der amerikanische Psychologe Mc Clelland und seine Mitarbeiter analysierten Tausende Mythen und
Märchen sowie Nachrichten, den Lernstoff von Schulen und Werke der Dichtung ver-

---

[518] Böhm, Sozialisation, 46. Sie argumentieren in Anlehnung an und zugleich in Abgrenzung zu
Fromm, s. auch Böhm, Sozialisation, 10. Mit den „Sozialisationsinstanzen" sind insb. das Elternhaus,
die Schule, die Ausbildungs- und Arbeitsstätte gemeint, s. ebd., 46
[519] Wohl, Robert; *The Generation of 1914*, Cambridge (Mass.) 1979, 76, (künftig: Wohl, Generation
of 1914)
[520] Wohl, Generation of 1914, 77. Dies ist selbstverständlich eine Binsenweisheit, aber eine, der in
der Imperialismusforschung m.E. noch nicht die gebührende Aufmerksamkeit zuteil wurde.
[521] Karl Mannheim war 1928 der Erste, der eine Theorie über die Bedeutung der „Generation"
entwickelte (Ausführlich bei Wohl, Generation of 1914, 75ff; s. auch Berghahn, Imperial Germany, 86/
87). Die quasi orthodoxe Richtung des „generationalen Forschungsansatzes" geht von der Hypothese
aus, dass „die historischen Erfahrungen, die die Mitglieder einer bestimmten Altersgruppe eint, bedeutsamer sind als alle sozialen Unterschiede" (Wohl, Generation of 1914, 81, Anm. 39; s. auch Röhl, Wilhelm II, 36 u. Wohl, Generation of 1914, 79). M.E. trifft dies nur für geschichtliche Extremsituationen
zu, wenn überhaupt.

schiedener Völker der Antike und der Neuzeit. Die Quellen wurden danach untersucht, wie ausgeprägt ein Bedürfnis nach Gesellung, Leistung oder Macht in ihnen deutlich wird: Die Häufigkeit der Betonung von Leistung bspw. schwankt (selbstverständlich) im Laufe der Jahrtausende. Besonders interessant für uns ist, dass Wachstum und Rückgang der Wirtschaft mit einer Phasenverschiebung von ein bis zwei Generationen parallel zu den Veränderungen im Tenor des Schriftgutes verliefen. Sie standen also in indirekter, aber starker Verbindung und erhärten somit die Überlegungen der prägenden Kraft der Erfahrungen verschiedener Generationen.[522]

Die Achillesferse des Generationenansatzes besteht darin, dass es nur sehr schwer möglich ist, zu bestimmen, welche Geburtsjahrgänge einer bestimmten Generation zugeordnet werden können, da Entwicklung zum einen oft nicht sprunghaft erfolgt, in diesem Falle wäre ein „Vorher" und „Nachher" leicht abgrenzbar. Zum anderen partizipieren Individuen, Klassen und Regionen innerhalb eines Landes in stark unterschiedlichem Umfang an der Entwicklung und Veränderung der Lebensumstände und des Verhaltens.[523] Es ist für diese Arbeit aber **nicht** erforderlich, **genau** zu definieren, welche Altersjahrgänge oder Bewohner welcher Regionen in einem sozialen Umfeld und mit Werten aufwuchsen, die es plausibel erscheinen lassen, sie zu einer Generation zusammenzufassen. Es dürfte deutlich geworden sein, dass Thomas Henry Sanderson, der 1841 geboren wurde, in einer Welt geprägt wurde, die sich im Durchschnitt wesentlich von derjenigen unterschied, die 10 oder 20 Jahre später bestand. Zudem geht es in der Arbeit insbesondere um die in Großbritannien besonders homogene Gruppe der politischen und diplomatischen Eliten, die aufgrund der „Public-School"-Laufbahn und ihrer großenteils aristokratische Abkunft zahlreiche vergleichbare Erfahrungen verbanden.

Spätestens seit der Jahrhundertwende wurde offenkundig, dass Sandersons Generation nicht nur biologisch abtrat, sondern mit ihr auch viele Werte. Dies wurde auch im Ton und Verhalten britischer Außenpolitik oder Publizistik deutlich. Dieser Mentalitätswandel, man sollte sagen Mentalitätssprung, lässt sich in vielen, wenn nicht allen entwickelten Ländern der damaligen Zeit feststellen. Eine neue Kultur mit einem Glauben an einen biologischen Determinismus, einem Pessimismus hinsichtlich der Zukunft der europäischen Kultur und einer Kritik an der Demokratie setzte die alten aristokratischen Eliten (auch) von bürgerlicher Seite unter gewaltigen Druck. Die eigene Nation wurde als schwach und zerbrechlich empfunden.[524] Aus dieser Sicht schienen radikale Lösungen erforderlich, und Großbritannien war von dieser Entwicklung in noch stärkerem Ausmaß betroffen als etwa Frankreich oder das Deutsche Reich.

Zu Sandersons Jugendzeiten unterschied sich Großbritannien in seiner Liberalität grundsätzlich von allen anderen Staaten. Zu Anfang des 20. Jahrhunderts war das Leben auf den britischen Inseln im Durchschnitt zwar noch nicht so autoritär geprägt wie

---

[522] Der Psychologe Mc Clelland sah es nicht als seine Aufgabe an, historisches Verhalten zu analysieren. Außerhalb seines Mitarbeiterkreises haben sich bislang Historiker seiner Methode noch nicht bedient (Nitschke, Historische, 65–68). Mc Clellands Deutung der Phasenverschiebung befriedigt nur teilweise. Er meint, wenn bspw. das Leistungsmotiv in den Geschichten der Erwachsenen an Bedeutung gewinne, die Kinder dies umsetzen würden, wenn sie ihrerseits Erwachsene sind. Aber: Warum setzen nicht schon diejenigen, die die leistungsbetonten Geschichten schaffen, das Leistungsmotiv um? Diese versuchen es ganz gewiss und zudem bewusst und wirken nach und nach auf die Gesellschaft ein. Trotz alledem sind Mc Clellands Untersuchung und Methode auch für die Geschichtswissenschaft von erheblicher potenzieller Bedeutung.

[523] Eine kurze Diskussion der Geschichte und unterschiedlichen Ansätze des Generationenansatzes bei Wohl, Generation of 1914, 74; s. auch ebd., 207–10; kritisch ist Rosenmayr, Leopold; *Lebensalter, Lebenslauf und Biographie*, 50/51, in: Klingenstein, Biographie

[524] Wohl, Generation, of 1914, 214/15

in kontinentaleuropäischen Staaten, trotz zunehmender illiberaler Politik und innenpolitischer Verhärtung. Dafür meldeten sich die Vertreter eines „starken Staates" nach
innen und außen aber umso hysterischer zu Wort. Die große Mehrheit der britischen
Intellektuellen und der gesamten Eliten jüngerer und mittlerer Jahrgänge glaubte nach-
drücklicher als in anderen Ländern, technokratische und autoritäre Strukturen bzw.
Ideale verfechten zu müssen.

Bertrand Russell schreibt in seinen Erinnerungen von dem bemerkenswerten Mentalitätsunterschied zwischen den Angehörigen seiner Generation und etwa 10 Jahre Jüngeren: „Wir waren noch Viktorianer, sie waren Edwardianer. **Wir** glaubten an den gere-
gelten Fortschritt durch die Mittel der Politik und der freien Diskussion."[525] Wenn
innerhalb weniger Jahre die jüngere Generation an die Schalthebel der Macht gelangt,
kann es zu tiefgreifenden Veränderungen auch in der Außenpolitik eines Landes führen. Genau dies ist im Großbritannien der Wende vom 19. zum 20. Jahrhundert geschehen.

Es gibt keinen nennenswerten Zusammenhang zwischen internationaler Kenntnis und
Verhaltensmustern in Bezug auf zwischennationale Konfliktsituationen. Es sind die
sozialen und wirtschaftlichen Verhältnisse, die bestimmte Charaktereigenschaften und
Wertvorstellungen begünstigen und fordern und die somit für die Angehörigen dieser
Gesellschaft und einer bestimmten Zeit typisch werden. Der Einzelne erspart sich auf
diese Weise die andauernde Konfrontation mit der Gesellschaft. In der Epoche des
Imperialismus waren Disziplin, Unterordnungswilligkeit und -fähigkeit besonders geschätzt. Diese Werte setzen sich zuerst bei Jüngeren durch, so dass in Zeiten raschen
Wandels größere Unterschiede zwischen den Idealen und Verhaltensweisen zwischen
den Generationen auftreten, als dies naturgegeben ohnedies der Fall ist. In Großbritannien scheint der Mentalitätsunterschied zwischen Jüngeren und Älteren besonders ausgeprägt gewesen zu sein.

13.3 Inwiefern veränderten die autoritären Ideale und Strukturen Weltsicht und
      Verhalten der Menschen?

Es ging bislang um die Fragen, aus welchem Grunde die von Macht und Gewalt bestimmte Ideologie des Imperialismus und Chauvinismus eine solch große Anziehungskraft ausüben konnte, und auf welche Weise sich Ideale und Verhalten der Menschen
verändern. In diesem Abschnitt werde ich die bisherigen Überlegungen rekapitulieren,
vor allem aber vertiefen und ergänzen.

Individuen und Gruppen, ja ganze Gesellschaften neigen in Zeiten der Krise und
Unsicherheit zu autoritären Lösungen. Diese Disposition wächst, wenn repressive Lebensumstände herrschen. – Nur ein Mensch, der wenig verdrängt, oder durch die Umstände nicht hierzu genötigt wird, ist in der Lage, angemessen wahrzunehmen und zu
handeln.[526]

Gruppen und Einzelne sahen sich in der Epoche des Imperialismus sowohl verstärkter Unterdrückung als auch unsicheren Zeitumständen ausgesetzt, mit den oben
angedeuteten Folgen. Nicht nur Individuen, sondern auch ganze Gesellschaften können „krank" sein, wenn sie in dauerndem Widerspruch zu den grundlegenden Bedürfnissen stehen bzw. diese auf pathologische Art befriedigen.[527]

---

[525] Meine Hervorhebung, zit. in Engel-Janosi, Friedrich; *Von der Biographie im 19. und 20. Jahrhundert*, 225, in: Klingenstein, Biographie
[526] S. z.B. Rattner, Tiefenpsychologie und Politik, 142
[527] Fromm, Erich; *Wege aus einer kranken Gesellschaft. Eine sozialpsychologische Untersuchung*,

Die Dialektik des Fortschritts kann dazu führen, dass sich der Verunsicherte in einer überwältigend starken Macht auflösen will, um so an deren Kraft und Ruhm Anteil zu haben. Die dem Bedürfnis nach Macht verbundene Aggressivität richtet sich dann vornehmlich gegen Minderheiten.[528] Der Antisemitismus oder die Ausgrenzung und Drangsalierung sexueller Minderheiten bspw. wuchsen in der Epoche des Imperialismus in entwickelten Gesellschaften beträchtlich an.

Die Stärke, die Imperialisten demonstrativ zu Schau stellten, „zeigte, wie nötig sie es brauchten, sich selbst zu beeindrucken". Kritik an ihrer Autorität oder gar Widerstand rief häufig unangemessene oder gar extreme Reaktionen hervor. Sir Leander Starr Jameson, ein geehrter und gefeierter Imperialist (s. Kap. II, Abschnitt 9), ließ in Südafrika ganze Dörfer niederbrennen und ihre gesamte Bevölkerung töten, aus dem einzigen Grund, weil sie „unverschämt und bedrohlich" gewesen sei![529]

Der Chauvinismus oder religiöse Fanatismus bieten eine Möglichkeit, die Vereinzelung zu überwinden. Im Gegensatz zum Narzissmus des Individuums kann derjenige der Gruppe voll ausgelebt werden. Wenn jemand mit Bestimmtheit aussprächе: „Ich bin der wundervollste Mensch der Welt", so hielte man ihn für verrückt. Wenn derjenige dies aber von seinem Volk (oder ggf. einem bestimmten anderen), seiner politischen Partei oder seiner Religion behauptete, so gälte er als normal und patriotisch bzw. überzeugungsstark und gläubig.[530] Diese Deutung mag für (einzelne) entwickelte Gesellschaften der heutigen Zeit nur noch sehr bedingt zutreffen, galt aber gewiss in der Epoche des Imperialismus.

Jede Gruppe legt ihren Mitgliedern Entbehrungen auf. „Verzichten müssen" macht jedoch feindselig, zumindest, wenn die Anforderungen sehr hochgesteckt sind. Dieses Gefühl gefährdet aber den inneren Zusammenhalt der Gruppe, so dass häufig ein Ventil geöffnet wird, um Gereiztheit und Enttäuschung ausagieren zu können. Ideologien haben dafür eine passende Rechtfertigung zu liefern.[531] Eine Lehre bzw. Idee wird dementsprechend in dem Maße Einfluss haben, in dem sie die psychischen Bedürfnisse der angesprochenen Individuen oder Gruppen befriedigt.[532] Die Gruppe, die an ihre Mitglieder höchste Forderungen stellt, bis hin zur Bereitschaft das eigene Leben zu opfern, schürt also feindselige Gefühle, die sich an anderer Stelle entladen. Die idealisierte Gemeinschaft stellt das Ventil in aller Regel zur Verfügung, den Sündenbock, eine notwendige Bedingung für ihre Stabilität. Dieses Phänomen scheint auf alle repressiv-autoritären Gesellschaften zuzutreffen. Für Millionen Briten wurden Juden, sexuelle Minderheiten oder (vermeintliche) Feinde des Empire im Inneren bzw. andere Völker zu Sündenböcken – oder zu ihnen kreiert. Es war folgerichtig, dass britische Imperialisten und Chauvinisten, die das Empire glorifizierten, andere Gruppen extrem abwerteten

---

Frankfurt(Main)/Berlin 1981. Es gibt aber leider noch keine statistisch repräsentativen Studien über den Zusammenhang zwischen „gesellschaftlichen Lebensbedingungen und Charakterorientierungen der Mitglieder einer Gesellschaft" (Böhm, Sozialisation, 48). Die Autoren bemerken, dass dies nicht verwunderlich sei. Die akademische Sozialwissenschaft sei weitgehend angepasst, ineffizient und an aktuellen Moden ausgerichtet. Darüber hinaus stehe man auch vor besonderen Problemen tiefenhermeneutischer Forschung.

[528] Fromm, Furcht, 346, in: Fritzsche, Furcht, 220

[529] Gay, Cultivation, 87; s. auch Gay, Freud for Historians, 76;

[530] Manche halten es auch für angebracht, ihr eigenes Volk für besonders verabscheuenswürdig zu halten und dadurch einen wichtigen Teil ihrer Identität zu formulieren. Dies ist nicht weniger deplaziert als die chauvinistische Kehrseite der Medaille.

[531] Mitscherlich, Vaterlose Gesellschaft, 23; s. auch Marcuse, Herbert; *Triebstruktur und Gesellschaft. Ein philosophischer Beitrag zu Sigmund Freud*, Frankfurt/Main 1965, 48, Loewenstein (Wir und die anderen, 237, Anm. 5. L. zitiert H.E. Richter) u. Bauriedl, Wiederkehr, 152.

[532] Fromm, Furcht vor der Freiheit, 56/57; Moscovici, Zeitalter, 54; Loewenstein, Militarismus, 2

oder gar dämonisierten, ob „barbarische Schwarze", „hinterhältige Gelbe" oder „brutale Deutsche". Zeitgenossen mit größerer innerer Sicherheit und demzufolge einer unvoreingenommeneren Weltsicht, wie etwa Sanderson, glorifizierten weder die eigene noch verteufelten sie eine andere Gemeinschaft. Idealisierung bzw. Entwertung scheinen untrennbar miteinander verbunden zu sein. Ein Minderwertigkeitserleben wird durch eigene Größenvorstellungen zu kompensieren versucht.

In Gruppen gestatten sich Einzelne weit eher, ihrer Frustration gewaltsam Ausdruck zu verleihen: Das Individuum fühlt sich in der Masse (z.B. zu Kriegszeiten oder in solchen der Kriegsgefahr) häufig enthemmt, erst recht, wenn der eigenen Gemeinschaft durch ihre Führer und Angehörigen quasi religiöse Weihen verliehen werden, wie dies bei Chauvinisten sämtlicher Völker üblich ist. Das Gewissen leistet nicht mehr die üblichen Dienste, und viele gestatten sich den Ausdruck bislang unbewusster Gefühle, deren Praktizierung bislang verpönt war in einer gleichgesinnten Masse.[533] Dies fällt um so leichter, wenn man es mit einem letztlich „anonymen Feind" zu tun hat, z.B. einem anderen Volk oder einer fremden Gruppe.[534]

Das Ausmaß an Sympathie bzw. Antipathie eines Menschen gegenüber bestimmten Nationen kann durchaus unterschiedlich sein. Nach sozialpsychologischen Ergebnissen lässt sich beim Einzelnen jedoch eine grundsätzliche Neigung feststellen, andere Völker zu mögen oder eher abzulehnen. Bei einer Untersuchung wurde gar konstatiert, dass Personen, die eine extrem negative Haltung gegenüber Außengruppen äußern, auch frei erfundene und nicht existierende Gruppen ablehnen. Bei diesem Vorgang, der als „Verschiebung" bezeichnet wird, werden Gefühle „auf ein ungefährliches Objekt umdirigiert". Selbst der amerikanische Historiker Stannard, der in einem Buch die Verwendung psychoanalytischer Ansätze für die Geschichtsschreibung vollständig verwirft, bestätigt, dass dieses Phänomen der Verschiebung empirisch hinreichend bestätigt sei.[535] Der Psychologe König formuliert es so: „Die projektive Identifizierung (…) soll innere Konflikte zu äußeren machen, indem ein Mensch in der Außenwelt einem inneren Konfliktpartner, zum Beispiel einem abgelehnten Teil des eigenen Selbst, ähnlich gemacht wird." Die dadurch entstehende Auseinandersetzung entlastet vom inneren Widerstreit.[536] Auf Kritik an der eigenen Gruppe wird mit intensiver Wut reagiert, denn die Identifikation mit dieser bedeutet, dass jeder Tadel an ihr das eigene Selbstverständnis bedroht.[537]

Der unsichere Mensch – oder etwa die labile Nation – neigt dazu, eigene als negativ erlebte Charakteristika „ins Bild des minderwertigen anderen" zu verbannen. **Eigene** aggressive Impulse werden in diesem Sinne **dem Anderen** angedichtet, ein sehr verbreitetes Phänomen bei britischen Imperialisten und ihren ausländischen Gesinnungsgenossen. Die verzerrte Wahrnehmung des Fremden schmeichelt dem Selbstwertgefühl. Je finsterer die (vermeintlichen) Absichten der (vermeintlichen) Feinde des glorifizierten Empire zu sein schienen, desto glänzender die Rolle des britischen Weltreiches. Diese Methode der Angstabwehr hat nach Ansicht der Analytiker aber eine Re-

---

[533] S. Freud, Massenpsychologie; Christiansen, Attitudes, 28/29, der sich auf Freud und Allport stützt.

[534] In diese Kategorie fällt die bekannte „Klage" Himmlers, dass der Antisemitismus die Deutschen zwar **theoretisch** bewege, **praktisch** jedoch nahezu jeder „Volksgenosse" „seinen", ihm persönlich bekannten Juden von dieser Theorie ausnehmen wolle.

[535] Scott, Psychological, 72/73; s. auch Christiansen, Attitudes, 147, 21; Ernst, Heiko (mit Nuber, Ursula); *Stichwort Psychotherapien*, München 1992, 19, (künftig: Ernst, Psychotherapien); Stannard, Shrinking History, 94. Er konzentriert sich ausschließlich auf den Freudschen Ansatz.

[536] König, Psychoanalytische, 16

[537] Fromm, Erich; *Anatomie der menschlichen Destruktivität*, 164–167 Tausend, Reinbek 1992, 228/29, (künftig: Fromm, Anatomie); Fromm, Sigmund Freud's, 71/72

gression zur Folge, kann zu seelisch frühen undifferenzierten Bindungen führen. So kann man den chauvinistischen Nationalismus als narzisstischen, frühinfantilen Vereinigungs- und Verschmelzungswunsch deuten. Loewenstein macht darauf aufmerksam, dass die Psychologie schon bei Kleinkindern eine Neigung feststellt, eigene Schwäche durch Identifizierung mit einem rücksichtslosen und schier allmächtigen Helden auszugleichen. Dadurch werde es den Kindern ermöglicht, das mit Unlust verbundene Erleben der eigenen Schwäche und Abhängigkeit zu vergessen und zu „überspielen", sie verlören dadurch aber auch das Mitgefühl gegenüber noch Schwächeren.[538] Analog dazu übten und üben bspw. demonstrativ rücksichtslose Politiker wie etwa Disraeli oder Chamberlain häufig eine beträchtliche Anziehungskraft auf innerlich unsichere Menschen aus.[539]

In der Regel bestehen kaum Zweifel an der Berechtigung der Vergötterung der eigenen Gruppe, da die Umgebung dieses Gefühl teilt. Wenn ein Konflikt zwischen zwei Gruppen entsteht, die ihren kollektiven Narzissmus wechselseitig herausfordern, so führt dies zu einer intensiven Feindschaft. Das Bild der eigenen Gemeinschaft wird dann gesteigert, während die andere möglichst herabgesetzt wird. „Die eigene Gruppe wird zum Verteidiger der menschlichen Würde, des Anstandes, der Moral und des Rechts." Die andere ist hingegen „betrügerisch, skrupellos, grausam und von Grund auf unmenschlich".[540] Das verbreitete britische Deutschlandbild der Jahre vor dem Weltkrieg und das deutsche Englandbild sind bedrückende Beispiele dieses Phänomens. Auch Historiker haben sich dieser verzerrten Wahrnehmung oft nicht entziehen können oder wollen. So schreibt McCullough zu Recht, dass viele Darstellungen auf den Mythos hinausliefen, dass Kriege durch „das böse andere Volk" entfesselt würden, das sich weigerte, mit der freundlichen und friedvollen eigenen Nation zusammenzuarbeiten:

> „Die Moral dieses Mythos ist natürlich, dass man sich auf den Krieg vorbereiten muss, um ihn zu vermeiden. Der Weg Kriege zu beenden ist, das böse Volk (...) zu vernichten oder ihm wenigstens seine Kräfte zu nehmen. Mit anderen Worten: Krieg kann am Besten durch Militarismus vermieden werden, durch Kriegsvorbereitungen und durch den Krieg selbst."[541]

Jede Gemeinschaft zeichnet sich durch spezifische Tugenden und Laster aus. Der narzisstische Chauvinist aber schaut ausschließlich auf die Stärken des eigenen Volkes und die Laster der anderen Nation. – Und diese Beobachtungen sind oft eindrucksvoll – weil sie zutreffen. Falsch an ihnen ist „lediglich", dass die unvorteilhaften Charakteristika der eigenen Nation und die guten der anderen außer acht gelassen werden.[542] Um die Glorifizierung des eigenen Volkes und die Verdammung eines anderen psychisch und intellektuell vertretbar erscheinen zu lassen, werden Motive kreiert, die nicht eigensüchtig, sondern altruistisch klingen. So behaupteten die Imperialisten aller Länder, dass die Herrschaft ihres eigenen Volkes über andere dem Wohl des Letzteren diene. Dies war sicher teils eine bewusste und zynische Täuschung, um von anderen Interessen abzulenken, oftmals glaubten die Imperialisten aber auch an ihre eigene Rationali-

---

[538] Loewenstein, Wir und die anderen, 16; s. hierzu auch Böhm, Sozialisation 106

[539] Böhm, Sozialisation, 110. Nach empirischen Untersuchungen werden Gefühle persönlicher Unterlegenheit sehr häufig durch die Identifizierung mit einer idealisierten Gruppe zu überlagern versucht (Christiansen, Attitudes, 63 Anm. 1); s. auch Bauriedl, Wiederkehr, 145/46. Josef Rattner (*Tiefenpsychologie und Politik. Einführung in die poltische Psychologie*, Freiburg 1970, 139/40, (künftig: Rattner, Tiefenpsychologie und Politik) unterlegt diese Interpretation mit einem Zitat von Peter Heintz (*Soziale Vorurteile – ein Problem der Persönlichkeit, der Kultur und der Gesellschaft*, Köln 1957, 108)

[540] Fromm, Anatomie, 229/30; zu „Schwarz-Weiß" und „Freund-Feind"-Bildern s. auch Doerry, Mentalität, 16, 183; Adorno vertritt eine ähnliche Auffassung (s. König, Zivilisation, 64).

[541] McCullough, How, XI

[542] Bauriedl (Wiederkehr, 188) hat einen etwas anderen Ansatz, kommt jedoch zu einem gleichen Ergebnis; Fromm, Sigmund Freud's, 72

sierung. Nur sehr Ich-starke Menschen können auch unter starken psychischen Belastungen auf diese Rationalisierungen, also Scheinbegründungen verzichten, die Angst und Unsicherheit verdecken sollen.[543]

Das Verhältnis zwischen der Verherrlichung der eigenen Nation und aggressiven Einstellungen in Bezug auf außenpolitische Fragen scheint folgendermaßen zu funktionieren: Je größer das Bedürfnis zur Glorifizierung der eigenen Nation ist – dieses muss „als Abwehrmechanismus sowohl gegen persönliche Unsicherheit als auch rationale Problemlösungen verstanden werden"[544] –, desto stärker wird eine Person geneigt sein, Eindrücke, die nicht in sein ideales Bild hineinpassen, abzublocken oder zu rationalisieren. Ein Zwiespalt zwischen seinem Bild und der Realität entsteht, und dieser verlangt nach einer Erklärung: „Die Illusion von nationaler Größe und Überlegenheit führt zur Illusion der Verfolgung." Der größenwahnsinnige Chauvinist benötigt einen (innen- und/oder außenpolitischen) Sündenbock, um eine Erklärung dafür zu haben, warum seine Gruppe nicht die einzigartige Stellung in der Welt besitzt, die ihr (angeblich) zukommt. Dementsprechend wird die Person dazu neigen, „die anderen" als feindliche, aggressive und hinterhältige Subjekte zu sehen.[545] Diese Einschätzung traf (und trifft) für die Chauvinisten verschiedener Länder zweifelsohne zu.

Der vermeintliche Feind bleibt von dieser Sichtweise nicht unberührt

> „W.R. Bion hat diesen Vorgang als die Container-Funktion des Empfängers beschrieben, als die Funktion eines Gefäßes, in das fremder Inhalt gefüllt wird. Das ist möglich, weil die Einfüllung ebenfalls unbewußt erfolgt (…) Ist viel Macht im Spiel, kann sich das Gefäß gegen den hineinprojizierten fremden Inhalt unmittelbar kaum wehren."

So besteht die Gefahr, dass derjenige, der für „böse" gehalten wird, es nach und nach tatsächlich wird (wenn er es nicht bereits zuvor war). Dies bestätigt dann das ursprüngliche Vorurteil.[546] Oder positiv formuliert: Andere tun Dinge, die wir ihnen zutrauen und die wir von ihnen erwarten.[547] Die Chauvinisten verschiedener Völker stärken sich auf diese Weise gegenseitig.

Der Chauvinismus ist untrennbar mit einer narzisstischen Identifikation mit der eigenen Nation (oder dem Empire) verbunden. Er scheint i.d.R. mit einer autoritären Charakterorientierung verbunden, was in der Epoche des Imperialismus besonders deutlich wurde. Es ist schwer, ins Gespräch zu kommen, wenn der „autoritäre Charakter" in der Gesellschaft dominiert. Dieser malt sich die Welt als Dschungel aus, in der Stärke und Dominanz – oder ein mächtiger Beschützer – notwendige Bedingung des Überlebens sind.[548] Er hegt also eine sozialdarwinistische Gesinnung. Die autoritäre Persönlichkeit zeichnet sich durch die unterdrückte Aggressivität gegenüber repressiven Autoritäten aus, denen er sich zugleich glaubt, unterwerfen zu müssen. Nicht akzeptierte und frustrierende Wünsche werden hierbei auf Außengruppen projiziert. Ein Sünden-

---

[543] Mitscherlich, Vaterlose Gesellschaft, 32/33. Ernst (Psychotherapien , 19) definiert: „Bei der Rationaliserung werden für eigene Schwächen und Fehler, Versäumnisse und nicht eingehaltene Verpflichtungen Pseudogründe gesucht und gefunden."

[544] Loewenstein, Massenpsychologie, 101; Rivera (Psychological Dimension, 206) lässt sich so verstehen, dass Menschen in hohen Ämtern relativ häufig nach Macht drängten, um einen Ausgleich für ihre unterentwickelte Selbstachtung zu haben.

[545] Senghaas, Dieter; *Rüstung und Militarismus*, Frankfurt/M. 1972, 54, 50; Christiansen, Attitudes, 62/63, Anm. 1

[546] Becker, Helmut (mit Nedelmann, Carl); *Von der Anwendbarkeit psychoanalytischer Kategorien auf die Politik*, 109, (künftig: Becker, Anwendbarkeit) in Becker, Hellmut (mit Nedelmann, Carl), Hg.; *Psychoanalyse und Politik*, Frankfurt/Main 1983 (künftig: Becker, Psychoanalyse). Man denke auch an Max Frischs „Andorranischen Juden".

[547] Mc Clelland, Macht, 197

[548] S. z.B. Rattner, Tiefenpsychologie und Politik, 140/41, auf S. 152 zit. er Maslow

bock muss gefunden oder kreiert werden. Narzisstische und autoritäre Gesinnungen verstärken sich also gegenseitig in dem Bedürfnis nach einem „Prügelknaben". Der Autoritäre ist dabei anscheinend weder in der Lage noch dazu bereit, sich in andere einzufühlen. Er scheint nichts anderes, als seine eigene Weltsicht zu kennen. So konnte auch bei Versuchen nachgewiesen werden, dass Nicht-Autoritäre von Autoritären nach einem Gespräch als „typisch autoritär" eingestuft wurden![549]

Narzisstische und autoritäre Haltungen gewannen in Großbritannien (und anderen entwickelten Ländern) in der Epoche des Imperialismus massiv an Bedeutung. Die Möglichkeit zu rationaler Weltsicht und angemessenem Handeln wurde hierdurch entscheidend eingeengt. Es gab zudem noch ein weiteres Phänomen, das in dieselbe Richtung wirkte: Gemäß empirischen Untersuchungen neigen Personen, die ihre Zukunftsaussichten optimistisch bzw. pessimistisch einschätzen, dazu, ähnliche Erwartungen in Bezug auf außenpolitische Entwicklungen zu hegen.[550] Dies bedeutet: Wenn eine in ihrem Status bedrohte gesellschaftliche Gruppe oder Klasse die Politik eines Landes dominiert, so wird ihre pessimistische Erwartung auf die Politik ihres Landes abfärben. Dieses Gefühl von Bedrohtsein war bei den althergebrachten Eliten aller europäischer Großmächte anzutreffen, – deren Außenpolitik eindeutig von der an Gewicht verlierenden Aristokratie dominiert wurde. Die Bedrohung des eigenen Status und die damit verbundene Angst verleiten aber zu aggressiven Handlungen. Der Historiker Mayer meint, dass die regierenden Eliten Europas, nachdem sie zum Sozialdarwinismus konvertiert waren, dazu neigten, „die Ängste, die sie selbst spürten, auf vermeintliche äußere Feinde zu projizieren und in Gestalt nach außen gerichteter Aggressionen abzureagieren". Damit seien sie zu der eigentlichen Gefahr für den Kontinent geworden.[551] Diese Deutung besitzt m.E. nicht unerhebliche Erklärungskraft.

Auch Schmidt betont die Bedeutung innenpolitischer Faktoren: Studien zur englischen Außenpolitik müssten in weiten Bereichen identisch sein mit einer Analyse der innenpolitischen Verhältnisse im Lande. – Wenn im Inneren Freund-Feind-Muster und die Projektion eigener Aggression auf Fremdgruppen vorherrschen, wird dieses Schwarz-Weiß-Weltbild nach aller Erfahrung auch auf die Sicht der Nachbarn des eigenen Volkes abfärben. In diesem Sinne besteht ein Zusammenhang zwischen der desolaten innenpolitischen Lage in Großbritannien, den zahllosen Streiks, ihrer teils blutigen Unterdrückung, der zunehmenden Drangsalierung verschiedener Minderheiten und der sich einem Bürgerkrieg nähernden Situation in Irland, mit der internationale Spannungen verschärfenden britischen Außenpolitik. – Die meisten britischen und französischen Historiker quittierten „Mayers unterschwellige Gleichsetzung der Konservativen in diesen Ländern mit den Trägergruppen des ‚deutschen Griffs nach der Weltmacht' <aber> mit eisigem Schweigen".[552]

Die Vergötterung der eigenen Gruppe und/oder die Identifizierung mit einem „starken Mann" bietet dem Individuum die Möglichkeit, die Vereinzelung und das Gefühl eigener Schwäche zu überwinden. Kritik am Identifizierungsobjekt bedroht darum die eigene, ohnedies bereits labile Sicherheit und Identität und führt zu intensiver Wut. Die mögliche Selbstaufopferung, die bspw. der Imperialismus von seinen „Gläubigen" verlangt, verstärkt die feindselige Disposition. Die Unterwerfung unter eine repressive Autorität führt zu unterdrückter Aggression gegen diese. Sie wird i.d.R. auf Außengrup-

---

[549] Deutsch, Theorien, 158/59. Zur Charakterisierung von Menschen mit autoritären Neigungen s. auch Böhm, Sozialisation, 105; Rattner, Tiefenpsychologie und Politik, 147
[550] Christiansen, Attitudes, 199/200
[551] Mayer, Adelsmacht, 288
[552] Schmidt, Rationalismus, 284; Schmidt, Der europäische Imperialismus, 148–50

pen projiziert. Die eigenen aggressiven Gefühle werden „dem anderen" angedichtet, dessen „Hinterhältigkeit" auch dafür verantwortlich gemacht wird, dass die eigene Gruppe nicht die Stellung besitzt, die ihr (angeblich) zukommt. Angehörige der in ihrem Status besonders bedrohten aristokratischen Elite besaßen anscheinend eine besonders ausgeprägte Neigung zu aggressiven und irrationalen Impulsen. Gleiches gilt für jüngere britische Intellektuelle zu Beginn des 20. Jahrhunderts, um deren Karrierechancen es im wirtschaftlich stagnierenden Vereinigten Königreich schlecht bestellt war.

V. Zur Beurteilung der britischen Aussenpolitik

Ich habe mich bislang zahlreichen weltanschaulichen, gesellschaftlichen, ökonomischen, biographischen und insbesondere außenpolitischen Fragen und ihrem Zusammenhang gewidmet. Im folgenden Kapitel handelt es sich darum, diese Erkenntnisse und Überlegungen zu strukturieren und zu vertiefen. Es wird um die **bestimmenden Motive** britischer Außenpolitik zwischen den 1890er Jahren und 1914 gehen. Die Zeit nach der Jahrhundertwende zeichnete sich hierbei durch eine neue Form und einen neuen Inhalt aus, und ihnen wird besondere Aufmerksamkeit geschenkt, um die Motive der Veränderung besser nachvollziehen zu können. Diese waren den damals Handelnden nur teilweise bewusst, teils leugneten sie diese, teils kreierten sie unbewusst oder aus taktischem Kalkül andere.

1. Die Bedeutung des europäischen Gleichgewichts und die deutsche Herausforderung für die britische Aussenpolitik

Fast die gesamte Geschichtsschreibung über die britische Außenpolitik der drei Jahrhunderte vor der Mitte des 20. Jahrhunderts weist auf die Maxime von der Erhaltung des europäischen Gleichgewichts. Diejenigen, die das Vorgehen Großbritanniens als Gleichgewichtspolitik interpretieren, verweisen auf die ihres Erachtens aggressive oder zumindest ungeschickte deutsche Politik, die das Vereinigte Königreich dazu genötigt habe, sich auf die Seite der Flügelmächte zu stellen.[1]

Die weit überwiegende Mehrheit der Historiker vertritt die Auffassung, dass das Deutsche Reich die Balance auf dem europäischen Kontinent bedroht habe und das Vereinigte Königreich darum genötigt gewesen sei, sich ihm entgegenzustellen.[2] Berghahn bspw. argumentiert, das Empire habe lediglich auf eine herausfordernde deutsche Politik **reagiert**. Der Historiker Edwardes meint, dass sich Großbritannien bereits 1902 kein entschiedenes Auftreten in Zentralasien mehr habe leisten können, da es sich aufgrund der deutschen Herausforderung auf die Seerüstung habe konzentrieren müssen. Auch Russland, Frankreich, Japan oder die USA hätten eine Bedrohung für britische Machtpositionen dargestellt, aber nur das Deutsche Reich habe Großbritannien mit dem Flottenbau **vor dessen Haustür** herausgefordert.[3] Meinecke, Kantorowicz, Hallgarten und Stadelmann betonen, dass sich das Deutsche Reich durch seine aggressive Seerüstung selbst eingekreist habe.[4] Dementsprechend betont bspw. auch Wormer an vielen Stellen die Herausforderung Großbritanniens durch das Deutsche Reich, **nie** diejenige durch die Vereinigten Staaten.[5] Kennedy betont in einer neueren Arbeit nicht mehr einen aggressiven Charakter der wilhelminischen Außenpolitik, sondern argu-

---

[1] Mommsen, Zeitalter, 176; Schmidt (Der europäische Imperialismus, 102) beurteilt die Politik der Wilhelmstraße noch etwas kritischer.

[2] Grenville, J.A.S.; *Imperial Germany and Britain. From Cooperation to War*, 94/95, (künftig: Grenville, Imperial Germany and Britain), in: Birke, Gleichgewicht; auch der junge Wilson war dieser Ansicht, s. Wilson, Role and Influence, 190

[3] Berghahn, Volker R; *Germany and the Approach of War in 1914*, London 1973, 59/60, (künftig: Berghahn, Germany); Edwardes, Great Game, 144; Hildebrand, Zwischen Allianz und Antagonismus, 306, 318/19; s. auch ders., Deutsche Außenpolitik, 115

[4] Forstmeier, Flottenbau, 45

[5] Rock (Why Peace, 7) merkt an, dass die Gleichgewichtspolitik keine englische Doktrin gewesen sein kann. Ansonsten hätte es zu einem britisch-deutschen Bündnis gegen die Vereinigten Staaten kommen müssen.

mentiert, dass die Geographie **ein** Hauptgrund der britisch-deutsche Entzweiung sei:
Die schiere Nähe von Wilhelmshafen zur englischen Küste habe die deutsche Flotte
für die Briten in einem anderen Licht erscheinen lassen als etwa die Seerüstung der
Vereinigten Staaten.[6]

Massie meint, dass die deutsche Seerüstung zu einer Neuausrichtung der britischen
Außenpolitik geführt habe. Der Marinefachmann Wegener meint, **nicht** der deutsche
Flottenbau sei ausschlaggebend für die Hinwendung Großbritanniens zu Frankreich
und Russland gewesen, sondern die zunehmende wirtschaftliche und finanzielle Stärke
des Deutschen Reiches, seine „halbhegemoniale Stellung". Die deutsche politische Führung hätte diese auch nicht verhindern können. „Zwischen England und Deutschland
entstand ein unauflöslicher Machtkonflikt. Dieser bestimmte jetzt die englische Politik."[7]

Hildebrand argumentiert, dass die britische Politik notwendige Konsequenzen aus
der deutschen Herausforderung zog: „Großbritannien blieb kaum etwas anderes übrig,
als sich zu verteidigen, wollte es nicht kampflos kapitulieren."[8] An anderer Stelle schreibt
er:

> „Zwischen den Weltmächten Rußland und England so lange ‚freie Hand‘ zu behalten, bis Deutsch-
> land angesichts ausreichender Eigenmacht und im Besitz der großen Schlachtflotte mit Rußland
> eine gegen England gerichtete Verbindung eingehen könnte, war das Ziel Bülowscher Außenpoli-
> tik".[9]

Fritz Fischer und seine Schüler sehen die überwiegende Verantwortung für die Spannungen vor 1914 und den Kriegsausbruch beim autoritären und innenpolitisch labilen
Deutschen Reich, Russland sehen sie eher in einer passiven Rolle, und Englands Politik
erscheint ihnen als Reaktion auf deutsches Vorgehen. Otto Hauser meint, dass der englisch-russische Gegensatz höher als der englisch-deutsche zu veranschlagen sei. Die
Wilhelmstraße habe sich durch Halsstarrigkeit in der Flottenfrage und ungeschickte
Außenpolitik selbst isoliert und London geradezu genötigt „den unüberbrückbaren
Gegensatz zwischen England und Rußland durch das ‚unorganische Gebilde‘ der Asienkonvention künstlich zu überkleistern".[10]

Kissinger schreibt, dass die deutsche Politik nach Bismarck in ihrem Bedürfnis, für
das Reich absolute Sicherheit zu erlangen, jede andere europäische Nation mit absolu-
ter Unsicherheit bedrohte und auf diese Weise fast automatisch gegen sich gerichtete
Koalitionen auslöste.[11] Steiner meint, Grey sei zu der Überzeugung gekommen, dass
Deutschland eine Vorherrschaft auf dem Kontinent errichten wolle und sich rasch die
Mittel aneigne, um dieses Ziel erreichen zu können. Ein Ausgleich oder gar Bündnis
Großbritanniens mit dem Deutschen Reich hätte nach Massies Ansicht zu einer „absoluten Vorherrschaft" Berlins in Europa geführt. Er stützt seine Argumentation darauf,
dass Deutschland „die größte Militärmacht Europas" gewesen sei.[12] Der Umfang des
europäischen Engagements des Vereinigten Königreiches „entwickelte sich analog zum

---

[6] Kennedy, Anglo-German Antagonism, 421
[7] Massie, Dreadnought, 185; ders. Schalen, 210/11; Wegener, Seestrategie, 258–60
[8] Hildebrand, Zwischen Allianz und Antagonismus, 326
[9] Schmidt, Der europäische Imperialismus, 144/45; Hildebrand, Deutsche Außenpolitik, 33; Hildebrand scheint in der „Julikrise 1914" (481) noch anderer Auffassung gewesen zu sein. Er schrieb: „Das
Dilemma der britischen Staatsmänner war, daß sie nicht einmal annähernd wußten, was der deutsche
Parvenu eigentlich wollte ..."
[10] Wormer, Großbritannien, Rußland und Deutschland, 17ff
[11] Kissinger, Diplomacy, 172
[12] Steiner, Britain Origins, 42; Massie, Dreadnought, 307, 594/95; ebd., XXV

Grad der deutschen Herausforderung", so die ganz überwiegende Meinung der Forschung.[13]

Für die Jahre ab 1905 könne man nach der weit überwiegenden Ansicht der Forschung eine „Rekontinentalisierung" der britischen Außenpolitik feststellen, denn die russische Niederlage gegen Japan habe das Zarenreich so sehr geschwächt, dass es zum einen keine Bedrohung britischer Interessen in Asien mehr darstellte. Zum anderen habe sich das Kräfteverhältnis auf dem europäischen Kontinent verschoben, so dass sich Großbritannien auf die Seite der schwächeren Gruppierung, des franko-russischen Zweibundes stellen musste, um das Gleichgewicht auf dem Erdteil wiederherzustellen.

Monger und Busch schreiben, dass die Entente dazu diente, Frankreich und das europäische Gleichgewicht zu verteidigen. Massie betont, dass sich Großbritannien dazu entschloss, eine Hegemonie Deutschlands in Europa nicht zu dulden, also die „Balance of Power" zu bewahren. „Aus diesem unbestimmten, aber machtvollen Instinkt entstanden die Entente mit Frankreich, die Modernisierung und der Ausbau der Royal Navy sowie der Interessenausgleich mit Russland. Das Ergebnis war eine Wiederherstellung des Machtgleichgewichts in Europa".[14]

Calleo argumentiert, dass das Wachstum Russlands, der USA oder auch Großbritanniens den europäischen Status quo nur indirekt untergruben, deutsche Ambitionen aber einen Frontalangriff darauf darstellten – wobei er von einem deutschen Ausbreitungswillen in **Europa** ausgeht. Wenn man vom Deutschen Reich nun erwartete, wie er fortwährt, sich mit der Ausbreitung der Flügelmächte abzufinden und die europäische Balance selbst nicht anzutasten, so bedeutete dies aus deutscher Sicht eine Verurteilung zur Mittelmäßigkeit „und schließlich ganz Europas zur Herrschaft außereuropäischer Mächte. So sah das deutsche Problem aus deutscher Sicht aus".[15]

Kennedy schreibt: Da die Deutschen nicht bereit waren, ihren Wunsch – und ihre latenten Fähigkeiten – aufzugeben, den existierenden Zustand in Europa oder in Übersee zu verändern, oder die Briten nicht gewollt waren, eine **große** Veränderung in dieser Ordnung hinzunehmen, blieben ihre fundamentalen Interessen diametral entgegengesetzt.[16]

Es gibt zudem zahlreiche Stellungnahmen britischer Verantwortlicher aus den Jahren vor dem Weltkrieg, dass die Wahrung oder Wiederherstellung des Gleichgewichts eine bestimmende Maxime britischer Außenpolitik gewesen sei. Hardinge bspw. gestand Bertie Mitte 1908 seine Besorgnis, dass die Franzosen einmal aus Furcht (vor den Deutschen) in eine wilde Flucht gejagt werden könnten.[17] Großbritannien müsse darum eine europäische Defensivkoalition anführen, um das Gleichgewicht der Mächte in Europa zu wahren.[18] Auch Crowe erklärte die britische Politik in seinem berühmten Memorandum mit diesem Grundsatz.

Im Folgenden wird zunächst kurz auf die Bedeutung der Gleichgewichtspolitik für Großbritannien in den 1880–90er Jahren eingegangen, danach widme ich mich ausführlicher den folgenden Jahren bis zum Weltkrieg:

Salisbury lehnte die britische Politik in den 1880er und teils 1890er Jahren an den Dreibund an, **weil** es die stärkste Formation in Europa war und Deutschland eine halbhegemoniale Stellung ausübte. Grey teilte in seinen Erinnerungen diese Einschätzung.

[13] Wormer, Großbritannien, Rußland und Deutschland, 63; s. auch Gillard, Struggle, 177
[14] Busch, Hardinge, 126/27; s. auch McKercher, Introduction, 10; Massie, Schalen, 497/98
[15] Calleo, David P.; *Legende und Wirklichkeit der deutschen Gefahr: neue Aspekte zur Rolle Deutschlands in der Weltgeschichte bis heute*, Bonn 1981, 22, (künftig: Calleo, Legende)
[16] Kennedy, Anglo-German Antagonism, 470; Heraushebung von mir.
[17] PRO, FO 800/170, Hardinge an Bertie, 16.7.1908
[18] Zit. in Hamilton, Bertie, 105

Ein starkes Deutschland, ja eine deutsche Vorherrschaft auf dem Kontinent lag in britischem Interesse, da dies Russland mäßigte und Frankreich in Schach hielt, die beiden großen weltpolitischen Rivalen Großbritanniens. Auch Sanderson war dieser Auffassung.[19] Die Dominanz der „Royal Navy" gegenüber dem wichtigsten Widersacher, der französischen Marine, war nie so ungefährdet wie zur Zeit des Höhepunktes der deutschen Macht auf dem Kontinent in den Jahren zwischen der Reichseinigung und der Annäherung zwischen Frankreich und Russland zu Beginn der 1890er Jahre. Wenn die „Balance of Power" wirklich ein Prinzip britischer Politik gewesen wäre, so hätte Großbritannien die franko-russische Verbindung 1894 begrüßen müssen, die zu einem ungefähren Gleichgewicht auf dem Kontinent führte, sie führte im Vereinigten Königreich jedoch zu beträchtlicher Sorge.[20]

Diejenigen, die das britische Vorgehen als Gleichgewichtspolitik interpretieren, verweisen aber vor allem auf die Jahre **nach** der Jahrhundertwende: Der relative Machtverlust des Vereinigten Königreiches lässt einigen Historikern zwar fraglich erscheinen, ob der Grundsatz des Gleichgewichts die britische Politik in den 20 Jahren vor dem Ersten Weltkrieg noch hinreichend beschreibe, d.h. ob Großbritannien **noch in der Lage war**, die „Balance of Power" entscheidend mitzubestimmen. Dass ein „Gleichgewicht möglicherweise nicht durchgängig das oberste Ziel <britischer Außenpolitik> war (…) taucht in der Forschung <aber> kaum auf". Selbst diejenigen Historiker, die die Pflege der Ententen als beherrschendes Merkmal britischer Außenpolitik vor 1914 ansehen, gehen davon aus, dass die Wahrung des europäischen Gleichgewichts übergeordnetes Ziel geblieben sei.[21]

Kurze Zeit vor seinem Amtsantritt als Minister bezeichnete Sir Edward Grey das Bündnis mit Japan, die Entente mit Frankreich und die Freundschaft mit den USA als die Pfeiler seiner Politik, eine Politik der Balance erwähnte er nicht.[22] Auch in seinen Erinnerungen bestritt er, dass das Konzept des Gleichgewichts seine Politik geleitet habe. Dies wird vermutlich innenpolitische und innerparteiliche Gründe gehabt haben, um Linksliberale und Sozialisten nicht (noch weiter) gegen sich aufzubringen.[23] Der liberale britische Journalist Spender schrieb bspw., Großbritannien maße sich an, das zu Lande angeblich gestörte Gleichgewicht wiederherstellen zu wollen, diesem Anspruch zur See aber keiner anderen Macht zugestehe.[24] Aber die außerordentliche Wertschätzung, die der Außenminister Crowes Memorandum zollte, ist ein bezeichnendes Indiz, dass Grey **subjektiv** vielleicht geglaubt haben mag, er orientiere sich mit seiner Politik an der Maxime des Gleichgewichts.[25]

---

[19] Grey, Twenty-Five Years; s. auch Langer, Diplomacy of Imperialism, 788; Parsons, Morocco Question, 430/31

[20] Langer, Diplomacy of Imperialism, 788; s. auch die Diskussion über die Grundprinzipien britischer Außenpolitik von Sked (Britain and the German Question, 52); Canis (Von Bismarck zur Weltpolitik) vertritt die entgegengesetzte Auffassung.

[21] Gade, Gleichgewichtspolitik, 14–16, 20/21

[22] Knaplund, Paul (Ed.); *Speeches on Foreign Affairs 1904–1914 <by> Sir Edward Grey*, London 1931, 27f, in: Gade, Gleichgewichtspolitik, 16

[23] S. z.B. Gade, Gleichgewichtspolitik, 15

[24] Nach Gade, Gleichgewichtspolitik, 118

[25] So schrieb Grey Anfang 1906, dass er ungeduldig darauf warte, dass Rußland wieder eine Rolle in der europäischen Politik spielen könne (PRO FO 800/72, Grey an Spring Rice, 19.2.1906; s. auch Monger, Ursachen, 352; Kennedy, Anglo-German Antagonism, 425). Praktisch alle Historiker führen dies auf seine Sorge vor einem deutschen Übergewicht auf dem Kontinent zurück. Für Greys subjektives Empfinden mag dies zutreffen. – Aber auch Sanderson, der weder die Fähigkeit, noch eine Neigung Deutschlands zur Hegemonie feststellte, meinte Anfang 1906: „… es wäre für die allgemeine europäische Lage sehr nützlich, wenn Rußland ein potenterer Faktor wäre" (PRO, FO 800/241, Sanderson an Spring-Rice, 20.2.1906; s. auch Wilson, – Role and Influence, 171). Sanderson hatte höchstwahrscheinlich Sorge um

Die Ententen waren für Grey aber **Maßstab** für jedes zweiseitige Abkommen Großbritanniens. Er vertrat die Ansicht, dass im Falle eines britischen Abkommens mit dem Deutschen Reich, Russland und Frankreich die Möglichkeit der Teilhabe daran erhalten müssten. Dies widersprach dem Gleichgewichtsprinzip fundamental, denn dieses setzt voraus, dass ein der „Balance of Power" verpflichteter Staat grundsätzlich dazu bereit und in der Lage sein muss, sein Gewicht in die andere Schale zu werfen, wenn sich Kräfteverhältnisse verschieben. Die Umsetzung einer solchen Maxime setzte also eine relativ ungefährdete Stellung Großbritanniens voraus. Nur unter dieser Voraussetzung konnte die eigene Position offengehalten werden, um in Entscheidungssituationen überlegen eingreifen zu können.[26] Britische Politiker und Strategen waren aber bereits zur Jahrhundertwende ganz überwiegend der Auffassung, dass Großbritannien seine Stellung in Asien aus eigener Kraft nicht mehr verteidigen könne und das Land darum einen Bündnispartner brauche. Großbritannien sah sich **nicht mehr in der Lage**, sich unter Umständen gegen Russland zu stellen, und auch der Sieg Japans über das Zarenreich minderte die britischen Sorgen nur sehr kurzzeitig.

Zudem: Falls das Deutsche Reich in den Jahren der russischen Schwäche nach 1905 tatsächlich expansionistische Ziele in Europa verfolgt hätte, hätte Großbritannien nach Ansicht der damaligen britischen, französischen und deutschen Experten keinen entscheidenden militärischen Beitrag (auf Seiten Frankreichs) leisten können:

Der britische Reichsverteidigungsausschuss (RVA) veröffentlichte Ende 1906 ein Memorandum, in dem festgestellt wurde, dass der Stand der militärischen Rüstung Großbritanniens unzureichend sei, um auf einem kontinentalen Kriegsschauplatz gegen europäische Truppen zu kämpfen. Francis Bertie, der britische Botschafter in Frankreich, schrieb in seinem offiziellen Jahresbericht von 1906, dass die Franzosen diese Einschätzung teilten: Die Briten seien ihres Erachtens von geringem Nutzen, eine deutsche Invasion Frankreichs zurückzuschlagen, und der Beitrag der „Royal Navy" könne nur darauf beschränkt sein, die französischen Küsten zu schützen und den feindlichen Überseehandel zu unterbinden.[27]

Im Juli 1909 verabschiedete der RVA einen Bericht „Über die militärischen Erfordernisse des Empire". Dieser wurde u.a. vom Premierminister, den Kriegs- bzw. Marineministern und von Hardinge als dem Vertreter des F.O. unterzeichnet. „Wir sind **nicht** der Ansicht", so der Bericht,

> „dass allein ein Druck, der durch Seestreitkräfte ausgeübt werden könnte, rasch genug wirksam werden kann, um Frankreich zu retten, falls dieses mit überlegener Macht angegriffen wird. Wir sehen die Möglichkeit, dass Großbritanniens Erfolg zur See nur zu größerem Druck auf Frankreich zu Lande führen könnte und dass Letzteres genötigt wäre, sich zu Bedingungen mit Deutschland zu einigen, die wegen der Verluste des Gegners zur See nicht weniger hart wären."[28]

1911 bekräftigte der RVA diese Einschätzung.[29]

---

die Funktionstüchtigkeit des „europäischen Konzerts„, das sich i.d.R. in der Schnelligkeit und Entschlossenheit des Handelns am schwächsten und zögerlichsten Mitglied orientierte (Diese Lösung ist heutzutage durch das Vetorecht der fünf Mächte im UN-Sicherheitsrat institutionalisiert. Nach meinem Eindruck ist die UN heutzutage nicht handlungsfähiger, als es die Pentarchie in den Jahrzehnten vor 1914 war. „Im Europäischen Konzert fürchtete jede Macht sich zu äußern. Jede erklärte sich bereit, dem Beschluss der Mehrheit zu folgen, aber wie konnte es zu einer Mehrheit kommen, wenn niemand eine Meinung hatte?" (Zit. in Langer, Diplomacy of Imperialism, 320). Jede Machtminderung einer Großmacht war dementsprechend fast gleichbedeutend mit einem Verlust an Handlungsfähigkeit der Pentarchie.

[26] Gade, Gleichgewichtspolitik, 111, s. auch ebd., 144, 149
[27] Wormer, Großbritannien, Rußland und Deutschland, 77; Hamilton, Bertie, 148/49
[28] Zit. in Wilson, British Power, 30 u. ders., Retreat, 30. Meine Hervorhebung.
[29] Wilson, Retreat, 31/32

Grey war dies bekannt. Ihm war bewusst oder hätte bewusst sein müssen, dass das Gewicht der britischen Streitkräfte nach wiederholt geäußerter Auffassung des Fachgremiums höchster Autorität nicht ausreichte, um entscheidenden Einfluss auf das Kräfteverhältnis in Europa auszuüben. Die maßgeblichen Stellen in Frankreich und dem Deutschen Reich kamen zu einer ähnlichen Auffassung wie der RVA, ebenso wie mehrere Kabinettskollegen Greys, die gegen seine Bündnispolitik opponierten. Der deutsche Generalstab hielt es nicht einmal für erforderlich, eine Landung umfangreicherer britischer Truppenteile in Dänemark oder Deutschland auch nur **in Erwägung** zu ziehen.[30]

Im März 1910 sandte Goschen, der britische Botschafter in Berlin, einen Bericht über die Bedeutung des Überseehandels für Deutschland in Kriegszeiten an das F.O. Darin wurde z.B. festgestellt, dass ein Ende des deutschen Überseehandels nur geringe Auswirkungen auf die deutsche Lebensmittelversorgung habe. Einige Monate später schrieb Goschen aber an den Staatssekretär, dass nur Englands Überlegenheit zur See das Deutsche Reich davon abhalte, sich die Hegemonie in Europa zu sichern. Letztere Behauptung wird auch von Teilen der Forschung übernommen.[31]

Hardinge schrieb im Frühjahr 1909, dass England die einzige Macht sei, die der Verwirklichung einer deutschen Vorherrschaft in Europa wirksamen Widerstand entgegensetzen könnte. – Dabei hatte er 1908 konzediert, dass ein Expeditionsheer von 150.000 Mann, und mehr könne Großbritannien nicht aufstellen in Anbetracht der europäischen Millionenheere, „niemals mehr als einen moralischen Effekt haben" könne.[32]

Crowe meinte etwa zur gleichen Zeit: „… so lange die britische Flotte stark genug ist, die deutsche zu besiegen, ist es unwahrscheinlich, dass Deutschland an den Erwerb von Holland denkt…" 1911 hielt es ein anderer hoher Beamter für eine Tatsache, dass „nur dieses Land stark genug ist, alle anderen europäischen Länder davor zu bewahren, den deutschen Willen auferlegt zu bekommen".[33] Im Mai 1909 schrieb Hardinge, dass Großbritannien die einzige Macht sei, die letztlich in der Lage wäre, Frankreich und Russland in ihrer Unabhängigkeit zu unterstützen und Frieden zu erzwingen.[34]

Die britischen Verantwortlichen stilisierten das Vereinigte Königreich zum „Retter des Kontinents", obwohl ihr Land nicht die notwendigen Mittel besaß, um diese Mission erfüllen zu können.

Nicht ein aus dem Lot gebrachtes europäisches Gleichgewicht hielt Großbritannien an der Seite Russlands, sondern die Schwäche des eigenen Landes und die (vermeintliche) Stärke des Zarenreiches. Dementsprechend tauchte in den Jahren vor dem 1. Weltkrieg der Gedanke, dass der Machtzuwachs des Zarenreiches das europäische Gleichgewicht beeinträchtigen könnte, in den Akten des F.O. auch nicht auf! Grey versuchte, Frankreich zur Zeit der 1. Marokkokrise im Gegenteil mit der Aussicht zu locken, dass es in wenigen Jahren stärker dastehen werde als seit mehreren Generatio-

---

[30] Wilson, British Power, 31/32; Wilson, Policy Entente, 116/17; Wilson, Retreat, 31/32

[31] Wilson, Retreat, 31; Crowe, Crowe, 137

[32] CUL, Hardinge MSS, 18/79, Memorandum Hardinges, 4.5.1909; zit. in Wilson, Role and Influence, 78, nach PRO, FO 371/455/18454, Anmerkung Hardinges, 29.5.1908

[33] Zit. in Wilson, Policy Entente, 115. Churchill drückte es in seinem Buch „Die Weltkrisis" folgendermaßen aus: Falls es die britische Flotte nicht gäbe, würde Europa „nach einer jähen Erschütterung in den eisernen Griff und die Herrschaft der Teutonen und alles dessen fallen, was das teutonische System bedeutete. Es würde nur fern jenseits des Atlantiks das unbewaffnete, nicht bereite und bisher nicht unterrichtete Amerika übrig bleiben, um allein Gesetz und Freiheit unter den Menschen aufrechtzuerhalten…" (in Massie, Schalen, 664 nach „Weltkrisis", Bd. I, 119).

[34] Wilson, Retreat, 30

nen. Er stellte Frankreich also eine (halb-)hegemoniale Stellung auf dem Kontinent in Aussicht. Und Hardinge schrieb während der Algecirasconferenz, dass sich Deutschland vorsichtig verhalten werde, da Frankreich im Kriegsfalle auf Russland zählen könne.[35] Das Deutsche Reich hatte nach Hardinges Ansicht also selbst während dieser Zeit der russischen Schwäche Anlass zu vorsichtiger Zurückhaltung. Diese und ähnliche Einschätzungen äußerte er allerdings nur in vertrautem Kreis.

2. Die britisch-deutschen Beziehungen und die deutsche Aussenpolitik

Nachdem die Eischätzungen zahlreicher Historiker genannt wurden, werde ich auf den folgenden Seiten zahlreiche britische Verantwortliche zitieren:

Spring-Rice schrieb im April 1902 verwundert: „Jedermann im F.O. und auch draußen spricht, als ob wir nur einen einzigen Feind in der Welt hätten, und der sei Deutschland."[36] Kurze Zeit darauf schloss er sich aber der vorherrschenden Stimmung an. Grey bezeichnete Deutschland bereits 1903 als den „schlimmsten Feind" Großbritanniens.[37]

Hardinge äußerte 1906 die Auffassung, Deutschland habe seit 20 Jahren eine konsequent England-unfreundliche Politik betrieben und Großbritannien ständig übervorteilt[38], und Crowe versuchte, diese Interpretation der Politik der Wilhelmstraße in seinem Memorandum ausführlich zu belegen. Die Ansicht entsprach in diesen Jahren der Überzeugung der großen Mehrheit der Mitarbeiter des F.O., sehr vieler Journalisten, eines einflussreichen Teils der öffentlichen Meinung und einer wachsenden Minderheit der Politiker.

Mallet schrieb 1904: „... dass es unser Ziel sein muss, Deutschland in Anbetracht seiner schändlichen Vorhaben in Bezug auf Österreich & Holland, um gar nicht erst über diese Insel zu sprechen, isoliert zu halten." Bertie stimmte diesen Gefühlen aus ganzem Herzen zu.[39] Anfang 1905 schrieb Crowe in einem als „geheim" deklarierten Memorandum, dass Deutschland kurz vor einem vollständigen Wandel seiner äußeren Beziehungen stehe. Er stütze sich hier auf eine „absolut verlässliche deutsche Quelle": Russland werde nicht länger als eine Macht betrachtet, mit der man auf gute Beziehungen bedacht sein müsse, und ein möglicher Krieg mit Frankreich rufe in Deutschland keine große Angst mehr hervor (was folglich zuvor der Fall gewesen sein muss). Die Wilhelmstraße sei nun darauf bedacht, mit Japan und vor allem den Vereinigten Staaten die freundschaftlichsten Kontakte zu pflegen und Großbritannien hierbei auszustechen. Der deutsche Kaiser glaube, dass man sich hierbei auf einem guten Wege befinde.[40] Crowe ließ diese „absolut verlässlichen" und unzutreffenden Informationen unkommentiert.[41]

Grey informierte Ende 1906 den Premierminister, dass das Deutsche Reich versuche, eine bestimmende Machtstellung in Spanien zu erringen.[42]

---

[35] Gade, Gleichgewichtspolitik, 188,180, 192; Wilson, Making
[36] Gwynn, Spring-Rice, I, 350
[37] Zit. in Robbins, Grey, 131
[38] Monger, Ursachen, 397
[39] PRO, FO 800/170, Mallet an Bertie, 2.6.1904
[40] PRO, FO 800/12, Memorandum Crowes vom 29.3.1905
[41] S. auch PRO, FO 800/18, Lascelles an Lansdowne, 7.4.1905; PRO, FO 800/12, Lansdowne an Lascelles, 9.4.1905
[42] BM, MSS Campbell-Bannerman, Add. MS 52514, Grey an Campbell-Bannerman, 16.12.1906; s. auch Busch, Hardinge, 119/20. 1897 kursierten übrigens Gerüchte, dass Frankreich dabei sei, die Kanarischen Inseln von Spanien zu erwerben. Dies hätte eine unter strategischen Gesichtspunkten unangenehme Situation für Großbritannien geschaffen. Sanderson meinte aber sowohl vor als auch nach der Jahr-

Mallet schrieb im Frühjahr 1906 von dem festen Plan Deutschlands, Frankreich zu einem Satelliten zu degradieren.[43] 1906 vermerkte Hardinge auf einem Dokument: „Die Deutschen können offensichtlich nicht verstehen, dass es möglich ist, mit seinem Nachbarn gute Beziehungen zu pflegen, ohne das Bedürfnis zu haben, jemanden anzugreifen."[44] Grey schrieb dem amerikanischen Präsidenten Roosevelt Ende 1906, Frankreich wäre genötigt, sich Deutschland anzunähern, falls die „Entente Cordiale" zerbräche. Die Wilhelmstraße wäre dann wieder in der Position, für gespannte Beziehungen zwischen Großbritannien, Frankreich und Russland zu sorgen und eine Vorherrschaft auf dem Kontinent auszuüben. Ein Krieg zwischen Großbritannien und dem Deutschen Reich sei dann früher oder später unausweichlich.[45] Einem anderen Gesprächspartner sagte er, dass Großbritannien noch vor einigen Jahren außenpolitisch isoliert gewesen sei, ohne dass die Interessen des Empire Schaden genommen hätten. Dies könne sich aber ändern: „Die Stärke Deutschlands besteht darin, seine Nachbarn in Europa einzuschüchtern oder überwältigen zu können, unabhängig davon, wie freundlich sie zu uns stehen."[46]

Es war feststehende Überzeugung der britischen Außenpolitiker nach etwa 1905, dass das Deutsche Reich die anderen Länder isolieren wolle. Grey bspw. beschuldigte die deutsche Diplomatie des Vorsatzes, Zwietracht zwischen andere Länder zu tragen, indem sie unzutreffende Behauptungen ausstreute. Bertie drückte es so aus: „Es ist wichtigstes Ziel der Deutschen, Misstrauen zwischen uns und den Russen sowie zwischen den Franzosen und uns zu säen. Es ist eine Wiederauflage des alten Bismarckschen Spiels."[47]

1907 stellte die britische Admiralität u.a. die Behauptung auf, dass in Deutschland eine „weitere Expansion als notwendig empfunden wird". Opfer wären entweder die Niederlande, Österreich-Ungarn oder Lateinamerika.[48] Auch das Kriegsministerium kam zu der Ansicht, dass „Deutschlands zugegebene Ziele und ehrgeizige Pläne so <sind>, daß sie es, wenn daran festhält, zwangsläufig früher oder später in einen bewaffneten Konflikt mit uns bringen".[49] König Eduard stellte 1907 einen überwältigenden deutschen Einfluss in Washington fest, errungen durch erfolgreiche Intrigen.[50] Im November 1907 erreichten das F.O. „alarmierende" Berichte über deutsch-russische Gespräche über die Bewahrung des Status quo in der Ost- und Nordseeregion.[51] Hardinge schrieb:

> „Der (deutsche) Kaiser hatte die Idee, mit Russland (Frankreichs Verbündeten) eine Vereinbarung über die Ostsee abzuschließen und über die Nordsee eine mit England (Frankreichs Freund), sich dann den Franzosen zuzuwenden und herauszustreichen, dass sie von England und Russland verlassen worden wären, und die einzige Möglichkeit, sie vor der Isolation zu bewahren, darin bestünde, sich mit Deutschland zu einigen."[52]

---

hundertwende, dass es sich keine spanische Regierung erlauben könne, das Land oder Teile desselben einer fremden Macht auszuliefern (BL, MSS Eng. hist., c 1214, Sanderson an Monson, 1897).

[43] PRO, FO 800/92, Memorandum Mallets, 26.6.1906

[44] Zit. in Wilson, Role and Influence nach PRO, FO 371/72/32462, Anm. Hardinge, 26.9.1906

[45] PRO, FO 800/110, Grey an Roosevelt, 4.12.1906. Zur Bedeutung des Gleichgewichtsprinzips in der britischen Politik zwischen 1905 und 1914 s. Wilson, British Power

[46] Bartlett, British Foreign Policy, 13; B.D., IV, S. 604–606

[47] Zit in Hamilton, Bertie, 199 nach Bertie an Hardinge, 16.3.1911; s. auch Hamilton, Bertie, 31/32. A.J.P. Tayler und auch Joll sind jedenfalls der Ansicht, dass Bismarck in dieser Hinsicht nicht schlimmer gewesen sein soll als andere Staatsmänner, v.a. Napoleon III. (Joll, Ursprünge, 60)

[48] Kennedy, Anglo-German Antagonism, 310; s. auch Wilson, Role and Influence, 239

[49] Zit. in Monger, Ursachen, 353

[50] Hardinge, Old Diplomacy, 131

[51] Busch, Hardinge, 122

[52] B.D., VIII, Nr. 139, Hardinge an Nicolson, 21.1.1908. Zum Thema s. auch Hardinge, Old Diplo-

Hardinge wusste noch von einem weiteren Versuch der Wilhelmstraße, die anglo-russische Entente aufzubrechen: Das Deutsche Reich forderte, dass Deutsche, ebenso wie Franzosen, als Berater der persischen Regierung tätig werden dürften. Die Alliierten konnten diesem Ansinnen aber den Boden entziehen.[53]

1908 stellte der Staatssekretär eine „diplomatische Vorherrschaft der Mittelmächte in Konstantinopel" fest.[54]

Während des Höhepunktes der 1. Marokkokrise schrieb Grey:

> „Die Tür für eine Annäherung an Rußland muß von uns offengehalten werden; es besteht wenigstens einige Aussicht, daß wir gute Beziehungen zu Rußland haben werden, wenn es wieder erstarkt ist. Eine **Entente** zwischen Rußland, Frankreich und uns würde völlige Sicherheit geben. Wenn es nötig ist, Deutschland entgegenzutreten, so könnte es dann geschehen."[55]

Fabian Ware, der Herausgeber der angesehenen konservativen „Morning Post", schrieb nach der Bosnienkrise (1908/09), dass Deutschland England wieder einmal geschlagen und soviel gewonnen habe wie durch einen siegreichen Krieg.[56]

Grey meinte 1909, dass ein britisch-deutscher Nichtangriffspakt bedeuten würde, die anderen Mächte Deutschland zu „opfern". Er würde der Wilhelmstraße dazu dienen, eine deutsche Vorherrschaft in Europa zu errichten, und letztendlich würde auch Großbritannien Opfer einer Aggression. Der britische Außenminister befand das deutsche Angebot eines Neutralitätsvertrages nicht einmal einer Antwort für würdig.[57] Hardinge meinte gar, dass ein Nichtangriffspakt zur **Konsolidierung** der deutschen Hegemonie auf dem Kontinent führen würde, die zu diesem Zeitpunkt also bereits bestanden haben müsste, während die Hände Englands, des einzigen verbliebenen unabhängigen Faktors in Europa, gebunden wären. Deutschland würde seine ganze Macht nach Ablauf der Gültigkeit des Nichtangriffspaktes darauf verwenden, England zu einem Satelliten zu reduzieren, mit guter Aussicht auf Erfolg, da es wegen des Vertrages vermutlich seine Seerüstung vernachlässigt haben würde. Zudem führte die bloße Ankündigung eines solchen Abkommens zur sofortigen Isolation Großbritanniens.[58]

Der Außenminister vermerkte im April 1910 auf einem Dokument, dass eine politische Verständigung mit dem Deutschen Reich Großbritannien von Russland und Frankreich trennen würde, das Vereinigte Königreich dann isoliert sei und der Rest Europas genötigt, sich an Deutschland auszurichten.[59] Am 12. November 1910 schrieb der „Spectator", dass die Wilhelmstraße Großbritannien seine Unterstützung derjenigen Mächte sehr übel nehme,

---

macy, 147/48; Hamilton, Bertie, 147 u. Wilson, Empire and Continent, 55; Hardinge zu Björkö s. Old Diplomacy, 117/18

[53] Hardinge, Old Diplomacy, 185

[54] Hardinge, Old Diplomacy, 158

[55] B.D., III, Nr. 299, zit. in Monger, Ursachen, 353

[56] Wilson, Morning Post, 14. Wilkinson, der Chefredakteur der „Morning Post", stand übrigens in engem Kontakt mit Crowe, seinem Schwager (Hale, Publicity and Diplomacy, 287). Zu Verlauf und Bedeutung der Bosnischen Krise s. Schmidt, Der europäische Imperialismus, 102/03

[57] Wilson, Grey, 184/85; Hamilton, Bertie, 197. Reichskanzler Bethmann Hollwegs Vertragsentwurf von 1911 lautete folgendermaßen: „Die hohen vertragschließenden Parteien (...) werden keine unprovozierten Angriffe gegeneinander durchführen oder sich Kombinationen oder Plänen gegen die jeweils andere anschließen, die Angriffe zum Zweck haben (...) Wenn eine von ihnen in einen Krieg verwickelt wird, in dem sie nicht als Angreifer betrachtet werden kann, wird die andere Seite ihr gegenüber eine Haltung der wohlwollenden Neutralität einnehmen" (nach Ferguson, Falsche Krieg, 109/10).

[58] B.D., VI, Stellungnahme Greys, 261; B.D., VI, 312 und Hardinge, Old Diplomacy, 176, sowie zit. in Wilson, Policy Entente, 113

[59] Rock, Why Peace, 73

„die noch nicht von Deutschland dominiert sind. Wir sind das Hindernis für den Erfolg der deutschen Ambitionen und Sehnsüchte, genauso, wie wir das Hindernis für den Erfolg (...) Napoleons waren. ... Unser Außenministerium und unsere Diplomaten ... haben niemals versucht irgendetwas zu tun, was als Einengung Deutschlands betrachtet werden könnte, außer natürlich, wenn man unsere Zuverlässigkeit im Verhältnis zu Frankreich und Russland sowie unseren eigenen Schutz so beschreiben will.“[60]

Hardinge vermutete während der Marokkokrise im August 1911, dass Deutschland bekommen werde, was es wolle, und bei der nächsten Gelegenheit versuchen werde, Russland oder Großbritannien zu erpressen.[61] Crowe meinte etwa zeitgleich, vom Staatssekretär Nicolson unterstützt, dass ein Nachgeben, ob im Kongo oder in Marokko, unausweichlich die Unterwerfung Frankreichs bedeuten würde.[62] Grey betonte, nur eine entschiedene Unterstützung Frankreich könne davor bewahren, unter die „tatsächliche Kontrolle“ Deutschlands zu fallen.[63]

Im Mai 1911 schrieb Hardinge über die Deutschen: „Sie wollen eine Vereinbarung mit uns, die uns für einige Jahre die Hände bindet, um dann auf Frankreich, Italien, Russland und vielleicht Österreich loszugehen.“[64]

Bertie schrieb Staatssekretär Nicolson im April 1912:

> „... während ein deutscher Angriff auf Frankreich, provoziert oder nicht, überhaupt nicht unwahrscheinlich ist und britische Interessen gefährden würde, ist es höchst unwahrscheinlich, dass entweder Frankreich oder Russland allein oder in Kombination (...) einen unprovozierten Angriff auf Deutschland unternehmen könnten...“[65]

Im März 1912 schrieb Arthur Balfour, der frühere Premierminister, an Winston Churchill:

> „Ein Krieg mit keinem anderen Ziel, als das Reich Karls des Großen in einer modernen Form wiederzuerrichten, scheint mir zugleich so gottlos und so dumm, dass es fast unglaublich scheint! Aber es ist fast unmöglich, der modernen deutschen Politik irgendeinen Sinn abzugewinnen, ohne von dieser Absicht auszugehen.“[66]

Der Tenor der Stellungnahmen von Außenminister Grey, seinen führenden Mitarbeitern und anderer wohlinformierter Zeitgenossen ist eindeutig. Eine deutschlandkritische Haltung wurde häufig damit begründet, dass die Wilhelstraße (auch bereits) während der 1880er und 90er Jahre eine gegenüber Großbritannien unfreundliche und provozierende Politik betrieben hätte. In der Arbeit ist hireichend belegt, dass dies keineswegs der Fall war, sondern eher auf die Politik Russlands, der Vereinigten Staaten und Frankreichs gegenüber dem Vereinigten Königreich zutrifft. Ein weiterer Vorwurf lautete, dass Deutschland mit unlauteren Mitteln und intrigant nach Dominanz in Europa trachte bzw. diese bereits errungen habe. Vor allem letzteres mutet befremdlich an, denn das Deutsche Reich war seit 1904/05 so isoliert, wie noch nie in seiner Geschichte.

Zum ersten Teil des Vorwurfs: Andere Mächte voneinander zu trennen oder ihre Differenzen zu schüren, war zweifelsohne eine der zentralen Mittel deutscher Diplo-

---

[60] Zit. in Postgate, Those Foreigners, 213

[61] CUL, Hardinge MSS, Addl./15, Hardinge an Sanderson, 9.8.1911

[62] B.D., VII, S. 372/373: Crowe; s. auch Hamilton, Bertie, 232/33 und Caroll, Germany and the Great Powers, 667

[63] Hamilton, Bertie, 236

[64] Busch, Hardinge, 153; zit. in Wilson, Policy Entente, 101. Hardinge unterstützte Greys Bündnispolitik, stand aber zunächst „etwas abseits von der extrem antideutschen Partei“ (Monger, Ursachen, 397). Monger und auch Steiner schreiben, dass für ihn die Flottenrüstung das ausschlaggebende Moment der britisch-deutschen Beziehungen gewesen sei (s. Steiner, Foreign Office and Foreign Policy, 98).

[65] PRO, Carnock Papers, vol. 4 (1912), Bertie an Nicolson, 1.4.1912

[66] Zit. in Flood, Ambassadorship, 4

matie, um Einfluss zu wahren oder auszubauen. Beobachter oder Akteure der außenpolitischen Szene waren gewiss in der Lage, zahlreiche Indizien hierfür zu finden. Das Vorgehen der Wilhelmstraße dürfte sich von dem der Außenministerien anderer Länder aber nicht grundsätzlich unterschieden haben, wie in der Arbeit an verschiedenen Stellen gezeigt wurde. – Und selbst falls dies der Fall gewesen sein sollte: Entsprechende Vorwürfe an die deutsche Adresse wurden **ausschließlich** von denen erhoben, die selbst eine ausgeprägt Spannungen schürende Politik praktizierten oder forderten.

Sanderson sah die deutsche Politik in einem anderen Licht:. Er betonte bspw. im Juli 1902 in einem Memorandum den „durch und durch friedfertigen und defensiven Charakter" des Dreibundes.[67] Am 20. Januar 1905 richtete Sanderson einen sehr ausführlichen Brief über die britisch-deutschen Beziehungen an Lansdowne: Die Artikel der deutschen Presse über England, die von der „Times" und anderen Blättern drohend kommentiert würden, schienen in Großbritannien mehr Aufmerksamkeit zu finden als in ihrem Ursprungsland. Sanderson bezweifelte, ob in Großbritannien die schwierige Lage des Deutschen Reiches ausreichend wahrgenommen werde. Deutschland habe sich 1870 die Neutralität Russlands durch Zugeständnisse erkaufen müssen, und die dauernde Feindschaft Frankreichs sei seit 1870/71 eine Tatsache, die jede deutsche Regierung berücksichtigen müsse. Seitdem sei der deutsche Handel außerordentlich gewachsen, die Wilhelmstraße durch öffentlichen Druck zu einer Kolonialpolitik genötigt worden und die Unterlegenheit des Landes zur See darum eine wichtige Frage, die sie nicht ignorieren könne. Das Deutsche Reich stehe einer russisch-französischen Allianz gegenüber, der Dreibund sei aber weniger wirksam als vor Jahren, da Österreich durch innere Probleme geschwächt sei, Italien sich aus finanziellen und anderen Gründen mit Frankreich geeinigt habe und Großbritannien diesem Beispiel gefolgt sei. „Es scheint mir", so fährt Sanderson fort,

> „dass es Deutschland, unabhängig von überseeischen Vorhaben, notwendig finden muss, seine Marine zu verstärken. Zudem muss es als Vorsichtsmaßnahme die freundschaftlichen Beziehungen zu Russland weit stärker pflegen, als es ihm angenehm sein kann – so lange bis es sicher sein kann, dass wir uns nicht zu einem ungünstigen Augenblick auf die Seite Frankreichs schlagen. Es ist nur natürlich, dass es <Deutschland> uns dies wissen lässt und sich darum bemüht, zu möglichst geringen Kosten mit uns auf gutem Fuße zu stehen. Ich kann nicht erkennen, dass wir dies vernünftigerweise übel nehmen können, und zudem wären gewisse freundschaftliche Beziehungen mit Deutschland wertvoll für uns in jedem Handel mit Russland."[68]

Sandersons Analyse scheint keinen starken Eindruck auf den Außenminister gemacht zu haben, denn im April 1905 schrieb er in gereiztem Ton an Lascelles, dass die deutsche Regierung sich „verzweifelt bemüht" zu einer Vereinbarung mit Großbritannien zu kommen, um damit prahlen zu können. Eine solche behindere jedoch die Entwicklung der Entente.[69]

Sanderson verwunderte die in Großbritannien verbreitete Sorge, wenn nicht Hysterie wegen vermeintlicher aggressiver deutscher Pläne. Im Mai 1907 schrieb er Lascelles, dass ein Tischnachbar ihm gesagt habe, der deutsche Generalstab stelle eine sorgfältige Studie in Bezug auf eine Invasion Englands an: „Ich sagte ihm", wie Sanderson schrieb,

---

[67] Bourne, British Documents; 19, 125

[68] PRO, FO 800/145, Sanderson an Lansdowne, 20.1.1905; s. auch Buchner, Rudolf (Hd.) (mit Baumgart, Wilfried); *Ausgewählte Quellen zur Deutschen Geschichte der Neuzeit*, Freiherr vom Stein-Gedächtnisausgabe, Bd. XXVII. Quellen zur Entstehung dees Ersten Weltkrieges, Internationale Dokumente 1901–1914, Hg.: Hölzle, Erwin, Darmstadt 1978, 22, (künftig: Buchner, Quellen); Monger, Ursachen, 221/222; Steiner, Foreign Office and Foreign Policy, 68

[69] PRO, FO 800/12, Lansdowne an Lascelles, 9.4.1905

„ich hege daran keinen Zweifel, das sei schließlich seine Aufgabe, und ich sei sicher, dass er seine Studie sehr umfassend machen werde. Aber ich fände es schwierig, zu glauben, dass in der deutschen Gesellschaft oder in Handelskreisen diese Aussichten <eines deutsch-britischen Krieges> mit Zustimmung oder Freude gesehen werden."[70]

Er gab zu, dass in den militärischen Kreisen Deutschlands wohl nicht wenig über einen möglichen Krieg mit England gesprochen werde, „aber ich bin nicht sicher", wie er fortfährt, „dass es in den <britischen> Militär- und Marinekreisen nicht auch einige Diskussionen über einen Krieg mit Deutschland gibt".[71] – Der deutsche Generalstab stellte keinerlei Pläne für eine Invasion der britische Inseln auf, da ein Erfolg bei einem solchen Waffengang als ausgeschlossen gelten musste (s. auch unten). Sanderson hielt das in chauvinistischen Kreisen gezeichnete Bild von Deutschlands aggressivem Verhalten und seiner Stärke für „entschieden übertrieben".[72]

Steiner schreibt, Sanderson fürchtete die deutsche Macht nicht, wohl aber Grey und die Mehrzahl seiner Mitarbeiter.[73] – Ihrer Aussage über Sanderson stimme ich zu, nicht aber dem zweiten Teil des Satzes. Für Grey und seine Mitarbeiter erschien die deutsche Macht eindeutig weniger bedrohlich als diejenige Russlands, der USA und selbst Frankreichs. Dies wurde in der Arbeit bereits in zahlreichen Einzelfragen herausgearbeitet und wird im folgenden noch deutlicher werden.

Auch Lascelles beharrte weiterhin auf seiner gelasseneren Sicht der deutschen Politik und seiner Befürwortung einer Annäherung beider Länder. Der Botschafter war und blieb der Auffassung, dass der britisch-deutschen Gereiztheit, unabhängig von überwindbaren Interessengegensätzen, letztlich Missverständnisse zugrunde lägen. Diese könnten bspw. durch ein Treffen der beiden Souveräne ausgeräumt werden.[74] Mallet, der radikalste Vertreter einer Neuausrichtung britischer Politik, reagierte schon seit 1904 gereizt auf Lascelles. Nach Sandersons Abgang fand sich der Botschafter mit seinen Einschätzungen isoliert und „von Informationen aus der Regierung oder dem F.O." bald völlig abgeschnitten. Schon bald nach dem Amtsantritt Greys und Hardinges wurden seine Berichte über Gespräche mit deutschen Vertretern entweder nicht oder sarkastisch kommentiert. Am 6. Februar 1907 bemerkte Crowe auf einem Bericht Lascelles' für Grey: „Das übliche leere Gerede."[75] Sanderson schrieb Lascelles kurze Zeit später hingegen, nachdem ihm dieser einen „Report" hatte zukommen lassen: „Ich habe Ihren Bericht mit dem größten Interesse gelesen und kann ihn nur in den höchsten Tönen loben. Ich denke, diese Berichte sind, und werden auch in Zukunft von besonderem Wert sein …"[76] Eine charakteristische Stellungnahme Hardinges an Grey ist hingegen: „Er <Lascelles> scheint wie üblich alles hingenommen zu haben, was Wilhelm II. ihm sagte. Er scheint kein einziges Wort der Unterstützung der Ansichten des F.O. und der Regierung gesagt zu haben."[77] 1908 wurde Lascelles abgelöst.[78] Die Ansichten seines Nachfolgers Goschen befanden sich im Einklang mit der Sicht des Ministeriums.

---

[70] PRO, FO 800/13, Sanderson an Lascelles, 13.5.1907
[71] PRO, FO 800/13, Sanderson an Lascelles, 13.5.1907
[72] S. bspw. PRO, FO 800/13, Sanderson an Lascelles, 10.4.1906
[73] Steiner, Britain Origins, 45
[74] PRO, FO 800/18, Lascelles an Lansdowne, 5.5.1905; PRO, FO 800/18, Lascelles an Sanderson, 22.8.1905; Wilson, Role and Influence, 295
[75] Hollenberg, Englisches Interesse, 88 u. Anm. 125; zit. in Steinberg, Kaiser and the British, 130
[76] PRO, FO 800/13, Sanderson an Lascelles, 20.7.1907
[77] Zit. in Wilson, Role and Influence, 209; Hardinge an Grey, 25.8.1908
[78] Lascelles wirkte 1910/11 an der Gründung und der Arbeit der britisch-deutschen Freundschaftgesellschaft aktiv mit und wurde dessen Vizepräsident, was seine Beziehung zu seinen ehemaligen Kollegen vollkommen zerrüttete (s. Wilson, Role and Influence, 209; Hollenberg, Englisches Interesse, 88 u. Anm. 125).

Er sah keine Veranlassung, Bemühungen für eine Verständigung zwischen Großbritannien und Deutschland zu unterstützen, da sie „unsere Hände bänden und ihre befreiten", wie er dem Staatssekretär schrieb.[79]

Es kann festgestellt werden, dass die zeitgenössischen britischen Interpretationen deutscher Politik extrem entgegengesetzt sind: Für die jüngeren Verantwortlichen ist sie von Aggression bestimmt und mit, im Vergleich zu anderen Staaten, überwältigender Macht ausgestattet, während die älteren liberal-konservativen Sanderson und Lascelles dies nachdrücklich bestreiten und eher die Zwänge und die schwierige Lage des Deutschen Reiches betonen, ebenso wie Linksliberale und Sozialisten.

Meine eigene Interpretation wurde in den Einzeldarstellungen zu außenpolitischen Fragen zwischen 1890 und 1906 bereits an vielen Stellen deutlich. Ich werde die Ergebnisse und Überlegungen kurz zusammenfassen und auch die Jahre nach 1905/06 berücksichtigen:

Das Deutsche Reich war in **Übersee** offensichtlich nur sehr punktuell **in der Lage**, eine aggressive Machtpolitik zu betreiben. Deutsche Imperialisten konnten ihren Ehrgeiz bei weitem nicht in dem Maße befriedigen, wie dies ihren Gesinnungsgenossen in Großbritannien, Frankreich, Russland und den USA möglich war. – Es bleibt aber der Vorwurf, dass sich Deutschland **in Europa** aggressiv verhalten und den Frieden gefährdet habe. Darum werde ich kurz auf einige diplomatische Kontroversen der 10 Jahre vor dem Weltkrieg eingehen, bzw. meine Überlegungen rekapitulieren:

Es ist offenkundig, dass Frankreich 1905/06 bereit war, für die Unterwerfung des unabhängigen Marokko einen großen europäischen Krieg zu führen, während das Deutsche Reich einen Waffengang unter allen Umständen vermeiden wollte und eine schwere diplomatische Niederlage erlitt. Dies wird nicht daran gelegen haben, dass die Wilhelmstraße grundsätzlich friedfertiger als der Quai d'Orsay gewesen wäre, sondern Deutschland strebte nach einem Ausgleich mit Großbritannien, um in Übersee Einfluss- und Gebietsgewinne erzielen zu können, und hielt ein freundschaftliches Übereinkommen auch für erreichbar. Ein Waffengang um Marokko hätte das Deutsche Reich jedoch mit Großbritannien in eine blutige Kontroverse gestürzt.

Die militärische Machtstellung des Deutschen Reiches war auf dem europäischen Kontinent in den Jahren nach 1904/05 gewiss weit stärker als zuvor. Deutschland nutzte diese Zeit der russischen Schwäche aber nicht zur Machtausweitung in Europa (oder Übersee) aus. Diese Tatsache wurde von den damaligen britischen Verantwortlichen in keiner Weise gewürdigt, und von Geschichtswissenschaftlern nur vereinzelt wahrgenommen. Russland gab gegenüber den französischen Verbündeten 1906 zu, dass seine Armee frühestens 1909 wieder in der Lage sein könnte, einen Krieg gegen Deutschland zu führen. Auch dem Auswärtigen Amt war bewusst, dass Russland militärisch handlungsunfähig war. Feldmarschallleutnant Schemua, der österreichische Generalstabschef war noch 1912 der Ansicht, dass bereits allein die Truppen der Donaumonarchie denen Russlands gewachsen seien.[80] Dilks schreibt: „Obwohl Russland eindeutig geschwächt war, gab es kein Zeichen, dass Deutschland im Zeitraum zwischen 1906 und 1911 bereit war, einen großen Krieg zu riskieren."[81] Der sehr einflussreiche Historiker Fritz Fischer argumentiert hingegen, dass einer der Gründe, die die Reichsleitung im Sommer 1914 dazu brachten, den Weltkrieg zu entfesseln, das Auslaufen des für Deutschland sehr günstigen Handelsvertrages mit Russland von 1905 gewesen wäre. Diesen hätte das Deutsche Reich dem Zarenreich in dessen Zeit der Schwäche aufge-

---

[79] Zit. in Wilson, Role and Influence, 208 nach PRO 800/355, Goschen an Nicolson, 18.5.1912
[80] DDF, 2, X, Nr. 310; Ropponen, Kraft Rußlands, 220, 243
[81] Dilks, Introduction, 6/7

zwungen. Tatsache ist jedoch, dass Russland im Handelsvertrag genau das erreichte, „was der Ministerrat als Konzept gebilligt hatte".[82]

Ein (weiteres) wenig beachtetes Beispiel für die zurückhaltende deutsche Politik in den Jahren der russischen Schwäche ist die skandinavische Krise vom Herbst 1905:

Norwegen und Schweden waren seit 1814 in Personalunion verbunden, in Norwegen machte sich seit Ende des 19. Jahrhunderts aber ein immer stärkerer Unabhängigkeitsdrang bemerkbar. Dieser weckte zumindest in Großbritannien auch Befürchtungen, da die nordische Union als wirksamer Riegel gegen vermeintliche russische Aspirationen auf einen Nordmeerhafen galt. Im September 1905 fühlten sich die Norweger durch Schweden und umgekehrt derart provoziert, dass ein bewaffneter Konflikt möglich schien, und König Eduard VII. wünschte eine nachdrückliche Unterstützung der norwegischen Sache.[83] Es oblag Sanderson, dem schwedischen und norwegischen Vertreter die britische Position zu erläutern, da sich Außenminister Lansdowne auf seinen Gütern in Irland aufhielt. Die Briten wollten die norwegische Sache nicht so nachdrücklich unterstützen, dass diese sich zu völliger Kompromisslosigkeit gegenüber Schweden ermutigt fühlten, aber ihre Stellungnahme zugunsten des Nachbarn jenseits der Nordsee war doch recht eindeutig.[84] Beide skandinavischen Mächte einigten sich auf direkte zweiseitige Verhandlungen, Schweden willigte bald in die Trennung ein, und der dänische Prinz Karl wurde neuer norwegischer König.[85] Das Land bekam also einen englandfreundlichen Monarchen. Schweden, das sich traditionell an Deutschland anlehnte, hatte an Macht eingebüßt.

Das Deutsche Reich hielt sich während der Krise sehr zurück, und Russland war wegen der Revolution zu geschwächt, um irgendeine Rolle zu spielen. Der Konflikt hätte ohne die ausgeprägte Zurückhaltung Deutschlands und die geschickte Hand Sandersons womöglich gefährliche Ausmaße annehmen können.[86]

1907/08 schlug die Wilhelmstraße durch die Ost- bzw. Nordseeabkommen vor, den Status quo in den jeweiligen Regionen zu garantieren. Es orientierte sich offensichtlich am Mittelmeerabkommen vom Mai 1907 zwischen Großbritannien, Frankreich und Spanien.[87] Dies war ein klares Signal, dass Deutschland nicht beabsichtigte, die baltischen Provinzen Russlands, Dänemark oder die Niederlande zu annektieren. Es wollte offenkundig entsprechende Sorgen bzw. Unterstellungen in Russland und Großbritannien ausräumen. Britische Außenpolitiker behaupteten jedoch, dass dies als

---

[82] Schmidt, Der europäische Imperialismus, 96. Zwischen 1895 und 1900 erzielte Russland im Handelsaustausch mit dem Deutschen Reich einen jährlichen Überschuss von durchschnittlich 327 Mio. Mark, 1907 aber von 670 Mio. Mark (nach Hallgarten, Imperialismus, I, 577, Anm. 3).

[83] Wormer, Großbritannien, Rußland und Deutschland, 106; PRO, FO 800/136, Memorandum König Eduards VII., 10.9.1905

[84] Der englische König lobte Sanderson für sein geschicktes Vorgehen während der Krise, was ihn mit Freude und Stolz erfüllte (Luntinen, Partti; *The Baltic Question 1903–1908*, Helsinki 1975, 67/68, (künftig: Luntinen, Baltic Question); PRO, FO 800/116, zwei Schreiben von Arthur Davidson an Sanderson im Auftrag des Königs vom 15.9. u. 16.9.1905; s. auch Lee, Sidney; *King Edward VII. A Biography*, vol. II, The Reign, London 1927, 324/25, (künftig: Lee, Edward VII.). Sanderson sammelte einige Zeitungsartikel, in denen seine Rolle während der Krise hervorgehoben worden war, ein für ihn sehr ungewöhnlicher Vorgang (s. PRO, FO 800/116/206, der „Observer" vom 17.9.1905 und die „Daily News" vom 19.9.1905). S. auch Knaplund, Paul; *British Views on Norwegian-Swedish Problems 1880–1895*, Oslo 1952, 174/75 u. PRO, FO 800/116, Lansdowne an Sanderson, 17.9.1905

[85] Luntinen, Baltic Question, 68/69

[86] Die Bedeutung Eduards VII. und auch Sandersons zur Lösung der Krise war wohl nicht so groß, wie die zeitgenössische britische Presse meinte, denn eine Kriegsneigung war in Skandinavien zwar vorhanden, sie dominierte jedoch nicht. Zur Frage der Loslösung von Norwegen von Schweden s. auch Lindberg, F.; *Scandinavia in Great Power Politics, 1905–1908*, Stockholm 1958

[87] Neilson, Britain and the Last Tsar, 290/91

Versuch der Wilhelmstraße zu deuten sei, die Verbindung zwischen Großbritannien, Frankreich und Russland zu schwächen. Tatsächlich jedoch hatte sich das **F.O.** Anfang 1907 geweigert, die Neutralität und territoriale Unversehrtheit Norwegens zu garantieren, solange dies Deutschland nicht auch für Dänemark zusichere. Als die Wilhelmstraße dies durch das Ostseeabkommen garantierte, war das F.O. aber lediglich bereit, die territoriale Integrität, **nicht jedoch** die Neutralität Norwegens zuzusichern.[88] Hardinge schrieb: Wir „betrachten uns als absolut ungebunden zu tun, was wir möchten & sogar die Integrität Norwegens zu ignorieren, falls wir eine Marinebasis an der norwegischen Küste benötigen sollten".[89] Großbritannien hegte einen weiteren Grund, den Status quo in den beiden Regionen nicht garantieren zu wollen: Die Planungen der „Royal Navy" bei einem Krieg gegen Deutschland sahen die Besetzung dänischer Inseln vor, um den Zugang zur Ostsee kontrollieren zu können.[90] Es ist offensichtlich, dass Deutschland aggressive Absichten unterstellt wurden, die britische Verantwortliche **selbst hegten.**

Reichskanzler Bethmann-Hollweg schlug am 14. Oktober 1909 ein deutsch-britisches Abkommen vor, in dem der territoriale Status quo auf dem europäischen Kontinent garantiert werden sollte. Großbritannien war hierzu nicht bereit: Das F.O. und britische Diplomaten fürchteten um die Allianz mit Frankreich, wenn durch eine Grenzgarantie dem französischen Révanchismus ein Riegel vorgeschoben würde. Spring-Rice vermutete gar, dass Frankreich in diesem Falle sofort die Beziehungen zu Großbritannien abbräche.[91] – Obwohl der Quai d'Orsay bei dem kürzlich erfolgten Abschluss des Baltischen Abkommens die Kontakte zu Russland keineswegs beendet hatte. Der britische Diplomat muss der Ansicht gewesen sein, dass das Vereinigte Königreich von Frankreich als unerwünschter Partner betrachtet wurde oder als eine „zweite Wahl". Bertie verlieh mehrfach seiner Sorge Ausdruck, Deutschland wäre für Frankreich ein attraktiverer Partner als das Empire, eine bei britischen Verantwortlichen offensichtlich sehr verbreitete Auffassung.

Darum hielt Bertie die Tatsache angespannter deutsch-französischer Beziehungen für sehr vorteilhaft für Großbritannien. 1903 empfahl er in einem Brief an Cranborne unverhohlen, „Differenzen zwischen Frankreich und Deutschland zu schüren", um dem Vereinigten Königreich die Position des „lachenden Dritten" zu sichern. Dementsprechend war er über die 1. Marokkokrise auch nicht unglücklich. – In der Psychoanalyse spricht man von „Projektion", wenn ein eigener Impuls oder eine eigene Neigung einem anderen zugeschrieben wird.[92]

Die britische Regierung teilte St. Petersburg und Paris umgehend die deutsche Gesprächsofferte vom Herbst 1909 mit. Auch in der Folgezeit wurde v.a. die französische Regierung ständig auf dem Laufenden gehalten. Großbritannien missachtete somit die mit der Wilhelmstraße vereinbarte Geheimhaltung der Kontakte. Die Historikerin Gade schreibt: „Im Vergleich zu einer möglichen Brüskierung Russlands und Frankreichs erschien der Bruch des Gesprächsgeheimnisses gegenüber Deutschland als weniger schwerwiegend." – Das Zarenreich und Frankreich seien die für Großbritannien wichtigeren bzw. gefährlicheren Staaten gewesen[93] – und die Bündnisgruppierungen waren zur Sorge der britischen Verantwortlichen nicht so fest gefügt, wie es in Anbetracht der Entwicklung vom Sommer 1914 scheinen könnte:

[88] Neilson, Britain and the Last Tsar, 292
[89] Zit. in Neilson, Britain and the Last Tsar, 293
[90] Lambert, Naval Revolution, 181
[91] Gade, Gleichgewichtspolitik, 65/66, 66, Anm. 73
[92] Hamilton, Bertie, 199/200; s. auch ebd., 160; 46, 391; König, Psychoanalytische, 135
[93] Gade, Gleichgewichtspolitik, 58/59

Die Geschichtswissenschaft hat in den vergangenen Jahrzehnten durch umfangreiche Studien das Bild der „Erbfeindschaft" zwischen Deutschland und Frankreich vor 1914 „ebenso nachhaltig korrigiert (…) wie die These der Nicht-Beziehungen zwischen den Antagonisten der Machtblöcke auf dem Kontinent". Frankreich gab Russland während der bosnischen Krise 1908/09 bspw. deutlich zu verstehen, dass es nicht bereit sei, für diese Frage in den Krieg zu ziehen, während das Zarenreich 1911 sehr deutlich machte, dass es ablehne, wegen Marokko die Waffen sprechen zu lassen.[94]

Die Politik der Wilhelmstraße war bis 1908 unzweideutig auf die Sicherung des Status quo in Europa bedacht. Das deutsche Verhalten während der Bosnienkrise war das erste und deutliche Anzeichen, dass die wilhelminische Führung bereit war, zur Sicherung des Habsburgerreiches auch einen Krieg zu riskieren. Dies wird mit hoher Wahrscheinlichkeit teils an den auch in Deutschland starken sozialdarwinistischen Tendenzen gelegen haben, zudem an der Angst, mit Österreich-Ungarn den letzten verbliebenen Bundesgenossen verlieren zu können, – und an der Erfahrung, dass auch eine deutlich entgegenkommende Politik zu keiner Entspannung mit Großbritannien und anderen Mächten führte. Während der Balkankrisen nach 1911, den britisch-deutschen Verhandlungen um die Bagdadbahn und ein neues Abkommen über die portugiesischen Kolonien gab sich die Wilhelmstraße aber gemäßigt.

Die Einschätzung der britischen Verantwortlichen über den Charakter und die Ziele deutscher Politik war m.E. bereits 1905/06 fest gefügt, teils schon seit Jahren zuvor, und war im Wesentlichen **unabhängig vom Inhalt des Vorgehens der Wilhelmstraße**. In einem sozialpsychologischen Werk finden sich eine für unseren Zusammenhang höchst interessante Untersuchung über die Haltung des amerikanischen Außenministers John Foster Dulles (1953–59) zur Sowjetunion. Der Autor kategorisierte Tausende Äußerungen des Ministers und stellte fest, dass die Politik des Kreml praktisch keine Auswirkung darauf hatte, für wie entgegenkommend oder feindlich gesonnen er den Rivalen hielt.

> „Immer wenn sich die Sowjetunion relativ freundlich verhielt, interpretierte der Außenminister dies als Ausdruck der Schwäche und nicht des Entgegenkommens! Zum Beispiel sah er den Rückzug aus Österreich <1955> durch den Fehlschlag der sowjetischen Politik in Westeuropa bedingt und interpretierte die Verminderung der Roten Armee um eine Million Mann als erzwungen durch industrielle und landwirtschaftliche Schwäche."

Der Wissenschaftler fragt: Wenn es Kräfte in der UdSSR gab oder gegeben hätte, die entspanntere Beziehungen zu den Vereinigten Staaten wünschten, was hätten sie tun und empfehlen sollen? Der amerikanische Außenminister hätte die Politik des Kreml in jedem Fall so interpretiert, dass sie seinen Überzeugungen nicht widersprach.[95]

Grenville weist darauf hin, dass britische Politiker, Diplomaten u.a. eine Entspannung der Beziehungen zwischen Vertretern der Mittelmächte und des Zweibundes als deutschen Versuch betrachteten, die Entente zu spalten und so eine Vormacht auf dem europäischen Kontinent zu errichten oder gar zu versuchen, eine Koalition gegen das Empire zu schmieden.[96] Sowohl für eine konzessionsbereite als auch harte Haltung der Wilhelmstraße hielten britische Verantwortliche die gleiche Begründung parat: Das Deutsche Reich hege aggressive Absichten.

Ich denke, es gibt gute Gründe für die Ansicht, dass Deutschland diejenige der kontinentalen Großmächte war, die den europäischen Frieden im Zeitalter des Imperialismus am wenigsten gefährdete, zumindest bis 1908, vielleicht gar bis zur Julikrise

---

[94] Schmidt, Der europäische Imperialismus, 143; Kissinger, Diplomacy, 199; zu diesem Thema s. auch Schmidt, Der europäische Imperialismus, 151
[95] Rivera, Psychological Dimension, 26
[96] Grenville, Imperial Germany and Britain, 90

1914. Das Deutsche Reich erhob keinerlei Ansprüche auf fremdes Territorium. Dies sollte in diesem Zusammenhang nicht als moralische Wertung über die Qualität der Politik des wilhelminischen Reiches verstanden werden, denn in seinem Inneren waren die Eliten bekanntlich weit weniger auf Ausgleich bedacht. Den außenpolitisch Verantwortlichen war aber klar, dass eine expansive Strategie **in Europa** existenzielle Gefahren für das noch junge Reich heraufbeschwören musste.

Die mit Abstand größte Gefahr für den europäischen Frieden ging von Frankreich und Russland aus. Der Diplomat und Historiker George Kennan vertritt die Auffassung, dass der russisch-französische Zweibund die Hauptverantwortung für den Weltkrieg trägt.[97] Es gibt gute Gründe für diese Ansicht, wie ich finde, aber es gehört nicht zum Thema dieser Arbeit sie näher zu diskutieren. Darüber hinaus bedarf die Rolle Großbritanniens für den Ausbruch dieser Tragödie einer kritischeren Würdigung, als dies gewöhnlich geschieht. Ich werde dies später versuchen (s. Kapitel VI).

Kurz zurück zu Frankreich, dessen Ansprüche auf Elsaß-Lohtringen bekannt waren. Italien erhob Forderungen auf österreichisches Gebiet, und Russland suchte nachhaltig, seine Macht auf dem Balkan zu steigern, auch auf die Gefahr eines Krieges hin. Ähnliches traf auch auf Österreich-Ungarn zu.

Ich möchte hier nicht untersuchen, wie berechtigt oder unberechtigt die Ansprüche der verschiedenen Mächte waren, expansiv und eine Gefährdung des Status quo sowie des europäischen Friedens waren sie allemal, was auch den britischen Verantwortlichen hätte bewusst sein müssen. Crowe hingegen vertrat in seinem Memorandum aber gar die Auffassung, dass der franko-russische Zweibund einen **anerkannt friedfertigen** Charakter trüge.

Das Deutsche Reich wurde im F.O. lange Jahre als Garant des europäischen Friedens angesehen, und Sanderson scheint diese Auffassung quasi bis zum Kriegsausbruch 1914 vertreten zu haben. Es gab keinerlei an der Sache orientierte stichhaltige Begründung dafür, dass etwa seit 1902 die Auffassung in Großbritannien mächtig an Boden gewann, Deutschland wäre eine Gefahr, und gar die größte Gefahr des europäischen Friedens. (Dieselbe Einschätzung trifft auch auf die Flottenrüstung zu, auf die im folgenden Abschnitt eingegangen wird.)

In **Übersee** strebte das wilhelminische Reich nach Expansion, mit geringem Erfolg. Den Verantwortlichen war klar, dass ein Kolonialgewinn gegen britischen Widerstand ausgeschlossen war, ja, das Deutsche Reich benötigte gar die Kooperation mit dem Empire, um eine erfolgversprechende „Weltpolitik" betreiben zu können.

Die Politik des Kaiserreiches war dadurch gekennzeichnet, dass sie den Status quo auf dem europäischen Kontinent wahren wollte und seit 1890 durch das Bemühen, mittels eines Ausgleichs mit Großbritannien die Möglichkeiten für überseeische Expansion zu eröffnen. Ich sehe mich **nicht** in der Lage, dieses Urteil auch auf das Jahr vor dem Kriegsausbruch zu beziehen, vor allem weil sich sowohl die Flügel- als auch die Mittelmächte auf den nunmehr erwünschten oder als unvermeidlich geltenden Waffengang einstellten.

Auf den folgenden Seiten werde ich die Frage diskutieren, ob das Deutsche Reich den diplomatischen Einfluss, die finanziellen Möglichkeiten und/oder die militärischen Fähigkeiten besaß, seine von vielen Briten vermuteten „napoleonischen Pläne" umzusetzen.

Zunächst zum diplomatischen Einfluss:

Bertie meinte im Mai 1904, dass der Dreibund in seinem gegenwärtigen Zustand keine Gefahr für den Frieden darstelle. Bülow sei kein Bismarck. Kurze Zeit darauf

---

[97] Kennan, Fateful Alliance, XIII/XIV

schrieb er, Deutschland sei isoliert und kein bedeutender Faktor in Europa mehr. Hardinge stellte zur gleichen Zeit als Botschafter in St. Petersburg fest, es gebe „wenig Liebe" für die Deutschen, und in einigen Jahren werde sie weiter geschwunden sein. Hardinge und Lascelles stimmten im März 1906 darin überein, dass Deutschland in Europa isoliert sei.[98]

Die diplomatische Lage des Deutschen Reiches war nach 1902/04 sicher schlechter als zehn Jahre zuvor: Italien bspw. hatte sich nach jahrelangem Zollkrieg dem finanziellen und wirtschaftlichen Druck Frankreichs gebeugt und dem mächtigen Nachbarn angenähert.[99] Die Dreibundpartner waren zudem teils nicht in der Lage, teils nicht bereit gewesen, den italienischen Imperialismus in Afrika zu unterstützen. Frankreich und Großbritannien besaßen weit größere Möglichkeiten und – womöglich damit zusammenhängend – weniger Skrupel, eine „Erwerbsgemeinschaft" mit der schwächsten Großmacht zu schmieden. Hardinge meinte, es wäre in den letzten Jahren vor dem Weltkrieg ein Leichtes gewesen, Italien aus dem Bündnis mit den Mittelmächten herauszulösen, „aber die Situation wurde sowohl in London als auch in Paris so eingeschätzt, dass ein Verbleib Italiens im Dreibund von eindeutigem Vorteil für England und Frankreich wäre, da Italien so eine Quelle der Schwäche für ihn würde".[100] Britische Außenpolitiker waren der Ansicht, dass Italien nur Forderungen stellen würde, falls es sich der franko-russischen Verbindung anschlösse. Sie bezeichneten die Lage in Europa mitunter aber als ein Gleichgewicht zwischen dem Dreibund und der Tripleentente. Dies markierte aber nur eine **Zahlen**gleichheit. Die schwächste der Großmächte diente „in der englischen Diplomatie als Instrument, (…) den Eindruck der Ausgewogenheit zu wahren". Die britische Regierung wusste genau, „daß sie nie mit einem feindlichen Italien zu rechnen brauchte".[101]

Großbritannien bekundete während der 2. Marokkokrise öffentlich seine Entschlossenheit, notfalls zur Unterstützung der französischen Annexion Marokkos auch in den Krieg zu ziehen, während sich Österreich-Ungarn in der Unterstützung seines Verbündeten zurückhielt.[102] Britische Diplomaten hatten Grey zwischen 1908 und 1912 mehrfach vorgeschlagen, Italien und/oder Österreich-Ungarn auch formal vom Deutschen Reich zu trennen. Der Außenminister lehnte dies ab: Die Balance der Mächte in Europa wäre **vollkommen** aus dem Gleichgewicht gebracht, und Deutschland stände – sogar ohne seine nominellen Verbündeten – allein da.[103] Er lehnte eine vollständige Isolierung v.a. ab, weil dies das Deutsche Reich in eine Panik treiben und zu einem Krieg führen könnte. Der „stille" Metternich, der deutsche Botschafter in London, hatte aus Angst vor der Isolierung seines Landes bereits im August 1906 deutlich gemacht, dass Deutschland genötigt sei, einen Krieg zu entfesseln, falls sich Großbritanniens, Russland und Frankreich zusammenfänden.[104]

---

[98] PRO, FO 800/170, Bertie an Lansdowne, 20.5.1904; Hamilton, Bertie, 58; CUL, Hardinge MSS, 6/25, Hardinge an Sanderson, 21.7.1904. PRO, FO 800/13, Hardinge an Lascelles, 6,3,1906; PRO, FO 800/19, Lascelles an Hardinge, 9.3.1906

[99] Zu Qualität und Bedeutung des britisch-italienischen Verhältnisses s. Grenville, Salisbury, 432/33 u. Kennan, Fateful Alliance, 129

[100] Hardinge, Old Diplomacy, 179. Zur Stellung Italiens im Mächtegefüge s. auch Langer, Diplomacy of Imperialism, 795/96 u. Wilson, Policy Entente, 112

[101] BM, Add. 63023, Bertie an Grey, 18.2.1909, B.D., IX, 1. Teil, Nr. 72; Gade, Gleichgewichtspolitik, 133/34, 137

[102] Kissinger, Diplomacy, 197

[103] Zit. in Wilson, Policy Entente, 111. Meine Hervorhebung.

[104] Wormer, Großbritannien, Rußland und Deutschland, 71; PRO, FO 800/13, Hardinge an Lascelles, 6.8.1906

Die etwas entspannteren britisch-deutschen Beziehungen der letzten zwei Vorkriegs-
jahre, die sich in Gesprächen um die Bagdadbahn und den portugiesischen Kolonien
manifestierten, waren Grey nicht Bedürfnis oder außenpolitisches Kalkül, sie entsprang-
gen der **innenpolitischen** Notwendigkeit: Linksliberale und sozialistische Kritiker warfen ihm vor, die Politik der Konservativen nicht nur fortzusetzen, sondern die Spannungen erhöhende Politik sogar noch zu verschärfen.[105] Auch seine Zurückhaltung,
die britisch-französisch-russische Verbindung noch fester zu knüpfen, lag nicht zuletzt
an den tiefgreifenden Meinungsunterschieden innerhalb des Kabinetts und der Partei.
Eine offen noch ententefreundlichere Politik hätte die Regierungsmacht kosten können.[106]

Die maßgeblichen deutschen Außenpolitiker waren bis zur 1. Marokkokrise (und
teils noch länger) der zuversichtlichen Auffassung, dass dem Deutschen Reich trotz
aller Rückschläge der Weg zur Weltmacht offen stehe, Flexibilität und Entschlossenheit vorausgesetzt. Ab 1905/06 hingegen herrschte sowohl bei den politisch Verantwortlichen als auch der Bevölkerung die Ansicht vor, dass die diplomatische Stellung
des eigenen Landes als schwach eingestuft werden müsse. Viele Deutsche waren seither
nervös und rechneten mit dem Schlimmsten. Der englische König und Hardinge interpretierten dementsprechende Artikel der deutschen Presse vom Mai 1906 aus Anlass
des Frankreichaufenthaltes Eduards aber als Ausdruck aggressiver Absichten und „große Unverschämtheit".[107]

Als König Eduard im Frühjahr 1907 den spanischen bzw. italienischen König traf,
schrieben mehrere deutsche Zeitungen, der englische König sei dabei, sein Werk der
Isolation des Deutschen Reiches zu vollenden. Die Berichte führten geradezu zu einer
Panik in Deutschland. Die Börsenkurse stürzten in den Keller und nach Lascelles'
Worten herrschte der Eindruck vor, dass der Kriegsausbruch zwischen England und
Deutschland kurz bevor stehe. Eine Stellungnahme der Wilhelmstraße beruhigte die
Gemüter wieder.[108]

Im August 1906 schrieb Hardinge in einer Denkschrift für den Außenminister über
den Besuch des Königs im Deutschen Reich:

> „Ich war zutiefst erstaunt über ihr <gemeint sind der Kaiser und deutsche Politiker> offensichtli-
> ches Bedürfnis, mit uns auf gutem Fuße zu stehen, und durch die Tatsache, dass sie nun letztend-
> lich doch zu verstehen scheinen, dass freundliche Beziehungen mit uns nicht zu Lasten unserer
> ‚Entente' mit Frankreich gehen dürfen."[109]

Es gab aber keine Entspannung der beiderseitigen Beziehungen. Die britischen Verantwortlichen fürchteten, dass dies den Erfolg der noch nicht abgeschlossenen Verhandlungen mit Russland gefährden könnte. Sie mussten immer wieder feststellen, dass
Frankreich und Russland, trotz ihrer Differenzen mit dem Deutschen Reich, in Teilbe-
reichen eine Zusammenarbeit mit ihm pflegten, teils auch, um durch die Annäherung
an die Wilhelmstraße die Briten zu nötigen, größere Konzessionen anzubieten. England fürchtete, Russland und Frankreich würden die Zusammenarbeit mit Deutschland
intensivieren, wenn es zu einem britisch-deutschen Arrangement käme und das Verei-

---

[105] Wilson, Role and Influence, 75; Wormer, Großbritannien, Rußland und Deutschland, 152, 51/
52; Steinberg, Kaiser and the British, 135/36
[106] Wormer, Großbritannien, Rußland und Deutschland, 52, 235; s. auch CUL, Hardinge MSS, 69/
473, Sanderson an Hardinge, 15.12.1911
[107] PRO, FO 800/13, Hardinge an Lascelles, 8.5.1906. S. auch PRO, FO 800/13, Sanderson an
Lascelles, 15.5.1906
[108] B.D., VI, 28; Kennedy, Anglo-German Antagonism, 303; Wilson, Policy Entente, 112; Lee, Edward VII., II, 538–44; s. auch B.D., VI, 29–32
[109] PRO, FO 800/13, Denkschrift Hardinges für Grey, 16.8.1906

nigte Königreich dann isoliert wäre.[110] Die britischen Außenpolitiker glaubten, keine Entspannung der internationalen diplomatischen Situation zulassen zu dürfen, weil dies zu einer Verständigung zwischen den führenden kontinentaleuropäischen Mächten führen würde.

Das Deutsche Reich war in der Epoche des Imperialismus das technisch führende Land Europas, und auch seine Wirtschaftskraft entwickelte sich vorteilhafter als bei den Konkurrenten. Diese und andere Kriterien gaben Anlass zu Optimismus, und insofern unterschied sich die Stimmung in Deutschland grundsätzlich von der jenseits des Kanals. Die schwache diplomatische Stellung und somit die gefährdete Lage führten im Deutschen Reich aber zu ähnlichen Symptomen der Nervosität, wenn nicht Hysterie wie im überforderten Vereinigten Königreich.

Die finanzielle Potenz Deutschlands:

Das Deutsche Reich war nach Großbritannien und Frankreich der weltweit bedeutendste Auslandsinvestor, aber der Abstand zu den beiden Weltmächten war und blieb sehr groß. Deutschland wäre keinesfalls in der Lage gewesen, Russland die riesigen Summen zur Verfügung zu stellen, die in Frankreichs Möglichkeiten lagen. Deutschland konnte zwar insbesondere in Südosteuropa und der Türkei über seine Investitionen auch politisch einigen Einfluss ausüben, sie sicherten ihm aber in keinem Land eine politische Vorherrschaft.

Schmidt fragt zu Recht, warum die 1911 offenbar gewordene Überbeanspruchung der deutschen Reichsfinanzen und der Streit um den Vorrang der Heeres- oder Flottenvermehrung von den maßgeblichen britischen Politikern nicht wahrgenommen wurde. Teils wurde sie registriert: 1909 stellte bspw. Winston Churchill fest, dass „der Kredit des Deutschen Reiches (…) auf das Niveau desjenigen Italiens gefallen" sei. Die relative finanzielle Schwäche Deutschlands war auch in der internationalen Finanzwelt bekannt. Dessen Schuldnerqualität wurde zwischen 1900 und 1914 als erheblich niedriger eingeschätzt als diejenige Großbritanniens oder Frankreichs.[111] Deutschland hatte für seine erheblichen Staatsschulden dementsprechend einen höheren Zinssatz zu entrichten als die Westmächte.

Ich fasse kurz zusammen: Die weltweite finanzielle Stellung Deutschlands war vorteilhafter als seine diplomatische, aber doch nicht so stark, um unentbehrlich für andere Länder zu sein, von Österreich-Ungarn wahrscheinlich abgesehen. Die relative diplomatische und finanzielle Schwäche des Deutschen Reiches wurde von britischen Verantwortlichen mitunter wahrgenommen, es wurden aber keine Schlüsse daraus gezogen. Sie benötigten das Schreckensbild eines übermächtigen Deutschland, um die britische Hochrüstungspolitik, die unfreundliche Haltung gegenüber der Wilhelmstraße und die durch die Überforderung des Empire bedingten sehr weitreichenden Zugeständnisse gegenüber Russland, den Vereinigten Staaten und Frankreich rechtfertigen zu können. Die bei den britischen Verantwortlichen seit 1905/06 vorherrschende Sicht, Deutschland gefährde den europäischen Frieden, wird durch die Tatsachen nicht gedeckt. Das Deutsche Reich wäre aufgrund seiner schwachen diplomatischen Position und der mangelnden Fähigkeit, durch seine Finanzkraft die Politik (zahlreicher) anderer Länder wesentlich zu beeinflussen, zu einer hegemonialen Politik mit friedlichen Mitteln auch nicht in der Lage gewesen. – Aber womöglich war es seinen Nachbarn militärisch deutlich überlegen und hätte durch Gewaltandrohung, trotz Isolation, andere Länder dazu nötigen können, die Richtlinien ihrer Politik aus Berlin zu beziehen?

Das deutsche Heer war kampfesstark und selbstbewusst, blieb in seinem Umfang aber zu jedem Zeitpunkt zwischen 1880 und 1914 deutlich hinter der russischen und

---

[110] Schmidt, Rationalismus, 291 u. ebd., Anm. 15
[111] Nach Ferguson, Der falsche Krieg, 179–82

sogar der französischen Armee zurück. Die vereinten Streitkräfte des Zarenreiches und der III. Republik waren zwischen 1890 und 1914 durchschnittlich 70 % stärker als diejenigen der beiden mitteleuropäischen Kaiserreiche zusammengenommen, und der Abstand vergrößerte sich in absoluten Zahlen im Verlauf der Jahre noch: 1890 waren die Streitkräfte der Flügelmächte um etwa 500.000 Mann stärker, 1910 bzw. 1914 waren es knapp 1.000.000.[112] Sogar der französische Generalstabschef war der Auffassung, dass die vereinigten französisch-russischen Truppen stärker als diejenigen der Mittelmächte seien.[113] – Dabei neigen Generäle dazu, das Potenzial des Konkurrenten eher zu über- als zu unterschätzen, um die Finanzzuweisungen an die Armee nicht zu gefährden. Das Stärkeverhältnis verschiebt sich weiter zu Ungunsten der Mittelmächte, wenn auch die Kolonialtruppen berücksichtigt werden: Frankreich verfügte in seinen ausgedehnten Überseegebieten über ein Vielfaches der Truppenzahl des Deutschen Reiches in seinen Kolonien.

Schmidt nennt folgende Zahlen für den Anteil der Rüstungsausgaben (Heer und Marine) am Volkseinkommen (wobei die britischen Zahlen durch den Burenkrieg teils verzerrt werden):

	1895/1904	1900/1909	1905/1914
Großbritannien	3,98 %	4,40 %	3,26 %
Deutsches Reich	2,59 %	2,65 %	2,88 %[114]

Das Vereinigte Königreich, das vor 1914 wohlhabendste Land der Welt, wendete also dauerhaft einen erheblich höheren Anteil des Volkseinkommens für die Rüstung auf als das Deutsche Reich.

1913 betrugen die Rüstungsausgaben pro Kopf der Bevölkerung im Deutschen Reich 28 Mark, in Frankreich aber 31 und in Großbritannien 32 Mark. Deutschland wendete in diesem Jahr 29 % seiner öffentlichen Ausgaben für die Rüstung auf, in Frankreich und Großbritannien waren es je 43 %. Grey behauptete aber Ende 1906 Ausdruck, „daß Deutschland das Tempo der Rüstung vorantreibt, um Europa zu beherrschen, und dabei allen anderen Mächten eine fürchterliche Bürde verschwenderischer Ausgaben auferlegt".[115]

Noch 1903 und 1904 hatte der damalige Marineminister Lord Selborne anerkannt, dass die sehr geringen Heeresvermehrungen des Deutschen Reiches seit 1893 darauf hindeuteten, dass es sich in Europa „saturiert" fühle. Dementsprechend wäre die Überlegung naheliegend gewesen, die Wilhelmstraße suche v.a. freundschaftliche Beziehungen mit dem Vereinigten Königreich, um die Aussichten für eine deutsche Weltpolitik zu verbessern. Bertie meinte zudem im Juni 1904, dass das Deutsche Reich in großer Furcht vor seinem östlichen Nachbarn lebe und es niemals wagen würde, den Unwillen des Zarenreiches hervorzurufen, obwohl Russland zu diesem Zeitpunkt im Fernen Osten bereits schwere Verluste erlitten hatte.[116]

Der Reichsverteidigungsausschuss, dem u.a. der Premier-, der Außenminister und der Staatssekretär angehörten, beschäftigte sich im Februar 1904 **erstmals** mit einer militärischen Frage, in die Deutschland verwickelt war, dem „Memorandum der Militärpolitik, die bei einem Krieg mit Deutschland zu verfolgen wäre". In den vorherge-

---

[112] S. die detaillierten Zahlenangaben bei Kennedy, Aufstieg und Fall, 313; s. auch Mayer, Adelsmacht, 309/10, der die obigen Angaben bestätigende Zahlen für 1914 vorlegt und darauf hinweist, dass bei den Angaben für Frankreich die 160.000 Mann zählenden Kolonialtruppen nicht mit erfasst sind, s. auch Ferguson, Der falsche Krieg, 131 sowie Ropponen, Kraft Russlands, 211
[113] DDF, 1, VIII, Nr. 182
[114] Schmidt, Der europäische Imperialismus, 87
[115] Ferguson, Der falsche Krieg, 144; zit. in Joll, Ursprünge, 222
[116] Wilson, Policy Entente, 117/18; PRO, FO 800/170, Bertie an Mallet, 11.6.1904

henden Jahren hatte sich das Komitee Fragen, wie den „Militärischen Bedürfnissen des Empire in einem Krieg mit Frankreich und Russland", der „Anfälligkeit Großbritanniens für eine französische Invasion während des südafrikanischen Krieges" oder der „Verteidigung von Indien: Memorandum über die Möglichkeit eines französischen Vorstoßes aus Indochina nach Burma" gewidmet. Im April 1904, die „Entente Cordiale" stand vor ihrer Ratifizierung, legte der RVA eine Arbeit über die Verteidigung der Kanalinseln (gegen Frankreich) vor und empfahl die Stationierung eines zusätzlichen Infanteriebatallions![117] Bis einschließlich 1905 beschäftigte sich der RVA zum großen Teil mit Fragen, die mit der Sicherung Indiens zusammenhingen. Themen der Verteidigung Westindiens und Ägyptens nahmen einen eher breiteren Raum ein als Fragen der Abschirmung der Heimatgewässer. Auch in den folgenden Jahren nahmen Ausarbeitungen zu Fragen der Verteidigung der Kolonien gegen russische, französische oder amerikanische Aggression einen etwa doppelt so breiten Raum ein wie Fragen, die mit einer möglichen Kriegführung gegen das Deutsche Reich zusammenhingen.[118]

In den Jahren nach 1907 gab es kaum noch Überlegungen britischer Militärstrategen, wie in einem Krieg gegen Russland verfahren werden solle. Nicht etwa, weil das Problem der Verteidigung Indiens gelöst worden wäre oder das Zarenreich eine vernachlässigbare militärische Größe geworden wäre: „In Wirklichkeit hatten mehr als 30 Jahre der Diskussion zum selben Ergebnis geführt: Russland war weitgehend unverwundbar, wenn Großbritannien allein vorging." Das Vereinigte Königreich benötigte grundsätzlich Verbündete, in Indien allerdings musste es der russischen Macht standhalten. Die Schwächephase Russlands in den Jahren nach 1905 und die anglo-russische Konvention von 1907 führten lediglich zu einer vorübergehenden Entschärfung dieses offensichtlich unlösbaren Problems.[119]

Es gibt weitere aussagekräftige Indizien, dass die Aufmerksamkeit der britischen Außen- und Sicherheitspolitiker zwischen 1905 und 1914 nicht vor allem einer von Deutschland ausgehenden Bedrohung galt: Die Inhaltsverzeichnisse der Korrespondenz Greys zwischen 1905 und 1914, die Frankreich betraf, umfasste 30 Seiten, diejenige zu den USA 24, zu Russland bzw. Persien 22 Seiten, zu Ägypten 20 Seiten und zum Deutschen Reich 16 Seiten.[120] Und: 1938/39 umfasste die britische Botschaft in Deutschland über 100 Mitarbeiter und war somit die weltweit größte. Die personelle Ausstattung war in den vorhergehenden Jahren wegen der stark steigenden Macht und des von Hitler-Deutschland ausgehenden Gefahrenpotenzials beträchtlich verstärkt worden. In den Jahren vor 1914 blieb die Mitarbeiterzahl der britischen Vertretung in Berlin hingegen unverändert und relativ niedrig. Die Botschaften in Frankreich und Russland waren personell besser ausgestattet und galten zu Recht als entscheidender.

Indienminister Morley begründete den Abschluss des Abkommens mit Russland bspw. folgendermaßen: „Beim Eintritt in Verhandlungen mit der russischen Regierung … wurde die Regierung Seiner Majestät **nicht nur** durch Überlegungen bewegt, die das Empire als Ganzes betrafen, **sondern auch**, in sehr großem Umfang, durch Erwägungen, die allein Indien galten."[121] Eine von Deutschland ausgehende Gefahr erwähnte er nicht. Während des Höhepunktes der Agadirkrise betonte Grey, dass das Ende der

---

[117] Public Record Office Handbooks No. 6; *List of Papers of the Committee of Imperial Defence to 1914*, London 1964, 1, 2, 6, 8, 9

[118] Verrier, Anthony; *Through the Looking Glass. English Foreign Policy in an Age of Illusions*, London 1983, 14, (künftig: Verrier, Through the Looking Glass)

[119] Neilson, Britain and the Last Tsar, 136

[120] PRO, FO 800/113

[121] Zit. in Wilson, Retreat, 37. Meine Hervorhebung.

Tripleentente zu einer Neuauflage „all der alten Probleme wegen der Grenze Indiens" führen würde.[122]

Hardinge meinte 1909, dass Russland militärisch stark geschwächt sei und unter den Nachwirkungen der Revolution leide, auch gebe die innere Situation in Frankreich „Anlass zur Besorgnis". Er äußert sich weder zu der prekären innenpolitischen Lage der Mittelmächte[123], noch zu der Tatsache, dass diese ihre (vermeintliche) militärische Überlegenheit in den vorhergehenden Jahren nicht zur Machtausweitung genutzt hatten, wie die skandinavische Krise von 1905, die 1. Marokkokrise und das Ost- bzw. Nordseeabkommen bewiesen. Hardinge folgerte im Gegenteil, dass es zwei Militärmächte gebe, nämlich das Deutsche Reich und Österreich-Ungarn, die eine Vorherrschaft in Europa errichten könnten. Darum müsse sich Großbritannien mit Frankreich oder Russland verbünden.[124]

Nicolson war der Ansicht, dass alle slawischen Balkanstaaten früher oder später russisches Einflussgebiet würden. Dieser seines Erachtens unaufhaltsame Prozess würde zum Zusammenbruch Österreich-Ungarns führen und das Deutsche Reich dadurch in eine lebensgefährliche Situation bringen. „Mit dieser Beurteilung stand Nicolson nicht allein. Kaum einer der englischen Außenpolitiker zweifelte an der Entschlossenheit Russlands, für seine Stellung auf dem Balkan und an den Meerengen einen Krieg zu riskieren. Der englische Botschafter in Berlin hatte schon während des Verlaufs der Londoner Konferenz 1912 damit gerechnet, daß Rußland einen allgemeinen Krieg provozieren könne." Die deutsche Reaktion in einer solchen Lage war leicht vorherzusehen: Selbst August Bebel, dem chauvinistische Neigungen fremd waren, war angesichts der Bedrohung durch die Flügelmächte 1912/13 überzeugt, „daß das Deutsche Reich im Falle einen russischen Angriffs auf Österreich-Ungarn keine Alternative habe, als seinem einzigen zuverlässigen Bündnispartner beizustehen". Nicolson nahm 1913 an, dass die Wilhelmstraße Furcht habe, in einen österreichisch-russischen Streit hineingezogen zu werden.[125]

Nicolson schrieb Anfang 1913, dass Russland seine praktisch unbegrenzten Ressourcen rasch entwickele, die Donaumonarchie und Italien Deutschland keine Stütze seien und der kriegerische Geist in Frankreich zunehme. „Unter diesen Umständen kann ich verstehen", so der damalige Staatssekretär, „daß sich Deutschland isoliert fühlt (…) und dementsprechend sehr darauf bedacht, sich irgendeines Zeichens unserer Neutralität zu versichern." Anfang 1914 schrieb Nicolson an Goschen, dem britischen Botschafter in Berlin, dass das Zarenreich jede deutsche Heeresvermehrung spielend ausgleichen könne. Grey meinte im April 1914, ein Angriff allein auf **Russland** würde Deutschland überfordern, – den für diesen Fall zu erwartenden Zweifrontenkrieg auch gegen Frankreich erwähnte er nicht –, und Lord Bryce befand im Juni, dass das Kaiserreich „recht hatte, sich zu bewaffnen und (…) jeden Mann brauchen würde" gegen ein Zarenreich, das im Begriff sei, „schnell zu einer Bedrohung für Europa zu werden".[126] – In den 1 ½ Jahren vor dem Kriegsausbruch wurde die russische Armee um eine halbe Million Mann verstärkt, etwa 2/3 der Stärke der gesamten deutschen Armee.[127] Sogar Bertie meinte im Juni 1914, „daß die deutsche Regierung, die früher aggressive Absich-

---

[122] Zit. in Wilson, Retreat, 39

[123] Die Deutschland im Inneren erschütternde „Daily-Telegraph"-Affäre lag bspw. erst kurze Zeit zurück; s. auch B.D., VI, 225/26, Grey an Bertie, 1.12.1908 u. Massie, Dreadnought, 606, 663

[124] CUL, Hardinge MSS, 18/81, Memorandum Hardinges, 4.5.1909

[125] Wormer, Großbritannien, Rußland und Deutschland, 246, 231

[126] Ferguson, Der falsche Krieg, 139

[127] DDF, 3, VIII, Nr. 268. Dies wurde teils durch eine partielle Ausweitung der Wehrpflicht von drei auf vier bzw. fünf Jahre erreicht.

ten hervorkehrte, nunmehr berechtigte Befürchtungen wegen der militärischen Vorbereitungen in Rußland hegt". Diese wurden von Frankreich insbesondere im letzten Jahr vor dem Kriegsausbruch massiv gefordert und finanziell unterstützt. Reichskanzler Bethmann Hollweg erklärte besorgt, dass die Zukunft Russland gehöre, „das wächst und wächst", und Deutschland sich vor dem Niedergang befinde.[128]

Das Deutsche Reich besaß weder die diplomatischen noch die finanziellen oder militärischen Möglichkeiten, eine Hegemonie auf dem europäischen Kontinent zu errichten. Für andere Erdteile gilt diese Einschätzung in verstärktem Maße.

Ich möchte mich zunächst noch einem zu erwartenden Einwand widmen: Die Potenz Deutschlands während des 1. Weltkrieges habe doch bewiesen, dass es hegemoniale Möglichkeiten besaß, und die nach Beginn des Waffenganges geschmiedeten Pläne legten den Schluss nahe, dass sie auch bereits Jahre zuvor gehegt worden seien!

Die Diskussion führt zwar über das Thema der Arbeit hinaus, aber ich halte es für erforderlich, sie zu führen, da die oben zitierten Einschätzungen sowohl sehr weit verbreitet sind, sehr überzeugend scheinen und vor allem meine gesamte Argumentation der vorhergehenden Abschnitte mehr oder minder in Frage stellen. Zunächst zu den expansionistischen deutschen Zielen während des Krieges: Aus dem imperialistischen deutschen „Septemberprogramm" von 1914 wird bspw. gefolgert, dass die deutsche Führung auch schon in den Jahren vor dem Krieg expansive Ziele in Europa verfolgt habe. Ich denke, dass ich überzeugend habe darlegen können, dass dies für die Jahre bis 1908 mit Sicherheit nicht zutraf und für die folgenden bis 1912/13 als unwahrscheinlich gelten muss. Es gibt einige Indizien für einen Gesinnungswandel der deutschen Führung für die Zeit unmittelbar vor dem Entfesseln des Krieges. Auch verabschiedeten sämtliche Großmächte immense Aufrüstungsprogramme und bereiteten sich auf einen großen Krieg vor.

Die französischen und russischen Kriegsziele standen in ihrem Ehrgeiz und sozialdarwinistischen Gesinnung selbst während der für die Flügelmächte bedrohlichen Anfangsphase des Krieges hinter den deutschen aber keineswegs zurück. Beide Mächte vereinbarten nichts weniger, als die Vernichtung und Zerlegung des Deutschen Reiches.[129]

Zu dem zweiten und wichtigeren Argumentationsstrang: Das Deutsche Reich zeigte sich während des Weltkrieges als die mit Abstand stärkste Großmacht. Diese muss es auch bereits in den vorhergehenden Jahren gewesen sein. Die Sorge vor einer deutschen Hegemonie war dementsprechend gerechtfertigt. – Es geht in dieser Argumentation also nicht darum, ob Deutschland in den Vorkriegsjahren expansionistische Ziele verfolgt habe, sondern allein die Kraft des wilhelminischen Reiches habe die Nachbarn geradezu genötigt, sich zusammenzufinden, um ihre potenziell gefährdete Unabhängigkeit zu wahren.

Während des Weltkrieges stellte sich tatsächlich heraus, dass das Deutsche Reich mehr Kraft als Russland besaß. Dies haben die britischen Verantwortlichen und die große Mehrzahl ihrer europäischen Kollegen nicht erwartet. Die Stärke des Zarenreiches ist vor 1914 allgemein überschätzt worden. Diese Überbewertung der Potenz Russlands war insbesondere in Großbritannien verbreitet. Deutschland wurde in den Jahren vor dem Kriegsausbruch nicht als die (deutlich) stärkste europäische Macht angesehen.

[128] Wormer, Großbritannien, Rußland und Deutschland, 233; zit. in Schmidt, Der europäische Imperialismus, 86; Wormer, Großbritannien, Rußland und Deutschland, 242; zit. in Hildebrand, Deutsche Außenpolitik, 44 nach Riezler, Kurt; *Tagebücher, Aufsätze, Dokumente* (Hg.: Erdmann, Karl Dietrich), Göttingen 1972, 183
[129] Mommsen, Wolfgang J.; *Imperialismus – seine geistigen, politischen und wirtschaftlichen Grundlagen*, Hamburg 1977, 234–39

3. Die Bedeutung der Flottenrüstung

Die deutsche Aufrüstung zur See gilt gemeinhin als aussagekräftigster Beleg für eine aggressive deutsche Politik und ausschlaggebende Ursache für die britisch-deutsche Entzweiung und die Wendung Großbritanniens zu den Flügelmächten. So zitiert Hildebrand etwa zustimmend Joll: „Die Existenz der deutschen Risikoflotte führte ‚zu einem radikalen Wandel im strategischen Denken der Briten' und veränderte ‚die gesamten Grundlagen der britisch-deutschen Beziehungen'." Letztendlich wäre es das Ziel der deutschen Reichsleitung gewesen, die „Pax Britannica" durch eine „Pax Germanica" abzulösen, wenn erforderlich auch durch einen Krieg, so ein anderer Historiker.[130]

Spring-Rice drückte es bereits im Dezember 1904 so aus: Die deutsche Flotte habe die internationale Politik „revolutionalisiert", und diese Umwälzung habe zu den britischen Bemühungen geführt, zu einer Verständigung mit Rußland zu kommen.[131]

Ich werde mich dem Thema aufgrund seiner offenkundigen Bedeutung ausführlich widmen und folgende Fragen zu beantworten versuchen: Welche Rolle und welches Fähigkeit zur Aggression besaß die deutsche Flotte aus britischer Sicht im Vergleich zu denjenigen Frankreichs, Rußlands und der USA? Welche Überlegungen bewogen das Deutsche Reich zum Aufbau starker Seestreitkräfte? Welche Ursache und welche Bedeutung besaß das britisch-deutsche Flottenwettrüsten?

Englands Lage war für das auch im europäischen Vergleich verhältnismäßig kleine Land die entscheidende Voraussetzung, um die gesamten britischen Inseln relativ ungefährdet von ausländischer Intervention unterwerfen zu können. Später war sie maßgeblich für den Ausbau der überseeischen Stellung.[132] Eine überlegene Flotte war die Bedingung für die Sicherheit und Expansion Großbritanniens, ebenso wie starke Landstreitkräfte für kontinentaleuropäische Staaten.

Der Historiker Massie schreibt bemerkenswert einseitig: „Die strategische Rolle der Royal Navy war damals <zur Zeit des Imperialismus> wie zu allen Zeiten defensiv. Die historische Aufgabe der britischen Flotte war es, die Heimatinsel vor einer Invasion zu schützen sowie die Handelsrouten und die Kolonien des Empire zu sichern."[133] Er beschreibt selbstverständlich nur **eine** Seite ihrer Aufgaben und Möglichkeiten: Seestreitkräfte waren nicht nur ein Verteidigungsinstrument, sie waren auch in der Lage Handelskonkurrenten auszuschalten, die Macht Großbritanniens in Übersee auszuweiten und europäische Nachbarn einzuschüchtern.

1889 verabschiedete das britische Parlament ein Flottengesetz, das zum Vorbild für andere Länder wurde. Es sah die Bildung von homogenen Geschwadern und den Bau einer festgelegten Anzahl von Kriegsschiffen in einem Zeitraum von fünf Jahren vor. Hamilton, der Erste Lord der Admiralität, begründete den „Naval Defence Act" damit, dass die britische Flotte stärker sein müsse, als die beiden folgenden zusammengenommen, also die Seestreitkräfte Frankreichs und Rußlands. – Es war das erste Mal, dass die Stärke der „Royal Navy" von der anderer Flotten abhängig gemacht wurde. Die Konkurrenten fühlten sich provoziert, und ein Wettrüsten zur See setzte ein.[134]

---

[130] Hildebrand, Julikrise 1914, 479 nach Joll, Origins, 63, 109; s. auch Grenville, Imperial Germany and Britain, 85; Epkenhans, Michael; *Imperial Germany and the Importance of Sea Power*, 31, (künftig: Epkenhans, Imperial Germany), in: Rodger, N.A.M.; *Naval Power in the Twentieth Century*, Houndsmill/Basingstoke/London 1996

[131] Zit. in Wilson, Role and Influence, 197, Spring-Rice in einem Brief an Roosevelt

[132] S. auch Hildebrand, Zwischen Allianz und Antagonismus, 308

[133] Massie, Dreadnought, XIV; ders. Schalen, 10

[134] Zur zeitgleichen Neuorganisation der deutschen Landstreitkräfte s. Geyer, Deutsche Rüstungspolitik, 55

1893 brachte die britische Regierung ein neues Flottenbauprogramm ein, das eine weitere wesentliche Erhöhung der Neubauzahlen vorsah: Frankreich und Russland schickten sich, an eine Militärkonvention abzuschließen, der erst vor wenigen Jahren verkündete „Two-Power-Standard" und die Überlegenheit der britischen Marine im Mittelmeer schienen somit bedroht.[135] Nicht nur die Tonnage der französischen Marine war beachtlich, in den 1880er und 1890er Jahren waren auch die meisten technischen Neuerungen in der Seekriegsführung französischen Ursprungs. In der „Jeune École", der auch über Frankreich hinaus einflussreichen Marinedoktrin, wurde die Notwendigkeit eines Überraschungsangriffes zu Kriegsbeginn betont. Dies alles trug sicher nicht zur Beruhigung der Briten bei, und die beiden Flottenbauprogramme führten zwischen 1887 und 1899 zu einer Verdoppelung der Rüstungsausgaben für die „Royal Navy".[136]

1890 veröffentlichte der amerikanische Marineoffizier Alfred Thayer Mahan sein „Influence of Sea Power upon History". Das Buch wirkte nachhaltig auf die Flottenpolitik der Großmächte ein. Der Historiker Langer schreibt, dass zweifelhaft sei, ob irgendein anderes historisches Werk des 19. Jahrhunderts einen derart großen Einfluss auf die politische Entwicklung der Welt habe ausüben können. – Mahan demonstrierte, dass nur der Staat, der die Seewege kontrolliert, Herr des eigenen Schicksals sei. Länder ohne eine überlegene Flotte seien zur Niederlage oder zur Abhängigkeit verurteilt. Eine Kreuzerflotte, die im Konfliktfalle lediglich den feindlichen Handel schädigen könne, sei nicht kriegsentscheidend, sondern die großen Schlachtschiffe.[137] Eine Marine, die eine lediglich **lokale** Hegemonie ausübt, war dementsprechend von nachrangiger Bedeutung. Der junge Wilhelm II. schrieb an einen Freund, er lese Mahans Buch nicht nur, sondern versuche, es auswendig zu lernen. Es sei an Bord aller deutschen Kriegsschiffe und werde von den Offizieren ständig zitiert.[138]

Die preußisch-deutsche Flotte war 1864 kleiner als die dänische gewesen, wurde noch lange als untergeordneter Zweig des Heeres betrachtet und von Generälen geleitet. Sie führte noch in der ersten Hälfte der 1890er Jahre ein Schattendasein und umfasste nur etwa ein Fünftel der Stärke der „Royal Navy". Der Regierungsantritt Wilhelms II. und der Abgang Bismarcks markierten jedoch einen Generationswechsel, der in den folgenden Jahren in allen Bereichen des öffentlichen Lebens in Deutschland seine Spuren hinterließ. Viele aus der Generation der Kinder der Reichsgründer strebten nach neuen Ufern. Das Deutsche Reich war jedoch lediglich eine zweit- wenn nicht drittrangige Kolonialmacht. Um einen „Platz an der Sonne" zu erreichen, schien es erforderlich, ein weltweit wirkendes Instrument zur Durchsetzung der Interessen zu schaffen. Hieran waren vor allem große Teile des Bürgertums interessiert. Die Flotte, „das Schoßkind der Revolution von 1848", galt als Ausdruck des bürgerlichen Imperialismus.[139] Zudem fand die Schwer- und die Schiffbauindustrie sowohl im Deutschen Reich als auch in Großbritannien und den Vereinigten Staaten zunehmendes Gefallen an den konjunkturunabhängigen Aufträgen für die Seerüstung. In allen drei Ländern entstand

---

[135] Rohwer, Kriegsschiffbau, 215/17; Mollin, Gerhard Th; *Schlachtflottenbau vor 1914. Überlegungen zum Wesen des deutsch-britischen Antagonismus*, 168, (künftig: Mollin, Schlachtflottenbau), in: Berghoff, Pionier; s. auch Langer, Diplomacy of Imperialism, 425

[136] Fairbanks, Charles H. Junior; *The Origins of the World War, I. Before Sarajewo. Underlying Causes of the War*, New York 1929, 268, (künftig: Fairbanks, Origins of World War); Lambert, Naval Revolution, 21; Langer, Diplomacy of Imperialism, 425, s. auch ebd., 423 u. Lambert, Naval Revolution, 18, 20

[137] Mollin, Schlachtflottenbau, 167/68

[138] Langer, Diplomacy of Imperialism, 418–420; Massie, Dreadnought, XXI, XXIV

[139] Hubatsch, Ära Tirpitz, 7. Zum Thema Flotte und Bürgertum s. auch Mollin, Schlachtflottenbau, 175/76

ein klassischer militärisch-industrieller Komplex. Das Vereinigte Königreich scheint den anderen Ländern in dieser Hinsicht noch voraus gewesen zu sein.[140]

Große Teile der deutschen Öffentlichkeit beklagten, von England als „quantité négligeable" behandelt zu werden, bspw. 1894 in Bezug auf die Delagoa Bay. Außenminister Kimberley hatte deutlich gemacht, dass er Deutschland nicht als Macht betrachtete, auf die es besondere Rücksicht zu nehmen galt.[141] Eine wesentlich stärkere Flotte sollte hier Abhilfe schaffen. Im November 1897 brachte Marineminister Admiral Tirpitz eine Flottenvorlage in den Reichstag ein. Durch die kurz darauf erfolgende Besetzung des chinesischen Hafen Tsingtao wurde die öffentliche Meinung in Deutschland noch „flottenfreundlicher" gestimmt. Viele Deutsche standen in den letzten Monaten des Jahres 1897 zudem unter dem Eindruck des „Germaniam-esse-delendam" Artikels in der meist gelesenen englischen Wochenschrift, dem „Saturday Review", der Ausgabe vom 11. September, in dem die Vernichtung des aufstrebenden Konkurrenten gefordert wurde, bevor es dafür zu spät sei. Großbritannien hatte der Welt erst kurz zuvor aus Anlass des diamantenen Jubiläums Victorias eine beeindruckende und furchterregende Demonstration seiner Seemacht vorgeführt.[142]

Das 1. Flottengesetz lehnte sich in seiner Systematik eng an britische Vorbilder an und sah eine beträchtliche Erweiterung der Seestreitkräfte vor: Die deutsche Flotte war zwischen 1883 und 1897 um ein Schlachtschiff verstärkt worden, die Großbritanniens um 24, Frankreichs um 17, Russlands um 15, die der USA um 11, Japans um 7 und Italiens um 5. 1898 zählte die kaiserliche Marine lediglich 9 große Kriegsschiffe – im Vergleich zu den 72 der Briten.[143] In Großbritannien erregte die beabsichtigte deutsche Flottenverstärkung zunächst kaum Aufsehen.[144] Frankreich, der alte Rivale, besaß weiterhin die mit weitem Abstand zweitgrößte Flotte der Welt, und die „Royal Navy" blieb weiterhin stärker, als die Einheiten der drei folgenden Seemächte zusammengenommen. Auch konnte Deutschland als potenzieller Bundesgenosse Großbritanniens in einem Waffengang Großbritanniens mit dem Zweibund gelten. Eine stärkere Flotte des Kaiserreiches musste britischem Interesse durchaus nicht entgegenstehen, zumal Russland, das 1898 Pläne zur wesentlichen Verstärkung seiner Seestreitkräfte bekannt gab, seine Marinerüstung zwischen 1898 und 1900 noch stärker steigern zu wollen als das Deutsche Reich.[145] Da seit Mitte der 1890er Jahre aber auch noch andere Länder erstmals Flotten aufbauten, vor allem die USA und Japan, wurde es für die Briten zunehmend schwieriger, auf **allen** Weltmeeren ihre Dominanz zu wahren.

Die Überlegenheit Großbritanniens war vordem so ungefährdet, dass es bis in die 1890er Jahre hinein nicht einmal detaillierte Planungen für den Kriegsfall gab. Admiral Fisher meinte mit einer gewissen Schadenfreude, dass alle fünf strategischen Schlüssel des Globus – Dover, Gibraltar, das Kap, Alexandria und Singapur – in britischem Besitz seien. Er fügte hinzu, dies sei ein weiterer Beweis dafür, dass die Engländer zu den zehn verlorenen Stämmen Israels gehörten.[146] Erst nach der Faschodakrise von 1898

---

[140] Mollin, Schlachtflottenbau, 176–78; Geyer, Deutsche Rüstungspolitik, 59

[141] Wilson, Policy Entente, 110; Canis, Von Bismarck zur Weltpolitik, 142

[142] Gillard, Struggle, 163; Winzen, Bülows, 117; Diwald, Erben 21; Kennedy, Paul M.; *Maritime Strategieprobleme der deutsch-englischen Flottenrivalität*, 178, (künftig: Kennedy, Strategieprobleme), in: Schottelius, Marine

[143] Rohwer, Kriegsschiffbau, 217; Diwald, Erben, 115; Kennedy, Strategieprobleme, 180/81

[144] Hale, Publicity and Diplomacy, 167; Langer, Diplomacy of Imperialims, 441. Berghahn (und auch Marder) vertritt eine andere Auffassung (s. Germany, 61). Seine Betonung der britischen Sorgen erscheint mir nicht angebracht.

[145] Rohwer, Kriegsschiffbau, 219; Langer, Diplomacy of Imperialism, 425; s. auch Lambert, Naval Revolution, 23

[146] Marder, Dreadnought, 41

erstellte die britische Seekriegsleitung Planungen für einen Krieg gegen Frankreich und Russland. Der Zusammenstoß im Sudan hatte der III. Republik deutlich die Nachteile seiner noch immer unzureichenden Stellung zur See demonstriert. Darum wurde ein Programm zur Stärkung der französischen Marine erarbeitet und bereits im Jahre 1900 vom Parlament verabschiedet.[147]

Auch Deutschland bereitete zu dieser Zeit bereits ein weiteres Gesetz zur Flottenverstärkung vor. Bislang hatten die Propagandisten einer starken Flotte mit Vorliebe auf das Schicksal Spaniens verwiesen, dem 1898 durch die USA eine vernichtende Niederlage zugefügt worden war. 1899 konnte ein anderes Beispiel präsentiert werden: das britische Verhalten in der Samoa-Frage, durch das sich viele Deutsche gedemütigt und provoziert fühlten. In einer Reichstagsrede vom 11. Dezember 1899 nahm Außenminister Bülow Bezug auf Samoa und andere „Lehren" der vorhergehenden Jahre. Er betonte, Deutschlands politische und wirtschaftliche Stellung rufe viel Neid in der Welt hervor. Es werde sich in seiner weiteren Machtentfaltung aber nicht aufhalten lassen. Das deutsche Volk stehe im 20. Jahrhundert vor der Entscheidung, Hammer oder Amboss sein zu wollen. Unmittelbar nach dem Ende von Bülows Rede erhob sich Tirpitz und erklärte den Abgeordneten, die Seestreitkräfte müssten nicht nur in der Lage sein, die deutschen Küsten zu sichern, sondern auch die Vorherrschaft der stärksten bestehenden Flotte zu gefährden.[148] Damit konnte nur die „Royal Navy" gemeint sein.

Auch diese weitere deutsche Flottenverstärkung erweckte in Großbritannien kaum feindliche Gefühle. Die Beziehungen beider Länder waren nach der Lösung der Samoa-Frage und insbesondere wegen der pro-britischen Haltung der Wilhelmstraße in diesen für das Empire sehr schwierigen ersten Monaten des Burenkrieges auf offizieller Ebene außerordentlich freundschaftlich.[149] – Diese herzlichen Kontakte auf höchster Ebene könnten jedoch zu Problemen im Reichstag führen, so die Befürchtungen von Bülow und Tirpitz: Viele Abgeordnete würden sich fragen, warum sie eine weitere kostenträchtige Verstärkung der deutschen Flotte gutheißen sollten, wenn die Beziehungen zur führenden Seemacht so gut seien? Die „Bundesrath-Affäre" kam den „Flottenfreunden" zur Hilfe.[150]

Bülow und Tirpitz benötigten also eine mehr oder minder antienglische Stimmung in der deutschen Öffentlichkeit, um die Flottenvorlagen durch den Reichstag schleusen zu können. Andererseits durften diese nicht den Argwohn der Briten wecken: Sowohl der greise Reichskanzler Hohenlohe[151] als auch Bülow und Tirpitz waren davon überzeugt, dass Großbritannien gegenüber Deutschland aggressive Absichten hege. Hierzu dürfe die deutsche Politik dem Empire keinen Vorwand liefern.[152] Bülow schrieb am 26.7.1899 an Richthofen (der im darauf folgenden Jahr als sein Nachfolger deutscher Außenminister wurde), „daß ... wir im Hinblick auf unsere maritime Inferiorität so vorsichtig operieren müssen, wie die Raupe bevor ihr die Schmetterlingsflügel gewachsen sind".[153] Am 12. Juni 1900 billigte der Reichstag die 2. Flottenvorlage mit 201 zu 103 Stimmen. Lediglich die Sozialdemokraten, ein Teil der Linksliberalen und ein kleiner Teil des Zentrums votierten dagegen. Das Deutsche Reich schickte sich an, neben Frankreich und den USA eine der größten Flotten der Welt zu bauen.[154]

---

[147] Friedberg, Weary Titan, 150; Rohwer, Kriegsschiffbau, 220
[148] Kennedy, Samoan, 266, 270/71
[149] S. auch Langer, Diplomacy of Imperialism, 656
[150] Winzen, Bülows, 104
[151] Reichskanzler von 1894–1900
[152] Winzen, Bülows, 106/07, 120/21, 163; Langer, Diplomacy of Imperialism, 656; Kennedy, Strategieprobleme, 182; ders., Rise, 366
[153] Zit. in Kennedy, Strategieprobleme, 182; s. auch Winzen, Bülows, 120
[154] Langer, Diplomacy of Imperialism, 655. Zur Entwicklung der Tonnage der Flotten der Großmächte zwischen 1889 und 1914 s. Rohwer, Kriegsschiffbau, 219

Auch in den Vereinigten Staaten wurden Feindbilder kreiert und Bedrohungsszenarien entworfen, um die Rüstung forcieren zu können, wobei die amerikanischen Militaristen in Anbetracht der Größe und geographischen Lage ihres Landes noch größere Phantasie als ihre europäischen Gesinnungsgenossen aufwenden mussten: 1901 veröffentlichte die „US-Navy" bspw. eine Schrift, in der dargelegt wurde, wie die deutsche Flotte die amerikanische Marine vernichten könnte, um den Weg für eine Invasion Nordamerikas freizumachen.[155]

Deutsche Strategen betrachteten das Empire als Haupthindernis bzw. notwendigen Verbündeten eines Durchbruchs zur Weltmacht: Jeglicher nennenswerter Kolonialerwerb war gegen britischen Widerstand aussichtslos, – außer, wenn man sich mit Frankreich verständigte – und der Überseehandel letztlich abhängig von der Friedfertigkeit der „Royal Navy". Großbritannien war das einzige Land der Welt, das dem Deutschen Reich in einem Krieg schwere Verluste zufügen konnte, ohne dass eine entsprechende Vergeltungsmöglichkeit bestand. Etwa zwei Drittel des deutschen Außenhandels liefen über die Meere und die Handelsflotte war die zweitstärkste der Welt. Großbritannien war noch abhängiger vom Überseehandel, etwa 80 % des Getreideverbrauchs kamen aus dem Ausland. Tirpitz meinte 1909, Deutschland könne erst dann „fair play" von den Briten erwarten, wenn die Flotte ihre volle Stärke erreicht habe.[156]

Bereits in der Zwischenkriegszeit hat Eckart Kehr die These aufgestellt, dass die deutsche Flottenpolitik vor allem dem **innen**politischen Zweck diente, die bedrohte Stellung der althergebrachten Eliten zu sichern. Außenpolitische Überlegungen und Ziele seien nachrangig gewesen. Hans Hallmann, Volker R. Berghahn, Paul M. Kennedy und Hans-Ulrich Wehler untermauerten diese Ansicht mit eigenen Schwerpunktsetzungen.[157] Andere Historiker betonen hingegen die außenpolitischen Motive der Flottengesetze. So schreibt bspw. Hildebrand:

> „Um die globale Pax Britannica zu erschüttern, um das besitzende England zu beerben und um das europäische Gleichgewicht in ein zu Deutschlands Gunsten verschobenes Weltgleichgewicht zu überführen, <hätten> ab 1897 die Wilhelminischen Staatsmänner Bülow und Tirpitz im Zeichen des forcierten Flottenbaus <den Versuch gewagt>, den gefährdeten Großmachtstatus ohne vorhergehende europäische Basiserweiterung in einer weltpolitischen Offensive großen Stils zu überwinden."[158]

Kennedy vertrat in einer frühen Arbeit die Ansicht, dass Tirpitz' Fernziel der Bau einer der „Royal Navy" gleich starken, vermutlich sogar stärkeren Flotte gewesen sei, „um das Inselreich, sei es durch politischen Druck, sei es kriegerisch, zu Zugeständnissen zu zwingen".[159] In späteren Jahren rückte er von dieser Einschätzung ab und schrieb:

[155] Mulanax, Boer War, 71

[156] Hauser, Deutschland und der englisch-russische Gegensatz, 13, Anm. 19; Searle, Quest, 7; Berghahn, Germany, 49

[157] Kehr, Eckart; *Schlachtflottenbau und Parteipolitik 1894–1901. Versuch eines Querschnitts durch die innenpolitischen, sozialen und ideologischen Voraussetzungen des deutschen Imperialismus*, Historischen Studien, Heft 197, Berlin 1930; Berghahn, Volker R.; *Der Tirpitz-Plan. Genesis und Verfall einer innenpolitischen Krisenstrategie unter Wilhelm II*, Düsseldorf 1971, (künftig: Berghahn, Tirpitz-Plan). Dieser ließ allerdings die Frage nach der „Rangfolge <von> Innen- und Außenpolitik letztlich offen" (ebd., 597, Anm. 1; s. hierzu auch Berghoff, Hartmut; (mit Ziegler, Dieter); *Pionier und Nachzügler. Kategorien für den deutsch-britischen Vergleich?*, 25, (künftig: Berghoff, Kategorien), in: Berghoff, Pionier und Nachzügler. S. weiterhin: Geyer, Deutsche Rüstungspolitik, 72–7, der sich z.T. auf Berghahn stützt; Kennedy, Samoan; Wehler, Hans-Ulrich; *Das Deutsche Kaiserreich 1871–1918*, 2. Aufl., Göttingen 1975 u. Forstmeier, Flottenbau, 39

[158] Hildebrand, Klaus; *Imperialismus, Wettrüsten und Kriegsausbruch 1914*, in: NEUE POLITISCHE LITERATUR, 20(3). 1975, 362, zu dem Thema s. auch Steinberg, Jonathan; *Yesterday's Deterrent*, London 1965, 18, 126, zit. in Forstmeier, Flottenbau, 39

[159] Zit. in Forstmeier, 40 nach Kennedy, Paul M.; *Tirpitz, England and the Second Navy Law of 1900: A Strategical Critique*, in: MGM 2/1970, 53; ähnlich: Berghahn, Tirpitzplan, 180

„Tirpitz und seine Kollegen hofften, wie wir aus Kenntnis der Pläne der deutschen Marine um die Jahrhundertwende schließen können, auf Anerkennung und Rücksichtnahme in Friedenzeiten und auf eine echte Möglichkeit des Sieges im Falle eines Krieges. Diese Ziele waren keineswegs außergewöhnlich."

Auch bspw. Walther Hubatsch betont die außenpolitischen Motive der Reichsleitung, ihm scheint die deutsche Politik nicht so offensiv und aggressiv zu sein wie Hildebrand.[160]

Rohwer weist auf die wenig beachtete Tatsache hin, dass man „im internationalen Flottenbau von 1889 bis 1914 erstaunliche Parallelen zum deutschen Flottenbau" feststellen könne, der sich ja am britischen Vorbild orientierte. Praktisch alle großen und auch viele kleineren Mächte begannen seit 1889 und verstärkt seit der Jahrhundertwende, „den Flottenbau im Rahmen langfristiger Programme und Gesetze abzuwickeln". Die deutsche Seerüstung könne in Anbetracht der internationalen Ähnlichkeiten und Übereinstimmungen darum nicht nur vor dem Hintergrund der Innenpolitik oder der Beziehungen zu Großbritannien gesehen werden. – Dies scheint mir überzeugend, wobei ich hinzufügen möchte, dass eine imperialistische Aufrüstungspolitik im Interesse der Eliten **sämtlicher** Großmächte war, um von der sozialen Frage und demokratischen Defiziten abzulenken. – Rohwer fährt fort: Die deutsche Flottenpolitik sei im Vergleich zu der anderer Länder freilich besonders planvoll betrieben worden. Dies liege aber wohl daran, dass Tirpitz für den gesamten Zeitraum von 1897 bis 1914 verantwortlicher Marineminister war, „während seine mehr oder weniger bedeutenden Kollegen in anderen Staaten oft kaum über Ansätze zur Verwirklichung ihrer Ideen hinauskamen".[161]

1897 hatte der „Daily Telegraph" den Stapellauf eines deutschen Panzerschiffes noch begeistert begrüßt, im Jahre 1900 gab es hingegen die ersten warnenden und aufgeregten britischen Stellungnahmen wegen der wachsenden deutschen Flotte. So schrieb der „Observer" am 1. April 1900, dass sich die kaiserliche Marine erklärtermaßen gegen die britische Seeherrschaft richte. Der „Fortnightly Review" erklärte Ende 1901: „Die Deutschen sind, kurz gesagt, das einzige Volk, das ein überwältigendes Interesse daran hat, unsere Seemacht zu brechen."[162] Diese irreführende Sicht spielte in der britischen Politik noch keine Rolle und war in der Publizistik noch nicht vorherrschend. So plädierte Marineminister Selborne Ende 1900 für ein Bündnis mit dem Deutschen Reich, da die Lasten des Flottenrüstens gegen **Frankreich und Russland** unerträglich zu werden drohten.[163] Im September 1901 meinte er, dass eine englandfeindliche Kombination aus Frankreich, Russland und Deutschland ausgeschlossen sei: „Deutschland wird uns niemals aus Liebe zur Seite stehen, aber es wird aus Gründen des Selbsterhalts nicht dazu beitragen, uns zu schädigen."[164] Lascelles schrieb im April 1902, daß sich die Entwicklung der kaiserlichen Marine gegen England richte, es aber sehr unwahrscheinlich sei, dass sich Deutschland Russland und Frankreich anschließen könnte, um Großbritannien in einem Krieg niederzuringen. Die Flotte diene vielmehr dazu, sich

---

[160] Kennedy, Strategieprobleme, 186

[161] Rohwer, Kriegsschiffbau, 212, 223, 225. Eine Darstellung der Entwicklung in den einzelnen Staaten findet sich auf S. 215–23; s. auch ; Hubatsch, Ära Tirpitz

[162] Flood, Ambassadorship, 65 c; Winzen, Bülows, 368, Fortnightly Review, Dezember 1901, S. 938.

[163] Monger, Ursachen, 15. Wehler schreibt irrtümlich, dass die deutsche Marinerüstung für die britische Seeherrschaft bereits ab 1900 „extrem bedrohlich" gewesen wäre (Wehler, Deutsche Gesellschaftsgeschichte, 1135).

[164] Zit. in Marder, Arthur J.; *The Anatomy of British Sea Power. A History of British Naval Policy in the Pre-Dreadnought Era 1880–1905*, New York 1940, 463/64, (künftig: Marder, Anatomy)

dem Vereinigten Königreich „außerordentlich unangenehm" machen zu können.[165]
Die Einschätzungen Selbornes und Lascelles treffen den Sachverhalt.

Britische Offizielle nahmen die deutsche Flotte 1902 als Machtfaktor erstmals wahr.
Sie war in diesem Jahr etwa ebenso stark wie die russische und umfasste etwa ein Viertel
der britischen.[166] Marder schreibt, dass die englischen Politiker begriffen, dass es sich
bei der deutschen Flotte um eine Waffe handelte, die gegen England gerichtet war.[167]
Von ihrer Effizienz wurde ein hochrangige politische Delegation im August 1902 überzeugt, als sie Anlagen der deutschen Kriegsflotte besuchte. Auch Marineminister Selborne zeigte sich beeindruckt und schloss sich der Ansicht an, dass Deutschland nun
als möglicher Gegner zur See angesehen werden müsse.[168] – Dies musste einem Ausgleich aber nicht entgegenstehen. Russland war seit Jahrzehnten ein „außerordentlich
unangenehmer" Nachbar des Empire in Asien, genau dies war jedoch der Grund, dass
London wiederholt versuchte, sich mit St. Petersburg zu verständigen.

1903 beschloss das britische Kabinett, in Rosyth an der schottischen Nordseeküste
einen neuen Stützpunkt zu errichten, vermutlich aus zwei Gründen: Zum einen lag er
in der Nähe der wichtigsten Werften, so dass sich knappe Finanzmittel einsparen ließen, zum anderen konnte er sowohl offensiven als auch defensiven Zielen in Anbetracht der wachsenden deutschen Flotte dienen. – Aber auch in die Kriegshäfen in
Sydney, Auckland, Bombay, Fremantle, Hong Kong, Simonstown und Singapur wurden erhebliche Summen investiert. Die „Royal Navy" wurde so instand gesetzt, ihre
Einheiten jederzeit in allen Weltmeeren einsetzen zu können.[169]

Die britischen Marineausgaben erreichten 1903 die Höhe von 35 Mio. Pfund. Sie
waren somit doppelt so hoch wie 1894/95. Marineminister Selborne meinte, dass sie
sich sehr nahe an ihrem möglichen Maximum befänden.[170] Zwischen 1897/98 und
1904/05 stieg der Anteil der Ausgaben für die „Royal Navy" am Gesamthaushalt von
21,8 % auf 29,4 %. Schatzkanzler Hicks Beach hatte bereits Ende 1901 im Kabinett
eindringlich eine Begrenzung der Marineausgaben gefordert, da sonst der finanzielle
Ruin des Vereinigten Königreiches drohe. Selborne setzte sich jedoch mit dem Argument durch, dass die Anstrengungen Frankreichs und Russlands, eine Überlegenheit
zur See herzustellen, eine akutere und gefährlichere Bedrohung des Empire darstellten
als die Möglichkeit eines nationalen Bankrotts.[171]

Diese Anspannung des Haushalts bewog Grey u.a. im Sommer 1903, eine Entente
mit Frankreich zu befürworten, um die Ausgaben für die Marine senken zu können. Es
war das Wettrüsten mit den **Flügelmächten**, nicht die Konkurrenz der deutschen Flotte, das die britischen Flottenausgaben nach oben trieb.[172] Selborne bekannte Ende 1903
in einem Brief an Premierminister Balfour, dass er wegen der finanziellen Situation
„verzweifelt" sei, denn „diese verdammten Russen" würden neue Kriegsschiffe bauen,
die den „Two-Power-Standard" gefährdeten.[173] Frankreich hatte zudem kurz zuvor ei-

---

[165] PRO, FO 800/129, Lascelles an Lansdowne, 26.4.1902. Lascelles beantwortete in seinem Brief
Fragen, die von Marineminister Selborne stammten, hierzu s. PRO, FO 800/11, Lansdowne an Lascelles,
22.4.1902
[166] Rohwer, Kriegsschiffbau, 219
[167] Marder, Anatomy, 107; s. auch Kennedy, Anglo-German Antagonism, 251 u. Kennedy, Strategieprobleme, 186, sowie Berghahn, Germany, 61
[168] Monger, Ursachen, 102; s. auch Dilks, Introduction, 4 u. Kennedy, Strategieprobleme, 186
[169] Lambert, Naval Revolution, 34, 50, 163/64; Joll, Ursprünge, 75
[170] Langer, Diplomacy of Imperialism, 423; BL, MSS Selborne, 37, Memorandum von Lord Selborne, Sommer 1903
[171] Lambert, Naval Revolution, 31/32, 30, 34
[172] Wilson, British Power, 32/33; Fairbanks, Origins, 271
[173] S. Neilson, Britain and the Last Tsar, 237

nen neuen Schiffstyp eingeführt, der britischen Einheiten deutlich überlegen war. Die britische Admiralität war hierüber intern extrem besorgt.[174] Und nicht nur dies: Frankreich besaß auch bei der neu entwickelten Torpedowaffe eine beträchtliche Überlegenheit, so dass kleinere französische Einheiten auf diese Weise zu einer beträchtlichen Gefahr für die „Royal Navy" werden konnten. Als Folge der französisch-russischen Bedrohung stiegen die britischen Ausgaben für Kreuzer von Beginn der 1890er Jahre bis zum Anfang des 20. Jahrhunderts um fast das Vierfache.[175] Die Kriegsplanungen der Flügelmächte sahen vor, das Empire an seiner empfindlichsten Stelle zu treffen: Frankreich sollte vom Senegal und Madagaskar aus einen Handelskrieg führen und Russland von Französisch-Indochina.[176]

Die deutsche Führung ging davon aus, dass eine starke deutsche Flotte Großbritannien dazu nötigen werde, dem Deutschen Reich mit größerer Rücksichtnahme zu begegnen, und die Möglichkeit eröffne, eine wirkliche Weltpolitik betreiben zu können.[177] Nach einer „Gefahrenzone" sollte die kaiserliche Flotte so stark sein, dass die „Royal Navy" im Falle ihres **Angriffs** so geschwächt wäre, dass sie gegen die **französisch-russische Allianz** nicht bestehen könnte. Unter Seestrategen bestand Einmütigkeit, dass eine Flotte, die 2/3 der Stärke des Angreifers umfasste, in einer Abwehrschlacht eine echte Siegeschance hätte. Die deutsche Flotte war also zu keiner Zeit als direkt offensives Instrument gegen Großbritannien gedacht, sondern sollte einen **britischen Angriff** auf Deutschland zu einem allzu großen Risiko für den möglichen Aggressor machen. Diese Motivation stellte auch die Marineleitung unmissverständlich heraus. Auch V.R. Berghahn, ein entschiedener Kritiker der deutschen Politik, stellt fest, dass Tirpitz an keinen Angriff auf England dachte, sondern es ihm erschweren wollte, Deutschland zu attackieren.[178]

Die deutschen Flottenvorlagen sahen bis 1918/20 60 deutsche große Kriegsschiffe vor, Großbritannien hätte dementsprechend mindestens 90 in den Heimatgewässern konzentrieren müssen, um sich die Fähigkeit zu erhalten, Deutschland angreifen zu können. Für Tirpitz schien es auf der Hand zu liegen, dass das Vereinigte Königreich in Anbetracht der weltweiten Verpflichtungen und Bedrohungen aber nur einen Teil seiner Flotte im Kanal und der Nordsee stationieren könnte. Großbritannien wäre somit zu einem Ausgleich mit dem Deutschen Reich genötigt, denn die Kosten für eine darüber hinausgehende Flotte könnte die alte Weltmacht nach Ansicht der Fachleute nicht tragen.[179] Die schiere Existenz einer ansehnlichen Nordseeflotte sollte so Deutschlands Sicherheit vor einem britischen Angriff garantieren und Großbritannien weltweit zur Rücksichtnahme nötigen.[180]

Wegener bestreitet, dass die deutschen Seestreitkräfte ihre Funktion hätten erfüllen können, den „Durchbruch zur Weltmacht" zu schaffen. Die kaiserliche Marine war lediglich dazu in der Lage, bzw. hätte lediglich dazu in der Lage sein **können,** die Heimatgewässer zu schützen. Zu einer Offensive, zu einem Ausgreifen auf die Weltmeere sei sie wegen der fehlenden Basen nicht in der Lage gewesen, über die insbeson-

---

[174] Lambert, Opportunities, 43/44
[175] Lambert, Naval Revolution, 73ff, 20, 32
[176] Lambert, Opportunities, 45
[177] Kennedy, Strategieprobleme, 185
[178] Berghahn, Volker, R; *Germany and the Approach of War in 1914*, London 1973, 38/39, (künftig: Berghahn, Approach)
[179] Kennedy, Strategieprobleme, 182/83; Berghahn, Volker R.; Germany and the Approach of War in 1914, 2nd Ed., London 1993, 50/51, (künftig: Berghahn, Germany)
[180] Bülow argumentierte zudem, dass die kaiserliche Flotte nicht nur das Gewicht des Deutschen Reiches in britischen Augen erhöhen sollte, sie diente überhaupt dazu, den „Bündniswert" zu steigern, s. Winzen, Bülows, 205

dere Frankreich und die Vereinigten Staaten jedoch verfügten. „Auch der <britischen> Admirality muß die seestrategische Situation der Tirpitz-Flotte – gemessen an früheren Seekriegserfahrungen – ungewöhnlich erschienen sein", wie Wegener fortfährt. Die deutsche Seekriegsleitung habe diese Zusammenhänge wegen ihrer kontinentalen Erfahrung nicht zu durchschauen vermocht. Er fragt:

> „Hat man im seegewohnten England klarer gesehen? (…) Hat man gewußt, daß die deutsche Seestrategie aller offensiven Parolen zum Trotz in Wirklichkeit defensiv war, daß die Tirpitz-Flotte folglich für die englische Weltseeherrschaft und für England gar keine Gefahr darstellte?"[181]

Den britischen Verantwortlichen war **bewusst**, dass die deutsche Flotte die Herrschaft der „Royal Navy" auf dem Atlantik nicht bedrohen konnte, der deutsche Überseehandel mit dem Tage des Kriegsausbruchs faktisch zum Erliegen käme und die deutschen Kolonien ohne großen Kraftaufwand erobert werden könnten. Diese Fakten sah man auch in der deutschen Führung. Viele britische Strategen mochten sich mit diesen sicheren Erfolgen aber nicht begnügen, und darum schwankten die britischen Planungen für den Kriegsfall zwischen dem Ziel einer Entscheidungsschlacht gegen die feindlichen Verbände und einer Nahblockade der deutschen Küste bzw. dem Ausweichen vor einer Entscheidung und einer Fernblockade.[182]

Die deutsche Seestrategie ging von der sehr fragwürdigen – und in den deutschen Überlegungen offenbar nicht recht thematisierten! – Voraussetzung aus, dass die „Royal Navy" in den **deutschen Heimatgewässern angriffe. Nur in diesem Fall** könnte die kaiserliche Marine ihre Wirksamkeit entfalten. Selbst nach einer Vollendung der deutschen Flottengesetze hätte Großbritannien eine Schlachtschifflotte von 40 Schiffen ausgereicht, um das Land vor einem deutschen Angriff zu verteidigen, für den im Kaiserreich aber keine Pläne geschmiedet wurden. – Was aber, wenn Großbritannien gar nicht die Absicht hegte, Deutschland anzugreifen, bzw. sich mit Frankreich und/oder Russland verständigte? Wie sollte eine defensiv ausgerichtete Flotte, die, wenn überhaupt, nur zur Verteidigung gegen Großbritannien in der Lage war, dieses zu größerer Rücksichtnahme nötigen?

Im Frühjahr 1904 wurden in der britischen Admiralität die ersten Entwürfe für einen möglichen Krieg gegen das Deutsche Reich angefertigt. Frankreich und Russland galten ihr aber weiterhin mit Abstand als die gefährlicheren Gegner. 1902 hatte die britische Admiralität errechnet dass Großbritannien, ein gleichbleibendes Bautempo vorausgesetzt, gegenüber der franko-russischen Allianz in absehbarer Zeit ins Hintertreffen geriete[183], zudem war der Suezkanal für die Passage der großen britischen Kriegsschiffe **nicht** geeignet, da die Fahrrinne nicht tief genug war. Die Seemacht des Vereinigten Königreiches, wenn nicht die Existenz des Empire schien dementsprechend gefährdet. Wegen dieser Bedrohung der wichtigsten britischen Lebensader durch Frankreich wurde die Mittelmeerflotte 1901 auf Betreiben Admiral Fishers bedeutend verstärkt und mit weitem Abstand **vor** der Heimatflotte zum stärksten Verband der „Royal Navy".[184] – Fisher war zu diesem Zeitpunkt Oberkommandierender der Kräfte im Mittelmeer.

Noch in den 1890er Jahren hatte die britische Marine unter keinen Finanzierungsproblemen zu leiden gehabt. Die stagnierende britische Wirtschaft grenzte seitdem je-

[181] Wegener, Seestrategie, 237–255
[182] Kennedy, Anglo-German Antagonsm, 274; Wegener, Seestrategie, 256/57; zur Diskussion strategischer Fragen s. auch Mollin, Schlachtflottenbau, 170/71 u. Lambert, Naval Revolution, 193
[183] Marder, Anatomy, 11, 479–81; Wormer, Großbritannien, Rußland und Deutschland, 80
[184] Massie, Schalen, 100/01. Die Mannschaftsstärke der in den Heimatgewässern diensttuenden Soldaten sank jedoch von 42.915 im Oktober 1904 auf 42.001 im Oktober 1905 (Lambert, Naval Revolution, 114).

doch den Handlungsspielraum des Staates ein, und die führenden britischen Politiker waren zu Beginn des 20. Jahrhunderts zu der Ansicht gelangt, dass eine weitere deutliche Erhöhung der Staatsausgaben die britische Kreditfähigkeit und die Stellung Londons als Weltfinanzzentrum gefährdeten. Diese Tatsache wird von der Marinegeschichtsschreibung i.d.R. bis heute nicht berücksichtigt.[185]

1904 sanken die Steuereinnahmen Großbritanniens und die Politik übte starken Druck auf die Admiralität aus, die Kosten der Seerüstung zu reduzieren. Die Marineleitung teilte darum einen größeren Teil der Flotte aus haushaltskosmetischen Gründen der Reserve zu, um die vermeintliche eigene Schwäche zu betonen, zudem wurde die Überseepräsenz scheinbar reduziert. Sie konnte im Bedarfsfall durch Schiffe der Heimatflotten innerhalb kurzer Zeit jedoch wieder wesentlich verstärkt werden, so dass die weltweite Aktionsfähigkeit der Kriegsmarine eher noch erhöht wurde.[186]

Fisher, der Erster Seelord geworden war, setzte durch, dass die neuesten und stärksten Schiffe in Gibraltar zusammengefasst wurden. Dies erhöhte die Flexibilität der Einheiten, die nun innerhalb kürzester Zeit sowohl im Mittelmeer als auch in der Nordsee einsetzbar waren. Fisher war der Auffassung, dass die britische Seestreitkraft nicht überall präsent sein müsste, um trotzdem auf allen Weltmeeren dominant – oder zumindest eine entscheidende Kraft – bleiben zu können: der kabellose Funk, die Dominanz, ja weltweite Unentbehrlichkeit britischer Feuerungskohle und die neuartigen ölbetriebenen Schiffe, bei denen Großbritannien einen erheblichen Vorsprung besaß, machten dies möglich.[187]

Zweck der Schiffe war insbesondere die Handelsverbindungen des Gegners im Kriegsfall abzutrennen.[188] Die Südatlantik- und Nordamerikageschwader wurden sogar aufgelöst[189] So zog sich die „Royal Navy" um die Jahrhundertwende unter dem Zwang knapper Mittel und wegen der französisch-russischen Bedrohung in Europa, Asien und Afrika und den übermächtig werdenden USA aus den amerikanischen Gewässern weitgehend zurück[190] und überließ den Vereinigten Staaten Positionen und Rechte, die dazu führten, dass die britischen Besitzungen in der westlichen Hemisphäre gegen die junge Großmacht im Kriegsfalle nicht mehr zu verteidigen gewesen wären.

Die bisherige Forschung deutet die Entwicklung anders: Sie sei eine Folge der von Deutschland ausgehenden Gefahr gewesen, ebenso wie der Rückzug britischer Flotteneinheiten aus dem Fernen Osten im Jahre 1905. Dies war jedoch nicht der Fall. Der Direktor des Marinegeheimdienstes Alexander Bethell meinte selbst 1912, nachdem die „Hochseeflotte" in den vorhergehenden Jahren beträchtlich verstärkt worden war, vor dem RVA, dass die „Royal Navy" auch im Kriegsfall mit Deutschland eine Flotteneinheit aus den Heimatgewässern nach Ostasien entsenden könnte, die etwa gleich stark wie die gesamte deutsche Flotte wäre, ohne die Sicherheit der britischen Inseln zu gefährden.[191]

Die Lage der britischen Flotte war nach den schweren Verlusten Russlands in Ostasien 1905 zunächst komfortabler als seit Jahren. Die „Royal Navy" war stärker als die Flotten Russlands, Frankreich und des Deutschen Reiches zusammengenommen. Es war aber offensichtlich, dass diese Situation nicht auf Dauer erhalten bliebe. Frankreich

---

[185] Lambert, Naval Revolution, 1, 4, 29, 5
[186] Lambert, Naval Revolution, 109/10; Lambert, Opportunities, 51
[187] Lambert, Naval Revolution, 6
[188] Lambert, Opportunities, 42, 48, 99
[189] Massie, Schalen, 401
[190] Friedberg, Weary Titan, 205/06
[191] S. z.B. Hale, Publicity and Diplomacy, 334. Kennedy (Anglo-German Antagonism, 279) würdigt die neueren Forschungsergebnisse. Lambert, Opportunities, 48, 50

und Russland verfügten zudem über Basen in der ganzen Welt und waren somit als
Kriegsgegner viel gefährlicher als Deutschland, dessen Schiffe in Randmeeren festsa-
ßen. Diese Feststellung wurde durch den russisch-japanischen Krieges weiter untermauert, denn es war deutlich geworden, dass es für größere Flotteneinheiten kaum möglich
war, unter Wahrung ihrer Beweglichkeit und Kampfkraft (Kohleversorgung, Reparatur-
möglichkeiten) weiter als 500 Seemeilen (gut 900 km) von eigenen Stützpunkten zu
operieren.[192]

Die Admiralität erweckte 1904/05 erfolgreich den Eindruck, haushälterisch mit
knappen Mitteln umzugehen, musste aber fürchten, dass die unter finanziellem Aspekt
lediglich kosmetischen Maßnahmen die Politiker nur vorübergehend beruhigen konnten. Die „Dreadnoughts" wurden in den folgenden Jahren zu einem der schlagkräftig-
sten Argument Fishers für die Notwendigkeit einer ungeschmälerten, ja üppigeren Finanzausstattung der „Royal Navy". Es handelte sich um ein besonders schnelles rund-
um gepanzertes Großkampfschiff mit weitreichender Artillerie. Alle bisherigen Schiffe
waren weder in der Lage, ein „Dreadnought" zu bekämpfen (aufgrund der starken Pan-
zerung), noch vor ihm zu entfliehen (wegen seiner Schnelligkeit und Bewaffnung). Der
erst kurz zuvor beendete japanisch-russische Krieg hatte zudem den Beleg erbracht,
dass ein Seekrieg nicht durch Kreuzer oder Torpedos entschieden werde, sondern durch
die großen Schlachtschiffe.[193]

Es gab also durchaus stichhaltige Argumente für die Einführung der neuartigen
Großkampfschiffe. So vertreten viele Marinehistoriker die Ansicht, dass Fisher damit
der französisch-russischen Herausforderung begegnen wollte. Er habe ursprünglich keinen Zusammenstoß von großen Schlachtflotten im Blick, sondern einen Kampf auf
vielen Schauplätzen, in dem kleinere französische und russische Einheiten versuchten,
einen zeitweiligen örtlichen Vorteil über ebensolche britische Verbände zu gewinnen.[194]
Die „Dreadnoughts" sollten diesen Kampf zu britischen Gunsten entscheiden. Mollin
meint hingegen, stellvertretend für einige andere Fachkollegen, dass die britische Flot-
tenführung bei der Einführung des neuen Schifftyps auf die „deutsche Herausforderung" reagiert habe.[195]

Die britische Marineleitung konnte also darauf verweisen, sich an der Lehre Mahans zu orientieren, weiterhin Schlussfolgerungen aus dem ostasiatischen Waffengang
zu ziehen, vor allem aber sich an der französisch-russischen Bedrohung auszurichten. –
Aber auch die Bedrohung durch die USA war maßgebend. Diese hatten bereits die
Konstruktionspläne für ein „Dreadnought"-Äquivalent fertiggestellt. „Wenn Fisher nicht
zum Bau von ‚all big gun ships' übergegangen wäre, so hätte er doch in Kürze dem
amerikanischen Beispiel folgen müssen." W.H. Gard, der Chefkonstrukteur des britischen Kriegshafens Portsmouth, war erst kurz zuvor mit einem beklommenen Gefühl
wegen der Schiffsbaukapazitäten des Rivalen von einem Besuch aus den USA zurückgekehrt.[196] Die Marine-Kriegsdoktrin der Vereinigten Staaten war recht offensiv: Die
„Kriegsflotte der USA <müsse> in der Lage sein (…), die **Haupt**streitmacht jedes Gegners zu besiegen, anstatt nur den Handel zu stören und die passive Küstenverteidigung
zu unterstützen".[197]

---

[192] Monger, Ursachen, 249/50; Lambert, Opportunities, 49

[193] Mollin, Schlachtflottenbau, 168; Born, Reichsgründung, 231

[194] Fairbanks, Origins, 264, 267; Rohwer, Kriegsschiffbau, 230. Lambert argumentiert (Oppportuni-
ties, 42), dass Fisher ursprünglich eine andere Konzeption verfolgt habe.

[195] Mollin, Schlachtflottenbau, 168

[196] Hubatsch, Ära Tirpitz, 75 Anm. 71. S. zu diesem Thema auch Fairbanks, Origins, 253/54; Diwald, Erben,114

[197] Zit. in Mollin, Schlachtflottenbau, 171 nach Potter, E.B./Nimitz, C.W.; *Sea Power. A Naval
History*, Englewood Cliffs 1960, 379; s. auch Diwald, Erben, 33

Mit dem Bau der neuartigen britischen Großkampfschiffe sollte auch die deutsche Konkurrenz geschwächt werden: Nach dem Flottengesetz von 1900 war das Deutsche Reich nicht in der Lage, die erhöhten Kosten für die „Dreadnoughts" abzudecken, zudem könnten diese nicht den Nordostseekanal passieren, ein entscheidender strategischer Vorteil für Großbritannien. Fishers Plan, die deutsche Flotte zu „kopenhagen", entsprang somit nicht der Furcht vor Deutschland als der Überlegung, sich in einem Krieg gegen Frankreich und Russland ohne großen Aufwand einen „freien Rücken" zu verschaffen.[198] – Fisher beschäftigte sich Anfang 1905 mit der Gefahr einer französischen Invasion Großbritanniens, durch U-Boote vorbereitet, bei denen Frankreich eine große Überlegenheit besaß. – Seine Drohung eines Überraschungsangriffs auf Deutschland blieb keine vereinzelte Stimme: Im Oktober 1904 gab es ein Anzeichen, dass die schlimmste Befürchtung deutscher Politiker und Strategen eintreten könnte. Die britische Seekriegsführung beorderte Kriegsschiffe von Gibraltar in den Kanal zurück. Der britischen Regierung war dies eine Vorsichtsmaßnahme, da durch die Doggerbankkrise im Oktober d.J. Feindseligkeiten mit Russland und sogar Frankreich möglich schienen. Ultrachauvinistische Journalisten und Zeitschriften wie die „Vanity Fair" und die „Army and Navy Gazette" hatten aber keine Skrupel, zu fordern, dass diese Gelegenheit genutzt werden müsse, die deutsche Flotte zu vernichten.[199] König Eduard war über die Anzeichen von Panik erstaunt, die dies in Deutschland auslöste. Sanderson schrieb: „Ich glaube nicht, (...) dass die britische Öffentlichkeit je in einer friedfertigeren Stimmung war oder gründlicher abgeneigt, irgendjemanden anzugreifen."[200] – Dabei hatte doch kurz zuvor ein großer Teil der britischen Politik und Öffentlichkeit eine gewaltsame Auseinandersetzung mit der russischen Flotte gefordert (s. Doggerbank). Anfang 1905 erklärte der Zivillord der Admiralität, Sir Arthur Hamilton Lee, öffentlich, dass die englische Flotte im Kriegsfalle den ersten Schlag führen würde, „noch ehe man auf der anderen Seite Zeit gehabt hätte, die Kriegserklärung in den Blättern zu lesen".[201] Wilhelm II. sprach Lascelles auf die drohende britische Haltung an, und dieser entgegnete, in England herrsche die Ansicht vor, dass sich der Flottenbau gegen Großbritannien richte, „und dass Leute, die dieser Ansicht sind, in den Argumenten für den Flottenbau, mit denen der Reichstag überzeugt werden sollte, gute Gründe für diese Auffassung finden".[202]

Führende britische Marineoffiziere gaben im kleinen Kreis häufig zu, dass die Überlegenheit der „Dreadnoughts" nicht sehr bedeutend sei. In der Öffentlichkeit oder gegenüber Politikern betonte die Admiralität hingegen, dass in einem künftigen Krieg allein die neuartigen Großkampfschiffe zählten. Ohne dieses Konzept der angeblichen „Dreadnought-Revolution" wäre es der Admiralität kaum gelungen, die liberale Regierung von Kürzungen des Marinehaushaltes abzuhalten. Die liberale Regierung wagte es dementsprechend nicht, trotz ihres Misstrauens gegenüber der Marineleitung, die Ausgaben für die britischen Seestreitkräfte zu vermindern.[203]

---

[198] Hale, Publicity and Diplomacy, 334 u. ebd. Anm. 6; s. auch Fairbanks, Origins, 252. Lambert (Naval Revolution) erwähnt Fishers Vorhaben an keiner Stelle.

[199] Lambert, Naval Revolution, 121; Beloff, Imperial Sunset, 86; Kennedy, Anglo-German Antagonism, 272

[200] PRO, FO 800/12, Sanderson an Lascelles, 28.12.1904. Dilks, Introduction, 7. Flood (Ambassadorship, 158), der hier als Beispiel für andere Autoren herangezogen werden soll, schreibt irrtümlich, dass diese Konzentration der britischen Flotte in den Heimatgewässern deutlich angezeigt habe, dass die Briten sich auf Deutschland als den künftigen Gegner eingestellt hätten.

[201] Hale, Publicity and Diplomacy, 272; Schmidt, Der europäische Imperialismus, 224

[202] PRO, FO 800/18, Lascelles an Lansdowne, 23.12.1904

[203] Lambert, Naval Revolution, 136–38

Im Februar 1906 lief der erste britische „Dreadnought" vom Stapel. Für den bibelfesten Fisher waren die Kriegsgeräte „Old Testament Ships". Glauben an den technischen Fortschritt und sozialdarwinistische Tendenzen machten sie in vielen Ländern außerordentlich populär. Großbritannien schickte sich anscheinend an, die Kampfkraft der Seestreitkräfte anderer Länder entscheidend zu mindern. Zugleich entwertete die „Royal Navy" aber auch den Wert ihrer eigenen älteren Schiffe[204], denn für die anderen Mächte eröffnete sich nun die Möglichkeit, den gewaltigen Vorsprung Englands bei bisherigen Schiffstypen durch den Bau eigener Großkampfschiffe rasch auszugleichen. Großbritannien schien somit vor der Herausforderung zu stehen, zusätzliche Rüstungsanstrengungen unternehmen zu müssen. Dieses Szenarium hatte Fisher beabsichtigt.

Die neue liberale Regierung Großbritanniens hatte ihr Amt im Dezember 1905 mit dem Versprechen angetreten, die Militärausgaben zu senken und die sozialen zu erhöhen. Clarke, der Sekretär des Reichsverteidigungsausschusses schrieb:

> „Unglücklicherweise ist Großbritannien zu einem gewissen Grade für den Anstieg der Rüstungsausgaben zur See verantwortlich. Wir haben kürzlich die Seemächte zu einer neuen Rüstungsrunde herausgefordert und die Wirkung unserer Maßnahme durch ungewohnte Geheimhaltung sowie durch den Versuch einer ‚tour de force' in der Geschwindigkeit unseres Schiffbaus erhöht."[205]

Im Winter 1905/06 betrieb der deutsche Flottenverein mit Geldern der Schwerindustrie eine groß angelegte Kampagne, um der Herausforderung durch die „Dreadnoughts" begegnen zu können. Das Deutsche Reich, wie auch alle anderen Großmächte reagierte auf den britischen Rüstungsvorsprung. In einer neuen Flottennovelle wurden Ende März 1906 Mittel für die Erweiterung des Nordostseekanals, für Hafenanlagen und den Bau der neuartigen Schiffe mit großer Mehrheit bewilligt. Nach dem für Deutschland unglücklichen Ausgang der Marokkokrise hatte sich

> „in weiten Kreisen die Meinung festgesetzt, dass England den weltpolitischen Aktionen Deutschlands immer wieder in den Weg treten werde, wenn ihm nicht durch den Bau einer starken (…) Schlachtflotte der nötige Respekt gegenüber den deutschen Interessen eingeflößt werde".[206]

Auch nach dem Regierungswechsel 1905/06 hatte die Möglichkeit eines Krieges mit dem Deutschen Reich noch keinen Eingang in die Überlegungen des F.O. gefunden. Im März 1906 hob der RVA die Einrichtungen des „London Defence" auf, da die Überlegenheit Großbritanniens eine Invasion ausschließe. Clarke, der Sekretär des RVA, meinte im April d.J.: „Es gibt keinen Grund anzunehmen, dass die deutsche Regierung irgendwelche feindlichen Absichten gegen uns hegt."[207] Er hielt eine länger andauernde Entfremdung beider Länder, die er auf „unkluge Äußerungen der Presse beider Länder" zurückführte, für unwahrscheinlich. Die britische Seekriegsleitung sah sich genötigt, eine große Überlegenheit der „Royal Navy" festzustellen und hielt eine Abschwächung des Bautempos für Kriegsschiffe für einige Jahre für möglich. Dies war aber lediglich ein taktisches Zurückweichen vor einer Regierung, die kurz zuvor ein überwältigendes Wählermandat erhalten hatte. In seiner Haushaltsrede vom gleichen Monat

---

[204] Mollin, Schlachtflottenbau, 183/84; Mommsen, Zeitalter, 228/29; Flood, Ambassadorship, 217; Lambert, Naval Revolution, 136/37

[205] PRO, CAB 18/24, Memorandum von Clarke vom 20.4.1906, zit. in: Wormer, Großbritannien, Rußland und Deutschland, 144. Der eigentlich sozialdarwinistisch gesonnene Clarke bewies während der ersten Monate der neuen liberalen Regierung eine bemerkenswerte Fähigkeit, sich als Vertreter einer Ausgleichspolitik zu gerieren. Er blieb als Mann des Heeres aber ohnedies skeptisch gegenüber den Ansprüchen der Admiralität.

[206] Born, Reichsgründung, 231; s. auch Mollin, Schlachtflottenbau, 168; Mommsen, Zeitalter, 229; s. auch Flood, Ambassadorship, 220

[207] Zit. in Wormer, Großbritannien, Rußland und Deutschland, 135

betonte Schatzkanzler Asquith die britische Überlegenheit und bestritt feindliche Absichten der deutschen Flotte. Zugleich wies er auf die Diplomatie als Instrument für Rüstungseinsparungen hin. Auch im August 1907 hielt Clarke die Überlegenheit der britischen Marine über die deutschen Seestreitkräfte für ausreichend. Es gebe aber Stimmen in Großbritannien, die mit „wohlkalkulierten Behauptungen Unsicherheit in der englischen Öffentlichkeit erzeugen wollten".[208]

Lord Esher, die führende britische Autorität in Verteidigungsfragen und Vorsitzender des RVA, meinte 1906:

> „Es besteht keine Chance, daß der deutsche Kaiser uns zuvorkommt. Viel größer ist das Risiko, daß Jacky Fisher die Initiative ergreift und überstürzt einen Krieg herbeiführt ... Ich glaube nicht, daß er das tun wird, aber es ist eher denkbar, daß er den verhängnisvollen Schritt zu früh, als zu spät unternimmt."

Esher vertrat im vertrauten Kreis die Auffassung, dass die britische Marine die sechsfache Kampfkraft der deutschen Flotte besitze.[209] Admiral Fisher schrieb Ende 1906: „Für Deutschland wird es viele Jahre einfach unmöglich sein, es mit uns ohne Unterstützung aufzunehmen..." Tirpitz und Fisher kamen 1907 unabhängig voneinander zu der Ansicht, dass die britische Flotte etwa viermal so stark wie die deutsche sei.[210]

Die Liberalen hatten die Wahlen von 1906 u.a. mit den Versprechen gewonnen, den Freihandel beizubehalten und die Sozialausgaben zu erhöhen. Das erste bedeutete, dass auf eine Steuerquelle zur angekündigten Steigerung der Sozialausgaben verzichtet wurde. Dies verstärkte die Geldnot, denn die Finanzexperten erwarteten für die kommenden Jahre stagnierende, wenn nicht sinkende Einnahmen des Staates. Mitte 1906 setzte ein dementsprechend erbittertes Ringen um die künftige Höhe des Marineetats ein. Die Admiralität unternahm gar nicht erst den Versuch, eine verstärkte Rüstung mit dem Verweis auf eine von Deutschland ausgehende Gefahr zu rechtfertigen. Sie hätte sich sonst der Gefahr der Lächerlichkeit preisgegeben. Hardinge meinte zur gleichen Zeit, dass die kaiserliche Flotte keine unmittelbare Bedrohung darstelle und dies für die kommenden Jahre auch nicht zu erwarten sei. Admiral Sir A.K. Wilson teilte diese Sicht.[211]

1907 legten 150 britische Parlamentarier eine Untersuchung vor, die eine solch überwältigende britische Überlegenheit bewies, dass auf Jahre **gar keine Neubauten** notwendig seien. Fisher war kurze Zeit zuvor zum selben Schluss gekommen und gab intern zu, dass das Papier eines der besten sei, die er je gelesen habe, hielt es aber für unklug die überwältigende Überlegenheit öffentlich zuzugeben.[212] Die Abgeordneten forderten massive Rüstungseinsparungen, die Admiralität hingegen eine Erhöhung der Mittel. Das Kabinett beschloss schließlich, dass 1908/09 kein neuer „Dreadnought" aufgelegt werden sollte. Die Marineführung drohte daraufhin mit ihrem geschlossenen Rücktritt, und Fisher wandte sich an James L. Garvin, den Herausgeber des „Observer". Sein Blatt veröffentlichte am 9. Februar 1908 einen Brief Fishers, und diesem war ein derart großer Erfolg beschieden, dass das Kabinett bereits drei Tage darauf von dem Plan der Etatkürzung Abstand nahm. Statt dessen wurde beschlossen, die Ausgaben für die „Royal Navy" weiter zu erhöhen.[213]

---

[208] Wormer, Großbritannien, Rußland und Deutschland, 145, 125

[209] Brett, O.S.B. (Ed.); *R. Viscount Esher: Journals and Letters of Reginald*, o.J., o.O., II, 144, 210, (künftig: Brett, Viscount Esher)

[210] Zit. in Cosgrove, Crowe, 168/69 nach Marder, Correspondence, Fisher, II, 92; Fisher, Memories and Records, I, 31/32

[211] Lambert, Naval Revolution, 127/28, 134

[212] Lambert, Naval Revolution, 142 ; Fisher, Memories and Records, I, 32/33

[213] Lambert, Naval Revolution, 139–141

Fisher malte ein Schreckensgemälde: Die Deutschen warteten nur auf die Gelegenheit, über Großbritannien herzufallen, wenn dieses unaufmerksam sein sollte. Tatsächlich gab es nur 1897/98 kurze deutsche Überlegungen einer Invasion Englands. Obwohl in den deutschen Generalstabsplanungen ansonsten alle Möglichkeiten abgeklopft wurden, nahm man diese Gedankenspiele bis zum 1. Weltkrieg nicht wieder auf, weil eine Niederlage als sicher gelten musste.[214] Dem König schrieb Fisher:

> „Unser einziger wahrscheinlicher Feind ist Deutschland. Dieses hält seine gesamte Flotte ständig in einer Entfernung von wenigen Stunden von England entfernt. Wir müssen darum eine Flotte haben, die doppelt so stark ist wie die deutsche, stationiert wenige Stunden von Deutschland entfernt."[215]

Dieser Überlegung kann kein Verteidigungsbedürfnis zugrunde liegen: Sie ist zum einen dadurch zu verstehen, dass Fisher der „Royal Navy" die Möglichkeit erhalten wollte, das Deutsche Reich mit großer Aussicht auf Erfolg angreifen zu können. Zum anderen war Fisher genötigt, eine von Deutschland ausgehende Gefahr in dramatischen Farben zu malen, um in der Konkurrenz mit dem Heer wegen der knappen Finanzmittel des Staates bestehen zu können.[216] Es gibt ein weiteres sehr aussagekräftiges Indiz, dass die Sorge vor der wachsenden deutschen Flotte **keine** herausragende Bedeutung in den Überlegungen der britischen Marineführung spielte: Zwischen 1906 und 1910 wurden für den Ausbau der britischen Stützpunkte in Simonstown (Südafrika) und Hong Kong fast dreimal soviel Mittel aufgewandt wie für Rosyth, den neuen an der schottischen Küste angelegten Stützpunkt, der nach überwiegender Ansicht der Forschung wegen einer von Deutschland ausgehenden Gefahr angelegt worden war.[217]

Anfang 1908 schrieb Captain Dumas, der britische Marineattaché in Berlin, dass die deutsche Seekriegsleitung „die Macht und die Ziele Englands gegenwärtig sehr fürchtet".[218] Die Angst war nicht nur auf die militärische und politische Führung beschränkt: Anfang 1907 gab es ein Gerücht, dass „Fischer komme", und eine Panik in Kiel und an der Berliner Börse waren die Folge. Im April 1907 schrieb Tirpitz an Reichskanzler Bülow, dass hinter der britischen Haltung gegen die deutsche Marine die gleichen Interessen stünden, die zur Vernichtung Spaniens, Hollands und schließlich Frankreichs geführt hätten.[219] Im November 1908 schrieb Grey euphorisch:

> „Wir sind die einzige Macht, über die Deutschland die Fiktion erfinden könnte, angegriffen zu werden, ohne dass diese vollständig lächerlich wirkt. Aber wir haben natürlich nicht die geringste Absicht, dies zu tun. Es kann eine solche Fiktion <über unsere Absichten> nur erfinden, weil wir die einzige Macht sind, die sich außerhalb seiner Reichweite befindet."[220]

Dem F.O. und der britischen Admiralität war bewusst, dass die deutsche Marinerüstung keine echte Bedrohung für die britische Seeherrschaft bedeutete, dass eine Invasion ausgeschlossen war und jenseits der Nordsee eine erhebliche Furcht vor einem britischen Überraschungsangriff bestand. Deutsche Stahlwerke lieferten zudem weiterhin in erheblichem Umfang Material für den britischen Dreadnoughtbau – zu sehr günstigen Preisen, wie die britische Schwerindustrie klagte. Im Frühjahr 1908 erweckte Grey trotz alledem bei einem Gespräch mit dem führenden kanadischen Politiker Makkenzie King den Eindruck, dass die britischen Inseln vor einer Invasion nur unzurei-

---

[214] Flood, Ambassadorship, 215; Kennedy, Strategieprobleme, 186 Anm. 33
[215] Zit. in Kennedy, Strategieprobleme, 192 u. ders., Rise, 420
[216] Lambert, Opportunities, 51
[217] Lambert, Opportunities, 58, Anm. 77
[218] Zit. in Wilson, Policy Entente, 106
[219] Marder, Dreadnought, 114; G.P., XXIII, Nr. 8006, Anlage
[220] Zit. in Wilson, Policy Entente, 106/07

chend geschützt wären. Eine Landung deutscher Truppen und die Verwüstung Großbritanniens bedeuteten aber das Ende des Empire. – Grey wollte die Kanadier zweifelsohne zu Zahlungen für die immer kostspieliger werdende „Royal Navy" veranlassen, um die überwältigende Überlegenheit der Briten zu sichern, ohne die britischen Steuerzahler und die soziale Ordnung im Vereinigten Königreich noch stärker zu belasten.[221]

Anfang 1908 veröffentlichte die deutsche Regierung eine Novelle zum Flottengesetz, und das britisch-deutsche Wettrüsten zur See kam in seine gefährlichste Phase.[222] Im Mai d.J. schrieb Hardinge einen langen Brief an Lascelles, den britischen Botschafter in Berlin. Hardinge meinte, dass die kaiserliche Flotte unter großen Opfern gebaut werde, um den deutschen Willen durchzusetzen. Es sei ziemlich klar, dass Deutschland **Großbritannien** seinen Willen aufzwingen wolle, denn die kaiserliche Marine sei bereits stark genug, um den deutschen Willen gegenüber anderen Mächten durchzusetzen. – Er führte aber keine Belege für diese offensichtlich unzutreffende Ansicht an. – Das Deutsche Reich wünsche, so der Staatssekretär weiter, die Vorherrschaft Englands zur See zu gefährden, versuche einen Zweikampf aber noch für einige Jahre hinauszuzögern – bis seine Flotte stark genug sei. Darum müssten die „Royal Navy" verstärkt und Steuern erhöht werden. Dies führe in Großbritannien zu feindseligen Gefühlen des „Mannes auf der Straße" gegenüber Deutschland. Auch das deutsche Volk leide sehr unter den hohen Marineausgaben, und es könnte eine Stimmung entstehen, um weiteren hohen Ausgaben entgehen zu können, diese Waffe auch einzusetzen. In Großbritannien gebe es keine deutschfeindlichen Gefühle, die denjenigen vergleichbar wären, die im Kaiserreich gegenüber dem Vereinigten Königreich geschürt würden.

> „Wir haben Russland für viele Jahre als unseren großen Feind betrachtet, aber als uns bewusst wurde, dass es nicht länger irgendeine Absicht hatte, uns in Asien anzugreifen, verschwand die Feindschaft gegenüber Russland in diesem Land und entwickelte sich fast zu einem Gefühl von Freundschaft. Wenn wir nur sicher wüssten, dass Deutschland in der Zukunft keine Absicht hätte, uns anzugreifen, dann gäbe es absolut keinen Grund, warum unsere Gefühle gegenüber ihm nicht die gleichen werden könnten wie nun gegenüber Russland. Aber die Angst ist immer präsent und wird so lang bleiben, wie der Deutsche Flottenverein auf seinen heutigen Absichten beharrt."[223]

Hardinges Worte können als klassische Rechtfertigung der britischen Hochrüstungspolitik Deutschland dienen. Teils dürfte er selbst von ihnen überzeugt gewesen sein, teils dienten sie zur Beruhigung und Täuschung Lascelles, dessen Abberufung bereits anstand. Spring-Rice und auch viele andere britische Diplomaten und Außenpolitiker vertraten nach außen die Ansicht, dass das Deutsche Reich sich auf einen Krieg in absehbarer Zeit vorbereite, ob gegen Großbritannien oder, wie Hardinge meinte, gegen Frankreich.[224] Die Argumentationsnot der Verfechter solcher Thesen war beträchtlich: Die Mannschaftsstärke des deutschen Heeres war seit vielen Jahren nicht mehr verstärkt worden, und es war auch bspw. unklar, welche Funktion die deutsche Flotte in einem Krieg gegen die etwa gleich großen Seestreitkräfte der III. Republik besitzen sollte. – Nicht die intellektuelle, sondern die emotionale Qualität der Argumente war entscheidend. Wenn die britischen Militaristen auf Dauer irrationale Stimmungen schürten, bestand keine „Gefahr" eines rationalen Diskurses, der vermutlich zu einem Ende der britischen Hochrüstungspolitik und einer Veränderung der Beziehungen zu Russland, Frankreich, dem Deutschen Reich und Österreich-Ungarn geführt hätte. Das Schüren von Angst, ja Hysterie, hatte sich bereits in den Jahren seit 1902/04, vor allem 1906/07 „bewährt".

---

[221] Ebd., 107
[222] Steinberg, Kaiser and the British, 138
[223] PRO, FO 800/11, Hardinge an Lascelles, 19.5.1908; Zitat auch in Busch, Hardinge, 133/34
[224] Wormer, Großbritannien, Rußland und Deutschland, 151

Im Frühjahr 1908 einigten sich der liberale Premierminister Asquith, ein zunächst bekennender Bewunderer Fishers, und der konservative Oppositionsführer Balfour auf ein Rüstungsprogramm für die kommenden drei Jahre, das die Überlegenheit der „Royal Navy" und somit ihre Angriffsfähigkeit sichern sollte. Es sah den Bau von jährlich vier Dreadnoughts vor. Dies war in Anbetracht der ursprünglichen Pläne und Versprechen der liberalen Regierung bereits ein großer Erfolg der Militaristen. Linksstehende Rüstungsgegner stellten sich dem entgegen. Mc Kenna, der neue Marineminister und auch Lloyd George, der soeben Schatzkanzler geworden war, wollten im Etat von 1909 jedoch den Bau der vier Großkampfschiffe sicher gestellt sehen, unter Umständen auch von sechs. Fisher jubelte.[225] Er pokerte hoch, denn es hatte erst wenige Wochen zuvor ein vertraulich übermitteltes Angebot von Tirpitz gegeben, die Größe der Geschütze und Schiffe zu begrenzen. Fisher hatte dies abgelehnt. Dennoch schrieb der britische Militärattaché in Berlin 1908, dass die Deutschen einen „coup" gegen Großbritannien versuchen würden, wenn sich eine günstige Gelegenheit ergebe, und Crowe meinte, dass diese Einschätzung „wahrscheinlich (...) richtig" sei.[226]

Für britische Militaristen bestand keine Notwendigkeit für Rüstungsbegrenzungen, da die heimischen Werften in der Lage waren, größere Schiffe als die deutsche Konkurrenz zu bauen, und zudem in erheblich kürzerer Zeit. Es hatte sich zudem herausgestellt, dass sie in der Lage waren, die verbreitete germanophobe Stimmung im Lande erfolgreich zu schüren und zu nutzen.

Hardinge hielt vier neue Großkampfschiffe für unzureichend. Die linksliberalen und sozialistischen Unterstützer der Regierung wollten die Vereinbarung aber nicht mittragen, sondern die Mittel für Sozialmaßnahmen verwenden, während die Konservativen eine „deutsche Gefahr" auch deshalb betonten, um Zwietracht in das Regierungslager zu tragen sowie soziale und demokratische Reformen zu verhindern.[227]

Ende Mai 1908 hatte der französische Präsident London einen Staatsbesuch abgestattet, und wenige Tage später hatte sich der englische König in Begleitung von hohen Militärs auf den Weg in das russische Reval gemacht. Die Konvention von 1907 schien um eine militärische Komponente angereichert zu werden.[228] Nahezu alle deutschen Zeitungen zitierten Wilhelm II. mit den Worten: „Ja, es scheint nun, dass sie uns einkreisen wollen. Wir werden damit umzugehen wissen. Die Deutschen haben nie besser gekämpft, als wenn sie dazu gezwungen werden, sich nach allen Seiten hin zu verteidigen. Lasst sie nur kommen. Wir sind bereit."[229] Aus diesen Worten wurde geschlossen, dass ein Krieg kurz bevorstehen könnte. Reichskanzler Bülow versuchte, die öffentlichen Wogen zu glätten. Hinter der offiziellen Fassade herrschten aber auch bei ihm Ratlosigkeit und Besorgnis vor.[230] Ein Ausgleich mit Großbritannien, um die deutsche Macht in Übersee ausweiten zu können, schien ferner denn je. Das Deutsche Reich fühlte sich zudem bedroht. Für die Reichsleitung war es allein aus innenpolitischen Gründen mit einem hohen Risiko verbunden, in der Flottenfrage besondere Kompromissbereitschaft zu demonstrieren. Dies wäre in der deutschen Öffentlichkeit, die nicht zuletzt durch die von der Regierung in den vorhergehenden Jahren unterstützte Propaganda „flottenfreundlich" gestimmt worden war, weithin als Zurückweichen vor der gegnerischen Kombination gewertet worden.

---

[225] Hale, Publicity and Diplomacy, 307; Lambert, Naval Revolution, 130; Hale, Publicity and Diplomacy, 308
[226] Fisher, Lord John; *Memories*, London 1919, 184, zit. in Playne, Britain, 137; Monger, Ursachen, 396 nach B.D., VI, 94
[227] Busch, Hardinge, 148
[228] Hale, Publicity and Diplomacy, 309
[229] Zit. in ebd., 310, Rückübersetzung aus dem Englischen
[230] Ebd., 310/11

Die Erkenntnis des Kabinetts und der militärischen Experten – sowohl im Vereinigten Königreich als auch in Deutschland, dass eine deutsche Invasion der britischen Inseln unmöglich sei, dürfte 1908 noch ganz überwiegende Ansicht auch der britischen Öffentlichkeit gewesen sein. Im Jahre 1909 pendelte sich die Mehrheitsmeinung in Großbritannien jedoch auf die Ansicht ein, dass ein Überfall möglich sei, wenn dieser auch nicht existenzgefährdend sein könne. Die britischen Verfechter einer verschärften Aufrüstungspolitik befanden sich in beträchtlichem Erklärungsnotstand und hatten darum eine groß angelegte Angstkampagne entfacht, um von der Schwäche ihrer Argumente abzulenken. In weiten Kreisen Großbritanniens herrschte zu dieser Zeit eine Stimmung, die einer Panik ähnelte. Invasionsphantasien, vermeintliche deutsche Spionagenetze und eine Pressekampagne zur Verstärkung der britischen Seerüstung beherrschten die Agenda:[231]

Exkurs: Invasionshysterie und die Angst vor dem Untergang

Romane über eine Invasion Großbritanniens waren seit den 1890er Jahren weit verbreitet. In den ersten Jahren ging es um **Versuche** oder um mit recht geringen Verlusten abgeschlagene Vorhaben einer Eroberung Englands. In dem „The Invasion of 1910" von Le Queux aber glückte eine deutsche Invasion, ganz im Geiste des vorherrschend gewordenen Pessimismus der Zeit zwischen 1900 und dem Weltkrieg.[232] Eine entmenschte deutsche Armee „massakriert und verbrennt, zerstört ganze Städte, ermordet Kinder und zwingt ihre Opfer, ihre eigenen Gräber auszuheben". Die Londoner Bevölkerung, die sich gegen die Invasoren erhebt, tötet die Eindringlinge dann „mit brutalem Wohlbehagen", wie ein englischer Historiker feststellt. Dieses Buch erhielt die zustimmende Billigung Lord Roberts, der vielleicht führenden Autorität in Militärfragen.[233] „The Invasion of 1910" wurde in der „Daily Mail" in zahlreichen Fortsetzungen veröffentlicht. Lord Northcliffe, der chauvinistische und geschäftstüchtige Eigentümer des Blattes, brachte Le Queux dazu, die Route des deutschen Vormarsches im Roman zu ändern: Sie marschierten nun auflagensteigernd im Zickzack durch halb England, um in möglichst vielen Städten potenzielle Leser anzusprechen. Das Buch wurde ein großer Erfolg und erschien schließlich in 27 Sprachen.[234] Le Queux behauptete noch 17 Jahre nach der Veröffentlichung in seiner Autobiographie, von einem deutschen Agenten, einem „Herrn N...", Informationen über eine deutsche Invasion Englands erhalten zu haben. Er habe sich darum dazu entschlossen, ein Buch zu schreiben, um „deutlich zu machen, daß Deutschland Krieg bedeutet". Deutsche Agenten hätten das Manuskript jedoch gestohlen und es in „die Archive des Geheimdienstes in Berlin" gebracht, wie Le Queux zu berichten wusste. Aber der tapfere Schriftsteller ließ sich davon nicht beeindrucken.

Die Invasionsromane wurden nicht nur immer brutaler, pessimistischer und im Ton sozialdarwinistischer gefärbt, sondern auch das Feindbild wandelte sich: In der 1894 erschienen Ausgabe des Buches „The Invasion" waren Russen und Franzosen für Le Queux die Aggressoren, Deutschland hingegen war Verbündeter, in der Ausgabe von 1906 durften Letztere die Stelle des Bösewichtes übernehmen.[235] In einem anderen

---

[231] Hale, Publicity and Diplomacy, 337; Wormer, Großbritannien, Rußland und Deutschland, 48, s. auch ebd., 150; Hale, Publicity and Diplomacy, 312

[232] Hynes, Turn of Mind, 53

[233] Hynes, Turn of Mind, 43. Zu Roberts s. auch Thornton, Imperial Idea, 130.

[234] Panayi, Enemy, 32/33

[235] Kuropka, Joachim; *„Militarismus" und das „Andere Deutschland". Zur Entstehung eines Musters briti-*

Invasionsroman aus diesen Jahren ließ Le Queux eine russische Invasionsarmee einfallen. Eine typische Passage lautet:

> „Englische Heime wurden geschändet, zerstört und heruntergebrannt. Säuglinge wurden vor den Augen ihrer Eltern ermordet, viele durch funkelnde Bajonette aufgespießt. Väter wurden im Beisein ihrer Frauen und Kinder niedergeschossen … Die Soldaten des Zaren, wild und unmenschlich, ließen den Schwachen und Schutzlosen keine Gnade zuteil werden. Sie verhöhnten Bitten um Erbarmen, lachten darüber und genossen mit teuflischer Brutalität die Zerstörung …"[236]

Diese Art der Literatur erregte beträchtliche öffentliche Aufmerksamkeit. Selborne, der Erste Lord der Admiralität, schrieb 1904, dass er ständig auf das Werk Erskine Childers „The Riddle of the Sands" angesprochen werde, in dem es um eine deutsche Invasion Großbritanniens ging.[237]

Die Geläufigkeit der Vorstellung von nationaler Dekadenz machte die Analogie zum Römischen Reich unvermeidlich. 1905 erschien das erste Buch dieser Gattung: „The Decline and Fall of the British Empire".[238] Der Inhalt des Buches ist weniger bemerkenswert als sein enormer Erfolg. Es gab vorteilhafte Besprechungen in der „Times", dem „Standard" und dem „Spectator", sämtlich konservative Zeitungen. Noch bedeutsamer war, dass sich General Robert S. S. Baden-Powell des Buches annahm. Er war einer der Helden des Burenkrieges und zu dieser Zeit Generalinspekteur der Kavallerie, bereitete aber bereits seine „Boy-Scout"-Bewegung vor, die Pfadfinder. Der Historiker Hynes schreibt, dass er hierbei ein Ziel vor Augen hatte: junge Briten für den Kriegsdienst vorzubereiten. Dies wurde auch im Deutschen Reich so verstanden, und der Kaiser ordnete 1910 an, dass eine „Art Jugendwehr, ähnlich den englischen Boy Scouts" gegründet werden solle, allerdings mit mäßigem Erfolg. In Großbritannien fand diese Art der Wehrertüchtigung mehr Anhänger, dort gehörten den Pfadfindern 1910 100.000 und 1913 150.000 Jungen an. Die Führerstruktur und militaristische Ausrichtung stieß in den Anfangsjahren innerhalb der „Boy Scouts" noch auf Widerstand, der allerdings gebrochen werden konnte.[239]

Anfang 1906 erklärte Baden-Powell in einer Rede:

> „Wenn es für Sie in Frage kommt, soviel Patriotismus zu zeigen, dass Sie sechs Pence dafür übrig haben, dann hoffe ich, dass jeder von Ihnen morgen früh ein Exemplar der Schrift ‚The Decline and Fall of the British Empire' kaufen wird. Wenn Sie es persönlich sorgfältig studieren, jeder von Ihnen, unabhängig davon, wo er seinen Mann steht, wird klar sein, was er tun sollte, um sein Land vor der Möglichkeit einer Katastrophe zu schützen."[240]

Diese Stimmung von Niedergang, Dekadenz, „Decline and Fall" war nicht auf eine bestimmte Bevölkerungsgruppe beschränkt, sondern die Sprache der Zeit. Noch 1890 hatte der liberale Politiker Sir Charles Dilke in seinem „Problems of Greater Britain" einen entscheidenden Konflikt zwischen dem russischen und dem englischen Volk vorausgesehen – den das Empire gewinnen werde. Dieses zuversichtliche Gefühl eigener Stärke schwand in Großbritannien in den folgenden zwei Jahrzehnten. Dies wird auch im Wandel des Tons von Kiplings Werken um die Jahrhundertwende deutlich.[241]

---

scher Deutschlandinterpretationen, 104, in: Wendt, Bernd Jürgen (Hg.); Das britische Deutschlandbild im Wandel des 19. und 20. Jahrhunderts, Bochum 1984; Panayi, Enemy, 32

[236] Neilson, Britain and the Last Tsar, 86

[237] S. Neilson, Britain and the Last Tsar, 93

[238] Hynes, Turn of Mind, 24. Die Anlehnung an Gibbon ist offensichtlich.

[239] Hynes, Turn of Mind, 27; Mosse, Bild, 177; Joll, Ursprünge, 300; Bauerkämper, Radikale Rechte, 72

[240] Zit. in Hynes, Turn of Mind, 26 nach Vivian Grey, The Further Surprising Adventures of Lemuel Gulliver, Oxford 1906

[241] Hynes, Turn of Mind, 45 u. 49; Gay, Cultivation, 80/81; Kennedy, Realities Behind, 30

Im Oktober 1906 wurde John Edmonds Chef des M.O. 5, des militärischen Geheimdienstes. Er gab an, in Bezug auf deutsche Absichten mehr als nur Verdacht zu hegen. Schon lange in England lebende deutsche Freunde hätten ihm von Anwerbeversuchen der deutschen Marineleitung für nachrichtendienstliche Zwecke berichtet. Diese zweifelhaften Informationen, farbenprächtig illustriert durch weitere „Erkenntnisse" des schillernden und dubiosen William Le Queux und von F.T. Jane wurden Kriegsminister Haldane übergeben. Dieser installierte einen Unterausschuss des RVA, der sich lediglich mit dem beschäftigte, was von Edmonds & Co. zur Verfügung gestellt worden war. So kamen die Experten natürlich zu der Auffassung, falls sie sie nicht schon zuvor gehabt haben sollten, dass Deutschland in großem Umfang in Großbritannien spioniere, um detaillierte Informationen über die Ressourcen und die Topographie zu gewinnen. Das Gremium sprach Empfehlungen aus, die auch umgesetzt wurden: 1909 wurde eigens ein Geheimdienst geschaffen, um dem vermeintlichen umfangreichen deutschen Geheimdienstnetz in Großbritannien entgegenwirken zu können. 1911 wurde in einem parlamentarischen Eilverfahren wegen der angeblichen drängenden Gefahr die strafrechtliche Verfolgung von Spionen erleichtert und Gesetze verabschiedet, die eine spezielle Behandlung von Angehörigen von Feindnationen in einem Krieg zuließen. Die 1887 gegründete politische Polizei dehnte ihre Aktivitäten aus, und 1911 erließ das Parlament ein Gesetz, das die juristische Verfolgung von Geheimnisverrat vereinfachte.[242] Zudem wurde aufmerksam registriert, dass Queen Alexandra eine Vorliebe für dunkles Brot besaß – ebenso wie die Deutschen.[243]

Ein Großteil der britischen Presse brachte ab 1908/09 Berichte über die Aktivitäten deutscher Spione und Vorbereitungen für eine Invasion. Von deutschen Agenten wurde vermutet, dass sie Landkarten anfertigen wollten, und zu Fuß die Ostküste Englands erkundeten, um den angeblich geplanten deutschen Überfall vorzubereiten, dabei war detailliertes topographisches Material überall im Handel erhältlich. Dies hinderte Maxse, einen der einflussreichsten chauvinistischen Journalisten aber nicht daran, zu behaupten, dass deutsche Offiziere sich als Urlauber tarnten oder als Kellner bzw. Friseure, um zu spionieren. Auch Grey hegte keinerlei Zweifel, dass eine große Anzahl deutscher Offiziere ihren Urlaub in Großbritannien verbrächten, um strategisch bedeutsame Aufzeichnungen der englischen Süd- und Ostküste anzufertigen.[244] Für H.A. Gwynn, den Herausgeber des konservativen „Standard", diente die Verbreitung absurder Agentengeschichten offensichtlich nicht (nur) innenpolitischen Zwecken, er glaubte sogar an sie.[245]

Hardinge gibt in seinen Erinnerungen folgende Geschichte wieder: 1909 sei ein Franzose mit einer schwarzen Tasche von Hamburg nach Paris gereist. Ein Deutscher mit ähnlichem Reisegepäck sei in das Abteil gekommen, wenige Stationen später wieder ausgestiegen und habe irrtümlich die Tasche des Franzosen mitgenommen, die eigene aber liegen gelassen. Der Franzose habe des Unbekannten Gepäck geöffnet und vollständige Pläne für eine Invasion Englands darin gefunden! Unter anderem sei aufgeführt gewesen, welche Tunnel und Brücken durch „Banden organisierter Deutscher" unmittelbar **vor** der Kriegserklärung gesprengt werden sollten.[246] Der Finder stellte sie den Briten freundlicherweise zur Verfügung. Hardinge fragte sich nicht, ob es realistisch sei, anzunehmen, dass ein einzelner Deutscher im Zug Invasionspläne spazieren fährt. Ihn stimmte auch nicht skeptisch, dass ausgerechnet ein interessierter Franzose

---

[242] Bauerkämper, Radikale Rechte, 60, 64; Hale, Publicity and Diplomacy, 339/40; B.D., VI, 117
[243] Fest, Jingoism and Xenophobia, 183
[244] PRO, FO 800/61, Grey an Lascelles, 22.2.1908
[245] Panayi, Enemy, 36
[246] Hardinge, Old Diplomacy, 182

diese „gefunden" haben soll: 1887 hatte der damalige französische Außenminister Émile Flourens, ein enthusiastischer Befürworter einer Allianz mit Russland, diplomatische Dokumente fälschen lassen, um den Zaren zu überzeugen, dass Bismarck ihn hintergehe und russische Interessen schädige. Der Zar zeigte dem deutschen Kanzler die Dokumente, der sie sofort veröffentlichte. – Diese Episode wird Hardinge mit hoher Wahrscheinlichkeit bekannt gewesen sein. – Er wertete die angeblichen **Pläne** der Deutschen als weiteren Beleg aggressiver **Absichten**. Die britische Admiralität erstellte in diesen Jahren **Pläne** für einen Krieg gegen die verbündeten Deutschen und Amerikaner.[247] – Als ständigem Mitglied des RVA sollte ihm dies bekannt gewesen sein. Sie können selbstverständlich nicht als Indiz für eine britische Absicht gewertet werden, einen Krieg gegen die Vereinigten Staaten und das Deutsche Reich führen zu wollen.

Nicht einer der mit großer öffentlicher Anteilnahme „enttarnten" deutschen Agenten konnte verurteilt werden, so haltlos waren sämtliche Anschuldigungen.[248] Trotzdem ließen sich Grey, Hardinge und Millionen andere von den Behauptungen stark beeindrucken. Die Stimmung im Lande war bereits so hysterisch und die Fähigkeit zur Wahrnehmung der Realität so weit eingeschränkt, dass Hardinge noch Jahrzehnte später in seinen Memoiren behauptete, dass ganz Großbritannien mit deutschen Spionagenestern übersät gewesen sei und lediglich die Verhaftung der Agenten die Sprengung von Brücken und andere Untaten verhindert habe. – Während des Weltkrieges wurde **kein einziger** Sabotageakt von deutschen Agenten in Großbritannien verübt.[249]

Ab 1909/10 war die nationalistische Aufregung, insbesondere ihre Betonung der vom Deutschen Reich ausgehenden Gefahr, nicht mehr auf eine Partei beschränkt. Lord Roberts, der größte lebende britische Kriegsheld, behauptete, dass es 80.000 ausgebildete deutsche Soldaten im Lande gebe, die im Kriegsfall losschlügen und der britischen Armee in den Rücken fielen.[250] Deutsche stellten zu Beginn des 20. Jahrhunderts etwa 10 % der Kellner in London. Die „Daily Mail", die mit Abstand größte Zeitung des Landes, riet darum Lesern, die in ein Restaurant gingen: „Lehnen Sie es ab, durch einen österreichischen oder deutschen Kellner bedient zu werden. Falls er Ihnen sagt, er sei Schweizer, fragen Sie nach seinem Pass."[251] Am 27. Juli 1911, während der 2. Marokkokrise, forderte der damalige Innenminister Winston Churchill die Admiralität telefonisch auf, die Waffenlager im Osten Londons gegen eine fünfte Kolonne Deutschlands durch Marineinfanterie sichern zu lassen.[252]

Durch die wiederholten Warnungen des angesehenen Kriegsmannes Lord Roberts inspiriert, schrieb der britische Major Guy de Maurier ein Theaterstück namens „A Englishman's Home". Maurier hatte niemals zuvor etwas geschrieben, aber sein Bruder erreichte, dass das Werk im angesehenen Londoner „Wyndham's Theatre" in Szene gesetzt wurde. Es wurde 1909/10 18 Monate vor ausverkauftem Hause aufgeführt. Zur Handlung: In das Haus von Mr. und Mrs. Brown, einer englischen Mittelklassefamilie, dringen plötzlich mit Pickelhauben behelmte fremdländische Soldaten ein. Mr. Brown bleibt gegen die Invasoren seines Heims und seines Landes zunächst unbeteiligt und erklärt, dass Kriege zwischen professionellen Soldaten ausgefochten werden müssten. Im Verlauf des Stückes erzürnen ihn die Eindringlinge jedoch immer mehr und schließlich greift er zu einem Gewehr und zeigt dieses seinen Feinden. Der Kommandeur der

---

[247] Kennan, Fateful Alliance, 60; Wilson, Policy Entente, 107/08
[248] Panayi, Enemy, 37–39
[249] Hardinge, Old Diplomacy, 181; Panayi, Enemy, 183
[250] Massie, Dreadnought, 628/29
[251] Massie, Dreadnought, 630. Deutsche stellten zwar nur gut 0,1 % der Bevölkerung in Großbritannien, aber 10 % der Kellnerinnen und Kellner in London (Panayi, Enemy, 25; s. auch ebd., 11).
[252] Lambert, Naval Revolution, 240

Pickelhaubensoldaten erinnert Brown kühl an dessen Worte, dass Zivilisten nicht zur Waffe greifen sollten. „Pah!", entgegnet Brown, „was macht das schon aus. Ich bin ein Engländer!" – An dieser Stelle wurde das Stück regelmäßig von spontanem Applaus unterbrochen. Schließlich tötet Mr. Brown zwei Feinde und wird dafür von den Eindringlingen hingerichtet. Er war ebenso Held wie Opfer mangelnder britischer Rüstung. – Der Hof unterstützte das Stück, der Zensor verbot Parodien von „A Englishman's Home"[253], und die britische Armee nutzte die Stimmung, um im Foyer des Theaters ein Rekrutierungsbüro für die soeben neu eingerichtete Territorialarmee einzurichten.[254]

Nach diesem Exkurs geht es nun wieder um den Gang der Flottenpolitik:

Nicht nur die Konservative Partei, die Imperialisten innerhalb der Liberalen Partei und Militärs schürten die Pank, sondern auch der militär-industrielle Komplex[255]: 1908 war die zivile Schiffbauproduktion massiv eingebrochen, und die Dividenden von Vikkers und Armstrong, zwei führenden Rüstungsunternehmen, mussten um ein Drittel gekürzt werden. Die Vorkriegsrüstung half den Schmieden wieder aus der Bredouille, verbunden mit enormen Gewinnspannen.[256] Fisher unterhielt sehr enge Kontakte zu führenden Managern verschiedener Rüstungskonzerne, z.B. zu Josiah Vavasseur von Armstrong, der Fishers Sohn bei seinem Tod einen großen Teil seines beträchtlichen Vermögens hinterließ. – Vielleicht wegen der „guten Dienste", die der Vater geleistet hatte?[257]

Es gibt ein weiteres sehr stichhaltiges Anzeichen, dass ein kommerzielles Interesse des militär-industriellen Komplexes einer der Hauptgründe für die Entfachung der „Invasionspanik" war: Im August 1908 bot das Kabinett der „Royal Navy" den Kauf von drei „Dreadnoughts" an, die in England für Brasilien gebaut wurden. Die Admiralität lehnte ab, trotz einer angeblich akuten von Deutschland ausgehenden Gefahr. Sie wollte den Werften ermöglichen, sowohl Schiffe für Brasilien als auch später für die „Royal Navy" zu bauen. Ein Erwerb der drei Großkampfschiffe hätte womöglich dazu geführt, dass die Südamerikaner ihre „Dreadnoughts" woanders hätten bauen lassen.[258]

Fisher schrieb einem Vertrauten Anfang 1909, dass allein die **Friedens**stärke der **Heimat**flotte der „Royal Navy" der **Kriegs**stärke der **gesamten** deutschen Flotte um mehr als das Doppelte übersteige. „Dies kann sich auf Jahre hinaus nicht ändern", wie er bemerkte, „selbst wenn wir eine träge Baupolitik betreiben."[259] Ähnliche Stellungnahmen des starken Mannes der Marine zu **Vertrauten** gab es auch aus den vorhergehenden Jahren.[260] Fishers Erfolg, eine Invasionspanik zu entfachen, war so groß, dass sie ihm auch einige Mühe bescherte, so schrieb er 1908 an Spender: „Ich vergeude hier meine Zeit, um mich mit den Bedingungen einer undenkbaren überraschenden Inva-

---

[253] Playne, Britain, 100

[254] Massie, Dreadnought, 638/39. Rechtliche Grundlage der Territorialarmee war das „National Service (Training and Home Defence) Bill". Das Oberhaus billigte die Vorlage des liberalen Kriegsministers Haldane mit 123:103 Stimmen gegen Forderungen der Konservativen nach noch weitergehenderen Maßnahmen. Sanderson stimmte mit den Liberalen (Journal, Lords, Vol. CXLI, 202/03).

[255] Hale, Publicity and Diplomacy, 341; ein Vergleich mit dem Deutschen Reich liegt nahe, s. auch Mollin, Schlachtflottenbau, 179/80 u. Wormer (Großbritannien, Rußland und Deutschland, 56–58, 154), dessen Position mir einseitig probritisch erscheint.

[256] Hallgarten, Imperialismus, II, 119; Lambert, Naval Revolution, 157, s. auch ebd., 144ff

[257] Fisher ist auch wiederholt angeboten worden, „Diktator" einer führenden Rüstungsschmiede zu werden, mit Angeboten einer Entlohnung, die eine Höhe von bis zu 20.000 Pfund p.a. erreichten (Lambert, Naval Revolution, 146).

[258] Lambert, Naval Revolution, 154

[259] Fisher, Memories and Records, I, 189 (Brief an Lord Esher)

[260] S. McCullough, How, 109

sion Englands durch Deutschland zu beschäftigen."[261] Auch viele Historiker haben offensichtlich nicht verstanden, dass Fisher die Öffentlichkeit bewusst über die Ursachen und Absichten seiner Politik täuschte.[262]

Der konservative Parteiführer Balfour behauptete öffentlich, dass Deutschland im Jahre 1912 25 Dreadnoughts besitzen werde und dies eine Beschleunigung der britischen Rüstung dringend erforderlich mache. Tatsächlich verfügte die kaiserliche Marine 1912 nur über neun solcher Schiffe, die zudem eine geringere Größe und kleinere Geschütze als ihre britischen Gegenüber aufwiesen.[263] Fisher schrieb Anfang 1910 einem Gesinnungsfreund, dass Großbritannien 1912 über doppelt so viele „Dreadnoughts" wie Deutschland verfügen werde. „Dies sind unzweifelhafte Tatsachen. Aber wie ich Ihnen oft gesagt habe – ‚die Wahrheit ist, dass wir niemanden die Wahrheit wissen lassen wollen'."[264]

Fisher war der Hauptverantwortliche für die Flottenpanik von 1909, stellte den politisch Verantwortlichen falsche Zahlen zur Verfügung und behauptete, dass der Bau von „lediglich" sechs neuen Großkampfschiffen Englands nationale Existenz bedrohen würde![265]

Das Verhältnis von Fisher zu Marineminister McKenna glich demjenigen von Tirpitz zum zivilen Zweig der Reichsregierung.[266] Lord Esher, der führende britische Militärexperte, meinte zur Angst vor einem deutschen Überfall: „Eine Invasion mag ein Popanz sein. Geschenkt. Aber es ist ein höchst nützlicher."[267] Das Kabinett versuchte während der Zeit der Flottenpanik, die britisch-deutschen Beziehungen nicht noch weiter zu belasten, um ihre linksliberalen bzw. sozialistischen Parlamentarier nicht von der Regierung zu entfremden. Schließlich wurde aber der Bau von **acht** Dreadnoughts beschlossen, statt der zuvor geplanten vier.

Großbritannien verfügte 1910 über ein Expeditionsheer in Stärke von 166.000 Mann, mehr als doppelt soviel, wie vor 1899 für erforderlich gehalten wurde, und viel mehr, als Brodrick, der letzte konservative Kriegsminister für notwendig erachtet hatte. Der damalige Handelsminister Churchill, der erst etwas später zu den „Rüstungsfreunden" stieß, meinte dazu: „Keine andere Nation hat je eine solch gefährliche und provokative Maßnahme ergriffen, wie ein 166.000 Mann starkes Heer aufzustellen, das ausdrücklich dafür gedacht ist, innerhalb eines Monats die Meere zu überqueren und auf dem Territorium irgendeiner beliebigen Macht zu landen."[268] Die Expeditionsstreitmacht wurde nicht, wie die Forschung bislang ganz überwiegend argumentiert, mit Blick auf den europäischen Kontinent aufgestellt, sondern um andernorts Mittel einsparen und flexibel imperialen Erfordernissen genügen zu können.[269]

Es gab aber keine Abstimmung der Kriegsplanungen von Heer und Marine in Großbritannien. Fisher pflegte so intensiven Kontakt mit Politikern, um Einfluss und Finanzmittel für die „Royal Navy" zu sichern, dass er kaum in der Lage war, sich mit strategischen Fragen zu beschäftigen.[270] Dies war auch gar nicht besonders dringlich:

---

[261] Lambert, Naval Revolution, 172; s. auch ebd., 169/70
[262] S. auch Lambert, Naval Revolution, 7
[263] Playne, Britain, 100
[264] Marder, Fear God, III, 290
[265] Marder, Fear God, II, 221/222; Padfield, Peter, *The Great Naval Race*, London 1974, 206; Schmidt, Rationalismus, 292, Anm. 17
[266] Mollin, Schlachtflottenbau, 179
[267] Brett, Maurice V. (Ed.); *Journals and Letters of Reginald Viscount Esher*, II, London 1934, 249–52, (künftig: Brett, Esher)
[268] Wilson, Making; Beloff, Imperial Sunset, 151
[269] Lambert, Naval Revolution, 237
[270] Lambert, Naval Revolution, 173; Beloff, Imperial Sunset, 154

Gegenüber den USA bestand keine Aussicht mehr auf eine erfolgversprechende Verteidigung, und mit Japan gab es ein Bündnis. Die deutsche Flotte schließlich stellte offensichtlich keine Gefahr dar und könnte, da Wilhelmshafen nur eine Nacht entfernt lag, in einem Überraschungsangriff weitgehend vernichtet werden. Frankreich und Russland fielen ebenfalls als mögliche Kriegsgegner aus – zumindest so lange, wie die Spannungen zwischen Flügel- und Mittelmächten nicht nachließen.

Im August 1909 deutete der neue deutsche Reichskanzler Bethmann Hollweg, der Nachfolger Bülows, dem englischen Botschafter an, dass er darauf vorbereitet sei, „über ein Flottenabkommen in Verbindung mit einem allgemeinen politischen Abkommen zu sprechen".[271] Grey besaß ein **innen**politisch motiviertes Interesse an einem Flottenabkommen oder Verhandlungen darüber. Allgemeine Vereinbarungen mit der Wilhelmstraße wurden jedoch als britische Gegenleistung verstanden. Die deutsche Politik war entgegengesetzter Ansicht. Bethmann Hollweg war sich bewusst, dass die Marineenthusiasten ein Flottenabkommen mit England erbittert bekämpfen würden. Der Reichskanzler war trotzdem zu diesem Schritt bereit, wollte aber die Zusicherung einer britischen Neutralität für den Fall, dass das Deutsche Reich Österreich-Ungarn bei einem nicht provozierten russischen Überfall zur Hilfe komme. Grey war darauf bedacht, dass ein Abkommen mit Deutschland auf keinen Fall zu „Mißverständnissen mit Frankreich und Russland" führen dürfe. Viele Beamte des F.O. lehnten ein politisches Abkommen mit dem Deutschen Reich ohnedies ab, befürchteten allein schon aufgrund der Tatsache der Gespräche nachteilige Auswirkungen auf die Beziehungen zu Paris und St. Petersburg.[272]

Greys Antwort an Bethmann-Hollweg schloss praktisch jedes politische Übereinkommen mit dem Deutschen Reich aus. Er schlug ein allgemeines Abkommen vor, in das auch das Zarenreich und die III. Republik mit einbezogen werden sollten. Dem britischen Außenminister war natürlich bewusst, dass der französische Révanchismus eine solche Lösung ausschloss. Grey musste aber Rücksicht auf seine linksliberalen Kritiker nehmen. Diese waren der Ansicht, dass v.a. England die Verantwortung für das Flottenrüsten trage, denn dieses sei gewöhnlich der Schrittmacher bei dem Anstieg der Rüstungsausgaben und dem Einführen neuer Waffen gewesen. Großbritannien solle aufhören, das Wachstum des Deutschen Reiches verhindern zu wollen, sondern ihm entgegenkommen. Die britische Linke kam teils zu dieser Sicht, weil sie das Deutsche Reich mit Russland verglich und die britische Haltung zu beiden. Vor allem aber wusste sie, dass jede antideutsche Politik, jedes Wettrüsten oder gar ein britisch-deutscher Krieg ihren Hoffnungen auf friedlichen Wandel und Reformen den Boden entziehen musste.[273]

Die linksliberalen und sozialistischen Kritiker der Grey'schen Flotten- und Außenpolitik verloren im Verlauf der Jahre aber an Bedeutung, „ihr Pazifismus schmolz dahin". Lloyd George, zu Beginn der liberalen Regierungsjahre einer ihrer wichtigsten Vertreter, meinte 1911, dass „die Nationale Ehre keine Frage der Parteizugehörigkeit" sei und setzte streikende Eisenbahner mit dem Argument unter Druck, ihr Arbeitskampf nutze nur deutschem Interesse an einer Schwächung des Vereinigten Königreiches. Churchill brachte als Marineminister 1912 einen Etat ein, der um 12 Mio. Pfund höher war, als der von ihm zuvor als Handelsminister wegen seines Ausmaßes kritisier-

---

[271] Wormer, Großbritannien, Rußland und Deutschland, 158; zu dem Gespräch zwischen dem Kaiser und Hardinge s. Busch, Hardinge, 139/40; zu Hardinges Sicht s. Hardinge, Old Diplomacy, 158–162

[272] Wormer, Großbritannien, Rußland und Deutschland, 159

[273] Wormer, Großbritannien, Rußland und Deutschland, 173, s. auch 178; Kennedy, Anglo-German Antagonism, 332/33

te Etat von 1909/10.[274] Allein dieser Zuwachs war höher als die gesamten Marineausgaben des Jahres 1885.

In den letzten Jahren vor dem 1. Weltkrieg nahm die sozialimperialistische Hetze in Großbritannien ein Ausmaß an, „das mit jeder rechtsradikalen Propaganda im wilhelminischen Reich leicht mithalten konnte". Die Agitation ging ursprünglich vom militär-industriellen Komplex, von Vertretern der „Efficiency" und der konservativen Opposition aus, wurde aber auch von imperialistischen Kräften in der Regierung genutzt, um sich gegen die eigentlich liberalen Kräfte in der Partei zu behaupten.[275] Ja, die Militaristen übten seit 1908 einen bestimmenden Einfluss auf die britische Außenpolitik aus.

Für das F.O. bestand nach der sehr starken britischen Flottenvermehrung erst recht kein Anlass mehr zur Sorge, dass die Angriffsfähigkeit der britischen Seestreitkräfte gefährdet sein könnte. Die Überlegenheit der „Royal Navy" gegenüber der „Hochseeflotte" wurde im F.O. als „sehr angenehm für die Engländer" angesehen.[276] Spenser Wilkinson, der vielleicht führende zivile britische Militärexperte, meinte 1909:

> „Ich gehöre nicht zu denjenigen die denken, dass Deutschland einen Krieg gegen England im Auge hat. Deutschlands Ziele schließen jedoch Vorbereitungen für einen Konflikt mit jedem möglichen Gegner ein, und es ist genötigt, England als einen möglichen Feind anzusehen."[277]

Die Angriffsfähigkeit der „Royal Navy" blieb gesichert. Dies war für britische Außenpolitiker von höchster Bedeutung, um den Bündniswert Großbritanniens für Frankreich und Russland zu wahren. Die überwältigende Überlegenheit der britischen Kriegsmarine über die deutsche Konkurrenz beschwor neue Probleme für die britischen Verfechter einer Aufrüstungspolitik herauf. Die „Flottenpanik" von 1909 hatte zwar ihren Zweck erfüllt, und die Vertreter einer rationalen und auf Ausgleich bedachten Politik waren zu einer Offensive gegen ihre innenpolitischen Widersacher nicht in der Lage, womöglich **noch** nicht in der Lage. Die Sozialdarwinisten und Imperialisten mussten die germanophobe Hysterie also nachhaltig schüren, um eine vernunftbestimmte Diskussion zu verhindern, bei der sie kaum Chancen besaßen. Darum wurden nachhaltig Behauptungen aufgestellt, Deutschland verfolge eine napoleonische Politik. Hiermit hatten sie Erfolg: Fisher und die seinen wurden für die bewussten Falschinformationen bspw. nicht zur Rechenschaft gezogen, dies war auch kein relevantes Thema in der britischen Öffentlichkeit. Die Stellung der Militaristen innerhalb und außerhalb der Regierung war so stark, dass die Verfechter einer rationalen **Verteidigungs-** und Entspannungspolitik in einer hilflosen Defensivposition verbleiben mussten.

1911/12 gab es erneut Gespräche zwischen Großbritannien und dem Deutschen Reich über die Seerüstung. Die Kritik an der britischen Außenpolitik, die „französischer als Frankreich" auftrat, hatte zugenommen, und der bisherige Marineminister McKenna schloss sich ihr an.[278] Tirpitz war überraschend nachgiebig. Er hatte zunächst eine Stärkerelation von 4:3 zwischen der britischen und der deutschen Flotte gefordert, war dann auf 3:2 zurückgegangen und erklärte sich schließlich mit dem vom neuen Marineminister Churchill vorgeschlagenen 16:10 Verhältnis einverstanden. Großbritannien rückte von Churchills Angebot aber wieder ab und schlug lediglich einen einfachen Austausch von Informationen über die jeweiligen Bauvorhaben vor, während

---

[274] Mollin, Schlachtflottenbau, 180/81

[275] Mollin, Schlachtflottenbau, 181; Hollenberg, Englisches Interesse, 85/86 u. Anm. 113

[276] Gade, Gleichgewichtspolitik, 146, nach: PRO, FO 371/1129 50515/505515, Anm. Villiers auf Goschen an Grey, 14.12.1911

[277] Zit. in Wilson, Morning Post, 21

[278] Schmidt, Rationalismus, 293

das Deutsche Reich eine bindende Beschränkung der jährlichen Rüstungen befürwortete.[279] Die britische Politik wurde durch das Entgegenkommen des Konkurrenten offensichtlich in Verlegenheit gestürzt. Sie wollte keine grundsätzliche Entspannung des beiderseitigen Verhältnisses, denn dies beschwor die „Gefahr" herauf, dass es auch auf dem europäischen Kontinent zu einer Annäherung der Machtgruppen kam, zudem wäre die Angriffsfähigkeit der „Royal Navy" bei einer „lediglich" sechzigprozentigen Überlegenheit über die deutsche Flotte beeinträchtigt worden.

Die deutsche Nachgiebigkeit kam nicht von ungefähr: Reichskanzler Bethmann Hollweg sah deutlich, dass es die Seerüstung nicht vermocht hatte, Großbritannien „bündnisreif" zu stimmen. Zudem wurde die Flotte zu einer zunehmenden finanziellen – und auch innenpolitischen – Belastung. Vor der Verabschiedung des 1. Flottengesetzes hatte der Anteil der Marineausgaben weniger als 20 % der deutschen Heeresausgaben betragen, 1905 waren es 35,3 %, 1907 37,8 %, 1909 48,5 % und weitere zwei Jahre darauf 54,8 %.[280] Das Deutsche Reich hatte die Wahl, die Seerüstung zurückzuschrauben und Prestige zu verlieren – ohne die Gewissheit eines englischen Entgegenkommens – oder noch höher zu pokern. Der Reichskanzler favorisierte die erste Alternative.

Der starke Anstieg der Ausgaben für die Seerüstung führte sowohl in Großbritannien als auch im Deutschen Reich zu einer Revolutionierung der Steuerpolitik und teilweisen Entmachtung der Konservativen (nicht der Imperialisten!), vor allem aber zu ihrer Radikalisierung. In beiden Ländern wurden 1913 jeweils (umgerechnet) 91 Mio. Pfund für Heer und Flotte ausgegeben, im Deutschen Reich machte dies 25 % der Staatsausgaben aus, im Vereinigten Königreich jedoch 29 %. Die liberale britische Regierung fürchtete weitere innenpolitische Spannungen, denn sie gab zwar ebensoviel für die Rüstung aus wie das Deutsche Reich, aber weniger für Soziales und Erziehung als der mitteleuropäische Konkurrent.[281]

Allein die amerikanische **Atlantik**flotte war 1912 an Linienschiffen genauso stark wie die gesamte deutsche Hochseeflotte.[282] Der britische „Two-Power-Standard" war bedroht: durch das Deutsche Reich, die Vereinigten Staaten, Russland, aber auch Frankreich.[283] 1911 besaß die französische Marine die gleiche Mannschaftsstärke wie die deutsche. Die russische Duma verabschiedete einen Flottenbauplan, der allein für die **Ostsee** 36 Großkampfschiffe vorsah, etwa 3/4 der Stärke der **gesamten** deutschen Flotte von 1914. In diesem Jahr musste Großbritannien stillschweigend den „absoluten Two-Power-Standard" preisgeben, die finanzielle Belastung wäre ansonsten untragbar geworden.[284]

1914 konnte der RVA in einer Analyse noch feststellen, dass eine Invasion starker Truppenverbände nach Großbritannien ausgeschlossen werden könne. Hierbei hatte er nicht nur die deutsche Flotte im Blick, sondern auch die Seestreitkräfte anderer Mäch-

---

[279] Wormer, Großbritannien, Rußland und Deutschland, 161, 178; Hubatsch, Ära Tirpitz, 80/81; Dugdale, Documents, III, 289–91

[280] Wormer, Großbritannien, Rußland und Deutschland, 166/67; Kissinger, Diplomacy, 188; Witt, Reichsfinanzen, 171, Anm. 164

[281] Kennedy, Anglo-German Antagonism, 358; Wormer, Großbritannien, Rußland und Deutschland, 237

[282] Rohwer, Kriegsschiffbau, 229–33, s. auch verschiedene Graphiken ebd., 219, 224, 226, 228; s. auch Kennedy, Anglo-German Antagonism, 271 u. Hubatsch, Ära Tirpitz, 50; Schmidt, Rationalismus, 287

[283] S. die oben zitierten Graphiken von Rohwer sowie Hubatsch, Ära Tirpitz, 19

[284] Hubatsch, Ära Tirpitz, 76, Anm. 73 u. 79; Wormer, Großbritannien, Rußland und Deutschland,

te. Auch die britischen Botschafter auf dem Kontinent hielten den Gedanken an einen deutschen Überraschungsangriff auf Großbritannien für absurd.[285]

Es ist nahezu einhellige Ansicht der Forschung, dass Großbritannien in den Jahren nach der Jahrhundertwende wegen eines verständlichen Verteidigungsbedürfnisses genötigt gewesen wäre, mehr und mehr Einheiten in den Heimatgewässern zu stationieren. Diese Einschätzung wird nicht nur durch zahlreiche zeitgenössische Äußerungen gestützt, sondern auch durch die Beobachtung, dass die „Royal Navy" in dem Maße an Kanal und der Nordseeküste verstärkt wurde, in dem die deutsche Flotte an Kampfkraft gewann. Die Konzentration der Flotte in Nordsee und Kanal war aber finanzpolitisch bedingt.

Zudem waren sowohl die britischen als auch die deutschen Marinefachleute der einhelligen Ansicht, dass die „Hochseeflotte" zu keinem Zeitpunkt zu einer Angriffshandlung gegen Großbritannien in der Lage gewesen wäre. Die britische Admiralität schürte jedoch bewusst Angst und Hysterie im Vereinigten Königreich und stellte den Politikern gefälschte Zahlen zur Verfügung, um der britischen Flotte die Fähigkeit zu einem **Angriffskrieg** gegen Deutschland zu erhalten. Die von Esher, Fisher und anderen inszenierte „Invasionspanik" stärkte zudem ihren politischen Einfluss, ihr Ansehen als „Retter des Vaterlandes" und trieb die Dividenden der Rüstungsschmieden in die Höhe, woran zumindest Fisher ein persönliches Interesse gehabt haben könnte. Die Militaristen bestimmten über Jahre sowohl die innen-, als auch die außenpolitische Agenda Großbritanniens.

Auch Grey und Hardinge forderten eine britische Hochrüstungspolitik. Teils, weil sie den Lügen der Militärs aufsaßen bzw. dem hysterischen Zeitgeist erlagen, sie verfolgten aber auch insbesondere ein politisches Kalkül: Sie wussten, dass die große Mehrheit der britischen Öffentlichkeit die Aufrüstungspolitik abgelehnt hätte, wenn ihr bewusst gewesen wäre, dass die Verteidigungsfähigkeit ihres Landes gegen einen deutschen Angriff völlig außer Frage stand. Dies erklärt, warum Grey i.d.R. der eisernste Verbündete der Marineleitung im Kabinett war.[286]

Welchen politischen Zweck verfolgten britische Außenpolitiker? – Ich bin der Überzeugung, dass sie die **Angriffsfähigkeit** der „Royal Navy" gegenüber Deutschland erhalten wollten, um für Frankreich und vor allem Russland als Bündnispartner attraktiv zu bleiben. Die Seestreitkräfte waren nach damaliger Auffassung der einzige nennenswerte militärische Beitrag, den Großbritannien bei einem großen kontinentalen Krieg leisten konnte. Nicolson meinte 1909, während des Höhepunktes des Wettrüstens, dass England seine Attraktivität für Russland verlöre, wenn es die Überlegenheit zur See nicht aufrechterhalten könne. Seines Erachtens musste Großbritannien also nicht wegen der deutschen Flottengefahr die russische Freundschaft suchen, sondern die englische Flotte müsse überlegen bleiben, damit das Vereinigte Königreich nicht für Russland als Bündnispartner an Wert verlöre.[287] Wie erwähnt gab es eine verbreitete Angst unter den britischen Verantwortlichen, dass sich Frankreich und Russland mit dem Deutschen Reich verständigen könnten, da dieses ein attraktiverer Bündnisgenosse für die Flügelmächte sei als das Empire.

---

[285] Wormer, Großbritannien, Rußland und Deutschland, 146
[286] Lambert, Naval Revolution 242
[287] Wormer, Großbritannien, Rußland und Deutschland, 171

4. Die Ursachen der britisch-deutschen Entzweiung

Ich fasse kurz die Ergebnisse der vorhergehenden Abschnitte zusammen:
1. Die Wahrung eines europäischen Gleichgewichts war im Zeitalter des Imperialismus kein (vorrangiges) Ziel britischer Politik.
2. Zahlreiche britische Verantwortliche erklärten zu Beginn des 20. Jahrhunderts ihre sehr kritische Haltung gegenüber der Politik der Wilhelmstraße auch damit, dass Deutschland (bereits) in den 1880/90er Jahren eine gegenüber England unfreundliche Politik betrieben hätte. Dies war jedoch nicht der Fall.
3. Viele britische Verantwortliche argwöhnten ab etwa 1902, dass die deutsche Führung napoleonische Pläne hege. Die auch damals offenkundigen Tatsachen widersprechen dieser Ansicht, beispielsweise das Verhalten Deutschlands in der skandinavischen Krise 1905. Die Wilhelmstraße besaß zudem weder eine übermächtige diplomatische Stellung, finanzielle Potenz oder Militärmacht, die das Deutsche Reich in den Augen der damaligen Zeitgenossen zu einer solchen Vormachtstellung instand gesetzt hätte.
4. Den britischen Verantwortlichen war bewusst, dass die deutsche Flotte zu keiner Zeit eine Gefahr für die Sicherheit Großbritanniens oder seiner Besitzungen darstellte.
5. Der militär-industrielle Komplex, die konservative Opposition u.a. schürten und nutzten eine „Invasionspanik", die Angst vor einem deutschen Überfall, um ihren Einfluss und teils ihre materiellen Interessen zu steigern bzw. zu sichern.

Auf den folgenden Seiten wird es um den (vermeintlichen) weltanschaulichen Gegensatz zwischen Großbritannien und dem Deutschen Reich gehen, die wirtschaftliche Konkurrenzsituation zwischen beiden Ländern und psychologische Aspekte.

Eine bereits frühzeitig genannte und nach wie vor verbreitete Interpretation sieht den britisch-deutschen Gegensatz im Weltanschaulichen begründet. Sie wurde bereits in den 1930er Jahren von Historikern vertreten und bspw. 1980 von Paul Kennedy nochmals ausführlich dargelegt.[288]
Aus einem anderen Blickwinkel und überspitzt formuliert: Der britisch-deutsche Gegensatz gründet sich im Antagonismus von „Freiheit und Despotie".[289] Die Interpretation besitzt einen außen- und einen innen- bzw. gesellschaftspolitischen Aspekt. Zum Ersteren: Hardinge bezeichnete bspw. das Deutsche Reich als „absolutistisches Land". Ein solches könne alle moralischen Verpflichtungen und internationalen Vereinbarungen brechen und einen Nachbarn ohne Vorwarnung überfallen. Gegenüber dem tatsächlich absolutistischen Russland bediente sich der Staatssekretär einer anderen Argumentation: Hardinge bat Nicolson, den britischen Botschafter in St. Petersburg, Außenminister Grey, doch bitte keine Informationen über die Zustände in Finnland oder das Schicksal des russischen Parlamentes zukommen zu lassen.[290]
Eine zweite Variante sieht den britisch-deutschen Gegensatz durch eine gegensätzliche **innere** Verfasstheit beider Länder bedingt. Wormer schreibt bspw., dass die deutschlandkritische Gruppe im F.O. „v.a. jedes Anzeichen einer konstitutionellen und parlamentarischen Regierung" vermisste.[291] Und der chauvinistische Journalist Saun-

---

[288] Zu diesem Thema s. auch Hildebrand, Zwischen Allianz und Antagonismus, 306; Schmidt, Deutsch-englischer Gegensatz 60
[289] Klaus Hildebrand vertritt bspw. diese Auffassung, s. sein „Zwischen Allianz und Antagonismus", 323; s. auch Grenville, Imperial Germany and Britain, 81
[290] Busch, Hardinge, 134
[291] Wormer, Großbritannien, Rußland und Deutschland, 68

ders warnte schon 1902, „dass der Erfolg der deutschen Pläne die Vorherrschaft des reaktionärsten und autokratischsten Souveräns und der zynischsten und willkürlichsten Regierung in Europa bedeuten" würde.[292] – Die britische Linke verurteilte solche Einschätzungen als „Anti-Germanism", ebenso wie ältere liberal-konservative wie Sanderson.[293]

Wie gezeigt, hatten antiliberale, sozialdarwinistische und militaristische Tendenzen im Vereinigten Königreich in den Jahrzehnten nach 1880 stark an Bedeutung gewonnen. Der britisch-deutsche Antagonismus entwickelte sich also erst zu der Zeit, **als sich beide Länder immer stärker zu ähneln begannen.** Das Parlament büßte im Vereinigten Königreich in den Jahrzehnten vor dem Weltkrieg an Macht ein, während der Reichstag, trotz aller rabiat reaktionären Pläne Wilhelms II., tendenziell an Gestaltungsspielraum gewann. Die „Antideutschen" waren in Großbritannien in den Jahren vor 1914 zudem ganz überwiegend auf der rechten und rechtsradikalen Seite beheimatet. Noch am 31. Juli 1914 schrieb die auflagenstärkste liberale Zeitung „Daily News": „Die Franzosen und Deutschen sind westliche Völker, und wer immer der Sieger sein wird, er wird die Prinzipien der westlichen Zivilisation hochhalten." – Und im Folgenden legte die Zeitung ihren Lesern nahe, dass ein deutscher Sieg der Zivilisation dienlicher wäre, da Frankreich mit dem rückständigen und despotischen Russland verbündet sei.[294]

Nahezu nur diejenigen, die eine technokratische und obrigkeitsstaatliche Veränderung Großbritanniens forderten, pflegten eine radikale Verurteilung des Deutschen Reiches und seiner Bewohner. Sie kämpften für eine Umgestaltung Großbritanniens nach dem Bild, das sie von Deutschland hatten.[295] Die „Antideutschen" hatten eine Vorstellung vom Land ihrer Abneigung, – das sie aber zugleich zutiefst bewunderten – , die ihrem eigenen sozialdarwinistischen Menschenbild entsprang. In Bezug auf den Zaren und seine Regierung, die die Prädikate Saunders' verdient hätten, vergaßen Chirol, Mallet oder Hardinge ihr Interesse an den Menschenrechten. „Außenpolitik, die sich auf Gefühl gründet, kann nur im Desaster enden", wie Hardinge mit Bezug auf die Kritik an der blutigen Unterdrückung in Russland sagte.[296]

Verallgemeinert formuliert: Je größer die Unzufriedenheit von jemandem aus autoritärer Perspektive mit der Wirtschafts-, Sozialordnung, Militärverfassung und Außenpolitik Großbritanniens war, desto stärker orientierte er sich an dem, **was er für die Realität in Deutschland hielt.**

Die Auffassung, dass eine Verständigung zwischen einem „freiheitlichen" Großbritannien und einem „despotisch" regierten Deutschland nicht möglich sei, gewann erst zu dem Zeitpunkt an Bedeutung, als sich beide Länder weit stärker ähnelten, als etwa während der 1870er Jahre. Sie wurde zudem nahezu ausschließlich von Briten vertreten, die eine technokratische, antiliberale und häufig stark sozialdarwinistisch gefärbte Haltung vertraten.

Von einem unüberbrückbaren weltanschaulichen Gegensatz zwischen Großbritannien und dem Deutschen Reich im Sinne von „Freiheit gegen Despotie", der ein dauerhaftes friedliches Miteinander vielleicht unmöglich gemacht hätte, kann in den Jahren vor 1914 nicht gesprochen werden. Dieser traf eher für die britisch-russischen Bezie-

---

[292] Zit. in Kennedy, Anglo-German Antagonism, 398. Sanderson war hingegen der Auffassung, dass es einen „gewaltigen Wandel" in Russland bedeuten würde, wenn es eine Verfassung nach preußischem Vorbild bekäme (PRO, FO 800/241, Sanderson an Spring-Rice, 16.5.1905).
[293] Wilson, Role and Influence, 204; S. auch PRO, FO 800/92, Memorandum Mallets, 26.6.1906
[294] Zit. in Hollenberg, Englisches Interesse, 3/4
[295] S. hierzu Kennedy, Paul M.; *Idealists and Realists: British Views of Germany, 1864–1939*, Transactions of the Royal Historical Society, o.O. 1975, 143ff; Rohe, British Imperialist Intelligentsia
[296] Zit. in Busch, Hardinge, 124

hungen zu, was von vielen britischen Liberalen und Sozialisten auch lebhaft empfunden wurde.

Man könnte einwenden, dass die Argumentation eine grundlegende Schwäche besitzt: Zum einen geißelten deutsche Englandfeinde vor und nach 1914 nachdrücklich das liberale System der Westmacht. Zum anderen verurteilten bspw. Hardinge und Saunders das Deutsche Reich, weil es illiberal war. Die These des Gegensatzes von „Freiheit gegen Despotie" scheint somit erhärtet. Ich denke, dass diese Phänomene vor allem eine **innen**politische Erklärung besitzen: Viele deutsche Konservative und Rechtsradikale versuchten, durch ihre Verurteilung des (vermeintlich) **liberalen** England auch, wenn nicht vor allem, die Liberalen und Sozialdemokraten in **Deutschland** zu treffen, denn die Außenpolitik Großbritanniens stieß in Deutschland auf weitverbreitete Abneigung. Die Rechte versuchte also, ihre innenpolitische Basis zu verbreitern. Ihr Erfolg blieb mit dieser Strategie aber relativ bescheiden. Während und insbesondere nach dem Weltkrieg gelang es der Rechten, die in Deutschland durchweg verurteilte Politik der Siegermächte im Bewusstsein eines großen Teils der deutschen Bevölkerung mit der inneren Verfasstheit der Westmächte zu verbinden. – Daneben gab es auch eine große Anzahl deutscher Rechtsextremisten, die Großbritannien bewunderten, z.B. Hitler. – Dass bspw. Hardinge und Saunders die zweifellos gegebene autoritäre Struktur des Deutschen Reiches überzeichneten und dieses von ihnen geschaffene Bild geißelten, hatte ebenfalls insbesondere innenpolitische Gründe, denn beide waren sozialdarwinistisch gefärbte Imperialisten. Sie suchten ihre aggressiven außenpolitischen Anschauungen durch verbale Tribute für Liberale verträglicher zu gestalten und deren Kritik an der britischen Außenpolitik dadurch eine wichtige Grundlage zu entziehen. Die britischen Linksliberalen und Sozialisten, die manchen Grund für Gefühle der Abneigung gegenüber den innenpolitischen Verhältnissen im Deutschen Reich haben konnten, pflegten in aller Regel keine antideutschen Gefühle.

Bereits vor dem 1. Weltkrieg wurde darauf hingewiesen, dass eine britisch-deutsche Handelskonkurrenz die beiden Länder auch politisch entfremdet habe. Der deutsche Handel und die Industrie entwickelten sich im Zeitalter des Imperialismus in vielen Weltregionen tatsächlich zu einem ernsthaften Widersacher ihrer britischen Konkurrenz, bspw. in China oder Südamerika. [297]

Statistische Angaben können aber nicht belegen, dass Großbritannien die deutsche Wirtschaft und Außenhandelspolitik stärker fürchten musste als diejenige anderer Länder oder in besonderem Ausmaß unter ihr litt. So exportierte Großbritannien im Jahre 1900 fast ebensoviel nach Deutschland, wie es von dort einführte (26 zu 31 Mio. Pfund). Im Handel mit den USA vor allem, aber auch mit Frankreich, musste das Vereinigte Königreich hingegen enorme Defizite verkraften. Die Importe aus den USA überstiegen die Ausfuhr dorthin um das siebenfache, im Falle Frankreichs um das 2,7fache! Der Anteil des Deutschen Reiches an den gesamten Einfuhren Großbritanniens lag zwischen 1860/64 und 1900/04 konstant bei 6,2 %, während Großbritannien aber 8,4 % seiner Ausfuhr im Deutschen Reich absetzen konnte. [298] 1913 überstieg der britische Import aus den USA die Exporte dorthin um das fünffache, beim Deutschen Reich nur um das zweifache. Großbritannien führte in das Deutsche Reich weit mehr aus als in die Vereinigten Staaten, die sich hinter extrem hohen Zollmauern verschanzt hatten. [299]

---

[297] Grenville, Imperial Germany and Britain, 81; Steiner, Elitism and Foreign Policy, 36; Kennedy, Anglo-German Antagonism, 466, 262–64
[298] Mock, Imperiale Herrschaft, 33/34; Hollenberg, Englisches Interesse, 15, Anm. 29 nach Mitchell, B.R./Deane, P.; *Abstract of British Historical Statistics*, Cambridge 1962, Nachdruck von 1971
[299] Kennedy, Anglo-German Antagonism, 294

Das Deutsche Reich hielt zudem seine Kolonien für den Handel anderer Mächte offen, während bspw. Frankreich Schutzzölle in Höhe von bis zu 50 % erhob. Der französische Markt blieb – trotz der Entente – für Großbritannien ebenso schwer zugänglich wie zuvor. Frankreich war 1900 noch der zweitgrößte Handelspartner des Vereinigten Königreiches, 1913 stand es an vierter Stelle, während der britisch-deutsche Handel stark wuchs und Großbritannien in das Deutsche Reich weit mehr Waren ausführte als in jedes andere Land außerhalb des Empire.[300] Schmidt weist zudem darauf hin, dass Großbritannien und Deutschland die wichtigsten Stützen des damaligen Welthandelssystems gewesen seien. Die beiden Länder waren die Hauptleidtragenden der extrem hohen Schutzzölle, zu denen Frankreich und die USA 1890/91 übergingen.[301]

Der konservative Spitzenpolitiker Bonar Law, der Balfour als Parteivorsitzender ablöste, behauptete immer wieder, dass britische Waren vom deutschen Markt praktisch ausgeschlossen wären – obwohl er darauf hingewiesen wurde, dass Frankreich, Italien oder die USA britischen Waren höhere Zölle auferlegten als Deutschland. Er solle doch diese Länder zu Objekten seiner Angriffe machen, wenn er denn unbedingt einen Sündenbock brauche, wie ihm Lord Avebury riet.[302] Darum überzeugt Langers Argumentation auch nicht, der meint, dass die Briten die großen territorialen Gewinne Frankreichs und Russlands mit Gleichmut trugen, obwohl diese eine extreme Schutzzollpolitik betrieben, da sie im Vergleich zum Deutschen Reich keine ernsthaften Handelsrivalen gewesen seien.[303] – Frankreich und Russland waren nicht zuletzt deshalb kaum Handelskonkurrenten des Vereinigten Königreiches, weil sie ausländische Importe in denen von ihnen beherrschten Territorien weitgehend unmöglich machten. Die Briten besaßen dementsprechend weitgehend gar keine Möglichkeit, mit der französischen und russischen Wirtschaft in Konkurrenz zu treten.

Die antideutsche Stimmung in Großbritannien wurde teils bewusst geschürt, teils war sie unbewusst-emotionales Ventil. Dass die amerikanische Konkurrenz in vielen Absatzgebieten des Vereinigten Königreiches viel bedrohlicher war, z.B. in Kanada, wurde verdrängt. Es waren auch nicht die englischen Handelskammern, die eine von der deutschen Konkurrenz ausgehende Gefahr betonten und Aversionen schürten. Falls dies tatsächlich der Fall gewesen wäre, so hätten sie dies im Interesse ihrer Mitgliedsunternehmen gewiss nicht versäumt. Im Gegenteil: Sie traten teilweise öffentlich für eine Entspannung des britisch-deutschen Verhältnisses ein. Und im Sommer 1914 setzten sich die einflussreichsten Kräfte der „City" fast hysterisch für die Neutralität Großbritanniens ein.[304] Genau dies hatte z.B. Hardinge befürchtet und konnte sich in seiner Abneigung des jüdischen, deutschfreundlichen und internationalistischen Großkapitals bestätigt fühlen.

Auch diese Kampagne, ebenso wie diejenige um die Flotte, in der Deutschland als skrupelloser und gefährlicher wirtschaftlicher Widersacher gemalt wurde, ging von Sozialdarwinisten und Imperialisten aus. Sie überzeichneten die zweifellos vorhandene Konkurrenz beider Volkswirtschaften und verschwiegen die gemeinsamen Interessen, um eine scheinrationale Begründung für ihre aggressive Außen- und Aufrüstungspolitik zu schaffen. Großbritannien und das Deutsche Reich waren in vielen Bereichen wirtschaftliche Konkurrenten – aber auch Partner.

---

[300] Sked, Britain and the German Question, 62; Hollenberg, Englisches Interesse, 95
[301] Schmidt, Deutsch-englische Gegensatz, 73. Zahlenangaben zum deutschen Außenhandel s. Berghahn, Imperial Germany, 299, Tabelle 8; Canis, Von Bismarck zur Weltpolitik, 75
[302] Hollenberg, Englisches Interesse, 68/69
[303] Langer, Diplomacy of Imperialism, 531, 794
[304] Joll, War Guilt 1914, 69

Ich werde zunächst ganz kurz auf den Charakter der britisch-deutschen Beziehungen vor der Epoche des Imperialismus eingehen. Den 1890er Jahren und insbesondere dem Abschnitt zwischen der Jahrhundertwende und 1914 werde ich mich ausführlicher widmen:

Preußen-Deutschland und Großbritannien besaßen 200 Jahre lang mit Frankreich einen gemeinsamen Gegner: Während des spanischen Erbfolgekrieges, des Siebenjährigen Krieges, der Waffengänge zwischen 1792 und 1815 als auch während der Kriegsgefahr 1840 standen beide zusammen gegen die expansive europäische Vormacht. Neben dieser historischen „Waffenbrüderschaft" sahen sich Preußen-Deutschland und Großbritannien als die beiden „protestantischen und germanischen" Großmächte Europas eng verbunden. Es gab während des gesamten 19. Jahrhunderts zahlreiche britische Geschichtswissenschaftler, Theologen, Publizisten oder Hochschulreformer, die deutschen Vorbildern nacheiferten.[305] Für die große Mehrheit der Elite beider Länder verstand sich die gegenseitige Zuneigung von selbst.

Sowohl 1866 als auch 1870 schlugen sich sehr viele britische Politiker und insbesondere Intellektuelle auf die preußisch-deutsche Seite.[306] 1878 fand Außenminister Salisbury außerordentlich freundliche Worte über den preußisch-deutschen Machtzuwachs, und zwei Jahre später schrieb er, dass das Deutsche Reich wie dazu geschaffen sei, Verbündeter Großbritanniens zu werden. Nicht einmal Österreich, der alte Freund, sei so frei von Ambitionen, die der britischen Politik widerstrebten wie das Deutsche Reich. Wenn es aber Dänemark oder die Niederlande annektieren wolle, so werde sich die britische Politik natürlich ändern. Er hielt dieses Szenarium aber für so unwahrscheinlich, so dass er meinte, dass Großbritannien Bismarcks Freundschaft ohne Furcht pflegen könne. Auf die vom Reichskanzler gewünschten Bündnisgespräche ging er aber nicht ein.[307] Auch in den folgenden über 20 Jahren blieben die Beziehungen Großbritanniens zu Deutschland freundschaftlicher und enger als zu jeder anderen Großmacht, von zeitweiligen Verstimmungen abgesehen.[308]

Ende 1887 schrieb Bismarck an Salisbury, dass Großbritannien, das Deutsche Reich und Österreich saturierte Staaten seien, von Russland und Frankreich aber Gefahr für den Frieden ausgehe. Dieser könne auf Dauer gesichert werden, wenn sich das Vereinigte Königreich mit den beiden Mittelmächten in einer Defensivallianz verbinde. Salisbury lehnte höflich ab, die Beziehungen blieben aber ausgezeichnet, und Sanderson schrieb im Oktober 1888: „Die beiden Regierungen pflegen eine perfekte Freundschaft und Herzlichkeit." Im Januar 1889 sandte Bismarck seinen Sohn nach London, um abermals ein Verteidigungsbündnis vorzuschlagen. Salisbury meinte, dass Großbritannien zu Friedenszeiten keine Allianz eingehen könne, da zukünftige Parlamentsmehrheiten nicht durch einen Akt der gegenwärtigen Volksvertretung gebunden werden könnten. „Wir lassen den Vorschlag auf dem Tisch, ohne Ja oder Nein zu sagen", so Salisbury, „das ist unglücklicherweise alles, was ich zur Zeit tun kann." Der Reichskanzler hatte sein Ziel nicht erreicht, sagte aber am 26. Januar: „Ich sehe in England einen

---

[305] Manfred Messerschmidt (*Deutschland in englischer Sicht. Die Wandlungen des Deutschlandbildes der englischen Geschichtsschreibung*, Düsseldorf 1955, 3, 4, 45) nennt Thomas Arnold und Seeley als prominente Beispiele; Hollenberg, Englisches Interesse, 114; s. auch Kennedy, Anglo-German Antagonism, 103

[306] Bagley, Derby, 196; Mosse, W.E.; *The European Powers and the German Question 1848–1871*, Cambridge 1958, 245/46 in: Kennedy, Anglo-German Antagonism, 18, 104, 118; LR, 920 DER (15), Box 51/4, Lord Derby an Sanderson, 19.1.1871; Massie, Dreadnought, 3. Auch Sanderson Sympathien befanden sich 1870/71 eher auf deutscher Seite: HH, MCD 263, Sanderson an Lady Derby, 24.9.1870

[307] Hollenberg, Englisches Interesse, 26

[308] S. z.B. BM, MSS 39009 (212), Sanderson an Layard, 22.2.1876; s. auch Herzfeld, Moderne Welt, I, 219; HH, Memorandum Sandersons über die Deutschlandreise, Frühjahr 1876

alten und traditionellen Verbündeten. Es gibt keine Meinungsunterschiede zwischen England und Deutschland."[309]

Queen Victoria hatte in ihrer Begeisterung für Deutschland zur Mitte des 19. Jahrhunderts das Land durch Prädikate wie „lieb" und „klein" charakterisiert. Mit dem Eintritt des Volkes der „Dichter und Denker" in die Machtpolitik wandelte sich das englische Deutschlandbild. Es gab aber bis zu Beginn des 20. Jahrhunderts keinerlei ernsthafte Furcht in Großbritannien, dass das neu gegründete Deutsche Reich in Europa expansiv werden könnte, und so wurde dessen zeitweilige relative Hegemonie auf dem Kontinent weitgehend begrüßt.

Seit den 1880er Jahren erhob Deutschland in Übersee Ansprüche, mit einer vorübergehenden Trübung des beiderseitigen Verhältnisse, letztlich hatten die deutschen Kolonialerwerbungen aus britischer Sicht aber auch ihr Gutes: Beide Mächte verfochten den Freihandel in Übersee, und das F.O. gewann so einen wertvollen Bündnisgenossen, v.a. gegen den französischen Protektionismus.

Seit Mitte der 90er Jahre wurde Deutschland in Übersee aktiver als zuvor, fast überall sah es jedoch Großbritannien in seinem Weg, während die Wilhelmstraße andererseits Großbritannien viele Jahre bspw. in Ägypten gestützt hatte. – So lautete zumindest die Deutung der deutschen Verantwortlichen, und sie besaßen plausible Belege hierfür. – Seit etwa 1896 „fegte (…) die Flutwelle des imperialistischen Denkens <im Deutschen Reich> alle Gegenkräfte beiseite", und etwa seit der Jahrhundertwende zogen es die deutschen Gegner des Imperialismus (abgesehen von den Sozialdemokraten) entweder vor, zu schweigen, oder sie gerieten ins politische Abseits. Dies erklärt auch die zunehmende Abneigung weiter Bevölkerungskreise gegenüber England: Die Wilhelmstraße sah sich „in Afrika und im Fernen Osten mehr oder minder in die Rolle des Zuschauers gedrängt (…), während seine weltpolitischen Rivalen größere Aktivität als je zuvor an den Tag legten".[310]

Auch auf britischer Seite gewann eine gewisse Missstimmung an Boden, und von Salisburys alter Neigung zu Deutschland konnte Ende der 1890er Jahre keine Rede mehr sein. Die zunehmende weltpolitische Aktivität des Deutschen Reiches hatte die britisch-deutschen Beziehungen seit etwa 1894/96 verändert. Salisbury sah zum einen, dass das Deutsche Reich hier und dort einige Schwierigkeiten bereiten konnte, aber keine wirklichen Machtmittel gegen das Empire besaß, weder eine ernst zu nehmende Stellung in Übersee, eine entsprechende Flotte oder glaubhaft mit einem Bündnis mit Frankreich und/oder Russland drohen konnte.

Deutschland war in Übersee nach wie vor schwach, es verfügte weder über die Finanzressourcen, die Flotte oder die Stützpunkte Frankreichs, es konnte in Übersee wenig geben. Die Wilhelmstraße verlangte seit Mitte der 1890er Jahre Entgegenkommen in Übersee, ohne für das Empire einen anderen Dienst leisten zu können, als den, zu dem es ohnedies gezwungen war: nämlich Frankreich und Russland durch ein starkes Heer von einer Expansion in Europa abzuhalten. Damit schränkte Europas Mitte die Möglichkeiten der kontinentalen Flügelmächte entscheidend ein, dem Empire in Übersee gefährlich zu werden. Das eine Druckmittel, das die Mittelmächte besaßen, ihr Mitspracherecht in Ägypten, wagten sie nicht wirklich einzusetzen.[311] Die deutsche Außenpolitik wollte sich offensichtlich nicht an einer Schwächung Großbritanniens beteiligen. Dies hätte deutschen Interessen widersprochen.

---

[309] Sked, Britain and the German Question, 61/62; LR, 920 DER (15), Sanderson Korrespondenz, Sanderson an Lord Derby, 23.10.1888; Massie, Dreadnought, 90
[310] Lahme, Großbritannien und die Anfänge, 77; Mommsen, Der europäische Imperialismus, 184; Mommsen, Zeitalter, 163; Langer, Diplomacy of Imperialism, 466
[311] S. auch Langer, Diplomacy of Imperialism, 447 u. Hildebrand, Deutsche Außenpolitik, 108

Sowohl für das F.O. als auch für die Wilhelmstraße waren die beiderseitigen Beziehungen an sich von hoher Bedeutung. Das Hauptaugenmerk beider galt jedoch der Auswirkung ihrer Beziehungen auf ihr Verhältnis zu anderen Mächten: Den Verantwortlichen war klar, dass ein gespanntes Verhältnis zwischen Großbritannien und dem Deutschen Reich den Einfluss des Auswärtigen Amtes im Dreibund schwächt und diesen sogar aushöhlen könnte. Das F.O. war hier in der eindeutig stärkeren Position. Ein belastetes britisch-deutsches Verhältnis wirkte sich aber auch nachteilig auf die Position des Vereinigten Königreiches gegenüber Frankreich aus, denn dieses könnte sich, im Rücken sicher, versucht fühlen, alte Rechnungen mit dem weltpolitischen Rivalen zu begleichen, womöglich gar mit wohlwollender Billigung des „Erzfeindes" jenseits der Vogesen. Die Episoden von 1884 und 1894 zeigten, dass dies nicht wahrscheinlich, aber auch nicht ausgeschlossen war. Die wichtigste Auswirkung des britisch-deutschen Verhältnisses betraf aber ihre Beziehungen zum Zarenreich. Dieses stellte für beide die größte militärische Bedrohung dar und schien durch die Masse seines Raumes selbst schier unbesiegbar.

Bülow empfand ein tiefes Misstrauen gegenüber der englischen Politik. Er war der Ansicht, dass sich die ganze russische Wut im Falle eines britisch-deutschen Bündnisses gegen Mitteleuropa richten, die Briten dies aber nutzen würden, um sich mit dem Zarenreich aus einer Position der Stärke heraus doch noch zu verständigen. Bülow argwöhnte zudem, dass Großbritannien das Deutsche Reich und Russland in einen Streit verwickeln wolle, um als lachender Dritter davon profitieren zu können. Für diese Sicht sprach seines Erachtens, dass britische Staatsmänner bislang jede Konfrontation mit dem Zarenreich gemieden hätten. Auch der Kaiser, der ein Bündnis mit Großbritannien im Prinzip begrüßt hätte, warnte vor einer Unterstützung des Empire außerhalb Europas, ohne dass sich Großbritannien zuvor vertraglich an Deutschland binde: Frankreich und Russland würden in diesem Falle, wenn sie sich in Afrika und Asien einer Übermacht gegenüber sähen, ihre Pläne „aufgeben und sich mehr um die europäischen Verhältnisse bemühen", das Deutsche Reich würde also den Druck allein tragen müssen, der vordem teils auf dem Empire lastete.[312]

Immerhin hatte England im 18. und 19. Jahrhundert in den Kriegen gegen Frankreich auch deshalb ein Weltreich erobern können, weil Deutschland die Wucht der französischen Macht abfing, als Lohn aber lediglich seine blanke Existenz sichern konnte. Die deutschen Geschichtsbücher wurden nicht müde, dies zu betonen, und auch Bismarck war entschlossen gewesen, zu verhindern, dass das Deutsche Reich „der Festlandsdegen Englands" werde.[313] Nach Ansicht der deutschen Außenpolitiker war also Vorsicht und auch Unbequemlichkeit im Verhältnis zu Großbritannien anzuraten und die Erfahrungen des Helgoland-Sansibar-Vertrages von 1890 ermutigten nicht, offener auf das F.O. zuzugehen.

So wird auch eine Äußerung Bismarcks aus dem Jahre 1893 zu verstehen sein: „England ist der gefährlichste Gegner Deutschlands. Es hält sich für unbesiegbar und glaubt, Deutschlands Hilfe nicht zu brauchen. England hält uns noch nicht für ebenbürtig und würde nur ein Bündnis schließen unter Bedingungen, die wir nie annehmen können."[314]

Die Interessenunterschiede zwischen Großbritannien und dem Deutschen Reich waren weit weniger schwerwiegend als diejenigen des Vereinigten Königreiches mit Russland, den Vereinigten Staaten oder Frankreich. Es gab keine strittigen territorialen

---

[312] Winzen, Bülows, 345/46, 58; Balfour, Kaiser Wilhelm II., 224
[313] Balfour, Kaiser Wilhelm II., 193
[314] Diwald, Erben, 24

Fragen, die größer waren als das kleine Samoa. Die Kolonien beider Mächte standen dem Handel anderer Länder offen, und in einigen deutschen Überseegebieten übertraf der Handel mit Großbritannien denjenigen mit dem Mutterland. Die Besitzungen Frankreichs, Portugals oder gar Russlands wurden hingegen hinter hohen Zollmauern gegen ausländische Konkurrenz abgeschirmt, was vor allem den britischen und deutschen Handel schädigte. Lascelles meinte gar Ende 1898 über Deutschlands Zukunft als überseeische Macht (der Vertrag über die Aufteilung der portugiesischen Kolonien war erst vor wenigen Monaten abgeschlossen worden): „Je mehr Kolonien sie bekommen, desto besser."[315] Die Stimmung war in den letzten Jahren des 19. Jahrhunderts aber nicht mehr so von gegenseitiger Zuneigung geprägt wie etwa zehn Jahre zuvor. Die Krügerepisode war nicht Auslöser dieser Entwicklung, sondern machte sie vor allem sichtbar und verstärkte sie noch.[316]

Die Wilhelmstraße wollte vom F.O. zumindest ebenso zuvorkommend und konzessionsbereit behandelt werden wie Russland oder Frankreich. Großbritannien sah hierzu aber keine Veranlassung. Die deutschen Wünsche für Entgegenkommen wurden in Großbritannien häufig als „Erpressung" gedeutet. Dies sah mitunter auch Sanderson so.[317]

In Zeiten deutschen Entgegenkommens fühlten sich Briten in der in ihrem Land traditionell vorherrschenden Auffassung bestärkt, dass Deutschland zu schwach sei, um eine machtbetonte Überseepolitik betreiben zu können. In Zeiten deutscher Widerborstigkeit sahen sie sich immer wieder versucht, Deutschland und dem eigenen Volk die Schwäche der mitteleuropäischen Macht immer wieder gefahrlos demonstrieren zu können, teils, um die Wilhelmstraße gefügig zu stimmen, teils um aus sozialdarwinistisch und -psychologischen Motiven eine chauvinistische britische Öffentlichkeit zu befriedigen.

Der „Platz an der Sonne" war für das Deutsche Reich nur in Kooperation mit Großbritannien erreichbar, da wegen der Réssentiments in Frankreich eine Zusammenarbeit mit dem Nachbarn nur sehr punktuell möglich schien. Und eine Kooperation mit dem Zarenreich hätte Deutschland in Übersee eher Probleme als Erfolge beschert. Die Verantwortlichen in Deutschland konnten der englandkritischen Haltung weiter Teile der Öffentlichkeit aus diesem Grunde keine freie Bahn lassen, wie dies Russland oder Frankreich möglich war.[318] Die von der deutschen Regierung inspirierten Zeitungen betonten in den Jahren um die Jahrhundertwende darum immer wieder, dass es für das Deutsche Reich selbstmörderisch sei, sich einer franko-russischen Allianz gegen das Vereinigte Königreich anzuschließen. Nicht diese sei das Ziel französischer und russischer Pressekampagne für eine Kontinentalliga, sondern eine Entfremdung zwischen Großbritannien und dem Deutschen Reich und die vollständige Isolation des Letzteren. Europas Mitte wäre dann der Gnade der Flügelmächte ausgeliefert.[319]

Andererseits benötigten und schürten der Kaiser, Bülow und Tirpitz eine antienglische Stimmung, um eine Flottenaufrüstung betreiben zu können. Bei der Diskussion um das zweite Flottengesetz im Jahre 1900 sprach Bülow in einem vertraulichen Gespräch mit Abgeordneten davon, dass Deutschland in Übersee nicht länger „Demüti-

[315] PRO, FO 800/17, Lascelles an Salisbury, 24.12.1898
[316] Crowe, Crowe, 66; Grenville, Imperial Germany and Britain, 84
[317] Louis, Roger W.M.; *Great Britain and German Expansion in Africa, 1884–1919*, in: Gifford, Prosser/Louis, Roger W.M.; *Britain and Germany in Africa. Imperial Rivalry and Colonial Rule*, New Haven/London 1967, 27 nach: PRO, FO 2/223, Bemerkung Sandersons auf einem Memorandum von Hill vom 11.2.1899
[318] Kennedy ist anderer Ansicht (Anglo-German Antagonism, 247)
[319] Hale, Publicity and Diplomacy, 228; s. auch Flood, Ambassadorship, 100 b

gungen" ertragen wolle und Samoa und die „Bundesrath-Affäre" gezeigt hätten, dass das Deutsche Reich eine starke Flotte benötige.[320]

Die deutsche Politik befand sich in einem Dilemma: Sie wollte von Großbritannien als Partner ernst genommen und als Weltmacht akzeptiert werden, das Vereinigte Königreich sah aber kaum Veranlassung hierzu. Russland, die Vereinigten Staaten und selbst Frankreich wären in einem Konfliktfalle Gegner, die nur unter größten Anstrengungen – wenn überhaupt – niederzuringen gewesen wären. Das Deutsche Reich aber war zur See und auf anderen Kontinenten fast eine quantité négligeable. Diese Schwäche suchte das Deutsche Reich immer wieder durch starke Worte zu überdecken, eher aus Ratlosigkeit und Gereiztheit, denn aus Übermut oder Berechnung. Bertie beklagte gegenüber Außenminister Bülow im November 1899 diesen „Bismarckschen Ton" „bei jeder möglichen Gelegenheit, schwere Artillerie in Stellung zu bringen".[321] Vermutlich trug auch die von Calleo gemachte Beobachtung, dass die Vertreter des „Aufsteigers" Deutschland mit ihrer Unsicherheit und Unerfahrenheit häufig so reagierten, dass sie keinen Respekt, sondern eher Herablassung oder Ablehnung bei Repräsentanten der etablierten Weltmächte ernteten, zu Problemen der deutschen Diplomatie bei.[322]

Zwischen 1898 und 1901 schien ein britisch-deutsches Bündnis mehrfach greifbar nahe. Es gab jedoch keinen maßgeblichen britischen Außenpolitiker der bereit gewesen wäre, die Wilhelmstraße bei der Befriedigung des deutschen Ehrgeizes in Übersee zu unterstützen. Dies hätte in vielen Fällen das angespannte Verhältnis des Empire zu Frankreich noch weiter belastet. Selbst Lascelles und Sanderson rieten im Prinzip von Zugeständnissen an Deutschland ab. Zudem war der potenzielle deutsche Bündnisgenosse aus britischer Sicht ein „unsicherer Kantonist": Deutschland hätte im Falle eines kolonialen Konfliktes sein ganzes Gewicht in Europa in die Waagschale werfen können, aber könnte man erwarten, dass die Mitte des Kontinents ihre Existenz gegen die russischen (und französischen) Heere aufs Spiel setzt, weil sich der Allianzpartner Großbritannien und das Zarenreich um Persien oder Afghanistan streiten?

Beide Seiten sahen keine Veranlassung, mit Nachdruck auf eine Verständigung hinzuwirken: Aus britischer Sicht schien ausgeschlossen, dass sich das Deutsche Reich mit den Flügelmächten verbindet, um das Empire niederzuringen, teils aus deutschem Eigeninteresse, teils wegen des französischen Révanchismus. Somit bestand für das F.O. kein Anlass, Deutschland für eine neutrale oder englandfreundliche Politik zu entlohnen, zu der Europas Mitte aus existenziellen Gründen ohnedies genötigt war. Die Wilhelmstraße hingegen glaubte die Zeit auf ihrer Seite, da Großbritanniens Macht tendenziell nachlasse und das F.O. darum in Zukunft bereit sein werde, für ein Bündnis mit dem Deutschen Reich einen (höheren) Preis zu entrichten.

Die ursprüngliche wechselseitige britisch-deutsche Zuneigung war zu Beginn des 20. Jahrhunderts weitgehend geschwunden. Für Briten waren die ungewohnten Forderungen der Wilhelmstraße auf Entgegenkommen in Übersee ungerechtfertigt und häufig ärgerlich. Auch in Deutschland war seit Mitte der 1890er Jahre eine Gereiztheit gewachsen, da das Empire nicht bereit war, die Dienste, die Europas Mitte für Großbritannien erbrachte, zu entlohnen.

Die deutsche Außenpolitik zeichnete sich gegenüber Großbritannien nicht durch besondere Aggressivität aus, aber nicht etwa, weil die deutsche Führung von besonderer Friedfertigkeit beseelt gewesen wäre. Allein schon die empörende Art und Weise der Niederschlagung von Aufständen in Deutsch-Ost- bzw. Südwestafrika verbietet diese

---

[320] Kennedy, Samoan, 301/02
[321] Bedford College/Royal Holloway, Egham, Penson Papers, 2, S. 2
[322] Calleo, Legende, 47–54

Deutung. Die Wilhelmstraße war im Vergleich zu derjenigen anderer Großmächten durch die geographische Lage und den sehr späten Eintritt in die Übersee- und Kolonialpolitik in ihren Handlungsmöglichkeiten entscheidend eingeschränkt. Die deutsche Politik musste einerseits die Feindschaft Russlands vermeiden und andererseits die Freundschaft Großbritanniens gewinnen, um in Übersee expansiv werden zu können. Die Wilhelmstraße versuchte, Letzteres teils durch Kooperation und Konzessionen zu erreichen, teils durch ein für die britische Politik demonstrativ unfreundliches Verhalten in Fragen nachrangiger Bedeutung, ohne dass hierfür eine an der Sache orientierte Notwendigkeit bestand. Das Deutsche Reich drohte bspw. mehrfach, z.B. in Bezug auf Samoa oder Kuwait, die grundsätzlich englandfreundliche Politik zu ändern. Die Wilhelmstraße versuchte, Großbritannien im gesamten Zeitraum zwischen Ende der 1880er Jahr und 1914 „bündnisreif" zu stimmen. Zeitweise durch freundliches Entgegenkommen und Konzessionsbereitschaft, zeitweise durch eher hilflose Drohungen oder Herausforderungen. Die deutsche Flottenrüstung fällt unter die letztgenannte Kategorie:

Die deutsche Flotte war zu keinem Zeitpunkt in der Lage, die britischen Inseln oder gar die weltweite Dominanz der „Royal Navy" zu gefährden. Letzteres wurde jedoch von britischen Militaristen wider besseren Wissens behauptet, um die Angriffsfähigkeit der britischen Kriegsmarine zu sichern, damit das Empire ein attraktiver Bündnispartner für Frankreich und Russland bleibe bzw. werde. Es gab keine „deutsche Gefahr" für Großbritannien. Das Empire suchte wegen seiner eigenen Schwäche in Asien und Ägypten das Bündnis mit Japan und den Ausgleich mit Frankreich und Russland.[323]

Das Deutsche Reich besaß nicht die Mittel, um Großbritannien zu Konzessionen in Übersee nötigen zu können. Deutsche Ideologen und Außenpolitiker griffen darum auf historische und moralische Argumente zurück, um für das eigene Land doch noch einen größeren Anteil am Erdball sichern zu können.

So forderten zahlreiche deutsche Intellektuelle, das an die Stelle der „veralteten Balance der europäischen Großmächte" ein „neues Gleichgewicht der Weltmächte" treten müsse.[324] Sie begründeten dies mit der zunehmenden Einbindung überseeischer Gebiete in den Herrschaftsbereich europäischer Mächte und die verbesserten Kommunikationsverbindungen, die die Erdteile immer näher zusammenrücken ließen. Sie entgegneten dem britischen Vorwurf, eine europäische Hegemonie anzustreben, mit der Anklage, dass das Prinzip des Gleichgewichts in Europa nicht beeinträchtigt oder bedroht sei, Großbritannien aber das Weltgleichgewicht einseitig zu seinen Gunsten verschoben habe.[325] Der Historiker Remak schreibt in ähnlichem Sinne, dass in den Jahrzehnten vor 1914 das britische Herrschaftsgebiet beträchtlich gewachsen sei, „begleitet von einem betonten Mangel an Sympathie für ähnliche Ambitionen anderer Nationen … Wenn irgendeine Nation das Gleichgewicht der Macht in der Welt erschüttert hat-

---

[323] Monger, Ursachen, 141/42, 292/93
[324] S. Winzen, Bülows, 18
[325] Ludwig Dehio (*Gleichgewicht oder Hegemonie: Betrachtungen über ein Grundproblem der neueren Staatengeschichte*, Krefeld 1948, 18, (künftig: Dehio, Hegemonie) beschreibt Großbritannien als den „beredten Beschützer des Gleichgewichts auf dem Festland <und> … zugleich als stille(n) Verfechter des eigenen Übergewichts in der Welt". Im 18. Jahrhundert erstreckte sich der Geltungsbereich der Gleichgewichtspolitik noch auf Europa ohne den Südosten des Kontinents, also nicht auf den türkischen Machtbereich und die überseeischen Kolonien. „Die Ausschaltung dieser Räume war möglich, weil daran jeweils nur zwei der vier bzw. fünf Großmächte interessiert waren: Rußland und Österreich im Falle Südosteuropas, England und Frankreich im Falle der Kolonien." Diese Auskreisung wurde im 19. Jahrhundert abgebaut und Südosteuropa einbezogen (Baumgart, Der Imperialismus, 23/24). Schon Bismarck meinte 1884 gegenüber dem französischen Botschafter in Berlin, dass neben dem europäischen Gleichgewicht auch das „Gleichgewicht der Meere", also eine weltweite Balance, beachtet werden müsse (Gall, Lothar; *Bismarck und England*, 620, in: Kluke, Aspekte).

te, dann war es Großbritannien."[326] Diese Auffassung, deren Für und Wider ich hier nicht abwägen will, vertraten auch zahlreiche Deutsche, die mit zunehmender Ungeduld ein neues, weltweites Gleichgewicht der Mächte einforderten. Die autoritäre Führung des Reiches suchte zudem, ihre innenpolitische Basis durch eine erfolgreiche „Weltpolitik" zu verbreitern.

Es war konstitutives Element des Gleichgewichtsprinzips, dass jede an einer strittigen Frage interessierte Großmacht einen Anspruch auf Kompensation besaß, wenn eine Partei einen Machtzuwachs erfuhr. Palmerston argumentierte bspw. während des Krimkrieges (1854–56), dass es „die Pflicht der anderen europäischen Länder" sei, eine „enorme Vergrößerung einer einzelnen Macht" zu verhindern.[327] Und Hardinge forderte z.B. 1909 für die Anerkennung der Annexion Bosniens und der Unabhängigkeit Bulgariens einen Ausgleich für Großbritannien. Es gab durchaus Anzeichen, dass Großbritannien unter Umständen bereit war, die Geltung des Gleichgewichtsprinzips nicht nur auf Europa zu beschränken. So gestand das F.O. 1890 Frankreich eine freie Hand auf Madagaskar zu und erkannte zudem seine Ansprüche im nördlichen Zentralafrika an, für die Gegenleistung der französischen Respektierung des britischen Machtzuwachses in Ostafrika.[328] Von einer britischen Konzessionsbereitschaft konnten aber nur diejenigen Konkurrenten des Empire profitieren, die in Übersee bereits über beträchtliche Macht verfügten. Das Deutsche Reich zählte nur ansatzweise zu diesen.

Die wechselseitige Gereiztheit macht deutlich, dass psychologische Aspekte offensichtlich einen hohen Erklärungswert für die Verschlechterung der britisch-deutschen Beziehungen seit den letzten Jahren des 19. Jahrhunderts besitzen. Ich möchte darum in einem Exkurs auf die Persönlichkeit Kaiser Wilhelms II. eingehen. Teils wegen der Bedeutung des Monarchen, teils weil die Struktur seiner Persönlichkeit exemplarisch für weite Teile der deutschen Öffentlichkeit war:

Exkurs: Zur Persönlichkeit Kaiser Wilhelms II.

Die Mutter Wilhelms II., eine Tochter Queen Victorias, machte keinen Hehl daraus, sich weiterhin als Engländerin zu fühlen und nicht als Deutsche. So zeigte sie sich 1882 – sie war bereits seit 20 Jahren deutsche Kronprinzessin – beunruhigt über den zunehmenden Einfluss des neu gegründeten Reiches im Nahen Osten, und schrieb an ihren Sohn, es wäre verhängnisvoll, wenn „die Deutschen und nicht die Engländer die Bahn im Euphrat-Tal bauten. (…) Wir Engländer (!) haben ein Interesse im Osten, nicht die Franzosen und die Deutschen." An ähnlichen erstaunlich taktlosen Äußerungen der deutschen Kronprinzessin gegenüber dem künftigen Kaiser herrschte kein Mangel.[329] Sie verstärkten die Minderwertigkeits- und Identitätsprobleme, die Wilhelm II. wegen einer Körperbehinderung (eines verkrüppelten Arms) – und vor allem des Umgangs damit – ohnedies bereits besaß. Wilhelm war als Kind lange Jahre weder in der Lage zu laufen, zu klettern noch zu reiten. Die Herzlosigkeit der Mutter zu ihrem sensiblen und körperlich benachteiligten Kind ist bemerkenswert. Die Kronprinzessin schrieb

---

[326] Remak, J.; *1914 – The Third Balkan War: Origins Reconsidered*, in: Koch, H.W.; *The Origins of the First World War*, London 1982, 89f nach: Kennedy, Aufstieg und Fall, 344; Grenville (Imperial Germany and Britain, 91) sieht es ähnlich.

[327] Holbraad, Concert of Europe, 140

[328] Busch, Hardinge, 143; G.P., VIII, 1691ff, 1701ff, 1862–1893; Rock, Why Peace, 91

[329] Röhl, Wilhelm II., 408, 282

ihrem Sohn Hunderte Briefe, lobte ihn aber niemals für die beispielhafte Art und Weise, in der er viele Schwierigkeiten bewältigte.[330]

Wilhelm wollte wegen seines Mangels an Selbstsicherheit besonders männlich erscheinen und glaubte dies u.a. durch besonders „schneidige" Äußerungen erreichen zu können. Während eines Streiks der Berliner Straßenbahnfahrer drahtete der Kaiser bspw. an den Kommandeur von Berlin: „Ich erwarte, daß beim Einschreiten der Truppe mindestens 500 Leute zur Strecke gebracht werden."[331] Er hatte zudem eine Neigung zu kindischen Scherzen, die auch derberen Charakter tragen konnten. Salisbury kam womöglich zu der Einschätzung, dass Wilhelm am Rande der Unzurechnungsfähigkeit stehe. Er versuchte, den Kaiser, der den Briten immer wieder aufdringliche Ratschläge gab, insbesondere zu ihrer Flotte, durch die Queen zu beruhigen, aber mit recht geringem Erfolg.[332]

Salisbury entwickelte ein ausgeprägtes Misstrauen gegenüber Wilhelm II: „Es ist das oberste Ziel des Kaisers (…), uns in einen Krieg mit Frankreich zu verwickeln."[333] Diese Auffassung war keineswegs abwegig: Ende März 1899, kurze Zeit nach dem Abschluss des britisch-französischen Abkommens, das den Konflikt um den Sudan endgültig beendete, berichtete Lascelles bspw. über ein Gespräch des Kaisers mit dem britischen Militärattaché Oberst Grierson:

> „Der Kaiser sprach zu ihm in seinen üblichen offenen Worten. Zunächst spielte er auf die Übereinkunft an (…) und zeigte einigen Ärger, dass seine Voraussagen in Bezug auf einen Krieg zwischen Frankreich und England sich nicht bewahrheitet hatten. Wir werden niemals wieder eine solche Gelegenheit haben, alte Rechnungen mit Frankreich zu begleichen, aber die Tage Nelsons seien vorüber, und wir mögen soviel Schiffe bauen, wie wir möchten, wir werden feststellen, dass andere Nationen uns bei diesem Spiel überholen können."[334]

Lascelles vermutete später, wohl zu recht, dass Wilhelm verärgert gewesen sei, weil die Queen, seine Großmutter, es ihm nicht gestattet hatte, ihr zu ihrem Geburtstag seine Kinder vorzustellen. Zudem war er wegen Samoa erzürnt. Außenminister Bülow war peinlich berührt über die Äußerungen des Kaisers, und sein Souverän gab ihm häufig Anlass für diese Empfindung.[335] Regierung und führende Beamte waren ständig darum bemüht, den Monarchen vor unüberlegten oder missverständlichen Äußerungen zu bewahren, nicht immer mit Erfolg, wie auch die „Hunnenrede" zeigte. Holstein hatte bereits mehrfach seine Sorge geäußert, dass die unbedachten Worte des Kaisers anderen Mächten so erscheinen könnten, als versuche er sie zum Krieg zu drängen.[336] Die

---

[330] Röhl, Emperor's new clothes, 53/53; Mander, Our German Cousins, 208/09; Cecil, Lamar; *History as Family Chronicle: Kaiser Wilhelm II and the Dynastic Roots of the Anglo-German Antagonism*, (künftig: Cecil, History as Familiy Chronicle), in: Röhl, Kaiser Wilhelm II.

[331] Röhl, Wilhelm II, 22; s. auch ebd., 54

[332] Kohut, Thomas A.; *Kaiser Wilhelm II and his Parents: An Inquiery into the Psychological Roots of German Policy towards England before the First World War*, 87, (künftig: Kohut, Wilhelm II. and his Parents), in: Röhl, Kaiser Wilhelm II; PRO, FO 800/11, Sanderson an Lascelles, 25.2.1903. Wilhelms Vergnügen an kindlichen Scherzen wurde anscheinend auch von anderen gekrönten Häuptern Europas geteilt, s. PRO, FO 800/241, Sanderson an Spring-Rice, 28.11.1905 u. ebd., 12.12.1905; Röhl, Jugend Wilhelms II, 332/33, 337; Cecil, Salisbury, vol. 4, 112; Bayer, England, 19–21. Kohut (s.o.) hat eine psychoanalytische Untersuchung der Persönlichkeit des deutschen Kaisers geschrieben. Massie (Dreadnought, 23–46) hat ebenfalls ein vielschichtiges Bild der Persönlichkeit des letzten deutschen Kaisers gezeichnet.

[333] BM, Balfour MSS, Add. MSS 49691; Hatzfeldt berichtete am 15.4.1899 (G.P., XIV, Nr. 4067, S. 607), dass sich Salisburys frühere Sympathie für Deutschland aus persönlichen Gründen, die bei ihm eine sehr große Rolle spielten, ins Gegenteil verkehrt habe.

[334] Grenville, Salisbury, 275; PRO, FO 800/17, Lascelles an Salisbury, 31.3.1899

[335] PRO, FO 800/17, Lascelles an Salisbury, 5.5.1899

[336] Rich, Politics and Diplomacy, III, No. 515 u. ebd., No. 590. Bülow allerdings betrachtete es nicht als eine seiner Aufgaben, den Kaiser vor sich selbst zu bewahren. Er fürchtete um seinen Einfluss

Ursache der drastischen Äußerungen Wilhelms scheinen mir nicht in bewusster politischer Absicht, sondern in der Psyche des Monarchen begründet.

Der Kaiser konnte andererseits außerordentlich gewinnend sein. So verstand er sich mit dem linksliberalen entschiedenen Antiimperialisten John Morley immer ganz ausgezeichnet, und Lascelles schrieb über Wilhelm:

> „Er ist mit Sicherheit eine wundervolle und höchst interessante Persönlichkeit, – aber ich komme nicht umhin zu denken, dass seine Untertanen manchmal etwas verwirrt sein könnten über die Vielzahl der Charaktere, die sich Seine Majestät zulegt. Attila, Moses und Alexander Severus scheinen gegenwärtig seine Modelle zu sein …"[337]

Grenville meint, dass das Temperament des deutschen Kaisers zwar viele Briten beunruhigte, der Monarch aber nicht als „Unmensch" betrachtet wurde. „Der Zorn, der wegen der Krügerdepesche empfunden wurde, schwand völlig, als er <1901> an das Bett der sterbenden Queen eilte."[338] Zudem war bspw. der offizielle Besuch Wilhelms im November 1907 in Großbritannien ein voller Erfolg. Die „Times" berichtete, dass der Kaiser während seiner Fahrt durch London den

> „ganzen Weg (…) durch das ununterbrochene auf- und abklingen von Willkommensrufen begleitet wurde. (…) Die Menschenmassen waren den ganzen Weg über von beeindruckender Größe. In jedem Fenster lagen die Menschen dichtgedrängt, und (…) fast jedes Dach war bevölkert."[339]

Wilhelm betonte immer wieder seinen „deutschen Charakter" und sprach von der „englischen Prinzessin, die meine Mutter ist". Dabei war die englische „Daily Graphic" seine einzige Tageszeitung, und der Kaiser meinte 1911 mit Stolz, dass **Englisch** die Sprache seiner frühen Kinderjahre und die seiner eigenen Kinder gewesen sei.[340]

Engländer fragten sich zu Recht irritiert, welches Recht der Kaiser haben sollte, sich in innerbritische Angelegenheiten einzumischen, und viele Deutsche reagierten verärgert und mit Unverständnis, dass Wilhelm wiederholt seiner Verbundenheit mit Großbritannien und Bewunderung des Empire Ausdruck verlieh. Als der englische König Eduard VII. 1904 nach Berlin kam, das erste und einzige Mal, kümmerte sich der Kaiser persönlich um die Ausstattung der Räume des Gastes. „Es wird nicht wie in Windsor sein", sagte er dem britischen Botschafter, „aber wir werden auf jeden Fall unser Bestes tun."[341]

Das Verhältnis Wilhelms zu Großbritannien war teils biographisch bedingt, aber durchaus nicht untypisch für einen Angehörigen der damaligen deutschen Oberschicht. Auch Tirpitz meinte (ebenso wie Bismarck): „Ich hatte Zeit meines Lebens Sympathien für England und seine Bewohner … Aber diese Leute wollen nicht (…) von uns gemocht werden."[342] Ein britischer Freund fragte Wilhelm einmal, warum er immer wieder so kritisch über das Land seiner Mutter spreche. „Warum?", fragte der Kaiser, „dies ist natürlich ein klarer Fall von Neid des armen Vettern auf den reichen Vetter."[343] Viele Deutsche teilten diese Empfindung gegenüber der besitzenden englischen Weltmacht.

---

und verstärkte so noch die negativen Eigenschaften des Kaisers (Langer, Diplomacy of Imperialism, 793/94).

[337] Steinberg, Kaiser and the British, 127; PRO, FO 800/17, Lascelles an Sanderson, 3.8.1900. Zu Wilhelms Gewohnheit, lange, unsystematisch und unkontrolliert zu reden s. auch PRO, FO 80017, Lascelles an Salisbury, 24.12.1898

[338] Grenville, Imperial Germany and Britain, 86

[339] Zit. in Steinberg, Kaiser and the British, 137

[340] Kohut, Wilhelm II and his Parents, 64, 77–79

[341] Kohut, Wilhelm II and his Parents, 85; zit. in Cecil, History and Family Chronicle, 107

[342] Zit. in Massie, Dreadnought, 167, Rückübersetzung aus dem Englischen

[343] Zit. in Cecil, History as Family Chronicle, 105

Wilhelm II. war eine widersprüchliche und unausgereifte Persönlichkeit, und viele seiner Worte waren entspannten Beziehungen mit anderen Mächten und dem Ansehen und Einfluss Deutschlands gewiss abträglich. Es wäre aber verfehlt zu behaupten, dass er einen großen Teil der Verantwortung für die britisch-deutsche Entzweiung zu tragen hätte.[344]

Loewenstein weist darauf hin, dass das Verhältnis der deutschen Öffentlichkeit zu England „eher etwas von einem Vater-Sohn-Komplex" an sich hatte.[345] England war für die deutsche Nachzüglergesellschaft das erfolgreiche Vorbild, dem es in vielem nachzueifern galt. Die deutsche Marine ist geradezu als „Zögling" der britischen entstanden. Tirpitz, – dessen Tochter eine englische Privatschule besuchte, dessen Familiengouvernante aus England kam, in dessen Heim oft englisch gesprochen wurde –, und große Teile der deutschen Eliten wollten England mit dessen eigenen Waffen in Bedrängnis bringen und dazu veranlassen, das Deutsche Reich ernst zu nehmen.[346] Das eher herablassende Verhalten der britischen Außenpolitik gegenüber Deutschland war nicht dazu angetan, dem Verhältnis zwischen dem „Etablierten" und dem „Aufsteiger" eine entspanntere Grundlage zu verleihen: Auch eine deutsche Republik hätte sich das Machtinstrument der Flotte verschafft, wie das amerikanische oder auch französische Beispiel demonstriert. Vermutlich hätte sie sogar früher damit begonnen. Es ist nicht sicher, ja nicht einmal wahrscheinlich, dass Großbritannien auf die Flotte eines bürgerlichen Deutschland gelassener oder gar freundlich reagiert hätte. 1848/49 jedenfalls bestritt das Vereinigte Königreich dem Deutschen Bund das Recht auf eine Kriegsflotte, und Außenminister Palmerston ordnete gar an, dass Einheiten mit dem schwarz-rotgoldenen Banner als Piratenschiffe behandelt werden sollten.[347]

Der Erfolg Großbritanniens im 18. und 19. Jahrhundert hatte bei vielen Briten zu einem verbreiteten und ausgeprägten Überlegenheitsgefühl geführt, das nicht nur Rechte wie Cecil Rhodes oder Lord Roberts bewegte, sondern auch Kritiker des Imperialismus wie Gladstone oder John Morley.[348] In ihrer extremen Version konnte sie etwa die von Hannah Arendt zitierte Form einer Äußerung John Davidsons annehmen: „Der Engländer ist der Übermensch, und die Geschichte Englands ist die Geschichte seiner Entwicklung."[349]

Dementsprechend waren die britischen Vertreter im Ausland berühmt-berüchtigt für ihre Arroganz. Sie glaubten, andere anleiten zu können, da es den Belehrten doch nütze.[350] Spring-Rice drückte dies it seinem von Sanderson geschätzten Humor so aus: Die Abneigung der Deutschen gegenüber Großbritannien sei sehr verständlich, unter anderem weil „wir persönlich unangenehm" seien.[351]

Phänomene wie Neid, Arroganz und durch Unsicherheit bedingtes Auftrumpfen traten weder allein in den britisch-deutschen Beziehungen auf noch erst seit der Jahrhundertwende, als sich die Beziehungen der beiden Völker rasch verschlechterten. Sie

---

[344] Röhl (Kaiser Wilhelm II., 12) ist der Ansicht, dass das von ihm eingerichtete „Persönliche Regiment" es war, „das die Entscheidungen und Fehlentwicklungen hervorbrachte, die über die Weltmachtpolitik und den Schlachtflottenbau in die innenpolitische Krise und die außenpolitische Isolation führten." Max Weber schrieb, dass die Person des Kaisers die deutsche Weltstellung stärker bedrohe, „als alle Kolonialprobleme irgendwelcher Art" (Weber, Marianne; *Max Weber. Ein Lebensbild*, Tübingen 1926, 403).

[345] Loewenstein, Entwurf, 39

[346] Kennedy, Anglo-German Antagonism, 393; Mollin, Schlachtflottenbau, 182

[347] Mollin, Schlachtflottenbau, 184; Massie, Schalen, 188

[348] Playne, Britain, 183

[349] Zit. in Arendt, Elemente, 297

[350] Steiner, Elitism and Foreign Policy, 31, 51

[351] Gwynn, Spring-Rice, I, 243

können darum **nicht** die **Ursache** der britischen Wendung gegen Deutschland sein, sie **erleichterten** diese jedoch wesentlich:

Der Historiker Hale, der eine intensive Studie über die britische und deutsche Presse vor dem 1. Weltkrieg vorgelegt hat, schreibt, dass in den britischen Zeitungen und Zeitschriften der Jahre **nach** 1901 die deutsche Verfassung als „feudales Dokument" dargestellt wurde, dass Duelle die Hauptbeschäftigung an Universitäten und in Armeekreisen gewesen seien, deutsche Herausgeber mindestens die Hälfte ihrer Zeit im Gefängnis unter der Anklage von „Majestätsbeleidigung" zubringen müssten,

> „und die deutschen auswärtigen Beziehungen mit einer perfekten Mischung aus diplomatischer Gerissenheit und politischer Immoralität betrieben wurden ... Deutschland war nicht länger das Land des Kategorischen Imperativs, es suhlte sich im Gegenteil in Materialismus – seine Ideale waren Profit und sein Kult war die nackte Gewalt."[352]

Die „Times" bspw. bezeichnete deutsche Redakteure als „bloße Marionetten des Kaisers".[353] Diese Beschreibung der deutschen Zustände entbehrte natürlich nicht vieler „Körnchen Wahrheit", war aber doch grotesk überzeichnet und verfälschend.

Es waren ganz überwiegend die britischen Militaristen bzw. die sozialdarwinistisch gefärbten Verfechter der „Efficiency", die verzerrende Bilder über ein übermächtiges, bedrohliches, durch und durch anti-freiheitliches Deutschland malten. Nach dem Scheitern der britisch-deutschen Bündnisgespräche eignete es sich ab Ende 1901 außerdem zum Sündenbock für die ihres Erachtens zutiefst unbefriedigende und bedrohliche Lage Großbritanniens im Inneren und nach außen. – Dieselben germanophoben britischen Imperialisten bewunderten zugleich meist das militaristische und autoritäre Japan, und viele von ihnen wollten ihre eigene Heimat zu einem Land umgestalten, das das Deutsche Reich angeblich bereits war. **Ältere** Vertreter der traditionellen Führungsschicht Großbritanniens und Vertreter der Linken lehnten in der Regel autoritär-technokratische Neuerungen ab. Sie sahen dementsprechend keine Notwendigkeit, sich an Deutschland zu orientieren oder es zu dämonisieren.

Garvin, Northcliffe (die beide regelmäßig deutsche Bücher lasen) und andere hielten die von den Deutschen ausgehende Gefahr für so groß, weil sie sie bewunderten: „Sie haben alle Qualifikationen, unseren Platz einzunehmen ..."[354] Gerade diejenigen, die Deutschland in vielerlei Hinsicht als Modell ansahen, gebärdeten sich besonders germanophob: Bewunderung und Hass lagen nahe zusammen bei Milner, Chamberlain und Crowe.

Teils schürten britische Imperialisten Angst und Aggression gegenüber Deutschland ganz bewusst, um Aufrüstung, „Tariff-Reform" und autoritär-technokratische Neuerungen vorantreiben zu können. Teils war es Ausdruck wachsender Angst britischer Imperialisten um die Lebensfähigkeit des Empire.

Kolonialminister Chamberlain sagte gegenüber dem deutschen Diplomaten Eckardstein nach dem Scheitern der Bündnisgespräche, dass er jetzt die „ungebändigten Ausbrüche des Hasses gegen England" in Deutschland verstehe. Das deutsche Volk sei offensichtlich der Ansicht, dass es in wenigen Jahren ohne große Mühe das Vereinigte Königreich zu Fall bringen könne, um seine Erbschaft anzutreten.[355] Die Ängste und die tiefe Abneigung Chamberlains und unzähliger anderer Imperialisten entbehrten jeglicher angemessener Begründung. Sie besaßen letztlich ausschließlich innerbritische Ursachen, die politischer, sowie individual- und sozialpsychologischer Natur waren.

---

[352] Hale, Publicity and Diplomacy, 269/70
[353] Hollenberg, Englisches Interesse, 79/80 nach The History of The Times, Bd. 3f, 839
[354] Zit. in Kennedy, Anglo-German Antagonism, 394
[355] G.P., XVII, Nr. 5094

Die Gelassenheit und Souveränität begannen im letzten Viertel des 19. Jahrhunderts zu schwinden, zumindest bei der Mehrheit der jüngeren Angehörigen der Eliten. Der Burenkrieg versetzte der bis dahin immer noch vorherrschenden Selbstzufriedenheit in Großbritannien dann einen Schlag, der dauerhafte Wirkung entfaltete. Das Überlegenheitsgefühl schlug bei vielen in ausgeprägte Selbstzweifel um. Zur Bewältigung dessen fanden sie in Deutschland (und Minderheiten im Innern) einen Sündenbock, als Erklärung, warum ihr Land nicht mehr die Macht besaß, die ihm ihres Erachtens zukam.

Seit den ersten Jahren des 20. Jahrhunderts wurde es zur Mehrheitsmeinung unter den britischen Verantwortlichen, dass ihr Land ein freundschaftliches Einvernehmen, wenn nicht gar eine Anlehnung an Frankreich und Russland bedürfe, um nicht in näherer Zukunft unter dem Druck der beiden alten Rivalen zusammenzubrechen. Das Zarenreich und Frankreich waren während der gesamten Epoche des Imperialismus bei weitem bedrohlichere Konkurrenten als das Deutsche Reich. Die Beziehungen zu den beiden Flügelmächten besaßen dementsprechend Priorität.

Von wenigen Ausnahmen abgesehen, z.B. von Balfour und Sanderson, besaß die britische Führung etwa seit der Jahrhundertwende kein Verständnis mehr für deutsche Ängste um die eigene Sicherheit und die existenzielle Bedeutung einer starken Stellung von Europas Mitte für die Sicherheit des Empire. 1890 meinte Reichskanzler Caprivi, dass ihm der Verbleib Salisbury im Amte wichtiger sei als deutsche Ansprüche in Ostafrika. Schmidt schreibt: „Vergleichbare englische Aussagen sind nach 1904/05 im Hinblick auf Frankreich und Rußland, m.W <meines Wissens>. aber nicht länger auf Deutschland im Entscheidungshandeln in London anzutreffen."[356]

Engländern war es i.d.R. unverständlich, dass man im Deutschen Reich ernsthaft aggressive Absichten in Großbritannien vermutete. Ebenso lächerlich schien es Deutschen, dass Briten glaubten, die deutsche Politik ziele auf eine Zerstörung des Empire. Unter diesen Umständen glaubten viele Menschen auf beiden Seiten, dass die gestörten Beziehungen lediglich ein unglückliches Missverständnis seien, das aus einem Informationsmangel herrühre. Im Juni 1906 fuhren schließlich fünfzig deutsche, teils sehr prominente, Journalisten und Zeitungsherausgeber nach Großbritannien. Der Empfang war herzlich, und liberale Zeitungen und der „Daily Telegraph" wie auch praktisch sämtliche deutschen Zeitungen berichteten ausführlich. Lloyd George, Churchill und Haldane nahmen an Empfängen für die deutschen Gäste teil. Die „Times" und die „Daily Mail", die einflussreichsten Blätter, ebenso wie die „Morning Post" verweigerten aber jegliche Kooperation. Auch der britische Außenminister und das F.O. lehnten freundliche Gesten oder gar eine Unterstützung ab. Sie fürchteten offensichtlich eine Verstimmung französischer Révanchisten, die auch die Annäherung an Russland hätte gefährden können.

Im Frühjahr 1907 fuhren vierzig führende britische Journalisten nach Deutschland. Sie waren „lediglich" Gäste der deutschen Presse, „fanden sich aber im Mittelpunkt von Demonstrationen des guten Willens". Die „Times" und die „Daily Mail" hatten gegen den Besuch Front gemacht, und auch einige andere wichtige Zeitungen beteiligten sich nicht. Ansonsten waren aber alle bedeutenden liberalen und konservativen Blätter durch Repräsentanten vertreten. Die Wirkung der Besuche ist schwer abzuschätzen. Diejenigen Journalisten, die daran teilnahmen, kamen aber mit einem unvoreingenommeneren Blick zurück.[357]

Die (relative) Entspannung im britisch-deutschen Verhältnis war nicht von Dauer. Sie hätte bspw. den Interessen der britischen Außenpolitik einer Anlehnung an das

---

[356] Kennedy, Anglo-German Antagonism, 469; Schmidt, Deutsch-englischer Gegensatz, 80
[357] Hale, Publicity and Diplomacy, 296/97; ebd., 299

Zarenreich, einer zum Angriff gegen Deutschland fähigen „Royal Navy" bzw. der Verschärfung der Spannungen auf dem europäischen Kontinent widersprochen: Anfang 1909 fuhr Walter Rathenau, der spätere Außenminister der Weimarer Republik nach Großbritannien. Er schrieb an Reichskanzler Bülow, dass die Unzufriedenheit vieler Engländer mit ihrer politischen und wirtschaftlichen Situation sich zunehmend gegen das Deutsche Reich richte. Diese Analyse traf zweifellos zu. Er fuhr fort: Die Vorurteile und der vorherrschende Hass

> „übersteigt unsere besten journalistischen Anstrengungen bei weitem. Es wäre oberflächlich und sinnlos zu hoffen, dass kleine Akte der Freundlichkeit, Besuche von Delegationen oder Pressemanöver diese Unzufriedenheit eindämmen könnten, die sich aus einer solch tiefen Quelle speist. Nur ein Zusammenspiel unserer Politik ist in der Lage, England zumindest den Eindruck zu geben, dass auf Deutschlands Seite kein Zorn, keine Furcht und kein dringendes Bedürfnis besteht, eine offensive Haltung einzunehmen."[358]

5. Die Entwicklung der britisch-amerikanischen Beziehungen

Das Vereinigte Königreich besaß auf dem gesamten amerikanischen Kontinent umfangreiche Interessen: zum Ersten bedeutende Überseegebiete, in denen auch Millionen britischstämmige Bürger lebten, zum Zweiten elementare Handels- und Wirtschaftsinteressen. Kanada besaß für die britische Exportindustrie eine erhebliche Bedeutung, die von derjenigen Südamerikas, das auch als „Dominion ehrenhalber" bezeichnet wurde, vielleicht noch übertroffen wurde. Die Investitionen britischer Bürger und Unternehmen in Südamerika überstiegen diejenigen auf dem gesamten europäischen Kontinent.

Die Beziehungen zwischen Großbritannien und den Vereinigten Staaten waren tendenziell angespannt. Im Unabhängigkeitskrieg und 1812 hatten beide Völker bereits zweimal die Waffen gekreuzt, und auch während der folgenden Jahrzehnte war das Verhältnis wegen zahlreicher Grenzstreitigkeiten belastet, Kriegsgerüchte lagen immer wieder in der Luft. Die USA beanspruchten auf dem gesamten amerikanischen Kontinent seit der Verkündung der Monroe-Doktrin zur Sorge vor allem Großbritanniens die Schiedsrichterrolle. Des Weiteren verkauften sie den Chinesen während des sogenannten Opiumskrieges Kriegsmaterial zum Kampf gegen die Briten. Die Vereinigten Staaten waren zur Mitte des 19. Jahrhundert auch aufgrund ihrer inneren Verhältnisse für viele Briten ein rotes Tuch, nicht nur wegen der Sklaverei, sondern auch wegen der Gewalttätigkeit und der Korruption im öffentlichen Leben des Landes.[359] Zudem sorgte das irische Element in den USA dafür, dass die beiderseitigen Beziehungen nicht zu herzlich wurden.

Während des Sezessionskrieges (1861–65) war das von den Briten nach Forderungen des Völkerrechts festgesetzte Kriegsschiff „Alabama" der Südstaaten aus der Internierung entwichen und hatte zahlreiche Handelsschiffe der Nordstaaten versenkt. Die USA forderten von Großbritannien Entschädigung, und das internationale Recht war auf ihrer Seite. Die Verhandlungen zogen sich bis 1873 hin, und Sanderson schrieb empört über das Verhandlungsgebaren der Vereinigten Staaten: „Ich glaube nicht, dass

---

[358] Rückübersetzung aus dem Englischen nach Bülow, Memoirs, II, 477/78 in Hale, Publicity and Diplomacy, 325
[359] Rock, Why Peace, 24; Kennedy, Paul M.; *British and German Reactions to the Rise of American Power*, 17, (künftig: Kennedy, Britsh and German Reactions), in: Bullen, R.J./ Strandmann, H. Pogge von/Polonsky, A.B.; *Ideas into Politcs. Aspects of European History 1880–1950*, London 1984; Postgate, Those Foreigners, 43; Halévy, History IV, 55

mich irgendeine Niederträchtigkeit (...) erstaunen könnte, aber ich muss zugeben, sie verblüffen mich."[360]

1891/92 banden Verhandlungen über die Beringsee einen Großteil von Sandersons Arbeitskraft.[361] Die Einigung ließ aber auf sich warten, und er schrieb im Herbst 1892, dass der amerikanische Verhandlungsführer noch schwieriger sei als er, der die Amerikaner nun wirklich kenne, erwartet habe.[362] Die amerikanische Außenpolitik war ruppig, was bspw. Sanderson häufig beklagte und verärgerte, vielleicht wegen der mangelnden Erfahrung der Amerikaner oder aufgrund der Verhältnisse im eigenen Land, aber sicher nicht zuletzt wegen der günstigen strategischen Situation und des Potenzials des Landes. Die USA konnten sich das Verhalten ihrer Diplomaten leisten.

Mitte der 1890er Jahre traten die Vereinigten Staaten in ein neues Stadium in ihrer Geschichte ein: Einerseits war die Landnahme im Westen beendet, und die Energien des Landes konnten sich nun in einem vordem noch nie dagewesenen Maße nach außen wenden. Andererseits litt das Land unter der tiefsten Wirtschaftskrise seiner Geschichte. Beides legte eine aktive Außenpolitik nahe. Von den Großmächten hatte diese vor allem Großbritannien zu fürchten: Sowohl Lord Palmerston als auch Kaiser Wilhelm II. waren der Ansicht, dass das Vereinigte Königreich und britische Besitzungen am stärksten durch amerikanischen Expansionismus gefährdet werden.[363]

Anfang 1896 wich Großbritannien vor massiven amerikanischen Drohungen in der Venezuelafrage bedingungslos zurück. Im Streit um Samoa und die Philippinen 1898/99 schlug sich Großbritannien nicht nur auf die Seite der USA, sondern suchte wiederholt und mit Erfolg, Zwietracht zwischen die Vereinigten Staaten und dem Deutschen Reich zu säen. Großbritannien trachtete offensichtlich danach, sich den USA als unentbehrlicher Freund zu empfehlen, – weil mehr und mehr Briten zu der Ansicht gelangten, dass ihr eigenes Land eines solchen bedürfe. Chamberlain machte dies in mehreren Reden aufsehenerregend deutlich, aber die USA reagierten kühl.

Während des Burenkrieges wich Großbritannien rasch vor amerikanischer Drohung zurück, als Waren aus den USA nach Konterbanden durchsucht werden sollten, während die berechtigteren deutschen Beschwerden nur säumig und widerwillig behandelt wurden. In der Venezuelakrise von 1902/03 ließ Großbritannien seine Partner im Stich und setzte allein Deutschland dem Zorn der von Roosevelt entfachten öffentlichen amerikanischen Meinung aus, obwohl das F.O. die Wilhelmstraße ursprünglich um ein gemeinsames und zwar gewaltsames Vorgehen gebeten hatte, vor dem das Deutsche Reich zunächst zurückgeschreckt war. Es war eindeutig, dass Großbritannien sehr darum bemüht war, die Vereinigten Staaten nicht zu verärgern, und die Beziehungen zum Deutschen Reich für die britische Politik nachrangig waren. 1903 erklärte Premierminister Balfour gar, dass die Monroedoktrin seines Wissens keine Gegner in Großbritannien besitze: „Wir heißen jedes Wachstum des Einflusses der Vereinigten Staaten von Amerika in der großen westlichen Hemisphäre willkommen." – Der Gegensatz zur Position Salisburys während des Venezuelakonfliktes 1895/96 könnte kaum größer sein.[364]

Großbritannien verzichtete nicht nur ohne Gegenleistung auf das vertraglich vereinbarte Recht, einen tranzozeanischen Kanal gemeinsam mit den USA zu bauen, sondern gestand diesen sogar zu, den Wasserweg zu befestigen. Dabei war in der westli-

---

[360] LR, 920 DER (15), Sanderson Korrespondenz, Sanderson an Lord Derby, 6.7.1873
[361] HH, Sanderson Papiere, Sanderson an Salisbury, 7.1.1891; s. auch ebd., 16.6.1892, 16.12.1892 u. 24.12.1892.
[362] HH, Sanderson Papiere, Sanderson an Salisbury, 14.9.1892. S. auch HH, Sanderson Papers, Sanderson an Salisbury, 24.8.1892; HH, Sanderson Papers, Sanderson an Salisbury, 10.4.1893
[363] Kennedy, British and German Reactions, 16
[364] Beloff, Imperial Sunset, 49; Rock, Why Peace, 32; s. auch Steiner, Britain Origins, 22

chen Hemisphäre lediglich das Vereinigte Königreich als möglicher Kriegsgegner der jungen Großmacht denkbar. Die „Balance of Power" auf dem amerikanischen Kontinent wurde entscheidend zugunsten der Vereinigten Staaten verschoben und die Sicherheit eines zentralen Teiles des Empire wurde vom Wohlwollen einer anderen Macht abhängig. Großbritannien gab auch in einer Grenzfrage zwischen Kanada und Alaska nach, und dies wurde im Dominion als Indiz registriert, dass London bereit sei, kanadische Interessen hintanzustellen, um die Beziehungen zu Washington zu verbessern. Die weit weniger berechtigten australischen Sorgen wegen der deutschen Position auf Samoa (das fast 4.000 km vom 5. Kontinent entfernt liegt) hatten dagegen erheblichen Einfluss auf die Politik des F.O. in dieser Frage ausgeübt, ein weiteres aussagekräftiges Indiz für den Grad der Konzessionsbereitschaft gegenüber den Vereinigten Staaten bzw. dem Deutschen Reich. Dabei gaben sich die USA keineswegs gemäßigt: Auch beim Abschluss des amerikanisch-kanadischen Handelsabkommens von 1910 gab es zum wiederholten Male amerikanische Äußerungen, dass die Vereinbarung lediglich einen weiteren Schritt hin zur Annexion der britischen Besitzung darstelle.[365]

Wie interpretieren Geschichtswissenschaftler die Entwicklung der britisch-amerikanischen Beziehungen? Grenville bspw. schreibt zu Recht, dass Großbritannien einseitige Zugeständnisse an die USA gemacht habe. „Dieses führte zur Regelung aller anglo-amerikanischen Differenzen, zu Freundschaft und schließlich zu einem Bündnis."[366] Kennedy setzt einen anderen Akzent: Da ein anglo-amerikanischer Konflikt wirtschaftlich verheerend und strategisch sinnlos wäre, wäre es dann nicht weise, kleinere Zugeständnisse in der westlichen Hemisphäre zu machen – nicht nur, um hier Konfliktpunkte zu beseitigen, sondern auch als Teil einer umfassenden Strategie, um die USA für die gemeinsame Verteidigung des freien Handels in China und anderswo zu gewinnen?[367]

Natürlich wäre ein „anglo-amerikanischer Konflikt wirtschaftlich verheerend und strategisch sinnlos" gewesen, zumindest aus britischer Sicht. Dies traf in gleicher Weise aber auch auf einen britisch-deutschen Konflikt zu: Der britisch-amerikanische Handel war etwa zweimal so umfangreich wie der britisch-deutsche. Letzterer war aber etwa ausgeglichen, während das Vereinigte Königreich im Handel mit den USA ein sehr hohes Defizit zu beklagen hatten. Es waren also vor allem die **USA**, die aus wirtschaftspolitischen Motiven ein Interesse an guten Beziehungen mit Großbritannien haben mussten. Sie waren zudem auf Kapitalimporte angewiesen, die zu 75% aus Großbritannien kamen.[368] Ernest E. Williams, der 1896 mit seiner Artikelserie „Made in Germany" großes Aufsehen hervorgerufen hatte, meinte 1901, dass die Vereinigten Staaten ein noch mächtigerer Konkurrent seien. J.A. Hobson war ebenfalls der Ansicht, dass Großbritannien vom Deutschen Reich weniger zu fürchten habe als von den USA.[369]

Rock verteidigt, dass die Struktur des britischen bzw. amerikanischen Handels komplementär gewesen sei, denn Letztere hätten vor allem landwirtschaftliche Güter ins Vereinigte Königreich exportiert, die dort in nur ungenügender Menge produziert wurden.[370] – Für den zweiseitigen Handel traf dies weitgehend zu, dies war für die zahlrei-

[365] Rock, Why Peace, 36/37; Beloff, Imperial Sunset, 107, 127

[366] Grenville, Salisbury, 73

[367] Kennedy, British and German Reactions, 20

[368] Rock, Why Peace, 168, 45

[369] Heindel, Richard Heathcote; *The American Impact on Great Britain, 1898–1914. A Study of the United States in World History*, Philadelphia 1940, 152, (künftig: Heindel, American Impact)

[370] Ebd., 47. Etwa 60 % des importierten Weizens kamen aus den USA, zu der Struktur der Weizenimporte Großbritanniens s. Mock, Imperiale Herrschaft, 202. Fast die Hälfte des britischen Weizenverbrauchs kamen aus den USA, und etwa 15 % dieses dort produzierten Getreides wurden in das Vereinigte Königreich exportiert (Rock, Why Peace, 43).

chen britischen Schutzzollbefürworter aber ganz und gar nicht beruhigend, denn sie traten mit Nachdruck für verstärkte Lebensmittelimporte aus den Dominions ein, um das auseinander driftende Empire wieder fester zusammenzufügen. Die USA waren zugleich der härteste Konkurrent der britischen Industrie in Kanada und Südamerika. Noch 1880 wickelte Ersteres einen weit größeren Teil seines Außenhandels mit Großbritannien und dem restlichen Empire ab als mit dem gesamten Rest der Welt. 1913 war der Anteil des Mutterlandes und seiner abhängigen Gebiete auf etwa ein Drittel gesunken, derjenige der USA aber auf über 50 % gestiegen.[371] Die britische Industrie wurde nicht nur in Kanada weitgehend verdrängt, die USA führten in den 1890er Jahren zudem sehr hohe Schutzzölle ein, die bei vielen Produkten bis zu über 50% des Warenwertes betrug.[372] Ein späterer Historiker meinte: „Wenn es einen britisch-amerikanischen Krieg gegeben hätte, hätte es genügend historisches Material gegeben, um die wirtschaftliche Rivalität als eine Ursache des Konfliktes zu belegen.“[373] Die Schutzzollbefürworter wagten es zu Beginn des 20. Jahrhunderts aber nicht mehr, die amerikanische Konkurrenz anzuprangern. Sie attackierten stattdessen das ungefährlichere Deutsche Reich, um ihren fragwürdigen Vorhaben zumindest eine emotionale Basis zu verleihen.

Es ein weiteres Argument lautet, dass Großbritannien den USA entgegengekommen sei, um sie für ein gemeinsames Eintreten für den freien Handel in aller Welt zu gewinnen: Die Vereinigten Staaten (wie auch das Deutsche Reich) profitierten erheblich von der Stellung des freihändlerischen Empire, da dieses weite Teile des Globus für einen ungehinderten Warenaustausch offenhielt. Darum arbeiteten sie auch in China Hand in Hand, um das Land gegen russischen (und japanischen) Druck für ihre Produkte offen zu halten. Das Deutsche Reich war bis 1914 unbestritten neben den USA der Hauptpartner Großbritanniens für eine liberale Weltwirtschaftsordnung, von Zugeständnissen an Deutschland konnte aber keine Rede sein. Diese wurden auf britischer Seite nie auch nur erwogen, auch nicht von den Befürwortern eines Bündnisses mit Deutschland. Darüber hinaus war das Vereinigte Königreich zu (größeren) Zugeständnissen auch gar nicht genötigt, um die Vereinigten Staaten (oder auch das Deutsche Reich) zu einem gemeinsamen Eintreten für den Freihandel in bestimmten Weltregionen zu gewinnen, einfach, weil es in deren ureigenstem Interesse lag.

Die britische Politik kapitulierte seit 1896 offensichtlich vor amerikanischen Drohungen und Forderungen und machte sehr weitgehende Konzessionen, ohne Gegenleistungen zu erhalten, unternahm auch keinen Versuch, diese auch nur einzufordern. Dieses Zurückweichen Großbritanniens wurde in den Außenministerien der anderen europäischen Mächte aufmerksam beobachtet. Der einzige Preis, den die USA für die umfangreichen britischen Konzessionen zahlten, bestand darin, ihre Angriffe nicht eskalieren zu lassen.

Warum kapituliert Großbritannien geradezu vor der amerikanischen Macht? Die USA waren – im Vergleich zum Deutschen Reich – wirtschaftlich autark und militärisch nur unter großem Aufwand zu schädigen. 1905 besaßen die Vereinigten Staaten mehr Schlachtschiffe als das Deutsche Reich, 1907 überholten sie die kaiserliche Marine in der Tonnage, und für „Jane's Fighting Ships", die weltweit angesehenste Publikation in Marinefragen, rangierte die amerikanische Marine an zweiter Stelle in der Welt. Großbritannien wäre vielleicht in der Lage gewesen, sich in einem Krieg gegen die Vereinigten Staaten durchzusetzen – aber nur, wenn Kräfte von allen Kontinenten abgezo-

---

[371] Mock, Imperiale Herrschaft, 66
[372] Ebd., 27
[373] Heindel, American Impact, 152 zit. in Rock, Why Peace, 46

gen worden wären – die jedoch für die Sicherung der jeweiligen Besitzung für notwendig gehalten wurden. Auch hätte die Verteidigung Kanadas das Empire im Kriegsfalle vor einige Probleme gestellt.[374] Den Briten war seit Ende des 19. Jahrhunderts klar, dass die USA, sowohl finanziell als auch industriell in der Lage wären, eine Marine zu bauen, die die „Royal Navy" in den Schatten stellte. Zudem war einflussreichen Persönlichkeiten in Großbritannien sehr bewusst, dass die irischstämmigen Wähler in den USA nicht noch zusätzlich gereizt werden durften. Der einflussreiche Journalist Garvin bezeichnete dies 1910 als „eine der größten Gefahren, die das Empire je bedrohten".[375]

Bis in das letzte Jahrzehnt des 19. Jahrhunderts hinein verachteten viele Briten die „barbarischen" USA, und auch bei Sanderson ist davon noch viel zu spüren. Das Verhalten der amerikanischen Politik und Diplomatie gab hierzu auch einigen Anlass.[376] Seit den letzten Jahren des 19. Jahrhunderts ließ sich allerdings eine gewisse britische Zuneigung zu den USA feststellen.[377] Rechtsgerichtete Briten, die dem Deutschen Reich in aller Regel mit Abneigung begegneten, bewunderten und begrüßten den Aufstieg der USA.

> „Engländer, für die die deutsche Handelskonkurrenz finstere Pläne zur rücksichtslosen Zerstörung des Empire hegte, um Großbritannien auf den Status einer verarmte Insel zu bringen, führten den wirtschaftlichen Erfolg der Amerikaner auf Fleiß und Erfindungsgabe zurück – englische Eigenschaften – die man nicht fürchten sollte, sondern <die Amerikaner> dazu beglückwünschen und ihnen nacheifern."[378]

Es gab in Großbritannien seit Ende des 19. Jahrhunderts einen Mythos eines speziellen anglo-amerikanischen Verhältnisses. Dieser entwickelte sich paradoxerweise erst, als die USA durch die Einwandererwellen aus Süd- und Osteuropa in den 20 Jahren vor dem Ersten Weltkrieg besonders rasch ihr nordwest-europäisch-protestantisches Gesicht veränderten. Salisbury glaubte noch nicht an einen besonderen Charakter der Beziehungen zwischen beiden Völkern, dies blieb seinen mindestens 10 Jahre später geborenen Landsleuten wie Balfour, Grey, Chamberlain, Fisher, Garvin oder Chirol vorbehalten.[379] Diese waren zugleich der Überzeugung, dass Großbritannien nicht mehr fähig sei, seine weltweite Stellung aus eigener Kraft zu wahren. Das Vereinigte Königreich biederte sich den USA aus diesem Grunde geradezu an.

Die neu entdeckte Zuneigung vieler Briten zu den Vereinigten Staaten wurde in der jungen Großmacht nicht erwidert. Trotz der „Waffenbrüderschaft" von 1917/18 gab es selbst in den 1920er Jahren eine sehr ausgeprägte anglophobe Stimmung in den USA, 1921 schienen sich die Vereinigten Staaten gar auf einen Krieg, ein „Armageddon" gegen die alte Kolonialmacht vorzubereiten.[380]

---

[374] Rock, Why Peace, 30–32; Campbell, Charles S.; *Anglo-American Understanding 1898–1903*, Baltimore 1957, 357/58, (künftig: Campbell, Anglo-American Understanding); Bourne, Kenneth; *Britain and the Balance of Power in North America, 1815–1908*, London 1967, 382, 385, (künftig: Bourne, Britain and the Balance of Power

[375] Zit. in Beloff, Imperial Sunset, 30

[376] Im F.O. war noch in den letzten Jahren vor dem 1. Weltkrieg eine gewisse Gereiztheit auf die amerikanische Diplomatie zu spüren, s. Beloff, Imperial Sunset, 169

[377] Kennedy, British and German Reactions, 20; Rock, Why Peace, 49/50

[378] Rock, Why Peace, 54; s. auch Kennedy, British and German Reactions, 20.

[379] Kennedy, Anglo-German Antagonism, 399 – wobei Chamberlains Pläne eines „imperial Zollverein" gewiss zu einem schweren Konflikt mit den USA geführt hätten.

[380] Kennedy, British and German Reactions, 20; Moser, John E.; *Twisting the Lion's Tail: American Anglophobia Between the World Wars*, New York 1999; „Sunday Times", 14.2.1999, Besprechung des Buches von Moser durch Robert Anson

6.   Die Bedeutung Frankreichs für die britische Politik

Frankreich wurden während der Waffengänge des 18. Jahrhunderts und der napoleonischen Kriege schwere Schläge von den Briten zugefügt. Es blieb aufgrund seiner starken Flotte, inneren Ressourcen und überseeischen Stellung bis in das letzte Viertel des 19. Jahrhunderts hinein jedoch der einzige weltweit ernsthafte Konkurrent Großbritanniens. Frankreich war auf allen Kontinenten vertreten, beide Mächte waren also nicht nur Nachbarn in Europa, sie trafen sich auch in Übersee häufig als Partner oder Widersacher.

Das französische Selbstbewusstsein und Prestige war durch die Niederlage gegen Deutschland 1870/71 schwer getroffen, das Land konnte nach der raschen Rückzahlung der Kriegskontribution und der Stabilisierung der inneren Lage aber bereits Mitte der 1870er Jahre wieder erheblichen Einfluss in zahlreichen Ländern ausüben. Frankreich war außerordentlich wohlhabend und konnte allein durch seine finanzielle Potenz die Geschicke vieler Staaten mitbestimmen. Es stellte aber in einem solchen Umfang Mittel für Auslandsinvestitionen zur Verfügung, dass Modernisierung und Aufbau der eigenen Industrie litten. Dies war sicher ein wichtiger Grund für die hohen französischen Zollmauern, unter denen an erster Stelle Großbritannien litt.

Frankreich war auch auf kulturellem Gebiet Weltmacht und genoss dadurch ein globales Ansehen, das dasjenige aller anderen Länder überstieg. Sanderson meinte dementsprechend 1899, dass es in England ein starkes und verwurzeltes freundschaftliches Gefühl für Frankreich gebe – „viel stärker, fürchte ich, als es in Frankreich für England gibt".[381] Französisch war die „lingua franca" der Diplomaten, des Adels, der Gebildeten und Wohlhabenden. Schuwalow bspw., in den 1870er Jahren russischer Botschafter in London, verfasste seine Berichte nach St. Petersburg in Französisch. Philip Currie, der 1894 britischer Botschafter in Konstantinopel wurde, schrieb an das F.O. ebenfalls in dieser Sprache, und Paul Cambon, 23 Jahre Botschafter der III. Republik in London, lernte nie Englisch![382] Offensichtlich bestand hierfür keine Notwendigkeit .

1881 besetzten Truppen der III. Republik Tunesien, im folgenden Jahr die Briten Ägypten und in den nächsten zwei Jahrzehnten gerieten Großbritannien und Frankreich in Übersee immer wieder in Kollision, ob um Ägypten, Siam, Westafrika oder den Sudan.[383] Die Franzosen waren der ernsthafteste Konkurrent des Empire im Wettlauf um die Aufteilung Afrikas und gerieten in dauerhafte Erregung wegen der britischen Besetzung Ägyptens, eines Landes, auf das sie selbst ein Auge geworfen hatten. Genau dies war auch das Argument französischer Chauvinisten, wie etwa Clémenceaus, gegen eine aktive französische Überseepolitik: Das „blaue Band" der Vogesen sei das Ziel, nicht die Sahara.

Frankreich war nach dem Zarenreich und den USA diejenige Macht, die britischen Politikern und Strategen mit Blick auf die Sicherheit des Empire die größten Sorgen bereitete. Seit den 1890er Jahren gewann die III. Republik aus britischer Sicht noch aus einem anderen Grund erheblich an Bedeutung: Die III. Republik und das Zarenreich schlossen zu Beginn der 1890er Jahre Freundschaft, und Frankreich überließ der russischen Marine einen Flottenstützpunkt in der Nähe Nizzas, so dass Russland ein ständiges Mittelmeergeschwader einrichten konnte.[384] Dies beschwor erhebliche Gefahren für die Vorherrschaft der „Royal Navy" im Mittelmeer herauf.

---

[381] BL, MSS Eng. hist, c 1214, Sanderson an Monson, 26.2.1899
[382] Blake, Disraeli, 639; PRO, FO 800/114; Massie, Schalen, 486
[383] S. auch HH, Sanderson Papiere, Sanderson an Salisbury, 16.6.1892
[384] Matthei, Dieter; *Russische Seemachtbestrebungen in der Epoche des Navalismus*, 14, in: Hubatsch,

Der Ostasiatische Dreibund von 1895 zwischen Russland, Frankreich und dem Deutschen Reich verstärkte die britischen Sorgen. Die Zusammenarbeit der drei kontinentalen Rivalen blieb zwar eine Episode, und der Faschodakonflikt enthüllte die militärische und diplomatische Überlegenheit Großbritanniens. Zugleich schwand aber auch die Zuversicht in Großbritannien, die asiatische Position auf Dauer gegen das Zarenreich behaupten zu können. Somit stieg die Bedeutung des Quai d'Orsay, des erhofften Vermittlers nach St. Petersburg.

Frankreich war als Makler zwischen Großbritannien und Russland geeignet – und zudem die einzige Macht, die hierzu in der Lage war: Russland litt ständig unter Finanzsorgen, teils wegen außenpolitischer Abenteuer und der riesigen Streitkräfte, teils wegen der Ausgaben, die der Aufbau des Landes notwendigerweise verschlang. Das Zarenreich begann seit 1888 zunehmend, in Frankreich Kredite aufzunehmen, und bereits zu Beginn des Jahres 1891 betrug die Summe der französischen Anleihen an das Zarenreich 3 Milliarden Francs, umgerechnet etwa das Dreifache des damaligen deutschen Staatshaushaltes.[385] 1914 waren es 9 Mrd. Rubel, also ca. 25 Mrd. Francs.[386] Dies entsprach ungefähr dem **Dreißigfachen** der deutschen Rüstungsausgaben eines Jahres zwischen 1900 und 1913.[387] Kein anderes Land wäre bereit und vor allem in der Lage gewesen, diese gewaltige Summe in Russland zu investieren.

Die politische Bedeutung der Auslandsreisen König Eduards war in der Regel begrenzt, anders jedoch seine Reise nach Paris 1903. Es war nicht nur ein persönlicher Triumph, der Besuch überzeugte Außenminister Delcassé und andere, dass die Zeit für einen Ausgleich zwischen Großbritannien und Frankreich reif sei.[388] Die zeitgleichen Spannungen in Ostasien und der bald ausbrechende Krieg erhöhten den Druck für eine Einigung mit der III. Republik, und im Frühjahr 1904 wurde die „Entente Cordiale" zwischen den beiden Weltmächten abgeschlossen. Eine Furcht vor dem Deutschen Reich hat für den Abschluss der Vereinbarung von britischer Seite keine Rolle gespielt.

Die britischen Advokaten einer harten Haltung gegenüber dem Deutschen Reich waren erstaunlich ängstlich und nachgiebig in Bezug auf Frankreich. So fürchtete Chirol Anfang September 1904 einen Besuch Wilhelms II. in Großbritannien:

> „Unser anglo-französisches Übereinkommen ist von der französischen Kammer noch nicht ratifiziert worden. Dies ist nicht der Moment für Freundlichkeiten zwischen den Monarchen, wie harmlos sie auch sein mögen, sie würden die Mäßigung <in Frankreich> sicher mindern."[389]

Warum glaubte Chirol das mächtige England so vom Wohlwollen Frankreichs abhängig? Ein Besuch des deutschen Staatsoberhauptes hätte für Großbritannien ja auch ein willkommenes Mittel sein können, Druck auf die französischen Abgeordneten auszuüben, um den Abschluss der Entente voranzutreiben.

Großbritannien unterstützte Frankreich auf der Marokkokonferenz nicht nur bedingungslos, sondern bestärkte den Quai d'Orsay in seiner kompromisslosen Politik. Bertie meinte 1907, dass Frankreich auf keinen Fall das Vertrauen in die britische Unterstützung verlieren dürfe. Ansonsten triebe man die III. Republik in eine Vereinbarung mit dem Deutschen Reich, die zwar für Erstere nicht nachteilig sei, aber für Groß-

---

Walther (Hg.); *Navalismus und Wechselwirkungen von Seeinteressen, Politik und Technik im 19. und 20. Jahrhundert*, Koblenz 1983

[385] Kennan, Fateful Alliance, 75/76; Henning, Industrialisierung, 262

[386] Schöllgen, Zeitalter, 14; Hardach, Geschichte der Weltwirtschaft, 300. Hallgarten (Imperialismus, I, 102) beziffert die französischen Investitionen in Russland für 1914 auf „lediglich" 12 Mrd. Francs.

[387] Henning, Industrialisierung, 264

[388] Steiner, Foreign Office and Foreign Policy, 204/05

[389] PRO, FO 800/12, Chirol an Lascelles, 7.9.1904

britannien.[390] Wohl aus ähnlichem Grunde war Hardinge auch über den Besuch des Londoner Bürgermeisters (Lord Mayor) in Deutschland beunruhigt. 1907 drohte Grey gar mit seinem Rücktritt, wenn die Militärkapelle der „Coldstream Guards" Deutschland besuchen sollte, da dies die Beziehungen zu Frankreich beeinträchtigen könnte.[391] Der Außenminister schrieb, dass die britisch-deutschen Beziehungen darauf fußen müssten, dass diese die Freundschaft mit Frankreich nicht beeinträchtigen dürften.[392] Dies war aber nicht einmal die Hälfte der Wahrheit, ja nicht einmal das: Gute Beziehungen zur III. Republik stellten für ihn nicht nur einen weit höheren Wert dar als eine mögliche Stimmungsverbesserung im britisch-deutschen Verhältnis. Hardinge und Grey hofften bspw., dass der König auf seiner Mittelmeerkreuzfahrt im Sommer 1906 nicht mit dem Kaiser zusammentreffen möge, und der Außenminister drängte Eduard entschieden, ihn nicht nach London einzuladen. Sie fürchteten den Aufschrei der französischen Öffentlichkeit. Der Außenminister und seine führenden Mitarbeiter fürchteten, dass eine britisch-deutsche „Détente" eine Phase verbesserter Beziehungen auf dem europäischen Kontinent einleiten könnte, zum Schaden des Empire. Greys Besorgnis um das französische Wohlwollen war v.a. Ergebnis seiner Furcht vor Russland, denn er war der Ansicht, dass der einzige Weg nach St. Petersburg über Paris führe.[393]

Trotz der schließlich doch ratifizierten Entente blieben die Beziehungen der beiden Weltmächte von Problemen bestimmt. 1908 empfahl Bertie seiner Regierung, Druck auf Frankreich auszuüben, da es sich in verschiedenen wichtigen Fragen unfreundlich verhalte, z.B. in Bezug auf die Bagdadbahn, Abessinien und Ägypten, da es von den vertraglichen Vereinbarungen von 1904 wieder abrücken wolle. Gorst, Nachfolger Cromers als britischer Konsul-General in Ägypten, hatte ständig Anlass, sich über die Obstruktionspolitik der Franzosen zu beklagen. Hardinge meinte zu Bertie, dass die Franzosen zunehmend anstrengend würden und weder die Buchstaben noch den Geist der Entente wirklich beachteten. Diese Einschätzung war im F.O. weit verbreitet. Grey war aber nicht bereit, ein deutliches Wort zu sprechen, da die Franzosen mit Marokko ein solch schlechtes Geschäft gemacht hätten, wie er sein Verhalten zu entschuldigen suchte.[394] Grey fürchtete offensichtlich, dass ein Bestehen auf französischer Vertragstreue den Quai d'Orsay zu einer Annäherung an das Deutsche Reich bewegen könnte.[395]

Die Entente führte auch zu keiner britisch-französischen Kooperation in Finanz- und Investmentfragen. In der Türkei bspw. kam eine wirtschaftliche Kooperation von Briten und Franzosen 1908/09 nicht zustande, statt dessen unterstützte der Quai d'Orsay 1911 in Marokko, wie auch in den vorhergehenden Jahren, eine Kooperation von französischem und deutschem Kapital unter Vernachlässigung britischer Vertragsrechte. Crowe schlug daraufhin (erfolglos) vor, den Ententepartner zu warnen, dass diese „brutale Politik" der Zusammenarbeit mit Deutschland zur Entfremdung der beiden Länder führen könnte.[396] Grey sah Großbritannien offensichtlich vom Wohlwollen des Quai d'Orsay abhängig.

Frankreich weigerte sich auch, an der Kontrolle des Waffenschmuggels im Mittleren Osten mitzuwirken, zur Sorge und Verärgerung der Briten, die um die Sicherheit

---

[390] PRO, FO 800/164, Bertie an Mallet, 15.4.1907
[391] Monger, Ursachen, 396; Kennedy, Anglo-German Antagonism, 283
[392] Berghahn, Germany, 79; PRO, FO 800/8, Grey an Lascelles, 1.1.1906
[393] Busch, Hardinge, 112/13; PRO, FO 800/61, Grey an Lascelles, 27.6.1906; Wilson, Grey, 180
[394] Gade, Gleichgewichtspolitik, 165; Hamilton, Bertie, 161, 162/63 s. auch ebd., 195; Wilson, Empire and Continent, 63/64
[395] Steinberg, Jonathan; *Diplomatie als Wille und Vorstellung: Die Berliner Mission Lord Haldanes im Februar 1912*, 270, in: Schottelius, Marine
[396] Hamilton, Bertie, 165, 187, 192; B.D., VII, Nr. 192

der indisch-afghanischen Grenze fürchteten. Der Quai d'Orsay forderte Kompensationen für ein Entgegenkommen, was Grey zu dem Kommentar veranlasste: „…es wäre in diesem Zusammenhang angebrachter von Erpressung statt von Kompensation zu sprechen." Premierminister Asquith teilte diese Einschätzung.[397] **Falls Frankreich in den Jahren nach 1905 tatsächlich in Sorge vor einem aggressiven Deutschen Reich gewesen wäre, hätte sich der Quai d'Orsay gegenüber Großbritannien mit Sicherheit freundlicher verhalten.** Die britischen Verantwortlichen wagten es aber nicht, ihre Frankreich- und Deutschlandpolitik in Anbetracht dieser Tatsache einer kritischen Prüfung zu unterziehen, vor allem, weil sie des französischen Mittlers nach St. Petersburg zu bedürfen glaubten.

Bertie schrieb im Herbst 1912 an Staatssekretär Nicolson, dass die Franzosen entschlossen seien, „uns auszuquetschen, wann immer sie es können". Sie seien fast immer „Erpresser".[398] Sein Vorgesetzter Nicolson schätzte die britische Stellung nicht nur gegenüber Russland, sondern auch gegenüber Frankreich offensichtlich als sehr schwach ein: Im Mai 1912 schrieb er an Bertie, dass Großbritannien wegen der deutschen Flotte genötigt sei, den größten Teil seiner Flotte in den Heimatgewässern zu konzentrieren. Großbritanniens könne von Frankreich kaum erwarten, dass es den Schutz britischer Interessen im Mittelmeer übernehme, ohne eine gleichgewichtige Gegenleistung zu erhalten. Dies könne nur der Schutz der französischen Ostgrenze sein.[399] – Welche Macht sollte die britische Position im Mittelmeer so sehr bedrohen, dass dies eine solch einmalige und grundsätzliche Änderung der britischen Außen- und Verteidigungspolitik rechtfertige? – Nur Frankreich wäre hierzu in der Lage gewesen, wobei es hierfür unter Umständen auf russische Unterstützung zählen konnte.

Frankreich konnte sich trotz seines unfreundlichen Verhaltens ohne Sorge auf Großbritannien verlassen: Im Herbst 1908 versuchte der deutsche Konsul in Casablanca, einer Gruppe von deutschen und österreichischen Deserteuren der „Fremdenlegion" zu helfen. „Die Franzosen fanden das heraus und mißhandelten die betreffenden Diplomaten."[400] Daraus erwuchs eine diplomatische Kontroverse zwischen der Wilhelmstraße und dem Quai d'Orsay. Letzteres

> „bestand auf einem Schiedsverfahren nach **seinen** Bedingungen. Grey war beeindruckt über das Verhalten, den Ton und das Temperament der französischen Regierung und fühlte sich genötigt, die Möglichkeit eines militärischen Eingreifens Großbritanniens auf der Seite Frankreichs ins Auge zu fassen."[401]

Haldane und Asquith teilten diese Entschlossenheit.[402] Frankreich muss sich noch 1908 sehr sicher gewesen sein, dass es die Wilhelmstraße trotz der andauernden russischen Schwäche nicht auf ein entscheidendes Kräftemessen ankommen lassen wollte.

Im Januar 1914 versuchte Außenminister Grey, die vom Kolonialminister geführten britisch-deutschen Gespräche über die portugiesischen Kolonien zu torpedieren. Er warnte seinen Kollegen, dass nach Auffassung des französischen Botschafters seine Landsleute bereits schockiert und empört über die britische Perfidie wären, wenn ihnen die Vereinbarung über die portugiesischen Kolonien von 1898 bewusst würde. Der linksliberale Minister Morley, der im August 1914 wegen des britischen Kriegseintritts zu-

---

[397] Zit. in Wilson, Empire and Continent, 64
[398] Hamilton, Bertie, 164/65 nach PRO, FO 800/174, Bertie an Nicolson, 16.9.1912
[399] PRO, Carnock Private Papers, vol. 4, Nicolson an Bertie, 6.5.1912
[400] Massie, Schalen, 595
[401] Zit. in Hamilton, Bertie, 161. Das Urteil Steiners: „Sir Edward Grey verabscheute den Krieg" erscheint auch in Anbetracht dieser Episode sehr fragwürdig (Steiner, Elitism and Foreign Policy, 42/43).
[402] Wilson, Making

rücktrat, hatte kurz zuvor den österreichischen Botschafter gefragt: „Wie soll es zu einer Entspannung kommen können, wenn Paris sofort nervös wird, und wir es zulassen, vollkommen durch unsere französischen Freunde dominiert zu werden?"[403] Die „Dominanz der französischen Freunde" lag an der Angst der britischen Außenpolitiker vor einer Entspannung zwischen den kontinentalen Großmächten. Diese hätte das Empire, das wirtschaftlich und strategisch so schwach und bedroht war wie noch nie in seiner Geschichte, einem noch wesentlich verstärkten russischen und französischen sowie eventuell deutschen Druck in Übersee ausgesetzt.

Es gab kein Schwanken in der profranzösischen Politik und auch prorussischen Politik Greys. Der Quai d'Orsay konnte sich auch auf Bertie verlassen, trotz all seiner Kritik. Dieser besaß gewöhnlich sehr wenig Feinfühligkeit. Wenn aber die britisch-französischen Beziehungen betroffen waren, achtete er sensibel darauf, dass die „leicht verletzbaren Gefühle der Franzosen" nicht tangiert würden. 1908 bemühte er sich bspw. mit allen Kräften, zu verhindern, dass britische Vertreter an den von der portugiesischen Regierung ausgerichteten 100-Jahr-Feierlichkeiten des Kampfes gegen Napoleon teilnahmen. Clémenceau versicherte Bertie, dass ihm und seinen Kollegen das britische Verhalten gleich sei. Der Botschafter bestand aber auf seiner Ansicht, und Grey folgte seinem Rat.[404]

Im Frühjahr 1911 marschierten französische Truppen in Marokko ein und besetzten u.a. die Hauptstadt Fez. Sie suchten, einen Aufstand gegen den Sultan zu unterdrücken und ihre eigene Vormacht zu festigen. Spanien verwahrte sich mit Nachdruck gegen dieses Vorgehen, warnte, ihm nicht tatenlos zuzusehen, und ergriff im Juni militärische Maßnahmen. (Deutschland folgte einige Wochen darauf mit dem „Panthersprung" nach Agadir.) Großbritannien schlug sich auf die Seite des Quai d'Orsay, obwohl eine starke Position Spaniens im Scherifenreich eher mit britischen Interessen vereinbar gewesen wäre. Zudem herrschte im F.O. die Sorge, dass sich das iberische Land verärgert an Deutschland anlehnen könnte. Die britische Diplomatie machte die französisch-spanische Kontroverse trotz alledem zu einem Testfall für die Entente. Bertie formulierte es so:

„Ich fürchte, wenn wir die Spanier nicht mit deutlichen Worten zurückhalten (…), verleiten wir die Franzosen, zu denken, dass wir eine solch große Angst vor Deutschland haben, dass wir einer französisch-deutschen Vereinbarung zustimmen würden, die Deutschlands Handlungsfreiheit an der Atlantikküste Marokkos bescheren würde."[405]

– Die britische Admiralität hegte übrigens keine Bedenken gegen einen möglichen deutschen Flottenstützpunkt in dieser Region. Er läge isoliert und wäre bei einem Krieg eine Falle für die dort stationierten Verbände. – Hinter Berties gewundener Argumentation scheint die Sorge vor einem französisch-deutschen Ausgleich gelegen zu haben. Ein weiteres Indiz untermauert diese Interpretation: Während der 2. Marokkokrise warnte er das F.O. vor Nachgiebigkeit gegenüber der Wilhelmstraße, dies bedeute dabei, Hilfe zu leisten, Frankreich „in die teutonischen Arme zu werfen"[406], die er also weiterhin für attraktiver als die britischen gehalten haben muss. Großbritannien war während der 2. Marokkokrise das einzige europäische Land, das Teile seiner Streitkräfte mobilisierte. Grey z.B. forderte auf der entscheidenden Sitzung des RVA am 23.8.1911 gar, dass die britische Expeditionsstreitmacht unverzüglich nach Frankreich entsandt werden müsse.[407]

---

[403] Zit. in Wilson, Grey, 184
[404] Hamilton, Bertie, 157/58
[405] Gade, Gleichgewichtspolitik, 81–83
[406] B.D., VII, Nr. 376
[407] Wilson, Making

Großbritannien unterstützte und ermutigte zwischen 1904 und 1914 faktisch bedingungslos diejenigen Kräfte in Frankreich, die eine Änderung des territorialen und machtpolitischen Status quo in Europa anstrebten. Die Konsequenzen dessen waren auf britischer Seite nicht beabsichtigt, wurden zudem verdrängt, waren aber absehbar: Zu Beginn des Jahres 1913 teilte der Quai d'Orsay der russischen Führung mit, dass Frankreich dem Zarenreich jährlich weitere 400 bis 500 Millionen Francs als Darlehen zur Verfügung stellen werde, wenn es seine Heeresstärke beträchtlich vermehre und strategische Eisenbahnlinien zur raschen Truppenmobilisierung fertig stelle.[408] Die Summe entsprach etwa der Hälfte der deutschen Rüstungsausgaben eines Jahres.

7. Die Bedeutung Russlands für das Empire zwischen 1905 und 1914

Einerseits betonte Hardinge im Juni 1904, dass man den Russen mit Festigkeit begegnen müsse, andererseits wollte er die „Times" dazu bewegen, freundlicher über das Zarenreich zu schreiben. Die britische Regierung beabsichtige, nach Beendigung der russisch-japanischen Feindseligkeiten rasch zu einem freundlichen Übereinkommen mit Russland zu kommen und dürfe keine Zeit verlieren, die öffentliche Meinung hierauf vorzubereiten. Die „Times" solle darum einen Berichterstatter nach St. Petersburg schicken, einen Gentleman. Er dürfe weder jüdischer Herkunft sein, noch in revolutionären Kreisen verkehren.[409] – 1903 hatten die russischen Behörden den damaligen „Times"-Korrespondenten des Landes verwiesen, da dieser über revolutionäre Ereignisse berichtet hatte. Grey betonte etwa zur gleichen Zeit im Unterhaus, dass er auf ein Abkommen mit Russland hoffe, das die britischen Schwierigkeiten in Persien und China beenden werde. Der Premier- und der Kriegsminister trugen sich mit dem Gedanken, ob man Russland in Anbetracht der Schwierigkeiten Großbritanniens, seine Position in Asien zu verteidigen, nicht einen direkten Zugang zum Mittelmeer zugestehen sollte, offensichtlich, um den Ehrgeiz des Zarenreiches in eine andere Weltregion zu lenken. – Die schon seit Jahren gefürchtete russische Bahnverbindung bis an die afghanische Grenze war kurz vor der Fertigstellung.[410]

Der RVA trat im März 1904 sechsmal zusammen, um über die Verteidigung Indiens zu sprechen. Seine Mitglieder waren beunruhigt über die militärische Schwäche des Empire. Im Frühjahr 1904 beschloss das Gremium offiziell, die britischen Truppen in Indien erst nach einem Kriegsausbruch zu verstärken, doch auch dies galt nur eingeschränkt. Das Szenarium ging von einem Krieg gegen Frankreich und Russland aus, falls aber zeitgleich militärische Konflikte mit den Vereinigten Staaten oder dem Deutschen Reich ausbrächen oder Unruhen in Südafrika, Indien oder Ägypten, könne auch diese Zusage nicht eingelöst werden.[411]

Curzon wollte die Planungen des RVA zur Verteidigung Indiens nicht akzeptieren und fand Unterstützung beim neuen Oberkommandierenden der Truppen auf dem Subkontinent, Lord Kitchener, der eine Verstärkung der Truppen um 160.000 Mann für erforderlich hielt, da die russische Drohung akut sei. Nur ein klar erkennbarer englischer Wille, sich der russischen Expansion mit allen zur Verfügung stehenden Mitteln entgegenzustellen, könne St. Petersburg noch abschrecken. Da dem Zarenreich zur glei-

---

[408] Ropponen, Kraft Rußlands, 277/78
[409] CUL, Hardinge MSS, 3/162, Hardinge an Bertie, 15.11.1900; PRO, FO 800/2, Hardinge an Chirol, 3.6.1904; s. auch CUL, Hardinge MSS, 6/11, Hardinge an Sanderson, 3.6.1904
[410] Neilson, Britain and the Last Tsar, 46; Hauser, Deutschland und der englisch-russische Gegensatz, 39; Beloff, Imperial Sunset, 102; Jaeckel, Nordwestgrenze, 31; Monger, Ursachen, 5
[411] Neilson, Britain and the Last Tsar, 130; Jaeckel, Nordwestgrenze, 38

chen Zeit aber von Japan verlustreiche Niederlagen zugefügt wurden, schien eine russische Aggression zumindest zunächst ausgeschlossen. Kitchener vertrat aber die Auffassung, dass sich Russland bald erholen werde, eine große Auseinandersetzung mit ihm kurz bevorstehe, und die ultraimperialistische Presse, z.B. die „Morning Post", beschuldigte den Premierminister gar des Ausverkaufs des Empire.[412] Dabei blieb Balfour nach wie vor der Auffassung, dass die Verteidigung Indiens Großbritanniens vorrangige Sorge sein müsse. So wurde in einem Memorandum des RVA im Dezember 1904 festgestellt, dass das Empire ein Heer in der Stärke von 209.000 Mann benötige: 27.000 sollten in der Heimat dienen, 30.000 in den Kolonien, 52.000 in Indien, und weitere 100.000 würden benötigt, um die indischen Truppen rasch verstärken zu können.[413]

Der RVA befürwortete im November 1905 ein Übereinkommen mit dem Zarenreich, denn nur durch Kooperation könne es aus Afghanistan ferngehalten werden, nicht aber mit Gewalt, zudem sei die Ordnung in Persien nur mit russischer Hilfe wiederherstellbar.[414]

Monger weist darauf hin, dass die bis Ende 1905 amtierende konservative Regierung die Schwächung Russlands nicht als bedrohlich für das europäische Gleichgewicht wertete, sondern das Zarenreich v.a. als weltpolitischen Konkurrenten betrachtete. Danach habe, nach verbreiteter Ansicht der Forschung, aber eine neue Generation das Ruder im F.O. übernommen: „Grey hatte wenig Interesse an überseeischen Fragen", wie bspw. der Historiker Gillard betont.[415]

Die ganz überwiegende Mehrheit der Gelehrten argumentiert, dass Großbritannien vor allem aus Angst vor Deutschland zum Ausgleich mit Russland gekommen sei. Kissinger schreibt bspw.: „Der Grad des Beschäftigseins der Briten mit Deutschland wird durch die Tatsache deutlich, dass Großbritannien bereit war, seine Entschlossenheit aufzugeben, Russland aus den Meerengen herauszuhalten, um die Zusammenarbeit mit Russland zu sichern."[416] Die Entente von 1907 habe die letzte der möglichen überseeischen Gefahren beseitigt, und Großbritannien erlaubt, sich auf Europa zu konzentrieren.[417]

Die britische Außenpolitik der Jahre sowohl vor als nach 1905 war aber nach Ansicht einer Minderheit der Geschichtswissenschaftler nicht von der Furcht vor Deutschlands Aggressivität und Stärke bestimmt, sondern bereits seit langem von dem Gefühl eigener zunehmender Schwäche und der Angst vor der russischen Macht.[418] Ich bin ebenfalls der Ansicht, dass die Fakten eindeutig in diese Richtung weisen.

Wirtschaftlich gewann das Empire für Großbritannien in den Jahrzehnten vor 1914 stark an Bedeutung.[419] 1913 kauften allein Indien und Argentinien mehr britischen

[412] Jaeckel, Nordwestgrenze, 35/36, 37, 39/40 u. 48

[413] Beloff, Imperial Sunset, 90

[414] Wormer, Großbritannien, Rußland und Deutschland, 99, 95, 98. Bei seinem Besuch in Großbritannien im Jahre 1900 war dem Schah der Hosenbandorden noch versagt worden, weil die Queen ihn nur christlichen Herrschern verleihen wollte. 1903 erreichte dann eine britische Delegation Teheran, um dem Schah diese Auszeichnung zu überbringen. Die Palastgarde salutierte bei dieser Gelegenheit mit abgebrochenen Stuhlbeinen. „Kein Wunder, dass britische Beobachter Persiens Überlebensfähigkeit bezweifelten" (CC, 1/60, Sanderson an Spring Rice, 2.10.1900; Mc Lean, Buffer State, 8)

[415] Monger, Ursachen, 250/51; Gillard, Struggle, 178; Zara Steiner ist eine der wichtigsten VertreterInnen dieser Sicht, s. z.B. Steiner, Britain Origins, 175 u. Shannon, Richard; The Crisis of Imperialism 1865–1915, London 1974, 345, (künftig: Shannon, Crisis).

[416] Kissinger, Diplomacy, 192

[417] Als ein Beispiel: Kennedy, Anglo-German Antagonism, 442

[418] In diesem Sinne s. Grenville, Imperial Germany and Britain, 93–95

[419] Porter (Britain, Empire) meint gar, dass der enorme Umfang und die Richtung der britischen Auslandsinvestitionen den britischen Außenpolitikern ihre Handlungen praktisch vorgegeben hätten.

Stahl und Eisen als ganz Europa, allein Australien mehr als doppelt soviel wie die Vereinigten Staaten, und der Subkontinent war zum wichtigsten Abnehmer britischer Waren geworden. Porter meint, dass die Bedeutung des Empire für die Briten in dem Maße **stieg**, in dem andere Länder ökonomisch zum Vereinigten Königreich aufschlossen oder es sogar überholten[420], und die Entwicklung der britischen Empirebegeisterung und der Schutzzollbewegung belegen diese These. Die sehr große wirtschaftliche Bedeutung insbesondere Indiens für die britische Wirtschaft ist kein zwingender Beleg für eine ebensolche politische Rolle, der ich mich im Folgenden widme, aber ein wichtiges Indiz für eine solche Deutung.

Eine der letzten Amtshandlungen des konservativen Außenministers Lansdowne bestand darin, auch unter dem Druck des Königs, den ausgewiesenen Kenner und „bewährten Freund Russlands" Charles Hardinge zum Nachfolger Sandersons zu ernennen[421], und Letzterer wandte sich in ungewöhnlich deutlichem Ton an den künftigen Staatssekretär: Die russische Vorstellung eines Übereinkommens mit Großbritannien sei immer gewesen, alles was sie wollten mit britischer Hilfe oder auf britische Kosten zu erhalten, und dass sich das Vereinigte Königreich mit dem verbleibenden zufrieden geben müsse. „Wenn wir demnächst einen Handel mit ihnen machen", wie Sanderson Hardinge schrieb,

> „hoffe ich, dass sie <die Russen> vernünftiger sein werden. Die Frage in der Zukunft wird sein, ob die russische Politik unter den neuen Bedingungen <der Revolution von 1905> ihren überwiegenden Charakter militärischer Unterdrückung verlieren wird, & es wird einige Zeit dauern, bis irgendein Wandel in dieser Hinsicht deutlich wird."[422]

Zu dieser Zeit, Ende November 1905, wurden Dokumente aus der britischen Botschaft in St. Petersburg entwendet, offensichtlich im Auftrag der Regierung des Gastlandes: Es sei wirklich empörend, wie Sanderson schrieb: das gesamte Regierungsgebäude wanke bis in die Fundamente und „die russischen Behörden konzentrieren sich auf diese kleinen Gaunereien, auf die kein Mensch mit Selbstachtung anders als mit Abscheu schauen kann".[423] Sanderson schied wenige Wochen später aus dem Amt, als „eine der wenigen Kräfte (...), die eine kritisch distanzierte Haltung Rußland gegenüber einnahmen".[424]

Die neue liberale Regierung war in Bezug auf mögliche Truppenverstärkungen in Britisch-Indien noch zurückhaltender als die konservative Vorgängerin, aber nicht etwa, weil sie der Besitzung eine geringere Bedeutung beimaß. Sie setzte eindeutig darauf, die Kronkolonie durch eine Übereinkunft mit Russland zu sichern.[425]

Zudem hatte die englandfeindliche Stimmung der russischen Presse Anfang 1905 nachgelassen. Sanderson war „froh" darüber: „Nach allem, was ich gehört habe, gab es viel Raum für Verbesserungen." Einige Blätter und Journalisten waren mit französischem Geld gekauft worden, Russland schien nach seiner Niederlage in Ostasien aber auch erstmals bereit, mit Großbritannien im Mittleren Osten zu einer Einigung kom-

---

Für detaillierte Angaben über die geographische Verteilung der britischen Auslandsinvestitionen s. Christopher, Zenith, 68

[420] Hobsbawm, Industrie und Empire, 2, 27; Hollenberg, Englisches Interesse, 95; Schmidt, Der europäische Imperialismus, 61

[421] Wilson, Policy Entente, 19

[422] CUL, Hardinge MSS, 7/536, Sanderson an Hardinge, 19.9.1905; s. auch Monger, Ursachen, 272/73

[423] PRO, FO 800/241, Sanderson an Spring Rice, 28.11.1905

[424] Wormer, Großbritannien, Rußland und Deutschland, 101

[425] Jaeckel, Nordwestgrenze, 40

men zu wollen, und die Franzosen taten auch diplomatisch das ihre, um ihre beiden Freunde zusammenfinden zu lassen.[426]

Grey behauptete gar, dass britische Zugeständnisse an Russland in Bezug auf die Meerengen gar keine wirkliche Konzession darstellen, da man in der Türkei ohnedies nicht mehr gegen russische Interessen stehe. Einige Historiker vertreten die Position, dass der Bau des Suezkanals dazu geführt habe, dass kein vitales englisches Interesse mehr bestand, „die Ausdehnung des russischen Einflusses in der Nordostecke des Mittelmeerraumes zu verhindern. Die Dardanellenverträge stellten nunmehr ein austauschbares englisches Interesse dar, das bei Gelegenheit gegen andere einträgliche Privilegien preisgegeben werden konnte.“[427] – Diese Einschätzung stellt die Verhältnisse m.E. auf den Kopf: Die Mittelmeerroute hatte mit der Eröffnung des Suezkanals 1869 noch an Bedeutung **gewonnen**, den ganz überwiegend britische Schiffe nutzten. Der soeben pensionierte Sanderson machte in einem Brief an den Außenminister sehr deutlich, dass er es für falsch halte, Russland die Meerengen zu überlassen oder ihm gegenüber eine solche Bereitschaft auch nur anzudeuten.[428]

Eine russische Kontrolle dieses strategischen Schlüssels stellte eine schwere Gefährdung der britischen Interessen dar: die Schwarzmeerküste bildete die weiche Flanke des Zarenreiches. Falls es Großbritannien an irgendeiner Stelle überhaupt möglich war, militärischen Druck auf den Widersacher auszuüben, dann hier. Die britischen Fachleute waren in den 1890er Jahren zu der Auffassung gelangt, dass diese Option kaum mehr umsetzbar sei, sie galt aber zumindest während der ersten 25 Jahre nach Indienstnahme des Kanals. Eine russische Bastion an den Meerengen – und damit zusammenhängend ungehinderter Nachschub des Zarenreiches aus dem Schwarzmeergebiet – **verhinderte** nicht nur die einzige Möglichkeit einer englischen Offensive, sie **ermöglichte** sogar einen russischen Angriff: Gegen die Seestreitkräfte des Zweibundes hätte die „Royal Navy" im Mittelmeer nur mit Mühe bestehen können. Eine russische Stellung an den Dardanellen hätte bedeutet, dass Großbritannien russischem Druck ausgesetzt gewesen wäre, dem es sich womöglich beugen müsste, – oder dem Dreibund anschließen, dann aber aus einer Position der Schwäche heraus.[429]

Es ist somit sehr **un**wahrscheinlich, dass es Grey mit seinem Vorschlag an die russische Adresse in Bezug auf die Meerengen wirklich ernst war. Seine Realisierung hätte Großbritannien vom Wohlwollen des Zarenreiches abhängig gemacht, und das britische Kabinett und die öffentliche Meinung wären ihm sicher nicht gefolgt. – Bezeichnenderweise ging St. Petersburg auf das Angebot auch nicht ein: der russischen Seite muss bewusst gewesen sein, dass Greys Ziel darin bestanden haben muss, den russischen Ehrgeiz gegen das Osmanische Reich zu lenken, die Kooperation zwischen St. Petersburg und Wien in Balkanfragen zu beenden und die Spannungen zwischen dem Zarenreich und den Mittelmächten zu vertiefen. Dadurch sollte die gefährdete Position des Empire in Asien entlastet werden.

Das britische Interesse an einem Übereinkommen mit Russland war so groß, dass 1905/06 sogar die Bereitschaft bestand, Russland ein Darlehen zu gewähren. Dieses beispiellose Entgegenkommen britischer Politik wurde auch noch 20 Jahre später als so

---

[426] CUL, Hardinge MSS, 7/373, Sanderson an Hardinge, 21.2.1905; Busch, Hardinge, 91–93. Hardinge war übrigens der Auffassung, dass die russische Regierung – entgegen landläufiger Ansicht, großen Einfluss auf die außenpolitische Berichterstattung der Zeitungen ausübte (CUL, Hardinge MSS, 3/133, Hardinge an Sanderson, 18.10.1900).

[427] S. Wormer, Großbritannien, Rußland und Deutschland, 40; ähnlich Schmidt, Der europäische Imperialismus, 63/64

[428] PRO, FO 800/111, Sanderson an Grey, 3.3.1906

[429] S. auch Busch, Hardinge, 116

brisant angesehen, dass es bei der Veröffentlichung diplomatischer Akten der Öffentlichkeit vorenthalten wurde.[430] Das Zarenreich wünschte aber keinen Kredit von Großbritannien und wollte dem Vereinigten Königreich anscheinend selbst während seiner Jahre der Schwäche demonstrieren, dass es britischer Unterstützung nicht bedürfe und ein Übereinkommen für das Empire von größerem Wert sei als für Russland.

Unmittelbar nach der Ankunft des neuen britischen Botschafters Sir Arthur Nicolson in Russland begannen im Frühjahr 1906 Verhandlungen beider Mächte über die Zukunft Persiens. Sie kamen nur zögernd voran, und ihr Erfolg schien sowohl wegen der Instabilität der inneren Verhältnisse im Zarenreich als auch aufgrund dessen repressiver Maßnahmen, die Demokraten in Großbritannien stark erregten, ernsthaft bedroht. Grey versuchte, dem später dadurch vorzubeugen, dass er den Botschafter in St. Petersburg aufforderte, „schöngefärbte Berichte über die innere Situation Rußlands zur Veröffentlichung nach England zu schicken".[431] Das F.O. nutzte zudem erfolgreich Pressekontakte, um eine russlandfreundliche Stimmung in England zu schaffen. So sprach Chirol bspw. in Kontakt mit dem F.O. und Vertretern der russischen Botschaft die Formulierungen von Leitartikeln der „Times" ab, um einen günstigen Einfluss auf die öffentliche Meinung beider Länder zu erzielen. Großbritannien verzichtete auf Interventionen zugunsten der Menschenrechte, um die russische Regierung nicht zu verstimmen und Verhandlungen nicht zu verzögern, was teils in Großbritannien zu Problemen führte. So schrieb Hardinge im Herbst 1906: „Die Juden belästigen uns ständig wegen der Pogrome und der Gerüchte von Pogromen, und es wurde notwendig für uns zu sagen, dass wir etwas tun werden."[432]

Britische Furcht vor einem Einflussgewinn Deutschlands in Persien, vor allem jedoch vor einem deutsch-russischen Ausgleich, verstärkte die Bereitschaft der Briten, die sehr weitgehenden russischen Forderungen zu akzeptieren. Andererseits bewegte die Sorge vor deutschem Machtgewinn in Persien auch Russland zur Zusammenarbeit mit Großbritannien.[433] Beide hatten kein Interesse an einem weiteren Mitspieler. Hardinge behauptete gegenüber Lascelles, dass er mit den russischen Ansprüchen im Mittleren Osten sehr zufrieden sei, das mag vielleicht sogar zugetroffen haben, war Großbritannien doch bereit, Russland einen Zugang zum Persischen Golf zuzugestehen. Dies hatte noch wenige Jahre zuvor als britischen Interessen völlig entgegengesetzt gegolten. Hardinge meinte zudem, die britischen Zugeständnisse in Persien wären kleiner, als sie Curzon vor Jahren zuzugestehen bereit gewesen seien, eine Auffassung, die der ehemalige Vizekönig aber vehement bestritt.[434]

Von zeitgenössischen britischen Diplomaten oder heutigen Historikern wird die Bedeutung Deutschlands für das Zustandekommen der britisch-russischen Vereinbarung über Persien stark betont. Tatsache ist jedoch, dass der deutsche Anteil am persischen Außenhandel 1913 lediglich 2% betrug, und Deutschland den beiden Weltmächten im Mittleren Osten militärisch hoffnungslos unterlegen war.[435] Die Wilhelmstraße war, auf lediglich eigene Kraft gestützt, nicht in der Lage, in dieser Weltregion merklichen Einfluss auszuüben. Das Deutsche Reich konnte aber indirekt Unannehmlichkei-

---

[430] Wormer, Großbritannien, Rußland und Deutschland, 41

[431] Steiner, Foreign Office and Foreign Policy, 88; Wormer, Großbritannien, Rußland und Deutschland, 113

[432] Zit. in: Wormer, Großbritannien, Rußland und Deutschland, 114, Hardinge am 19.9.1906 in einem Schreiben an Nicolson

[433] Busch, Hardinge, 115/16; Hardinge, Old Diplomacy, 134, zur Rolle König Eduards s. ebd., 133; Mc Lean, Buffer State, 73

[434] Flood, Ambassadorship, 204–06; PRO, FO 800/13, Hardinge an Lascelles, 26.2.1907; Mc Lean, Buffer State, 76

[435] Wormer, Großbritannien, Rußland und Deutschland, 128; Mc Lean, Buffer State, 23

ten bereiten: indem Perser, Marokkaner oder etwa Türken sich ermutigt sehen konnten, sich Frankreich, Großbritannien oder Russland entgegenzustellen, den Mächten, die zu einer imperialistischen Politik wirklich in der Lage waren.[436]

Lascelles und auch Fitzmaurice, der damalige parlamentarische Staatssekretär im F.O., blieben allein schon wegen der inneren Wirren in Russland skeptisch über den Wert eines Abkommens.[437] Tyrrell, vormaliger Privatsekretär Sandersons und späterer Staatssekretär, meinte im Frühjahr 1907, dass Zusicherungen Russlands nur so lange verlässlich seien, wie die Schwäche des Zarenreiches andauere, also nur noch recht kurze Zeit. Auch Lord Minto, der Vizekönig Indiens, misstraute den russischen Absichten.[438]

Für den neuen Außenminister war ein umfassendes Abkommen mit Russland aber „das Wünschenswerteste unserer Außenpolitik" und nicht eines mit dem Deutschen Reich, um etwa das Flottenrüsten zu beenden. Grey hatte seine Präferenz einer Vereinbarung mit dem Zarenreich auch bereits unmittelbar vor seinem Amtsantritt öffentlich deutlich gemacht: Wenn Großbritannien Frankreich in einem möglichen Krieg wegen Marokko nur unzureichend unterstütze, „würde Russland nicht denken, dass es wert wäre, mit uns ein freundliches Übereinkommen über Asien zu schließen".[439] Es mag erstaunen, dass Grey einen solchen Wert auf eine Verständigung mit dem Zarenreich legte, denn dieses war erst kürzlich vom britischen Verbündeten Japan besiegt worden, dessen Flotte praktisch vernichtet, und das Bündnis mit dem fernöstlichen Kaiserreich war noch von der konservativen Regierung auch auf den Schutz Indiens erstreckt worden. Zudem kam der RVA 1906 zu der Auffassung, dass es gute Aussichten für eine Verringerung der indischen Rüstungsausgaben gebe und Russlands militärische Möglichkeiten wegen der Verluste in Ostasien und der inneren Unruhen auf Jahre hin sehr eingeschränkt sein könnten.[440] Nach kurzer Zeit setzte sich aber die Auffassung durch, und zwar zu Recht, wie sich bald herausstellen sollte, dass das Zarenreich rasch wieder erstarken würde. Die Verantwortlichen in Indien wollten im Konfliktfall zudem keine japanischen Truppen – asiatische Soldaten – in der Kronkolonie sehen, und die Regierung des Tenno machte auch deutlich, dass sie keine Absicht habe, in Indien gegen Russland zu kämpfen.[441]

Das britische Kriegsministerium stellte außerdem fest, dass die Fähigkeit Russlands, Truppen gegen Indien zu konzentrieren „praktisch unbegrenzt" sei. Und der Bau von strategischen Eisenbahnen, der die militärischen Möglichkeiten des Zarenreiches weiter verbesserte, schritt ständig weiter voran, von französischem Geldfluss gespeist.[442] Russland und Frankreich verstärkten die britischen Sorgen im Vorfeld Indiens auf diese Weise. Großbritannien wagte es nicht, auch nur zu **versuchen**, die beiden Flügelmächte vom Bau weiterer Schienenwege abzuhalten, deren Hauptzweck zweifelsohne darin bestand, das Bedrohungsgefühl der Briten um Indien zu erhalten, wenn nicht zu steigern und das Empire dauerhaft nachgiebig zu stimmen. Dementsprechend drohte die russische Führung Großbritannien während der Julikrise 1914 unverhohlen mit einer aggressiven Politik gegen Indien, wenn das Vereinigte Königreich nicht auf Seiten des Zweibundes in den Krieg eintrete.

---

[436] S. auch PRO, FO 800/241, Memorandum Grant Duffs: „Relations of Foreign Countries with Persia", Herbst 1907
[437] PRO, FO 800/19, Lascelles an Fitzmaurice, 28.9.1906
[438] Wilson, Grey, 192; PRO, FO 800/19, Lascelles an Fitzmaurice, 2.6.1906
[439] PRO, FO 800/103, Grey an Knollys, 28.3.1906; „The Times", 21.10.1905; B.D., III, Nr. 299; zitiert in Wilson, British Power, 34
[440] Wormer, Großbritannien, Rußland und Deutschland, 94
[441] Nish, Anglo-Japanese Alliance, 300–309, 354–58
[442] Wilson, British Power, 35

Grey und Hardinge hielten selbst 1907, nach dem Fiasko Russlands von 1904/05, die Gefahr eines Vorrückens des Zarenreiches auf Indien für real. „Die **einzige Hoffnung,** sie wirksam zum Verschwinden zu bringen, ist der Abschluss einer Vereinbarung, von der **zu hoffen** ist, dass die russische Regierung sie getreu beachten wird", so der Staatssekretär im Juli 1907. Der Historiker Wilson bemerkt folglich zu Recht: „Die anglo-russischen Vereinbarungen waren dementsprechend ein Akt des Vertrauens auf britischer Seite."[443]

Die britischen Verantwortlichen hätten eine Verbesserung der Beziehungen zum Deutschen Reich anstreben können – sei es auch nur aus taktischen Gründen – , um die Position gegenüber dem Zarenreich zu stärken. Dies strebten sie nicht nur nicht an, sie fürchteten diese sogar. Die britische Politik war seit 1905, vor allem seit dem Amtsantritt Greys und Hardinges, darauf bedacht, die Spannungen auf dem europäischen Kontinent zu **verschärfen.** Nur dies gewährleistete ihres Erachtens enge Beziehungen zu Russland und Frankreich – und dass sich der Expansionismus der Flügelmächte nicht auf britische Besitzungen richte. Gewöhnlich betonte Hardinge die „deutsche Gefahr", um die britische Nachgiebigkeit gegenüber dem russischen Expansionismus und die britische Hochrüstungspolitik zu rechtfertigen. Nicolson aber schrieb er, dass das britisch-russische Abkommen die Aspirationen des Zarenreiches unvermeidlich auf den Balkan lenke und somit Indien entlaste.[444] Außenminister Grey schrieb 1908 dementsprechend Nicolson, dem britischen Botschafter in Russland, dass Großbritannien, Russland und Frankreich in zehn Jahren in der Lage sein würden, auf dem Balkan zu dominieren.[445] Die britischen Außenpolitiker versuchten offensichtlich, Russland zu einer offensiven Balkanpolitik zu ermuntern. Die Briten waren als Folge dessen erfreut über die seit 1908 angespannten österreichisch-russischen Beziehungen.[446]

Insbesondere das Verhalten der zahlreichen moslemischen Untertanen der Kronkolonie im Falle eines russischen Vorrückens erfüllte die britischen Verantwortlichen immer wieder mit Sorge, und bereits Sanderson hatte den Einsatz nachrichtendienstlicher Mittel empfohlen, um bspw. besser über die Kontakte zwischen dem türkischen Sultan und den Moslems in Indien informiert zu sein. Der osmanische Herrscher war nicht nur weltliches Oberhaupt seines Landes, sondern offiziell als Kalif auch geistlicher Führer aller Mohammedaner. Dieser Anspruch wurde von Millionen Anhängern dieser Religion auch außerhalb seines Reiches respektiert, nicht zuletzt, weil sein Land der mit Abstand bedeutendste und zudem übernationale moslemische Staat war. 1897 hatte es in Indien Unruhen gegeben, da die britische Regierung nach Ansicht vieler Moslems im griechisch-türkischen Krieg einseitig die Sache der Ersteren bevorzugt habe. Seitdem zog sich durch alle Dokumente britischer Stellen, die sich mit der islamischen Welt befassten, „die ständige Sorge um die Möglichkeit einer ‚muselmanischen Erregung‘". Die innere Stabilität Britisch-Indiens war aber nicht nur wegen der über hundert Millionen Moslems gefährdet, sondern ab 1905 wurden zudem eine ganze Reihe von Terrorakten verübt, und die Beunruhigung über die Zukunftsaussichten ihrer Herrschaft wuchsen bei den Briten von Jahr zu Jahr.[447]

Ein Ausschuss, dem der britische Außen-, Indien-, Finanz- und der Kriegsminister angehörten, kam 1907 zu der einhelligen Ansicht, dass ein Waffengang mit Russland das Vereinigte Königreich überfordere: Allein das **Gerücht** einer russischen Besetzung

---

[443] Meine Hervorhebungen, zit. in Wilson, Grey, 179
[444] S. Neilson, Britian and the Last Tsar, 25, 291
[445] Neilson, Britain and the Last Tsar, 294/95
[446] Neilson, Britain and the Last Tsar, 294
[447] HH, Sanderson Papers, Sanderson an Salisbury, 21.8.1897; Hauser, Deutschland und der englisch-russische Gegensatz, 159; Jaeckel, Nordwestgrenze, 51

von Herat, einer Stadt in Afghanistan, riefe große Unruhe in der Kronkolonie hervor. Falls Russland zu einer dauerhaften Besetzung Kabuls überginge, erforderte dies eine Verstärkung der britischen Truppen in Indien, „die die Zahl unserer gegenwärtigen europäischen Garnison weit übersteigt und vielleicht auch unsere Möglichkeiten", so die Überzeugung des Ausschusses. Indienminister Morley meinte zu dem Argument, dass in einem Konfliktfalle sofort 100.000 Mann nach Indien entsandt werden müssten: „Dies ist das zentrale Argument für eine Übereinkunft <mit Russland>, denn wir haben diese Truppen nicht übrig, und das ist die blanke Wahrheit." Im Abschlussbericht wurde versucht, das Beste aus dieser Schwäche zu machen: Die Herrschaft in Indien könne durch ein Übereinkommen mit Russland besser gesichert werden als durch einen siegreichen Krieg gegen das Zarenreich.[448] Sowohl Grey als auch Hardinge waren der Ansicht, dass eine „Politik der Stärke" die britischen Kräfte überfordere, diese würde zu „einem unerträglichen Anstieg unserer militärischen Verpflichtungen in Indien und dem Empire führen und Russland dazu provozieren, (...) uns mehr Sorgen in Asien zu bereiten als je zuvor", so Grey.[449]

Im Sommer 1907 wurde das nunmehr ausgehandelte britisch-russische Abkommen im britischen Parlament debattiert. Lansdowne und Sanderson waren die maßgeblichen Redner im Oberhaus, von der „Times" ausführlich zitiert.[450] Sie billigten die Vereinbarung, aber der ehemalige Außenminister äußerte seine Unzufriedenheit, dass die russische Regierung keine schriftliche Zusicherung gegeben habe, die Situation im Persischen Golf zu respektieren. Die führende britische Zeitung schloss sich seiner Kritik an.

In der Präambel der britisch-russischen Vereinbarung war der Grundsatz der „Integrität und Unabhängigkeit" Persiens niedergelegt worden. Sanderson begrüßte dies in seinem Beitrag im „House of Lords": Eine mündliche Wiederholung einer solchen Erklärung mindere nur ihren Wert, die schriftliche Festlegung mache sie aber ein für alle Mal verbindlich, worin er sich täuschte, wie die kommenden Jahre deutlich machten. Zum Persischen Golf meinte Sanderson, dass die Vereinbarung keinen Dritten binde, also auch nicht Deutschland. Die britischen Ansprüche am Golf seien in einer dynamischen politischen Wirklichkeit begründet – also dem Wandel unterworfen.[451] Eine genaue rechtliche Festlegung sei nicht möglich, weil sich der Gegenstand und die Situation veränderten.

In einem privaten Schreiben meinte Sanderson: Er habe immer ein Abkommen mit Russland befürwortet, falls dieses zu vernünftigen Bedingungen zu haben sei, und alle Außenminister, unter denen er diente, seien seines Wissens derselben Auffassung gewesen. Salisbury habe 1898 gar Verhandlungen für eine Übereinkunft begonnen und sei bereit gewesen, so große Opfer zu bringen, „dass Curzon die Haare ohne Ende zu Berge standen". Der Grund für die Konzessionsbereitschaft sei offensichtlich: Es sei einfach zu kostspielig, ständig gegeneinander zu arbeiten. Sanderson glaubte nicht, dass der Vertrag bewirken könne, dass beide Mächte zusammenarbeiteten, wenn ihre Interessen in unterschiedliche Richtungen wiesen. Es sei aber bereits ein erheblicher Gewinn, dass eine Zusammenarbeit zur Regel werde, außer, wenn die Interessen der beiden Parteien sich eindeutig unterschieden. Dies sei besser als die Regel eines konstan-

---

[448] Zit. in Wilson, British Power, 35/36
[449] Zit. in Wilson, Retreat, 37 u. ders., British Power, 37 (s. PRO, FO 800/241, Grey an Spring Rice, 30.11.1906)
[450] Die Debatte im Oberhaus über die anglo-russische Konvention war weit bedeutender als diejenige im „House of Commons" (Steiner, Foreign Office and Foreign Policy, 193, Anm. 2)
[451] Plass, England, 205 u. 207; Hansard IV, 183, Sp. 1306ff; Steiner, Foreign Office and Foreign Policy, 108; s. hierzu auch „The Times„, 11.2.1908, 6, Beitrag über Rede Sandersons im Oberhaus.

ten Antagonismus. Sanderson glaubte, dass es ebenso in russischem wie in englischen Interesse liege, durch ein funktionierendes Abkommen verbunden zu sein, aber den Russen falle es schwer, dies einzusehen, „und so lange Russland eine bloße militärische Autokratie war, waren unsere Denkstrukturen allzu entgegengesetzt, um eine Verständigung einfach zu machen".[452]

Sanderson glaubte, dass durch den Sieg Japans im Krieg gegen das Zarenreich die Position aller europäischen Mächte in Asien problematischer geworden sei und Russland dies am stärksten spüre. Das Zusammengehörigkeitsgefühl der Europäer werde wachsen, Russland werde deutlich werden, dass es nicht alle Trümpfe in der Hand habe und es in seinem Interesse liege, freundschaftliche Beziehungen mit Großbritannien zu pflegen.[453] Sanderson bemerkte an keiner Stelle, dass ein Ausgleich mit Russland notwendig wäre, um dem Deutschen Reich entgegentreten zu können.

Mit dem Abschluss des Abkommens schien Großbritannien das vorrangigste Ziel seiner Außenpolitik erreicht zu haben: die Sicherung des Empire gegen die russische Macht.

Linke Parlamentsabgeordnete hatten sich bereits der Vertragsunterzeichnung widersetzt und gaben auch danach nicht auf. Sie erzwangen bspw. eine Erklärung Premierminister Asquiths, warum der König nach Russland reise, obwohl 100 Dumaabgeordnete nach Sibirien deportiert worden seien. „Die Radikalliberalen ließen sich von der antideutschen Agitation nicht beirren und hielten auch in den Monaten der großen Invasionspanik <1909> an ihrem Junktim zwischen Flottengegnerschaft und Ententekritik fest."[454] Der Außenminister konnte diese innerparteiliche Opposition nicht gänzlich übergehen.

Die britisch-russische Asienkonvention und die folgende Entwicklung wird in der Geschichtswissenschaft unterschiedlich interpretiert: entweder als Ergebnis der Fehler deutscher Politik, vor allem des Flottenrüstens, oder als Wandel der britisch-russischen Beziehungen. Bis in die 1950er/60er Jahre war die Aufmerksamkeit der Historiker auf die „Große Politik" Großbritanniens konzentriert, d.h. auf das Wechselspiel der bedeutenden Mächte in ihrem Verhältnis zueinander. Die Bedeutung des **Empire** war nicht recht im Blick. Dies ergab sich allein schon dadurch, dass die zugänglichen Akten dieses Thema kaum widerspiegelten. Dies änderte sich mit der Öffnung der Archive, die private Briefwechsel und interne Überlegungen offen legten. Es wurde deutlich, dass die Bedrohung Indiens spätestens seit 1885 einen zentralen Platz in den Überlegungen politischer und militärischer Kreise in Großbritannien einnahm, nicht zuletzt bei Salisbury.[455] Gillard meint, dass die Sicherung Indiens das vorrangige Ziel britischer Politik gewesen sei – allerdings nur so lange, bis die bedrohliche deutsche Flotte geschaffen wurde. Monger ist vielleicht der einflussreichste Vertreter dieser Richtung.[456] Ich denke plausibel dargelegt zu haben, dass dies keineswegs der Fall gewesen ist.

Nach Ansicht Mongers hielten die Konservativen eine Verständigung mit dem Zarenreich nach dessen Niederlage gegen Japan zwar für wünschenswert, die Freundschaft mit Japan habe für sie aber nun an erster Stelle gestanden. Die liberale Regierung, die Ende 1905 ihr Amt antrat, sei aber nicht mehr vor allem auf das Empire bezogen gewesen, sondern habe der Situation in Europa höchste Priorität beigemessen. Wilson vertritt in seinen in den vergangenen Jahren veröffentlichten Büchern und Aufsätzen eine

---

[452] PRO, FO 800/241, Sanderson an Spring-Rice, 6.8.1907; s. auch Wilson, Policy Entente, 6/7
[453] PRO, FO 800/241, Sanderson an Spring-Rice, 6.8.1907; s. auch Wilson, Policy Entente, 6/7
[454] Wormer, Großbritannien, Rußland und Deutschland, 185
[455] Gillard, Salisbury, 238
[456] Gillard, Salisbury, 242; Busch (s. Hardinge, 122/23) vertritt neben vielen anderen eine ähnliche Auffassung.

ausgesprochene Minderheitenposition[457]: Greys Ziel sei nach wie vor die Sicherung der britischen Position in Indien gewesen, sowohl bei der Unterstützung Frankreichs in der Marokkofrage als auch bei der Annäherung an Russland. Nicht eine deutsche Gefahr habe Grey (und Hardinge) zu einer nachhaltigen Rücksichtnahme auf Russland (und auch Frankreich) bewogen, sondern er habe Russland und das Deutsche Reich (sowie Österreich) auf dem Balkan und in der Türkei gegeneinander positionieren wollen, um in Zentralasien vom russischen Druck entlastet zu werden.[458] Auch Francis Bertie, der einflussreiche britische Botschafter in Paris, hatte selbst während des Höhepunktes der Marokkokrise nicht eine Eindämmung Deutschlands im Blick, sondern er befürwortete einen Ausgleich mit Russland, um das Deutsche Reich seiner Position eines „lachenden Dritten" für den Fall eines britisch-russischen Streits zu berauben.[459]

Hardinge machte den Vorrang der Kontakte zu Russland Ende 1908 in ungewohnter Klarheit deutlich: „Es ist für uns weit wichtiger, gute Beziehungen mit Russland in Asien und auf dem Balkan zu pflegen, als mit Deutschland auf gutem Fuße zu stehen."[460] Darum war es seines Erachtens auch vertretbar, dass der Vertrag von 1907 in mancherlei Hinsicht für Großbritannien nicht so vorteilhaft war, wie es wünschenswert gewesen wäre.[461] Diese Überzeugung offenbarte er nur in vertrautem Kreis. Nach außen hin malte er das Bild eines expansiven und gefährlichen Deutschland: zum einen, um die britische Hochrüstungspolitik rechtfertigen zu können, denn eine übermächtige „Royal Navy" war erforderlich, um den britischen Bündniswert zu wahren, zum anderen, um die britische Außenpolitik gegenüber Alt-Konservativ-Liberalen, Linksliberalen und Sozialisten zu rechtfertigen. Die Muster bei Fisher und Hardinge ähnelten sich.

Hardinge meinte 1909, dass der Abschluss eines Neutralitätsabkommens mit dem Deutschen Reich zu einer sofortigen Isolation seines Landes führte und zu einem Verlust an Vertrauen in die britische Loyalität und Freundschaft mit Frankreich und Russland.[462] Sir Arthur Nicolson forderte 1909, er war zu diesem Zeitpunkt Botschafter in St. Petersburg, die Weiterentwicklung des Übereinkommens mit Russland in einem Bündnis, ansonsten drohe ein Kontinentalblock. Hardinge meinte zwei Tage später, während des Höhepunktes der „Flottenpanik", dass ein britisch-deutsches Flottenabkommen es nicht wert sei, das Übereinkommen mit Russland aufzugeben.[463] Grey war noch stärker als sein Staatssekretär von den Gefahren einer bündnisfreien Position Großbritanniens überzeugt, wie zahlreiche öffentliche und nicht-öffentliche Stellungnahmen belegen, z.B. dieser Kommentar, den er im Frühjahr 1911 auf einen an ihn gerichteten Brief schrieb: „… wenn wir die Entente nicht hätten, wären wir isoliert und hätten möglicherweise alle gegen uns…"[464]

Hardinge behauptete in seinen Erinnerungen, dass die Niederlage des Zarenreiches im fernöstlichen Krieg „das Kapitel der russischen Aggression in Asien abschloss".[465] Dies ist auch die Ansicht der überwiegenden Mehrheit der Historiker – jedenfalls, wenn sie sich diesem Thema nicht näher widmen. Die britisch-russischen Spannungen um

[457] Monger, Ursachen, 277, 358: In seiner Dissertation (Role and Influence) hatte er noch mehr oder minder der oben skizzierten Position angehangen.
[458] Wilson, British Power, 37/38
[459] Hamilton, Bertie, 99
[460] Zit. in Busch, Hardinge, 146 nach einem Schreiben Hardinges vom 29.12.1908
[461] Busch, Hardinge, 125
[462] CUL, Hardinge MSS, 18/87–88, Memorandum Hardinges, 4.5.1909
[463] B.D., V, Nr. 764, Nicolson an Grey, 24.3.1909; Gade, Gleichgewichtspolitik, 53
[464] Zit. in Wilson, Grey, 178; weitere Exempel ebd.
[465] Hardinge, Old Diplomacy, 117

die Meerengen, auf dem Balkan und in Persien verminderten sich durch den Vertrag von 1907 aber nicht.[466]

Zwischen 1907 und 1914 gab das britische Außenministerium immer wieder Positionen auf, um die Entente mit Russland zu retten, bspw. in **Persien**: Sanderson blieb skeptisch gegenüber der russischen Politik, vertrat aber die Auffassung, dass Großbritannien in diesem Land keine gegen Russland gerichtete Politik treiben könne, denn er könne nicht sehen, dass die öffentliche Meinung und das Parlament bereit seien, die hierfür erforderlichen Opfer zu bringen.[467] Spring-Rice vermutete schon wenige Wochen nach dem Abschluss des Abkommens, dass eine aggressive russische Politik in Persien wahrscheinlich sei.[468] Er verwies auf das abschreckende Beispiel Marokkos und betonte, dass man doch die nationalen Gefühle der Perser respektieren und zudem Deutschland einladen solle, sich an der Entwicklung des Landes zu beteiligen. Seine und auch Berties Befürchtungen[469] über einen drohenden russischen Expansionismus bewahrheiteten sich, aber Grey war bereit, dem Unterhaus die Wahrheit zu verschweigen, um die Regierung des Zaren nicht in Verlegenheit zu stürzen, wie er verständnisvoll schrieb. Der Außenminister betrieb in Bezug auf die Verhältnisse in Persien eine bewusst „selektierende Informationspolitik", die auch vor Täuschungen nicht zurückschreckte. Er beugte sich auch dem russischen Wunsch, gemeinsam die Arbeit des amerikanischen Fachmannes Shuster zu sabotieren, den die persische Regierung gerufen hatte, um das Verwaltungs- und Haushaltswesen zu reformieren.[470]

1908 befahl der russische Kommandeur der persischen Kosaken, der einzigen Ordnungsmacht des Schahs, seinen Soldaten, die britische Botschaft in Teheran zu umzingeln, und Russland – und nicht etwa das Deutsche Reich – stützte 1908/09 die Opposition des Schah gegen Großbritannien. Seit 1909 hielten russische Truppen den größten Teil Nordpersiens faktisch besetzt. Während der 2. Marokkokrise mobilisierte das Vereinigte Königreich seine Truppen, während Russland zu einer solch dramatischen Demonstration der Kriegsentschlossenheit nicht nur keine Veranlassung sah, sondern nachdrücklich die Gelegenheit nutzte, seinen Einfluss in Persien auszuweiten.[471]

1912 drangen russische Truppen sogar in die heiligsten Stätten der Schiiten ein, „um einen Fanatiker zu liquidieren". Grey deckte dieses Vorgehen und beschwor damit sogar die Möglichkeit herauf, dass die konservativen Imperialisten ihm ihre Unterstützung entziehen könnten.[472]

Zwischen 1907 und 1914 gab es keine Frage, die Greys Geduld stärker strapazierte, als das russische Vorgehen in Persien. Die Russen wussten, dass ihnen der britische Außenminister fast eine freie Hand überließ. Spring-Rice, der damalige britische Vertreter in Teheran, war über die Entwicklung sehr beunruhigt, und ein jüngerer Mitarbeiter des F.O. war mit der dortigen Situation derart unzufrieden, dass er daran dachte,

[466] Hauser, Deutschland und der englisch-russische Gegensatz, 81, 283/84

[467] PRO, FO 800/241, Sanderson an Spring-Rice, 6.8.1907

[468] PRO, FO 800/176, Spring Rice an Bertie, 19.10.1907; s. auch PRO, FO 800/241, Sanderson an Spring Rice, 6.8.1907; Wilson, Role and Influence, 318; Chamberlain, Austen; *Politics from Inside. An Epistolary Chronicle 1906–1914*, London 1936, 436, (künftig: Chamberlain, Politics from Inside); Journal of the RSA, Vol. LX, 11; zur freundschaftlichen Beziehung zwischen Sanderson und Spring-Rice s. PRO, FO 800/241, Sanderson an Spring Rice, 6.2.1906, ebd., 3.4.1906, ebd., 23.4.1906, ebd., 6.8.1907

[469] PRO, FO 800/176, Spring-Rice an Bertie, 19.10.1907; Hamilton, Bertie, 139/40

[470] Wormer, Großbritannien, Rußland und Deutschland, 208; Yasamee, Feroz A.K.; *Ottoman Empire*, 233, (künftig: Yasamee, Ottoman Empire), in: Wilson, Decisions

[471] PRO, FO 800/192, Barclay an Hardinge, 1.1.1909; Wormer, Großbritannien, Rußland und Deutschland, 192/93

[472] Wormer, Großbritannien, Rußland und Deutschland, 211

seinen Abschied einzureichen.[473] Selbst Hardinge gelangte zu der Ansicht, dass Russland das Gegenteil von dem praktiziere, was der Geist der Kooperation verlange.[474] Die nie versiegende Furcht des F.O. vor einer deutsch-russischen Verständigung stimmte London dauerhaft nachgiebig. Der russische Ton in Persien änderte sich zwar schlagartig, sobald eine britisch-deutsche Entspannung in Sicht kam, Grey und seine Mitarbeiter wagten es aber nicht, die „deutsche Karte" zu spielen. Sie fürchteten, dass sich Russland und Frankreich Deutschland zuwenden würden, wenn die britische Unterstützung nicht nachdrücklich genug wäre.[475]

„Nur der Kriegsausbruch <1914> verhinderte das Zerbrechen der Konvention von 1907 und wahrte die nominelle Unabhängigkeit von Persien, für die sie <nach außen hin> geschlossen worden war", denn Grey hatte Russland auf Drängen Crowes 1913 eine völlig freie Hand in „seiner" nördlichen Zone des Landes zugestanden, ein eindeutiger Bruch der Vereinbarung von 1907.[476] Die Teilung Persiens stand 1914 kurz bevor. Die als Folge zu erwartenden erbitterten Reaktionen vieler Sozialisten und Linksliberalen hätten Grey vermutlich sein Amt gekostet und die gesamte Regierung gefährdet.[477]

In **China** standen Großbritannien und das Zarenreich trotz der bestehenden Abkommen stets auf verschiedenen Seiten. Nur aufgrund der Unterstützung der USA und des Deutschen Reiches, „gelang es Großbritannien einigermaßen", die Geschwindigkeit der russischen (und japanischen) Expansion zu mindern. Von einer freundschaftlichen Kooperation beider Mächte in Asien konnte keine Rede sein. „Im Gegenteil: ihre Beziehungen waren so gespannt, daß die Entente mehrfach in größter Gefahr war zu zerbrechen."[478] Hardinge schrieb Ende 1908 an Nicolson, dass Grey genötigt sei, die Öffentlichkeit über den Charakter der russischen Politik zu täuschen und somit auch über die britisch-deutschen Beziehungen.[479] Der Täuschung saßen nicht nur ein Teil der britischen Öffentlichkeit auf, sondern auch zahlreiche Historiker.

In den Jahren nach 1907 überwand Russland seine vorübergehende Schwächephase, blühte wirtschaftlich und finanziell auf und verstärkte seine Rüstungen zu Land wie zu Wasser. Die russische Macht wurde auch in Zentralasien wieder stärker spürbar, und Grey war nicht nur bereit, Wünschen St. Petersburgs auf dem Balkan weit entgegenzukommen, um den Druck auf Indien zu verringern, er suchte dessen Ehrgeiz weiter anzufachen. Grey gab Österreich-Ungarn praktisch preis, um Russland von Zentralasien abzulenken.[480] Eine Gleichgewichtspolitik, die den Erhalt der Staatenordnung zur Voraussetzung hatte, „hätte sich in den beiden Balkankriegen <1912/13> zunächst den Erhalt der Türkei und dann die Stützung Österreichs auf ihre Fahnen schreiben müssen". Dazu war das F.O. aber nicht bereit, um nicht in einen Gegensatz zu russischen Interessen zu geraten. Grey gab Russland auf dem Balkan freie Hand, stellte einen Blankoscheck aus, obwohl man die Abneigung der britischen Öffentlichkeit, für

---

[473] Steiner, Foreign Office and Foreign Policy, 131; Wormer, Großbritannien, Rußland und Deutschland, 191; Mc Lean, Buffer State, 79; zu Spring Rice' Ansicht s. auch Busch, Hardinge, 123 u. Gwynn, Spring Rice, II, 101
[474] Mc Lean, Buffer State, 80/81
[475] Wormer, Großbritannien, Rußland und Deutschland, 131, 192/93, 207; s. auch PRO, FO 800/17, Bertie an Mallet, 23.10.1906
[476] Mc Lean, Buffer State, 139; Crowe, Crowe, XX
[477] S. auch Neilson, Britain and the Last Tsar, 13, 94
[478] Hauser, Deutschland und der englisch-russische Gegensatz, 81, 283/84
[479] PRO, FO 800/341, Hardinge an Nicolson, 28.10.1908
[480] Wilson, Grey, 183; s. auch PRO, FO 800/176, Spring Rice an Bertie, 19.10.1907 u. Gade, Gleichgewichtspolitik, 176/77, 182/83

Südosteuropa in den Krieg zu ziehen, genau kannte, „und sich über den russischen Anteil an den Balkanunruhen keine Illusionen machte".[481]

Hardinge war 1908 sehr enttäuscht, dass das Zarenreich dem Druck der Mittelmächte während der Bosnienkrise nachgab.[482] Er versuchte, „das Beste" aus der Situation zu machen, und schrieb an Nicolson, den damaligen britischen Botschafter in St. Petersburg, dass dieser dem russischen Außenminister doch den Vorteil deutlich machen solle, den Balkankrieg auf ein späteres Datum verschieben zu können, wenn Russland besser gerüstet sei.[483] Dies war wenige Jahre darauf der Fall.

Seit Anfang 1913 unternahm das Zarenreich den offenen Versuch, in dem von Armeniern bewohnten Ostanatolien eine privilegierte Stellung zu erringen, zudem war sein Einfluss in Südosteuropa nach den beiden Balkankriegen beträchtlich gewachsen, nicht zuletzt zu Lasten Österreich-Ungarns, des deutschen Verbündeten. Grey war sich über die Absichten und möglichen Folgen der russischen Balkanpolitik im Klaren, war aber trotz des Kriegsrisikos bereit, sie zu unterstützen. Das F.O. begrüßte die offensive und konflikträchtige Südosteuropapolitik Russlands mit dem Argument, dass dies das Zarenreich von Asien ablenke. Dieses aber fühlte sich spätestens seit der Zweiten Marokkokrise (1911/12) stark genug, um an beiden Fronten seine Muskeln spielen zu lassen, was es sowohl in Persien als auch in China demonstrierte.[484]

1909 schrieb Hardinge an Nicolson, den damaligen britischen Botschafter in Russland: „Unsere ganze Zukunft in Asien hängt daran, die besten und freundschaftlichsten Beziehungen mit Rußland aufrechtzuerhalten". Britische Außenpolitiker äußerten immer wieder die Ansicht, dass der russisch-britische Ausgleich für das Empire wichtiger sei als für das Zarenreich und das Deutsche Reich für dieses ein wertvollerer Bündnisgenosse sei als das Vereinigte Königreich. Hardinge schrieb 1910 an Sanderson, dass in der indischen Regierung der russische Eisenbahnbau mit Sorge verfolgt werde.[485] Sir Arthur Nicolson, der Nachfolger Hardinges als Staatssekretär, schrieb 1913, dass die Russen im Mittleren und Fernen Osten äußerst unangenehm würden und die Stellung Großbritanniens in Indien ernsthaft erschüttern könnten. Dies sei für ihn ein solcher Alptraum, dass er fast um jeden Preis die russische Freundschaft erhalten wolle. Er rechnete stets damit, dass das Zarenreich mit Deutschland ins Geschäft käme, wenn das Empire nicht bereit wäre, bei anstehenden Fragen nachzugeben. Eine deutsch-russische Verständigung wäre eine Bedrohung, der das Britische Weltreich wahrscheinlich nicht standhalten könnte.[486] Russland könne dem Empire in Weltgegenden Schaden zufügen, in denen Letzteres praktisch machtlos war,

> „und es könnte uns enormen Ärger bereiten, ohne dass wir in der Lage sind, dies zu vergelten oder uns auch nur zu verteidigen. Dies … ist kein sehr angenehmes Eingeständnis, aber so ist nun einmal die Realität. Die Verständigung mit Russland ist für uns in Wahrheit von viel größerer Bedeutung als für es."[487]

Die Verschlechterung der britisch-russischen Beziehungen, in Verbindung mit dem enormen Zuwachs an Selbstbewusstsein, wirtschaftlicher und militärischer Stärke des

---

[481] Gade, Gleichgewichtspolitik, 175, s. auch ebd., 175; Wormer, Großbritannien, Rußland und Deutschland, 183

[482] Wormer, Großbritannien, Rußland und Deutschland, 171; Hardinge, Old Diplomacy, 166

[483] Wormer, Großbritannien, Rußland und Deutschland, 186

[484] Wormer, Großbritannien, Rußland und Deutschland, 247, 223, 227, 257; Yasamee, Ottoman Empire, 233; Wilson, Grey, 189

[485] Gade, Gleichgewichtspolitik, 189, 198/99; CUL, Hardinge MSS, Addl./15, Hardinge an Sanderson, 22.12.1910

[486] Zit. nach Steiner, Foreign Office and Foreign Policy, 137; Joll, Ursprünge, 260/61

[487] Zit. in Wormer, Großbritannien, Rußland und Deutschland, 256; Steiner, Foreign Office and Foreign Policy, 131

Zarenreiches wären Anlass genug für eine Neubestimmung der britischen Außenpolitik in den Jahren vor dem Weltkrieg gewesen, – wenn ein Gleichgewichtsdenken für die britische Politik von Belang gewesen wäre. Grey, Nicolson, Hardinge u.a. standen aber unter der Furcht vor den russischen Armeen an Indiens Grenze. Dies verbot eine Entfernung vom Zarenreich und einen Ausgleich mit Deutschland.[488]

Die Wilhelmstraße war für Russland tatsächlich ein attraktiverer Partner: Deutschland war bspw. der mit weitem Abstand bedeutendste Außenhandelspartner. Zudem hätten bei einem Ausgleich mit Berlin die Truppenzahl in Polen und im Baltikum sowie die sehr kostspieligen, von Frankreich geforderten strategischen Eisenbahnbauten an der Westgrenze des Zarenreiches reduziert werden können. Einerseits wäre der russische Druck im Vorfeld Indiens und in China, wo leichtere Erfolge als in Europa zu erzielen waren, sehr wahrscheinlich beträchtlich angestiegen. – Andererseits hätte eine russisch-deutsche Verständigung sehr wahrscheinlich den immensen Geldfluss aus Frankreich gehemmt. Das Deutsche Reich suchte wegen seiner langen Ostgrenze zwar entspannte Beziehungen mit Russland, es war jedoch äußerst unwahrscheinlich, dass die Wilhelmstraße ein **Bündnis** mit dem Zarenreich hätte eingehen wollen: Die Wilhelmstraße strebte nach überseeischem Machtgewinn und dieser war in einer antibritischen Allianz mit Russland nicht zu erzielen. – Die britischen Ängste vor einer russisch-deutschen Freundschaft waren somit weitestgehend unbegründet. Sie übten trotzdem eine beträchtliche Wirkung aus, denn sie bewirkten eine umfassende und nachhaltige britische Bereitschaft zu Zugeständnissen an Russland. Und das Empire **war in der Lage** (auf Kosten anderer), viel zu geben, bspw. Nordpersien. Es tat zudem das ihm Mögliche, die Spannungen auf dem europäischen Kontinent zu erhalten und zu verschärfen.

Hardinge war von dem Gedanken geplagt, dass der Dreikaiserbund wiederauferstehen könnte. Dieser würde Russland erlauben, sich stärker Asien zuzuwenden. Den dann entbrennenden Kampf könne Großbritannien nicht gewinnen, wie Hardinge zugab. **Nach außen hin** stellte Hardinge die Situation in einem Memorandum vom April 1909 anders dar: Falls Russland mit dem Wunsch nach einem Verteidigungsbündnis an Großbritannien herantrete und London ablehne, sei das Zarenreich gezwungen sich den Mittelmächten anzunähern. Frankreich könne dem Druck Deutschlands allein nicht standhalten, wünsche auch aus vollem Herzen Frieden und werde sich darum an Deutschland anlehnen. Dies werde Berlin wahrscheinlich dazu nutzen, von Russland und Frankreich ein Neutralitätsversprechen für den Fall eines deutsch-britischen Krieges zu verlangen.[489] Er zeichnete also das Bild eines starken und aggressiven Deutschland auf der einen Seite und dasjenige schwacher sowie friedliebender Zweibundmächte auf der anderen Seite. 1910 gestand er aber Paul Cambon, dem französischen Botschafter in London, dass er das russische Eisenbahnsystem in Zentralasien für ein „Damoklesschwert" hielt, „das über Britanniens Haupt schwebt".[490] Der französische Geldfluss trug dazu bei, dass es weiter geschärft wurde.

Grey meinte im Sommer 1910 zu seinen Ministerkollegen, dass die Schwierigkeit eines Übereinkommens mit dem Deutschen Reich darin bestehe, dass „Frankreich und Russland eine solche Einigung mit Misstrauen betrachten würden und all die Segnungen der Entente mit Frankreich und Russland schwinden würden und wir uns wieder am Rand eines Krieges mit der einen oder anderen dieser Mächte befinden könnten."[491]

---

[488] Grenville, Imperial Germany and Britain, 92/93
[489] Wilson, Policy Entente, 112/13; B.D., V, Appendix III, Memorandum von Hardinge, April 1909
[490] Zit. in Williams, Beryl; *Great Britain and Russia 1905 to the 1907 Convention*, 135, in: Hinsley, Grey; B.D., V, 550, Hardinge an Nicolson, 4.1.1909
[491] Zit. in Wilson, British Power, 39

Ein möglicher Krieg Großbritanniens mit dem Deutschen Reich war demnach für Großbritannien weniger bedrohlich als ein Waffengang gegen Frankreich oder Russland. Diese Einschätzung dürften auch die militärischen Experten aller Mächte ausnahmslos geteilt haben.

Im April 1912 schrieb der nunmehrige Staatssekretär Nicolson: „Es wäre nachteiliger, ein unfreundliches Frankreich und Russland zu haben als ein unfreundliches Deutschland. Letzteres ... kann uns viel Ärger bereiten, aber es kann keine unserer wichtigeren Interessen wirklich bedrohen", im Gegensatz zu Russland, wie er fortfuhr.[492] Im Februar 1913 schrieb Nicolson: „... ein unfreundliches Frankreich und Russland können uns unendlichen Ärger bereiten, vor allem das Erstere in Weltgegenden, in denen es uns sehr schwer fallen wird unsere Stellung zu halten."[493] Er gestand dem britischen Botschafter in St. Petersburg: „Ich werde von derselben Angst geplagt wie Sie, dass Russland unserer überdrüssig werden könnte und sich mit Deutschland einigt".[494] – Man kann aus diesen Worten des Staatssekretärs nicht unbedingt schließen, dass sie in gleicher Weise von seinem Minister geteilt wurden. Es versteht sich von selbst, dass die verschiedenen außenpolitisch Handelnden einen unterschiedlichen Blick auf die Möglichkeiten und Erfordernisse britischer Politik hegten.[495] Greys Beurteilung der Bedeutung Russlands für das Empire unterschied sich aber nur graduell von derjenigen Nicolsons.

Im März 1914 bezeichnete die „Times" die Wiederherstellung der Kraft des Zarenreiches als erstaunlich. Im April 1914 schrieb der britische Botschafter in Russland an den Staatssekretär: „Russland ist dabei, schnell so mächtig zu werden, dass wir seine Freundschaft um nahezu jeden Preis erhalten müssen."[496] Die russischen Militärausgaben wurden zwischen 1908 und 1913 um fast 60% erhöht, und A.F.W. Knox, der britische Militärattaché in Russland, schrieb in einem viel gelesenen Bericht im März 1914, dass die russische Armee so rasch an Kampfkraft gewinne, „dass es nur eine Frage der Zeit zu sein scheint, bis die Armee eine Stärke erreicht, die zu einer Herausforderung für das gesamte westliche Europa wird".[497]

Großbritannien hatte die Konvention mit Russland 1907 der Öffentlichkeit ausdrücklich als Interessenausgleich in Asien ohne Rückwirkungen auf Europa präsentiert und damit zumindest etwas zur Beruhigung der Wilhelmstraße beigetragen. Anfang 1914 akzeptierte England allerdings Marinegespräche mit Russland als Gegenleistung für russisches Wohlwollen in Asien, obwohl selbst der Chef der britischen Admiralität zugab, dass er sich keinen deutschen Überraschungsangriff auf Großbritannien vorstellen könnte. Dieses ehrliche – und zutreffende – Eingeständnis war aus Sicht der „Royal Navy" und britischer Militaristen nicht ungefährlich, denn sie könnte die Gegner der britischen Hochrüstungspolitik in die Offensive bringen, ließ sich offensichtlich aber nicht mehr umgehen. Die Tatsache der Marineverhandlungen sickerte nach Berlin durch, und Greys Dementis verstärkten in Deutschland noch den Eindruck, dass „England und Rußland europäische Geheimbündelei" betrieben. Dadurch wurde die Entscheidung des deutschen Kanzlers, die „Flucht nach vorn" anzutreten, noch bestärkt.[498]

---

[492] Zit. in Wilson, Retreat

[493] Zit. in Hamilton, Bertie, 165 nach PRO, FO 800/363, Nicolson an Cartwright, 19.2.1913

[494] Zit. in Kissinger, Diplomacy, 185 stützt; s. auch Wormer, Großbritannien, Rußland und Deutschland, 245

[495] S. auch Neilson, Britain and the Last Tsar, 37

[496] Ropponen, Kraft Rußlands, 288 nach "Times", Nr. 40.151; B.D. 10, 2, S. 768/69 zit. in Wilson, Retreat, 39

[497] Neilson, Britain and the Last Tsar, 138

[498] Wormer, Großbritannien, Rußland und Deutschland, 231/32, 265; Hildebrand, Deutsche Außenpolitik, 42

Wormer, der gewöhnlich viel Verständnis für die britische Politik hegt, schreibt:

> „Gemessen an den behaupteten Grundsätzen und Motiven, auf die sich die Doktrin der Balance of Power berief, hätte sich angesichts der Entwicklung, die im Rahmen des kontinentaleuropäischen Kräftefeldes ihren Verlauf nahm, zwischen 1913 und 1914 die Frage nach einer Revision der derzeitigen Europapolitik aufdrängen müssen."

Es kam zu keiner Neubestimmung der britischen Außenpolitik, ja, diese **wurde nicht einmal erwogen**, da die maßgeblichen Außenpolitiker der Überzeugung waren, dass die Anlehnung an das Zarenreich für das Empire von existentieller Bedeutung sei.[499] Im Bewusstsein des relativen Abstiegs des Landes suchten britische Politiker die Sicherheit durch eine Bindung an das stärkste Militärbündnis des Kontinents zu sichern.[500] Ein weiteres Zurückweichen des Empire vor Russland in Asien, ob in Persien oder Afghanistan, drohte 1914 die Sicherheit der Kronkolonie direkt zu gefährden. Jede weitere Konzession Großbritanniens an Russland hätte zudem die labile innere und äußere Stabilität des Kronkolonie ernsthaft erschüttern können.

Am 8. Juni 1914 schrieb Grey an den britischen Botschafter in St. Petersburg: „Wenn sich die Situation nicht verbessert, und zwar rasch, kommt die ganze Politik der anglo-russischen Freundschaft, auf die die Regierung Seiner Majestät gebaut hat und **die den Eckpfeiler ihrer Außenbeziehungen darstellt**, zu einem katastrophalen Ende."[501] Im Sommer 1914 stand das Scheitern der britischen Außenpolitik bevor, „eine Situation, bei der die schiere Existenz des Empire auf dem Spiel stehen wird", wie ein führender Mitarbeiter des Außenministers zu dieser Zeit formulierte.[502]

Anfang Juli 1914 schrieb Nicolson, dass das F.O. sich vorrangig darum bemühe, sich mit dem Zarenreich über Persien und Tibet zu einigen, und Grey beauftragte Sir G. Clerk, ein Memorandum über die britisch-russischen Beziehungen in Persien zu verfassen. Dieses war am 21. Juli 1914 fertiggestellt. Clerk stellte einerseits ein ständiges Vorrücken Russlands im Land des Schah fest, betonte aber, dass das Zarenreich „diejenige Macht ist, bei der wir die Pflicht haben, die herzlichsten Beziehungen zu unterhalten". Dies müsse die **erste Maxime** der Außenpolitik Großbritanniens sein, nicht etwa die Wahrung des Friedens oder zur Entspannung der Beziehungen zwischen den Mächten beizutragen. Crowe und Nicolson stimmten den Schlussfolgerungen zu, und Letzterer kommentierte am 22. Juli 1914 einen Artikel in der französischen Zeitung „Le Matin" über die militärische Stärke Russlands und der deutschen Furcht vor ihr: „Russland besitzt eine ungeheure Macht und wird zunehmend stärker. Wollen wir hoffen, dass unsere Beziehungen mit ihm freundschaftlich bleiben."[503]

Am 25. Juli, der Kriegsausbruch stand kurz bevor, telegrafierte Buchanan, der britische Botschafter in St. Petersburg nach einer Drohung des Außenministers Sazonow an das F.O.:

> „Unsere Situation ist sehr ernst, und wir werden uns dazu entschließen müssen, Russland entweder aktiv zu unterstützen oder seine Freundschaft zu verlieren. Wenn wir es jetzt nicht unterstützen, können wir nicht hoffen die freundschaftliche Zusammenarbeit mit ihm in Asien fortzusetzen, die für uns von solch vitaler Bedeutung ist."[504]

---

[499] Wormer, Großbritannien, Rußland und Deutschland, 273, 243
[500] Gade, Gleichgewichtspolitik, 216
[501] B.D., 11, S. 52/53 zit. in Wilson, Grey, 192. Meine Hervorhebung.
[502] Wilson, Grey, 192
[503] Zit. in Wilson, Britain, 184–86
[504] Zit. in Wilson, Britain, 184. S. auch Wormer, Großbritannien, Rußland und Deutschland, 252/53

VI. Von der Souveränität zur Angst. Zur britischen Aussenpolitik und Sozialökonomie im Zeitalter des Imperialismus

1. Die Zusammenfassung der Ergebnisse der Arbeit

1.1 Der Übergang zum Zeitalter des Imperialismus

In den 1850/60er Jahren waren selbst konservative Briten skeptisch, was den Wert zahlreicher Kolonien anbelangte. Zum einen, weil die informelle Herrschaft Großbritanniens über weite Bereiche der Welt von keiner anderen Macht in Frage gestellt werden konnte, so dass eine direkte Machtausübung häufig nicht erforderlich war. Zum anderen, weil die vorherrschende liberale Doktrin einen Rückzug des Staates und niedrige Steuern forderte, und beides den häufig kostspieligen Kolonialerwerbungen widersprach. Seit dem Ende der 1860er Jahre setzte jedoch ein Stimmungsumschwung ein, und hierfür gab es verschiedene Ursachen:

1. Seit den 1860/70er Jahren gewannen autoritäre Strukturen und gewaltverherrlichende Ideale stark an Bedeutung. Die Liberalen wurden dementsprechend auch in Großbritannien ihrer selbst zunehmend unsicher und viele übernahmen Ideale der Verherrlichung von Macht und Gewalt, teils aus Überzeugung, teils aufgrund des öffentlichen Drucks oder wechselten gar teils zu den Konservativen oder praktizierten zumindest eine imperialistische Poltik, ob Derby, Granville, Dilke, Labouchère, Rosebery oder Joseph Chamberlain. Der Zeitgeist begünstigte und forderte einen starken Staat nach innen und außen. Die Außenpolitik der liberalen Regierung zwischen 1892 und 1895 war dementsprechend nicht weniger, ja im Gegenteil eher stärker durch imperialistische Ziele und Methoden bestimmt, als die Politik der konservativen Vorgänger, wie bspw. die Kongoepisode von 1894 belegt.

2. Im Zeitalter der Wahlrechtserweiterungen und der einsetzenden Massengesellschaft wurde es für die Konservativen erforderlich, ihre Wählerbasis zu verbreitern. Dies versuchten sie mit Erfolg dadurch, dass sie sich als die Partei des Empire etablierten.

3. Der Zusammenbruch kooperationswilliger einheimischer Regime, bspw. in Ägypten, führte zur Ablösung indirekter Herrschaft europäischer Mächte durch eine direkte Machtausübung.

4. Frankreich, das Deutsche Reich und Italien hatten sich um 1880 im Inneren konsolidiert und besaßen mehr oder minder die Macht sowie den Ehrgeiz für eine expansive Überseepolitik. Frankreich suchte zudem, durch Bismarck ermutigt, die Schmach der Niederlage gegen Deutschland durch Machtgewinn in Afrika vergessen zu machen, was die alte britisch-französische Rivalität wesentlich verschärfte. Zudem lenkte Russland seine Kräfte nach 1878 gegen Zentralasien. Dies beschwor mittel- bis langfristig eine Gefährdung Indiens herauf und erforderte eine Arrondierung der Kronkolonie in nordwestlicher Richtung.

5. Eine informelle Herrschaft Großbritanniens in Übersee, das Ideal der liberalen Epoche, wurde stärker denn je durch die Expansionsbestrebungen anderer Länder gefährdet, so dass das Vereinigte Königreich häufig zu direkter Machtausübung überging, um seine Interessen zu wahren.

6. Die Anzeichen eines relativen wirtschaftlichen Zurückbleibens Großbritanniens mehrten sich, und die Überseegebiete gewannen als Absatzmarkt und somit an Bedeutung, insbesondere nachdem seit 1873 mehr und mehr europäische Länder zur Schutzzollpolitik zurückgekehrt waren.

1.2 Gesellschaftliche, ökonomische und sozialpsychologische Hintergründe des (britischen) Imperialismus

An dieser Stelle wird der Rahmen herausgearbeitet, innerhalb dessen sich die britische Außenpolitik – und die Außenpolitiker – bewegte:

Seit den 1860er/70er Jahren wurde das Leben der Briten in steigendem Maße durch autoritäre Strukturen sowie durch Macht und Gewalt verherrlichende Ideologien bestimmt. Dies manifestierte sich auf vielfältige Weise:

- in der zunehmenden Kriminalisierung von Elementen des Lebens der Unterschicht;
- der Unterdrückung der Sexualität;
- der „Athletisierung" und Militarisierung der Schulen und bei der Umgestaltung des Unterrichts im Sinne der imperialistischen Ideologie;
- der Glorifizierung der Streitkräfte;
- der verschärften Zensur;
- einer Presse, die zunehmend simplifizierte, an niedere Instinkte appellierte und in Gewaltphantasien schwelgte;
- und in einem starken Bedeutungsgewinn der Ideologien des Sozialdarwinismus, Militarismus, Rassismus und Antisemitismus, der u.a. verschärfte Gesetze gegen Minderheiten nach sich zog.

Seit den 1870/80er Jahren war die Initiative der politischen Diskussion in Großbritannien von den Liberalen auf imperialistisch gesonnene Gemüter übergegangen. Seitdem bestimmten nicht mehr soziale und demokratische Reformen die politische Tagesordnung, sondern Fragen der Sicherung und Ausweitung des Empire.

Viele der unzähligen Briten, die in Übersee ihres Erachtens positive Erfahrungen mit einer autoritären Politik gemacht hatten, forderten in zunehmendem Maße, diese modifiziert auch im Vereinigten Königreich selbst zu praktizieren, insbesondere seit den 1890er Jahren. Die britische Gewaltpolitik in Irland und den Kolonien wirkte auf das Mutterland zurück.

Im letzten Viertel des 19. Jahrhunderts und verstärkt seit der Jahrhundertwende mehrten sich zudem Anzeichen wirtschaftlicher Probleme Großbritanniens. Sie waren verbunden mit einer Verschärfung des Wohlstandsgefälles von Reich zu Arm, das im Vereinigten Königreich im internationalen Vergleich ohnedies bereits zuvor sehr ausgeprägt gewesen war. Die ökonomische Stagnation und die ungerechte Vermögensverteilung verstärkten auf verschiedene Art und Weise bereits bestehende innere Spannungen. Zum **Ersten** erstarkte die Arbeiterbewegung, mit den Gewerkschaften als ihrer „Speerspitze", die sich durch die zunehmende Ausbeutung der Masse der Bevölkerung provoziert sah. Zum **Zweiten** geriet die liberale Ideologie, der Großbritannien auf wirtschaftlichem Gebiet wie kein anderes Land gefolgt war, wegen der offenkundigen ökonomischen Stagnation des Landes zunehmend in die Defensive. Dies verschärfte die Identitätsprobleme, unter denen Liberale auch in anderen Staaten Europas litten. Zum **Dritten** instrumentalisierten und dramatisierten Verfechter autoritärer und technokratischer Veränderungen (der „Efficiency") Krisensymptome, um für sich selbst Karrierechancen zu erhalten bzw. zu eröffnen und Liberale bzw. Sozialisten in die Defensive zu zwingen.

Das seit Ende 1905 amtierende liberale Kabinett litt unter tiefgreifenden Interessengegensätzen: Einerseits durfte es die Kritiker des Imperialismus nicht verprellen, da sie auf deren Unterstützung angewiesen war, andererseits saßen Vertreter der „Efficiency" am Kabinettstisch. Die Regierung sah sich zudem großen und zunehmenden Teilen der konservativen Opposition und einer außerparlamentarischen Rechten ausgesetzt, die mit bislang unbekannter Schärfe die Aufgabe liberaler Grundprinzipien der vergangenen 50 Jahre forderte. Das Spektrum reichte hier von Vorstellungen autoritär gesonnener Technokraten bis zu einem Extremismus, der an den späteren Faschismus erinnert.

Die wachsenden innenpolitischen Konflikte waren ideologisch stärker aufgeladen und wurden erbitterter geführt als seit Generationen. Die liberale Regierung glaubte, wiederholt Truppen gegen Streikende einsetzen zu müssen, und es wurde Blut vergossen. Der Wille und die Fähigkeit britischer Politiker, innere Konflikte auf friedliche Weise zu lösen, hatte insbesondere seit der Jahrhundertwende deutlich nachgelassen, wie bspw. die irische Frage belegt. In den Monaten vor dem Ausbruch des Weltkrieges verschärften sich die Spannungen um „John Bulls other island" so dramatisch, dass Großbritannien vor dem Ausbruch eines offenen Bürgerkrieges zu stehen schien.

Die britischen Konservativen bedienten sich in den letzten Vorkriegsjahren einer zunehmend rechts-radikalen Rhetorik. Gewaltverherrlichende Protofaschisten und Konservative schmiedeten nicht nur in Großbritannien ein Bündnis. Es kam in ganz Europa zu Bewegungen, die Bruchstücke der Moderne mit wiederauferweckten Überresten einer halb vergessenen Vergangenheit verbanden, die versprachen, soziale Gerechtigkeit mit archaischen Gemeinschaftsgefühlen zu verbinden[1]: Ein atavistischer Machtkult und technokratische Modernisierungsbestrebungen gingen in zahlreichen Staaten Europas eine bemerkenswerte Verbindung ein, wie bspw. an den italienischen Futuristen deutlich wurde. Sie setzten darauf, dass ein extremer (italienischer) Chauvinismus, Imperialismus und Krieg den Weg in das Zeitalter der Technik „und der Maschinenkultur ebnen würden, um welchen menschlichen, sozialen und politischen Preis auch immer". Marinettis Manifest der Futuristen erschien 1909 zuerst im „Figaro" auf der Titelseite. Dieses Blatt war konservativ, katholisch und elitär orientiert und räumte trotz alledem einer Gruppierung an herausragender Stelle Raum ein, die die Werte, für die der „Figaro" stand, vehement bekämpfte.[2]

Von Macht und Gewalt bestimmte Ideologien und Strukturen gewannen während der imperialistischen Epoche in zahlreichen Staaten an Bedeutung, sie können darum keine rein innerbritischen Ursachen besessen haben. Die Abkehr von Werten der „zivilen Gesellschaft" scheint im Vereinigten Königreich wegen der zuvor beispiellosen Liberalität des Landes allerdings besonders bemerkenswert gewesen zu sein.

Während der imperialistischen Epoche wurden die (bürgerlichen) Massen in **allen** entwickelten Staaten von einer bis dahin unbekannten Vereinzelung und Wurzellosigkeit erfasst. Diese führt nach sozialpsychologischen Deutungen bei vielen Menschen zu Angst, die zu ihrer Bewältigung der (scheinbar) sicheren Hand eines Führers und/ oder dem Schutz durch die Glorifizierung der eigenen Gemeinschaft bedarf, im britischen Fall der des Empire. Die im Grunde militarisierte Ordnung von Produktion und Verwaltung im Zeitalter der sich entwickelnden Massenproduktion und Großindustrie verstärkte die Neigung zu autoritären Lösungen.

Die Verherrlichung der eigenen Gemeinschaft und die geforderte sowie mehr oder minder freiwillig erbrachte Opferbereitschaft für diese repressiven Strukturen fördern eine feindselige Disposition, die sich bspw. in Leibfeindlichkeit und der Herabwürdigung, wenn nicht Dämonisierung (vermeintlicher) innerer und äußerer Feinde entlädt. Indizien hierfür waren bspw. die Gewalt oder die Androhung dieser, unter der Gegner des Burenkrieges und Juden zu leiden hatten, oder der Hass, der Deutschland seit Beginn des Jahrhunderts aus weiten Kreisen entgegen schlug – und von Imperialisten gezielt geschürt wurde. Repressive Ordnungen scheinen Sündenböcke für ihren inneren Zusammenhalt zu benötigen.

---

[1] König, Zivilisation, 194
[2] Mayer, Adelsmacht, 205/06

Die sozialpsychologischen und – geschichtlichen Entwicklungen erklären die repressive Umgestaltung im **Inneren** und den Bedeutungsgewinn gewaltverherrlichender Ideologien, der sich bspw. in der Ausgrenzung von Schwachen und Minderheiten und dem sozialdarwinistisch gefärbten Ton eines großen Teils der britischen Presse zeigte. Auch in **außenpolitischer** Hinsicht wurde das Welt- und Menschenbild der Verantwortlichen zunehmend durch die sozialdarwinistische Ideologie beeinflusst, durch Angst und Skrupellosigkeit.

Die inneren Verhältnisse Großbritanniens hatten sich in den 1850/60er Jahren in vielerlei Hinsicht positiv und grundsätzlich von denjenigen auf dem Kontinent abgehoben. In den folgenden Jahrzehnten gewannen autoritäre Strukturen und von Macht und Gewalt dominierte Weltanschauungen jedoch so stark an Bedeutung, dass die Unterschiede zwischen dem (ehemals) freiheitlichen Großbritannien und dem autoritär-militaristischen Kontinent meist verschwammen. Die Gründe hierfür liegen in den bereits genannten sozialpsychologischen und –geschichtlichen Entwicklungen sowie in der Veränderung der **geostrategischen Lage** des Empire, das in der Epoche des Imperialismus so starken Gefährdungen ausgesetzt war wie seit 100 Jahren nicht mehr. All dies schien autoritäre Lösungen und eine Zusammenfassung der Kräfte zu fordern und zu fördern.

Innenpolitische und sozialpsychologischen Gründe legten eine im Inneren autoritäre Ordnung nahe. Nach außen hin schien eine imperialistische Politik bzw. eine Glorifizierung des Empire möglich und erforderlich, um innere Spannungen nach außen abzulenken, Millionen verunsicherten Menschen (scheinbare) Sicherheit und Orientierung zu bieten bzw. die Basis der eigenen Gruppierung oder Partei zu verbreitern. Der Spielraum für eine auf Ausgleich und den Erhalt des Friedens bedachte Politik wurde hierdurch nach innen und außen entscheidend eingeengt.

1.3 Grundzüge der britischen Außenpolitik in den 1890er Jahren

Die Überseegebiete der Großmächte rückten im Zeitalter der Kolonialexpansion und der verbesserten Kommunikationsverbindungen zunehmend zusammen. Großbritannien war seit den 1890er Jahren nur noch bedingt eine Inselmacht, es sah sich vielmehr etwa in Indien oder Westafrika als Nachbar von Ländern, die über sehr starke Landstreitkräfte verfügte.

Die geostrategische Lage des Empire war somit weit weniger komfortabel als eine Generation zuvor. Das relative wirtschaftliche und technologische Zurückbleiben des Landes gegenüber Konkurrenten verschärfte die Situation, denn das Vereinigte Königreich war immer weniger in der Lage, den ungewohnten Herausforderungen nur auf eigene Kraft gestützt begegnen zu können. Großbritannien hatte bereits zu Beginn des imperialistischen Zeitalters den Zenit seiner Macht überschritten. Die riesigen Gebiete, die das Empire in den Jahrzehnten um die Jahrhundertwende unterwerfen konnte, glichen lediglich zum Teil den Machtverlust aus, den es andernorts erlitt.

Salisbury und die anderen britischen Außenpolitiker sahen zu Beginn der imperialistischen Epoche zunächst aber keine Notwendigkeit, von der traditionellen bündnisfreien Politik abzurücken, obwohl die Warnungen der militärischen Experten vor der wachsenden von Russland ausgehenden Gefahr immer drängender wurden. Zum einen war die Unterwerfung überseeischer Territorien durch europäische Mächte noch in vollem Gange, so dass eine Konfrontation Großbritanniens mit einer anderen Großmacht für die nähere Zukunft noch nicht zu erwarten war. Zum anderen ermöglichte das Deutsche Reich eine Politik der „Splendid Isolation". Es band durch seine schiere

Existenz und Stärke russische und französische Kräfte in einem solchen Maße in Europa, dass die beiden großen alten Rivalen des Empire nur einen kleineren Teil ihrer Energie für eine Expansion in Asien und Afrika nutzen konnten. Zudem verschlechterten sich die russisch-deutschen Beziehungen zum Ende der 1880er/Anfang der 1890er Jahre erheblich, so dass der auf Großbritannien lastende russische Druck in diesen Jahren eher nachließ:

Die Wilhelmstraße bekundete 1890 aus Furcht vor einem Zweifrontenkrieg gegen Frankreich und Russland ein deutliches Interesse an einer Allianz und kam Großbritannien auf kolonialem Gebiet weit entgegen. Die britische Führung nutzte die Konzilianz der Wilhelmstraße in Übersee und den offenkundigen Wunsch des Deutschen Reiches, sich auf die Seite des Empire zu schlagen, um Frankreich 1890 durch koloniale Zugeständnisse zu besänftigen bzw. 1893 im Konflikt um Siam einzuschüchtern. Großbritannien war bereit und in der Lage, die Annäherung Deutschlands zur Stabilisierung der eigenen Lage zu instrumentalisieren.

Ein Bündnis mit einer Großmacht war aus britischer Sicht zu Beginn der 90er Jahre nicht nur unnötig, sondern den sicherheitspolitischen Interessen des Landes sogar eher abträglich: Es vergrößerte die Gefahr, in europäische Kontroversen hineingezogen zu werden, bspw. zwischen Frankreich und Deutschland bzw. Italien oder etwa zwischen dem Zarenreich und Österreich-Ungarn. Diese Deutung wurde von sämtlichen britischen Verantwortlichen geteilt.

Zwischen 1893 und 1895 verschlechterte sich Großbritanniens weltweite Position erheblich, v.a. durch den Abschluss des franko-russischen Bündnisses, durch Aus- und Nachwirkungen des chinesisch-japanischen Krieges und Entwicklungen im Osmanischen Reich. Salisbury, der von der Stärke seines Landes im Allgemeinen überzeugt war, gelangte nunmehr ebenso wie die militärischen Experten zu der Ansicht, dass Großbritannien dem erstarkenden Russland womöglich auf Dauer nicht mehr allein begegnen könne. Darum suchte er, die Spannungen zwischen anderen Mächten durch seinen Plan der Aufteilung des Osmanischen Reiches zu verstärken, den auf dem Empire lastenden Druck auf diese Weise deutlich zu verringern und für Großbritannien einen erheblichen Teil der Beute zu sichern. Die Türkeipläne scheiterten aber an der russischen Weigerung, sich zu beteiligen.

1896/97 entspannte sich die außenpolitische Lage Großbritanniens vorübergehend, denn der sogenannte „Ostasiatische Dreibund" von 1895 zwischen Russland, Frankreich und Deutschland war eine kurzzeitige Episode geblieben. Die Wilhelmstraße war weder bereit noch in der Lage, sich dem Empire entgegenzustellen. Das Bedürfnis nach überseeischer Expansion hatte in den vorhergehenden Jahren zwar auch in Deutschland, einige Jahre später als in Großbritannien, mächtig an Bedeutung gewonnen, und die Zugeständnisse, die Europas Mitte noch 1890 gemacht hatte, kamen für deutsche Außenpolitiker nun nicht mehr in Frage. Dies erschwerte die britische Position tendenziell. Es war aber offenkundig, dass das Deutsche Reich – anders als Russland, die Vereinigten Staaten und Frankreich – nicht in der Lage war, nennenswerten Einfluss- und Landgewinn gegen britischen Widerstand zu erzielen, ja Deutschland bedurfte meist sogar der britischen Unterstützung oder zumindest Billigung. Das Deutsche Reich war, wenn es in Übersee expansiv sein wollte, auf britisches Wohlwollen angewiesen, Großbritannien konnte sich somit der Unterstützung der Wilhelmstraße, bspw. in Ägypten oder China, recht sicher sein. Großbritannien war zudem gefahrlos in der Lage, Deutschland für die Provokation der „Krügerdepesche" demonstrativ in seine Schranken zu weisen. Das F.O. sah auch keine Veranlassung zu einer freundlichen Politik gegenüber dem Deutschen Reich, wie 1895/96 in Bezug auf Abessinien, Tsingtao 1897/98 oder Samoa deutlich wurde. Das Empire war zu Konzessionen oder einer entgegenkommenden Politik gegenüber Deutschland in Übersee nicht bereit, weil Europas Mitte nicht die Machtmittel besaß, diese wirkungsvoll einfordern zu können – im Gegensatz zu Russland, den Vereinigten Staaten und Frankreich. Verträgliche Beziehungen zu diesen drei Mächten besaßen Priorität. Großbritannien zeigte dementsprechend keinerlei Bereitschaft, sich auf die Seite der Wilhelmstraße zu stellen, wenn diese mit einer der drei Mächte Kontroversen ausfocht (s. Abessinien, Kiautschou, Samoa).

Dieses für das F.O. beruhigende Gefühl, die Wilhelmstraße auf seiner Seite zu wissen bzw. gefahrlos einschüchtern zu können, wurde jedoch bald überschattet. – Die Sicherheit und Prosperität des Empire schien seit Ende 1897 so bedroht wie seit den Tagen Napoleons I. nicht mehr. Zum Ersten: Da die Gebiete, die den imperialistischen Mächten zu Expansion offenstanden, gegen Ende der 1890er Jahre weitgehend aufgeteilt waren, wuchsen die Spannungen um die letzten „freien" Territorien und der Appetit auf die Überseegebiete schwacher Kolonialherren. Dieses neue Stadium des Imperialismus, das mit dem spanisch-amerikanischen Krieg und gravierenden britisch-französischen Spannungen um Westafrika und den Sudan einsetzte, schien für die alte britische Weltmacht besorgniserregender als für aufstrebende Konkurrenten. Zum einen wegen der umfangreichen Besitzungen Großbritanniens, von denen viele geeignet waren, Gelüste anderer Mächte zu wecken. Zum anderen aufgrund der nachlassenden Überlegenheit des Riesen. Bei mehr und mehr Briten war die Befürchtung gewachsen, dass ihr Land (bald) zu den potenziellen Opfern einer umfassenden Neuordnung der Welt zählen könnte. Verschärft wurde die Situation aus britischer Sicht zum Zweiten durch eine drohende Aufteilung Chinas, die sowohl unter strategischem als auch handelspolitischem Aspekt dem Vereinigte Königreich erhebliche Probleme beschert hätte. Das Hauptaugenmerk britischer Politiker, Diplomaten und Strategen galt aber zum Dritten der vom Zarenreich ausgehenden Gefahr: Russlands (scheinbar) übermächtige Armeen standen nicht nur nahe der Grenzen Britisch-Indiens, ihre Einsatzfähigkeit wurde durch den Bau strategischer Einsenbahnlinien zudem von Jahr zu Jahr gesteigert. Russland konnte in den Jahren nach 1897 stärker denn je in Asien aktiv werden, denn es hatte mit Österreich-Ungarn im selben Jahr ein Balkan-Stillhalteabkommen geschlossen. (Dieses war eine Nachwirkung der vorhergehenden Versuche Salisburys, gravierende Spannungen zwischen den kontinentalen Mächten um die Zukunft der Türkei zu schüren.) Zum Vierten wurde die sicherheitspolitische Situation des Empire durch das franko-russische Militärbündnis noch wesentlich verschärft.

Salisbury war so besorgt wegen der bedrohten Sicherheit des Empire, dass er dem Zarenreich zu Beginn des Jahres 1898 weitreichende Zugeständnisse anbot, um das britische Weltreich von Druck zu entlasten. Russland bekundete trotz britischen Entgegenkommens aber kein Interesse an einem Ausgleich – womöglich auch aufgrund der Konzessionsbereitschaft des F.O., denn dies galt als Zeichen von Schwäche, die eine noch größere Nachgiebigkeit Großbritanniens für die Zukunft erwarten ließ.

Salisbury war zwar bereit, bspw. Frankreich und Russland weit entgegenzukommen, um die außenpolitische Lage seines Landes zu entspannen. Er lehnte aber nach wie vor eine enge Verbindung mit einer anderen Macht ab, von den lediglich taktisch bedingten verbalen Bekundungen der Verbundenheit mit dem Dreibund abgesehen, da sie ihm nicht nur unnötig, sondern die Gefährdungen Großbritanniens wegen der möglichen Verwicklung in europäische Kontroversen eher noch zu vergrößern schien. Große Teile der Öffentlichkeit und des Kabinetts wollten dem alternden Staatsmann, der Verkörperung der „Splendid Isolation", aber nicht mehr folgen. Balfour und Chamberlain übergingen Salisbury im Sommer 1898 und schlossen mit dem Deutschen Reich das Abkommen über die portugiesischen Kolonien ab, um die französischen und russischen Rivalen des Empire vorsichtiger zu stimmen.

Die Wilhelmstraße wünschte ein Bündnis mit dem Empire, blieb aber misstrauisch, weil sie nicht ganz zu unrecht vermutete, dass Großbritannien womöglich lediglich das Deutsche Reich und Russland voneinander entzweien wollte. Deutschland forderte ein deutliches Entgegenkommen Großbritanniens auf kolonialem Gebiet, bspw. in Bezug auf die Materialisierung des Abkommens über die portugiesischen Kolonien und (mehr oder minder) einen formellen Beitritt zum Dreibund.

Ein mögliches britisch-deutsches Bündnis blieb 1898/99 ein aktuelles Thema. Beide Seiten sahen aber keinen dringenden Handlungsbedarf bzw. keine Möglichkeit, ein solches zu schmieden. So hatten sich zum einen die französisch-russischen Beziehungen deutlich abgekühlt, und die Positionierung der Wilhelmstraße an der britischen Seite war aus Sicht des F.O. ausreichend, um die anstehenden Herausforderungen bewältigen zu können. Zum anderen blockte Salisbury weitere Bündniskontakte ab, und auch die deutschen Außenpolitiker warteten ab, da die weltweite Position Großbritanniens tendenziell von Jahr zu Jahr schwächer wurde, und aus deutscher Sicht in Zukunft ein höherer Preis für eine Allianz zu erzielen schien.

1.4 Zur Bedeutung des Burenkrieges

Im Oktober 1899 wurde der Krieg in Südafrika entfesselt, der Großbritannien in den ersten Monaten unerwartet demütigende und besorgniserregende Niederlagen bescherte. Obwohl das Empire mehr Soldaten auf das Schlachtfeld schickte, als je zuvor in irgendeinem anderen Waffengang, konnte der zahlenmäßig äußerst schwache Feind erst nach 2 ½ Jahren endgültig bezwungen werden.

Der Burenkrieg führte zu einer Polarisierung der politischen Lager: Die „Rechte" sah sich in ihrer Überzeugung bestärkt, dass die Innen- und Außenpolitik gemäß den Erfordernissen eines Machtstaates umgestaltet werden müsse. Die Gefährdungen der Sicherheit des Empire und die ihres Erachtens offenkundige Unzulänglichkeit der althergebrachten, häufig liberal geprägten Strukturen schienen dies zu erfordern. Vorhaben der „Rechten" entsprangen teils technokratischem, teils autoritärem bis sozialdarwinistisch bestimmtem Gedankengut und umfassten durchaus auch Sozialreformen. Die „Rechte" tat offensichtlich alles, was in ihrer Macht stand, um die Anzeichen von Problemen Großbritanniens übertrieben darzustellen, um ihren autoritären Rezepten eine größere Überzeugungskraft zu verleihen.[3] Das dramatische Bild, das sie entwarf, korrespondierte mit ihrem (eher mehr als minder) sozialdarwinistischem Weltbild, das ihnen gar keine andere Wahrnehmung gestattete, als „den Teufel an die Wand zu malen", um die Existenz des Empire – und ihre eigenen Karrierechancen – zu sichern.

Die „Linke" wiederum erhielt durch die Vorgänge um Südafrika neue Nahrung in ihrer grundsätzlichen Kritik der imperialistischen Politik und neue Kraft durch den Aufstieg der organisierten Arbeiterbewegung. Wobei einflussreiche Vertreter der Gewerkschaften bzw. Labour Party und insbesondere viele Liberale zur imperialistischen Weltanschauung konvertiert waren. Ihre parlamentarische Vertretung, die „Liberal Imperialists", erhöhte in den 20 Jahren nach ihrer Gründung im Jahre 1892 ihre Repräsentanz im Unterhaus ganz erheblich. Auch in anderen Ländern schwächte und spaltete der Imperialismus, der unter sozialpsychologischem Aspekt betrachtet so viele Bedürfnisse zu befriedigen schien, die Linke: Die italienische Arbeiterklasse, die noch 1896 versucht hatte, den Abessinienkrieg zu sabotieren, war durch eine sozialimperialisti-

[3] Scally, Origins Lloyd George; s. auch Berghahn, Imperial Germany, 188/89

sche Politik bereits wenige Jahre später teilweise zur Verherrlichung von Macht und Gewalt konvertiert und gespalten worden.[4]

Die militärische Schwäche Großbritanniens war durch den Burenkrieg offenkundig geworden, und der finanzielle Spielraum des Staates wegen der sehr hohen Kriegs- und Kriegsfolgekosten entscheidend eingeengt, was die Fähigkeit des Landes, im Rüstungswettlauf gegen die Konkurrenten mithalten zu können, deutlich beeinträchtigte. Zudem wurde der Burenkrieg für Millionen Briten zu der entscheidenden politischen Erfahrung ihres Lebens, stärkte autoritäre und sozialdarwinistische Tendenzen im Lande erheblich, und Salisbury war gegen Ende des Jahres 1900 genötigt worden, als Außenminister zurückzutreten. All dies bereitete den Boden für einen grundsätzlichen Wandel der britischen Außenpolitik in den folgenden Jahren vor.

Bevor es um die eher chronologisch strukturierte Darstellung dieser Entwicklung geht, wird auf den folgenden Seiten zunächst eine Querschnittanalyse folgen:

1.5 Situation und Optionen Großbritanniens zu Beginn des 20. Jahrhunderts

Seit dem Ende der 1880er Jahre stiegen die britischen Militär- und auch Zivilausgaben steil an, und der Burenkrieg verschärfte die angespannte Finanzlage. Seit der Jahrhundertwende übte diese nicht mehr nur einen diskreten Hintergrundeinfluss auf die britische Außenpolitik aus, sondern wurde zur „unentrinnbaren Determinante". Selbst Salisbury stellte 1901 fest, dass die mangelnde Bereitschaft (und Fähigkeit) Großbritanniens, mehr Geld für die Sicherung der überseeischen Interessen auszugeben, und die wachsende Macht anderer Länder zu einem Rückgang des britischen Einflusses in zahlreichen Weltregionen führten.[5] Dies traf insbesondere auf China und das Vorfeld Indiens zu, in denen die russische Macht v.a. zu Lasten des Empire tendenziell von Jahr zu Jahr anstieg. Noch 1878 hatten zahlreiche britische Politiker und Militärs die zuversichtliche Überzeugung gehegt, das Zarenreich in Asien, nur auf eigene Kraft gestützt, gewaltsam zurückdrängen zu können. Dieses Vertrauen in die eigenen Möglichkeiten war spätestens seit den 1890er Jahren gänzlich geschwunden. Es bestand keinerlei Aussicht mehr, den Rivalen mit Waffengewalt bezwingen zu können, und die Aussichten eines „containment" mit friedlichen Mitteln verschlechtern sich zusehends. Darum unternahmen britische Politiker seit den letzten Jahren des 19. Jahrhunderts mehrfach den Versuch, das Zarenreich durch weitgehende Zugeständnisse zu einem Ausgleich zu bewegen – aber ohne Erfolg.

Großbritanniens Möglichkeit, die sicherheitspolitische Situation durch eine erhebliche Erhöhung der Rüstungsausgaben zu verbessern, schien zu Beginn des 20. Jahrhunderts erschöpft. Der Anteil der Militärausgaben am Nationaleinkommen war in Großbritannien während der vorhergehenden Jahre bereits regelmäßig höher als in anderen hochentwickelten Ländern gewesen, etwa dem Deutschen Reich. Von 1893 bis 1904 stiegen die britischen Aufwendungen für Flotte und Heer um 31 Mio. Pfund, diejenigen Russlands um 18 Mio. Pfund, die Deutschlands um 10 Mio. Pfund und die Frankreichs um 3 Mio. Pfund.[6] Der ohnedies bereits sehr hohe britische Rüstungsauf-

---

[4] Mommsen, Der moderne Imperialismus, 12/13; Semmel, Imperialism and Social Reform, 25

[5] Wilson, Policy Entente, 11; Blake, Salisbury, 176 u. Bartlett, British Foreign Policy, 4; Neilson, Britain and the Last Tsar, 8

[6] 1888 betrugen die Ausgaben für das britische Heimat- und Indienheer genau das Doppelte derjenigen für die deutschen Landstreitkräfte (Thornton, Imperial Idea, 122), – von den Kosten für die „Royal Navy" abgesehen, die ein Vielfaches des deutschen Wertes betrugen. Mander (Our German Cousins, 198/99) gibt folgende Zahlen für 1913 an: Großbritannien 3,26 %, Deutsches Reich 2,88 %. Zahlen zur

wand wuchs in diesem Zeitraum also ebenso stark an, wie derjenige Russlands, des Deutschen Reiches und Frankreichs zusammen – obwohl das Vereinigte Königreich bereits seit zwei Jahrzehnten das niedrigste Wirtschaftswachstum der vier Großmächte aufwies. Die russischen Armeen an Indiens Grenze und die französisch-russische Herausforderung zur See ließen die britischen Rüstungsausgaben in einer solchen Geschwindigkeit in die Höhe schnellen, daß ein Staatsbankrott in näherer Zukunft möglich schien. Über diese Gefahr wurde auch im Kabinett diskutiert. Großbritannien näherte sich der Grenze seiner Belastbarkeit. Außenminister Lansdowne und Marineminister Selborne erklärten 1904 aber eine Herabsetzung der immensen Militärausgaben wegen der franko-russischen Rivalen für unmöglich. Die finanziellen Probleme drohten sich in den folgenden Jahren noch zuzuspitzen, da stagnierende oder gar sinkende Staatseinnahmen zu erwarten waren.

Die Zweifel über die Kampfkraft der britischen Landstreitkräfte waren aufgrund der Erfahrungen des Burenkrieges beträchtlich gewachsen. Dies machte Reformen erforderlich, verhinderte zugleich aber auch Rüstungskürzungen, die unter finanziellem Gesichtspunkt dringend geboten waren. Großbritannien war auch nicht in der Lage, durch erhöhte Steuern in Indien mehr Mittel für die Verteidigung des Subkontinents aufzubringen. Es schien in Anbetracht der wachsenden Unruhe der zahlreichen moslemischen Untertanen und der zweifelhaften Verbundenheit der Masse der Inder mit der britischen Macht nicht ratsam, die Loyalität der Bewohner der Kronkolonie noch stärker zu strapazieren. Die Überlegenheit der „Royal Navy" über jede andere (einzelne) Flotte war hingegen unbestritten. Die von der franko-russischen Allianz ausgehende Bedrohung ließ aber auch hier fraglich erscheinen, ob Mittelkürzungen (erheblichen Ausmaßes) vertretbar wären. Zudem investierte seit Mitte der 1890er Jahre nicht nur der alte Widersacher Frankreich erhebliche Summen in die Seestreitkräfte, sondern auch die Vereinigten Staaten, das Deutsche Reich, Japan und Russland begannen ihre Kriegsmarine beträchtlich zu verstärken. Dies beeinträchtigte die Zuversicht, die weltweite Position allein aus eigener Kraft sichern zu können noch zusehends.

Die strategische Situation Großbritanniens hatte sich in den 1890er Jahren entscheidend verschlechtert, insbesondere durch das franko-russische Bündnis und den Druck des Zarenreiches auf China und das Vorfeld Indiens. Der Burenkrieg hatte zudem gravierende Schwächen der Organisation von Staat und Gesellschaft offenbart, den finanziellen Spielraum wegen der sehr hohen Kriegskosten eingeengt und zum Abgang Salisburys geführt. Doch nicht nur diese „objektiven" Faktoren legten eine Neuausrichtung der britischen Außenpolitik nahe: In Großbritannien herrschte zu Beginn des 20. Jahrhunderts der Eindruck vor, dass das Land seinen althergebrachten Vorsprung vor anderen Mächten zunehmend verliere.[7] Es gab bereits in den 1870er Jahren Indizien, dass das alte Überlegenheitsgefühl Skepsis und Besorgnis zu weichen begann. Es handelte sich um einen langsamen Prozess, der durch den Burenkrieg wesentlich beschleunigt wurde. Zwischen der Jahrhundertwende und der Entfesselung des Weltkrieges herrschte unter den seit den 1850er/60er Jahren geborenen Angehörigen der britischen Eliten fast Einmütigkeit, dass Großbritannien stark an Macht verliere. Hierfür gab es in der Tat zahlreiche Indizien, ob auf wirtschaftlichem, außenpoliti-

Mannschaftsstärke und den Ausgaben für die britischen Streitkräfte s. Cook, Historical Facts, 185; Monger, Ursachen, 10–12

[7] Martel, Gordon: *The Meaning of Power. Rethinking the Decline and the Fall of Great Britain*, in: INTERNATIONAL HISTORY REVIEW 13 (1991), 662–694; Friedberg, Weary Titan, 14/15. Lowe argumentiert nachdrücklich, dass den britischen Premier- oder Außenministern die nachlassende Kraft ihres Landes nicht bewusst gewesen sei, auch nicht den Regierungen rivalisierender Mächte (s. McKercher, Introduction, 2).

schem, technischem oder militärischem Gebiet. Es gab ebenso vielfältige Anzeichen dafür, dass dies von den Angehörigen der Eliten wahrgenommen wurde, auch von älteren.[8]

Der einflussreiche chauvinistische Journalist Garvin fragte sich bspw. 1905, ob es in einem Jahrhundert noch ein Empire geben werde, das den 200. Jahrestag von Trafalgar feiern könne.[9] Kurze Zeit zuvor hatte die angesehene „Commission on the South African War" festgestellt, dass „nur eine außergewöhnliche Kombination glücklicher Umstände" das Empire um die Jahrhundertwende vor der Intervention europäischer Mächte bewahrt hätte.[10] Diese Einschätzung ist gänzlich unzutreffend, aber bezeichnend für den aufgeregten Zeitgeist. Die in den Eliten stark verbreitete sozialdarwinistische Ideologie ließ die abnehmende Kraft des Empire und die (vermeintlich) aggressiven Absichten der Kontrahenten entsprechend der Ideologie des „Kampfes ums Dasein" unangemessen dramatisch erscheinen. Angehörige der britischen Eliten zeigten seit den letzten Jahren des 19. Jahrhunderts zunehmende Anzeichen von Panik, Hysterie und zugleich Gewaltbereitschaft, wobei die Jüngeren von diesem Phänomen wiederum weitaus stärker ergriffen wurden als Angehörige der älteren Generation wie etwa Sanderson. Da starke Gefühlsregungen gewöhnlich das Urteilsvermögen trüben, sank das Analyseniveau britischer Politik in den Jahren unter Grey im Vergleich zu demjenigen Sandersons erheblich ab.

Großbritannien stand zu Beginn des 20. Jahrhunderts aus geostrategischen, finanzpolitischen und vor allem aber sozialpsychologischen Gründen vor einem tiefgreifenden Wandel seiner Außenpolitik.

Im Folgenden werde ich zunächst die vorrangigen außenpolitischen Interessen Großbritanniens skizzieren und danach auf die Beziehung des Landes zu den wichtigsten anderen Mächten eingehen:

Die Mittel, die britische Bürger außerhalb ihres eigenen Landes investiert hatten, überstiegen um die Jahrhundertwende das Auslandsvermögen aller anderen Staaten zusammengenommen. Großbritannien war stärker als alle anderen Großmächte auf den Außenhandel ausgerichtet und britische Reedereien, Versicherungen und Banken dominierten den internationalen Dienstleistungssektor und besaßen Kunden in aller Welt. Zudem umfasste das britische Empire um die Jahrhundertwende eine bei weitem größere Fläche und Bevölkerungszahl als jedes andere Imperium der Weltgeschichte, was den Neid und Unmut der Eliten anderer Mächte nährte, die zudem tendenziell an Stärke gewannen. Die Interessen des Vereinigten Königreiches geboten darum aus den vielfältigen oben genannten Gründen eine Bewahrung des Friedens und die Sicherung des für das Vereinigte Königreich sehr vorteilhaften Status quo.

Die Souveränität, die Sicherung des bereits Eroberten allein auf eigene Kraft gestützt erreichen zu können, war in den Jahren um die Jahrhundertwende aber weitgehend geschwunden. Das Empire schien Allianzpartner zu bedürfen. Die britischen Beziehungen zu den anderen Mächten ersten Ranges, d.h. den potenziellen Bündnispartnern bzw. wichtigsten Kontrahenten, zu denen ich die USA, Frankreich, Russland und das Deutsche Reich zähle, stellten sich um die Jahrhundertwende grundsätzlich folgendermaßen dar:

Großbritannien war zweifellos dasjenige Land, dessen Sicherheit und Macht durch die wachsenden Vereinigten Staaten am stärksten beeinträchtigt wurde. Zum einen wegen der sich stark verschlechternden Aussichten, aus einem Waffengang gegen den jun-

---

[8] Friedberg (Weary Titan, 17) teilt diese Ansicht, Joll (War Guilt 1914, 68) relativiert sie.
[9] Searle, Quest, 5
[10] Thornton, Imperial Idea, 118

gen Giganten siegreich hervorgehen zu können. Dies beeinträchtigte zusehends die Aussichten, Kanada, das amerikanische Annexionsabsichten fürchten musste, verteidigen zu können. Zum anderen wurde die britische Dominanz in Südamerika in Frage gestellt, was sowohl den außenpolitischen Einfluss des Empire in den „Dominions ehrenhalber" als auch handels- und finanzpolitische Interessen beeinträchtigte.

Großbritannien fügte sich sehr frühzeitig, beugte sich Anfang 1896 spektakulär amerikanischen Drohungen und überließ den USA in den folgenden Jahren, ohne einen Konflikt zu wagen, die strategische Dominanz auf dem amerikanischen Kontinent, so dass das Empire vom Wohlwollen der USA abhängig wurde. Dies war das erste und besonders eindrückliche Beispiel des Zurückweichens des Empire vor einem (scheinbar) übermächtigen Konkurrenten. In einer solch untergeordneten Stellung hatte sich Großbritannien noch niemals zuvor gegenüber irgendeinem anderen Land befunden. – Somit schied auf Dauer eine Außenpolitik aus, die das Vereinigte Königreich in einen ernsthaften Konflikt mit den Vereinigten Staaten hätte bringen können. Eine britische Allianz mit den isolationistischen USA schied jedoch aus, wäre letztlich auch nicht von großer Bedeutung gewesen, da Waffen oder Einfluss der Vereinigten Staaten bei der Verteidigung britischer Besitzungen, etwa in Westafrika, Ägypten oder Indien, kaum wirksam hätten werden können.

Frankreich hatte sich in Faschoda der britischen Macht beugen müssen, und Russland hatte während der Sudankrise keine Bereitschaft gezeigt, der III. Republik zur Hilfe zu kommen. Aus einem möglichen Waffengang gegen Frankreich wäre das Empire auch einige Jahre später mit recht hoher Wahrscheinlichkeit als Sieger hervorgegangen. Da das Zarenreich im Kriegsfall jedoch als möglicher weiterer Gegner betrachtet werden musste, die französische Marine in den Jahren um die Jahrhundertwende deutlich an Schlagkraft gewann, das franko-russische Bündnis über Basen auf dem gesamten Erdball und starke Landstreitkräfte in der Nähe britischer Besitzungen verfügte, hielt sich das Drohpotenzial Großbritanniens gegenüber Frankreich in engen Grenzen. Ein Bündnis des Empire mit seinem östlichen Nachbarn schied aus: Zum einen wegen des französischen Ziels, die Machtverhältnisse auf dem Kontinent zu verändern, was britischen Interessen widersprach, zum anderen wegen der Réssentiments vieler Franzosen gegenüber dem Empire.

Die III. Republik war nicht nur ein ernst zu nehmender möglicher Kriegsgegner, sondern zudem in der Lage, britische Interessen auch in Friedenszeiten nachhaltig zu gefährden, bspw. in Ägypten oder Indochina. Frankreich besaß nicht nur an sich eine hohe Bedeutung für Großbritannien, es verfügte insbesondere aufgrund der immensen Kapitalströme, die aus dem wohlhabenden Frankreich nach Russland flossen, auch über beste Kontakte nach St.Petersburg und einigen Einfluss auf die Politik des Zarenreiches.

Dies war für das Vereinigte Königreich von besonderem Interesse, denn den Vereinigten Staaten und Frankreich hätte es im Kriegsfall schwere Verluste zufügen können, was die britische Position gegenüber diesen Mächten zweifellos stärkte. Russland jedoch war durch britische Waffen praktisch nicht zu schädigen. Das Vereinigte Königreich war auch nicht in der Lage, außenhandelspolitisch oder finanziell Druck auszuüben, denn der Warenaustausch beider Länder war nicht sehr bedeutend und die Investitionen britischer Bürger im Zarenreich zu vernachlässigen.

Russland schien fähig, die Meerengen zu gefährden, in China, Persien und Afghanistan offensiv zu werden oder gar auf Indien selbst auszugreifen. Ein Ausgleich mit dem Zarenreich hätte Großbritanniens drängende Verteidigungsfragen gelöst oder – mit Blick auf die von Frankreich ausgehende Herausforderung – wesentlich entschärft. St. Petersburg hatte auf Avancen des F.O. aber durchweg sehr kühl reagiert. Bereits die

Tatsache, dass Großbritannien mehrfach auf Russland zuging, um die Beziehungen zu entspannen, machte die Kräfteverhältnisse zwischen beiden Mächten deutlich. Darin herrschte bei den Beobachtern der damaligen diplomatischen Szene Einmütigkeit. – Die Interpretation der Machtverhältnisse wird auch durch sozialpsychologische Studien gestützt: Es ist am wenigsten wahrscheinlich, dass der stärkste „Spieler", also die stärkste Großmacht, die Initiative für ein Bündnis mit einem anderen Spieler ergreift, es ist am wahrscheinlichsten, dass diesen Schritt der schwächste Spieler unternimmt.[11]

Das Deutsche Reich war eine weitere Macht ersten Ranges, und es gab stichhaltige Argumente, die Wilhelmstraße als idealen Allianzpartner Großbritanniens anzusehen: Beide erhoben keine Ansprüche auf Territorien anderer europäischer Länder und besaßen ein existenzielles Interesse an einer starken Stellung des jeweils anderen. Beides konnte von Frankreich oder Russland nicht behauptet werden. Zudem hatte Deutschland die Möglichkeit, die beiden alten Widersacher des Empire durch Demonstrationen der Stärke in Europa von aggressiven Akten gegen britische Besitzungen oder Interessen weltweit abschrecken zu können.

Seit dem Frühjahr 1898 begann Großbritannien, wegen des russischen Desinteresses an einer Verständigung und der franko-russischen Bedrohung dementsprechend eine gewisse Neigung zu einer Allianz mit Deutschland zu zeigen. Ein Beitritt Großbritanniens zum Dreibund hätte diesen stabilisiert, was vor allem in deutschem Interesse lag, aber auch für das Empire vorteilhaft gewesen wäre. Zudem wäre sowohl die Fähigkeit Frankreichs als auch Russlands, die Sicherheit der Partner des neuen „Vierbundes" in Europa oder Übersee zu gefährden, entscheidend beschnitten worden.

Beide zögerten jedoch, Bündnisgespräche mit Nachdruck voranzutreiben. Zum einen, weil aus britischer Sicht ausgeschlossen schien, dass sich Deutschland grundsätzlich gegen Großbritannien wenden könnte. Die englandfreundliche Politik der Wilhelmstraße während des Burenkrieges stützte diese Deutung: Im September 1901 bspw. meinte Marineminister Selborne, dass eine englandfeindliche Kombination aus Frankreich, Russland und Deutschland ausgeschlossen sei.[12]

Andererseits hielten deutsche Politiker wie bspw. Bülow ein deutschfeindliches Bündnis Großbritanniens mit Frankreich und Russland praktisch für ausgeschlossen, da ihm „kein Beispiel einer großen Nation bekannt" sei, „die sich selbst den Bauch aufgeschlitzt hätte".[13] Die Verantwortlichen in der Wilhelmstraße waren der Überzeugung, dass es für das Empire existenzielle Gefahren heraufbeschwöre, wenn die deutsche Macht entscheidend geschwächt würde, da dies Russland und Frankreich erlaubte, mit deutlich stärkerem Nachdruck in Asien und Afrika aktiv zu werden.

Die deutsche Einschätzung der britischen Interessen scheint mir prinzipiell ebenso plausibel wie die britische Deutung der deutschen Lage. Beide konnten sich in den Jahren um die Jahrhundertwende recht sicher sein, dass keine Gefahr bestand, den jeweils anderen eines Tages zum Kreis der Gegner zählen zu müssen. Insofern fiel ein Grund fort, sich des Wohlwollens des jeweils anderen versichern zu müssen und hierfür Risiken einzugehen. – Die Analysen der Politiker beide Länder konnten aber nur so lange zutreffen, wie rationales und längerfristiges Kalkül die Handlungen bestimmte.

Die Wilhelmstraße bot dem Empire die Sicherheit des Dreibundes, forderte hierfür jedoch Entgegenkommen auf kolonialem Gebiet. Außenminister Richthofen drückte es 1901 mehr oder minder beschönigend so aus:

---

[11] Rivera, Psychological Dimension, 311
[12] S. z.B. Marder, Anatomy, 463/64 u. PRO, FO 800/18, Lascelles an Lansdowne, 25.4.1902
[13] Zit. in Wormer, Großbritannien, Rußland und Frankreich, 59

„Unsere Macht absorbiert russische und französische Streitkräfte in einem solchen Maße, dass Russland und Frankreich sich vor Abenteuern gegen England hier oder dort hüten werden. Als Ergebnis kann England seine Macht wahren. Wir andererseits fordern keine von Englands Besitzungen. Alles, was wir wollen, ist, in Frieden leben zu können und einen Anteil zu bekommen, wenn sich England vom Tisch einer schwachen Nation bedient."[14]

Eine britische Großzügigkeit in Übersee hätte die deutsche Öffentlichkeit gewiss für das Empire eingenommen, aber in zahlreichen Fällen zur Verärgerung anderer, für das Empire maßgeblicherer Mächte geführt, z.B. Frankreichs im Falle einer Aufteilung der portugiesischen Kolonien. Zudem hätte Großbritannien wertvolle mögliche Kompensationsobjekte für einen Handel mit Russland, den Vereinigten Staaten oder Frankreich verlieren können.

Außerdem war im Falle eines Bündnisses mit Deutschland aus britischer Sicht ganz grundsätzlich eine Verschärfung der Spannungen mit Frankreich und Russland zu befürchten. Die Beziehungen zu Russland besaßen aus sicherheitspolitischen Notwendigkeiten für Großbritannien aber Priorität. Ein britischer Ausgleich mit den Flügelmächten belastete demgegenüber „lediglich" die Beziehungen zu den Mittelmächten, also zu Ländern, deren Möglichkeit zu englandfeindlichen Akten sehr begrenzt war.

Die militärische und politische Macht Deutschlands war außerhalb Europas nachrangig im Vergleich zu derjenigen Russlands, der USA und Frankreichs. Der internationalen diplomatischen Szene war der Mangel an deutschen Möglichkeiten, Druck auf das Empire auszuüben, bekannt. Die Wilhelmstraße war nicht einmal während der für die Briten sehr bedrohlichen und demütigenden Erfahrungen der ersten Monate des Burenkrieges in der Lage, durch das Samoaabkommen eine vorteilhafte Einigung zu erzielen, während bspw. die USA fähig waren, das F.O. zu umfassenden Zugeständnissen zu nötigen. Deutschland (und seine Bundesgenossen) waren weder in der Lage, nennenswerten politischen oder militärischen Druck auf Großbritannien auszuüben, noch die drängenden Probleme des Empire bspw. in Ägypten, Persien oder China vor Ort entscheidend zu lindern, denn sie besaßen in Übersee zu wenig Macht.

Deutschland hätte also sein Gewicht in Europa in die Waagschale werfen müssen, um das Empire in Asien und Afrika zu entlasten: Aber war ernsthaft zu erwarten, dass sich Deutschland für den Preis einer Herrschaft über Samoa, die Walfischbucht, einen Anteil am portugiesischen Kolonialreich oder anderen überseeischen Zugeständnissen Großbritanniens grundsätzlich weltweit und dauerhaft russischen Interessen entgegenstellte? Das F.O. musste fürchten, dass sich der Dreibund abwartend verhält, wenn es etwa wegen Persien zu einem Krieg zwischen dem Empire und dem Zarenreich kommen sollte. Das Deutsche Reich verfocht die Expansion in Übersee nicht mit dem Nachdruck wie Frankreich oder Russland, denn es sah sich sowohl im Osten als auch im Westen zwei expansionistischen Großmächten gegenüber. Letztlich stand für die deutsche Außenpolitik die Sicherung der Stellung in Europa im Vordergrund. An zweiter Stelle standen abwechselnd der Drang nach überseeischer territoriale Expansion, bzw. deutsches Exportinteresse bspw. in China oder Südamerika.

Bei einer gründlichen Analyse wuchsen auch in der Wilhelmstraße die Zweifel an der Attraktivität eines Bündnisses mit dem Empire: Zum Ersten bestand die Gefahr, dass das Zarenreich, die größte sicherheitspolitische Gefahr auch Deutschlands, noch enger mit Frankreich kooperierte. Die Entwicklung der Jahre nach 1890 nährte diese Befürchtung.[15] Die Wilhelmstraße wünschte eine enge Verbindung mit Großbritannien, fürchtete aber zugleich, dass dieses die Mitte Europas lediglich gegen Russland und

---

[14] Rückübersetzung aus dem Englischen, zit. in Hale, Publicity and Diplomacy, 266 nach Bülow, Memoirs, I, 590/91

[15] S. auch Bayer, England, 2/3 u. Kennan, Bismarcks, 270

Frankreich positionieren wollte, um die angespannte Situation des Empire in Indien, China, Westafrika und Ägypten zu entlasten.

Zum Zweiten wuchs die Gefahr, dass sich Russlands Ehrgeiz stärker dem Balkan zuwenden könnte. Ein Bündnis mit dem Empire war aus deutscher Sicht nur dann wünschenswert, wenn dies die sicherheitspolitische Lage Deutschlands in Europa nicht (allzu deutlich) beeinträchtigte. Genau dies war aus deutscher Sicht jedoch zu befürchten. Zum Dritten hätten die deutschen Konservativen gegen ein Bündnis mit Großbritannien opponiert, was die Regierung in eine sehr schwierige Lage hätte bringen können.[16]

Ich fasse zusammen: Britische Interessen geboten prinzipiell eine Beibehaltung des für das Empire sehr vorteilhaften Status quo. Die Fähigkeit, diesen zu sichern, und nicht zuletzt das Vertrauen auf die eigene Kraft schwanden jedoch. Ein britisches Bündnis mit den USA war weder möglich, noch wäre es hinreichend gewesen, um die sicherheitspolitischen Sorgen in Asien zu mindern. Russland zeigte an einer Entspannung der Beziehungen kein Interesse, und ein möglicher Ausgleich mit Frankreich stand erst 1903/04 zur Diskussion. Enge und freundschaftliche Beziehungen zur franko-russischen Allianz widersprachen auch dem existenziellen Interesse Großbritanniens an der Beibehaltung des Status quo in Europa. Mit dem Deutschen Reich kam letztlich kein Bündnis zustande, weil für beide Seiten die Beziehungen zum Zarenreich im Vordergrund standen und eine britisch-deutsche Allianz die sicherheitspolitische Situation beider Partner aus verschiedenen Gründen womöglich eher verschlechtert hätte.

1.6 Grundzüge der britischen Außenpolitik zwischen 1901/02 und Ende 1905

Die von den franko-russischen Flotten ausgehende Gefahr, die immer drängender werdenden Probleme der Sicherung Indiens und die Erosion britischer Macht in China geboten nach der Überzeugung einer wachsenden Mehrheit der Verantwortlichen eine Abkehr von der traditionellen Politik der Bündnisfreiheit. Ein Ausgleich oder gar ein Bündnis mit einer Macht ersten Ranges war für Großbritannien aber nicht zu erreichen, denn Russland und vor allem Frankreich forderten hierfür, dass es sich ihren expansionistischen Zielen in Europa nicht mehr entgegenstellte. Eine Veränderung des Status quo zu Lasten der Mittelmächte setzte das Empire jedoch existenziellen Gefahren aus, was die britischen Verantwortlichen bis in die ersten Jahre des 20. Jahrhunderts deutlich empfanden.

Großbritannien unternahm darum Anfang 1902 den Schritt des Bündnisses mit Japan, vor allem jedoch, um einen möglichen Ausgleich zwischen dem fernöstlichen Reich und Russland zu verhindern, über den in Japan 1901 intensiv diskutiert worden war. Ein solcher hätte die britische Macht in China und womöglich darüber hinaus zutiefst erschüttert. Großbritannien war trotz anfänglichen Zögerns bereit – und in der Lage –, dem Bündnispartner im Kriegsfalle den Rücken zu decken und verhalf somit der sogenannten „Kriegspartei" in Japan zum Durchbruch.[17] Es war offensichtlich, dass Nippon in näherer Zukunft einen Waffengang gegen das Zarenreich beginnen wollte. Die Aussichten des neuen britischen Allianzpartners, diesen siegreich führen zu können, waren nach einhelliger Ansicht der europäischen Beobachter recht gering. Eine Niederlage Japans in einem Krieg gegen Russland hätte für das Empire aber noch dramatischere Folgen nach sich ziehen können als ein Ausgleich der beiden Kaiserreiche.

---

[16] Canis (Von Bismarck zur Weltpolitik) betont diesen Aspekt.
[17] Grenville, Imperial Germany and Britain, 88/89

Zudem bestand die Gefahr, dass Frankreich auf Seiten seines Bündnisgenossen in den Waffengang eintrat. Die Allianz war somit ein sowohl hilfloser als auch waghalsiger und fragwürdiger Schritt. Die Briten trösteten sich mit der machiavellistischen Überlegung, dass ein russisch-japanischer Krieg **an sich** vorteilhaft für Großbritannien sei, unabhängig von seinem Ausgang, da das Zarenreich finanzpolitisch in jedem Fall geschwächt würde.

Ein freundliches britisch-deutsches Verhältnis hätte einem möglichen Kriegseintritt Frankreichs gegen den britischen Bundesgenossen, der Großbritanniens zur Waffenhilfe verpflichtet hätte, vorbeugen können, und der im November 1900 ernannte Außenminister Lansdowne schien ernsthaft bestrebt gewesen zu sein, befriedigende Beziehungen mit dem Deutschen Reich zu pflegen und weiterzuentwickeln. Nicht zuletzt die antideutschen Ausbrüche eines einflussreichen Teils der britischen Öffentlichkeit machten dies jedoch unmöglich (s. bspw. Venezuela 1902/03, Bagdadbahn 1903). Lansdowne unternahm seitdem keinen Versuch mehr, einträchtige Beziehungen mit der Wilhelmstraße herzustellen. Dies hätte auch freundschaftlichen Kontakten mit dem Quai d'Orsay widersprochen:

Großbritannien und Frankreich, die beide fürchteten, in den immer wahrscheinlicher werdenden fernöstlichen Krieg hineingezogen zu werden, begannen 1903 Gespräche über den Abbau der mannigfaltigen zweiseitigen Konflikte. Sie schmiedeten zudem eine „Erwerbsgemeinschaft", um ihre Macht in Ägypten und Marokko zu festigen bzw. zu etablieren. Beide Mächte vereinbarten mit anderen maßgeblichen Ländern (Russland, Italien, Spanien) Kompensationen. Großbritannien willigte aber ohne Vorbehalte in den französischen Wunsch ein, deutsche Interessen zu übergehen und der „Entente" von Beginn an eine betont antideutsche Spitze zu verleihen: Ein Ausgleich mit der III. Republik war aus britischer Sicht nicht nur aus aktuellem Anlass dringend geboten, denn im Februar 1904 war der Krieg im Fernen Osten entfesselt worden. Entspannte Beziehungen zu Frankreich besaßen für das Empire auch ganz grundsätzlich eine deutlich höhere Anziehungskraft als freundschaftliche Kontakte mit dem Deutschen Reich. Nicht zuletzt, weil der Quai d'Orsay Mittlerdienste nach Russland in Aussicht stellte.

Die Allianz mit Japan und die Entente mit Frankreich entsprangen demzufolge **keineswegs** einer britischen Sorge vor einem expansiven Deutschland. Es waren vor allem die zunehmende Stärke Russlands und das demonstrative Desinteresse des Zarenreiches an einen Ausgleich mit Großbritannien, die zur Abkehr von der Politik der „Splendid Isolation" führten.

Britische Politiker hegten keine Furcht vor Deutschland und besaßen hierfür auch keinen Anlass. Der Venezuelakonflikt (Ende 1902/Anfang 1903) hatte erst kurz zuvor die Machtverhältnisse zwischen Großbritannien und Deutschland wieder einmal verdeutlicht – und die Angst britischer Imperialisten vor dem Zorn der USA. Außenminister Lansdowne erwartete lediglich „mit Interesse" die Reaktion der Wilhelmstraße zu der von Großbritannien und Frankreich vereinbarten Neuordnung der ägyptischen Verhältnisse, für die die Einwilligung anderer Mächte erforderlich war. Da Frankreich für den Preis Marokkos dazu bereit schien und weitere Länder gefällig gestimmt worden waren, überging Lansdowne die eher hilflosen deutschen Vorbehalte mit bemerkenswerter Schroffheit.

Zu Beginn des Jahres 1905 war die russische Niederlage im Fernen Osten besiegelt. Das Zarenreich war geschwächt, auch durch revolutionäre Unruhen im Inneren und nunmehr auf absehbare Zeit nicht mehr fähig, britische Interessen in China oder dem Vorfeld Indien ernsthaft zu gefährden. Die Allianz mit Japan wurde noch fester geschmiedet und die sicherheitspolitische Lage des Empire schien somit komfortabler als seit etwa zwei Jahrzehnten.

Im Frühjahr 1905 begann Frankreich, der britischen Unterstützung sicher, mit Waffengewalt seine Macht in Marokko zu etablieren, und das Deutsche Reich entschloss sich nach einigem Zögern, durch das Völkerrecht legitimiert, auf einer internationalen Konferenz zu bestehen. Großbritannien lehnte diese besonders vehement ab, suchte die französisch-deutsche Kontroverse zu verschärfen und dem, auch nach Ansicht der großen Mehrheit der Franzosen, provokativen Außenminister Delcassé den Rücken zu stärken. Die Mächte willigten schließlich in eine Konferenz ein. Der Quai d'Orsay beruhigte Großbritannien jedoch mit der Zusicherung, den möglichen Ergebnissen der internationalen Verhandlungen keine große Aufmerksamkeit schenken zu wollen.

Ich werde die Darstellung der außenpolitischen Entwicklungen an dieser Stelle unterbrechen – sie wird auf der folgenden Seite fortgeführt – und mich kurz mentalitätsgeschichtlichen Entwicklungen widmen: Während der ersten Jahre des 20. Jahrhunderts verlor diejenige Generation, die vor der autoritären Umgestaltung Großbritanniens sozialisiert worden war, massiv an Bedeutung. Der Abgang Salisburys liefert hierfür für die britische Außenpolitik den deutlichsten Beleg, aber auch Sanderson und Lascelles verloren an Einfluss und Scott, der britische Botschafter in Russland, wurde ins Abseits gedrängt. Die Stimmung im Land hatte sich seit der Jahrhundertwende auch ganz grundsätzlich gewandelt: In den britischen Publikationen bspw. gewannen Veröffentlichungen und Haltungen, die sich durch Gewalt- und Angstphantasien auszeichneten, deutlich an Auflage und Einfluss.

Die mehr oder minder sozialdarwinistisch geprägten Imperialisten, die die Stelle der eher von Werten der „zivilen Gesellschaft" und Gelassenheit geprägten älteren Generation einnahmen, waren von Gefühlen der Schwäche und Angst geprägt: in Bezug auf ihre eigene Zukunft, diejenige ihrer Kinder, ihrer aristokratischen Klasse oder die des Empire. Dies führte zu einem deutlichen Verlust an ruhiger Selbstsicherheit und Souveränität bei den britischen Eliten, spätestens seit der Jahrhundertwende. „Wir haben für uns selbst so viel Territorien, wie wir bewältigen können – und vielleicht eher mehr – wenn also die Italiener ein harmloses Stück in der Mitte Afrikas wollen, so wäre ich eher geneigt, sie dies haben zu lassen", wie Cromer 1904 an Sanderson schrieb. Diese Auffassung könne man als „little Englanderism" bezeichnen, bekanntlich eine abwertende Bezeichnung britischer Kolonialfreunde gegen Antiimperialisten, aber, so meinte Cromer, der „little Englanderism" mache in diesem Falle einigen Sinn.[18] Mit dieser unaufgeregten Haltung gehörte Cromer, den man aufgrund seiner Haltung und seines Lebensweges sicherlich nicht als Gegner des Empire bezeichnen kann, 1904 zu einer aussterbenden Minderheit. Es war nur folgerichtig, dass Campbell-Bannerman, dessen liberale Partei Ende 1905 die Regierung übernahm, nicht das Risiko einging, Cromer zum Außenminister zu ernennen, was der Premierminister ursprünglich beabsichtigt hatte, sondern Grey. Dieser befand sich im Übereinklang mit dem Geist der Zeit: An die Stelle von Souveränität war Angst getreten.

1.7 Grundzüge der britischen Außenpolitik zwischen Ende 1905 und 1914

Noch für Außenminister Lansdowne war die Entente mit Frankreich keine conditio sine qua non britischer Außenpolitik gewesen, und sowohl Sanderson, als auch Lascelles bekundeten auch nach deren Abschluss Misstrauen gegenüber den Zielen der französischen Politik. Unter dem seit Ende 1905 amtierenden Außenminister Grey setzte

---

[18] PRO, FO 800/2, Cromer an Sanderson, 8.1.1904

jedoch ein Kurswechsel ein. Er hielt die enge Anlehnung Großbritanniens an Frankreich für **unverzichtbar**, v.a. um sich der französischen Vermittlung für einen Ausgleich mit Russland versichern zu können.

Die Marokkokonferenz (Januar bis März 1906) bot dem neuen Außenminister und Hardinge, Sandersons Nachfolger als Staatssekretär, die Gelegenheit, deutlich zu machen, dass Frankreich das Empire, unabhängig von den Umständen, stets an seiner Seite finden werde.

Die Algeciraskonferenz wurde zu einem Triumph der britisch-französischen Politik. Das Deutsche Reich war nicht in der Lage, sich der Expansion der Weltmächte in Übersee entgegenzustellen. Es war anders als die Westmächte auch nicht fähig, Spanien und Italien für die von ihnen beabsichtigten Aggressionen gegen Drittstaaten Unterstützung zuzusichern oder russische Geldwünsche zu befriedigen. Und das Deutsche Reich war insbesondere nicht bereit, die durch die russische Schwäche bedingte relative militärische Stärke zu einer Drohpolitik innerhalb Europas einzusetzen. Die französische Führung war sich während der 1. Marokkokrise absolut sicher, dass Deutschland vor einem entscheidenden Kräftemessen in Europa zurückschrecken würde. Dies ermöglichte und bestärkte ihre unnachgiebige Haltung.

Die Wilhelmstraße wollte offensichtlich den Frieden in Europa wahren und durch die Herstellung freundschaftlicher Beziehungen zu Großbritannien die Voraussetzungen für eine deutsche „Weltpolitik" schaffen bzw. verbessern. Grey zeigte aber auch nach dem Ende der Marokkokonferenz kein Interesse an einer Entspannung der Beziehungen mit der Wilhelmstraße. Er hatte dies zwar zugesichert, aber vermutlich nur unter taktischen Gesichtspunkten, denn eine Verbesserung des britisch-deutschen Verhältnisses hätte die französischen Révanchisten, die eine Neuordnung der Machtverhältnisse in Europa anstrebten, enttäuscht und verärgert.

Im Sommer 1907 schlossen das Vereinigte Königreich und Russland das Abkommen zur Beilegung ihrer Gegensätze in Asien. – Eine mögliche Sorge vor einem expansiven Deutschland hat für diesen Vertrag praktisch keine Rolle gespielt. – Das wichtigste Ziel britischer Außenpolitik schien erreicht. Sowohl der französische Ententepartner als auch das Zarenreich beachteten in den folgenden Jahren aber häufig weder den Geist und mitunter nicht einmal die Buchstaben der Vereinbarungen mit dem Vereinigten Königreich, bspw. in Bezug auf Ägypten. – Falls Frankreich tatsächlich Sorge vor möglichen hegemonialen oder expansiven Absichten Deutschlands gehabt hätte, wäre das Verhalten des Quai d'Orsay gegenüber dem F.O. mit Sicherheit konzilianter gewesen.

Und Russland blieb zwischen 1907 und 1914 (neben dem erstarkenden Japan) die größte Bedrohung britischer Interessen in China, dem das Empire mit US-amerikanischer und deutscher Unterstützung zu begegnen versuchte. Auch in Persien verfolgte das Zarenreich eine antienglische Politik, dem das F.O. durch immer neue Zugeständnisse, die teils zu Lasten des Empire, v.a. aber Persiens gingen, den Schwung zu nehmen versuchte. Russland trieb zudem seine strategischen Eisenbahnbauten im Vorfeld Indiens voran, von französischem Geldfluss gespeist. Die franko-russischen Partner wollten dadurch offensichtlich die britische Furcht um die Sicherheit der Kronkolonie schüren, die bereits 1906 wieder stark an Raum gewonnen hatte, und das Vereinigte Königreich nachhaltig konzessionsbereit stimmen.

Dies bedurfte keiner großen Mühe, denn die britischen Verantwortlichen sahen Frankreich und Russland in einer stärkeren Position als das Empire. Das F.O. wagte es nicht, ein freundliches Verhältnis zur Wilhelmstraße zu pflegen, um Frankreich und Russland zurückhaltender zu stimmen, weil es von der nachhaltigen Angst geplagt war, dass das Deutsche Reich sowohl für Russland als auch für Frankreich ein attraktiverer

Bündnispartner sei als Großbritannien. Der großen Mehrheit der britischen Eliten schien in den Jahren vor 1914 eine enge Anlehnung an Russland, aber auch an Frankreich für die Existenzsicherung des Empire jedoch unverzichtbar.

Unter militärischem Aspekt betrachtet, machte aus französischer und russischer Sicht ein Bündnis mit Großbritannien nur Sinn, wenn dessen Seestreitkräfte übermächtig blieben. Den britischen Verantwortlichen war bewusst, dass eine übermächtige „Royal Navy" der einzige nennenswerte militärische Beitrag war, den das Vereinigte Königreich bei einem großen kontinentalen Krieg zu leisten imstande war. Großbritannien musste dementsprechend die Angriffsfähigkeit seiner Kriegsmarine gegen Deutschland wahren, um das Interesse Frankreich und Russlands an einem (mehr oder minder) freundlichen Verhältnis zu sichern.

Darum wurde eine vom Deutschen Reich ausgehende Gefahr in drastischen Farben gemalt, um die im Vereinigten Königreich umstrittene Hochrüstungspolitik rechtfertigen zu können. Die stagnierenden bzw. sinkenden Steuereinnahmen und die Kritik der Rüstungsgegner ließen die britische Admiralität und Außenpolitiker bereits gegen Ende der konservativen Regierungsperiode eine Kürzung der Ausgaben für die „Royal Navy" befürchten. Sie unternahmen 1906 (oder in den Jahren zuvor) aber gar nicht erst den Versuch, die Notwendigkeit erhöhter Rüstungsausgaben mit dem Argument einer von Deutschland ausgehenden Gefahr zu begründen, da dies völlig unglaubwürdig erschienen wäre.

Die chauvinistische britische Presse, mit der Admiral Fisher eng zusammenarbeitete, half der Marineleitung aus der Verlegenheit: 1907 war der Boden durch die mehrjährige Stimmungsmache so weit bereitet, dass es glaubwürdig erschien, Deutschland als gefährlichen und skrupellosen Gegner darzustellen. Die Marineführung stattete die Politiker und die Öffentlichkeit zudem über Jahre hinweg bewusst mit falschen Zahlenangaben aus, um dem Bedrohungsszenarium eine gewisse Überzeugungskraft zu verleihen, und erzwang deutliche Steigerungen der Ausgaben für die Kriegsflotte. Obwohl die deutsche Flotte nach einhelliger Einschätzung der Fachleute zu keinem Zeitpunkt zu einer Offensive gegen Großbritannien in der Lage war, entfachte und schürte die britische Admiralität bewusst und wider besseren Wissens eine Invasionshysterie. An der Sicherung der Angriffsfähigkeit der „Royal Navy" gegen Deutschland besaß auch Grey ein fundamentales Interesse, und dementsprechend war der Außenminister der zuverlässigste Verbündete der Admiralität im Kabinett.

Angehörige der britischen Eliten benötigten zudem das Bild eines aggressiven und übermächtigen Deutschlands, um das Zurückweichen ihres Landes vor Russland, den USA und Frankreich erträglich und verständlich erscheinen zu lassen. Die Wilhelmstraße befand sich bei sämtlichen britisch-deutschen Konflikten in der deutlich schwächeren Position und gab Druck des F.O. in der Regel rasch nach oder war zu weitreichenden Zugeständnissen bereit, ob bei der „Krüger-Depesche", Samoa, Venezuela 1902/03, den ägyptischen Finanzen, der Marokkokonferenz oder auch dem Flottenwettrüsten. Deutschland vermied es zudem nicht nur, Großbritannien in wichtigen Fragen zu schwächen, es stärkte zudem die britische Position an zentralen Brennpunkten des Weltgeschehens, ob in Südafrika oder China.

Somit kann keine Rede davon sein, dass Großbritannien vom Deutschen Reich während des Zeitalters des Imperialismus übervorteilt oder aggressiv behandelt worden wäre. Diese Ansicht vertraten die britischen Verantwortlichen nach 1905/06 jedoch nahezu ausnahmslos.

Die unzutreffenden Behauptungen über die vermeintliche Stärke und Aggressivität Deutschlands wurden erst nach der Jahrhundertwende erhoben und zwar nahezu ausnahmslos von denjenigen, die das Empire für so schwach erachteten, dass dieses um jeden Preis freundschaftliche Beziehungen zu Russland, den Vereinigten Staaten und Frankreich benötige. Sie stellten zugleich die Behauptung auf, dass das Vereinigte Königreich unentbehrlicher Schutzherr aller anderen europäischen Staaten vor deutschem Expansionsstreben wäre. Je bedrohlicher Deutschland schien, desto glänzender die Rolle des Retters des Kontinents – und desto einleuchtender, ja edler, erschien das Nachgeben Großbritanniens gegenüber den wirklich gefährlichen Konkurrenten des Empire.

Zudem: Falls das Deutsche Reich in den Jahren der russischen Schwäche nach 1905 tatsächlich expansionistische Ziele in Europa verfolgt hätte, hätte Großbritannien nach Ansicht der damaligen britischen, französischen und deutschen Experten keinen entscheidenden militärischen Beitrag (auf Seiten Frankreichs) leisten können. Dies war den Verantwortlichen im F.O. bekannt. Sie waren aber nicht mehr in der Lage, angemessene Schlüsse daraus zu ziehen. Sie wollten sich weiter dem Glauben hingeben, dass ihr Land der Retter des europäischen Kontinents wäre.

Die britischen Verantwortlichen hielten ihr Land aber für so schwach, dass sie sich genötigt sahen, Russland und Frankreich bei Kontroversen mit anderen Mächten (z.B. dem Deutschen Reich, Persien oder Spanien) selbst dann zu unterstützen, wenn dies britischen Interessen eindeutig widersprach. Großbritannien glaubte, Verletzungen von Ententevereinbarungen oder des Abkommens von 1907 durch Frankreich und Russland hinnehmen zu müssen, und besaß nicht einmal mehr die Selbstsicherheit, hiergegen Protest einzulegen.

Das Vertrauen in die eigenen Kräfte war in Großbritannien in den Jahren vor dem Weltkrieg so weit gesunken, dass Grey 1911 bspw. schrieb, dass die Sicherheit Australiens auf der Allianz mit Japan ruhe. Auch der Reichsverteidigungsausschuss gelangte zu dieser Einschätzung.[19] Diese Angst war gänzlich unbegründet. Keine Macht war auch nur entfernt in der Lage, die Sicherheit des 5. Kontinentes ernsthaft zu gefährden. Die Angst war Ausdruck einer verbreiteten Hysterie, die der Möglichkeit einer **rationalen** britischen (Außen-) Politik den Boden entzog.

Selbst hysterischen Gemütern konnte Deutschland keine Gefahr für Australien gewesen sein. Die britischen Verantwortlichen muss die Sorge vor Japan und vielleicht den USA bewegt haben. Großbritannien suchte auch in dieser Weltregion, ebenso wie in Asien und Afrika ein Bündnis oder freundschaftliches Verhältnis zu den gefährlichsten potenziellen Gegnern.

Die britischen Verantwortlichen mussten wiederholt und nachhaltig ihnen bekannte Fakten ausblenden, um ihre Außenpolitik vor sich selbst und anderen rechtfertigen zu können. So gab es während des Zeitraums der größten Entfaltung der deutschen Militärmacht, in den Jahren der russischen Schwäche zwischen 1905 und 1909/10 keine Anzeichen, dass die deutsche Führung diese Stärke für expansive Ziele in Europa oder Übersee einzusetzen gewillt war. Zudem deckten sich die Behauptungen über napoleonische Pläne Deutschlands nicht mit den vorliegenden nachrichtendienstlichen Erkenntnissen.[20] Die britischen Eliten wollten dies nicht wahrnehmen und waren häufig auch nicht mehr in der Lage dazu, weil ihre Wahrnehmungs- und Analysefähigkeit durch Angst und Hysterie stark beeinträchtigt war. Außenminister Grey täuschte über Jahre hinweg den Premierminister, seine Kabinettskollegen, das Parlament, die Öffentlichkeit – und sich selbst – über den Charakter der britischen Politik: in Bezug auf das Verhältnis zu Russland, Frankreich und Deutschland.

Eine starke Stellung Deutschlands war für das Empire aus existenziellen Gründen unverzichtbar. – Ein Bündnis zwischen dem Deutschen Reich und/oder Russland bzw.

---

[19] Gade, Gleichgewichtspolitik, 125

[20] Der britische Historiker Ferguson weist darauf hin, dass „genau dies (…) bislang von Historikern vernachlässigt worden" sei (Der falsche Krieg, 114/15).

Frankreich konnte aus verschiedenen Gründen als nahezu ausgeschlossen gelten und eine ungeschmälerte, ja sogar wachsende deutsche Macht war ein Lebensinteresse des Vereinigten Königreiches. Die britische Lage in Asien musste ohne die schlagkräftigen Armeen der Mittelmächte, die die russische Hauptstreitmacht auch im Frieden banden, hoffnungslos werden. Es gab in Großbritannien ab etwa 1905 aber praktisch kein Bewusstsein mehr für die lebenswichtige Bedeutung der Mittelmächte für die Sicherheit Großbritanniens. Die deutsche Politik nahm dies teils nicht wahr oder konnte es sich nicht erklären.

Die Mehrzahl der Angehörigen der britischen Eliten benötigten das „Feindbild Deutschland" nicht nur aus außenpolitischen Motiven, sondern auch aus sozial- und individualpsychologischen bzw. innenpolitischen Gründen:

Britischen Imperialisten, für die der Machtverlust des Empire auch eine Gefährdung ihrer Identität darstellte, war das Deutsche Reich ein willkommener Sündenbock für die Probleme des eigenen Landes und ihrer eigenen Angst. Sie dämonisierten Europas Mitte, um eine scheinrationale Begründung für technokratische und autoritäre, wenn nicht menschenverachtende Neuerungen zu besitzen. Seit 1907 nutzen und schürten die britische Admiralität, die „Liberal-Imperialists" und die konservative Opposition eine angeblich von Deutschland ausgehende Gefahr, um sich selbst als „Retter des Vaterlandes" zu stilisieren bzw. Linksliberale und Sozialisten in die Defensive zu zwingen und die Themen der politischen Diskussion bestimmen zu können Sie vermochten, in dieser Hinsicht bemerkenswerte Erfolge zu erzielen: Der Einfluss der Volksvertretung und des Kabinetts auf die Außenpolitik erreichte unter Grey bspw. einen Tiefpunkt, für den sich in den vorhergehenden Jahrzehnten keine Parallele finden lässt. Dieser Zustand entsprach dem Staatsverständnis des Ministers und seiner führenden Mitarbeiter, die von technokratischem und autoritärem bis sozialdarwinistischem Gedankengut geprägt waren.

Je stärker und bedrohlicher Konservative und Verfechter der „Efficiency" Deutschland malten, desto überzeugender wirkte ihr Widerstand gegen demokratische und soziale Reformen bzw. ihr Eintreten für Aufrüstung und am Ideal des Machtstaates orientierte Veränderungen.

Innenpolitische Motive spielten auch für die Gegner der „Rechten" und der Politik des F.O. eine wichtige Rolle: Es waren vor allem britische Sozialisten, Linksliberale und Vertreter der älteren Generation, die in den Jahren zwischen 1905 und 1914 für eine Verständigung mit dem Deutschen Reich eintraten. Sie taten dies nicht zuletzt, um den finanziellen Spielraum für Reformen im Inneren zu vergrößern und der chauvinistischen Rechten ihre Hegemonie in der öffentlichen Diskussion zu entreißen, die sie spätestens ab 1908 errungen hatte.

Eine aufgeschlossen-freundliche Haltung Deutschland gegenüber war in Großbritannien nach 1901 neben Vertretern der Linken nur bei Älteren zu finden. Das Durchschnittsalter der Mitglieder der „Anglo-German Friendship Society" lag zwischen 60 und 70 Jahren.[21] Die seit den 1850er/60er Jahren geborenen Angehörigen der Eliten hatten überwiegend autoritäre bis sozialdarwinistische Ideale verinnerlicht.

Die innenpolitischen Spannungen wuchsen in Großbritannien seit den ersten Jahren des 20. Jahrhunderts dramatisch an, mit deutlichen Auswirkungen in der Außenpolitik:[22] Britische Politiker (wie Lloyd George) betonten auch darum eine von Deutsch-

---

[21] Hollenberg, Englisches Interesse, 60, 96, s. auch ebd., 92/93; weitere Fakten zu Umfeld und Natur der „AGFS" ebd., insb. 8, 67, 70/71, 81, 91; bei Wilson (Empire and Continent, 67) gibt es einen Anklang an den generationengeschichtlichen Ansatzes.

[22] Selbst heutzutage noch wird die Instabilität des Vereinigten Königreiches in den Jahren vor dem Weltkrieg kaum zur Kenntnis genommen. Schmidt schreibt: „Ließe sich (...) die am deutschen Beispiel

land ausgehende Gefahr und verschärften die internationale Situation, um die unzufriedene Arbeiterbewegung mit einem Appell an ihre Vaterlandsliebe nachgiebiger zu stimmen.

Hardinge äußerte 1911 gar die Vermutung, dass Lloyd George einen Krieg gegen Deutschland entfesseln wolle, um die erstarkende und unzufriedene Arbeiterbewegung von sozialpolitischen Fragen abzulenken.[23] Im selben Jahr konstatierte Premierminister Asquith, dass ein ausreichender Rüstungsvorsprung vor dem Deutschen Reich bestehe. Forderungen nach einem Ausgleich mit der Wilhelmstraße hielt er zur gleichen Zeit entgegen, dass die deutsche Regierung keine Neigung zur Mäßigung zeige, sondern im Gegenteil Triumphe suche. Zeitgleich forderten er, Grey und Churchill jedoch einen „Kampf bis zum Ende" gegen die streikenden englischen Eisenbahner.

Die Fähigkeit und Bereitschaft zu Kompromissen und gewaltfreien Problemlösungen hatte in den Jahren seit dem Burenkrieg deutlich nachgelassen. Die anschwellenden Rüstungsausgaben riefen eine Finanz- und Verfassungskrise hervor, die die Radikalisierung der Rechten stark beschleunigte. Die britische Politik, nach innen und außen, wurde zunehmend von Angst geprägt, die durch eine Fassade der Stärke zu verdecken versucht wurde.

Die britische Diplomatie ermutigte die expansionistischen und révanchistischen Kräfte in Russland und Frankreich, ihren Ehrgeiz in die Mitte Europas und auf den Balkan zu lenken.

Es war ein verbreitetes Mittel der Großmachtdiplomatie, andere Mächte zu instrumentalisieren und deren Probleme zu nutzen, um eigene Ziele zu verfolgen oder gar Spannungen zu schüren. Großbritannien hatte dies bereits vor der Jahrhundertwende praktiziert[24], seitdem gewann diese Politik aber eine neue Qualität. Herausragende Beispiele hierfür waren die Unterstützung der „Kriegspartei" in Japan und die britische Weigerung, den Ausbruch der Feindseligkeiten in Ostasien zu verhindern bzw. daran mitzuwirken, sie frühzeitiger zu beenden. Großbritannien glaubte, die eigene Schwäche durch die Nutzung bzw. Schürung von Spannungen zwischen anderen Mächten kompensieren zu müssen.

Mit dem Amtsantritt Greys und Hardinges verstärkte sich diese Tendenz der britischen Politik. Bertie meinte 1906: „Es ist schwer vorzustellen, dass eine wirklich tiefreichende Verständigung zwischen diesen beiden Ländern <gemeint sind Frankreich und das Deutsche Reich> (...) nicht unsere Interessen schädigt." 1911 schrieb Hardinge an Sanderson: „Ich mag die französisch-deutschen Verhandlungen nicht. Ich war sehr froh, Anzeichen von Panik in Deutschland festzustellen & einen Ansturm auf die Banken." Großbritannien wollte auch nicht dazu beitragen, die Atmosphäre zwischen Russland und Österreich-Ungarn zu entspannen. Im Gegenteil: Die Absprachen, die Großbritannien und Russland 1908 in Reval trafen, beendeten „den zehnjährigen Stillhaltezustand in Balkanfragen, der auf das russisch-österreichische Abkommen vom Mai 1897

durchexerzierte These der innergesellschaftlichen Determination des Außenverhaltens auf die englische Politik übertragen, dann käme man zu abenteuerlichen Feststellungen über die Urheberschaft für den Ausbruch" des Krieges. (Deutsch-englischer Gegensatz, 62)

[23] Es gibt bislang keine systematische Auswertung dieser Zusammenhänge zwischen innen- und außenpolitischen Phänomenen und Haltungen im Großbritannien vor 1914, wie Schmidt feststellt (Deutsch-englischer Gegensatz, 62).

[24] S. den „Helgoland-Sansibar-Vertrag" von 1890, die angebliche Kriegsgefahr um Siam 1893, die Kontroverse um Venezuela 1895/96 und die „Krügerdepesche", Salisburys Meerengenpolitik, das britische Verhalten in Bezug auf die portugiesischen Kolonien 1898/99, die britische Mandschureipolitik und die britische Politik während der 1. Marokkokrise

gefolgt war". Das F.O. tat auch das ihre, dass die deutsch-russischen Beziehungen belastet blieben, denn dies war nach Hardinges Ansicht „sehr zu unserem Vorteil".[25]

1911, während der 2. Marokkokrise, war Großbritannien das einzige europäische Land, das Heer und Flotte in Alarmbereitschaft versetzte, und die englische Regierung warf sich „zum Führer der antideutschen Gruppierung in Europa auf". Die britische Politik fürchtete einen französisch-deutschen Ausgleich ohne die Beteiligung Großbritanniens und verschärfte darum die Situation. Schatzkanzler Lloyd George meinte kurze Zeit nach der 2. Marokkokrise zu Bertie: Die Franzosen hätten während des Konfliktes „die beste Gelegenheit <besessen>, die sie je hatten und wahrscheinlich je haben werden, zu einem Kräftemessen mit Deutschland zu kommen".[26] Diese drastischen Worte des starken Mannes im Kabinett können nur dazu gedient haben, den Ehrgeiz französischer Révanchisten in Europa noch weiter anzufachen, um das Empire von französischem Druck zu entlasten.

Vor 1900 gab es in Großbritannien nur vereinzelte Klagen über vermeintliche oder wirkliche deutsche Intrigen, oder Versuche, Spannungen zwischen anderen Mächten anzufachen. Sie schwollen danach an, als sich die britische Politik verstärkt dieses Mittels bediente.[27]

Die britische Außenpolitik betrieb also zum einen diese gefährliche und fragwürdige Politik, um die Spannungen auf dem europäischen Kontinent zu erhalten und zu vertiefen (s. Marokkokrisen, Bagdadbahnfrage, Ost- bzw. Nordseeabkommen). Dies schien eine notwendige Voraussetzung, um französisches und russisches Interesse an einem Bündnis zu wecken bzw. zu erhalten und eine befürchtete Annäherung zwischen den Mittelmächten und dem franko-russischen Bündnis zu erschweren. Das letzte Ziel verfehlte das F.O. weitgehend: Der Quai d'Orsay und Russland zeigten zwischen Mitte 1906 und 1912/13 größere Kooperationsbereitschaft mit der Wilhelmstraße als Großbritannien (s. Marokko, Bagdadbahn). Frankreich und das Zarenreich schürten möglicherweise die britische Angst, um das F.O. noch nachgiebiger zu stimmen. Zudem sahen sie sich anscheinend noch nicht bereit für ein entscheidendes Kräftemessen mit den Mittelmächten. **Zum anderen** schienen gravierende Spannungen auf dem europäischen Kontinent aus britischer Sicht wünschenswert, ja notwendig, um Paris und St. Petersburg von Aspirationen auf britische Kolonien oder Einflusssphären abzulenken. Auch dies gelang aus britischer Sicht nur unzureichend. Am Vorabend des Weltkrieges stand das Scheitern des vermeintlichen Ausgleichs mit Russland kurz bevor.

Die britische Politik wünschte keinen großen europäischen Krieg und versuchte 1912/13 zeitweise, das Zarenreich im Bezug auf den Balkan zurückzuhalten. Sie rückte hiervon aber wieder ab, um nicht den Zorn Russlands auf sich zu ziehen.

Die britische Außenpolitik war zwischen 1904 und 1914 dementsprechend nicht durch die Maxime der Wahrung des Gleichgewichts auf dem europäischen Kontinent bestimmt, sondern durch die Angst vor der russischen Macht.

---

[25] B.D., III, Nr. 437; CUL, Hardinge MSS, Addl./15, Hardinge an Sanderson, 14.9.1911; Schmidt, Deutsch-englischer Gegensatz, 77/78; Wilson, Policy Entente, 112/13; Grenville (Imperial Germany and Britain, 88/89) beleuchtet die Situation aus einem anderen Blickwinkel.

[26] Zit. in Hamilton, Bertie, 392 nach PRO, FO 800/171, Memorandum Berties vom 19.2.1912

[27] Diese sogenannte Projektion scheint ein verbreitetes menschliches Phänomen zu sein.

2. Das Scheitern der britischen Politik und mögliche Alternativen

Die Weltsicht und das Handeln der großen Mehrzahl der Angehörigen der britischen Eliten war seit Beginn des 20. Jahrhunderts von starken Irrationalismen geprägt. Diese machten sich sowohl in der Außen- als auch der Innenpolitik bemerkbar und führten zu einer verzerrten Wahrnehmung sowie mangelhaften bzw. einseitigen Analysen. Dies wurde unter anderem daran deutlich, dass die Verantwortlichen der britischen Außenpolitik seit 1904/05 keinerlei Überlegungen mehr anstellten, welche Konsequenzen eine deutliche Schwächung Deutschlands bzw. eine Dominanz der kontinentalen Flügelmächte für das Empire hätte. Ein (britisch-) französisch-russischer Sieg in einem Krieg gegen die Mittelmächte wäre mit der beabsichtigten Zerschlagung Österreich-Ungarns sowie der Entmachtung und teilweisen Zerlegung des Deutschen Reiches jedoch eine Katastrophe für das Empire gewesen: Russland hätte, ohne Sorge um die Sicherheit seiner Westgrenze und einem möglichen britisch-deutschen Bündnis mit ganzem Nachdruck in Asien aktiv werden können. Diese existenzgefährdende Bedrohung des Empire trat lediglich durch die Kombination folgender verschiedenartiger Entwicklungen **nicht** ein:

1. Der Sieg Deutschlands über Russland 1917/18, obgleich das Empire und Frankreich (sowie Italien) auf Seiten des Zarenreiches standen, in Verbindung mit 2. der Machtübernahme der Bolschewisten sowie Entwicklungen im Inneren Russlands, die eine expansive Außenpolitik dieses Landes für über 20 Jahre unmöglich machten. Das Eintreten auch nur **einer** dieser zwei Entwicklungen muss in den Jahren vor 1914 als sehr unwahrscheinlich gegolten haben. An eine Kombination beider war am Vorabend des Krieges nicht zu denken.

Das F.O. ermutigte die expansionistischen Tendenzen der beiden kontinentalen Flügelmächte, schürte ihren Ehrgeiz und trug somit massiv dazu bei, den Frieden zu gefährden, um sich des russischen (und französischen) Wohlwollens zu versichern: Die britischen Verantwortlichen waren der Überzeugung, dass Russland eine weit größere Gefahr für das Empire darstelle als Deutschland, obwohl sie **nach außen hin** einen anderen Anschein zu erwecken versuchten. Die britischen Lebensinteressen geboten aber unzweifelhaft die Sicherung des Friedens und die Beibehaltung des Status quo auf dem europäischen Kontinent. Die grundsätzlich antideutsche bzw. friedensgefährdende Politik des F.O. wurde aber praktisch nur von der Linken und Alt-Konservativ-Liberalen wie Sanderson kritisiert, deren Einfluss auf die Außenpolitik gering war.

Großbritannien befand sich am Vorabend des Weltkrieges außenpolitisch in einer schier ausweglosen Situation. Trotz des steten Zurückweichens vor russischen (und französischen) Forderungen in Übersee und des Schürens von Spannungen auf dem europäischen Kontinent stand das endgültige Scheitern des (vermeintlichen) Ausgleichs mit Russland kurz bevor. Zudem hatten sich die internationalen Spannungen seit 1913 so dramatisch verschärft, dass ein Kriegsausbruch in naher Zukunft wahrscheinlich schien. Die britische Führung hat diese bedrohliche Situation sicher nicht gewünscht, muss aufgrund ihrer Politik der vorhergehenden Jahre aber als wesentlich mitverantwortlich dafür gelten.[28] Die innenpolitische Situation Großbritanniens war nicht weniger ernst: Die Gegensätze um Irland drohten in einen Bürgerkrieg zu eskalieren.

Die Einschätzung der britischen Politik könnte kaum negativer ausfallen.[29] – Aber womöglich war der Gang der Entwicklung unausweichlich, vielleicht besaßen die briti-

---

[28] Bislang gab es zwei Richtungen in der Geschichtswissenschaft, die einer britischen Mitverantwortung am Kriege zuneigten: Vertreter der britischen Linken und eher konservative deutsche Historiker wie Egmont Zechlin oder Gerhard Ritter (Scally, Origins Lloyd George, 14).

[29] Man könnte einwenden, dass meine deutlichen Wort eine allgemein akzeptierte Regel verletzen:

schen Verantwortlichen aufgrund der Gegebenheiten gar keine Wahl?[30] – Sowohl die große Mehrheit der damaligen Entscheidungsträger als auch der heutigen Geschichtswissenschaftler scheint dieser Ansicht zu sein. Die Bündnispolitik Großbritanniens der Jahre zwischen dem Burenkrieg und 1914 war ihres Erachtens aufgrund der außenpolitischen Situation nicht nur unausweichlich, sondern auch angemessen. Diese Deutung ist jedoch allein schon aus den folgenden Gründen nicht haltbar:

1. Die britische Politik wurde spätestens seit der Jahrhundertwende durch die Sorge vor der russischen Macht dominiert. Bei Außenminister Grey und seinen Mitarbeitern steigerte sich diese zur Angst, weil sie das Zarenreich deutlich überschätzten. Sanderson hingegen glaubte Russland nicht in der Lage, die hohen Kosten einer ausgreifenden Expansionspolitik tragen zu können oder auch nur fähig zu sein, einen dauerhaft beherrschenden Einfluss in Persien auszuüben. Er war der Überzeugung, dass das Zarenreich kein entscheidendes Kräftemessen mit dem Empire anstrebte, teils wegen der russischen Finanznot, aber nicht zuletzt wegen der Existenz und Stärke Deutschlands in Europa.[31] Eine gewisse Sorge vor der Macht und den Absichten Russlands war auf britischer Seite sicher angebracht, die seit Beginn des 20. Jahrhunderts bei britischen Verantwortlichen vorherrschende Angst vor dem Zarenreich war aber nicht angemessen, insbesondere nicht seit dem Debakel Russlands 1904/05.

Großbritannien besaß auch nur wenig Anlass, einen Ausgleich zwischen den kontinentalen Mächten fürchten zu müssen. Sie waren bspw. während des Burenkrieges trotz der Notlage des Empire nicht bereit oder in der Lage gewesen, sich gegen Großbritannien zusammenzufinden oder die Situation zum Nachteil Großbritanniens auf andere Weise auszunutzen. Existenzielle deutsche Interessen sowie der französische Révanchismus schlossen einen **„Kontinentalbund"** (zwischen Berlin, Paris und St. Petersburg) praktisch aus. Ein **russisch-deutsches** Zusammengehen konnte als nahezu unmöglich gelten, da Deutschland überseeischen Machtgewinn anstrebte, der in einer Kombination mit dem Zarenreich aber nicht zu erzielen war. Zudem war nur das nachhaltig germanophobe Frankreich in der Lage, den immensen Kapitalbedarf des Zarenreiches zu befriedigen. Russland hätte also keine Politik wagen können, die diesen Geldstrom zum Erliegen brächte. Diese Deutungen in Bezug auf die Gefahr einer umfassenden antibritischen Koalition bzw. den Charakter der deutschen Politik wurden bis in die ersten Jahre des 20. Jahrhunderts von der weit überwiegenden Mehrheit der britischen Verantwortlichen geteilt.

Die Politik Greys und seiner Mitarbeiter war jedoch anhaltend durch die unbegründete Angst vor einem „Kontinentalbund" bestimmt. Ihre sich daraus ergebende feindliche Haltung gegenüber der Wilhelmstraße vergrößerte letztlich sogar die Möglichkeit einer deutschen Anlehnung an Russland und damit der Realisierung der drückendsten Ängste britischer Außenpolitiker. Die Umstände für eine deutsche Annäherung an Russland wären gegeben gewesen, wenn die Berliner Verantwortlichen erkannt

---

Es sei nicht Aufgabe eines Historikers, Noten zu erteilen. Darunter verstehe ich eine Verurteilung oder Glorifizierung einer bestimmten Politik, ohne deren Bedingungen hinreichend auszuleuchten und nachzuvollziehen. Wenn dies jedoch geschehen ist, was hoffentlich in dieser Arbeit gelang, so ist eine Einschätzung mit deutlichen Worten angemessen.

[30] Porter bspw. vertritt die Ansicht, dass Politiker weniger Freiheit hätten, als sie glaubten und es lang- und sogar kurzfristig gleich war, wer die Außenpolitik leitete, ob Gladstone oder Disraeli (Britain, Europe, XII). Wilson hingegen betont, dass die britische Politik mehrere Optionen besessen habe und die Tripleentente-Politik und die Auskreisung der Mittelmächte nicht zwangsläufig erfolgten (British Foreign Secretaries, 19; s. auch ders. Grey, 192).

[31] Sanderson erwartete und hoffte zudem anscheinend, dass sich der Ehrgeiz Russlands letztlich an der Größe und den Volksmassen Chinas brechen werde.

hätten, dass die Briten **unter keinen Umständen** freundschaftliche Beziehungen mit Deutschland pflegen wollten.

Die Ansichten Sandersons (und anderer) belegen, dass es möglich war, die weltpolitische Lage des Empire (relativ) objektiv und realistisch einzuschätzen, ob in Bezug auf die Stärke Russlands oder die Möglichkeit eines „Kontinentalbundes". Die Ängste der britischen Führung waren also zum einen objektiv nicht angemessen. Zum anderen war es auch Zeitgenossen möglich, dies festzustellen: Es ist somit gerechtfertigt sich der Aufgabe zu widmen, wie eine alternative britische Politik in den Jahren nach der Jahrhundertwende hätte aussehen können. Ich beschränke mich hier auf zwei Szenarien, wäge danach ihr Für und Wider ab und ihre Umsetzungschancen erörtern.

1. Großbritannien hätte eine bündnisfreie Politik betreiben können, um nicht in innereuropäische Kontroversen hineingezogen zu werden. Es wäre ratsam gewesen, ein relativ freundliches Verhältnis zur Wilhelmstraße zu pflegen, um Frankreich und vor allem Russland, die wirklich gefährlichen Widersacher des Empire, vorsichtiger zu stimmen, sowohl was deren Expansion in Übersee, als auch deren Gelüste in Europa anbelangte. Sanderson und das linke politische Spektrum Großbritanniens hätten eine solche Politik bevorzugt.

2. Großbritannien hätte dem Dreibund beitreten können. Das Vereinigte Königreich und Deutschland strebten beide eine Beibehaltung des Status quo in Europa an, besaßen ein existenzielles Interesse an einer starken Stellung des jeweils anderen und waren somit naheliegende Bundesgenossen.[32]

Zur **ersten** Option: Sanderson war nach dem Abgang Salisburys der letzte einflussreiche außenpolitisch Verantwortliche, der die ungebundene Stellung des Vereinigten Königreiches nicht aufzugeben gedachte. Er war der Überzeugung, dass eine enge Bindung seines Landes an eine andere Macht die Gefährdungen Großbritanniens eher vergrößere. Sandersons Deutung traf zweifellos zu: Ein Bündnis mit Deutschland hätte die britischen Beziehungen zu Frankreich gravierend belastet und eine enge Bindung des Empire an Frankreich und Russland drohte Großbritannien in die expansionistischen Vorhaben der Zweibundmächte in Europa zu verwickeln. Diese Interpretation wurde von vielen seiner Altersgenossen geteilt.

– Aber stellte nicht bereits allein die franko-russische Verbindung eine Bedrohung dar, der das Empire zu unterliegen drohte? – Hätte der Verzicht auf die Vereinbarungen von 1904 und 1907 Großbritannien nicht vor unlösbare finanzielle und strategische Probleme gestellt? Dies ist selbstverständlich nicht völlig auszuschließen, aber recht unwahrscheinlich, wie die Erfahrungen zur Zeit des Burenkrieges belegten: Frankreich und Russland hätten kaum ein Kräftemessen mit dem Empire wagen können, solange denkbar war, dass sich Deutschland in diesem Fall auf die Seite des Vereinigten Königreiches stellte. Ein militärisches Patt zwischen dem Empire und den Zweibundmächten oder gar eine leichte Überlegenheit der letzteren beschworen noch keine existenziellen Gefahren für das britische Weltreich herauf. Unter außenpolitischen Gesichtspunkten wäre eine Beibehaltung der bündnisfreien Stellung Großbritanniens somit eine attraktive und situationsgerechte Option gewesen.

---

[32] Unabhängig davon, ob die britische Politik die erste oder die zweite Option umgesetzt hätte, wären weitere Maßnahmen erforderlich gewesen: Das F.O. hätte z.B. eine fein dosierte Konzessionsbereitschaft gegenüber den Mächten ersten Ranges zeigen müssen, um die Beziehungen zu diesen expansionswilligen und -fähigen Staaten zu entspannen. Das F.O. hätte eine gezielte Außenhandelsförderung betreiben müssen, die zwar nur geringe Kosten verursacht, aber dem aristokratischen Selbstverständnis der meisten Mitarbeiter des Amtes widersprochen hätte. Die britische Außenpolitik hätte zudem in größerem Maße die Überseeinvestitionen von Bürgern und Unternehmen auch für außenpolitische Zielsetzungen nutzen müssen. Diese Liste ließe sich selbstverständlich weiter fortsetzen.

Für die überwältigende Mehrheit der Angehörigen der britischen Eliten offenbarte sich durch den Burenkrieg jedoch eine besorgniserregende außenpolitische Gefährdung Großbritanniens. Seit der Jahrhundertwende war die große Mehrzahl der Verantwortlichen zu der Überzeugung gelangt, dass das Empire dringend eines Verbündeten bedürfe, um nicht dem Druck der franko-russischen Allianz unterliegen zu müssen. Die abwägende Vorsicht und zugleich Souveränität Sandersons (und anderer) stimmte sie aufgrund ihrer Angst zunehmend unruhig.

Die britischen Verantwortlichen waren Gefangene ihrer eigenen sozialdarwinistischen Weltsicht: Zahlreiche Imperialisten **glaubten** an die Gewalt- und Angstphantome, die sie teils zuvor bewusst mit kreiert hatten.[33] Sie neigten dazu, überall Phänomene eines unerbittlichen „Kampfes ums Dasein" festzustellen. Sie besaßen aus individual- und sozialpsychologischen Gründen kaum eine Möglichkeit, sich von ihrem Schwarz-Weiß-Denken und ihrem Drang nach einfachen Lösungen zu befreien. Die Sozialdarwinisten trugen mit ihrem Welt- und Menschenbild wesentlich dazu bei, sich durch die tatsächlich entstehenden und festigenden Verhältnisse bestätigt zu fühlen. Die Art und Weise ihrer verzerrten Weltsicht und Wahrnehmung veränderte die Realität, ähnlich einer sich selbst erfüllenden Prophezeiung.[34]

Die Wahrnehmung und das Handeln von Millionen Briten war spätestens seit dem Burenkrieg wesentlich durch Angst und Unsicherheit geprägt. Sie setzten den relativen Machtverlust Großbritanniens mit einem Niedergang und **Verfall** der Macht ihres Landes gleich. Davon konnte objektiv jedoch keine Rede sein. Für das Empire bestand zu Beginn des 20. Jahrhunderts keine Möglichkeit mehr, der „primus inter pares" unter den großen Mächten zu bleiben, aber seine Stellung als eine der bedeutendsten Mächte der Welt war nach menschlichem Ermessen auf unabsehbare Zeit gesichert. Sanderson war sich des Machtverlustes seines Landes bewusst, sah diesen aber mit Gelassenheit und suchte ihn in verträgliche Bahnen zu lenken. Die seit den 1850er/60er Jahren geborenen Angehörigen der Eliten konnten diese Souveränität nicht teilen. Ihr überwiegend sozialdarwinistisches Weltbild schuf Angst und verlangte nach klaren Freund-Feind-Bildern. Sie benötigten aus innen- und außenpolitischen sowie sozialpsychologischen Gründen Sündenböcke und brachten nicht mehr die Selbstsicherheit, Souveränität und somit Kompromissfähigkeit auf, die für eine bündnisfreie Stellung ihres Landes erforderlich war. Sanderson hat die irrationale und sozialdarwinistisch geprägte Welt- und Menschensicht der Mehrheit seiner jüngeren Landsleute immer wieder sarkastisch kommentiert, Bedeutung und Auswirkungen des neuen Zeitgeistes letztlich aber nicht verstanden, wie bspw. in seiner Entgegnung auf das Crowe-Memorandum deutlich wurde. Die britische Linke war nicht stark genug und außerdem zu sehr durch den Kampf für Reformen im Inneren des Landes gebunden, um mit Nachdruck für eine ungebundene und unvoreingenommene Haltung ihres Landes fechten zu können.

Die Beibehaltung einer bündnisfreien Stellung Großbritanniens schied aufgrund sozialpsychologischer und innenpolitischer Rahmenbedingungen im Lande somit aus.

Zur **zweiten** Option: Eine kurzzeitige Positionierung der britischen Politik gegen Deutschland (oder der deutschen gegen das Empire) mag hin und wieder unter taktischen Gesichtspunkten sinnvoll gewesen sein. Falls das Vereinigte Königreich jedoch ein Bündnis eingehen wollte oder dies für erforderlich hielt, war das Deutsche Reich der **einzig** mögliche Partner, da eine Allianz mit den Flügelmächten den langfristigen und existenziellen britischen Interessen widersprach, denn sowohl Frankreich als auch Russland strebten eine Veränderung der Machtverhältnisse auf dem europäischen Kon-

---

[33] S. z.B. Rivera, Psychological Dimension, 28
[34] Wilson, Foreign Secretaries, 40; s. auch Hale, Publicity and Diplomacy, 266

tinent an und besaßen ein Interesse an einer Schwächung Großbritanniens. Beides traf
auf Deutschland nicht zu. Diese zweite Möglichkeit britischer Außenpolitik hätte die
Bereitschaft des Vereinigten Königreiches vorausgesetzt, eine „Erwerbsgemeinschaft"
mit dem Deutschen Reich zu schmieden, analog der Entente mit Frankreich. Hierfür
hätten die portugiesischen Kolonien sowie Belgisch-Kongo zur Verfügung gestanden,
wobei der Zorn Frankreichs durch einen Teil Mittelafrikas hätte besänftigt werden können. Durch einen solchen „Deal" hätten womöglich sogar die Konflikte um Ägypten
und Marokko gelöst werden können.

Nach dem Scheitern der britisch-deutschen Bündniskontakte Ende 1901 waren die
Chancen für eine Allianz aber nur noch gering, da die britischen Imperialisten nun das
Deutsche Reich nachdrücklich als Sündenbock für verschiedenste innen- und außenpolitische Probleme ihres Landes brandmarkten. (Auch im Deutschen Reich war die
Missstimmung auf das Empire erheblich gewachsen.) Vielleicht hätte ein zynischer und
entschlossener Politiker die verbreitete Angst auch gegen Frankreich und/oder Russland
wenden können? – Eine Verteufelung dieser Mächte hätte die sozialpsychologischen
Bedürfnisse von Millionen Briten auch befriedigen können, denn **welche** Großmacht
oder Minderheit im Inneren als Sündenbock herhalten musste, war psychologisch betrachtet nachrangig. Eine Verschiebung der Angst und Aggression war jedoch allein
schon aus einem Grunde nicht realistisch: Es war für britische Imperialisten gefahrlos
möglich, sich am Deutschen Reich abzureagieren, weil dieses **nicht in der Lage war**,
britische Interessen ernsthaft zu gefährden. Eine Dämonisierung Frankreichs und/oder
Russlands wäre mit einem weit höherem Risiko verbunden gewesen.

Auch für diese zweite Option bestanden keine realistischen Umsetzungschancen.
Die Hindernisse für die Realisierung einer britisch-deutschen Allianz waren offensichtlich unüberwindlich.

Es waren nicht außenpolitische, sondern vielmehr sozialpsychologische und innenpolitische Ursachen, die die britische Politik der Jahre zwischen 1902/04 und 1914
in die Sackgasse führten – bis hin zu der widersinnigen Entwicklung, dass Großbritannien letztlich vor allem aus Angst vor **Russland** – und nicht etwa vor dem Deutschen
Reich – in den Krieg eintrat.

Anhang

Abkürzungsverzeichnis

AHR	American Historical Review
Bd.	Band
B.D	British Documents on the Origins of the War 1898–1914, 11 vols., London 1926–36
BL	Bodleithian Library, Oxford
BM	British Museum
bspw.	beispielsweise
CC	Churchill College, Cambridge
C.O.	Colonial Office, Kolonialministerium
CUL	Cambridge University Library and Archives
DDF	Documents Diplomatique Francais (1871–1914), séries 1–3, Paris 1929–1959
ders.	derselbe
d.h.	das heisst
dies.	dieselbe
ebd.	Ebenda
Ed.	Editor, Herausgeber
EHR	English Historical Review
ff.	fortfolgend
F.O.	Foreign Office, Britisches Außenministerium
GLRO	Greater London Record Office
G.P.	Die Große Politik der Europäischen Kabinette 1871–1914, 40 Bände, Berlin 1922–27
Hg.	Herausgeber
HH	Hatfield House
hrsg.	herausgegeben
HZ	Historische Zeitschrift
IHR	The International History Review, Ed.: Ingram, Edward
I.O.	India Office, Indienministerium
Kap.	Kapitel
LR	Liverpool Record Office
LU	Leeds University
m.E.	meines Erachtens
PRO	Public Record Office, Britisches Staatsarchiv
RSA	Royal Society of Arts
RVA	Reichsverteidigungsausschuss („Committee of Imperial Defence")
s.	siehe
u.	und
u.U.	unter Umständen
v.a.	vor allem
vol.	Volume, Band
vols.	Volumes, Bände
zit.	zitiert
ZfHS	Zeitschrift für Humanistische Sozialwissenschaft, Tübingen

AUFSCHLÜSSELUNG VON QUELLENANGABEN AUS PRIMÄRQUELLEN PRO
(SÄMTLICH IM PUBLIC RECORD OFFICE)

CAB 17	Committee of Imperial Defence: Miscellaneous Correspondence and Memoranda 1902–1919
CAB 18	Committee of Imperial Defence: Miscellaneous Reports and Papers
CAB 38	Committee of Imperial Defence: Photographic Copies of Minutes and Memoranda 1888–1914
CAB 41	Photographic Copies of Cabinet Letters in the Royal Archives 1868–1916
FO 15	America, Central und Guatemala
FO 17	China
FO 30	Germany
FO 55	Columbia and New Granada
FO 58	Pacific Islands
FO 60	Persia
FO 64	Prussia and Germany
FO 65	Russia
FO 78	Turkey
FO 99	Foreign Office: Political and Other Departments: General Correspondence before1906, Morocco
FO 146	Correspondence of the British Embassy and Consulates in France, 1814–1971
FO 366	Foreign Office and Diplomatic Service Administration Office
FO 371	General Correspondence from Political and Other Departments
FO 633	Cromer Papers
FO 800/1–2	Sanderson Papers
FO 800/6–19	Lascelles Papers
FO 800/46	Egypt 1905–1907
FO 800/60	France 1913–1916
FO 800/61	Germany 1906–1909
FO 800/64	Italy 1905–1913
FO 800/72	Russia 1905–1907
FO 800/87	Admirality 1905–1913
FO 800/92	Foreign Office Memoranda 1905–1908
FO 800/103	H.M. The King, and Queen Alexandra 1906–1916
FO 800/110	Miscellaneous P – R 1905–1916
FO 800/111	Miscellaneous S. 1905–1916
FO 800/113	Index to F.O. 800/35 to 112 1905–1916
FO 800/114	Currie, Sir P.: Correspondence as Permanent Under-Secretary 1893–1896
FO 800/116	Lansdowne, Correspondence as Secretary of State
FO 800/118	France 1905
FO 800/129	Germany 1902–1904
FO 800/130	Germany 1905, 1920–1924
FO 800/135	Morocco 1901–1905
FO 800/136	Netherlands, Norway. 1900–1905
FO 800/145	Zanzibar, Bagdad Railway, Miscellaneous. 1895–1913
FO 800/146	Subject Index to F.O. 800/115 to 145 1885–1912, 1920–1926
FO 800/160–182	Briefwechsel Sanderson-Bertie
FO 800/183	Papers 03/1 to 05/52. 1903 Mar. 21 – 1905 June 21
FO 800/184	Papers 05/53 to 06/107, 1905 July 13 – 1906 Dec. 20
FO 800/185	Papers 07/1 to 08/62. 1907 Jan. 7 – 1908 Dec.
FO 800/192	Hardinge, Baron 1906–1911
FO 800/241	Miscellaneous Correspondence 1903–1915
FO 800/243	Crowe, Sir Eyre
FO 800/336	Miscellaneous Correspondence 1889 Oct. – 1905 Dec.
FO 800/338	Miscellaneous Correspondence (supplementary) 1906 Feb. – Dec.
FO 800/341	Miscellaneous Correspondence 1908
FO 800/355	Miscellaneous Correspondence Volume 3. 1912 March-April
FO 800/363	Miscellaneous Correspondence Volume 2. 1913 Jan.-Feb.
FO 800/382	Foreign Office (mostly complaints by Lord Palmerston about the handwriting of Foreign Office clerks and consuls)
FO 918/61	Correspondence with officials, English and foreign

ZEITTAFEL

Seit den 1860er Jahren	„Athletisierung" und Militarisierung der Schulen
1867	Abessinienfeldzug
1868–74	Liberale Regierung unter Gladstone, (angeblicher) Höhepunkt des Anti-Imperialismus, zahlreiche innere Reformen
1872	„Kristallpalastrede" des konservativen Oppositionsführers Disraeli
1874–80	Konservative Regierung unter Disraeli, Derby Außenminister (mit Sanderson als Privatsekretär)
1875–78	Orientkrise
1880–85	Liberale Regierung unter Gladstone, Granville Außenminister (mit Sanderson als Privatsekretär). Zahlreiche Liberale lehnen seine nicht-imperialistische Politik ab und wenden sich den Konservativen zu
1881	Französische Besetzung Tunesiens
1882	Dreibund zwischen dem Deutschen Reich, Österreich-Ungarn und Italien; Britische Besetzung Ägyptens
Beginn der 1880er Jahre	Zeitgleich mit dem Beginn des imperialistischen Zeitalters erlebt Großbritannien die „antisexuelle Revolution"
1883–85	Britisch-französischer Konflikt um Westafrika
1885	Britisch-russische Kriegsgefahr um Afghanistan
1884/85	Das Deutsche Reich erwirbt während der britisch-französisch-russischen Konflikte erste Überseegebiete
1885/86	Mehrfache Regierungswechsel in Großbritannien
1887–92	Konservative Regierung unter Salisbury als Premier- und Aussenminister
1889	Londoner Hafenarbeiterstreik. Großbritannien verkündet den „Two-Power-Standard", eine weltweite Aufrüstungsspirale setzt ein
1890	Abgang Bismarcks, Helgoland-Sansibar Abkommen
1892–95	Liberale Regierung unter Gladstone. Dieser muss 1894 dem (liberalen) Imperialisten Rosebery weichen. Außenminister: Rosebery 1892–94, Kimberley 1894/95
1893	Russisch-französisches Bündnis
1894	Sanderson wird Staatssekretär im Foreign Office; Kongokontroverse zwischen Großbritannien, dem Deutschen Reich und Frankreich
1894/95	Chinesisch-japanischer Krieg, erhebliche Schwächung der britischen Position in Ostasien
1895–1900	Konservative Regierung unter Salisbury als Premier- und Außenminister
1895	„Ostasiatischer Dreibund" zwischen Russland, Frankreich und dem Deutschen Reich
Ende 1895/Anf. 1896	Die USA attackieren die britische Position auf dem amerikanischen Kontinent, Konflikte mit Frankreich um Südostasien und Westafrika, „Krügerdepesche"
1896	Gründung des chauvinistischen Massenblatts „Daily Mail"
Frühjahr 1898	Spanisch-amerikanischer Krieg, weltweite Stärkung sozialdarwinistischer Tendenzen. Der Deutsche Reichstag verabschiedet das erste Flottengesetz
August 1898	Britisch-deutsche Konvention über die portugiesischen Kolonien
September 1898	Britischer Sieg über die Mahdisten im Sudan
Sept./Okt. 1898	Faschodakrise: Kriegsgefahr zwischen Großbritannien und Frankreich, die erst im Frühjahr 1899 endgültig abklingt
Oktober 1899	Britisch-portugiesischer Windsorvertrag, der im Gegensatz zu dem britisch-deutschen Abkommen von 1898 stand
Okt. 1899–Mai 1902	Burenkrieg
November 1899	Britisch-deutsches Samoaabkommen
Februar 1900	Gründung der Labour Party
Frühjahr/Sommer 1900	„Boxeraufstand" in China
Juni 1900	Reichstag verabschiedet das zweite Flottengesetz
Oktober 1900	Konservativer Wahlsieg, Salisbury bleibt bis 1902 Premierminister, gibt aber Außenministerium auf, das Lansdowne übernimmt; britisch-deutsches Chinaabkommen

Januar 1901	Tod Queen Victorias
Dezember 1901	Allianzgespräche zwischen Großbritannien und dem Deutschen Reich werden endgültig beendet
Januar 1902	Britisch-japanisches Bündnis
Juli 1902	Balfour wird Premierminister
Ende 1902/Anf. 1903	Venezuelakrise
Mai 1903	Chamberlain beginnt Kampagne für imperiale Zollreform
Februar 1904	Entfesselung des russisch-japanischen Krieges
April 1904	Entente Cordiale
November 1905	Gründung von „Sinn Fein"
Dezember 1905	Liberale Regierung unter Premierminister Campbell-Bannerman, Grey Außenminister
Januar 1906	Liberaler Wahlsieg, von dem insbesondere die „Liberal-Imperialists" und die Labour Party profitieren
1905/06	1. Marokkokrise
Jan.–März 1906	Marokkokonferenz
1. Februar 1906	Pensionierung Sandersons
August 1907	Anglo-Russische Konvention
1909/10	„Invasionspanik" in Großbritannien
1911	2. Marokkokrise
1912/13	Balkankriege
Juni/Juli 1914	Gegensätze um Irland spitzen sich so dramatisch zu, dass ein Bürgerkrieg bevorzustehen scheint
Anfang August 1914	Entfesselung des 1. Weltkrieges

LISTE WICHTIGER AKTEURE

Balfour, Arthur	Premierminister 1902–1905 (Konservativer)
Bertie, Francis	Abteilungsleiter im F.O. von 1894–1903 („Assistant Under Secretary"), Botschafter in Italien 1903/04 bzw. in Frankreich von 1904 bis 1918
Bülow, Bernhard Fürst von	Deutscher Außenminister 1897–1900, Reichskanzler 1900–1909
Chamberlain, Joseph	Kolonialminister von 1895 bis 1903 (Konservativer)
Chirol, Valentine	In den 1890er Jahren Berlinkorrespondent der „Times", danach außenpolitischer Herausgeber des Blattes
Delcassé, Théophile	Französischer Außenminister von 1895 bis 1905
Derby, 15th Earl of	Außenminister 1866–68 u. 1874–78; Kolonialminister 1882–85 (zunächst Konservativer, dann Liberaler)
Disraeli, Benjamin	1804–1881; Premierminister 1868 u. 1874–80 (Konservativer)
Gladstone, William Ewart	1809–1898; Premierminister 1868–74, 1880–85 u. 1892–94 (Liberaler)
Granville, 2nd Earl of	1815–1891; Außenminister 1850, Kolonialminister 1859–66 u. 1868–70, Außenminister 1880–85 (Liberaler)
Hardinge, Charles	Botschafter in Russland 1904 bis 1905, Staatssekretär im F.O. von 1906 bis 1910, Vizekönig von Indien 1910 bis 1916
Hatzfeldt, Paul Graf von	Deutscher Botschafter in Großbritannien von 1885 bis 1901
Kimberley, Earl of	Außenminister 1894/95 (Liberaler)
Lansdowne, Marquess of	Kriegsminister 1895–1900, Außenminister 1900–1905 (Konservativer)
Lascelles, Frank	Botschafter im Deutschen Reich von 1895 bis 1908
Nicolson, Arthur	Botschafter in Russland von 1906 bis 1910, Staatssekretär von 1910 bis 1916
Rosebery, Earl of	Außenminister 1892–94, Premierminister 1894/95 (Liberaler)
Salisbury, 3rd Marquis of	1830–1903; Indienminister 1874–78, Außenminister 1878–80, Premier- und Außenminister 1885/86, 1887–92 und 1895–1900, Premierminister 1900–1902 (Konservativer)
Sanderson, Thomas Henry	1841–1923; 1859 Eintritt in das F.O., Privatsekretär der Außenminister Derby bzw. Granville 1866–68, 1874–78 und 1880–85; Staatssekretär im F.O. 1894–1906

BIBLIOGRAPHIE

Addy, Premen; Tibet on the Imperial Chessboard. The Making of British Policy towards Lhasa, 1899–1925, London 1985

Adler, Alfred; Menschenkenntnis, Leipzig 1927

Adorno; Theodor W.; Studien zum autoritären Charakter, Frankfurt/Main 1973

Ahmad, Ishtiaq; Anglo-Iranian Relations 1905–1919, London 1974

Allen, Bernard; Sir Ernest Satow. A Memoir, London 1933

Amery, Julian; The Life of Joseph Chamberlain, vol. IV, London 1951

Anderle, Othmar; Das universalhistorische System Arnold Joseph Toynbees, 1955, o.O.

Anderson, Eugene N.; The First Moroccan Crisis, 1904–1906, Hamden (Conn.) 1966 (1st Ed. 1930)

Anderson, Mary Adeline; Edmund Hammond. Permanent Under Secretary of State for Foreign Affairs, 1854–1873, Ph.D. Thesis, University of London 1955

Andreas, Willy (Hg.); Bismarcks Gespräche, Band III, Birsfelden/Basel o.J.

Andrew, Christopher; Theophile Delcassé and the Making of the Entente Cordiale. A Reappraisal of French Foreign Policy 1898–1905, London/New York 1968

Anselm, Sigrun; Vom Ende der Melancholie zur Selbstinszenierung des Subjektes, Pfaffenweiler 1990

Anstey, Roger; Britain and the Congo in the Nineteenth Century, Oxford 1962

Arendt, Hannah; The Alliance betwenn Mob and Capital, in: Wright, New Imperialism

Dies.; Elemente und Ursprünge totalitärer Herrschaft, Frankfurt/Main 1955

Ariès, Philippe; Geschichte der Kindheit, 8. Aufl., München 1988

Ders.; Die Geschichte der Mentalitäten, in: Le Goff, Rückeroberung

Ders.; Geschichte des Todes, 3. Aufl., München 1987

Arx, Jeffrey Paul von; Progress and Pessimism. Religion, Politics and History in late 19th Century Britain, Cambridge (Mass.)/London 1985

Ashton-Gwatkin, Frank T.; The British Foreign Service. A Discussion of the Development and Function of the British Foreign Service, Hamden 1948

Asquith, H.H. (Earl of Oxford and A.); Memoirs and Reflections 1852–1927, vol. I, Toronto 1928

Atmore, A.E.; The Extra-European Foundations of British Imperialism: Towards a Reassessment; in: Eldridge, British Imperialism

Bagehot, Walter; The English Constitution, London 1904

Bagley, J.J.; The Earls of Derby, London 1985

Bahlman, Dudley W.R. (Ed.); The Diary of Sir Edward Walter Hamilton, 1880–1885, 2 vols. Oxford 1972

Baines, Dudley; Population, Migration and Regional Development, 1870–1939, in: Floud, Economic History

Bairoch, Paul; Historical Roots of Economic Underdevelopment: Myths and Realities, in: Mommsen, Imperialism and After

Balfour, Michael; Britain and Joseph Chamberlain, London 1985

Ders.; Kaiser Wilhelm II. und seine Zeit, Frankfurt/Main 1979

Ballhatchet, Kenneth; Race, Sex and Class under the Raj. Imperial Attitudes, London 1980

Bamberger, Ludwig; Die Nachfolge Bismarcks, Berlin 1889

Baratta, Mario von (Hg.); Der Fischer Weltalmanach 1996, Frankfurt/Main 1995

Ders.; Der Fischer Weltalmanach 1998, Frankfurt/Main 1997

Ders.; Der Fischer Weltalmanach 2000, Frankfurt/Main 1999

Barbu, Zevedei; Problems of Historical Psychology, London 1960

Baring, Maurice; The Puppet Show of Memory, London 1922

Barker, Nancy N. (mit Brown, Marvin L. Jr.); Diplomacy in an Age of Nationalism, The Hague 1971

Barkin, K.; Germany and England: Economic Inequality, in: Tel Aviver Jahrbuch für Deutsche Geschichte, in: Berghoff, Pionier

Barrow, Logie (mit Schmidt, Dorothea und Schwarzkopf, Jutta) (Hg.); Nichts als Unterdrückung? Geschlecht und Klasse in der englischen Sozialgeschichte, Münster 1991

Bartlett, C.J.; Britain Pre-eminent. Studies of British World Influence in the 19th Century, London 1969

Ders.; British Foreign Policy in the Twentieth Century, London 1989

Barzun, Jacques; Clio and the Doctors. Psycho-History, Quanto-History, History, London 1974

Bates, Darrell; The Faschoda-Incident of 1898. Encounter on the Nile, Oxford 1984

Bauerkämper, Arnd; Die „radikale Rechte" in Großbritannien. Nationalistische, antisemitische und faschistische Bewegungen vom späten 19. Jahrhundert bis 1945, Göttingen 1991

Baumgart; Winfried; Der Imperialismus. Idee und Wirklichkeit der englischen und französischen Kolonialexpansion 1880–1914, Wiesbaden 1975

Ders.; Deutschland im Zeitalter des Imperialismus (1890–1914), Frankfurt/Main (u.a.) 1972
Bauriedl, Thea; Die Wiederkehr des Verdrängten. Psychoanalyse, Politik und der einzelne, 2. Aufl., München 1988
Bayer, T.A.; England und der Neue Kurs 1890–1895. Auf Grund unveröffentlichter Akten, Tübingen 1955
Becker, Hellmut (mit Nedelmann, Carl); Von der Anwendbarkeit psychoanalytischer Kategorien auf die Politik, in: Becker, Psychoanalyse
Ders. (mit Nedelmann, Carl) (Hg.); Psychoanalyse und Politik, Frankfurt/Main 1983
Beckett, J.V.; The Aristocracy in England 1660–1914, Oxford 1986
Bédarida, Francois; A Social History of England 1851–1975, o.O. 1976
Bell, Quentin; Virginia Woolf. Eine Biographie, Frankfurt/Main 1977
Beloff, Max; Imperial Sunset, Britain's Liberal Empire 1897–1921, vol. 1, London 1969
Benions, E.A. (Ed.) (mit Butler, James; Carrington, C.E.); The Cambridge History of the British Empire, Cambridge 1959
Bentley, Michael; Politics without Democracy. Great Britain 1815–1914. Perception and Preoccupation in British Governments, Oxford 1985
Berding, Helmut; Aufklären durch Geschichte. Ausgewählte Aufsätze, Göttingen 1990
Berg, Jan Hendrik van den; Metabletica. Über die Wandlung des Menschen. Grundlinien einer historischen Psychologie, Göttingen 1960
Berghahn, Volker R.; Germany and the Approach of War in 1914, London 1973
Ders.; Germany and the Approach of War in 1914, 2nd Ed., London 1993
Ders.; Imperial Germany, 1871–1914, Economy, Society, Culture and Politics, Providence/Oxford 1994
Ders.; Der Tirpitz-Plan. Genesis und Verfall einer innenpolitischen Krisenstrategie unter Wilhelm II, Düsseldorf 1971
Berghoff, Hartmut (mit Ziegler, Dieter); Pionier und Nachzügler. Kategorien für den deutsch-britischen Vergleich?, in: Berghoff, Pionier
Ders. (mit Ziegler, Dieter) (Hg.); Pionier und Nachzügler? Vergleichende Studien zur Geschichte Großbritanniens und Deutschlands im Zeitalter der Industrialisierung. Festschrift für Sidney Pollard zum 70. Geburtstag, Veröffentlichung des Arbeitskreises Deutsche Englandforschung, Veröffentlichung 28, Bochum 1995
Ders.; Vermögenseliten in Deutschland und England vor 1914. Überlegungen zu einer vergleichenden Sozialgeschichte des Reichtums, in: Berghoff, Pionier
Berridge, Virginia; Health and Medicine, in: Thompson, Social History
Bibó, István; Die deutsche Hysterie. Ursachen und Geschichte, Frankfurt/Main 1991
Bierhoff; Burkhard; Gesellschafts-Charakter und Erziehung, in: Funk, Fromm heute
Birke, Adolf M. (mit Recker, Marie-Luise) (Hg.); Das gestörte Gleichgewicht. Deutschland als Problem britischer Sicherheit im 19. und 20. Jahrhundert, Prinz-Albert-Studien, Band 8, München/London 1990
Blake, Robert; The Conservative Party from Peel to Thatcher, London 1985
Ders.; Disreali, London 1967
Ders.; Introduction, in: Blake, Salisbury
Ders. (Ed.) (mit Cecil, Hugh); Salisbury. The Man and his Politics, London/New York 1987
Blanke, Gustav H. (mit Krakau, Knud); Mission, Myth, Rhetoric, and Politics in American History, Working paper des John F.-Kennedy Instituts für Nordamerikastudien 54, Berlin 1992
Blasius, Dirk; Friedrich Wilhelm IV. 1795–1861. Psychopathologie und Geschichte, Göttingen 1992
Bley, Helmut; Bebel und die Strategie der Kriegsverhütung 1904–1913. Eine Studie über Bebels Geheimkontakte mit der britischen Regierung und Edition der Dokumente, Göttingen 1975
Ders.; Kolonialherrschaft und Sozialstruktur in Deutsch-Südwestafrika, Hamburg 1968
Blunt, Wilfried Scawen; My Diaries, Part Two 1900 to 1914, London 1920
Böhm, Jan M. (mit Hoock, Claudia); Methodenprobleme psychoanalytischer Sozialforschung, Teil 1: „Die Charaktermauer" – Zur Psychoanalyse des Gesellschaftscharakters in Ost- und Westdeutschland, in: ZfHS 1998
Ders. (mit Hoock, Claudia); Sozialisation und Persönlichkeit. Autoritarismus, Konformismus oder Emanzipation bei Studierenden aus Ost- und Westdeutschland, Gießen 1998
Böhme, Helmut; Thesen zur Beurteilung der gesellschaftlichen, wirtschaftlichen und politischen Ursachen des deutschen Imperialismus, in: Mommsen, Der moderne Imperialismus
Bolt, Christine; Race and Victorians, in: Eldridge, British Imperialism
Diess.; Victorian Attitudes to Race, London 1971
Bompard, Maurice; Mon Ambassade en Russie, 1903–1908, Paris 1937

Born, Karl Erich; Von der Reichsgründung bis zum Ersten Weltkrieg, Gebhardt Handbuch der deutschen Geschichte, Band 16, hg. v. Grundmann, Herbert, 10. Aufl., München 1985

Bosworth, R.J.B.; Italy, the Least of the Great Powers: Italian Foreign Policy before the First World War, Cambridge 1979

Bourne, Kenneth; Britain and the Balance of Power in North America, 1815–1908, London 1967

Ders. (Ed.) (mit Watt, D.Cameron); British Documents on Foreign Affairs: Reports and Papers from the Foreign Office Confidential Print, Ser. F., Europe, 1848–1914, o.O., 1987ff

Ders.; The Foreign Office under Palmerston, in: Bullen, The Foreign Office

Ders.; The Foreign Policy of Victorian England, 1830–1902, Oxford 1970

Ders. (Ed.) (mit Watt, D.Cameron); Studies in International History, London 1967

Bracher, Karl Dietrich; Kritische Betrachtungen über den Primat der Außenpolitik, in: Ritter, Faktoren

Brailey, Nigel; Protection or Partition: Ernest Satow and the 1880s Crisis in Britain's Siam Policy, in: Journal of South East Asian Studies, March 1998, vol. 29, 1

Ders.(Ed.); Two Views of Siam on the Eve of the Chakri Reformation, Whiting Bay 1989

Braisted, William; The US-Navy in the Pacific 1897–1909, 2nd Ed., New York 1969

Brantlinger, Patrick; Rule of Darkness. British Literature and Imperialism, 1830–1914, London 1988

Brenner, Michael/Liedtke, Rainer/Rechter, David; Two Nations. British and German Jews in Comparative Perspective, Tübingen 1999

Brett, O.S.B. (Ed.); R. Viscount Esher: Journals and Letters of Reginald, o.O., o.J.

Brett, Maurice V. (Ed.); Journals and Letters of Reginald Viscount Esher, London 1934

Briggs, Asa; The Age of Improvement, London 1959

Browne, Harry; Joseph Chamberlain, Radical and Imperialist, Seminar Studies in History, London 1974

Brückner, Peter; Psychologie und Geschichte. Vorlesungen im Club Voltaire 1980/81, Berlin 1982

Ders.; Zur Sozialpsychologie des Kapitalismus. Sozialpsychologie der antiautoritären Bewegung I, 4. Aufl., Frankfurt/Main 1973

Brünner, E.R.J.; De Bagdadspoorweg. Bijrage tot de Kennis omtrent het Optreden der Mogendheden in Turkije 1888–1908, Groningen/Djakarta 1957

Brunn, Gerhard; Deutschland und Brasilien (1889–1914), Köln/Wien 1971

Buchner, Rudolf (Hg.) (mit Baumgart, Winfried); Ausgewählte Quellen zur deutschen Geschichte der Neuzeit, Freiherr vom Stein-Gedächtnisausgabe, Bd. XXVII. Quellen zur Entstehung des Ersten Weltkrieges, Internationale Dokumente 1901–1914, Hg.: Hölzle, Erwin, Darmstadt 1978

Buckle, George Earle (Ed.); The Letters of Queen Victoria, 3 vols. London 1932

Bullen, Roger (Ed.); The Foreign Office 1782–1982, Frederick (Maryland) 1984

Bullen, R.J. (Ed.) (mit Strandmann, H. Pogge von; Polonsky, A.B.); Ideas into Politics. Aspects of European History 1880–1950, London 1984

Burguière, André; Der Begriff der „Mentalitäten bei Marc Bloch und Lucien Febvre: zwei Auffassungen, zwei Wege, in: Raulff, Mentalitäten-Geschichte

Ders.; Historische Anthropologie, in: Le Goff, Rückeroberung

Burke, Bernard; A Genealogical and Heraldic History of the Peerage and Baronetage, 89th Ed. London 1931

Ders. (Ed.) (mit Burke, Askworth P.); Peerage and Baronetage, 69th Ed., London 1907

Burke, Edmund III.; Prelude to Protectorate in Morocco. Procolonial Protest and Resistance, 1860–1912, Chicago/London 1976

Burke, Peter; Collective Psychology and Social Change-Achievements and Problems, in: Loewenstein, Annäherungsversuche

Ders.; Stärken und Schwächen der Mentalitätengeschichte, in: Raulff, Mentalitäten-Geschichte

Burnett, John (Ed.); Destiny Obscure. Autobiographies of Childhood, Education and Family from the 1820s to the 1920s, London 1982

Burroughs, Peter; Colonial Self-Government, in: Eldridge, British Imperialism

Busch, Briton Cooper; Britain and the Persian Gulf, 1894–1914, Berkeley 1967

Ders.; Hardinge of Penshurst. A Study in the Old Diplomacy, Hamden (Connect.) 1980

Butterfield, Paul K.; The Diplomacy of the Bagdad Railway 1890–1914, Göttingen 1932

Caine, William Ralph Hall (Ed.); The Children's Hour. An Anthology of Poems, Stories, Sketches, London 1907

Calendar of the Grants of Probate and Letters of Administration made in the Probate Registries of the High Court of Justice in England, 1923, o.O.

Calleo, David P.; Legende und Wirklichkeit der deutschen Gefahr: neue Aspekte zur Rolle Deutschlands in der Weltgeschichte von Bismarck bis heute, Bonn 1981

Campbell, A.E.; Great Britain and the United States 1895–1903, London 1960

Campbell, Charles S.; Anglo-American Understanding 1898–1903, Baltimore 1957

Canis, Konrad; Von Bismarck zur Weltpolitik. Deutsche Außenpolitik 1890–1902, in: Studien zur Internationalen Geschichte, Hg.: Loth, Wilfried (in Verbindung mit Doering-Manteuffel, Anselm; Dülffer, Jost; Osterhammel, Jürgen), Band 3, Berlin 1997

Carroll, E. Malcolm; Germany and the Great Powers 1866–1914, New York 1975

Castedello, Udo; Zevedei Barbu. Probleme einer Historischen Psychologie, in: Jüttemann, Wegbereiter

Cecil, Gwendolen; Life of Robert Marquis of Salisbury, vols. 1–4, London 1921–32

Cecil, Lamar; The German Diplomatic Service, 1871–1914, Princeton (New Jersey) 1976

Ders.; History as Family Chronicle: Kaiser Wilhelm II and the Dynastic Roots of the Anglo-German Antagonism, in: Röhl, Kaiser Wilhelm II.

Challener, Richard; Admirals, Generals, and American Foreign Policy 1898–1914, Princeton 1973

Chamberlain, Austen; Sir Austen Chamberlain. Englische Politik, Erinnerungen aus fünfzig Jahren, Essen 1938

Ders.; Politics from Inside. An Epistolary Chronicle 1906–1914, London 1936

Chamberlain, Muriel E.; Imperialism and Social Reform, in: Eldridge, British Imperialism

Ders.; Pax Britannica? British Foreign Policy 1789–1914, London 1988

Chapman, Maybelle Kennedy; Great Britain and the Bagdad Railway 1888–1914, Northampton (Mass.) 1948

Chartier, Roger; Intellektuelle Geschichte und Geschichte der Mentalitäten, in: Raulff, Mentalitäten-Geschichte

Chirol, Valentine; Fifty Years in a Changing World, London 1927

Ders.; Cecil Spring-Rice. In Memoriam, London 1919

Christiansen, Björn; Attitudes towards Foreign Affairs as a Function of Personality, 2nd Ed., Westport (Connect.) 1974

Christie, Nancy J.; Imperial Dreams and Colonial Realities: British Views of Canada, 1880–1914, in: IHR, vol. XIII (1991)

Christopher, A.J.; The British Empire at it's Zenith, London/New York/Sydney 1988

Churchill, Winston; Die Weltkrisis 1916–18, Band I, Zürich/Leipzig/Wien 1928

Clarke, George Sydenham; My Working Life, London 1927

Coates, Patrick Devereux; The China Consuls. British Consular Officers, 1843–1943, Hong Kong/Oxford 1988

Cokayne, G.E. und Gibbs, Vicary (Ed.); The Complete Peerage, vol. III, London 1913

Collinge, J.M.; Office-Holders in Modern Britain, VIII, Foreign Office Officials 1782–1870, University of London, Institut of Historical Research 1979

Collins, Doreen; Aspects of British Politics 1904–1919, Oxford 1965

Collins, Robert O.; King Leopold, England and the Upper Nile, 1899–1909, New Haven/London 1968

Connell, John; The Office. A Study of British Foreign Policy and ist Makers 1919–51, London 1958

Coogan, John W.; The End of Neutrality. The United States, Britain and Maritime Rights 1899–1915, Ithaca/London 1981

Cook, Chris (mit Brendan, Keith); British Historical Facts 1830–1900, London 1975

Ders. (mit Stevenson, John); The Longman Handbook of Modern British History 1714–1980, London/New York 1983

Cookey, S.J.S.; Britain and the Congo Question 1885–1913, Ibadan History Series, London 1968

Corbett, Vincent; Reminiscenses: Autobiographical and Diplomatic, London 1927

Cosgrove, Richard Alfred; Sir Eyre Crowe and the English Foreign Office, 1905–1914; Ph.D. Thesis, University of California at Riverside 1967

Court-Repington, Charles à; The World War 1914–1918: Personal Experiences, London 1920

Craig, Gordon; Deutsche Staatskunst von Bismarck bis Adenauer, Düsseldorf 1960

Crewe, Marquess of; Lord Rosebery, 2 vols., London 1931

Cromer, Earl of; Modern Egypt, 2 vols., London 1908

Cromwell, Valerie; United Kingdom. The Foreign and Commonwealth Office, in: Steiner, Times Survey

Crowe, Sibyl; The Berlin West African Conference, 1884/85, Westport (Conn.) 1970 (Nachdruck der Ausg. v. 1942)

Dies. (mit Corp, Edward); Our ablest Public Servant. Sir Eyre Crowe 1864–1925, Braunton 1993

Curtis, L.P.; Anglo-Saxons and Celts, in: Field, Toward Programme

Damiani, Brian P.; Advocates of Empire: William McKinley, the Senate and American Expansion 1898–1899, New York/London 1987

Davidson, Apollon B. (mit Filatova, Irina); The Russians and the Anglo-Boer War 1899–1902, Cape Town 1998

Davis, Lance E. (mit Huttenback, Robert A.); Mammon and the Pursuit of Empire. The Economics of British Imperialism, Cambridge 1988

Dehio, Ludwig; Deutschland und die Weltpolitik im 20. Jahrhundert, München 1955

Ders.; Gleichgewicht oder Hegemonie: Betrachtungen über ein Grundproblem der neueren Staatengeschichte, Krefeld 1948

Demandt, Alexander (Hg.) (unter Mitwirkung v. Schlange-Schöningen, Andreas + Heinrich); Mit Fremden leben. Eine Kulturgeschichte von der Antike bis zur Gegenwart, München 1995

Denison, George Anthony; Notes of My Life, 1805–1878, Oxford/London 1878

Derry, T.K.; A short History of Norway, London 1957

Ders.; A History of Modern Norway, 1814–1972, Oxford 1973

Deutsch, Morton (mit Kraus, Robert, M..); Theorien der Sozialpsychologie, Frankfurt/Main 1976

Devereux, Georges; Ethnopsychoanalyse. Die komplementaristische Methode in den Wissenschaften vom Menschen, Frankfurt/Main 1978

Ders.; Die These, in: Devereux, Ethnopsychoanalyse

Dilks, David; The British Foreign Office between the Wars, in: Mc Kercher, Shadow and Substance

Ders.; Introduction, in: Dilks, Retreat from Power

Ders. (Ed.); Retreat from Power. Studies in Britain's Foreign Policy of the Twentieth Century, vol. I, 1906–1939, London 1981

Dilthey, Wilhelm; Werke, Band 7, Der Aufbau der geschichtlichen Welt in den Geisteswissenschaften, 2. Aufl., Stuttgart 1958

Disraeli, Benjamin; Novels and Tales, vol. X (Tancred or the New Crusade), London 1927

Ditt, Karl; Vorreiter und Nachzügler in der Textilindustrialisierung: Das Vereinigte Königreich und Deutschland während des 19. Jahrhunderts im Vergleich, in: Berghoff, Pionier

Dittmar, Heinrich Gustav; Die deutsch-englischen Beziehungen in den Jahren 1898/99, Stuttgart 1938

Diwald, Hellmut; Die Erben Poseidons. Seemachtpolitik im 20. Jahrhundert, München 1984

Doerry, Martin; Übergangsmenschen. Die Mentalität der Wilhelminer und die Krise des Kaiserreichs, Weinheim 1986

Dollinger, Heinz (Hg.); Weltpolitik, Europagedanke, Regionalismus. Festschrift für Heinz Gollwitzer, Münster 1982

Doubleday, H.A. (mit Walden, Howard de); The Complete Peerage, vol. XIII, Peers created 1901–1938, London 1940

Doyle, Brian (Ed.); The Who's Who of Children's Literature, London 1968

Dreyer, Ronald F.; The Mind of Official Imperialism. British and Cape Government Perceptions of German Rule in Namibia from the Heligoland-Zanzibar Treaty to the Kruger Telegram (1890–1896), Essen 1987

Droysen, Johann Gustav; Historik. Vorlesungen über Enzyklopädie und Methodologie der Geschichte, hg. v. Rudolf Hübner, 8. Aufl., Darmstadt 1977

Drummond Wolff, Henry; Rambling Recollections, 2 vols., London 1908

Dülffer, Jost (Hg.) (mit Holl, Karl); Bereit zum Krieg. Kriegsmentalität im wilhelminischen Deutschland 1890–1914. Beiträge zur historischen Friedensforschung, Göttingen 1986

Dugdale, Blanche E.C.; Arthur James Balfour, 2 vols., London 1936

Dugdale, Edgar T.S.; Maurice de Bunsen. Diplomat and Friend, London 1934

Ders.; German Diplomatic Documents, New York 1969

Dunn, Ross E.; Resistance in the Desert, Madison 1977

Ebel, Gerhard (Hg.); Botschafter Paul Graf von Hatzfeldt: Nachgelassene Papiere, 1838–1901, 2 Bände, Deutsche Geschichtsquellen des 19.und 20. Jahrhunderts, Band 51/I + 51/II, Boppard 1976

Eckardstein, Hermann Freiherr von; Lebenserinnerungen und Politische Denkwürdigkeiten, 2 Bände, Leipzig 1920

Edelstein, Michael; Foreign Investment and Accumulation, 1860–1914, in: Floud, Economic History

Edwardes, Michael; Playing the Great Game. A Vicorian Cold War, London 1975

Edwards, E.W.; British Diplomacy and Finance in China, 1895–1914, Oxford 1987

Egremont, Max; Balfour. A Life of Arthur James Balfour, London 1980

Eldridge, C.C. (Ed.); British Imperialism in the 19th Century, London 1984

Ders.; Introduction, in: Eldridge, British Imperialism

Ders.; Sinews of Empire: Changing Perspectives, in: Eldridge, British Imperialism

Ders.; Victorian Imperialism, London 1978

Elias, Norbert; Der Prozeß der Zivilisation, 2. Band, zweite, um eine Einleitung vermehrte Aufl., Bern/München 1969

Elizade, Maria Dolores; 1898: the Coordinates of the Spanish Crisis in the Pacific, in: Smith, Crisis of 1898

Emden, P.H.; Behind the Throne, o.O. 1934

Encyclopaedia Britannica, 11th Ed., vol. 4, Cambridge 1910

Enderwitz, Ulrich; Kritik der Geschichtswissenschaft. Der historische Relativismus, die Kategorie der Quelle und das Problem der Zukunft in der Geschichte, Neuauflage, Berlin 1988

Engel-Janosi, Friedrich; Von der Biographie im 19. und 20. Jahrhundert, in: Klingenstein, Biographie

Ensor, Robert; England, 1870–1914, New York 1936

Epkenhans, Michael; Imperial Germany and the Importance of Sea Power, in: Rodger, Naval Power

Erdheim, Mario; Die gesellschaftliche Produktion von Unbewußtheit. Eine Einführung in den ethno-analytischen Prozeß, Frankfurt/Main 1982

Erich-Fromm-Gesellschaft, Internationale (Hg.); Die Charaktermauer. Zur Psychoanalyse der Gesell-schafts-Charakters in Ost- und Westdeutschland, Göttingen/Zürich 1995

Erikson, Erik H.; Der vollständige Lebenszyklus, Frankfurt/Main 1988

Ders.; Der junge Mann Luther. Eine Psychoanalytische und historische Studie, München 1958

Ders.; Lebensgeschichte und historischer Augenblick, Frankfurt/Main 1977

Ernst, Heiko (mit Nuber, Ursula); Stichwort Psychotherapien, München 1992

Escott, T.H.S.; The Story of British Diplomacy. It's Makers and Movements, London/Leipzig 1908

Eubank, K.; Paul Cambon. Master Diplomatist, Norman (Oklah.) 1960

Faber, Richard; The Vision and the Need. Late Victorian Imperialist Aims, London 1966

Fairbanks, Charles H. Jr.; The Origins of the Dreadnought Revolution. A Historiographical Essay, in: IHR, vol. XIII (1991)

Faull, Margaret L. (Ed.) (mit Stinson, Marie); Doomesday Book, Yorkshire, 30, Part 2, Chilchester o.J.

Fay, Sidney Bradshaw; The Origins of the World War. I. Before Sarajewo. Underlying Causes of the War, New York 1929

Ders.; Revelations in Latest British War Documents, in: Current History, XXIX (1929)

Ferguson, Niall; Der falsche Krieg. Der Erste Weltkrieg und das 20. Jahrhundert, Stuttgart 1999

Ferris, Paul; The House of Northcliffe. The Harmsworths of Fleet Street, London 1971

Fest, Wilfried; Jingoism and Xenophobia in the Electioneering Strategies of British Ruling Elites before 1914, in: Kennedy, Nationalist

Feuchtwanger, E.J.; Democracy and Empire. Britain 1865–1914, London 1985

Ders.; W.E. Gladstone, in: Thal, Prime Ministers

Field, Geoffrey; Evangelist of Race. The Germanic Vision of Houston Stewart Chamberlain, New York 1981

Field, Harvey John; Toward a Programme of Imperial Life. The British Empire at the Turn of the Centu-ry; Contributions in Comparative Colonial Studies, No. 9 (Ed. Winks, Robin W.), Westport (Conn.) 1989

Fieldhouse, David K.; Economics and Empire 1830–1914, London 1973

Ders.; Imperialism: An Historiographical Revision, in: Economic Historical Review (2nd Series) 14 (1961), 187–209

Fischer, Fritz; Griff nach der Weltmacht. Die Kriegszielpolitik des kaiserlichen Deutschland 1914/18, 2. Aufl., Königstein/Taunus 1979

Ders.: Krieg der Illusionen. Die deutsche Politik von 1911–1914, Kronberg/Düsseldorf 1978

Fisher, Lord John; Memories and Records, New York 1920

Ders.; Memories, London 1919

Fitzmaurice, Edmond; The Life of Granville, 2nd vol., 4th impression, 3rd Ed., London 1905

Fitzroy, A.; Memoirs, 2 vols., London 1923

Flint, John E.; Sir George Goldie and the Making of Nigeria, London 1960

Flood, Cheryl Anne; The Ambassadorship of Paul von Wolff-Metternich: Anglo-German Relations, 1901–1912, Madison 1976

Floud, Roderick; Britian, 1860–1914: a Survey, in: Floud, Economic History

Ders. (Ed.) (mit Mc Closkey, Donald); The Economic History of Britian since 1700, vol 2 , 2nd. Ed., Cambridge 1995

Foot, M.R.D. (Ed.); The Gladstone Diaries, vol. II, 1833–39, Oxford 1968

Forster, Robert; Family Biography, in: Klingenstein, Biographie

Forstmeier, Friedrich; Der Tirpitzsche Flottenbau im Urteil der Historiker, in: Schottelius, Marine

Foster, Joseph (Ed.); The Peerage, Baronetage and Knightage of the British Empire for 1882, London o.J.

Franke, Herbert (mit Trauzettel, Rolf); Das Chinesische Kaiserreich, Fischer Weltgeschichte, Band 19, Frankfurt/Main 1968

Fraser, Peter; Joseph Chamberlain. Radicalism and Empire, 1868–1914, London 1966

French, David; British Economic and Strategic Planning 1905–1915, London 1982

Freud, Sigmund; Massenpsychologie und Ich-Analyse, Leipzig 1921

Frey, Werner; Sir Valentine Chirol. Die britische Position und Politik in Asien 1895–1925, Zürich 1976

Friedberg, Aaron L.; The Weary Titan. Britain and the Experience of Relative Decline, 1895–1905, Princeton (New Jersey) 1988

Friedeburg; Ludwig von; Vorwort zu Adorno, Studien

Fritzsche, K. Peter; Die neue Furcht vor neuen Freiheiten, in: Funk, Fromm heute

Fröhlich, Michael; Von Konfrontation zur Koexistenz. Die deutsch-englischen Kolonialbeziehungen in Afrika zwischen 1884 und 1914, Arbeitskreis Deutsche England-Forschung, Band 17 (Hg.: Schmidt, Gustav), Bochum 1990

Fromm, Erich; Analytische Sozialpsychologie und Gesellschaftstheorie, Frankfurt/Main 1970

Ders.; Anatomie der menschlichen Destruktivität, 164–167 Tausend, Reinbek 1992

Ders.; Die Furcht vor der Freiheit, 12. Aufl., Frankfurt/Main 1980

Ders.; Die Furcht vor der Freiheit, Erich Fromm Gesamtausgabe in 12 Bänden, Bd. 1 (Hg.: Funk, Rainer), Stuttgart/München 1989

Ders.; Gesellschaft und Seele. Beiträge zur Sozialpsychologie und psychoanalytischen Praxis, Schriften aus dem Nachlass, Hg. Funk, Rainer, Weinheim/Basel 1992

Ders.; Die Krise der Psychoanalyse, in: Fromm, Analytische Sozialpsychologie

Ders.; Über Methode und Aufgaben einer analytischen Sozialpsychologie: Bemerkungen über Psychoanalyse und historischen Materialismus, in: Fromm, Analytische Sozialpsychologie

Ders.; Sigmund Freud's Mission. An Analysis of his Personality and Influence, New York 1959

Ders.; Wege aus einer kranken Gesellschaft. Eine sozialpsychologische Untersuchung, Frankfurt (Main)/ Berlin 1981

Fry, Michael G.; In Further Pursuit of Lloyd George: International Historie and Social Sciences, in: Mc Kercher, Shadow and Substance

Funk, Rainer; Einleitung: Die Aktualität Erich Fromms, in: ders.: Fromm heute

Ders., Rainer (Hg.) (mit Johach, Helmut und Meyer, Gerd); Erich Fromm heute. Zur Aktualität seines Denkens, München 2000

Ders., Rainer; Mut zum Menschen, Stuttgart 1978

Funke, Manfred (Hg.) (mit Jacobsen, Hans-Adolf; Knütter, Hans-Helmuth; Schwarz, Hans-Peter); Demokratie und Diktatur, Geist und Gestalt politischer Herrschaft in Deutschland und Europa, Schriftenreihe der Bundeszentrale für Politische Bildung, Band 250, Bonn 1987

Gade, Christel; Gleichgewichtspolitik oder Bündnispflege? Maximen britischer Außenpolitik (1909–1914), Veröffentlichungen des Deutschen Historischen Instituts London, Hg.: Wende, Peter, Band 40, Göttingen/Zürich 1997

Galbraith, John S.; Mackinnon and East Africa 1878–1895. A Study in the „New Imperialism", Cambridge 1972

Gall, Lothar; Bismarck und England, in: Kluke, Aspekte

Ders.; Europa auf dem Weg in die Moderne 1850–1890, Oldenbourg Grundriß der Geschichte, Band 14, München 1984

Gall, Wilhelm; Sir Charles Hardinge und die englische Vorkriegspolitik 1903–1910, Berlin 1939

Gartner, Lloyd P.; East European Jewish Migration: Germany and Britain, in: Brenner, Two Nations

Garvin, J.; The Life of Joseph Chamberlain, London 1933

Ders.; Hitler and Arms, Forword, in: Belloc, Hilaire, Friends of Europe Publication, No. 16, 1934

Gash, Norman; Aristocracy and People, Britain 1815–1865, in: The New History of England, No. 8, London 1979

Ders.; Reaction and Reconstruction in English Politics 1832–1852, Oxford 1965

Gathorne-Hardy, A.E. (Ed.); Gathorne-Hardy, First Earl of Cranbrook, London 1910

Gattrell, V.A.C.; Crime, Authority and the Police-State, in: Thompson, Social History

Gavin, R.J. (mit Betley, J.A.); The Scramble for Africa, Ibadan 1973

Gay, Peter; The Cultivation of Hatred. The Bourgeois Experience. Victoria to Freud.
    Vol 1: Education of the Senses, New York/Oxford 1984
    Vol 2: The Tender Passion, New York/Oxford 1986

Ders.; Freud for Historians, New York 1985

Gehlen, Arnold; Die Seele im technischen Zeitalter. Sozialpsychologische Probleme in der industriellen Gesellschaft, Reinbek 1957

Gelber, Lionel; The Rise of Anglo-American Friendship. A Study in World Politics: 1898–1906, 2nd Ed., Hamden (Conn.) 1966

Gellner, Ernest; Pflug, Schwert und Buch. Grundlinien der Menschheitsgeschichte, München 1993

Gerhard, Martin; Norwegische Geschichte (neu bearbeitet von Hubatsch, Walther), 2. Aufl., Bonn 1963

Gerhards, Jürgen; Emile Durckheim. Die Seele als soziales Phänomen, in: Jüttemann, Wegbereiter

Geyer, Michael; Deutsche Rüstungspolitik 1860–1980, Frankfurt/Main 1984

Ghose, Dilip Kumar; England und Afghanistan. A Phase in their Relations, Calcutta 1960
Gifford, Prosser (mit Louis, Roger W.M.); Britain and Germany in Africa. Imperial Rivalry and Colonial Rule, New Haven/London 1967
Gillard, David; Salisbury and the Indian Defence Problem, 1885–1902, in: Bourne, International History
Ders.; Salisbury, in: Wilson, British Foreign Secretaries
Ders.; The Struggle for Asia 1828–1914. A Study in British and Russian Imperialism, London 1977
Goertz, Hans-Jürgen; Umgang mit Geschichte. Eine Einführung in die Geschichtstheorie, Reinbek 1995
Gollin, Alfred; Balfour's Burden. Arthur Balfour and Imperial Preference, London 1965
Ders.; Proconsul in Politics. A Study of Lord Milner in Opposition and in Power, London 1964
Gollwitzer, Heinz; Geschichte des weltpolitischen Denkens, Band 2: Zeitalter des Imperialismus und der Weltkriege, Göttingen 1982
Gooch, George Peabody.; Before the War: Studies in Diplomacy, London 1936–38
Ders. (Ed.) (mit Ward, Aldophus William); The Cambridge History of British Foreign Policy, 1783–1919, vol. III, Cambridge 1927
Ders.; Studies in Diplomacy and Statecraft, London 1942
Gopal, S.; British Policy in India 1858–1905, Cambridge 1965
Gordon, Donald C.; The Dominion Partnership in Imperial Defense, 1870–1914, Baltimore (Maryland) 1965
Gordon Lennox, Lady Algernon (Ed.); The Diary of Lord Bertie of Thame 1914–1918, London 1924
Gosses, F.; The Management of British Foreign Policy before the First World War; Especially during the Period 1880–1914, Leiden 1948
Goudswaard, (?) ; Some Aspects of the End of Britains's ‚Splendid Isolation‘, 1898–1904, Rotterdam, 1952
Gow, Andrew Sydenham F.; Sir Stephan Gaselee, Proceedings of the British Academy, XXIX, 1943, London 1944
Gower, George Leveson; Years of Endeavour, London 1942
Granfelt, Helge; Der Dreibund nach dem Sturze Bismarcks, I. England im Einverständnis mit dem Dreibund 1890–1896, Lund 1962
Grant Duff, Mountstuart E.; Notes from a Diary
    1892–95, 2 vols., London 1904
    1896–23rd Jan. 1901, 2 vols., London 1905
Greaves, Rose Louise; Persia and the Defence of India, 1884–1892. A Study in the Foreign Policy of the Third Marquis of Salisbury, London 1959
Gregory, J.D.; On the Edge of Diplomacy, London 1929
Gregory, Robert G.; India and East Africa, Oxford 1971
Grell, Detlef; Die Auflösung der Schwedisch-Norwegischen Union-1905 – im Spiegel der Europäischen Großmachtpolitik. Unter besonderer Berücksichtigung der Akten des Auswärtigen Amtes, Essen 1984
Grenville, J.A.S.; Imperial Germany and Britain: From Cooperation to War, in: Birke, Gleichgewicht
Ders.; Lord Salisbury and Foreign Policy. The Close of the Nineteenth Century, London 1964
Grey of Fallodon; Viscount E.; The Fallodon Papers, Boston 1926
Ders.; Twenty-Five Years; vol. I, Toronto 1925
Guillen, Pièrre; L'Allemagne et le Maroc, 1870–1905, Rabat 1967
Guinn, Paul; British Strategy and Politics 1914 to 1918, Oxford 1965
Guttmann, Bernhard; England im Zeitalter der bürgerlichen Reform, 2. Aufl., Stuttgart, 1949
Guttsman, W.L.; The British Political Elite, London 1963
Ders. (Ed.); The English Ruling Class, London 1969
Gwynn, Stephan (begun by, completed and edited by Tuckwell, Gertrude M.); The Life of the Rt. Hon. Sir Charles Dilke, London 1917
Ders. (Ed.); The Letters and Friendships of Sir Cecil Spring-Rice. A Record, vols I. + II, 3rd Impression, London 1929
Habermas, Jürgen; Erkenntnis und Interesse, Frankfurt/Main 1968
Hahn, Alois; Max Weber und die Historische Psychologie, in: Jüttemann, Wegbereiter
Haldane, Richard Burton Viscount; An Autobiography, London 1929
Hale, Oron James; Publicity and Diplomacy. With Special Reference to England and Germany, 1890–1914, Gloucester (Mass.) 1964
Halévy, Elie; A History of the English People in the 19th Century, London 1961
    III. The Triumph of Reform, 1830–1841
    IV. Victorian Years, 1841–1895

Hallgarten, George W.F.; Imperialismus vor 1914. Die soziologischen Grundlagen der Außenpolitik europäischer Großmächte vor dem Ersten Weltkrieg, 2 Bände, München 2. Auflage 1963
Hambly, Gavin (Hg.); Zentralasien, Reihe: Fischer Weltgeschichte, Bd. 16, Frankfurt/Main 1983
Hamer, W.S.; The British Army. Civil-Military Relations 1885–1905, Oxford 1970
Hamilton, K.A.; Great Britain, France and the Origins of the Mediterranean Agreements of 16th May 1907, in: Mc Kercher, Shadow and Substance
Hamilton, Keith; Bertie of Thame. Edwardian Ambassador, Royal Historical Society, Studies in History 60, Woodbridge 1990
Ders.; Pursuit of „Enlightened Patriotism", in: Wilson, Forging
Hamilton, Lord George; Parliamentary Reminiscences and Reflections, 2 vols.
    Vol. 1: 1868–1885, London 1916
    Vol. 2: 1886–1906, London 1922
Hammer, Karl; Weltmission und Kolonialismus, Sendungsideen des 19. Jahrhunderts im Konflikt, München 1981
Hammond, R.J.; Portugal and Africa 1815–1910, Stanford (Calif.) 1966
Hardach, Gerd; Der Erste Weltkrieg 1914–1918, Geschichte der Weltwirtschaft im 20. Jahrhundert, Band 2, (Reihe hrsg. v. Fischer, Wolfram), München 1973
Hardinge, Arthur H.; A Diplomatist in Europe, London 1927
Ders.; A Diplomatist in the East, London 1928
Hardinge, Charles; Old Diplomacy, London 1947
Hargreaves, John D.; Prelude to the Partition of West Africa, London 1963
Ders.: West Africa Partioned, vol. II, London 1985
Ders.; Lord Salisbury, British Isolation and the Yangtse Valley, June-September 1900, in: Bulletin of the Institut of Historical Research, vol. 30 (1957), 62–75
Harris, José; Society and the State in 20th Century Britain, in: Thompson, Social History
Hatzfeldt-Wildenburg; Paul Graf von; Botschafter Paul Graf von Hatzfeldt, Nachgelassene Papiere 1838–1901, hrsg. u. eingeleitet von Ebel, Gerhard, 2 Bände, Boppard 1976
Haumann, Heiko; Geschichte der Ostjuden, München 1998
Hauser, Oswald; Deutschland und der englisch-russische Gegensatz 1900–1914, Göttingen 1958
Hayes, Carlton J.H.; Bases of a New National Imperialism, in: Wright, New Imperialism
Hedinger, Hans Walther; Standortgebundenheit historischer Erkenntnis? Kritik einer These, in: Koselleck, Objektivität und Parteilichkeit
Heggoy, Alf Andrew; The African Policies of Gabriel Hanotoux, 1894–1898, Athens/Georgia 1972
Heindel, Richard Heathcote; The American Impact on Great Britain, 1898–1914. A Study of the United States in World History, Philadelphia 1940
Henderson, Nevile; Wasser unter den Brücken. Episoden einer diplomatischen Laufbahn, Erlenbach-Zürich 1949
Henning, Friedrich-Wilhelm; Die Industrialisierung in Deutschland 1800 bis 1914, 5. Aufl., Paderborn 1979
Hennock, E.P.; British Social Reform and German Precedents. The Case of Social Insurance 1880–1914, Oxford 1987
Hentschel, Helga; Psychohistorie als Selbstreflexion von Psychologie, in: Kornbichler, Klio
Hertslet, E.; Recollections of the Old Foreign Office, 1840–1896, London 1901
Herzfeld, Hans; Die moderne Welt 1789–1945, 2 Bände, 4. Aufl., Braunschweig 1970
Hildebrand, Klaus; Lord Clarendon, Bismarck und das Problem der europäischen Abrüstung 1870. Möglichkeiten und Grenzen im britisch-deutschen Verhältnis am Vorabend des deutsch-französischen Krieges, in: Kettenacker, Studien
Ders.; Das vergangene Reich. Deutsche Außenpolitik von Bismarck bis Hitler 1871–1945, Stuttgart 1995
Ders.; Der deutsche Eigenweg. Über das Problem der Normalität in der modernen Geschichte Deutschlands und Europas, in: Funke, Demokratie und Diktatur
Ders.; Deutsche Außenpolitik 1871–1918, Enzyklopädie deutscher Geschichte, Band 2, München 1989
Ders.; Imperialismus, Wettrüsten und Kriegsausbruch 1914, in: Neue Politische Literatur, 20/3 (1975)
Ders.; Julikrise 1914: Das europäische Sicherheitsdilemma. Betrachtungen über den Ausbruch des Ersten Weltkrieges, in: Geschichte in Wissenschaft und Unterricht 36, 469–502
Ders.; Staatskunst oder Systemzwang? Die „Deutsche Frage" als Problem der Weltpolitik, in: HZ 228, 624–644
Ders.; Zwischen Allianz und Antagonismus. Das Problem bilateraler Normalität in den britisch-deutschen Beziehungen des 19. Jahrhunderts (1870–1914), in: Dollinger, Weltpolitik
Hillgruber, Andreas; Kontinuität und Diskontinuität in der deutschen Außenpolitik von Bismarck bis Hitler, in: Ziebura, Grundfragen

Hilton, Sylvia L./Ickringill, Steve J.S. (Ed.) ; European Perceptions of the Spanish-American War of 1898, Bern/Berlin (u.a.) 1999
Hinsley, F.H. (Ed.); British Foreign Policy under Sir Edward Grey, Cambridge 1977
Ders.; Introduction, in: Wilson, Decisions
Hirshfield, Claire; British Policy on the Middle Niger 1890–1898, in: Barker, Diplomacy
Hobsbawn, Eric J.; Industrie und Empire. Britische Wirtschaftsgeschichte seit 1750, 2 Bände, Frankfurt/ Main 1969
Hobson, J.A.; Imperialism. A Study, in: Wright, New Imperialism
Ders.; The Psychology of Jingoism, London 1901
Hohorst, G. (Hg.); Sozialgeschichtliches Arbeitsbuch, 1870–1914, München 1975
Holbraad, Carsten; The Concert of Europe. A Study in German and British International Theory 1815– 1914, London 1970
Hollenberg, Günther; Englisches Interesse am Kaiserreich. Die Attraktivität Preußen-Deutschlands für konservative und liberale Kreise in Großbritannien 1860–1914, Wiesbaden 1974
Holsti, Ole R.; Theory of Crisis Decising Making, in: Viotti, International
Holt, Richard; Contrasting Nationalisms: Sport, Militarism and the Unitary State in Britain and France before 1914, in: Mangan, Tribal Identities
Holweg, Heiko; Erklären oder Verstehen? Die Scheinalternative des qualitativen Paradigmas, in ZfHS 1998
Howard, Christopher; Britain and the Casus Belli 1822–1902, London 1974
Ders.; Splendid Isolation, London 1967
Howard, Christopher H.D. (Ed.); The Diary of Edward Goschen, 1900–1914, Camden Fourth Series, vol. 25, London 1980
Howard of Penrith, Lord (Esme); Theatre of Life, London 1936
Hubatsch, Walther; Die Ära Tirpitz. Studien zur deutschen Marinepolitik 1890–1918, Göttingen 1955
Ders. (Hg.); Navalismus und Wechselwirkungen von Seeinteressen, Politik und Technik im 19. und 20. Jahrhundert, Koblenz 1983
Hughes, Judith M.; Emotion and High Politics. Personal Relations at the Summit in Late 19th Century Britain and Germany, Berkeley 1983
Hughes, H. Stuart; Consciousness and Society. The Reorientation of European Social Thought 1890– 1930, New York 1958
Hugo, Markus M.; „Uncle Sam I Cannot Stand, for Spain I have no Sympathy": An Analysis of Discourse about the Spanish-American War in Imperial Germany, 1898/99, in: Hilton, European Perceptions
Hui-Min, Lo (Ed.); The Correspondance of G.E. Morrison, 1st vol. 1895–1912, Cambridge 1976
Hutchinson, Horace G. (Ed.); Private Diaries of the Rt. Hon. Sir Algernon West, London 1922
Hutterback, Robert; Racism and Empire, London 1976
Hutton, Patrick H.; Die Psychohistorie Erik Eriksons aus der Sicht der Mentalitätsgeschichte, in: Raulff, Mentalitäten-Geschichte
Hyam, Ronald; Britain's Imperial Century, 1815–1914: A Study of Empire and Expansion, London 1976
Ders.; Empire and Sexuality. The British Experience, Manchester/New York 1991
Hynes, Samuel; The Edwardian Turn of Mind, Princeton 1968
Jaeckel, Horst; Die Nordwestgrenze in der Verteidigung Indiens 1900–1908 und der Weg Englands zum russisch-britischen Abkommen von 1907; Beiträge zur Kolonial- und Überseegeschichte (Hg.: Gollwitzer, Heinz), Köln 1968
James, Robert Rhodes; The Earl of Rosebery, in: Thal, Prime Ministers
Ders.; Rosebery. A Biography of Archibald Philip, Fifth Earl of Rosebery, London 1963
Jay, Richard; Joseph Chamberlain. A Political Study, Oxford 1981
Jeshurun, Chandran; The Contest for Siam, 1889–1902. A Study in Diplomatic Rivalry, Kuala Lumpur 1977
Johnson, Nancy E. (Ed.); The Diary of Gathorne Hardy, later Lord Cranbrook, 1866–1892: Political Selections, Oxford 1981
Joll, James; Europe since 1870. An International History, 3rd Ed., Harmondsworth 1983
Ders.; 1914. The Unspoken Assumptions. An Inaugural Lecture, London 1968
Ders.; Die Ursprünge des Ersten Weltkrieges, München 1984
Ders.; War Guilt 1914. A Continuing Controversy, in: Kluke, Aspekte
Jones; Kennedy; Fleet Street and Downing Street, London 1920
Jones, Ray; The British Diplomatic Service, 1815–1914, Gerrads Cross 1983
Ders.; Arthur Ponsonby. The Politics of Life, London 1989

Ders.; The Nineteenth-Century Foreign Office. An Administrative History, London School of Economics Research Monographs 9, London 1971

Jordan; Gerald (Ed.); Naval Warfare in the 20th Century 1900–1945, London/New York 1977

Jüttemann, Gerd (Hg., mit Thomae, Hans); Biographie und Psychologie, Berlin 1987

Ders.; Vorbemerkungen, in: Jüttemann, Wegbereiter

Ders. (Hg.); Wegbereiter der historischen Psychologie, München 1988

Kaminsky, Arnold P.; The India Office, 1880–1910, London 1986

Kaulisch, Baldur; Alfred von Tirpitz und die imperialistische deutsche Flottenrüstung. Eine politische Biographie, 3. Aufl., Berlin (Ost) 1988

Kazemzadeh, Firuz; Russia and Britain in Persia. A Study in Imperialism, New Haven/London 1968

Kehr, Eckart; Schlachtflottenbau und Parteipolitik 1894–1901. Versuch eines Querschnitts durch die innenpolitischen, sozialen und ideologischen Voraussetzungen des deutschen Imperialismus, Historische Studien, Heft 197, Berlin 1930

Keiger, John F.V.; France, in: Wilson, Decisions

Ders.; France and the Origins of the First World War, London 1983

Kelly, David; The Ruling Few. On the Human Background to Diplomacy, London 1952

Kelly, J.B.; Salisbury, Curzon and the Kuwait Agreement of 1899, in: Bourne, International History

Kelly, John S.; A Forgotten Conference: The Negotiations at Peking 1900–1901, Genève 1962

Kelman, Herbert C.; Social-Psychological Approaches to the Study of International Relations: Definition of Scope, in: Kelman, International Behaviour

Ders. (Ed.); International Behaviour. A Social-Psychological Analysis. New York 1965

Kennan, George F.; Die schicksalhafte Allianz. Frankreich und Rußland am Vorabend des Ersten Weltkrieges, Köln 1990

Ders.; Bismarcks europäisches System in der Auflösung. Die französisch-russische Annäherung 1875 bis 1890, Frankfurt (Main)/Berlin/Wien 1981

Ders.; The Fateful Alliance. France, Russia, and the Coming of the First World War, New York 1984

Kennedy, A.L.; Old Diplomacy and New, 1876–1922. From Salisbury to Lloyd George, London 1922

Ders.; Salisbury 1830–1903. Portrait of a Statesman, London 1953

Kennedy, Paul M.; The Rise of the Anglo-German Antagonism 1860–1914, London 1982

Ders.; Aufstieg und Fall der großen Mächte. Ökonomischer Wandel und militärischer Konflikt von 1500 bis 2000, Frankfurt/Main 1989

Ders.; British and German Reactions to the Rise of American Power, in: Bullen, Ideas into Politics

Ders.; Continuity and Discontinuity in British Imperialism 1815–1914, in: Eldridge, British Imperialism

Ders.; Idealists and Realists: British Views of Germany, 1864–1939, Transactions of the Royal Historical Society 1975

Ders. (Ed.) (mit Nicholls, Anthony); Nationalist and Racialist Movements in Britain and Germany before 1914, Oxford 1981

Ders.; The Pre-war Right in Britain and Germany, in: Kennedy, Nationalist

Ders.; The Realities Behind Diplomacy. Background Influences on British External Policy, 1865–1980, London 1981

Ders.; The Rise and Fall of British Naval Mastery, 3rd Ed., London 1991

Ders.; The Samoan Tangle. A Study in Anglo-German-American Relations 1878–1900, Dublin 1974

Ders.; Maritime Strategieprobleme der deutsch-englischen Flottenrivalität, in: Schottelius, Marine

Ders.; Strategy and Diplomacy 1870–1945, eight Studies, London 1983

Ders.; Tirpitz, England and the Second Navy Law of 1900: A Strategical Critique, in: MGM 2/1970

Ders. (Ed.); The War Plans of the Great Powers, 1880–1914, London 1979

Kennedy, William P.; Die Rezeption des deutschen Bankensystems in England. Vom belächelten „Unsinn" zum Vorbild, in: Berghoff, Pionier

Kettenacker, Lothar (Hg.); Studien zur Geschichte Englands und der deutsch-britischen Beziehungen. Festschrift für Paul Kluke, München 1981

Kiernan, V.G.; Imperialism and its Contradictions, New York/London 1995

Kissinger, Henry; Diplomacy, London/New York 1995

Klingenstein, Grete (Hg.); Biographie und Geschichtswissenschaft. Aufsätze zur Theorie und Praxis biographischer Arbeit, Wiener Beiträge zur Geschichte der Neuzeit, Band 6, München 1979

Diess.; Vorwort, in Klingenstein, Biographie

Kluke, Paul (Hg.) (mit Alter, Peter); Aspekte der deutsch-britischen Beziehungen im Laufe der Jahrhunderte. Ansprachen und Vorträge zur Eröffnung des Deutschen Historischen Instituts London, Veröffentlichungen des Deutschen Historischen Instituts 2, Band 4, Stuttgart 1978

Knaplund, Paul; British Views on Norwegian-Swedish Problems 1880–1895, Oslo 1952

Ders. (Ed.); Speeches on Foreign Affairs 1904–1914 <by> Sir Edward Grey, London 1931

Koch, Hanns-Joachim; Der Sozialdarwinismus, München 1973
Koch, H.W. (Ed.); The Origins of the First World War, London 1982
Kocka, Jürgen; Geschichte und Aufklärung, Aufsätze, Göttingen 1989
Köhler, Henning (Hg.); Deutschland und der Westen. Studien zur europäischen Geschichte, Band XV, Berlin 1984
König, Helmut; Zivilisation und Leidenschaften. Die Masse im bürgerlichen Zeitalter, Reinbek 1992
König, Karl; Kleine Psychoanalytische Charakterkunde, Göttingen 1992
Kohut; Thomas A.; Kaiser Wilhelm II. and his Parents: An Inquiry into the Psychological Roots of German Policy towards England before the First World War, in: Röhl, Kaiser Wilhelm II.
Kornbichler, Thomas; Einleitung, Klio, in: Kornbichler, Klio
Ders.; Das Geschichtsdenken Sigmund Freuds, in: Loewenstein, Annäherungsversuche
Ders.; im Gespräch mit Josef Rattner: Verstehende Tiefenpsychologie und Geschichtsanalyse, in: Kornbichler, Klio
Ders. (Hg.); Klio und Psyche, Pfaffenweiler 1990
Ders.; Tiefenpsychologie und Biographik, Psychopathologie und Humanwissenschaften, hg. v. Peters, Uwe Henrik, Band 5, Frankfurt/Main 1989
Ders.; Zu einer tiefenpsychologischen Theorie der Biographie, in: Kornbichler, Klio
Koselleck, Reinhart; Einführung, in: White, Auch Klio dichtet
Ders.; Erfahrungswandel und Methodenwechsel. Eine historisch-anthropologische Skizze, in: Meier, Historische Methode
Ders. (Hg.) (mit Mommsen, Wolfgang J.; Rüsen, Jörn); Objektivität und Parteilichkeit, München 1977
Ders.; Standortbindung und Zeitlichkeit. Ein Beitrag zur Historiographischen Erschließung der geschichtlichen Welt, in: Koselleck, Objektivität und Parteilichkeit
Krieger, Leonard (Ed.) (mit Stern, Fritz); The Responsibility of Power, New York 1967
Kruse, A.; Biographische Methode und Exploration, in: Jüttemann, Biographie und Psychologie
Kruse, Wolfgang; Die Kriegsbegeisterung im Deutschen Reich zu Beginn des 1. Weltkrieges. Entstehungszusammenhänge, Grenzen und ideologische Strukturen, in: Linden, Kriegsbegeisterung
Kubicek, R.V.; The Administration of Imperialism. Joseph Chamberlain at the Colonial Office, Durham (N.C.) 1969
Kuitenbrouwer, Maarten; The Netherlands and the Rise of Modern Imperialism; Colonies and Foreign Policy 1870–1902, New York/Oxford 1991
Kuropka, Joachim; „Militarismus" und das „Andere Deutschland. Zur Entstehung eines Musters britischer Deutschlandinterpretation, in: Wendt, Deutschlandbild
Lafore, Laurence; The Long Fuse, London 1966
Lahme, Rainer; Deutsche Außenpolitik 1890–1894. Von der Gleichgewichtspolitik Bismarcks zur Allianzstrategie Caprivis, Schriftenreihe der Historischen Kommission bei der Bayerischen Akademie der Wissenschaften, Band 39, Göttingen 1990
Ders.; Großbritannien und die Anfänge des Neuen Kurses in Deutschland, in: Birke, Gleichgewicht
Lamb, Alastair; Britain and Chinese Central Asia, London 1960
Lambert, Nicholas A.; Sir John Fisher's Naval Revolution, Columbia (South Carolina) 1999
Ders.; The Opportunities of Technology: British and French Naval Strategies in the Pacific, 1905–1909, in: Rodger, Naval Power
Lamprecht, Karl; Ausgewählte Schriften zur Wirtschafts- und Kulturgeschichte, Aalen 1974
Ders.; Moderne Geschichtswissenschaft, Freiburg 1995
Langer, William L; A Critique of Imperialism, in: Wright, New Imperialism
Ders.; The Diplomacy of Imperialism, 1890–1902, 2nd Ed., New York 1951
Ders.; European Alliances and Alignments 1871–1890, 2nd Ed., New York 1961
Ders.; Foreword, in: Wolman, Psychoanalytic Interpretation of History
Lazonick, William; Employment Relations in Manufactoring and International Competition, in Floud, Economic History
Lee, Dwight E.; Europe's Crucial Years. The Diplomatic Background of World War I, 1902–1914, Hanover/New Hampshire 1974
Lee, Sidney; Dictionary of National Biography, London 1903
Ders.; King Edward VII. A Biography, vol. II, The Reign, London 1927
Le Goff; Jacques; Eine mehrdeutige Geschichte, in: Raulff, Mentalitäten-Geschichte
Ders.; Neue Geschichtswissenschaft, in: Le Goff, Rückeroberung
Ders. (Hg.); Die Rückeroberung des historischen Denkens. Grundlagen der Neuen Geschichtswissenschaft, Frankfurt/Main 1990
Ders.; Vorwort 1988, in: Le Goff, Rückeroberung

Lensen, George Alexander; Balance of Intrigue. International Rivalry in Korea and Manchuria 1884–1899, Tallahassee (Fl.) 1982

Ders.; Korea and Manchuria between Russia and Japan 1895–1904. The Observations of Sir Ernest Satow, Tallahassee (Fl.) 1966

Lewis, David Levering; The Race to Faschoda. European Colonialism and African Resistance in the Scramble for Africa, London 1988

Lifton, Robert Jay; Protean Man, in: Wolman, Psychoanalytic Interpretation of History

Lindberg, F.; Scandinavia in Great Power Politics, 1905–1908, Stockholm 1958

Linden, Marcel van der (mit Mergner, Gottfried); Einleitung, in: Linden, Kriegsbegeisterung

Ders. (Hg.) (mit Mergner, Gottfried); Kriegsbegeisterung und mentale Kriegsvorbereitung. Interdisziplinäre Studien, Berlin 1991

Lodge's Peerage; Baronetage, Knightage and Companionage of the British Empire for 1912, 81st Ed., London o.J.

Loewenberg, Peter; Decoding the Past. The Psychohistorical Approach, New York 1983

Loewenstein, Bedrich Werner; Annäherungsversuche, Band 4 der Reihe Geschichte und Psychologie, hg. v. Loewenstein, Bedrich Werner, Pfaffenweiler 1992

Ders.; Der Entwurf der Moderne. Vom Geist der bürgerlichen Gesellschaft, Essen 1987

Ders.; Eros und Zivilisation. Produktive Umwege der Triebmodellierung im neuzeitlichen Denken, in: Kornbichler, Clio

Ders.; Eine alte Geschichte? Massenpsychologie und Nationalismusforschung, in: Schmidt-Hartmann; Formen

Ders.; Militarismus und Kriegserziehung – nur ein deutsches Problem? Referat auf dem 2. Kolloquium der Studiengruppe tschechischer und deutscher Historiker in Bad Homburg 1991

Ders.; Plädoyer für die Zivilisation, Hamburg 1973

Ders.; Problemfelder der Moderne. Elemente politischer Kultur, Darmstadt 1990

Ders.; Vom Subjektiven in der Geschichte, in: Loewenstein, Annäherungsversuche

Ders.; Wir und die anderen, in: Demandt, Mit Fremden leben

Louis, Roger W.M.; Great Britain and German Expansion in Africa, 1884–1919, in: Gifford, Britain and Germany

Ders.; Great Britain and Germany's Lost Colonies, 1914–1919, Oxford 1967

Lowe, C.J.; The Reluctant Imperialists. British Foreign Policy 1878–1902, 2 vols., London 1967

Ders.; Salisbury and the Mediterranean, 1886–96, London 1965

Luckmann, Thomas; Persönliche Identität und Lebenslauf-gesellschaftliche Voraussetzungen, in: Klingenstein, Biographie

Luntinen, Partti; The Baltic Question, 1903–08, Helsinki 1975

Lutz, Hermann; Deutschfeindliche Kräfte im Foreign Office der Vorkriegszeit. Materialien zu Band VII der „Britischen Dokumente", Berlin 1932

Mack, Edward C.; Public Schools and British Opinion since 1860, New York 1941

Ders.; Public Schools and British Opinion since 1860. The Relationship between contemporary Ideas and the Evolution of an English Institution, New York 1973

Mackay, Ruddock F.; Balfour. Intellectual Statesman, Oxford 1985

Ders.; Historical Reinterpretations of the Anglo-German Naval Rivalry, 1897–1914, in: Jordan, Naval Warfare

Mac Kenzie, John M.; Propaganda and Empire. The Manipulation of British Public Opinion 1880–1960, Manchester 1985

Mac Kinnon, Mary; Living Standards, 1870–1914, in: Floud, Economic History

Malmesbury, Susan Countess of; The Life of Major-General Sir John Ardagh, London 1909

Mander, John; Our German Cousins. Anglo-German Relations in the 19th and 20th Century, London 1974

Mangan, J.A.; Athleticism in the Victorian and Edwardian Public School. The Emergence and Consolidation of an Educational Ideology, Cambridge 1981

Ders. (Ed.); The Cultural Bond. Sport, Empire, Society, London 1992

Ders.; Duty onto Death: English Masculinity and Militarism in the Age of New Imperialism, in: Mangan, Tribal Identities

Ders. (Ed.); Tribal Identities, Nationalism, Europe, Sport, London 1996

Mann, Golo; Vorwort, in: Loewenstein, Plädoyer

Mansergh, N.; The Commonwealth Experience, London 1969

Marcuse, Herbert; Triebstruktur und Gesellschaft. Ein philosophischer Beitrag zu Sigmund Freud, Frankfurt/Main 1965

Marder, Arthur J.; The Anatomy of British Sea Power. A History of British Naval Policy in the Pre-Dreadnought Era 1880–1905, New York 1940

Ders.; From the Dreadnought to Scapa Flow. The Royal Navy in the Fisher Era 1904–1919, vol 1: The Road to War, London 1961

Ders.; Fear God and Dread Nought. The Correspondance of Admiral of the Fleet Lord Fisher of Kilverstone, vols. II + III, London 1956/59

Marias, Julian; Generations. A Historical Method, University of Alabama 1970

Markov, Walter (Hg.) (mit Anderle, Alfred; Werner, Ernst; Wurche, Herbert); Kleine Enzyklopädie Weltgeschichte, 2 Bände, 2. Aufl., Leipzig 1981

Marlowe, John; Cromer in Egypt, London 1970

Marsden, Arthur; Britain and the End of the Tunis Treaties 1894–1897, in: EHR, Supplement 1 (1965)

Marston, Thomas E.; Britain's Imperial Role in the Red Sea Area 1800–1878, Hamden (Conn.) 1961

Martel, Gordon; Imperial Diplomacy. Rosebery and the Failure of Foreign Policy, Kingston 1986

Ders.; The Meaning of Power: Rethinking the Decline and Fall of Great Britain, in: International History Review 13 (1991), 662–694

Ders. (Ed.); Studies in British Imperial History. Essays in Honour of A.P. Thornton, London 1986

Mason, J.F.A.; Lord Salisbury: A Librarian's View, in: Blake, Salisbury

Massie, Robert K.; Dreadnought. Britain, Germany and the Coming of the Great War, New York 1991

Ders., Die Schalen des Zorns. Großbritannien, Deutschland und das Heraufziehen des Ersten Weltkrieges, Frankfurt/Main 1998

Matthei, Dieter; Russische Seemachtbestrebungen in der Epoche des Navalismus, in: Hubatsch, Navalismus

Matthew, H.C.G.; The Liberal Imperialists. The Ideas and Politics of a post-Gladstonian Élite, Oxford 1973

Maurer, Friedemann (Hg.); Lebensgeschichte und Identität. Beiträge zu einer biographischen Anthropologie, Frankfurt/Main 1981

Mause, Lloyd de; Grundlagen der Psychohistorie, Frankfurt/Main 1989

Mayer, Arno J.; Adelsmacht und Bürgertum. Die Krise der europäischen Gesellschaft 1848–1914, München 1984

Ders.; Domestic Causes of the First World War, in: Krieger, Responsibility

Mazlish, Bruce; James and John Stuart Mill, Father and Son in the 19th Century, New York 1975

Ders.; Psychoanalyse und Geschichte: Weitere Aussichten, in: Kornbichler, Klio

Ders.; The Riddle of History. The Great Speculators from Vico to Freud, New York/London 1966

McBride, Theresa; „As the Twig is Bent": the Victorian Nanny, in: Wohl, Victorian Family

McClelland, David; Macht als Motiv. Entwicklungswandel und Ausdrucksformen, Stuttgart 1978

McCordock, R. Stanley; British Far Eastern Policy, 1894–1900, New York 1976

McCullough, Edward E.; How the First World War Began. The Triple Entente and the Coming of the Great War of 1914–1918, Montreal/New York/London 1999

Mc Dermott, J.; The Revolution in British Military Thinking from the Boer War to the Moroccan Crisis, in: Kennedy, War Plans

McGeoch, Lyle M.; Policy on the Spanish Corollary to the Anglo-French Agreement of 1904, in: Barker, Diplomacy

McKercher, B.J.C.; Esme Howard. A Diplomatic Biography, Cambridge 1989

Ders. (mit Moss, D.J.); Introduction, in: McKercher, Shadow and Substance

Ders. (Ed.) (mit Moss; D.J.); Shadow and Substance in British Foreign Policy 1895–1939. Memorial Essays Honouring C.J. Lowe, Edmonton 1984

Mc Lean, David; Britain and her Buffer State. The Collapse of the Persian Empire, 1890–1914, London 1979

Meath, Earl of; Memories of the Twentieth Century, London 1924

Meier, Christian; Gespräch mit, geführt von Ulrich Raulff, Anthropologie im Kulturvergleich. Programm eines wissenschaftlichen Grenzgängertums, in: Raulff, Mentalitäten-Geschichte

Ders. (Hg.) (mit Rüsen, Jörn); Historische Methode, Beiträge zur Historik, Band 5, München 1988

Ders.; Vorwort, in: Meier, Historische Methode

Meinecke, Friedrich; Geschichte des deutsch-englischen Bündnisproblems 1890–1901, München/Berlin 1927

Ders.; Rankes politische Gespräche (1924), in: Meinecke, Vom geschichtlichen Sinn und vom Sinne der Geschichte, Leipzig 1939

Mellini, Peter; Sir Eldon Gorst, Stanford 1977

Meran, Josef; Theorien in der Geschichtswissenschaft. Die Diskussion über die Wissenschaftlichkeit der Geschichte, Göttingen 1985

Mergel, Thomas (Hg.) (mit Welskopp, Thomas); Geschichte zwischen Kultur und Gesellschaft. Beiträge zur Theoriedebatte, München 1997

Ders. (mit Welskopp, Thomas); Geschichtswissenschaft und Gesellschaftstheorie, in: Mergel, Geschichte

Mersey, Viscount; A Picture of Life, 1872–1940, London 1941

Messerschmidt, Manfred; Deutschland in englischer Sicht. Die Wandlungen des Deutschlandbildes in der englischen Geschichtsschreibung, Düsseldorf 1955

Meyendorff, A. (Ed.); Correspondance Diplomatique de M. de Staal (1884–1900), 2 vols., Paris 1929

Mickel, Wolfgang W. (Hg.); Handbuch zur politischen Bildung, Bonn 1999, Schriftenreihe Band 358 der Bundeszentrale für politische Bildung

Midgley, Clan; Anti-Slavery and the Roots of ‚Imperial Feminism' in: Midgley, Gender

Diess. (Ed.); Gender and Imperialism, Manchester/New York 1998

Diess.; Introduction, in: Midgley, Gender

Minto, Countess Mary of; India, Minto and Morley, 1905–1910, London 1934

Mitchell, B.R. (mit Deane, P.); Abstract of British Historical Statistics, Cambridge 1962, Nachdruck von 1971

Mitscherlich, Alexander; Auf dem Weg zur vaterlosen Gesellschaft, Ideen zur Sozialpsychologie, 10. Aufl., München 1973

Mock, Wolfgang; The Function of „Race" in Imperialist Ideologies: The Example of Joseph Chamberlain, in: Kennedy, Nationalist

Ders.; Imperiale Herrschaft und nationales Interesse. „Constructive Imperialism" oder Freihandel in Großbritannien vor dem 1. Weltkrieg, Veröffentlichungen des Deutschen Historischen Instituts London, Band 13, Stuttgart 1982

Mollin, Gerhard Th.; Schlachtflottenbau vor 1914. Überlegungen zum Wesen des deutsch-britischen Antagonismus, in: Berghoff, Pionier

Mommsen, Wolfgang J.; Der europäische Imperialismus, Göttingen 1979

Ders. (Hg.); Der moderne Imperialismus, Stuttgart 1971

Ders.; Imperialismus – seine geistigen, politischen und wirtschaftlichen Grundlagen, Hamburg 1977

Ders. (Ed.) (mit Osterhammel, Jürgen); Imperialism and After. Continuities and Discontinuities, London 1986

Ders.; Das Zeitalter des Imperialismus, Fischer Weltgeschichte, Band 28, Frankfurt/Main 1985

Monger, George; Ursachen und Entstehung der englisch-französisch-russischen Entente 1900–1907, Seeheim a.d.B. 1969

Monypenny, W.F. (mit Buckle, G.F.); The Life of Benjamin Disraeli, Earl of Beaconsfield, 6 vols, 1910–1920

Moore, R.J.; India and the British Empire, in: Eldridge, British Imperialism

Morris, A.J.A.; The Scaremongers. The Advocacy of War and Rearmament 1896–1914, London 1984

Morris, R.J.; Clubs, Societies and Associations, in: Thompson, Social History

Moscovici, Serge; Das Zeitalter der Massen. Eine historische Abhandlung über die Massenpsychologie, München/Wien 1984

Moser, John E.; Twisting the Lion's Tail: American Anglophobia Between the World Wars, New York 1999

Mosse, George L.; Das Bild des Mannes. Zur Konstruktion der modernen Männlichkeit, Frankfurt/Main 1997

Mosse, W.E.; The European Powers and the German Question 1848–1871, Cambridge 1958

Mowat, R.B.; The Concert of Europe, London 1930

Ders.; The Life of Lord Pauncefote. First Ambassador to the United States, London 1929

Muchembled, Robert; Die Erfindung des modernen Menschen. Gefühlsdifferenzierung und kollektive Verhaltensweisen im Zeitalter des Absolutismus, Reinbek 1990

Mühlen, Patrick von zu; Rassenideologien. Geschichte und Hintergründe, Berlin 1977

Mulanax, Richard B.; The Boer War in American Politics and Diplomacy, Lanham (Maryland)/New York/London 1993

Neilson, Keith; Britain and the Last Tsar, British Policy and Russia 1894–1917, Oxford 1995

Nevins, Allan; Henry White. Thirty Years of American Diplomacy, New York/London 1930

Newton, Lord; Lord Lansdowne, London 1929

Ders.; Retrospection, London 1941

Nicolas, Harris (mit Courthope, William); The Historic Peerage of England, London 1957

Nicolson, Harold; Sir Arthur Nicolson, Bart., First Lord Carnock. A Study in the Old Diplomacy, London 1930

Ders.; Die Verschwörung der Diplomaten. Aus Sir Arthur Nicolsons Leben 1849–1928, Frankfurt/Main 1931

Nietzsche, Friedrich; Vom Nutzen und Nachtheil der Historie für das Leben, München 1996

Nightingale, Robert T.; The Personnel of the British Foreign Office and Diplomatic Service, 1851–1929, Fabian Tract No. 232, London 1930

Nish, Ian; The Anglo-Japanese Alliance. The Diplomacy of Two Island Empires 1894–1907, Westport (Conn.)/London 1966

Ders.; British Foreign Secretaries and Japan, 1892–1905, in: Mc Kercher, Shadow and Substance

Ders.; The Origins of the Russo-Japanese War, London/New York 1985

Nitschke, August; Historische Verhaltensforschung, Analysen gesellschaftlicher Verhaltensweisen, Stuttgart 1981

Nolte, Ernst; Marxismus und industrielle Revolution, Stuttgart 1983

Obelkevich, James; Religion, in: Thompson, Social History

O'day, Alan (Ed.); The Edwardian Age. Conflict and Stability 1900–1914, Hamden (Connect.) 1979

Offner, John; United States Politics and the 1898 War over Cuba, in: Smith, Crisis of 1898

Oliver, Roland; Sir Harry Johnston and the Scramble for Africa, London 1957

O'Malley, Sir Owen; The Phantom Caravan, London 1954

Onslow, Earl of; Sixty-Three Years, London/New York o.J.

Padfield, Peter; The Great Naval Race, London 1974

Paget, Walburga Lady; Embassies of other Days, 3rd Ed., London 1923

Pakenham, Thomas, The Boer War, London 1979

Ders.; The Scramble for Africa, London 1997

Palmer, Alan; Glanz und Niedergang der Diplomatie. Die Geheimpolitik der europäischen Kanzleien vom Wiener Kongreß bis zum Ausbruch des Ersten Weltkrieges, Düsseldorf 1986

Ders.; Lord Salisbury, in: Thal, Prime Ministers

Palmer, Roundell; Memorials (Earl of Selborne), 2 vols., London 1898

Panayi, Panikos; Anti-immigrant Riots in nineteenth- and twentieth Century Britain, in: Panayi, Racial Violence

Ders.; The Enemy in Our Midst. Germans in Britain During the First World War, New York/Oxford 1991

Ders.; Racial Violence in Britain, 1840–1950, Leicester/London 1993

Parliamentary Debates; House of Lords, Official Report, London 1909ff

Parsons, F.V.; The Origins of the Morocco Question 1880–1900, London 1976

Patlagean, Evelyne; Die Geschichte des Imaginären, in: Le Goff, Rückeroberung

Patzig, Günther; Das Problem der Objektivität und der Tatsachenbegriff, in: Koselleck, Objektivität und Parteilichkeit

Peck, John; War, the Army and Victorian Literature, London 1998

Pelcovits, Nathan A.; Old China Hands and the Foreign Office, New York 1948

Pelling, Henry; Popular Politics and Society in Late Victorian Britain, London 1968

Penson, Dame Lillian; Foreign Affairs under the Third Marquis of Salisbury, London 1962

Perkins, Bradford; The Great Rapprochement. England and the United States, 1895–1914, New York 1968

Pine, L.G. (Ed.); The New Extinct Peerage 1884–1971, London 1972

Plack, Arno; Die Gesellschaft und das Böse. Eine Kritik der herrschenden Moral, München 1979

Plass, Jens Barthold; England zwischen Rußland und Deutschland, Der Persische Golf in der britischen Vorkriegspolitik, 1899–1907, Schriftenreihe des Instituts für Auswärtige Politik, Band 3, Hamburg 1966

Platt, D.C.M.; Finance, Trade and Politics in British Foreign Policy, 1815–1914, Oxford 1968

Playne, Caroline E.; The Pre-War Mind in Britain. An Historical Review, London 1928

Dies.; The Neuroses of the Nations, London 1925

Ploetz; Staatengeschichte, Großbritannien, Würzburg 1996

Pollard, Sidney; Britain's Prime and Britain's Decline. The British Economy 1870–1914, London 1989

Porch, Douglas; The Conquest of Morocco, New York 1983

Porter, Andrew N.; Lord Salisbury, Foreign Policy and Domestic Finance, 1860–1900, in: Blake, Salisbury

Ders.; The Origins of the South African War. Joseph Chamberlain and the Diplomacy of Imperialism 1895–99, Manchester 1980

Porter, Bernard; Britain, Europe and the World 1850–1982: Delusions of Grandeur, London 1983

Ders.; Critics of Empire, London 1968

Ders.; The Lion's Share. A Short History of British Imperialism, 1850–1990, 3rd Ed., London 1996

Postgate, Raymond (und Vallance, Aylmer); Those Foreigners. The English People's Opinion on Foreign Affairs as reflected in their Newspapers since Waterloo, London 1937

Potter, E.B. (mit Nimitz, C.W.); Sea Power. A Naval History, Englewood Cliffs 1960

Prochaska, F.K.; Philanthropy, in: Thompson, Social History

Public Record Office Handbooks No. 6; List of Papers of the Committee of Imperial Defence to 1914, London 1964

Ramm, Agatha; Granville, in: Wilson, British Foreign Secretaries

Dies.; Sir Robert Morier. Envoy and Ambassador in the Age of Imperialism, 1876–1893, Oxford 1973

Dies. (Ed.); The Political Correspondance of Mr. Gladstone and Lord Granville 1876–1886, 2 vols., Oxford 1962

Dies.; Lord Salisbury and the Foreign Office, in: Bullen, The Foreign Office

Rath, Norbert; Innere Natur als sedimentierte Geschichte? Freuds Stellung zum Gedanken einer Historizität des Psychischen, in: Jüttemann, Wegbereiter

Rattigan, Frank; Diversions of a Diplomat, London 1924

Rattner, Josef; Tiefenpsychologie und Politik. Einführung in die politische Psychologie, Freiburg 1970

Ders.; Verstehende Tiefenpsychologie, Berlin 1977

Raulff, Ulrich; Clio in den Dünsten – Über Geschichte und Gerüchte, in: Loewenstein, Annäherungsversuche

Ders.; Die Geburt eines Begriffs. Reden von „Mentalität" zur Zeit der Affäre Dreyfus, in: Raulff, Mentalitäten-Geschichte

Ders. (Hg.); Mentalitäten-Geschichte. Zur historischen Rekonstruktion geistiger Prozesse, Berlin 1987

Ders. (Hg.); Vom Umschreiben der Geschichte. Neue historische Perspektiven, Berlin 1986

Ders.; Vorwort, in: Raulff, Mentalitäten-Geschichte

Redesdale, Lord; Memories, New York o.J.

Remak, J; 1914 – The Third Balkan War: Origins Reconsidered, in: Koch, Origins

Rendel, G.; The Sword and the Olive. Recollections of Diplomacy and the Foreign Service, London 1957

Reuter, Martin (Hg.); Black Box Psyche, Texte zur Historischen Psychologie I, Pfaffenweiler 1990

Ders.; Vorwort, in: Reuter, Black Box

Ricard, Serge; The French Press and Brother Jonathan: Editorializing the Spanish-American Conflict, in: Hilton, European Perceptions

Rich, Norman (mit Fisher, M.H.) (Ed.) (Deutsche Ausgabe von Frauendienst, Werner); Die geheimen Papiere Friedrich von Holsteins, Bände III + IV, Göttingen 1963

Ders.: Friedrich von Holstein. Politics and Diplomacy in the Era of Bismarck and Wilhelm II, vols. I + II, Cambridge 1965

Riedel, Wolfgang; Die „unsichtbare Hand". Ökonomie, Sittlichkeit und Kultur der englischen Mittelklasse (1650–1850), Tübingen 1990

Riezler, Kurt; Tagebücher, Aufsätze, Dokumente (hg. v. Erdmann, Karl Dietrich), Göttingen 1972

Ritter, Gerhard A.; Die britische Arbeiterbewegung und die II. Internationale 1889–1914, in: Dollinger, Weltpolitik

Ders. (Hg.) (mit Ziebura, Gilbert); Faktoren der politischen Entscheidung: Festausgabe für Ernst Fraenkel zum 65. Geburtstag, Berlin 1963

Ders.; Die Kontrolle von Regierung und Verwaltung in Großbritannien, in: Ritter, Faktoren

Rivera, Joseph de; The Psychological Dimension of Foreign Policy, Columbus (Ohio) 1968

Robbins; Keith; The Eclipse of a Great Power. Modern Britain 1870–1975, London/New York 1983

Ders.; Sir Edward Grey. A Biography of Lord Grey of Fallodon, London 1971

Robbins, K.G.; The Foreign Secretary, the Cabinet, Parliament and the Parties, in: Hinsley, Grey

Roberts, David; The Paterfamilias of the Victorian Governing Classes, in: Wohl, Victorian Family

Robinson, Ronald; (mit Gallagher, John u. Denny, Alice), Africa and the Victorians. The Official Mind of Imperialism, London 1961

Rock, Stephan R.; Why Peace breaks out. Great Power Rapprochement in Historical Perspective, Chapel Hill (North Caroline) 1989

Rodd, James Rennell; Social and Diplomatic Memories, 1884–1893, London 1922

Ders.; Social and Diplomatic Memories, 1902–1919, London 1925

Rodger, N.A.M.; Naval Power in the Twentieth Century, Houndmills/Basingstoke/London 1996

Röhl, John C.G.; Kaiser, Hof und Staat. Wilhelm II. und die deutsche Politik, 2. Aufl., München 1988

Ders. (Ed.) (mit Sombart, Nicolaus); Kaiser Wilhelm II., New Interpretations, Cambridge 1982

Ders.; The Emperor's New Clothes: A Character Sketch of Kaiser Wilhelm II., in: Röhl, Kaiser Wilhelm II

Ders.; Wilhelm II. Die Jugend des Kaisers, 1859–1888, München 1993

Rohe, Karl; The British Imperialist Intelligentsia and the Kaiserreich, in: Kennedy, Nationalist
Ders.; Ursachen und Bedingungen des modernen britischen Imperialismus vor 1914, in: Mommsen, Der moderne Imperialismus
Rohwer, Jürgen; Kriegsschiffbau und Flottengesetze um die Jahrhundertwende, in: Schottelius, Marine
Role; P.J.V.; Derby, in: Wilson, British Foreign Secretaries
Ders.; Entente Cordiale. The Origins and Negotiations of the Anglo-French Agreements of 8th April 1904, London 1969
Ders.; Lansdowne, in: Wilson, British Foreign Secretaries
Ders.; Rosebery and Kimberley, in: Wilson, British Foreign Secretaries
Romein, Jan; The Watershed of two Eras. Europe in 1900, Middletown (Conn.) 1978
Ronaldshay, Earl of; Life of Curzon, 3 vols, London 1928
Ropponen, Risto; Die Kraft Rußlands. Wie beurteilte die politische und militärische Führung der europäischen Großmächte in der Zeit von 1905 bis 1914 die Kraft Russlands?, Helsinki 1968
Rose, Jonathan Ely; The Turn of the Century: A Study in the Intellectual History of Britain 1895–1919, Ann Arbor 1981
Rose, Kenneth; Superior Person: A Portrait of Curzon and his Circle in Late Victorian England, London 1969
Rose, Norman; Vansittart. Study of a Diplomat, London 1978
Rosen, Friedrich, Aus einem diplomatischen Wanderleben, 2 Bände, Berlin 1931/32
Rosenau, James N.; Domestic Sources of Foreign Policy, New York/London 1967
Rosenhaft, Eve; Geschichten und ihre Geschichte, in: Barrow, Unterdrückung
Rosenmayr, Leopold; Lebensalter, Lebenslauf und Biographie, in: Klingenstein, Biographie
Rowland, Peter; The Last Liberal Governments, London 1968
Rubenson, Sven; The Survival of Ethiopian Independence, Lund Studies in International History, 7, Ed.: Rystad, Göran/Tägil, Sven, London 1976
Rüsen, Jörn; Historische Methode, in: Meier, Historische Methode
Rumbold, Horace; Recollections of a Diplomatist, 2 vols., 4th Ed., London 1903
Salis, J.R. von; Weltgeschichte der Neuesten Zeit, Band I/2, Zürich 1980
Sanderson, G.N.; England, Europe and the Upper Nile. A Study in the Partition of Africa, Edinburgh 1965
Sanderson, Thomas Henry; Evelyn Earl of Cromer, Oxford o.J. (1917)
Ders.; Evelyn Earl of Cromer. From the Proceedings of the British Academy, vol. VIII. London 1917
Ders. (Ed.); Egypt 1879–1883, London 1909
Ders.; Four Stories for Children, London 1911
Ders.; Grillion's Club. A Chronicle, 1812–1913, Oxford 1914
Ders.; Preface, in: Wood, Henry Trueman; A History of the Royal Society of Arts, London 1913)
Ders.; Observations on the Use and Abuse of Red Tape for the Juniors in the Eastern, Western, and American Departments, London 1891
Ders. (Ed.); Speeches and Addresses on Political and Social Questions, by Edward Henry, Earl of Derby, 1870–1891, London 1893
Ders.; The Story of the Forty Wise Men who had to provide a Bath of Milk for the King. A Tale for the Instruction of Infants, in: Caine, Children's Hour
Sanderson Furniss, Henry (Lord Sanderson); Memories of Sixty Years, London 1931
Sanford, J.L.S.; (mit Townsend, M.); The Great Governing Families of England, o.O. 1865
Sarkisyanz, Manuel; Adolf Hitlers englische Vorbilder, Ketsch am Rhein 1997
Sasse, Heinz Günther; England – Deutschlands Widerpart. Die deutsch-englischen Beziehungen von 1815 bis 1940, Berlin 1941
Satow, Ernest; A Diplomat in Japan, London 1921
Saunders, E.M. (Ed.); The Life and Letters of the Rt. Hon. Sir Charles Tupper, 2 vols., London 1916
Scally, Robert J.; The Origins of the Lloyd George Coalition. The Politics of Social-Imperialism, 1900–1918, Princeton (New Jersey) 1975
Schieder, Wolfgang; Aspekte des italienischen Imperialismus vor 1914, in: Mommsen, Der moderne Imperialismus
Schmidt, Gustav; Der europäische Imperialismus, München 1985
Ders.; Der deutsch-englische Gegensatz im Zeitalter des Imperialismus, in: Köhler, Deutschland und der Westen
Ders.; Rationalismus und Irrationalismus in der englischen Flottenpolitik, in: Schottelius, Marine
Schmidt-Hartmann, Evy (Hg.); Formen des nationalen Bewußtseins im Lichte zeitgenössischer Nationalismustheorien, München 1994

Schöllgen, Gregor; Imperialismus und Gleichgewicht. Deutschland, England und die orientalische Frage, 1871–1914, München 1984

Ders.; Das Zeitalter des Imperialismus, Oldenbourg Grundriß der Geschichte, Band 15, München 1986

Schonebohm, Dieter; Ostjuden in London. Der Jewish Chronicle und die Arbeiterbewegung der jüdischen Immigranten im Londoner East Ende, 1881–1900, Frankfurt/Main, 1987

Schottelius, Herbert; (mit Deist, Wilhelm), Hg.: Militärgeschichtliches Forschungsamt; Marine und Marinepolitik im kaiserlichen Deutschland 1871–1914, 2. Aufl., Düsseldorf 1981

Schröder, Hans-Christoph; Imperialismus und antidemokratisches Denken. Alfred Milners Kritik am politischen System Englands, Wiesbaden 1978

Schröter, Manfred; Metaphysik des Untergangs: Eine kulturkritische Studie über Oswald Spengler, München 1949

Schulz-Hageleit, Peter; Was lehrt uns die Geschichte? Annäherungsversuche zwischen geschichtlichem und psychoanalytischem Denken, Band 2 der Reihe Geschichte und Psychologie (hrsg. v. Loewenstein, Bedrich Werner), Pfaffenweiler 1989

Ders.; Die historischen Tatsachen und ihre Be-deutung – Plädoyer für die interdisziplinäre „Geschichtsanalyse", in: Loewenstein, Annäherungsversuche

Schumpeter, Joseph A.; Imperialism as a Social Atavism, in: Wright, New Imperialism

Ders.; Imperialism and Social Classes, New York 1951

Scott, William A.; Psychological and Social Correlates of International Images, in: Kelman, International Behaviour

Seaman, L.C.B.; Victorian England. Aspects of English and Imperial History 1837–1901, London 1973

Searle; Geoffrey; The „Revolt from the Right" in Edwardian Britain, in: Kennedy, Nationalist

Searle, G.N.; Critics of Edwardian Society. The Case of the Radical Right, in: O'day, Edwardian Age

Ders.; The Quest for National Efficiency. A Study in British Politics and Political Thought, 1899–1914, Berkeley/Los Angeles 1971

Semmel, Bernard; Imperialism and Social Reform. English Social-Imperial Thought 1895–1914, Studies in History No. 5, London 1960

Ders., Review of Books, AHR, 1989 (94,1)

Senghaas, Dieter; Rüstung und Militarismus, Frankfurt/Main 1972

Shannon, Richard; The Crisis of Imperialism 1865–1915, London 1974

Shibeika, Mekki; British Policy in the Soudan 1882–1902, London 1952

Sieglerschmidt, Jörn (mit Wirtz, Rainer); Karl Lamprecht. Psychische Gesetze als Basis der Kulturgeschichte?, in: Jüttemann, Wegbereiter

Sked, Alan; Britain and the German Question 1848–1890, in: Birke, Gleichgewicht

Smith, A.H.; The Place Names of the West Riding of Yorkshire, Cambridge 1961 (part I)

Smith, Angel (Ed.) (mit Dávila-Cox, Emma); The Crisis of 1898. Colonial Redistribution and Nationalist Mobilization, London 1999

Dieselben; 1898 and the Making of the New Twentieth Century World Order, in: Smith, Crisis of 1898

Smith, Colin L.; The Embassy of Sir William White at Constantinople 1886–1891, Oxford 1957

Smith, Joseph; British War Correspondants and the Spanish-American War, April-July 1898, in: Hilton, European Perceptions

Ders.; Illusions of Conflict. Anglo-American Diplomacy Toward Latin America, 1865–1896, Pittsburgh (Pa.) 1979

Sombart; Nicolaus; The Kaiser in his Epoch: Some Reflexions on Wilhelmine Society, Sexuality and Culture, in: Röhl, Kaiser Wilhelm II.

Sonntag, Michael; Einleitung, in: Sonntag, Machbarkeit

Ders.; Zur Herkunft des Konzepts einer „historischen Psychologie", in: Reuter, Black Box

Ders.; Historische Psychologie gegen den psychologischen Anachronismus: Lucien Febvre, in: Jüttemann, Wegbereiter

Ders. (Hg.); Von der Machbarkeit des Psychischen, Texte zur Historischen Psychologie, Pfaffenweiler 1990

Ders.; Vorwort, in: Sonntag, Machbarkeit

Sonyel, Salahi Ramsdan; The Ottoman Armenians. Victims of Great Power Diplomacy, London 1987

Spender, J.A.; Fifty Years of Europe. A Study in Pre-war Documents, London 1933

Ders.; Life, Journalism and Politics, vol. I, London 1927

Ders.; The Life of the Right Hon. Sir Henry Campbell-Bannerman, 2 vols., London 1923

Ders.; The Public Life, 2 vols., vol 2, London 1925

Spenser, Herbert; Facts and Comments, London 1902

Sprandel, Rolf; Erfahrungen mit der Mentalitätengeschichte, in: Raulff, Mentalitäten-Geschichte

Stahl, Friedrich-Christian; Botschafter Graf Wolff von Metternich und die deutsch-englischen Beziehungen, Hamburg 1951

Stannard, David E.; Shrinking History. On Freud and the Failure of Psychohistory, New York/Oxford 1980

Steinberg, Jonathan; Diplomatie als Wille und Vorstellung: Die Berliner Mission Lord Haldanes im Februar 1912, in: Schottelius, Marine

Ders.; The Kaiser and the British: The State Visit to Windsor, November 1907, in: Röhl, Kaiser Wilhelm II.

Ders.; Yesterday's Deterrent, London 1965

Steiner, Zara; Britain and the Origins of the First World War, London 1977

Dies.; Elitism and Foreign Policy: The Foreign Office before the Great War, in: Mc Kercher, Shadow and Substance

Dies.; The Foreign Office and Foreign Policy, 1898–1914, Cambridge 1969

Dies.; The Foreign Office under Sir Edward Grey, 1905–1914, in: Hinsley, Grey

Dies.; The Last Years of the Old Foreign Office, 1898–1905, in: The Historical Journal, Vol. VI 1 (1963), 59–90

Dies. (Ed.); The Times Survey of Foreign Ministries of the World, London 1982

Stenton, Michael (Ed.); Who's Who of British Members of Parliament, vol I, 1832–1883, Hassocks (Sussex) 1976

Stern, Fritz; The Failure of Illiberalism, New York 1992

Stökl, Günther; Russische Geschichte. Von den Anfängen bis zur Gegenwart, 4. Aufl., Stuttgart 1983

Stone, Lawrence; Die Rückkehr der Erzählkunst. Gedanken zu einer neuen alten Geschichtsschreibung, in: Raulff, Umschreiben

Strandmann, Hartmut Pogge von; Nationale Verbände zwischen Weltpolitik und Kontinentalpolitik, in: Schottelius, Marine

Strang, Lord; The Foreign Office, London 1955

Sturgis, James; Britain and the New Imperialism, in: Eldridge, British Imperialism

St. Aubyn, Giles; Edward VII. Prince and King, London 1979

Sumida, Jon Tetsuro; In Defence of Naval Supremacy. Finance, Technology and British Naval Policy, 1889–1914, Boston 1989

Summers, Anne; The Character of Edwardian Imperialism: Three Popular Leagues, in: Kennedy, Nationalist

Sutherland, Gillian; Education, in: Thompson, Social History

Sweet, D.W.; Great Britain and Germany, 1905–1911, in: Hinsley, Grey

Taffs, Winifred; Ambassador to Bismarck. Lord Odo Russell, London 1938

Tannenbaum, Edward R.; 1900. Die Generation vor dem Großen Krieg, Frankfurt/Main 1978

Taylor, Alan John Percivale; English History, 1914–1945, Oxford History of England No. 15, Oxford 1965

Ders.; Europe, Grandeur and Decline, Harmondsworth 1967

Ders.; The Historian as Biographer, in: Klingenstein, Biographie

Ders.; The Struggle for Mastery in Europe 1848–1918, Oxford 1954

Taylor, Robert; Lord Salisbury, New York 1975

Temperley, Harold (mit Penson, Lillian M.); A Century of Diplomatic Blue Books, 1814–1914, London 1966

Thal, George van; Prime Ministers: Wellington to Heath, London 1976

Thane, Pat; Government and Society in England and Wales 1750–1914, in: Thompson, Social History

Thomae, Hans; Zur Geschichte der Anwendung biographischer Methoden in der Psychologie, in: Jüttemann, Biographie und Psychologie

Thompson, F.M.L.; Private Property and Public Policy, in: Blake, Salisbury

Ders.; The Rise of Respectable Society. A Social History of Victorian Britain, 1830–1900, London 1988

Ders. (Ed.); The Cambridge Social History of Britian 1750–1950, vol. 30: Social Agencies and Institutions, Cambridge 1990

Thompson, Paul; The Edwardians. The Remaking of British Society, London 1975

Thornton, Archibald Patton; The Habit of Authority. Paternalism in British History, London 1966

Ders.; The Imperial Idea and it's Enemies. A Study in British Power, London 1963

Ders.; Review Article. Empire: The View from Beyond, in: IHR, 92

Tidrick, Kathryn; Empire and the English Character, London 1990

Tilley, John; London to Tokyo, London 1944

Ders. (mit Gaselee, Stephan); The Foreign Office, 2nd Ed., London/New York 1933

Topolski, Jerzy; Was ist historische Methode?, in: Meier, Historische Methode

Toyka-Seid, Michael; „Sanitary Idea" und „Volksgesundheitsbewegung". Zur Entstehung des modernen Gesundheitswesens in Großbritannien und Deutschland im 19. Jahrhundert, in: Berghoff, Pionier

Treischke, Heinrich von; Aufsätze, Reden und Briefe, IV, Meersburg 1919

Trevelyan, George Macaulay; Grey of Fallodon, London 1937

Tuchman, Barbara; The Proud Tower: A Portait of the World before the War, 1890–1914, New York 1966

Turberville, A.S.; The House of Lords in the Age of Reform 1784–1837. With an Epilogue on Aristocracy, and the Advent of Democracy, 1837–1867, London 1958

Ulrich, Bernd (Hg.); Frontalltag im Ersten Weltkrieg: Wahn und Wirklichkeit, Quellen und Dokumente, Frankfurt/Main 1994

Ders.; Nerven und Krieg – Skizzierung einer Beziehung, in: Loewenstein, Annäherungsversuche

Uzoigwe, G.N.; Britain and the Conquest of Africa, Ann Arbor (Mich.) 1974

Vansittart, Lord; The Mist Procession. The Autobiography of Lord Vansittart, London 1958

Verrier, Anthony; Through the Looking Glass. British Foreign Policy in an Age of Illusions, London 1983

Vietsch, Eberhard von; Das europäische Gleichgewicht. Politische Idee und staatsmännisches Handeln, Leipzig 1942

Vincent, John (Ed.); The Later Derby Diaries. Home Rule, Liberal Unionism, and Aristocratic Life in Late Victorian England, Bristol 1981

Ders. (Ed.); Disraeli, Derby and the Conservative Party. Journals and Memoirs of Edward Henry, Lord Stanley 1849–1869, Hassocks (Sussex) 1978

Viotti, Paul R. (Ed.) (mit Kauppi, Mark V.); International Relations Theory. Realism, Pluralism, Globalism, 2nd. Ed., New York 1987

Vovelle, Michel; Serielle Geschichte oder „case studies": ein wirkliches oder nur ein Schein-Dilemma?, in: Raulff, Mentalitäten-Geschichte

Waelder, Robert; Psychoanalysis and History: Application of Psychoanalysis to Historiography, in: Wolman, Psychoanalytic Interpretation of History

Waterfield, Gordon; Layard of Nineveh, London 1963

Waters, W. H.-H.; Private and Personal. Further Experiances of a Military Attaché, London 1928

Ders.; Secret and Confidential. The Experiences of a Military Attaché, London 1926

Watt, D.C. (mit Spencer, F. und Brown, N.); A History of the World in the 20th Century, o.O., 1967

Ders.; Personalities and Policies. Studies in the Formulation of British Foreign Policy in the 20th Century, London 1965

Weaver, J.R.H. (Ed.); The Dictionary of National Biography, 1922–1930, London 1937

Weber, Marianne; Max Weber. Ein Lebensbild, Tübingen 1926

Weber, Max; Wirtschaft und Gesellschaft, 6. Aufl., Tübingen 1956

Wegener, Edward; Die Tirpitzsche Seestrategie, in: Schottelius, Marine

Wehler, Hans-Ulrich; Bismarcks Imperialismus 1862–1890, in: Ziebura, Grundfragen

Ders.; Deutsche Gesellschaftsgeschichte. Dritter Band: Von der „Deutschen Doppelrevolution" bis zum Beginn des Ersten Weltkrieges 1849–1914, München 1995

Ders.; Das Deutsche Kaiserreich 1871–1918, 2. Auflage, Göttingen 1975

Ders.; Geschichte und Psychoanalyse, Köln 1974

Wehrle, Edmund S.; Britain, China and the Anti-Mission Riots, 1891–1900, Minneapolis 1966

Wells, Herbert George; Works. Atlantic Edition, vol. IV, London 1924

Welskopp, Thomas; Der Mensch und die Verhältnisse. „Handeln" und „Struktur" bei Max Weber und Anthony Giddens, in: Mergel, Geschichte

Wendt, Bernd Jürgen (Hg.); Das britische Deutschlandbild im Wandel des 19. und 20. Jahrhunderts, Bochum 1984

Wesseling, H.L.; Imperialism and Empire: An Introduction, in: Mommsen, Imperialism and After

Whibley, Charles; Lord John Manners and His Friends, 2nd vol., Edinburgh/London 1925

Whitaker, Joseph; Almanack 1905, London 1908

White, Hayden; Auch Klio dichtet oder Die Fiktion des Faktischen. Studien zur Tropologie des historischen Diskurses, Stuttgart 1986

White, John Albert; The Diplomacy of the Russo-Japanese War, Princeton (New Jersey) 1964

White, R.J.; Introduction to James Fitzjames Stephan, Liberty, Equality, Fraternity, 2nd Ed., 1874, 1967 o.O.

Who Was Who; 1897–1916, London 1928

Who Was Who; vol. II, 1916–1928, 4th Ed., London 1967

Wiener, Martin J.; English Culture and the Decline of the Industrial Spirit, 1850–1980, Cambridge 1981

Williams, Beryl.; Great Britain and Russia 1905 to the 1907 Convention, in: Hinsley, Grey

Williams; Robin Harcourt (Ed.); Salisbury-Balfour Correspondance. Letters exchanged between the Third Marquess of Salisbury and his Nephew Arthur James Balfour 1869–1892, Hertfordshire Record Society 1988
Williamson, J.P. (mit Lindert, P.H.); American Inequality. A Macroeconomic History, New York 1980
Williamson, Samuel R. (Jr.); The Politics of Grand Strategy. Britain and France prepare for War, 1904–1914, Cambridge (Mass.) 1969
Wilson, John; Sir Henry Campbell-Bannerman, in: Thal, Prime Ministers
Ders.; A Life of Sir Henry Campbell-Bannerman, London 1973
Wilson, Keith M.; Appendix, in: Wilson, British Foreign Secretaries
Ders.; Britain, in: Wilson, Decisions
Ders. (Ed.); British Foreign Secretaries and Foreign Policy. From Crimean War to First World War, London 1987
Ders.; British Foreign Secretaries, Introduction, in: Wilson, British Foreign Secetaries
Ders.; British Power in the European Balance, 1906–1914, in: Dilks, Retreat from Power
Ders.; Constantinople or Cairo: Lord Salisbury and the Partition of the Ottoman Empire 1886–1897, in: Wilson, Imperialism and Nationalism in the Middle East
Ders.; Sir Eyre Crowe on the Origins of the Crowe Memorandum, in: Bulletin of the Institut of Historical Research, LVI (!983), 238–41
Ders. (Ed.); Decisions for War, 1914, London 1995
Ders.; Empire and Continent. Studies in British Foreign Policy from the 1880s to the First World War, London/New York 1987
Ders. (Ed.); Forging the Collective Memory. Governments and International Historians Through Two World Wars, Providence/Oxford 1996
Ders.; Grey, in: Wilson, British Foreign Secretaries
Ders. (Ed.); Imperialism and Nationalism in the Middle East. The Anglo-Egyptian Experience 1882–1982, London 1983
Ders.; Introduction: Governments, Historians, and „Historical Engineering", in: Wilson, Forging
Ders.; The Making and putative Implementation of a British Foreign Policy of Gesture, December 1905 to August 1914: The Anglo-French Entente Revisited, in: Canadian Journal of History, August 1996, 227–255
Ders.; A Study in the History and Politics of the Morning Post 1905–1926, Studies in British History, vol. 23, Lewiston (New York) 1990
Ders.; The Policy of the Entente. Essays on the Determinants of British Foreign Policy, 1904–1914, Cambridge 1985
Ders.; The Role and Influence of the Professional Advisers of the Foreign Office on the Making of British Foreign Policy from December 1905 to August 1914, Ph.D.Theses, Oxford 1973
Winzen, Peter; Bülows Weltmachtkonzept. Untersuchungen zur Frühphase seiner Außenpolitik 1897–1901, Schriften des Bundesarchivs 22, Boppard 1977
Wippich, Rolf-Harald; Japan und die deutsche Fernostpolitik 1894–1898, Beiträge zur Kolonial- und Überseegeschichte, hrsg. v. Albertini, Rudolf v., Band 35, Wiesbaden 1987
Witt, Peter-Christian; Die Finanzpolitik des Deutschen Reiches von 1903 bis 1913, Lübeck 1970
Ders.; Reichsfinanzen und Rüstungspolitik 1898–1914, in: Schottelius, Marine
Wohl, Anthony S.; Introduction, in: Wohl, Victorian Family
Ders. (Ed.); The Victorian Family. Structure and Stresses, London 1978
Wohl, Robert; The Generation of 1914, Cambridge (Mass.) 1979
Wolman, Benjamin B. (Ed.); The Psychoanalytic Interpretation of History, New York/London 1971
Ders.; Sense and Nonsense in History, in: Wolman, Psychoanalytic Interpretation of History
Wong, J.Y.; The Origins of an Heroic Image: Sun Yatsen in London 1896–1897, Hongkong/Oxford 1986
Woodward, E.L.; Great Britain and the German Navy, Oxford 1935
Wormer, Klaus; Großbritannien, Rußland und Deutschland. Studien zur britischen Weltreichspolitik am Vorabend des Ersten Weltkrieges, München 1980
Wright, Harrison M. (Ed.); The New Imperialism. Analysis of Late Nineteenth-Century Expansion, Boston 1966
Yasamee, Feroz A.K.; Ottoman Empire, in: Wilson, Decisions
Young, Kenneth; A.J. Balfour, in: Thal, Prime Ministers
Young, L.K.; British Policy in China, 1895–1902, Oxford 1970
Zentralinstitut für Geschichte der Akademie der Wissenschaften der DDR; Atlas zur Geschichte, Band I, Gotha/Leipzig 1981

Ziebura, Gilbert; Einleitung, in: Ziebura, Grundfragen

Ders. (Hg.); Grundfragen der deutschen Außenpolitik seit 1871, in: Wege der Forschung, Bd. CCCXV, Darmstadt 1975

Zorn, Wolfgang; Wirtschaft und Politik im deutschen Imperialismus, in: Ziebura, Grundfragen

Zürrer, Werner; Die Nahostpolitik Frankreichs und Rußlands 1891–1898, Veröffentlichungen des Osteuropa-Instituts München, Hg.: Stadtmüller, Georg, Wiesbaden 1970

Zurhorst, G.; Die Dimension der Subjektivität in der Biographieforschung, in: Jüttemann, Biographie und Psychologie

HISTORISCHE MITTEILUNGEN – BEIHEFTE

Im Auftrag der Ranke-Gesellschaft, Vereinigung für Geschichte im öffentlichen Leben e.V., herausgegeben von **Jürgen Elvert und Michael Salewski**

30. **Imanuel Geiss: Zukunft als Geschichte.** Historisch-politische Analyse und Prognosen zum Untergang des Sowjetkommunismus, 1980–1991. 1998. II, 309 S., kt. 7223-3

31. **Robert Bohn / Jürgen Elvert / Karl Christian Lammers,** Hrsg.: **Deutsch-skandinavische Beziehungen nach 1945.** 2000. 234 S., kt. 7320-5

32. **Daniel Gossel: Briten, Deutsche und Europa.** Die Deutsche Frage in der britischen Außenpolitik 1945–1962. 1999. 259 S., geb. 7159-8

33. **Karl J. Mayer: Zwischen Krise und Krieg.** Frankreich in der Außenwirtschaftspolitik der USA zwischen Weltwirtschaftskrise und Zweitem Weltkrieg. 1999. XVI, 274 S., kt. 7373-6

34. **Brigit Aschmann: „Treue Freunde"?** Westdeutschland und Spanien 1945–1963. 1999. 502 S. m. 3 Tab., geb. 7579-8

35. **Jürgen Elvert: Mitteleuropa!** Deutsche Pläne zur europäischen Neuordnung (1918–1945). 1999. 448 S., geb. 7641-7

36. **Michael Salewski,** Hrsg.: **Was wäre wenn.** Alternativ- und Parallelgeschichte: Brücken zwischen Phantasie und Wirklichkeit. 1999. 171 S., 1 Kte., kt. 7588-7

37. **Michael F. Scholz: Skandinavische Erfahrungen erwünscht?** Nachexil und Remigration. 2000. 416 S., geb. 7651-4

38. **Gunda Stöber: Pressepolitik als Notwendigkeit.** Zum Verhältnis von Staat und Öffentlichkeit im Wilhelminischen Deutschland 1890–1914. 2000. 304 S., kt. 7521-6

39. **Andreas Kloevekorn: Die irische Verfassung von 1937.** 2000. 199 S., kt. 7708-1

40. **Birgit Aschmann/Michael Salewski,** Hg.: **Das Bild „des Anderen".** Politische Wahrnehmung im 19. und 20. Jahrhundert. 2000. 234 S., kt. 7715-4

41. **Winfried Mönch: Entscheidungsschlacht „Invasion" 1944?** Prognosen und Diagnosen. 2001. 276 S., kt. 7884-3

42. **Hans-Heinrich Nolte,** Hrsg.: **Innere Peripherien in Ost und West.** Redaktion: **Klaas Bähre.** 2001. 188 S., kt. 7972-6

43. **Peter Winzen: Das Kaiserreich am Abgrund.** Die Daily-Telegraph-Affäre und das Hale-Interview von 1908. Darstellung und Dokumentation. 2002. 369 S., geb. 8024-4

44. **Fritz Kieffer: Judenverfolgung in Deutschland – eine innere Angelegenheit?** Internationale Reaktionen auf die Flüchtlingsproblematik 1933–1939. 2002. 520 S., geb. 8025-2

45. **Michael Salewski: Die Deutschen und die See.** Studien zur deutschen Marinegeschichte des 19. und 20. Jahrhunderts, Teil II. 2002. 252 S., 4 Abb., geb. 8087-2

46. **Jürgen Elvert, Susanne Krauß,** Hg.: **Historische Debatten und Kontroversen im 19. und 20. Jahrhundert.** Jubiläumstagung der Ranke-Gesellschaft in Essen 2001. 2003. 287 S., geb. 8253-0

47. **Thomas Stamm-Kuhlmann, Jürgen Elvert, Birgit Aschmann, Jens Hohensee,** Hg.: **Geschichtsbilder.** Festschrift für Michael Salewski. 2003. 664 S., geb. 8252-2

48. **Dietmar Herz, Christian Jetzlsperger, Kai Ahlborn,** Hg.: **Der israelisch-palästinensische Konflikt.** Hintergründe, Dimensionen und Perspektiven. 2003. 246 S., geb. 8259-X

49. **Jürgen Elvert, Friederike Krüger,** Hg.: **Deutschland 1949–1989.** Von der Zweistaatlichkeit zur Einheit. 2003. 238 S., kt. 8298-0

50. **Alexa Geisthövel: Eigentümlichkeit und Macht.** Deutscher Nationalismus 1830–1851. Der Fall Schleswig-Holstein. 2003. 256 S., kt. 8090-2

51. **Alexander Sedlmaier: Deutschlandbilder und Deutschlandpolitik.** Studien zur Wilson-Administration (1913–1921). 2003. 386 S. m. 5 Abb., kt. 8124-0

52. **Stefan Manz: Migranten und Internierte.** Deutsche in Glasgow, 1864–1918. 2003. VI, 317 S., kt. 8427-4

53. **Kai F. Hünemörder: Die Frühgeschichte der globalen Umweltkrise und die Formierung der deutschen Umweltpolitik (1950–1973).** 2004. 387 S., kt. 8188-7

54. **Christian Wipperfürth: Von der Souveränität zur Angst.** Britische Außenpolitik und Sozialökonomie im Zeitalter des Imperialismus. 2004. 473 S., kt. 8517-3

FRANZ STEINER VERLAG STUTTGART